LE MONDE DES ALPES

LE MONDE DES ALPES

par

F. DE TSCHUDI

LE
MONDE DES ALPES

OU DESCRIPTION PITTORESQUE

DES MONTAGNES DE LA SUISSE

PARTICULIÈREMENT

DES ANIMAUX QUI LES PEUPLENT

PAR

F. DE TSCHUDI

SECONDE ÉDITION

REVUE ET CORRIGÉE SUR LA HUITIÈME ÉDITION ORIGINALE

PAR

O. BOURRIT

ANCIEN PASTEUR DE COLOGNY

BALE & GENÈVE   1870   BERNE
H. GEORG, Libraire-Éditeur   Librairie J. DALP

Pendant les loisirs forcés d'une longue maladie, le livre de M. Frédéric de Tschudi sur le Monde des Alpes m'a procuré bien des heures de douce distraction et de vive jouissance. Cette lecture me faisait retrouver dans toute leur fraîcheur les impressions que j'avais si souvent éprouvées en parcourant nos montagnes. Je gravissais par un rude sentier les derniers gradins d'un de ces sommets alpestres où quelques minutes de repos et de contemplation dédommagent amplement des fatigues d'une longue journée de marche. Je m'étendais sur le gazon fleuri d'une haute croupe. Tantôt j'admirais les détails de structure d'une délicate astrance ou d'une élégante soldanelle, et les éclatantes couleurs de la gentiane printanière ou du siléné sans tige; tantôt je suivais du regard le vol de la spioncelle s'élevant dans les airs en chantant sa note sonore cinquante fois répétée, et descendant les ailes étendues pour revenir se percher sur la pierre d'où elle était partie; tantôt j'attendais en silence qu'un fragment de glacier détaché des hauteurs fît retentir les échos du bruit majestueux de sa chute. J'entendais au loin le beuglement des troupeaux se rapprochant des chalets; j'apercevais les moutons épars sur les dernières ceintures gazonnées des rochers et, plus haut encore, les chamois traversant à la file les champs de neige pour se rendre aux labyrinthes de leur inaccessible retraite. Les sommets s'empourpraient aux derniers rayons du soleil; le miroir du lac reflétait leur brillante image au milieu de la sombre verdure des bois; l'azur profond du ciel disparaissait sous les teintes dorées du couchant. Puis, la nuit montant peu à peu des profondeurs de la vallée, jetait successivement ses pâleurs sur les divers étages de ce monde désert, et finissait par les envelopper d'un calme, d'un recueillement, d'une paix inexprimables, qu'interrompait seul de loin en loin le grondement d'une avalanche. Peu s'en fallait que je ne me crusse, quelques instants après, couché sur le foin d'une grange hospitalière, et, dans un sommeil agité, y rêvant bouquetins, précipices, rencontre de taureaux furieux.

C'est que notre auteur possède à un haut degré le talent de peindre; sa palette est chargée des couleurs les plus vives et les plus fraîches, des teintes les plus délicates et les plus pures. Son livre fait tableau. Ses descriptions, toutes semées de charmants détails, sont pleines de vie, d'originalité et de poésie, d'un sentiment profond de la grande et belle nature de nos Alpes. Et à cette faculté d'imagination qui reproduit les objets sous leur aspect le plus frappant ou le plus gracieux, il joint un mérite peut-être plus rare encore, celui d'une connaissance exacte et consciencieuse des êtres et des faits qu'il décrit. Il n'est jamais poète aux dépens de la vérité. Son œuvre, sans être une œuvre de science, est une peinture fidèle, dans les détails comme dans l'ensemble, du monde des Alpes qu'elle met sous nos yeux.

Enfin, nous aimons l'esprit de ce livre. La nature ne nous semble qu'à moitié comprise si l'on ne sait y trouver le souffle divin qui l'anime. Nous entendons bien que les savans s'occupent avant tout à observer les phénomènes, à en discuter les rapports et les lois; mais qu'ils nous permettent de profiter de leurs travaux pour chercher à pénétrer plus avant et plus haut, et pour rattacher ainsi la création à son auteur. Quiconque lira d'un cœur bien disposé les pages de M. de Tschudi, non-seulement comprendra mieux l'œuvre éternellement admirable du Créateur, mais se sentira, si je ne me trompe, encouragé à l'aimer et à donner joyeusement sa confiance à Celui à qui seul la terre appartient.

Le travail que j'offre aujourd'hui au public n'est donc pas seulement une œuvre de reconnaissance. Il est destiné à faire connaître aux pays de langue française un ouvrage devenu, à juste titre, populaire chez nos frères de la Suisse allemande, tant par la verve, la grâce et le pittoresque de son style, que par les faits intéressants qu'il renferme et les naïfs récits qui y sont mêlés. Quoique je me sois efforcé de conserver à ma traduction le cachet et les couleurs locales de l'original, une partie de ces qualités lui manqueront nécessairement; mais si je réussis néanmoins à inspirer au lecteur le désir de trouver autre chose dans les excursions alpestres qu'un air pur et du repos d'esprit, à lui donner l'intelligence des phénomènes qu'il n'avait pas compris, à le rendre attentif à ceux qui lui avaient échappé, à lui montrer comment aux vagues jouissances de ses promenades peuvent se joindre le charme et l'intérêt de notions détaillées et exactes sur mille objets qu'il y rencontre, à l'initier, en un mot, à l'étude des Alpes, des plantes et des animaux qui leur sont propres, j'aurai contribué pour ma petite part à remplir le but que s'est proposé l'auteur. Pour nous Suisses, les Alpes, c'est plus ou moins le sol natal. Apprendre à les mieux connaître, c'est apprendre à aimer et à servir la patrie.

Genève, Avril, 1869.

PRÉFACE DE L'AUTEUR

Plus l'étude des sciences naturelles a pris une place importante dans le champ des travaux de l'esprit humain, plus a grandi l'influence qu'elles exercent sur les progrès civilisateurs de l'époque actuelle, plus les disciples et les maîtres ont avancé par leurs remarquables découvertes la connaissance des phénomènes de la nature et des lois qui les déterminent, pour soumettre le vieux monde des apparences extérieures au monde nouveau de la pensée, — moins aussi celui qui n'est pas initié à ces sciences se sent de force et de confiance pour suivre leur rapide développement, ou seulement pour s'en faire une idée générale exacte et s'en approprier les derniers résultats. Et comme le naturaliste de profession, trop préoccupé des graves sujets qui le touchent de plus près, a rarement assez de loisir pour associer le public à la jouissance des faits acquis, il doit être permis à un profane d'entreprendre cette tâche, à sa façon et en toute modestie.

De tout temps les savants de la Suisse ont étudié avec une prédilection marquée la nature admirable et si variée de leur patrie, et les éminentes études qu'ils ont consacrées à ce champ spécial n'ont pas peu contribué à assurer à leur nombreuse phalange un nom respectable sur le terrain de la science, tant en Allemagne que dans l'Europe entière. Depuis les intuitions fantastiques du génie d'un Paracelse, qui méditait auprès des thermes de Pfäfers sur leur *calor innatus*; depuis que J. Müller Rellicanus étudiait le premier sur les rochers du Stockhorn bernois les formes propres à la flore alpine; depuis surtout que l'Histoire des animaux du Pline allemand, l'immortel Conrad Gessner, posait la première base de la zoologie moderne et qu'il présentait dans son Histoire des plantes les premières vagues notions d'un système naturel, notions continuées par les deux frères Bauhin; — depuis les récits trop souvent romanesques de Wagner, les études géologiques de J. de Muralt, de J. G. Sulzer, du Dr Bruckner, de G. S. Gruner, les descriptions de Bourrit, les vastes et persévérantes recherches de Scheuchzer, les importants travaux du grand Albert de Haller, les intéressantes études botaniques de B. Stähelin, de Lachenal et de J. Gessner, les observations entomologiques de J. C. Füsslin et de J. H. Sulzer et les soigneuses compilations de Höpfner, — jusqu'aux travaux à jamais mémorables dus au génie d'Horace-Bénédict de Saussure, et à ceux plus récents d'un si grand nombre d'hommes de talent et de mérite de notre pays dans le 19e siècle, Steinmüller, Hagenbach, Ebel, Conrad de Baldenstein, Jurine, Meisner, Römer, Imhoff, Schinz, les Studer, Charpentier, Agassiz, les Escher, Merian, Hugi, Siegfried, Pictet, de la Harpe, de Luc, Horner, Lardy, Favre, Blanchet, Depierre, Necker, Nicolet,

Chavannes, Duby, les de Candolle, Lusser, Suter, Hegetschweiler, Vouga, Schärer, Trog, Gosse, O. Heer, Gaudin, Moritzi, Usteri, Desor, Mayor, Nägeli, Pfluger, Perti, Bremi, Theobald, Fatio etc.; — quelle succession de savants, et dans le nombre que de grands noms européens, qui ont consacré tout ou partie de leurs forces à l'exploration de la riche nature de leur patrie! On peut dire en particulier qu'il n'est aucun pays du continent qui ait été étudié d'une manière aussi suivie et aussi complète que nos montagnes et nos Alpes dans leurs phénomènes naturels, et, à quelques exceptions près, par des hommes appartenant exclusivement à la Suisse. Nous pouvons le dire avec un sentiment tout à la fois d'orgueil et de reconnaissance, bien que nous sentions les lacunes de ce grand travail scientifique, restreint encore entre des limites trop étroites.

C'est une bien petite partie de ce travail que, dans les pages qui vont suivre, nous avons essayé, suivant la mesure des nos modestes forces, de faire connaître aux hommes éclairés qui réclament leur part de jouissance dans le développement scientifique de notre époque et prennent un vif intérêt au monde des montagnes. Nous espérons qu'on y retrouvera du moins les traces de l'amour fidèle que nous portons à nos Alpes et du soin que nous avons mis nous-même à les étudier. Quant à la rédaction et à la marche du présent ouvrage, c'est à lui de chercher à les justifier dans l'esprit de ses lecteurs.

TABLE DES MATIÈRES

INTRODUCTION

Les Alpes, monde à part au milieu des pays civilisés. — Difficultés que présente leur étude. — Grandeur et variété de leurs phénomènes. — But et étendue du présent travail   1

PREMIÈRE PARTIE

LE MONDE SAUVAGE

PREMIÈRE RÉGION
LA RÉGION MONTAGNEUSE

Chapitre I.
CARACTÈRES GÉNÉRAUX DE LA RÉGION MONTAGNEUSE.

Coup d'œil général. — Limites des régions. — Région des collines. — Richesse de la région montagneuse. — Région montagneuse indépendante; le Jura. — Région montagneuse sous-alpine. — Vallées et passages. — Bassin du Rhône. — L'Oberland bernois. — Les Grisons. — Labyrinthe romantique. — Variété du paysage. — Les lacs inférieurs et leurs environs. — Bassins d'anciens lacs. — Chutes d'eau. — Forêts caractéristiques de la montagne. — Le calcaire dans ses formations inférieures. — Terrasses. — Climat. — Cours des vents. — Leurs combats et leurs irruptions dans les vallées. — Vents locaux. — Le fœhn. — Ses signes précurseurs et ses effets. — Température des hauteurs en hiver. — Brouillards. — Caractère du paysage sous la neige. — Changement de nature dans la surface de la neige. — Influence de l'hiver sur les hommes et les animaux. — Défaite de l'hiver. — Le printemps, saison la plus bruyante de l'année dans les montagnes. — Réveil de la vie dans la nature. — Marche du printemps. — Les torrents et leurs dévastations. — Les grands éboulements de montagne. — Curiosités naturelles de la région. Les fontaines intermittentes, les grottes, les trous de vent, les glacières 9

Chapitre II.

LA VÉGÉTATION DE LA RÉGION MONTAGNEUSE.

Coup d'œil général. — Différences d'altitude des végétaux. — Grisons, Tessin, Valais, Uri, Schwytz, Berne, Glaris, Allemagne, Pyrénées, Caucase, Equateur. — Les forêts de la région. — Une forêt vierge en Suisse. — Les arbres à aiguilles. — Le chêne et le hêtre. — Les érables. — Arbres historiques. — Les phanérogames associées aux diverses essences de forêt. — Les arbustes. — Influence de la nature minéralogique du sol sur la végétation. — Abondance des phanérogames dans la région montagneuse 44

Chapitre III.

LA VIE DES ANIMAUX INFÉRIEURS DANS LA RÉGION MONTAGNEUSE.

Les forêts, foyers de la vie animale et végétale. — Limites des régions occupées par les animaux. — Les animaux, conquérants du sol. — Rapports des classes entre elles. — Le scorpion. — Le monde des insectes. — Les insectes destructeurs dans la montagne. — Les grenouilles vertes et leur triste sort. — La grenouille brune. — Crapauds, salamandres et tritons. — Les orvets. — Le seul serpent venimeux de la région, ses mœurs. — Les lézards. — Le grand lézard vert. — Tortues dans la vallée de la Reuss 60

Chapitre IV.

LES OISEAUX DE LA RÉGION MONTAGNEUSE.

Les oiseaux, chaînon nécessaire dans le système de la nature. — Oiseaux sédentaires et oiseaux de passage. — La Suisse, rendez-vous des oiseaux du Nord et du Midi. — Destruction des oiseaux en Italie. — Les canards sauvages. — Les poules d'eau. — Une colonie de hérons au lac des 4 cantons. — Les bécasses. — La petite outarde. — Les gallinacés et les pigeons sauvages. — Le coucou. — Le martin-pêcheur. — La huppe. — Les pics. — La sitelle et le grimpereau. — Les martinets. — L'engoulevent. — Les becs-croisés. — Les gros-becs. — Les bruants et les alouettes. — Les pipits. — Les mésanges. — Les traquets. — Le troglodyte et les roitelets. — Les becs-fins chanteurs. — Les bergeronnettes. — Les pies-grièches. — Les grives. — Le merle de roche. — Apparition du merle bleu et du merle rose. — L'étourneau. — Le loriot. — Le rollier. — Le casse-noix et le geai. — Les corbeaux. — Caractéristique des chouettes. — Le moyen-duc. — Le scops. — La hulotte. — La chevêchette. — La chevêche, oiseau d'appel pour la chasse. — Répartition des chouettes. — Les oiseaux de proie diurnes. — L'autour. — Le faucon pèlerin. — Le hobereau. — La cresserelle. — La buse et son utilité. La bondrée. — Le jean-le-blanc et l'aigle criard. — Le vautour égyptien au Salève. — Vautours griffons tués en Suisse. — Rapports des différentes familles d'oiseaux entre elles. — Les oiseaux envisagés comme éléments de la vie dans les montagnes. — Séjour d'hiver des oiseaux. — Vie et concerts des oiseaux dans les forêts. — Cadavres des oiseaux. 87

Chapitre V.

LES QUADRUPÈDES DE LA RÉGION MONTAGNEUSE.

Les mammifères, leur nombre comparé à celui des autres vertébrés. — Pauvreté de la montagne. — Espèces extirpées. — Les chauves-souris et leurs mœurs. — La noctule et la barbastelle. — Caractéristique du hérisson. — Les musaraignes. — La taupe. — Place des carnassiers dans le système de la nature. — Distribution géographique et habitudes de la loutre. — Le putois. — La fouine et ses mœurs. — La marte. — L'hermine. — La belette. — Les grands carnivores et leur répartition. — Les animaux hibernants. — Les loirs. — Les souris de la région. — Les lièvres. — Les chamois de forêt. — Le vieux grison du Laseyer. — Les chevreuils et les cerfs 183

ESQUISSES ET BIOGRAPHIES D'ANIMAUX.

I. LES ABEILLES DANS LA RÉGION MONTAGNEUSE.

Les abeilles sauvages. — L'abeille jaune. — Apiculture. — Le meilleur miel. — Triste vie des abeilles 221

II. LA TRUITE DES RUISSEAUX.

La truite des lacs, le saumon argenté, l'ombre-chevalier et la truite des ruisseaux. — Grosseur et changements de couleur de la truite des ruisseaux. — Ses habitudes et sa propagation. — Ses migrations. — Consommation des truites en Suisse. — Différents modes de pêche. — Les pêcheurs 225

III. LES COULEUVRES DE LA MONTAGNE.

Serpents fabuleux. — Les couleuvres du midi et du nord de la Suisse. — Mœurs et propagation de la couleuvre à collier 235

IV. LE MERLE D'EAU.

Les ruisseaux de montagnes. — Leurs bords et leurs fonds. — Le cincle et ses plongeons. — Ses amours en hiver, son chant, sa mort 243

V. LA GÉLINOTTE.

Les lieux qu'elle habite, sa nourriture, sa ponte et ses particularités. — Ses ennemis. — Excellence de sa chair 249

VI. LE COQ DE BRUYÈRE.

Les forêts réservées et la vie des bois. — Habitation et description du coq de bruyère. — Sa danse. — Sa chasse. — Qualités de sa chair. — Ses ennemis. — Les tétras dans les pays du Nord. — Chasseurs bernois . . 252

VII. LE GRAND-DUC.

Séjour et répartition de l'espèce. — Mœurs nocturnes. — Ses ennemis. — Aventure sur les bords du lac de Wallenstadt 261

VIII. LES LOIRS DORMEURS ET LEURS MŒURS.

Les mœurs du loir. — L'élève des loirs. — Le lérot, animal des montagnes, comme le précédent. — Le muscardin. — Le sang froid. — Particularités du sommeil hibernal dans chaque espèce 265

IX. L'ÉCUREUIL ET LE LIÈVRE DE MONTAGNE.

Les tirailleurs et le gibier. — Description de l'écureuil. — Caractère et mœurs des lièvres. — Métis. — Séjour des lièvres 270

X. LE BLAIREAU.

Les chasseurs. — Mœurs du blaireau. — De l'individualité chez les animaux. — Un blaireau au soleil. — Diverses méthodes pour chasser le blaireau. — Une aventure de chasse 279

XI. LE CHAT SAUVAGE.

Les chats sauvages et les chats domestiques. — Origine des derniers et distribution géographique des premiers. — Mœurs des chats sauvages. — Combats avec les chasseurs et les chiens 286

SECONDE RÉGION
LA RÉGION ALPINE

Chapitre Premier.
CARACTÈRES GÉNÉRAUX DE LA RÉGION ALPINE.

Étendue et hauteur de la région. — Formation des sommets dans les chaînes avancées. — Vallées de passage, routes et hospices. — Importance

XVIII

Page

des passages alpins au point de vue des animaux. — Profondeur des vallées dans les Alpes de l'ouest et du nord. — Elévation générale du sol de la Rhétie. — Les plus hautes vallées cultivées de l'Europe. — L'Engadine. — Avers. — Les vallées supérieures et inférieures des Alpes. — Température sur les montagnes et dans les hautes vallées. — L'hiver dans les Alpes. — Développement du printemps. — Glaces suspendues et chutes de glaciers. — Caractéristique des avalanches. — Formation des murs de neige et des avalanches de poudre, leurs ravages. — Ouragans remarquables produits par les avalanches. — Les avalanches compactes. — Ponts d'avalanche et consistance de la neige. — Importance des avalanches au point de vue de la végétation et de la vie animale. — Moyens protecteurs. — Les eaux des Alpes. — Le berceau des fleuves. — La plus grande cascade de la région. — Lacs alpins morts et vivants. — Les plus hauts réservoirs de l'Europe. — Nombre considérable des petits lacs alpins. — Affluents et écoulements invisibles. — La vie animale dans ces lacs. — Les lacs alpins des Grisons et leurs poissons. — Torrents de boue. — Fours à cristaux. — Lapiaz 292

CHAPITRE II.

LA VÉGÉTATION DANS LA RÉGION ALPINE.

Les pâturages alpins. — Limites inférieure et supérieure de la végétation arborescente dans les différentes parties des Alpes. — Les *gogants* et leur âge. — Mélèzes et aroles. — Histoire naturelle du *cèdre des Alpes*. — Formes naines et rabougries. — Les pins nains. — Caractères des plantes phanérogames alpines. — Eclat et richesse de leurs fleurs. — Le rhododendron des Alpes. — Plantes fourragères renommées. — Limites en altitude des plantes cultivées dans la région alpine. — Comparaison avec les Andes et l'Himalaya 341

CHAPITRE III.

LES ANIMAUX INFÉRIEURS DES ALPES.

Changements dans les formes animales suivant les hauteurs. — Les vers, les mollusques et les crustacés des Alpes. — Les arachnides. — Insectes. — Bourdons de terre et des mousses. — Papillons. — Coléoptères. — Importance du monde des insectes et rapports entre les espèces carnassiè-

res et les espèces herbivores. — La grenouille des Alpes. — Les serpents.
— Le lézard de montagne 379

Chapitre IV.
LES ANIMAUX SUPÉRIEURS DES ALPES.

Distribution des oiseaux dans la zone. — Les cols des Alpes et les oiseaux de passage. — Coup d'œil général sur les oiseaux des Alpes. — Le merle à plastron. — La bergeronnette jaune. — L'accenteur des Alpes. — Les pipits. — Le venturon. — L'hirondelle de rocher. — Le martinet à ventre blanc. — Le tichodrome échelette. — Les oiseaux de proie. — Coup d'œil sur les mammifères. — Pauvreté de la région. — La musaraigne alpine du Saint-Gotthard. — Les chamois. — Les grands carnassiers . . 403

ESQUISSES ET BIOGRAPHIES D'ANIMAUX.

I. LES SERPENTS VENIMEUX DES ALPES.

L'appareil venimeux. — Les dompteurs de serpent dans le Valais. — La vipère commune. — Ses mœurs et sa morsure. — Remèdes à employer. — Les preneurs de vipères. — Un empoisonnement remarquable 440

II. LA BARTAVELLE.

Histoire naturelle, chasse et propagation 451

III. LE TÉTRAS BIRKHAN.

Son histoire naturelle. — Le tétras intermédiaire ou rackelhan et son origine. — Croisements analogues 456

IV. L'AIGLE ROYAL.

Description et caractéristique. — Nourriture et distribution géographique. — Enlèvement d'enfants. — Chasse. — Les chasseurs d'aigles d'Eblingen et leurs appâts. — L'aigle impérial ne se trouve pas en Suisse . . . 465

V. LE GYPAÈTE.

Description. — Puissance inouïe des facultés digestives. — Mœurs et résidence dans les différentes saisons. — Chasse. — Une ruse de renard. — La Geieranni. — Enlèvement d'enfants. — Le Gyrenmannli. — Dangers que présente la prise des petits. — Gypaètes captifs et apprivoisés. — Les différentes espèces de l'ancien monde 473

VI. LE LIÈVRE DES ALPES.

Mœurs et changements de couleur. — Distribution géographique et nourriture. — Chasse. — Croisements 494

VII. LES CHAMOIS.

1° *Description de l'animal.*

Nature, mœurs et particularités du chamois. — Séjour. — Rochers salins. — Force de saut. — Propagation. — Domestication et croisement. — L'égagropile. — L'extirpation des chamois fort peu probable. — Les réserves de montagne. — Un chamois blanc 504

2° *La chasse au chamois en général.*

Conditions intérieures et extérieures du bon chasseur. — Fusils. — Chasse à la battue. — Ardeur du chasseur. — Dangers et résultat définitif de la chasse. — Un chasseur de 71 ans en activité de service. — Influence de la chasse sur le caractère du chasseur 527

3° *Chasseurs de chamois.*

Victimes humaines. — Charles-Joseph Infanger. — Henri Heitz et David Zwicky. — Un chasseur sous le glacier. — Thomas Hefti. — Colani. — Rüdi. — Les Sutter. — Spinas et Cathomen 542

VIII. LE LYNX.

Répartition géographique des chats en altitude. — Mœurs du lynx. — Chasse. — Jeunes lynx apprivoisés 562

IX. LES RENARDS DANS LA MONTAGNE.

Description de l'animal. — Chasses et piéges. — Variétés. — Nombre immense d'individus. — Renard et chien. — Renards enragés. — Renards apprivoisés 568

X. LES LOUPS DES ALPES SUISSES.

Histoire naturelle. — Caractéristique. — Le loup chassant et le loup chassé. — Aventures. — Loup et chien. — Métis 580

XI. LES OURS.

Une histoire d'ours dans les Grisons. — Répartition des ours dans la Suisse. — Ruolf et Lechthaler dans le Münsterthal. — Espèces et mœurs. — Les ours de Berne. — J. C. Riedi. — Aventures de chasse et combats . 590

TROISIÈME RÉGION
LA RÉGION DES NEIGES

CHAPITRE PREMIER.
ÉTENDUE ET CONFIGURATION DU SOL DE LA RÉGION DES NEIGES.

Grandeur et solitude du paysage. — Traditions et histoire de la région. — Limites horizontale et verticale. — Les plus hautes cimes des Alpes suisses. — Le groupe du Mont-Rose le plus puissant massif de montagnes en Europe. — L'ouvrage de fortification le plus élevé de l'Europe. — Le groupe du Finsteraarhorn. — Le groupe de la Bernina. — Les sommets des Andes et de l'Himalaya. — Ascension des plus hautes cimes. — Le Mont-Cervin. — Les habitations humaines les plus élevées de l'Europe. — Caractères de la région. — Qu'allons-nous donc chercher dans ce monde désolé ? 609

CHAPITRE II.
LIMITE DES NEIGES ET DÉROCHEMENTS DE MONTAGNES.

La région inférieure des neiges. — La limite des neiges dans les différentes parties des Alpes. — La décomposition du corps des Alpes et leur sort final. — Les blocs erratiques 631

Chapitre III.
NÉVÉS ET GLACIERS.

L'été aux prises avec l'hiver éternel. — Structure de la neige des hauteurs. — Le névé. — Etendue de la zone des glaciers, ses limites supérieure et inférieure. — Ses rapports avec le monde organique. — Formation et développement des glaciers. — Leur température, leur couleur et leur constitution chimique. — Leur mouvement. — Les moraines. — Propriétés du son. — Neige rouge (*Protococcus nivalis*), podurelles (*Desoria glacialis*). — Une *Desoria* nouvelle 645

Chapitre IV.
LES VÉGÉTAUX DE LA RÉGION DES NEIGES.

Caractère du paysage. — Phénomènes météorologiques particuliers. — Etat de la température. — La vie des plantes et des animaux suivant les saisons. — Les oasis. — Le monde des végétaux. — Eclat et nombre surprenant des plantes phanérogames. — La flore de la période glaciaire . 681

Chapitre V.
ESQUISSE GÉNÉRALE DES ANIMAUX INFÉRIEURS DE LA RÉGION.

Possibilité de la vie animale dans la région des neiges et influences diverses de l'air des hauteurs sur l'organisme. — Les habitants constants de la zone des neiges. — Derniers représentants de la vie animale dans les hautes Alpes. — Trouvailles d'animaux dans les plus hautes régions. — Prolongation de l'existence chez les animaux inférieurs. — Animaux de proie et animaux herbivores. — Différences d'altitude dans la distribution des animaux suivant les différentes chaînes des Alpes 699

Chapitre VI.
LES ANIMAUX DES NEIGES.

Les différentes classes des animaux inférieurs dans la région des neiges. — Sa pauvreté en vertébrés. — Le lézard vivipare et la vipère. — Les oiseaux. — L'aigle et le gypaète. — Les choquards et les coracias. — La perdrix des neiges. — Le pinson des neiges. — Rares apparitions de mammifères 710

ESQUISSES ET BIOGRAPHIES D'ANIMAUX.

I. LE PINSON DES NEIGES.

Son séjour et ses mœurs 720

II. LA PERDRIX DES NEIGES.

Histoire naturelle. — Particularités. — Chasse . . . . 723.

III. LES CORACIAS ET LES CHOQUARDS.

Les différentes espèces de corbeaux et leur distribution. — Le coracias, oiseau rare. — Histoire naturelle du choquard. — Individus apprivoisés . 730

IV. LE CAMPAGNOL DES NEIGES.

(*Hypudæus alpinus* et *petrophilus*, Wag. *Hypudæus nivicola*, Schinz. *Arvicola nivalis*, Mart.) 742

V. LA MARMOTTE DES ALPES.

Nourriture et mœurs. — Chasse. — Habitation d'hiver et sommeil hibernal. — Migrations. — Marmottes en captivité. — Espèces étrangères . . . 750

VI. LES BOUQUETINS DES ALPES CENTRALES.

Distribution géographique et extirpation. — Description de l'animal. — Chasse. Aventures d'un chasseur valaisan. — Croisements et hybrides . 769

SECONDE PARTIE
LE MONDE DOMESTIQUE

I. LA RACE BOVINE DES ALPES.

Les troupeaux, figures nécessaires dans le paysage alpestre. — Les alpages. — Le berger et ses vaches. — Origine de l'espèce. — Bœufs étrangers et races suisses. — Importance de l'élève du bétail pour la Suisse. — La vie des troupeaux à la montagne. — Particularités du bétail des Alpes. — Les troupeaux pendant les orages de montagne. — Emanations d'animaux morts. — Le *voyage fantastique* et les vaches spectres. — Les taureaux reproducteurs et leurs dangereuses attaques. — De la beauté des vaches. — Le départ pour la montagne et le *jodel*. — Les marchands de bétail welsches. — Laitages. — Elève des veaux 791

II. LES CHÈVRES DES HAUTES MONTAGNES.

Origine et espèces voisines. — Particularités de la chèvre des Alpes. — Les troupeaux. — Chèvres engagées dans des endroits dangereux. — Vie d'été des petits gardeurs de chèvres. — Un petit chevrier de réputation universelle. — Nourriture des chèvres et produit en lait. — Chèvres de Cachemire en Suisse. — Croisements 818

III. LES MOUTONS DE MONTAGNE.

Origine de l'espèce et races. — Alpage d'été. — Les troupeaux bergamasques. — Départ pour l'alpe. — Le *Pastore* et la Société. — Manière de vivre des *Tessini*. — Produits des troupeaux. — Fromages et sérets de brebis. — Rapport des alpes à moutons. — Les cochons complément des troupeaux. — Manière de les nourrir dans l'Oberland grison 831

IV. LES CHEVAUX.

Elève des chevaux. — Races. — Les chevaux de bât. — Les chevaux des passages de montagne. — Mulets et ânes 848

V. LES CHIENS DANS LA MONTAGNE.

Les chiens des chalets. — Croisements et rage. — Les chiens de chasse et le gibier des Alpes. — Les chiens de berger. — Béloch, le chien bergamasque. — Les chiens du Saint-Bernard. — Climat et circonstances atmosphériques des environs de l'hospice. — Victimes du froid. — Le service de sûreté. — Activité et équipement des chiens. — Le fidèle Barry . 853

INTRODUCTION

Les Alpes, monde à part au milieu des pays civilisés. — Difficultés que présente leur étude. — Grandeur et variété de leurs phénomènes. — But et étendue du présent travail.

Les Alpes centrales du continent européen forment une ligne de démarcation hardie et majestueuse entre les vastes et populeuses contrées habitées par les deux races romaine et germanique. La civilisation s'est d'abord établie et largement développée sur les deux côtés de la chaîne ; elle y a employé à son profit les forces de la nature ; elle en a soigneusement cultivé le sol et lui a fait produire les plus abondantes moissons. Elle n'a pas tardé à pénétrer victorieusement dans les Alpes elles-mêmes. Sur leurs premiers gradins au nord, et entre leurs nombreuses ramifications, le peuple suisse déploie son incessante activité ; il y possède de florissantes cités où les progrès de la science, du commerce et de l'industrie témoignent d'une civilisation saine et vigoureuse, de grands et riches villages où les arts et l'agriculture prospèrent sous la protection de la liberté civile. La base des montagnes, leurs vallées moyennes et supérieures sont couvertes de hameaux et de fermes ; leur remuante population s'avance en conquérante avec ses troupeaux jusque sur les hauteurs et dans les gorges profondes des Alpes ; armée d'un nouveau genre au service de la civilisation, elle se répand en été sur la gigantesque chaîne, partout où quelque pauvre petit pâturage lui offre une place pour ses chalets, un abri pour ses animaux.

Mais c'est ici que commence la résistance de la nature aux empiètements de l'homme qui prétend se l'assujettir. Au-dessus des dernières terrasses de gazon utilisées, se dressent, éternellement majestueuses et libres, les cimes des hautes Alpes, inaccessible retraite d'une puissance étrangère, primitive et indomptable. Froides et fières, elles se refusent au service de l'homme. Le maître intelligent de la terre se trouve étranger au milieu d'elles. L'esprit, malgré toute sa vigueur, voit sa fragile enveloppe se briser contre le colossal obstacle de la matière ; la chaude haleine de la vie lutte péniblement contre le froid, contre la tempête, contre les forces écrasantes de la nature : — territoire libre, étrange, merveilleux, au milieu de pays florissants et peuplés.

Les Alpes sont l'orgueil du montagnard qui a fixé sa demeure sur leurs pentes et dans leurs vallons. Leur voisinage exerce une influence indéfinissable mais profonde sur son existence tout entière. Elles contribuent pour une part au caractère de sa vie physique et morale, sociale et politique. Son amour pour elles est presque instinctif ; il leur est attaché par les racines les plus cachées de son cœur, et, s'il vient à les quitter, il ne soupire plus qu'après le moment de les revoir.

Il les aime peut-être encore plus qu'il ne les connaît. Même aujourd'hui, après que d'admirables travaux d'art y ont depuis longtemps ouvert de magnifiques routes au commerce, et que des milliers de touristes sont venus les visiter des extrémités du monde, — même aujourd'hui qu'on cherche le point le plus convenable pour faire franchir à la cosmopolite locomotive leur échancrure la plus basse, et que le courant électrique se précipite le long des fils qui en parcourent les pentes, — même aujourd'hui que l'infatigable ardeur de savants nombreux et distingués de notre patrie a provoqué mille excursions sur leurs resplendissants sommets — même aujourd'hui, un profond mystère repose encore sur ces montagnes. Leur étonnante structure, la stratification et le bouleversement de leurs roches, la formation de leurs diadèmes de neige et de leur déserts de glace, leur influence sur les révolutions périodiques de la nature, leurs rapports avec les organismes vivants, leur première et leur dernière histoire, tous ces sujets sont autant d'énigmes qui attendent une solution. Des massifs immenses de montagnes n'ont encore jamais été foulés par le pied de l'homme et élèvent jusqu'aux cieux leurs pics sans nom; l'air pur qui les entoure n'a jamais retenti du bruit d'une voix humaine, le læmmergeier seul l'a agité de ses formidables ailes. Des glaciers de plusieurs lieues de longueur pressent leurs flots que nul voyageur n'a touchés ou seulement entrevus. Maints îlots de rochers égarés dans les glaces dérobent encore au naturaliste le secret de leur existence et de celle des plantes et des animaux qui les peuplent. Mainte vallée repose en paix au milieu des anfractuosités des hautes Alpes, à peine visitée par le chasseur, le chercheur de plantes ou de cristaux, moins connue que les côtes des îles les plus éloignées, ou les bords du Nil supérieur et du Mississipi.

Et ce n'est pas tout. Le terrain même que nous avons devant les yeux et sous nos pieds, le monde si souvent exploré des Alpes, dans les rapports de ses couches géologiques superficielles et intérieures, dans la formation de ses glaces, dans les procédés divers de sa végétation, dans ses lois météorologiques, dans ses variations et ses gradations de température, dans le mode de développement de ses êtres vivants et leurs rapports avec le sol qui les porte, leurs différences suivant la position des montagnes, les formes proprement alpines de ces êtres, cela même est un monde qui nous restera longtemps encore inconnu. Nous ne sommes qu'à la porte de la science; et qu'il est petit le nombre de ceux qui viennent y frapper et travaillent sérieusement à en franchir le seuil!

Et cependant, que de grandeur, que de merveilles, quelles promesses d'avenir dans le peu que nous ont révélé ces infatigables travailleurs au service de la science ! Autant les montagnes s'élèvent hautes et solitaires au-dessus de la plaine, autant les pensées de Dieu recélées dans leurs entrailles s'élèvent au-dessus des idées habituelles de la vie ; et nous respirerions bien plus librement, nos conceptions si souvent mesquines seraient bien autrement complètes et profondes si nous prenions soin de rafraîchir et d'étendre le cercle de nos idées par la contemplation et l'étude de ces œuvres originales et éternellement belles, si nous aimions à y chercher la pensée de l'Esprit-Créateur.

L'homme réunit lentement les matériaux nécessaires à l'acquisition de ce trésor caché. Pendant des siècles la science pousse ses galéries à la recherche des filons précieux. Elle observe, elle compare, elle observe encore, puis elle tire ses déductions et élève l'aride échafaudage du sytème. Comme l'entomologiste qui pique avec soin dans son cadre à insectes ses nouvelles acquisitions à côté des anciennes, elle enregistre minutieusement les faits nouveaux, elle travaille avec une consciencieuse fidélité à reconstruire l'œuvre divine au moyen de la poussière qu'elle a recueillie ; et souvent pour voir l'édifice élevé avec tant de peine, crouler tout à coup jusqu'à sa base ! C'est le travail patient de la taupe. Ce n'est que lorsqu'il est achevé que les résultats en passent dans le domaine public et que les vues d'ensemble qu'il a révélées deviennent la propriété des hommes instruits ; jusqu'alors nous ne sommes pour ainsi dire que sur la taupinière de quelques pouces carrés d'où nous guettons la science, — heureux encore si c'est avec le désir sérieux de satisfaire les besoins et les aspirations de notre cœur !

Les montagnes sont un monde si extraordinaire et si varié, leurs phénomènes sont si remarquables et si caractéristiques, que toute incursion dans ce domaine porte avec elle ses fruits et sa récompense. Depuis leurs bases bordées de forêts, depuis la riante région des collines sur laquelle s'ouvrent leurs vallées, jusqu'aux névés qui couronnent leurs cimes, elles sont le théâtre d'une vie diversifiée à l'infini suivant des lois régulières, modifiées par les circonstances du climat. Elles offrent souvent ainsi dans une surface ascendante de quelques milles carrés une succession d'êtres vivants, en partie inconnus dans la plaine, en partie épars à une distance de plusieurs centaines de lieues. Quelques heures de chemin nous conduisent des dernières forêts de châtaigniers, dans le voisinage desquels nous trouvons le scorpion d'Italie grimpant contre les murs, aux animaux et aux plantes à formes rabougries des contrées polaires. Les grandes différences qui existent entre les diverses ramifications des Alpes, leur position intermédiaire entre l'Europe du sud et celle du nord, leurs conditions climatologiques et météorologiques si variables, favorisent cette immense richesse de phénomènes organiques; même dans ces districts perdus au milieu des glaces, qu'on croit habituellement privés de toute espèce de vie et plongés dans le froid de la mort, nous voyons ces phénomènes se reproduire à la faveur d'un admirable concours de circonstances et avec une inconcevable ténacité. Quelle prodigieuse succession de formes animales depuis le redoutable gypaète qui, balancé sur les nuages de l'aurore, évente sa proie cachée dans quelque sombre gorge, jusqu'à la podurelle des glaciers qui se meut dans les fissures capillaires d'une mer de glace déserte ; depuis l'agile et prudent chamois, jusqu'aux infusoires microscopiques de la neige rouge !

Ce monde majestueux des montagnes, nous voulons essayer de le décrire, soit en l'embrassant dans son ensemble, soit en esquissant les principaux traits de l'histoire naturelle des animaux qui le peuplent. — Si nous pouvions par notre travail contribuer pour une part, si petite qu'elle fût, à le faire mieux connaître, nous serions heureux d'encourager ainsi des études nouvelles et plus profondes, et de rattacher les progrès de la science à cet amour inné que, d'un cœur fidèle, nous portons aux Alpes comme au berceau de la liberté et de la nationalité suisses.

PREMIÈRE PARTIE

LE MONDE SAUVAGE

> Avec leurs grands sommets, leurs glaces éternelles,
> Par un soleil d'été que les Alpes sont belles !
> Tout en leurs frais vallons sert à nous enchanter,
> La verdure, les eaux, les bois, les fleurs nouvelles.
> Heureux qui sur ces bords peut longtemps s'arrêter !
> Heureux qui les revoit, s'il a pu les quitter !
>
> M. A. Guiraud.

DÉBORDEMENT DE TORRENT

PREMIÈRE RÉGION

LA RÉGION MONTAGNEUSE

(De 2,500 à 4,000 pieds au-dessus de la mer.)

CHAPITRE PREMIER.

CARACTÈRES GÉNÉRAUX DE LA RÉGION MONTAGNEUSE.

Coup d'œil général. — Limites des régions. — Région des collines. — Richesse de la région montagneuse. — Région montagneuse indépendante; le Jura. — Région montagneuse sous-alpine.—Vallées et passages.— Bassin du Rhône.— L'Oberland bernois. — Les Grisons. — Labyrinthe romantique. — Variété du paysage. — Les lacs inférieurs et leurs environs. — Bassins d'anciens lacs. — Chutes d'eau. — Forêts caractéristiques de la montagne. — Le calcaire dans ses formations inférieures. — Terrasses. — Climat. — Cours des vents. — Leurs combats et leurs irruptions dans les vallées. — Vents locaux. — Le fœhn. — Ses signes précurseurs et ses effets. — Température des hauteurs en hiver. — Brouillards. — Caractère du paysage sous la neige. — Changement de nature dans la surface de la neige. — Influence de l'hiver sur les hommes et les animaux. — Défaite de l'hiver. — Le printemps, saison la plus bruyante de l'année dans les montagnes. — Réveil de la vie dans la nature. — Marche du printemps. — Les torrents et leurs dévastations. — Les grands éboulements de montagne. — Curiosités naturelles de la région. Les fontaines intermittentes, les grottes, les trous de vent, les glacières.

Les Alpes de la Suisse, avec leurs ramifications sans nombre et les épaulements qui les lient à la plaine, forment comme une partie organiquement articulée de la grande échine européenne de montagnes qui, avec une superficie d'environ 8000 milles carrés, et sur une longueur de 300 milles, décrit un arc à partir des côtes franco-sardes de la Méditerranée jusque bien avant dans l'empire ottoman, et étend au loin ses bras en Italie, en Allemagne et en France. La partie suisse de cette longue chaîne de montagnes en renferme les massifs les plus considérables et les sommets les plus élevés, en particulier le groupe du Mont-Rose qui a plusieurs cimes de plus de 14,000 pieds au-dessus du niveau de la mer, et un point culminant de 14,429 pieds[1], sommet le plus élevé de l'Europe après le Mont-Blanc. Nos Alpes forment par leur arête d'une hauteur moyenne de 7,600 pieds la grande muraille de rochers qui sépare le nord du midi de l'Europe; elles nous présentent dans leurs déchirements et leurs bifurcations innombrables un des plus merveilleux échantillons de l'écorce terrestre, en même temps qu'elles nous rappellent de la manière la plus frappante les longues et gigantesques révolutions auxquelles notre globe doit sa forme actuelle.

La disposition des montagnes par masses donne lieu à des phénomènes naturels particuliers qui en font un monde, un cosmos à part. Les matériaux dont elles sont formées ne sont pas les mêmes que ceux de la plaine; ce sont des amas énormes de roches plus ou moins anciennes, superposées suivant des lois qui ne sont qu'en partie connues. Il en résulte que la vie naturelle, sur cette base donnée, revêt dans ses différentes manifestations des formes tout à fait caractéristiques. Les variations atmosphériques, l'air et les vents, la chaleur et le froid, les animaux et les plantes, les lacs et les ruisseaux s'y présentent dans de tout autres conditions

---

[1] Toutes les hauteurs sont exprimées en pieds français. Dans les cas où les différentes données ne concordaient pas, nous nous sommes tenu de préférence aux nouvelles mesures trigonométriques des ingénieurs de la Confédération. Dans un petit nombre de cas où ces résultats présentaient de fortes différences avec d'anciennes déterminations barométriques et trigonométriques également dignes de foi, nous avons pris une moyenne. Toutes les fois que le contraire n'est pas énoncé, les chiffres expriment la hauteur au-dessus du niveau de la mer.

que dans la plaine et forment dans leur ensemble un monde original, plein d'une beauté et d'une grandeur qui lui sont propres. Et de même que les montagnes ont mille aspects différents, de même que leurs masses ne se reproduisent jamais identiques, mais revêtent au contraire des formes toujours fraîches, toujours neuves, de même d'ailleurs que sur une même base elles changent à chaque mille pieds d'élévation, de même aussi leurs plantes et leurs animaux, leur air, leur soleil, leur climat, leur physionomie générale présentent des caractères sans cesse diversifiés. Les phénomènes qui pour se produire dans la plaine exigent des distances énormes, la montagne les produit entre d'étroites limites; il est même un grand nombre de ces phénomènes qui lui appartiennent en propre et qui ne sont possibles que dans son sein.

Dans l'enceinte elle-même des montagnes, nous trouvons cette variété de phénomènes fixée entre certaines limites invisibles, insensibles dans leurs passages les plus rapprochés, mais à tout prendre réelles et bien caractérisées. Ces limites ne sont pas déterminées par la nature minéralogique du sol, mais par son altitude : le degré d'élévation a une bien autre influence que la constitution de la montagne. Pour acquérir une connaissance suffisante, non pas seulement des animaux, mais de la richesse en générale des productions des montagnes, il faut y établir des divisions naturelles, séparées entre elles par des limites aussi tranchées que celles qui séparent les montagnes elles-mêmes des collines et de la plaine. Mais pour ne pas être trompé dans ses calculs, il faut tenir compte de ce qu'il y a de nécessairement incertain dans la détermination de limites qui souvent échappent à l'observation et souvent aussi varient notablement suivant la direction des chaînes. C'est le règne végétal qui sous ce rapport fournit les meilleures données. Les animaux ne sont pas fixés au sol comme les plantes; la liberté de mouvement qui leur est propre fait qu'ils se trouvent souvent arbitrairement tantôt plus haut, tantôt plus bas dans les montagnes, qu'ils les quittent quelquefois tout à fait, qu'il en est même bon nombre, tant dans les classes inférieures que dans les classes supérieures, pour qui la patrie est partout. Il faut bien reconnaître que les plantes à leur tour sont soumises à l'arbitraire des éléments qui bouleversent quelquefois les conditions du sol sur lequel elles vivent; c'est ainsi que nous voyons fréquemment des plantes qui ne se trouvent naturellement qu'à 5 ou 6,000 pieds au-dessus de la mer, fleurir en petites colonies à 12 ou 1,500 pieds seulement, sur le bord des rivières et des torrents qui ont entraîné leurs graines dans les vallées et, peut-être par d'étranges voyages, jusques au loin dans la plaine. Cependant on s'aperçoit aisément que ces filles des Alpes sont étrangères au milieu de l'abondante flore des plateaux inférieurs et qu'elles semblent n'être descendues là que pour rappeler ces hautes terrasses de montagnes, leur véritable patrie, où leurs sœurs ornent de leurs épais tapis de fleurs les retraites les plus solitaires.

Quoique ce soit un caractère propre aux montagnes calcaires avancées de s'élever par gradins abruptes du fond des vallées jusqu'à une hauteur considérable, on peut dire en général que les grandes montagnes ne surgissent pas immédiatement de la plaine. Les gigantesques élévations de sol de la chaîne des Alpes ont leurs épaulements inférieurs, leur région collinaire qui semblent les lier à la plaine. Ce ne sont pas encore les premiers gradins de la montagne, c'en sont seulement les approches, s'élevant à environ 2,500 pieds au-dessus de la mer et présentant en grande majorité le même monde animal et végétal que les plateaux inférieurs. Une élévation si peu considérable ne peut être la condition essentielle d'existence que pour un bien petit nombre de formes; c'est plutôt la localité, la contrée environnante, la nature du terrain, qui sont les influences déterminantes. Mais au-dessus de cette zône commence la région de la montagne proprement dite, région bien plus caractérisée sous tous les rapports et que domine à son tour la région alpine.

La **Région montagneuse**[1] s'élève jusqu'à la hauteur de 4,000 pieds environ. Elle est formée tantôt de chaînes de montagnes basses et indépendantes, tantôt des bases élargies des hautes montagnes. C'est la région qui renferme la plus forte proportion de plantes et d'animaux, car elle possède encore en abondance et dans leur plénitude toutes les conditions de la vie ; l'existence peut s'y répandre et s'y épanouir sous des formes variées presqu'à l'infini. On n'y rencontre que de rares traces de cette vaste désolation qui règne dans les régions plus élevées et semble accabler la nature ; la terre toute pleine encore de fraîcheur et de romantique jeunesse y déploie ses plus pittoresques décorations. L'écoulement des glaciers, celui des lacs des hautes Alpes, le suintement des rochers, les eaux de mille sources diverses qui se sont réunies et se sont creusé leur lit sur les hauteurs qui dominent, font de cette zône la région des cascades. C'est aussi celle des bois et des grandes forêts, le premier échelon de la chaîne au-dessus des villages des vallées inférieures, voisinage qui y rend la culture possible et y fait trouver encore de riches et vertes prairies cultivées. On n'y voit que de loin en loin, dans de profonds enfoncements hors de l'atteinte du soleil et d'ordinaire dans le lit d'une avalanche tardive, quelques plaques de neige éternelle le plus souvent creusées en voute par le passage d'un petit ruisseau. Encore cela n'a-t-il lieu que dans le cas où la région montagneuse est attenante à la région alpine.

Lorsqu'elle est *indépendante*, la région montagneuse est d'ordinaire formée des ramifications les mieux exposées et des épaulements les plus avancés des hautes montagnes ; nous la voyons alors, largement revêtue de forêts à feuilles caduques ou persistantes, se séparer des Alpes avec une certaine hardiesse, mais

---

[1] C'est par nécessité que nous adoptons ce mot en le détournant de sa signification habituelle. Nous entendons par *région montagneuse* celle qui sépare la région des collines de la région des hauts pâturages. Dans ce sens la montagne est l'intermédiaire entre la plaine et l'*alpe* proprement dite. Du reste les détails qui vont suivre la caractérisent suffisamment. (Traducteur.)

affectant rarement des formes pyramidales bien marquées. La plus grande des chaînes indépendantes et par conséquant le représentant le plus important en Suisse de ce genre de montagnes est la *Chaîne du Jura*, longue de 51 lieues, large de 2 à 7, avec une superficie de 230 lieues carrées, pauvre en eaux dans quelques-unes de ses parties, barrière naturelle légèrement cintrée entre la Suisse et la France, s'étendant du Rhône au Rhin dans la direction du sud-ouest au nord-est et limitant au nord-ouest la haute plaine suisse. Son squelette est formé de roches de sédiment, appartenant aux formations triasique, jurassique et crétacée, recouvertes souvent de molasse dans les dépressions longitudinales, çà et là aussi de matériaux erratiques, et renferme des pétrifications en très-grande quantité, des dépôts de sel gemme, de l'asphalte (Val de Travers), du fer pisiforme dans la craie, et des sources minérales dans le keuper. Un petit nombre seulement de sommités comme la Hasenmatte (4,460 p.), le Noirmont (4,802 p.), le Chasseral (4,955 p.), dont la hauteur (calculée de 5 mètres trop forte) a servi de base aux ingénieurs chargés des opérations trigonométriques pour la carte fédérale, le Chasseron (4,958 p.), le Mont-Tendre (5,173 p.), la Dôle (5,175 p.), etc. s'élèvent jusqu'à la région alpine, mais la plupart des points élevés de cette muraille uniforme de 2 à 3,000 pieds de hauteur moyenne ne dépassent pas la région montagneuse. Sa configuration n'en est pas moins d'un grand intérêt. Il paraitrait que lors de sa formation, les couches qui s'étendaient horizontalement ont été repliées et soulevées en forme de voûtes sous l'action d'une puissante pression latérale partant des Alpes, et il en serait résulté cette succession de chaînes parallèles et de dépressions ou vallées longitudinales qui est un des caractères propres du Jura. En plusieurs points les chaines sont brisées par des coupures transversales qui portent le nom de cluses et qui donnent passage aux eaux et aux routes; en d'autres endroits les voûtes ont éclaté et leurs matériaux intérieurs (dolithe, lias, keuper) ont été chassés à la surface. Ce n'est guères que dans le tiers septentrional de sa longueur qu'on retrouve des plateaux de quelque étendue. Le Jura a un climat rude et un sol souvent peu fertile; il a cependant d'abondantes forêts. Les céréales n'y mûrissent déjà plus à une élévation peu considérable; mais des industries précieuses possèdent dans ces vallées d'un aspect sévère des ateliers florissants, particulièrement au Locle et à la Chaux de Fonds, bourgs riches et considérables, qui comptent le premier 10,000 et le second 17,000 habitants, bien que leur altitude (2,835 p. et 3,071 p.) soit presque égale à celle des sommets déserts du Brocken allemand.

Entre le lac de Genève et celui de Neuchâtel s'étend une chaîne de collines, le Jorat, qui relie le Jura aux Alpes et dont quelques sommets seulement (3,600 p.) atteignent la région montagneuse. Les autres chaînes basses de la Suisse ou se perdent très promptement dans la région collinaire, ou s'appuient immédiatement à la région alpine.

La région montagneuse que nous appellerons *sous-alpine* est formée du large épâtement qui sert de base aux Alpes, avec ses embranchements latéraux sans nombre, ses hautes vallées et ses lacs, ses plateaux, ses gorges profondes, ses larges échancrures et ses terrasses découvertes. Si nous prenons un relief de la Suisse, et que nous y coupions une tranche horizontale renfermée entre les limites de 2,500 pieds et de 4,000 pieds, nous trouvons dans ce segment, qui ne serait autre chose que notre région montagneuse, une foule de ravissantes contrées et en particulier plusieurs de ces vallées fameuses pour leur beauté, dont les côtés sont formés par des parois à pic taillées pour ainsi dire dans la masse même de la montagne, et dont la base s'élevant en pente douce va se perdre au fond des retraites les plus sévères et les plus imposantes des hautes Alpes.

L'industrie du Jura n'anime point ces hautes vallées, mais partout de pauvres petits villages se cachent dans leur sein jusqu'aux plus grandes élévations, et les montagnes et les pacages de la région sont abondamment semés de maisons de paysan isolées, de granges et de chalets.

De grandes routes commerciales suivent souvent ces vallées. Celles-ci présendant alors de remarquables tableaux de genre de la civilisation moderne au milieu de la solitude d'une nature grandiose. Le grand nombre des touristes qui visitent les cascades et les glaciers, ou font des ascensions sur les montagnes, animent aussi ces hautes vallées. Mais tandis qu'en été et en hiver elles sont parcourues par des voyageurs et de longs convois de voitures ou de traîneaux chargés de marchandises, toute cette vie s'éteint dans l'arrière automne, et les grands et splendides hôtels qui en étaient le centre ne paraissent plus en hiver que comme des hôtes égarés dans le voisinage des Alpes. Il en est de même des bains nombreux où des sources minérales froides et chaudes amènent chaque été de la plaine des centaines d'étrangers.

Le bassin du Rhône est particulièrement riche en vallées latérales, dirigées, soit au sud, soit au nord, vers la double chaîne qui le forme; elles ressemblent tantôt à de vastes cirques, tantôt à de longues galeries; la vallée principale au-dessus de la terrasse de Lax appartient elle-même à cette remarquable formation. Ces vallées s'enfoncent souvent dans une longueur de cinq ou six lieues et avec une faible pente jusqu'au cœur des Alpes où elles forment, entre de redoutables pics et des crêtes continues, les enceintes les plus retirées; souvent aussi, particulièrement sur le côté exposé au midi, elles ne sont que d'une médiocre étendue et se perdent rapidement, au milieu d'un monde de décombres, dans les pentes les plus escarpées. En tout cas les eaux fournies par trois des côtés de ces fonds de vallées se réunissent dans un lit plein de gros cailloux et de blocs polis, et vont s'écouler par le quatrième, et souvent à travers de profondes fissures, dans les bassins des rivières et des lacs inférieurs. Il en est de même de la partie sud du canton de Berne : deux lacs importants y sont comme le rendez-vous central vers lequel viennent déboucher de l'est, du sud et de l'ouest une quantité de longues vallées. Sous ce rapport, les parties intérieures de la Suisse sont moins variées, du moins quand elles ne s'appuient pas immédiatement aux hautes Alpes. Les Grisons, au contraire, ne sont qu'un vaste réseau de vallées élevées qui appartient en entier, sauf quelques parties d'une étendue insignifiante, à la région montagneuse proprement dite. Aussi ce canton est-il le plus riche entre tous en animaux propres aux grandes montagnes; c'est une mine inépuisable pour le naturaliste. Nulle part nous ne rencontrons des enchevêtrements de montagnes plus compliqués, des vallées plus ravissantes, une végétation plus intéressante; l'histoire elle-même vient ajouter aux charmes du paysage l'attrait de ses romantiques souvenirs. Sans cesse de chaudes et fertiles vallées y alternent avec des forêts désertes qui montent rapidement vers les sommets, ou avec des ravins sauvages le long desquels les torrents se précipitent avec fracas. Il semblerait que la mort et l'épouvante puissent seules se rencontrer au fond de ces gorges, et cependant les châteaux héréditaires des nobles familles de la Rhétie s'élèvent, hardiment perchés comme des nids d'aigles, au-dessus de ces effroyables abîmes.

La partie supérieure de la vallée de la Reuss présente quelques contrastes de ce genre; mais le canton des Grisons avec ses 150 vallées passera toujours pour celui des districts de montagnes où la nature se montre la plus capricieuse, la plus riche en surprises, en moyens, tour à tour gracieux ou grandioses, pour offrir aux regards les scènes les plus majestueuses ou les plus riantes. Ses montagnes n'aspirent pas, si nous osons ainsi dire, à se transformer en de gigantesques sommets; elles ne renferment aucun des colosses glacés de la Suisse; mais, par contre, l'étonnante complication de ces bras qui se croisent dans tous les sens y rapproche la nature du nord de celle du midi et fait de cette contrée une réunion incomparable de croupes, de hauts plateaux, de vallées, d'encaissements, de déchirures, de labyrinthes de forêts, de cimes isolées, de terrasses couvertes de riches pâturages, de sombres gorges remplies de ruines, dont il est difficile d'embrasser l'ensemble.

Il résulte de cette configuration du sol que le paysage de la région montagneuse présente les contrastes les plus inattendus. Le voyageur suit le lit rocailleux d'une eau verdâtre et écumante; à droite et à gauche ce sont des pentes escarpées qui montent jusqu'au pied des murailles crénelées des Alpes; on n'y voit que des éboulements de pierres, de maigres buissons qui marquent le cours des ruisseaux du printemps, quelques blocs à moitié couverts de mousse; le regard n'embrasse plus qu'une étroite enceinte, le sentier devient plus rapide et plus sauvage, les rochers se rapprochent comme pour fermer la route. — Tout-à-coup, sur le haut du passage, le ciel s'ouvre et l'horizon s'étend. Une vallée de la plus fraîche verdure, un lac d'un vert foncé se déroulent aux regards comme une scène d'idylle. Les pyramides de rochers semblent s'être retirées tout à l'entour par respect pour la paix sérieuse et mélancolique du paysage. D'épaisses forêts de hêtres et de sapins atteignent çà et là jusqu'au bord de l'eau qui, pure et reconnaissante, reflète leur image et celle des cimes encore sillonnées de neige. Derrière le lac, des prairies embaumées, des croupes d'un vert brillant s'élèvent en pente douce jusqu'aux Alpes qui forment l'arrière-plan. Quel tableau! quelle poésie!

Ces lacs des montagnes inférieures diffèrent assez des lacs des hautes Alpes; le cadre en est en général plus pittoresque et plus gracieux. La couleur en est très-variable : les uns sont d'un bleu foncé, d'autres d'un vert sombre; ceux-ci sont d'un vert clair, ceux-là d'un blanc sale, sans qu'on ait pu jusqu'ici déterminer la cause de ces teintes diverses. On n'a étudié attentivement ni la profondeur ni la structure intérieure de ces bassins produits sans doute par l'érosion des eaux; mais il est probable que le fond en est garni de rochers, et de crevasses remplies de graviers par lesquelles s'échappent des sources nombreuses. Les habitants des montagnes vantent volontiers l'immense profondeur des eaux de leurs lacs et, participant au penchant de la nature pour les merveilles et le mystère, ils les peuplent de poissons monstrueux. Tantôt des torrents sauvages descendent en grondant des rochers voisins et se jettent dans le miroir tranquille du lac en y dessinant une longue traînée d'une eau jaunâtre et troublée; tantôt de légères écharpes de vapeur se balancent le long de parois à pic pour se réunir à leur pied sous forme de ruisseaux qui vont en murmurant marier leurs ondes limpides à celles du bassin. Quelques collines avancées ou des rochers en prolongement de la montagne font saillie sur le bord et y forment des baies sombres et paisibles, plus rarement des îlots verdoyants. Quelques cabanes isolées de berger ou de pêcheur, quelquefois de petits villages s'élèvent sur la rive; leurs laborieux habitants exploitent, pour vivre, les profondeurs des eaux ou les vertes terrasses des montagnes d'alentour. Il n'est pas rare de voir une riche végétation orner les rives marécageuses de ces bassins et cacher dans son sein la vie animale qui s'y développe avec abondance à tous ses degrés. Ces lacs « fleurissent » quelquefois aussi bien que ceux de la plaine. C'est ainsi, par exemple, que les eaux du lac de Cauma près de Flims (3,080 p.) sont souvent par places d'un beau rouge vineux, par l'effet des masses de *protococcus* qui y croissent.

Il est probable que la plupart de ces enceintes en forme de cirques qu'on rencontre dans la région montagneuse, et peut-être aussi celles de la région alpine, ont servi de bassin à quelqu'un de ces paisibles lacs aux vertes ondes. Ils se sont vidés avec le temps. Aussi bien que les peuples, les montagnes ont leur destinée. Les eaux courantes rongent de leurs invisibles dents le barrage qui sépare le bassin d'un lac d'un bassin inférieur et finissent par s'y frayer passage. Quand ces barrages sont trop larges et trop résistants, le lac vient s'y appuyer, abandonnant toujours plus les prairies du bord opposé. De là la surprise du voyageur lorsque, gravissant le rocher qui sert de barrière au bassin, il se trouve tout-à-coup en face d'un miroir tranquille, d'un lac entouré de ses splendides décorations.

L'Obwalden, avec ses trois bassins, présente un grand intérêt sous ce rapport; c'est un modèle régulier et sur une grande échelle de ces vallées à gradins successifs. Sur le plateau inférieur, le lac d'Alpnach étend au loin ses contours; plus haut, sur la seconde terrasse, est le joli lac de Sarnen, et par derrière, dans les montagnes, sur la dernière terrasse et la plus élevée, est le lac de Lungern, aujourd'hui à moitié desséché par le moyen du canal artificiel creusé dans le barrage de Kaiserstuhl et qui vide ses eaux dans le bassin du milieu. La vallée du Hasli, celle du Rhin postérieur et d'autres présentent une disposition analogue de terrasses en gradins, mais les bassins sont plus étroits et ne retiennent point d'eaux.

Si l'arête par-dessus laquelle le lac ou les neiges déversent leurs eaux est taillée à pic, le ruisseau fait une chute, et, comme en général c'est précisément la base des montagnes calcaires qui présente le plus de parois abruptes et de terrasses escarpées, cela nous explique pourquoi tant de vallées suisses sont si riches en belles cascades. Après les orages ou pendant la fonte des neiges, ces cascades se montrent suspendues à toutes les parois de rocher; mais elles tarissent en grande partie pendant les chaleurs de l'été. Les vraies cascades, les cascades permanentes, ces spectacles naturels tant admirés des touristes sont, quant aux formes, aux couleurs et au bruit, de vraies individualités; chacune a son caractère, son fracas particulier, ses décors, ses masses, ses effets de lumière etc. L'une, très-abondante, gronde sourdement dans une cavité en forme de grotte; de ses dents humides elle s'est creusée un profond entonnoir qu'elle remplit à moitié, en même temps qu'elle en ronge le bord pour l'écoulement de ses eaux; la moitié inférieure de la chute ne reçoit jamais un rayon de soleil: tandis que la partie supérieure, éclairée des teintes chaudes du couchant, coule comme un torrent de lave d'or, l'inférieure rejaillit hors du gouffre, ruisselant en une poussière grise que le courant d'air emporte vers la montagne sous la forme de brouillards fantastiques. Une autre est cachée au plus profond d'une forêt de sapins qui s'ouvre tout à coup pour laisser voir le torrent se précipiter en deux ou trois bras le long des parois d'un large rocher. Une autre est complétement suspendue dans les airs; une corniche en saillie en rejette les eaux loin du rocher; la paroi est élevée; le ruisseau ne peut tenir ses flots rassemblés ; ils se résolvent en un réseau vaporeux de perles étincelantes qui, entraînées au gré des vents, semblent avoir peine à atteindre le sol, mais qui, bientôt après ce saut formidable, reprenant leur ancienne forme, continuent gaiement leur chemin comme si rien ne s'était passé. De loin ces cascades de poussière, fort nombreuses dans la région montagneuse et dans la région alpine, prennent, de nuit surtout, l'aspect le plus fantastique. Ce sont alors comme des ombres ossianiques vêtues de blanc qui, sous toutes sortes de formes, voltigent avec de sourds frémissements le long des rochers ; mais de jour, quand les rayons du soleil les éclairent sous une direction favorable, elles ressemblent à des palmes resplendissantes qui ondoient et se succèdent l'une à l'autre sous des figures toujours nouvelles. Souvent aussi de jeunes torrents tombent avec violence d'étage en étage le long des rochers en terrasse, formant plusieurs chutes, dont chacune à part est un tout qui, par sa hauteur, sa largeur, son encadrement, porte son cachet particulier, tandis que, vu de loin, l'ensemble lui-même présente le plus admirable spectacle. Souvent la chute s'étale devant les regards dans toute son ampleur ; d'autres fois, au contraire, elle est en partie cachée par un rocher en saillie, un buisson, un bouquet de noirs sapins. Sur mille cascades il n'y en a pas deux qui soient semblables, et chacune anime le paysage à sa façon.

Les forêts de la région montagneuse ne sont un peu vastes et compactes que dans quelques districts moins habités où la nature a conservé sa prépondérance primitive. D'ordinaire, massées à leur base, elles se divisent à mesure qu'elles s'élèvent et n'atteignent la région supérieure que par lambeaux, par bandes étroites souvent interrompues et déchirées. Plus elles montent, plus la lutte avec la nature inorganique devient violente et inégale : les rochers les séparent, les éboulements les arrêtent, les avalanches y font de larges trouées, les torrents les engloutissent en se creusant leurs lits, les pierres, les blocs isolés les dévastent dans leur chute. Il n'est pas rare de voir toute végétation arborescente un peu vigoureuse s'arrêter immédiatement au-dessus du fond de la vallée. Les talus sont trop raides, et les éboulis partiels qui se renouvellent détruisent les jeunes bois à mesure qu'ils se forment. De loin en loin, dans les expositions chaudes et abritées, la riche et délicate verdure des arbres à grandes feuilles orne la région jusqu'à sa limite supérieure et même au delà; mais d'ordinaire, et surtout sur les versants du nord, ce sont des bandes noires de sapins qui caractérisent le paysage. Les arbrisseaux seuls garnissent les rochers et les ravins, et vont chercher bien haut, au milieu des cailloux, les derniers vestiges de terre végétale. Dans la région montagneuse indépendante, les forêts s'étalent au contraire tout à leur aise; elles franchissent encore dans toute la puissance et tout le luxe de leur végétation les pentes douces de la montagne, pour venir en couronner les sommets arrondis, interrompues çà et là par des pâturages, des prairies marécageuses, ou les figures régulières des champs cultivés.

Comme nous l'avons déjà remarqué, les montagnes calcaires sont ordinairement plus hardiment découpées que les autres. En deux ou trois sauts, pour ainsi dire, et presque sans intermédiaire, elles viennent poser leur pied dans le fond de la vallée qu'elles ceignent de leurs immenses parois escarpées; dès la base elles s'élèvent abruptement et sous des formes vigoureusement dessinées. Mais quand, par les zigzags d'un pénible sentier, on est parvenu au-dessus de la première assise, on se trouve le plus souvent sur de vertes terrasses d'une assez grande étendue, dans des paturages en gradins où la montagne semble prendre haleine et se reposer des rudes efforts qu'elle a faits pour gagner l'air et le ciel. Souvent ces pâturages se prolongent jusque dans quelque enfoncement du massif où les avalanches ont accumulé de la neige salie et d'où s'échappe un petit ruisseau blanchi d'écume. Des chalets, des maisons, même de petits villages, partout où la place le permet, animent ces paisibles et verts plateaux entourés de toutes parts de forêts de sapins qui reprennent ici leurs droits.

Les circonstances qui influent sur le développement de la végétation sont, avant tout, la température moyenne annuelle et les températures extrêmes des mois et des jours. Ce sont ensuite les vents prédominants, la profondeur de l'humus, la constitution minérale et la température du sol, l'abondance des eaux, la direction des vallées, l'exposition des pentes, les différences de pression atmosphérique, la répartition et la quantité de l'humidité répandue dans l'air. Sur le versant nord de la chaîne, la contrée prend un caractère alpin prononcé beaucoup plus tôt que sur le versant sud, surtout si celui-ci a des prolongements favorablement exposés et que le premier soit dominé immédiatement par les hautes Alpes. Le climat est tout différent suivant les districts. Quand les vallées sont ouvertes au nord et leurs côtés formés par de hautes parois qui ne laissent que difficilement pénétrer le soleil dans l'étroit intervalle qui les sépare, le froid y est beaucoup plus vif que dans les vallées plus élevées, mais ouvertes au midi et protégées de tous les autres côtés. C'est ainsi que le Jura, dont les sources ont une température moyenne de 6° jusqu'à 8,5°, a, surtout dans son versant nord, un climat rigoureux et glacé qui ne peut pas se comparer à celui des localités au même niveau dans le Valais, le canton d'Uri ou les Grisons. La plus ou moins grande chaleur d'une vallée dépend de beaucoup de circonstances, parmi lesquelles l'orientation, l'exposition, les vents dominants jouent le rôle principal. Cependant il est rare de trouver deux vallées voisines où la température soit la même, parce que les courants d'air produits par la tendance de l'atmosphère à s'équilibrer viennent se heurter partout contre des obstacles. Il y a des arêtes de montagnes qui empêchent absolument tout passage de courant d'air d'une vallée à l'autre ; on rencontre même des enfoncements et des enceintes qui sont remarquablement à l'abri de toute espèce de vents. Dans ces retraites privilégiées, l'égalité de l'atmosphère favorise admirablement la végétation, et par suite le développement des animaux. On sait au contraire que les cols, surtout quand ils relient entr'elles deux grandes vallées, sont continuellement balayés par les vents. Ceux-ci cherchent naturellement les passages les plus bas et soufflent perpétuellement dans les échancrures qui leur servent de canal, alors même que l'air est parfaitement tranquille près des cimes et au fond de la vallée. Le contraste est encore plus frappant lorsque l'atmosphère est réchauffée d'un côté par une exposition favorable à l'insolation, et refroidie de l'autre par le voisinage de quelque grand glacier. Les courants d'air sont d'ailleurs des forces très-connexes. Les crêtes de montagne et les parois sans nombre qui s'élèvent dans des directions différentes détournent le vent et en modifient le cours naturel. Il vient se briser contre une muraille de rochers, il en suit la direction pour rencontrer de nouveaux obstacles qui lui impriment un nouveau cours, et il n'est pas rare ainsi de voir le vent du nord, par exemple, se transformer dans une vallée en vent du sud, ou le vent d'est passer à l'ouest; cependant les habitants des vallées ne se prennent pas à ces apparences et distinguent très-bien les caractères propres à chaque vent.

Lorsque le vent qui souffle dans les régions supérieures de l'air n'a pas encore acquis une direction générale et bien déterminée, on voit souvent dans les vallées des vents très-différents qui se dirigent d'après les circonstances locales de refroidissement ou de réchauffement de l'air, et ces derniers se maintiennent longtemps encore après que le vent dominant a pris de la force et un cours plus régulier. De là ce phénomène remarquable et assez fréquent de hauts nuages tourmentés, fouettés vers le nord avec une rapidité prodigieuse par le vent du sud, pendant que d'autres restent suspendus sans mouvement le long des flancs de la montagne ou se traînent lentement du côté du midi. On dit alors qu'il y a combat entre les vents; mais le combat finit ordinairement par la victoire du vent supérieur qui, après de terribles assauts, descend à son tour dans la vallée, où la résistance du vent local occasionne des tourbillons furieux et dévastateurs. Si les parois d'une vallée sont découpées et échancrées, cette circonstance favorise l'accès des vents latéraux qui, par la violence de leurs rafales, y produisent quelquefois de véritables tempêtes.

Si, au contraire, les parois latérales sont dominées par les hautes Alpes, le vent doit suivre la direction de la vallée. C'est ainsi que dans le Valais on ne connaît guères que les vents d'est et d'ouest, dans la vallée supérieure du Rhin ceux du nord et du midi.

Il arrive quelquefois que les vallées ont une position et une forme particulières qui y déterminent des courants d'air, tandis que dans la plaine l'atmosphère est parfaitement tranquille. Elles ont des vents locaux bien connus et constants dans leur direction, comme par exemple, dans le Jura méridional, le Joran et la Montaine. La chaleur du soleil, réfléchie par les rochers, réchauffe la masse d'air ambiante; celle-ci se dilate, monte, et entrant dans de petites vallées plus élevées et plus froides y produit de nouveaux courants; après le coucher du soleil, cet air se refroidit et se précipite de nouveau dans la vallée. Il est des contrées où, par le beau temps, on peut préciser l'heure de ce phénomène remarquable de courants proprement ascendants et descendants. Dans le voisinage des grandes étendues de glace ou de neige, l'air refroidi forme aussi des courants réguliers qui descendent dans les vallées. C'est ainsi que les vents s'individualisent dans les montagnes suivans chaque localité, et quand le temps est calme on peut observer dans chaque gorge, dans chaque bras de vallée, dans chaque bassin partiel, des courants d'air tantôt chauds, tantôt froids, qui se jettent dans la vallée principale ou qui en sortent.

Dans toutes les montagnes de la Suisse, à peu d'exceptions près, le *Fœhn* est le vent le plus connu, celui dont les effets sont les plus sensibles. Le fœhn n'est pas un vent local: c'est un vent général européen, ou plutôt africain. De même que le vent froid du nord a probablement son origine dans les régions polaires arctiques, le vent humide et pluvieux de l'ouest dans l'Océan atlantique, c'est des sables brûlants de l'Afrique que nous vient le vent du sud ou sud-ouest, le fœhn, dont la chaleur est souvent excessive. La chaîne des Alpes devrait, ce semble, nous en garantir; mais en réalité elle ne fait qu'augmenter sa violence. Quand le courant d'air chaud arrive sur les Alpes et les franchit, au lieu de passer par-dessus les vallées il s'y précipite au contraire avec force, parce que ses couches inférieures sont refroidies et rendues plus pesantes par le voisinage des neiges. Ce phénomène doit se produire avec d'autant plus d'intensité que les glaciers sont plus froids et les vallées moins réchauffées par le soleil. L'équilibre ne peut alors se rétablir que d'une manière violente. Des observations précises constatent en effet que c'est en hiver et au commencement du printemps que le fœhn est le plus fréquent, et que lorsque le soleil a attiédi l'air des vallées il ne souffle plus que dans les hautes régions demeurées froides. C'est pour le même motif qu'il est beaucoup plus vif pendant la nuit que pendant le jour.

Les phénomènes atmosphériques qui accompagnent le fœhn sont très-remarquables. A l'horizon, du côté du midi, apparaît un léger voile de nuages aux nuances variées qui se fixe à la cime des montagnes. Le soleil descend pâle et sans éclat sur un ciel embrasé. Longtemps les nuages sont empourprés des teintes les plus vives. La nuit est accablante, sans rosée, rafraîchie seulement par intervalles par quelque courant d'air froid. La lune s'entoure d'un cercle rougeâtre. L'atmosphère prend un degré de clarté et de transparence tel que les montagnes paraissent se rapprocher; une teinte bleuâtre violacée se répand sur l'horizon. On entend au loin, au milieu du silence de la nuit, le mugissement des forêts sur la montagne, le grondement sourd des ruisseaux enflés par la fonte des neiges. Il semble qu'une agitation mystérieuse s'étende de proche en proche et gagne la vallée. Quelques rafales violentes, glacées en hiver par leur passage sur les neiges, et suivies tout à coup d'un calme profond, sont les derniers précurseurs de la catastrophe. Les flots brûlants du fœhn ne tardent pas, en effet, à se précipiter du haut de la montagne, et pendant deux ou trois jours l'ouragan, par accès, s'abat avec fureur sur la contrée, bouleversant toute la nature, déracinant les arbres et les précipitant par milliers du haut des rochers dans l'abîme, faisant déborder les torrents et voler en éclats la toiture des maisons et des chalets. C'est une épouvante générale dans tout le pays. Le fœhn souffle avec plus ou moins de force dans toutes les vallées situées au nord de la chaîne des Alpes et dans son voisinage immédiat; mais il n'est nulle part aussi violent que dans celles qui y aboutissent directement et sont fermées au midi par ce gigantesque rempart qui semblerait au contraire devoir les en garantir.

Le fœhn étend aussi son influence sur l'organisme animal. La sécheresse et la chaleur de ce vent surexcitent d'abord les fibres, pour les détendre ensuite. Les chamois inquiets gagnent les pentes au nord et les enfoncements abrités de la montagne. Les chevaux, les vaches, les chèvres, en proie à la même inquiétude, cherchent un peu d'air frais pour rafraîchir leur gorge et leurs poumons desséchés. Les oiseaux semblent avoir fui les bois et les champs, et ceux qui sont surpris au milieu de leur migration du printemps vont en hâte se réfugier dans quelque retraite. L'homme participe au malaise général; il se sent accablé; son âme elle-même s'affaisse sous le poids de l'angoisse nerveuse qui s'empare de ses membres. Le feu s'éteint soigneusement dans l'âtre. Le guet, dans plusieurs vallées, court de maison en maison pour s'assurer que toutes les précautions sont prises à cet égard, car la moindre étincelle égarée sur ces bois desséchés par le vent causerait d'affreux incendies, comme le bourg florissant de Glaris en a fait la triste expérience dans les journées du 10 et du 11 mai 1861[1].

Et cependant, quoique le fœhn soit le plus dangereux des vents de la montagne, son arrivée est saluée avec joie au printemps. Il détermine dans toute la région la fonte de quantités énormes de glaces et de neiges, et change ainsi subitement l'aspect de la con-

[1] L'étude scientifique du fœhn est à peine commencée, et, à notre connaissance du moins, un seul de ces grands ouragans a été décrit dans sa marche avec quelque précision. C'est celui du mois de juillet 1841. Il était à Alger le 17 à 9 heures du soir, soufflant directement du sud; le 18 on l'observait à 3 heures du matin à Marseille; il arrivait à Zurich à 8 heures dans la direction S-S-O puis S-O; l'après-midi à 3 h. il était à Leipzig, soufflant d'abord du S-O puis de l'O-S-O; et allait s'éteindre en Pologne. A son apparition à Zurich il avait une température de 28,1°C. et brûla toutes les plantes délicates; mais il se rafraîchit peu à peu et sa température n'était plus à midi que de 21,7° et à 3 h. de 18,7°.

trée. Dans la vallée de Grindelwald il fond souvent dans l'espace de 12 heures une couche de neige de 2 $^1/_2$ pieds d'épaisseur. C'est le véritable messager du printemps : car il fait plus en 24 heures, pour amollir et fondre les vieilles couches de neige durcie, que le soleil n'en peut faire en quinze jours. Comme dans plusieurs localités de la plaine il est nécessaire en automne à la maturation des raisins, il est de même dans beaucoup de hautes vallées encaissées la *condition du printemps*. S'il n'y venait de temps en temps faire disparaître par sa vivifiante chaleur les premières assises d'un névé à mesure qu'elles s'y fixent, certaines vallées élevées n'auraient jamais d'été, jamais de vie, mais toujours probablement des glaciers en progrès. Dans le canton d'Uri, où il souffle d'une manière assez régulière et continue, c'est à cette circonstance que les habitants doivent de voir les glaciers descendre si peu dans les vallées, et les paturages bien plus tôt accessibles que ceux d'autres districts à la même hauteur. Le fœhn est donc heureusement pour les hommes et pour les champs l'agent le plus actif de la fonte des neiges, et, en entretenant par sa chaleur une évaporation considérable dans l'humidité des hauteurs, il prévient le débordement des torrents. Par contre, il compromet trop souvent la récolte des arbres fruitiers en en desséchant les fleurs, il roussit les feuilles, il brûle et noircit les buissons d'ortie comme si le feu y avait passé. Le hêtre et le blé sarasin ne peuvent réussir sur les pentes où il souffle fréquemment.

 D'ordinaire ce vent remarquable règne en même temps que la bise ou vent du nord, avec lequel il lutte presque toujours victorieusement. Les nuages indiquent clairement le lieu de la rencontre. Quelquefois les deux vents courent longtemps l'un au-dessus de l'autre en sens opposé sans se contrarier dans leur course. Quand la bise ou le vent d'ouest vient à succéder au fœhn, la masse des vapeurs produites par ce dernier se résolvent en pluies torrentielles qui tombent deux ou trois fois plus serrées dans la montagne que dans la plaine. Souvent aussi, principalement en automne et au premier printemps, le fœhn souffle doucement pendant plusieurs semaines dans les hautes Alpes, avec un temps magnifique, tandis que c'est plutôt un léger vent du nord qui règne dans les vallées, ou que le calme y est complet. Il en résulte alors que les forêts les plus hautes et quelques portions de montagnes sont quelquefois libres de neige même en décembre et janvier, que la gentiane printanière y épanouit ses corolles, que les mouches y voltigent dans les airs, que les lézards y prennent leurs ébats autour des cailloux, pendant que dans la vallée les branches des grands sapins plient sous le poids des neiges, et que les cristaux de glace étincellent dans le lit du torrent. Ou bien la région supérieure jouit d'un air serein et d'un superbe soleil, pendant que les vallées jusqu'à une certaine hauteur, souvent très-nettement déterminée, sont perdues dans une mer épaisse de brouillards, tantôt immobiles, tantôt mouvants, au-dessus desquels les pics isolés et les crêtes ressortent avec une admirable pureté. Si le vent du nord vient à se lever, il fait disparaître en quelques instants tous les décors de ce grand spectacle ; il roule ces longs tapis de brouillards et les jette par-dessus la montagne : tout le paysage devient transparent, sec et froid. Plus souvent la bise condensant les vapeurs invisibles rassemblées par le fœhn sur les hauteurs les transforme en un voile léger qui bientôt s'étend plus épais sur l'horizon entier; des traînées de nuages courent avec violence le long des flancs des montagnes et finissent par se résoudre en une pluie ou une neige abondantes.

La formation des nuages est presque continuelle en automne dans la région montagneuse inférieure; dans la partie supérieure de cette région et dans la région alpine elle l'est presque toute l'année. Elle est quelquefois accompagnée de phénomènes remarquables. Tantôt les brouillards s'étendent en longues bandes au-dessus des marais et des cours d'eau; tantôt ils sont poussés le long des pentes des montagnes sous mille formes, et groupés de mille manières différentes; tantôt ils couvrent ou les hauteurs ou les bas-fonds en masses si compactes qu'on les prendrait pour des corps solides. Sont-ils chassés d'une vallée, on les voit quelquefois s'arrêter sur le sommet du passage, au partage des eaux, ou bien sur quelque échancrure latérale, et y former comme des murailles immobiles de plusieurs milliers de pieds de hauteur. D'autres fois ce sont deux vallées adjacentes dont l'une jouit du plus beau soleil, tandis que l'autre est entièrement couverte d'un sombre manteau de nuages. Si le vent chasse les brouillards dans la vallée la plus chaude, ils se dissipent quelquefois à son entrée sans y troubler la parfaite sérénité du ciel. Les brouillards ont une influence fâcheuse sur les végétaux et les animaux; ils entretiennent le froid dans l'air et l'humidité dans le sol. En revanche ils contribuent au printemps à la fonte des neiges en empêchant le rayonnement nocturne, et maintiennent la végétation sur quelques corniches de rocher, pauvres en humus, et qui seraient bientôt desséchées sans l'humidité qu'ils leur apportent.

On voit quelquefois dans les plus beaux jours de l'été les brouillards s'amonceler sous la forme de gros nuages épais, *cumuli*, sur la partie la plus élevée des montagnes. Ce sont les roches refroidies par le rayonnement nocturne qui condensent les vapeurs ascendantes. Vus de la vallée, ces nuages semblent suspendus immobiles aux flancs des rochers; mais de près, on voit très-bien qu'ils se renouvellent continuellement par le dessous, à mesure que leurs parties supérieures ou latérales se dissipent ou sont entraînées par le courant d'air.

Quelques semaines avant l'époque où l'hiver arrive dans la plaine, il descend de la région alpine dans celle des montagnes, non pas tout à coup et d'une manière permanente, mais par invasions successives. Quelquefois en octobre et novembre il lance déjà sur la contrée des rafales de neige, accompagnées d'un froid piquant; la glace se forme au bord des ruisseaux, et le givre sur les buissons; mais il cède bientôt à l'influence encore puissante du soleil. A mesure que les jours diminuent, l'hiver gagne du terrain, et souvent en une seule nuit toute la région se couvre d'une couche de neige qui ne doit plus disparaître. Ce n'est que dans les versants au sud et dans les pentes bien exposées qu'il doit plus longtemps disputer la victoire au soleil et au fœhn. La neige ne tient d'abord que sur les prairies sèches et les pâturages tournés au nord ; bientôt elle gagne le côté du midi, et finit par tout couvrir, tout combler, même les forêts de sapins, au travers desquelles elle pénètre en poussière jusqu'au sol. Le pays entier perd ses traits ordinaires, son relief et ses aspérités, pour revêtir des formes arrondies et uniformes ; la vallée n'est plus qu'un enfoncement à surface unie et, pour ainsi dire, une banalité abstraite. Les ruisseaux se prennent, les cascades sont remplacées par d'énormes colonnes de glace appliquées aux rochers ; çà et là seulement apparaît quelque arête nue, constamment balayée par le vent. Le berger se fraie avec peine un chemin vers son étable bien close ; les perdrix qui s'étaient laissées ensevelir avec résignation sous la neige cherchent quelque graine égarée autour des granges solitaires ; les belettes, les écureuils, les martres, les lièvres et les renards, se défiant de cette neige tendre, profonde et perfide, osent à peine quitter leurs nids et leurs tanières.

Mais à la première nuit d'un temps clair, la neige prend un autre caractère ; après un jour chaud, elle se couvre d'un vernis glacé et consistant, ou bien sous l'influence d'un vent froid, elle se cristallise et s'accumule dans les fonds. Le soleil du lendemain ne trouve plus sur la terre une couverture cotonneuse et d'un blanc mat, mais une cuirasse dure, ferme et brillante. Des millions de cristaux étincellent et éblouissent les regards. Les quadrupèdes, sentant leur voie assurée sur cette surface solide qui crépite sous leurs pas, rôdent nuit et jour par monts et par vaux ; leurs pistes à peine marquées se croisent en tous sens dans les champs et les bois. Le premier coup de vent soulève des millions d'atomes neigeux, couvre d'immenses étendues de cette poussière, efface toutes les traces, ou les remplit comme à plaisir d'aiguilles et de graines de sapins. Des tourbillons de neige se soulèvent sur les cimes ; les hauteurs « fument » ; une partie de cette poussière se répand sur le bleu du ciel en petits nuages de diamants, tandis que les masses plus pesantes descendent en cascades le long des flancs escarpés de la montagne et coulent dans les précipices comme des écharpes flottantes.

Pendant des jours, pendant des semaines, le temps se maintient ainsi sec et froid sur la montagne, sans que rien en vienne troubler la monotonie. La neige et le givre s'y succèdent tour à tour. Le givre recouvre toute la campagne d'admirables et délicates dentelures; ses longues aiguilles s'attachent aux branches des arbres, aux buissons, aux fontaines des chalets, aux pieux des clôtures, et les revêtent des formes les plus originales et les plus poétiques, — jusqu'à ce qu'un nuage humide vienne détruire ce gracieux spectacle, ou un brillant soleil d'hiver fondre ces figures vaporeuses, pour les remplacer la nuit suivante par une couche de glace sèche et vitreuse. Les montagnards attellent alors leurs traîneaux et se rendent à leurs forêts la hache à la main. Le traînage sur la neige rend seul possible l'exploitation des bois dans la moitié de la région montagneuse. Les sapins et les hêtres tombent avec fracas; leurs troncs ébranchés descendent comme des flèches le long des couloirs; des chevaux à forte membrure les entraînent d'un pied sûr et rapide le long des pentes et des ravines glacées jusqu'au village de la vallée. Le renard glapit la nuit dans les buissons; les forêts retentissent pendant le jour des hurlements des chiens de chasse et des coups de feu du chasseur. Peut-être même pourriez-vous entendre les battements de cœur précipités d'un lièvre longtemps poursuivi, ou le vol pesant d'un tétras épouvanté. Le cincle siffle au bord du ruisseau; le pinson des neiges ou le troglodyte disent leur jolie chanson dans les taillis des grand bois. Plus la physionomie de la nature est tranquille et solitaire, plus les sons isolés qui rappellent la vie frappent par leur fraîcheur et leur gaité. Mais ce qui manque alors par-dessus tout au paysage, c'est l'œil bleu et limpide, le miroir pur du lac des montagnes avec les merveilles et les mystères de ses profondeurs : il s'est gelé, il s'est recouvert d'une épaisse couche de glace verdâtre et n'a pas tardé à se confondre avec tout le reste, à disparaître sous le linceul universel qui recouvre la terre.

Cependant de tièdes zéphirs annoncent enfin le printemps et viennent aider au soleil à briser et à absorber la croûte durcie de la neige. Quelque bourrasque nouvelle interrompra bien ce lent et pénible travail, mais ce ne sera pas pour longtemps. Une fois la vieille neige amollie, la dernière ne persiste guères. Les forêts et les buissons secouent le pesant fardeau sous lequel ils plient, la verdure se fait jour à travers la neige détrempée, et presque aussitôt elle s'émaille de fleurs blanches, jaunes ou bleues. La contrée s'anime du bruit des vents et des eaux. Les ruisseaux commencent à murmurer, à bruire, à gronder ; c'est d'abord pendant une heure ou deux seulement au milieu du jour, puis aussi dans l'après-midi, puis le soir, puis enfin jour et nuit. Les rochers suintent, les torrents se fraient un chemin à travers les débris des glaciers ; chaque terrasse, chaque plaque de neige leur fournit un nouvel affluent. Les glaces des cascades, arrosées par les eaux, se détachent des rochers et tombent avec fracas dans les profondeurs du torrent. Des blocs entiers se précipitent par-dessus la muraille qui les tenait suspendus et remplissent l'air du bruit de mille éclats. Les sommités retentissent du roulement des avalanches et du craquement des glaciers ; l'humidité fait tomber avec un grand vacarme les pierres que le froid avait soulevées ; des amas de neige, minés en dessous, s'écroulent avec le grondement du tonnerre. De toutes parts la nature inanimée annonce par cent voix diverses la venue du printemps et de ses forces vives : c'est une ronde d'esprits faisant sabbat dans la montagne. Les êtres organisés, à l'exception du monde toujours silencieux des plantes, se joignent bientôt à tout ce tintamarre. Les pics et les merles, les geais et les pies, les mésanges et les bécasses, les grives et les roitelets, les aigles et les chouettes, les pinsons et les coucous, les perdrix et les tétras, tous sifflent, gazouillent, crient, chantent et saluent le printemps à leur façon. A ce concert s'unissent la chauve-souris, la marte, l'écureuil, le blaireau, les grillons et les sauterelles, les cigales et les scarabées, les bourdons et les abeilles, les guêpes et les mouches — chacun avec la voix et les sons qui lui sont propres. Enfin montent peu à peu de la vallée des bruits qui dominent tous les autres : c'est le bêlement des chèvres, le hennissement des chevaux, le beuglement des taureaux, les aboiements des chiens, le caquetage des poules ; ce sont les cloches et les sonnailles ; ce sont les chants des enfants, les *jodel* des bergers. Le printemps est pour la nature la saison du bruit, du mouvement et de la joie.

Mais les végétaux, tout muets qu'ils soient, n'en contribuent pas moins par leurs fleurs et leur verdure à célébrer à leur manière ces puissances de vie qui se sont réveillées dans la nature et y grandissent tous les jours. Quoique le fœhn, le soleil et la pluie aient fait disparaître la neige, l'hiver a laissé pourtant encore des traces de sommeil et de mort. Les prés et les pâturages sont d'un jaune terne ou rougeâtre. Au bout de quelques jours une verdure plus fraîche semble monter de la plaine, et égaie le voisinage des sources par ses nuances toujours plus pures et plus foncées. Les buissons de noisetiers secouent leur poussière d'or ; les tussilages couvrent les pentes d'argile et de sable de leurs tapis de fleurs jaunes ; parmi les arbres, l'érable montre le premier ses rameaux verdoyants, et, dixhuit jours après que le gazon a commencé à verdir, on voit le cerisier fleurir dans les prairies chaudes de la montagne et les forêts de hêtres, à partir de la vallée, se revêtir peu à peu de leur verte parure. Depuis la floraison des cerisiers les plus bas, le printemps met environ trois semaines pour atteindre les derniers, et ce n'est que dans la seconde moitié de mai qu'il arrive à la limite supérieure de notre région (4000 pieds). Il reste bien plus longtemps encore à accomplir la foliaison des hêtres, qui pourtant en automne jaunissent et se défeuillent presque à la fois dans toute la hauteur de la zône. La période active de la végétation des arbres à feuilles caduques est restreinte dans la partie supérieure de la région montagneuse à une centaine de jours, tandis que dans la partie basse elle s'étend à 150. Dans le Jura, on a constaté que la végétation se développait dans la première moitié de la région de 30 à 42 jours, et, dans la seconde, de 42 à 55 jours plus tard que dans la plaine, mais ses diverses phases s'y succèdent avec d'autant plus de rapidité. Tandis qu'à Zurich (1270 p.), d'après des observations moyennes de six années, la floraison des cerisiers a lieu 38 jours après le premier reverdissement des prairies, celle des poiriers 46 jours, le développement des feuilles du hêtre 50 jours et la floraison des pommiers 55, à dater du même phénomène, il résulte de quatre années d'observations semblables qu'à Matt dans la vallée de la Sernft (2560), à la limite inférieure de la région montagneuse, la floraison des cerisiers et le développement des hêtres ont lieu déjà au bout de 10 jours à compter du même moment, la floraison des poiriers au bout de 20 et celle des pommiers au bout de 26.

On devrait essayer de tracer un itinéraire de la marche annuelle du printemps. On verrait que, partant des bords du lac de Genève et des contrées de la Suisse voisines de l'Alsace, il arrive en 4 ou 6 jours à Zurich, pour se diriger de là vers les montagnes. Là, laissant les fonds encore couverts de neige, il gagne les versants du sud, et, envahissant peu à peu les vallées, gravit lentement la chaîne, pour arriver seulement au milieu de l'été sur les hautes Alpes, d'où, chassé et poursuivi par l'hiver, il ne tarde pas à redescendre lentement du côté de la plaine et en suivant les mêmes stations. Dans le canton de Glaris on compte que toutes choses égales d'ailleurs, une différence en altitude de 70 à 80 pieds correspond à un jour de retard dans l'arrivée du printemps ou à un abaissement de température de $1/8°$ R; cependant ce retard est moindre dans les hautes montagnes, parce que le printemps s'y fait sentir avec d'autant plus d'énergie et de chaleur qu'il a plus longtemps différé à paraître. Ce n'est que dans la région montagneuse et dans la partie inférieure de la région alpine que le printemps peut céder la place à l'été, mais cela n'arrive jamais dans les hautes Alpes; et, tandis que dans la première l'automne nous montre des forêts qui changent de couleurs en passant par les plus magnifiques teintes, de riches récoltes de fruits de toute espèce, et une merveilleuse activité régnant encore dans la population, nous ne trouvons plus haut que la lutte éternelle de l'hiver et du printemps.

Les *débordements* des torrents qui, pendant l'été et une partie de l'automne, se creusent un véritable réseau de lits plus ou moins profonds dans les montagnes, en particulier dans les molasses et les schistes, sont du nombre des phénomènes naturels les plus terribles et les plus destructeurs. Ils sont plus redoutables encore que les orages, plus redoutables que les avalanches qui descendent ordinairement le long de profonds couloirs sans causer de grands dommages. En été, la pluie qui tombe sur les montagnes est incomparablement plus serrée que dans la plaine; elle est d'ailleurs reçue en grande partie par des surfaces découvertes et privées de végétation. En automne, les rafales du fœhn fondent les premières neiges et sont suivies d'ordinaire de vraies trombes de pluie. Dans l'un et l'autre cas, il suffit souvent de quelques heures pour transformer les ruisseaux en torrents furieux. Avec le fracas du tonnerre ils se précipitent dans la vallée pardessus les escarpements des rochers et remplissent leurs vastes lits de débris immenses. Quand le temps est beau, on trouve ces lits tout à fait à sec ou parcourus par un filet d'eau mince et limpide; l'étranger s'étonne peut-être de la largeur de ce chenal rempli de cailloux, des masses énormes de décombres qui l'obstruent, des digues cyclopéennes qui le bordent; mais ses regards, en en suivant la trace sur les hauteurs, y découvrent les ravins de 60 à 100 pieds de profondeur que les eaux y ont creusés, et les larges trouées qu'elles ont faites aux plus épaisses forêts. Nous ne connaissons rien de plus effrayant que ces démons en fureur. En haut, sur la montagne, on les voit rassembler les eaux jaunâtres des croupes et des plateaux, jeter des blocs de rocher par-dessus les précipices dans le lit du torrent, entraîner des sapins, des cailloux, du sable et de la terre, activer la course furieuse de ces eaux noirâtres, les détourner tout à coup par d'énormes atterrissements et les pousser à travers les prairies et les champs cultivés jusqu'à la rivière qui serpente au fond de la vallée. Le bruit de ces chutes, le fracas de ces blocs qui roulent les uns sur les autres retentissent au loin dans la contrée et remplissent la population d'épouvante. Chacun court aux digues, armé de perches, de crocs ou de pelles, pour prévenir les encombrements et ouvrir des passages aux flots soulevés; les cris, les appels, les gémissements augmentent la confusion de ces affreuses scènes. Celui qui a jamais assisté, de nuit surtout, à un de ces horribles spectacles ne l'oubliera de sa vie. En quelques heures les plus belles prairies sont couvertes d'une couche de débris de 10 à 15 pieds de hauteur, et changées pour toujours en déserts de pierres et de sable, au-dessus desquels s'élève tristement la couronne de quelques arbres fruitiers. Il n'est pas rare que le torrent, en changeant brusquement son cours, entraîne des maisons et des granges et en un clin d'œil réduise plusieurs familles à la misère. Ces dévastations, contre lesquelles il n'y a souvent aucun remède, ont déjà changé l'aspect de maintes vallées riantes de la Suisse et, nonobstant les puissantes digues qu'on construit jusqu'à une grande hauteur sur les montagnes, elles paraissent, par suite du mauvais aménagement des forêts, s'accroître chaque année plutôt que diminuer. Les cantons de Glaris, d'Uri, des Grisons, du Tessin et du Valais sont ceux qui ont le plus en souffrir.

Les *éboulements* de montagnes sont le seul phénomène qui surpasse en horreur ces inondations périodiques. Celui du *Conto* qui, en 1618, couvrit le grand bourg de Plurs et le village de Scilano, avec 2430 habitants, ne laissant qu'une maison debout et trois personnes vivantes; les deux éboulements des *Diablerets*[1], en 1714

[1] Dans la première chute des Diablerets un berger valaisan échappa à la mort d'une manière miraculeuse. Un énorme bloc de rocher vint s'appuyer en arc-boutant contre sa cabane, en sorte que les autres masses qui se détachèrent la couvrirent, sans l'effondrer, de plusieurs centaines de pieds de débris. Pendant des semaines et des mois ce malheureux vécut au fond de son horrible retraite dans une continuelle angoisse, privé de lumière et n'ayant pour nourriture que sa provision de fromage. Chaque jour, dans son désespoir, il travaillait à se creuser une issue à travers la mer de décombres qui entourait sa prison. Enfin, en suivant le cours d'un filet d'eau, il parvint heureusement à percer les parties les moins ser-

et 1749, qui couvrirent les alpes de Cheville et de Leytron d'une masse de débris de plus de 300 pieds de hauteur et firent périr des bergers et des troupeaux ; celui du *Rossberg*, en 1806, qui ensevelit les villages de Goldau, de Bussingen, d'Oberröthen, d'Unterröthen et de Lowerz, avec 475 personnes ; la menaçante fissure du *Felsberg*, dont le sommet est en mouvement depuis des années et qui chaque jour menace de s'écrouler dans la vallée, sont célèbres dans toute l'Europe. Une foule d'éboulements moins considérables, comme celui de la Bernina qui ensevelit le petit village de Rascharaida avec des hommes et des animaux, celui qui a détruit Mombiel dans le Prättigau, et d'autres encore, sont peu connus. Heureusement ces catastrophes effroyables sont rares. Mais ce qui l'est moins, ce sont ces petits éboulements, ces *glissées* qui se renouvellent chaque année en divers endroits, et qui témoignent clairement de cette lente et continuelle décomposition qui un jour fera de nos Alpes un vrai chaos. Une de ces glissées de terrain a détruit, en 1805, la plus grande partie du hameau de Buserein au-dessus de Schiers ; une autre, en 1795, avait fait descendre dans le lac une partie du bourg de Wäggis. Lungern a failli avoir le même sort en 1860 et, encore aujourd'hui, quelques localités sont menacées de désastres du même genre. Ce sont surtout les montagnes de schiste cristallin qui, dans les temps historiques comme dans les époques antérieures, présentent le plus grand nombre d'éboulements, et on peut constater de nos jours de dangereux mouvements de terrain au-dessus de Soglio, de Grona, de Stalden, de Campo et de Fusis ; mais les montagnes calcaires, à cause des fissures qui s'y forment, y sont également exposées (Yvorne 1584, les Diablerets, la Dent du midi 1833, le Felsberg). Quand, dans les molasses, de puissantes assises de nagelflue reposent sur des

rées de l'éboulement et à recouvrer la liberté. Epuisé de fatigue, de faim et d'angoisses, à moitié nu et le corps tout meurtri, il vint dans la vallée frapper à la porte de sa maison ; sa femme et ses enfants s'enfuirent devant ce spectre qu'ils prirent pour l'esprit du défunt, et l'ecclésiastique du lieu dut leur expliquer l'extraordinaire histoire du revenant.

couches de marne très friables, celles-ci finissent quelquefois par céder et entrainent ainsi la chute de la montagne : c'est ce qui a eu lieu à Goldau et à Rothenthurm.

La nature, toujours si riche dans ses créations, a placé dans la région montagneuse quelques curiosités particulières qui ajoutent encore à ses mystérieux attraits.

Partout la base des hautes montagnes renferme des *sources* éparses çà et là dans la région. Les unes, en particulier dans le calcaire, sont de simples sources d'eau douce, mais qui jaillissent avec une telle abondance qu'au sortir du rocher ce sont déjà de vrais ruisseaux ; d'autres en grand nombre sont des sources minérales chaudes ou froides, parmi lesquelles les eaux acidules jouent un rôle important par leurs propriétés ; d'autres enfin sont des sources intermittentes connues sous le nom de *fontaines de mai*. Il est probable que ces dernières proviennent de la fonte des neiges, qui fait regorger les réservoirs intérieurs de la montagne et les force à jeter le surplus de leurs eaux dans des conduits en forme de syphon dont le sommet est situé au-dessus du niveau de leurs issues habituelles. Souvent aussi lorsque les lacs alpins atteignent un certain niveau, ils se déversent dans les vallées par des canaux intérieurs dont l'entrée est habituellement plus haute que celle de leurs dégorgeoirs réguliers. Nous citerons comme particulièrement intéressants : le Hundsbach, dans la partie postérieure du Wäggithal, qui communique évidemment avec les plaines rocheuses des Alpes qui le dominent ; la *Fontaine merveilleuse*, sur l'Engstlenalp, qui coule régulièrement en été depuis 8 heures du matin jusqu'à 4 heures du soir ; le Dürrenbach, dans l'Engelberg, qui de mai en septembre jaillit par plusieurs ouvertures au milieu d'une verte prairie, comme un ruisseau de moulin ; enfin la remarquable source de l'Assathal, dans la Basse-Engadine, qui, sortant d'une grotte de près de 300 pas de profondeur creusée dans le calcaire, se précipite dans un vaste bassin, coulant avec abondance depuis 9 heures du matin, mais, comme la source de Pline au lac de Côme, s'arrêtant trois fois dans le cours de la journée et chaque fois pendant trois heures.

Les Alpes nous offrent partout aussi des *grottes* qui affectent les formes les plus diverses et sont dignes de notre intérêt. Ce sont tantôt des cavités arrondies avec un auvent en saillie; tantôt des cavernes proprement dites (*Balm* dans l'Oberland bernois); tantôt d'étroites anfractuosités dont les bords finissent par se rejoindre dans le haut ou qui communiquent avec des fissures et des crevasses profondes, quelquefois de plus d'une lieue de longueur; tantôt des passages qui traversent de part en part une partie de la montagne. La tradition associe souvent à ces grottes de pieux souvenirs de saints et de missionnaires. Parfois s'élèvent dans leur voisinage un ermitage ou une chapelle. Plusieurs de ces grottes présentent les distributions les plus singulières: ce sont d'étroits passages, des entonnoirs, des pièces d'eau, des ruisseaux souterrains, des précipices inexplorés qui s'enfoncent à plus de 1000 pieds dans les entrailles de la montagne. On a trouvé dans quelques-unes de vieilles monnaies romaines et allemandes qui sembleraient indiquer qu'à une époque reculée elles ont servi de refuge à des proscrits ou de repaire à des brigands. D'autres renferment des ossements et des coquillages pétrifiés, des fragments arrondis de grauwacke et de serpentine d'origine étrangère à la montagne, des cristaux de roche en abondance et de magnifiques échantillons de spath fluor, des restes d'animaux carnassiers dont la race depuis des siècles a disparu de la contrée, ou enfin — surtout dans le Jura, — des masses de glace et de neige qui ne fondent jamais. La plupart ont un revêtement intérieur de stalagmites et de stalactites; c'est le cas pour la magnifique grotte du Valpuzzatobel, près de Fettan *(il Cuol sanct)*, dans les admirables stalactites de laquelle le peuple croit reconnaître un autel naturel avec ses vases et ses cierges.

Un phénomène presque encore plus remarquable est l'existence dans les montagnes de ces soupiraux, fissures profondes et étroites qu'on appelle *trous de vent (Wind-* ou *Wetterlöcher)*. En été, par le beau temps, il en sort un courant d'air froid; en hiver, au contraire, l'air extérieur s'y précipite et leur température est élevée. Ces trous de vent sont très-communs dans les Alpes; nous citerons ceux de l'Emmetenalp au-dessus du Seelisberg, de l'Isenthal et du Schächenthal, de la Blummatt sur le Panzerberg (canton d'Unterwald), d'Hergiswyl sur le Pilate, de Quarten près du lac de Wallenstadt, du Klönthal, de la Meerenalp, de la Guppenalp, enfin de la montagne de Naye près du Col de Chaude. Dans ce dernier, nommé *la Tanna à l'aura*, le vent sort comme d'un gros soufflet de forge. Des observations précises ont démontré que les trous de vent sont ordinairement placés dans des montagnes crevassées ou dans des entassements de débris appliqués contre une paroi perpendiculaire de roche compacte. Selon toute vraisemblance, l'appareil se compose d'un conduit principal vertical et d'un second conduit plus ou moins horizontal en communication avec le précédent. Le premier canal ne communique le plus souvent avec l'air extérieur que par les interstices laissés entre les débris et les cailloux, le long du rocher contre lequel ils s'appuient; l'orifice du second est le trou du vent. L'air renfermé dans la profondeur de ces cavités de toute dimension a naturellement la température intérieure de la montagne, c'est-à-dire une température plus élevée en hiver, plus basse en été que celle de l'atmosphère ambiante. Il en résulte qu'en hiver l'air chaud s'échappe par les orifices de la cheminée verticale et est remplacé par l'air froid qui s'engouffre dans le trou de vent, et qu'en été, au contraire, surtout par des temps secs, l'air frais de l'intérieur de la grotte, chassé par l'air atmosphérique qui y pénètre par le dessus, s'échappe avec force par l'orifice latéral. Au printemps et en automne, les courants sont nuls ou peu sensibles, parce que les différences de température sont moins considérables.

Il est cependant constaté que la température de l'air qui sort de ces grottes n'est pas la température moyenne du lieu, mais une température beaucoup plus basse, qui varie passablement en été, descendant de 9° à 4° ou même jusqu'à 2° R., tandis que l'atmosphère est à 15 ou 20° R. De Saussure explique ce fait en supposant que l'eau filtre à travers les interstices du terrain jusqu'à l'intérieur des cavités et que là, en contact avec l'air en mouvement, elle lui enlève, en se vaporisant, une partie de sa chaleur, de telle sorte qu'au lieu d'être à une température de 5 ou 8° R. le vent qui sort ne marque plus que 2° ou 3°. Il en résulte encore que plus l'air extérieur est sec, plus l'évaporation de l'humidité du canal est prompte, et plus aussi par conséquent le courant d'air a de force et de fraîcheur, ce qui est en effet le cas dans les jours les plus chauds; quand au contraire l'air est humide et que la pluie menace, le courant d'air est par la même raison moins sensible. On voit souvent de la glace se former et se maintenir jusque vers la fin de l'été dans le voisinage immédiat des trous de vent. Les bergers utilisent ordinairement les trous de vent pour y conserver leurs laitages; mais dans la plaine, par ex. à Gordevio dans le Val Maggia, à Caprino sur le lac de Lugano, et assez généralement dans le Tessin, on en fait d'excellentes caves pour le vin.

L'existence des *cavernes de glace* est due aux mêmes lois naturelles. Ce sont de grandes et merveilleuses glacières qui se trouvent dans la montagne à des niveaux de beaucoup inférieurs à la limite des neiges, et qui conservent pendant plusieurs mois, et quelquefois pendant toute l'année, des masses énormes de glace. On peut citer, entre autres, la grande caverne de Saint-Georges[1], située près de Rolle à 2,562 pieds au-dessus du lac de Genève, dans une dépression de la première chaîne du Jura, qui contient environ 2,000 quintaux de glace, et le fameux *Trou aux moutons*, la plus vaste et la plus belle de toutes les cavernes de glace connues.

[1] La formation de la glace dans ces vastes souterrains naturels a été le sujet d'hypothèses diverses et notre auteur paraît se ranger à celle qui attribue cette formation à l'existence de courants d'air semblables à ceux qu'on remarque dans les trous de vent. Cependant des observations faites avec soin sur la glacière de Saint-Georges ont constaté que ces courants n'existent réellement pas. M. le prof. Thury, qui l'a visitée en 1857, y a promené dans toute son étendue une bougie allumée sans apercevoir nulle part le moindre mouvement dans la flamme. Il a donc cherché une autre explication du phénomène, et il s'est rencontré avec Deluc dans l'hypothèse qu'il a énoncée, savoir : que la glace renfermée dans ces cavités est un résultat naturel du froid des hivers. La glacière de Saint-Georges est en effet, com-

Creusé dans un rocher de 1,500 pieds de hauteur, près du lac de Thun, à 5,604 pieds au-dessus de la mer, le Trou aux moutons pénètre très-profondément dans la montagne et renferme des blocs de glace de la forme la plus bizarre. Malgré son aspect peu hospitalier, les bergers et les troupeaux y cherchent un refuge par les jours d'orage ou d'excessive chaleur, et il n'est pas rare d'y voir s'abriter jusqu'à mille moutons à la fois.

me probablement toutes celles du même genre qu'on rencontre dans nos montagnes, une immense salle communiquant par le haut avec l'air extérieur au moyen d'une ouverture relativement assez étroite. En hiver l'air froid, en vertu de sa pesanteur, se précipite par cette ouverture dans l'intérieur de la cavité. Au printemps, l'air chaud extérieur ne peut aller déloger cet air froid plus pesant que lui: les eaux provenant de la fonte des neiges et des premières pluies qui tombent dans le réservoir s'y congèlent donc au contact de l'air glacé, et s'y accumulent peu à peu sous cette forme en masses plus ou moins considérables. La chaleur de l'été suffit d'autant moins à les fondre que l'évaporation est restreinte par la végétation qui garnit les bords de l'ouverture et que l'air y est maintenu à une basse température par la glace même qui en remplit le fond. M. Thury l'a trouvé au mois d'août de $+ 1°$C. Le peu d'eau qui se rend à cette époque dans la glacière et celle qui provient de la fonte des surfaces du massif de glace s'écoulent par une fissure inférieure de la montagne et ressortent sous forme de source à quelque distance au-dessous. Il résulterait de là qu'il est inexact de dire que la glace se forme dans ces grottes même en été. L'eau qui suinte de la voûte à cette époque non-seulement n'y forme plus les belles stalactites de glace qu'elle y fait au printemps, mais creuse au contraire dans la glace du fond sur laquelle elle tombe de petits puits d'une profondeur variable. Le même professeur a observé dans la glacière de Saint-Georges d'autres phénomènes de détail fort intéressants, entr'autres sur les pentes latérales du massif un mouvement analogue à celui des glaciers ordinaires, et dans certaines parties de la glace une structure alvéolaire spéciale qui a ceci de remarquable que, à l'intérieur de l'alvéole la glace est parfaitement hyaline, tandis que, au contraire, celle qui forme les parois est opaque. (*Traducteur*).

CHAPITRE II.

LA VÉGÉTATION DE LA RÉGION MONTAGNEUSE.

Coup d'œil général. — Différences d'altitude des végétaux. — Grisons, Tessin, Valais, Uri, Schwytz, Berne, Glaris, Allemagne, Pyrénées, Caucase, Equateur. — Les forêts de la région. Une forêt vierge en Suisse. — Les arbres à aiguilles. — Le chêne et le hêtre. — Les érables. — Arbres historiques. — Les phanérogames associées aux diverses essences de forêt. — Les arbustes. Influence de la nature minéralogique du sol sur la végétation. — Abondance des phanérogames dans la région montagneuse.

Si nous passons maintenant à l'étude spéciale des **Êtres organisés** de la région montagneuse, nous devons dès l'entrée faire une observation importante : c'est qu'il n'existe pas de limite précise et mathématique entre cette région et celle des collines. La **Végétation** des plaines fertiles de l'Italie monte sur le versant méridional des Alpes beaucoup plus haut que celle de l'intérieur de la Suisse sur leur versant septentrional. Nous trouvons encore au midi les plantes qui, au nord à des hauteurs correspondantes, ont depuis longtemps disparu. La même espèce se rencontre dans les Grisons à 400 ou 500 pieds plus haut que dans le canton de Glaris. La région de la vigne atteint dans le Tessin jusqu'à 2,000 pieds au-dessus du niveau de la mer, dans le Lavizarra jusqu'à Broglio, et même dans le Val Rovana jusqu'à Cerentino. Dans les Grisons, il y a encore une vigne au Domleschg à 2,150 pieds et même quelques ceps à Truns à 2,660; le canton de St-Gall possède d'excellents vignobles à la Porta Romana, au-dessus de Ragatz, à 2,400 pieds; dans le canton de Vaud, le vignoble le plus élevé de La Côte est à 2,780 pieds; à Camperlongo en Piémont,

il est à 3,093 pieds. Dans le Valais, où des terrasses de vignes s'élèvent au flanc des rochers sur les pentes les plus inclinées et où la culture de la vigne est presque aussi dangereuse que la récolte des foins, la limite supérieure est à 2,500 pieds. Elle est même dépassée à Gub au-dessus de Neubrück, dans la vallée de la Viège. Nulle part ailleurs en Suisse la vigne n'est cultivée à cette altitude [1]. Le voyageur admire encore à Stalden (2,567 pieds) au confluent des deux Vièges, non seulement les beaux berceaux de vignes qui ombragent le chemin, mais tout particulièrement un vigoureux cep d'un pied de diamètre dont les branches enlacent et décorent de leurs pampres la riche fontaine du village. Le maïs atteint la même altitude à Mörel (2,700 pieds), dans le Valais. Le versant méridional du Mont-Rose a encore des vignes à 2,750 pieds; tandis que dans la Suisse septentrionale elles deviennent rares ou disparaissent entièrement à 15 ou 1700 pieds, dans le canton de Berne à 1,900, sur les bords du lac de Côme à 1,540. Le châtaignier, qui évite en général les sols calcaires, prospère encore de l'autre côté du Cenere et du Mont-Rose à 3,200 pieds, c'est-à-dire à une plus grande élévation que le noyer en général dans les montagnes du nord; à Castelmur (Bergell) à 2,810 pieds; dans le canton de Saint-Gall rarement jusqu'à 2,000. Dans la partie inférieure du Bergell, on trouve près de Pforta un bois de châtaigniers de plusieurs lieues de longueur, qui s'étend même jusqu'aux terrasses inférieures de Soglio, dont l'altitude est de 2,990 pieds et la température moyenne de $5,4° R$ [2]. Tout auprès, l'aro-

---

[1] Dans le Valais, la tradition rappelle d'une manière très-vive les beaux temps de l'âge d'or où les cultures productives montaient très-haut dans toutes les Alpes, et Pierre zur Mühle d'Ausserberg qui, il y a trente ans, était déjà d'un âge avancé, se souvenait parfaitement que dans sa jeunesse, en gardant les moutons sur le Wiwamhorn, près du glacier d'Aletsch, il y avait trouvé de vieux ceps de vigne.

[2] Le plus grand châtaignier de la Suisse est probablement celui qu'on voit dans le Misox supérieur, dont le tronc a 42 pieds suisses de circonférence. Non loin de cet arbre se trouve un magnifique noyer, qui ne compte pas moins de neuf propriétaires différents.

le, ce représentant de la végétation arborescente des plus hautes Alpes, mûrit ses cônes. Le mûrier blanc est cultivé dans le Tessin jusqu'à 2,900 pieds; rarement dans les Grisons à 2,300 pieds, près de Cama jusqu'à 1,136 pieds seulement. Le maïs, le tabac, les asperges, même les abricotiers, les pêchers et les coignassiers se cultivent dans les Grisons jusqu'à 2,500 pieds; le noyer jusqu'à 3,450 pieds, les arbres à pepins jusqu'à 3,800 pieds, les poiriers et le froment jusqu'à 4,350 pieds; le seigle, les pommes de terre, les choux, l'avoine, le chanvre, l'orge et différentes espèces de légumes dépassent même notre région et entrent dans celle des Alpes. Dans le canton du Valais, les arbres montent également bien au delà de la région montagneuse; les pommes de terre même la dépassent de 200 pieds (4,200 pieds). Dans le canton d'Uri, au contraire, c'est déjà au premier sixième de la région montagneuse, à 2,800 pieds, que cessent les arbres fruitiers, excepté pourtant le cerisier qui va jusqu'à 3,300; le hêtre et le pin sont bien loin aussi d'y atteindre la région alpine; ils s'arrêtent à 3,500 pieds, pour faire place aux pins nains. Cette rapide décroissance de la force végétative dans les montagnes du canton d'Uri étonne d'autant plus que le bas de la vallée et les collines du cours inférieur de la Reuss sont couverts de noyers magnifiques de la plus luxuriante végétation. Le contraste est moins frappant dans les vallées du canton de Schwytz et de l'Obwalden, parce que le climat en est plus rude. Cependant les pommes de terre sont cultivées avec succès au sommet du Rigi (5,550 pieds).

On ne doit pas, du fait de ces cultures exceptionnelles, tirer des conclusions générales sur l'altitude des végétaux. Les plantes cultivées sont souvent capricieuses; on peut les faire prospérer à des hauteurs étonnantes avec de bons soins et en choisissant pour elles des emplacements à l'abri des fâcheuses influences auxquelles sont soumises les plantes naturelles. C'est ainsi que sous le rude climat du Grindelwald, où les cerises mûrissent au commencement d'août et où on ne voit plus ni chênes ni noyers, on réussit par divers procédés, et en particulier en répandant des cendres sur la neige, non-seulement à obtenir des choux et autres légumes en leur saison, mais à faire croître des asperges qu'on ne trouverait pas à Berne à la même époque. Partout les montagnards intelligents ont recours à de semblables pratiques. Ceux du Tour, de l'autre côté du Col de Balme, ne négligent jamais au printemps de répandre sur leurs champs, pour y hâter la fonte de la neige, les monceaux d'ardoise décomposée qu'ils ont réunis soigneusement en été sur les bords de l'Arve, et à Winkelmatten, dans le Matterthal valaisan (environ 4,300 pieds), les habitants transportent de la terre sur d'immenses blocs de rocher et y disposent des jardinets dans lesquels les pommes de terre et le blé mûrissent beaucoup plus tôt qu'en plein champ.

Dans le canton de Glaris, la région de la vigne, du pêcher et de l'abricotier s'élève à 1,700 pieds; celle du noyer, du prunier et des haricots à 2,600; celle du pommier, de la chicorée, de l'ognon et du sarasin à 3,000; celle du cerisier et du froment à 3,500; les pommes de terre, les légumes et les plantes textiles vont jusque dans la région alpine. Parmi les végétaux sauvages, l'érable de montagne, le sapin commun, l'arole, l'alisier, le sorbier des oiseaux, se trouvent partout sur la montagne et quelques-uns très-avant dans la région alpine. Il ne faut pas perdre de vue à ce sujet que la même essence se rencontre sur le côté du midi de 5 à 800 pieds plus haut que sur celui du nord. Le hêtre qui fait le plus bel ornement de notre région et qui, chose curieuse, se maintient dans les Alpes du nord à une limite de température plus froide que dans les Alpes centrales, cesse avec le tilleul, l'orme, le frêne et le peuplier noir à 250 pieds au-dessus de la limite inférieure de la région, tandis que l'if et le genévrier s'arrêtent à 3,000 pieds et le chêne à 2,600. C'est donc à peine si ce dernier peut être considéré comme un arbre des montagnes.

Dans le canton de Saint-Gall, le noyer arrive à la hauteur de 2,216 pieds, le maïs à 2,340, l'orge à 3,380, le hêtre à 4,310, les pommes de terre à 4,586. Dans le Jura, toute culture de céréales s'arrête presqu'à 3,400 pieds; les arbres fruitiers disparaissent à 3,100, élévation à laquelle les chênes deviennent rares. A 3,700 pieds on ne cultive plus qu'un peu de millet et d'avoine; l'orge ne va qu'à 3,300; le noyer mûrit à peine son fruit à 2,200, et le sapin commun ses cônes à 3,700.

La comparaison des limites de végétation de nos arbres avec celles des mêmes arbres dans les montagnes de l'Allemagne les plus voisines fournit des résultats bien curieux. C'est ainsi que dans les forêts de la Thuringe et en Silésie le hêtre cesse déjà tout à fait à 3,000 pieds; le chêne par contre y prospère à 3 ou 400 pieds plus haut que chez nous, tandis qu'il s'arrête dans le Caucase à 2,700 pieds et arrive dans les Pyrénées, presque au même degré de latitude, à 5,400 pieds. Sous l'équateur, où les plantes alpines végètent encore au-dessus de 14,000 pieds, les arbres à grandes feuilles montent à environ 10,000 pieds. La région des fougères en arbre et des figuiers y correspond à notre région montagneuse, et, à la limite où commence notre région alpine, croissent avec tout le luxe d'une admirable végétation et de la floraison la plus brillante de magnifiques magnolias, des bruyères, des camellias, des protées, des bignonias et des mimosas.

Si nous passons de ces généralités à la détermination de la limite supérieure de végétation de quelques-unes de nos principales espèces d'arbres, nous trouvons les résultats suivants. Le *noyer* atteint dans les Alpes de la Suisse septentrionale une moyenne d'élévation de 2,500 pieds (max. 2,900), avec une température annuelle moyenne de 7,3° C.; dans les Alpes centrales, de 2,700 pieds, (max. 3,600), avec la même température; dans les Alpes méridionales (Mont-Rose et Mont-Blanc), de 3,600 pieds, avec une température moyenne de 6,7° C. Le *cerisier* va, dans le nord de la Suisse, jusqu'à 3,500 pieds, quelques individus isolés jusqu'à 4,580 pieds; dans les Alpes bernoises jusqu'à 3,900, dans les Grisons à 4,500, dans le Valais à 4,164; dans la vallée de Saint-Nicolas, c'est à Herbrigen (3,965 pieds) que se rencontrent les derniers cerisiers. Le *hêtre*, dans le nord de la Suisse, a sa limite moyenne d'altitude à 4,200 pieds avec une moyenne annuelle de température de 4,1° C., quelques individus arrivent même à 4,800 pieds; dans les Alpes bernoises elle est de 3,700 à 3,900 pieds, dans le Tessin de près de 5,000. Dans les montagnes de schiste cristallin des Grisons et du Valais les hêtres sont extrêmement rares. Au Mont-Rose ils montent jusqu'à 4,900 pieds, et pour le moins aussi haut dans la partie du Tessin qui est au-delà du Cenere, où ils forment les forêts les plus élevées.

Les *céréales* ont pour limite moyenne dans le nord de la Suisse 2,700 pieds (7,0° C.), dans les Alpes bernoises 4,000 (5,0° C.), dans les Grisons 4,000 à 4,400, au Mont-Rose 4,500 à 5,000. La limite supérieure est, pour le nord de la Suisse, 3,400 à 3,500 pieds; pour les Alpes bernoises 4,700; à Réalp, près du St-Gotthard, 4,750; dans les Grisons, 7,500; et à Bodemie, sur le versant méridional du Mont-Rose, le seigle et l'avoine mûrissent encore à 6,096 pieds, à une moyenne annuelle de température de 2,2° C. En général, c'est l'orge, le seigle et l'avoine qui se cultivent à la plus grande altitude; la limite du froment est toujours au-dessous.

Les forêts, qui contribuent en général si puissamment à donner au paysage son caractère, forment le trait principal de la physionomie de notre région. Elles occupent dans les montagnes un espace proportionnellement beaucoup plus considérable que dans le plateau de la grande plaine, où le sol a été depuis longtemps employé à d'autres cultures. Cependant leur aspect varie essentiellement suivant les versants qu'elles occupent. Celles qui ont peut-être le plus de charme pour les habitans du nord sont les forêts de châtaigniers des vallées méridionales de la chaîne des Alpes. Dans le Tessin, elles occupent souvent des pentes stériles de cailloux jusqu'à la hauteur de 2,100 pieds, et forment l'intermédiaire entre les terres cultivées et la région des bois proprement dits, puisqu'elles sont au même niveau que les vergers et les prairies; elles fournissent chaque année environ 1 1/2 million pieds cubes de bois. Il n'y a à proprement parler aucune *forêt vierge* en Suisse, à l'exception de quelques réserves ou de quelques forêts perdues dans les recoins les plus sauvages des Alpes. La seule qui mérite peut-être ce nom est la grande forêt du *Dubenwald* à l'entrée de la vallée de Tourtemagne (Valais). Pendant deux heures et demie, le sentier vous conduit à travers ses immenses colonnades dont une journée ne suffirait pas pour faire le tour. Des sapins et des mélèzes énormes y dressent par milliers leurs troncs desséchés; les lianes les enlacent comme dans les forêts primitives des tropiques; du haut de leurs branches les orchidées font descendre leurs candélabres de fleurs dans cette humide obscurité; les ronces, les rosiers, les clématites y forment d'impénétrables fourrés que jamais n'entama la hache du bûcheron; les fraisiers poussent des jets d'un pied et demi sur le riche humus de ces débris décomposés; de jeunes tiges s'élancent partout avec vigueur de ces cadavres vermoulus d'arbres cinq ou six fois centenaires, et les lichens suspendent leur longue chevelure verte à ces branchages confus sous lesquels le coq de bruyère prend ses ébats, le lynx et le chat sauvage épient leur proie. Les avalanches y ont fait dans le haut de profondes trouées; d'autres parties en ont été consumées par le feu; les troncs noircis par les flammes ou mutilés par la tempête attestent que la fureur des éléments travaille non moins activement que l'insouciance des hommes à la destruction de cette antique forêt.

Dans toutes les montagnes de la Suisse, sur le Jura comme dans le Tessin, dans le Valais comme dans le canton d'Appenzell, ce sont les *arbres à aiguilles*[1] qui forment l'essence principale des forêts. Celui qui est le plus abondant dans toute l'étendue et dans toute la hauteur de la région est le Sapin commun *(Abies excelsa)* à la sombre verdure. Le Mélèze *(Larix europæa)*, inconnu dans

---

[1] Nous sommes forcé d'emprunter à la langue allemande les termes d'*arbres à feuillage* et d'*arbres à aiguilles* ou à feuilles aciculaires, qui ne sont pas communément employés dans la nôtre. Celui de *conifères* servirait bien à désigner les arbres à aiguilles, tels que le mélèze et le sapin; mais il n'y a pas de terme correspondant pour désigner d'une manière générale les arbres qui n'appartiennent pas à cette grande famille, comme les chênes, les hêtres, les érables.

(*Traducteur*).

quelques parties de la Suisse, mais qu'on plante beaucoup aujourd'hui, est le seul qui, dans d'autres districts, semble rivaliser avec le sapin, en particulier sur les hautes pentes boisées des Grisons; mais dans les parties basses, le sapin prédomine et communique au paysage son caractère froid et mélancolique. Le Sapin blanc *(Abies pectinata)* d'une teinte plus claire, abondant seulement dans le Jura et l'Emmenthal, le Pin sylvestre *(Pinus sylvestris)* au tronc rouge et nu surmonté de sa légère couronne de branches que terminent d'épais bouquets d'aiguilles, et ne formant que dans le nord de la Suisse et dans le Tessin des forêts de quelque étendue et d'une même essence, le Genévrier *(Juniperus communis)* au branchage en désordre, et l'If *(Taxus baccata)* à la forme ramassée interrompent seuls de loin en loin la monotonie des sapins ordinaires, lorsqu'ils ne se confondent pas avec eux; tandis que la Sabine *(Juniperus sabina)* qui croît ça et là dans les forêts inférieures, au Valais, par exemple, où elle s'associe au mélèze, les infecte de sa désagréable odeur. Parmi les sapins blancs, qui préfèrent en général le côté de l'ombre des montagnes et un sol humide, on trouve quelques individus isolés, véritables géants dont la taille ne le cède en rien à celle des plus vigoureux sapins communs. Sur la Schwändialp, dans le canton d'Unterwald (4,000 pieds), on abattit, au printemps de 1852, un sapin blanc parfaitement sain, dont le tronc mesurait 21 pieds de tour à la base, et $8\frac{1}{2}$ à cent pieds au-dessus du sol. On en voit un près de St. Cergues dans le Jura dont le tronc a 17 pieds de circonférence et dont les branches couvrent un espace de 60 pieds de diamètre; un autre près de Schwarzenberg dans l'Entlibuch a 21 pieds de tour.

Les bois de Chênes sont devenus rares en Suisse. Ils doivent avoir formé autrefois de superbes forêts au pied des montagnes et dans la région des collines; aujourd'hui encore on en voit quelques magnifiques individus qui déploient toute la vigueur et la sévère majesté qui sont propres à l'espèce, entr'autres celui de Courfaivre dont le tronc a 32 pieds de tour; mais ce sont ou des pieds isolés qui deviennent chaque jour plus rares, ou tout au plus des arbres réunis en massifs, comme ceux qu'on rencontre dans le canton de Neuchâtel sur la pente méridionale du Chaumont, à Sauvabelin *(Silva Bellini)* près de Lausanne, et plus fréquemment dans la plaine. Les jeunes plantations de chênes, telles qu'on en voit sur le versant nord de l'Etzel dans le canton de Schwytz, sont malheureusement peu communes. Quelques chênes de la variété dite *pedunculata* se trouvent encore à 3,100 pieds sur les versants bien exposés au soleil.

En revanche, de vastes forêts de *Hêtres (Fagus sylvatica)* aux formes élancées mêlent partout leur fraîche verdure au sombre feuillage des sapins. Ce n'est guère que dans certaines parties des Grisons, contrée en général pauvre en arbres à feuillage et où les derniers hêtres croissent à 4,000 pieds près des mayens[1] de Kunkels, et dans tout le voisinage du St-Gotthard, — peut être parce que c'est là un des principaux passages du fœhn, — que ces beaux arbres se montrent rarement en grandes masses ou même font entièrement défaut. Le hêtre est en général l'arbre du calcaire et de la molasse, l'arbre des contrées montagneuses les mieux éclairées, qu'il revêt jusqu'à 4,000 pieds de belles forêts d'une seule essence, et plus haut encore mêlé à d'autres arbres. C'est dans le Tessin, où il est aménagé comme bois de plaine, qu'on le voit s'élever à sa plus haute altitude en Suisse et, chose curieuse, marquer quelquefois la limite supérieure des forêts. Comme le chêne et le tilleul sont les plus beaux arbres des contrées basses, le hêtre et l'érable sont les plus nobles ornements de la région montagneuse. Le tronc du hêtre, élancé, clair, lisse s'élève volontiers comme un fût de colonne, ne trahissant que par de vigoureuses nodosités la consistance de ses fibres ligneuses. La charpente abondante, tout à la fois solide et légère, quoique un peu raide, de sa coupole transparente de feuillage, semble s'offrir gra-

---

[1] De l'allemand *Maiensässen*. Ce sont proprement les premiers établissements des bergers dans leur campagne d'été. Les troupeaux y arrivent d'ordinaire au mois de *mai*.   (*Traducteur.*)

cieusement elle-même aux ébats des oiseaux chanteurs de la forêt. Le hêtre, en tant que représentant principal des arbres à feuilles caduques, est comme le thermomètre des saisons. L'épanouissement de ses bourgeons, le développement de ses amples masses de feuillage, les changements variés et successifs de ses teintes, enfin le triste dépouillement de ses rameaux accompagnent pas à pas la marche de l'année et parlent bien plus à l'imagination et à l'esprit observateur de l'habitant des montagnes que la verdure uniforme et constante du sapin.

Les différentes espèces d'Érables sont, avec le hêtre, les vrais joyaux des arbres de la montagne, mais les précieuses qualités de leur bois les font abattre en grand nombre, et il est bien rare qu'on en replante. L'*Érable sycomore (Acer pseudo-platanus)*, aux branches largement étalées et aux grandes feuilles dentelées, se rencontre rarement en massifs d'une certaine étendue comme dans le Gadmenthal, et croît de préférence sur le calcaire; mais dans quelques pâturages ou à la lisière des forêts, on en trouve des pieds isolés remarquables par leur taille gigantesque. Ainsi au passage du Guchli, dans le Melchthal, il en existe un dont le tronc a 28 1/2 pieds de tour. On peut ajouter que c'est l'arbre le plus célèbre, l'arbre vraiment historique de la Suisse. On voit encore près de la chapelle de *Truns* le vétéran des érables, à l'ombre duquel, en l'année 1424, la Ligue grise fut jurée. Il est ébranché d'un côté, mais de l'autre il fleurit et verdoie gaiement chaque printemps. La partie inférieure de son tronc est excavée et percée à jour. La pieuse gratitude du peuple l'a entouré d'un mur protecteur. Le sycomore est un véritable enfant de la montagne; car, si on le rencontre parfois jusqu'à 5,000 pieds, il est toujours chétif dans la plaine. Les montagnards le plantent volontiers, pour sa beauté, autour de leurs granges et de leurs étables, et, pour sa vigueur, sur les pentes exposées aux avalanches. L'Érable plane *(Acer platanoides)* et l'Érable champêtre *(Acer campestre)* sont partout rares et appartiennent plutôt à la plaine. Le tilleul au noble port, à la fleur parfumée, qui unit harmonieusement la délicatesse à la force, le frêne élancé et flexible, l'aulne au tronc raide, le bouleau à la blanche écorce, au feuillage léger et vacillant, le mobile tremble, l'ormeau rugueux et mélancolique, le peuplier noir au large branchage, ne vivent proprement pas en familles ; on les trouve tantôt en bouquets isolés sur le bord des eaux ou entre les bois de sapins, tantôt mêlés amicalement aux hêtres, dont le clair feuillage est naturellement hospitalier. Le tilleul, le noyer et l'érable ornent aussi fréquemment les places où les montagnards ont la coutume de tenir leurs assemblées. Un violent orage a brisé dernièrement l'énorme tilleul, quatre fois centenaire, qui ombrageait la place où se réunit la Landsgemeinde d'Appenzell. Le noyer qui a fait pendant plusieurs siècles l'ornement de la place d'armes de Stanz a donné, non compris le tronc et les brindilles, plus de 30 toises de bois à brûler, et celui d'Iseltwald qui vient d'être vendu à Brientz pour la somme de fr. 1,100 mesurait 5 pieds de diamètre au tronc et 170 pieds de hauteur. L'incomparable noyer, encore parfaitement sain, qu'on voit sur la place de l'église de Beckenried couvre un espace de 91 pieds de diamètre. La commune de Scharans (Domleschg) s'est rassemblée depuis l'année 1403 jusqu'à nos jours sous l'ombrage du même tilleul : on y voyait encore il y a peu de temps une image taillée sur bois du Rhétus de la légende ; il a mieux résisté aux ravages des ans et de la tempête que le fameux tilleul planté près de la maison de ville de Fribourg en 1476, après la bataille de Morat.

Dans les montagnes du sud, il n'est pas rare de voir des hôtes étrangers se mêler à nos arbres indigènes : ainsi nous rencontrons dans quelques localités abritées du Tessin des lauriers et des figuiers épars jusqu'à 2,000 pieds, et même dans la vallée de Verzaska, près de Brione, un pied de laurier à 2400, tandis que sur les bases rocheuses du magnifique Monte-Bre près de Gandria, croissent le chêne vert, le baguenaudier, le jasmin, l'arbousier toujours vert *(Arbutus unedo)*, et que, du milieu des broussailles qui garnissent les fentes de rocher, poussent de toutes parts l'agave d'Amérique et le figuier d'Inde. On trouve fréquemment dans les forêts inférieures du Tessin l'élégante charmille *(Ostrya carpinifolia)* et le cytise des Alpes, et dans le Valais l'érable à feuilles de viorne et le cerisier à grappes.

Les forêts ne laissent croître dans leur intérieur que quelques phanérogames de petite dimension et une infinité de mousses, de lichens et de champignons, toutes plantes fuyant la lumière, les unes peu apparentes, les autres remarquables par leur charmante structure. Les arbustes n'y croissent pas volontiers, à l'exception de quelques rosiers, des clématites et des cytises; ceux-ci, par exemple, au mois de juillet, ornent la pente sud du col de Trient d'une profusion de belles grappes d'or. En revanche, une riche végétation d'arbrisseaux couvre les sables et les bords rocailleux des torrents, les saillies de rochers et les ravins où les arbres ne pourraient se fixer. C'est là qu'un grand nombre d'arbustes à baies comestibles mûrissent leurs fruits, en compagnie d'une multitude de labiées, de crucifères, de rosacées, d'épervières, de scrophulariées. Quant aux grands arbres, ces hauts seigneurs et maîtres de la montagne, ils ont leurs protégés de préférence, et chaque espèce en partie les siens propres. Dans les forêts à feuillage, ce sont surtout les renonculacées et les gentianées, les rubiacées et les synanthérées; dans les forêts à aiguilles, ce sont principalement les renonculacées et les orchidées, les oxalidées, les pyrolacées et les scrophulariées. Sur les rochers, quelques espèces de saxifrages, de thyms et de campanulacées, les épervières, les graminées et les silènes vont occuper jusqu'au plus petit espace de terrain. Les prairies cultivées et les pâturages de la région montagneuse ont une flore beaucoup plus variée, mais c'est à peu de chose près la flore des collines et des plateaux; tandis que dans les montagnes du haut plateau, même dans celles qui ne se relient pas directement aux Alpes, on retrouve toujours entre 2,400 et 4,000 pieds une flore alpine plus ou moins riche.[1]

---

[1] C'est ainsi que les basses chaînes de montagne du canton de Zurich possèdent, d'après Heer, 55 espèces proprement alpines, tandis qu'on n'en trouve qu'une qua-

Des observations exactes ont démontré que la végétation des phanérogames dépend non-seulement des localités, de l'altitude et de l'exposition, mais aussi de la nature minéralogique du sol sur lequel elles croissent. Quelques-unes préfèrent les montagnes cristallines, d'autres le calcaire, d'autres le schiste ou la molasse. Cependant une très-grande majorité des espèces sont indépendantes de la constitution chimique du terrain et elles végètent également sur le calcaire ou la silice; ensorte que si le sol contribue essentiellement à donner à la flore de chaque district son caractère général, cela n'est pas dû seulement aux élémens spécifiques de la roche dont il est formé, mais à bien d'autres circonstances provenant de la nature géologique de la montagne. Ainsi, par exemple, les montagnes calcaires s'élèvent d'une manière plus immédiate et plus abrupte de leur base, elles ont plus de sources à leur pied, elles ont de plus vastes éboulements, des terrasses plus escarpées, moins de sables et de graviers que les montagnes schisteuses, lesquelles s'élèvent au contraire plus graduellement et d'une manière plus continue, se décomposent plus aisément et conservent mieux l'humidité dans leurs plateaux supérieurs. Il en résulte que, malgré une plus grande richesse en phanérogames, le calcaire a, en somme, une végétation plus maigre et qui se perd à un niveau moins élevé; mais que ses gradins et ses bandes de gazon isolées forment des tapis plus verts et plus émaillés que les surfaces plus étendues et plus réunies occupées par les plantes dans les formations schisteuses. Il a été constaté que les graminées, les campanulacées et les légumineuses diminuent plus tôt sur le calcaire, tandis qu'au contraire les saxifragées et les crucifères y sont en plus forte proportion; que la flore des rochers et des éboulis se maintient à un niveau plus élevé dans le calcaire que celle des pâturages; que les plantes de la plaine montent moins haut sur le calcaire que sur le schiste; que le calcaire présente beaucoup plus d'espèces végétales qui lui sont

rantaine dans la vallée supérieure de la Töss, entr'autres des rhododendrons, des auricules jaunes, des panicauts, des saules nains, des gentianes à grandes fleurs, etc.

propres, et qu'enfin, parmi les formes parallèles, celles du calcaire ont des poils plus abondants et plus serrés, des feuilles plus découpées, d'un vert plus bleuâtre et à bords plus entiers, des corolles plus petites et de teinte plus claire que les formes correspondantes des terrains ne contenant pas de chaux. Comme preuve de ce dernier fait, nous nous contenterons d'en appeler à la comparaison entre les espèces suivantes appartenant aux sols calcaires: *Rhododendron hirsutum, Anemone alpina, Astrantia alpina, Androsace helvetica, Saxifraga muscoides, Betula alba, Hieracium villosum* etc. et les espèces analogues des terrains non calcaires: *Rhod. ferrugineum, Anemone sulfurea, Astrantia minor, Andros. glacialis, Saxifr. moschata, Betula pubescens, Hieracium alpinum* etc. Mais indépendamment de ces différences relatives, il n'est pas besoin d'être botaniste pour constater que la bruyère incarnate, la dryade à huit pétales, la gentiane à courte tige, l'auricule jaune et sans tige, la renoncule des Alpes, le cyclamen, le lin de montagne, l'anémone des Alpes, le saule visqueux se trouvent partout, et souvent en quantités considérables, dans les montagnes calcaires et rarement dans les sols où il n'y a pas de chaux; tandis que l'arole, le châtaignier, l'azalée rampante, l'achillée à odeur de musc, la joubarbe de montagne, la gentiane ponctuée, le saule helvétique, l'anémone printanière, la linnée boréale, le saxifrage à cils roides, la primevère glutineuse etc. évitent au contraire les terrains qui renferment de la chaux.

Les familles de phanérogames les plus abondantes en espèces dans la région montagneuse sont les *légumineuses,* les *rosacées,* les *crucifères,* les *renonculacées,* les alsinées, les ombellifères, les gentianées, les rubiacées, les *labiées,* les *scrophulariées,* les *synanthérées,* les campanulacées, les *orchidées,* les salicinées, les polygonées, les joncacées, les *graminées* et les *cypéracées.* Quelques-unes de ces familles renferment dans la région de 60 à 100 espèces. On peut juger par là de la richesse de ce tapis végétal qui, dans la région montagneuse de la Suisse, ne compte guère moins de *mille* espèces de phanérogames. Ces plantes se distinguent assez naturellement, d'après les localités, en plantes de marais, de marécages, de tourbières, de pâturages, de prairies, de champs, de buissons, de forêts, de rochers et d'éboulements. On pourrait faire un livre intéressant sur les conditions et les rapports internes et externes de ces associations; car il est évident que, même en faisant la part du hasard et de la liberté, elles sont soumises à certaines lois provenant de la combinaison des influences chimiques, physiques, météorologiques et géologiques. Nous possédons déjà quelques flores locales qui nous font espérer que lorsque nos botanistes auront achevé de découvrir et de déterminer les derniers lichens et les dernières algues, ils soumettront aux investigations de la science tous ces faits relatifs à la distribution géographique des plantes. [1]

[1] Ce vœu a été rempli. Au moment même où l'auteur publiait les lignes qui précèdent, il recevait l'important ouvrage de notre compatriote Alphonse de Candolle : *Géographie botanique raisonnée ou Exposition des faits principaux et des lois concernant la distribution géographique des plantes de l'époque actuelle.* Paris et Genève, 1855. Nous n'avons pas la prétention de donner ici le résumé des résultats auxquels ses recherches ont conduit le savant professeur. Toutefois nous pouvons dire qu'après avoir examiné successivement les différentes causes qui influent sur la limite en altitude des espèces végétales, il met en première ligne la température et l'humidité, en seconde la nature minéralogique du terrain, l'exposition, l'isolement des montagnes, la température des eaux, et indirectement la densité de l'air. Quant à la température, il constate que les maxima et les minima influent beaucoup moins qu'on ne serait tenté de le croire sur l'existence des espèces à une certaine hauteur; que l'important avant tout à considérer, c'est la somme des températures *utiles*, c'est-à-dire les températures moyennes à partir du degré de chaleur qui permet à la plante de végéter, combinées avec le nombre de jours pendant lesquels ces températures se maintiennent. Il en résulte que les moyennes mensuelles, telles qu'elles sont déterminées d'ordinaire, ne peuvent suffire, puisqu'il y entre comme élément de calcul des températures pendant lesquelles la plante est dans un état de repos ou d'inertie. Mais en les corrigeant dans ce sens, et en tenant compte autant que possible des autres circonstances, on arrive à des résultats d'une précision extraordinaire pour une matière aussi délicate. Nous renvoyons du reste nos lecteurs aux chap. IV et VI de l'ouvrage, qui traitent plus spécialement des questions qui nous occupent.

Nous leur promettons d'ailleurs une vive jouissance à suivre la marche et la méthode de l'auteur, et à saisir avec lui le fil qui l'amène succesivement et peu à peu de l'obscurité et du doute aux lueurs croissantes de la vérité.

(Traducteur.)

Le professeur A. Kerner, à Insbruck, a publié aussi des observations fort intéressantes sur ce sujet dans sa *Vie des plantes* (1863).

CHAPITRE III.

LA VIE DES ANIMAUX INFÉRIEURS DANS LA RÉGION MONTAGNEUSE.

Les forêts, foyers de la vie animale et végétale. — Limites des régions occupées par les animaux. — Les animaux, conquérants du sol. — Rapports des classes entre elles. — Le scorpion. — Le monde des insectes. — Les insectes destructeurs dans la montagne. — Les grenouilles vertes et leur triste sort. — La grenouille brune. — Crapauds, salamandres et tritons. — Les orvets. — Le seul serpent venimeux de la région, ses mœurs. — Les lézards. — Le grand lézard vert. — Tortues dans la vallée de la Reuss.

Le **Monde des Animaux**[1] des Alpes nous offre un champ bien plus complexe encore que celui des végétaux, et ici comme partout les animaux articulés avec leur milliers d'espèces forment l'immense majorité. Les animaux en général dépendent de la manière la plus intime de l'existence des végétaux, car tous ils se nourrissent ou de plantes ou d'autres animaux; il en résulte que le théâtre de la vie végétale la plus intense, les forêts, est aussi celui de la vie animale la plus active. Non-seulement les forêts présentent en elles-mêmes la masse la plus imposante d'éléments organiques, mais par leurs procédés en grand d'alimentation et de décomposition elles produisent continuellement des masses nouvelles de substances. Elles offrent ainsi immédiatement aux animaux herbivores et médiatement aux autres les ressources les plus étendues, et de plus elles cachent et abritent, tout en les nourrissant, ceux qui se mettent sous leur protection. De là cette multitude confuse que nous trouvons dans les forêts, de fourmis, de

[1] Voir le tableau du Règne animal à la fin du volume.

scarabées, de chenilles, de mouches, de guêpes, de punaises, de vers, de crapauds, de salamandres, d'oiseaux, de souris, d'écureuils, de blaireaux, de lièvres, de martes, de renards etc.

S'il était déjà difficile pour les végétaux de déterminer le nombre de pieds qui marque la hauteur des régions, la difficulté est bien plus grande pour les animaux, doués de la faculté de se transporter d'un lieu à un autre. La faim, les poursuites, la chaleur ou le froid exercent, on le sait, une grande influence sur le séjour des animaux, et les chassent dans des districts souvent tout différents de leur habitation ordinaire. L'hiver en particulier, en les forçant à descendre des hauteurs, est la cause déterminante des migrations les plus importantes. Les oiseaux, les plus mobiles de tous, sont particulièrement difficiles à répartir suivant des zônes de hauteur. Une partie d'entr'eux appartient d'ailleurs aussi bien à la Suède et la Sibérie, ou à l'Italie, la Grèce et l'Afrique qu'à nos montagnes, et un grand nombre de petites espèces et quelques oiseaux de proie paraissent avoir leur patrie en tout lieu, depuis le fond des vallées jusqu'aux neiges des Alpes, depuis l'équateur jusqu'au voisinage du pôle. Cependant il n'est pas impossible, en considérant les divers groupes d'animaux au point de vue de leurs stations et du lieu où ils se propagent, de les distribuer dans les régions auxquelles eux ou leurs classes appartiennent plus particulièrement. Nous pouvons donc, après avoir retracé jusqu'ici les caractères principaux du milieu dans lequel ils vivent, parler maintenant de cette population elle-même si nombreuse et si variée; mais nous le ferons seulement en traits généraux, parce que la région qui nous occupe a bien plus de rapports avec les régions inférieures et surtout avec la région des collines qui la précède immédiatement qu'avec celles qui la dominent.

Nous ne devons pas nous attendre à trouver dans les montagnes cette abondance de formes animales qu'offrent dans leur exubérante richesse les forêts des tropiques, ni même dans une mesure plus modeste les plaines de notre pays. Les montagnes se présentent dans la nature comme une puissance ennemie de la vie:

rien ne vit là où elles se sont développées dans toute leur plénitude et avec toute leur énergie, et plus nous approchons de leurs sommets, plus l'organisme se montre avec réserve. Même à leur base, des éboulis perpétuellement renouvelés, des rochers perpendiculaires, de sombres gorges restreignent jusqu'à un certain point le développement de la vie. Mais à leur tour les plantes et les animaux se présentent à elles comme une puissance *conquérante*. A l'efflorescence de la pierre s'attache une couche grisâtre de lichens sans apparence : la pierre meurt, la plante prend vie sur ses débris. Et au fond le règne animal étend son énergique et victorieuse invasion jusqu'au milieu des horreurs de la montagne. Les parois de rocher les plus sauvages, les plus âpres et les plus nues, qui vues de loin ne semblent pas renfermer le moindre animal, sont animées par des millions d'insectes, d'araignées et de crustacés. Ils vivent parfaitement à l'aise au milieu des plus sombres vallées de décombres ; il s'y joint ensuite des vers et des mollusques, des reptiles, des oiseaux et même des mammifères, ensorte qu'on peut dire qu'il n'y a pas une place dans toute l'étendue de la région montagneuse qui n'offre les conditions d'existence nécessaires à quelque forme animale et qui ne la possède réellement.

Il se passera encore bien des années avant qu'on ait découvert et décrit tous les animaux inférieurs de notre région, comme, du reste, de l'ensemble des Alpes suisses. Les formes plus élevées de la faune sont bien moins nombreuses et bien plus rapprochées de l'homme que les **Invertébrés**, et il est plus facile de s'en rendre maître. Dans ce dernier embranchement qui comprend les *articulés*, les *vers*, les *mollusques* et les *zoophytes*, ce sont les articulés qui occupent, comme nous l'avons remarqué, le premier rang par le nombre des espèces et celui des individus ; ce sont aussi ceux qui ont été le plus généralement et le plus soigneusement étudiés, tandis que les autres invertébrés nous sont en partie inconnus, ou du moins ne présentent dans les montagnes qu'un petit nombre de formes particulières.

Nous ne possédons même qu'une connaissance bien imparfaite

des **Articulés** de la région montagneuse. Des trois classes de ce sous-embranchement, les *insectes*, les *arachnides* et les *crustacés*, ce sont encore les premiers qui ont le plus grand nombre d'espèces et d'individus, comme le montre d'une manière frappante le canton de Glaris, celui dont nous connaissons le mieux la faune, grâce aux infatigables recherches du docteur Heer. Ce canton renferme, toutes les régions comprises, environ 5,600 espèces d'animaux, savoir : 213 vertébrés, 5,000 articulés, 50 vers, 100 mollusques et 200 zoophytes. Les articulés forment donc environ les $9/10$ de l'ensemble. Dans ce nombre on compte à peu près 300 espèces d'arachnides, 50 de crustacés et 4,600 d'insectes qui se répartissent à leur tour comme suit : 1,500 coléoptères, 1,000 diptères, 800 lépidoptères, 800 hyménoptères, 100 névroptères, 100 orthoptères et 300 hémiptères. Ces données nous fournissent une mesure approximative de la richesse de la région montagneuse dans la Suisse entière. Si nous trouvons en effet dans les parties inférieures du canton de Glaris des espèces qui ne se rencontrent nulle part dans la région des montagnes, ce déficit est amplement compensé par l'apparition dans cette même région d'espèces nouvelles qui appartiennent aux Alpes du sud. Ainsi à l'occasion des arachnides, nous citerons l'exemple remarquable du *scorpion* d'*Europe* qui, des plaines de l'Italie, remonte jusque sur le revers méridional des montagnes basses du Tessin et dans le canton des Grisons jusque dans le Bergell et le Misox. On l'y voit çà et là contre les vieilles murailles, en particulier contre les murs humides des églises, ou le tronc pourri des châtaigniers. Cependant, il paraît perdre une grande partie de ses propriétés vénéneuses dans ces régions déjà froides pour lui, et il y est peu redouté. Dans le Puschlav, c'est près de Brusio et de San Vittore qu'il est le plus commun, mais il atteint jusqu'à la hauteur de Poschiavo (3,200 pieds) où on le trouve sur les bords du lac voisin, tantôt caché sous les pierres, tantôt aussi et plus rarement hors de sa cachette, alors que l'air est chaud et humide ou que le temps doit changer. On l'a également trouvé dans les environs de Sion. Le peuple croit qu'un scorpion placé au milieu d'un cercle de charbons allumés se donne lui-même la mort, ce qui s'expliquerait du reste parfaitement par le mouvement que doit se donner la malheureuse bête et par les brulures involontaires qui en sont la conséquence. L'écrevisse des rivières *(Astacus fluviatilis)* est, il est vrai, sans comparaison beaucoup plus commune dans la plaine que dans la région montagneuse; cependant elle se rencontre quelquefois dans cette dernière en grande quantité. L'endroit le plus haut où on l'ait trouvée ne dépasse pourtant pas 3,450 pieds. (Flins dans les Grisons.) On avait essayé au siècle dernier d'acclimater les écrevisses du Domleschg dans le Churwalden à 400 pieds plus haut; mais ces tentatives plusieurs fois répétées n'ont pas mieux réussi que les essais faits pour transporter dans notre région la grosse écrevisse des plaines : car ce n'est que la petite variété qui habite la montagne. Une espèce voisine, l'écrevisse des pierres *(Astacus saxatilis,* Koch) n'a pas été observée jusqu'ici au-dessus de 2,000 pieds. Par contre la vraie sangsue *(Hirudo medicinalis,* qu'on préfère à la variété *H. officinalis* de Hongrie) monte dans les eaux des Grisons jusque dans la région alpine, et on la pêche dans le petit lac de Tarasp (4,300 p.) et dans quelques autres localités, où l'on en fait un objet de commerce.

Parmi les **Insectes** c'est l'ordre des *coléoptères* qui est le plus abondamment représenté, après eux viennent les *diptères*, les *hyménoptères* et les *lépidoptères* ou papillons. Les trois autres ordres, les *névroptères*, les *orthoptères* et les *hémiptères* forment une portion comparativement fort petite de la grande et mobile famille des insectes qui peuplent l'air, la terre et les eaux. En hiver, tout ce petit monde a en grande partie disparu. Dans le mois de janvier nous avons bien trouvé une petite araignée-loup qui cheminait avec peine sur la croûte durcie de la neige, mais nous n'avons pu découvrir ni mouche, ni cousin, ni punaise. Tous passent leur hiver engourdis, les uns à l'état parfait, les autres à l'état de larves ou de nymphes. Au printemps, le premier souffle du fœhn en réveille une partie comme par enchantement; au second, d'autres en plus grand nombre renaissent à la vie; bientôt ce nombre est doublé, quadruplé, et dans le cours d'une seule semaine chaude de printemps on en voit des myriades sortir de leurs retraites. Dans le bas des montagnes, cette apparition des insectes a lieu graduellement selon la saison et en suivant la série des familles; mais dans le haut, presque tous apparaissent à la fois comme s'ils étaient pressés de mettre à profit les quelques jour d'été qui leur sont accordés. Quiconque a jamais observé dans leurs joyeux ébats ces essaims d'élégants danseurs et de sauteurs agiles peut se faire une idée de la multitude innombrable des individus qui composent ce peuple. On les trouve partout. Les diverses espèces de punaises, aux élytres bigarrés des plus belles couleurs, courent sur les bourbiers, plongent dans les mares, se cachent entre les pierres; les pucerons par milliers couvrent la surface des herbes et des feuilles; les prairies fourmillent de joyeuses sauterelles; le fourmi-lion au corps d'un gris rougeâtre épie du fond de son entonnoir l'insecte qui passe dans son voisinage, et l'accable d'une grêle de sable; les cigales spumeuses se balancent à l'extrémité des tiges de graminées; nulle part peut-être autant que dans la région montagneuse, les pâturages ne retentissent du vacarme que font les criquets et les grillons en se frottant les ailes. Des milliers de mouches, de cousins, de taons bourdonnent dans les airs, tourbillonnent autour des buissons et des fleurs. D'un vol saccadé et bruyant la libellule aux grands yeux explore en tous sens le rivage des ruisseaux, et la vierge aux ailes bleues voltige légèrement autour d'une plante aquatique fleurie. Des trous de la terre, des tas de pierres, du bois des chalets et des greniers, des troncs d'arbres vermoulus ou de leurs écorces crevassées, s'échappent des armées entières d'abeilles et de guêpes de toute espèce, qui se livrent aussitôt une guerre acharnée et meurtrière, et parmi elles en particulier les guêpes fouisseuses et les ichneumons; les bourdons des rochers, des bois, des mousses, des pierres, explorent les forêts et les montagnes en quête d'un miel nouveau; les sirex, les ichneumons, les cynips, les tenthrèdes, les guêpes fouisseuses et les pesants frelons vont à la picorée armés de leur redoutable aiguillon ; les fourmis des bois, celles des montagnes, les myrmices bâtissent, charrient, travaillent avec une infatigable activité le long des chemins solitaires ou des grandes routes fréquentées ; d'innombrables espèces de coléoptères rampent contre les arbres, sur la terre, dans les buissons et les décombres, se réunissent dans les cadavres en putréfaction ou dans la fiente des animaux, nagent dans les flaques, les marais et les ruisseaux, ou traversent les airs d'un vol lourd et bruyant. Les plus aimables de tous les insectes, les papillons aux riches couleurs, voltigent, fleurs mouvantes eux-mêmes, de corolle en corolle, se balancent au-dessus des eaux et des prairies, folâtrent autour des rochers et des arbres, jusque bien avant dans l'obscurité du crépuscule. Les grandes forêts d'arbres à feuillage ou à aiguilles, les buissons d'épines, de saules, de troënes, de rosiers, d'épines-vinettes offrent partout asile dans notre région à un grand nombre de chenilles de bombyx, de sphinx, de noctuelles, de phalènes, de tordeuses et de teignes ; aussi les papillons nocturnes y sont-ils abondamment représentés. Les magnifiques couleurs des lépidoptères, leurs allures volages, leur légèreté en font les vraies perles de la faune ; chacun connait et admire le machaon à queue d'hirondelle et son cousin plus pâle, le flambé, l'amiral, l'aurore, les tortues et les nacrés, les écailles, le morio, l'apollon, les paons, la queue fourchue, la grande livrée, le sphinx du troëne, l'iris aux reflets métalliques et changeants et le sphinx mangeur de miel, la tête de mort au cri strident.

Quelle richesse inouïe, quelle admirable variété de formes dans ce peuple ailé des insectes ! De même que les graminées sont le fonds principal d'un autre règne, les insectes forment la grande masse dans celui qui nous occupe. Et ce n'est pas sans raison. Si les graminées servent de nourriture aux herbivores, les insectes sont l'aliment habituel d'une foule d'animaux vertébrés ; il en est même qui forment la nourriture exclusive de différentes espèces de leur classe, ou d'autres articulés : procédé le plus efficace de tous pour maintenir un juste équilibre au milieu de cette population exubérante.

On sait aussi qu'il est un bon nombre d'insectes qui font de grands ravages dans les plantes et tout particulièrement dans les cultures. Les chenilles de quelques papillons et beaucoup de coléoptères se nourrissent du bois des arbres, des feuilles, des fleurs et des fruits de nos vergers et de nos plantes potagères. Le hanneton, sous ses deux formes de larve (*mans* ou *ver blanc*) et d'insecte parfait, devient, dans certaines années, le fléau de nos vallées et de nos districts de montagnes. Sous la première forme, il ronge la racine des plantes dans le sol des prairies et y détruit souvent toute végétation; sous la dernière, il dévore les feuilles et les boutons des arbres. Il paraît quelquefois dans la plaine en quantité effrayante, et il est aussi redoutable pour les vallées situées au nord de la chaîne centrale des Alpes que les nuées de sauterelles voyageuses le sont trop souvent pour celles du sud.[1]
Il se perd assez rapidement dans la montagne entre 3,000 et 3,300 pieds, avec d'autres insectes nuisibles, tels que le cul doré, la livrée, la courtilière. Il est même des localités qui en sont débarrassées entre 2,000 et 3,000 pieds. Dans le Jura il ne dépasse pas la limite des chênes; à Saint-Gall (2,081 p.) il a diminué depuis les années humides de 1816 et 1817, au point de ne plus causer que des dommages insignifiants. Sa station la plus élevée, et c'est probablement une exception, est à Andest dans les Grisons à 4,000 pieds. En tous les cas il s'élève dans les vallées du sud de 6 à 800 pieds plus haut que dans celles du nord. Le freux, la taupe et la musaraigne sont les plus redoutables ennemis de ses larves.

---

[1] Les sauterelles, paraît-il, ont dans les siècles passés poussé leurs excursions jusque dans le nord de la Suisse. Tschudi raconte que „le 21 août de l'an 1364, elles arrivèrent dans le pays en nombre extraordinaire, volant dans l'air comme un nuage, de telle sorte qu'à Zurich et autres lieux on sonna l'alarme avec toutes les cloches. Elles mangèrent les blés, les feuilles et l'herbe et causèrent de grands dommages, et il y eut ensuite une cherté de vivres et beaucoup de malheurs dans la contrée."

A la limite inférieure de notre région, il sort de terre à peu près en même temps que dans les contrées situées à 1,200 pieds plus bas.

Les animaux du grand embranchement des **Vertébrés** frappent bien plus nos regards que ceux dont nous venons de parler. Comme nous avons déjà eu l'occasion de le remarquer, les vertébrés sont incomparablement moins riches en espèces et en individus que les invertébrés, mais en revanche ils leur sont bien supérieurs par le développement de l'organisme et de l'intelligence ; ils rentrent surtout bien davantage dans le domaine de l'activité de l'homme ; ils le servent ou lui nuisent à un bien plus haut degré et présentent des types beaucoup plus caractérisés : aussi, ont ils été beaucoup mieux étudiés par les naturalistes.

D'entre les quatre classes de vertébrés, les mammifères, les oiseaux, les amphibies et les poissons, ce sont les deux dernières qui ont le moins de représentants dans la région montagneuse ; les mammifères y sont un peu plus nombreux ; mais les oiseaux y comptent à eux seuls plus d'espèces que les trois autres classes réunies, ce qui s'explique du reste aisément par l'étendue considérable de l'aire occupée par un grand nombre d'espèces, et par l'abondance des forêts.

La région montagneuse ne présente point de larges cours d'eau ni de bassins considérables. Les grands lacs de la Suisse sont à un niveau bien inférieur; celui de Brientz, le plus élevé d'entre tous (1,736 p.), reste encore à 700 ou 800 pieds au-dessous. La région ne renfermant ainsi que des ruisseaux, bien qu'en grand nombre, et de petits lacs, les **Poissons** y manquent d'espace et les représentants de la classe y sont peu nombreux.[1]

[1] L'Association Zoologique du Léman s'occupe dans ce moment de la publication dans ses Mémoires d'une *Description des Poissons du bassin du Léman*, due à la plume de Mʳ Lunel, Conservateur du Musée de Genève. Cette publication paraîtra en 4 livraisons in fol. et sera accompagnée d'une vingtaine de planches imprimées en couleur et représentant, en grandeur naturelle à une ou deux exceptions près, toutes les espèces décrites. Les dessins sont ce que nous avons vu de plus beau en figures de ce genre.

(*Traducteur.*)

C'est dans les eaux vertes, limpides et profondes des lacs, tantôt dans les anses de leurs bords, tantôt sur le fond même de leur bassin, que vit la *Lotte* (*Lota vulgaris*), joli poisson bigarré, d'un gris verdâtre, marbré comme un serpent de noir et de vert clair, et remarquable par les barbillons de sa lèvre inférieure. On la trouve aussi quelquefois dans les grands ruisseaux et les rivières. Elle se nourrit de frai et de petits poissons; elle se jette même à l'improviste sur ceux d'une certaine taille. Sa chair, extraordinairement fine et délicate, lui attire beaucoup d'ennemis. Son foie est le meilleur morceau que nos poissons puissent offrir aux gourmets. Malgré sa fécondité fabuleuse, la lotte n'est nulle part très-abondante, à cause de la chasse active que lui font les brochets. Il est rare que dans notre région elle atteigne plus d'un pied de longueur et qu'elle pèse au-delà de 2 à 4 livres; tandis que dans le lac de Genève on en trouve qui ont jusqu'à 3 pieds de longueur et qui pèsent jusqu'à dix livres. Elle remonte la Reuss jusqu'à Amstäg, mais c'est à Sissingen qu'on la trouve le plus communément. Dans le petit lac du Seelisberg (2,240 p.), au-dessus du lac des Quatre-Cantons, on en pêche des exemplaires de 8 livres.

La *Perche* (*Perca fluviatilis*) habite comme la lotte les lacs et les ruisseaux, mais elle est plus commune. C'est le destructeur par excellence des tritons et des grenouilles. Ce poisson, aux flancs à reflets dorés et à l'arête dorsale épineuse, est estimé pour sa chair, quoiqu'il atteigne rarement le poids de la lotte. La première année de son existence, on le prend dans les lacs en quantité immense (*mille-canton*). On a essayé, souvent avec succès, de l'introduire dans les lacs alpins. Le *Véron* (*Phoxinus lævis*) et le *Chabot de rivière* (*Cottus gobio*), se trouvent dans la plupart des ruisseaux limpides qui ne sont ni trop profonds ni trop rapides, souvent même abondamment dans l'eau claire des fossés, où on les voit passer comme des traits au-dessus des cailloux ou entre les verts festons des plantes aquatiques qui en tapissent le fond. Ils se rencontrent encore dans le Fählensee (4,480 p.) sur le Säntis, et dans le Trübsee (5,800 p.) au dessus d'Engelberg. Le *Rotengle* (*Scar-*

dinius erythrophthalmus) aux nageoires rouges, au dos élevé, rarement de plus de 8 pouces de longueur, la *Tanche* (*Tinca chrysitis*), d'un vert foncé, avec le ventre d'un blanc jaunâtre, le *Nase* (*Chondrostoma nasus*), noirâtre avec des reflets d'argent, l'*Ablette* (*Aspius alburnus*), d'un jaune verdâtre, passant au bleu après la mort, poisson du reste plein d'arêtes et peu estimé, le *Ronzon* (*Leuciscus rodens*), qui n'est guère meilleur, la *Loche franche*, rayée de noir sur un fond d'un gris verdâtre, se rencontrent çà et là dans les ruisseaux et les lacs de la région montagneuse. L'*Ombre commun* (*Thymallus vexillifer*) remonte dans la Reuss jusque près de Wasen (2,864 pieds) et dans l'Inn jusqu'à Steinsberg (4,525 pieds) d'où il a chassé les truites. Nous trouvons du moins ce poisson en grande quantité dans les ruisseaux limpides et les eaux ombragées de la moitié inférieure de notre région. Il est poursuivi par le balbuzard, les plongeons et la loutre. Il y a dans notre région un petit lac, le *Schwarzsee* ou lac d'Omeinaz (3,270 pieds) d'une demi-heure de tour, situé au milieu d'une contrée marécageuse au pied du Schweinsberg, dans le canton de Fribourg. Ce lac possède un poisson blanc, espèce de chevenne (*Leuciscus jeses*), qui vit dans les fleuves du nord de l'Europe, mais ne se rencontre nulle part ailleurs en Suisse. On l'y nomme *Vandoise* ou *wantuse* et on l'y apprécie fort à cause de sa chair grasse et délicate, quoique jaunâtre et assez garnie d'arêtes. Il a le dos bleu et les flancs d'un gris argenté; il nage très-vite et se multiplie rapidement; il atteint dans le lac d'Omeinaz une longueur d'un pied et demi et un poids de 20 à 30 onces. Qui pourrait dire par quels hasards et à la suite de quelles étranges aventures la première paire de ces poissons a passé des rivières du nord dans le Rhin et dans l'Aar, pour venir de là, par la Sense chaude, se créer une nouvelle patrie dans ce petit lac de montagne!

Le *Brochet* (*Esox lucius*), ce roi des poissons d'eau douce, remarquable par son extrême voracité, la vigueur et la rapidité de ses mouvements, la finesse de son ouïe, est plus abondant que toutes les espèces ci-dessus, dont il est d'ailleurs le plus redoutable ennemi. La première année, les brochets sont verts; plus tard, ils prennent des taches d'un gris foncé. Dans leur vaste et large gueule se trouve un appareil formidable de dents longues, pointues, recourbées en arrière, dont on a compté jusqu'à 700 dans un individu. Les yeux sont grands, aplatis, entourés d'un beau cercle jaune. La chair est blanche, ferme, aussi saine que savoureuse. Au temps du frai, les femelles pondent leurs œufs dans les endroits peu profonds exposés au soleil. Une seule en pond jusqu'à 150,000. Dans beaucoup de montagnes, on a coutume à cette époque de les chasser à coups de fusil. On voit quelquefois de grand matin sur les bords des lacs le reste des feux des pêcheurs qui y ont bivouaqué. Avant l'aube et jusqu'au milieu du jour, les tireurs se tiennent postés le long du rivage, leur carabine chargée de chevrotines dirigée sur le lac. Bientôt ils aperçoivent un léger froncement au miroir de l'eau; c'est le brochet qui, à quelques pouces de la surface, s'approche lentement des herbes pour y frayer. Le chasseur tire en visant à peu près à une main au-dessus de l'animal, à cause de la réfraction des rayons lumineux. Il est rare que le poisson soit blessé, parce que la balle perd une partie de sa force en traversant l'eau, mais le coup l'étourdit au point qu'il reste quelques instants étendu sur le dos; le chasseur se hâte d'en profiter pour le ramener au bord avec une branche d'arbre, le prendre et l'assommer. Dans le lac du Klönthal (2,640 pieds), on tue ainsi des brochets de 12 à 15 livres; on en prend aussi d'énormes dans les lacs de Trons et de Lax aux Grisons, et dans celui de la Thalalp (3,398 pieds, canton de Glaris), où se sont multipliés ceux qu'on y avait introduits avec des tanches, il y a plus d'un siècle. Dans les lacs de la plaine on trouve des brochets de 20 à 30 livres qui ont probablement de 60 à 80 ans. On conçoit quels ravages peuvent faire de pareils monstres. Ces gros brochets saisissent quelquefois des oiseaux aquatiques et des rats, ils avalent les grenouilles, les souris et les serpents, s'attaquent même aux chats et aux chiens aventurés sur leur élément. Gessner, le doyen de nos naturalistes, raconte qu'un brochet ayant mordu la lèvre inférieure d'un mulet qui buvait dans le Rhône, on eut toutes les peines du monde à faire lâcher prise au terrible animal ; il est également positif que ce requin de nos eaux a quelquefois mordu des baigneurs et forcé la loutre à lui abandonner sa proie.

Mais le plus intéressant, sans contredit, et le plus commun des poissons de la région montagneuse est la *Truite des ruisseaux* dont nous donnerons plus bas l'esquisse biographique avec celle de l'omble-chevalier. Leur congénère, le *Saumon (Salmo solar)*, le plus gros de nos poissons, est un animal moitié de mer et moitié d'eau douce, fort curieux par ses migrations. C'est ordinairement en avril, quelquefois plus tard, que les saumons quittent la mer du Nord et en particulier les côtes de la Scandinavie où ils sont très-abondants, et entrent dans les fleuves de l'Allemagne qu'ils remontent lentement et en colonnes serrées à la tête desquelles sont placés les vieux mâles. Arrivés à Bâle par le Rhin, en mai,[1] ils franchissent à vigoureux coups de queue les rapides de Lauffenbourg, entrent en août dans les rivières, traversent les lacs sans s'y arrêter, remontent les affluents, sautant sans peine par-dessus les digues et les râteaux, pour se répandre ensuite dans tous les ruisseaux qui ont un cours rapide et un fond de gravier, et arriver ainsi au terme de leur long voyage, presqu'au centre de la région montagneuse. C'est là que le saumon dépose son frai, d'octobre à décembre, et souvent dans des eaux qui ont si peu de fond qu'il n'y peut cacher entièrement sa nageoire dorsale. Après quoi, maigre et épuisé, il retourne en grandes troupes à la mer par les fleuves. L'été suivant ces animaux, guidés par un remarquable instinct des localités, reviennent des mers de la Norwège frayer aux mêmes endroits où ils se sont arrêtés l'année précédente, passant pour y parvenir par le dessous ou les côtés des filets qui leur barrent la route, brisant même quelquefois les

[1] En 1866, on pêcha déjà quelques saumons dans le Rhin suisse en février, fait inouï jusqu'alors et dû probablement à la température exceptionnellement élevée du mois.

solides mailles qui s'opposent à leur passage. Le frai du saumon, d'un rouge-orange, composé de 20 à 30 mille œufs, est déposé par la femelle dans une cavité qu'elle creuse elle-même en se frottant le ventre contre le gravier ou le sable du rivage. Il se développe en dix semaines. Les jeunes saumons se cachent soigneusement entre les pierres et croissent rapidement; mais ils ne tardent pas à se rendre dans le Rhin et de là dans la mer, où ils restent jusqu'à l'âge adulte. On ne trouve des saumons que dans les rivières et les ruisseaux qui se jettent dans le Rhin au-dessous de Schaffhouse. Ils pénètrent par la Linth presque jusqu'au Pantenbrücke (3,012 p.), par l'Aar jusqu'à Thun, par la Reuss jusque dans l'Entlibuch, à Engelberg et dans le Muotathal; en 1833 on en a même pêché un assez haut dans la vallée d'Urseren (4,400 p.), qui devait avoir franchi, on ne sait comment, les innombrables chûtes et tourbillons des Göschenen. Du lac de Wallenstadt ils se rendent aussi dans la Seetz et poussent jusqu'au Melsertobel, en franchissant une digue de moulin de 12 pieds d'élévation. Ils remontent la Sarine jusqu'à Fribourg. Quand les saumons sont arrivés au point extrême de leurs migrations, les pêcheurs placent, en travers des eaux, des claies de bois, des filets auxquels ils donnent le nom de *loups,* et des trappes à ressort, ou bien, armés de piques, et montés sur des bateaux, ils les poursuivent de nuit, à la lueur des torches. On en prend alors des pièces de 20 à 35 livres, même de 50 dans les grandes rivières de la plaine. La pêche du saumon est encore aujourd'hui si productive que, depuis 1860, elle est affermée à Lauffenbourg pour la somme de 4,500 fr. par an. Les pêches prodigieuses des anciens temps sont cependant devenues rares. En 1419, l'Aar étant très-basse, on prit à Berne environ 3,000 saumons et souvent 15 à 20 *d'un seul trait* de filet. Les bonnes gens d'alors prétendirent que c'était le présage de l'invasion de quelque peuple étranger. Le 1er décembre 1764, un pêcheur de la ville en prit dans la Reuss, près de Lucerne, 110 pièces, de 10 à 35 livres chacune. A l'époque du frai on reconnaît aisément les vieux mâles au crochet qui se forme sur un prolongement cartilagineux de leur mâchoire inférieure et qui rentre dans une fossette correspondante de la mâchoire supérieure. La même chose arrive au mâle de la truite des lacs. Cette excroissance disparaît passé le temps du frai.

La *Truite des lacs* (*Salmo lacustris*. Bloch. *Salmo trutta*. L. *Salmo lemanus*. Cuv.) ne monte dans la région montagneuse que par les affluents du Rhin et de l'Inn; on en prend à Ruvis et à Trons qui pèsent encore 18 à 30 livres, et à Splügen (4,430 p.) de 3 à 12. Sa station la plus élevée est dans les lacs de la Haute-Engadine à 5,500 pieds. A poids égal, elle a un corps beaucoup plus plat, plus allongé que le saumon, une tête au moins de moitié plus grande, et la nageoire caudale plus forte; elle est en-dessus d'un gris verdâtre foncé, sur les côtés et le ventre d'un blanc d'argent, tachetée de noirâtre le long des flancs jusqu'aux joues, souvent aussi ponctuée de rouge ou de brun de rouille. Les nageoires dorsale, caudale et adipeuse sont de couleur foncée, tandis que les nageoires paires sont jaunâtres. On trouve dans nos grands lacs des truites qui dépassent le poids de 40 livres.

A cette vie dont les poissons animent nos eaux, l'homme vient aussi mêler la sienne dans une certaine mesure. Quoique la pêche soit loin d'être un métier improductif dans notre région, il n'y a cependant que peu de pêcheurs de profession. La pêche à l'hameçon est libre dans toute la Suisse; en revanche celle au filet est soumise à certains droits. Sous ce rapport, la plupart des lacs des Grisons sont propriétés particulières ou communales; dans le canton du Tessin, la pêche a une certaine importance, puisqu'on évalue annuellement à 4,000 quintaux (?) la quantité de poissons exportés, en sus de ceux qui sont consommés dans le pays.

A tout prendre, les poissons jouent un rôle tout à fait insignifiant dans le déploiement de mouvement et de vie que présente l'ensemble des animaux : l'eau qui les protège, les dérobe aussi aux regards. Ce n'est que de loin en loin qu'une truite s'élance d'un saut hors de son élément (on voit quelquefois des truites faire des bonds de 12 pieds de longueur sur 5 de hauteur) comme pour rappeler son existence et ses rapports avec les animaux terrestres ; du reste, pas le moindre son, pas le moindre mouvement. Il en est tout autrement de la classe des **Reptiles**, ces animaux qui crient, rampent, chassent, sautent dans les deux éléments et sont pour nous, tour à tour, les représentants de l'indolence et de la stupidité, ou de la ruse et de l'audace, ou de la timidité et de l'agilité. Les reptiles ne sont guères plus riches en espèces que les poissons, et quelques-unes seulement comptent un nombre considérable d'individus. Il en est fort peu que l'homme cherche à utiliser ; tous le craignent et le fuient ; lui-même évite la rencontre du plus grand nombre et n'est l'ami d'aucun.

Les reptiles **Batraciens** se distinguent entre tous par leur mode de locomotion, leurs coassements et l'immense quantité d'individus que renferment quelques espèces. Partout on trouve dans la région la belle Grenouille verte (*Rana esculenta*) à la livrée de chasseur, et la Grenouille brune (*R. temporaria*) à la peau légèrement marbrée. Toutes deux ont de longues jambes bien prises, de beaux et aimables yeux entourés d'un cercle d'or, une bouche largement fendue et un visage obtus qui rappelle souvent de la manière la plus comique la figure de l'homme. La grenouille verte aime à s'accroupir en plein soleil sur le bord d'un lac, d'un étang, ou seulement d'un marécage, et à s'y baigner immobile dans la chaleur et la lumière. Mais au moindre bruit qui annonce à son oreille délicate l'approche d'un homme ou d'un animal, elle se jette lourdement à l'eau par d'immenses bonds, s'éloigne du bord comme un trait par de vigoureux élans, plonge, remet le nez à l'air et se cache de nouveau avec la gaucherie la plus plaisante sous la vase ou dans les roseaux. Quelques jours après que les grenouilles de la plaine ont fait entendre leurs premiers coassements (ordinairement dans le premier tiers du mois de mai), celles de la montagne préparent leurs gosiers pour y répondre, et en juin, depuis le soir jusqu'à minuit, elles font retentir tout le canton de leur chant sans nom d'une désespérante persistance. C'est ordinairement un chantre à voix de basse qui entonne, puis viennent de longs répons que suit enfin un grand fracas de tutti. Cependant ce concert n'a rien en lui-même de désagréable ni d'effrayant; il est plutôt, dans ses diverses modulations, l'expression d'un babil de satisfaction, exprimé avec un accent large et plein qui le fait souvent ressembler à de grands éclats de rire; ce n'est que sa durée qui le rend insupportable. Les centaines de voix qui y prennent part donnent une idée du nombre immense de ces causeurs infatigables; encore n'oublions pas que nous n'avons là qu'un chœur d'hommes, car les femelles ne chantent pas, elles se contentent de »faire le rouet.«

Dès que le soleil du printemps a pris un peu d'énergie, les grenouilles sortent de leurs quartiers d'hiver. C'est à cette époque, et déjà même auparavant, qu'on les chasse, surtout de nuit à la lumière. On les prend par milliers; avec des ciseaux on leur coupe les cuisses, qui sont chez elles le bon morceau; et ces pauvres animaux si barbarement mutilés, on les laisse en tas jusqu'à ce qu'une mort lente vienne enfin les délivrer de leurs souffrances. Les pêcheurs et les chasseurs de grenouilles sont souvent encore aujourd'hui assez stupides pour croire que les jambes recroissent à ces misérables bêtes.

La prodigieuse fécondité de la grenouille peut seule expliquer comment il arrive que l'espèce ne disparaisse pas avec la consommation énorme qu'il s'en fait. Le frai est ordinairement composé d'un millier de petits œufs d'un noir jaunâtre. La femelle les dépose simplement en paquet sur le fond de l'eau, ou en chapelet autour de la tige des prêles et d'autres plantes aquatiques. Elle se tient ensuite à quelque distance, exprimant par un doux murmure ses sentiments maternels. Exposés à la chaleur du soleil, les œufs commencent à gonfler, deviennent gros comme des pois, et au sixième jour donnent naissance à une extraordinaire petite créature sans jambes, qui se nomme têtard, munie d'une queue, de branchies et d'un museau corné; sa grosse tête, qui semble fixée au bout d'une petite tige, lui a fait donner par les habitants des montagnes le nom de *clou de cheval*. On voit les têtards par myriades prendre gaiement leurs ébats dans les eaux au soleil. Plus tard, par suite de métamorphoses remarquables, ils perdent leur queue, prennent des jambes et finissent par devenir grenouilles, au risque de perdre leurs cuisses au printemps suivant. Cette jeunesse pleine d'espérance se tient avec ses parents sur le rivage ou dans les vertes retraites des plantes aquatiques. Si un cousin, une mouche ou une libellule vient à voltiger dans son voisinage, la grenouille darde sa langue visqueuse sur l'insecte avec la promptitude de l'éclair ; puis rassasiée, elle retourne à ses chants ou à ses étranges exercices de natation.

La grenouille verte ne s'éloigne jamais beaucoup de son élément ; la lourde grenouille brune, au contraire, se promène volontiers dans les prés, au milieu des herbes. Le soir, après une pluie chaude, on la rencontre sur tous les chemins, chassant aux escargots et aux insectes en compagnie des crapauds et des salamandres. La Rainette verte (*Hyla arborea*), ne se trouve que rarement dans la région montagneuse, et la *Grenouille agile* (*Rana agilis*, Thomas) récemment découverte en Suisse, petite grenouille à jambes d'une longueur extraordinaire, n'a pas encore été observée à cette altitude.

Le *Crapaud commun* (*Bufo cinereus*) vit solitaire au milieu des bois et des champs, dans les maisons ou les écuries, près des rochers ou des eaux, caché dans quelque trou en terre ou sous quelque gros caillou, ou bien marchant gravement après la pluie le long des chemins. Cet animal nocturne, qui passe l'hiver dans la terre, est d'un gris brun, il a le ventre gros et la peau verruqueuse ; il n'a de beau que ses petits yeux intelligents à iris brillant, couleur de feu, mais l'utilité dont il est par la destruction des insectes qui lui servent de nourriture ne saurait être assez reconnue. La grenouille est une vive et élégante créature comparée à ce pesant et mélancolique personnage qui n'a d'autre moyen de se défendre que de se gonfler d'un air menaçant, et, quand on le prend dans la main, de lancer une liqueur légèrement corrosive. Il ne chasse pas, mais il attend paisiblement le passage de sa proie, un insecte, un ver, qui échappe trop souvent à l'atteinte de sa langue. C'est une erreur de penser que le crapaud soit venimeux; c'en est une également de croire qu'il atteigne exceptionnellement les dimensions d'une assiette, quoique le fait nous ait été attesté par des hommes d'ailleurs dignes de confiance. Les crapauds deviennent sans doute très-vieux et on en doit souvent rencontrer de 4 à 6 pouces de longueur; mais c'est en vain que nous avons cherché à voir nous-même les individus monstrueux que certaines personnes disaient avoir vus pendant des mois sans oser les toucher. Nous avons remarqué que dans quelques endroits de la Suisse française on croit à une haine mortelle entre les crapauds et les araignées; on y prétend même avoir vu des exemples nombreux de crapauds tués par une simple morsure de ces petits animaux.

Le Crapaud des joncs ou *Pélobate brun* (*Pelobates fuscus*), gris olivâtre, avec des verrues d'un rouge brun et les yeux d'un jaune verdâtre, se rencontre, mais beaucoup plus rarement, dans la région montagneuse. Quoiqu'il soit, comme le crapaud commun, un objet de dégoût et de mépris, il nous rend avec lui d'éminents services par la destruction d'une foule de mollusques et d'insectes. Le *Crapaud sonneur* ou à *ventre jaune* (*Bombinator igneus*), de moitié environ plus petit, d'un brun de terre par-dessus, d'un jaune orange vif par-dessous, avec des taches d'un bleu d'acier, est assez abondant dans les étangs et les fossés de la région montagneuse, souvent même dans les flaques de purin des villages, où nuit et jour, en juin, il fait entendre sa chanson de deux syllabes.

C'est il y a 30 ou 40 ans qu'on a, pour la première fois, découvert en Suisse le *Crapaud accoucheur* (*Alytes obstetricans*), petit animal intéressant de la grosseur du précédent (1 $\frac{1}{2}$ pouce de longueur), gris sale en dessus, blanchâtre en dessous, avec une ligne de verrues blanches de chaque côté du corps. Quand la femelle veut pondre ses 50 ou 60 petits œufs jaunâtres, le mâle s'approche d'elle pour les recueillir et, au moyen de fils visqueux, il se les lie en pelotes sous les jambes de derrière. Il porte ce fardeau pendant quelques jours, puis quand il sent que les œufs sont mûrs, il va à l'eau et c'est là que les œufs crèvent et donnent naissance aux têtards. On a rencontré exceptionnellement des femelles portant aussi leur paquet d'œufs sous les cuisses. Ce crapaud n'est pas rare dans les environs de Saint-Gall ; un de nos amis l'a trouvé dans la région alpine de l'Oberhasli, un autre l'a rencontré à plusieurs reprises *dans la partie inférieure de la région montagneuse* du canton d'Appenzell, et, au même niveau, un soi-disant Crapaud des Alpes (*Bufo alpinus*), mais qui n'est probablement qu'une variété foncée du crapaud ordinaire, jeune âge. Un des motifs qui nous font croire à cette identité, c'est le fait de la rencontre de cet animal à la hauteur de 2,500 p., tandis qu'on lui assigne communément pour station celle de 6,000 et davantage.

Plus fréquente que ces dernières espèces, la *Salamandre tachetée* (*Salamandra maculosa*) se montre surtout après ou immédiatement avant la pluie. Elle a de 5 à 6 pouces de longueur, la queue ronde, le corps noir tacheté de jaune vif, et se tient ordinairement dans les endroits humides, entre les pierres, dans les trous et sous la mousse. Cet animal est paresseux, lent dans sa marche, et ne va à l'eau qu'au temps de la reproduction ; il y nage au moyen de mouvements rapides de la queue et revient souvent à la surface pour respirer. Ce reptile, si utile par la consommation qu'il fait de vers et d'insectes nuisibles, les habitants des montagnes, comme les anciens Romains, le considèrent comme extraordinairement venimeux. L'écume blanchâtre que sécrètent ses glandes latérales quand il est excité est d'une parfaite innocuité pour l'homme, mais elle rend malades et fait périr les oiseaux ou les petits mammifères auxquels on l'inocule. Aussi les grands destructeurs d'amphibies répugnent-ils à manger la salamandre, à l'exception de la couleuvre à collier qui s'en nourrit volontiers. La nature a refusé à ce reptile, comme aux crapauds, la rapidité des mouvements, mais dans sa prévoyance elle leur a accordé cet âcre liquide comme moyen de défense contre leurs ennemis. A côté de cette salamandre qui, par exception, ne monte jamais, non plus que le crapaud sonneur, dans la région montagneuse du canton de Glaris, se trouve la *Salamandre noire* (*Salamandra atra*). Dans quelques parties de la Suisse, cette dernière atteint déjà son maximum en individus à 2,500 p., tandis que partout ailleurs c'est surtout dans la région montagneuse et au delà, jusqu'à 7,000, qu'on la rencontre. Elle remplace la salamandre tachetée dans toute la partie supérieure de la région.

Les salamandres d'eau ou *Tritons*, sont des reptiles assez semblables aux précédents, mais plus agiles et avec une peau dépourvue de glandes. Les mâles portent une crête continue. Nous en trouvons çà et là, dans les eaux croupissantes des montagnes et à différentes hauteurs, les espèces des collines : ainsi le *Triton à crête* (*Triton cristatus*) de 6 pouces de long, d'un brun-olive foncé en dessus, ponctué de blanc sur les côtés, le mâle avec une crête noire à dents aiguës et le ventre d'un jaune vif, la femelle d'un jaune clair en dessous, tous deux marqués à la partie inférieure de taches noires rondes, et rayés de blanc argenté sur les deux côtés de la queue, et le *Triton palmipède* (*Triton tæniatus*, Schneider, *T. palmatus*, Schinz), de trois pouces seulement de longueur, le mâle brun clair, plus clair encore sur les flancs, jaune rouge en dessous, tout le corps marqué de mouchetures noires, la tête de bandes longitudinales de la même couleur, sur le dos et la queue une crête dentelée presque transparente; la femelle sans taches. Le *Triton alpestre* (*T. alpestris*, Schneider, *T. Wurfbainii*, Laurent) se rencontre aussi partout dans les eaux stagnantes de la région; mais, comme il est aussi commun dans la région alpine, nous y reviendrons plus tard.

Les **Ophidiens** de la montagne se tiennent presque aussi cachés que les poissons et les salamandres. Ce sont en général de beaux animaux; quelques-uns même sont remarquables par leur vivacité et leur intelligence. Craintifs, et comme avertis par instinct de l'aversion de l'homme et des animaux, ils ont la prudence de se tenir dans les lieux solitaires. Si les habitants de la campagne et les montagnards savaient quels services leur rendent ces destructeurs d'insectes, ils se garderaient bien de leur faire aucun mal. Ces animaux ont d'ailleurs assez d'autres ennemis. Les buses, les geais, les cigognes, le blaireau, le putois et le hérisson poursuivent tous les serpents et mangent même les vipères avec la plus grande avidité sans en éprouver aucun mal.

Le plus innocent de tous les ophidiens, l'*Orvet* (*Anguis fragilis*), tient par son organisation intérieure aux lézards, et par l'extérieure aux serpents. Même avec la meilleure volonté, l'orvet ne pourrait mordre; il se borne à darder sa jolie petite langue. Sa nourriture consiste en insectes, en vers et principalement en limaçons. Il met bas dans l'arrière-automne de 6 à 12 petits, blancs d'argent en dessus, noirs en dessous, qui viennent au monde tantôt nus, tantôt encore enveloppés d'une coquille. L'homme, par suite de son aversion involontaire pour tout ce qui rampe, tue fréquemment cet animal. Cette aversion a même été jusqu'à lui troubler la vue, puisqu'on a donné dans certains pays l'épithète d'aveugle à ce reptile qui a pourtant, pour son compte, deux charmants petits yeux avec lesquels il voit fort bien, des pupilles noires à iris d'un jaune d'or protégées par une membrane clignotante, et deux paupières distinctes qui manquent aux vrais serpents. On a fait dernièrement des observations intéressantes sur le séjour d'hiver des orvets. Ils se creusent de véritables quartiers d'hiver, formés d'une galerie sinueuse de 30 à 36 pouces de longueur, dont à la fin de l'automne ils ferment l'entrée, depuis l'intérieur, avec de l'herbe et de la terre. Les plus jeunes sont à l'endroit le plus rapproché de l'orifice; à mesure qu'on avance, on trouve des individus plus grands, et, tout à fait à l'extrémité, dans l'endroit le plus étroit, le mâle et la femelle : tous dans un état de complète torpeur, les uns roulés sur eux-mêmes, d'autres entrelacés avec leurs voisins, d'autres enfin étendus raides tout de leur long. On en déterre ainsi des familles de 20 à 30 individus. Mais le plus intéressant serait de savoir par quels procédés ces petits animaux sans pattes parviennent à creuser leurs galeries, travail qui suppose une adresse admirable et une laborieuse persévérance à surmonter les obstacles que peut présenter le terrain. Au printemps, quand les chaleurs reviennent, toute la colonie sort lentement de son trou.

Après cet ophidien qui est le plus nombreux de tous, mais constamment poursuivi par les couleuvres, les vipères, les chats et un grand nombre d'oiseaux, le plus commun est la *Couleuvre à collier* (*Coluber natrix*), animal sans venin, redoutable tout au plus pour les poissons, les tritons et les grenouilles, parfaitement inoffensif pour l'homme, et qui n'en est pas moins comme l'orvet en butte de sa part à de ridicules persécutions. La chair de l'un et de l'autre est même bonne à manger. Le seul désagrément qu'on puisse reprocher à la couleuvre, c'est de sécréter, de ses glandes anales quand on la prend, un liquide de mauvaise odeur qui fait des taches difficiles à enlever. Il est probable que la région montagneuse du Valais et du Tessin possède encore la couleuvre fauve ou d'Esculape, la couleuvre verte et jaune et la couleuvre vipérine, mais en tout cas elles doivent y être rares. La couleuvre lisse a été plus souvent observée dans les cantons du nord.

Notre région ne compte qu'une espèce de serpent venimeux, mais qui l'est à un très-haut point, la *Vipère rouge* ou de Redi, ainsi nommée du naturaliste italien Redi (*Vipera aspis*). L'autre serpent venimeux de la Suisse, la vipère commune, appartient plutôt aux Alpes et se rencontre rarement dans la région montagneuse. La vipère rouge ne se trouve pas dans la Suisse orientale, mais dans le Valais et dans le Tessin, et assez fréquemment sur toute la chaîne du Jura. Elle aime la lisière des bois et les pentes pierreuses exposées au soleil. Elle a 2 ou 3 pieds de longueur; son corps assez épais est d'une couleur brune jaunâtre qui varie jusqu'au rouge cuivré. Sur ce fond se dessinent un grand nombre de taches transversales, allongées, isolées, d'un brun foncé, qui forment sur le dos de l'animal quatre rangées dont les deux intermédiaires se confondent quelquefois. Il est rare de trouver des individus non tachetés. Le ventre est toujours de couleur chair. Les vipères se distinguent des couleuvres en ce que leur tête en forme de cœur porte de petites écailles serrées au lieu d'écussons ou grandes plaques. La morsure de la vipère rouge est toujours dangereuse, accompagnée de graves accidents, et ne guérit que fort lentement; mais l'animal ne mord que quand on l'irrite. La blessure elle-même est très-douloureuse; elle est suivie d'évanouissement, de raideur des membres, de changements dans la coloration de la face, d'enflure de la langue, de resserrement spasmodique dans la gorge et les machoires, de vomissements, etc. La mort ne survient que dans les cas où le mal est négligé. Une vache qui, en se frottant contre un tronc creux, avait été mordue par la vipère qui y habitait resta languissante pendant des semaines. Dans les montagnes du canton de Neuchâtel, ces reptiles venimeux sont si abondants par places que les chasseurs ont toujours soin d'emporter avec eux un flacon d'eau vulnéraire pour leurs chiens. En Italie où cette vipère est encore commune, on l'emploie par milliers à la confection de la thériaque. Mais nous savons moins gré à la vipère de ce remède universel de charlatan qu'elle nous procure, et dont la préparation est pourtant à Naples sous la surveillance de l'Etat, qu'au choix qu'elle fait dans sa nourriture et à la quantité qu'elle consomme de souris, de scarabées, de vers, de larves, de mouches, de sauterelles et autres animaux nuisibles.

La rencontre dans notre région des **Sauriens** gracieux et agiles nous sera sans doute plus agréable que celle des grenouilles et des serpents. A leur égard aussi, la partie sud de la Suisse est plus riche en espèces que le nord et infiniment plus en individus. Le *Lézard des souches* (*Lacerta stirpium*) habite la plaine, les collines et une partie de la région montagneuse. Il paraît que dans la vallée rocailleuse et bien exposée d'Urseren, il manque comme les autres formes de sauriens, ainsi que les crapauds et la grenouille verte. Notre lézard est ce charmant animal, couvert d'écailles brunâtres à dessins variés, à petits yeux vifs et bril-

6*

lants, qu'on voit étendu au soleil sur les pentes ou contre les murs, dans les haies ou les buissons d'épine, à l'affût des mouches, des cousins et des scarabées, et à la moindre apparence de danger se glissant dans son trou avec une extraordinaire légèreté. Nulle part, dans notre région, il n'est ni très-abondant ni très-rare. C'est l'aliment de prédilection de plusieurs espèces de serpents. En juillet, la femelle dépose dans un nid de fourmis ou dans la mousse 5 à 8 œufs d'un blanc sale, presque ronds, de la grosseur des œufs de moineau ; les petits en sortent au mois d'août, et dès leur naissance ils sont aussi lestes, courent et grimpent avec autant d'agilité que leurs parents. Ces animaux, faciles à apprivoiser, passent l'hiver engourdis dans des trous ou sous des pierres, mais ils en sortent aussitôt que la neige a disparu. Comme ils sont très-difficiles à attraper, tant ils sont lestes, le peuple les croit volontiers ensorcelés ; dans quelques endroits on les prétend même venimeux. Le *Lézard des murailles* (*Podarcis muralis*) est un peu plus foncé et un peu plus grand que le précédent. On ne le trouve que dans les montagnes de l'ouest, du sud et du nord, principalement dans le Jura, jusqu'à la hauteur de 3,800 pieds. Il aime les murs exposés au soleil. Le *Lézard vivipare* (*Lacerta vivipara*) appartient également à la région alpine et à la région montagneuse. Mais la plus grande et la plus belle de nos espèces indigènes est le *Lézard vert* (*Lacerta viridis*), presque une fois aussi long que le commun, puisqu'il mesure ordinairement un pied et qu'il atteint quelquefois de 15 à 17 pouces. Il se trouve dans la région montagneuse des cantons méridionaux de la Suisse, dans les plaines desquels on le rencontre aussi fréquemment. Il est abondant dans toute l'Italie, ainsi que dans les environs de Berlin où il a peut-être été transporté. Ce charmant animal qui passe par toutes les nuances jusqu'au vert noirâtre ou au vert brun, et dont on a observé en Suisse six variétés intéressantes, paraît changer de couleur presque à chaque mue. L'âge, le sexe, le lieu, la nourriture exercent une influence marquée sur la nuance de sa peau, comme chez les sauriens en général. Il se nourrit d'insectes de toute espèce, de vers, d'escargots, et même de petits lézards. Il n'a pas encore été trouvé en Suisse au nord du St-Gotthard, excepté cependant sur les berges du Rhin près de Hornberg au-dessus de Bâle. Il n'est pas rare non plus dans les prolongemens méridionaux de la Forêt noire ; dans les cantons de Genève et de Vaud, dans le Tessin, le Valais et le Misox, c'est au contraire un des lézards les plus abondants dans toute la région montagneuse jusqu'à 4,000 pieds. On voit souvent au mois d'août, dans les endroits chauds, des tas de coquilles d'œufs fraîchement éclos qui appartiennent à ce reptile. Ils sont presque aussi gros que des œufs de pigeon. Ils ont besoin tout à la fois d'humidité pour ne pas se racornir, et de chaleur pour se développer. Aussi le lézard dépose-t-il ordinairement ses œufs, de nuit, dans la mousse humide ou dans un petit creu en terre, où la rosée puisse les humecter le soir, et le soleil les réchauffer pendant le jour. Les œufs de plusieurs de ces espèces de lézards ont la propriété remarquable de briller dans l'obscurité d'une lueur phosphorescente.

Tous ces sauriens passent leur hiver engourdis dans des trous en terre, jusqu'à ce que le soleil du printemps les réveille et les ramène à la lumière. On les voit souvent alors apparaître tout couverts de poussière et de boue, et, après dix ou douze jours encore de demi-engourdissement et de lenteur dans les mouvements, reprendre peu à peu leur prestesse et leurs habitudes d'été. La faculté qu'ils ont de reproduire leurs membres perdus tient au peu de développement du système nerveux, et à l'indépendance de leurs organes relativement au cerveau qui est très-petit. Cette faculté est plus remarquable encore chez les salamandres et les tritons. La queue, les pattes de devant, celles de derrière, les yeux même leur recroissent, tandis que pour les lézards ce n'est que la queue, et jamais encore dans toute sa longueur. L'endroit de la rupture se reconnait toujours à un certain désordre dans l'agencement des écailles.

Un fait bien curieux, c'est que les lézards sont presque insensibles aux poisons minéraux et végétaux, tandis que les principes vénéneux animaux les tuent presque instantanément. Pour faire périr un lézard, il faut vingt fois plus d'acide prussique que pour tuer un chat, et le lézard ne meurt qu'au bout de plusieurs heures. Une morsure de vipère le fait au contraire mourir instantanément, et même en lui faisant mordre simplement la membrane vireuse du triton ou de la salamandre, on occasionne en lui des vertiges d'abord et la paralysie, puis la mort. Les lézards sont aussi très-sensibles au froid et meurent comme les serpents à — 4° R.

L'ordre des **Chéloniens** manque à la région montagneuse de la Suisse. Aussi est-il fort extraordinaire qu'on ait trouvé plusieurs fois dans la vallée de la Reuss la *Tortue bourbeuse* d'Europe (*Cistudo europæa*). Rien ne prouve que ce fût seulement des individus égarés. Il existe dans un domaine, près d'Altorf, une tortue grecque qui vit là depuis plus de cent ans tout à fait en liberté : d'où il est permis de conclure que le climat n'est pas absolument contraire à ces reptiles. Cependant si les tortues s'étaient naturellement introduites en Suisse, au lieu de s'y rencontrer accidentellement, elles n'auraient pu nous arriver que par l'Italie en remontant le Tessin ; or à notre connaissance on n'a jamais rencontré dans le canton du Tessin un seul de ces animaux. Leur existence dans la vallée supérieure de la Reuss reste en tout cas un fait inexplicable. Dernièrement on a trouvé la tortue grecque dans la forêt de Bremgarten, près de Berne, et à plusieurs reprises près de l'embouchure du Rhône dans le lac Léman. Wagner dans son *Helvetia curiosa* dit expressément que de son temps il y avait des tortues dans le petit lac de Weiden, dans le canton de Zurich ; mais aujourd'hui il n'en reste pas la moindre trace. Avant l'époque géologique actuelle, ces reptiles étaient abondants sur certaines collines et dans certaines localités montagneuses de la Suisse, où on en retrouve les restes fossiles.

CHAPITRE IV.

LES OISEAUX DE LA RÉGION MONTAGNEUSE.

Les oiseaux, chaînon nécessaire dans le système de la nature. — Oiseaux sédentaires et oiseaux de passage. — La Suisse, rendez-vous des oiseaux du nord et du midi. — Destruction des oiseaux en Italie. — Les canards sauvages. — Les poules d'eau. — Une colonie de hérons au lac des 4 cantons. — Les bécasses. — La petite outarde. — Les gallinacés et les pigeons sauvages. — Le coucou. — Le martin-pêcheur. — La huppe. — Les pics. — La sitelle et le grimpereau. — Les martinets. — L'engoulevent. — Les becs-croisés. — Les gros-becs. — Les bruants et les alouettes. — Les pipits. — Les mésanges. — Les traquets. — Le troglodyte et les roitelets. — Les becs-fins chanteurs. — Les bergeronnettes. — Les pies-grièches. — Les grives. — Le merle de roche. — Apparition du merle bleu et du merle rose. — L'étourneau. — Le loriot. — Le rollier. — Le casse-noix et le geai. — Les corbeaux. — Caractéristique des chouettes. — Le moyen-duc. — Le scops. — La hulotte. — La chevêchette. — La chevêche, oiseau d'appel pour la chasse. — Répartition des chouettes. — Les oiseaux de proie diurnes. — L'autour. — Le faucon pèlerin. — Le hobereau. — La cresserelle. — La buse et son utilité. — La bondrée. — Le jean-le-blanc et l'aigle criard. — Le vautour égyptien au Salève. — Vautours griffons tués en Suisse. — Rapports des différentes familles d'oiseaux entre elles. — Les oiseaux envisagés comme éléments de la vie dans les montagnes. — Séjour d'hiver des oiseaux. — Vie et concerts des oiseaux dans les forêts. — Cadavres des oiseaux.

Parmi les animaux des classes supérieures, ce sont les **Oiseaux** qui sous le rapport du nombre des espèces et des individus occupent dans la région montagneuse la place la plus importante. Dès l'abord leur présence s'y fait sentir; leur nombre, la facilité avec laquelle ils se transportent d'un lieu à un autre, leurs chants ou leurs cris, leurs voyages, la variété de leurs formes et de leurs couleurs, donnent une animation remarquable à la nature silencieuse des montagnes. On peut y errer pendant des heures entières sans rencontrer un seul autre animal vertébré, mais la troupe joyeuse des oiseaux ne reste jamais longtemps sans donner quelque signe de sa présence. Ils sont les vrais représentants du mouvement, de la gaité, de la vie qui de toute part prend possession du monde. Sans eux les montagnes seraient tristes et sans charmes. L'homme cherche partout au dehors de lui la trace de ce souffle vivifiant qui l'anime : le désert l'accable, les masses inanimées l'oppressent. Il se sent comme orphelin là où la vie animale ne se manifeste plus à lui, là où il ne peut partager avec d'autres êtres le bonheur de la liberté, le doux sentiment de l'existence. Représentons-nous la gent emplumée bannie de nos forêts et de nos croupes, de nos pâturages et de nos prairies, de nos ruisseaux et de nos rochers, nous voyons aussitôt se rompre un des liens les plus importants qui rattachent notre vie à celle des êtres inférieurs et à la nature inorganique elle-même. C'est toute une révolution qui viendra renverser les rapports établis entre les diverses classes du règne animal entier et en détruire l'harmonie. Les classes inférieures, les insectes et les autres invertébrés, les reptiles, les souris etc. se multiplieront d'une façon effrayante ; le règne végétal en éprouvera bientôt les conséquences et, par suite, d'une manière plus ou moins immédiate, une bonne partie des mammifères périront faute de nourriture. L'importance des oiseaux comme classe intermédiaire entre toutes les autres est immense. Ils sont à leur manière et suivant les lois fixées par la providence les ordonnateurs et les régulateurs de toute l'économie naturelle. En faisant disparaître les cadavres des grands animaux, aussi bien qu'en détruisant les cousins, les fourmis, les scarabées et les bombyx destructeurs de nos bois, de toute manière ils forment un contre-poids indispensable à la dangereuse prépondérance de la masse animale. Il est vrai que sous ce rapport la destination de certaines familles et de certaines espèces n'est pas encore reconnue, que l'utilité même de quelques-unes est peut-être dépassée par le mal qu'elles font ; mais ici le but économique de la famille est subordonné à la place qu'elle occupe dans le système entier, elle est un chaînon nécessaire dans l'ensemble harmonique du monde des oiseaux.

La zône torride qui possède des formes organiques si parfaites et en si grande abondance est aussi celle qui renferme le plus grand nombre d'oiseaux. Les plaines de notre zône tempérée en sont à leur tour beaucoup plus riches que les montagnes, elles comptent plus du double d'espèces; mais, à l'inverse, ce sont les montagnes qui offrent comparativement le plus grand nombre d'oiseaux à demeure fixe ou *sédentaires*. Dans la plaine, ce sont décidément les oiseaux de passage qui l'emportent; dans la région montagneuse, ils ne forment plus que le tiers des espèces. Il est vrai que parmi les espèces sédentaires nous en comptons plusieurs qui sont proprement nomades et fuient, pour quelque temps au moins, les rigueurs passagères du climat de leur séjour habituel. Nous retrouvons le même rapport entre les oiseaux de la région alpine, et dans celle des neiges il n'y a plus guères que deux espèces de passage pour une douzaine d'espèces sédentaires.

Il résulte de la nature même de la région qui nous occupe qu'il ne s'y trouve que fort peu d'oiseaux de marais et de palmipèdes, encore moins de ces pesants oiseaux qui appartiennent à l'ordre des coureurs. Par contre les gallinacés y sont abondamment représentés, ils y sont même tous à demeure fixe. Plusieurs espèces qui sont sédentaires dans la plaine paraissent ici comme oiseaux nomades; dans quelques-unes, les pinsons et les merles par exemple, ce sont les femelles seules qui émigrent.

Notre pays, par sa position intermédiaire et centrale entre le nord et le sud, est pour ainsi dire le lieu de rendez-vous et en même temps l'extrême limite de station de la plus grande partie des oiseaux d'Europe. Nous y rencontrons souvent des hôtes remarquables venus soit de la mer glaciale, soit des plaines brûlantes de l'Egypte. A côté de l'eider, du canard siffleur huppé de Sibérie, du canard de miclon, du cygne sauvage et du cygne d'Islande, de la chouette harfang, et de plusieurs espèces de plongeons, d'oies et de mouettes des régions polaires, nous voyons arriver sur nos eaux le flamant d'Afrique, l'ibis falcinelle, le héron pourpré de la mer Noire, l'hirondelle de mer de la mer Caspienne, le court-vite isabelle de l'Abyssinie. Ce sont d'ordinaire des apparitions accidentelles d'individus dérangés dans leur ponte, emportés par les vents, ou même tout à fait égarés, comme cela fut le cas en 1768 pour le remarquable passage de 130 pélicans qui fut observé sur le lac de Constance. Un dérangement anormal dans l'atmosphère, un été d'une chaleur extraordinaire, un hiver particulièrement rude ou tempéré, des vents soutenus, et plusieurs autres circonstances locales peuvent, comme la faim ou les poursuites, forcer les oiseaux à quitter ainsi momentanément leur patrie. Mais en automne et au printemps, c'est au contraire un phénomène constant qui a ses lois particulières. Dans le même temps où nos cigognes, nos hirondelles, tous les becs-fins, qui se nourrissent presque exclusivement d'insectes, les engoulevents, les coucous, les cailles, les grives, les bergeronnettes, les traquets, les pies-grièches, les loriots etc. nous quittent pour aller chercher dans le sud des quartiers d'hiver plus chauds et une table mieux garnie, arrivent continuellement du nord un nombre considérable d'oiseaux qui passent leur hiver chez nous, les pinsons des Ardennes, les tarins, les sizerins, les linottes de montagne, les mauvis, les litornes, les freux, les corneilles mantelées, un grand nombre de canards, de cygnes, de harles, de grèbes, de plongeons et de mouettes. Les étourneaux et les mouettes, qui reviennent déjà du midi à la fin de février, trouvent encore ici ces hôtes étrangers et peuvent leur donner des nouvelles d'Afrique à porter bientôt aux côtes du nord et jusqu'aux mers polaires. Quelques espèces ne font absolument que passer chez nous sans s'y abattre régulièrement : ce sont en particulier la grue, l'oie hyperborée, l'oie sauvage, l'oie rieuse et l'oie cravant, les pluviers, les bécasses, la spatule, les chevaliers, les barges et beaucoup d'autres. Ces passages exceptionnels ont lieu d'ordinaire une fois par année, tantôt au printemps, tantôt en automne ; d'autres fois ils ne se renouvellent qu'au bout de plusieurs années. A envisager le mouvement dans son ensemble, on peut dire que les espèces qui quittent nos plaines en automne pour se rendre dans le sud par les Alpes sont remplacées par un nombre à peu près égal d'espèces venant du nord. D'après les observations faites jusqu'à ce jour, la Suisse entière compte un peu plus de 90 espèces stationnaires et environ 230 espèces de passage ou nomades ; 120 quittent tout à fait la Suisse, à peu près au moment où en arrivent du nord 110 autres, beaucoup moins abondantes il est vrai en individus. Mais si l'équilibre se rétablit ainsi pour les oiseaux de la plaine, il y a par contre une diminution fort notable dans le nombre des oiseaux de la montagne. Ceux-ci partent en automne sans être remplacés : car les nouveaux arrivés du nord s'arrêtent pour la majeure partie soit sur les eaux de la plaine, les grands lacs et les vastes marais de la Suisse occidentale, soit sur les champs et dans les bois de la région des collines. Il y a d'assez grandes irrégularités dans les époques d'arrivée et de départ des oiseaux ; mais en réalité elles ne sont qu'apparentes, car elles dépendent de phénomènes naturels périodiques qui ont seulement échappé jusqu'ici à notre observation, et il est probable en particulier que l'arrivée des voyageurs dépend de l'état plus ou moins avancé de la saison bien moins à leur séjour d'été qu'à leur séjour d'hiver. L'apparition hâtive des oiseaux de passage coïncide souvent il est vrai avec un printemps précoce, mais cependant ce n'est pas toujours le cas, et à cet égard, il y a entre les espèces des anomalies remarquables suivant les années. Ainsi, par exemple, d'après des observations faites en Argovie pendant une vingtaine d'années, l'arrivée de la cicogne dans ce canton tombe en moyenne sur le 6 mars, et dans les années 1820 à 1824, elle est tombée sur le 21 février, tandis que dans le printemps précoce de 1834 elle a été retardée jusqu'au 24 mars et dans le printemps normal de 1840 jusqu'au 29 du même mois. Par contre les hirondelles, dont l'arrivée d'après une moyenne de 9 ans tombe sur le 20 avril, sont arrivées déjà le 2 avril au printemps de 1824, et seulement le 1ᵉʳ mai dans les années 1837 et 1838. Le chant du coucou dans les années 1834 et 1844 s'est fait entendre pour la première fois le 20 avril. D'après les observations faites jusqu'ici, la différence de niveau entre 1,200 et 2,600 pieds ne produit aucune différence dans l'époque de l'arrivée de nos oiseaux de passage.

Mais d'entre les milliers d'oiseaux de passage qui animent nos champs et nos montagnes, qui nichent chez nous et y passent gaiement les beaux jours de l'été, il n'y en a qu'un petit nombre qui reviennent aux buissons et aux rochers des vallées où ils sont nés. Quelques-uns succombent aux fatigues de leur voyage d'automne ou de printemps; d'autres, en plus grand nombre, tombent sous la serre des oiseaux de proie qui suivent leurs traces; mais la plus grande partie deviennent les victimes de la malheureuse passion de l'homme pour la chasse. En Italie cette passion est épidémique et dégénère en une véritable fureur. On ne s'attaque pas seulement aux bécasses, aux cailles, aux grives, aux pigeons et autres oiseaux de chasse proprement dits; les hirondelles, traitées chez nous avec tant de bienveillance, les charmantes fauvettes, les rossignols, les chanteurs de toute espèce sont incessamment et impitoyablement poursuivis au temps du passage avec des piéges et des filets, avec le fusil, l'épervier et la chouette. Dans cette terre riante où l'oranger fleurit, tout le monde s'en mêle : jeunes et vieux, marchands et artisans, nobles et prêtres. Sur les bords du lac Majeur on détruit annuellement près de 60,000 becs-fins; dans les environs de Bergame, de Vérone, de Chiavenna, de Brescia, c'est par millions qu'on les tue; et ce sont en majeure partie d'innocentes créatures auxquelles personne chez nous ne songe à faire du mal, qu'on protége plutôt à cause de la beauté de leur chant. Mais c'est peut-être sur les côtes de l'ancien royaume de Naples et en Sicile qu'on procède à ces carnages sur la plus vaste échelle. L'arrivée des cailles, qui a lieu au milieu d'avril par le vent de l'ouest, y excite un intérêt général. On ne parle plus que de cailles; magasins, ateliers, comptoirs, tout est déserté pour la chasse. Dans la ville seule de Messine on délivre plus de 3,000 permis de chasse, et un bon chasseur abat facilement ses 100 cailles par jour et quelquefois bien au-delà. Les paysans avec leurs lacets dont ils couvrent la campagne font bien plus de ravages encore et il en est qui, en temps favorable, prennent en un seul jour de 5 à 700 cailles; ce n'est pas même chose inouïe d'en compter jusqu'à 1,000. Au mois de mai, quand les cailles en passage se jettent dans la région des collines à quelque distance des villages et des villes, on célèbre un service divin spécial pour les chasseurs dans des chapelles en plein champ. Le passage d'automne des cailles est un peu moins productif; en revanche les alouettes arrivent en grand nombre et on en tue souvent de 6 à 10 d'un seul coup de fusil. Les Italiens tombent du reste avec la même fureur sur les autres oiseaux, depuis les faucons, les hérons et les mouettes jusqu'aux hirondelles, aux bergeronnettes et aux roitelets, et les premiers venus parmi les paysans sont mangeurs d'oiseaux aussi passionnés qu'ils sont chasseurs habiles à les découvrir et adroits à les tirer.

C'est pour cette raison que l'Italie, la terre classique de la musique et du chant, est extraordinairement pauvre en oiseaux chanteurs, ainsi que le Tessin où cette fureur meurtrière sévit depuis bien longtemps à tel point que *le moineau y est devenu une rareté*. Du Tessin et de la Valteline, les oiseleurs remontent jusqu'au Saint-Gotthard et sur les montagnes des Grisons, pour y tendre à la frontière même leurs filets destructeurs. Aussi remarque-t-on chaque année en Suisse une diminution croissante et vraiment effrayante dans le nombre des oiseaux insectivores.[1] Le canton du Tessin se fait plus de tort avec ses oiseleurs qu'il n'en tire de profit. Il est vrai que chaque année il délivre environ 1,500 pa-

---

[1] On s'est souvent demandé en Allemagne d'où pouvait provenir la diminution des petits oiseaux et le nombre toujours croissant des chenilles et des insectes. On en a cherché la cause dans la destruction des haies, des bosquets, etc. La seule réponse raisonnable et satisfaisante, il faut l'aller chercher en Italie — peut-être aussi à Halle et autres lieux, où les alouettes sont tuées par milliers pour le plaisir des gourmets.

tentes au prix modique d'un franc, mais il n'exige point de permis pour la chasse au filet, au lacet, aux gluaux, au trébuchet, à la chouette et même au grand filet à deux pans nommé *rocolo*. Au delà du Cenere, le rocolo couvre une multitude de collines, et souvent un seul rocoladore (et ceux qui font ce métier ne sont pas seulement de pauvres diables, mais des messieurs riches et instruits) prend par une belle journée d'octobre près de 1,500 petits oiseaux![1] Quelle perte de temps et de forces pour un petit pays qui est encore si arriéré au point de vue de l'industrie! Et on comprend combien de si cruelles habitudes peuvent, en se généralisant, influer d'une manière fâcheuse sur le caractère d'un peuple, quand on voit la barbarie avec laquelle les animaux sont traités partout en Italie et qu'on connaît sur quelle échelle s'y exerce et y fleurit le brigandage. Dans la Suisse allemande, au contraire, la chasse aux oiseaux n'est d'aucune importance et n'atteint que quelques espèces de pinsons et de grives. Les filets battants sont en particulier très-rares sur les montagnes. La chasse au fusil n'est guère appliquée qu'aux gallinacés, aux pigeons, aux grives, aux cailles, aux bécasses, aux canards et aux gros oiseaux de proie. Les petits oiseaux, les alouettes même, on les laisse assez généralement en paix; les hirondelles sont sous l'égide de la piété populaire; et dernièrement (1852), le canton de Vaud les a mises sous la protection de la loi, tandis qu'en Italie on se fait un cruel plaisir d'enfiler des plumes à des hameçons et de les suspendre comme amorces aux hirondelles qui construisent leurs nids et vont s'empaler sans défiance à cet horrible instrument de supplice! Dans ces derniers temps, la plupart

---

[1] L'acharnement diabolique que met le Tessinois à s'emparer de tout oiseau qui passe à sa portée est presque incroyable. Les nids d'oiseaux sont détruits partout, même dans les propriétés fermées. Aussi peut-on dire qu'il n'y a plus d'oiseaux stationnaires dans le pays. Dans le cours d'une excursion de plusieurs semaines que nous avons faite dans le canton du Tessin, nous n'avons pas su découvrir un moineau, une corneille, ou un choucas!

des cantons ont rendu d'excellentes ordonnances pour la protection des oiseaux insectivores.

Comme nous l'avons déjà remarqué, la région montagneuse n'a que fort peu de lacs de quelque étendue et par conséquent fort peu d'oiseaux **Nageurs**. Ils n'y trouveraient pas les vastes fourrés de roseaux, ou le miroir transparent des eaux à ciel ouvert, théâtres de leurs chasses et de leurs ébats. D'ailleurs les lacs de la région sont pendant des mois ensevelis sous la glace.

Des 23 espèces de canards qu'on rencontre en hiver sur les lacs de la Suisse et qui y trouvent pour la plupart la limite méridionale de leurs pérégrinations, la seule qui visite régulièrement les réservoirs d'eau des montagnes est le *Canard sauvage* (*Anas boschas*). On voit rarement ces canards en grand nombre dans les roseaux des lacs de la montagne; ils sont en général très-fuyards et, dès qu'ils aperçoivent quelque danger, ils se cachent dans les joncs, ou prennent bruyamment leur vol en poussant un cri rauque. D'ordinaire ils sont activement occupés à la recherche des insectes, des vers, des poissons, du frai, des herbes aquatiques, travail pendant lequel ils plongent la tête dans l'eau et relèvent le croupion. Ils vont aussi volontiers canetant sur le gazon, pour y chercher des grains, des insectes, des glands, des baies et de jeunes plantes. En avril la femelle pond dans un nid construit sans art au bord de l'eau, ou même sur les arbres dans de vieux nids d'oiseaux de proie ou de corneilles, plus d'une douzaine d'œufs d'un blanc verdâtre, d'où naissent des petits qu'elle porte ensuite à l'eau, un à un, dans son bec. Souvent on recueille ces œufs pour les faire couver par des poules; mais il faut avoir soin de rogner à temps les ailes aux petits, si on ne veut pas les voir, au moment où l'on s'y attend le moins, prendre le vol pour gagner les lacs. Le canard sauvage est la souche de notre canard domestique auquel, quand on l'élève en domesticité, il ressemble parfaitement au bout de quelques générations. Il ne visite pas seulement les eaux de la région montagneuse, on l'a vu et tué dans celles de la partie inférieure de la région alpine, par exemple à la Lenzerheide et sur le lac d'Oberblegi (4,390 pieds). Mais c'est surtout en hiver, quand les étangs et les ruisseaux de la plaine sont pris par la glace, qu'on les voit le plus souvent se rendre au pied des montagnes et prendre leurs quartiers, pendant des mois, auprès des sources chaudes et des ruisseaux découverts, volontiers en compagnies fort nombreuses; et c'est principalement à l'époque du passage qu'on les rencontre dans la montagne, par exemple sur les lacs de la Bernina (6,865 pieds) où ils s'abattent régulièrement chaque année. Dans les hivers extrêmement rigoureux ils se rapprochent quelquefois des habitations. La chronique raconte que dans le fameux hiver de 1363 à 1364 les canards sauvages vinrent se jeter dans les flaques de Zurich et autres lieux, où la faim les rendait si familiers qu'ils se promenaient le long des routes et mangeaient en compagnie des canards domestiques. La double Macreuse (*Oidemia fusca*), canard du nord au plumage noir velouté avec le bec orné d'un tubercule jaune, la Sarcelle d'été (*Anas querquedula*), qui se montre souvent au printemps sur les lacs inférieurs de la Suisse, la Sarcelle d'hiver (*Anas crecca*), plus petite encore, le Canard siffleur (*Anas Penelope*), gros oiseau lavé de noir et de blanc, le Canard à iris blanc (*Fulica nyroca*), le Milouin (*Fulica ferina*), le Souchet (*Spatula clypeata*) et le Pilet (*Anas acuta*) ont été également observés dans notre région, et même dans la vallée de la Reuss et sur les lacs de la Haute-Engadine dans la région alpine, mais toujours en individus isolés et quelques-uns seulement en livrée de jeune âge. On a tué au-dessus d'Ilanz plusieurs exemplaires d'un autre canard fort rare, le grand Eider (*Anas mollissima*), un en particulier, à la fin de novembre 1858, qui pesait 8 livres. La *Foulque macroule* (*Fulica atra*) au plumage noir ardoisé, aux pieds verdâtres, le front garni d'un tubercule blanc, si commune sur quelques lacs de la Suisse, et en particulier à Lucerne où elle vit par centaines dans un état de demi-domesticité, ne paraît que rarement sur les lacs de montagne, toujours poursuivie avec acharnement par le busard. Cependant on l'a trouvée sur des ruisseaux à une assez grande élévation : dans le canton de Schwytz près des neiges éternelles, dans la Haute-Engadine, assez haut dans la vallée de la Reuss, et dans celle de la Sernft sur le Plattenberg, au-dessus de Matt (3,000 pieds); et même au passage de novembre, on en a pris une vivante, pauvre bête épuisée de fatigue, sur un tas de fumier, dans le Mettenberg, au pied du glacier inférieur du Grindelwald. Chose curieuse : il n'est pas rare de la rencontrer en plein été sur le petit lac du Faulhorn à près de 7,000 pieds.

Parmi les autres oiseaux aquatiques, on a observé quelquefois dans la vallée d'Urseren une espèce fort rare, le Phalarope hyperborée (*Phalaropus hyperboreus*); en diverses localités un petit grèbe, le Castagneux (*Podiceps minor*), commun sur les lacs inférieurs; dans cette même vallée d'Urseren et dans la Haute-Engadine, le beau Grèbe huppé (*Podiceps cristatus*), qui remonte le Rhin en octobre, mais d'ordinaire ne suit pas la Reuss au-delà du lac des Quatre-Cantons. Le Stercoraire pomarin (*Lestris pomarina*), oiseau du nord assez rare, a été tué sur la Furca en 1834; le Stercoraire parasite (*Lestris parasitica*), assez rare du reste dans la Suisse, se montre quelquefois sur les lacs alpins de la Haute-Engadine. C'est là également, ainsi que dans la vallée d'Urseren, qu'on tue quelquefois l'Epouvantail (*Sterna nigra*), hirondelle de mer noire, commune, d'ordinaire en individus du jeune âge, et la Mouette rieuse (*Larus ridibundus*). Le Goëland à manteau bleu (*Larus argentatus*) et la Mouette tridactyle (*Larus tridactylus*), qui sont très-rares sur nos lacs de la plaine, ont été tués sur le lac de Saint-Moritz, ainsi qu'un autre oiseau un peu plus commun, la Mouette à pieds bleus (*L. canus*). La Mouette pygmée (*Larus minutus*) a été tuée sur le Saint-Gotthard, et nous l'avons rencontrée nous-même au Schwändibach (Appenzell).

Un hôte également rare, le Plongeon Imbrim (*Colymbus glacialis*), visite non-seulement les lacs de notre région, mais encore ceux de la région alpine. C'est un remarquable oiseau de plus de 3 pieds de longueur, d'un noir profond en dessus avec des taches blanches, la tête et le cou d'un noir velouté, relevé de magnifiques reflets verts et violets. Habitant des mers polaires, il paraît assez régulièrement en hiver non-seulement sur les lacs de la plaine, où on le prend quelquefois à l'hameçon, mais aussi, comme son congénère, le Plongeon Lumme (*C. arcticus*), jusque sur le lac de Saint-Moritz, où on a tué les deux espèces. Saraz y a vu également le grand Harle (*Mergus merganser*) qui niche régulièrement près des lacs de Neuchâtel, de Bienne et de Morat.

Les vols de l'Oie cendrée (*Anser cinereus*), souche de notre espèce domestique, et de l'Oie sauvage (*A. segetum*) s'abattent quelquefois, à leurs passages, dans notre région et même dans la région alpine où on en a tué plusieurs. On en a vu aussi quelques-unes passer la nuit sur les Alpes d'Appenzell. On les a également observées fréquemment dans le Prätigau et l'Engadine. En septembre 1866 il s'en est abattu quelques instants un grand vol dans plusieurs rues de la ville même de Genève. L'Oie hyperborée (*A. hyperboreus*), blanche, fort rare, des régions polaires, a été tuée en octobre 1864 à Orbe, au pied du Jura.

Les **Echassiers** ou oiseaux de marais se montrent dans la région des montagnes d'une manière un peu plus régulière, mais un grand nombre d'entr'eux pendant quelques jours seulement. Tels sont le Pluvier guignard (*Charadrius morinellus*), qui se rencontre surtout au printemps, mais qui a été vu aussi pendant l'été de 1863 en grand nombre sur les bords de l'Inn dans la Haute-Engadine, le Grand Pluvier à collier (*Charadrius hiaticula*), le Petit Pluvier à collier (*Charadrius minor*) et le Pluvier doré (*Charadrius auratus*). L'Aigrette (*Ardea egretta*) et la Garzette (*A. garzetta*), hérons qui, des côtes de la Méditerranée, visitent quelquefois les lacs intérieurs de la Suisse, se montrent plus rarement encore que les espèces précédentes dans la région supérieure; on a tué dernièrement une garzette sur le lac du Klönthal (2,700 pieds) et une aigrette à Balerna (Tessin) en avril 1860. Le magnifique Héron pourpré (*Ardea purpurea*) a souvent été observé sur nos montagnes à son passage de printemps, plus rarement à celui d'automne. Au mois d'octobre 1836 on a réussi à en tuer un individu à Andermatt, dans la vallée d'Urseren, et deux, plus tard, dans la vallée de Coire. C'est encore dans la vallée d'Urseren qu'on a pris vivant un Crabier (*Ardea ralloides*), oiseau qui vit habituellement sur le Danube inférieur. Plus bas on a aussi signalé le Bihoreau (*Ardea nycticorax*), héron originaire du sud-est de l'Europe, noir à reflets verdâtres, gris en dessous, remarquable par les longues plumes de sa tête et le timbre sourd de sa voix. Les cigognes elles-mêmes apparaissent exceptionnellement dans notre région montagneuse. Il y a quelques années que huit de ces oiseaux sont restés près de quatre semaines sur les alpes de l'Emmenthal, entre Schangnau et Rothenbach, où on les voyait souvent au milieu des troupeaux, avec lesquels ils vivaient en très-bonne harmonie. Mais, comme on le comprend, ces oiseaux n'appartiennent proprement pas à la faune des montagnes; nous ne les mentionnons ici qu'à titre de visiteurs intéressants qu'on ne soupçonnerait guère de rencontrer à de pareilles hauteurs.

Le *Héron cendré* (*Ardea cinerea*), au manteau gris bleu, avec une belle aigrette de plumes d'un bleu noirâtre sur la tête, se pavane souvent à la manière des cigognes sur le bord des rivières et des petits lacs, pêchant des poissons et des grenouilles. A l'approche d'un passant il prend son vol, les jambes étendues en arrière et le cou replié sur lui-même. Ces hérons remontent en pêchant le long des eaux jusque sur les montagnes, parfois même jusque dans la région alpine, en particulier dans la Haute-Engadine, la vallée d'Urseren, et à la grande Scheidegg où on en a tué un dans l'été de 1864, près du petit lac qui avoisine le col (6,000 p.). On les voit quelquefois perchés sur leurs longues jambes, la tête dirigée du côté du soleil ou de la lune, pour que leur ombre tombe en arrière, stationnant pendant des heures au bord d'un lac pour s'emparer des poissons attirés vraisemblablement par leurs excréments acides, ou bien happant traîtreusement et avec la rapidité de l'éclair les petits oiseaux qui s'aventurent au vol dans leur voisinage. Il faut beaucoup de prudence et de patience pour les approcher à portée de fusil; leur chair est presque immangeable. Les hérons cendrés nichent d'ordinaire sur des arbres, par paires isolées, dans le voisinage de tous nos lacs et de toutes nos grandes rivières. Ce n'est que tout dernièrement qu'on a signalé sur les bords du lac des Quatre-Cantons une de ces grandes *colonies de hérons* qu'on n'avait rencontrées jusqu'ici qu'en Bohême, sur les eaux du Danube hongrois, et sur celles du Pô. Il paraît qu'autrefois cette colonie était établie sur les rochers de l'Axenberg, mais depuis une dizaine d'années elle s'est fixée sur le Loppenberg, épaulement escarpé du Pilate, qui encadre la baie formée par les eaux du lac entre Hergiswyl et Ackeregg. C'est là, contre la paroi abrupte du Riegeldossen, à 4 ou 500 pieds au-dessus du niveau du lac, que ces oiseaux ont construit 100 à 150 nids sur les hêtres et les frênes qui garnissent la paroi, et quelquefois quatre à cinq sur le même arbre. Les premiers occupants, venus à ce qu'il paraît de différentes contrées, arrivent en mars et avril à la colonie et commencent immédiatement à prendre possession des anciens nids, à les réparer et à y déposer leurs œufs. D'autres arrivent plus tard; les nichées durent jusqu'en août. A mesure que les petits sont en état de prendre le vol, chaque famille l'une après l'autre se retire dans les bois de la Reuss ou de l'Emme, et vraisemblablement aussi dans ceux des cantons primitifs voisins, de telle sorte qu'à la fin de septembre la colonie se trouve entièrement dispersée. Quelques observateurs ont, au péril de leurs jours, visité cette colonie à l'époque des nichées. Les oiseaux effrayés, ainsi que le milan noir et le milan royal qui nichent dans le voisinage, s'élevaient dans les airs en poussant de grands cris tandis que les femelles s'accroupissaient sur leurs œufs pour échapper aux regards; quelques-uns fondaient avec la rapidité de la flèche sur les visiteurs, mais sans oser les attaquer sérieusement. Ces excursions dangereuses ne se sont pas toujours accomplies sans accidents graves. Lorsque Fatio fit cette course en mai 1864, une des personnes qui l'accompagnaient tomba du haut de la paroi de rocher et fut trouvée sans vie sur la grande route qui longe le lac. Le Blongios (*Ardea minuta*), petit héron brun, se voit aussi çà et là sur les eaux des montagnes, grimpant le long des tiges de roseaux. Un charmant exemplaire, venu probablement du nord, en a été pris à la main, au milieu d'octobre 1853, près du bourg d'Appenzell. Cet oiseau a même été tué à plusieurs reprises dans la Haute-Engadine. Le Butor (*Botaurus stellaris*) est plus rare à notre altitude. M. de Salis en a tiré un en 1855 près du petit lac de la Lenzerheide (environ 4,000 p.).

Le Sanderling variable (*Calidris arenaria*), échassier du nord, n'a été observé que dans la vallée d'Urseren ; on y a vu, au printemps, le Courlis corlieu (*Numenius phaeopus*), le Chevalier aboyeur (*Totanus glottis*) qui niche à ce qu'il paraît dans la Haute-Engadine, le Chevalier cul-blanc (*T. ochropus*), le Chevalier gambette (*T. calidris*), le Chevalier arlequin (*T. fuscus*), et en diverses localités le Chevalier guignette (*Actitis hypoleucos*). Le genre bécasseau est sans aucun doute mieux représenté dans les montagnes qu'on ne le croit d'ordinaire ; car ces oiseaux, par leur naturel sauvage, échappent facilement à l'observation. Ils ne se montrent d'ailleurs jamais qu'en petit nombre. Le Bécasseau maubèche (*Tringa cinerea*), le Bécasseau Temmia (*Tringa Temminckii*), le Bécasseau échasses (*Tringa minuta*), le Bécasseau cocorli (*T. subarquata*) ont tous été rencontrés, à l'époque du passage, à de certaines hauteurs dans la vallée de la Reuss et dans quelques parties de l'Engadine. Il en est de même du Bécasseau combattant (*Machetes pugnax*), ce singulier oiseau qui porte au printemps une collerette de grandes plumes, et varie tellement de plumage qu'on pourrait à peine en trouver deux individus de couleur identique. Le combattant niche dans la vallée du Rhin, mais jamais dans la région des montagnes. Le Bécasseau brunette (*Tringa variabilis*) a été observé en général à la fin de l'été dans plusieurs vallées bien arrosées ; il est même assez commun dans celle de la Reuss en automne et au printemps. Ce petit échassier est de la grosseur de l'alouette, son plumage en hiver est gris cendré, au printemps brun roux avec des taches noires. Il est encore plus abondant sur les bords du lac de Constance. Le Vanneau huppé (*Vanellus cristatus*), qui y est aussi fort commun, ne paraît pas souvent sur les montagnes; cependant on le voit tous les automnes au passage dans les endroits bas des cours de l'Inn et de la Flaatz. Le 14 juin 1864 par un vent violent du sud-ouest, un grand vol de vanneaux s'abattit pendant la nuit sur une des places de la ville de Genève; ces oiseaux, comme aveuglés par la lumière du gaz, restèrent sur les toits, inquiets, agités, criant et s'appelant, jusqu'à ce que le jour parût, qui les enhardit à repartir.

La famille des bécasses est généralement connue. La *Bécasse ordinaire* (*Scolopax rusticola*) est la seule espèce du genre qu'on rencontre dans toute l'étendue de notre région, bien qu'elle n'y soit nulle part abondante. Malgré les diversités presque infinies de teinte que présente son plumage suivant les individus, on peut dire qu'il ressemble à celui d'une perdrix grise, mais l'oiseau s'en distingue à première vue par ses grands yeux et son long bec. Quand elle part d'un taillis, d'un bouquet de joncs ou d'une anse de ruisseau, son vol est très-rapide, saccadé et souvent accompagné d'un bruit de crécelle; elle tourne avec une grande légèreté autour des buissons et des arbres; puis elle va s'abattre, souvent à une distance considérable et volontiers à la lisière d'un bois; là elle s'arrête un instant, la tête haute et le cou tendu, pour examiner la place; elle se lève ensuite, parcourt le terrain lentement et presque en cagnotant, surtout en automne où elle est très-grasse et pesante, sondant de son long bec doué d'un tact exquis les bouses de vaches et la vase des fossés à la recherche des larves et des vers. Au moindre bruit, elle se rase. Sa véritable patrie est la partie tempérée de l'Europe septentrionale. C'est du commencement de mars à la fin d'avril qu'elle nous arrive des contrées du sud, de nuit, isolée ou par couple, et faisant entendre son singulier appel d'amour. Son passage d'automne a lieu en octobre et souvent jusqu'à la fin de novembre. Si la région montagneuse vient à se couvrir prématurément d'une couche de neige un peu épaisse, les bécasses suivent alors les vallées et les plaines, mais elles préfèrent de beaucoup le passage par le pied des montagnes et les chaines de hautes collines. Quelques paires restent l'été dans le pays et y nichent. Elles mènent leurs petits à la pâture en les portant d'abord sous leur menton, plus tard entre leurs jambes. Les chasseurs distinguent deux variétés, l'une plus petite, plus grise, plus hâtive, l'autre plus grosse, jaunâtre et arrivant plus tard. Comme on trouve quelquefois des bécasses avec des fractures d'os en voie de guérison et présentant une espèce de bandage régulier composé de plumes collées les unes aux autres par la suppuration, on avait attribué à cet oiseau un merveilleux instinct de pansement chirurgical. Mais il est vraisemblable que c'est le résultat naturel d'une habitude: il retire le membre saignant dans le duvet de son ventre, et les plumes s'attachent à la place avec assez d'adhérence pour rester fixées à l'aile ou à la patte malade quand la bécasse la retire par un mouvement un peu brusque. La bécasse est estimée partout comme un mets des plus distingués; on la cuit et on la mange sans la vider. Les excréments que la cuisson fait couler, ou les intestins non vidés qu'on retire de la bête avant de la faire cuire, s'étendent sur du pain et se mangent sous le nom de merde de bécasse. Le goût de ce plat réputé provient sans doute autant des bousiers et des escargots à moitié digérés qui se trouvent dans l'intestin de la bécasse, que des vers intestinaux qui y pullulent ordinairement.

Ce n'est que très-rarement, et habituellement au printemps, qu'on rencontre sur les prairies humides et buissonneuses du pied des montagnes la Bécassine double ou Grande Bécassine (*Scolopax major*). Elle est à peu près de la taille d'une tourterelle; son bec a $2^{1}/_{2}$ pouces de longueur. La Bécassine sourde ou Demi-bécassine (*Scolopax gallinula*), de la taille de l'alouette, est un peu plus. commune, et nous l'avons rencontrée assez souvent à 2,300 et 2,400 pieds. La Bécassine ordinaire (*Scolopax gallinago*) est plus rare. Ces quatre dernières espèces ont été observées dans la vallée d'Urseren, ainsi qu'un autre oiseau fort rare en Suisse, la Barge rousse (*Limosa rufa*), qui se rend chaque année des côtes de la Baltique à celles de la Méditerranée. La bécasse ordinaire se trouve régulièrement aussi dans l'Engadine.

Le Rale d'eau (*Rallus aquaticus*), d'un brun verdâtre, tacheté de noir, est commun près des lacs de Constance, de Zurich et de Genève. Il a été observé sur les rives buissonneuses de la Reuss et de l'Inn, courant au travers des broussailles et des joncs au milieu desquels il sait à merveille se cacher. Quoiqu'il n'habite la Suisse que du mois d'avril à celui d'octobre, nous en avons reçu un en janvier de la vallée du Rhin. Son cousin, le Rale de genêt ou *Roi de cailles* (*Crex pratensis*), se voit beaucoup plus fréquemment, de mai à septembre, quelquefois même jusqu'en novembre, dans les champs de blé, les tourbières et les prairies marécageuses de la montagne. Il a 10 pouces de longueur et à peu près le même plumage que la caille. On le voit rarement voler, mais il court avec une étonnante agilité entre les tiges des herbes et parvient ainsi à se dérober à la poursuite du chien et du chasseur en se cachant dans quelque trou ou quelque fossé. Quand le chasseur s'en croit tout près, il le voit sortir à l'extrémité opposée du champ ou du marais. Son cri monotone et désagréable, qu'il répète pendant la moitié de la nuit, fait le tourment des gens du voisinage. Il se nourrit d'ordinaire d'insectes et de petits vers, mais en captivité il se transforme quelquefois en un véritable oiseau de proie, et il serait bien possible que même en liberté il détruisît quelques nichées, œufs et petits.

Quelques poules d'eau fréquentent aussi les contrées humides de notre région ; on les voit courir dans les marais et les roseaux, et plonger sous l'eau à la recherche des petits escargots, des lentilles d'eau et des scarabées. Mais il est aussi difficile de les observer que les autres échassiers. Celle qu'on rencontre le plus souvent est la Poule d'eau ordinaire (*Gallinula chloropus*), d'un beau brun-olive, avec le dessous du corps gris d'ardoise et les pieds verts. La petite Poule d'eau marouette (*Gallinula porzana*), ponctuée de blanc, qui se plaît plus particulièrement dans les prairies humides, est plus rare. Ces deux espèces ont aussi été observées dans l'Engadine.

Le petit nombre d'oiseaux **Coureurs** qui visitent la Suisse ne s'égarent qu'exceptionnellement dans la région montagneuse. Deux fois cependant on a tué au pied du Jura le Court-vite isabelle (*Cursorius isabellinus*), oiseau fort rare et peu connu, habitant du nord de l'Afrique et de l'Arabie. Une apparition tout aussi peu commune est celle de l'*Outarde canepetière* (*Otis tetrax*); cet oiseau de la grosseur d'un faisan, au plumage mélangé de brun clair et de noir, arrive quelquefois en janvier des bords de la Méditerranée sur nos collines et nos montagnes. Il y a déjà plusieurs années qu'un exemplaire en a été tué à Kamor, dans le canton d'Appenzell (5,292 pieds), et admiré dans le pays comme une grande rareté. La grande *Outarde barbue* (*Otis tarda*), qui se montre çà et là en hiver par petites volées, n'a été observée jusqu'ici que dans la plaine. Il y a quelques années qu'on en tua une dans l'arrière automne près de Wyl (Saint-Gall), qui chaque matin venait se régaler de poires dans un verger et disparaissait pour le reste de la journée sans qu'on pût savoir où elle se retirait. En janvier 1861 on en a aussi tué une dans les environs de Bâle, qui appartenait à une petite compagnie de huit individus.

Les oiseaux que nous venons de citer sont loin d'être un des éléments principaux de la vie dans les montagnes; ils ne se présentent guères à nous que comme des curiosités accidentelles dans l'ensemble des animaux de la région. La plupart y sont au fond étrangers et préfèrent la plaine : ce sont des ornements accessoires du tableau. Les espèces de **Gallinacés** et de Pigeons dont nous allons parler sont un peu dans le même cas, quoique quelques-unes soient sédentaires dans la montagne, et que les gallinacés nous offrent un certain nombre d'oiseaux très-remarquables et appartenant en propre à notre région. La Caille (*Perdix coturnix*), le seul gallinacé qui soit de passage, visite souvent les pâturages des vallées, quoiqu'elle se plaise plutôt dans les moissons de la plaine. Nous avons souvent entendu son chant joyeux dans les champs d'Airolo au Tessin, dans la vallée de Bedretto et dans les prés fleuris de la vallée d'Urseren. Elle n'est pas rare non plus dans les verdoyantes vallées des Grisons. Mais nous avons cependant été étonné d'entendre en juillet, plusieurs matins de suite, son cri d'appel dans les champs d'orge au-dessus de Campfeer à 5,750 et 5,800 pieds, la plus grande hauteur sans aucun doute à laquelle parvienne cet animal en Europe. Les cailles de passage, d'un plumage quelquefois plus clair que celles qui sont sédentaires, s'abattent souvent la nuit, à la fin de septembre ou au commencement d'octobre, en vols considérables, sur certaines localités qu'elles font retentir de leurs mille voix, *voud-voud*, et où on en tue une grande quantité. Le passage se prolonge souvent aussi jusque fort avant dans le mois de novembre. Le fier et magnifique coq de bruyère et la charmante gélinotte, sur lesquels nous reviendrons plus tard, habitent exclusivement les forêts de notre région. Les coqs de bruyère ne s'élèvent pas toujours jusqu'à leur limite supérieure. Ainsi, au Saint-Gotthard, où les grandes forêts s'arrêtent à un niveau très-bas, on ne les trouve pas au-dessus de Wasen. Du Jura ils descendent jusque dans les forêts de la plaine. Dans l'Oberland bernois on les trouve sur les montagnes du lac de Thun, dans la vallée de Frutigen et le Simmenthal; on les rencontre également dans le canton de Zurich, sur la chaîne de l'Allmann, et dans les autres cantons montagneux, partout entre les limites de la région.

La Perdrix grise (*Perdix cinerea*), si commune dans les plaines de la Suisse, ne se trouve ici qu'à la limite inférieure de notre zone. Du reste, les montagnes sont assez riches en gallinacés qui leur sont propres pour n'avoir que faire de ceux de la plaine. La perdrix grise se montre rarement à plus de 3,000 pieds. On a cité dernièrement comme une chose extraordinaire le fait de six perdrix tuées sur l'Himmelberg (Appenzell, 3,220 pieds). Il est aussi fort étrange de rencontrer dans la région montagneuse la *Perdrix rouge* (*Perdix rubra*), qui habite d'ailleurs le sud et le sud-ouest de l'Europe. Ce bel oiseau ne se distingue de la bartavelle de nos Alpes que par les dimensions plus grandes du haussecol à rayons noirs que portent les deux espèces. Il ne se montre du reste que dans les montagnes jurassiques du canton de Vaud et des environs de Genève, et encore assez rarement. Toutes les perdrix de montagnes paraissent vivre depuis l'accouplement par paires séparées; on ne voit du moins chez elles aucune trace de polygamie.

Notre région est plus pauvre en **Pigeons** qu'en gallinacés. Le Colombin (*Columba œnas*) d'un plumage bleu cendré avec une double tache noire sur chaque aile, et le Ramier (*Columba palumbus*), un peu plus grand, d'un bleu grisâtre, avec la poitrine d'une belle couleur vineuse et un croissant blanc sur les côtés du cou, sont bien plus rares dans la région des montagnes que dans celle des collines. De la fin de mars à la fin d'octobre, ils habitent par couples isolés les grandes forêts de conifères, dans le voisinage des champs de blé; ils y nichent deux fois par an sur les arbres les plus élevés. Leur naturel sauvage et la rapidité de leur vol les rendent difficiles à observer et à tuer. Le mieux pour réussir à les tirer est de les attendre à leur rentrée au bois. Chaque jour, depuis le matin de bonne heure jusqu'au soir entre 4 et 5 heures, ils vont chercher sur les prairies et sur les champs ensemencés leur nourriture qui consiste essentiellement, au grand profit de l'agriculteur, en graines de mauvaises herbes; après quoi ils reviennent régulièrement à leur arbre accoutumé. C'est là que le chasseur doit se mettre à l'affût pour les surprendre. Dans les bois de la région des collines, les colombins se perchent par douzaines, comme les corneilles, sur la couronne des plus grands arbres. Ces deux espèces et la tourterelle, qui d'ailleurs est fort peu connue dans le centre et le nord de la Suisse, ont été tuées dans la partie supérieure de la vallée de la Reuss, même dans la

Haute-Engadine et sur le chemin du Grimsel à 5,000 pieds. Un pigeon colombin, probablement attardé, fut tué en novembre 1841, à la première neige, sur les montagnes d'Urseren. M. de Salis suppose qu'il y a chaque année quelques colombins et quelques ramiers qui passent l'hiver dans les Grisons.

L'ordre des **Grimpeurs** renferme de charmants oiseaux qui animent toutes les forêts de leurs cris et de leurs travaux. Quelques-uns sont de passage, mais la plupart sont sédentaires. La vivacité avec laquelle ils grimpent le long des arbres, leurs habitudes d'activité et de babil, la variété, souvent même la bigarrure de leur plumage, font des grimpeurs les perroquets de nos bois, modestes perroquets sans doute, mais en rapport avec nos humbles forêts comparées à celles des tropiques. En tout cas, ce sont d'aimables petits animaux et fort amusants.

Le plus connu d'entre tous est le *Coucou* (*Cuculus canorus*) qui, au milieu d'avril, dès son retour de l'Egypte où il a passé l'hiver, annonce les premiers jours du printemps par son chant monotone qu'il accompagne de gracieuses révérences, se rengorgeant, laissant pendre ses ailes et relevant la queue en éventail. Ce chant (celui du mâle du moins, car la femelle n'a qu'un léger ricanement, *kwic-wic-wic*) n'est, il est vrai, ni bien mélodieux, ni bien varié, puisque l'animal n'a qu'un muscle à son service, mais il a quelque chose d'éminemment tendre et doux à l'oreille. Il joue même un certain rôle dans la vie de nos bergers et de nos paysans, dans l'esprit desquels il se lie à toutes sortes d'idées singulières. Cependant il y en a beaucoup d'entre eux qui n'ont jamais vu un coucou, car c'est un oiseau fort fuyard, farouche, inquiet et méfiant. Le coucou ressemble pour le port à la pie, pour le plumage à l'épervier; il est d'un gris cendré, blanc sous le ventre, avec des taches transversales noires; les pieds sont jaunes, les doigts placés par paires comme dans tous les grimpeurs, deux en avant, deux en arrière; il a la taille d'une tourterelle, avec les ailes et la queue plus longues. Les jeunes femelles, après leur première mue, ont le fond du plumage brun rougeâtre, ce qui avait fait croire autrefois à une espèce distincte. Les coucous ont le vol très-rapide et ondoyant; ils vont d'ordinaire directement d'un arbre à l'autre et poursuivent activement dans les branches les mouches et les chenilles, principalement les chenilles velues, dont les poils remplissent souvent leur estomac à tel point qu'on peut avec la brosse le lisser comme une fourrure. Quand les chenilles ont disparu des forêts, ces oiseaux vont dans les prairies et au bord des eaux en quête des scarabées et des libellules et, faute de mieux, mangent des baies. Ils hantent habituellement les fourrés les plus épais et s'y pourchassent volontiers, en sorte qu'il est rare d'en trouver plus d'une paire dans un district de quelque étendue. Le couple qui l'habite vole volontiers de compagnie et se perche de préférence sur le sommet des arbres et des pieux.

Chacun sait que la femelle du coucou ne couve jamais ses œufs elle-même : singulière anomalie dans l'histoire des oiseaux. Elle pond en général dans le nid des becs-fins, principalement dans ceux du rossignol des murailles, de la fauvette des jardins, de la fauvette des roseaux, des traquets, des pipits et des bergeronnettes, où le jeune coucou ne tarde pas à mettre le désordre. Non-seulement, en effet, celui-ci absorbe presque complétement la nourriture destinée aux autres petits, mais il parvient encore fréquemment, grâce à sa force et à sa taille, à les faire passer par-dessus bord; sans compter qu'en déposant son œuf, la femelle du coucou a déjà le plus souvent pris la précaution de jeter hors du nid quelques-uns des œufs qu'elle y a trouvés. La pauvre mère adoptive laisse tout faire et se donne une peine mortelle pour rassasier son vorace nourrisson.

Du reste, il est encore bien difficile de dire le pourquoi et le comment de ce phénomène contre nature, que nous retrouvons chez un cassique d'Amérique (*Cassicus pecoris*). L'opinion que l'oiseau fait une ponte normale dans le sud et que les œufs pondus chez nous ne sont que le produit d'une superfétation manque de vraisemblance, puisque plusieurs espèces exotiques de coucous ne nichent et ne couvent pas mieux que la nôtre. Le fait seul est constant, savoir : que le coucou ne fait pas de nid et qu'il n'élève pas lui-même ses petits. Examinons maintenant les détails de cette étrange histoire.

A l'époque de l'accouplement, on remarque dans le couple des coucous une grande agitation. Il rôde continuellement dans tous les coins de son district, le mâle surveillant d'un œil jaloux les mouvements de sa compagne. Les œufs se forment très-lentement dans l'ovaire de la femelle, et seulement à de longs intervalles; elle ne pond que quatre ou six œufs dans l'espace de six ou sept semaines, en sorte que si elle les couvait elle-même et si elle nourrissait ses petits, cette occupation lui prendrait près de trois mois, ou bien les premiers œufs seraient gâtés avant que le dernier fût pondu. Cette durée extraordinaire dans la formation successive des œufs est déjà une circonstance unique dans son genre. Lorsque la femelle se sent pressée du besoin de déposer son œuf, elle explore de sa vue perçante tous les buissons du voisinage pour y découvrir des nids de rouge-gorge, de troglodyte, de pipit ou de fauvette, car elle ne se sert jamais de ceux des oiseaux de sa taille, tels que grives ou pics, quelquefois seulement de ceux d'étourneau. Cette recherche lui est d'autant plus difficile qu'elle doit trouver un nid où les œufs soient récemment pondus, afin que le sien éclose en même temps. On comprend tout ce qu'il lui faut d'activité et de vigilance pour rencontrer le nid qui lui convient; il faut d'autant plus que l'instinct vienne en aide à sa vue, que la longueur de sa queue et la petitesse de ses jambes ne lui permettent guère mieux de pénétrer dans les buissons pour les explorer que de marcher sur le sol. Ce n'est que fort rarement, et lorsque la maturité de l'œuf l'y oblige, qu'elle se décide à tout hasard à le déposer à côté d'œufs près d'éclore ou à moitié couvés, ou même dans un nid vide, pourvu toutefois qu'elle le sache récemment construit et réellement occupé. Jamais elle ne dépose deux œufs dans le même nid; ce qui s'explique du reste par le long intervalle qui s'écoule entre la formation des œufs. D'ailleurs les parents adoptifs ne pourraient jamais suffire à la nourriture de deux jeunes coucous. Il est fort probable que lorsque le hasard a fait trouver deux œufs de coucou dans le même nid, ils provenaient de deux mères différentes; on cite le cas d'un œuf de coucou trouvé par terre à côté du nid d'un jeune coucou éclos. Les œufs du coucou sont, relativement à la taille de l'oiseau, d'une petitesse sans exemple, à peine plus gros que ceux du moineau et de la bergeronnette, comme s'ils fussent naturellement destinés à être couvés par des oiseaux trois ou quatre fois plus petits que la mère. Une chose tout aussi curieuse est l'inconstance de leur coloration. On en trouve de jaunâtres, de verdâtres, de blancs bleuâtres. Les uns sont ponctués, les autres tachetés, les autres striés; chez ceux-ci les taches sont brunes, chez ceux-là elles sont grises; il en est dont le fond est complétement uni. Ces différences tiennent vraisemblablement à la nourriture particulière prise par chaque femelle au temps de la ponte.[1]

[1] L'influence de la nourriture des oiseaux sur la couleur de leurs œufs est un fait qui est loin d'avoir été suffisamment étudié, ni peut-être même bien solidement établi. En tout cas, il est difficile de comprendre que cette cause agisse à des degrés si variables, puisque nous voyons quelques espèces soumises aux mêmes variations de nourriture avoir au contraire des œufs d'une couleur parfaitement régulière et constante. La diversité des teintes et des dessins dans l'œuf du coucou est telle que ce n'est guères à ce diagnostic qu'on peut le reconnaître, mais plutôt à une certaine apparence générale très-difficile à décrire et à laquelle l'œil exercé de l'oologiste seul ne se trompe guères. Quelques oiseaux, les pipits entre autres, présentent sans doute des variations analogues dans la couleur de leurs œufs, mais bien rarement d'une manière si sensible; et il nous est impossible de ne pas trouver une relation intime et providentielle entre l'extraordinaire variation de couleur de l'œuf du coucou et le fait que cet oiseau est appelé à le déposer dans des nids appartenant à des espèces fort diverses et ayant naturellement des œufs de couleur très-dissemblable. La question ne nous paraît pas pouvoir rester douteuse quand on la rapproche d'un autre fait, les dimensions de cet œuf hors de toute proportion avec la taille du coucou, et qui sont nécessairement déterminées par la grandeur des œufs qu'il est destiné à remplacer dans le nid. Le coucou pondant un œuf de la dimension de celui de la draine ou de la cresserelle, aurait dû le confier à des oiseaux de même taille, et il aurait trouvé alors chez ceux-ci une résistance qui aurait ôté toute chance de succès à ses procédés de pro-

La couleur de l'œuf du coucou est fréquemment en rapport avec celle des œufs du nid où il a été déposé; on a même trouvé des œufs de coucou tout blancs dans le nid du tithys qui les a lui-même de cette couleur. Lorsque la femelle du coucou veut pondre, elle se tient longtemps aux aguets, sans bouger, à distance du nid qu'elle a choisi. Elle se garde bien de se faire voir, car elle connaît l'antipathie qu'ont pour elle les petits oiseaux et craint de s'exposer à leurs cris et à leur poursuite. Aussi attend-elle patiemment que la mère ait quitté son nid pour aller en toute hâte prendre sa place, s'y arranger plus ou moins commodément, et pondre son œuf. Si le nid est dans un trou d'arbre ou de pierre, elle s'y glisse avec effort pour en ressortir de même; mais quand l'entrée est trop étroite, elle dépose son œuf sur le gazon, le prend délicatement avec le bec, et le laisse glisser dans la cavité. Il est souvent arrivé de tuer des femelles qui avaient encore leur œuf dans le gosier. Son petit manège une fois terminé, elle part sans bruit, et ne s'inquiète plus désormais du succès de son opération. Mais les parents adoptifs s'y consacrent avec d'autant plus d'empressement. Le jeune coucou est à peine sorti de sa coquille qu'il grossit avec une rapidité extraordinaire, et il faut toute l'infatigable activité de l'accenteur ou du troglodyte pour parvenir à entretenir ce nourrisson qui, en quelques jours, est beaucoup plus gros qu'eux. Il est rare, en effet, que les parents se lassent et abandonnent leur enfant d'adoption; on cite au con-

pagation. De même le coucou pondant des œufs verts, blancs, ou seulement d'une nuance et avec des accidents constants, se serait vu par cela même notablement restreint dans le choix des oiseaux qu'il déloge. Seulement les causes organiques nous échappent et attendent des observations et des connaissances physiologiques plus parfaites. Du reste, l'histoire du coucou a bien d'autres mystères encore pour la science et, malgré les excellents articles de Naumann et de Berge, sa biographie est presque toute à faire. C'est un oiseau fuyard, un sournois qui dissimule habilement ses manœuvres; on dirait presque un criminel ayant la conscience de ses forfaits, si l'instinct substitué à la volonté ne le lavait pas de tout crime à nos yeux et ne le rendait parfaitement digne de notre intérêt et de l'attention du naturaliste. (*Traducteur.*)

traire de leur part des traits d'une fidélité touchante, d'une persévérance admirable, par exemple celui d'une bergeronnette qui laissa passer le temps du passage d'automne pour continuer à nourrir un jeune coucou né dans un trou d'arbre et devenu trop gros pour en sortir. Les organes de la digestion dans le coucou sont tellement développés et si actifs qu'ils lui permettent d'avaler des quantités inconcevables de chenilles, ce qui fait de cet oiseau un protecteur inappréciable de la végétation, un bienfaiteur de nos bois et de nos vergers : aussi ne devrait-on jamais lui donner la mort. Chez nous cela n'arrive guères que pour le plaisir de tirer ; mais les Italiens et les Grecs lui font souvent la chasse pour sa chair, et il s'en vend au marché seul d'Athènes environ mille individus par an.

Dans le même ordre des grimpeurs, nous avons à citer comme espèces de montagne deux oiseaux un peu plus rares que le coucou et bien différents de nature, le martin-pêcheur et la huppe, tous deux remarquables par la beauté de leur plumage.

Le *Martin-pêcheur* ou Alcyon (*Alcedo ispida*) a le dessus du corps d'un bleu d'azur brillant, changeant un peu en vert sur les côtés, la poitrine d'un roux de rouille, le bec long, la tête grosse, les pieds très-courts couleur vermillon, et une queue courte et tronquée qui donne à ce bel oiseau un air assez étrange. Vivant toujours par paires, les alcyons ne quittent jamais le ruisseau ou le lac sur les bords duquel ils se sont établis ; cependant on les voit plus fréquemment en automne et en hiver que pendant l'été. Tantôt battant des ailes à la façon de la cresserelle au-dessus d'un limpide ruisseau de montagne, tantôt perché pendant des heures immobile sur un gros caillou ou au sommet d'un pieu, il guette le poisson, tombe à l'eau comme un trait, la tête en avant, y poursuit à grands coups d'ailes la loche ou la truite, la saisit de son long bec, la porte sur une pierre ou sur une branche, et, après l'avoir longtemps tournée et retournée jusqu'à ce qu'elle puisse entrer commodément dans son gosier, l'avale la tête la première. Il rejette ensuite sous forme de pelote les arêtes et les écailles. L'alcyon est exposé dans sa chasse à bien des infortunes. En hiver le ruisseau gèle, et notre pêcheur doit alors se contenter de quelques insectes aquatiques et de quelques sangsues qu'il trouve dans les sources. Quelquefois, il s'engage sous la glace en plongeant et se noie; d'autres fois, c'est une truite trop grosse qu'il ne peut ni avaler, ni rejeter, et qui l'étouffe. Au mois de mai, il se creuse dans le rivage, pour y faire son nid, une galerie profonde, semblable à un trou de rat, et la tapisse des débris de libellules et des arêtes de poissons qu'il rejette. Quand ses petits sont éclos, il les nourrit d'escargots et de larves, et plus tard de petits poissons. Le martin-pêcheur et l'hirondelle de rivage sont les seuls parmi nos oiseaux indigènes qui creusent de véritables galeries ou conduits souterrains pour faire leur nid dans la terre. Le guêpier, oiseau du midi qui visite cependant la Suisse de temps à autre et a même niché dans le Valais, se creuse également dans le même but des galeries qui ont 3 à 5 pieds de longueur. Il est fort heureux pour nos jeunes truites que chaque couple de martins-pêcheurs vive à une grande distance des autres et que, d'un vol soutenu et rapide comme la flèche, il poursuive et chasse de son district tout intrus qui s'en approche. Mais en revanche on rencontre ces oiseaux jusque fort avant dans la région montagneuse, et même au delà, jusqu'au lac de Sils (5,500 p.).

Il en est de même de la *Huppe* (*Upupa epops*), animal singulier et assez rare, qui vit solitaire dans les forêts de la région montagneuse, de préférence à leur lisière, dans le voisinage des prés et des pâturages, et qui niche encore dans le Domleschg et même dans l'Engadine. La huppe est d'un jaune rougeâtre; elle a la queue noire avec des raies transversales blanches; les plumes qu'elle relève en forme d'éventail sur sa tête ont plus de deux pouces de longueur, elles sont jaunes et bordées de noir. Elle arrive dans les forêts de montagne de bonne heure au printemps, immédiatement avant le coucou. Les huppes voyagent de nuit et par paires, et repartent déjà au mois d'août. Leur nourriture est celle de la bécasse, mais leur manière de vivre est tout à fait particulière. Cet oiseau court avec vivacité sur la terre, les ailes pendantes, faisant fréquemment les révérences les plus comiques, plantant à chaque pas dans la terre son long bec pointu, de telle manière qu'il a l'air de marcher avec un bâton. Quelque objet attire-t-il son attention, il étale sa huppe d'un air sérieux; il l'abaisse quand il prend le vol. La huppe a une peur extraordinaire de l'homme et des oiseaux de proie, et par frayeur s'étend quelquefois à plat sur la terre. Elle sait du reste fort bien se dérober aux regards en se cachant au plus épais du feuillage et dans la couronne des arbres. Les vers et les larves qu'elle trouve, elle les lance en l'air pour les recevoir dans son bec ouvert. Elle niche de préférence dans des trous d'arbre. Comme la structure de son bec et de sa langue l'empêche d'emporter du nid, ainsi que le font la plupart des oiseaux, la fiente de ses petits, ceux-ci contractent une odeur infecte.[1] Son nom latin d'*upupa* lui vient de son chant monotone *houp-houp-houp;* son cri d'appel *rrê-rrê-rrê* est plus sourd.

[1] Encore une anomalie qui mérite notre attention. Les soins de propreté dans le nid des oiseaux sont confiés au père et à la mère. Les petits, pour se débarrasser de leurs excréments, choisissent toujours le moment où leurs parents leur apportent leur nourriture. Ceux-ci donc, après avoir donné la becquée à leurs nourrissons, attendent leurs déjections, les prennent et les avalent, comme cela arrive pour un grand nombre de mammifères; mais au bout de quelques jours, quand ces excréments ont pris plus de volume et que, jetés sur le bord du nid ou tombant à terre, ils risqueraient de salir le berceau propret des oisillons ou de le faire découvrir, ils sortent enveloppés d'une pellicule mince en forme de sac au moyen de laquelle les parents les saisissent et les emportent pour les laisser tomber de leur bec à une certaine distance du buisson qui abrite la nichée. — Détail infime sans doute, mais qui, avec tant d'autres, n'en démontre que mieux la grandeur de Celui qui donne ses soins au passereau comme il maintient les mondes dans leurs orbites. — Maintenant que se passe-t-il dans le nid de la huppe? La longueur du bec de cet oiseau l'empêche-t-il complétement de veiller à la propreté de ses petits? Nous ne le pensons pas : car les jeunes huppes, bien qu'infectées de l'odeur qu'elles ont contractée dans le trou où elles sont nées, en sortent parfaitement propres et sans qu'aucune tache altère les gracieux dessins de leur élégant plumage. (*Traducteur.*)

Parmi les familles de l'ordre des grimpeurs, la plus nombreuse dans notre région est celle des *pics*, bien connus des habitants de la montagne par leurs cris, leurs mœurs et leur beau plumage. Quoiqu'ils soient fuyards et rusés, il n'est pas très-difficile de suivre leurs traces et d'observer leurs travaux journaliers. Ce sont sans exception des oiseaux sédentaires, qui semblent prendre au sérieux leur air bouffon, et conservent toujours avec une pédantesque uniformité les mêmes allures et le même genre de vie. Ils se jettent contre les troncs d'arbre à la hauteur de dix à douze pieds, et, tout en les frappant du bec avec attention, les remontent jusqu'à ce qu'ils aient trouvé quelque morceau d'écorce attaqué par les insectes. Alors, à coups redoublés, par un rapide mouvement de la nuque et commodément appuyés sur les pennes fermes et élastiques de leur queue, ils brisent l'écorce de leur bec vigoureux, conique et tranchant sur ses bords. Puis ils dardent leur langue, déliée, rétractile, garnie à l'extrémité de petits crochets recourbés, dans le trou qu'ils ont fait et en retirent les larves ou les scarabées qui s'y tenaient cachés. Pour leur nid, ils creusent dans de vieux troncs de sapin ou de hêtre, à la hauteur de vingt à soixante pieds du sol, un trou rond au fond duquel ils déposent sans autres préparatifs leurs œufs d'un blanc lustré. Les débris de bois entassés au pied de l'arbre font aisément reconnaître celui qu'ils ont choisi pour y nicher. Hors de la saison des amours, on voit quelquefois le soir un épeiche ou un pic-vert prendre possession de quelque trou, propriété du premier occupant. En hiver, quand tout est triste et silencieux dans la contrée, il n'est pas rare d'entendre, à la distance d'une demi-lieue, ces oiseaux actifs et intelligents faire retentir la forêt de leurs travaux, et les branches sèches résonner comme un tambour sous leurs coups répétés.

Le *Pic noir* (*Dryocapus martius*) est le plus grand du genre. C'est un oiseau fort, d'un pied et demi de longueur, d'un noir profond, avec toute la partie supérieure de la tête d'un rouge cramoisi. Il vit solitaire dans toutes les forêts de sapins des montagnes, principalement dans l'Emmenthal, dans les cantons des Grisons et d'Appenzell, et sur le Jura. Les montagnards, qui le connaissent fort bien, lui donnent différents noms tirés de son genre de vie. Le *Pic vert* (*Gecinus viridis*) est encore plus connu. Il a toutes les parties supérieures du corps d'un beau vert, les joues rouges et noires, le dessus de la tête et l'occiput d'un rouge brillant. Le *Pic cendré* (*G. canus*) ressemble assez aux précédents, mais il est plus petit et plus rare; il a le front cramoisi et le derrière de la tête d'un gris cendré clair. Le premier se rencontre aussi dans les forêts mélangées de la plaine, surtout quand elles sont arrosées par quelque ruisseau; il arrive même en automne et en hiver jusque dans les vergers, sur les grands noyers et les érables qui entourent les villages. C'est au contraire dans les forêts de la région montagneuse que le pic cendré est le plus abondant, surtout dans celles qui sont immédiatement dominées par les hautes alpes. Tandis que les autres pics ne quittent jamais volontiers les arbres ou les buissons, il n'est pas rare de voir celui-ci descendre à terre pour chercher des insectes dans les bouses. Il avale les frêlons sans difficulté. Trois autres pics parviennent dans la montagne jusqu'à la limite supérieure des bois de hêtres. Ce sont le *Pic épeiche* (*Picus major*), le *Pic mar* (*P. medius*) et le *Pic épeichette* (*P. minor*) de la grosseur d'un moineau, tous trois admirablement tachetés de noir et de blanc, le mâle avec le dessus de la tête rouge et, dans les deux premières espèces, le croupion de la même couleur. Ces oiseaux ne sont rien moins que communs; le plus petit en particulier manque complétement dans plusieurs localités et a plutôt été observé dans les buissons et les taillis que dans les hautes futaies. En automne on les voit quelquefois sur les plus grands arbres fruitiers, particulièrement sur les vieux noyers des prairies de montagne, quoique en général, comme tous les grimpeurs, ils sachent quand ils sont poursuivis se tenir toujours cachés derrière les troncs et tourner du côté opposé au chasseur, jusqu'à ce que fatigués de cette manœuvre, ils prennent leur vol assez lentement, ordinairement en droite ligne, pour atteindre avec un *ruc-ruc* de dépit un autre arbre distant de quelques centaines de pas. On considérait autrefois comme fort rare le *Pic tridactyle* (*Picoides tridactylus*); cependant on l'a trouvé dans les forêts des montagnes qui dominent le lac de Brientz, à Habkern, dans le Simmenthal, sur la Potersalp et à Kamor, dans la vallée du Rhin, dans le Bannwald au-dessus d'Altorf, dans la vallée de la Reuss, dans les Grisons (Schanfigg, Engadine) et dans les hautes forêts de Schwytz et d'Unterwalden; il est même assez abondant dans quelques-unes de ces localités. Cet oiseau est bigarré de noir et de blanc, l'iris de ses yeux est d'un blanc d'argent; le mâle a le dessus de la tête rayé de noir et de jaune brillant, la femelle de blanc et de noir. Commun dans le nord de l'Europe et de l'Asie, où on compte plusieurs espèces de pics à trois doigts, il s'égare exceptionnellement dans nos vallées inférieures et a été tué, par exemple, non loin de Saint-Gall, dans les forêts de Bernhardzell. Il vit volontiers en compagnie des petits pics, tandis que le pic noir chasse avec jalousie ses congénères de l'arbre contre lequel il travaille. Toutes les espèces de pics sont, comme du reste la famille entière des grimpeurs, des animaux d'une forte charpente, vifs, prudents et éminemment utiles, mais ils sont toujours très-difficiles à apprivoiser. Par leur grosseur, l'éclat de leur plumage et leurs mœurs, ils forment un élément important dans le monde animal de notre région; mais nulle part on ne les rencontre en grande quantité, car ils se multiplient peu.

C'est en plus petit nombre encore que, de mai en septembre, on trouve dans la montagne un oiseau assez rapproché des précédents, le Torcol (*Yunx torquilla*), qui des vergers de la plaine s'élève par individus isolés jusque dans les plus hautes forêts à feuillage, quand elles ne sont pas trop épaisses, et même jusque dans la vallée d'Urseren. Il y a été aussi observé à son passage. Le torcol est un peu plus petit que l'étourneau, agréablement dessiné de gris, de brun et de jaune, et piqueté de noir. Sans précisément grimper, il sautille dans les branches contre les troncs d'arbres ou par terre à la recherche des chenilles et des larves, et étend sa langue dans les fourmilières habitées, pour l'en retirer brusquement quand elle est couverte de ces insectes. Cet oiseau est sujet à des contorsions comiques et comme convulsives; il tord le cou, ramène son bec sur le dos, relève les plumes de sa tête, tourne les yeux et gonfle sa gorge en faisant de continuelles révérences. Il a alors la tournure la plus grotesque.

La *Sitelle torche-pot* (*Sitta europæa*), présente de grandes analogies tout à la fois avec les pics, les mésanges et les tichodromes. Elle n'est pas rare dans les forêts, et, sans avoir comme les pics le point d'appui d'une queue rigide, elle grimpe adroitement contre les arbres, parcourant ordinairement les troncs du sommet à la base et la tête en bas. C'est aussi dans cette position extraordinaire, qui semble ne lui présenter aucune difficulté, qu'elle se pose contre un arbre. D'une activité infatigable, elle visite ainsi les écorces et en retire au moyen de sa langue en forme de harpon tous les insectes que sa vue perçante lui fait découvrir. La sitelle niche volontiers dans un trou de pic, dont elle rétrécit l'ouverture avec de la bouse. La femelle, plutôt que d'abandonner ses petits, se met sur la défensive contre la main qui en approche et pousse une espèce de soufflement de détresse. Cet oiseau d'environ six pouces de longueur a les parties supérieures d'un cendré bleuâtre, la gorge blanche, les flancs d'un roux-marron et le ventre jaunâtre. Il se nourrit non-seulement d'insectes, mais aussi de graines et même de noisettes, qu'il sait ouvrir fort adroitement avec le bec. Sa nature mobile de grimpeur le rend aussi difficile à apprivoiser que les pics proprement dits. Il est sédentaire dans la plupart des pays qu'il habite.

Le *Grimpereau commun* (*Certhia familiaris*) habite à peu près les bois et les arbres isolés des mêmes localités. C'est un petit oiseau éminemment sociable, qui n'est guère plus gros qu'un troglodyte, d'un gris obscur, tacheté de blanc avec les parties inférieures complétement blanches. Les pennes de sa queue sont d'un cendré roussâtre, celles des ailes d'un brun foncé avec des raies jaunâtres. Son bec est long et arqué. Il grimpe comme les pics, cherchant des insectes le long des troncs, mais rarement de haut en bas. Il attire l'attention par sa mobilité, son activité, et son léger cri d'appel d'une seule note. Son bec effilé est trop faible pour ouvrir l'écorce ; il s'en sert comme d'une sonde pour explorer les moindres gerçures et supplée à la force qui lui manque par son agilité et son adresse à sauter à l'aide de sa queue. Il ne paraît pas qu'il se pose jamais à terre. On le prend dans les trébuchets à mésange avec de simples graines pour amorce. Le tichodrome échelette appartient plutôt à la région alpine.

C'est l'ordre nombreux des **Passereaux** qui fournit à notre région *la plus grande* quantité d'oiseaux. Il comprend dans la famille des *omnivores* le groupe des corbeaux, dans celle des *insectivores* les divers groupes de becs-fins, dans celle des *granivores* les mésanges, les alouettes et les gros-becs, et enfin dans celle des *chélidons* les hirondelles, les martinets et les engoulevents.

La région montagneuse ne renferme rien de bien particulier dans cette dernière famille. Les hirondelles de cheminée, de fenêtre et de rivage préfèrent évidemment la plaine et ne visitent guère les montagnes qu'au temps du passage, quoiqu'elles s'établissent aussi dans quelques vallées chaudes de la région. L'hirondelle de cheminée (*Hirundo rustica*) arrive souvent dès la fin de mars. Ce charmant oiseau est d'un beau bleu d'acier ; il a la gorge rousse, une longue queue fourchue et les pieds nus. Il établit son nid, solide et ouvert, contre les poutres des chambres supérieures et même dans les corridors des maisons de paysans. S'il survient quelque retour de froid à cette époque, les hirondelles redescendent près des lacs et des ruisseaux, où on les voit raser la surface des eaux à la poursuite des insectes. L'Hirondelle de fenêtre (*H. urbica*) arrive peu après. Elle a les pattes emplumées et la queue fourchue. Elle construit toujours son nid à l'extérieur des maisons et cherche quelquefois un abri dans les habitations contre les brusques changements de température du premier printemps. Une seule fois nous en avons rencontré une variété d'un blanc de neige. Vient enfin l'Hirondelle de rivage (*Hirundo riparia*), plus petite que les précédentes, d'un gris rougeâtre, à doigts presque nus, qui niche sur les berges rocailleuses solitaires, dans des trous qu'elle se creuse péniblement elle-même. Elle nous quitte la première en automne. Ce sont les hirondelles de cheminée et celles de fenêtre qui se trouvent le plus volontiers dans notre région. On rencontre en particulier les dernières dans les hautes vallées des Grisons et du canton d'Uri jusque dans la zone alpine (Engadine 5,500 à 5,700 pieds). L'hirondelle de rivage n'a été trouvée qu'une fois sur le Saint-Gotthard, la pauvre bête avait péri dans une tourmente de neige; mais on la trouve dans le Domleschg et à la Calanda.

Le *Martinet de muraille* (*Cypselus murarius*) niche aussi plus fréquemment dans les plaines; cependant, compagnon fidèle et reconnaissant de l'homme, il le suit jusqu'au-dessus de la région des montagnes, et niche abondamment, par exemple, au village de Splügen (4,480 pieds). Il a le dessus du corps noir, les parties inférieures moins foncées et la gorge blanche. Il dépose ses œufs dans des trous de mur, des fentes de rocher, ou dans des nids d'autres oiseaux convenablement placés; dans le canton d'Appenzell, il n'est pas rare de le voir s'emparer des caisses destinées aux étourneaux. Maladroit et stupide, il se laisse prendre quand il tombe par terre, mais il plante ses ongles courts et aigus dans la main de celui qui le saisit, et pousse des cris de fureur en ouvrant son large bec. L'extrême brièveté de ses pieds et la longueur démesurée de ses ailes l'empêchent absolument de s'élever de terre : c'est pourquoi il s'accroche d'ordinaire aux murailles pour se reposer. Il poursuit souvent en grandes troupes son ennemi mortel, la cresserelle. A leur arrivée dans le pays aux environs de mai (à Coire du 8 au 10 mai), les martinets se font remarquer par un grand vacarme, et déjà dans le courant du mois d'août ils disparaissent sans bruit; mais ceux qui viennent du nord et ceux dont les nichées sont retardées ne repartent souvent que du milieu à la fin de septembre. Ils se distinguent aisément des hirondelles en ce qu'ils ont les quatre doigts dirigés en avant, tandis que celles-ci, comme les oiseaux chanteurs, en ont trois en avant et un en arrière. Le martinet à ventre blanc habite aussi notre région, mais, comme l'hirondelle de rocher, il fréquente également les régions supérieures.

L'Engoulevent (*Caprimulgus europœus*), prend sa place à côté de ces oiseaux quant à sa forme et à ses mœurs. Il est d'un gris noirâtre, mélangé de brun et de blanc. Ce n'est qu'à la nuit qu'il sort de sa retraite pour chasser aux scarabées et aux papillons On le rencontre isolé dans les forêts de montagne, à peu près dans les mêmes localités que les bécasses. Le bec largement ouvert comme les hirondelles et le gosier béant, il vole avec la légèreté de la chouette autour des branches d'arbre et y poursuit les insectes en faisant entendre un sourd bourdonnement. Il n'est pas rare de le trouver dans les étables de vaches et de chèvres : son bec très-court, faible, pointu, mais fendu jusqu'au delà des yeux, l'a fait accuser de s'attacher au pis des chèvres pour en boire le lait, singulière erreur qui date déjà du temps d'Aristote. Il est vraisemblable qu'il se rend dans les écuries pour le même motif que les chauves-souris, c'est-à-dire pour y poursuivre les papillons de nuit et les insectes, et y trouver une retraite commode. Pendant le jour, cet oiseau éminemment utile, mais à qui ses grands yeux noirs et ses moustaches de poils raides donnent un aspect extraordinaire, dort d'un profond sommeil dans les bruyères, les myrtils, ou tapi le long d'une branche basse. Dans cette position, il ressemble tellement à un morceau d'écorce moisie qu'on peut passer tout à côté sans le remarquer ; on s'approche de lui jusqu'à quelques pas sans le réveiller. Du reste, il n'est pas d'un naturel fuyard. Son nid et ses petits sont très-difficiles à découvrir. De mai en octobre il habite les bois jusqu'à leur limite supérieure, il niche même dans les environs de Saint-Moritz (5,700 pieds). Au moment où nous écrivons ces lignes, nous avons dans notre cabinet de travail un joli engoulevent femelle de 9 pouces de longueur que nous conservons depuis longtemps en lui faisant avaler de force des vers et des insectes, car il ne mange rien de lui-même. Quoique ce soit un oiseau nocturne, il montre encore assez d'activité pendant le jour ; quand le soleil donne dans la chambre, notre engoulevent sort aussitôt de sa cachette, et vient se placer à côté de nous sur le plancher à l'endroit le plus chaud, étendant sa queue en forme d'éventail et sommeillant les yeux à demi fermés. Si le soleil disparaît, il s'en retourne à pas lents dans son coin, où il se tient d'ordinaire couché sur le ventre. Il ne vole pas volontiers et saute si maladroitement qu'il tombe sans cesse sur le côté ; il reste alors sans mouvement dans cette position jusqu'à ce qu'on le relève, quoiqu'il n'ait du reste aucun mal. A l'approche des étrangers, il fait entendre un bruit rauque, mais il est d'ailleurs tout à fait familier ; il est parfaitement heureux lorsqu'il peut s'étendre sur la paume d'une main chaude ; avec ses grands yeux noirs il regarde alors ses amis d'un air de reconnaissance. Sa douceur en a fait l'enfant gâté de la maison.

Les chélidons diurnes n'ont ni dans leur plumage, ni dans leur ramage qui est plutôt un gazouillement qu'un chant, rien qui soit de nature à leur gagner l'affection de l'homme ; il est absolument impossible de les apprivoiser ; et pourtant ce sont des animaux sacrés pour les habitants des montagnes. C'est une tribu craintive, sauvage, incapable d'éducation ; et cependant elle suit partout les traces de l'homme. Cette sociabilité, l'immense utilité dont les hirondelles sont pour nous, leur mission de messagères du printemps, les cris de jubilation par lesquels elles célèbrent en troupes le triomphe du soleil sur les derniers frimas de l'hiver, ont fait de l'hirondelle l'oiseau le plus cher au peuple, et surtout au brave peuple allemand. De l'autre côté des Alpes on les tue au contraire et on les mange chaque année par centaines de mille, comme toute créature emplumée qui tombe sous la main d'un Italien.

Le nombreux groupe des gros-becs nous apparaît sous un jour plus aimable encore. Ce sont tous de charmants oiseaux, bien doués, pleins de gaieté et de vie, à voix forte et à joli plumage, et faciles à apprivoiser.

Les *Becs-croisés*, d'abord, se distinguent des autres par leur grosseur et la curieuse conformation de leur bec, croisé tantôt à droite, tantôt à gauche, ainsi que par leurs couleurs bigarrées et leur grande sociabilité. Nous en possédons deux espèces : le Bec-croisé perroquet (*Loxia pytiopsittacus*), aussi nommé perroquet des sapins, plus gros et à bec plus fort, et le Bec-croisé commun (*Loxia curvirostra*). Leur plumage varie considérablement. Dans les deux espèces les vieux mâles sont rouges avec diverses nuances qui vont du jaune au carmin, le dos est gris brun, les ailes et la queue d'un brun foncé; les mâles d'un an sont d'un rouge obscur, jaunes ou verdâtres; les femelles d'un gris verdâtre; les jeunes d'un vert grisâtre, sale, avec des taches plus foncées. La plus petite espèce (*L. leucoptera*), avec deux bandes blanches sur les ailes, n'a pas encore été trouvée chez nous. Les becs-croisés sont tous des oiseaux vagabonds, qui se montrent quelquefois en nombre considérable, puis restent rares pendant des années, suivant la plus ou moins grande abondance des cônes de sapins. Le bec-croisé perroquet, qui peut ouvrir avec son bec les cônes les plus durs, niche encore de 4,000 à 5,500 pieds; on a même trouvé son nid au Splügen : l'espèce ordinaire fréquente plus volontiers les bois de sapins de la région montagneuse. Toutes deux nichent en toute saison, à l'exception du temps de la mue, même pendant les froids les plus rudes. Réunis en vols peu serrés et s'appelant sans cesse, ils explorent les sapins s'accrochant aux branches les plus déliées, grimpant à la façon des perroquets en s'aidant du bec, ou se jetant lourdement d'un arbre à l'autre. Chr. L. Brehm, notre excellent doyen, a très-bien décrit la manière dont cet oiseau épluche les cônes : »Le gros-bec coupe un cône et, le tenant par le morceau de queue qu'il lui a laissé, il l'emporte avec le bec sur une branche qui ne soit pas trop épaisse; là, il le tient fortement assujetti, grâce à l'organisation de ses doigts très-forts et de ses ongles aigus; puis avec le bout tranchant et effilé de son bec, il déchire l'extrémité antérieure d'une écaille, ouvre un peu le bec, en introduit la pointe sous l'écaille et la soulève sans peine en imprimant à sa tête un mouvement de côté. Il détache alors la graine avec sa langue, la ramène dans son bec et après en avoir séparé l'aile et l'écorce, il l'avale. Il peut soulever d'un coup toutes les écailles qui sont au-dessus de celle sous laquelle il a inséré le bec. C'est toujours avec la mandibule supérieure qu'il agit, l'inférieure lui servant de point d'appui contre le cône. Le croisement des mandibules lui est pour cela indispensable; car il n'a besoin que d'ouvrir un peu le bec pour lui donner une grande largeur, ce qui lui permet par un mouvement latéral de la tête de soulever les écailles sans la moindre difficulté. En 2 ou 3 minutes l'animal a épluché un cône, et a commencé à en éplucher un second. Quand la petite troupe prend le vol, tous les oiseaux laissent tomber les cônes qu'ils tenaient.» On sait que les becs-croisés sont des oiseaux tout à fait innocents, mais passablement niais. Ils ont aussi quelque utilité, s'il est vrai que, comme Vouga l'a observé dans le Jura, ils mangent avec avidité les pucerons verts qui s'attachent à la surface inférieure des feuilles des arbres fruitiers.

Le *Bouvreuil* ou pivoine (*Pyrrhula vulgaris*) est un oiseau d'un naturel doux et confiant qui se nourrit de graines, de baies et de bourgeons, et descend en hiver, par petites troupes de huit ou dix, dans les jardins fruitiers, où il fait quelquefois de grands dégâts sur les boutons à fleurs des arbres greffés et sur les sorbiers. Les bouvreuils habitent en été les bois mélangés de la montagne et y nichent sur les arbres peu élevés; à l'approche de l'hiver ils abandonnent assez souvent ces localités pour émigrer en bandes considérables, les femelles surtout, dans les contrées plus basses. Nous avons observé pourtant en hiver dans des montagnes favorablement exposées des volées entières de bouvreuils, mais sans jamais y rencontrer de femelles. Quelques individus passent aussi tout l'hiver dans l'Engadine. La beauté de leur plumage, leur familiarité, leur remarquable disposition à retenir des airs, en font de charmants oiseaux de chambre.

Le *Gros-bec* (*Fringilla coccothraustes*) est un oiseau criard, inquiet et défiant. Il a la tête grosse, le corps d'un gris brun avec la gorge noire, les ailes noires et blanches, une tache d'un gris cendré sur la nuque; les parties inférieures sont d'un roux vineux; le bec, extraordinairement fort, est bleu en été, couleur de chair en hiver. Il erre dans les bois à feuillage de la montagne à la quête des faînes et des cerises dont il brise les noyaux pour en manger l'amande. Il recherche aussi en hiver les boutons à fleurs des arbres fruitiers, et dans l'espace de quelques heures, sans se trahir par le moindre cri, il a dévasté un espalier. Il en fait de même en été pour les cerisiers. Cependant le plus grand nombre de ces oiseaux émigre vers le sud. Nous citerons comme un fait remarquable la capture d'un gros-bec sur le Saint-Gotthard, en 1836, quelques jours avant Noël, par un froid intense. Le *Cini* (*Fringilla serinus*), petit serin qui appartient surtout au midi, se rencontre en assez grande quantité dans quelques vallées bien exposées des Grisons. Le *Moineau franc* (*Passer domestica*) et le *Friquet* (*P. montana*) préfèrent également les villages et les bosquets de la plaine et ne montent que rarement au-dessus de la région des collines. Le premier, rusé et hardi compère, paraît vouloir peu à peu s'aventurer plus haut : c'est ainsi qu'on l'a vu depuis quelques années s'introduire et s'établir dans la vallée de la Sernft, ainsi que dans les parties de la Haute-Engadine (5,500 pieds) où on cultive encore quelques céréales, tandis qu'il manque dans la vallée d'Urseren, moins élevée mais où on n'en cultive point. Le friquet, un peu plus petit, d'un brun-marron, tacheté de noir, avec le sommet de la tête d'un rouge de cuivre, paraît plus commun dans la région montagneuse, mais en automne il descend volontiers dans la plaine où on le voit alors s'ébattre en troupes bruyantes. La variété italienne du moineau franc (*P. italica*) s'avance exceptionnellement jusque dans les vallées des Grisons qui débouchent au sud, et dans le Tessin. La Soulcie

(*Fringilla petronia*), bel oiseau gris brun, assez semblable au moineau, mais marqué de jaune sur les yeux et à la gorge, avec le bec de même couleur et le ventre blanchâtre, est assez rare en Suisse; dans le canton de Glaris, elle n'a été observée qu'une fois, et c'est dans notre région; dans les Grisons et le Jura, il passe l'été dans des districts rocailleux et vient en hiver jusque dans les villages.

Distingué entre tous, dans toute l'étendue de la région des bois où il habite en grand nombre, le *Pinson* (*Fringilla cœlebs*) nous salue de sa voix claire, forte et métallique. Toujours fidèle au lieu qui lui fournit sa moisson de graines et de baies et offre asile à son nid élégamment construit et tapissé de mousse, il anime de son chant vif et joyeux les bosquets les plus frais comme les forêts les plus sombres, les groupes de sapins, l'arbre fruitier ombrageant une étable, le sureau penché sur un ruisseau limpide. Le mâle, d'une grande beauté, surtout en plumage de noces, se montre dans tous ses mouvements plein de force, d'adresse et de confiance, parfois aussi, soupçonneux et rusé. Quand il court par terre, tantôt marchant, tantôt sautillant, démarche qui lui est propre, il regarde continuellement autour de lui, et dès qu'il rencontre quelque chose d'étrange sur son chemin, il s'arrête et relève les plumes de sa tête d'un air attentif. A toutes les heures du jour, même immédiatement après l'orage, le battement accentué du pinson retentit sans relâche dans la contrée, mais d'une manière tout particulièrement joyeuse aux mois d'avril et de mai; et à partir de juillet, lorsque les chœurs ont cessé, son cri d'appel vif et clair, *fink-fink*, résonnant dans les bosquets, y rappelle à l'homme la présence de son aimable petit compagnon. Les pinsons se nourrissent de graines et de semences, et aussi, surtout à l'époque des nichées, de toutes sortes de mouches, de scarabées, de chenilles, de larves, de cousins, de petites phalènes, dont la destruction nous rend de grands services. En Thuringe on les répartit suivant leur chant en diverses classes dont les plus distinguées fournissent des chanteurs qu'on paie à un prix très-élevé. Etrangers pour la plupart à la manie des oiseaux en captivité et à celle de la chasse en général, les habitants de nos montagnes ne connaissent point ces raffinements. Quand de loin en loin on voit une cage suspendue sous le toit de leurs maisons, c'est un canari, plutôt qu'un de nos joyeux chanteurs indigènes, qui y fait entendre ses éclatantes roulades. La plupart des femelles de pinsons et tous les jeunes émigrent vers le sud à la fin de l'automne.

C'est des forêts de bouleaux du nord que nous vient en automne et en hiver, tantôt par individus isolés, tantôt en bandes immenses, quelquefois aussi en compagnie des bruants, des linottes ou des pinsons, le *Pinson des Ardennes* (*Fringilla montifringilla*), bel oiseau au plumage bigarré, qui a la poitrine et les épaules d'un jaune brun, et, en hiver, le bec d'un jaune de cire. On prend ces pinsons au filet en grande quantité, et avec un simple trébuchet, par la neige, on en attrape souvent plus d'une douzaine en un jour. Ils rôdent par compagnies sur les routes et les tas de fumier, devant les maisons et les écuries, mais le soir ils retournent dans les bois passer la nuit au sommet des plus grands arbres. Ils s'égarent souvent jusque dans l'Engadine. Au printemps ils regagnent le nord; on affirme cependant qu'il en niche quelques paires dans l'Emmenthal. Le *Verdier* (*Fringilla chloris*) est un oiseau assez lourd, à grosse tête, un peu plus gros que le pinson, d'un vert jaunâtre, avec le ventre, les pennes des ailes et de la queue jaunes et les couvertures gris cendré. On l'entend quelquefois chanter perché solitairement sur la cime d'un grand arbre, et cela, jusqu'à la limite des arbres à feuilles caduques; mais il n'est nulle part très abondant. Il recherche principalement les fonds humides plantés de saules et d'ormeaux, ou bien, à l'époque de la maturité des graines, les jardins potagers, dans lesquels il fait bientôt remarquer sa présence par son cri d'appel semblable à celui du canari. Ce n'est qu'au temps du passage qu'on l'a observé dans la partie supérieure de la vallée de la Reuss. La *Linotte* (*Fringilla cannabina*), au plumage d'un brun marron, le mâle avec le front et la poitrine rouge-cramoisi, vient en été par bandes joyeuses et bruyantes dans les bois à feuillage de la région montagneuse, menant aussi sa vie errante et agitée dans les champs, les prairies et les buissons. En automne, elle redescend dans les vallées, recherchant les districts pierreux ou humides, où croissent les aulnes, les chardons et les épervières. C'est là qu'en hiver on en rencontre encore quelques petits vols. Dans la vallée d'Urseren elle paraît ordinairement en passage par troupes considérables à la fin d'octobre et au commencement de novembre, mais il n'y a que peu ou point de retour au printemps. La *Linotte de montagne* (*F. montium*), petit oiseau du nord, à bec jaune, ne dépasse pas en hiver la région des collines. Quand les linottes ont disparu du bas des montagnes, elles y sont bientôt après remplacées par un petit oiseau d'un vert jaunâtre, à tête noire, le *Tarin* (*F. spinus*), qui remonte jusqu'à la limite supérieure des arbres à feuillage, en suivant les ruisseaux bordés d'aulnes dont il recherche les graines avec avidité. Il ne paraît pas qu'il niche chez nous, du moins on ne le rencontre pour l'ordinaire qu'en automne et au printemps et alors en grandes troupes, surtout quand les aulnes et les pins ont abondamment fructifié. Au cœur de l'hiver, pas plus qu'en été, nous ne l'avons trouvé sur les montagnes ; cependant Salis l'a vu en juillet dans la Haute-Engadine, mais sans avoir pu découvrir son nid. Le *Sizerin* (*Fringilla linaria*), est un oiseau tout aussi sociable et aussi inoffensif que le précédent. Plus petit que la linotte et s'en distinguant par sa gorge noire, il a comme elle le sommet de la tête rouge ; dans le mâle, la poitrine est de la même couleur. Venu du nord, il vole à la fin de l'automne, et souvent par bandes, sur les arbres et le long des buissons du pied des montagnes basses ; il y reste au plus tard jusqu'en février, mais on ne le retrouve ni ailleurs, ni en aucune autre saison. Cependant les sizerins se tiennent aussi en été dans le petit bois réservé qui domine Andermatt, et ils y nichent chaque année ; on le voit aussi fréquemment dans quelques vallées des Grisons, à Erosa, par exemple (5,824 p.), dans le Schalfigg. Nous avons vu une fois sur un bouleau pleureur, à leur passage d'automne, une soixantaine de ces jolis oiseaux, toujours en mouvement mais un peu niais; sur ce nombre les trois quarts à peu près étaient de jeunes mâles, du moins sur huit individus qui tombèrent d'un coup il y en avait sept jeunes et un vieux. Depuis dix ans nous n'en avons pas rencontré un seul individu.

Le *Chardonneret* (*Fringilla carduelis*), charmant et vif oiseau dont le plumage bigarré semble emprunter toutes ses couleurs à un beau lever de soleil, est au contraire répandu dans toute la Suisse, sur les montagnes comme dans la plaine, même assez haut dans la vallée d'Urseren. On prétend que les chardonnerets dits *de montagne* sont plus gros et ont les couleurs plus vives que ceux de la plaine. Les chardonnerets sont des oiseaux de cage tout à fait familiers, gais et aimables, qui apprennent aisément à exécuter certains tours et à répéter fidèlement de jolis airs.

Parmi les Bruants, on remarque dans toute l'étendue de la montagne le beau *Bruant jaune* (*Emberiza citrinella*), d'un jaune plus ou moins brillant, qui visite volontiers les champs d'avoine, se perche sur les arbres dans le voisinage des granges, et dans l'arrière-automne couvre par centaines les champs nouvellement ensemencés. En été, nous l'avons rencontré assez souvent dans les vallées fertiles, buissonneuses et arrosées des Grisons et du Tessin. Le *Bruant zizi* ou *de haies* (*E. cirlus*), brun en dessus, vert et jaune en dessous, est assez rare; le *Bruant fou* (*E. cia*) d'un brun roux, à tête grise, commun dans les montagnes du Tessin et le *Bruant des roseaux* (*E. schœniclus*), à tête noire, brun en dessus et blanc en dessous, le sont, l'un et l'autre, un peu moins; le dernier ne se trouve que dans les lieux humides. Tous les bruants de la Suisse ont été observés errants ou en passage dans la vallée d'Urseren. Dans les vergers autour d'Andermatt et d'Hospenthal, on a vu aussi au printemps un oiseau du même genre, devenu rare en Suisse, le *Bruant ortolan* (*E. hortulana*). Ce que les Valaisans appellent *ortolon* n'est pas l'ortolan d'Italie, mais un oiseau des hautes montagnes, l'accenteur des Alpes. Le *Bruant* proyer (*E. miliaria*) doit, d'après les données de Salis, avoir été trouvé tous les hivers dans plusieurs hautes vallées des Grisons.

Dans quelques districts de montagnes, et même dans les vallées qu'ils renferment, les Alouettes manquent complétement; dans d'autres, au contraire, elles sont communes. Celle qu'on rencontre le plus fréquemment est l'*Alouette des champs* (*Alauda arvensis*), qui habite les champs et les prairies d'où elle s'élève en spirale dans les airs pour entonner sa joyeuse, sa ravissante chanson :

> La gentille alouette avec son tire lire,
> Tire lire a liré, et, tire lirant, tire
> Vers la voûte du ciel; puis son vol vers ce lieu
> Vire et désire dire : Adieu, Dieu ; adieu Dieu !
>
> DUBARTAS.

Elle ne nous quitte guères que de novembre en février, et ne s'éloigne pas beaucoup du côté du midi, puisqu'il n'est pas rare d'en trouver des bandes considérables qui passent l'hiver dans les environs de Morat et dans le canton de Vaud. Elle atteint la région alpine dans la vallée d'Urseren et dans l'Engadine. Près de Fortezza-suot, au-dessus de Lavin (4,400 pieds), est une colline boisée où, suivant une ingénieuse tradition populaire, les alouettes ne doivent jamais chanter, parce que ce fut là qu'autrefois le peuple révolté manqua à la foi jurée vis-à-vis de son seigneur. Les Grecs assuraient de même, à ce que rapporte Pline, que les innocentes hirondelles fuyaient la ville de Bizyan en Thrace à cause du crime de Térée. L'*Alouette lulu* (*Alauda arborea*) est plus petite et un peu plus rare; il est cependant peu de cantons de la région montagneuse où on ne puisse, du printemps jusqu'à l'automne, l'apercevoir disant au sommet d'un petit hêtre ou d'un jeune pin ses trilles joyeux et sonores ou, comme l'alouette commune, s'élevant dans les airs pour les y répéter. Elle arrive chez nous plus tard que celle-ci et repart déjà en octobre, époque à laquelle on la trouve régulièrement au Saint-Gotthard. Elle ne niche pas sur les arbres, mais dans les bruyères découvertes ou les buissons à la lisière des bois. La jolie Alouette cochevis (*Alauda cristata*) appartient plutôt aux contrées chaudes, cependant on la trouve par individus isolés dans quelques vallées bien exposées des montagnes des Grisons. Près de Coire, on la rencontre ordinairement dans le voisinage des habitations et des jardins. L'Alouette à hausse-col noir (*Otocoris alpestris*), improprement appelée alouette des Alpes, qui des régions arctiques s'égare quelquefois jusqu'en Hollande et en Allemagne, a été à plusieurs reprises tuée dans nos montagnes.

Les *Pipits* se rapprochent des alouettes soit par leur plumage, soit en partie par la conformation de leurs doigts; ils s'en distinguent par leurs mœurs, car tandis que les alouettes se nourrissent également d'insectes, d'herbes et de graines, les premiers ne vivent que d'insectes, et, comme les bergeronnettes, recherchent surtout le voisinage des eaux. Plusieurs des espèces de ce genre sont des oiseaux de montagne; l'une d'elles, le pipit spioncelle, appartient même exclusivement à la région alpine. Le *Pipit des buissons* (*Anthus arboreus*) habite toutes les zones, depuis la plaine jusqu'au-dessus de la limite des neiges, et niche très-fréquemment dans la région alpine. Le *Pipit farlouse* (*Anthus pratensis*), oiseau plus rare, et peut-être aussi le petit *Pipit des marais* (*Anthus palustris*), jusqu'ici peu étudié, appartiennent également à notre région. Le premier recherche déjà en mars les nombreuses pentes humides et marécageuses des montagnes, et y construit son nid dans des touffes de carex ou de linaigrettes dès que la neige a disparu. C'est là qu'on le voit, souvent en compagnie des bergeronnettes, courir comme elles en tous sens par saccades et à pas précipités. Tous les pipits sont de bons chanteurs, surtout celui des buissons, dont la voix est pleine et mélodieuse.

L'*Accenteur mouchet* (*Accentor modularis*), petit oiseau à gorge d'un gris ardoisé, avec le dos d'un brun roux tacheté de noir, se trouve çà et là en compagnie du troglodyte dans les broussailles des forêts de montagnes, même jusque dans la Haute-Engadine, et se prend chaque année à son passage d'octobre sur le Saint-Gotthard. S'il ne se trahissait pas par son chant gai et presque continu, on le remarquerait à peine, car il se tient presque toujours solitaire au plus épais des buissons; malgré cela, la femelle du coucou découvre plus d'une fois son nid de mousse et lui confie le soin de sa progéniture.

Parmi les petits oiseaux ce sont les *Mésanges* qui sont le plus abondamment représentées dans notre région. C'est tout un petit peuple de volatiles forts, extrêmement actifs, éminemment utiles, vivant d'insectes, de graines, de fruits et de baies. Leur plumage est joli, long, doux, soyeux, clair par parties. Les mésanges, faisant deux nichées par an, se multiplient prodigieusement; leur vol est brusque; elles sautent de côté, grimpent très-lestement et se suspendent à la renverse aux branches les plus déliées; elles sont plus hardies que confiantes, et vivent en compagnies plus ou moins considérables, excepté à l'époque où elles construisent leur nid et élèvent leur nombreuse famille, travaux auxquels elles apportent tous leurs soins. Elles nichent de préférence dans des trous d'arbre, et appartiennent exclusivement, à l'exception de la mésange du Cap, à la zone tempérée et à la zone froide. Quelquefois en automne quand vous avez parcouru en tous sens une forêt de sapins sans y rencontrer un seul petit oiseau, vous êtes tout à coup frappé d'une scène de bruyante activité qui se présente à vos regards. C'est une société errante de grandes et de petites charbonnières, de mésanges huppées et de mésanges bleues, auxquelles sont venus se joindre une demi-douzaine de roitelets. En traversant la forêt, elle s'est jetée sur cinq ou six sapins. Partout on furette, on se querelle, on crie, on s'appelle: *tzit-tzit*, on poursuit avec acharnement les insectes à tous les cônes, sur toutes les branches. En quelques minutes les arbres et les buissons ont été explorés du haut en bas en votre présence avec mille tours de gymnastique, toutes les écorces ont été visitées, toutes les feuilles enroulées ont été soigneusement examinées, et tout ce qui pouvait s'y trouver en fait d'œufs, de larves, de jeunes chenilles a été croqué avec une admirable prestesse ; puis, en un clin d'œil, plus de mouvement, plus de vie, tout bruit a cessé : l'infatigable troupe a continué sa route. Les mésanges appartiennent ainsi aux oiseaux les plus dignes d'être protégés à cause des services qu'elles nous rendent, surtout dans les régions où elles passent l'hiver et où chacune d'elles a besoin pour sa nourriture journalière de 10,000 œufs d'insectes pour le moins.

La plus commune, la plus connue et la plus grande du genre est la *Mésange charbonnière* (*Parus major*), joli petit oiseau, hardi, actif, toujours grimpant, toujours sautant. Dans toutes les saisons de l'année elle anime les bois de sapins et les bosquets de notre région tout entière. Elle visite souvent aussi les haies et les vergers, tout en faisant entendre d'une voix claire et infatigable sa chansonnette de trois syllabes, vingt fois répétée. Saisie quelquefois d'une inconcevable fureur meurtrière, elle arrache les yeux et la cervelle aux autres petits oiseaux. Dernièrement on en a pris une près de Saint-Gall dont le plumage était presque entièrement recouvert d'une teinte noirâtre. La *Petite Charbonnière* (*Parus ater*) est plus inoffensive. Elle a la tête et la gorge noires, le dos d'un gris bleu, le haut de la poitrine blanc, le ventre d'un jaune brunâtre et les joues blanches. Cette mésange ne quitte que rarement les bois de conifères, qu'elle parcourt en bandes nombreuses. Sa voix, un peu aigre et stridente, fait pourtant plaisir au milieu de la sévère profondeur des forêts de sapins. En compagnie de la grande charbonnière, on trouve souvent, quoiqu'en plus petit nombre, la jolie *Mésange bleue* (*Parus cœruleus*) à tête bleue, à gorge noire, avec le dessus du corps vert-olive et les parties inférieures jaunâtres lavées de bleu. C'est aussi un petit animal utile, original, toujours occupé, toujours répétant dans les bois son *tsit-tsit-tsit* et son *kerrr*, se suspendant à toutes les branches avec une incroyable agilité et dans les positions les plus grotesques. En automne, elle recherche de préférence les arbres des jardins et des champs dans le voisinage des habitations. La *Mésange huppée* (*Parus cristatus*) est commune dans tous les bois à aiguilles où elle se fait remarquer de loin par son cri rauque, semblable au bruit d'un rouet. Elle est d'un gris brun avec le ventre blanc. Quand quelque objet étrange excite sa curiosité, elle relève avec une gravité comique sa longue huppe tachetée de noir et de blanc. La *Mésange à longue queue* (*Parus caudatus*) a le plumage varié de noir, de blanc et de rougeâtre, le dessus de la tête blanc, et une longue queue en forme de coin. Fort agile grimpeuse, elle suspend à la bifurcation d'une branche son nid ovale, très-artistement construit de mousses et de lichens. Pendant l'été, elle vit plutôt par paires, faisant entendre son léger sifflement dans les bosquets d'arbres à feuillage; en automne et en hiver, on la trouve en plus nombreuses compagnies et, volontiers, accompagnée d'autres mésanges, de troglodytes et de roitelets, dans les jardins et les vergers de la plaine, où elle annonce, dit-on, l'approche du dégel et fait assez de mal aux boutons des arbres fruitiers. Il n'y a pas de plus joli spectacle que celui que présente une famille de ces petites mésanges se tenant serrées les unes contre les autres sur une même branche, mais toujours arrangées de telle façon que la première est tournée d'un côté, la seconde du côté opposé, la troisième comme la première, et ainsi de suite. Comme cet oiseau a beaucoup de peine quand il couve à faire entrer son énorme queue dans son joli petit nid en forme d'œuf, on le voit ordinairement à cette époque voltiger avec les plumes de la queue arrondies en faucille. La Mésange nonnette (*P. palustris*), la plus vive de toutes, d'un gris brun rougeâtre, avec la tête et la gorge noires, n'est pas rare dans les bosquets, les bois et les vergers de la partie inférieure de la région. La magnifique mésange azurée du nord n'a encore jamais été observée d'une manière certaine dans les régions froides de nos Alpes. Toutes les autres mésanges que nous avons nommées ont été vues souvent dans la vallée d'Urseren; celle à longue queue seulement en automne, et par couples peu nombreux.

Dans toutes les haies et dans tous les buissons des montagnes se trouve un petit oiseau qui, la queue relevée, sautille toujours, se glisse partout comme une souris, et, dans le plus fort de l'hiver, quand tous les autres oiseaux se taisent, dit à plein gosier sa courte mais charmante chanson. C'est le *Troglodyte ordinaire* (*Troglodytes vulgaris*) improprement appelé en divers lieux le roitelet. Son plumage est très-chaud et protège efficacement son délicat organisme contre les basses températures auxquelles il est exposé. Son tempérament toujours gai et ses allures vives et comiques font qu'on le rencontre partout avec plaisir. Ce bout d'homme de roi, ce roi en miniature, fait preuve d'une sagacité et d'une prudence extraordinaires dans la construction de son gros nid. Il en adapte si bien les matériaux, quant à la forme et à la couleur, au buisson, à l'arbre, au tas de fagots ou de paille dans lequel il l'établit, qu'il le rend méconnaissable. Et cependant ce nid n'échappe pas toujours aux regards perçants du coucou, qui a l'impudence d'y introduire son œuf après avoir retiré quelques-uns des huit petits œufs qu'il y trouve. On comprend que de peines, que de tourments de la part des pauvres parents adoptifs exige l'estomac du jeune intrus, devenu bientôt trois fois au moins plus gros qu'eux.

Semblable au troglodyte en vivacité, en curiosité, mais encore plus petit que lui et extraordinairement abondant dans les jeunes sapinières, le *Roitelet ordinaire* (*Regulus cristatus*) y passe sa vie en nombreuses sociétés. Cet oiseau, le plus petit de tous ceux de l'Europe — il ne mesure que 3½ pouces de longueur — est d'un vert serin, avec une huppe jaune bordée de noir. On le voit souvent en hiver voltiger comme un colibri autour des boutons des arbres et y recueillir des œufs d'insectes, appelant toujours *tsitt-tsitt*, et entremêlant ces cris d'appel de quelques légères strophes. Ces charmants oiseaux, vrais cosmopolites en Europe depuis la Méditerranée jusqu'au cercle polaire, voltigent et sautillent tout l'été d'arbre en arbre, se suspendant souvent le corps renversé à l'extrémité des branches, et gazouillant sans cesse. Ils sont si peu sauvages qu'on peut presque les prendre à la main. Le Roitelet triple bandeau (*Regulus ignicapillus*) se trouve aussi çà et là, en été seulement et en passage, dans les bois de la montagne où il vient se joindre à la compagnie des roitelets ordinaires. Ces deux espèces sont bien les plus délicates, les plus éveillées, les plus jolies d'entre toutes les créatures à deux pieds indigènes dans nos forêts. Elles se construisent avec beaucoup d'art un nid bien fourré de mousse et de poils, qui se balance gracieusement au vent à l'extrémité des branches de sapin et dans lequel elles pondent de 6 à 8 petits œufs de la grosseur d'un pois, d'un blanc rosé, légèrement nué de teintes plus foncées. *Trois* de ces oiseaux lilliputiens tout emplumés ne pèsent qu'une demi-once.

Ce sont les pâturages et les prairies ouvertes des montagnes, les parois de rocher, les étendues garnies de débris et d'éboulements rocailleux, qui sont le séjour favori des *Traquets*, oiseaux inquiets et peu sociables. Ils ressemblent assez aux bergeronnettes, mais ils ont une queue plus courte, coupée en droite ligne, dont ils battent souvent le sol, et préfèrent à toute autre des localités pierreuses, où posés sur une motte de terre, une pointe de rocher, un pieu ou un buisson, ils guettent les insectes au vol et les happent au passage. Ils nichent par terre, dans de petits enfoncements du terrain; leur chant qui n'a rien de remarquable est entrecoupé de petits clappements insonores; ils courent aussi sur le sol et entre les pierres par sauts précipités, étalant à chaque fois leur queue large et tronquée. Leur vol est très-rapide. La grande destruction qu'ils font de scarabées et de chenilles les rend éminemment utiles. Ils sont extrêmement abondants et ne craignent point le voisinage de l'homme. Ce sont cependant des oiseaux peu connus et qui n'attirent guères l'attention. Le plus rare est certainement le *Traquet oreillard* (*Saxicola aurita*), à oreilles noires, habitant du sud, qui trouve dans les vallées des montagnes du Tessin la limite septentrionale de son habitat. Le *Traquet motteux* (*Saxicola œnanthe*), nommé dans le Simmenthal rossignol des montagnes, le plus grand de nos traquets, a le dos d'un gris cendré, la queue blanche avec les pointes noires, la poitrine et la gorge couleur de rouille. Il préfère les parties marécageuses et tourbeuses des montagnes, dans lesquelles il se fixe à son retour en avril après avoir passé quelques jours seulement sur les champs de la plaine. Il est fort, alerte, fuyard et circonspect; il hoche continuellement la queue comme les bergeronnettes. Quand il veut dire de son mieux sa courte et clapotante chanson, il se pose sur une pierre ou un pieu, d'où il s'élève obliquement assez haut dans les airs en battant des ailes, puis par une brusque culbute et une chute rapide il regagne sa station. Il est très-abondant dans certaines localités et manque absolument dans d'autres. Le *Traquet tarier* (*Saxicola rubetra*) est encore plus commun que le précédent. C'est un oiseau plus petit, agité, qui monte assez haut dans les prairies humides des montagnes, se perchant sur les chardons, les grandes ombellifères, ou les arbustes, du sommet desquels il fait entendre son incessant babil. Il est d'un brun noirâtre tacheté de blanc; la gorge et la poitrine sont d'un brun roux, la queue blanche bordée de brun. C'est dans le même temps que nous arrive au printemps le *Traquet pâtre* (*Saxicola rubicola*) qui a le plumage noir bordé de gris roux, la gorge noire, la poitrine rousse, les côtés du cou, les taches des ailes et le croupion blancs. Il est plus petit et aussi commun dans certains endroits que les deux autres espèces; il monte encore plus haut dans la montagne sur les éboulements garnis de broussailles, niche même dans le voisinage de Saint-Moritz, et dans l'arrière-automne passe par grands vols le Saint-Gotthard en remontant la vallée de la Reuss. Il se tient toujours près de terre et niche dans le gazon entre les pierres. Son chant est mélangé de sons flûtés et cadencés qui le rendent assez agréable.

La joyeuse activité qu'entretiennent dans les forêts ces pinsons, ces pipits, ces traquets, ces alouettes et ces mésanges peut jusqu'à un certain point remplacer les beaux concerts dont les différentes espèces du groupe des *Sylviadées* font retentir les bois et les bosquets de la plaine. Nous connaissons bien peu de ces incomparables chanteurs qui habitent constamment en été la région montagneuse; ils lui préfèrent les contrées chaudes et ouvertes. Parmi les fauvettes proprement dites, celle précisément dont le chant est le plus remarquable, la *Fauvette à tête noire* (Sylvia atricapilla), habite partout les broussailles et les bois mélangés jusqu'à la limite supérieure des arbres à feuilles caduques. Nous l'avons encore entendue chanter à plein gosier dans les sous-bois de hêtres sur les hauteurs du Monte-Caprino et du Colmo di Creccio (5,050 pieds), où résonnait agréablement à nos oreilles son chant à la fois doux et sonore. Le Bec-fin grisette (S. cinerea) monte presque aussi haut que le précédent. La Fauvette ordinaire (S. hortensis), bien connue par son chant, et le petit *Bec-fin babillard* (S. curruca)[1], ne sont pas rares non plus dans la région montagneuse, et toutes les espèces que nous venons de nommer nichent encore plus haut dans la vallée d'Urseren. Le Bec-fin Orphée (S. Orphea), qui niche dans les vallées méridionales des Alpes et dans le bassin du Léman, se trouve aussi dans ces hauts parages, mais seulement au passage.

Notre région n'abonde pas non plus en oiseaux appartenant à la tribu difficile à observer des *Calamodytes* qui se cache volontiers dans les roseaux et les joncs. Le représentant le plus distingué de cette tribu est le *Bec-fin de marais* ou *verderolle* (Calamodyta palustris), d'un gris-brun-olive en dessus, blanc jaunâtre en dessous. Son chant n'est dépassé en douceur, en force, en variété que par celui d'un bien petit nombre d'oiseaux chanteurs. Il se fait de plus entendre jusque bien avant dans la nuit, quelquefois même pendant des nuits entières, et, en tout cas, commence avant l'aube. Une particularité de ce chant est de consister en un mélange étonnant des chants de tous les oiseaux possibles

---

[1] Dans toutes les montagnes boisées de la Savoie qui avoisinent le canton de Genève, la fauvette babillarde se trouve en assez grande abondance jusqu'à la limite supérieure de la région. Nous avons même trouvé son nid dans de jeunes sapins au-dessus du village du Brezon, à 4,000 pieds environ.

(*Traducteur*.)

du voisinage, en particulier des alouettes, des pinsons et des mésanges, auxquels se joint la courte chanson de l'accenteur et l'appel éclatant du pic vert. Ce bec-fin manque dans la plupart des vallées de montagnes; cependant nous le trouvons sur les bords du lac des Quatre-Cantons, sur les pentes de l'Albis, etc.; il monte jusqu'à 8,000 pieds dans les Alpes des cantons de Vaud et du Valais, entre autres dans les vals d'Hérins et d'Héremence, où il dépasse pour l'altitude le bec-fin de roseaux. Cet oiseau aime particulièrement les oseraies, les prés marécageux, ainsi que les jardins et les champs plantés de chanvre et de haricots. C'est dans ces derniers qu'on peut le mieux étudier les mœurs de ce petit animal qui se dérobe volontiers aux regards. Son joli nid est ordinairement caché dans un fourré de roseaux ou d'orties dans le voisinage de l'eau. On rencontre un peu plus fréquemment le Bec-fin de roseaux (*C. arundinacea*), d'un gris roux jaunâtre en dessus, lavé en dessous d'un jaune roux blanchâtre, qui niche dans la vallée d'Urseren et celle du Rhône. Le *Bec-fin phragmite* (*C. phragmitis*), tacheté de brun foncé, est au contraire plus rare, et la *Rousserole* (*C. turdoides*), remarquable par son chant, ne se trouve qu'à l'époque des passages.

Les chanteurs du groupe des oiseaux verdâtres qui se plaisent surtout dans la couronne et le feuillage des arbres (*Phyllopneustæ*) préfèrent également la région des collines; cependant ils ont quelques représentants dans la montagne, entre autres: le *Bec-fin Natterer* (*Phyllopneuste Nattereri*), qui se trouve dans la plupart des forêts de montagne, le *Pouillot* (*Ph. trochilus* ou *fitis*), qui passe même fréquemment l'hiver dans les plaines du Rhône inférieur et le *Bec-fin véloce* (*Ph. rufa*). Ces oiseaux se trouvent sporadiquement dans la région, ainsi que le Bec-fin à poitrine jaune, ou rossignol bâtard (*Hyppolais polyglotta*), chanteur gai et infatigable qui imite volontiers le chant des autres oiseaux et fait entendre son charmant babil dans les bois clairs et les vergers. Ces diverses espèces nichent encore dans la vallée d'Urseren.

Mais il est une tribu de becs-fins qui fait plus que toute autre l'ornement de la région, parce qu'elle y est plus fidèle, c'est celle des *Humicolæ*. Perché au sommet d'un jeune arbre, l'aimable et confiant *Rouge-gorge* (*Lusciola rubecula*) fait entendre du matin au soir, en compagnie du merle et du pinson, les strophes sonores, profondes, un peu sérieuses de son chant; ses beaux yeux intelligents, sa douceur, sa familiarité en font le favori de son maître. Il fait deux pontes en liberté, et se trouve jusqu'à la limite supérieure des bois de hêtres, où il recherche surtout les broussailles épaisses des clairières. La famille entière décampe en septembre, et pendant les nuits calmes on peut entendre bien haut dans les airs les joyeux chants de voyage des pèlerins. Quelques-uns toutefois restent au pays et s'approchent alors des granges et des habitations. Mr de Salis en a vu, tous les hivers, de 1858 à 1861, qui habitent les lierres des jardins de Coire; ils hivernent aussi dans la partie inférieure de la vallée du Rhône, sur les bords du lac de Genève, et même régulièrement, mais bien misérablement sans doute, dans le Hasli. Le Musée de Berne en possède une variété à dos grisâtre qui vient des montagnes de Bex, et à Hospenthal, dans la vallée d'Urseren, on en a souvent rencontré une jaunâtre. Le *Rouge-queue* (*L. tithys*) est aussi un oiseau généralement connu et fort sociable. Du mois de mars à celui d'octobre, on le voit voltiger autour des vieux murs, des cabanes et des rochers, depuis la plaine jusqu'à la limite des neiges éternelles, patrie de l'accenteur des Alpes; on l'a même trouvé sur le glacier supérieur de l'Aar. Toujours gais, ces oiseaux se perchent, en branlant la queue, sur les clôtures et les pierres, sur les toits et les chemins, faisant souvent entendre leur mélancolique chanson de trois strophes. Le *Rossignol des murailles* (*L. phœnicurus*) a un plumage plus varié, un chant plus joli et plus gai. On le trouve comme le précédent dans toute la région, quoique moins haut, et principalement le long des ruisseaux garnis de buissons et de saules. Ces deux oiseaux, et surtout le premier, sont ceux qu'on rencontre le plus fréquemment dans un grand nombre de solitudes rocailleuses; c'est là qu'on les voit sautiller de pierre en pierre en branlant continuellement la queue par un mouvement rapide, et attraper les coléoptères et les mouches que leur excellente vue leur fait découvrir de loin. La Gorge-bleue (*L. suecica*) est partout assez rare ; elle niche pourtant dans le Domleschg et dans les environs de Felsberg. D'après des rapports tout à fait dignes de foi, il paraîtrait que le Rossignol (*L. luscinia*), qui n'est pas très-rare dans le Domleschg et le Schamserthal (3,000 pieds), ainsi que dans le Hasli, habite aussi la vallée d'Urseren et même niche dans les buissons des bords de la Reuss. Le Bec-fin Philomèle (*L. philomela*) niche dans la partie inférieure du Misox jusqu'à 2,400 pieds environ, et passe aussi l'été dans quelques localités du Tessin et du Valais.

Dans le genre remarquable des Pies-grièches qui forme la transition entre les oiseaux chanteurs et les rapaces, on ne peut vraiment assigner à la région montagneuse que la grande *Pie-grièche grise* (*Lanius excubitor*). Elle y est assez rare et manque même complétement à quelques districts. C'est un bel oiseau de plus de dix pouces de longueur, d'un gris bleuâtre sur le dos, avec un large trait noir sous les yeux ; il a le ventre blanchâtre, les ailes noires marquées de blanc, le bec noir, extraordinairement fort, denté et courbé à la pointe, garni de soies à la base, et les pieds noirs, armés d'ongles crochus. Il se perche ordinairement au sommet d'un arbre ou d'un haut buisson, d'où il considère attentivement tout ce qui se passe autour de lui. Il ne laisse approcher le chasseur que lorsqu'il ne le voit pas ou qu'il ne se croit pas observé ; sinon il prend son vol de loin et, avec un mouvement précipité des ailes, ramant pour ainsi dire avec la queue, décrit dans l'air comme de grandes ondulations. La pie-grièche grise vit d'insectes, de vers, de lézards, d'orvets, de souris, d'un grand nombre de petits oiseaux ; elle s'attaque aux jeunes perdrix, aux grives, même aux pies et aux corneilles, non pas, il est vrai, pour s'en rendre maître, mais pour les chasser, ainsi que les petits faucons, du district où elle s'est établie. Elle s'empare volontiers des oisillons pris aux gluaux et fond même quelquefois sur les cages suspendues devant les fenêtres. Elle a, comme les autres espèces du genre, l'habitude d'embrocher ses victimes à un piquet pointu ou à des épines, ou bien de les fixer à une bifurcation de branche. Elle fait son nid en mai sur de grands arbres fruitiers ou dans des buissons d'épine blanche, et y pond cinq ou six œufs d'un blanc verdâtre avec des points foncés. Ce n'est qu'en hiver qu'elle quitte la montagne pour se rendre sur les collines de la plaine, jusque dans le voisinage des villages et des villes. On entend quelquefois au printemps son chant un peu rauque et guttural, mais mêlé de plusieurs tons fort doux et agréables et de quelques fragments du chant des autres oiseaux qu'elle imite avec beaucoup d'art; du moment où elle s'aperçoit qu'on l'observe, elle crie d'un air fier *tchék-tchék* et s'envole du côté de la forêt. La Pie-grièche rousse (*Lanius rufus*), la Pie-grièche écorcheur (*Lanius spinitorquus* ou *collurio*) à dos roux-marron, et la Pie-grièche à poitrine rose (*Lanius minor*), toutes trois plus petites que la précédente, n'ont été jusqu'ici que rarement signalées dans la région; bien que quelques-unes soient fréquentes dans la plaine, elles manquent complétement sur certaines montagnes. La dernière espèce, qui est la plus petite, a été prise sur le Saint-Gotthard en livrées de jeune âge et d'adulte.

De même que les rouges-queues semblent avoir pour mission d'animer les fermes, les champs et les solitudes, celle des *Bergeronnettes* ou hochequeues est de rendre, avec les alcyons, les cincles et les pipits, le même service aux rives des limpides et bruyants ruisseaux qui descendent des montagnes et de prévenir la trop grande multiplication des insectes aquatiques. Elles sautent continuellement de pierre en pierre ou courent en tous sens sur le bord de l'eau, en hochant sans cesse leur longue queue horizontale. Dès leur arrivée au premier printemps, elles se rapprochent des habitations et chantent dès lors jusqu'à la fin de l'été d'une manière douce, agréable et soutenue. Elles nichent dans des trous ou entre des pierres dans le voisinage des eaux. Il en vient chez nous trois espèces, une blanche et deux jaunes. Celles-ci sont fréquemment confondues. L'une est d'un gris cendré foncé sur tout le dessus du corps; elle a par contre la *gorge* et le *haut de la poitrine* noirs, les ailes noirâtres, la poitrine et le ventre d'un beau jaune; en automne la gorge devient d'un blanc jaunâtre; la femelle a la gorge d'un noirâtre pâle. C'est la *Bergeronnette jaune* (*Motacilla sulphurea* Bechst.) qui se tient constamment dans le voisinage des eaux et est toujours un *oiseau de montagne* par excellence. Elle remonte les ruisseaux des forêts et des montagnes jusque dans la région alpine et se trouve dans les Carpathes, les Pyrénées et toutes les hautes montagnes du Midi, aussi bien qu'en Suisse. En hiver il en reste souvent quelques individus auprès des sources et des fossés découverts. L'autre bergeronnette jaune est la *Bergeronnette printanière* (*M. boarula, flava*). Elle a le dessus du corps vert-olive, le croupion vert jaunâtre, la tête d'un gris bleuâtre, toute la poitrine et le ventre d'un jaune vif magnifique, les ailes d'un brun foncé. En automne les parties inférieures sont plus blanchâtres, lavées sur les côtés d'un jaune tirant sur le roux. La gorge de la femelle est d'un blanc jaunâtre. La bergeronnette printanière se tient bien moins sur le bord des ruisseaux que sur les prairies et les pâturages humides, où elle fréquente volontiers les troupeaux, se promenant à la recherche des insectes. Elle ne s'élève pas très-haut dans la montagne et ne passe jamais l'hiver chez nous. Dans le bassin du lac de Genève et plus au sud, on la prend malheureusement en grande quantité au passage et on la porte au marché! On en trouve dans les Grisons une variété à tête noire, c'est à dire avec le front, le sommet de la tête et la nuque de cette couleur, et qui est plus commune que l'espèce elle-même. La *Bergeronnette grise* ou *lavandière* (*Motacilla alba*), dont on a trouvé près d'Hospenthal une variété toute blanche, est très-commune dans quelques districts de montagne; dans d'autres, au contraire, elle préfère les eaux des vallées basses et de la région des collines.

Un genre qui prédomine au contraire évidemment dans la plaine est celui des Gobe-mouches, petits oiseaux peu remarquables, à voix insignifiante, à couleurs obscures, qui se tiennent presque toujours tristes et silencieux au sommet des arbres pour y attraper les insectes au vol. Le *Gobe-mouche bec-figue* (*Muscicapa atricapilla* ou *luctuosa*) paraît seul assez commun dans les vallées chaudes des Grisons, dans le voisinage des habitations et dans les vergers; il craint, comme ses congénères, le climat trop rude de la région des montagnes. Le *Gobe-mouche gris* (*Muscicapa griseola*), qui est extraordinairement abondant au pied des montagnes, disparaît presque subitement dès qu'on s'élève. Le Gobe-mouche à collier (*M. collaris*) doit se rencontrer assez souvent dans les vallées méridionales des montagnes des Grisons, ainsi que dans la forêt de châtaigniers qui est entre Soglio et Castasegna.

Le *Merle d'eau* ou cincle plongeur est un oiseau vif et aimable qui occupe avec les bergeronnettes le voisinage des ruisseaux. Nous donnerons plus loin une esquisse biographique de cet habitant sédentaire de nos montagnes. Le *Jaseur de Bohême* (*Bombycilla garrula*) est un magnifique oiseau d'un gris rougeâtre, portant fièrement une huppe sur la tête. Il ne visite que très-rarement la Suisse, en hiver, et plutôt dans le pays ouvert que dans la montagne. On l'a vu cependant dans les années 1794, 1806 et 1848 parcourir le Jura en troupes, et en décembre 1866 on en a tué à plusieurs reprises dans la région montagneuse, dans le Val de Ruz, par exemple, près de la Chaux-de-Fonds (3,400 pieds), à Gais (2,900), et même jusque dans les jardins de Pontresina (5,500), dans la Haute-Engadine.

Voici maintenant une nouvelle tribu de la grande famille des oiseaux chanteurs, qui ne contribue pas peu pour sa part à animer nos forêts par ses accents sonores et puissants: nous voulons parler de la tribu des *Grives*, si abondante en espèces et en individus, et qui approche des becs-fins par la riche mélodie de ses chants. Ce sont pour la plupart des oiseaux de passage, vivant de baies et d'insectes, d'un naturel vif, intelligent et sociable. Les grives ne sont pas très-sauvages; ce sont les seuls oiseaux de taille moyenne qu'on prenne en automne en grande quantité à cause de l'excellente saveur de leur chair, sans que pour cela leur nombre diminue notablement.

La *Draine* (*Turdus viscivorus*), la plus grande du genre, a près d'un pied de longueur; elle est d'un brun olivâtre, avec la poitrine et le ventre marqués de taches noires en forme de fer de lance. Elle n'est pas très-rare dans la partie inférieure de la région montagneuse et se plaît de préférence dans les bois à aiguilles peu épais. Elle se nourrit des baies du gui, du sorbier et du genévrier, de larves, d'insectes, de vers et d'escargots. En automne, elle descend souvent en compagnie de la grive musicienne pour visiter en troupes les champs plantés d'arbres fruitiers au pied des montagnes; on l'y retrouve encore en hiver, mais plutôt alors par individus isolés. Peu craintive, elle se laisse aisément approcher par le chasseur. Son vol est assez lourd et peu soutenu. En avril et mai elle fait entendre du haut des grands arbres sa voix grave et brillante. La *Grive musicienne* (*Turdus musicus*) surpasse de beaucoup la draine dans l'art du chant. Elle ressemble à cette dernière par les formes et le plumage, mais elle est plus petite et ses taches sont plus vives sur les parties inférieures du corps. Perchée au sommet des arbres à la lisière des forêts, ou plus avant dans leur profondeur, cette admirable chanteuse salue pendant toute la belle saison le lever et le coucher du soleil de sa voix mélodieuse et flûtée, qui lui a valu le surnom de rossignol des bois. C'est à elle que le poète allemand Phil. H. Wecker adresse les strophes suivantes :

> Dans la forêt de pins aux senteurs pénétrantes,
> Sous les dômes obscurs de rameaux enlacés
> Que portent les sapins sur leurs troncs élancés,
> Sous l'ombrage discret cher aux âmes souffrantes,
>   C'est toi qui rends leur voix
>   Aux échos, quand tu chantes,
>   Doux rossignol des bois !

Dès l'aube du matin, j'entends ta note pure
Secouer le sommeil de l'hôte des forêts;
Il croit songer encor. Tu redis ses secrets,
Les pensers qu'au printemps réveille la nature.
    C'est toi qui rends sa voix
    A l'amour qui murmure,
    Doux rossignol des bois!

Sur les monts d'alentour, l'hiver encor déploie
Son blanc manteau de neige; et déjà tes accens
Me font penser aux prés, aux rondes dans les champs,
A ces parfums de fleurs que le zéphir envoie.
    C'est toi qui rends leur voix
    A l'espoir, à la joie,
    Doux rossignol des bois!

On la voit souvent voler en petites troupes à la chasse des insectes et des vers sur les prairies du voisinage. Elle niche deux ou trois fois par année sur les sapins ou dans les buissons. La grive est avec la bécasse la messagère la plus fidèle du printemps. Elle part à la fin de septembre pour le midi de l'Europe; toutefois quelques individus passent encore l'hiver avec nous.

Il en est de même du *Merle noir* (*Turdus merula*), oiseau répandu partout et bien connu, remarquablement fort et rusé, qui dès l'aube, avant toutes les autres grives, dit d'une voix éclatante et métallique ses strophes plutôt sérieuses que légères. Dans le moment même où nous écrivons ces lignes, au commencement de février, son chant du soir retentit à travers le bois de châtaigniers encore sans feuilles qui s'étend devant nos fenêtres. En hiver il descend par petites volées dans la plaine à la recherche des baies; mais il se tient prudemment près des buissons et ne hasarde que quelques pointes rapides en rase campagne. Il y a encore dans les Grisons des vieillards qui appellent les trois derniers jours de janvier et les trois premiers de février »les jours du merle« (*Giorni del Merlo*), et qui les regardent comme les plus froids de l'année. Voici ce qu'ils racontent à ce sujet: Le merle avait autrefois un beau plumage bigarré. Un jour, c'était le dernier janvier, comme il se réjouissait d'avoir passé la plus mauvaise partie de l'hiver et de voir poindre l'aurore du gai printemps, Janvier lui dit : ne te réjouis pas trop tôt; j'ai transmis à Février mon successeur une portion de mon rigoureux pouvoir. Et en effet les premiers jours de février furent si froids que le merle pour se réchauffer dut se réfugier dans une cheminée. C'est depuis lors qu'il est resté noir comme charbon. — Les femelles ont le plumage plus clair; elles émigrent presque toutes en automne, tandis qu'on voit les mâles prendre leurs ébats chez nous au cœur de l'hiver, même à Pontresina (5,560 pieds). A la fin de mars on trouve déjà dans les buissons de jeunes merles éclos. On sait qu'en cage cet oiseau apprend à parler comme l'étourneau et la pie. Tout dernièrement on a pris vivant près de Saint-Gall un magnifique merle mâle qui avait tout le corps couvert de taches blanches; on le voit aujourd'hui empaillé dans le musée de cette ville. Le *Merle à plastron* n'est pas rare non plus dans la région montagneuse; mais en été cet oiseau d'un gris noirâtre appartient plutôt à la région alpine. Le *Merle de roche* (*Petrocincla saxatilis*) se trouve aussi dans quelques endroits de la région montagneuse de la Suisse. C'est un bel oiseau assez rare, de 2 pouces plus petit que le merle; il a la tête et le haut du cou d'un bleu cendré, les parties supérieures d'un bleu plus foncé avec une grande tache blanche sur le dos, les parties inférieures d'un rouge-orange et la queue couleur de rouille. Il appartient plus spécialement au midi de l'Europe où on l'apprécie beaucoup à cause de son chant agréable qu'il fait entendre même pendant la nuit. Cependant on le rencontre dans quelques vallées rocailleuses des Grisons et même sur l'Albula, dans le Valais, dans le Jura sur les rochers du Ryfthal, et au Salève près de Genève. Il niche dans le canton d'Uri sur les hauteurs du Bethwand et, d'après Saraz, dans l'Engadine; il est commun dans les montagnes du Tessin. La *Litorne* (*Turdus pilaris*), grande grive grise et brune, semblable à la draine, passe l'hiver chez nous en grandes troupes et part au printemps pour sa patrie, les contrées les plus reculées du nord. Comme nous nous en sommes assuré nous-même, elle habite toute l'année et niche sur les montagnes de Glaris et dans les forêts les plus élevées et les plus sauvages de l'Alpstein dans le canton d'Appenzell. On la voit quelquefois s'élever jusqu'à la région alpine en suivant les parois de rochers. Elle est très-fuyarde et difficile à approcher. Au commencement de septembre nous avons trouvé un vol considérable de litornes dans les forêts mélangées au pied du versant méridional des montagnes d'Appenzell. C'étaient vraisemblablement des oiseaux descendus des hauteurs où ils avaient passé l'été, puisque le passage des litornes qui nous viennent du nord ne commence que beaucoup plus tard. A la fin d'octobre, lorsque ces dernières arrivent, elles se tiennent plutôt sur les collines et dans la plaine, où, en compagnie des merles, elles fréquentent de préférence les plantations de sorbiers pour en manger les baies. Elles perchent alors sur leur arbre d'une manière si obstinée qu'on peut en abattre successivement une douzaine avant que les autres se décident à prendre le vol. Cet oiseau, fort abondant en automne, est un gibier connu pour l'exquise délicatesse de sa chair.

Nous avons encore à parler de deux oiseaux distingués qui n'appartiennent que comme raretés à la faune de nos montagnes. Le *Merle bleu* (*Petrocincla cyanus*) habite les montagnes rocheuses de la Dalmatie, mais il se rencontre et niche dans le Tessin, dans le Bergell et le Misox, même dans le Domleschg et à la Calanda, ainsi que sur les parois de rocher du Salève et des Voirons. Ce bel oiseau, de plus de 8 pouces de longueur, a le plumage mélangé de bleu clair et de bleu obscur; son chant mélancolique a des sons fondus et flûtés qui doivent le faire mettre au rang des plus distingués. Le *Martin roselin* ou *merle rose* (*Pastor roseus*), est un superbe oiseau qui a le corps rose, le cou, les ailes et la queue noirs à reflets violets et qui porte fièrement sur la tête une huppe de cette dernière couleur. Venu des contrées du sud, peut-être de la Hongrie, le merle rose s'égare parfois dans nos plaines et sur nos montagnes; il a été pris sur les bords des lacs de Thun et de Hallwyl, à Winterthur et à Berne, dans le canton d'Uri, dans le Simmenthal et dans le canton de Glaris.[1] Le *Mauvis* (*Turdus iliacus*), bien plus commun que les précédents, qui du nord vient passer l'hiver dans nos bois et nos vignobles, ne monte presque jamais dans nos montagnes; Saraz a pourtant trouvé son nid dans l'Engadine.

Proche parent des merles, l'*Etourneau* (*Sturnus vulgaris*) arrive en mars par gros bataillons et remplit de ses cris nos villages et nos prairies. Sa gaieté, ses manières grotesques, ses gestes de perroquet, sa familiarité, la confiance avec laquelle il recherche notre société et celle des animaux domestiques, lui ont de tout temps mérité l'affection de l'homme. Dans certaines parties de la Suisse on élève pour ainsi dire les étourneaux en liberté, et on leur prend leurs petits dont la chair a un goût excellent. Cette étrange et originale créature imite, comme on le sait, presque tous les cris d'animaux: elle miaule comme les chats, coasse comme les grenouilles et parle distinctement sans avoir le fil de la langue coupé. Une veuve de Saint-Gall possédait un étourneau qui chaque jour pour la prière du repas récitait *Notre Père* d'un bout à l'autre et avec une netteté parfaite. Pendant l'été, ces oiseaux-singes gagnent les bois et visitent souvent les pâturages des montagnes inférieures, tantôt courant rapidement sur le sol

---

[1] Une paire de merles roses a été tuée, il y a quelques années, à la fin de mai, dans les environs de Genève. Il est donc probable qu'elle y avait son nid ou s'y disposait à le faire. Quant aux deux autres merles cités plus haut comme appartenant au Salève, le merle de roche et le merle bleu, ils y nichent en effet régulièrement chaque année, quoique le dernier y soit assez rare. Ces deux magnifiques oiseaux animent les rocailles sauvages du Salève par leur chant doux et suave plutôt que brillant, et le soir, quand les teintes empourprées du couchant ont déjà depuis longtemps fait place sur les rochers aux couleurs blafardes du crépuscule, on les entend encore répéter leurs plaintives strophes du sommet aigu d'un rocher ou du haut d'une muraille délabrée. Ce sont, sans aucun doute, les deux plus aimables oiseaux de chambre de la tribu des grives.

(*Traducteur*.)

pour y prendre les vers et les sauterelles, tantôt se posant sur le bétail pour attraper les taons et la vermine. En automne ils se rassemblent et partent sans bruit. Il n'en est pas de même à leur retour au printemps, qui se fait quelquefois de si bonne heure que les derniers froids et les dernières chutes de neige en font périr un grand nombre. C'est alors qu'ils recherchent les étangs de la plaine couverts de roseaux, où pendant quelque temps, surtout la nuit, ces oiseaux bavards, gais et querelleurs, réunis par milliers prennent leurs bruyants ébats et font un vacarme inimaginable. On ne sait pas encore exactement jusqu'à quelle hauteur l'étourneau *niche* dans nos montagnes. Nous ne l'avons jamais rencontré au-dessus de 3,200 pieds; dans l'Engadine il n'est que de passage, tandis qu'on le trouve errant dans tout l'ancien monde, depuis le Cap de Bonne Espérance jusqu'en Sibérie. C'est un fait curieux que ces oiseaux, à peu près chaque année, arrivent au printemps dans la région montagneuse quelques jours plus tôt que dans la plaine; et souvent ce n'est qu'à la fin d'octobre qu'ils la quittent.

Le loriot d'un côté et le rollier de l'autre forment, même dans notre région, le passage de la famille des insectivores et en particulier des merles à la famille des omnivores. Le *Loriot* (*Oriolus galbula*), originaire du sud, se trouve assez souvent dans les forêts à feuillage des montagnes, dans le voisinage des eaux. C'est un oiseau brillant, de la grosseur du merle noir, mais plus élancé, d'un jaune doré, avec les ailes noires et une large bande de même couleur au milieu de la queue. Il est très-fuyard, et sait admirablement se dérober aux regards. Son chant ressemble à celui de la draine. Comme il n'arrive qu'en mai et repart déjà à la fin d'août, il paraît plus rare qu'il ne l'est réellement; il niche dans le Jura et le Domleschg et a été souvent observé dans les contrées sauvages des montagnes du Sernfthal, dans le canton d'Uri et l'Oberland bernois. Il est plus commun dans les plaines de la Suisse et en particulier dans la vallée du Rhin. Au commencement de septembre, époque du passage, il est si abondant au Saint-Gotthard qu'on peut en acheter à profusion des exemplaires vivants, à un franc la pièce. Le *Rollier* (*Coracias garrula*), bel oiseau du nord, de la taille du geai, est, au contraire, extrêmement rare, et n'a été tué qu'au temps des passages de printemps et d'automne ; il a été vu quelquefois aussi en octobre, mêlé aux troupes d'étourneaux. On a découvert des rolliers mâles adultes dans les rochers du lac des Quatre-Cantons, où peut-être il en niche çà et là quelques paires.

Le *Casse-noix* (*Nucifraga caryocatactes*) est un bel oiseau d'un brun noir, tacheté de blanc comme l'étourneau. Il est répandu dans tous les bois à aiguilles comme dans les bois à feuillage de la région montagneuse jusqu'à sa limite supérieure, et même au-dessus, rôdant tantôt par couples isolés, tantôt par grandes bandes. Il y a de vastes districts où il manque entièrement. En hiver il se retire dans les bois de la plaine. Souvent dans l'arrière-automne, il descend des hautes vallées des Alpes pour émigrer vers le midi et on en a vu passer à la Bernina de grands vols de 2 à 300. Il aime tout particulièrement les œufs des petits oiseaux et la cervelle des jeunes qu'il déchiquète en les tenant contre une branche avec les pieds. Il se nourrit également de glands, de faînes, de noisettes, d'amandes d'arole, qu'il emporte dans son jabot lorsqu'il est pressé, et qu'il rejette ensuite pour les ouvrir adroitement et les manger à loisir. Ce qu'il ne consomme pas tout de suite, il le cache avec soin, pas si bien toutefois que les écureuils ne viennent souvent butiner dans ses provisions. Il se cache volontiers dans les plus épais taillis pour y faire entendre du sommet d'un arbre son cri désagréable *cré-querr*. Son peu de sauvagerie va quelquefois jusqu'à l'impudence. Dans le canton de Glaris, sur la Geizstafelalp (4,500 pieds), on en a pris à Pâques un nid avec deux petits à moitié grosseur. On doit en conclure que les œufs avaient été pondus pendant l'hiver.

Le *Geai* (*Garrulus glandarius*), infiniment plus commun dans toutes les parties basses ou moyennes des montagnes, est de même grosseur que le casse-noix ; il a le corps d'un gris jaunâtre avec une huppe sur la tête et les couvertures des ailes agréablement dessinées de bleu et de noir. Il a les mœurs du précédent, mais il est plus turbulent, plus prudent, plus rusé et plus sauvage. Il sautille toujours de droite et de gauche en faisant de gracieuses et profondes révérences, et montre en général beaucoup d'élégance dans ses mouvements. Il vit d'insectes, de vers, d'épis à moitié mûrs, et de toutes sortes de fruits. En captivité, il apprend à articuler assez distinctement quelques mots, et imite avec une égale facilité le bruit du frottoir et du rabot, le coassement de la grenouille et l'aboiement du chien. Un ancien auteur grec, Oppien, raconte qu'il vit un jour un geai qui, perché au sommet d'un arbre, bêlait tour à tour comme un chevreau, une brebis et un agneau, puis sifflait comme un berger qui fait boire son troupeau. Il construit son nid deux fois par année sur de grands arbres dans les bois ou les vergers, quelquefois aussi dans les taillis et les buissons; la femelle y pond de 4 à 7 œufs bleuâtres parsemés de petits points foncés. C'est alors qu'il va, comme le casse-noix, à la recherche des œufs et des jeunes oiseaux, et dérobe même à la perdrix et au tétras leurs poussins. En automne il n'est pas rare de le voir en troupes de 8 à 12 individus rôder sur les jachères et les pâturages de montagne plantés d'arbres fruitiers; au moindre bruit suspect, il prend le vol en poussant un cri désagréable et va souvent se poser, comme les pics, sur le derrière d'un tronc d'arbre. Quoiqu'il rende des services en détruisant une énorme quantité d'insectes nuisibles, il fait d'un autre côté tant de mal aux cerisiers, aux champs de blé et de maïs, et il détruit tant de fruits de toute espèce que sa tête est mise à prix dans beaucoup d'endroits. Sa chair est mangeable quoique assez dure et ne ressemble pas mal à celle des vieux pigeons sauvages. L'ensemble de son organisation le rapproche singulièrement du corbeau.

Les *Corbeaux* forment un genre dont les différentes espèces sont extrêmement répandues dans toute la région montagneuse. Ce sont des oiseaux utiles sous plusieurs rapports, mais leur sombre plumage et leurs cris désagréables font qu'en général on ne les aime guères. Ils vivent moins dans les forêts que dans les rochers et les ravines, sur les prairies et dans le voisinage des maisons. Réunis souvent en bandes immenses, ils remplissent les airs de leurs insupportables croassements. Le plus beau et le plus gros du genre, le *Corbeau noir (Corvus corax)*, habite, par couples isolés, la région montagneuse et celle des Alpes. Cet oiseau qui pèse quelquefois $3\frac{1}{2}$ livres est le véritable mangeur de charognes de la montagne, et, de concert avec la corneille et la pie, il dépèce un cadavre avec une incroyable voracité et en fait disparaître les derniers vestiges. Sa vue est extraordinairement perçante et sous ce rapport il surpasse tous les autres oiseaux; son œil est garni de 28 procès ciliaires. Il s'arrange du reste de tout ce qui est mangeable, fruits, légumes, insectes, souris, vers, grenouilles; il mange même le fumier. Il est cependant nuisible au menu gibier, car il poursuit les petits oiseaux, les perdreaux et les jeunes lièvres, et les emporte dans ses pattes ou son bec. La *Corneille (Corvus corone)* et le *Choucas (Corvus monedula)* ne s'élèvent pas autant dans la montagne; le dernier se tient sur les bâtimens et les vieux murs. Au printemps et en automne leurs bruyantes troupes couvrent les prairies et les champs, où on les voit sauter lestement à la chasse des insectes et des vers. Soupçonnent-ils quelque danger, ils partent en poussant de grands cris, exécutent par bataillons serrés leurs manœuvres régulières et vont se poser à distance sur quelque colline ou quelque rocher. La *Pie (Corvus pica)* va souvent aussi en été dans notre région, tantôt isolément, tantôt par petites compagnies; elle y vit loin des forêts, autour des villages, des ruisseaux, des bosquets et des prairies. Cet oiseau remarquable par sa beauté et sa prudence se pose volontiers sur les arbres, sur les clôtures ou au faîte des toits, folâtrant, se querellant avec ses compagnes et faisant preuve, malgré sa vivacité et au milieu de ses batteries, de la plus étonnante circonspection. La pie détruit aussi au printemps les œufs et les jeunes des petits oiseaux;

elle fond même traîtreusement sur les vieux et les chasse de son district. Elle dérobe au paysan la viande qu'il a déposée sur le bord de la fontaine et les pommes qu'il a étalées sur la fenêtre ; puis, du haut d'un des pieux de la palissade voisine, elle se moque de lui par des sons discordants et narquois. La jolie corneille des Alpes, à bec jaune, appartient à la région supérieure ; cependant elle descend souvent pour quelques jours au pied des montagnes et y remplit les airs de ses sifflements criards, un peu moins désagréables pourtant que ceux de la corneille.

Tous les corbeaux sont sauvages, méfiants et circonspects. En captivité, au contraire, ils deviennent très-familiers et apprennent à faire toutes sortes de jolis tours ; mais ils restent toujours malpropres, voleurs et gloutons.

Nous voici maintenant arrivés, dans notre excursion à travers la montagne, à un des genres d'oiseaux les plus extraordinaires, celui des Chouettes, ces mélancoliques **Rapaces** *nocturnes*, ennemis de l'homme et de la lumière, auxquels la superstition populaire fait jouer un grand rôle dans tant d'étranges aventures. Elles sont le plus souvent invisibles, car celles-là même qui chassent de jour savent admirablement se soustraire aux regards de l'homme. Retirées dans les forêts, les vieilles murailles et les rochers, elles ne prennent d'ordinaire leur vol qu'au crépuscule et pendant le clair de lune, et rapportent à leur domicile la proie dont elles se sont emparées. Leur voix lugubre et effrayante retentit au loin dans le silence de la nuit à travers les vallées, les ravins et les bois. On voit quelquefois la chouette, les yeux tout ouverts, immobile sur une branche, comme si elle faisait partie du tronc contre lequel elle se blottit. Elle laisse le chasseur s'approcher et ce n'est qu'à la dernière extrémité qu'elle part enfin, malgré elle, pour se réfugier dans le taillis. Le plumage des chouettes est lâche, mou, élastique, et cependant si chaud que ces oiseaux peuvent supporter, sans en souffrir, les froids rigoureux des hivers dans la contrée qu'ils occupent. Presque toutes ont une tête grosse et arrondie comme les chats, une face aplatie, de grands yeux ronds et saillants, un bec court, arqué dans toute sa longueur, à moitié caché par une touffe de poils rudes. Ce visage fantastique est comme entouré d'une collerette de plumes; les oreilles le sont de même. Le trou de l'iris se contracte et se dilate visiblement à chaque respiration, ce qui fait paraître la pupille alternativement plus grande et plus petite. Leurs pieds sont courts et protégés par des plumes serrées contre la morsure des petits animaux qu'elles saisissent. Elles s'approchent de leur proie d'un vol léger et sans bruit. Leur ouïe est remarquablement développée; mais leurs yeux sont très-sensibles à la lumière, à cause de la grande ouverture de la prunelle; le soleil les éblouit. Elles voient beaucoup mieux au crépuscule, mais naturellement par une nuit très-obscure leur excellente vue ne leur sert plus à rien. Les chouettes sont si lentes et si maladroites qu'elles ne peuvent attraper aucun animal au vol; elles ne s'emparent par conséquent que de ceux qui rampent ou qui sont endormis. En temps de disette elles chassent même de jour. Elles aiment à faire des provisions; en captivité, on les voit envelopper dans sa peau le reste de l'animal qu'elles ont mangé et cacher le tout soigneusement. La meilleure manière de les attirer à portée de fusil, c'est d'imiter de nuit le cri de la souris, leur nourriture de prédilection. Malgré leur air stupide elles ne manquent pas de finesse, elles ont dans leurs mouvements quelque chose du singe et du perroquet. Elles ne manifestent, à quelques exceptions près, aucun penchant pour la vie en société. Chacune reste solitaire et mélancolique sur sa branche, dans sa masure, au fond de son trou de rocher.

Cette nombreuse famille renferme quelques espèces de grande taille et d'autres au contraire fort petites. Ses limites de dispersion dans le sens horizontal sont très-étendues, celles en altitude sont loin d'être étroites. On la divise en deux groupes: celui des *Hiboux*, caractérisé par une aigrette ou pinceau de plumes droites au-dessus de chaque oreille, et celui des *Chouettes* proprement dites, dans lequel les aigrettes manquent. Tous ces oiseaux doivent être comptés, à cause de l'immense destruction qu'ils font de souris, et, au printemps, de toutes sortes d'insectes, parmi les animaux *les plus utiles* à l'homme et à ce titre *les plus dignes de sa protection.*

Le *Hibou Grand-duc*, sur lequel nous reviendrons plus tard, se trouve dans toute la région montagneuse, mais partout sporadiquement. Il est si fort et si hardi qu'on l'a vu fondre sur le renard. Aussi est-il de jour impitoyablement poursuivi par les corneilles. On en a vu un qui, pour se défendre des attaques d'une troupe de corbeaux, s'était renversé le dos contre terre sur un pré et éloignait ses ennemis à coups de bec et de griffes. Les corbeaux partirent, mais le grand-duc était tellement harassé de fatigue qu'il se laissa prendre avec la main. A Châtel-Saint-Denis, un grand-duc fondit sur une des brebis d'un troupeau qui cheminait sur la grande route; mais ses griffes s'embarrassèrent si bien dans la toison qu'il fut fait prisonnier et porté vivant à Vevey. Le plus commun des hiboux est le *Moyen-duc* (*Otus vulgaris*), de plus d'un pied de longueur et de trois d'envergure. Son plumage est roux jaunâtre et blanc, avec des taches et des raies grises et brunes; la poitrine est d'un jaune clair avec des stries et des taches foncées en fer de lance; les aigrettes forment le tiers de la hauteur totale de la tête : ce qui a fait donner aussi à cet oiseau le nom de hibou cornu. Son cri est *hououk-hououk-hoho*. Il habite les forêts les plus épaisses et choisit quelque nid de corneille abandonné pour y déposer ses quatre œufs. En captivité il s'apprivoise aisément; il dort pendant le jour, mais le soir il fait les contorsions les plus comiques, bat des ailes, souffle, fait claquer son bec et roule ses grands yeux dans leurs orbites. Ces hiboux, particulièrement en mars et en avril, se tiennent souvent en compagnies de six à quatorze individus sur des troncs d'arbres et des têtes de saules; ils aiment d'ailleurs les forêts de montagne où ils sont partout assez nombreux, principalement dans le Valais et sur le Jura, bien qu'on ait rarement l'occasion de les observer. Ils prennent admirablement les souris. En hiver, la plus grande partie quittent les hautes montagnes. Le *Hibou scops* (*Ephialtes scops*), grand destructeur d'insectes, est de la grosseur du merle ; il a de courtes aigrettes qui peuvent se coucher en arrière, un plumage finement dessiné de blanc, de gris et de brun. Quoique le scops ait été souvent trouvé dans la partie de l'Allemagne qui nous avoisine, il est rare dans le nord de la Suisse et le Jura. On le rencontre au contraire en été dans toute la région montagneuse des Grisons, du Valais et du Tessin, souvent aussi dans les vallées inférieures de ces cantons et dans l'Oberland bernois. Dans les Grisons on l'appelle *Todtenvogel*, l'oiseau des morts, à cause de son cri *kiou-töd-töd-töd*. On peut l'attirer en imitant ce cri, surtout au printemps par un beau clair de lune. Caché dans les branches les plus touffues des arbres, il commence à crier avant le coucher du soleil, puis, se mettant en campagne, il rase le sol de buisson en buisson d'un vol ondoyant et léger. Dans le Tessin et le Valais, on l'apprivoise fréquemment comme la chevêche pour la chasse aux petits oiseaux ; mais il est moins bien qualifié pour cette destination, parce qu'il est moins vif et qu'il craint moins la lumière. Il reçoit avec reconnaissance tous les mets qui sortent de la table. On le paie quelquefois un ducat. Ses postures comiques, la mobilité de ses aigrettes et ses manières familières en font un agréable petit camarade de chambre. C'est le seul de nos hiboux qui soit vraiment un oiseau de passage : il passe l'hiver en Afrique.

Parmi les chouettes proprement dites, la plus commune dans notre région est la *Hulotte* (*Syrnium aluco*). Elle a un pied et demi de longueur et près de trois et demi d'envergure, une grosse tête, de grands yeux d'un brun foncé, le bec courbé dès sa base, d'un jaune pâle, les scapulaires tachetés de blanc, le dos gris rougeâtre strié de brun, le ventre blanc avec des raies brunes et les pieds fortement emplumés jusqu'aux ongles. Elle varie cependant beaucoup de plumage, car le fond de sa couleur est tantôt brun gris, tantôt fauve. Elle habite surtout les vieilles forêts touffues, depuis la plaine jusques fort avant dans la montagne.

Comme c'est un oiseau vigoureux il s'attaque même aux levrauts, et, au grand avantage de nos bois, détruit une quantité de souris et d'insectes nuisibles. On a trouvé dans l'estomac d'une hulotte jusqu'à 25 chenilles de bombyx du pin. Elle montre l'attachement le plus tendre à ses petits, tout difformes qu'ils soient, et malgré l'air stupide que leur donnent leurs grands yeux à iris rouge. Quand quelque danger les menace, elle vole autour du nid en poussant les gémissements les plus plaintifs. On en distingue une variété pâle et une variété fauve. C'est un oiseau plutôt niais et flegmatique. Dans l'Engadine, il fait déjà entendre en mars, quand tout est encore couvert d'une neige épaisse, son cri répété *hou-hou-hou*.

La *Chouette Tengmalm* (*Nyctale Tengmalmi*) est un véritable oiseau de montagne qui va jusque dans la région alpine. Son plumage est piqueté de blanc sur un fond gris brun, les parties inférieures sont blanches, tachetées de gris, l'orbite de l'œil est grand, la collerette très-marquée. Elle a plus de neuf pouces de longueur et un pied neuf pouces d'envergure. Les pieds sont très-fortement emplumés jusqu'aux ongles. Elle se fait peu entendre, son cri est un léger *kéw-kéw-kououk-kououk-kououk*. Elle se tient dans les forêts, retirée dans un trou d'arbre ou dans quelque crevasse de rocher garnie de buissons. On la trouve particulièrement dans les bois de conifères des Grisons (par exemple à la Calanda), cependant elle n'est pas rare dans le reste des Alpes, dans les montagnes du Rheinthal et du Toggenbourg. Elle niche toutes les années sur le Saint-Gotthard; dans la vallée d'Urseren on en a trouvé un nid qui contenait sept œufs, fait extraordinaire pour un oiseau de proie. On vante la douceur toute particulière, l'humeur drolatique et les mœurs sociables de cette petite chouette. On en a pris huit à la fois dans une écurie du Klönthal (canton de Glaris), ce qui prouve qu'elle ne craint pas de se retirer aussi dans les habitations. Elle est au contraire extrêmement rare dans le Jura.

Outre les espèces que nous venons de citer, nous possédons

encore deux petites chouettes, en général assez rares, qui visitent quelquefois les basses vallées du versant méridional des Alpes. La première est la *Chouette chevêche* (*Surnia noctua*), un peu plus petite que la précédente, lui ressemblant assez de plumage, mais n'ayant pas les pieds couverts comme elle de plumes serrées, ni les ailes et la queue aussi longues. On la trouve fréquemment dans les forêts du canton du Tessin, où on la dresse, plus souvent encore que le scops, pour la chasse aux oiseaux. On la tient volontiers dans les maisons; elle s'y apprivoise fort bien, y prend les souris et se nourrit de fruits, de polenta et autres aliments de ce genre. Pour la chasse, on la porte en plein air, et on la pose sur une espèce de coussinet ou juchoir rembourré, à un pied. On lui attache à la jambe une longue ficelle qu'on tire de loin pour lui faire exécuter ses sauts et ses contorsions comiques. Tout autour sont des oiseaux d'appel et des baguettes enduites de glu. Les petits oiseaux, rouges-queues, pouillots, mésanges, fauvettes, hochequeues, bruants, troglodytes, même les draines et les autres grives, accourent en foule attirés par la curiosité et vont s'embarrasser dans les gluaux. On prétend que les pinsons, qui donnent bravement l'alarme par leurs cris, sont trop prudents pour s'approcher. Cette chasse déplorable dure de juillet en novembre; les Tessinois pénètrent jusque dans les Grisons pour s'y livrer à ce plaisir dont ils sont passionnés. Du reste cette chouette se trouve dans toute la moitié méridionale de la Suisse, depuis les Grisons jusqu'à Genève, mais nulle part très-haut dans la montagne, où elle est remplacée par la chouette Tengmalm.

Une des plus petites espèces du genre, la *Chouette chevêchette* (*S. passerina*), n'a été découverte en Suisse que récemment; elle y arrive du nord comme oiseau de passage et s'enfonce immédiatement dans les forêts de montagnes. On l'a trouvée jusqu'ici dans les cantons d'Uri, de Schwytz et des Grisons, dans le Jura, et sur le Fähnernberg dans le canton d'Appenzell. De la taille d'une alouette, elle est aussi plaisante par ses manières que jolie. Elle a le corps d'un gris rougeâtre ou jaunâtre, parsemé de points gris et blancs; la poitrine est blanche, marquée de taches brunes alongées; la tête est plutôt plate qu'arrondie, de la forme de celle des faucons, et entourée d'une jolie petite collerette. Elle est d'un tempérament plus vif que les autres chouettes; son vol est rapide et léger; elle chasse, même de jour, les insectes, les souris, les mésanges qu'elle plume soigneusement avant de les manger. Aussi les petits oiseaux la poursuivent-ils avec fureur. Son cri est *teu-teu-teu-teu*. En Allemagne, c'est dans la région des collines et au pied des montagnes qu'on la rencontre d'ordinaire. On a tué en janvier 1860 dans les Grisons un exemplaire d'une chouette du nord extrêmement rare, la Caparacoch (*S. funerea*).

Comme on le voit, les montagnes possèdent un nombre assez considérable de chouettes, quoiqu'aucune ne leur appartienne en propre. Des différentes espèces qui se trouvent en Suisse, il ne manque à notre région que le Hibou brachyote (*Strix brachyotus*) qui arrive et part avec les bécasses et de temps à autre reste au pays pendant l'hiver quand il est doux, et la Chouette effraie (*Strix flammea*), remarquable par la beauté de son plumage. Celle-ci doit cependant avoir niché à Silvaplana dans la Haute-Engadine. Le grand-duc, le moyen-duc et la chouette Tengmalm ont été signalés dans la vallée d'Urseren, le scops et la chevêchette l'ont été dans le bois au-dessus d'Andermatt, et au passage, mais bien rarement, le hibou brachyote, que nous avons chassé une fois en même temps que les bécasses à la limite inférieure de la région montagneuse (environ 2,600 pieds). Il n'y a vraisemblablement que la chouette Tengmalm qui monte au-dessus de la zone des bois. Il est possible cependant que ce soit par manque d'observations suffisantes qu'on n'a point encore signalé dans les hautes régions le vol nocturne et silencieux de la hulotte. Ce qu'il y a de certain, c'est que ces animaux éminemment utiles et bienfaisants trouveraient assez d'occupation dans les pâturages élevés où les souris sont souvent en si grand nombre. C'est bien à tort que le peuple les a partout en aversion et les regarde comme des oiseaux de mauvais augure; bien qu'un peu étranges, ils ne manquent ni de beauté ni surtout d'utilité, et nous présentent un type caractéristique et singulièrement intéressant dans le monde animal. Ce n'est que par hasard qu'on les chasse, et encore le plus souvent ce sont les cris des autres oiseaux qui les font découvrir. Ce qu'il y a de fantastique dans leur forme est en harmonie avec le fantastique des lieux qu'ils habitent, avec le fantastique de leurs gémissements qui parcourent toute la gamme et tous les sons depuis le *i* aigu et criard jusqu'au *oua* sourd et prolongé, et qui pendant la nuit, au milieu de ces forêts silencieuses, de ces ravins sombres et déserts des montagnes, sont de nature à produire une profonde et lugubre impression.

La région montagneuse possède un nombre de rapaces *diurnes* proportionnel à celui des rapaces nocturnes, toutefois elle en renferme moins que la plaine. Les oiseaux de proie diurnes forment avec ces derniers un contraste frappant : ils sont hardis, effrontés jusqu'à la fureur; leur vol est élevé, soutenu et rapide, leur vue extraordinairement perçante. Ils se jettent sur tous les animaux dont ils peuvent s'emparer, et les saisissent tantôt au vol, tantôt à terre. Ils sont aussi beaucoup plus vifs et plus sanguinaires que les mélancoliques chouettes, leur plumage est plus ferme, plus serré contre le corps. Ce n'est pas le crépuscule qu'ils choisissent pour chasser, c'est d'ordinaire le matin et le soir, et volontiers alors ils volent par paires.

On voit souvent planer dans les airs, hors de toute atteinte, un oiseau de proie, qui, la queue étalée, décrit de grands cercles dans le ciel, en faisant retentir par intervalles sa voix éclatante *guiak-guiak*; mais bientôt, fatigué de cet exercice, il gagne quelque épaisse forêt, ou fond tout à coup comme un trait sur un oiseau, une souris ou une belette. C'est l'*Autour* (*Astur palumbarius*), un des voleurs les plus sauvages et les plus impudents, la terreur des pigeons, des poules et des canards, le plus grand destructeur de gibier, puisqu'il attaque jusqu'aux lièvres, aux tétras et aux coqs de bruyère. Il enlève sa proie au milieu même des villages, poursuit la poule jusque dans la cuisine où elle s'est réfugiée, et, malgré sa fureur de meurtre, échappe presque toujours au plomb du chasseur, grâce à son adresse, à sa ruse, à son extraordinaire rapidité. Cet oiseau, d'une vigoureuse charpente, mesure presque deux pieds de longueur; il a les parties supérieures du corps d'un gris bleuâtre foncé, lavé de brun, un large sourcil blanc au-dessus des yeux entrecoupé de taches brunes, et sur la nuque des taches blanches; le dessous du corps porte sur un fond blanc des raies transversales d'un brun foncé; la queue est arrondie, les jambes emplumées, les pieds jaune-soufre. Ce n'est toutefois que par un temps parfaitement clair que l'autour s'élève dans les airs, car le plus souvent il vole bas, très-rapidement, et avec un mouvement d'ailes imperceptible. Il fond sur les petits oiseaux de bas en haut ou de côté, mais les perdrix et les lièvres il les attaque d'en haut et les emporte dans le buisson le plus voisin pour les dépecer en paix. Cet intrépide voleur habite toute l'année depuis la plaine jusqu'aux forêts les plus hautes; cependant il niche le plus souvent dans la plaine et la région boisée inférieure, sur des arbres élevés, et autant que possible dans le voisinage de champs découverts. Il tue aussi les corneilles et les pies; il plume les plus gros oiseaux; mais les plus petits, il les avale entiers, ainsi que les taupes et les souris. La femelle se construit avec des branches vertes, sur quelque haut sapin touffu, un grand nid dans lequel elle pond 4 œufs verdâtres de la grosseur des œufs de poule. Les petits s'apprivoisent aisément, mais ils conservent toujours quelque chose de leur naturel farouche et ne s'attachent guère à leur maître. L'*Epervier* (*Astur nisus*), de moitié environ plus petit que l'autour, mais semblable à lui pour tout le reste, est un oiseau sédentaire, beaucoup moins abondant dans la région et même très-rare dans sa moitié supérieure. Dans les cantons de Glaris et d'Uri, il ne dépasse pas la région des collines; mais il se montre assez fréquemment, surtout la femelle, dans quelques vallées de montagnes des Grisons. Sa fureur de carnage, son effronterie, sa finesse, en font tout-à-fait un autour en petit. Il niche dans les bois de sapins touffus, traverse comme l'éclair les vergers et les bois habités par les petits oiseaux, et s'attaque même quelquefois au héron. On a vu à Coire en 1861 un épervier se jeter sur un oiseau de chambre à travers les carreaux d'une fenêtre.

L'oiseau de proie le plus commun dans la montagne est la *Cresserelle* (*Falco tinnunculus*), de la taille du geai. La cresserelle est d'un beau brun-canelle tacheté de noir; elle a la gorge blanche, la poitrine rousse rayée de noir, la tête et la queue d'un gris cendré, le bec noir, fortement courbé, les pieds jaunes et les ongles noirs. En hiver, elle va rôder dans la plaine où disparaît tout à fait; au printemps, elle revient habiter les montagnes depuis leur base jusqu'à une grande élévation (elle fait de même en Asie et en Amérique), et niche dans des parois de rocher, sur de vieilles tours, des murailles en ruine, des sapins au bord de la forêt. A la fin d'avril, on trouve dans son nid de 4 à 6 œufs jaunâtres, tachés de brun et de roux. Quand elle niche au pied de la montagne, elle monte ensuite plus haut pour trouver en abondance, les souris, les scarabées, les grillons, les sauterelles, et principalement les grenouilles et les lézards, dont elle fait sa nourriture. En automne, elle descend en grand nombre dans les vallées pour y guetter le passage des cailles et des étourneaux. Plus rapide et plus adroite que les busards, qui manquent d'ailleurs à la montagne, mais plus timide qu'eux, la cresserelle est bien connue pour son extrême vivacité et sa perpétuelle agitation. Elle plane quelquefois longtemps avant de fondre sur sa proie et ne la saisit pas si facilement au vol que l'autour. Ce n'est guère que le soir qu'elle se pose à terre, encore ne le fait-elle que rarement; souvent, au contraire, on la voit rester, grâce à un mouvement rapide de ses longues ailes pointues, suspendue dans les airs, à la même place, embrassant du regard l'espace au-dessous d'elle et poussant des cris aigus *gri-gri-gri*. Il n'est pas rare de la voir livrer combat à la corneille et dans les régions plus élevées au choquard, mais c'est une simple querelle, car elle ne peut leur faire grand mal. Au besoin elle se nourrit d'œufs d'oiseaux, et de sauterelles qu'elle guette perchée au sommet de quelque grosse pierre. Fatio, en juin 1864, a tué dans le Puschlav une cresserelle qui paraissait malade, et dont le gésier et l'estomac se sont trouvés bourrés, à la lettre, de petites pierres; plus tard il en tua une autre dont la cire et les paupières étaient couvertes de petites dentelures profondes et violettes. Comme elle ne s'approche qu'avec circonspection des chalets et ne s'enfonce jamais dans les bois, elle est fort difficile à tirer. Elle est encore plus facile à apprivoiser que les espèces suivantes et s'attache extrêmement à son maître. Nous avons eu longtemps une jeune cresserelle femelle pour camarade de chambre, et l'avons trouvée en général plus aimable que prudente. Quand son maître entrait dans la chambre, elle ne lui laissait pas de repos jusqu'à ce qu'il lui eût dit quelques mots d'amitié et l'eût prise sur sa main. Lorsqu'il travaillait à son pupitre, elle venait volontiers se percher sur sa tête. La *Cresserellette* (*F. Cenchris*) a aussi été tuée dans les Grisons, et, en septembre 1865, près de Saint-Gall. On la confond souvent avec la précédente, mais en tout cas elle est assez rare. Il en est de même de l'*Emérillon* (*F. Aesalon*), petit faucon de 11 pouces de long, d'un gris bleuâtre marqué de noir, qui se rencontre assez régulièrement au passage, en août, dans la station élevée d'Erosa (Schalfigg), où on l'a vu quelquefois en grand nombre occupé à la chasse des sauterelles.

On a trouvé nichant dans les montagnes de Meiringen le *Faucon à pieds rouges* (*Falco rufipes*), petit oiseau de proie de l'est et du sud de l'Europe, qui se nourrit, comme les pies-grièches, presque exclusivement d'insectes. Il ne paraît du reste visiter la Suisse qu'en passage, d'ordinaire en avril et mai, et alors le plus souvent par petites troupes. On le trouve presque régulièrement chaque année à cette époque dans les vergers de Coire. Un vol considérable de ces faucons est venu s'abattre un jour sur les arbres fruitiers qui entourent le village de Noville dans le canton de Vaud; les habitants, prenant ces oiseaux pour des pigeons sauvages, en tuèrent quelques-uns, puis voyant avec quelle avidité ces prétendus pigeons dévoraient les hannetons, ils reconnurent leur erreur et les laissèrent continuer paisiblement leur utile besogne. En avril 1846, on a vu s'abattre également un vol de 200 émérillons à peu près sur les marais de Sionex, dans le canton de Genève, où, perchés sur de petits chênes, ils mangeaient avidement les hannetons qui étaient déjà sortis de terre en grand nombre. Un chasseur en tua treize. Dans les marais d'Orbe, on en voit presque chaque année des vols en passage.

Outre les cresserelles qui sont communes partout, deux autres espèces de faucons nobles fréquentent, mais beaucoup plus rarement, les rochers boisés de la région montagneuse. C'est d'abord le *Faucon pèlerin* (*Falco peregrinus*), oiseau de 16 à 20 pouces de longueur, qui a la tête et le dessus du cou d'un bleu foncé, le bec gris, fortement courbé, le dos gris bleu, traversé de bandes noires, la poitrine tachetée de blanc et de brun, la queue grise et les pieds jaunes; et en second lieu le *Hobereau* (*F. subbuteo*), d'ordinaire plus abondant, qui a de 12 à 14 pouces de longueur, avec les parties supérieures d'un brun gris tirant sur le bleu, la gorge blanche, les parties inférieures tachetées de noir, les culottes et le croupion d'un roux rougeâtre et les pieds jaunes, à doigts alongés. Comme le précédent, le hobereau ne se trouve chez nous que pendant l'été, et niche sur de grands arbres ou dans les rochers. Il est extraordinairement redouté des petits oiseaux, quoique au fond il fasse bien plus de mal encore aux scarabées, aux courtilières et aux larves. Le faucon pèlerin, qu'on aperçoit de temps en temps dans toutes les vallées de montagnes jusqu'au-dessus de la limite des bois, perché sur une corniche de rocher ou sur la crête d'un monticule, explorant la contrée de son regard perçant, est un des plus hardis, des plus adroits et des plus rusés d'entre tous les oiseaux de proie. Ce faucon place son nid de préférence sur les rochers. Il ne se nourrit que d'oiseaux, principalement de gallinacés, de pigeons sauvages et de quelques volatiles plus petits; au besoin il attaque les corneilles, mais jamais il ne touche ni aux quadrupèdes, ni aux animaux morts.

Il fond sur sa proie perpendiculairement, avec une inconcevable rapidité, et la dépèce sur place toutes les fois qu'il le peut. Un observateur exact a évalué la rapidité du vol du faucon, quand il fond sur un oiseau, à 10 milles anglais par minute; d'autres, avec plus de vraisemblance, l'ont évaluée à 150 milles anglais par heure. Le faucon pèlerin est si peu craintif qu'il accourt au bruit de la détonation d'une arme à feu et enlève sous les yeux du chasseur la perdrix que celui-ci vient de tirer, et qu'il va jusqu'à se poster sur les clochers au milieu même de la ville de Londres, pour être plus à portée des volées de pigeons domestiques. On le voit souvent chez nous passer d'un vol facile et rapide à une certaine hauteur; on le reconnait aisément alors à son corps alongé, à sa queue mince, à ses ailes longues, pointues et étroites, et à son cri sonore : *kaïak-kaïak*; tout à coup il se laisse tomber du haut des airs et, avec la rapidité de la foudre, poursuit son vol saccadé, en rasant la terre pour lancer les petits oiseaux. Il est rare qu'un seul échappe à ses serres meurtrières. Pendant la nuit, il se tient sur le sommet d'un grand sapin ou sur une pointe de rocher à découvert. Le hobereau est tout à fait l'image en petit du faucon pèlerin, auquel il ne le cède ni en hardiesse, ni en prudence, ni en rapidité. Il suit souvent le chasseur pendant des heures pour fondre sur les alouettes, les bruants ou les cailles qui partent devant le chien, et, en quelques-uns de ses coups d'ailes saccadés, il gagne de vitesse la rapide hirondelle et s'en empare. On le reconnaît de loin à sa gorge blanche et à sa large moustache noire; quand il vole, à la petitesse de son corps et à ses ailes longues et étroites. Ces deux espèces de faucons sont de passage; l'une et l'autre appartiennent plutôt à la région des collines ou à la région montagneuse inférieure, et sont beaucoup plus communes dans la plaine et les premiers épaulements des montagnes que dans le cœur de notre région.

Les busards et les milans ne font que de très-rares apparitions dans la montagne. Le Busard-Saint-Martin (*Circus cyaneus*), d'un gris cendré, qui plane continuellement au-dessus des champs et des prairies, remonte de loin en loin jusque dans la partie supérieure de la vallée de la Reuss. Le beau Milan royal (*Milvus regalis*) s'approche plus souvent des montagnes; on en a tué un exemplaire dans les Schöllenen (3,900 pieds), et, en décembre 1862, dans l'Oberland grison; on l'a souvent aussi observé en mars et en octobre dans le Prätigau. Le milan noir est plus rare.[1]

Nous trouvons régulièrement au contraire dans nos montagnes deux espèces de buses: l'une d'elles, la *Buse commune* (*Buteo vulgaris*) est même, avec la cresserelle, l'oiseau de proie le plus répandu dans la région. La buse se distingue déjà d'une manière très-frappante de cette dernière par son tempérament, car elle est pesante, paresseuse, lente et maladroite. Elle peut rester perchée pendant des heures sur un arbre, le corps ramassé, à guetter les souris, les reptiles, les escargots et les vers; puis elle part, se dirige lentement vers les champs, ou monte dans les airs pour y décrire ses grands cercles en spirale. Elle n'est guère redoutable pour les poules et les pigeons, cependant elle attaque courageusement les corneilles et les pies. La buse est brune en dessus; elle a le dessous du corps d'un jaune blanchâtre, avec des taches brunes, transversales, en forme de cœur, et la queue d'un gris cendré avec des bandes transversales foncées. Il y en a une variété d'un *brun noir*, une autre entièrement *noire*, une troisième d'un *jaune*

---

[1] Le Milan noir (*Milvus ater*) est commun dans les rochers du Salève. Nous y avons souvent pris dans le nid, au nombre de 3 ou 4, ses œufs d'une légère teinte verdâtre, chargés de taches et de points d'un beau brun roux. Cet oiseau du midi se distingue facilement du milan royal, même à distance, par sa taille plus petite. 1 pied 10 pouces, son plumage plus obcur et sa queue moins fourchue. En été on le voit passer tous les jours au-dessus de la plaine qui sépare le Salève des bords du lac de Genève, où il va chercher des poissons morts pour les apporter à son aire. Au vol, il est remarquable comme le milan royal par l'aisance de ses mouvements et par la gracieuse inflexion de ses longues ailes. Il est également abondant à l'extrémité supérieure du lac de Genève, dans les environs de Vevey et de Chillon, et niche dans les hauts rochers boisés qui dominent Villeneuve à l'entrée de la vallée du Rhône. Il appartient donc réellement aux oiseaux de notre région montagneuse. Il disparaît de bonne heure en automne.

(*Traducteur.*)

ardent, chacune d'elles assez commune; dans le canton de Schwytz et dans quelques autres endroits, on en a remarqué une variété *blanchâtre* dont on avait fait à tort une espèce distincte. En Allemagne, la buse est un oiseau de passage qui, en octobre, se dirige vers l'ouest en grandes bandes, dispersées sans ordre sur un grand espace, et qui comptent souvent une centaine d'individus; le retour a lieu en avril de la même manière. Chez nous, au contraire, c'est plutôt un oiseau sédentaire ou simplement nomade qui ne se rencontre jamais en troupes nombreuses; cependant on l'a vu partir quelquefois en automne par grandes compagnies, mais pour revenir déjà en janvier. On le trouve isolé dans toute la région montagneuse, planant au-dessus des rochers et des forêts, et les faisant retentir de son cri : *hiêh-hiêh-hiêh*. On ne peut guère le tirer qu'à l'affût et en se cachant soigneusement, car avec toute sa nonchalance il est fuyard et circonspect. Le meilleur moment pour l'approcher est le soir, quand il est blotti sur son arbre. En tout cas, on a grand tort de poursuivre un animal qui nous est éminemment utile par l'énorme consommation qu'il fait de serpents, de rats et de souris. La buse montre dans sa chasse une grande patience, restant aux aguets la plus grande partie du jour, commodément posée sur une pierre ou un buisson, en automne sur le sol même, attendant qu'une taupe ou une souris vienne à soulever la terre. Alors elle tombe de son poste, enfonce ses serres dans la terre remuée et en retire l'animal fouisseur; c'est pour cela qu'en automne elle a si souvent les pieds et les ongles tout terreux. Dans les hivers froids, la buse est fort à plaindre; même dans la plaine, ses pattes nues gèlent quelquefois; criant de faim, elle vole d'arbre en arbre et reste souvent quinze jours sans manger; mais si, dans son voisinage, l'agile autour vient à s'emparer de quelque poulet ou de quelque pigeon, elle lui enlève infailliblement sa proie. On a trouvé dans le gésier d'une buse jusqu'à sept ou huit souris des champs non encore digérées, et Steinmüller a compté dans l'estomac d'un de ces oiseaux *sept orvets, une larve de hanneton et quinze courtilières*; Blazius, dans un autre, a compté *31 souris des champs!* Impossible de démontrer d'une manière plus péremptoire l'utilité de cet animal! Et s'il attrape de loin en loin quelque poule, on peut bien le lui pardonner.

La *Buse bondrée* (*Buteo apivorus*) est plus rare. A peu près de même taille que la buse commune, elle a le dessus du corps d'un brun foncé, le dessous d'un blanc jaunâtre tacheté de brun, les ailes d'un brun clair avec des raies foncées; mais elle varie extraordinairement suivant l'âge et le sexe, et par des causes accidentelles. Ses tarses jaunes sont emplumés jusqu'à la moitié de leur longueur; ses ongles sont longs mais peu arqués. Cet oiseau de proie se trouve dans les bois avancés du Rheinthal et d'Appenzell, dans les forêts de sapins de l'Emmenthal, sur les bords du lac de Brienz, dans la vallée de Frutigen, dans le canton de Glaris et plus rarement dans le Jura. Il niche d'ordinaire sur de grands sapins, se nourrit de souris, mais bien plus volontiers d'abeilles et de guêpes, de chenilles, de coléoptères, de sauterelles, de grillons, même de blé et de fruits charnus, au besoin, de pointes de laiche et d'aiguilles de sapin, et dévaste en quantité les nids des petits oiseaux. La bondrée est plus stupide et plus lâche qu'aucun autre rapace; elle s'apprivoise aussi plus aisément, et est si peu sauvage que des enfants l'ont souvent tuée à coups de pierres. Elle poursuit quelquefois les poules, mais dans la plaine c'est sur les bécassines et les vanneaux qu'elle fait le plus de ravages. Elle nous quitte de novembre en avril, parce que dans cette période de l'année nos insectes ont disparu. Son vol est bas et pesant; son cri, qu'elle pousse fréquemment en volant, est *ki-ki-ki*, en sorte que même à distance sa voix la distingue de la buse commune.

Tels sont les petits oiseaux de proie que nous trouvons dans la montagne; ce n'est qu'exceptionnellement que s'y égarent la Cresserellette (*Falco tinnunculoides*) et, dans l'arrière-automne, la Buse pattue du nord (*Buteo lagopus*). Aucun des oiseaux de proie que nous avons nommés n'appartient exclusivement à la montagne; la cresserelle seule paraît atteindre dans cette région son maximum en individus. Et encore en hiver, saison où les animaux sont trop rares dans les hautes régions pour suffire à l'appétit vorace des oiseaux de proie, la cresserelle abandonne-t-elle elle-même sa résidence d'été pour laisser sans partage l'empire des airs aux grands rapaces, les aigles et les vautours.

La région montagneuse est très-pauvre en Aigles, ces souverains dominateurs du monde animal, car l'aigle royal et le læmmergeier qui y font quelques apparitions dans les hivers rigoureux appartiennent aux régions les plus élevées des Alpes. Le *Balbuzard* (*Pandion haliaëtus*), petit aigle blanchâtre à manteau brun, qu'il n'est pas rare de voir nicher sur de grands arbres dans le voisinage de nos rivières et de nos lacs, planer au-dessus des eaux, et, de ses fortes serres, transporter à son état des poissons de 5 à 6 livres, appartient exclusivement à la plaine et ne se trouve que momentanément et en passage dans les montagnes, par exemple à Coire où on en a tué deux exemplaires. On a pris dernièrement dans la vallée d'Urseren et dans le Rheinwald les petits du *Pygargue* (*Haliaëtus albicilla*). Un adulte de la même espèce, brun foncé, couleur de noyer, avec la tête et la queue d'un blanc de lait, a été tué près de Wasen (2,900 pieds), et un second, qu'on voit aujourd'hui dans le musée de Saint-Gall, a été tiré un soir d'hiver, en 1864, sur un arbre dans le Toggenbourg. Ce bel et puissant aigle appartient du reste au nord de l'Europe et de l'Amérique; il ne visite quelquefois nos plaines qu'en automne et en hiver, et si on le tue plus souvent que l'aigle royal, c'est parce qu'il est moins fuyard. Le *Jean-le-Blanc* (*Circaëtus leucopsis*) est au contraire un oiseau du sud. Lorsqu'il apparaît en Suisse, ce qui est rare, c'est surtout dans la partie inférieure de la région montagneuse. On en a tué deux exemplaires sur le Stockhorn dans l'Oberland bernois, un dans le voisinage d'Altorf, un près de Glaris, un sur les hauteurs de Werdenberg près de Buchs, un dans les Grisons, un à Porlezza; deux jeunes ont été pris vivants dans les Alpes de l'Œschthal. Cet aigle a une tache blanche sous les yeux, la poitrine d'un brun rouge, le ventre tacheté de blanc et de brun, le dessus du corps d'un brun profond, les pieds d'un bleu gris; les doigts courts. Il mesure cinq à six pieds et demi d'envergure, et vit presque exclusivement de reptiles. Ses mœurs ont été peu étudiées, parce qu'il est en général fort rare; il est probable cependant qu'il l'est moins dans le canton du Valais, le district de la Suisse le plus riche de tous en reptiles. On le voit quelquefois planer au-dessus des marais de l'Orbe.[1] L'*Aigle tacheté* (*Aquila nœvia*), des montagnes du midi de l'Europe, a été observé plus fréquemment dans notre région que dans la plaine. Ce bel oiseau qui est toujours rare, quoique moins que le précédent, a 2 ou 2½ pieds de longueur; il est d'un brun foncé, avec des larmes d'un blanc jaunâtre sur les épaules et les couvertures des ailes; il a les jambes emplumées jusqu'aux doigts. Il vit presque exclusivement de grenouilles et de souris des champs, et se pose souvent dans les roseaux au milieu des oiseaux aquatiques qui n'en ont aucune crainte. Son vol est élevé et majestueux. Il se construit sur les arbres les plus élevés un vaste nid dans lequel il dépose deux ou trois œufs tachés de roux. On l'a souvent observé dans le canton de Berne; dans celui de Glaris on en a tué deux exemplaires dans l'espace de dix ans; dans celui d'Uri on n'en a jusqu'ici trouvé que de jeunes individus. En 1863, on en a tué un adulte à Rothenbrunnen, dans les Grisons, qui avait dans son gésier une cuisse de corbeau. L'*Aigle criard* (*A. clanga*), d'un brun chocolat, avec la bordure des ailes plus claire, les pennes et les rémiges d'un brun noir, doit avoir été observé plusieurs fois au Pilate et dans les environs. On a tué dernièrement près de Schwytz un exemplaire, jusqu'ici unique en Suisse, de l'*Aigle botté* (*Aquila pennata*) tacheté de

---

[1] Vouga affirme (Bulletin de la Soc. des sciences naturelles de Neuchâtel, T. II) que cet oiseau niche régulièrement dans les montagnes du bassin neuchâtelois.

Il niche également chaque année au-dessous des *pitons* du Salève, dans les anfractuosités des rochers qui dominent le village d'Archamp.

(*Traducteur*.)

jaune et de brun et à peine de la taille de la buse. Cet oiseau, originaire du sud et de l'est de l'Europe, est aussi rare en Allemagne que chez nous.

La région montagneuse n'a donc aucune espèce d'aigle qui y soit répandue d'une manière constante; au milieu de tant d'autres oiseaux qui servent à sa parure, l'oiseau royal, y fait défaut, à l'exception de quelques rares et accidentelles apparitions. Elle a trop peu d'étendue et de profondeur, elle est partout d'un trop facile accès, pour pouvoir servir de domaine à ces animaux au vol puissant et soutenu. Il en est de même pour les espèces suivantes.

Le *Catharte alimoche* (*Neophron percnopterus*) ou vautour d'Egypte niche dans les rochers calcaires escarpés du Salève près de Genève. C'est un vilain oiseau, d'un blanc sale, qui a les ailes d'un brun noir, le bec long et faible, la gorge jaune et nue, un goître repoussant et des jambes passablement longues, emplumées jusqu'au genou. Il n'est guère plus grand que le corbeau noir, et répand, comme tous les vautours, une odeur infecte de charogne. D'un tempérament triste et paresseux, sale, au plumage hérissé et en désordre, semblable à la corneille par sa démarche et son vol, d'un odorat extraordinairement fin — l'aigle a la vue plus perçante mais l'odorat moins développé — le catharte alimoche ne vit chez nous que solitaire ou par couple, et se nourrit de cadavres, de grenouilles, d'insectes, et, avec une avidité particulière, d'excréments d'hommes et d'animaux. Il n'est pas probable qu'il reste au pays pendant l'hiver. C'est le Rhône qui lui sert de limite du côté du nord. En Orient on le révère comme un des animaux les plus utiles, car il vient jusque dans les villages et les villes enlever les débris de viande et les immondices qui sans lui infecteraient l'atmosphère. Il suit par grandes troupes les caravanes qui se rendent à la Mecque, et se nourrit des chameaux et des ânes qui périssent pendant le voyage. Il n'est pas rare en Espagne. On l'a pris aussi dans les montagnes du canton de Vaud au-dessus d'Aigle. En tout cas il n'appartient guères que comme curiosité à la faune de la Suisse.[1] Le *Vautour griffon* (*Vultur fulvus*) est un oiseau imposant, de 4 pieds de longueur, qui atteint souvent la taille du cygne. Il est d'un brun rougeâtre avec un duvet blanc sur la tête et le cou; il a les pennes des ailes et de la queue noires, le bec d'une couleur plombée et les pieds d'un gris rougeâtre. Originaire des montagnes de l'Asie et du midi de l'Europe, il pousse quelquefois ses excursions jusqu'en Suisse sur le côté nord des Alpes. Il est probable qu'il est moins rare sur le côté sud, dans le Tessin. En 1812, un chasseur remarqua ce grand vautour sur l'Axenberg et réussit à le tuer. Plus tard un enfant en découvrit un autre aux environs de Lausanne; l'animal était tellement gorgé de nourriture qu'il se laissa prendre vivant, après avoir été blessé d'un coup de pierre. En 1827, à Pente-

---

[1] Pendant plusieurs années de suite, au commencement de mai, nous avons pris les œufs d'une paire de cathartes sur les rochers du Salève. Ces oiseaux construisaient leur nid dans un trou à mi-hauteur d'une paroi perpendiculaire de rochers de plus de 200 pieds d'élévation. Il fallait donc pour y parvenir se faire descendre au moyen d'une longue corde jusqu'au niveau de l'aire, et là encore l'homme hardi qui faisait ce voyage aérien devait imprimer à la corde un balancement assez fort pour pouvoir atteindre l'excavation dont l'éloignait une saillie du rocher. Nous n'y avons jamais trouvé que deux œufs, plutôt ronds comme ceux des oiseaux de proie en général, et couverts, à une des extrémités surtout, de grandes taches et de petits points d'un brun rouge sur un fond blanchâtre. Ces œufs reposaient sur un nid composé de branches sèches et de brindilles et garni à sa surface de substances plus molles. Nous en avons rapporté une fois une chemisette de laine à moitié déchirée, un demi-bas de coton avec ses aiguilles et son peloton, oublié probablement au pâturage par quelque bergère distraite, et le billet d'un jeune homme des environs de Bonneville qui donnait à son amie un rendez-vous à la prochaine fête de village. Autour de cette singulière couchette étaient épars quelques os et quelques débris de poissons. Contrairement à ce que dit notre auteur, nous trouvons, nous qui voyons presque journellement en été cet oiseau se rendre du Salève aux bords du lac ou de l'Arve, que son vol, malgré sa lenteur, est soutenu, aisé, majestueux. Les couleurs si tranchées de son plumage et les grandes dimensions de ses ailes (il mesure plus de cinq pieds d'envergure), donnent d'ailleurs à ce rapace quelque chose d'original et d'imposant, quand on le voit se dessiner sur le ciel à une certaine hauteur.

(*Traducteur.*)

côte, on en vit deux individus se prélasser sur le Schindanger près d'Altorf; l'un d'eux y fut tué, l'autre le fut quelques jours après dans le canton de Berne. En 1837, on en tua un nouveau près d'Yverdon. On sait que ces vautours, comme les autres espèces du genre, ne sont rien moins que braves et hardis; un épervier les effraie. Ils vivent ordinairement de charognes et ne s'attaquent presque jamais à des animaux vivants. Quand ils sont bien repus, leur jabot pend en dehors comme un sac. Lorsqu'ils prennent leur vol pour aller à la découverte, ils montent dans les airs par immenses spirales jusqu'à une hauteur inconcevable et en redescendent de la même manière. Ils paraissent à peine se ressentir d'un froid de 12 ou 15 degrés. Paresseux et d'humeur sombre, ils se rapprochent plus, par le tempérament, des hiboux que des aigles et des faucons, et répandent toujours une détestable odeur de charogne. Cet oiseau a été plus rarement signalé en Allemagne qu'en Suisse. Le *Vautour arrian* (*Vultur cinereus*), le plus grand des oiseaux d'Europe (il mesure 4 pieds de longueur et 9 d'envergure), originaire des hautes montagnes du midi, a été récemment, pour la première fois, observé et tué en Suisse, à Pfäfers. Un second exemplaire, qui est au musée de Schaffhouse, a été tué près de Sargans; un troisième enfin, un vieux mâle, au pied du Pilate, au mois de novembre 1866. Cet oiseau a le manteau d'un brun foncé, le cou nu, de couleur bleuâtre, garni d'une collerette de plumes contournées, brunâtres, et sur chaque épaule une touffe de longues plumes déliées. Ses mœurs sont en tout semblables à celles du griffon.

Ces échantillons remarquables de la faune suisse nous amènent au terme de nos excursions ornithologiques dans la région montagneuse. De grandes richesses se sont étalées devant nous, et cependant les oiseaux de nos plaines comptent pour le moins deux fois autant d'espèces. C'est à peine si une vingtième partie des coureurs, des palmipèdes et des échassiers se trouve régulièrement dans la montagne; il n'y vient presque point de fauvettes, de pluviers, de milans, de busards, de jaseurs, de gobe-mouches, de pouillots. Parmi les bruants, les pies-grièches, les pipits, les hirondelles, les chouettes, les hiboux, les faucons et les buses, quelques espèces y sont assez nombreuses, d'autres le sont beaucoup moins. Les seuls représentants vraiment caractéristiques de la classe des oiseaux dans la région montagneuse sont les pinsons à la voix sonore et tous leurs congénères, les mésanges au mouvement perpétuel, les mystérieux coucous, les bruyants pics, les perdrix à la douce et paisible société, les bergeronnettes sautillant au bord de chaque ruisseau et hochant gaiment la queue, les grives au chant éclatant, les roitelets et les troglodytes se faufilant dans tous les buissons, les diligents traquets, les pipits des buissons et les cujeliers mélodieux, les aimables rouges-gorges, les confiants rouges-queues, les geais au brillant plumage, les bataillons croassants des corbeaux et des corneilles. Voilà de quoi se compose la masse principale des habitants emplumés de la montagne, en y ajoutant toutefois comme élément isolé et accessoire les mélancoliques chouettes, et les rapaces diurnes décrivant jusque dans les nuages leurs spirales immenses. Néanmoins, dans ces limites, quelle multitude de formes ornithologiques! Et, si bornées sous beaucoup de rapports que soient nos observations, nous reconnaissons à chacune de ces formes son empreinte et son individualité; nous assignons à chacune son tempérament, son humeur, son instinct modifié d'après certaines lois, ses facultés propres, peut-être aussi ses passions et ses caprices; nous allons même souvent jusqu'à distinguer par leur caractère, par leur type, les différentes espèces d'un genre, et nous serions encore bien plus capables de le faire si nous savions mieux étudier la nature et vivre davantage au milieu d'elle. Peut-être l'état maladif de la société humaine nous ramènera-t-il bientôt à cette étude; peut-être nous sentirons-nous de nouveau le besoin de fortifier par la contemplation des harmonies du monde extérieur l'espérance d'une harmonie victorieuse à son tour dans le monde des esprits; — en attendant du moins, cherchons à nous approprier les premiers éléments de cette haute science.

C'est dans les forêts que les oiseaux se trouvent en plus grand nombre. En plaine, ils sont beaucoup plus abondants dans les champs, les marais et les lacs; ils s'y rapprochent de tous côtés des lieux habités. Sur les montagnes, quand les forêts manquent, il n'y a plus que des pâturages, et peu d'espèces y vivent, ou des rochers et d'arides escarpements. Mais ici encore l'oiseau apporte sa part de mouvement et d'animation. Il n'est pas d'entassement de décombres et de cailloux, pas de ravine désolée, où quelque espèce de la riche famille des volatiles n'établisse sa demeure, où par quelques simples accents elle ne fasse entendre le gai message de la vie, où elle n'accomplisse toutes les phases de son existence, depuis le jour que le jeune oiseau reçoit avec de joyeux battements d'ailes la première becquée de sa mère jusqu'à celui qu'il appelle sa compagne par des tons passionnés, ou pousse un dernier cri d'angoisse sous les serres de l'oiseau de proie ou entre les dents du putois. Il semble à celui qui ne les a jamais parcourus que ces immenses espaces occupés par les pierres et les rochers sont des masses désertes où la mort seule peut régner. Mais avez-vous oublié ces cent espèces de mousses, de lichens, de graminées, ces rosettes compactes de saxifrages, ces vacillantes clochettes de campanules qui ont fixé leur existence à ces froides montagnes et poussent leurs racines sous le roc qui se décompose? N'avez-vous pas remarqué ce petit ver qui lui aussi veut vivre de cette couche de terre nouvellement formée, ces araignées, ces fourmis, ces punaises qui courent sur la surface réchauffée du rocher, ces mouches et ces cousins qui bourdonnent en l'air tout à l'entour, ces papillons et ces sylphides qui s'y balancent, ces scarabées qui se traînent sur la pierre, ces jolis lézards bruns et verts qui s'y promènent gaiement? Ne connaissez-vous pas ces aimables oiseaux qui ont fixé précisément à cet endroit leur domicile de préférence; toutes ces vies diversifiées de mille manières qui, chacune suivant ses lois propres et immuables, s'épanouissent partout où la lumière, l'air et la chaleur n'ont pas perdu leur puissance? Là où toute possibilité de vie n'a pas disparu, il n'y a pas de place déserte sur la terre, et dans notre région cette possibilité existe partout, elle est partout utilisée. Qu'à la plus effrayante paroi de rochers une dryade, une petite herbe, une fougère, une plante de thym parviennent à se suspendre, voilà le rendez-vous assigné à toute une série d'animaux, depuis le coléoptère ou la punaise que l'araignée cherche à y surprendre, jusqu'à l'intelligent autour qui vient y fondre sur quelque bec-fin mangeur d'insectes.

La région montagneuse ne possède en Suisse aucune espèce d'oiseau qui lui soit tout à fait propre et qui ne se retrouve pas dans les régions correspondantes des pays voisins; elle en possède même peu qui ne se rencontrent, du moins de loin en loin, dans la région des collines. Les petits oiseaux, qui forment la grande majorité de ses habitants emplumés, se tiennent alternativement sur les collines et les montagnes, et, en hiver surtout, visitent les champs, les bois et les bosquets de la plaine ou des vallées chaudes; mais c'est toujours à la montagne qu'appartiennent leurs chants, leurs plaisirs d'été, leur plus joyeuse saison. Comme les riches propriétaires qui vont passer leur été à la campagne, ils passent le leur dans les forêts de la montagne. Ils y trouvent toujours leur table servie, leur siége préparé sur une petite branche, leurs camarades tout prêts à s'ébattre et à chanter avec eux. Ces chants eux-mêmes ont un caractère particulier. Point de rossignol pour filer des sons mélodieux, point de philomèle, à peine une fauvette; et cependant les montagnes et les forêts retentissent de joyeux concerts. La bonne volonté et les élans qu'inspire le bonheur de vivre y remplacent la perfection de la voix et la supériorité des talents naturels.

Aussitôt que les nuages rosés de l'orient annoncent l'approche du soleil, souvent même avant qu'une légère lueur indique à l'horizon l'endroit de son lever, quand les étoiles scintillent encore gaiement sur le sombre azur du ciel, un léger roulement commence à se faire entendre au haut d'un vieux sapin; viennent ensuite des clappements de plus en plus forts et précipités, puis un bruyant éclat de voix, et enfin une longue suite de sifflements semblables au bruit d'un instrument qu'on aiguise. — C'est le coq de bruyère qui appelle ses compagnes. Il danse et trépigne sur sa branche en faisant rouler ses yeux ; au-dessous de lui dans les buissons, les poules se tiennent immobiles, regardant avec attention les folles cabrioles de leur noble époux. Mais d'autres bruits ne tardent pas à se joindre à cette étrange chanson d'amour. Dans les forêts supérieures les merles à collier, les plus agités d'entre tous les oiseaux, et qui déjà une heure ou deux après minuit ont essayé timidement quelques coups de gosier, commencent à se faire entendre de tous les côtés; quelques rouges-queues et, dans le marais voisin, un bec-fin des roseaux chantent avec d'autant plus d'ardeur que le soleil approche. Alors le merle se réveille, il secoue la rosée de son beau plumage noir, aiguise son bec, et monte de branche en branche jusqu'au sommet de l'érable qui lui a servi d'abri. Il semble s'étonner de trouver encore la forêt endormie quand le jour est déjà maître de la nuit. Deux fois, trois fois son cri d'appel retentit au-dessus des arbres, en haut vers les rochers, en bas du côté de la vallée le long de laquelle se traînent quelques légères vapeurs. Puis, de sa voix métallique et flûtée, il entonne, tantôt avec force et gaieté, tantôt avec un accent profond et plaintif, ses belles et mélodieuses strophes. Bientôt, dans toute la contrée, les animaux renaissent à la vie. Au chant du merle succèdent dans les bois les appels répétés du coucou. Dans les profondeurs de la vallée, de minces colonnes d'une fumée bleuâtre s'élèvent au-dessus des cheminées des villages; on entend les aboiements lointains des chiens dans la cour des métairies, le tintement des sonnailles autour des chalets. Les oiseaux sortent de toutes parts de leurs obscures retraites, des buissons, des trous de la terre, des rochers; tous s'élancent dans les airs pour voir le jour et le soleil, pour louer la bonne mère nature qui leur envoie de nouveau la joyeuse lumière. Pour plus d'un petit oiseau, quel doux réveil après une nuit d'agitation et d'inquiétudes! Le pauvret était blotti sur sa branche, le corps ramassé, la tête cachée dans ses plumes, quand à la clarté des étoiles la hulotte d'un vol léger a traversé le feuillage, cherchant une victime; la fouine est montée du vallon, l'hermine est sortie de son rocher, la marte est descendue de son nid d'écureuil, le renard s'est glissé sous la broussaille ; — la pauvre créature a tout vu, tout entendu ; pendant de longues, de tristes heures, la mort a été partout autour d'elle, sur son arbre, dans l'air, sur le sol. Le cœur battant d'angoisse, elle est restée immobile sous la protection de quelques jeunes feuilles de hêtre. Avec quelle joie elle s'élance maintenant hors de son asyle et salue le jour qui lui rend la confiance et la sécurité ! Le pinson fait retentir ses pures et vigoureuses batteries ; le rouge-gorge dit ses douces strophes du sommet d'un mélèze, le tarin du haut d'un buisson d'aulnes, le bruant et le bouvreuil dans les broussailles du taillis. En même temps la linotte répète ses trilles, la petite charbonnière et la mésange bleue gazouillent, le chardonneret jubile, le troglodyte fredonne ses cadences, le roitelet pépie, la tourterelle sauvage roucoule, les pics frappent le bois à coups redoublés. Et par-dessus tous ces bruits dominent la voix forte de la draine, les mélodieux accents de l'alouette des bois et l'inimitable chanson de la grive musicienne. Quel concert matinal dans la verte ramée !

Il est impossible de donner en quelques mots une idée exacte et complète de ce concert infini des bois, car il varie à chaque instant et pour ainsi dire à chaque pas. Ici c'est le léger sifflement des mésanges ou le babil des étourneaux, là ce sont les batteries du pinson, ailleurs la chanson de la grive ; on n'entend tantôt que le martelage des pics contre le bois et leurs roulements d'appel, tantôt les sons criards des geais. Tout à coup il se fait un profond silence : c'est l'autour qui traverse les airs en lançant son *guia-guia* et à la vue duquel tous les chanteurs se cachent dans le feuillage ou se précipitent dans les buissons. Toute la matinée se passe ainsi en cris, en chansons, en poursuites, en chasse aux insectes, en quête de baies et de graines, en joyeux ébats. Le milieu du jour est l'heure la plus tranquille dans la forêt. Un petit nombre de chanteurs infatigables, et ceux moins habiles qui sont comme les choristes du concert, se font seuls entendre à ce moment. Ce n'est que vers le soir que les chants recommencent, mais ils n'ont plus ni la fraîcheur ni la plénitude de ceux du matin. L'approche de la nuit a une tout autre influence que celle du jour : ce n'est pas la nuit que l'oiseau fête ; le chant du soir s'adresse au soleil qui descend à l'horizon, aux montagnes qui s'empourprent, à la nature qui revêt ses teintes les plus vives et ses plus chaudes couleurs. Chacun, l'un après l'autre, va chercher le repos et le sommeil. Le dernier éveillé est encore celui qui le matin a fait le premier entendre sa voix. Le soleil a disparu depuis longtemps, les dernières lueurs du crépuscule luttent à peine avec les ombres de la nuit, que les gémissements plaintifs du merle résonnent encore dans les sapins, solitaires et entrecoupés, terminés assez souvent par des sons rauques et diaboliques auxquels répond seul quelque coucou attardé ou quelque oiseau de marais ; jusqu'à ce qu'enfin, des crevasses d'un rocher ou des profondeurs d'une forêt séculaire, un hibou prenne l'essor en poussant son *pouc* et son *hoho* prolongé et que tous les tons sourds, pleureurs, étouffés, moqueurs, lamentables des chouettes du voisinage y joignent leur sinistre chœur, sorti, ce semble, des profondeurs de l'enfer. Que le soir est différent du matin dans le monde des montagnes, dans la vie des animaux, dans l'âme de l'homme ! Au matin, nous ne retrouvons dans les moindres détails de la nature qu'espérance, que confiance, que bonheur de la vie ; le soir, c'est un autre esprit qui souffle sur le vaste temple de Dieu, un esprit tout à la fois de bien-être et de secrète angoisse, de paix et de vague inquiétude. L'âme se recueille ; elle s'élève à la source de cette activité incessante qui vient en apparence de disparaître pour quelques heures ; elle se demande où est le cœur qui anime et vivifie toutes choses. L'oiselet fatigué se blottit sous le feuillage humide de rosée — et s'endort !

Au milieu du nombre immense d'oiseaux de toute espèce qui peuplent la terre, et dont la moindre partie sans doute atteignent un âge avancé, on est surpris de voir combien on rencontre peu de cadavres d'oiseaux morts de vieillesse ou de maladie. Les animaux malades se retirent-ils, pour mourir, dans les broussailles les plus épaisses? Une sorte de honte les fait-elle se cacher sous les pierres et dans les rochers pour y dérober leurs restes à toute poursuite? Cela se peut. Toutefois nous devons admettre qu'il y a bien peu d'oiseaux qui périssent d'une manière naturelle. Leurs œufs déjà sont exposés à mille accidents, et des ennemis de tout genre détruisent leurs nichées; les oiseaux de proie diurnes et nocturnes, les renards, les chats, les martes, les pies, les belettes, les poursuivent eux-mêmes avec acharnement, en sorte qu'il serait à peine concevable qu'un pauvre animal sans défense pût échapper, seulement quelques années, à tant de causes de destruction. On rencontre plus souvent, il est vrai, des cadavres de corbeaux, mais ceux-là même ont bientôt trouvé des amateurs qui les font disparaître; les grenouilles, les lézards, les poissons, les insectes, laissent bien rarement leurs cadavres sur le sol; les hannetons seuls font exception, parce qu'ils paraissent en quantités inouïes et ne vivent que peu de jours. C'est que la nature possède un admirable système de voirie, au service duquel s'emploient cent forces différentes, becs, dents, serres, pinces, toujours prêtes à purger la terre du moindre cadavre qui s'y trouve.

CHAPITRE V.

LES QUADRUPÈDES DE LA RÉGION MONTAGNEUSE.

Les mammifères, leur nombre comparé à celui des autres vertébrés. — Pauvreté de la montagne. — Espèces extirpées. — Les chauves-souris et leurs mœurs. — La noctule et la barbastelle. — Caractéristique du hérisson. — Les musaraignes. — La taupe. — Place des carnassiers dans le système de la nature. — Distribution géographique et habitudes de la loutre. — Le putois. — La fouine et ses mœurs. — La marte. — L'hermine. — La belette. — Les grands carnivores et leur répartition. — Les animaux hibernants. — Les loirs. — Les souris de la région. — Les lièvres. — Les chamois de forêt. — Le vieux grison du Laseyer. — Les chevreuils et les cerfs.

Pour compléter le tableau des animaux vivant dans la montagne, nous avons encore à parler des espèces qu'on y cherche avant toutes les autres, et qui ont en effet pour nous le plus d'importance et d'attrait. Ce n'est pas que les **Mammifères** y occupent la première place : ils le cèdent de beaucoup aux oiseaux pour le nombre des espèces et des individus; mais leur rang élevé dans l'échelle des êtres animés et leur individualité fortement caractérisée leur ont valu de tout temps, de la part de l'homme, un intérêt particulier.

Parmi les 500 espèces environ d'animaux vertébrés de la Suisse, ce sont les reptiles qui en comptent le moins, à peu près 30; les poissons en ont un peu plus, une 50^{aine}; les mammifères n'en ont guère davantage, environ 60; tandis que les oiseaux, avec leurs 330 espèces, forment près des trois quarts de l'ensemble. Dans la montagne, le nombre total des espèces diminue considérablement; mais le rapport entre les diverses classes reste le même, sauf un léger changement en faveur des mammifères et au détriment des oiseaux. Ce rapport pourrait bien dans la suite changer encore en faveur des premiers. Les oiseaux ont été étudiés d'une manière assez complète pour qu'il y ait peu de chance d'en découvrir de nouvelles espèces; il n'en est pas de même des chauves-souris, des musaraignes, des souris, qui pourraient bien nous fournir plus tard des espèces aujourd'hui inconnues. Nous ne trouvons dans le nombre des mammifères, autant du moins que nous pouvons le conclure des observations faites en deçà et au delà des Alpes, aucune espèce qui soit tout à fait propre à la Suisse; toutes lui sont communes avec les pays voisins. L'Allemagne a de plus que nous quelques espèces de chauves-souris et de souris, le zisel, le hamster, le lapin sauvage, le castor, l'élan, et plusieurs espèces de mammifères marins.

Il semble au premier abord que notre patrie, et tout particulièrement nos chères montagnes, soient assez favorables à la multiplication des mammifères, car elles renferment de grandes forêts, de vastes solitudes, des districts entiers presque inaccessibles. — Mais à considérer les choses de plus près, cet avantage disparaît entièrement. La culture fait partout des progrès victorieux. Combien nos belles forêts ne sont-elles pas éclaircies et maltraitées! Les chalets n'avancent-ils pas chaque année au milieu des vallées les plus désertes? Les chasseurs, les touristes et les bergers, les chercheurs de plantes et les gardeurs de chèvres ne s'aventurent-ils pas toujours plus avant dans les entonnoirs de montagnes et les labyrinthes de rochers les plus solitaires? Et partout où l'homme pénètre avec sa *tyrannie*, non-seulement la nature cesse de créer des formes nouvelles, mais les anciennes disparaissent ou du moins diminuent considérablement.[1] La liberté civile

---

[1] De même que les progrès de la culture ont fait complétement disparaître pour toujours quelques flores locales intéressantes et quelques rares éléments de leur végétation marécageuse, de même la cessation des pacages d'été et l'introduction de la stabulation permanente ont commencé à faire disparaître de certaines faunes locales les insectes qui vivent dans le fumier, en particulier quelques espèces de bousiers.

dont nous jouissons met un fusil meurtrier entre les mains de tout honnête homme. Et au fond notre nature n'est pas riche à l'excès en forces créatrices ; elles ont à lutter contre la pauvreté du sol et les rigueurs d'un climat qui n'a rien de bien digne d'envie. Quand l'homme fait alliance avec le sol et le climat pour l'opprimer, la nature perd bientôt cette vigueur native et cette abondance qu'elle ne prodigue jamais inutilement.

L'habitant des villages lacustres faisait paître autrefois sur les rivages de nos lacs ses troupeaux de vaches épuisées par la maigre nourriture des marais tourbeux ; des cochons sans défenses se vautraient en foule dans la fange des tourbières ; d'énormes sangliers se creusaient des trous au pied de chênes dix fois séculaires ; de nombreux castors bâtissaient sur nos rivières leurs barrages et leurs étonnantes habitations ; le pesant élan et le cerf gigantesque trottaient au travers de nos prairies humides, l'urus frappait la terre de ses pieds, et le bison à la crinière frisée foulait en beuglant les broussailles de nos bois ; — une partie de ces espèces ont disparu du pays, les autres se sont depuis longtemps complétement éteintes. Il n'y a que cent ans que le daim habitait encore nos forêts ; il n'y en a pas plus de cinquante que le cerf y avait son séjour. Il est rare aujourd'hui de voir une compagnie de sangliers[1] s'échapper de l'Alsace pour tomber sous la balle de nos chasseurs, et plus rare encore de voir un cerf de la Forêt-Noire

---

[1] A la fin du siècle dernier les sangliers étaient encore si nombreux en Argovie que les habitants du cercle de Kulm cherchèrent à les chasser des forêts par le bruit des tambours. Dès lors ils disparurent pour reparaître de loin en loin, venant des Vosges, isolés ou en petites compagnies. En 1835, des laies mirent bas dans le pays, mais elles en furent bientôt chassées de nouveau et ne reparurent plus. Il s'en montre presque toutes les années dans le Jura vaudois ; dans le Jura neuchâtelois, il n'est pas rare de voir de gros sangliers mâles attirés en automne par les troupeaux de cochons domestiques qu'on conduit sous les chênes pour les engraisser. En décembre 1860, on tua à Charmoille, dans le Porentrui, deux sangliers appartenant à une compagnie de trente têtes. Le couvent d'Einsiedlen possède dans son cabinet d'histoire naturelle une tête de sanglier fossile tirée de la molasse d'Uznach.

ou du Vorarlberg traverser le Rhin à la nage et passer rapidement dans nos bois. Quant au fait, affirmé par un naturaliste estimé, de traces de castors retrouvées dans ce siècle sur les bords de la Viège en Valais et de la Reuss, il nous paraît tout à fait invraisemblable, bien que ces animaux aient encore été abondants partout dans le cours du seizième siècle. Par contre, nous n'avons pu réussir à extirper les grands carnassiers, et tous les efforts faits pour les détruire n'aboutiront probablement qu'à en diminuer un peu le nombre. Les localités leur sont ici trop favorables pour que nous n'ayons pas longtemps encore à souffrir de leurs déprédations nocturnes, tandis que l'Allemagne, notre voisine, est depuis plusieurs siècles débarrassée des lynx, des ours et des loups.

Comme nous l'avons déjà fait observer, les diverses parties de notre région montagneuse offrent des différences sensibles quant à leur flore, leurs insectes et leurs reptiles, le côté sud de la chaine présentant déjà un caractère italien et se montrant beaucoup plus riche que le côté nord en espèces et en individus; et encore sommes-nous loin d'avoir épuisé toutes les richesses du Valais et du Tessin. Mais il en est tout autrement quant aux mammifères, car le midi de la Suisse n'a rien ou presque rien de remarquable sous ce rapport.

Les **Cheiroptères** ou chauves-souris forment, comme on le sait, le passage des oiseaux aux mammifères. Ces animaux, semblables aux chouettes par leurs mœurs nocturnes et carnassières et par leur aspect peu agréable, les rappellent aussi par l'effroi que l'homme leur inspire. Nous sommes encore vraisemblablement loin de connaître à fond l'histoire naturelle des espèces indigènes, car leur séjour dans les lieux les plus cachés et leurs habitudes nocturnes rendent cette étude fort difficile. De plus, on ne vient guère en aide sous ce rapport aux naturalistes. Ces animaux, dont on méconnaît d'ordinaire les services, sont en général un objet de dégoût et on les tue toutes les fois qu'on le peut. C'est une chose étrange que l'homme témoigne tant de mépris et une aversion presque insurmontable pour un si grand nombre de créatures dont il ne reçoit que des bienfaits! C'est ainsi qu'il évite ou qu'il poursuit les crapauds et les salamandres qui détruisent une foule de sauterelles, de vers, d'araignées, de mouches et de limaçons; les orvets et les couleuvres, sans lesquels les insectes et les souris pulluleraient; les taupes, les hérissons, les chouettes et les chauves-souris qui ne méritent que notre protection et notre reconnaissance pour tous les bons services qu'elles nous rendent. Ces dernières sont, comme les hirondelles, de précieux destructeurs d'insectes; elles poursuivent leur proie les ailes étendues et la gueule béante et consomment avec un appétit presque insatiable des millions de scarabées, de chenilles, de papillons du chou, de phalènes, de hannetons; elles broient même de leurs dents extraordinairement pointues les durs élytres des bousiers. Des observations faites sur des individus en captivité ont prouvé que les chauves-souris peuvent prendre leur essor du sol, et que le sens du toucher est si extraordinairement développé en elles que, même privées de la vue, elles reconnaissent, sentent les moindres obstacles, et dans leur vol agité les évitent par les plus adroites conversions. Avec cela elles n'ont rien des formes gracieuses et des manières agréables des oiseaux; elles sont farouches et hargneuses, et présentent leur gueule rouge, grande ouverte, à la main qui veut s'approcher d'elles. Elles se laissent difficilement apprivoiser et refusent d'ordinaire, quand elles sont captives, de prendre aucune espèce de nourriture; quelques-unes cependant acceptent du lait. Leur odeur de musc, l'étrange développement cutané auquel elles doivent, soit la membrane huileuse dont elles se servent pour voler, soit dans plusieurs espèces la conformation fantastique des oreilles et du museau, leur pelage livide, leurs sifflements aigus et leurs grognements, leur petite queue et leurs griffes, n'ont certainement rien d'attrayant; néanmoins on pourrait bien leur passer tout cela et les laisser en paix en considération du bien qu'elles nous font. Le préjugé populaire les range avec les crapauds, les sonneurs et les couleuvres parmi les animaux venimeux. Mais elles ne le sont pas plus que ces reptiles, et c'est fort gratuitement qu'on leur prête la sotte passion d'aller se jeter dans les cheveux des passants. Les belettes et les putois, les martes, les chats, et particulièrement les chouettes, leurs ennemis jurés, en font d'ailleurs une assez grande destruction pour que l'homme n'ait pas à craindre, même en les protégeant, de les voir se multiplier outre mesure et lui devenir incommodes.

En hiver, sauf pendant quelques soirées tout à fait chaudes, les chauves-souris disparaissent, et on se demande souvent où ces petits animaux peuvent aller passer la mauvaise saison. Les oiseaux vont au sud chercher les insectes; les vrais quadrupèdes se creusent dans la terre des retraites où ils se mettent à l'abri des atteintes meurtrières du froid. Il ne reste d'autre ressource aux chauves-souris que de se retirer dans des réduits où la rigueur de la saison soit adoucie et d'y demander leur salut au sommeil conservateur de l'hiver. Le monde des insectes a d'ailleurs disparu à cette époque. Aussitôt donc que les froids commencent, elles cherchent les cavernes, les grottes abritées, les vieilles cheminées, et d'autres endroits sombres et tempérés, où, pressées les unes contre les autres, elles s'accrochent avec l'ongle du pouce de leurs extrémités antérieures, et restent endormies jusqu'à ce que la chaleur du printemps les réveille. Leur sang, qui n'a guère que $4°$ R., circule lentement dans leur petit corps; les piqûres, les brûlures, les coupures leur font éprouver des mouvements convulsifs, mais ne les font pas sortir de leur torpeur. Exposées à la chaleur, elles se réveillent peu à peu. Plongées, au contraire, dans une température plus basse que celle de leur retraite, la circulation de leur sang devient plus rapide; il semble que la nature cherche à réagir contre le froid par une production plus abondante de chaleur; mais elle s'épuise bientôt dans ses efforts : la respiration toujours plus précipitée ne fait qu'accroître la faiblesse, et à $0°$ l'animal meurt bientôt au milieu de légères convulsions. Sous quelques rapports, les chauves-souris ont la vie très-dure; sous d'autres, c'est précisément l'inverse. Tandis que la moindre blessure les fait périr, elles peuvent résister fort longtemps à l'action de l'électricité et de la machine pneumatique, et, d'entre tous les mammifères, ce sont elles qui supportent le mieux une privation de nourriture prolongée.

Les chauves-souris recherchent, même en été, les lieux obscurs et retirés, surtout les fentes de rocher, les vieilles masures, les toitures sombres, les arbres creux, les clochers. Elles s'accouplent sous les tuiles et les chevrons des toits; la femelle met bas en mai ou juin deux petits, qu'à l'approche du moindre danger elle emporte accrochés à sa poitrine et défend au péril même de sa vie. En été, elles vivent toujours par paires[1]; chaque ménage a sa réserve de chasse, d'où il expulse tout intrus à coups d'ailes et de griffes, mais surtout au moyen de dents fines et pointues comme des aiguilles. Quand elles tombent par terre, il est rare qu'elles s'en relèvent au vol; elles se traînent plutôt lentement et gauchement jusqu'au mur le plus proche. Leur vol, au contraire, est prompt, sûr, analogue à celui de l'hirondelle, avec des tours et des détours rapides comme l'éclair, surtout dans les espèces qui ont les ailes longues et étroites. De leur œil brillant et perçant elles

[1] Pendant tout le mois de juillet de cette année même, 1868, nous avons observé avec intérêt une colonie entière de chauves-souris qui était établie dans l'intérieur de l'avant-toit d'une galerie. Une seule petite ouverture, de la grandeur d'un trou de souris, leur servait d'issue. Chaque soir, régulièrement, vers 8 heures, elles sortaient l'une après l'autre de leur domicile, où on les entendait se disputer l'étroit passage au milieu de cris continuels. Nous en avons ainsi compté plus de cent individus. La sortie durait à peu près une heure. Une chauve-souris se tenait alors hors du trou, à un pied de distance environ, accrochée contre la muraille, la tête en bas, et à certains intervalles cette espèce de portier ou de factionnaire était relevée par une de ses compagnes qui venait prendre sa place, pour la céder à son tour à une troisième, et ainsi de suite pendant toute la durée de la sortie. Même pendant la journée, nous avons souvent vu un factionnaire monter la garde dans cette position et dans une complète immobilité. La rentrée s'opérait de la même manière entre 3 et 4 heures du matin. Au commencement d'août toute la colonie disparut, chassée probablement par la trop forte chaleur de son habitation. Nous regrettons de n'avoir pas constaté à quelle espèce appartenaient ces chauves-souris. (*Traducteur.*)

aperçoivent les plus petits insectes, et elles les happent avec une précision étonnante.

Nous ne pouvons pas dire exactement combien parmi les vingt espèces environ de chauves-souris qui habitent la Suisse il s'en trouve dans la région montagneuse, car ces animaux ont été peu étudiés jusqu'ici, en particulier dans les cantons du midi; mais en-tout cas le nombre en est assez considérable, et la région alpine elle-même doit en compter environ dix espèces.

La plus commune de toutes, la *Chauve-souris ordinaire* (*Vespertilio murinus*), est le plus grand de nos cheiroptères; elle est d'un gris rougeâtre en dessus, d'un blanc sale en dessous; elle a quatre pouces de longueur et quatorze d'envergure. A la tombée de la nuit, on la voit errer d'un vol bas et lourd autour des villages et des chalets de la région montagneuse jusqu'à la limite supérieure des arbres. On n'a pas encore découvert dans quel endroit cette chauve-souris et la plupart de celles de la montagne passent la mauvaise saison. Il est probable que la plus grande partie quittent la région comme les oiseaux erratiques, et descendent dans les parties plus chaudes du pays pour y passer l'hiver dans quelque réduit. On a trouvé dans le château de Lucens, au canton de Vaud, toute une colonie de ces animaux, qui encombrait complétement le canal d'une cheminée hors d'usage; on a rempli des corbeilles entières de ces petites bêtes engourdies par le froid, et malheureusement on les a tuées. La *Chauve-souris à oreilles échancrées* (*Vespertilio mystacinus*) est presqu'aussi commune et se montre à la même altitude, surtout dans la Suisse centrale; elle n'a que trois pouces de long et huit d'envergure; son pelage est long, d'un brun gris allant jusqu'au noirâtre. La *Chauve-souris de Leisler* (*Vesperugo Leisleri*) est plus rare, elle a $3^1/2$ pouces de long et $10^1/2$ d'envergure; on la voit communément voltiger rapidement à la lisière des bois, et même au Saint-Gotthard jusqu'à leur limite supérieure. Nous citerons encore la *Chauve-souris de Nathusius* (*Vesperugo Nathusii*) de trois pouces de longueur et $8^1/2$ d'envergure, et celle de *Natterer* (*Vespertilio Nattereri*) d'un gris brun en dessus, blanche en dessous, avec des oreilles alongées en forme de cœur, qui a été trouvée derrière des contrevents dans la vallée d'Urseren. La *Pipistrelle* (*Vesperugo pipistrellus*) qui n'a que 2 1/2 pouces de longueur, et le *Maurus* (*Vesperugo maurus*) d'une taille un peu plus grande, et trouvée dernièrement pour la première fois par Blasius, monte dans les Alpes jusqu'à la limite des bois et même au-dessus. La *Chauve-souris bicolore* (*Vesperugo discolor*) d'un brun foncé lavé de blanc, s'élève presqu'aussi haut, tandis que la *Sérotine* (*Vesperugo serotinus*) des Alpes du sud monte à peine au-dessus de la région montagneuse. L'*Oreillard* (*Plecotus auritus*), aux oreilles d'une longueur démesurée, a été trouvé dans la vallée d'Urseren; et la *Barbastelle* (*Synotus barbastellus*), remarquable par la largeur des siennes, se rencontre jusque dans les chalets les plus élevés des Alpes centrales. C'est à peu près à la même zone qu'appartiennent les deux chauves-souris qui se font remarquer par l'étrange conformation de leur museau, savoir : le *petit Fer à cheval* (*Rhinolophus hipposideros*), qu'on rencontre jusqu'au-dessus de la région des bois, et le *grand Fer à cheval* (*Rh. ferrum equinum*), plus grand et plus rare, qui, en été, se trouve dans nos Alpes et dans celles du Tyrol jusqu'à la hauteur de 6,000 pieds. Nager croit avoir trouvé dans la vallée d'Urseren la *Chauve-souris de Nilson* (*Vesperus Nilsonii*), découverte récemment dans le nord de l'Europe, mais qu'on ne supposait pas pénétrer dans le midi au-delà du Harz; elle n'a pas tout à fait 4 pouces de long, son envergure est de 10; elle a le dessus du corps d'un brun noir foncé, le dessous plus clair. Blasius croit que, comme un oiseau de passage, elle pénètre pendant la dernière moitié de l'été jusque dans le voisinage de la Mer-Blanche, embrassant ainsi dans ses migrations une étendue de dix degrés en latitude.

Passant maintenant à l'ordre des **Carnassiers,** nous rencontrons d'abord, parmi les *Insectivores*, le *Hérisson* (*Erinaceus europæus*), animal bien connu, paisible, plus étrange encore que les précédents, et qui habite les plaines, les collines, et les montagnes jusqu'à la région alpine. Il est couvert d'aiguillons cornés, blancs, tachetés de noir, qu'il peut hérisser à volonté, mais qu'il ne peut lancer comme des dards, ainsi qu'on le croit souvent. Il se creuse lui-même un trou dans la terre et sous les racines des arbres; au crépuscule, il en sort avec circonspection et va se dandinant dans les haies, les buissons et les bois à feuilles caduques, à la chasse des petits oiseaux et de leurs œufs, des vers, des lézards, des grenouilles, des serpents, des scarabées, des araignées, des racines et des baies. Malgré sa lenteur, le fin matois sait fort bien attraper les souris. Il saisit les taupes au moment où elles font leurs levées de terre, et les jeunes rats sont pour lui un morceau friand. S'il peut accrocher des raisins ou des poires, il les mange aussi avec un plaisir tout particulier. Pline raconte qu'il se roule sur les fruits qu'il rencontre par terre et qu'il les emporte ainsi à son trou plantés à ses aiguillons; ce fait, démenti plus tard, puis affirmé de nouveau, mériterait d'être vérifié. La femelle met bas en juin quatre à six petits aveugles, blancs, tantôt sans aiguillons, tantôt munis d'aiguillons extrêmement courts, encore mous et couchés en arrière au moment de la naissance. En captivité elle les dévore aussitôt nés, mais en liberté elle les nourrit avec soin de limaçons et de vers de terre. A l'approche du danger, le hérisson se roule dans son armure d'aiguillons; aussi n'a-t-il guère d'autres ennemis que le renard qui le couvre d'urine et le tourmente jusqu'à ce qu'il puisse le saisir au museau, et le grand-duc qui le prend quelquefois et l'avale avec tout son appareil de piquants. Malgré cela, et quoique ses portées soient assez nombreuses, il n'est nulle part très-abondant; il souffre beaucoup du froid, surtout quand il est jeune, et il n'est pas inouï qu'il périsse et tombe en putréfaction dans son quartier d'hiver, quand il est mal garanti. Cependant on ne peut pas dire que ce soit un animal rare; on en fait lever quelquefois quatre ou cinq dans une haie, et il y a des automnes où ils se montrent en quantité étonnante. Dans quelques districts, on ne le trouve absolument que dans les vallées et jamais sur les montagnes; c'est le cas pour les cantons de Glaris et d'Uri; dans d'autres, comme le Tessin, l'Engadine, la vallée d'Urseren, il est tout à fait inconnu. Les hérissons s'apprivoisent aisément et amusent beaucoup par leurs vives et comiques escapades, par leurs manières timides, mais réfléchies. Les chiens se jettent sur eux avec fureur, mais ils se retirent bien vite en hurlant, le museau blessé et tout en sang. En captivité ils donnent souvent beaucoup de mal aux souris; cependant ce n'est pas toujours le cas, car nous en avons possédé un qui mangeait avec une souris, au même plat et dans la meilleure harmonie. Le hérisson dort pendant l'hiver et, comme le blaireau, pendant les heures les plus chaudes des journées d'été, dans le trou profond qu'il s'est creusé avec ses ongles acérés; il ressemble alors à une pelote de piquants. Son sommeil d'hiver commence de bonne heure; sa respiration devient très-irrégulière; quelquefois elle s'arrête complétement pendant un quart d'heure pour se précipiter ensuite et se renouveler jusqu'à trente ou trente-cinq fois dans un court intervalle. La température de son sang monte en été jusqu'à 29° R. pour descendre peu à peu ensuite avec la température de l'air jusqu'à près de 0°.

Cet ami de la paix et de la solitude est extraordinairement dur à l'action des poisons, et la manière dont il chasse la vipère, ainsi que le raconte le docteur Lenz, est un trait de mœurs des plus intéressants. En vieux chasseur expérimenté, le hérisson s'approche d'abord doucement et avec prudence de la bête venimeuse, qui, ayant la conscience de ses terribles armes, ne songe pas à prendre la fuite. Arrivé près d'elle, il tourne tout autour en la flairant et lui donne un coup de dent pour l'exciter. Le reptile se redresse alors en sifflant, et se jette avec rage sur son adversaire pour le mordre. Celui-ci, sans se déconcerter, baisse un peu la tête, présente ses piquants à la vipère qui exerce en vain sa rage contre eux, puis il lui donne de nouveau un vigoureux coup de dent. La vipère, loin de reculer, devient furieuse et s'épuise en sifflements et en morsures. Alors l'assaillant, relevant un peu le museau et profitant d'un moment favorable, lui broie la tête, les dents, l'appareil venimeux, et avale le tout à la fois, pour manger ensuite lentement et à son aise le reste du corps. Quand même il a reçu dans la mêlée une douzaine de morsures à quelques parties délicates, comme le museau, les oreilles ou même la langue, il ne s'en inquiète guère : les membres blessés n'enflent seulement pas, et l'animal n'est pas plus malade que les nourrissons qu'il allaite. Il n'est pas non plus fort sensible aux autres poisons. Les cantharides, dont une seule suffit pour occasionner à un chien de vives douleurs, il les mange impunément par centaines; il peut avaler de même des doses considérables d'opium, de sublimé corrosif, d'arsenic et d'acide prussique. La liqueur âcre des crapauds ne lui plaît pas précisément; car, lorsqu'il veut manger un de ces reptiles, il a soin, après chaque coup de dent, de s'essuyer le museau contre la terre. Les anciens connaissaient déjà l'étrange faculté que possède le hérisson de résister à l'action des poisons, et ses combats avec les serpents. De nos jours, A. Brehm, dans ses voyages au nord-est de l'Afrique, a vu de ses yeux cet animal attaquer et manger avec le plus grand sang-froid des scorpions, qui dans ce pays ont 5 ou 6 pouces de long, peuvent par leur piqûre occasionner la mort d'un enfant, et dont la simple vue met en fuite les chiens et les singes. Les Romains chassaient le hérisson parce qu'ils se servaient de sa peau pour carder le drap. Nos paysans ne lui permettent pas de s'établir sous les écuries, parce qu'ils sont convaincus que son voisinage diminue considérablement le lait de leurs vaches.

Différentes espèces de Musaraignes vivent, ainsi que l'innocent hérisson, cachées dans la région montagneuse. Ce sont des animaux effilés, à tête pointue, à museau allongé, à mœurs nocturnes comme le hérisson, et qui se tiennent d'ordinaire dans les trous de souris et les galeries de taupes. Les naturalistes ne les connaissent encore que d'une manière assez imparfaite. Par suite d'un absurde préjugé qui, avec tant d'autres, s'est répandu dans le peuple depuis Aristote, les paysans considèrent les musaraignes comme venimeuses et leur donnent la chasse, quoique leur genre de nourriture consistant exclusivement en larves, en insectes, en vers, en souris et en animaux morts, dût plutôt leur assurer notre protection, et qu'elles ne fouillent pas seulement le sol. Elles sont extraordinairement voraces, presqu'insatiables, et même se dévorent entr'elles en poussant des cris et des sifflements aigus. Elles sont si sensibles au froid et à la faim qu'elles en périssent en peu de temps. Elles ont peu d'intelligence, de petits yeux qui voient assez mal, mais un odorat développé; elles sont sans cesse à flairer en tout sens avec leur museau mobile; cependant elles ne manquent ni de gentillesse, ni d'agilité, et c'est plaisir de les voir jouer et se quereller au soleil près de l'eau, ou disputer à un lézard la possession d'un insecte.

Les espèces qui se trouvent répandues partout dans la région des collines et dans celle des montagnes, y compris la vallée d'Urseren, sont: la *Musaraigne ordinaire* (*Sorex vulgaris*), très-abondante, sentant le musc, à queue longue, d'un pelage brun foncé en dessus, gris blanchâtre en dessous, qui guette la souris des champs et saute comme le lynx sur le dos de sa proie pour la dévorer (on en a trouvé dans la vallée supérieure de la Reuss une variété rare toute blanche); la jolie *Musaraigne leucodonte* (*Crocidura leucodon*) d'un brun ou rougeâtre ou noir en dessus, blanche en dessous; la *Musette* (*Crocidura araneus*) d'un gris brun en dessus et clair en dessous, qui vit dans les champs, les jardins et les maisons; et la *Musaraigne d'eau* (*Crossopus fodiens*) d'un noir brillant en dessus et blanche en dessous, qui vit ordinairement sur le bord des ruisseaux, nage fort bien grâce aux poils raides qui garnissent l'entre-deux de ses doigts et font l'office de membranes natatoires, et à sa queue qui lui sert de gouvernail; elle cherche au fond de l'eau, et même sous la glace, les sangsues, les larves, les écrevisses, les têtards et les petits poissons dont elle fait sa nourriture, retournant quelquefois les cailloux pour les y découvrir; on prétend même l'avoir vue s'accrocher au dos de plus gros poissons et leur dévorer les yeux et la cervelle. La jolie *Musaraigne pygmée* (*Sorex pygmæus*), brune et de $1^1/_2$ pouce seulement de longueur, a été observée par Conrado de Baldenstein dans le Domleschg, où elle vit aux dépens des ruches. En hiver, tous ces petits animaux, qui ne s'endorment pas, mènent une vie tout à fait misérable; aussi en trouve-t-on souvent alors de gelés. Leur forte odeur de musc, qui provient de deux rangées de glandes situées aux deux côtés du ventre, les préserve heureusement de la poursuite des chats.

Les travaux de leur commère la *Taupe* (*Talpa europæa*) sont autrement visibles sur les pâturages et les prairies. Ce petit quadrupède se trouve non-seulement partout dans la région montagneuse, mais encore bien au-dessus de la limite des arbres dans la région alpine. Comme la taupe et le rat fouisseur soulèvent également la terre en creusant leurs galeries, ces deux animaux sont quelquefois confondus par les paysans. Ils sont cependant faciles à distinguer, la taupe par son corps informe et cylindrique, son pelage velouté, brillant, d'un bleu noir profond, et ses extrémités antérieures élargies en forme de disque; le rat fouisseur par son dos de couleur marron ou d'un noir rougeâtre et son ventre gris bleu. La queue de la taupe est beaucoup plus petite que celle du rat fouisseur. Tous les deux ont des yeux excessivement petits, profondément cachés dans une couronne de poils. La taupe appartient à la famille des insectivores et nous rend, comme telle, de très-grands services; le rat fouisseur, au contraire, est un rongeur qui vit principalement de racines, de tubercules, de graines et de fruits et fait beaucoup de mal dans nos champs et nos prairies. Les taupiers distinguent immédiatement à la terre soulevée s'ils ont affaire à une taupe ou à un rat fouisseur, car dans le premier cas la terre est beaucoup plus fine et plus régulièrement travaillée, dans le second il s'y mêle des morceaux grossiers et de petites mottes. Il existe dans notre pays plusieurs variétés de taupes; ainsi sur le Randen, dans le canton de Schaffhouse, on en trouve une jaune, de la couleur des pois; dans le canton de Vaud, il y en a de blanchâtres, d'autres d'un jaune-orange, d'autres grises avec des taches foncées. On a remarqué que celles qui ont le dos blanc et le ventre jaunâtre sont régulièrement plus grandes, d'un pelage plus fourré, avec le museau large, plat, en fer à cheval.

La taupe ne se montre presque jamais à la surface de la terre, quoiqu'elle y vienne chercher la mousse et les feuilles dont elle tapisse son habitation, et qu'en hiver elle fasse volontiers des excursions entre la neige et le gazon. C'est dans la terre qu'elle creuse ses longues galeries en zigzag, avec leurs communications transversales, reliées à sa demeure par un boyau en droite ligne. Et que ferait-elle à la lumière ? Ses yeux sont si petits qu'elle peut à peine distinguer le jour de la nuit ; c'est dans le sol qu'elle trouve le plus sûrement les larves et les vers dont elle fait une énorme consommation et qu'elle a toujours soin, avant de les avaler, de nettoyer avec les pattes de devant; elle fait même par aventure un friand régal dans ses galeries quand elle vient à y rencontrer un crapaud, un triton, un lézard, quelque musaraigne ou quelque souris, qui s'y sont introduits imprudemment. Elle s'attaque même à de petits oiseaux, aux orvets, à des couleuvres de grande taille, et le plaisir qu'elle éprouve à les dévorer est aussi incontestable que le courage dont elle fait preuve en les attaquant. Quand une fois elle tient un adversaire, elle ne le lâche plus : c'est un combat à mort. Elle sort de terre à l'improviste, donne un coup de dent, rentre aussitôt dans son trou pour reparaître l'instant d'après, fait une nouvelle blessure, renouvelle ses attaques avec toujours plus d'audace, et finit par se rendre maître de l'ennemi. Ces sorties et ces combats sont vraiment très-curieux à observer. Hors de ces cas, elle reste tranquillement dans ses galeries, qu'elle creuse de préférence dans les terrains meubles et gras où la récolte des vers est abondante. Elle y court aussi rapidement qu'un cheval au trot, et travaille continuellement, même en hiver, à ouvrir de nouveaux souterrains. Son museau en boutoir, comme en général son organisation tout entière, est admirablement adapté à ce genre de travail. Un petit prolongement cutané lui sert à fermer à volonté le conduit extérieur de son oreille dépourvue de conque, et à empêcher que la terre remuée ne s'y introduise. Les taupes se livrent quelquefois entr'elles, pour la possession de leurs galeries et de leurs nids, des combats à outrance dans la terre, sur le sol ou dans l'eau, et plus d'une fois on a vu les combattants se broyer le museau et les mâchoires, et les vainqueurs dévorer les vaincus jusqu'au dernier morceau. Le tort que nous fait la taupe en soulevant la terre est tout à fait insignifiant; cette terre menue des taupinières peut facilement se répandre sur le terrain environnant et même être employée comme engrais, car elle renferme d'ordinaire des principes fertilisants; en revanche, la grande utilité dont cet animal est pour nous en consommant une masse d'insectes et de souris, rend vraiment injustifiables les poursuites dont il est l'objet. C'est donc péché et folie de le détruire. D'après les expériences faites par le physiologiste Flourens sur des taupes tenues en captivité, ces petits animaux consomment journellement une quantité de vers de terre, d'escargots et de mans, égale à trois ou quatre fois le poids de leur propre corps. Six heures après s'être rassasiés de ces substances peu nourrissantes, ils donnent déjà des signes d'un violent appétit, et si on les laisse deux fois cet espace de tems sans nourriture, ils meurent infailliblement. Une seule taupe consomme en une année un boisseau au moins d'insectes, et ne touche ni à une racine ni à une feuille. Elle a d'ailleurs pour ennemis les chats, la belette et l'hermine qui se glissent dans son trou, et la buse qui l'épie à sa levée de terre. Le poète Rückert lui a dédié les jolis vers que voici :

> La taupe assurément a de bien petits yeux ;
> Mais que servirait-il qu'elle vît beaucoup mieux ?
> Pour bâtir son palais dans le sein de la terre,
> Et saisir en passant l'insecte qu'elle flaire,
>   Il n'était pas besoin
>   Qu'elle y vît de très-loin !
>
> Pourtant, quand elle vient, à la pâle clarté,
> Respirer hors du sol l'air pur des nuits d'été,
> Un rayon lumineux, pénétrant sa paupière,
> Pour refléter le ciel la suit dans sa tanière !
>   Car Dieu mesure aux siens
>   Leur part dans tous ses biens !

On s'est souvent demandé comment il était possible que la taupe se fût introduite dans la vallée d'Urseren, ce haut bassin entouré de toutes parts de rochers ou de montagnes couronnées de neige, et qui n'a d'autre issue que le gouffre effrayant des Schöllenen. Pour expliquer ce fait, on ne peut admettre qu'une paire aventureuse de taupes, quittant les prairies de la vallée inférieure de la Reuss, ait entrepris un voyage de plusieurs heures pour en atteindre le bassin supérieur et s'y fixer. Non, la conquête de cette nouvelle Canaan a dû coûter plusieurs siècles et des centaines de générations. Elle a dû se faire irrégulièrement, par degrés, à nombreuses reprises, par-dessus les places gazonnées et riches en humus des rochers, et avec beaucoup d'interruptions, de reculs, de marches et de contremarches, souvent en hiver entre la roche nue et la neige; et c'est ainsi que probablement par les montagnes latérales, la taupe a découvert, pour la première fois, ces terrains gras et fertiles dont elle a pris possession et où elle s'est promptement multipliée. Elle n'a pas encore pénétré dans la Haute-Engadine.

La seconde espèce européenne de taupe, la *Taupe aveugle* (*Talpa cœca*), qui est indigène dans le sud de l'Europe, doit se trouver d'après Savi dans quelques vallées suisses du pied des Alpes. En 1863, Théobald en a découvert un exemplaire de ce côté-ci de la chaîne, dans les environs de Coire. Cette espèce rare est d'un noir gris foncé, avec les pointes du pelage d'un noir brun, et des poils plus raides, blanchâtres, au museau, aux lèvres, aux pattes et à la queue; en sorte qu'elle paraît en général plus foncée que la taupe commune, à l'exception des pattes qui sont plus claires. En outre, les yeux, qui sont très-petits, sont recouverts par un prolongement de la peau, sous la forme d'une membrane mince et transparente, traversée par une légère fissure, mais qui ne permet pourtant pas d'apercevoir l'œil même. Il est à supposer que ce petit animal est plus commun chez nous qu'on ne le croit. Nous en avons reçu nous-même un exemplaire de Coire, en 1866.

Tous les mammifères dont nous avons parlé jusqu'ici sont des insectivores, d'innocentes créatures qui se contentent de toutes sortes de vermisseaux et d'insectes et sont par conséquent utiles à l'homme. Ce sont en même temps des protecteurs de la végétation, et malgré leur petite taille, ils ont, sous ce rapport, une grande importance. Que de précautions la nature n'a-t-elle pas prises pour conserver l'ordre qu'elle a primitivement établi ! Pendant la nuit, tous les insectes que les oiseaux chanteurs ne peuvent rencontrer pendant le jour deviennent dans les airs la proie des chauves-souris ; sur la terre ils sont poursuivis, ainsi que les souris, ces destructeurs universels, par le hérisson ; sous la terre, et même en partie dans l'eau, ils tombent sous la dent des taupes et des musaraignes. Mais comme la nature a partout une tendance à développer ses premières créations et à donner à ses conceptions une forme plus élevée, le but qu'elle s'était proposé dans l'organisation des petits quadrupèdes, elle l'a complété par la création d'êtres plus parfaits et de plus grandes dimensions : les *Carnivores*. Ceux-ci concourent avec les petites espèces à diminuer le nombre des animaux qui nuisent aux plantes ; seulement, leurs besoins étant plus étendus, leur organisation plus élevée, leurs sens plus développés, il en résulte que leur action destructrice s'étend en même temps sur les animaux utiles eux-mêmes. Ils ont la soif du sang chaud, la passion de la chair fraîche ; mais ils n'ont pas l'intelligence nécessaire pour mettre des bornes à cet instinct. Ils sont immodérés, sanguinaires, même cruels, et troublent en définitive l'ordre naturel qu'ils étaient destinés à maintenir. C'est ainsi qu'ils deviennent les ennemis de l'homme ; ils ne s'attaquent pas seulement aux animaux qu'il peut et qu'il veut utiliser, mais à sa personne elle-même ; de là la guerre éternelle qui règne entre eux et lui.

Ces grands carnivores se distinguent aussi en animaux aquatiques et en animaux terrestres ; mais les premiers, dans notre région relativement pauvre en eaux, se réduisent à un fort petit nombre. Nous ne pouvons même citer ici avec quelque certitude que la *Loutre commune* (*Lutra vulgaris*) ; la petite loutre à pieds palmés (*Fœtorius lutreola*), semblable à la marte, qu'on dit avoir été trouvée sur les bords du lac de Brientz, n'ayant encore jamais été vue dans les montagnes. Au reste, la grande loutre elle-même n'y a été que rarement observée directement; mais ses dévastations sont une preuve trop incontestable de sa présence dans les hauteurs. Elle a de $2\,1/2$ pieds jusqu'à plus de trois pieds de longueur, non compris la queue qui en a de 1 à $1\,1/2$; elle pèse de 15 à 26 livres; elle a la tête petite, large, plate; le museau obtus; les lèvres fortes; les dents très-tranchantes; la gueule bordée de soies grises, raides; de petits yeux bruns; des oreilles courtes qu'elle peut fermer par un opercule; des pieds courts, épais et palmés. Ses poils sont serrés et lisses et, comme ceux de la musaraigne d'eau, empêchent absolument l'eau de pénétrer jusqu'à la peau, du moins tant que l'animal est vivant. Le dessus du corps est d'un brun rouge avec un duvet d'un gris rougeâtre; les joues, le ventre et le cou sont plus clairs; la peau est tellement épaisse que la dent des chiens ne peut la percer.

La loutre est extraordinairement sauvage; son ouïe et son tact sont également développés. Ce n'est que dans les lieux tout à fait écartés qu'elle se hasarde à sortir de jour de son trou, pour s'étendre au soleil sur la rive dont elle s'est emparée; sur les bords habités des rivières, elle ne quitte que pendant la nuit son terrier profond, dont elle a choisi l'emplacement avec beaucoup de prudence. Elle apparaît sans bruit au rivage, l'explore de son œil perçant et se jette ensuite à l'eau. Elle remonte doucement le courant, nageant à la manière des serpents, tantôt entre deux eaux mais pour peu de temps, tantôt le corps à moitié hors de l'eau et alors assez bruyamment, tantôt sur le côté et même sur le dos. Elle plonge à chaque instant et attrape lestement les truites, qu'elle tue et avale tout en nageant. Quand elle prend quelque gros poisson, un brochet ou un saumon, elle apporte à terre l'animal qui se débat entre ses dents, puis, fermant les yeux comme les chats, elle en dévore la chair et en laisse les grosses arêtes et la tête. Elle peut en une seule nuit prendre dans les ruisseaux peu profonds plusieurs douzaines de truites, plongeant près de toutes les grosses pierres et attrapant ainsi plus sûrement dans leur retraite ces rapides nageurs; elle brise les filets des pêcheurs, dévore leurs amorces, saisit les écrevisses dans leurs trous, s'empare quelquefois des merles d'eau, des musaraignes, même des canards, et en quelques heures fait un ravage considérable. Lorsqu'elle est sur le rivage, elle guette continuellement le cours de l'eau, et s'y jette, quand l'occasion se présente, soit pour saisir directement, si possible, le poisson, soit pour le chasser dans quelque cavité du bord. Il n'est pas rare que deux loutres s'associent pour la chasse, l'une descendant le courant, l'autre le remontant, et se poussant ainsi le poisson l'une vers l'autre; les gros, qui voient difficilement en dessous, elle cherche à les attraper en leur plongeant sous le ventre. En hiver, quand les lacs ou les ruisseaux sont gelés, elle se tient en embuscade vers les trous et les places libres, et c'est là qu'on peut le plus aisément la surprendre. Il paraît certain que dans cette saison elle traverse de grands espaces, et même franchit des montagnes de quelque élévation pour se choisir de nouveaux districts de chasse. Si elle manque de poissons, elle se jette sur de petits cochons, des chevreaux, des agneaux, des oies et des poules. L'adresse qu'elle met à chasser, elle l'emploie à se soustraire aux poursuites. Les chasseurs passent souvent plusieurs nuits à attendre la loutre à l'endroit où elle a l'habitude de sortir de l'eau, sans pouvoir seulement l'apercevoir; et tout ce qu'ils y gagnent, c'est que l'animal, se sentant constamment épié, transporte son domicile à une demi-lieue ou une lieue plus bas ou plus haut sur le rivage. Une forte charge de gros plomb à la face tue la loutre, même lorsqu'elle est entre deux eaux. En tirer plusieurs à la fois, comme cela est arrivé à un chasseur zurichois qui abattit d'un seul coup une femelle avec ses deux petits, est une de ces bonnes fortunes qui se rencontrent rarement dans la vie d'un chasseur.

Malheureusement ce grand destructeur de poissons est répandu sur le bord de nos rivières, de nos ruisseaux et de nos lacs, jusque très-avant dans la région montagneuse; cependant nulle part il n'y est commun. Dans le canton d'Uri, la loutre remonte la Reus jusque dans la vallée d'Urseren; dans le canton d'Appenzell, jusque dans la Schwendi; dans l'Engadine, jusqu'à ses lacs poissonneux. Sa voix est, tantôt un fort sifflement, tantôt, comme quand elle est prise ou excitée, un affreux grognement. Elle court assez vîte sur la terre, et fait même des sauts de plusieurs pieds de hauteur; cependant elle nage et plonge avec bien plus d'aisance. La femelle met bas de 2 à 4 petits, à des époques tout à fait indéterminées, souvent au milieu de l'hiver. Si on parvient à les prendre, on peut les élever et les dresser comme des chiens; ils deviennent alors extraordinairement familiers, s'attachent à leur maître comme le phoque, ne s'éloignant pas de sa chaise, le gardant, le défendant par leurs grognements et à coups de dents contre l'homme et les chiens, se jetant à l'eau à son commandement et en rapportant en un clin d'œil des poissons qu'ils déposent à ses pieds. Quoique ce soit un animal exclusivement d'eau douce, il va également à la mer sur un signe de son maître, et revient au premier appel, si loin qu'il ait été. La loutre sauvage est au contraire excessivement méchante, indomptable, et se fait plutôt tuer que de se laisser emporter vivante. Elle brise sans peine la jambe du plus gros chien. On sait que sa peau, une fois dégarnie de ses soies rudes, est très-belle et se paie fort cher. Sa chair est extraordinairement savoureuse et passe pour *maigre* en temps de jeûne dans les cantons catholiques.

Les carnivores terrestres de la région montagneuse comptent peu d'espèces : les plus grands appartiennent, à l'exception de l'ours et du blaireau, aux genres du chien et du chat; les plus petits appartiennent à la famille assez nombreuse des *Vermiformes*. Tous habitent la région d'une manière permanente; quelques-uns sont principalement des animaux de montagne ou alpins, d'autres stationnent indifféremment dans la plaine et dans la montagne.

Les carnivores vermiformes sont nombreux chez nous, et cependant on ne reconnait le plus souvent leur présence qu'aux ravages qu'ils font; il est extraordinairement rare qu'ils se montrent, car tous sont plus ou moins des animaux nocturnes. La plupart d'entr'eux se trouvent bien partout : ils s'établissent dans les rochers comme dans les greniers des villes, dans les forêts de sapins comme dans les vergers, sur les toits des maisons comme au bord des ruisseaux glacés. Leur dissémination répond à leur voracité et à leur vivacité; leur astuce sait utiliser toute espèce de séjour; la marte seule n'abandonne guère le bois de sapins qu'elle s'est choisi. Tous sont gracieux, d'une structure légère; leurs jambes sont courtes, leur corps effilé, leur démarche facile et sautillante, leur vue perçante, leur odorat et leur ouïe très-développés, leurs yeux intelligents et vifs, leur fourrure soyeuse et magnifique. Mais tous aussi sont sauvages, farouches, colères, méchants et sanguinaires : leur caractère ne vaut pas leur robe.

Un des plus grands, et peut-être le plus connu, est le *Putois* (*Mustela fœtorius*), poursuivi partout à outrance, et à bon droit. Il mesure environ 1 $^1/_2$ pied, sans compter la queue qui a 8 pouces de longueur. Le pelage est d'un beau brun foncé avec un duvet jaunâtre; les joues sont blanches; le dessous du cou, la poitrine et la queue presque noirs. Pendant le jour, le putois dort ordinairement au fond de sa retraite; pendant la nuit, au contraire, il est toujours en mouvement et d'humeur beaucoup plus inquiète que la marte. Quoiqu'il ait la démarche légère et sautillante de celle-ci, il a l'odorat moins fin, il grimpe et saute avec moins d'agilité, il monte plus rarement sur les arbres, il est moins sanguinaire et moins dangereux qu'elle. S'il parvient à s'introduire dans un poulailler, il se contente le plus souvent de boire les œufs et d'emporter une poule; cependant il est assez rusé, dit-on, pour ne rien voler dans le voisinage de son nid et laisser en paix les poules qui vivent sous le même toit que lui. A la fin de l'automne et en hiver, il s'établit volontiers dans le voisinage des habitations, dans les maisons, les tas de bois, les granges, les pavillons, derrière les parois en planches; de là il se rend dans les champs, incessamment en quête de rats et de souris, qu'il poursuit jusque dans les trous de taupes, et de temps en temps bouleverse une ruche, ou déterre un nid de bourdons, pour en manger le miel dont il est fort friand. Il va aussi sur la glace des ruisseaux pour attraper une couple de grenouilles ou de poissons, surprendre un cincle ou un martin-pêcheur; mais tout cela, de nuit seulement. Quelquefois cependant il reste tout l'hiver dans son quartier de chasse, et des semaines entières de neige ne peuvent le décider à déloger. En été, au contraire, il est plus difficile, et choisit un district plus étendu et plus ouvert. Il erre dans les bois et les champs, monte très-haut dans la montagne, et s'installe, tantôt dans un vieux terrier de renard ou de blaireau, tantôt dans un creux ou une crevasse de rocher, tantôt sous les racines d'un arbre ou dans un vieux tronc, tantôt sur le bord des ruisseaux et des étangs. Au besoin il mange aussi les lézards, les orvets, les couleuvres, et même les vipères qu'il avale tout entières avec leurs dents et leurs glandes venimeuses. La morsure de la vipère ne lui fait pas plus de mal qu'au hérisson. Il préfère de beaucoup les œufs et les petits des oiseaux, et s'empare quelquefois d'une gélinotte ou d'un coq de bruyère pendant leur sommeil; mais ce sont les grenouilles qui forment vraisemblablement le fond de sa nourriture. Les jeunes putois s'apprivoisent aisément, s'accoutument à la maison, et se dressent même à la chasse. On en a vu qui ne craignaient pas alors de descendre dans le terrier du renard et de lui sauter courageusement à la gorge. Les vieux putois sont au contraire des animaux désagréables, toujours turbulents, qui répandent une odeur infecte par leurs glandes anales lorsqu'ils sont agacés, et qui mordent, crient, grognent et glapissent continuellement. Ils ont la vie si extraordinairement dure qu'ils se sauvent encore très-lestement avec une forte charge de plomb dans le corps. Aussi le plus sûr est il de leur tendre des traquenards et des trappes, avec un œuf ou un poisson rôti pour amorce. La chair du putois est immangeable, comme celle de tous les autres vermiformes; sa fourrure a quelque valeur.

La *Fouine* (*Mustela foina*) est semblable au putois par la forme de son corps, et sa manière de vivre; mais elle est un peu plus grande, et plus cruelle, plus meurtrière, plus rusée, plus adroite, par conséquent plus dangereuse; doué de l'odorat le plus exquis, grimpeur et sauteur par excellence, très-rapide à la course et nageur parfait, c'est un animal de rapine accompli dans son genre. Ses dents et ses griffes sont pointues comme des aiguilles; son ouïe est d'une grande finesse, et ses yeux, brillant d'un bleu vert dans l'obscurité, sont perçants (on en a tué dans le Jura une variété d'un blanc pur, à très-longs poils, avec des yeux roses). Souvent aussi, comme le putois, elle vit tout près de nous, sans que nous nous en doutions, dans nos carrières, nos écuries, nos tours, nos maisons. Mais en été elle habite plus volontiers les montagnes, cachée dans quelque fente de rochers, quelque écurie, ou quelque chalet abandonné. De là, d'un pas léger et le dos relevé, elle rôde la nuit sous les buissons et dans les bois, ou bien grimpe aux murs et aux rochers les plus droits, pour atteindre sa proie. Si elle vient à tomber d'une grande hauteur, elle se sert de sa queue touffue comme de balancier, se retrouve bientôt sur ses pattes, se secoue, et continue son chemin. Ce n'est que lorsque la faim la presse qu'elle s'attaque aux souris, aux lézards, aux orvets et aux grenouilles; elle préfère les oiseaux à toute autre nourriture; elle prend au nid les perdrix qui couvent, et vide fort adroitement leurs œufs. Dans la vallée, elle recherche avidement le miel, les raisins, les fruits à noyaux. Mais elle est surtout redoutable dans les basses-cours; elle y fait d'effroyables dégâts parmi les oies, les canards et les poules, saignant tous les volatiles à la tête et buvant leur sang; après quoi elle en entraîne un dans sa cachette. Partout où elle peut introduire sa tête plate et triangulaire, elle y glisse tout le corps. Prise jeune dans le nid, elle devient assez familière, court en liberté en suivant son maître, joue à cache-cache avec lui dans les bois et ne fait jamais de mal aux oiseaux de sa basse-cour.

On ne sait pas encore exactement à quoi tient l'odeur de musc bien connue des excréments de quelques fouines et de quelques espèces du même genre. La seule chose certaine, c'est que plusieurs ont dans leurs glandes anales un liquide d'une odeur très-forte, plus abondant, selon les uns, dans la femelle, selon les autres, au contraire, dans le mâle; mais nous pouvons affirmer du moins que ce n'est pas le cas pour tous les mâles. En effet nous en avons possédé un, pendant plusieurs années, d'une beauté remarquable, qui n'exhalait aucune odeur de musc, même lorsqu'on l'avait le plus vivement excité, et dont les excréments étaient également inodores. La dissection de l'animal nous montra des glandes fort peu développées. Il est probable que la manière de vivre de l'animal, la nourriture, l'accouplement, ont une grande influence sur cette sécrétion musquée. Notre fouine était très-agitée, la nuit surtout; mais elle dormait la plus grande partie du jour. Elle était si familière que lorsqu'on lui montrait un morceau de viande crue en le tenant en l'air avec la main, elle venait le chercher en grimpant lestement le long du corps et du bras. Elle se promenait librement dans notre cabinet d'étude, et n'avait pas l'idée de s'échapper quoique la fenêtre fût ouverte. Le lait et la viande crue étaient ses mets favoris; elle ne touchait ni aux crapauds, ni aux grenouilles, ni aux salamandres; elle se jetait avec rage sur les taupes et les rats morts, les emportait dans un coin de sa cage, et, après en avoir goûté, les cachait dans le foin pour n'y plus retoucher. Elle connaissait et aimait son maître, mais était extrêmement emportée et colère; elle mordit une fois une petite fille au bras, parce que l'enfant s'était prise à pleurer en la voyant s'approcher de sa chaise. Un jour qu'on l'avait emportée assez loin dans sa cage, elle prit un accès de rage incroyable, et, couchée sur le côté, se mit à pousser des cris affreux. Elle grognait et criait quand on la punissait; du reste, un rien excitait sa colère. Les fouines ont encore la vie plus dure que les putois; un de ces animaux atteint de huit grains de plomb à la tête et de plusieurs dans le corps eut la force de courir encore très-loin. La fourrure de la fouine, blanche à la gorge et sous le cou, partout ailleurs d'un beau marron sur un fond de duvet gris, vaut le double de celle du putois.

La *Marte* (*Mustela martes*) est plutôt un peu plus grande que la fouine; son pelage est de même couleur, mais plus brillant, plus fin et plus épais; la gorge, au lieu d'être blanche, est d'un jaune rougeâtre ou couleur de jaune d'œuf. La marte n'habite que les forêts et établit d'ordinaire ses quartiers dans quelque nid abandonné de corneille ou d'écureuil, souvent aussi dans un creux d'arbre ou une fente de rocher. Elle chasse aussi de jour dans les endroits solitaires. Elle est rusée et sanguinaire, et parcourt le branchage des arbres avec une grande agilité; elle grimpe encore mieux que l'écureuil. Comme les espèces précédentes, elle tient beaucoup du chat dans ses manières; ses habitudes se rapprochent étonnamment de celles du lynx et du chat sauvage. Sur la neige fraîche, ses traces forment la figure suivante : · . · . · . · . · . ou bien celle-ci : . · : ˙. · : . · : ; mais les doigts et les pelotes, qui sont fortement velus, ne laissent pas une empreinte bien nette; cette piste est une fois plus grande que celle de l'écureuil. Quand en hiver on poursuit la marte à la trace et que le chien l'approche, on la voit se jeter par grands sauts dans le fourré le plus voisin et grimper sur quelque haut sapin. Souvent alors elle se couche à plat ventre sur une branche, ou se réfugie dans son nid, et de là, avec ses yeux brillants, elle regarde tranquillement le chasseur, et lui laisse ainsi tout le temps de recharger son arme s'il a manqué son premier coup. La marte est répandue dans toutes les forêts de montagne de la Suisse, par exemple dans la vallée de Joux sur le Jura, mais elle n'est commune nulle part, et ne se trouve presque jamais dans la haute région alpine; nous avons rencontré fréquemment sa piste d'une manière tout à fait inattendue dans les parties basses des Alpes d'Appenzell. Sa nourriture est la même que celle de la fouine : elle mange tous les animaux à sang chaud, ainsi que les scarabées et les sauterelles, et ne dédaigne ni les fruits ni le miel. Elle détruit beaucoup de gibier et même des lièvres. Sa fourrure vaut le double de celle de la fouine. Elle est si commune dans le nord de l'Amérique qu'en 1835, par exemple, on en a envoyé de ce pays, en Angleterre seulement, près de 160,000 peaux. On en a trouvé dans les Grisons une variété d'un blanc sale, avec la gorge d'un jaune blanchâtre.

L'*Hermine* (*Fœtorius erminea*) est un charmant animal, un peu plus petit que le précédent, et plus commun dans la plupart des montagnes. Elle a le dessus du corps d'un brun roux, le dessous d'un blanc jaunâtre; la gorge est d'un blanc pur, ainsi que le pourtour de la bouche; l'extrémité de la queue est noire. En hiver, elle devient complétement blanche comme la perdrix de neige et le lièvre des Alpes, à l'exception du bout de la queue qui reste noir. Son changement de couleur au printemps, aussi bien que celui de l'automne, est dû à un renouvellement complet du pelage. L'hermine possède le courage, la vivacité, la souplesse, la rapidité, à un aussi haut degré que les espèces dont nous avons parlé. Elle se tient plus en plein air que dans les habitations, et aux beaux jours du printemps se promène au soleil dans les champs, sur les murs et les rochers; mais c'est le plus souvent la nuit qu'elle se met en chasse. Aussi vive et mobile qu'un lézard, on la voit mettre le nez à un trou de muraille, disparaître aussitôt, puis se montrer presque au même instant à quelque autre ouverture. Quoiqu'elle se nourrisse comme la fouine et le putois, elle n'a rien de la malice, de la méchanceté, de la fausseté qui se trahissent dans le regard de ces animaux; elle a au contraire quelque chose d'aimable et de confiant dans les manières. Sa fourrure d'hiver, au milieu de laquelle on fixe l'extrémité noire de la queue, était autrefois d'un grand prix. En été, l'hermine se rencontre non seulement jusqu'au-delà de la limite des arbres, mais assez souvent sur les champs mêmes de glace de la région alpine. Au fond, on ne tient pas assez compte des immenses services que nous rend ce petit quadrupède, qui poursuit les souris des champs dans leurs souterrains et en détruit infiniment plus que les meilleurs chats. Les taupiers trouvent quelquefois ce redoutable concurrent pris aux trappes qu'ils tendent aux souris dans les champs.

Nous avouons avoir attrapé nous-même plus d'un de ces jolis voleurs au moment où ils se glissaient dans des nids d'étourneaux pour s'emparer des petits.

La *Belette* (*Fœtorius vulgaris*), un peu plus rare que l'hermine, est répandue entre les mêmes limites d'altitude. C'est un animal éveillé, parfaitement gracieux, de moitié plus petit que la marte, de sept pouces à peine de longueur, de un et demi de hauteur; son pelage est d'un rouge brun, avec le dessous blanc; le bout de la queue n'est jamais noire; le corps est un peu plus cylindrique que celui de l'hermine. La belette vit dans les galeries des taupes et des rats, dans les tas de pierres, les trous des murs ou des berges, les aqueducs des jardins et des prairies, souvent aussi en hiver dans les granges, en été dans les fentes de rocher. En hiver, elle ne devient pas blanche comme l'hermine, tout au plus prend-elle une teinte d'un jaune brunâtre; cependant on a trouvé dans nos montagnes et en particulier au Saint-Gotthard, de même que dans les régions arctiques, plusieurs exemplaires de cette espèce entièrement blancs. Ce sont probablement des individus qui sont sédentaires dans les Alpes et qui ne descendent pas en hiver dans la vallée, comme le font la plupart des autres. La belette est un animal éminemment utile; il n'y a pas de meilleur destructeur de souris; aussi devrait-on l'épargner soigneusement, surtout dans les pâturages de montagne si souvent dévastés par ces rongeurs. Elle se glisse avec une admirable dextérité dans les galeries souterraines des souris et les tue avec un acharnement sans exemple; elle tue de même et mange le hamster, qui est trois fois plus gros qu'elle, les rats, les lézards, les orvets, les couleuvres et les vipères; mais si elle n'attrape pas ces dernières au cou et qu'elle se laisse mordre, elle ne tarde pas à mourir de ses blessures. Elle emporte sous le menton les œufs qu'elle a volés. Ce hardi petit quadrupède attaque courageusement les pigeons, les poules, en un mot tous les gros animaux dont il peut espérer de se rendre maître, fût-ce au prix de la lutte la plus acharnée. En été on le voit tantôt seul, tantôt en compagnie, prendre ses ébats sur les prairies et dans les éboulis de cailloux; au moindre bruit il se cache dans la terre ou entre les pierres, mais pour montrer son bout de nez bientôt après quelque autre part. Dans le canton d'Unterwald on en a vu des familles de plus de cent individus (?) à la fois. Les buses et les éperviers le prennent souvent; la cigogne l'avale tout entier avec la peau et les poils. Elevée du nid, la belette devient extraordinairement familière et tout à fait amusante; elle sautille partout et fait les plus aimables caresses à son maître; mais, comme l'hermine, elle répand une désagréable odeur d'ail. Sa fourrure est peu estimée. Un vieux chasseur montagnard racontait qu'il avait une fois tiré une belette, et qu'aussitôt il avait été entouré d'une telle quantité de ces animaux, qui l'avaient attaqué et obsédé, que dès lors il n'avait plus osé en tuer. (!)

Ces différentes espèces de carnivores vermiformes multiplient toutes passablement. L'accouplement a lieu en mars, et est accompagné pour les martes et les putois d'un vacarme effroyable et de combats acharnés. Les femelles mettent bas en avril, ou au commencement de mai, de quatre à huit petits aveugles auxquels elles prodiguent les plus grands soins, et qu'au moindre sujet d'inquiétude elles emportent ou dans leur gueule, ou sur leur nuque. Les petites espèces font plus de bien que de mal; quant aux grandes, c'est le contraire, parce qu'en été elles dédaignent les souris et se jettent sur les volatiles.

C'est le cas à un bien plus haut degré encore pour le chat sauvage, qui est heureusement le *Carnivore* le plus rare de la Suisse. Il se rencontre aussi dans la plaine, mais il préfère d'habitude les forêts de montagne. Le lynx les parcourt également; cependant il habite plutôt la région alpine inférieure, ainsi que l'ours et le loup. Le blaireau paraît au contraire atteindre son maximum en individus dans la région montagneuse, quoiqu'il ne soit pas rare dans les hautes vallées alpines et dans la partie inférieure de la région des Alpes. Son terrier se trouve le plus souvent dans la région montagneuse. Aussi donnons-nous la biographie de cet animal parmi celles des autres animaux de cette région.

Quant à celle du renard, le plus abondant de tous nos carnassiers, nous la renvoyons, pour la rapprocher de celle du loup, à la partie qui traite de la région alpine, quoique le renard soit partout à demeure dans la plaine et dans la montagne comme sur l'alpe. Il est difficile de décider où l'espèce atteint son maximum en individus. Des observations précises prouvent qu'une grande partie des renards de montagne montent en été dans les zones les plus élevées ou tout au moins dans la région arborescente supérieure, mais qu'ils sont remplacés dans la région inférieure par un grand nombre de renards venus des vallées et de la plaine.

Plusieurs carnassiers dorment pendant l'hiver, quoiqu'ils aient le sang plus chaud que les autres quadrupèdes et que l'expérience ait prouvé que d'ordinaire les animaux hibernants sont ceux dont le sang a la température la plus basse. Mais ceux des carnassiers qui sont hibernants, l'ours, le blaireau, le hérisson, les chauves-souris, sont tous plus ou moins paresseux, aimant leurs aises, d'un tempérament froid, et aucun ne dort d'un sommeil hibernal continu. Il n'y a que la marmotte, et elle appartient à l'ordre des **Rongeurs,** qui tombe dans une profonde léthargie semblable à la mort et se préserve ainsi de la mort réelle dont la faim et le froid la menacent pendant l'hiver des hautes régions où elle vit. Les autres rongeurs hibernants, le loir, le lérot et le muscardin, qui habitent tous la région montagneuse, ne tombent dans une torpeur ni si profonde, ni si prolongée. Ils se réveillent, mangent, se rendorment, et cela même en juillet, au moindre retour de froid, bien qu'ils soient depuis longtemps sortis de leur sommeil normal. De ces rongeurs, le loir est un animal nocturne, d'un tempérament comparativement froid : c'est de tous les mammifères celui qui a le sang le plus froid ; le petit muscardin est celui qui, dans cette famille, a le plus de penchant à dormir, et pourtant c'est celui qui a le plus de vie et d'activité ; en sorte que le sommeil hibernal n'est en rapport de causalité ni avec la chaleur du sang, ni avec le genre de nourriture, ni avec la plus ou moins grande vivacité du tempérament. On ne peut pas davantage assigner le sommeil des loirs au manque temporaire de nourriture. L'écureuil, qui leur ressemble sous tant de rapports, ne dort que très-peu pendant l'hiver et se montre à chaque instant sur les sapins; les souris des champs ne s'endorment pas du tout — et tous trouvent leur nourriture.

Les plus abondants d'entre les rongeurs sont, sans contredit, les Souris. Les musaraignes, qui semblent appartenir à cet ordre, sont insectivores et font partie de celui des carnassiers. — Chacun connaît les souris, ces petits quadrupèdes vifs et assez intelligents, vrai fléau qu'on retrouve partout, à la ville et à la campagne, dans la montagne et dans la vallée, les plus nombreux de beaucoup d'entre tous les mammifères. Elles ont heureusement beaucoup d'ennemis, car elles forment le fond principal de la nourriture d'une foule de reptiles, d'oiseaux et de mammifères, et, parmi les poissons, le vorace brochet en attrape plus d'une. Les grandes espèces n'appartiennent pas, cela se conçoit, à notre région qui est en général peu fertile; elles demeurent dans la vallée et dans la plaine. C'est le cas en particulier pour trois espèces: le surmulot, d'un gris brunâtre en dessus, blanc en dessous, à courtes oreilles, importé d'Orient en Europe en 1727, qui a pénétré en Suisse en 1809, et plus récemment jusque dans le canton de Vaud; le rat noir, plus petit, d'un noir brun en dessus et gris noirâtre en dessous, à grandes oreilles, qu'on retrouve déjà dans les restes des établissements lacustres et qui disparaît partout des lieux où se montre l'espèce précédente; enfin le rat d'Alexandrie, découvert par l'expédition française en Egypte et depuis lors introduite dans le sud et l'ouest de l'Europe, de même grandeur que le rat noir, à longues oreilles, gris brun rougeâtre en dessus, blanc jaunâtre en dessous. Cette dernière espèce est commune dans les faubourgs de Genève, et même dans les bosquets des alentours; mais elle ne paraît pas s'écarter de la plaine.

La *Souris domestique* (*Mus musculus*) suit partout l'homme pour prendre sa part des aliments dont il se nourrit. Ce petit quadrupède gracieux et éveillé habite aussi les forêts, où il vit de faînes, de baies, de cadavres d'animaux, etc. Mais en hiver il revient volontiers dans la demeure de l'homme. La femelle met bas, annuellement, en trois ou cinq portées, au moins douze, au plus trente-deux petits, quantité vraiment effrayante quand on pense qu'il est impossible de citer le moindre service rendu à l'homme par ce rongeur. Le *Mulot* (*Mus sylvaticus*), de la même grosseur à peu près, d'un brun rougeâtre, avec le dessous du corps blanc, visite quelquefois en grand nombre les forêts de montagne jusqu'à la hauteur de 5,500 pieds et d'autres fois y manque complétement. Ces petits animaux se creusent dans la terre une galerie de sortie, courte et oblique, et deux autres verticales qui conduisent à un petit nid, chaudement construit et bien garni en automne de graines et de racines qui leur servent de provisions d'hiver. Comme ils ne dorment pas dans la mauvaise saison, ils consomment alors ces aliments; mais quand le terrain n'est pas couvert de neige, ils se montrent souvent aussi hors de leurs trous, cherchant leur nourriture à la surface des champs. La femelle fait par an deux ou trois portées, chacune de quatre à huit petits, et cette abondante multiplication devient souvent un vrai fléau pour la contrée.

Le *Rat fouisseur* ou *Schermaus* (*Arvicola terrestris* ou *amphibius*), beaucoup plus gros que les précédents, fait autant ou plus de ravages qu'eux. Cette espèce est probablement identique avec celle qu'on a nommée le rat d'eau, quoique souvent un peu plus mince de corps que ce dernier, d'un pelage plus clair et avec la queue plus courte. Nous avons déjà parlé du rat fouisseur à l'occasion de la taupe. Jusqu'à l'altitude de 4,000 pieds, ce rat est le fléau des jardins, des champs et des prairies, car il se multiplie considérablement (12—25 petits par an) et détruit les racines d'un grand nombre de plantes et même de jeunes arbres. Il dépose dans son nid souterrain des provisions de fruits, de tubercules, de graines et de racines; il ne se refuse pourtant pas toute nourriture animale. On cherchait autrefois dans le canton du Tessin à conjurer ses ravages par des exorcismes. Le *Campagnol* (*A. arvalis*), plus petit, long de 4 pouces non compris la queue, gris jaunâtre en dessus, blanc jaunâtre sale en dessous, est commun dans toute la région montagneuse, et pénètre fort avant dans la région alpine, tantôt dans les champs, tantôt dans les bois, les jardins et les prés, tantôt même dans les maisons et les écuries. Dans les prairies et les champs en friche, les campagnols se fraient de nombreux chemins dans lesquels on les voit, même de jour, courir de l'un à l'autre des trous qui servent d'entrées à leur habitation. Leur chambre de provisions est presque toujours garnie d'épis, de noisettes, de glands et de baies. Leur multiplication est extraordinaire, car ils font de 6 à 7 portées par an, chacune de 4 à 8 petits. Il paraît que ces souris, par suite de manque de nourriture ou d'excédant de population, émigrent souvent par milliers d'une contrée dans une autre et traversent des rivières à la nage par grandes troupes. Elles ont fait d'affreux ravages dans les prés de la Haute-Engadine dans les années 1826 à 1828.

Outre ces espèces bien connues, on en a récemment découvert quelques autres dans la région, mais dont les caractères scientifiques ne sont pas encore suffisamment déterminés. C'est ainsi que le *Campagnol glaréole* (*A. glareolus*) se trouve dans un grand nombre de vallées alpines des cantons du Valais, de Berne, d'Uri, et des Grisons, de préférence dans le voisinage des bois et des broussailles. Son corps a 3 pouces 8 lignes de long, sa queue 1 pouce 9 lignes. Il est brun rouge en dessus, gris jaune sur les flancs, d'un blanc nettement tranché en dessous. Il n'est pas rare de le voir courir de jour; il se nourrit de végétaux et aussi de substances animales; trois ou quatre fois par an il dépose dans son nid souterrain de 4 à 8 petits. Dans l'été de 1863, Fatio a trouvé en assez grand nombre dans l'Oberhasli une variété (*A. neglectus*) qui appartient probablement à une espèce du Nord, le *Campagnol agreste* (*A. agrestis*).

Les écureuils, les plus aimables d'entre tous les rongeurs, sont de charmantes créatures, gaies, gentilles, vrais singes de nos forêts, qui ne manquent jamais dans les bois de la plaine, ni dans ceux de la montagne jusqu'à la limite supérieure des sapins. Rares dans quelques contrées froides, ils se tiennent en nombreuses compagnies dans les forêts bien exposées, à l'époque de la maturité des graines de sapins. Dans les Grisons, ils s'élèvent jusqu'à la limite extrême de la végétation, à la recherche de l'amande des aroles. Dans ce canton, comme dans plusieurs autres, la variété noire est aussi commune que la rouge; dans d'autres, la première n'existe pour ainsi dire pas; on en a aussi trouvé par-ci par-là une variété toute blanche avec les yeux rouges, du reste toujours rare. De plus, beaucoup d'écureuils deviennent avec l'âge d'un gris argenté.

Les lièvres sont avec les renards l'objet le plus habituel de la chasse dans la région montagneuse, et ce n'est que leur rapidité et leur vigilance, ainsi que leur grande fécondité, qui les préservent d'une destruction complète. Ils sont cependant plus communs dans certains districts de la plaine; car ils préfèrent les lieux chauds et exposés au soleil, qui leur offrent une nourriture plus abondante. Les lièvres de montagne passent pour être plus gros et plus forts que ceux de la plaine; souvent aussi ils sont d'une couleur plus foncée. Le lièvre variable ne se montre qu'en hiver à la limite supérieure de la région montagneuse et paraît y remplacer le lièvre commun; mais dans certaines vallées de montagne fermées, il s'empare du district tout entier, descend beaucoup au-dessous de sa station normale et y remplace complétement l'espèce ordinaire. C'est ainsi que cette dernière ne se trouve nulle part dans le canton d'Uri, excepté dans les forêts du Seelisberg. On a trouvé par-ci par-là sur les Alpes, à la hauteur de 4 à 5,000 pieds, et, dans le canton des Grisons, sur le versant méridional des montagnes jusqu'à la limite des bois, quelques lièvres communs qui paraissaient s'être fixés à cette altitude exceptionnelle, du moins pour l'été; mais, comme les lièvres gagnent volontiers les hauteurs quand ils sont poursuivis, il n'est pas rare d'en rencontrer quelques-uns d'égarés dans la région. Quelquefois on n'aperçoit pas trace de lièvres dans un canton pendant tout l'été, et la première neige qui tombe trahit la présence d'un grand nombre de ces animaux. En apparence stupide, le lièvre connaît admirablement l'art de se cacher; il peut rester des jours entiers dans un épais fourré, et laisse passer le chasseur tout à côté de lui sans se déranger.

L'ordre des **Ruminants** est extrêmement pauvre dans notre région, soit en espèces, soit en individus sauvages. Le daim et le cerf ne peuvent plus, depuis une cinquantaine d'années, y réclamer le droit de bourgeoisie; ils sont au nombre des animaux extirpés. Le bouquetin, qui habitait aussi cette région, en a été chassé et s'est retiré sur quelques sommets inaccessibles des Alpes. Les chasseurs distinguent les *chamois de forêt* et les *chamois de rocher*; les premiers n'habitent qu'en très-petit nombre la région montagneuse, la plupart vivent dans les hautes forêts alpines; quant aux derniers, ils se tiennent presque constamment dans la région la plus rapprochée des neiges éternelles. Cependant il y a quelques forêts de montagne, sauvages, escarpées, parsemées de rochers, appuyées aux hauts pâturages alpins, qui sont fréquentées en toute saison par les chamois; on les trouve, par exemple, dans plusieurs chaînes basses des Grisons, dans les Freibergen du canton de Glaris, dans les Churfirsten, dans le Laseyer au canton d'Appenzell, d'où ils se sont quelquefois égarés jusqu'à Teufen et Urnäschen. Autrefois ils étaient abondants aussi dans les parties boisées des montagnes basses de Sax et de Werdenberg et dans les environs de Gaster. Au Laseyer, vaste forêt du versant nord-ouest de l'Alpsiegel, toute parsemée de rochers, à la hauteur de 3,200 pieds environ, a vécu pendant plus de douze ans un vieux chamois mâle d'une grosseur extraordinaire, large des reins, à tête grisonnante; sa trace sur la neige n'était guère plus petite que celle d'un bœuf, et la distance des pas était à peu près celle d'un cerf six cors (20 pouces du Rhin). Comme tous les vieux chamois, cet animal était d'une prudence extrême, et longtemps il a su échapper à toutes les poursuites. La finesse remplaçait en lui le manque de rapidité; au bout d'une heure de course, il avait déjà l'allure lente et appesantie, mais il n'en savait pas moins déjouer le chasseur. Quand les chiens le lançaient, il se rendait tout à son aise dans un labyrinthe de crêtes et de rochers où il se savait en sûreté. Quelquefois ce vieux grison bien connu se montrait seul; quand il était rencontré par des bergers ou des bûcherons, il passait d'un air réfléchi à une petite distance et sans témoigner aucune frayeur; en automne on l'a vu souvent, en société de cinq ou six femelles et de quelques petits, traverser la forêt ou paître sur quelque pente découverte.[1] Les *Chevreuils* (*Cervus capreolus*) sont bien plus rares dans les forêts de montagne de la Suisse; cependant quelques familles de ces animaux y sont encore établies. Dans plusieurs contrées, le canton de Glaris par exemple, ils ont disparu même avant les cerfs; ils se sont conservés dans d'autres, mais assez misérablement, par exemple dans le Jura, et dans les forêts de montagne bien exposées plutôt que dans la plaine, dans les forêts du Rhin près de Diessenhofen, dans les Grisons, dans le canton de Saint-Gall etc. Dans le canton d'Argovie, le seul où il y ait des districts de chasse bien entendus et soigneusement ménagés, on trouve encore un grand nombre de ces animaux. En 1851, on en a tué un beau mâle sur les montagnes d'Ems et de Reichenau dans les Grisons; au mois de décembre de la même année, on en a tué un autre dans les montagnes d'Appenzell, près de Wolfshalden, et depuis quelque temps il s'en est établi une compagnie aux Fähnern. Plusieurs cantons de la Suisse orientale viennent de promulguer des ordonnances pour la protection de ce gibier. Du reste les hautes montagnes ne lui conviennent guère. Dans l'été de 1865 un chevreuil s'est précipité du haut des rochers de Marnis et a été trouvé sur la Meglisalp par des bergers qui s'en sont régalés. Nous possédons le crâne d'un chevreuil trouvé dans les broussailles de l'Altenalp (5,000 pieds). Le *Cerf* (*Cervus elaphus*), qui à l'époque des habitations lacustres était beaucoup

---

[1] Le fameux chamois du Lascyer a disparu depuis plusieurs années; il est probablement tombé sous la balle de quelque chasseur étranger.

plus abondant dans notre pays que le chevreuil et d'une taille énorme (plus haut qu'un grand cheval), en a disparu depuis le commencement de ce siècle. Dans le canton de Bâle les derniers ont été tués en 1778. En Argovie le dernier tué pesait 4 quintaux; c'était sans doute un animal égaré, qui vint trouver la mort près de Kaiseraugst (1854). Nous devons encore citer le fait remarquable d'un beau cerf huit cors, tué le 13 février 1851 dans le canton de Soleure, et qui s'était tenu longtemps dans le Jura. L'animal était d'un poids extraordinaire; il portait des traces d'anciennes blessures et deux vieilles balles; son bois est conservé au Schlossberg. En octobre 1865 on a tué aussi à Rothenstein, dans le haut Toggenbourg, un magnifique cerf douze cors de 240 liv., échappé sans doute du Vorarlberg. C'est dans la vallée fermée de Münster, dans les forêts de montagne d'Ofen, de plusieurs lieues de longueur, et dans les districts de chasse de Zernetz, que les cerfs se sont conservés le plus longtems (jusqu'à une 15^{ne} d'années en arrière) bien qu'en petit nombre; de là ils s'aventuraient souvent jusque dans les champs de seigle. Martin Serrardi, grand chasseur de chamois à Zernetz, qui a tué deux ours sur l'Arpiglias, abattu un loup et pris un autre loup au piège sur le Praspögl, a tiré aussi deux cerfs, dont l'un sur les hauteurs de Platuns. Aujourd'hui le cerf et le chevreuil sont dans le canton des Grisons sous la protection sévère des lois. Dans d'autres contrées de la Suisse, les cerfs n'existent plus que dans la légende; on raconte par exemple en Argovie, que »Jean le chasseur« attaqué par un cerf qu'il avait manqué, fut emporté sur les cornes de l'animal de l'autre côté du Rhin, où un inconnu lui cria: »Tiens-toi bien Jean, tiens-toi bien!«

C'est ici que nous terminons notre rapide esquisse des animaux de la région montagneuse. Si riche que soit cette région, nous ne devons pas croire qu'on y rencontre, en la parcourant, une grande quantité de vertébrés. Ceux-ci sont en partie des animaux nocturnes, en partie des animaux qui vivent sous la terre ou dans les eaux, et qui ne paraissent par conséquent pas dans le tableau que nous offre le paysage. Les autres ont quelques endroits de préférence où ils se réunissent et où on les trouve en grand nombre, mais on les chercherait vainement ailleurs pendant des journées entières. A l'approche de l'homme, ils se retirent plus ou moins dans leurs fourrés, leurs rochers ou leurs trous, à l'exception d'une certaine quantité d'oiseaux, qui sont toujours les représentants les plus nombreux de la faune des montagnes. Il y a cependant quelques sombres districts où même les habitants emplumés ne se montrent qu'à de rares intervalles, et où aucune forme animale de quelque importance ne vient adoucir le caractère sérieux, sauvage et silencieux de la nature.

A ce coup d'œil d'ensemble nous ajouterons les esquisses biographiques de quelques-uns des animaux les plus intéressants de la région.

ESQUISSES ET BIOGRAPHIES D'ANIMAUX.

I. LES ABEILLES DANS LA RÉGION MONTAGNEUSE.

Les abeilles sauvages. — L'abeille jaune. — Apiculture. — Le meilleur miel. — Triste vie des abeilles.

Qui pourrait connaître, sans l'aimer, ce petit peuple industrieux et actif! L'étonnante économie des abeilles, leurs combats et leurs essaims, leurs mœurs domestiques et leurs métamorphoses n'ont pas encore été étudiés dans tous leurs détails, mais l'ensemble de leur vie, qui nous apparaît comme un modèle d'ordre, d'art, d'activité et d'instinct, a fait depuis longtemps l'admiration de tous les amis de la nature. Si les abeilles faisaient par libre choix et par amour ce qu'elles font par l'impulsion d'une force aveugle et constante, elles occuperaient la première place dans l'échelle des êtres; mais nous admirons moins en elles leurs facultés propres que la sagesse suprême à laquelle elles rendent témoignage et dont elles ne sont que les instruments. Nous devons reconnaître toutefois qu'elles tiennent avec quelques espèces de fourmis un rang distingué parmi les animaux, car nous trouvons en elles des traces d'intelligence et de discernement, de modération, de courage et de préméditation, qualités qui ont à leur service des sens extrêmement développés, l'odorat, l'ouïe, le goût et la vue.

Ce n'est guères que comme animaux domestiques soumis à nos soins que les abeilles se trouvent dans la région montagneuse. Il s'en égare bien parfois dans les forêts quelque essaim qui n'a pas été recueilli à temps; mais si on ne le retire pas, malgré toutes les difficultés d'une pareille opération, du tronc d'arbre dans lequel il s'est logé, il périt l'hiver suivant. Il est à peine besoin de dire que les abeilles ne peuvent pas dans notre pays se maintenir et se multiplier à l'état sauvage; et cependant il ne manque pas de gens qui prétendent qu'il existe dans certaines fentes de rochers inaccessibles des colonies si prodigieuses d'abeilles qu'à certaines époques le miel en découle en abondance. La famille des mouches à miel est cependant assez nombreuse dans notre région. On entend bourdonner par milliers dans les montagnes l'abeille percebois, l'abeille maçonne, l'abeille tapissière, l'abeille nomade, l'abeille coupeuse de feuilles, l'abeille du rosier, l'abeille glutineuse odorante, qui aux premiers jours du printemps voltige autour des chatons des saules en fleur et cache son miel dans la terre, l'abeille à longues antennes, l'abeille cuculide, qui dépose à la façon du coucou ses œufs dans le nid d'autres abeilles à qui elle confie le soin de sa progéniture, etc. Ces espèces s'y rencontrent partout explorant les fleurs, et la plupart à une élévation plus considérable que l'abeille domestique, qui visite exceptionnellement la région alpine, mais n'y pourrait vivre d'une manière permanente.

Les abeilles aiment les fleurs, mais il leur faut aussi un air calme et chaud; elles préfèrent par conséquent les vallées et la plaine à la montagne. Tandis que dans la règle les abeilles ne s'éloignent guère de plus d'une demi-heure de leur ruche, les tourmentes de la montagne les emportent souvent jusque sur les glaciers, où elles périssent misérablement; ainsi on en a trouvé sur les hauteurs du glacier du Trift, qui étaient à moitié mortes de froid. C'est pitié de voir l'un de ces pauvres petits insectes égarés chanceler sur quelque pierre et y périr de faim. A la hauteur de 6 à 7,000 pieds on ne rencontre presque plus d'abeilles butinant avec quelque vivacité. Trois mille pieds plus bas, au milieu de la flore abondante des pâturages de montagne et des pentes abritées, on les voit au contraire voltiger de fleur en fleur avec une joyeuse activité, façonnant les pelotes de pollen qu'elles fixent à leurs pattes, gorgeant leur estomac du nectar récolté au fond de mille corolles qui se balancent gracieusement sous leur poids, puis, leur provision faite, retourner à la populeuse et remuante cité-mère où leurs sœurs les attendent, prêtes à les délivrer du riche butin qu'elles apportent.

De ce côté-ci des Alpes on ne connaissait autrefois que l'abeille brune ordinaire; mais toutes les vallées qui courent au sud, de l'autre côté de la chaine, le Tessin, le Bergell, le Puschlav, le Misox, ont eu dès les anciens temps une *abeille jaune*, qui se trouve du reste dans tout le nord de l'Italie. Elle a le corps plus clair que l'abeille commune; les deux premiers anneaux de son abdomen au lieu d'être noirs sont d'un jaune rougeâtre; les reines sont souvent entièrement d'un jaune doré. On la vante comme étant un peu moins sensible au froid, plus active, plus alerte, plus féconde, et de meilleur caractère que l'abeille commune; elle tire également parti d'un plus grand nombre d'espèces de plantes. Les deux races se croisent facilement. C'est en 1843 que pour la première fois une ruchée d'abeilles jaunes fut transportée du Bergell dans le côté septentrional des Alpes, et dès lors on les a beaucoup propagées en Suisse et en Allemagne.

Du reste on élève beaucoup moins d'abeilles dans la région montagneuse que dans les vallées basses. Les habitants de quelques chaudes vallées alpines des Grisons et du Valais font cependant exception. Le curé actuel de Randa, dans la vallée de Saint-Nicolas, à 4,160 pieds, possède encore un rucher qui prospère. Mais en général, déjà à cette hauteur, l'hiver est trop long et trop rigoureux, la saison de la récolte trop incertaine et trop souvent interrompue. Aussi les montagnards ont-ils en plusieurs endroits adopté l'ingénieuse méthode de transporter leurs ruches. Ils leur font passer l'hiver dans la vallée et laissent leurs petits travailleurs butiner au printemps sur les fleurs abondantes des prairies, sur les grappes parfumées du tilleul et de l'érable et dans les champs de colza et d'esparcette; après les fenaisons, ils montent leurs ruches dans des vallées abritées, où la floraison dure longtemps encore. De cette façon la saison favorable est facilement prolongée d'un ou deux mois. En automne on redescend les ruches pleines, qui pèsent souvent alors jusqu'à 60 ou 80 livres.

Dans toute la Suisse on préfère de beaucoup le miel de montagne à celui qui est récolté dans les vallées. Il est plus transparent, plus fin et plus savoureux, parce que la flore des montagnes compte beaucoup d'espèces odorantes et aromatiques; peut-être aussi parce que les fleurs y ayant moins de sucs, le nectar en est plus concentré et mieux travaillé. Le miel vierge des montagnes des Grisons, de Glaris, d'Appenzell, de Berne et du Valais passe pour le plus distingué; celui de Medels, de Panix et de Tavetsch dans les Grisons, aussi bien que celui du Haut-Valais, tantôt d'un blanc jaunâtre, tantôt d'un blanc pur, est du goût le plus exquis. En rayons, il est naturellement liquide; mais après avoir été coulé, il devient bientôt si ferme et si sec qu'on le conserve en morceaux et que les Valaisans, par exemple, le portent au marché dans des sacs.

Les abeilles, dans les montagnes, font quelquefois d'étonnants voyages; malheureusement elles n'y ont pas seulement à lutter contre le vent, l'orage et le froid, elles deviennent encore la proie d'un grand nombre d'oiseaux, et même d'insectes, en particulier d'un philanthe nommé le mangeur d'abeilles, qui les surprennent et les dévorent au moment où elles sont le plus occupées à exploiter les fleurs. Sans doute ces petits animaux insectivores, parmi lesquels se distinguent surtout par leur voracité les ichneumons à la taille svelte et les guêpes fouisseuses, sont utiles en arrêtant l'excessive multiplication de l'immense famille des articulés; mais on ne peut méconnaître le tort qu'ils nous font en détruisant une grande quantité d'abeilles. On commence enfin chez nous à introduire quelques améliorations dans l'industrie apicole; l'ancienne méthode, si grossière et si cruelle, fait place peu à peu, du moins dans la vallée, à un traitement plus rationnel et l'on substitue à la vieille ruche d'une seule pièce des ruches à hausses, à compartiments, ou à rayons mobiles.

II. LA TRUITE DES RUISSEAUX.

<small>La truite des lacs, le saumon argenté, l'ombre-chevalier et la truite des ruisseaux. — Grosseur et changements de couleur de la truite des ruisseaux. — Ses habitudes et sa propagation. — Ses migrations. — Consommation des truites en Suisse. — Différents modes de pêche. — Les pêcheurs.</small>

La truite est une vraie perle dans les ruisseaux de nos montagnes, et la riche commune de Vallorbe, dans une des vallées les plus poissonneuses du Jura, n'a pas craint de la mettre dans ses armoiries. Cependant elle est loin d'être aussi bien connue des naturalistes que des gourmets : ses mœurs et la détermination de ses différentes espèces présentent encore bien des points obscurs pour la science.

La truite appartient au genre saumon, genre carnivore parmi les poissons, qui présente en Suisse les principales espèces suivantes : 1° Le *Saumon* proprement dit (*Salmo salar*), dont nous avons déjà parlé. 2° La *Truite des lacs* (*S. lacustris, trutta, lemanus*), dont le poids varie de 5 à 48 livres. Dans le lac de Constance, où les plus gros individus passent l'hiver dans les eaux profondes, et dans le Rhin supérieur jusqu'au-dessus de Trons, cette truite remplace le saumon qui est arrêté par la chute du Rhin. Elle se trouve aussi dans d'autres rivières et d'autres lacs de la Suisse comme le lac de Genève, le lac Majeur, celui des Quatre-Cantons. C'est en octobre et novembre qu'elle émigre ; elle fraie dans les rivières, et on la pêche à sa rentrée dans les lacs ;

à Genève, en particulier, on la prend par milliers dans les eaux du Rhône. Il est probable que les truites de 45 livres qui ont été pêchées dans le lac de Sils, dans la Haute-Engadine, appartenaient à cette espèce; du moins il en est certainement ainsi de la truite de 48 livres qui fut prise en 1796 à Mainingen; celles de 10 à 12 livres sont communes dans les lacs de l'Engadine. La truite des lacs est en dessus d'un bleu noirâtre, sur les flancs et en dessous d'un blanc argenté brillant, irrégulièrement tachetée de noir, et souvent aussi de rouge, sur le dos et sur les côtés, particulièrement près de la queue; au temps du frai, le mâle a un crochet à la mâchoire; les nageoires dorsale et adipeuse sont grises, les autres jaunâtres. Dans les lacs du versant méridional des Alpes et ceux de l'Italie supérieure, elle présente des teintes un peu différentes (*S. carpio* L., *Carpione*). 3° Le *Saumon alpin* ou *Truite des Alpes* (*S. salvelinus*) à écailles fines, qui a ordinairement 5 à 8 pouces de long et ne pèse guère plus d'une livre. Cette truite a le dessus du corps d'un brun gris olivâtre, les côtés plus clairs, tachetés exceptionnellement en hiver de points d'un roux jaunâtre, le dessous du corps d'un beau jaune avec les nageoires d'un jaune orangé. Elle se trouve dans presque tous les lacs de la Suisse, et dans la mer à une grande profondeur; en remontant les ruisseaux, elle arrive jusque dans les lacs alpins les plus élevés. Elle appartient ainsi aux poissons de notre région. Sa chair est extraordinairement fine et savoureuse. Cependant il est des montagnes où on la connaît mal et où on la prend pour une variété de la truite des ruisseaux, tandis qu'au contraire elle jouit d'une grande réputation dans les lacs de Bienne, de Neuchâtel et de Zug. On en a pris récemment dans le dernier de ces lacs un exemplaire de plus d'un pied de longueur qui pesait cinq livres; dans le lac de Genève on en distingue trois variétés, une grise, une blanche et une rouge, la plus délicate de toutes. L'endroit le plus élevé où se rencontre ce joli poisson est probablement le Lago Cavloccio (5,875 pieds) sur le territoire de Maira dans le Muretthal, où on le vend comme un mets de premier choix.

4° L'*Ombre-chevalier* (*S. umbla*), qu'on trouve surtout dans le lac des Quatre-Cantons et dans ceux de la Suisse occidentale, où il vit à de grandes profondeurs; il est en dessus d'un vert noirâtre, argenté sur les flancs, blanc au ventre, sans taches, avec des nageoires d'un jaune rougeâtre. 5° Enfin, la *Truite des ruisseaux* (*S. fario*).

Quelques naturalistes modernes ont simplifié la classification des saumons, dont ils réduisent à quatre le nombre des espèces, savoir : le Saumon, la Truite des lacs, à laquelle ils joignent le Saumon argenté, le Saumon alpin, auquel ils rapportent l'Ombre-chevalier, enfin la Truite des ruisseaux.

La Truite des ruisseaux est le plus commun de tous les poissons des eaux de montagne. Il n'y a pas d'enfant chez nous qui ne la connaisse; et cependant il est très-difficile de la décrire, parce qu'elle varie beaucoup quant à ses proportions, sa couleur et les lieux qu'elle habite. Les femelles sont ordinairement un peu plus épaisses et un peu plus courtes que les mâles. Tandis qu'en moyenne ce poisson a une longueur de 5 à 10 pouces et un poids de 3 à 15 onces, il n'est pas rare d'en rencontrer des exemplaires de 2 à 4 livres et même de 6 à 10. Le plus grand exemplaire qui ait été pêché dans le pays depuis quelques années a été pris en août 1857 dans la Thur près de Cappel : il avait 25 pouces de long; en mesurait 18 de circonférence en arrière de la tête et pesait plus de 7 livres. Dans la même rivière, au mois de juin 1860, on en a pêché un autre, au-dessus de Nesslau, qui avait à peu près les mêmes dimensions. En 1861 une jeune fille prit une truite des ruisseaux de 7 livres sur les bords du lac de Seealp, qui, après avoir débordé à la suite d'un orage, s'était retiré, laissant l'animal dans une flaque.

Décrire la couleur de la truite des ruisseaux est une chose fort embarrassante, car cet animal est un vrai caméléon parmi les poissons. Souvent elle a le dos d'un vert olivâtre, tacheté de noir; les côtés, d'un jaune verdâtre, tachetés de rouge, avec des reflets dorés; le ventre, d'un gris blanchâtre; les nageoires ventrales, d'un jaune vif; les nageoires dorsales, ponctuées, avec une bordure claire. Souvent la nuance dominante est beaucoup plus foncée, rarement elle va jusqu'au noir; plus volontiers elle est claire, tantôt jaunâtre, tantôt blanchâtre. On a coutume de désigner les différentes variétés par les noms de truites des Alpes, truites argentées, truites dorées, truites blanches, truites noires, truites des cailloux, truites des bois, sans qu'il ait été possible, jusqu'ici, d'assigner des caractères scientifiques aux variétés déterminées par les nuances extraordinairement variables et chatoyantes de cet animal. On peut cependant dire en général que le dos est foncé, les côtés plus clairs que le dos, à reflets couleur de laiton (cuivrés dans les variétés noirâtres) et ponctués, et le ventre plus clair encore. Les nageoires pectorales, ventrales, et anale sont ordinairement couleur de vin blanc; les dorsales par contre sont d'une teinte grise, avec des taches noires assez souvent mélangées de taches rouges.

Les pêcheurs croient que la couleur des truites dépend principalement de l'eau dans laquelle elles vivent, et qu'elle se maintient avec assez de constance dans les mêmes localités; nous trouvons par exemple que dans les eaux de l'Aa, dans la vallée d'Engelberg, les truites sont régulièrement tachetées de bleu, tandis que dans celles de l'Erlenbach qui s'y jette, les points sont d'ordinaire rouges. Plus l'eau est pure, plus les couleurs en général sont claires. Il en est de même de la couleur de la chair qui, après la cuisson, est tantôt rougeâtre, tantôt jaunâtre, mais dans la règle d'un blanc de neige. Les truites du Lac-blanc (*Weisssee*), sur la Bernina, dont les eaux proviennent de glaciers et prennent du sable qu'elles charrient une couleur laiteuse, sont, sans exception, moins colorées que celles du Lac-noir (*Schwarzsee*) voisin du premier et reposant sur un fond de tourbe. On a fait l'expérience que les truites à chair blanche prennent une chair rouge quand elles sont placées dans une eau renfermant un peu de gaz acide carbonique, et de Saussure raconte que les petites truites pâles du lac de Genève prennent des points rouges quand elles remontent dans certains ruisseaux tributaires du Rhône; dans d'autres, elles deviennent entièrement d'un vert noir; dans d'autres, au contraire, elles restent blanches. Il en est qui prennent des points noirs du moment où on les met dans les réservoirs, d'autres deviennent alors toutes brunes d'un côté, d'autres prennent sur le dos des bandes transversales foncées qui disparaissent de nouveau dans les eaux courantes. On a également trouvé des truites tout à fait incolores, d'autres entièrement brunes ou violettes avec des reflets cuivrés. Bref, les teintes de ces animaux ont quelque chose de si capricieux et de si éminemment variable qu'elles font le désespoir de l'observateur, d'autant plus que souvent dans le même ruisseau et à la même époque on prend des individus de couleurs complétement différentes. Dans le lac du Säntis (Appenzell, Rhodes intérieures), dont l'écoulement est intérieur et communique probablement avec quelque réservoir souterrain de la montagne, on voit fréquemment paraître en grande quantité des truites absolument incolores, d'un gris blanchâtre, et d'autres, au contraire, qui sont tachetées. Nous avons dans ce moment sous les yeux le produit d'une pêche au filet, faite dans le lac de Seealp dont l'écoulement est superficiel, et nous y trouvons toutes les nuances imaginables : en particulier, des truites claires avec des bandes foncées, d'autres tachetées de points de diverses couleurs, quelques-unes même blanches sur la moitié antérieure du corps et foncées sur la partie postérieure. Les truites de la Sitter dans la partie supérieure de son cours sont en général brunâtres en dessus avec toutes les nuances depuis la plus claire jusqu'à la plus foncée, et plus ou moins distinctement parsemées de petites étoiles noires au-dessus de la ligne médiane; d'autres étoiles rouges sont rangées en séries longitudinales, tant sur cette ligne qu'en dessus et en dessous; le museau et le sommet de la tête sont noirs; l'iris est irrégulièrement ombré de noirâtre; la nageoire dorsale est tachetée de noir et l'adipeuse ponctuée de rouge et de noir; les pectorales sont noirâtres, d'un jaune de laiton à leur bord postérieur; les ventrales et la caudale de même, mais bordées en dessous de blanc pur; la queue est noirâtre, rougeâtre en haut et en bas, bordée de blanc à l'extrémité, et beaucoup moins échancrée chez les jeunes individus que chez les vieux, qui, du reste, ont en général des teintes plus vives.

Mais ce n'est pas seulement la constitution chimique des eaux qui influe sur la coloration, c'est aussi la saison, l'abondance de la lumière solaire et l'âge. On remarque en particulier chez les truites des ruisseaux, au temps du frai, une coloration plus vive, analogue à la livrée de noces des oiseaux; des changements dans la couleur se manifestent également suivant la position et les mouvements de l'animal, et, comme chez les serpents, une forte agitation en altère brusquement et d'une manière très-frappante les diverses nuances. Agassiz attribue la coloration des poissons aux reflets des rayons lumineux sur les feuillets cornés, et le coloris périodique et changeant aux huiles diversement colorées, disposées par gouttelettes, qui forment les vraies molécules pigmentaires. Les truites de la région alpine sont souvent tachetées d'un rouge très-vif et, de plus, bordées de rouge à la queue, tandis que la couleur jaune des nageoires et les reflets dorés des flancs se perdent en teintes grisâtres. On rencontre en outre une variété foncée, piquetée et tachetée de noir, qui manque complétement de points rouges, ou du moins n'a que quelques taches rousses sur les nageoires dorsale et caudale, et dans laquelle les reflets cuivrés des flancs disparaissent aussi presqu'entièrement. Dans la Haute-Engadine cette variété se nomme *Schilds*. Il paraît que le versant sud des Alpes a aussi une variété de truites qui lui est propre, car ces animaux y ont non-seulement les points rouges, les reflets métalliques dorés des flancs et les nageoires jaunes communs à l'espèce, mais en même temps des taches et des raies d'un noir bleu si vif qu'ils ont l'air entièrement marbrés.

La large gueule des truites est armée de trois rangées de dents tranchantes et serrées; la langue a de six à huit dents isolées, de même que le palais, le vomer et l'os pharyngien; mais toutes ces dents servent à saisir et à retenir la proie, non à la broyer. C'est tout au plus si les mœurs de ces animaux sont bien connues. On sait qu'ils se nourrissent de cousins, de vers, de sangsues, de jeunes poissons, de vérons, de chabots, de limaçons, de musaraignes, de grenouilles, d'écrevisses, et, dans les réservoirs, de foie de bœuf et autres choses semblables; mais on ne sait pas encore précisément pourquoi ils quittent si souvent les lacs et à quelle distance ils remontent les ruisseaux, ni comment ils peuvent subsister dans les lacs de la région alpine la plus élevée, où en été ils doivent se contenter des plus minces filets d'eau et, où, pendant des hivers de 8 à 9 mois, ils sont recouverts d'une couche épaisse de glace. Ils paraissent éviter les eaux troubles des glaciers et se plaire dans l'eau fraîche et limpide des sources. Aussitôt qu'en mars les neiges et les glaces commencent à fondre et à salir les ruisseaux, les truites les quittent et descendent, par exemple, des affluents du Rhône pour se rendre en masse dans le lac de Genève; on les prend en abondance au-dessous du hameau de Neubrück, au temps où, quittant les deux Vièges de Saint-Nicolas et de Saas, elles se hâtent de gagner le Rhône. Elles passent tout l'été dans le lac, remontent de nouveau le Rhône en automne, et fraient dans les ruisseaux qui s'y jettent. On suppose que la fonte des glaces polaires au printemps est aussi la cause qui chasse le saumon des mers du Nord et le pousse dans les rivières. Mais à ces observations on peut en opposer de toutes contraires, savoir : que les truites vivent aussi, et même en très-grande abondance, dans des lacs alpins qui ne s'alimentent absolument que d'eaux de glaciers, par exemple, dans le Weisssee sur la Bernina, immédiatement au pied du glacier de Cambrena, et qu'il s'en trouve dans des ruisseaux formés presque exclusivement de glaces et de neiges fondues. En général, elles aiment les eaux douces et courantes, et supportent difficilement le séjour des eaux stagnantes, dures et tufeuses.

La truite des ruisseaux, comme celle des Alpes, n'appartient pas à la région montagneuse seulement; elle se trouve encore beaucoup plus haut. Cependant elle ne se rencontre pas au-dessus de

6,500 pieds, excepté dans les Grisons où on la trouve encore à 7,500. C'est ainsi qu'elle vit dans le beau lac de Luzendro (6,400 pieds) sur le Saint-Gotthard, d'où sort la Reuss, dans plusieurs lacs alpins de la Savoie et dans la plupart de ceux des Grisons, dans le Murgsee à la limite des forêts, dans l'Alpsee au-dessous du Stockhorn, et principalement dans la grande majorité des lacs de la région alpine, entre 4,000 et 6,500 pieds, sur les deux côtés de la chaîne; mais, chose remarquable, presque toujours dans ceux de ces lacs qui ont un écoulement à découvert, et rarement dans ceux qui se déversent intérieurement dans la montagne. On ne trouve aucun poisson dans le lac du grand Saint-Bernard (7,500 pieds); les truites qu'on y a introduites n'ont pu s'y propager. Il est difficile de comprendre comment les truites ont pu parvenir à ces lacs élevés dont les communications avec les eaux inférieures sont le plus souvent interrompues par des chutes d'eau perpendiculaires, à moins qu'on ne les y ait introduites artificiellement comme dans le lac d'Oberblegi (4,420 pieds), celui d'Engstlen (5,700 pieds), et d'autres. Il est vrai que la truite est un poisson alerte et vigoureux, et qui possède une grande force d'élasticité; on peut s'en convaincre partout dans les beaux jours de l'été. Steinmüller affirme même avoir vu de ses yeux sur la Mürtschenalp une truite remonter une haute cascade et ne reprendre élan qu'une couple de fois dans le trajet. Mais il y a une foule de lacs à truites dans lesquels il est impossible d'admettre qu'elles se soient introduites de cette façon. Nous devons croire que l'homme a beaucoup fait sous ce rapport, et qu'avant la Réformation en particulier, il s'était prudemment pourvu pour les jours de jeûne, en introduisant de l'alevin en abondance dans les lacs.

Au milieu de toutes ces incertitudes, ce qu'il y a de bien positif et en même temps de fort réjouissant, c'est que les truites des ruisseaux, qu'elles soient grises ou brunes, ponctuées de rouge ou de noir, fournissent entre tous les poissons un des aliments les plus savoureux de la cuisine européenne. Celles qui vivent dans les lacs de montagne ont la chair plus tendre, celles des ruisseaux l'ont au contraire plus ferme. Dans la Suisse entière, indigènes et étrangers les tiennent pour un des morceaux les plus friands, et rendent grâce, sous ce rapport, à la libéralité de la nature. Nous n'avons pas encore essayé de réunir des données statistiques sur la consommation des truites dans notre pays; mais nous ne pouvons guère nous écarter de la vérité en disant qu'elle se monte annuellement à plusieurs centaines de quintaux. Encore est-il juste d'observer que cette masse se compose presque exclusivement d'individus dont le poids ne dépasse guère six onces. On en prend quelquefois en grand nombre en mettant à sec les biefs des moulins : nous en avons vu recueillir de cette façon en quelques heures plus de quatre-vingts livres. Les truites étaient autrefois extraordinairement abondantes dans les lacs de la Haute-Engadine (région alpine); depuis le milieu de mai jusqu'à la Saint-Michel, les pêcheurs étaient tenus de livrer à l'évêque chaque vendredi »500 poissons d'un empan de longueur entre tête et queue, et ceux de Silvaplana et de Sils, 4,500 par année de la dite grosseur.« On en salait, en outre, d'énormes quantités pour les envoyer en Italie. Aujourd'hui elles diminuent presque partout considérablement, parce qu'on les poursuit avec un acharnement impardonnable, même à l'époque du frai.

Les truites fraient en octobre novembre, et jusqu'aux environs de Noël; elles deviennent alors stupides comme le brochet dans les mêmes circonstances, et se laissent prendre à la main; mais elles ont un goût fade. Elles remontent d'ordinaire des lacs dans les ruisseaux, se choisissent sur le sable ou le gravier des places qu'elles creusent avec le museau, à la manière du saumon, et y déposent leur frai composé de petits œufs d'un rouge-orange, de la grosseur d'un grain de chenevis. En tout autre temps, elles sont extrêmement sauvages. Si on parvient à les surprendre se livrant à de joyeux ébats dans quelque eau limpide et profonde, ou à les voir sauter au soleil au-dessus des endroits qui ont peu de fond, elles disparaissent instantanément dès qu'elles vous aperçoivent. Quelquefois aussi on les voit s'arrêter au milieu d'un courant très-rapide, s'y tenir à la même place au moyen de coups de nageoires vigoureux, mais presque imperceptibles à la vue, et y guetter de petits poissons ou des insectes aquatiques. Dans les étangs, il leur faut une source d'eau pure et abondante, un fond de gravier avec quelques grosses pierres, de la profondeur et de l'ombre. On les y nourrit avec de petits poissons, du foie, du poumon et de la rate de bœuf macérés, et de petits gâteaux d'orge pétris avec du sang; elles peuvent cependant jeûner pendant des mois. La pêche à la truite, qui était autrefois en plusieurs localités un droit de régale protégé par des lois sévères, est aujourd'hui libre dans toute la Suisse, à l'hameçon, soit pendant quelques mois, soit dans tout le cours de l'année.

Cependant la plupart des pêcheurs au filet et à la ligne, et ils sont en grand nombre, vivent misérablement de leur ennuyeux et pénible métier. C'est pendant les chaleurs étouffantes qui précèdent l'orage que la pêche est le plus productive : les truites sautent souvent alors hors de l'eau et mordent volontiers à l'amorce. Par certains vents, elle est presque impossible dans les hauts lacs. Au contraire, le souffle tiède du fœhn fait sortir ces animaux des profondeurs et favorise quelquefois la pêche d'une manière étonnante. On a remarqué que nos pêcheurs ont ordinairement un caractère réservé; ils sont taciturnes comme leur proie, et froids comme l'élément dans lequel ils la poursuivent. Habitués à toutes les intempéries, d'une persévérance à toute épreuve, très-fins observateurs, parfaitement au fait des particularités des poissons et des localités les plus favorables à la pêche, ils ne voudraient pas plus que les chasseurs, aussi pauvres et aussi endurcis qu'eux, échanger contre aucune autre la profession qu'ils exercent, de quelques fatigues qu'elle soit accompagnée. Malheureusement ils ont de redoutables concurrents dans les brochets et les ombres, les merles d'eau, les musaraignes, les canards, qui poursuivent activement le jeune alevin, et dans les loutres qui font d'immenses ravages parmi les truites jusque fort avant dans la région montagneuse ; sans compter que les truites elles-mêmes détruisent le frai et l'alevin de leur propre espèce.

La pêche de l'ombre-chevalier est un peu plus difficile, parce que ce poisson, dès l'âge de deux ou trois ans, se tient de préférence dans la profondeur des lacs, de 10 à 40 toises au-dessous de la surface de l'eau, et même, dans le lac de Zug, au pied du Rigi, à 100 toises et plus. On cherche à l'atteindre par des filets de fond. Souvent aussi on leur fait la chasse d'une manière assez compliquée que voici : Les pêcheurs, en automne, chargent leurs bateaux de cailloux et de pierres qu'ils jettent à certaines places au fond du lac. En quelques semaines ces monceaux de pierres se couvrent de vase ; les ombres-chevaliers s'y rendent et, en octobre et novembre, y déposent leurs œufs d'un rouge-orange. Alors chaque pêcheur, ayant choisi sa station et l'ayant marquée par un morceau de bois maintenu en place au moyen d'une grosse pierre et d'une longue ficelle, quand le temps est venu, y descend un hameçon amorcé avec du frai de truite et le remonte rapidement dès qu'il sent que l'ombre-chevalier a mordu. Celui-ci arrive à la surface tellement ballonné par l'air, qu'il meurt immédiatement si le pêcheur n'a soin de lui introduire dans l'extrémité de l'intestin un petit brin de bois en guise d'instrument de ponction. On a aussi remarqué chez la truite un gonflement accidentel et maladif de la vessie natatoire, qui amène le poisson à la surface. C'est ainsi qu'on en a pris sur l'eau des pièces de 27 livres.

III. LES COULEUVRES DE LA MONTAGNE.

Serpents fabuleux. — Les couleuvres du midi et du nord de la Suisse. — Mœurs et propagation de la couleuvre à collier.

La Suisse, comparée à d'autres pays plus méridionaux, est d'une pauvreté digne d'envie en fait de serpents venimeux et non venimeux. On peut s'y promener pendant des semaines de montagne en montagne, au plus chaud de l'été, sans rencontrer un seul de ces animaux. Et cependant nos montagnards savent raconter tant d'histoires, et d'histoires si extraordinaires, sur toutes sortes de serpents, qu'on devrait croire qu'il y a des cantons qui en pullulent au point d'en être dangereux. L'imagination de l'homme s'attache de préférence à ce qui est surnaturel; il croit que le merveilleux seul a quelque droit à son attention. Les plus étranges rêveries ont plus de valeur pour lui que les aperçus les plus intéressants sur une partie quelconque de l'économie naturelle; la sagesse de cette économie le touche fort peu, parce qu'il est incapable d'en saisir l'ensemble. Déjà dans les anciens temps il n'était question dans notre pays que de serpents immenses et affreux à voir. Non-seulement le Trou du Dragon et le Pilate, mais cent vallées, cent gorges de montagne recélaient des reptiles monstrueux et des dragons qui avalaient les pauvres paysans comme un morceau de sucre ou dévoraient des troupeaux tout entiers. La peur et la superstition, qui se donnent toujours la main pour soutenir l'ignorance, prêtaient à ces animaux des ailes, des griffes, une queue à longs replis en spirale, des yeux et une gueule d'où jaillissait le feu, et la tradition, y mêlant ses éléments mythiques, parlait de chevaliers qui avaient, comme Arnold Struthan, livré aux monstres de terribles combats. En attendant, nos naturalistes n'ont pas encore réussi et ne réussiront guère à découvrir les squelettes ou des restes quelconques de ces reptiles fabuleux; mais il n'en sera pas plus aisé de détromper nos paysans sur l'existence de serpents de six pieds de longueur, avec une couronne d'or sur la tête, ou pourvus de vrais membres. L'aversion innée de l'homme contre les serpents lui permet rarement de les examiner avec attention, et l'imagination transforme aisément une couleuvre de quatre pieds de longueur en un monstre de dix. Des empreintes et des restes fossiles ne laissent aucun doute sur l'existence en Suisse, dans des temps antérieurs à l'histoire, de reptiles monstrueux et aux formes les plus bizarres; mais ils ont disparu à l'époque des dernières transformations de l'écorce actuelle de la terre. Wagner, dans son *Historia naturalis Helvetiæ curiosa* du XVII⁰ siècle, raconte une foule d'anecdotes prétendues authentiques sur l'apparition de dragons; il les classe même méthodiquement et avec le plus grand sérieux en dragons ailés, dragons à pattes et dragons sans pattes. Il parle de dragons tués à Burgdorf, à Sax, à Sargans, sur le Gamserberg, sur le Kamor (avec des pattes d'un pied de longueur), à Sennwald, etc., et il accompagne chacune de ces histoires de la description détaillée des formes horribles de l'animal. On trouve encore généralement répandue dans l'Oberland bernois et dans le Jura l'opinion qu'il existe des *serpents de caverne* (*Stollenwürmer*), épais, longs de trois à six pieds, avec deux courtes pattes, qui se montrent à l'approche d'un orage après une longue sécheresse; et beaucoup de personnes honnêtes et respectables protestent en avoir vu elles-mêmes de leurs yeux. En 1828, un paysan de Soleure trouva un de ces serpents dans un marais desséché et le mit de côté pour le porter au professeur Hugi. Mais, en attendant, les corneilles le dévorèrent à moitié. Le squelette fut envoyé à Soleure, où on ne put se rendre bien compte de sa nature, et de là à Heidelberg. Dès lors on n'en a plus eu de nouvelles.

Des quelques espèces de serpents que nous possédons, les vipères seules, nous l'avons déjà remarqué, sont venimeuses; les couleuvres, au contraire, sont toutes d'innocentes et utiles créatures sans venin, qui n'ont jamais ni sucé le lait d'une vache, ni dangereusement blessé qui que ce soit. Les orvets (*borgnes* dans le canton de Vaud), animaux tout aussi inoffensifs, forment le passage des lézards aux serpents et se montrent chez nous jusqu'à la limite des bois. Les couleuvres montent peut-être encore plus haut. La partie méridionale de la Suisse, qui renferme tant de traces de la faune italienne, le Tessin en particulier et le Valais, possèdent dans la région des collines et dans celle des montagnes trois espèces de couleuvres qui, jusqu'à présent, n'ont pas encore été observées en deçà du Saint-Gotthard. La *Couleuvre à taches carrées* (*Tropidonotus tesselatus*) a trois pieds de longueur, elle est d'un jaune brunâtre ou d'un gris verdâtre tacheté de noir. Elle a la plus grande ressemblance avec la vipère rouge, avec laquelle on l'a souvent confondue, quoiqu'elle s'en distingue très-nettement par les grandes écailles qu'elle porte sur la tête. — Les seuls serpents venimeux de la Suisse, nos deux espèces de vipères, ont sur leur tête plate et cordiforme non des plaques ou larges écailles, mais un grand nombre de petites écailles serrées. — Cette couleuvre, qui se plaît dans le voisinage des eaux, présente une variété foncée et une autre presque complétement noire, à écailles lisses et rhomboïdales, qui toutes deux sont assez communes dans certaines montagnes du Tessin. La brillante *Couleuvre verte et jaune* (*Zamenis atrovirens*) et la *Couleuvre fauve* (*Elaphis Aesculapii*), qui ont été trouvées dans le canton de Vaud, en particulier dans le district d'Aigle, et la première aussi au Salève, sont plus rares dans le canton du Tessin que la précédente. Elles sont l'une et l'autre fort belles. La première a rarement plus de trois pieds et demi de longueur; elle est en dessus d'un vert noirâtre avec des taches d'un jaune clair, en dessous d'un jaune verdâtre. C'est probablement la plus rare de nos couleuvres. La seconde a le dessus du corps d'un brun verdâtre avec de petites raies blanchâtres, le dessous d'un jaune clair grisâtre uniforme, sans aucune tache. Elle atteint quelquefois une longueur de plus de cinq pieds; c'est ainsi la plus grande des espèces indigènes. On la trouve à Schlangenbad en Allemagne, vraisemblablement par exception, car elle habite principalement la Hongrie et le midi de l'Europe. Cette belle couleuvre se multiplie peu, grimpe avec une prestesse extraordinaire, ne prend jamais de nourriture en captivité, tout au plus un peu d'eau, et malgré cela s'y conserve de huit à douze mois. En liberté, elle vit de grenouilles, de lézards, de souris et de taupes.

En deçà du Saint-Gotthard nous ne trouvons que deux espèces de couleuvres. La *Couleuvre lisse* (*Coronella lævis*), qui habite les pentes sèches et les vieux murs, est d'un gris rougeâtre brillant, avec deux rangées sur le dos de taches d'un brun foncé; le ventre est blanchâtre ou rougeâtre, marbré de brun; le derrière de la tête est orné de grandes taches d'un brun rouge. Cette couleuvre, de plus de deux pieds de longueur, est très-irritable; elle mord vigoureusement, mais sa morsure est sans danger; elle se nourrit principalement de lézards et d'orvets, met au monde des petits vivants, et se rencontre plus souvent sur les collines que dans la montagne. Nous possédons en captivité une couleuvre lisse qui prend fréquemment de la nourriture, mais jamais de l'eau; elle fait ses repas en notre présence sans se gêner; ils consistent surtout en lézards qu'elle écrase à moitié dans ses beaux replis, non sans recevoir de ses victimes quelques bonnes morsures, et qu'elle avale ensuite lentement en commençant par la tête, opération qui est accompagnée d'une abondante sécrétion de salive. Elle vit paisiblement depuis quelques jours avec un orvet que nous lui avions présenté, et avec les petits que cet orvet a faits dans l'intervalle; tandis qu'elle s'est jetée avec avidité sur d'autres orvets de moyenne grandeur et les petits nouveau-nés d'un *Lacerta vivipara*.

La seconde espèce est la *Couleuvre à collier* (*Tropidonotus natrix*), qu'on trouve partout dans les marais, les buissons et les prairies de la plaine, comme dans les pentes pierreuses des montagnes jusqu'à la limite des bois. Toutes ces couleuvres, autant que nous pouvons en juger d'après nos observations, ont à peu près les mêmes mœurs; elles se nourrissent exclusivement de substances animales, aiment le soleil, passent l'hiver engourdies dans de vieilles galeries de taupes et de musaraignes, dans des tas de fumier, des monceaux de débris ou de terre, et sont toutes ovipares, à l'exception de la couleuvre lisse. La couleuvre à collier est la seule qui nage volontiers, quoique celle à taches carrées se jette aussi à l'eau pour s'emparer des grenouilles et des poissons.

La couleuvre à collier a des taches noires sur un fond d'un bleu d'acier dans sa jeunesse, plus tard, d'un gris olivâtre; les écailles du ventre sont d'un jaune blanchâtre et d'un bleu foncé; la pupille est ronde, noire, avec un cercle d'un jaune d'or; l'iris est d'un brun foncé. Dans la région des collines et du pied des montagnes on a observé deux ou trois variétés de couleurs assez constantes, savoir : une grise olivâtre, une brune rougeâtre, et une troisième intermédiaire, tachetée. La longueur de cette couleuvre est de trois pieds, rarement de quatre. A l'extérieur, la femelle se distingue du mâle par sa longueur un peu plus considérable, sa queue plus courte et plus mince, une couleur plus terne, le jaune plus sale des taches du cou, qui chez le mâle sont couleur jaune d'œuf vif, et par les écailles du ventre et de la queue qui sont claires, tandis que dans le mâle elles sont en général d'un noir bleu. L'existence paisible de ce reptile se passe de préférence dans les forêts humides, dans les hautes herbes et les buissons, au bord des ruisseaux, des marais et des lacs. Il se tient sans cesse dans l'eau froide, guettant les tritons et les grenouilles son mets de prédilection; il se jette sur eux avec la rapidité de l'éclair, tantôt à la nage et la tête relevée au-dessus de la surface de l'eau, tantôt en plongeant au fond. A terre, en appliquant ses écailles aux inégalités de l'écorce des arbres, il grimpe facilement sur ceux qu'il peut envelopper. Il prend toutes sortes d'insectes, de vers, de reptiles, surtout des lézards; en cas de besoin seulement, des crapauds, rarement de jeunes souris, de temps en temps un petit oiseau ou un petit poisson. Mais les grosses grenouilles paraissent être sa nourriture principale : il peut en avaler de six à dix, après quoi il jeûne sans inconvénient pendant six ou huit semaines. Il saisit par la tête la pauvre bête qui se débat et pousse souvent un sourd gémissement d'angoisse. Aussi les grenouilles qu'on donne à des couleuvres enfermées dans une caisse se pressent-elles instinctivement la tête dans les angles, présentant le derrière en avant et en l'air. Cependant le serpent prend quelquefois sa victime par une des pattes de derrière ou toute autre partie du corps, engloutit d'abord ce membre, puis agrandissant peu à peu les muscles éminemment extensibles de ses machoires et de son gosier, y fait passer succesivement tout le reste. Mais le morceau est si gros et les convulsions de la grenouille si violentes qu'une jeune couleuvre reste souvent plus d'une heure à avaler cette proie, tandis qu'une adulte en avale facilement trois en demi-heure. La couleuvre ne touche jamais à des animaux morts, pas même aux grenouilles qu'on vient de tuer. Quand elle est rassasiée, elle tombe dans une espèce de léthargie de digestion qui peut durer plusieurs jours. Dans cet état de demi-sommeil, elle paraît perdre sa sensibilité et son caractère timide, mais d'ordinaire elle a soin de se cacher pour passer cette période en sûreté.

L'accouplement a lieu en avril et mai, époque à laquelle l'animal répand une odeur d'ail repoussante, et au mois d'août la femelle pond 20 à 30 œufs jaunâtres, plus gros que des œufs de moineaux, contenant fort peu de blanc, enveloppés d'une peau semblable à du parchemin et liés ensemble par des fils visqueux. Elle les dépose dans quelque endroit chaud et humide, tantôt dans de la poussière de bois pourri, tantôt dans un fumier, un compost, et même dans quelque écurie de vaches où plus d'un paysan émerveillé les a pris pour des *œufs de coq*. A ce moment déjà, les petits sont passablement formés; ils restent cependant encore trois semaines dans l'œuf, et mesurent plus de 6 pouces à leur naissance. Ils se nourrissent d'insectes, mais ne croissent que lentement; à l'âge de 2 ans ils ont 16 pouces. La couleuvre atteint probablement un âge avancé; du moins en a-t-on conservé des individus en captivité pendant 10 et 12 ans.

En captivité, ces animaux s'apprivoisent très-promptement; il en est pourtant qui restent toujours indomptables, trahissent à chaque mouvement la plus violente irritation, se gonflent, sifflent, se débattent ou tombent raides en convulsions, la langue en dehors de la bouche. On en a même vu qui, au moment où on les prenait, mouraient instantanément suffoqués par la colère. La plupart, au contraire, s'habituent facilement à la présence de leur maître, prennent leur nourriture de sa main et montrent beaucoup d'intelligence. Ils ont besoin d'eau, non pour boire, mais pour se baigner. En liberté, la couleuvre fuit en toute hâte dès qu'on s'approche d'elle; si on la prend, elle se redresse d'une façon plaisante, siffle avec rage et se jette avec une bravoure apparente sur son ennemi; mais dès que celui-ci s'éloigne, elle semble toute heureuse de n'avoir pas de lutte à soutenir. Sa morsure est naturellement sans aucun danger, puisqu'elle n'a pas de dents venimeuses; mais le liquide jaune que sécrètent ses glandes anales a une odeur de bouc. Depuis le printemps la couleuvre change de peau toutes les 4 ou 5 semaines; c'est-à-dire qu'en se frottant le corps entre les pierres et la mousse, elle se dépouille, à partir des lèvres, de la pellicule mince transparente qui la recouvre en entier, les yeux y compris. Elle perd à cette occasion toute gaieté et tout appétit, et elle reste paresseuse et languissante tant que l'opération n'est pas terminée. La nouvelle peau est particulièrement transparente, ce qui rend les couleurs beaucoup plus vives et l'œil beaucoup plus animé. En cet état, le reptile cherche les endroits exposés au soleil et paraît très-sensible au froid et à l'humidité. En captivité, le changement de peau ne peut pas s'opérer complétement sans quelque secours artificiel; faute de quoi, l'animal dont la vieille peau arrête la transpiration tombe malade et meurt. Du reste, même dans l'état normal, la mue le rend irritable et méchant. Un fait curieux qui s'est passé en mai 1864 montre comment cet animal sait se défendre malgré l'absence de toute arme. Le mâle d'une paire de cigognes qui avait son nid sur le clocher de Benken (Gaster) avait pris dans un marais du voisinage une grosse couleuvre, probablement avec l'intention de la porter à sa compagne; mais la couleuvre blessée s'enroula si bien autour du cou de son ennemi qu'elle l'étrangla. On trouva le cadavre de la cigogne encore étroitement serré entre les anneaux du reptile mort.

IV. LE MERLE D'EAU.

Les ruisseaux de montagnes. — Leurs bords et leurs fonds. — Le cincle et ses plongeons. — Ses amours en hiver, son chant, sa mort.

Les ruisseaux de montagnes, limpides comme le cristal, coulent en murmurant au milieu des contrées les plus sévères, dans des pâturages ras, maigres et pierreux, ou entre de sombres sapins, et adoucissent par leurs gracieux contours le caractère stérile et sauvage de la vallée. Ces ruisseaux se présentent sous les aspects les plus variés. Quoiqu'au fond ce ne soit jamais que de l'eau pure courant sur un lit de cailloux, il n'y en a pas deux qui se ressemblent. Chacun a son type particulier qu'il reçoit des localités qu'il parcourt, en même temps qu'il est l'élément principal de la vie qui les anime. Des mille et mille ruisseaux qui sillonnent les montagnes, il n'en est presque aucun qui n'ait ses charmes. Même ces eaux furieuses et dévastatrices qui couvrent le pays de monceaux de décombres, deviennent dans les chaleurs de l'été de minces filets qui, circulant à travers les cailloux de leur lit, ont quelque chose de pittoresque dans leurs mouvements. Leurs bras se séparent et se rencontrent tour à tour au milieu d'un labyrinthe de rochers roulés; ils forment des flaques isolées, de petites îles; ils entourent de leurs ondes transparentes et animées ces îlots couverts de bouquets d'aulnes et de saules, puis, se réunissant de nouveau, se hâtent, enfermés entre de puissants endiguements, d'arriver aux fertiles prairies de la vallée.

Cependant il y a bien plus de charme encore dans ces innocents et paisibles ruisseaux qui traversent la forêt encaissés dans des berges naturelles solides, et qui, recevant leurs eaux des bassins supérieurs, prennent un cours plus égal et plus régulier. La permanence et la pureté des sources qui les alimentent en font le vrai domaine des truites et le rendez-vous d'une foule d'animaux. Leur lit est garni de pierres de toutes dimensions qui deviennent pour ainsi dire une partie vivante de leur être. Les unes, entièrement submergées, sont à demi recouvertes de plantes aquatiques dont les filaments et les longues barbes d'un vert foncé suivent les ondulations du courant. Les plus grandes élèvent leur tête au-dessus de la surface; le thym et les campanules y fixent leur demeure; des centaines de lichens et de mousses bigarrées de toutes sortes de nuances, y forment les dessins les plus variés; les traquets et les bergeronnettes voltigent et sautillent gaiment sur leurs sommets découverts; de jolies libellules bleues exécutent leurs rondes tout à l'entour. Le cristal de ces ondes est si pur qu'on peut y distinguer chaque caillou, chaque grain de sable; les rives en sont bordées de pierres moussues et de buissons de toute espèce. Les troënes et les saules, les bouquets de frênes et d'aulnes, laissent tomber leurs branches en arceaux sur ces eaux tranquilles et y forment les plus gracieuses retraites. Ces retraites sont bien plus nombreuses encore dans le lit même du ruisseau. Il suffit de deux grosses pierres placées l'une à côté de l'autre, pour que les eaux s'arrêtent ou tournoient lentement, tandis qu'à la surface elles poursuivent paisiblement leur cours. Quand le courant est rapide, l'eau se creuse des bassins plus profonds; un bloc avancé en détermine dans le rivage lui-même. C'est dans ces asyles sans nombre que les truites tachetées aiment à se réunir; c'est là aussi que plus d'une fois la nasse et le perfide hameçon viennent brusquement interrompre de joyeux ébats.

Que de poésie, que de charmes, que de beauté même, dans le cours d'un de ces ruisseaux si limpides et si frais! En hiver, ses eaux froides courent entre les surfaces polies des glaces, sous les branches des arbustes courbées par le poids du givre, au milieu de gros blocs couronnés de neige; aux premiers beaux jours, ce sont les corolles bleues des pensez-à-moi qui, comme un sourire du printemps, en parent les rives; en été, ce sont les rosiers sauvages qui s'inclinent au-dessus de sa surface pour demander au miroir de ces eaux la gracieuse image de leurs fleurs; en automne, ce sont les feuilles jaunies de l'érable qui voguent comme de légères nacelles, entraînées par le courant. Toute une société de bons amis prend ses quartiers d'été dans son voisinage, ou s'y fixe d'une manière définitive. Les vers et les escargots, les écrevisses et les araignées, les punaises et les mouches, les cousins et les guêpes, les scarabées, les papillons, les demoiselles se pressent sur ses bords; à cette colonie d'êtres animés viennent bientôt se joindre les salamandres, les tritons, les grenouilles, les crapauds, les couleuvres, la loutre; de loin en loin quelque putois, quelque renard, quelque chat, et une multitude d'oiseaux, attirés par l'eau elle-même ou par les buissons du rivage et leurs habitants. Le martin-pêcheur en fait son séjour de prédilection; mais malgré son soyeux plumage étincelant d'or, de vert et de bleu, c'est un hôte peu aimable de ces lieux; il perche tristement sur une branche, guettant pendant des heures un chabot ou une sangsue. C'est le merle d'eau qui est avec le hochequeue l'habitant le plus gai et le plus enjoué de ces rives.

Le *Merle d'eau* ou *cincle* (*Cinclus aquaticus*) est à peu près de la grosseur du merle noir. Il a la tête et la nuque couleur de terre, le dos d'un brun gris, la poitrine d'un blanc de neige et le ventre brun foncé. Il est toujours en mouvement et relève à tout instant la queue et la partie postérieure du corps. Les cincles n'abandonnent jamais le ruisseau qu'ils ont choisi pour leur domaine; on peut, en descendant un cours d'eau, en poursuivre une douzaine à plus d'une demi-lieue, ceux qu'on n'aura pas tués se retrouveront le lendemain à leur place accoutumée. Ils vivent toujours par paires et se contentent d'un district beaucoup moins étendu que le martin-pêcheur. Lorsqu'on les effraie, ils volent en rasant l'eau et vont se poser à peu de distance sur le rivage ou dans l'eau elle-même. Il n'y a rien dans leur structure qui fasse soupçonner en eux des oiseaux aquatiques; ils n'ont ni pieds palmés, ni long bec, ni longues jambes; cependant ils font plus que de se baigner avec plaisir; ils plongent fort souvent et même parcourent de longs espaces, marchant sur le lit du ruisseau, complétement immergés, et s'aidant de leurs ailes pour avancer et se maintenir sous l'eau. Un observateur prétend avoir remarqué que le cincle entre dans l'eau les ailes entr'ouvertes et qu'il entraîne ainsi une certaine quantité d'air qui l'enveloppe, à peu près comme ces insectes aquatiques qui vivent sous l'eau dans une bulle d'air brillante dont ils savent s'entourer. Nous devons dire que nous n'avons jamais rien vu de pareil, et nous ne comprenons même pas, à supposer qu'un semblable revêtement d'air pût occasionnellement se former, comment il pourrait résister un instant à l'action du courant que le cincle remonte volontiers. Il est vrai qu'il ne se mouille pas le plumage; mais la graisse dont il est naturellement chargé et la densité de sa peau expliquent aisément le fait. D'ailleurs le séjour du cincle sous l'eau dure rarement plus d'une ou deux minutes, et il n'y a rien d'étonnant à ce que ce vigoureux oiseau retienne son souffle pendant un si court intervalle.

Rien n'est joli comme les mouvements perpétuels de ce petit animal. Tantôt il se redresse comme pour montrer sa belle poitrine blanche; tantôt il relève brusquement la queue pour se faire passer une vague sur la tête et le dos; puis il vole lestement sur quelque pierre, court sous un buisson, revient à l'eau à tire-d'ailes, ou y saute de la berge comme le ferait une grenouille. Sa chanson d'hiver en fait le favori de l'homme. Entre des rives couvertes d'une neige épaisse, au milieu des glaçons du ruisseau et des cristaux suspendus à ses blocs, le cincle se dresse sur ses jambes, et de sa voix pure, gaie et sonore il chante, même par les froids les plus intenses, quelques jolies strophes, souvent interrompues par des clappements et des roulements de gosier, — et, sa chanson à peine finie, il retourne prendre un bain dans les eaux glacées du torrent, mettant à plonger, même sous la glace, une habileté sans exemple parmi les oiseaux terrestres. L'eau et le chant, voilà son élément. Il vit, il niche, il chasse auprès de l'eau; c'est là qu'il chante, c'est là qu'il jouit de la vie; et quand, vieux et malade, il a cessé un beau jour de plonger et de chanter, c'est que l'onde familière l'a pieusement reçu dans son sein et doucement l'emporte à la rivière. Et cependant, qu'il est peu de ces charmants oiseaux qui périssent de mort naturelle! Jamais, il est vrai, nous n'avons vu aucun animal poursuivre le merle d'eau; mais il n'y a pas de doute que la cresserelle ou l'autour n'en détruisent un grand nombre, que plus d'un ne soient surpris de nuit sur la pierre du rivage par quelque renard matois, par quelque agile marte, quelque chat, quelque belette ou quelque loutre.

Toutefois cet ami des eaux ne soupçonne guère le triste sort qui l'attend. Sa gaîté est imperturbable et son activité incessante. Il descend dans le cristal mouvant de l'eau pour chercher entre les pierres submergées toutes sortes de larves et d'insectes aquatiques; il happe les cousins et les mouches qui viennent bourdonner autour de lui; il prend même, à ce qu'affirment les pêcheurs, de petits chabots, de toutes jeunes truites et du frai. Cependant il ne fait pas tant de mal à cet égard qu'on le croit communément, car à aucune époque de l'année nous n'avons trouvé dans son estomac ni frai, ni petits poissons, mais seulement de petits mollusques et des insectes aquatiques, en particulier des coleoptères de toute dimension. Il ne craint pas la présence de l'homme, et même sur le caillou du rivage, tourne avec confiance la poitrine de son côté. On le chasse pourtant fréquemment, car sa chair a un goût délicat. Quand le pauvre animal se sent poursuivi, il va quelquefois se cacher dans un buisson isolé sur la rive où, se croyant suffisamment en sûreté, il reste longtemps immobile; quelquefois, lorsqu'on l'a tiré sans le tuer, il cherche à échapper en faisant des plongeons plus prolongés et réitérés, et en courant au fond de l'eau avec une grande agitation.

C'est quelque chose de très-remarquable que cette passion du cincle pour l'eau, et la confiance avec laquelle il s'y plonge. Par le froid comme par la chaleur, il se précipite sans crainte dans les tourbillons les plus violents et jusque dans les ressacs des cascades. Ce qu'il aime le mieux, ce sont les chutes naturelles et les barrages des prises d'eaux; il niche souvent dans les digues et même entre les palettes des vieilles roues de moulin. Du reste, il cache toujours son nid avec beaucoup d'adresse, soit dans des fentes de rocher, soit sous des ponts et des planches de rivière, dans quelque creux ou sous quelque racine du rivage. Le nid, de forme ovale, est soigneusement construit avec de la mousse, des brins d'herbe et des feuilles; l'entrée en est ordinairement cachée par des feuilles, et le tout enveloppé par des frondes sèches de fougères. Les œufs, au nombre de six, sont blancs. Le cincle fait deux pontes par année : une au printemps, l'autre en été; cependant l'époque des nichées est loin d'être fixe, car déjà dans le commencement de janvier on a vu de jeunes cincles nouvellement sortis du nid. Ceux-ci montrent dès leur naissance le même amour pour l'eau que leurs parents. Ils ont à peine quelques jours qu'ils plongent avec le même plaisir et le même courage. Leur plumage est modeste et pourtant agréable; le dessus du corps est d'un gris brunâtre ardoisé, les plumes du dessous sont blanches avec des bords bruns. On prétend en France que les cincles chantent la nuit comme les rossignols, et on les apprécie beaucoup sous ce rapport. Nous en avons observé un bien grand nombre sans avoir trouvé chez aucun cette particularité : nous tenons donc le fait pour erroné, aussi bien que l'existence d'une variété constante à poitrine noire.

Ces charmants oiseaux, qui appartiennent aux ruisseaux comme les moineaux à la ferme, se rencontrent dans toute la région montagneuse et même assez haut sur les Alpes, par exemple, le long de la Flatz jusqu'au-dessus de l'hospice de la Bernina, à 6,500 pieds. En hiver, on le trouve quelquefois loin des ruisseaux, sur les bords de quelque source. On peut dire que, dans la règle, partout où il y a des truites, il y a aussi des cincles. Élevés du nid, on peut nourrir les petits avec des mouches et des vers de farine, et les habituer peu à peu à la pâtée du rossignol. Ils deviennent bientôt très-familiers et confiants, tandis que les adultes restent sauvages et refusent souvent toute nourriture.

V. LA GÉLINOTTE.

Les lieux qu'elle habite, sa nourriture, sa ponte et ses particularités. — Ses ennemis. — Excellence de sa chair.

La *Gélinotte* (*Tetrao bonasia*) est un charmant oiseau qui se trouve dans les endroits boisés de la région inférieure et moyenne des montagnes, mais ne se rencontre que rarement sur les collines découvertes ou dans les bois de la plaine. C'est la compagne habituelle du coq de bruyère; elle habite à peu près les mêmes lieux. Elle s'élève cependant exceptionnellement à des hauteurs plus considérables, puisqu'en hiver on la trouve dans le petit bois qui domine Andermatt dans la vallée d'Urseren. Il paraît qu'elle se rend dans le Jura par les Alpes du Valais et du district d'Aigle. Elle n'est pas rare dans la région des collines.

Nous avons ordinairement rencontré la gélinotte sur des pentes solitaires et bien boisées tournées au sud, dans des districts pierreux arrosés par des ruisseaux et plantés de bouquets de genévriers, d'aulnes et de coudriers, accompagnés de sapins et de bouleaux. Elle y court avec une prestesse extraordinaire entre les herbes et les broussailles. Elle est un peu plus grosse que la perdrix grise, qui ne vient guère dans la région montagneuse. Elle a les yeux vifs, couleur de noyer; au-dessus des yeux un espace verruqueux en demi-cercle, d'un beau rouge; le bec est noirâtre; les pieds sont faibles, couverts de plumes courtes et semblables à des poils. Le plumage est très-agréablement tacheté de roux, de blanc et de noir; les pieds sont gris; la queue est lavée de noir et de gris-perle, avec une large bande transversale noire et blanche, à l'extrémité. Le mâle se distingue de la femelle par des couleurs plus vives et plus tranchées, une taille plus forte, et surtout par une belle huppe sur la tête, et une grande tache noire entourée de blanc à la gorge.

Les gélinottes vivent par couples dans un état de monogamie quelque peu relâché. C'est seulement en automne et en hiver qu'on les voit rôder quelquefois en petites compagnies. On les trouve plus souvent à terre et dans les broussailles que sur les arbres, où cependant elles s'abritent volontiers la nuit. Quand c'est le chien de chasse qui les lève, elles volent à tire-d'ailes vers quelque sapin du voisinage, et vont se poser à mi-hauteur, au plus épais des branches et tout près du tronc. En hiver, pour atteindre à leur nourriture, elles se creusent dans la neige avec les pattes des galeries souvent assez longues.

Il est probable qu'il est peu de nos lecteurs qui aient vu des gélinottes en liberté, quoiqu'ils aient peut-être traversé des bois où elles ne sont rien moins que rares. Elles sont en effet du nombre des oiseaux de forêt les plus fuyards; elles s'y tiennent si tranquilles et si bien cachées que ce n'est que par hasard qu'on les aperçoit, tantôt passant d'un buisson à l'autre, le cou tendu en avant, tantôt, au printemps et en automne, couchées le long d'une branche d'arbre et tellement immobiles qu'il faut un œil exercé pour les découvrir. La femelle tient ordinairement sa petite huppe appliquée sur la tête, tandis que le mâle, qui marche toujours avec plus de fierté, la relève, se gonfle les plumes de la gorge et des oreilles et se donne ainsi un air tout à fait original. Les gélinottes ne prennent pas volontiers le vol sans nécessité; quand on les effraie, elles partent avec la rapidité de la flèche, mais d'un vol bruyant, et se remisent à peu de distance. Leur voix est claire et retentissante. Au temps des amours, le mâle fait entendre matin et soir, au crépuscule, ses sons tristes et prolongés *tihi-titittiti-tih,* qu'il pousse en gonflant son gosier.

En été, la gélinotte vit de toutes sortes d'insectes, de vers et d'escargots qu'elle déterre; dans les autres saisons, elle se nourrit des bourgeons, des fleurs, des pointes de feuilles que lui offrent les plantes et les arbustes des forêts, des baies bleues du myrtille, des baies rouges du sureau à grappes, de celles de la ronce et du sorbier des oiseleurs, des fruits de l'églantier et de différentes graines d'arbre qu'elle se contente de ramasser par terre, n'osant guères les aller chercher elle-même sur la plante.

Au printemps, chaque paire se choisit sa résidence, mais les familles se disséminent peu. La femelle pond en mai, sous un buisson de noisetier ou près d'un gros caillou, dans un nid construit sans art mais admirablement caché, de 8 à 15 œufs de la grosseur des œufs de pigeon, d'un brun clair parsemé d'un grand nombre de taches et de points plus foncés. Les petits éclosent après trois semaines d'incubation, et, au bout de fort peu de temps, savent si bien se dérober qu'il est presque impossible de les découvrir. La nuit et par le mauvais temps, les petits cherchent d'abord leur abri sous les chaudes ailes de leur mère, mais bientôt ils vont bruyamment se réfugier dans les sapins et s'y blottir auprès d'elle. Le mâle, qui a vécu solitaire pendant la ponte et l'incubation, rejoint alors sa famille avec une joie toute paternelle.

Les martes, les belettes, les corbeaux, les buses, les corneilles et les renards sont pour les gélinottes des ennemis bien plus dangereux encore que le chasseur; car ce n'est qu'avec une attention, une prudence et une patience extrêmes qu'on parvient, au printemps, en imitant leur ton d'appel, à les approcher à portée de fusil.

De même que le grand et le petit tétras, la gélinotte est rare dans la plupart des contrées de l'Allemagne; elle est très-commune, au contraire, dans le nord de l'Europe et de l'Asie. D'après les rapports du premier veneur de la cour de Suède, il paraît qu'on apporte chaque année au marché de Stockholm cent mille pièces de ce gibier et autant de grands et de petits tétras.

C'est avec raison que le connaisseur assigne à la gélinotte le *premier* rang parmi tous les oiseaux, à cause de l'excellence de sa chair blanche, tendre, saine et savoureuse, surtout en automne; elle est plus délicate et plus fondante que celle du faisan, de la pintade et même de la caille. La supériorité incontestable de ce gibier sur les perdrix, les bécasses, les bécassines et les pluviers, était déjà connue des anciens qui montraient le plus grand respect pour ce «bon rôti» (*bonasia*) de gélinotte.

Prises toutes jeunes, les gélinottes sont encore difficiles à élever; les adultes, au contraire, avec de l'avoine, du pain et des baies, s'accoutument facilement à la captivité, mais elles cherchent toujours à se faufiler au travers des grillages ou à s'échapper par le dessus de leur volière.

VI. LE COQ DE BRUYÈRE.

Les forêts réservées et la vie des bois. — Habitation et description du coq de bruyère. — Sa danse. — Sa chasse. — Qualités de sa chair. — Ses ennemis. — Les tétras dans les pays du Nord. — Chasseurs bernois.

A la base de nos Alpes et sur toute la hauteur de leurs premiers épaulements, la nature a dessiné à grands traits une large et épaisse ceinture de noires forêts de sapins, mélangées de quelques hêtres. Ces districts ombreux d'une verdure foncée sont surtout pittoresques dans les endroits où la montagne se précipite hardiment par-dessus de gigantesques murailles de rochers pour descendre vers la plaine en gorges profondes. Là, jusqu'à sa lisière supérieure, la forêt couronne de taillis plus clairs le sommet des rochers; elle jette ses arceaux sur les encaissements étroits et profonds des ruisseaux; elle encadre de ses broussailles les éboulis de cailloux et étend ses longs et vastes bras au travers des verts pâturages et jusqu'aux lignes grisâtres des crêtes de la montagne. Les habitants des vallées ont de bonnes raisons pour ne pas éclaircir ces antiques forêts qui protègent leurs cabanes contre les avalanches et les éboulements; et la plupart d'entr'elles sont de véritables *forêts réservées*,[1] propriété des cantons ou des communes ; mais malheureusement ceux-ci ne comprennent pas assez la nécessité de rajeunir convenablement ces bois si souvent percés à jour par suite des chocs qu'ils ont à soutenir.

Quand les forêts se trouvent dans le voisinage de villages ou de nombreuses habitations, elles n'offrent presque aucune trace de la vie romantique, de la vraie vie des forêts. Le pauvre y vient ramasser du bois sec ; le spéculateur arrache les églantiers sauvages, les sorbiers, les épines blanches, enlève les mousses et les fougères, éclaircit les buissons à baies ; la vache aux lourdes allures, la chèvre à la dent meurtrière y pénètrent et en détruisent les jeunes plants avant qu'ils aient assez grandi pour se soustraire à leurs ravages ; de misérables tirailleurs y viennent perdre leur poudre sur les écureuils et les petits oiseaux, les enfants du village y tendre leurs piéges aux grives et aux merles. Alors la forêt dépouillée et déshonorée revêt son triste vêtement de veuvage ; le noble gibier s'éloigne de ses halliers profanés ; elle n'est plus qu'une réunion de troncs nus qui peut servir de promenoir à l'honnête habitant des villes, mais qui ne lui donnera jamais la moindre idée de ce qu'est une vraie forêt, la forêt solitaire et profonde des montagnes. Ici, quelles voix, quels bruits différents, le jour et la nuit ! Au plus sombre du crépuscule, la hulotte et les hiboux rasent d'un vol léger les broussailles dont le vert feuillage abrite les fauvettes et les pinsons ; le renard avec sa jeune famille passe en tapinois sur la mousse ; le lever et le coucher du soleil sont salués par un concert de gazouillements et de chants flûtés et mélodieux ; la gélinotte fait vibrer son *ti-ti* ; le pic à grands coups redoublés fait sortir de leur retraite les insectes établis dans l'écorce des vieilles branches ; l'écureuil et la marte aux yeux étincelants sautent d'arbre en arbre, et les jeunes lièvres gambadent dans les hautes herbes des clairières.

C'est dans les bois solitaires de la partie moyenne et supérieure

[1] Ces réserves sont appelées dans les cantons allemands *Bannwälder*, dans le Tessin *sacri* ou *favra*.

de cette zone et jusque dans la partie inférieure de la région alpine que séjourne de préférence le *Coq de bruyère* ou *Tétras Auerhan* (*Tetrao urogallus*), le plus noble, le plus beau de tous les volatiles, l'orgueil des forêts de montagne. Cet oiseau, extrêmement rare dans les bois de la plaine, est assez abondant dans les cantons primitifs, si riches en montagnes et en forêts; au Saint-Gotthard jusqu'à Wasen; dans les bois du Simmenthal et du Grindelwald; dans le Tessin; dans les environs de Schangnau, dans l'Emmenthal bernois; à Sainte-Croix, dans l'Entlibuch (3,780 pieds); sur les Freibergen, au Soolerstock et au Mürtschen dans le canton de Glaris; dans le Wäggithal et les noires forêts d'Einsiedlen; sur les Grabseralpen et le Churfirsten de Saint-Gall; sur la Schwägalp et le Hafenwald d'Appenzell; dans les nombreuses forêts des montagnes tempérées des Grisons; dans le Valais et dans le Jura[1]. Mais dans plusieurs des localités ci-dessus, les coqs de bruyère ont extraordinairement diminué et sont en voie de disparaître tout à fait. Ils ne sont abondants nulle part, car les chasseurs les poursuivent avec acharnement; cependant il ne sera pas facile de les extirper complétement, soit parce qu'ils multiplient considérablement, soit parce qu'il faut beaucoup d'adresse et une grande connaissance de leurs habitudes pour réussir à les tuer. Dans les environs de Saint-Gall, on en a tué quelques exemplaires sur le *grand sapin*, et l'on a parlé comme d'un fait extraordinaire d'un coq tiré près de Frauenfeld en novembre 1851.

Les coqs de bruyère habitent en général de préférence les forêts d'arbres à aiguilles, surtout quand le sol est couvert de myrtilles, de ronces ou de bruyères, et qu'elles ont dans le voisinage de petites prairies découvertes, traversées par quelque cours d'eau limpide. Ils préfèrent toujours l'exposition du levant, car ce sont de vrais oiseaux du matin, qui aiment à recevoir les premiers

---

[1] Le coq de bruyère manque dans les Alpes du canton de Vaud où il est remplacé par le tétras birkhan, mais il se trouve dans le Jura. La gélinotte se rencontre dans l'un et l'autre de ces districts. Le coq de bruyère manque également à la moyenne et à la haute Engadine.

rayons du soleil. En hiver, ils ne quittent que rarement leur résidence; cependant on en a vu dans l'Emmenthal venir chercher jusque dans les granges un abri contre les intempéries de la saison.

Le mâle est un superbe oiseau, plein de fierté, de la taille du coq d'Inde quand il a atteint toute sa grosseur, de 36 à 40 pouces de longueur, de $4^1/_2$ à 5 pieds d'envergure, du poids de 6 à 10 livres et même de 14 exceptionnellement, d'une charpente vigoureuse et trapue, d'un plumage ferme et serré qui résiste aisément à une charge ordinaire de petit plomb.

A l'exception de l'outarde qui vient très-rarement chez nous, il est peu d'oiseaux indigènes de plus grande taille que notre tétras. Sa démarche est pleine de gravité et son plumage magnifique. Le bec arqué et crochu à la manière des oiseaux de proie est d'un blanc jaunâtre, l'iris est brun, les yeux sont entourés d'un cercle verruqueux d'un beau rouge écarlate. Les plumes du pli de l'aile sont blanches, presque tout le reste du corps est noir avec une légère teinte de gris; la tête et la poitrine sont d'un gris bleuâtre avec des reflets métalliques verts, les ailes et les culottes d'un brun foncé, surtout en automne après la mue. La queue est noire avec des taches blanches, excepté sur les pennes du milieu. Les ongles sont noirs, courts et tranchants. La poule est sensiblement plus petite, car elle ne pèse que de trois à six livres; son plumage est tout différent; il est tacheté de roux, de noir et de blanc, la gorge et la poitrine sont rousses, le ventre est blanc tacheté de noir et de brun, la queue rousse avec des bandes noires en travers.

Le coq de bruyère se rencontre aussi souvent à terre que perché sur de grands arbres. Sa démarche emprunte quelque chose de solennel au flegme qui lui est propre; son dos voûté et son cou pendant lui donnent quelque ressemblance avec le coq d'Inde. Mais on réussit bien rarement à pouvoir observer cet oiseau prudent et farouche. Il a l'ouïe et la vue extraordinairement perçantes, et, si légèrement que le chasseur s'avance sur la mousse, le coq entend le moindre craquement de fougère sèche, le moindre froissement de feuilles, et aussitôt il part d'un vol bruyant et avec un rapide battement d'ailes. Cependant le pesant oiseau ne peut soutenir longtemps ce vol dont on entend fort loin le bruit à travers le bois, et qui est toujours dirigé en droite ligne; il se remise bientôt au faîte de quelque grand arbre, de préférence sur ceux dont la tête est desséchée, et d'où il peut aisément repartir. La poule, plus sociable, se voit bien plus souvent à la pâture, grattant la terre et faisant entendre sur tous les tons son gloussssement, *bac-bac*.

Le chant du coq de bruyère a quelque chose de tout particulier et qui ne peut se rendre par des mots. Il ne s'entend d'ordinaire qu'au printemps. Après le coucher du soleil, le coq va se remiser sur son arbre, quelque grand sapin, ou quelque grand hêtre, le même toutes les années quand il n'y est pas dérangé. A l'époque où les bourgeons du hêtre commencent à se développer, il chante, avec de courts intervalles de silence, depuis la première lueur de l'aurore jusqu'après le lever du soleil. Perché sur une grosse branche basse, il relève les longues plumes de sa gorge, étale sa queue en roue, laisse pendre ses ailes, gonfle tout son plumage, trépigne des pieds et, comme enivré, tourne les yeux de la manière la plus comique. En même temps il fait entendre des clappements et des bruits de gosier, lents d'abord et isolés, puis plus rapides et plus soutenus, suivis d'un son éclatant ou *battement* auquel viennent se joindre une quantité de sifflements et de sons aigres semblables à ceux que rend une faux qu'on aiguise; le tout se termine par une note prolongée, pendant laquelle l'oiseau ferme d'ordinaire les yeux d'un air béat.

Le vrai chasseur, qui ne veut pas devoir son gibier au hasard mais le gagner par adresse, doit parfaitement connaître les diverses parties de ce chant extraordinaire qui se répète à de courts intervalles et ne s'entend pas à une grande distance, car ce n'est que pendant sa durée que le coq est abordable. A trois heures du matin il doit être à son poste et s'approcher de l'oiseau d'environ deux cents pas, attendant sans remuer le commencement du ramage. Pendant la seconde partie de sa musique le tétras est tellement absorbé qu'il ne fait guère attention à ce qui se passe autour de lui. C'est ce moment, immédiatement après le cri principal, que le chasseur aux aguets choisit pour avancer. Il le fait à grands pas tant que dure la chanson, mais sitôt qu'elle cesse il reste coi comme une souris jusqu'à ce qu'elle recommence. Pendant la première partie, au contraire, l'oiseau entend fort bien et part brusquement de son arbre au moindre bruit qui l'inquiète. Alors le chant est ordinairement fini pour toute la journée, et le gibier perdu pour le chasseur. Mais si celui-ci a assez d'adresse et d'expérience pour ne s'approcher que dans les moments opportuns et se tenir tranquille pendant les intervalles, il peut tirer le coq au milieu de ses étranges contorsions et le manquer, sans que l'animal étourdi s'en aperçoive; et il est d'autant plus aisé de manquer son coup que le plumage de l'oiseau est foncé et que, dans l'obscurité du crépuscule, il est difficile de le mettre exactement sous la mire. Comme il a la vie dure, et que, même après une grave blessure, il prend encore souvent le vol et est perdu pour le chasseur, on ne devrait le tirer qu'à balle. Sa pesante chûte du haut d'un grand sapin retentit au loin dans la forêt. Dans un vieux livre intitulé «Litanies des oiseaux» on tire de cette chasse la plaisante morale que voici:

> De chants d'amour tout occupé,
> N'entendant rien, n'y voyant goutte,
> Plus d'un tétras, sans qu'il s'en doute,
> Du plomb fatal tombe frappé.
>
> Que d'imprudents en l'univers,
> Trop consumés par feux de femme,
> Perdus, hélas! de corps et d'âme,
> Tout déconfits vont aux enfers!

Cette étrange et fatale musique, qui se termine souvent si mal pour le pauvre coq, est aussi son cri d'appel. Ses poules sont ordinairement alors assez près de lui, couchées dans l'herbe ou sous

17

les buissons, et lui répondent par un doux *bac-bac*. Il y a quelquefois entre les vieux et les jeunes coqs, surtout quand ils se rencontrent dans le même district, des combats terribles pendant lesquels ces oiseaux aveuglés par la fureur ne voient ni n'entendent plus rien, ainsi que cela arrive aux cerfs dans le temps du rut. Des témoins parfaitement dignes de foi assurent que, comme les cerfs encore, les tétras au temps de leurs danses tombent avec rage sur les autres animaux et même sur l'homme. On raconte qu'une femelle de coq de bruyère chercha un jour à pénétrer dans l'enclos à poules d'une ferme du canton de Thurgovie située au milieu des bois; elle répéta ses tentatives plusieurs matins de suite, et fut enfin tuée par le fermier.

Le temps des amours passé, le coq de bruyère reprend sa vie d'ermite sur son arbre ou dans le voisinage. Les poules, de leur côté, se creusent avec les ongles sous quelque touffe de bruyère ou de myrtille un trou assez grand qu'elles garnissent de légères brindilles, et dans lequel elles pondent de cinq à quatorze œufs de la grosseur et de la forme des œufs de poule. Ces œufs sont pointillés de brun sur un fond roux jaunâtre. La femelle les couve avec une ardeur extrême pendant les quatre semaines que dure l'incubation. Les petits à peine éclos, la mère les conduit à la quête des insectes; elle éparpille avec soin les fourmilières pour leur en découvrir les larves; elle les soigne, les abrite, les défend même dans l'occasion au péril de sa vie.

Les tétras adultes se nourrissent d'aiguilles de conifères, de feuilles de myrtille et de renoncule vénéneuse, de frondes de fougère, de feuilles de rhododendron, de toutes sortes de tiges d'herbe, de chatons, de bourgeons, de baies et d'insectes, auxquels ils ajoutent, pour faciliter la digestion, de petites pierres et des coquilles d'escargots en quantité. Dans le temps de leurs amours, les coqs ne mangent absolument que des aiguilles de sapins, dont on trouve souvent de pleines poignées dans leur gésier. C'est la même chose en hiver; ces oiseaux alors restent quelquefois des semaines sur le même arbre, et dépouillent de leurs feuilles de grosses branches tout entières. Cette nourriture communique à la chair du coq un goût de poix, et la rend d'autant plus coriace qu'elle est déjà naturellement dure et formée de filaments grossiers. Athenaeus la compare à celle de l'autruche, en sorte que simplement rôtie elle est presque immangeable, tandis que bien mortifiée et convenablement apprêtée elle devient tolérable.

La poule mange rarement des aiguilles de sapins; elle leur préfère des mets plus recherchés, comme les bourgeons, les grains, les herbes et les baies, les mouches, les fourmis, les araignées, les chenilles, les scarabées, les larves et les vers. Aussi a-t-elle une chair tendre, délicate et succulente qui, malheureusement pour cet oiseau, a beaucoup d'amateurs. Le vieux coq de bruyère n'a pas grand chose à craindre de nos quadrupèdes, car il passe une bonne partie de sa vie sur les arbres et est d'une vigilance extraordinaire. Mais la femelle, qui niche à terre, est entourée, au contraire, de toute une armée d'ennemis: entr'autres le renard, commun dans toutes les vieilles forêts solitaires, qui emporte souvent la mère avec les œufs ou les petits, puis la marte, le putois, la belette, le chat sauvage, le lynx, auxquels viennent se joindre les corbeaux, les faucons et les autours.

Ce n'est pas seulement dans les forêts de nos montagnes que se trouve le coq de bruyère. On le rencontre dans toute l'Europe tempérée et septentrionale, et dans les parties adjacentes de l'Asie du Nord. Il est assez abondant dans la Thuringe et le Harz, mais bien plus encore dans les impénétrables forêts de la Livonie et de l'Esthonie, sur les bords du Jénisey et de l'Obi, où les paysans le tuent à coups de bâtons, après l'avoir épouvanté et étourdi par la lumière des torches. En Allemagne, il occupe la première place parmi les oiseaux de chasse, et même, d'après les règles de la vénerie, il appartient avec le cerf et les bêtes fauves à la haute chasse. Autrefois il n'était permis qu'aux grands seigneurs de chasser le coq à sa danse, et ils devaient le tirer à balle. Il y a encore de nos jours des réserves où on le laisse se multiplier, et dans lesquelles on ne tue que les vieux mâles et jamais de pou-

17*

les. L'empereur d'Autriche, aujourd'hui régnant, tue chaque année au printemps trois ou quatre douzaines de tétras de sa propre main, surtout dans les forêts de la Styrie.

Les vieux compères qui ne chantent plus sont si extraordinairement fins qu'il est presque impossible de les approcher. Au contraire, les femelles qui couvent retournent bientôt à leurs œufs quand on les leur a fait quitter, et souvent même se laissent prendre sur leur nid. Mais, même à l'époque où elles ne couvent pas, elles sont beaucoup moins sauvages que les coqs; et, ces derniers jours encore, nous en avons vu une tenir pied pendant plusieurs minutes devant un chien d'arrêt qui, le cou tendu, la regardait avec curiosité dans son buisson de myrtilles. Un chasseur de Gaiss trouva un jour sous une racine de sapin neuf œufs de tétras qu'il fit éclore sous une poule domestique. Les petits eurent toujours peur du gloussement de leur mère adoptive, et aucun ne survécut au delà de onze semaines. Un paysan de Schwendi, dans le canton de Berne, avait élevé un jeune coq uniquement avec des pommes de terre; il était devenu si familier qu'il accourait à la voix de son maître. Dans l'Oberland bernois, la chasse au coq était jusqu'à ces derniers temps pratiquée d'une manière toute particulière et fort bizarre. Le chasseur, une chemise blanche sur la tête et ses souliers à neige aux pieds, marchait droit à l'animal tant qu'il lui voyait faire sur la neige ou sur une branche ses contorsions et sa danse, et s'arrêtait court pendant les pauses. Le coq, en l'apercevant, regardait fixement cet objet étrange; puis ne tardait pas à recommencer ses manœuvres, jusqu'à ce qu'un coup de feu vînt les interrompre. Les mâles élevés jeunes et apprivoisés exécutent leur danse à toute heure du jour et en toute saison.

Lorsque Kreutzberg, dans l'automne de 1853, vint montrer à Saint-Gall sa grande ménagerie, un habitant du Vorarlberg lui apporta un coq de bruyère, le seul survivant de six petits qu'il avait fait éclore au printemps de la même année sous une poule domestique. Le magnifique oiseau restait tranquillement perché sur son bâton, dans la bruyante compagnie des aras et des cacatoès, et écoutait avec le plus grand intérêt, mais sans la moindre émotion, les rugissements des lions et des panthères, et les ricanements des hyènes. Plus tard, il fut mis dans la cage d'un paon-grue d'Afrique, et ce fut avec le même phlegme stoïque qu'il se laissa tourmenter et tirer les plumes de la poitrine par l'impétueux habitant du Sud.

VII. LE GRAND-DUC.

Séjour et répartition de l'espèce. — Mœurs nocturnes. — Ses ennemis. — Aventure sur les bords du lac de Wallenstadt.

Le *Hibou Grand-duc* (*Bubo maximus*) est sans contredit l'un des plus beaux et des plus étranges habitants des forêts de nos montagnes; c'est un oiseau imposant, fantastique et éminemment original. Il est peu de nos touristes qui l'aient vu, mais un grand nombre l'ont entendu. Il se tient dans les lieux les plus retirés et les plus solitaires; il choisit de préférence les gorges les plus profondes avec des rochers escarpés et des broussailles épaisses, ou bien de vieilles tours en ruines couvertes d'arbres, comme on en rencontre si fréquemment dans le canton des Grisons. De jour il ne prend le vol que lorsqu'il est dérangé; il va alors se blottir contre un vieux tronc d'arbre où on a beaucoup de peine à le découvrir. Il appartient à la région inférieure et moyenne des forêts de la montagne plutôt qu'à la région supérieure. On le trouve dans toutes les parties de la Suisse aussi bien que dans tout l'ancien monde en général, mais chez nous il n'est commun nulle part. Dans le canton d'Uri il va jusqu'au-dessus de la vallée d'Urseren, et dans les Grisons jusque dans la Haute-Engadine, où il niche encore; dans le Tessin il se montre surtout, ainsi que le remarque

Riva, depuis l'automne jusqu'au printemps, comme les oiseaux de passage, et ne passe que rarement l'été dans ce canton.

Ses cris sourds et étouffés *pouhou-pouhou-pouhoue*, souvent entremêlés d'un ton plus vif *houi*, font une impression profonde et lugubre; en avril, au temps des amours, ils sont d'un effet encore plus sauvage. Dans le canton d'Appenzell, on peut l'entendre la nuit dans les gorges sauvages du Brüllisauertobel, sur les grands rochers du Kasten, sur le Kurzenberg et le Schwendi dans le Speicher, et on ne peut s'étonner que la légende ait associé à ces affreux concerts des danses de sorcières, de chasseurs sauvages, etc.; car les rugissements du lion et les hurlements du loup affamé ne sont guères plus effrayants que les cris du grand-duc, accompagnés de ses soufflements et de ses craquements de bec. A l'entrée de la nuit, le grand-duc se met en chasse d'un vol bas, lent, tranquille et sans bruit. Il prend les souris, les serpents, les grenouilles, mais se jette volontiers aussi sur les perdrix, les tétras, les coqs de bruyère eux-mêmes, les canards sauvages, les lièvres, les geais, et tout particulièrement les corneilles qu'il enlève souvent des arbres ou des toits où elles s'abritent la nuit. Il commence par fendre avec le bec le crâne de ses victimes, et leur brise ensuite les plus gros os; mais il ne fait qu'une bouchée des animaux plus petits; quant aux oiseaux de grande taille, il leur arrache d'abord la tête, les plume grossièrement et les dépèce, avalant toutefois beaucoup de plumes et même de gros os qu'il rejette plus tard sous forme de pelotes. On a trouvé dans l'estomac d'un de ces rapaces, un gros morceau de hérisson tout garni de ses piquants. En hiver il se nourrit souvent de charogne.

Le grand-duc est le plus grand de nos hibous : il mesure deux pieds de longueur et cinq ou six pieds d'envergure. Son plumage est mou, délicat, soyeux, d'un brun fauve marqué de flammes noires; la cavité de l'oreille est surmontée d'un bouquet de longues plumes noires. Le bec est noir, à moitié caché par des soies, et courbé en demi-cercle. L'œil est très-grand; la pupille d'un noir foncé, l'iris d'un jaune d'ambre, entouré d'un voile rayonné. Les pieds sont courts et vigoureux, fortement emplumés jusqu'aux ongles qui sont grands et pointus, de couleur brune. C'est une erreur de croire que le grand-duc ne voie pas de jour; il voit, au contraire, fort bien; il ferme seulement les yeux devant une lumière trop vive et soudaine. Pendant la journée, il est extrêmement sur ses gardes et se tient tranquille; cependant plus d'une fois nous l'avons vu dans nos chasses voler au milieu du jour au-dessus de la couronne des arbres. Contrairement aux habitudes des autres chouettes, il mange aussi de jour, surtout en captivité, et de son réduit tombe sur les petits oiseaux et les dévore. Il ne boit presque jamais.

Ce bel oiseau, à qui sa tête ronde, extraordinairement grosse, ses yeux énormes et solennels, donnent un aspect si fantastique, tourne sans cesse la tête et le cou, fait claquer son bec, cligne les paupières, trépigne des pieds ou exécute d'autres mouvements bizarres. Il paraît à peu près de la taille de l'aigle royal, tandis qu'en réalité il n'est guères plus gros que le corbeau noir. Cela tient à la faculté qu'il a de relever toutes les plumes de son corps. C'est surtout quand il est irrité qu'il hérisse ses plumes, roule les yeux, souffle en ouvrant le bec, et se jette avec fureur sur ses ennemis. Son air ordinairement tranquille et endormi le fait passer pour craintif et lâche; c'est cependant un animal fort, courageux, qui défend ses petits avec intrépidité contre l'homme, qui en vient aux prises, suivant les récits de Wagner et de Haller, avec l'aigle royal lui-même, dont il se rend maître quelquefois. Du moins, il vient toujours à bout du gros corbeau, qui n'a pourtant aucune crainte de l'aigle.

La femelle pond au printemps deux ou trois œufs blancs, poreux, arrondis, dans un gros nid de 3 pieds environ de diamètre, garni de foin et de mousse, ou simplement à nu dans une cavité de rocher. Les petits qui ressemblent d'abord à des pelotes de laine, sont couverts d'un duvet fin, léger, ponctué, et soufflent avec force quand on veut s'en emparer. On peut en prendre chaque année quand on connaît le nid, car le grand-duc niche volontiers dans le même endroit.

On peut avec quelques soins et quelques précautions élever les petits. Ils mangent alors toute espèce de viande, mais de préférence la chair des corneilles; ils peuvent consommer un quantum considérable tout à la fois et jeûner ensuite quatre ou cinq semaines. Quoiqu'ils se contentent parfois de cadavres, il paraît que la viande gâtée ne leur convient pas; du moins la maladie d'un grand-duc, qui avait la bouche, les oreilles et les yeux pleins de vers, fut attribuée à l'usage d'aliments corrompus.

Comme le grand-duc fond de nuit sur les oiseaux des forêts, ceux-ci sont à leur tour ses ennemis jurés pendant le jour. Quand il se laisse voir, les corneilles et les pies se précipitent sur lui avec fureur; mais elles se contentent de lui imposer par des cris affreux, c'est à peine si quelqu'une s'aventure à lui arracher une plume. C'est ainsi que souvent elles font découvrir au chasseur la retraite du grand-duc; elles l'éventent même à tel point que, lorsqu'on le porte dans un sac pour la chasse aux corneilles, elles le reconnaissent et le poursuivent de leurs cris. En Suisse, on ne se sert du grand-duc que pour l'enfermer dans une caisse et le montrer pour de l'argent; mais dans les pays de chasse de l'Allemagne, on s'en sert pour chasser la corneille.

On raconte une singulière aventure, arrivée le 6 novembre 1862 au Rothbach près de Tiefenwinkel, sur les bords du lac de Wallenstadt. On avait placé une borne à la limite du canton. Les employés s'étaient déjà retirés depuis quelque temps, mais les deux ouvriers n'avaient terminé leur besogne qu'à 5 heures du soir. L'un d'eux s'était déjà mis en route, son levier en fer sur l'épaule; l'autre, un jeune Italien de 16 ans, était occupé à ramasser le reste des outils pour le suivre, lorsque tout à coup un vieux grand-duc fondit sur lui et se cramponna à ses épaules. Les cris de détresse du jeune homme ne purent faire lâcher prise à l'oiseau; mais l'autre ouvrier, accourant au secours de son camarade, as somma l'imprudent animal à coups de levier. Il mesurait 5 1/2 pieds d'envergure.

Cet oiseau remarquable porte partout un nom différent, et on pourrait aisément lui en trouver trente, en Suisse seulement. Les Tessinois l'appellent poliment *Gran dugo*, mais ils le poursuivent, comme tout aristocrate de naissance, avec une fureur républicaine.

VIII. LES LOIRS DORMEURS ET LEURS MŒURS.

Les mœurs du loir. — L'élève des loirs. — Le lérot, animal des montagnes, comme le précédent. — Le muscardin. — Le sang froid. — Particularités du sommeil hibernal dans chaque espèce.

Ces charmants et gracieux animaux ne sont représentés dans notre pays que par trois espèces. Nulle part ils ne sont communs, et comme ils ne se laissent voir que rarement, c'est surtout de nom qu'on les connaît. Ils forment la transition entre les rats et les écureuils, et ont une grande analogie de mœurs et de conformation avec l'un et l'autre de ces genres. Le point qui rapproche entr'elles les espèces de ce groupe, c'est un sommeil hibernal souvent *interrompu*; toutes ont également une démarche sautillante, de longues oreilles et une queue fortement velue, garnie à son extrémité d'un pinceau de poils.

Le *Loir commun* (*Myoxus glis*) est le plus grand des loirs dormeurs. Il ressemble à un petit écureuil un peu pesamment bâti. Il est en dessus d'un gris cendré, avec le tour des yeux d'une teinte un peu plus foncée; il a le ventre blanc, la fourrure très-fine et très-douce, de grands yeux saillants, des moustaches noires, et la queue presque aussi longue que le corps.

Ces petits animaux grimpent avec activité dans les fourrés de chênes et de hêtres dont le sol est couvert de broussailles; mais c'est plutôt au crépuscule et dans les nuits claires que pendant le jour. Ils se nourrissent, comme les écureuils, de fruits, de noix, de faînes, de graines de pins et autres, quelquefois même d'œufs et de jeunes oiseaux. Quand les groseilles sont mûres, ils les recherchent avec avidité. Les cerises ont pour eux un attrait particulier, ainsi que les poires et les pommes, dont ils font de grandes provisions dans leurs magasins. Ces magasins sont ordinairement établis dans le creux d'un arbre ou dans un tas de pierres; assez souvent aussi dans les fermes et les granges, à proximité des bois, où les loirs prennent leurs quartiers sous les toits et dans les berceaux des avant-toits et où, quelquefois pendant plusieurs années de suite, comme l'expérience l'a montré, ils mettent à contribution les provisions de fruits secs ou frais du ménage, dévorent le linge et se rendent coupables d'autres méfaits du même genre, qu'on attribue à tort aux rats qui sont beaucoup plus communs et plus connus. Les loirs ne craignent même pas de passer l'hiver exceptionnellement dans les maisons, lorsqu'elles sont convenablement situées, ainsi que dans les ruchers, plutôt que dans leurs arbres creux, et d'y déposer en juin leur portée de 3—6 petits.

En Suisse, c'est dans les montagnes du Tessin que le loir est le plus répandu; il y habite volontiers les forêts de châtaigniers. Il est plutôt rare au nord des Alpes, mais il y monte jusque dans la région montagneuse; par exemple, dans le Rheinthal, le Domleschg, le Jura, le canton de Glaris. Il est beaucoup de localités où, grâce à ses habitudes nocturnes, il n'a encore jamais été observé; dans d'autres, comme Schaffhouse, il paraît périodiquement en quantité considérable. Sa chair est très-estimée dans le Tessin. Son naturel méchant et hargneux, son penchant à mordre, ses manières sauvages, rendent son éducation presque impossible. Il se défend avec un courage opiniâtre contre ses ennemis de la famille du putois, se servant dans le combat de ses ongles et de ses dents aiguës avec plus de dextérité que de succès. Les chats lui font aussi une guerre acharnée et finissent souvent par le faire disparaître entièrement; on a cependant remarqué qu'en les mangeant, les chats ne touchent jamais ni à la queue, ni à l'estomac plein de baies ou de fruits, de ces petits animaux.

Les loirs dorment, sauf quelques jours d'interruption, pendant les six ou sept mois de la mauvaise saison. Ils sont devenus si rares que nous n'avons pu nous assurer par nous-même si, comme on le prétend, ils sortent souvent pendant l'hiver de la retraite qu'ils se sont choisie dans les bois; mais un amateur d'histoire naturelle, digne de toute confiance, affirme qu'il a vu des loirs établis dans le voisinage d'une maison de paysans quitter leur cachette, si bien approvisionnée qu'elle fût, et venir au grenier, même par un froid de 5 à 7° R., en quête de fruits secs, tels que cerises, pruneaux, pommes, etc. et cela non pas une ou deux fois dans l'hiver, mais régulièrement tous les deux jours, à l'exception des très-mauvais temps qui les retenaient trois ou quatre jours de suite en leur logis.

Les loirs, à cette époque de l'année, sont extrêmement gras, comme Martial l'a déjà remarqué:

„L'été nous amaigrit, l'hiver nous fait tout ronds;
Nous sommes le plus gras, alors que nous dormons!"

Les anciens Romains les tenaient pour un fin morceau. Ils en entretenaient en grand nombre dans des enclos plantés de chênes; ils enfermaient les plus gros dans des pots de terre, et les tuaient après les avoir engraissés avec des glands, des noix et des châtaignes. Le goût moderne ne s'est pas encore perverti à ce point.

Le *Lérot* (*Myoxus quercinus*) est un animal plus rare encore que le loir et qui jusqu'ici a été observé principalement dans la région montagneuse et la région alpine. Il ressemble beaucoup à ce dernier, mais il est un peu plus petit. Il a le dessus du corps d'un gris brun rougeâtre, le dessous blanc, et un trait noir qui, partant de la lèvre supérieure, fait le tour des yeux, passe sous les oreilles, et vient s'éteindre sur les côtés du cou. Il a une tache blanche devant et derrière l'oreille, une tache noire à l'épaule.

Sa queue touffue est rougeâtre et noire en dessus, blanche en dessous. Ses mœurs sont absolument les mêmes que celles du loir; il est tout aussi traître et hargneux. La femelle met bas deux fois par an de quatre à six petits; une odeur insupportable qui s'exhale du nid les fait quelquefois découvrir. On en a pris plusieurs fois de vivants au Saint-Gotthard et dans la vallée d'Urseren; mais on ne peut parvenir à les apprivoiser. On rencontre aussi le lérot dans la Haute-Engadine (nous l'avons trouvé nous-même à Zuz), plus rarement dans quelques cantons montagneux et bien boisés, et dans le Domleschg.

Le *Muscardin* (*Myoxus muscardinus*) est l'espèce la plus jolie et la seule aimable du genre. Il n'est guère plus gros qu'une souris ordinaire; le dessus de son corps est rouge fauve, la poitrine et la gorge sont blanches; la queue, à poils courts, d'un brun roux, a presque la longueur du corps. Cet animal, doué d'une grande agilité et preste comme un petit écureuil, habite les taillis et les bosquets de noisetiers de la région montagneuse inférieure et de celle des collines. Il est assez commun dans les jeunes plantations de bois et les haies épaisses de noisetiers. Il se nourrit de toutes sortes de graines et de noix, qu'il croque, assis comme l'écureuil sur ses pieds de derrière. La femelle met bas en juillet ou août de 3 à 6 petits, qui ont à leur naissance les yeux fermés. A cette époque, le nid répand une forte odeur de musc. Les petits élevés du nid deviennent bientôt très-familiers et confiants; on les tient souvent en cage; les vieux sont toujours un peu craintifs, mais cependant doux et pacifiques. Une personne de notre connaissance ayant aperçu un muscardin dans l'anse d'un bois solitaire s'en approcha avec précaution et sans bruit, et put en restant parfaitement immobile l'examiner tout à son aise. Le petit animal se familiarisant bientôt avec la statue vivante vint lui mordre la botte, et poussé par la curiosité s'aventura si bien le long des jambes de l'observateur qu'il se fit prendre.

Quand on fait receper une haie de noisetiers, on trouve souvent dans le creux de quelque vieille souche une grosse provision de noisettes, et ordinairement aussi quelques muscardins. En saisit-on un, une vigoureuse morsure fait bientôt lâcher prise, et on voit le petit animal rejoindre, avec une prestesse extraordinaire, le reste de la famille en fuite. Dans l'arrière-automne, on trouve ordinairement les muscardins déjà endormis, roulés en boule, le museau sous la queue, dans leur nid en forme de four, très-chaudement construit de feuilles, de mousse et de poils. Quand on les en retire, ils témoignent par un léger sifflement qu'ils ont fort bien le sentiment de ce qui se passe autour d'eux.

Mangili et d'autres ont fait d'intéressantes observations sur le sommeil hibernal des loirs. Les expériences démontrent que cette léthargie est d'une tout autre nature que celle des marmottes ou des hamsters, et que les phénomènes varient suivant les espèces. Le muscardin paraît être le plus facile au sommeil. Un individu captif, exposé à une température de 1° au-dessus de 0, était dans un état de raideur complète et comptait, en 42 minutes, seulement 147 respirations irrégulières. Le thermomètre descendant à —1°, l'animal s'éveilla, se vida et commença à manger. Plus tard, par une température plus élevée, il se rendormit, et à + 5 degrés, il respirait beaucoup plus lentement qu'à + 1°, et toujours plus lentement à mesure que le sommeil se prolongeait; il y eut même des interruptions de 27 minutes. A + 10°, les respirations étaient au nombre de 47 en 34 minutes. A la chaleur du soleil, elles étaient aussi tranquilles et régulières que dans le sommeil ordinaire. Plus tard, à une température très-basse, elles étaient au nombre de 32 par minute, mais très-légères, contrairement à ce qui se passe chez les marmottes, et l'animal, sans se réveiller, tournait le dos du côté du vent. Enfin, en mai, par une température de + 15°, il retombait chaque matin dans son sommeil; exposé à un froid artificiel de —10°, il périt d'une espèce d'apoplexie; tous les vaisseaux sanguins se trouvèrent engorgés.

L'observation du sommeil hibernal du lérot conduit aux mêmes résultats; seulement le lérot dort moins et à une température beaucoup plus basse. Chaque fois qu'il se réveille, il se vide aussi, mange et se rendort.

Un loir tomba dans son sommeil à + 4°. Le thermomètre marquait seulement $3\frac{1}{2}°$ pour la chaleur intérieure du corps. La température baissant, l'animal se réveilla, mangea et se rendormit. A —6°, la respiration était prompte et sans interruption. En juillet, il s'endormit encore une fois, et pour plusieurs jours; la respiration était lente, avec de courtes interruptions.

Dans leur sommeil, tous ces animaux manifestent, à l'occasion, le sentiment de la douleur par des grognements, des sifflements, ou de légères convulsions. La rapidité de la respiration paraît nécessaire dans les grands froids pour la production d'une plus forte chaleur animale. Le réveil paraît quelquefois causé par la faim.

Nous ne quitterons pas ces intéressants petits dormeurs sans exprimer nos regrets de l'insuffisance des données scientifiques en ce qui concerne leur sommeil. Parmi les êtres organisés, il n'est aucune famille qui n'occupe sa place déterminée et nécessaire dans le mystérieux système de la nature. Reconnaître cette place est le souverain but des recherches du naturaliste. Mais sur combien de points la solution de la question n'est-elle encore qu'entrevue! Le sommeil de la marmotte s'explique aisément par les circonstances climatériques du séjour habituel de cet animal; celui des loirs, qui habitent une région moins froide, n'a été encore ni suffisamment observé, ni complètement expliqué.

IX. L'ÉCUREUIL ET LE LIÈVRE DE MONTAGNE.

Les tirailleurs et le gibier. — Description de l'écureuil. — Caractère et mœurs des lièvres. — Métis. — Séjour des lièvres.

Quand un jeune chasseur qui fait ses premières armes est parvenu à abattre à cinq pas de distance, et avec un quart de livre de cendrée, un ou deux moineaux sur un cerisier qui en était couvert, il essuie soigneusement son fusil, met de côté son gibier d'un air moitié satisfait, moitié méprisant, et rêve de plus nobles exploits. Qui sait si un lynx égaré ou quelque beau chamois ne se rencontrera pas sur sa route ; — bien certainement du moins il fera passer un mauvais quart d'heure à quelque lièvre ou à quelque écureuil, et il se prépare à partir le dimanche suivant, avant jour, pour la montagne. Quelle déchéance, hélas! dans nos forêts depuis cette déplorable habitude! Souvent, lorsque dans la vallée les cloches retentissent de village en village, et que les douces joies du jour du Seigneur se répandent comme une rosée rafraîchissante et féconde dans le cœur des hommes fatigués des travaux de la semaine, c'est dans les bois de montagne un tel feu de file sur les pics, les grives, les gentils écureuils, qu'on se demande si Dieu peut prendre quelque plaisir à ces exterminations païennes de pauvres petits animaux qui soupirent, eux aussi, après le repos. C'est une pitié, c'est un vrai scandale, que de voir des hommes jeunes et vigoureux ne pas savoir employer le jour du Seigneur autrement qu'à ces sanglants divertissements où il n'y a ni bravoure, ni noblesse, mais uniquement violence et grossièreté. Il en est tout autrement du tir à la cible le dimanche après-midi. C'est avec un vrai plaisir que nous nous souvenons de ces beaux dimanches de printemps où nous nous en allions au tir des enfants, la giberne au côté, et, sur l'épaule, le fusil reluisant de propreté. C'était à qui l'emporterait d'adresse dans ces joutes pleines de gaieté et de charme. Aucun adulte n'y prenait part, car après la première communion on passait dans les sociétés d'hommes. Dans certains cantons, tout village de quelque importance a son tir spécial pour les enfants, avec son organisation particulière et ses règlements. A la fête de la paroisse, la société des jeunes tireurs du lieu invite toutes celles du voisinage : on s'y rend en joyeux pèlerinage de tous les environs, chacun avec son arme favorite, et on s'y dispute à l'envi les prix offerts par la société qui reçoit. Qu'on nous pardonne cette courte digression — nous aimons à rappeler de si beaux souvenirs.

La plupart de nos lecteurs ont sans doute surpris dans quelque bois un *Écureuil* (*Sciurus vulgaris*), assis sur une haute branche, tenant avec ses pattes de devant un cône de sapin, en tirant les graines avec dextérité hors de leurs dures écailles, et, sa belle queue en l'air et les bouquets pointus de ses oreilles redressés, regardant de son œil brillant ce qui se passe autour de lui.

L'écureuil est le singe de nos forêts; il ne le cède guère au vrai singe du Sud en gaieté et en gentillesse, mais il n'est ni aussi effronté, ni aussi méchant. Ce n'est que pendant les heures les plus chaudes du jour, et quand le temps est très-mauvais, qu'il reste couché dans son nid; hors de là il est toujours en mouvement, grimpant de branche en branche, sautant d'un arbre à l'autre à dix pieds de distance et se jetant au besoin, la queue horizontale et les quatre pattes écartées, du sommet d'un sapin de soixante pieds de haut, sans se faire aucun mal.

Il est encore assez commun dans la région montagneuse; dans la vallée, on le trouve surtout dans les bois garnis de noisetiers, et sur la montagne, dans ceux où abondent les aroles, dont il aime tout particulièrement les amandes. Il se construit avec des brindilles, des feuilles et de la mousse, deux ou trois nids arrondis, à l'abri du vent, dont il ferme l'entrée dans les grandes pluies. La longueur de ses pattes de derrière ne lui permet de marcher qu'en sautant, mais il grimpe et nage parfaitement; ce n'est que lorsqu'on lui tire un coup de fusil, ou par de violents orages, qu'il descend à terre et cherche à se cacher dans quelque trou.

Les écureuils mangent toute espèce de noix, de bourgeons et de noyaux; mais l'amande amère de la pêche les tue promptement. Ils ouvrent en quelques instants les noyaux les plus durs. Ils font pour l'hiver de grandes provisions de noisettes, mais ils les cachent quelquefois si bien qu'ils ne savent plus les retrouver. En captivité, quand on ne leur donne rien à ronger, leurs incisives atteignent souvent un pouce de longueur, et en se croisant empêchent l'animal de manger. Un bon observateur a remarqué que les écureuils reconnaissent au flair la présence des truffes et qu'ils les déterrent au pied des chênes ; ils mangent également les bolets et les chanterelles. Parfois ils poursuivent les petits oiseaux, mangent les œufs ou la nichée, et parviennent même à attraper des grives adultes. Ils mettent bas en avril, dans un nid bien rembourré, de trois à sept petits qui naissent les yeux fermés et qu'ils soignent avec une grande tendresse. Quand on les inquiète, ils prennent dans leur gueule ces jolies petites créatures et les emportent dans une autre cachette. Les vieux se laissent rarement apprivoiser complétement, mais les petits se familiarisent aisément. Leur chair est bonne en automne ; leur fourrure n'a que peu de valeur. Leurs plus mortels ennemis après l'homme sont la marte, encore plus leste qu'eux à grimper, et les chouettes et les buses, auxquelles ils cherchent à échapper en tournant autour des troncs d'arbres avec la rapidité de l'éclair.

Disons maintenant quelques mots du *Lièvre* (*Lepus timidus*), ce pauvre diable aux trousses duquel se mettent tous les tirailleurs du dimanche, ce drôle de corps à longues jambes, dont la lubricité et la timidité sont devenues proverbiales, qui, ne vivant que de végétaux, étrangle pourtant volontiers ses propres petits, arrache à ses rivaux les yeux quand il le peut ou en tout cas de grandes touffes de poils, et qui, avec son air stupide, sait dépister par ses finesses et ses roueries les chasseurs les plus rusés, et même leurs chiens, plus rusés encore. On sait que le lièvre ordinaire est répandu sur toute la surface de l'Europe, depuis les côtes de la Méditerranée jusqu'au midi de la Suède, au Caucase et à l'Oural ; ceux du midi de l'Europe se distinguent cependant par un pelage moins serré et une teinte d'un brun roux plus foncé, tandis que ceux du centre et surtout du nord ont en hiver le poil plus gris sur le dos, plus blanchâtre sur les flancs et les cuisses. Quant à la distribution verticale des lièvres, elle s'étend en moyenne jusqu'à la limite supérieure des arbres à grand feuillage.

La hase porte pendant un mois et fait quatre portées par an, depuis le mois de mars à celui de septembre. La première de 1 à 2 petits, les deux suivantes de 2 à 4, rarement de 5 et très-exceptionnellement de 6; la quatrième de 1 à 2, en tout 8—12 petits par an, et même plus dans des circonstances particulièrement favorables. Il n'est pas rare qu'il y ait superfétation chez la mère : c'est à dire qu'elle porte à la fois des petits à terme et d'autres qui n'ont que quelques jours de conception. Il n'est pas très-rare non plus de trouver parmi les produits des monstruosités de forme étrange, ce qui s'explique assez bien par l'excès de l'instinct qui rapproche les deux sexes; mais les lièvres doubles et les lièvres cornus de notre ancienne histoire naturelle appartiennent à la fable. Cette grande fécondité, jointe au fait que les petits de la première portée reproduisent déjà pendant l'été de la première année de leur existence, multiplierait les lièvres d'une manière prodigieuse, s'ils ne comptaient pas un si grand nombre d'ennemis, à partir de l'homme jusqu'à la pie, la belette et la corneille, et si la hase n'était pas si parfaitement indifférente au sort de sa progéniture. L'époque du rut chez les lièvres dépend surtout de la température; elle tombe souvent sur les mois de décembre et de janvier pour la première portée, qui se fait ainsi au milieu du froid et de la neige, dans des endroits mal abrités, en plein champ ou dans les bois. Si, comme cela n'arrive que trop fréquemment, de grands froids, des neiges abondantes ou des pluies prolongées viennent à succéder en mars et avril à un mois de janvier ou de février particulièrement doux, les levrauts périssent alors par milliers et la première portée est presque entièrement anéantie. L'amour maternel n'est pas précisément une des vertus de la hase; selon toute probabilité elle nourrit ses petits 4 ou 5 jours à peine, de nuit vraisemblablement, quoique on ne l'ait encore jamais constaté; puis elle les abandonne à eux-mêmes. Rien n'est joli comme une nichée de levrauts jouant et gambadant aux premières lueurs de l'aube ou au crépuscule du soir. Quand le levraut a atteint toute sa taille, le chasseur le reconnaît encore soit à sa couleur plus claire, soit à ce qu'au départ du gîte, il ne fait pas comme le vieux lièvre qui court aussitôt droit devant lui, mais qu'il cherche d'abord à s'esquiver adroitement, le corps étendu et les oreilles baissées, et ne prend le galop que lorsqu'il est arrivé à une certaine distance, pour s'arrêter un peu plus loin, et s'assurer en se dressant sur ses pattes de derrière s'il est réellement poursuivi. Cependant si le chasseur vient à tomber à l'improviste sur un jeune lièvre au gîte, l'animal détale bien immédiatement en toute hâte, mais dans ce cas il fait plusieurs crochets dès le départ, ce qu'on n'observe jamais chez les vieux.

On connaît l'attachement extraordinaire que conservent les jeunes lièvres pour la broussaille, la haie, la touffe de joncs, où ils sont nés. Nous en avons souvent vu lever plusieurs jours de suite à la même place ; nous en avons vus qui, partant du pied de la montagne, allaient à plusieurs lieues de distance gagner quelque alpe élevée, redescendaient ensuite tout droit dans la vallée devant les chiens, remontaient encore le versant opposé jusque bien au delà de la limite des bois, dépistaient les chiens et finissaient par revenir le soir après six ou huit heures de chasse au quartier qu'ils avaient quitté le matin.

A l'approche du danger la hase abandonne d'ordinaire ses petits à leur malheureux sort ; cependant on l'a vue quelquefois les défendre courageusement contre un oiseau de proie de petite taille. Le vieux bouquin de son côté est souvent très-méchant vis-à-vis d'eux ; il leur applique des mornifles à les faire crier, et en captivité il les mord et les tue volontiers. Les lièvres élevés jeunes s'accouplent sans difficulté avec des lapins de même couleur ; nous avons même fait un essai de ce genre qui nous a donné des métis, mais nous n'avons pu nous assurer de leur fécondité. Il est difficile de les apprivoiser tout à fait, et ils conservent presque toujours quelque chose de leur timidité naturelle. On raconte cependant que le poëte Cooper avait réussi à en apprivoiser quelques-uns au point qu'ils sautaient sur ses genoux, le léchaient, le tiraient par son habit pour l'engager à sortir, et mangeaient au même plat que le chien et le chat du logis. Nous n'avons pas aussi complétement réussi avec un levraut mâle de quinze jours environ qu'on nous apporta en août 1859; cependant les détails qui suivent montrent que son éducation ne fut pas complétement sans résultat. Ce petit animal — laisse moi consacrer quelques lignes à ta mémoire, toi qui fus mon cher compagnon de chambre pendant près d'une année! — ce petit animal, disons-nous, s'était très-promptement habitué à la vue journalière de tout ce qui l'entourait, et folâtrait volontiers, surtout le soir, dans les diverses pièces de notre appartement, se réfugiant au moindre bruit suspect dans sa cage placée sous le fourneau, pour en ressortir la minute d'après. Il mangeait ce qu'on lui offrait, à la main en particulier les poires et les prunes; il vidait son assiette de lait, son plat favori, avec une rapidité extraordinaire, tandis qu'il lui fallait beaucoup de temps pour manger le pain. Il faisait fréquemment ses repas en compagnie d'un chien d'arrêt et d'un terrier, mais à vrai dire les relations étaient un peu tendues, avec le dernier surtout. En effet le terrier prenait souvent la fantaisie de se faufiler dans la cage du lièvre, tantôt pour lui faire d'innocentes taquineries, tantôt aussi pour tout bouleverser dans son domicile. Mais le lièvre ne se prêtait pas longtemps à ces agaceries et quand le chien devenait trop pressant, avec ses pattes de devant il lui frappait le crâne à coups redoublés, le forçait ainsi à sortir en criant de sa cabane et lui ôtait pour quelque temps toute envie d'y revenir. Le terrier se vengeait à son tour de ces violences en harcelant sans cesse son ami dans sa promenade habituelle dans l'appartement, non toutefois sans recevoir de temps en temps quelques vigoureux soufflets, si bien qu'à la fin il résista obstinément à toutes les avances du lièvre qui, pour l'engager à jouer, lui sautait par dessus le corps et la tête. Quand nous étions à table, le lièvre s'approchait tantôt des uns tantôt des autres, s'adressant de préférence aux enfants, se dressait sur ses pattes de derrière, et avec celles de devant tambourinait sans se lasser jusqu'à ce qu'il eût obtenu sa pitance. Il avait pris l'habitude de suivre partout une petite fille, surtout quand il la voyait s'approcher du panier à pain. Il avait l'odorat et la vue peu développés, car c'est à peine s'il savait trouver à deux pieds de distance le morceau qu'on lui avait jeté; et cependant il flairait constamment tout ce qui se rencontrait sur son passage. Il tambourinait avec une incroyable persistance contre les portes fermées et se promenait avec curiosité dans les corridors, mais, au moindre bruit suspect, il regagnait son logis en toute hâte. Il avait la peau si électrique qu'elle produisait des étincelles visibles lorsque de nuit on lui passait la main sur le dos dans le sens du poil. Dans sa loge, il se couchait volontiers sur le côté et se roulait quelquefois sur le dos; dans la chambre, il s'asseyait continuellement sur son derrière pour faire sa toilette, prenant un soin tout particulier de ses longues oreilles pendantes. On ne peut pas dire que, même après un séjour de onze mois dans la maison, il eût un véritable attachement pour personne; son apparente familiarité cachait mal ses vues intéressées et il conserva jusqu'au bout une certaine sauvagerie. Il nous sembla à la fin souffrir visiblement de son existence solitaire et de la contrainte imposée à son instinct par la captivité, en sorte que nous lui rendîmes la liberté.

Il est difficile de distinguer les deux sexes quand on n'en a pas l'habitude. Le mâle a les épaules un peu plus foncées que la femelle, la tête plus étroite, tout le corps plus ramassé. Il part aussi plus tôt devant le chien, court plus vite, et les mouvements de bas en haut et de haut en bas de sa queue pendant la course sont plus rapides et plus continus que chez la hase. Celle-ci, surtout quand le temps est doux, est beaucoup plus ferme au gîte que le mâle.

Les lièvres sont, comme on le sait, des animaux nocturnes. C'est aux crépuscules du matin et du soir et pendant les nuits claires qu'ils quittent leur gîte pour aller, par des passages toujours les mêmes, visiter alternativement les endroits où ils trouvent leur nourriture: les champs en friche ou ensemencés, les prairies, les vergers, etc. Pendant le jour, ils restent tranquillement au gîte et dorment les yeux ouverts et les oreilles dressées. Mais ils changent plusieurs fois de gîte suivant le temps et la saison. Quand il fait de la neige ou de la pluie, ils choisissent des endroits secs sous les rochers, dans les gravières, les forêts et les broussailles ; il en est de même par les temps orageux, pendant lesquels, d'ailleurs, ils changent souvent de place; mais quand il fait beau, c'est en rase campagne qu'ils gîtent le plus volontiers. Lorsque le dégel fait tomber la neige des arbres et des buissons, ou que les pluies sont assez violentes pour faire dégoutter le feuillage, les lièvres se réfugient également dans les pentes découvertes, ainsi que dans les prés et dans les champs. Si la terre est cachée sous une couche épaisse de neige, on peut alors les rencontrer partout, tantôt abrités dans une carrière, ou près d'un chalet, tantôt dans les bois, tantôt en plein champ blottis dans quelque trou qu'ils se sont creusé à la hâte, tantôt enfin tout à fait à découvert quand la neige est durcie, et ensevelis jusqu'au museau dans la neige quand celle-ci est molle. Les sauts qu'ils sont obligés de faire pour avancer dans une couche profonde de neige les fatiguant beaucoup, ils laissent alors approcher le chasseur presque à portée de la main, et ce n'est que dans cette circonstance que pour s'enfuir ils préfèrent la descente à la montée, bien que la course en ce sens leur soit encore pénible.

Les lièvres ont l'ouïe excessivement fine, mais leur vue semble assez faible. Leur timidité les fait souvent paraître plus stupides qu'ils ne le sont réellement. Nous en avons vu un se précipiter avec une telle violence contre un chien terrier qui venait à sa rencontre que les deux têtes se choquèrent, et que les deux animaux culbutèrent l'un sur l'autre. Quand le lièvre est pris par le chien, il pousse des cris qui ressemblent à ceux d'un enfant.

Les os de lièvre ne se rencontrant que très-rarement parmi les débris de l'âge de la pierre, on peut en conclure que nos ancêtres, à cette époque reculée, n'avaient pas le même goût que nous pour cette sorte de gibier; nous savons que d'un autre côté ils faisaient grand cas de la chair du renard.

X. LE BLAIREAU.

Les chasseurs. — Mœurs du blaireau. — De l'individualité chez les animaux. — Un blaireau au soleil. — Diverses méthodes pour chasser le blaireau. — Une aventure de chasse.

Quand le chasseur, aux premières heures d'une journée d'automne, guette le coq de bruyère ou le birkhan dans une forêt de montagne, et que, tendu sur son gibier, il se tient immobile et sans bruit, il lui arrive quelquefois d'entendre tout à coup à côté de lui un frôlement de feuilles sèches et un grognement étouffé, et de voir passer dans les broussailles à pas pesants et mesurés un animal informe, gris, ressemblant assez à un cochon. C'est le *Blaireau (Meles vulgaris)*, qui, au retour de son excursion nocturne, vient ainsi se livrer au chasseur de la manière la plus favorable. Cependant le moindre bruit précipite tellement sa marche qu'il a souvent disparu dans le taillis avant qu'on ait pu le coucher en joue; et s'il a le temps de se terrer, il est inutile de l'attendre, car la méfiante bête ne reparaîtra qu'à nuit close.

Il est rare que l'on chasse chez nous au blaireau, soit parce que la besogne est rude, soit parce que l'animal, bien qu'il se trouve partout en Suisse, n'y est nulle part abondant, et que la moitié des terriers sont vides ou occupés par des renards. Cependant on le prend de temps à autre avec des bourses, des trappes ou des pinces, le plus souvent au moyen du basset. Dans le canton de Glaris, où le blaireau se rencontre assez haut dans les Alpes, en particulier sur la Neuenalp, la Guppenalp, le Rieseten, l'Ochsenfittern, les chasseurs emploient pour le prendre une méthode des plus barbares. Ils enfoncent dans le terrier une longue perche munie à son extrémité d'une espèce de tire-bourre qu'ils vissent dans le corps de l'animal; ils l'amènent ainsi avec précaution jusqu'à l'entrée de son trou, où ils l'assomment à coups de bâton sur le museau. C'est du reste une chasse assez productive : la peau du blaireau est serrée et imperméable ; sa chair, semblable à celle du cochon, mais qu'on ne mange pas partout parce qu'elle a un goût de terre ou de moisi, est un excellent manger quand elle a trempé préalablement dans une eau courante ; sa graisse, dont il a souvent en automne trois doigts d'épaisseur (5 à 10 liv.) sur le dos, se vend aux pharmaciens; ses soies enfin servent à la fabrication des brosses et des pinceaux.

Cet animal extraordinaire, d'environ $2\:^{1}/_{2}$ pieds de longueur, a le dessus du corps d'un gris noirâtre, le ventre noir et une bande de même couleur sur les côtés de la tête; il pèse jusqu'à 36 livres en automne. Il se tient volontiers dans le voisinage des vignobles et des champs et à la lisière des bois, mais on le trouve cependant sur les hautes montagnes de la Suisse orientale, jusqu'à la limite supérieure des arbres à feuilles caduques. De ses ongles forts et crochus, il se creuse sur quelque pente exposée au midi un terrier commode qu'il garnit d'une couche tendre de feuilles et de mousse, et auquel il donne de quatre à huit issues ou soupiraux. C'est là qu'il passe sa vie suivant les instincts de son naturel stupide, froid, paresseux, sombre et farouche. La femelle paraît avoir, dans la règle, son terrier particulier. Cependant des observations suffisantes manquent encore sur les relations du mâle et de la femelle quant à leur habitation. Ainsi la femelle paraît habiter le même terrier que le mâle tantôt pendant tout le temps du rut, tantôt temporairement; plus ou moins longtemps après la mise bas, nous retrouvons encore le père et la mère occupant un même trou avec leurs petits. Le moment du rut n'est pas non plus bien déterminé, les uns le fixant au mois d'octobre, les autres à la fin de décembre. Mais cette dernière opinion ne peut guères être admise, au moins pour ce qui concerne la région montagneuse et sous-alpine, car nous n'avons jamais rencontré aucune trace de blaireau sur la neige profonde qui couvre les montagnes à cette époque-là. La femelle met bas en février ou mars. Les petits, au nombre de 3—5, ont les yeux fermés à leur naissance, les poils courts et lisses, d'un gris ardoisé, blancs autour du front; ils vivent souvent une année entière dans le même terrier que leur mère. Nous croyons qu'ils entrent eux-mêmes en rut en février ou mars.

Les blaireaux se nourrissent d'ordinaire de substances végétales, telles que racines, pommes de terre, carottes, glands, faînes, baies, fruits, truffes; ils mangent aussi volontiers des sauterelles, des souris, des serpens et des escargots, et se creusent avec les ongles tranchans de leurs pattes de devant des trous coniques dans le sol humide des bois pour y déterrer des vers, des larves, des chrysalides et des insectes. Un blaireau tué en juin avait l'estomac rempli d'une quantité de fragments d'œufs et de petits d'oiseaux faisant leur nid sur la terre. Les blaireaux mangent avec plaisir la vipère; la morsure venimeuse de ce reptile n'a aucun effet sur eux. En automne ils font beaucoup de mal dans les vignes, abattant sans cérémonie avec les pattes les sarments chargés de raisins qui se trouvent à leur portée; quelques heures leur suffisent également pour faire de grands ravages dans les plantations de maïs, dont ils mangent en quantité les épis encore tendres, doux et laiteux.

C'est aussi dans cette saison que le blaireau fait tout autour de son terrier des provisions de mousse qu'il y transporte plus tard en quelques jours; puis, quand l'hiver est venu, il se retire dans son trou et s'y endort comme les ours sans s'engourdir et d'un sommeil interrompu. Il se tient alors roulé sur lui-même, la tête enfoncée entre les jambes de derrière. Cette position rappelle d'une manière frappante celle du fœtus dans le sein de la mère; comme celle de la guêpe, qui pendant l'hiver tient ses ailes et ses pattes repliées sous le corps, rappelle la forme de l'insecte dans un des précédens stages de sa vie. C'est une erreur de croire que le blaireau se nourrisse pendant son sommeil d'une huile fétide renfermée dans la bourse qu'il porte en travers sous la queue. Cette sécrétion qui se produit abondamment au temps du rut lui sert tout au plus à attirer l'autre sexe; on la retrouve sur le sol ou sur les pierres, contre lesquels l'animal se frotte souvent le derrière pour s'en décharger. Pendant toute la durée de l'hiver, le blaireau sort à peine deux ou trois fois de sa retraite dans la partie supérieure de la région, un peu moins rarement dans le bas des montagnes, et probablement pour boire.

On peut facilement au printemps déterrer de jeunes blaireaux, les nourrir et les apprivoiser. Cependant ces élèves ne font jamais ni grand honneur ni grand plaisir, car leur naturel indolent et maussade résiste à toute éducation. Animaux proprement nocturnes, ils ne consentent qu'avec peine à faire quelque mouvement pendant le jour. En dépit de toutes les gourmades, en dépit même des friandises qu'on leur met sous le nez, et particulièrement des fruits sucrés qu'ils aiment par-dessus tout, les vieux restent imperturbablement couchés et font à peine entendre un grognement de colère. Ce n'est qu'à l'entrée de la nuit qu'ils commencent à se mouvoir, et leur activité dure jusqu'au matin. Il paraît que l'eau leur est nécessaire et qu'ils périssent facilement quand ils en sont privés. En buvant ils font mouvoir les mâchoires de la même manière que les cochons. Leurs dents aiguës font de redoutables morsures. Tout à fait incapables d'éducation, les blaireaux sont, quant à l'intelligence, à un degré très-bas dans l'échelle des animaux. Leur seul mérite est dans l'intelligence dont ils font preuve pour la construction de leurs terriers, aérés, propres et commodes, construction à laquelle ils mettent plus d'attention et de soin qu'aucun autre animal carnassier. Les bornes étroites des facultés du blaireau ne lui laissent pas une grande latitude dans les moyens de se procurer sa nourriture, et s'il vient à prendre quelque souris, c'est moins par adresse qu'à force de patience. A son talent de fouir correspond une indolence égoïste qui ne lui permet pas même de partager son terrier avec sa femelle ; à sa stupidité, une timidité telle qu'il a souvent peur de son ombre. Un jeune blaireau qu'on avait surpris dans la montagne n'eut pas même l'idée de fuir ; il s'aplatit le ventre contre terre, comme s'il se fût imaginé que ce moyen suffisait pour le cacher parfaitement, et il mordait avec rage le bâton avec lequel on cherchait à le faire partir. En disant que le blaireau est un animal à poils rudes, à peau dure, et à vie plus dure encore, un animal nocturne qui n'a rien à faire avec la joyeuse et vivifiante lumière du soleil on caractérise suffisamment cet être bas et intéressé. — Que de natures de blaireaux n'y a-t-il pas parmi nous ! Que de singuliers rapprochements ne ferait-on pas entre chacune des individualités animales et les caractères si divers qui se rencontrent dans l'espèce humaine !

Cependant le blaireau ne craint pas autant la lumière qu'on le croit communément : c'est l'homme qu'il redoute surtout; et s'il se tient tout le jour dans son terrier, c'est par crainte d'être dérangé. Un chasseur qui a eu le rare bonheur de pouvoir observer pendant longtemps un blaireau en liberté, nous a communiqué à ce sujet quelques faits qui rectifient des erreurs anciennement accréditées.

Ce blaireau avait placé son terrier sur le flanc d'un ravin, et de telle façon que depuis le côté opposé il était facile de voir, sans être aperçu, tout ce qui s'y passait. Le trou était évidemment habité; la terre, qui en avait été récemment extraite, était unie comme une aire, mais si bien battue qu'il n'était pas possible de distinguer d'après les traces s'il y avait des petits dans le terrier. Un jour que le vent était favorable, le chasseur se glissa dans la partie du ravin qui faisait face au trou, et il ne tarda pas à voir le maître du logis, un vieux grognard de blaireau, couché dans l'attitude du plus profond ennui, mais pourtant jouissant en apparence des chauds rayons de soleil qui tombaient sur lui. Ce n'était pas, du reste, une circonstance fortuite; car, au contraire, toutes les fois que le chasseur put renouveler ses observations par le beau temps, il trouva qu'il en était de même. Le blaireau passait là son temps dans la béatitude du *far niente*. De temps à autre pourtant il promenait ses regards autour de lui d'un air préoccupé, considérait avec attention quelque objet, et se balançait ensuite sur ses pattes de devant, à droite et à gauche, à la manière des ours. Quelques parasites altérés de sang interrompaient tout à coup son repos, et des dents et des griffes il leur demandait brusquement raison de leur insolence; puis, satisfait du châtiment qu'il leur avait infligé, il se replaçait avec un nouveau plaisir dans la position la plus commode pour recevoir les rayons du soleil, leur offrant tantôt son dos, tantôt sa grasse panse. Il ne peut cependant tromper longtemps ainsi son ennui; peut-être aussi quelque flard suspect lui vient-il passer sous le nez. Alors il lève le museau, flaire dans toutes les directions, et, peu rassuré de n'avoir rien découvert, juge plus prudent de regagner son repaire. Un autre jour, après avoir pris le soleil sur sa terrasse, il descendit, pour changer d'occupation, au bas du ravin, et alla se vider le ventre à une assez grande distance pour y faire place au repas de la nuit prochaine. Avec la prudence et la propreté qui distinguent sa race, il retourna plusieurs fois à ses ordures pour les recouvrir de terre et empêcher qu'elles ne trahissent sa présence dans ces lieux. Il prit tout son temps pour le retour, s'arrêtant tantôt ici, tantôt là, sans cependant chercher à manger, et reprit sa première position. Ce ne fut que lorsque les ombres portées des arbres annoncèrent la chute du jour, qu'après tant d'occupations pénibles, il rentra dans son terrier pour y sommeiller quelque peu, avant d'entreprendre celles plus pénibles encore de la nuit.

Il n'y a pas dans le règne animal entier une créature aussi égoïste que le blaireau, aussi amie de ses aises, aussi méfiante et hypocondre.

On reconnaît la piste du blaireau à la largeur de l'empreinte, à la longueur des griffes, au raccourci du pas; quand il marche lentement, les traces sont disposées ainsi : : : : : : : : : : : : : : :, et quand sa course est rapide, elles prennent cette forme-ci : . . . . Nous avons déjà remarqué que la chasse proprement dite au blaireau n'est pas fort usitée en Suisse, parce que dans les contrées où cet animal est commun, les chasseurs n'entendent pas grand'chose à la manière de le prendre. Au printemps et en été, la bête va à la pâture ordinairement à nuit close; en automne, quand elle est très-grasse, elle ne sort guère avant minuit; mais si un chien ou un chasseur ont visité le terrier pendant la journée, le blaireau y reste terré pendant deux ou trois jours. On peut donc chasser le blaireau de nuit au basset et au chien terrier, avec une lanterne sourde, et quand les chiens l'ont trouvé et arrêté, le tuer avec une espèce de trident adapté à cet usage; ou bien, à l'aube du jour, le tirer à l'affût aux abords de son trou; ou enfin le prendre quand il y arrive, les chiens à ses trousses, au moyen d'une bourse ou filet qu'on dispose à l'entrée du souterrain. Mais le plus sûr est de le faire poursuivre dans le terrier même par un petit basset ardent, qui l'accule dans quelque galerie sans issue. On creuse alors au-dessus de cet endroit, on saisit la bête avec les pinces ou le crochet à blaireau, et on la tue. Mais souvent il arrive que l'animal poursuivi bouche le terrier derrière lui avec de la terre, en sorte que le chien ne peut y descendre. On se sert avec succès des trappes quand le terrier est pratiqué sous les pierres et qu'il est impossible de déterrer le blaireau. Mais, en dehors de ces moyens, ce n'est qu'un heureux hasard qui peut donner au chasseur l'occasion de tirer cet animal.

Un chasseur appenzellois de Gais nous a raconté une singulière aventure de chasse. Il avait fait, de concert avec son domestique, l'heureuse découverte d'un terrier de blaireau; mais il n'avait ni chiens, ni instruments. Il se fit alors attacher une corde à la jambe, s'introduisit avec peine en rampant dans le trou, empoigna l'animal par le toupet et donna à son domestique le signal convenu pour le retirer, lui et son butin, hors du terrier. Dans cette opération, une pierre pointue, formant saillie dans la partie supérieure de la galerie, lui déchira tellement la chair le long du dos que le sang en coulait goutte à goutte. Mais le chasseur intrépide ne s'en inquiétait guère, car il avait découvert un second blaireau dans le terrier. «Il faut que j'y retourne,» dit-il à son serviteur en se baissant pour cette seconde expédition, «seulement dirigemoi de façon que cette maudite pierre passe sur la même blessure et que je n'aie pas le dos tout entier en sang.» Et il s'y introduisit en effet, son domestique le dirigeant de manière à ce que la pierre pointue suivît le sillon ensanglanté. L'entreprise fut couronnée de succès, et ce ne fut qu'après que le second blaireau fut étendu mort à ses pieds qu'il songea à faire panser sa blessure.

XI. LE CHAT SAUVAGE.

Les chats sauvages et les chats domestiques. — Origine des derniers et distribution géographique des premiers. — Mœurs des chats sauvages. — Combats avec les chasseurs et les chiens.

On sait que les pays chauds possèdent un grand nombre d'espèces de chats, et que ces animaux y forment le groupe de carnivores le plus abondant et le plus dangereux. Notre pays, incomparablement plus pauvre en espèces animales, ne pourrait pas mieux supporter une pareille population d'animaux de proie que ceux-ci ne s'accommoderaient de notre civilisation avancée. Dans les zones plus froides, ce sont les genres de l'ours et du chien qui fournissent les carnassiers les plus gros et les plus importants; parmi les chats nous ne possédons que le lynx et le chat sauvage, tous deux, si l'on en juge par des documents qui s'accordent tous sur ce point, très-communs autrefois, mais aujourd'hui extrêmement rares. Gessner, dans son livre sur les animaux, s'exprime ainsi : «On prend en Suisse une quantité de chats sauvages, soit dans les épais fourrés et dans les bois, soit sur le bord des eaux. Ils sont tout à fait semblables aux chats domestiques; ils sont seulement plus grands, avec des poils plus épais et plus longs, bruns et gris. On les chasse avec les chiens et on les tire quand ils vont se blottir sur un arbre. Autrefois les paysans entouraient l'arbre, et le chat, obligé de descendre, était tué à coups de mas-

LA HULOTTE ET LE CHAT SAUVAGE

sue.» De nos jours il y a beaucoup d'excellents chasseurs qui n'ont vu de leur vie un chat sauvage; et cependant il ne se passe pas d'année qu'on n'en tue quelque part. Il y a quelque temps qu'on en tua plusieurs dans le canton de Zurich, entr'autres un mâle qui pesait 15 livres. Ils ne sont rien moins que rares dans le Jura, surtout dans les districts de Nyon et de Cossonex; il en est de même au Bötzberg et dans le Betenthal dans le canton d'Argovie. On les connaît fort peu dans la Suisse orientale et dans les cantons primitifs; ils se montrent, au contraire, dans quelques vallées de montagne du Valais et du canton de Berne, en particulier dans celle du Grindelwald, et dans les Grisons; tandis qu'au Tessin il paraît qu'on ne connaît que les chats domestiques retournés à l'état sauvage.

Le vrai *Chat sauvage* (*Felis catus*) est un vilain animal dont l'aspect est presque effrayant. Il est toujours notablement plus grand que le chat domestique, souvent même du double, et communément à peu près de la taille du renard. Il a la tête moins plate que le chat domestique, les intestins plus courts, une queue plus courte aussi relativement, et également épaisse et fourrée dans toute sa longueur, des poils plus longs et plus fins, et une couleur plus constante, d'un gris rougeâtre ou jaunâtre, avec une bande noire irrégulière le long du dos et un grand nombre de bandes transversales de la même couleur, placées irrégulièrement aussi sur les côtés. Le ventre est d'un jaunâtre fauve, la gorge blanche, la tête souvent rayée de noir, la queue de moitié plus courte que le tronc, d'un gris roux avec des anneaux et la pointe noirs; l'entourage de la bouche et la plante des pieds sont noirs. On peut donner comme signes caractéristiques et constants de l'espèce les anneaux noirs de la queue et la tache blanche de la gorge. La moustache est beaucoup plus forte, le regard plus farouche et les dents plus pointues que dans le chat domestique.

Il n'est pas encore prouvé que le chat sauvage soit la souche de notre chat domestique. Les naturalistes modernes ne s'accordent pas sur ce point. Nous serions disposés à croire qu'il est en effet la race primitive de nos chats ordinaires, parce que la structure organique des deux espèces est la même dans toutes les parties essentielles, et qu'il est difficile d'assigner avec certitude une autre origine à l'espèce privée qui, du reste, est indigène dans le Sud et se retrouve déjà embaumée avec les momies d'Égypte; mais à côté de ces analogies il y a cependant des différences notables soit dans la configuration du crâne, soit dans la longueur du canal intestinal, qui dans le chat domestique mesure cinq fois la longueur du corps, et dans le sauvage trois fois seulement. Il est vrai que la plupart de nos animaux domestiques tirent leur origine des pays étrangers et surtout de l'Orient, et l'on veut en conclure que la souche de nos chats est le petit chat de Nubie; mais ce dernier n'a pas encore été suffisamment observé et il ne paraît pas moins différer du chat domestique que le chat sauvage. On sait assez quelles profondes modifications une domesticité de plusieurs milliers d'années et un changement de nourriture peuvent apporter dans l'état d'un type animal. Quant à l'assertion que les chats sauvages apprivoisés prennent peu à peu tout à fait les mœurs du chat domestique, tandis que celui-ci, quand il retourne à l'état sauvage, est déjà au bout de trois générations parfaitement semblable au vrai chat sauvage, nous y attachons peu d'importance. La difficulté de répéter une observation de ce genre la rend singulièrement incertaine; elle est d'ailleurs d'autant moins concluante qu'il n'y a guère de possibilité d'accoupler en captivité un chat sauvage avec sa femelle, et que, vraisemblablement, les expériences ont été faites sur des croisements avec le chat domestique : en sorte qu'il n'y a pas lieu de s'étonner si les produits sont devenus rapidement semblables aux individus de cette dernière race. Un fait plus significatif est que le chat domestique n'habitait pas notre pays au temps des palafites et qu'on y trouvait déjà le chat sauvage.

Les mœurs du chat sauvage sont identiquement les mêmes que celles du lynx, dont il a d'ailleurs le caractère. Il se plaît dans les forêts rocailleuses les plus désertes, où il habite des chênes creux, des fentes de rocher, des terriers abandonnés de blaireau ou de renard; il aime aussi le voisinage des ruisseaux et des lacs, où il sait, avec une adresse extraordinaire, saisir les poissons et les oiseaux aquatiques. Il guette dans les buissons et sur les arbres toutes les petites espèces d'oiseaux et les écureuils. Il fait souvent de grands ravages dans les compagnies de perdrix. Quant aux animaux plus grands, comme les lièvres et les marmottes, il leur saute sur le dos et leur ouvre l'artère. S'il a manqué son coup, il ne poursuit pas l'animal, parce qu'il a comme la plupart des chats la course peu facile et l'odorat peu développé. Les souris forment sans doute le fond de sa nourriture, mais il ne dédaigne pas les charognes, et tue tout animal à sang chaud dont il peut se rendre maître. On a trouvé dans l'estomac d'un seul individu les restes de 26 souris. Jamais il n'attaque l'homme sans être provoqué.

Pendant le jour, il reste le plus souvent sur une grosse branche, d'où il se jette par un bond sur sa proie qu'il saisit par derrière. C'est ainsi que le chasseur le découvre d'ordinaire tranquillement étendu et fixant sur lui comme la marte et le lynx des regards étincelants. Seulement, chasseur, prends garde à toi, et vise bien! Car si l'animal n'est que blessé, il arrive soufflant et écumant, le dos courbé et la queue dressée en l'air, contre le chasseur et lui saute à la poitrine avec fureur. Ses ongles pénètrent si avant dans les chairs qu'on a toutes les peines du monde à lui faire lâcher prise, et que les blessures qu'il laisse se cicatrisent très-difficilement. Il redoute si peu les chiens qu'il se laisse quelquefois chasser longtemps par eux avant de se réfugier sur un arbre; on l'a même vu en redescendre de lui-même avant l'arrivée du chasseur pour entamer un horrible combat. Ses griffes font de profondes déchirures partout où elles atteignent; il cherche surtout à arracher les yeux aux chiens, et, tant qu'il y a encore en lui une étincelle de vie, il se défend avec la rage la plus opiniâtre. Sa vie est singulièrement dure. C'est ainsi que dans le Jura un chat sauvage couché sur le dos luttait victorieusement contre trois chiens, tenant deux d'entre eux avec ses griffes enfoncées dans leur museau et serrant le troisième à la gorge avec les dents : lutte terrible dans laquelle il déployait un courage et une adresse inconcevables, et faisait preuve en même temps d'un profond calcul. Une balle bien dirigée vint lui traverser le corps de part en part et sauver les chiens qui, grièvement blessés, auraient probablement sans ce secours succombé dans la lutte.

Les mœurs de ces dangereux animaux sont encore très-peu connues, car ils se cachent avec un soin extraordinaire. Les vieux ne peuvent absolument pas s'apprivoiser. Ils s'accouplent en février, et, comme les chats domestiques, au milieu d'un effroyable vacarme. La femelle met bas en mai 5 à 6 petits qu'elle cache et nourrit avec beaucoup de tendresse et avec lesquels elle joue de la même manière que nos chattes. On dit que les petits s'apprivoisent facilement et se comportent comme les chats ordinaires.

Leur fourrure est très-électrique, aussi bien que celle des loutres, et vaut le double de celle des chats domestiques. En hiver elle est très-épaisse, mais les poils s'en détachent aisément.

Cet animal manque encore dans plusieurs grands musées, car il est devenu rare ces derniers temps. Nous en avons eu dernièrement entre les mains un bel exemplaire qui avait été tué dans les environs de Säckingen, et à cette occasion nous avons appris que ces animaux n'étaient pas très-rares dans la Forêt-Noire. Il pesait 16 livres; cependant nous en avons vu qui en pesaient 18. On regardait autrefois la chair du chat sauvage comme un morceau friand; c'est à peine si on le mange aujourd'hui.

Les chats retournés à l'état sauvage sont assez communs dans toutes les grandes forêts, jusque sur les hautes Alpes. Ils vivent aussi d'oiseaux et de souris, sont farouches, sauvages et méchants. En hiver ils établissent ordinairement leurs quartiers dans les cabanes et les chalets inhabités de la montagne et y font un grand dégât de souris, en sorte qu'ils sont plus utiles que nuisibles. En général les montagnards ne cherchent pas à leur faire aucun mal, car ils se préoccupent plus de la destruction des souris que de la disparition de quelques oiseaux. Ces chats font cependant beaucoup de ravages dans les ruisseaux à truites au temps du frai.

Il n'est pas encore démontré que les vrais chats sauvages soient sujets à la maladie de la rage; et la rareté de ces animaux, la plus grande rareté de la maladie, rendront toujours bien difficiles des observations précises sur ce point. Cependant il est vraisemblable qu'ils sont soumis aux mêmes conditions physiologiques que les chats domestiques, dont on sait d'ailleurs que la morsure est bien loin d'être aussi dangereuse que celle du chien enragé, puisque d'après toutes les observations elle n'aurait jamais communiqué la rage.

SECONDE RÉGION

LA RÉGION ALPINE

(De 4,000 à 7,000 pieds au-dessus de la mer.)

CHAPITRE PREMIER.

CARACTÈRES GÉNÉRAUX DE LA RÉGION ALPINE.

Etendue et hauteur de la région. — Formation des sommets dans les chaines avancées. — Vallées de passage, routes et hospices. — Importance des passages alpins au point de vue des animaux. — Profondeur des vallées dans les Alpes de l'ouest et du nord. — Elévation générale du sol de la Rhétie. — Les plus hautes vallées cultivées de l'Europe. — L'Engadine. — Avers. — Les vallées supérieures et inférieures des Alpes. — Température sur les montagnes et dans les hautes vallées. — L'hiver dans les Alpes. — Développement du printemps. — Glaces suspendues et chutes de glaciers. — Caractéristique des avalanches. — Formation des murs de neige et des avalanches de poudre, leurs ravages. — Ouragans remarquables produits par les avalanches. — Les avalanches compactes. — Ponts d'avalanche et consistance de la neige. — Importance des avalanches au point de vue de la végétation et de la vie animale. — Moyens protecteurs. — Les eaux des Alpes. — Le berceau des fleuves. — La plus grande cascade de la région. — Lacs alpins morts et vivants. — Les plus hauts réservoirs de l'Europe. — Nombre considérable des petits lacs alpins. — Affluents et écoulements invisibles. — La vie animale dans ces lacs. — Les lacs alpins des Grisons et leurs poissons. — Torrents de boue. — Fours à cristaux. — Lapiaz.

Entre la région montagneuse ornée de ses magnifiques forêts et de ses abondants pâturages et les sauvages labyrinthes de gla-

ces et de rochers de l'empire des neiges, s'étend tout autour des hautes montagnes une large ceinture dont la limite inférieure est à 4,000 pieds, et dont la supérieure varie de 7 à 8,000, suivant qu'on prend dans une acception plus ou moins large le terme de ligne des neiges éternelles, et qu'on considère la partie nord ou la partie sud des Alpes. C'est cette ceinture que nous appelons la **Région alpine**[1]. Son étendue horizontale est beaucoup moins considérable que celle de la région précédente, laquelle comprenait dans la chaîne du Jura et quelques autres moins importantes des formations indépendantes, tandis que la région alpine est partout dans le rapport le plus intime avec le grand axe européen des Alpes, avec ses arêtes et ses cimes les plus élevées. Il est vrai que le Jura, ainsi que nous l'avons remarqué, a quelques sommités qui sembleraient devoir par leur altitude appartenir à la zone que nous nommons alpine. Mais on retrouve tellement partout dans la formation de cette chaîne particulière la loi des masses arrondies plutôt que celle des pointes élancées, on y retrouve si peu de l'énergie des formations alpines proprement dites, que la plus grande hauteur de quelques-uns de ses sommets doit être presque considérée comme un fait accidentel. C'est pour cela que dans les plantes et les animaux du Jura on ne fait encore que pressentir la flore et la faune des vraies Alpes.

Les Alpes suisses proprement dites sont ces hautes montagnes qui depuis le Mont-Blanc et le lac de Genève se dirigent des deux côtés du Rhône, envoient leurs immenses bras au nord et au sud, semblent se réunir au Saint-Gotthard, et de là se séparent de nouveau en deux grands rameaux dont l'un sous la forme d'un mer-

---

[1] On sait qu'en Suisse et surtout dans la Suisse allemande le mot d'*alpe (alp)* est quelquefois employé dans le sens d'un nom commun et qu'il désigne alors un pâturage de montagne élevé. C'est à cette acception que se rattache de la manière la plus naturelle la désignation d'*alpine* que nous donnons à la région qui va nous occuper. Nous avertissons le lecteur de cette signification un peu allemande et locale appliquée à un mot français. L'alpe est entre la montagne et les neiges.
(*Traducteur*).

veilleux réseau se dirige vers l'Orteles, et l'autre, sous le nom d'Alpes d'Uri, de Glaris, de Saint-Gall et d'Appenzell, s'abaisse vers le bassin du lac de Constance, tout en se reliant par le Rhätikon à la ligne de l'Orteles. Ces chaînes lancent, en outre, des contreforts et quelques sommets plus importants assez loin au nord dans les cantons de Fribourg, de Berne, de Lucerne et de Schwytz. Maintenant, si nous découpons dans le relief des Alpes une tranche horizontale entre les limites de 4,000 et de 7,000 pieds, nous trouvons que presque tous les épaulements avancés tombent dans cette zone, et même que plusieurs d'entr'eux culminent avant d'en avoir atteint la limite supérieure; tandis que, au contraire, dans la longueur de la ligne principale des Alpes, cette tranche n'en occupe que la portion moyenne, au-dessus de laquelle quelques pyramides s'élancent encore au double de hauteur. Cependant dans les massifs principaux il y a une foule de chaînons transversaux, de crêtes servant à relier les différents groupes, qui rentrent par toute leur masse dans la région alpine; presque toutes les échancrures importantes, tous les cols, tous les grands passages y appartiennent. Les plus hautes vallées cultivées de l'Europe y rentrent également.

Si nous comparons la zone alpine ainsi déterminée avec la région montagneuse, nous reconnaissons que la première est infiniment plus pauvre en formes organiques de toute espèce; mais, d'un autre côté, ces formes y sont d'autant plus caractérisées que la région diffère davantage de la région des plaines. A son tour, sous le rapport des animaux qu'elle renferme, la région alpine est beaucoup plus importante que la région des neiges qui la domine, et dans laquelle le monde des organismes s'éteint successivement pour concentrer presque tout l'intérêt de l'homme sur les formations inorganiques. C'est à la région alpine presque exclusivement qu'appartient ce qu'il y a de spécial dans la vie des animaux et des végétaux sur les hautes montagnes. La nature s'y montre encore à l'homme sous un aspect aimable et sympathique. Elle lui offre ses trésors et ses charmes propres avec une abondance relative; mais, bien que susceptible d'une certaine culture, elle sait toujours conserver sa liberté première et son originalité. Elle ne se laisse rien arracher par la violence : ce qu'elle veut donner, elle l'offre spontanément; et si l'homme est assez osé pour la forcer par son industrie à de plus riches productions, elle est assez patiente pour se soumettre pendant quelque temps à ces légères entraves, mais trop capricieuse pour ne pas les briser quand il lui plaît.

Les ramifications de la chaîne centrale forment du côté du nord, comme nous l'avons fait observer, quelques sommets d'une certaine importance. Ils dépassent notablement la région montagneuse et sont par leur position isolée comme les sentinelles avancées des hautes Alpes. Les sommets et les arêtes de même hauteur dans la chaîne centrale se perdent dans un labyrinthe de formations gigantesques; au lieu que les premiers, par la vue qu'ils offrent d'un côté sur la plaine, de l'autre sur le profil des Alpes, ont acquis une grande célébrité et sont devenus le rendez-vous privilégié d'une foule de touristes. Parmi ces postes avancés nous nommerons dans le canton de Fribourg le Moléson (6,172 pieds), la Berra (5,300), la Dent de Brenlaire (7,268), la Hochmatt (6,637); dans l'Oberland bernois, le Stockhorn (6,770), le Gantrisch (6,737), le Niesen (7,280), le Rothhorn de Brienz (7,238), le Hohgant (6,770); dans le canton de Lucerne, la Schafmatt (5,800) et le Pilate (6,565); dans le canton d'Unterwald, le Stanzerhorn (5,847); dans celui de Schwytz, le Rigi (les mesures varient entre 5,479 et 5,555 pieds). Dans le rameau principal qui du Saint-Gotthard descend au nord vers le lac de Constance les formations sont beaucoup moins massives, les ouvertures et les vallées transversales sont plus larges, la construction est d'une architecture plus légère. Depuis le milieu des Alpes de Glaris, cette chaîne perd de sa grandeur alpestre et les sommets en petit nombre qu'elle présente, comme le Rautispitz (7,031 pieds), le Vorderglärnisch (6,581 pieds), le Schilt (7,375 pieds), les Churfirsten (7,330 pieds), le Speer (6,220 pieds), le Säntis (les mesures varient entre 7,709 et 7,594 pieds), le grand Kasten (5,538 pieds), etc. ne dépassent déjà plus la région alpine ou du moins ils ne la dépassent que de fort peu. De là l'admirable variété de cette zone qui tantôt s'enfonce dans les profondeurs des nœuds inextricables des hautes Alpes, tantôt s'étend sur les sommets plus détachés et mieux éclairés des montagnes avancées et sur l'extrémité des dernières ramifications de la chaîne.

Quelques-unes des vallées transversales de notre région ont une importance particulière. Ce sont celles qui, taillées dans l'épaisseur des hautes murailles de la chaîne, servent de communication entre les pays que séparent ces montagnes. Leur nombre est considérable et leur importance dépend de celle de la chaîne même qu'elles traversent. La plus grande partie servent simplement de moyen de communication entre les districts adjacents. Ainsi, par exemple, de la vallée inférieure du Rhône on passe par le Col de Coux (6,250 pieds) et le Col de Champ (6,270) dans la vallée de la Dranse, par le Col de Balme (6,766) dans la vallée de Chamouni, par le col de Fenêtre (8,160) dans le Piémont, et de la vallée de la Sarine par le Pillon (5,180) dans le bassin du Léman. Quelques-uns de ces passages ne sont guères pratiqués que par les touristes, les contrebandiers et les déserteurs. La chaîne du Mont-Rose est assez pauvre en passages; la plupart de ceux qu'elle possède s'élèvent beaucoup au-dessus de notre zone, mais n'en sont que plus intéressants : p. ex. le Matterjoch ou Saint-Théodule (10,216 pieds), le glacier d'Arolla (7,830 pieds), le Weissthor, le Monte-Moro (8,396 pieds), etc. Ce sont en général de difficiles traversées de glaciers; le Monte-Moro cependant était autrefois très-pratiqué par les bêtes de somme. Le groupe de la Jungfrau a de nombreux passages qui conduisent du canton de Berne dans celui du Valais : le Grimsel (6,696 pieds), la Gemmi (7,086 pieds), le Rawyl (6,970 pieds), le Sanetsch (6,440 pieds), et beaucoup d'autres moins fréquentés. Ceux qui, appartenant encore à notre région, débouchent dans la vallée de la Reuss sont le Susten (6,980 pieds), qui vient de l'Oberland bernois; le pas de Surène (7,170 pieds), et la Schœnegg (6,380 pieds), qui viennent de la vallée d'Engelberg; les passages de l'Oberalp (6,350 pieds) et de la Kreuzli (7,000 pieds) qui viennent de l'Oberland grison. Le Storegg (6,280 pieds) relie la vallée d'Engelberg au Seethal. Les vallées si nombreuses qui reposent entre les bras des Alpes rhétiques sont également reliées les unes aux autres par un grand nombre de passages, parmi lesquels les plus visités sont la Maloia (5,600 pieds), l'Albula (7,238 pieds), la Strela (7,000 pieds), la Scaletta (8,067 pieds), le Juliers (7,030 pieds), le Septimer (l'hospice à 7,147 pieds), la Flüela (7,400 pieds), la Bernina (7,040 pieds). Quant à ceux qui conduisent hors des frontières du canton, ceux de la Segna (8,100 pieds) et du Panixer (7,462 pieds) par lequel passent annuellement environ 1,000 têtes de gros bétail, 2,000 moutons, 200 porcs et une dixaine de chevaux, débouchent au nord dans la vallée de la Sernf; le Schweizerthor (6,680 pieds) et le Drüserthor (7,339 pieds) débouchent dans le Montafun; à l'est et au midi, une foule de passages moins élevés conduisent dans le Tyrol, la Valteline, la vallée de Chiavenne et dans le canton du Tessin. Quelques-unes de ces voies de communication sont déjà à une grande hauteur dans la région des neiges, par ex. : les passages du Kisten (8,500 pieds) et du Sandgrat (8,720 pieds), et ne sont praticables que pendant les grandes chaleurs de l'été. Bien que ces passages contribuent pour leur part à animer le paysage des Alpes, ils ne le changent pas d'une manière notable. L'homme et les animaux en foulent le sol en grand nombre; mais ce sont pour l'ordinaire des sentiers à mulets, souvent raides et même dangereux. La civilisation ne fait qu'y passer, rapide comme une ombre.

Les grandes routes européennes donnent aux vallées alpines qu'elles parcourent un caractère un peu plus déterminé. C'est avec étonnement que le voyageur compte le nombre des galeries taillées dans le roc et des ponts hardiment lancés sur les profondeurs des torrents, qu'il suit les zigzags et les lacets de ces larges et belles routes bien entretenues, qu'il rencontre à leurs points culminants près des neiges éternelles, ou au delà entre les parois de rochers les plus sauvages, des hospices ou refuges, dernier abri de l'homme dans ces régions inhospitalières. Ces hospices sont simplement et solidement construits, ordinairement habités pendant toute l'année, aussi bien sur les passages accessoires que sur les principaux, et moyennant une offrande volontaire ou une modique rétribution assurent au voyageur de quoi se remettre des fatigues de la route. L'esprit des temps modernes, qui cherche partout les lignes de communication les plus courtes entre les peuples, a transformé d'anciens passages dangereux, où le mulet chargé de marchandises montait avec peine en soufflant, suivi de son conducteur, en de magnifiques routes de poste embellies par de nombreux travaux d'art. On n'a pas précisément choisi les échancrures les plus profondes de la chaîne; on a pris les lignes qui reliaient le plus directement les grandes villes et qui traversaient les districts les plus peuplés.

Quatre de ces grandes routes relient le sud au nord de l'Europe en franchissant hardiment l'obstacle naturel des Alpes. Entre les montagnes du Simplon et du Mäderhorn, la *route du Simplon*, immortel ouvrage du premier Consul (1802—1806), conduit de la vallée supérieure du Rhône dans celle de Vedro, par une hauteur de 6,218 pieds. La *route du Saint-Gotthard* est un passage également remarquable, et déjà célèbre dans l'antiquité. Au XIII° siècle il existait déjà un hospice à son point culminant (les mesures varient entre 6,388 et 6,357 pieds). La route actuelle, remarquablement belle et bien établie, s'élève lentement et péniblement dans la vallée de la Reuss, pour tomber abruptement dans la profonde vallée du Tessin. L'hospice recueille annuellement 10,000 personnes pauvres, environ[1]. La *route du Splügen*

---

[1] D'après les régistres de la direction l'hospice a recueilli dans les six années de 1855—1860 le nombre de 60,742 voyageurs pauvres, parmi lesquels 205 malades. Elle leur a fourni 89,692 rations de nourriture et 195 articles de vêtemens, d'une valeur totale de fr. 55,960. Pour subvenir à ces frais, elle a reçu des gouvernements et des particuliers de la Suisse fr. 52,954, de l'étranger fr. 1,089.

était autrefois un chemin à mulets, très-pratiqué par les Romains et les Lombards; les travaux qu'on y a exécutés de 1818 à 1820 en ont fait une route rivale des plus grandes voies de commerce entre les peuples. Le sommet du passage, entre le Tambo et le Soretto, est environ à 1,900 pieds au-dessus de la vallée du Rheinwald et à 6,510 pieds au-dessus de la mer. La *route du Bernardin* (6,584 pieds) monte par la même vallée et traverse le Vogelberg. Ce passage était déjà très-fréquenté dans les temps les plus reculés. Il a été magnifiquement réparé depuis 1823. Les deux derniers passages forment la limite méridionale extrême de la nationalité allemande et du protestantisme à l'est du Saint-Gotthard. Nous citerons encore deux passages fort anciens, extrêmement fréquentés autrefois, mais déchus aujourd'hui de leur importance depuis les travaux consacrés aux quatre précédents : celui du *Grand Saint-Bernard*, entre la vallée de la Dranse et le val d'Aoste (point culminant 7,674 pieds, hospice 7,668), et celui du *Lukmanier*, qui conduit, entre des sommets glacés, de la vallée de Medels au val Blegno. Dans ces dernières années les passages de la Furca, de l'Oberalp, de Schyn, de l'Albula, de la Flüela, d'Ofen et de la Bernina ont été, grâce aux subventions de la Confédération, transformées en belles et commodes routes postales et militaires.

En Asie, en Afrique et dans le nord de l'Amérique, ces hautes arêtes qui servent de séparation entre les bassins et d'origine aux grands fleuves étaient regardées comme des lieux consacrés, où des fêtes religieuses réunissaient les différentes tribus des naturels du pays. De même en Europe les anciens indigènes, et plus tard les Romains, vinrent prier auprès de ces sources alpines; par exemple au Lukmanier, peut-être au Bernardin, certainement au Saint-Gotthard et au Grand Saint-Bernard, le *Mons Penninus* ou *Mons Jovis* des Romains, où on a retrouvé des colonnes et les restes d'un temple. Il paraît que les deux antiques colonnes de lavezze qui sont encore debout au col de Juliers (7,000 pieds), et dont l'histoire est restée jusqu'à ce jour fort problématique, se rapportent aussi à quelque culte du même genre. C'est sous l'influence d'inspirations semblables que le christianisme a érigé dans ces lieux des chapelles et des hospices, et les habitants des montagnes s'y réunissent encore quelquefois pour des prières et des fêtes religieuses.

Mais ce n'est pas seulement pour les intérêts de l'humanité, de la religion et du commerce que ces passages ont de l'importance; le monde animal en tire également un grand parti. Plusieurs milliers de têtes de gros bétail les traversent chaque année pour se rendre aux marchés de l'Italie; c'est par là que les troupeaux de moutons bergamasques gagnent les hautes Alpes rhétiques où ils vont passer l'été. La vigueur et la forte charpente osseuse des chevaux et des mulets les rendent tout à fait propres au rude climat de ces passages. Ces cols sont par-dessus tout importants pour ces troupes innombrables d'oiseaux qui, deux fois par année, les traversent pour aller du nord au sud et vice versa. Mais, sur ceux mêmes qui sont trop élevés pour que les oiseaux y passent, l'homme s'aventure encore, accompagné de ses fidèles bêtes de somme; et, dans les mois d'octobre et de novembre, quand les crevasses sont recouvertes d'une neige solide, *les Valaisans traversent avec leurs bêtes à cornes et leurs mulets le glacier du Matterjoch à une hauteur de 10,242 pieds au-dessus de la mer*!

C'est ainsi que ces grands passages deviennent, pour les animaux et l'homme, les artères dans lesquelles la vie circule pour ainsi dire toute l'année. Même dans les passages accessoires, ce mouvement continue pendant la saison la plus froide. C'est par le Grimsel, par exemple, que les Valaisans transportent tout l'hiver le vin, l'eau-de-vie et le riz d'Italie qui leur arrivent par le glacier de Gries ou le Simplon, et échangent ces marchandises contre les fromages du Hasli. Les cols et les hospices sont au milieu des montagnes comme les merveilleuses stations d'une vie qui leur est au fond étrangère. Tout autour d'eux, dans une majestueuse solitude, s'élèvent des coupoles neigeuses ou des terrasses de rochers que n'a jamais foulées le pied de l'homme, à peine celui du chamois. La plupart de ces cimes sont sans nom ; jamais œil investigateur n'est venu leur demander les lois de leur étrange structure, ni explorer leurs cailloux, ni interroger les misérables fragments de vie animale et végétale qui s'y trouvent. Mais à leurs pieds, c'est tout le bruit, toute l'activité du commerce ; leurs échos retentissent incessamment du son des cors de poste et des claquements du fouet, du tintement des clochettes, et du bruit de vingt langues diverses. Ils ne s'en émeuvent guère, ces géants à tête vierge couronnée de diamants. Ils continuent leurs rêves millénaires. Ils songent à ces flots de la mer qui venaient battre leurs flancs ; à ces coquillages bigarrés, à ces poissons aux mille formes qui se jouaient dans les eaux à la place qu'ils occupent ; à ces riches arbustes, à ces palmiers des tropiques, qui balançaient leurs têtes au-dessus d'eux après le retrait des flots. Ils se rappellent comment, soulevés plus tard par les feux souterrains du globe, leurs dômes successivement fendus, pliés, refoulés convulsivement, virent la neige, que jusqu'alors ils n'avaient pas connue, prendre pied sur leurs terrasses, et les frimas établir leur triste empire sur des sommets resplendissants de lumière. Peut-être aussi pensent-ils avec quelque plaisir à ces débris des anciens âges renfermés dans leur sein et que le temps a transformés en roches pour perpétuer le souvenir des choses qui ne sont plus, à ces veines d'or qui courent dans leurs entrailles et que vient en passant caresser quelque eau limpide, à ces lits de cristaux, à ces mines de pierres précieuses qui réservent à eux seuls les reflets lumineux de leurs prismes. — Mais au dehors, rien ne paraît de leur vie : chaque siècle les ensevelit davantage sous les neiges et les glaces, et fait tomber en poussière leurs ossements dénudés.

Un simple coup d'œil jeté sur l'ensemble de la chaîne des Alpes nous montre une différence remarquable dans l'aspect de leurs ramifications selon qu'elles sont situées à l'est ou à l'ouest du Saint-Gotthard. A l'ouest, les Alpes suisses s'élèvent plus immédiatement du niveau de la plaine ; elles forment des coupoles et des cimes beaucoup plus imposantes et par conséquent des vallées beaucoup plus encaissées et plus profondes. Dans les Alpes rhétiques, c'est, au contraire, la masse du sol qui s'élève; le pays tout entier n'est qu'une formation alpine diversement ramifiée et interrompue; les vallées sont hautes; les chaînes ne sont pas si profondément découpées; les sommets, quelque considérable que soit leur hauteur absolue, ne se dressent pas vers le ciel d'une manière brusque et hardie, mais par pentes douces et par gradins arrondis; il est rare que les passages de montagne y franchissent des terrasses escarpées; le plus souvent ils ne sont que le point supérieur de jonction de deux hautes vallées doucement inclinées l'une vers l'autre. Les vallées principales du Valais et de l'Oberland bernois atteignent à peine la région montagneuse; la vallée du Rhône ne touche la région alpine que par son extrémité supérieure; il en est de même de la vallée de Saas et de celle de Zermatt, qui toutes deux cependant pénètrent fort avant entre les sommets glacés du groupe du Mont-Rose. Les plus hautes des grandes vallées bernoises sont encore moins élevées. D'entre celles qui appartiennent au massif imposant de la Jungfrau, la vallée de Lauterbrunn atteint à peine la région montagneuse, celle de Grindelwald ne la dépasse pas, celle du Hasli la dépasse à peine. Le même fait se reproduit dans les cantons du Tessin, d'Uri, d'Unterwald, de Schwytz, de Glaris, de Saint-Gall et d'Appenzell. La vallée de la Reuss n'appartient à la région alpine que par la petite portion qui est au-dessus du Pont-du-Diable.

Il en est tout autrement dans les Alpes rhétiques. A l'exception de ses pointes avancées au nord et de ses frontières à l'est et au sud, le canton des Grisons appartient tout entier à la région montagneuse et à la région alpine. C'est dans cette dernière que se trouvent en particulier les vallées de Tavetsch, de Rheinwald, du Haut-Davos, d'Avers, de Vrin, de la Haute-Engadine, et l'extrémité supérieure de beaucoup d'autres. Ce sont *les plus hautes vallées cultivées* de l'Europe; et, sous ce rapport, elles présentent un genre d'intérêt particulier. L'étranger qui arrive des plaines du Nord s'attend à peine à trouver à une hauteur de plus de 5,000 pieds des vallées dignes de porter ce nom; il s'imagine n'y rencontrer que des chalets et de chétives habitations de pâtres, témoignages de la pénible lutte de l'homme avec la rigueur du climat et la stérilité du sol. Quel n'est donc pas son étonnement, en remontant l'Inn, par exemple, de trouver une grande vallée de dix-huit lieues de longueur et d'environ une demi-lieue de largeur, avec 25 vallées latérales, formant ensemble une surface de 22 milles carrés, peuplée de 11,000 habitants répartis dans 28 villages! Et l'extrémité inférieure de cette vallée (Martinsbruck) est déjà à 3,840 pieds au-dessus de la mer, et par conséquent la vallée elle-même, à peu près dans toute sa longueur, appartient à la zone alpine. Ces villages ne sont point de tristes asiles de la misère; ils ont, au contraire, de grandes maisons confortables, souvent ornées de perrons, de balcons et de balustrades en fer artistement travaillés; au lieu de sentiers à mulets, de larges chaussées. C'est un petit peuple vigoureux, intelligent, riche, protestant, qui parle deux des trois dialectes romanches en usage dans les Grisons. Samade, bourg florissant, où on trouve tout ce bien-être et cette civilisation, est à 5,421 pieds au-dessus de la mer; on cultive encore le blé à Campfer (5,649 pieds), et du lin et des légumes dans les jardins de Sils (5,558 pieds); et cependant tous ces endroits sont de 2,000 pieds plus hauts que le sommet le plus élevé du Brocken dans le Harz, de 600 pieds plus hauts que la Schneekoppe, la plus considérable des sommités de la chaîne des Montagnes des Géants. Cette vallée remarquable n'est rien moins que fertile; ce n'est qu'à force de soins et de persévérance qu'on contraint pour ainsi dire le sol à produire quelques chétives récoltes à la limite des bois. Ceux-ci s'arrêtent presque au fond même de la vallée, et en plusieurs endroits on atteint de plein pied les glaces éternelles de la Bernina. On y rencontre des contrastes vraiment incroyables. Une flore toute alpine se trouve auprès de jolies maisons blanches et dans les domaines les mieux soignés; les gradins de la montagne les plus rapprochés ne présentent déjà plus que les derniers vestiges de la vie végétale, et immédiatement au-dessus s'élancent dans l'azur du ciel les pics argentés des hautes Alpes. La vallée d'*Avers* ou l'Afnerthal est peut-être *la plus haute vallée d'Europe où l'on rencontre des villages*[1]. Cresta, le chef-lieu de cette vallée de cinq lieues de longueur, est à 6,055 pieds, et Juf, le plus élevé de ces hameaux, à 6,730. Une population de 340 âmes, répartie entre 16 groupes de maisons, habite sur ces hauteurs, bien au-dessus de la région des bois, au milieu de pâturages riches et gracieux qui s'étendent au loin jusqu'à la base des montagnes. Ce petit peuple de pâtres, libre, protestant, de langue allemande, vit séparé du reste du monde par des labyrinthes inextricables de rochers et des masses infinies de glaciers. Ils protègent leurs demeures contre la chute des avalanches par des éperons en pierres; ils ne connaissent ni printemps ni automne; mais, pendant le court été dont ils jouissent, ils cultivent pourtant quelques légumes et nourrissent sur leurs pâturages plus de 2,000 têtes de gros bétail et 3,000 moutons bergamasques. Comme les habitants de Stalla (5,559 pieds) dont ils sont séparés à l'est par une crête, ils se servent pour combustible du fumier desséché des chèvres et des moutons. Les montagnes du voisinage possèdent de belles carrières de marbre et d'abondantes mines de métaux, richesse qui vient souvent suppléer à la pauvreté de la nature organique.

Quoique ces hautes vallées de la région alpine soient habitées, nous ne devons pas nous les représenter comme fort peuplées; l'Engadine seule fait exception. Situées au-dessus de la limite des

[1] On trouve dans les Alpes des vallées inhabitées jusqu'à la hauteur de 8,000 pieds. La plus haute des vallées de l'Europe vraiment dignes de ce nom, est probablement la terrible et imposante vallée du Roththal à l'ouest de la Jungfrau, à environ 9,000 pieds au-dessus de la mer, et d'une lieue de longueur. Les habitants des vallées inférieures croient que les esprits d'anciens chevaliers habitent dans cette gorge et y célèbrent leurs fêtes sauvages au milieu d'un vacarme effroyable et à la clarté satanique d'un ciel embrasé. A peine quelque petit chevrier et plus rarement un hardi chasseur de chamois hasardent-ils leurs pas dans ce chaos de rochers bouleversés, colorés par places d'un rouge-sang, et continuellement ébranlés par le tonnerre des avalanches et des chutes de glaciers.

bois, elles présentent un aspect sévère et monotone, adouci seulement en été par la fraîche verdure des pâturages et la présence des troupeaux qui y paissent. Les tapis de gazon y sont souvent déchirés par des glissements de terrain et des ruptures de rochers qui les couvrent de grossiers éboulis. Le lit des torrents est encombré de blocs et de cailloux descendus des glaciers voisins et au travers desquels les eaux furieuses ont peine à se frayer un passage. Il est rare que la partie supérieure de ces vallées forme un étroit et profond couloir; c'est ordinairement un éventail légèrement évasé qui s'étend en pente douce, à droite et à gauche, jusqu'à la région des neiges, et tantôt fermé dans le fond par des coupoles de glaces, tantôt au contraire ouvert à son extrémité pour donner accès par une transition insensible au sommet de la vallée opposée. Les vallées un peu moins hautes de la région sont autrement plus romantiques et plus sauvages. D'antiques et sombres forêts, semées de vieux troncs en décomposition, s'élèvent le long des flancs des montagnes; d'immenses créneaux de rochers se dressent abruptement sur le fond de la vallée; le torrent sali par le limon des cailloux que broient les glaciers bondit par dessus les blocs calcaires et les granits de son lit; le sentier se perd entre des gorges et des précipices effrayants ou serpente péniblement sur d'étroits et arides gradins. Pendant des heures, le voyageur traverse des étendues sans fin de décombres entassés le long du chenal de la vallée; c'est en vain qu'il y cherche quelque espace où la verdure ait pénétré. Puis, tout à coup, et sans qu'il y ait songé, il voit le paysage changer de physionomie : les montagnes s'écartent; une vive et fraîche verdure brille sur les pentes; les bois de sapins et les arbres à feuillage paraissent de nouveau; de charmants villages, de gracieux hameaux s'étalent au sein des paisibles pâturages du plateau.

Les hautes vallées alpines situées au nord et à l'ouest du Saint-Gotthard sont encaissées, sauvages, remplies de rochers stériles, d'un aspect triste et désolé; l'Ursernthal et le Mayenthal sont les seules qui soient fertiles et riantes. La vallée de Saas, la partie supérieure de celles d'Urbach et de Schächen, le Maderanerthal et le Fählernthal présentent, au contraire, l'image d'un champ de bataille, d'un lieu d'ébats héroïques, où toutes les forces de la nature auraient bouleversé le sol et l'auraient laissé jonché de gigantesques jouets. Le propre des vallées de la zone alpine en dehors du canton des Grisons est d'être fragmentaire et de peu d'étendue. Étant profondément découpées, les vallées importantes y restent bien au-dessous de la région alpine. Dans les Grisons, au contraire, l'élévation considérable de l'ensemble du sol permet de rencontrer dans notre région une foule de vallées de toute dimension. Il en résulte que ce qui forme le caractère saillant de la région alpine dans les autres cantons, ce sont les cimes elles-mêmes, les hauts pâturages ou les rochers qui en couvrent les pentes ; tandis que dans les Grisons, où la formation des chaînes se combine avec l'élévation du plateau, cette zone renferme des districts pour ainsi dire complets, entièrement composés de vallées, de forêts, de villages, de cols, de rochers, de pâturages et de prairies.

Il en résulte encore que la zone alpine rhétienne a un climat plus doux et plus chaud, et que la végétation s'y élève davantage. Les hautes vallées y sont de vrais laboratoires de chaleur. L'air qu'elles renferment se réchauffe rapidement sous l'influence du soleil et monte vers les hauteurs, qu'il réchauffe à leur tour. Les cantons de Berne, du Valais, de Glaris et d'Appenzell sont, au contraire, privés du bénéfice de ces hautes vallées, miroirs réflecteurs de la chaleur solaire ; l'air chaud qui s'élève de leurs profondes vallées se refroidit longtemps avant d'avoir atteint la région alpine ; la hauteur relativement plus considérable des cimes en expose davantage les parois à tous les vents. Cette différence dans les formations alpines est naturellement de la plus grande importance pour la vie animale et végétale ; aussi les Alpes rhétiques sont-elles mieux partagées sous ce rapport et la vie s'y retrouve-t-elle à une plus grande hauteur. Quand l'homme cultive encore les pommes de terre et le chanvre à 6,000 pieds au-dessus de la mer, les animaux peuvent bien y trouver leur subsistance. Et cependant, dans toute cette zone, que les hivers sont longs, les étés courts, le froid âpre et prolongé! Que de fois la neige ne vient-elle pas couvrir tout à coup ces pauvres champs de pommes de terre avec leurs tubercules à moitié mûrs, et les ensevelir pour six ou sept mois! C'est à peine si la moitié supérieure de notre région est débarrassée de neige pendant quelques semaines, et encore dans ce court espace de temps les bourrasques de neige n'y sont-elles pas rares. La moitié inférieure, surtout du côté du midi, a au moins quatre mois d'été; dans quelques vallées privilégiées des Grisons elle en a six, si toutefois on peut appeler été toute la saison où la neige n'occupe plus le sol. Dans la Haute-Engadine le sol est en moyenne couvert de neige pendant 5 mois 26 1/2 jours, mais souvent il l'est plus longtemps encore, p. ex. en 1855, où il l'a été pendant 6 mois et 24 jours. En général on peut admettre, d'après les observations qui ont été faites, que le terrain reste en moyenne à découvert du commencement de juin au milieu d'octobre à l'altitude de 5,000 pieds, du 18 juin au 7 octobre à celle de 6,000, du 28 juin au 18 septembre à celle de 6,500, du 2 juillet au 5 septembre à celle de 7,000, et enfin à 7,500 le mois d'août ne compte plus que dix jours sans neige; mais il est à peine besoin de rappeler que chaque année prise à part peut présenter des exceptions à cette échelle normale.

La température est naturellement en rapport avec ces circonstances; mais les habitants des vallées s'exagèrent ordinairement le froid des hauteurs, comme ils en croient la chaleur moindre qu'elle ne l'est réellement. A l'hospice du Saint-Gotthard, l'hiver dure de huit à neuf mois; et cependant des observations exactes et qui embrassent un grand nombre d'années montrent que pour les sept mois d'hiver proprement dit la moyenne de la température est en général de —5° R., et que de juin en septembre elle est à peu près de + 5° R. La moyenne pour la température annuelle est de — 0°,932 R.; celle de la plus grande chaleur, en août, est de + 10°,720; celle du plus grand froid, en février, est de — 12. Il est très-rare que dans les froids les plus rigoureux le thermomètre y descende au-dessous de — 19. Au Grand Saint-Bernard, qui est notablement plus élevé, il descend jusqu'à —22° et même — 27° R. Dans le courant de dix années d'observations faites à Bevers (5,270 pieds), dans la Haute-Engadine, le maximum a été de + 22°,6 R., et le minimum, depuis 1846, de — 25°,7 R. En 1855 la température y est montée le 1er et le 3 août à + 21°,6 R. et y est descendue le 27 janvier à — 24°,6 ; la différence entre les extrêmes a été de 46°,2 , la température moyenne de l'année de + 1,75, et la quantité de neige tombée de 14 pieds 8 pouces. Dans l'année 1856, par contre, le maximum a été (12 août) de + 23,6 R., le minimum (3 décembre) de — 22°,4, la différence entre les extrêmes de 46°, et la quantité de neige de 12 pieds, 1 pouces, 5 lignes.

Nous devons répéter ici l'observation que nous avons déjà faite précédemment, que depuis l'arrière-automne jusqu'aux jours les plus courts, et plus longtemps encore dans les endroits les plus élevés, la chaleur est plus forte sur les hauteurs que dans le bas, tandis que plus tard c'est l'inverse qui a lieu. Les changements de température sont extraordinairement brusques dans toute la région alpine. Il n'est pas rare que les jours d'été soient si chauds que les rayons du soleil brûlent la jeune verdure des pâturages, et que dans les mêmes lieux on voie la gelée blanchir la nuit les bords des ruisseaux. Par contre, les variations journalières du thermomètre en hiver sont ordinairement beaucoup moindres dans la région alpine que dans la région collinaire, par exemple, et dans celle des montagnes inférieures ; au Grand Saint-Bernard, elles ne sont guère que de 5 à 8 degrés. La température de la neige elle-même est très-inconstante, et jusqu'à une assez grande profondeur dépend de celle de l'air atmosphérique. *Au cœur de l'hiver*, la chaleur sur une grande et brillante surface de neige est souvent rendue insupportable par le rayonnement, et, sur des hauteurs de 7 à 8,000 pieds, il peut arriver que le thermomètre au soleil marque plus de 24° C. Quiconque fait à cette époque de longues excursions dans les hautes vallées doit s'attendre à beaucoup souffrir, quelques précautions qu'il prenne. Le soleil des glaciers éblouit et irrite les yeux ; le visage enfle et brûle ; la peau devient d'un brun rouge, se décompose et éclate. La marche par une température basse est en général très-facile ; mais quand le temps est beau elle devient quelquefois extraordinairement fatigante, et particulièrement douloureuse lorsque les pieds, brisant à chaque pas la croûte durcie de la surface, enfoncent dans la neige tendre qu'elle recouvre. Mais on est amplement dédommagé de ses peines par le spectacle grandiose d'un monde nouveau brillant de la plus magnifique lumière, et par les effets admirables de la transparence de l'air qui détache avec la plus étonnante netteté les dentelures les plus délicates des montagnes sur le bleu profond du ciel.

Si nous avons déjà constaté la rapidité du changement des saisons dans la région montagneuse, nous la retrouvons bien plus grande dans la région alpine ; et, ici encore, c'est le fœhn qui est le messager du printemps et la condition nécessaire de l'été. En hiver, tout y est désolation et mort ; excepté dans les lieux où il y a des routes et des villages et où on entend encore retentir les coups de fouets et les grelots des attelages de traîneaux, et particulièrement sur les principaux passages, où chaque jour on rencontre des convois de petits traîneaux de poste, des chargements de marchandises, et des escouades de cantonniers, enveloppés jusqu'aux yeux, qui travaillent à tenir les communications ouvertes. Mais dans les Alpes inhabitées, la vie est réduite à son minimum. Des masses de neige pèsent de tout leur poids sur les prairies et les pâturages ; elles ensevelissent les ravins, les rocailles et les chalets. L'individualité du paysage se perd pour faire place à une vaste étendue d'un blanc uniforme, sous les vagues étincelantes de laquelle tout disparaît, buissons, rochers, lits de torrent. Les animaux inférieurs sont blottis sous le sol où ils rêvent du printemps ; les souris, les marmottes, les ours, les blaireaux confient à la chaleur de la terre ou des rochers de leurs tanières une existence menacée par le froid et la faim ;

les autres animaux de proie et la multitude des oiseaux erratiques descendent dans la région montagneuse, et vont rôder jusque dans la plaine; les bouquetins et les chamois se cachent dans les hautes forêts; le lièvre blanc seul se maintient à la limite des bois, dans la compagnie des ptarmigans, des corbeaux, des corneilles, des aigles, des vautours, des pics et de quelques petits oiseaux des Alpes, dernières manifestations de la vie animale dans cette saison de mort, mais bien insuffisantes pour troubler l'uniformité de ces espaces infinis de neige.

C'est en avril que le printemps commence à lutter contre la domination de l'hiver avec les forces réunies du soleil, de la pluie et du vent; mais souvent ce qu'il a gagné en huit jours, il le reperd en une seule nuit de tourmente. Ce n'est qu'en mai qu'il prend décidément l'avantage, et alors ses progrès sont merveilleux. Dans la région sous-alpine, le fœhn et les pluies chaudes font sortir en quelques jours, comme par enchantement, une fraîche et gracieuse végétation; ils secouent les masses de neige dont sont chargés les sapins et les aroles; ils développent les boutons, les chatons et les feuilles. Le printemps s'avance pas à pas avec eux jusqu'à la limite des bois; mais au delà, l'hiver résiste plus longtemps et ne cède que quelques mois d'été. Ici encore, le fœhn par-dessus tout est la condition de l'été. Les habitants des montagnes ont coutume de dire que «le bon Dieu et le soleil d'or ne peuvent rien contre la neige, si le fœhn ne leur vient en aide.» Sans le fœhn, les trois quarts de la Suisse peut-être seraient un pays de glaciers inhabitable, semblable à la partie de l'Amérique méridionale où ne soufflent jamais les vents chauds du sud et où, à une latitude qui correspond à celle de Locarno dont les environs sont couverts de vignes, de maïs et de châtaigniers, les glaciers s'étendent jusque sur les rivages de l'Océan. Les brouillards contribuent cependant aussi pour une part à rendre l'été possible dans nos Alpes; ils empêchent le rayonnement nocturne et les gelées de la nuit, et c'est pour cette raison que dans certains endroits on leur applique l'épithète expressive de *mangeurs de neige*.

Le grondement des avalanches, le fracas des glaciers qui se brisent, le mugissement des torrents, les concerts des oiseaux, le bourdonnement des insectes, les chants de l'homme font aussi du printemps dans cette région la saison la plus bruyante de l'année ; mais nous n'y retrouvons pas cependant cette variété de phénomènes que nous avons signalée dans la région montagneuse.

Pendant l'hiver, des revêtements de glace se forment le long des parois de rocher sous forme de languettes, de candélabres, de branches ou d'arbres entiers ; et au printemps, sous l'influence du vent, du soleil et de la pluie, ces murs et ces colonnades se précipitent avec fracas dans les vallées et sur les passages, et quelquefois avec une telle violence qu'on a vu des fragments pointus de glace pénétrer de plusieurs pouces dans le sol des routes comme pourraient le faire des morceaux de fer tranchants, et d'autres arrondis, de la grosseur d'une pomme, traverser des planches et ricocher comme des boulets. Aussi pour la sûreté des routes qui longent la base de ces escarpements de rocher, a-t-on soin d'abattre à coups de carabine ces formations de glace partout où leur position ne permet pas de les atteindre autrement. Ces chutes sont fréquentes dans les endroits où les rochers sont humectés par des sources ; elles dévastent quelquefois les forêts, et au bout de quelques années y tracent de longues clairières. Quand une terrasse a une position particulièrement favorable à la formation de ces productions fantastiques, elle en jette les débris pendant toute la durée du printemps dans la profondeur de la vallée, et il suffit de quelques beaux jours et de quelques nuits froides pour voir se former de nouvelles corniches et de nouvelles colonnes qui se précipitent à leur tour sur les anciennes avant que celles-ci aient eu le temps de se fondre. Cet entassement de débris de toutes formes est miné par les eaux qui ruissellent de partout pendant le jour, et, s'il survient de la pluie ou un vent chaud, il n'est pas rare que la masse entière se mette en mouvement et descende dans les bois et sur les prairies comme une avalanche de glaçons, et qu'on en retrouve longtemps après les restes tristement épars au milieu de la fraîche verdure des gazons nouveaux, et présentant une étrange confusion de cavités, de voûtes, de pointes, de murailles de glace en dissolution.

Les *chutes de glaciers* proprement dites sont un phénomène différent, et heureusement assez rare. Le petit village de Randa, dans la vallée de Saint-Nicolas (Valais), a fait une malheureuse et fréquente expérience de leurs ravages. Dans l'année 1636, la plus grande partie du glacier du Weisshorn tomba dans la vallée et renversa le hameau presque en entier. Deux chutes semblables ont eu lieu dans le siècle dernier. Dans la dernière, la plus terrible, la masse de glace, d'environ 360 millions de pieds cubes, produisit une trombe d'air d'une telle violence que des maisons entières furent renversées et des poutres lancées au loin dans la forêt au-dessus du village. Au moment où cette masse d'un poids effrayant se détacha de la montagne avec le bruit sourd du tonnerre, on vit une clarté d'un éclat particulier briller un instant au milieu de l'obscurité du crépuscule, suivie bientôt après de profondes ténèbres. Le mouvement progressif du glacier de Gétroz, dans la partie supérieure de la vallée de Bagne, causa, en 1818, une catastrophe toute pareille. Il remplit l'étroite vallée dans laquelle il se jeta d'une masse de glace de 100 pieds de hauteur, barra la Dranse et transforma en un lac toute la vallée rocailleuse de Torembec. Plus tard, l'eau par son poids renversa l'obstacle qui arrêtait sa course, et se précipita avec impétuosité dans la vallée inférieure où elle fit d'effroyables ravages.

De petites avalanches de glace, produites par le mouvement ou la fonte de glaciers fortement inclinés, sont particulièrement fréquentes au glacier inférieur du Grindelwald et sur la Jungfrau, où, en été presque tous les quarts d'heure, on les voit tomber des bords du plateau réchauffé.

Les *avalanches*, nommées dans le Tessin *luvina* ou *slavina*, ces immenses et bruyants torrents de neige dont l'effet est aussi grandiose que terrible, sont au nombre des phénomènes les plus pittoresques des Alpes. Elles reviennent périodiquement, ont leurs passages et leur marche déterminés, leurs couloirs pour se former, et leurs bassins pour y arrêter leurs masses mouvantes. Une grande partie des Alpes se servent de ces canaux pour se décharger des immenses amas de neige qui les recouvrent en certains endroits, et cela avec une régularité qui se calcule à une semaine, à un jour près; des observateurs attentifs peuvent souvent désigner l'heure même où une avalanche se formera. Les avalanches se présentent sous plusieurs formes : tantôt ce sont des entassements de neige qui descendent des rochers et glissent simplement dans des couloirs rocailleux; tantôt ce sont des parois surplombantes ou des corniches formées par la neige que le vent accumule (*Windschilde* ou *Windbretter*) au bord d'un précipice ou sur une arête de rochers, et qui, manquant de base, s'affaissent sous leur propre poids et tombent dans la direction même du vent qui les a formées. D'ordinaire ces avalanches sont peu dangereuses et ne s'étendent pas fort loin; c'est cependant une avalanche de ce genre qui jeta dans un précipice du Bernardin treize personnes et plusieurs traîneaux de poste. On comprend que dans certaines localités elles peuvent se transformer en avalanches proprement dites, et faire alors d'autant plus de ravages qu'elles ne suivent pas les couloirs habituels.

Les circonstances déterminantes des vraies avalanches sont la conformation et la pente des montagnes, les masses de neige entassées, la température, et une foule d'autres moins importantes. Des escarpements en terrasse, des parois abruptes, ou une très-forte inclinaison des rochers s'opposent à l'entassement des neiges et à la formation des avalanches; une pente de 30 à 35 degrés, dans laquelle se trouve un long couloir, et terminée au bas par de grands talus en pente douce, a presque toujours au contraire ses avalanches périodiques. Mais ce sont alors des chutes de neige par masses compactes et serrées, plutôt que par tourbillons de poudre.

Les avalanches que nous nommerons *avalanches de poudre* (*Staublawinen*) sont les plus dangereuses, les plus puissantes, et les plus irrégulières. Elles ont lieu seulement en hiver et au premier printemps, lorsque sur une croûte de neige ferme et dure tombe une grande quantité de neige fraîche, granuleuse, sans consistance. Dans les pentes raides, cette neige nouvelle n'a aucune cohérence avec l'ancienne; et quand les circonstances sont favorables, il suffit de la chute d'une petite corniche de neige sur les hauteurs, du passage d'un chamois ou d'un lièvre, d'une pelote de neige détachée d'un buisson, ou seulement de la moindre commotion dans l'air pour que toute la masse se mette en mouvement; elle s'avance d'abord lentement et tout d'une pièce, puis entraînant les couches plus profondes, elle se divise, déborde, et tourbillonne. L'ébranlement de cette masse, le courant d'air qui en résulte, déterminent sur toutes les pentes latérales des avalanches partielles qui grossissent la première. Celle-ci se précipite avec une rapidité croissante, une fureur et un bruit toujours plus terribles; semblable à un immense torrent dont les flots s'élèveraient les uns sur les autres à une hauteur effrayante, elle atteint déjà la limite de la forêt et, entraînant avec elle les cailloux et les buissons, elle y pénètre avec fracas. On ne voit plus qu'un tourbillon de poudre qu'accompagne le grondement du tonnerre; des nuages de neige dérobent la vue du courant qui semble fumer de partout sur son passage; les arbres craquent, les rochers s'ébranlent, les cimes d'alentour répercutent tout ce vacarme et en prolongent l'horreur; encore une dernière explosion, sourde, inexprimable, — puis un profond silence! Une trombe d'air dévastatrice a accompagné la marche triomphante de l'avalanche. Vous en voyez la trace devant vous, longue de deux lieues, large de plusieurs centaines de pas, au travers des pâturages alpins, des bois, des prairies, jusqu'au ruisseau du fond de la vallée; quelques petites chutes, quelques pelotes de neige continuent à rouler; la forêt désolée plie encore sous le vent de la destruction. Vue de la vallée la catastrophe est plus pittoresque, quoiqu'on la suive rarement alors depuis son origine. Ce torrent qui lance dans les airs ses tourbillons de blanche écume, qui s'étend et grandit avec une puissance gigantesque, qui se précipite en cascade du haut des parois de rochers, qui souvent se divise pour se réunir de nouveau; cette mer brillante qui, grossie de cent affluents, bondit, déborde, et rapide comme la flèche inonde tout dans son passage — c'est une scène d'une grandeur qui ne peut se rendre. Il a suffi de quelques minutes : et la fille des hautes Alpes, après sa danse effroyable, est étendue là, paisible et sans mouvement. Elle a parcouru 4 à 5,000 pieds d'une course bruyante et victorieuse, le corps majestueusement enveloppé des plis flottants de sa robe blanche; elle repose maintenant dans le sein de la vallée ses membres épuisés.

Les habitants de la plaine se font rarement une juste idée de la puissance de la colonne d'air qui accompagne les avalanches de poudre. Le courant suit l'avalanche, se jette par bouffées à droite et à gauche à plusieurs centaines de pas, poursuit sa course avec violence par-dessus les masses de neige arrêtées, et remonte le versant opposé de la montagne ou va se perdre dans l'étendue de la vallée, y ébranlant encore à une demi-lieue de distance les portes et les fenêtres des habitations et y renversant les cheminées. Souvent on a vu sur les deux côtés de l'avalanche la trombe déraciner des arbres par centaines, des plus vieux et des plus vigoureux de la forêt, précipiter dans l'abîme des hommes et des animaux, briser bien loin dans la vallée des noyers, des pommiers, des sycomores de la plus grande dimension, jeter sur le flanc des chariots pesamment chargés, et disperser des granges entières. Mais cet ouragan local est restreint à une bande assez étroite, en dehors de laquelle pas un rameau ne bouge sur les arbres.

De pareilles catastrophes, on le comprend, sont de grands événements dans la vie monotone des montagnards. Tantôt pendant les ténèbres de la nuit l'avalanche recouvre des hameaux entiers, et leurs habitants, avant même d'être réveillés, se trouvent ensevelis et asphyxiés sous des masses de neige plus hautes que leurs maisons. Tantôt elle enlève des chalets et les fait tourbillonner dans les airs comme des cartes, jetant sains et saufs sur la neige ceux qui les habitaient. Des greniers ont été retrouvés à 500 pas sur l'autre flanc de la vallée, où ils avaient été transportés par-dessus le torrent avec toute leur provision de foin. Dans toutes les hautes vallées il existe des traditions anciennes ou récentes qui conservent le souvenir de désastres de ce genre[1] ou de la merveilleuse délivrance de quelques malheureux atteints par ces catastrophes. On conçoit avec quelle facilité l'avalanche ou la trombe d'air se jouent des animaux qui se trouvent sur leur passage. Les petits oiseaux et les corbeaux sont emportés bien haut dans les airs; mais il est rare que les chamois y périssent. On prétend que ces prudents animaux, au temps de la chute des avalanches, évitent avec soin les endroits dangereux; cependant on voit quelquefois leurs squelettes laissés à découvert au printemps par la fonte des neiges. Il est probable que ce qui les préserve des accidents de ce genre, c'est moins l'instinct du danger que l'habitude qu'ils ont de fuir les pentes exposées au soleil. Le vent répand aussi au loin une grande masse de poudre neigeuse qui pénètre partout avec une

[1] Nous nous contenterons d'en citer deux exemples, entre beaucoup d'autres: „Comme on arrivait au Saint-Gotthard", dit *Diebold Schilling* dans son récit de l'expédition des soldats confédérés à Milan, en novembre 1478, „il y en eut quelques-uns qui refusèrent obstinément d'obéir à la recommandation qui leur avait été faite de marcher en silence, et qui poussèrent des cris. Alors descendit de la montagne une grande et terrible avalanche qui malheureusement engloutit un très-grand nombre de braves compagnons. Plusieurs en ressortirent par la grâce de Dieu et eurent la vie sauve bien qu'ils eussent passé la nuit sous la neige; ce dut arriver par grâce et miséricorde particulières du Dieu tout puissant, car sans doute ils avaient eu à souffrir de grandes douleurs. Quelques-uns s'en tirèrent vivants et moururent ensuite en chemin; mais malheureusement la plus grande partie (60) y restèrent morts; beaucoup d'entre eux ont été trouvés en cet endroit, et à chaque fois chacun pleure les siens qu'il a perdus. Que le Dieu miséricordieux veuille leur accorder le repos éternel!" En l'année 1689 une avalanche, la plus terrible dont il soit fait mention dans les annales des Grisons, se précipita du Rhätikon dans le Prätigau et ensevelit 150 maisons ou étables du village de Saas. Les hommes accourus au secours trouvèrent parmi les débris répandus au loin un nourrisson couché sain et sauf dans son berceau, et, tout à côté, un petit panier renfermant six œufs dont aucun n'avait été cassé.

force inconcevable. Elle s'introduit dans les maisons par toutes les fissures et s'agrippe si bien aux vêtements de laine qu'il est absolument impossible de les en débarrasser.

Les *avalanches compactes* (*Grundlawinen*) se produisent plus tard que celles que nous venons de décrire; elles ont lieu au printemps ou dans les premiers jours de l'été, les plus grandes assez régulièrement entre dix heures et midi sur les pentes au levant, entre midi et deux heures sur celles au midi, entre trois et six sur celles au couchant, et jusque fort avant dans la soirée sur celles au nord. Le souffle du fœhn sur les hauteurs ou une insolation prolongée désorganisent des étendues de neige de plusieurs milliers de pieds carrés et les fondent en partie; de petits filets d'eau les pénètrent et en amollissent les couches inférieures; de telle sorte qu'au moindre ébranlement tout se met en mouvement à la fois. Les champs de neige situés plus bas se détachent aisément à leur tour du sol détrempé et gonflé sur lequel ils reposent; ils roulent les uns sur les autres, entraînant de nouvelles étendues de neige, emmenant de la terre, des débris, des pierres, des blocs, et se précipitent aussi comme un torrent, avec le fracas du tonnerre, mais en masses serrées, par-dessus les parois des rochers et le long des couloirs ordinaires des avalanches. Composées d'une neige humide, compacte, pressée dans sa chute, ces avalanches ne répandent pas dans l'air des millions de perles brillantes, et ne produisent pas de violentes trombes d'air, comme le font les avalanches de poudre : elles ne détruisent par conséquent que ce qui se trouve directement sur leur route où elles bouleversent le terrain. Il est rare qu'elles se frayent un passage à travers les forêts. Elles entraînent toujours avec elles des masses considérables de glace, et leur couleur est sale. En général elles ressemblent moins à une pelote colossale qu'à une immense muraille de neige. Que de milliers d'œufs d'insectes, de larves, de vers, de graines de plantes alpines, qui pendant l'été ou l'automne étaient paisiblement installés dans le couloir de l'avalanche, sont tout à coup entraînés à travers une ou deux régions et déposés dans la vallée où ils se développent l'été suivant !

Les débris de ces avalanches, semblables à des flots de glace entassés à 30 ou 40 pieds de hauteur et même dans certaines ravines à 200 pieds, se fondent lentement, souvent même en juillet seulement, dans les entonnoirs ou sur les prairies qu'ils ont couverts. Quelquefois ils tombent dans le lit d'un torrent : alors les eaux arrêtées y forment un petit lac, jusqu'à ce qu'elles puissent s'ouvrir un chemin à travers ce barrage de neige de 50 ou 80 pieds d'épaisseur, pour se précipiter avec impétuosité dans la vallée. Si le temps est froid ou que le fond de la vallée soit élevé et à l'ombre, il n'est pas rare que la masse de neige persiste pendant toute l'année, au-dessus du ruisseau, sous la forme d'un pont voûté qu'on traverse sans danger et qui ne s'écroule qu'au printemps suivant. On a des exemples curieux de la consistance de ces entassements de neige. La masse est tellement roulée, serrée, pétrie, qu'elle forme comme un ciment qui prend la dureté du fer. Un mineur ayant été atteint au Splügen par une avalanche échappa lui-même à la mort, mais il lui fut impossible d'arracher son manteau qui était resté à moitié pris dans la neige. On comprend d'après cela que les débris des avalanches se fondent avec une lenteur extraordinaire. Mais ce qui se comprend moins, c'est qu'une personne ensevelie à une grande profondeur dans cette neige compacte entend distinctement chaque syllabe prononcée par ceux qui sont à sa recherche, tandis qu'une couche de quelques pieds seulement d'épaisseur suffit à intercepter complétement les cris les plus désespérés poussés par la malheureuse victime. Ce fait signalé depuis longtemps s'est reproduit tout récemment. Un roulier, qui avait été enseveli par une avalanche à Orezza dans le Münsterthal le 19 avril 1866, et imparfaitement protégé par son char, resta 26 heures dans son sépulcre de neige avant d'être délivré. Durant ces longues heures d'angoisse pas une des paroles de ceux qui le cherchaient ne lui avait échappé, il avait même entendu distinctement le son de la cloche du soir de San-Carlo. Il

UNE AVALANCHE

mourut quelques heures après sa délivrance. Si la neige des avalanches est un mauvais conducteur du son, elle est par contre un excellent préservatif contre la décomposition des corps organiques. Dans la vallée de Canali (Tyrol) on a trouvé au fond d'une avalanche, qui n'avait pu se fondre entièrement qu'à sa *seconde* année, une femelle de chamois et son petit, dont la chair était encore bonne à manger.

Outre ces grandes avalanches, il s'en forme dans toutes les Alpes, de janvier en avril, une foule de plus petites, la plupart de neige poudreuse. Elles s'étalent tout à coup comme des voiles aux parois des rochers, pour se rassembler de nouveau sur des banquettes de gazon d'où elles se précipitent encore dans les entonnoirs ou les fondrières qui les recueillent. Il y a certains couloirs le long desquels ces avalanches tombent pendant toute la durée du printemps. A la Jungfrau, sur l'Uristock, au Wiggis, au Glärnisch, partout le long des flancs des pyramides escarpées qui s'élèvent du fond des vallées basses, on voit ces avalanches en miniature tomber d'étage en étage, d'une hauteur de mille à deux mille pieds. Nous avons vu une demi-douzaine de ces cascades de neige descendre avec bruit toutes à la fois d'une cime de montagne. Pendant les jours chauds du printemps on peut en une seule heure, dans des circonstances favorables, en voir de 12 à 16 ou davantage, chacune avec sa forme et son genre de beauté particuliers. C'est alors qu'on peut vraiment dire «que toutes les hauteurs tonnent.» De partout ces voiles de gaze se déploient avec bruit le long des rochers; ils semblent disparaître dans les airs quand leurs bassins se trouvent, comme cela arrive souvent, cachés derrière les saillies et les ondulations de la montagne. C'est une des voix du printemps particulière aux Alpes; c'est un spectacle si caractéristique et qui laisse de si profondes impressions, qu'en pays étranger rien ne manque autant à l'enfant de la vallée que ces écharpes d'argent se détachant des rochers, et qu'il croit à peine à un printemps sans ce doux fracas des montagnes de la patrie.

Ce phénomène naturel par lequel les hauteurs se déchargent de millions incalculables de quintaux de neige est une des circonstances qui contribuent le plus efficacement à y rendre possible la végétation printanière. Si toutes ces masses, dont il est presque impossible de calculer le volume, ne devaient se fondre que lentement, la durée de ce travail de dissolution s'étendrait jusques bien avant dans l'été. Il est beaucoup d'expositions à l'ombre où la neige ne disparaîtrait jamais. Des champs de neige et des glaciers se formeraient et s'accroîtraient sans cesse dans les endroits mêmes où le montagnard vient aujourd'hui, grâce aux avalanches, charger sur ses épaules son lourd fardeau de foin odoriférant. Si l'avalanche vient à faire descendre un champ de neige d'un pâturage élevé, l'action du soleil et de la pluie est doublée sur le terrain déblayé; le sol s'y réchauffe; les champs de neige voisins minés par-dessous, dévorés par la pluie et par le fœhn, suivent à leur tour la même route, ou disparaissent sur place. Les espaces libres deviennent le lieu de rendez-vous où les corbeaux, les corneilles, les perdrix des Alpes, les tétras, les petits oiseaux insectivores, vont chercher les premiers vers, les premières larves, les premiers insectes; en quelques jours ces oasis d'une terre noire sont le théâtre d'une vie merveilleuse, d'une chasse acharnée à toutes sortes de cousins, de punaises, de mouches et d'araignées-loups; pendant que tout aux alentours est encore enseveli dans une neige épaisse, et que les gens de la vallée ne soupçonnent même pas l'existence sur les hauteurs d'une pareille activité.

Au fond nous sommes disposé à croire que les avalanches sont un phénomène d'une utilité prépondérante dans les Alpes. Si grands que puissent être dans certains cas les ravages qu'elles font en anéantissant d'un coup des villages entiers et des vies d'hommes par centaines, il n'en est pas moins certain que c'est d'elles que dépend la possibilité de la végétation dans de grandes étendues de terrain. Les petites avalanches, qui sont du reste de beaucoup les plus nombreuses, sont absolument sans danger, et, parmi celles de plus grande dimension, il n'y en a qu'une bien faible partie, celles en particulier qui se fraient de nouveaux passages, qui causent des dommages réels. Il est vrai que les moyens qu'emploient les habitants des montagnes pour s'en préserver sont bien insuffisants. On voit, tout à côté de couloirs récents d'avalanches, de vieilles forêts en décomposition que personne ne prend la peine de rajeunir ni de replanter. Dans quelques hautes vallées du Valais, les paysans ont l'ingénieuse coutume de fixer les avalanches. Ils se rendent aux premiers jours du printemps dans les endroits où elles se forment d'ordinaire, et plantent sur toute la surface inclinée de grands pieux qui empêchent la masse de se détacher au moment de la fonte. Quelque terrible, quelque irrésistible que soit une avalanche une fois qu'elle s'est développée, de si faibles moyens suffisent cependant pour en prévenir la formation. On a même fait la remarque que certaines avalanches périodiques manquent toutes les fois que l'on n'a pu faucher les bandes de gazon où elles prennent leur origine. Les chaumes longs et desséchés qui sont restés en place et se sont gelés pendant l'hiver suffisent pour fixer les neiges. Les pins nains rendent encore de plus grands et de plus importants services. De leurs mille bras, ils retiennent de vastes étendues de neige, et rendent absolument impossibles les avalanches compactes. Dans plusieurs vallées fort exposées des Alpes rhétiques, les habitants protègent leurs maisons par deux murs de terre et de pierres formant un angle aigu, qui détournent le courant à droite et à gauche. Mais souvent, malgré la hauteur de ces murs, l'avalanche saute par-dessus et se jette sur les toits. L'église de Notre-Dame à Davos et un grand nombre de maisons dans les vallées de Mayen, de Bedretto, et ailleurs, sont garanties de cette façon. Quelques chalets sont défendus simplement par un mur de neige qu'on transforme en glace en y versant de l'eau, et qui se conserve assez bien jusqu'à ce que le temps du danger soit passé. Dans les routes récemment construites, on fait des galeries aux passages dangereux, ou bien on élève sur colonnes des toits au niveau du couloir de l'avalanche. Mais le moyen le plus efficace de se préserver des ravages des avalanches, c'est toujours le boisage des surfaces nues des montagnes, et il peut être appliqué avec succès dans un grand nombre de localités. Parmi les passages connus les plus dangereux, nous nommerons les Schöllenen, le val Tremola, le Züga près de Davos, le Platifer près de Dazio grande. L'homme lutte avec persévérance, et toujours avec plus de succès, contre les forces de la nature; il construit même hardiment ses cabanes sur le chemin des plus terribles avalanches, et quand celles-ci les ont balayées comme une fourmilière, il les reconstruit avec un incroyable entêtement dans le même endroit. C'est ainsi, par exemple, que les avalanches détruisent régulièrement après le retour de quelques printemps les chapelles de Lugein et de Koppistein dans la vallée de Lötschen, et que, sans se lasser, les habitants de Ferden et de Kippel en élèvent de nouvelles à la même place.

Les eaux, sous leurs différentes formes, occupent une place très-importante dans nos paysages alpestres et les animent à leur manière autant que les animaux et les plantes. Elles sont l'âme de la vallée. Sans elles, le vallon le plus riche, la plaine la plus fertile, seraient jusqu'à un certain point privés de leur vie et de leurs charmes. Un large ruisseau, un petit lac, répandent sur le tableau cent couleurs, cent nuances nouvelles, et lui donnent, avec le miroir de leurs ondes, tout un petit monde de plantes et d'animaux qui rompent agréablement la monotonie des formes du paysage. Notre région est particulièrement abondante en eaux. Ses vallées sont, il est vrai, trop courtes pour abriter des fleuves; elles sont trop étroites et trop encaissées pour recevoir de grands lacs; mais c'est dans son sein que naissent tous nos grands cours d'eau. Le Tessin, le Rhin, la Reuss, l'Aar et le Rhône ont leur source dans les environs du Saint-Gotthard, la Linth à la Sandalp, l'Inn au Septimer, la Sarine au Sanetsch, l'Emme au Rothhorn, la Landquart au glacier de Selvretta — en un mot, tous nos fleuves et la plus grande partie de nos rivières naissent dans les Alpes. Mais leurs berceaux sont singulièrement variés. Tantôt ce sont des marais, de petits lacs ou des glaciers, tantôt ce n'est que le suintement de quelque rocher, tantôt ce sont des sources abondantes qui sourdent de la terre et se transforment immédiatement en vrais ruisseaux. Leurs affluents sont sans nombre. On a compté que dans les Alpes rhétiques seules trois cent soixante-dix glaciers déchargent leurs eaux dans le Rhin, soixante-six dans l'Inn, vingt-cinq dans l'Adige et dans le Pô. Quiconque a visité les Alpes au printemps et a vu quelle foule de ruisseaux, grands ou petits, descendent de chaque couloir, de chaque rocher, de chaque champ de neige, peut se faire une idée de la masse d'eau énorme qui sort de la vaste surface de nos Alpes pour se répandre dans la plaine et y devenir la condition de la fertilité et du commerce. C'est lorsque le fœhn souffle et qu'il tombe de chaudes ondées que la production des eaux est le plus considérable. De tous côtés se forment des filets nouveaux. De petits ruisseaux limpides se changent en torrents sales et furieux; les moraines des glaciers sont sillonnées par des centaines de rigoles jaillissantes. Le vent chaud du sud, qui énerve les hommes et les animaux, excite dans le monde des plantes et des eaux une activité prodigieuse et souvent infernale. On pourra se figurer de combien de milliers de tonnes d'eau le Rhin décharge les montagnes, si on se rappelle qu'au temps de la fonte des neiges, le niveau du lac de Constance, qui a une surface de trente-deux lieues carrées, s'élève de 8 à 10 pieds, et que, dans l'année 1770, il a même monté de 20 à 24.

Il est difficile d'assigner à chaque fleuve sa vraie source; cette détermination de la source proprement dite d'une rivière est même une affaire purement arbitraire partout où plusieurs ruisseaux de même grandeur se réunissent pour la former. Ainsi le Rhin antérieur est formé par la réunion de plusieurs ruisseaux qui portent chacun le nom de Rhin avec une désignation locale. Les sources de ce magnifique fleuve de 190 milles de longueur, et qui reçoit dans son cours 12,283 rivières et ruisseaux, sont toutes dans la région alpine : celles du Rhin antérieur dans le Tomasee (7,240 pieds) et le Krispalt (6,710 pieds), celle du Rhin moyen dans le Scursee (6,670 pieds), celle du Rhin postérieur au glacier du Rheinwald (5,760 pieds). En outre, il est d'usage de donner la préférence aux sources proprement dites, plutôt qu'aux eaux qui proviennent des glaciers. Ce qu'on appelle la source du Rhône est un petit ruisseau d'eau vive, d'une température de 12° R., qui sort de terre au milieu d'une prairie près de l'auberge de Gletsch; tandis que les deux ruisseaux vingt fois plus abondants qui sortent des voûtes du glacier du Rhône ne portent point le nom de sources du Rhône, et, à tout prendre, ne le méritent point, puisque ce ne sont pas de vraies eaux de source. Cette préférence s'accorde du reste tout à fait avec le mépris que les montagnards témoignent pour les eaux de glacier qu'ils appellent *sauvages,* et qu'ils tiennent pour malsaines et débilitantes à cause de leur fraîcheur, de leur âpreté et de leur défaut de transparence; tandis qu'ils ont en grand honneur les sources *vives,* parce que l'eau en est pure, claire, et si chaude que même en hiver elle entretient la verdure sur leurs bords. Et cependant plusieurs rivières n'ont d'autre source que ces eaux méprisées; ainsi l'Aar est formée par les torrents qui sortent des glaciers de l'Oberaarhorn, du Finsteraarhorn et du Lauteraarhorn, et se réunissent à la hauteur de 6,270 pieds au-dessus de la mer.

L'Inn est la seule rivière qui ait une partie notable de son cours dans la zone alpine. Cependant l'Aar atteint promptement un assez grand volume par les affluents qui de toutes les profondes vallées de glace se jettent dans son lit sauvage et tourmenté. Elle coule ensuite tranquillement au-dessous de l'hospice du Grimsel, au milieu de la vallée désolée de l'Aarboden aujourd'hui presque entièrement privée de végétation arborescente, et se dirige vers une gorge étroite, où de gradin en gradin elle descend vers le Räterisboden (4,880 pieds) pour former une jolie chute au-dessus des chalets de la Handeck; après sa jonction avec l'Aerlenbach, elle se précipite entre des rochers de granit dans un abîme de cent pieds de profondeur. Cette fameuse *chute de la Handeck* (4,260 pieds) est la seule grande cascade de la région alpine, mais pendant tout l'hiver ce n'est qu'un maigre filet d'eau. Presque immédiatement après ce magnifique *salto mortale*, l'Aar sort de la région alpine.

Les autres cascades de notre région, à l'exception peut-être de la superbe chute de 50 pieds de hauteur que fait la Dranse dans la vallée de Bagne au-dessous de Fionin (4,700 pieds), ne sont pas remarquables par le volume de leurs eaux, parce que les ruisseaux y sont trop près de leur source; mais elles n'en sont que plus nombreuses et se distinguent souvent par une singulière hardiesse[1]. Dans tous les districts élevés, l'on voit ces filets d'écume se balancer contre les rochers, ou l'on entend les jeunes ruisseaux descendre avec bruit d'étage en étage sur les rochers de la gorge qui les dérobe aux regards.

Les *lacs des hautes Alpes*, que la main du Créateur a semés avec tant de profusion sur le relief de nos montagnes, ne contribuent pas moins que les eaux courantes à embellir leurs sites. Ce ne sont que de fort petits bassins, dont les eaux bleues, ou d'un vert profond, ou d'un gris blanchâtre, reposent d'ordinaire sur un fond de rocher extraordinairement accidenté. En deçà de la limite supérieure des bois, leurs rives sont couronnées par des groupes de sombres sapins ou d'aroles. Le contour de ces lacs est formé, tantôt par des rochers à pic au-dessus desquels s'élèvent immédiatement les audacieuses pyramides de la montagne, tantôt par des prairies basses et marécageuses. La limpide image des Alpes éternelles, avec leurs vertes platebandes, leurs sombres gorges, leurs éblouissants tapis de neige, leurs gigantesques terrasses, se reproduit dans le cristal de ces surfaces unies. On dirait l'Esprit des Alpes jetant à travers ces eaux un regard hardi sur le monde ;

---

[1] La plus grande cascade des Alpes centrales est celle de la Tosa ou Toccia (4,280 pieds) dans la partie supérieure du Val Formazza en Piémont, alimentée par le glacier de Gries. Cette rivière de 80 pieds de largeur se précipite près de la chapelle *sulla frua*, en trois bras très-rapprochés les uns des autres, le long d'une paroi oblique de rochers de près de cinq cents pieds de hauteur. Du bassin qui reçoit la chute s'élèvent d'immenses nuages d'une brillante poussière. La cascade de la Tosa ne le cède pour l'abondance des eaux qu'à la chute du Rhin, parmi celles de la Suisse, mais elle est sept fois plus élevée que cette dernière.

et, quand à la fin de l'été les troupeaux en marche pour la vallée disparaissent derrière les dernières ondulations d'une prairie jaunissante, et que leurs clochettes mêlent leurs tintements argentins aux mélancoliques jodel des bergers, on croirait que cet Esprit a trouvé un langage pour exprimer la lutte qui se passe dans son sein entre la vie et la mort, et pour en raconter les charmes et la puissance.

Les lacs les plus élevés, entretenus d'ordinaire par les eaux des grands glaciers, n'ont point d'arbres sur leurs bords, tout au plus quelques maigres buissons de saules, de chèvrefeuilles, de rhododendrons et d'aulnes. Souvent même ces bords ne sont que des rochers nus ou des graviers de couleur grise, en sorte que leur aspect est encore plus sombre et plus sévère. Leurs eaux sont le plus souvent immobiles, et leur nuance d'un vert obscur s'harmonise avec l'air désolé de tout le paysage. Jamais nacelle ne s'est balancée sur ces eaux; jamais nénuphar n'a étalé ses larges feuilles à leur surface; jamais poisson n'a parcouru leurs vertes profondeurs; jamais oiseau aquatique, jamais grenouille peut-être, ne s'est posé sur les pierres de leurs rivages. La neige et la glace les recouvrent pendant la plus grande partie de l'année, et, lorsqu'ils sont peu profonds, ils gèlent entièrement. Le printemps et l'été ne fondent que lentement et avec peine ces lacs massifs de glace; les glaçons y naviguent encore à la surface de l'eau, que déjà sur leurs bords le rhododendron balance gaiement au vent ses grappes de clochettes roses. De temps en temps une avalanche attardée jette encore dans leur bassin une masse énorme de neige, ou bien un froid tardif en recouvre l'onde à peine redevenue liquide d'un tissu transparent et mobile de cristaux en aiguilles.

Un des plus élevés d'entre ces lacs est celui du Grand Saint-Bernard, situé immédiatement au-dessous du fameux hospice du même nom (7,368 pieds), et d'un quart de lieue de tour. Il n'est libre que peu de mois, et même en 1816 il ne dégela pas de toute l'année; et pourtant durant le court été de ces hauts parages fleurissent sur ses bords une violette double, formée de deux corolles insérées l'une dans l'autre, et une renoncule hybride intéressante (des *R. glacialis* et *R. aconitif.*). Mais on n'observe aucune trace de vie animale, ni dans ses tristes flots, ni sur ses rivages. Non loin de là, sont les deux petits lacs du Col de Fenêtre (8,250 pieds), qui sont probablement, avec celui situé à l'ouest du passage de Rawyl (8,228 pieds), les *réservoirs d'eau les plus élevés de l'Europe*. Souvent ils restent gelés plusieurs années de suite. On trouve dans la vallée d'Orsière au Valais quelques-uns de ces lacs en miniature, et en particulier celui d'Ornier alimenté par le glacier du même nom; dans le voisinage existe une des plus hautes chapelles des Alpes (8.385 pieds), où se fait chaque année un grand pèlerinage. Le Schwarzsee (6,270 pieds), près du Matterhorn, n'a ni affluent ni écoulement visibles; il a aussi sur ses bords une chapelle consacrée à Notre Dame de la Neige, où se rend chaque année de Zermatt une procession de mille à deux mille personnes (on y trouve également une jolie hybride, *Potentilla ambigua*). Le lac de Mattmark (6,714 pieds), sur le passage du Distelberg, a été coupé en deux, dans les années 1817 et 1818, par le glacier du Schwarzberg, qui en a refoulé les eaux dans la partie postérieure, et, en se retirant, a déposé sur le bord oriental plusieurs blocs de rocher, un entr'autres de 60 pieds de hauteur et du poids de 200,000 quintaux. Citons encore l'Illsee (7,170 pieds) sur l'Illhorn, le Hochbachsee (7,696 pieds), le Geisspfadsee au-dessus du Binnthal (7,619 pieds), le Brodelsee près du glacier de Gries (8,004 pieds). Le lac d'Aletsch, près du glacier du même nom, est entouré de parois de glace qui s'élèvent perpendiculairement de 50 pieds au-dessus de ses plus hautes eaux; il a presque toujours des îles flottantes de glace, et, avant qu'on lui eût creusé un canal d'écoulement dans la vallée de Viesch, ses eaux faisaient de tels ravages du côté de Naters, où elles se déchargeaient par-dessous la glace, qu'on avait chargé les bergers de la Märjelenalp d'observer chaque jour son niveau. Le lac de Rawyl (7,100 pieds) est souvent, jusqu'au milieu de l'été, à moitié rempli par des neiges d'avalanche. Le Daubensee sur la Gemmi

(6,791 pieds) a un quart de lieue de longueur et huit minutes de largeur; alimenté par les glaciers de Lämmer, ses eaux sont troubles, et gelées pendant dix mois de l'année; il est situé dans un affreux désert de décombres où on ne voit pas la moindre trace de vie animale ni végétale; il n'a aucun écoulement visible; ses bords sauvages ne sont habités que par des troupes de corneilles des Alpes. Le Bachsee ou Hexensee sur le Faulhorn (7,287 pieds) a encore dans la dernière moitié de juillet sa surface couverte d'un lâche tissu de cristaux de glace en forme d'aiguilles d'un pouce de longueur. Nous citerons encore le Wildsee sur le Schwarzhorn (Oberland bernois), le Tittersee au sud du Sidelhorn (7,480 pieds), le Todtensee sur le Grimsel (7,708 pieds), où se trouvent beaucoup de grenouilles, de coléoptères aquatiques, d'animaux rayonnés (par exemple, le polype des glaciers, *Stephanceros glacialis*), le Trützisee près du Geschenenhorn (7,973 pieds), les lacs des Windgelle et de l'Etzlithal, celui de l'Oberalp (6,170 pieds), d'une lieue environ de longueur et qui renferme encore de belles truites; dans le canton d'Uri, les lacs du Saint-Gotthard, qui ont aussi des truites et, chose remarquable, ne gèlent jamais qu'à la profondeur de quelques pouces. L'un de ces derniers, le lac de Luzendro (6,230 pieds), une des sources de la Reuss, a une demi-lieue de longueur. Dans le canton de Glaris, nous trouvons l'Oberblegisee (4,420 pieds), le Bergseeli (6,755 pieds), le Kuhbodenseeli (6,000 pieds), le Muttensee (7,579 pieds) sur la Limmernalp, d'une demi-lieue de tour et presque toute l'année enseveli dans la glace et la neige, le Spanneggsee (4,488 pieds), dans lequel se sont conservés jusqu'à ce jour les perches et les gardons qu'on y a mis en 1750; dans le canton de Saint-Gall, le Murgsee (4,790 pieds) fameux par ses poissons, et le Wildsee (7,480 pieds) sur l'Altmann, dont les eaux ne dégèlent souvent qu'à des intervalles de plusieurs années. Nous en omettons un grand nombre d'autres; mais on peut juger de la quantité de petits lacs que renferme la région alpine par le fait bien constaté que dans les limites étroites du seul canton d'Uri on en compte près de quarante, dont plusieurs, comme par exemple celui d'Erstfeld, sont au-dessus de 7,000 pieds et ne contiennent aucun poisson.

Nous devons remarquer qu'un grand nombre de ces lacs alpins n'ont point d'écoulement visible[1]; ce qui s'explique par la nature crevassée des montagnes calcaires auxquelles appartiennent presque exclusivement tous ceux des lacs qui présentent cette particularité. Leurs eaux tombent dans des entonnoirs dont la présence est quelquefois révélée par un léger mouvement giratoire à la surface; elles traversent pendant un temps plus ou moins long des galeries souterraines ou des fissures de la montagne, et reparaissent, souvent à une grande distance, sous forme de sources jaillissantes. Plusieurs de ces lacs n'ont pas non plus d'affluent visible et s'alimentent par des sources souterraines. Ces deux phénomènes augmentent encore la mystérieuse obscurité qui enveloppe ces eaux tranquilles, et sont particulièrement favorables aux légendes bizarres qu'y rattachent les habitants des montagnes. On peut dire, du reste, de la plupart de ces bassins qu'ils sont presque inconnus dans les vallées mêmes qui en sont les plus voisines. Quelques-uns étaient religieusement honorés par les anciens Celtes, qui avaient en général une vénération particulière pour les paisibles lacs des hauteurs, et c'est à ce culte que se rapportent la plupart des traditions qui les concernent.

Les lacs de la région des neiges et ceux de la région alpine supérieure, pendant les quelques semaines où leurs eaux sont libres, sont destinés à recueillir tous les petits filets d'eau des hauteurs voisines, pour les verser ensuite dans quelque artère plus considérable. La plupart de ces lacs sont complétement morts; les essais qu'on a faits pour les empoissonner ont échoué contre la durée et la rigueur de leurs hivers. Les lacs de la région alpine moyenne et inférieure sont les déchargeoirs où les ruisseaux qui descendent de plus haut viennent déposer leur limon. Jusqu'à

---

[1] Par exemple le Daubensee, le Sewelisee au pied des Windgelle, les lacs du Stockhorn, de la Glattenalp, les lacs supérieur et inférieur de Wiggis, le Sämtissee, le Fählensee etc.

la limite supérieure des sapins, tous ceux qui ont un écoulement superficiel renferment des poissons, mais presque exclusivement des truites, des chabots et des vérons, rarement des perches et des rotangles (*Scardinius erythrophtalmus*); le reste de la faune des eaux douces y est représenté dans une assez forte proportion. Plus haut, jusqu'à 6,300 pieds ou 6,500 pieds, on ne trouve plus de poissons que dans quelques bassins, mais souvent alors en grand nombre et d'un goût exquis. De deux lacs au même niveau, l'un a quelquefois beaucoup de poissons, tandis que l'autre n'en a point. De 1,000 à 2,000 pieds d'altitude l'eau contient $1/56$ d'air; à 7 ou 8,000 pieds elle n'en contient plus que $1/100$, par suite de la diminution de pression; ensorte que déjà pour ce seul motif l'existence des poissons n'est guères plus possible à une semblable hauteur. Quant aux oiseaux aquatiques, ce n'est qu'exceptionnellement que nous en rencontrons quelques-uns d'égarés sur ces hauteurs à l'époque du passage : un petit vol de canards sauvages, une paire de foulques; cependant, même à une pareille altitude, on a observé une fois dans les Grisons le cygne musicien, et en 1830, sur le lac de Saint-Moritz, on a tué le grand plongeon imbrim, indigène du Groënland et de l'Islande, mais qui presque tous les hivers visite les grands lacs de la Suisse. On a souvent aussi rencontré sur le lac du Saint-Bernard diverses espèces de bécasseaux (*Tringa*), sur celui du Mont-Cenis des *hirondelles de mer*, et à la Dent d'Oche, en Savoie, la *poule d'eau ordinaire* (*Fulica chloropus*), toutes apparitions passagères et fortuites. C'est à l'occasion de la région montagneuse que nous avons parlé de la faune relativement si riche de la vallée d'Urseren en fait d'oiseaux d'eau et de marais, parce que, quoique cette vallée s'élève de quelques cents pieds plus haut, elle a cependant d'une manière prépondérante le caractère de la région. La Haute-Engadine, qui est à 1,500 pieds de plus, présente une analogie frappante avec la vallée d'Urseren pour les oiseaux de passage et sédentaires qu'on y rencontre.

C'est dans le canton des Grisons que se trouvent le plus grand nombre de lacs alpins. Son territoire élevé, ses glaciers innombrables, favorisent extraordinairement la formation des réservoirs lacustres. Dans le bassin du Rhin, au milieu des terrains granitiques du sauvage Badus, nous trouvons le Tomasee (7,240 pieds), d'un vert foncé, d'où sort une des sources du Rhin antérieur; les lacs de glacier de Dim, de Seur (6,670 pieds), de Fozero et d'Insla; les trois petits lacs de l'Heidigalp, au-dessus de Splügen, qui renferment, dit-on, beaucoup de truites des lacs, et des truites de ruisseau d'une demi-livre; le Calendarisee, sur les Alpes de Schamser, qui annonce, à ce qu'on prétend, par un bruit sourd l'approche des orages; le Lüschersee, au-dessus de Tschappina, qui n'a ni affluent ni écoulement visibles, et dans lequel la crue, l'abaissement et le tournoiement des eaux n'ont pas encore été expliqués d'une manière satisfaisante; les lacs de Vaz et de Weissenstein (6,249 pieds), célèbres par leurs truites à chair rouge; le lac de Davos (4,805 pieds), d'une demi-lieue de longueur, d'où on a tiré en août 1856 des truites de 18—28 livres; les lacs poissonneux de Schwelli au-dessus d'Erosa (5,926 pieds); le Patnauersee, aux eaux transparentes, près de la Sulzfluh dans le Rhätikon, de trois quarts de lieue de tour, abondant en chabots et en vérons, mais dans lequel on a inutilement tenté d'introduire des truites; le Schottensee (7,545 pieds), d'où sort la Schlappina; le Jörisee (7,711 pieds). Sur le Bernardin se trouve le petit lac de Mœsola (6,584 pieds) remarquable par la grace de ses contours et la nudité de ses bords.

Dans le bassin de l'Inn, ce sont les quatre lacs un peu plus grands des gradins supérieurs de l'Engadine, et reliés entre eux par le cours de l'Inn, qui attirent d'abord notre attention. Le *Silsersee*, le plus élevé (5,600 pieds) et le plus considérable, a $1\frac{1}{2}$ lieue de longueur sur $3/4$ de largeur et n'est que bien rarement libre de glaces avant la fin de mai. Ils sont tous les quatre extrêmement pittoresques : leurs bords sont en partie couronnés de riches groupes d'aroles et de mélèzes de la plus fraîche verdure, et ils présentent une ornis qu'on retrouverait bien difficilement ailleurs à une aussi grande élévation. En hiver ils servent de passage aux traîneaux, et dans les beaux jours ils retentissent du piétinement des chevaux et des claquements du fouet. Cependant on ne s'aventure sur leur surface glacée que quand on s'est assuré que les renards y ont déjà passé; ce n'est qu'alors qu'on estime la glace assez forte pour porter des hommes et des chevaux. Les truites de ces eaux sont célèbres, et l'on assure qu'on y en a pêché de 40 à 45 livres; en tout cas, il n'y a probablement pas de station aussi élevée en Europe pour les animaux. Il en est de même des lottes, qui se trouvent, dit-on, dans le lac de Saint-Moritz, où on les nomme *Trüllen*, et qui y atteignent le poids extraordinaire de 6 à 12 livres; mais le fait est actuellement contesté, et l'on prétend que les seuls poissons de la Haute-Engadine sont la truite des ruisseaux, celle des lacs, le rotangle, le chabot et le véron. Il est remarquable que la lotte se trouve en quantité et d'excellente qualité dans le lac noir, au-dessus de Davos — le seul exemple sans doute, avec le précédent qui encore est incertain, de l'existence de ce poisson dans la région alpine. Dans le voisinage des quatre lacs de la Haute-Engadine s'en trouvent beaucoup d'autres plus petits, parmi lesquels ceux de la Bernina (6,865 pieds) sont connus pour l'abondance de leurs truites, tandis que d'autres ne renferment aucun poisson. Le lac du Juliers (7,030 pieds) et celui de Sgrischus dans le Fexerthal (environ 8,000 pieds) dans lesquels on a transporté il y a une centaine d'années des truites du lac de Sils, renferment quelques poissons; le dernier est bien la plus haute station des poissons en Europe. Nous ne mentionnons pas ici une foule d'autres petits lacs de la région alpine des Grisons. Les données que nous avons recueillies nous ont convaincu que les poissons s'élèvent très-haut dans cette contrée.

Il est certain qu'autrefois le nombre de nos lacs alpins était encore plus considérable qu'il ne l'est aujourd'hui. Tout enfoncement de vallée, tout entonnoir sur un plateau, formait un réservoir d'eau et faisait partie du système naturel d'irrigation des hautes montagnes. Dans la suite des temps, ces réservoirs se sont creusé des canaux d'écoulement plus profonds à travers les obstacles qui les séparaient des gradins inférieurs, et se sont vidés entièrement ou en partie. Ce qui contribue aussi à leur diminution graduelle, c'est le dépôt des grands détritus de toute espèce que chaque année leurs affluents y apportent des hauteurs; mais cette action n'est sensible que dans les lacs peu profonds. Quant à ceux qui ont, au contraire, une grande profondeur, et ceux en particulier dont les bords au lieu d'être marécageux sont découpés dans le roc, ce ne sera qu'au bout de plusieurs siècles qu'on pourra y observer des changements notables.

La température de tous ces lacs, dont le nombre peut bien se monter à mille, est en général basse, mais cependant elle varie considérablement. C'est de cette température que dépendent l'époque plus ou moins tardive de leur congélation et l'épaisseur de la couche glacée qui les recouvre; et de ces circonstances dépend à son tour la production des plantes et des animaux qui y vivent. Il en est qui ont à peine une altitude de 4,500 pieds, mais qui, situés dans le voisinage des glaciers, charrient beaucoup de blocs de glace, gèlent de bonne heure et profondément, et n'ont presque aucun vestige de végétation ni d'animaux aquatiques, à peine une grenouille ou une punaise d'eau; tandis que d'autres lacs alpins, de deux mille pieds plus élevés, mais dans des circonstances plus favorables, abritent dans leurs eaux les plus beaux poissons et retentissent au printemps du coassement des grenouilles. Il est vraisemblable que les poissons des ruisseaux alpins se retirent en automne dans ces lacs. Les ruisseaux gèlent ou tarissent en hiver, puisque le froid en détruit les sources; tandis que la profondeur des lacs y maintient une température supportable. Cependant jusqu'ici ces migrations de poissons ont été fort peu étudiées.

Des torrents d'une nature particulière se produisent, mais fort rarement, en différents temps et en différentes contrées sur les hautes montagnes : ce sont des avalanches ou *torrents de boue*. Dans l'année 1673, un torrent d'une boue argileuse et bleuâtre descendit du Septimer, inonda le village de Casaccia (4,730 pieds), et le détruisit en partie; un autre, dans l'automne de 1835, se précipita de la Dent-du-Midi dans la vallée du Rhône sur une étendue de 900 pieds de largeur [1]. Les collines de forme conique qu'on peut observer à Felsberg, au-dessus de Coire, où la population romanche les nomme *Tombel de Chiavals* (tombes de chevaux), et à Sierre, en Valais, peuvent être considérées, non sans vraisemblance, comme les restes d'avalanches de boue antérieures à l'époque historique. Des torrents de pierres descendent aussi quelquefois des glaciers ou des ravins. C'est une catastrophe de ce genre qui en 1793 ensevelit Surlegg, sur les bords du Silvaplanersee.

Notre région possède encore un certain nombre de particularités remarquables : des grottes de stalactites, des fontaines intermittentes, des dépôts de coquillages fossiles, des couches de marbres divers, des masses tendres d'albâtre, des rochers admirables par la richesse de leurs couleurs, des sources minérales, etc. La Baretto-Balma, dans un rocher isolé des Alpes de Varcina, est une petite grotte claire et sèche qui a quelque célébrité parce que, comme plusieurs autres semblables, elle est constamment balayée par un courant d'air qui n'y laisse séjourner ni feuille, ni mousse, ni aucun objet qui puisse en altérer la propreté. «Rien n'y reste», disent les bergers. Parmi les grottes, ou fours à cristaux, celles du Zinkenberg, près du glacier de l'Aar, ont acquis une grande réputation. De ces voûtes extraordinaires, que traverse un petit ruisseau, on a retiré de superbes cristaux de 7 à 12 quintaux, en tout un poids de 100 quintaux, dont les plus beaux échantillons sont à Berne et à Paris. On trouve un four à cristaux également remarquable au-dessus de Naters en Valais. On en a enlevé plus de 50 quintaux de cristaux, dont quelques morceaux du poids de 7 à 14.

Parmi les sources d'eaux minérales de la région alpine, il n'y

[1] Un torrent d'une boue semblable, mêlée d'ardoise, se précipitant de la montagne avec une puissance effrayante, détruisit en 1797 trente-sept maisons à Schwanden, sur les bords du lac de Brienz, dont il troubla les eaux durant plusieurs mois.

en a que deux qui soient accompagnées d'établissements convenables pour recevoir les malades, mais on y vient des contrées les plus éloignées du Nord et du Midi. Ce sont celle de Saint-Moritz (5,580 pieds), déjà vantée par Paracelse comme une des premières eaux acidules de l'Europe, et celle du Bernardin. Les sources minérales de nos Alpes se rencontrent, tantôt dans des prairies marécageuses, tantôt dans des gorges, tantôt sur des croupes nues, et sont, quant à leur nature, de la plus riche variété. Dans les seuls environs de Schuols, dans la Basse-Engadine, il y en a plus de vingt qui sont presque sans emploi et, dans le nombre, des eaux acidules, salines et sulfureuses, de première qualité. La source de Tarasp, à base de soude avec une forte proportion d'acide carbonique, est bien au-dessus des eaux tellement vantées en Europe d'Eger et de Carlsbad. L'Engadine, et tout particulièrement la Basse-Engadine, est remarquable par l'abondance de ses richesses minérales et par les phénomènes qui en accompagnent d'ordinaire l'existence. Au-dessus de Tarasp, on trouve du vitriol de fer; à Schuols, du soufre, fréquemment du gyps, du marbre, du porphyre, du spath de fer, de la serpentine. Dans les nombreuses grottes de stalactites du voisinage se produisent les plus riches efflorescences minérales. Ainsi, par exemple, dans la voûte d'une grotte au-dessus de Schuols sont suspendues des gouttes, de la grosseur du doigt, de sulfate de magnésie presque pur, et au-dessus de Vulperra on trouve contre les rochers du Scarlbachtobel de grandes incrustations de vitriol de fer.

Un phénomène plus intéressant encore est celui des *mofettes*, qui n'avait été observé jusqu'ici que dans les terrains volcaniques. Il en existe une au-dessus de la Weinquelle (fontaine de vin), source fortement acide, dans un enfoncement de terrain vaseux près de Schuols. On en trouve une autre dans un terrain d'une stérilité remarquable. Ce sont des ouvertures dans la terre, d'où s'échappent continuellement des masses considérables de gaz, en particulier d'acide carbonique et d'azote, mélangés d'hydrogène sulfuré. Ces courants n'ont guère plus d'un demi-pied de largeur et descendent à travers les galets le long de la pente de la montagne. A l'orifice des cavités dont ils sortent, on trouve toujours une quantité d'insectes morts, souvent aussi des souris, des oiseaux, qui ont été saisis par les vapeurs mortelles de ces gouffres empoisonnés. Ces vapeurs ne s'élèvent pas à plus de demi-pied au-dessus du sol, et, quand on se baisse jusque là, on sent une odeur piquante qui occasionne de violents accès de toux. Les chats, les poules, plongés dans cette atmosphère meurent instantanément au milieu de convulsions. Il est difficile de déterminer de quelle profondeur viennent ces gaz, en communication en partie avec des sources d'eaux minérales qui se déchargent de cette façon. Les habitants assurent que quand on bouche ces ouvertures de mofettes, tous les champs d'alentour deviennent stériles. Nous ne connaissons qu'une autre source en Suisse de ces gaz méphitiques, c'est celle de la grotte de Mittelsulz, au-dessus de Mettau sur le Rhin (Argovie), dont les émanations font également périr les animaux. Depuis quatorze ans environ, on a beaucoup parlé d'une *montagne en feu* près d'Oberriedt, dans le canton de Fribourg. Ce sont des couches de gyps crevassées, des interstices desquelles sortent en abondance, sur une pente couverte de débris du Bürgerwald, des gaz qui prennent feu au contact d'une étincelle et causent ainsi tout à l'entour de véritables incendies. Ces gaz brûlent jusqu'à ce que le vent, la pluie ou quelque autre circonstance les éteigne.

Les *glaciers* sont un des éléments importants de la région alpine; ils y descendent très-bas et y occupent de vastes étendues. Mais comme leur origine est dans la région des neiges et que c'est là qu'ils prennent la plus grande extension, nous ne parlerons que plus tard de cet intéressant phénomène.

Les *lapiaz* ou *lapiez* (*Karrenfelder*, en Autriche *Karst*) sont des surfaces rocheuses qui occupent de vastes espaces dans la région alpine; ils ressemblent assez à des glaciers profondément sillonnés ou crevassés, et donnent à certaines montagnes un aspect étrange et singulièrement désolé. Ils n'appartiennent pas exclusivement à notre région; quelquefois ils commencent immédiatement au-dessus des vallées, comme, par exemple, au pied de la Fronalp, près de Brunnen; à l'Urmiberg, près de Seewen, etc.; mais ils sont alors recouverts d'épaisses couches d'humus et cachés par les arbres ou le gazon; c'est dans la zone alpine qu'ils se montrent sous leur forme la plus normale, la plus frappante, et dans les plus grandes proportions.

L'apparence des lapiaz est tellement variée qu'il est difficile de les décrire. Ce sont de vastes étendues de roches calcaires nues, plus ou moins inclinées, que les influences atmosphériques ont rongées et déchirées d'une façon toute particulière. Elles ressemblent, soit à d'immenses champs d'une roche étrangement sillonnée, soit à des rangées à perte de vue d'arêtes rocheuses tranchantes, tantôt extrêmement rapprochées, tantôt distantes de quelques pieds ou de quelques toises, et formant ainsi dans leurs intervalles ou de simples sillons, ou des fossés profonds, des trous, des cavités, des puits et des galeries. On ne les rencontre jamais dans les montagnes cristallines, mais, par contre, dans toutes les montagnes calcaires, de quelque espèce et de quelque formation que se soit; de préférence cependant, et dans de plus vastes proportions, dans le calcaire hippuritique dont les immenses bancs recèlent de grands nids d'hippurites. On en trouve également de très-développés dans le calcaire jurassique, p. ex. au-dessus de Bienne, de Bevaix, sur le Marchairuz, etc.

La formation des lapiaz est due à une décomposition particulière de la roche, décomposition qui varie suivant la nature des couches, la manière dont elles sont juxtaposées, leur inclinaison et leur état primitif. La surface rocheuse, d'abord complètement nue, formait probablement une plaine inclinée, unie, simplement ondulée, ou peut-être déchirée çà et là par le fait même de son soulèvement. Dans sa nudité complète, elle devait offrir prise de partout aux influences atmosphériques et subir une décomposition tout à la fois mécanique et chimique. Une goutte de pluie, venant à tomber sur un point quelconque de cette surface, s'y cherche un chemin en en suivant la pente, et emporte avec elle quelques parcelles de la pierre, parcelles infiniment petites, il est vrai, mais qui, jointes à toutes celles emportées par les gouttes qui tombent plus tard et suivent la même direction, finissent dans le cours des siècles par laisser des sillons plus ou moins profonds sur les parties les plus tendres de la roche, surtout aux lignes de contact des diverses couches dont elle est composée. Une fois que cette action érosive de la pluie et de l'eau des neiges s'est bien caractérisée, le gel et le dégel, le frottement, les coups, les chocs de toute espèce la continuent ; et c'est ainsi que par un procédé lent, à peine sensible à l'origine mais continuel, les moindres gerçures, les moindres fissures se transforment en fentes, en canaux, en crevasses, en puits, en un mot en cavités dont la forme dépend essentiellement de la nature du calcaire. Dans le calcaire vert fortement mélangé de spath et de quartz, ces cavités paraissent souvent sous forme alvéolaire (les *rayons de pierre* des bergers) ; dans les formations qui sont mélangées de bandes de spath calcaire ou de pétrifications et de pyrites, elles se présentent sous la forme d'enfoncements striés et conchylioïdes, ou de trous irrégulièrement percés, ou de cannelures en labyrinthe. Les parties du calcaire qui sont les plus tendres et les plus terreuses sont les premières amollies, rongées ou percées, tandis que les parties plus dures, les nœuds, les cailloux, les fragments de coquilles, résistent plus longtemps. Il en résulte souvent une surface rocheuse tellement travaillée que la montagne ressemble alors à un immense cadavre dont les parties molles auraient été entraînées par les eaux, ne laissant en place qu'un squelette tranchant, entre les ossements duquel on mettrait tantôt des maisons entières, tantôt à peine la main.

Jusqu'à une hauteur de 5,000 pieds au-dessus de la mer, les lapiaz sont souvent recouverts en partie de rhododendrons, de genévriers, quelquefois par places d'un gazon sec et maigre : cela arrive toutes les fois que les eaux descendant des parties supérieures de la montagne ont entassé dans les cavités du lapiaz des détritus qui, sous des influences favorables, se sont transformés en humus. Mais à une plus grande élévation, les lapiaz sont absolument nus; c'est un désert de roches excavées et rongées où l'on ne rencontre pas trace de source, pas le moindre ruisseau qui murmure à sa surface. Ils absorbent complétement l'eau atmosphérique et celle des neiges, ou les conduisent à un entonnoir qui les engloutit. Dans plusieurs montagnes calcaires, par ex. sur le Rädertenstock dans le Wäggithal, sur la Karrenalp dans le canton de Schwytz, et sur le Jura, on trouve une quantité considérable de ces entonnoirs; les uns sont tout petits, d'autres au contraire ont plusieurs centaines de pieds de tour, et communiquent souvent, par un canal percé à leur extrémité inférieure, avec d'immenses cavités souterraines.

Il résulte naturellement de cette puissance d'absorption des eaux par les fissures, les crevasses, les cratères des lapiaz, que les sources doivent abonder à la base des montagnes où ils se trouvent. Elles en ont en effet un nombre considérable et de très-riches, soit permanentes, soit périodiques, comme celles de l'Orbe, de l'Areuse, les Sept sources dans la vallée de la Lenk etc. C'est ainsi que le grand entonnoir qui est au bas des surfaces inclinées du lapiaz de la Rädertenalp conduit, à travers les crevasses de la montagne, toutes les eaux de pluie et de neige dans un vaste réservoir souterrain auquel on peut arriver par la caverne du Hundloch. Dans les fortes pluies ou les fontes rapides de neige, on entend dans la montagne le bouillonnement sourd produit par l'air qui est renfermé dans le canal, et que l'eau en chasse avec violence; le ruisseau qui sort de la grotte et s'échappe dans la vallée y produit alors de grands ravages. Souvent aussi les lapiaz communiquent avec les trous de vent que nous avons précédemment décrits. C'est ce qui a lieu aux Geisswällen dans le Wäggithal, au Schwalmkopf, et dans d'autres endroits.

Les lapiaz les plus connus et les plus étendus sont ceux du Faulhorn, de la Gemmi, du Rawyl, du Sanetsch, de la Tour d'Aï, du Brünig, du Kaiserstock, du Wellenstock, du Rigidalstock, du

Bauen, du Fluhbrig, des montagnes du Wäggithal, des Windgelle, du Rieseltstock, du Silbern, des montagnes du Muottathal et de Kerenz, de la Karrenalp, des Churfirsten et du Säntis; nous avons déjà nommé ceux du Jura[1].

Les lapiaz ne sont guères plus favorables que les glaciers à la végétation et à la vie animale. La blancheur des pierres calcaires, réfléchissant les rayons d'un soleil d'été, y occasionne une chaleur d'autant plus insupportable qu'elle n'est adoucie ni par la fraîcheur des plantes, ni par celle des eaux. Le voyageur, le chasseur et le berger les évitent à cause de leur désolation et de la difficulté qu'ils présentent à la marche. Les bergers les entourent de barricades du côté des pâturages, pour que le bétail, dans les temps de brouillard et d'orage, ne risque pas de s'égarer au milieu du dédale de leurs ondulations. Parmi les animaux de quelque apparence, nous n'y trouvons que les corneilles des Alpes, les accenteurs pégots, et plus souvent, les bartavelles et les perdrix des neiges, qui parcourent en tous sens ces arêtes rocheuses et se cachent volontiers dans leurs crevasses inaccessibles. Elles doivent également servir de retraite aux renards des Alpes quand en été ils s'aventurent sur les lapiaz à la poursuite des oiseaux.

---

[1] Ceux de nos lecteurs genevois qui voudraient se faire une idée de l'aspect étrange et désolé que présentent les grands lapiaz de nos Alpes, en trouveront un remarquable entre le Brezon et les montagnes du Vergi. Sur une étendue de plus d'une lieue de longueur, qui s'étend du Saxonet aux grands rochers qui dominent la vallée du Bornant, ils verront une surface calcaire absolument nue, minée et sillonnée en tous sens par les eaux, percée de cavités de mille formes différentes, et de loin en loin des puits de 60 ou 80 pieds de tour, d'une profondeur plus grande encore, et d'où s'échappent en été, au bruit des pas sur la pierre, des nuées de corneilles des Alpes qui s'élèvent en tourbillonnant dans les airs et les remplissent de leurs sifflements aigus. (*Traducteur*.)

GROUPE D'AROLES.

CHAPITRE II.

LA VÉGÉTATION DANS LA RÉGION ALPINE.

Les pâturages alpins. — Limites inférieure et supérieure de la végétation arborescente dans les différentes parties des Alpes. — Les *gogants* et leur âge. — Mélèzes et aroles. — Histoire naturelle du *cèdre des Alpes*. — Formes naines et rabougries. — Les pins nains. — Caractères des plantes phanérogames alpines. — Eclat et richesse de leurs fleurs. — Le rhododendron des Alpes. — Plantes fourragères renommées. — Limites en altitude des plantes cultivées dans la région alpine. — Comparaison avec les Andes et l'Himalaya.

Si nous passons à l'étude spéciale des formes organiques de notre région, c'est alors surtout que celle-ci nous apparaîtra dans tous les charmes de son caractère alpestre. Les tapis de fleurs que nous y rencontrons sont composés d'un nombre beaucoup moins considérable d'espèces, mais ils n'ont rien perdu en grâce, en fraîcheur de couleurs, en richesse. Les filles de la plaine sont remplacées par d'autres plantes moins nombreuses, mais la beauté de ces dernières, leurs parfums, leurs formes particulières, la puissance de leur coloris, compensent amplement la diminution des espèces.

Nous voici dans la région de ces admirables pâturages, de ces prairies alpines rases, serrées, d'un vert foncé, émaillées de fleurs, dans lesquels des milliers de troupeaux passent leur été; de ces pentes gazonnées exposées à un brillant soleil, où retentissent les jodel des bergers et le bruit des sonnailles, où le chamois se rencontre avec la chèvre, où la marmotte dans ses ébats fait partir la perdrix des neiges, où le læmmergeier enlève le lièvre des Alpes de ses redoutables serres. Mais à côté de ces pâturages aromatiques s'étendent de vastes éboulis et d'immenses lapiaz; au-dessus et au-dessous se dressent des parois de rochers de plusieurs milliers de pieds de hauteur, dont les hardies terrasses atteignent jusqu'aux grands sommets. Des courants d'une eau glacée descendent avec bruit dans leurs lits profondément ravinés, et les glaciers, avec une puissance infernale, poussent leurs froides masses jusqu'au milieu des plus verts plateaux. Nulle part la nature n'a dessiné de plus vigoureux contrastes; nulle part elle ne s'enveloppe de plus gracieux ornements et de plus sombres horreurs; nulle part l'homme ne passe aussi rapidement du sentiment d'une douce paix à celui d'un soudain effroi; nulle part il ne tourne ses regards avec autant d'humilité vers la main du Dieu créateur.

Les habitants de la plaine s'imaginent souvent que la région alpine n'est que la transition doucement ménagée entre la région des montagnes et celle des dernières hauteurs; ils se représentent les Alpes comme un ensemble de pyramides dont les bases sont couvertes de forêts, et les sommets de verts pâturages, à l'exception peut-être des plus hautes, qui sont couronnées de neige. Mais il est rare que les montagnes affectent cette forme qui est la plus douce de toutes; elle ne se retrouve que dans quelques sommets avancés ou quelques ramifications détachées, d'un caractère peu sauvage. Ordinairement, et surtout dans les montagnes calcaires, les pâturages de la région montagneuse sont déjà sur des talus rapides entre des précipices d'un côté et des murailles de rochers de l'autre. Au-dessus s'élèvent de nouveaux gradins et de nouvelles bandes de rochers plus ou moins escarpés, la plupart semés de grandes étendues de forêts, souvent aussi d'espaces fort restreints de gazon ou de pentes raides de décombres; et c'est seulement lorsqu'on les a dépassés qu'on trouve les vrais pâturages alpins, se prolongeant sur une largeur plus ou moins grande jusqu'aux limites de la végétation. Les sommets, même lorsqu'ils n'atteignent pas une élévation de 8,000 pieds, se terminent rarement en une pointe verdoyante; ce sont d'ordinaire des arêtes escarpées ou des coupoles rocheuses, avec quelques plaques sporadiques de gazon. Chaque montagne présente une variété infinie dans la répartition du vert et du gris, des pâturages et des terrasses gazonnées, des rochers et des ravins, des forêts et des ruisseaux, ainsi que dans les formes et les contours de sa charpente, suivant la nature de la roche. Il n'est pas rare de rencontrer des montagnes gigantesques, dont la base de plusieurs milles carrés de tour repose dans la vallée même, et qui, sur toute leur immense surface, ne présentent pas un espace de gazon assez grand pour servir de pâturage aux vaches ou aux moutons : colosses qui ne s'élèvent pas des hautes vallées au milieu d'un dédale de coupoles alpines, mais s'élancent abruptement de 6 à 7,000 pieds de hauteur relative au-dessus des basses vallées les plus tempérées. Si l'aspect de ces montagnes est alors singulièrement imposant, il n'est rien moins que gracieux. Pas un bois, pas un talus de verdure, pas une cabane, sur les flancs de cette pyramide calcaire de plusieurs lieues de largeur et de hauteur; rien que parois de rochers lés unes à côté des autres, et, dans les intervalles qu'elles laissent, de larges couloirs d'avalanche ou de profonds ravins. La couleur qui domine, c'est le gris, mais variant dans toutes les nuances jusqu'aux limites du noir, du brun, du jaune et du blanc. Naturellement, des montagnes de cette forme ne sont guère favorables à la vie des animaux supérieurs, car celle-ci dépend intimement de la plus ou moins grande abondance de la végétation. Même les renards, ce fléau constant des montagnes, sont rares sur ces rochers stériles. Un petit nombre de perdrix, de tichodromes, d'hirondelles, de martinets, d'accenteurs des Alpes, de faucons, et quelques familles de chamois, en sont les seuls habitants. Les chamois, malgré l'effrayante rapidité des pentes, savent trouver leur chemin sur toute l'étendue de la montagne, profitant pour cela des moindres corniches, des moindres replis, des moindres gorges; et ils vivent avec un certain bien-être sur ces escarpements inaccessibles, qu'ils n'abandonnent pas même au plus fort de l'hiver, car il leur suffit, pour s'abriter, d'une anfractuosité ou d'une saillie de rocher, et, pour se nourrir, du peu de gazon qu'ils trouvent sur certaines arêtes sans cesse balayées par le vent. Cependant là encore les chutes de pierres et les avalanches en font périr plus d'un.

Si nous prenons la région alpine dans son ensemble (4,000 à 7,000 pieds) nous trouvons que sous le rapport de la végétation elle se divise en deux parties distinctes. En la remontant depuis sa limite inférieure, et jusqu'à la moitié environ de la région, nous voyons non-seulement les bois proprement dits, mais les formes arborescentes elles-mêmes, disparaître complétement; les formes réduites et rabougries, les arbustes et les sous-arbrisseaux, les remplacent, pour disparaître à leur tour avant que nous ayons atteint la limite supérieure de la zone. Cette ligne moyenne, limite de la croissance des arbres, a, cela se conçoit, une influence très-caractérisée sur les animaux de la région, la vie d'un grand nombre d'entr'eux étant liée à l'existence des forêts ou des buissons. Il est très-difficile de déterminer l'altitude absolue de cette ligne : car, sans compter qu'elle était autrefois à un niveau plus élevé qu'elle ne l'est aujourd'hui, cette altitude doit varier considérablement dans les différentes branches de la chaîne des Alpes suivant certaines circonstances, entr'autres : l'exposition au soleil ou à l'ombre, les vents, la fertilité ou la stérilité du sol, les rochers, les éboulements, les avalanches, les eaux, la hauteur ou la profondeur des vallées environnantes, l'orientation. Cependant nous ne pouvons pas nous tromper en fixant en général à 5 ou 6,000 pieds au-dessus de la mer la limite de la croissance des arbres, non compris ceux à formes naines et rabougries.

De même que le Liban autrefois si richement boisé ne présente plus aujourd'hui que dans ses parties supérieures quelques-uns des cèdres qui lui ont valu sa célébrité, ainsi les forêts se sont retirées de nos Alpes et, même dans les parties moyennes, ont fait place en beaucoup d'endroits à des glaciers et à des déserts de cailloux. La vallée de Peccia, au-dessus de Lavizarra, qui était jadis couverte, comme son nom l'indique (*pece* dans le dialecte du pays signifie pesse, sapin), de vastes forêts de sapins, peut à peine de nos jours fournir du bois à brûler à ses rares habitants. On rencontre quelquefois dans d'autres montagnes des districts entiers couverts de sapins et de mélèzes de grande dimension, desséchés et morts sur pied, sans qu'on puisse se rendre compte des causes de ce fait étrange. Naturellement il n'y est pas question de taillis en croissance. Une ancienne carte de Suisse indique comme très-boisée la contrée où l'Aar prend sa source, ainsi que la partie du Rheinwald d'où sort le Rhin postérieur, où les pies nichaient autrefois en quantité, et où l'on ne trouve actuellement que des rochers sauvages, sur lesquels l'hirondelle seule bâtit son nid. Les plus effrayants glaciers remplissent aujourd'hui des vallées où jadis les forêts étalaient leur verdure, et les pâturages leurs brillantes fleurs. Dans la partie supérieure de la vallée d'Avers, les habitants en sont réduits à brûler le fumier desséché de leurs moutons et de leurs chèvres; et ainsi s'est accomplie à la lettre la prophétie que, dans le temps où les montagnes étaient encore couvertes de riches forêts, un montagnard de la contrée fit à ses compagnons peu prévoyants et peu ménagers de l'avenir: «qu'il viendrait un temps où il faudrait descendre deux heures plus bas dans la vallée pour trouver des verges de quoi faire un balai.» Sur les hauteurs du Stelva, que gravissent à peine quelques chasseurs de chamois et sur lesquelles nous avons nous-même trouvé en juillet des champs de neige de dix pieds d'épaisseur, il y avait encore du temps de Scheuchzer un tronc de pin d'un pied et demi de diamètre. Sprecher appelle la montagne nue et aride de la Tschappina (5,050 pieds) une contrée boisée, et fait dériver le nom de la Selvretta, aujourd'hui couverte de glaciers, de *Sylva rhæta*, forêt rhétique. De grands et vieux pieds d'aroles, de sapins et de mélèzes se rencontrent isolés çà et là dans les galets actuels de l'Aarboden, sur le Tschuggen, près du Flüelaberg, bien au-dessus de la région des bois, comme de tristes témoins de l'antique grandeur des forêts de ces lieux; on trouve encore d'énormes racines d'arbres sur des hauteurs où on tenterait en vain actuellement de faire croître un arbuste, par exemple, aux passages du

Juliers et du Splügen. La petite forêt au-dessus d'Andermatt est tout ce qui reste des grandes forêts de la vallée d'Urseren, où on aurait peine à trouver de nos jours un arbre vraiment digne de ce nom. Sur le col du Sanetsch, dans le voisinage du glacier de Valsorey (Entremont) et en beaucoup d'autres endroits des Alpes valaisannes, on voyait, il y a peu d'années, bien au-dessus de la limite actuelle des bois, les restes de gros troncs d'arbres. Sur le passage de l'Engelbergerjoch, au-dessus des pentes nues de l'Engstlenalp, à environ 6,100 pieds d'élévation, on trouve encore un énorme tronc desséché et solitaire, qui porte le nom de l'*arole mendiant*. En construisant la nouvelle route du Simplon, on a déterré d'énormes racines de mélèze au sommet du col, où depuis longtemps il n'y a plus de forêts.

D'où peut provenir ce déplorable déboisement de nos Alpes ? Avant tout, des déprédations insensées et barbares des bergers, de l'abus inconcevable qu'on a fait des bois pour le chauffage, les constructions, les clôtures et les mines, de la dilapidation des plus grandes et des plus belles forêts imprudemment confiées à des marchands étrangers[1] ; puis des avalanches et de leurs trombes d'air qui souvent en quelques minutes brisent des milliers d'arbres, du débordement des torrents, des glissées de terrain, des

---

[1] C'est dans les Grisons que ces déprédations s'exercent sur la plus grande échelle et de la manière la plus déplorable. En 1853 une des communes du canton vendit une forêt à des spéculateurs étrangers pour une trentaine de mille francs : après expertise, il se trouva qu'elle en valait plus de sept cent mille. La commune de Zernez (Engadine) possède de tous côtés, mais surtout sur les montagnes d'Ofen, des forêts immenses d'aroles, de mélèzes et de pins nains. Il y a une trentaine d'années, que, pour augmenter ses pâturages, elle voulut *donner* de grandes étendues de terrain, à la seule condition qu'elles seraient déboisées au bout de quelques années ; mais elle ne trouva pas un amateur ! Elle eut alors recours à une mesure héroïque ; elle *mit le feu* à ses forêts ! on voit encore des deux côtés du passage les tristes débris de ces incendies. Aujourd'hui même les spéculateurs abattent chaque année des milliers de toises de bois à 4 ou 5 francs, qu'ils font flotter jusqu'à Inspruck. Il y a eu de grandes coupes qui ont à peine rapporté 20 centimes la toise aux vendeurs.

chutes de rochers et de glaciers, des incendies, des innombrables troupeaux de vaches, de moutons, et surtout de chèvres, qui partout sont la ruine des jeunes taillis. A cela il faut ajouter l'incroyable incurie qui règne dans la plupart des montagnes pour le reboisement des forêts, et, en particulier, le manque absolu d'aménagements réguliers. Quand de grandes étendues sont déboisées, la terre végétale est entraînée par les neiges, la pluie, le vent, les ruisseaux, et ce qui peut y rester d'humus forme une couche si mince que la végétation qui s'y développe sans abri est bientôt brûlée par le soleil, ou écrasée sous le poids des neiges, ou brisée par les orages. Cette couche de terre elle-même offre prise alors à l'action de tous les éléments. A supposer qu'elle ne soit pas déjà épuisée par un engazonnement éphémère, la chaleur du soleil la dessèche dans toute sa profondeur et les fortes pluies en entraînent les particules sans consistance. C'est ainsi que de vastes districts ornés précédemment de magnifiques forêts se sont transformés en déserts à peine capables au bout de longues années de nourrir quelques arbrisseaux. Mais cette action dévastatrice ne se borne pas seulement aux places déboisées; tous les alentours en ressentent les fâcheux contre-coups : car c'est du bon état des forêts que dépendent en partie la douceur du climat, la condensation de l'humidité des nuages, l'abondance des sources, la fertilité du sol, la protection de la vallée contre les avalanches et contre les glissements de terrain, celle de la plaine contre les envahissements des eaux et des décombres; de telle sorte qu'on peut affirmer que ce sont en partie les forêts qui, dans toute la portion du pays qu'elles dominent, rendent le sol susceptible de culture et permettent à l'homme de s'y établir.

Quelques personnes croient que le déboisement des Alpes est une conséquence naturelle du refroidissement général de la température sur les montagnes, et elles en donnent pour preuves la formation depuis quatre-vingts ou cent ans d'un grand nombre de glaciers nouveaux, ainsi que l'abandon de la culture des arbres fruitiers et de la vigne dans des endroits où elle était autrefois florissante. Elles admettent des périodes alternatives d'élévation et d'abaissement de température. De ce que les moraines des anciens glaciers sont à une distance considérable des glaciers actuels, elles concluent que le froid a été beaucoup plus intense dans les temps anciens qu'il ne l'est aujourd'hui, etc. Tout cela est possible; mais il est bien plus facile encore de démontrer que si les forêts ont considérablement diminué sur les hauteurs, ce fait n'est pas tant la conséquence que la cause même des nombreuses détériorations locales observées dans le climat, et qu'il doit être essentiellement attribué à un mauvais aménagement.

Nous avons fixé à 5 ou 6,000 pieds la hauteur de la limite des bois dans les Alpes de la Suisse. Mais il ne faudrait pas en conclure que toutes les vallées et toutes les chaînes de montagnes soient couvertes de bois jusqu'à cette hauteur, ni même que l'existence des forêts soit toujours possible au-dessous de cette limite. Les grands abatis de forêts ont rendu stériles d'immenses espaces de terrain dans la région alpine, et la rapidité des pentes, l'âpreté des vents, les expositions froides, le peu de fertilité du sol, ont contribué dans beaucoup de contrées à abaisser de plusieurs milliers de pieds la limite naturelle de la végétation des bois, en particulier sur les chaînes septentrionales. A la Meglisalp (4,592 pieds) sur le Säntis, les bergers apportent leurs provisions de bois sur leurs épaules, de la vallée de la Seealp, qui est à plusieurs lieues de distance. Le sommet du Kamor (5,292 pieds) est de beaucoup au-dessus des dernières forêts; dans plusieurs montagnes d'Appenzell la limite des bois ne dépasse pas 4,000 pieds. Les forêts s'arrêtent à plusieurs milliers de pieds au-dessous des rochers calcaires supérieurs du Schwytzerhaken (4.470 pieds); il en est de même pour le Rigikulm (5,550 pieds), pour le Pilate, et cent autres montagnes basses de la chaîne des Alpes. Sur le versant méridional des montagnes du lac de Brientz, les bois cessent à 5,000 pieds, et les sapins meurent à cette limite quand ils ont atteint quelques pieds de hauteur. Les mêmes arbres qui commencent à paraître sur le Jura à environ 2,200 pieds (sur le côté nord un peu plus bas), n'atteignent sur le Chasseral, et déjà avec des formes tout à fait rabougries, que 4,600 pieds, et on peut dire que la limite de la végétation arborescente dans cette chaîne ne dépasse pas 5,000 pieds; en général même elle est à 4,600. Dans le Wäggithal, les forêts s'arrêtent à 4,000 pieds. Dans le canton de Glaris, les sapins cessent sur les versants nord à 5,000 pieds; ils vont sur les versants sud jusqu'à 5,800, mais seulement dans les montagnes d'un climat tempéré et qui ne sont pas dominées par des Alpes couvertes de neige. Sur la Sandalp et dans le Klönthal, la limite des bois est au-dessous de 5,000 pieds; de même dans le Sernfthal. Mais nulle part dans toute la région alpine cette limite n'est aussi élevée que dans les Alpes rhétiques, où elle est en moyenne à 6,500 pieds, souvent à 7,000, et même plus haut encore à Muotas, près de Samaden; dans quelques endroits au contraire elle descend plus bas; ainsi à Parpan elle est à 5,669 pieds, au Valserberg à 6,100 pieds. Dans le Tessin, elle est au Camoghè à 6,500 pieds, et dans le val Bedretto à 6,900. En Valais, elle est en moyenne à 6,300 pieds; cependant le sapin y résiste jusqu'à 6,420 pieds; dans le canton de Berne, la limite du sapin ordinaire sur le Kasthofer est à 6,200 pieds (au Grimsel elle est à 6,060), et celle du sapin blanc à 5,000. Pour la Suisse orientale, en prenant la limite de végétation du sapin pour la limite des bois en général, ce qui semble assez convenable, on peut la fixer à 5,500 pieds d'altitude absolue; mais pour la partie méridionale, on doit l'élever à 6,000 ou 6,500 pieds. Le sapin dépasse rarement 5,200 pieds dans le Tyrol; ce n'est que dans les Pyrénées qu'il atteint une altitude plus considérable; il manque entièrement dans le midi de l'Europe, ainsi que dans le Caucase.

Les forêts de la région alpine ont un autre caractère que celles de la région montagneuse. Non-seulement elles sont déjà beaucoup plus rares; mais de plus, au lieu de former des masses serrées et compactes, elles se divisent en s'élevant, et sont souvent interrompues par des couloirs d'avalanche, des torrents, des rochers à pic, ou des éboulements de cailloux. Néanmoins, il en est dans le nombre quelques-unes qui sont éminemment pittoresques, en particulier quand du sein de leur profondeur ressortent d'immenses blocs de granit, de calcaire ou de dolomit tombés jadis des hauteurs, recouverts aujourd'hui de belles mousses et couronnés de la fraîche verdure de quelques arbrisseaux. D'autre part, nous rencontrons des forêts horriblement mutilées, des fragments de forêts à peine capables de soutenir leur misérable existence, et qui offrent l'aspect de la plus affreuse désolation. Tels sont les bois d'aroles et de mélèzes, au-dessous du glacier de Zmutt, où les avalanches et les chutes de glaces ne cessent de briser les troncs, de déchirer les écorces, de dévaster les branches; et tant d'autres forêts en décadence du Maienthal, du Maderanerthal, du Tessin et du Valais. Il y a aussi certaines localités qui sont tellement exposées aux vents que la croissance des bois y est totalement arrêtée. Nous en connaissons où, depuis 60 à 70 ans, les arbres n'ont pas grandi de 4 pieds, tandis que partout dans le voisinage ils ont poussé vigoureusement.

Les arbres à feuillage disparaissent assez tôt, mais sont remplacés dans plusieurs districts par les formes d'arbres à aiguilles propres aux Alpes, les pins et les mélèzes. En général, la grandeur des arbres ne diminue pas d'une manière sensible jusqu'à la limite de leur végétation; les sapins y mesurent encore 50 ou 60 pieds de hauteur. Cependant ils prennent une forme plus ramassée, plus conique et laissent pendre davantage leurs branches, quelquefois même directement de haut en bas vers le sol, comme les arbres pleureurs. Il est très-rare que sur les pentes rapides ils s'élèvent verticalement depuis le pied; des couches de neige pesantes, serrées, souvent d'une épaisseur de 5 à 8 pieds, et glissant continuellement, inclinent les jeunes plantes dans le sens du talus, et ce n'est que lorsque l'arbre échappe par sa taille à cette pression qu'il prend la direction verticale qui lui est naturelle. Plus haut, nous rencontrons les formes naines; çà et là seulement quelques aroles, quelques mélèzes ou quelques sapins de taille gigantesque se dressent encore fièrement, mais solitaires, et comme égarés au milieu de cette végétation rabougrie. Souvent les forêts de conifères du versant nord des Alpes ont déjà un aspect misérable et languissant à la hauteur de 4,500 pieds; le riche tapis de verdure des buissons leur manque; un grand nombre de troncs sont couverts de mousses, d'autres sont secs ou brisés.

Dans la plupart des forêts on rencontre quelques-uns de ces arbres énormes nommés dans les canton allemands *Sapins d'orage* (*Wettertanne*) et dans le canton de Vaud *Gogants*, dont les branches, qui s'inclinent en avant comme pour offrir un asile sous leur ombrage, commencent déjà à 6 ou 8 pieds au-dessus du sol, et forment jusqu'au sommet une belle pyramide compacte d'un vert foncé. De partout on voit pendre à leurs pesantes branches de longues barbes de lichens de plusieurs pieds, d'un vert de mer, dernière ressource des chamois dans les hivers prolongés; leur cime est souvent brisée et leur tronc déchiré par la foudre; mais les rameaux se relèvent d'eux-mêmes comme de jeunes arbres autour de la mère-souche décomposée. Les chèvres, les moutons, les vaches, les lièvres, les perdrix et les hommes y viennent tour à tour chercher un abri contre les giboulées de pluie ou les rafales de neige. Le chat sauvage et le lynx se tiennent volontiers à l'affût au milieu du tissu serré de leur branchage; le renard et l'ours viennent creuser une tanière sous leurs énormes racines; le pic tridactyle fait retentir leur vieille écorce de ses coups redoublés et creuse dans leur bois des trous de la grosseur d'un œuf de poule; le merle à plastron et le petit tétras se cachent dans leur océan d'aiguilles. Il n'est pas rare de rencontrer des gogants de 100 à 130 pieds de hauteur, et de 4 à 5 pieds de diamètre à deux pieds au-dessus du sol. Ces arbres sont de la part du peuple l'objet d'un respect religieux et, dans plusieurs montagnes, sont mis sous la protection expresse de la loi. La foudre, dit-on, ne les atteint jamais; et cependant plus d'une fois déjà les bergers ou le bétail qui y ont cherché un refuge pendant l'orage ont été mortellement frappés.

Mais nous trouvons dans la région alpine des arbres qui ont de plus grandes dimensions encore, sans avoir le caractère des précédents. En 1851, dans le district boisé du Sumwixertobel (Grisons), non loin du glacier de Gorgialitsch, et à environ 4,000 pieds d'altitude, on a abattu un magnifique sapin qui, à deux pieds au-dessus du sol, mesurait encore 23 pieds de circonférence. Ce gigantesque enfant de la montagne était dépourvu de branches jusqu'aux deux tiers de sa hauteur, et à partir de là n'était que médiocrement branché, malgré sa position isolée. Il y avait encore en 1856 dans la même vallée, à 5,000 pieds, plus de 20 exemplaires de la même espèce qui mesuraient de 15 à 18 pieds de circonférence. Sur l'alpe d'Obersold, en arrière d'Eschi (Oberland bernois), on a abattu en août 1863 un autre sapin géant dont le tronc a donné 804 pieds cubes de bois; il mesurait, à 1 pied au-dessus du sol, $32\,^1/_2$ pieds de circonférence, et comptait plus de 500 couches concentriques annuelles. Nous avons cité à la page 51 les proportions énormes d'un sapin blanc. Comme la croissance de ces arbres à une grande altitude est très-lente et qu'ils n'atteignent guère au bout de 100 ans qu'un diamètre de 15 pouces, au bout de 150 un diamètre de 20 à 24 pouces, on peut en conclure que quelques-uns de ces vétérans ont déjà vécu quatre ou cinq siècles. — Et cependant les plus vieux et les plus gigantesques conifères de nos Alpes ne sont que des enfants en comparaison de leurs congénères exotiques. L'*Araucaria excelsa* du Brésil atteint 240 pieds, le Sapin de Lambert du nord-ouest de l'Amérique 220, le Pin de Weymouth du New-Hampshire 250, l'*Eucalyptus* de la terre de Van Diemen 330 sur 43 de diamètre, et l'arbre géant de la Californie, le *Sequoia gigantea*, parvient à la hauteur de 450 pieds et à l'âge de 5,000 ans.

Les arbres croissent beaucoup plus lentement sur les montagnes que dans la plaine, ce qui tient à une nourriture moins abondante, à la longueur et à la rigueur de l'hiver, au peu de durée de l'été; par contre, leur bois est plus ferme, plus dense, plus blanc et plus élastique. Les arbres croissent aussi très-vigoureusement sur les montagnes quand la couche de terre végétale est profonde; mais le bois en est alors grossier, lâche, il rougit vite et se carie au cœur. On a calculé que sur les bords du lac de Thun, il faut 40 ans au sapin pour atteindre un diamètre de 16 pouces; sur les pentes découvertes du Beatenberg, à 2,000 pieds plus haut, il lui en faut 60; à 1,000 pieds plus haut encore, il lui en faut 80.

Presque tous les arbres à feuillage s'arrêtent déjà avec le hêtre[1] à la limite inférieure de la région alpine. Le sycomore, d'ailleurs véritable enfant de la montagne, ne dépasse pas 5,000 pieds sur les pentes méridionales des Alpes de Glaris; dans les Grisons, pauvres du reste en arbres à grandes feuilles, il s'arrête à 4,600; dans le canton de Berne à 4,300, et fort exceptionnellement à 5,000. Le frêne atteint au contraire dans l'Engadine à la hauteur de 5,200 pieds, et en buisson à celle de 5,400 pieds. Dans l'Albignathal (Bergell), le Bouleau arrive à 6,000 pieds, et s'élève même sous une forme rabougrie jusqu'à la limite des neiges. Le bouleau est dans la montagne comme dans la plaine l'essence mère des bois, car il occupe le premier les grands espaces nus ou brûlés, et favorise par là la croissance des conifères. Le Bouleau nain (*Betula nana*) des régions arctiques, qu'on s'attend à trouver avec l'aulne des Alpes à la limite de la végétation arborescente, s'arrête beaucoup plus bas, aux endroits tourbeux du Jura. L'Aulne blanchâtre atteint, dans le Scarlthal, à une hauteur de plus de 6,000 pieds et accompagne volontiers les bois de mélèzes; il monte un peu moins haut dans les Alpes occidentales. Le Sorbier, qui dans la zone sub-arctique accompagne le bouleau nain presque jusqu'à sa limite extrême de végétation, reste en général chez nous au-dessous de 5,000 pieds; près de Casaccia, il s'approche

---

[1] Le groupe des *treize arbres* sur le Salève (4,400 pieds), dernier reste d'anciennes forêts de hêtres, présente sans aucun doute les échantillons les plus élevés de l'espèce dans la Suisse occidentale ; ils ne montent jamais aussi haut dans le Jura, qui, quoique plus au nord, en est cependant si riche ; mais nous avons déjà remarqué que dans le Tessin où de vieilles et vastes forêts de cette essence ont complétement disparu, et sur le versant méridional du Mont-Rose, la limite de végétation de cet arbre est de 500 à 800 pieds plus élevée.

cependant du sommet du passage de la Maloia, à 5,700 pieds. Il en est de même de l'Alizier (*Sorbus Aria*) dont on trouve près de Met Mastabbio (Calanca) un exemplaire gigantesque de 6 pieds de tour et 40 pieds de hauteur.

Mais ce sont les modestes et robustes conifères qui sont les vrais arbres alpins. Le Sapin commun (*Abies excelsa*) forme l'essence principale des forêts dans les Alpes de l'ouest et du nord, et nous avons déjà dit à quelle hauteur il y parvient. Dans les Grisons, où le sapin végète encore vigoureusement jusqu'à 6,200 pieds et même jusqu'à 7,000 dans le Münsterthal, les mélèzes, les pins nains et les aroles forment avec lui les plus vastes et les plus hautes forêts. Dans la région montagneuse, ce sont les sapins qui dominent; dans la région alpine, les mélèzes leur disputent la prééminence; et dans les parties supérieures de cette région jusqu'à celle des neiges, surtout dans le sud-est de la Rhétie, ce sont les pins qui l'emportent. Les sapins blancs sont beaucoup plus rares, mais souvent ils atteignent encore de très-grandes dimensions, comme sur la Dôle (Jura) à 5,000 pieds où on trouve des troncs de 6 à 7 pieds de diamètre; quelquefois aussi ils se présentent sous la forme de gogants.

Le Mélèze (*Larix europæa*) est de tous les conifères celui qui fournit la meilleure térébenthine. Il forme de magnifiques forêts entre 4,000 et 7,000 pieds, principalement dans le Valais et les Grisons (déjà à 1500 dans le Seezthal), et en général se rencontre assez fréquemment dans les régions montagneuse et alpine. On a remarqué que dans ces derniers temps, et surtout dans les Alpes rhétiques, ses faisceaux d'aiguilles sont souvent attaqués et évidés par la Teigne du mélèze (*Phalæna Tinea laricis*). On le voit encore à la Fluëla, au Rosegg et à la Bernina s'élever au-dessus des verts tapis de la *Linnæa borealis*. Sur le côté sud de la vallée de Saint-Moritz, la limite du mélèze est à 6,983 pieds, sur la Remüseralp et près de Scarl à 7,150, sur l'Albula (côté sud) à 6,560, dans le Fettan à 6,620, au Scaletta à 6,630, au Munteratsch à 7,108, dans quelques localités de l'Engadine à 7,250, et sur le versant sud des Alpes à 7,360. Dans le canton de Berne, au contraire, le mélèze s'arrête en moyenne à 6,200 pieds; dans le Valais, à 6,650, et sans qu'on remarque de différence à cet égard entre le côté nord et le côté sud de la vallée. C'est précisément dans les districts les plus élevés que les mélèzes, vieux quelquefois de 3 à 400 ans, montrent d'ordinaire une vigueur extraordinaire, car ils y croissent lentement et tout droits, tandis que dans la plaine, où ils poussent trop rapidement, ils sont plus faibles et se courbent volontiers. Dans le Binnthal, bien au-dessus du hameau d'Imfeld, on trouve à 5,000 pieds des mélèzes qui ont encore un diamètre de 6 à 7 pieds, et dans le Jura, un peu plus bas, on en rencontre de 12 à 15 pieds de circonférence. Ces patriarches s'élèvent solitaires sur le sol dénudé, comme des apparitions d'un monde étranger et perdu.

Les *Pins* possèdent la faculté de s'accommoder de toutes les altitudes et de toutes les positions. Nous les trouvons sur le calcaire et sur le granit, sur les éboulis arides et jusque dans les fentes de rochers comme dans les endroits marécageux et humides, dans les vallées les plus chaudes comme sur les hautes montagnes les plus froides; mais ils se présentent dans ces diverses localités sous des formes différentes, qui peuvent se ramener à deux principales, le *Pin ordinaire*, et le *Pin de montagne*, dont les caractères ont été soigneusement déterminés par Heer.

Le Pin ordinaire (*Pinus sylvestris*) est un arbre généralement connu, qui a l'écorce rougeâtre, les aiguilles par paire, recouvertes en dessus d'une teinte bleuâtre, et des cônes cylindriques, grisâtres et pendants. Il ne forme pas dans notre région des forêts spéciales, mais est disséminé d'ordinaire dans les bois de sapins dont il partage l'altitude. Ce n'est guère qu'au Feuerberg (Lucerne) qu'on peut en trouver une forêt compacte, à la hauteur de 5,500 pieds; dans l'Engadine, il se montre par groupes ou isolé jusqu'à 6,000 pieds. C'est dans cette dernière localité, au Stazsee et dans la forêt de Plaungood, près de Samaden, qu'il s'en présente une variété alpine particulière, avec des aiguilles d'un vert de mer, et des cônes jaunâtres, brillants, dont les écailles fortement proéminentes portent un ombilic central, souvent entouré de noir.

Le Pin de montagne (*P. montana* Mill.) a une écorce foncée, d'un gris noir, qui ne s'écaille pas comme celle du pin ordinaire; il a des aiguilles foncées, et des cônes droits la première année, dressés sur leurs courts pédoncules ou déjetés latéralement la seconde. Les écailles des cônes ont un écu saillant, ou mamelon, souvent courbé en forme de crochet, et un ombilic entouré d'un anneau noirâtre. Les aîles membraneuses de la graine sont dans le pin ordinaire trois fois aussi longues que la graine elle-même, dans le pin de montagne deux fois seulement. Le Pin de montagne a ceci de particulier qu'il présente plusieurs variétés difficiles à distinguer, tantôt avec un tronc droit et une couronne pyramidale ou conique, tantôt avec un tronc couché et des branches remontantes en arc. Au premier de ces groupes appartiennent le *Pin de montagne à crochet* (*P. montana uncinata*), et le *Pin de montagne des marais* (*P. montana uliginosa*) dont les caractères distinctifs doivent être cherchés principalement dans la position et la forme du crochet de l'écu, position et forme qui du reste n'ont rien de bien constant. Le Pin à crochet a le port pyramidal; il est d'ordinaire branché depuis le bas et touffu de feuillage; il atteint une hauteur de 40 à 50 pieds. Il apparait quelquefois déjà à 2,000 pieds (Uetliberg) et se trouve dans la plus grande partie des Alpes, dans les Grisons jusqu'à 6,300 pieds (Ofenberg, Camogask). Le Pin de marais a un port noueux et ramassé, des branches souvent verticillées, garnies de nombreuses touffes d'aiguilles d'un vert foncé. Il est aussi répandu que le précédent et se trouve en particulier sur les pentes marécageuses du Jura, de Rothenthurm, de Bürgeln, au Righi jusqu'à 5,000 pieds.

La seconde variété principale du pin de montagne est le *Pin nain* (*P. pumilio*, Hänke ou *P. humilis*, Link), arbre bien connu dont nous reparlerons plus en détail à l'occasion des arbustes alpins. Les naturalistes ont exercé toute leur sagacité à trouver aussi des sous-variétés à ce pin; mais les caractères en sont si subtils, si peu constants et si peu saillants, ils présentent d'ailleurs une série si complète de transitions qu'il est presqu'impossible de laisser subsister ces variétés.

Les pins de montagne couvrent dans la région alpine des étendues souvent considérables, et assez purs de tout mélange. Ils croissent lentement. Les pins à crochet de 35 pieds de hauteur et 22 pouces de diamètre comptent souvent 300 à 350 couches annuelles. A l'époque du diluvium et des habitations lacustres, on les trouvait beaucoup plus bas qu'aujourd'hui, dans les régions inférieures.

L'*Arole* ou alvier (*P. cembra*, en allemand grison *Arben*, en romanche *Schember*, dans le Valais *Arolla*) est le dernier végétal qui se montre sous la forme d'arbre à haute tige, et dans l'Engadine supérieure il mûrit ses fruits à côté et au-dessus des glaciers. Il ne réussit guère au-dessous de la région alpine; cependant, chose remarquable, on le trouve à Soglio, dans le Bergell, auprès du châtaignier. — Les aroles sont des arbres robustes, magnifiques. Ils ont des troncs droits de 50 à 70 pieds de hauteur, avec une écorce d'un gris cendré et crevassée. Les branches s'éloignent du tronc dans une direction horizontale pour relever en candélabres leurs extrémités garnies de touffes de feuilles aciculaires de 2 à 3 pouces de longueur, réunies par faisceaux de cinq dans la même gaine. On en trouve, très-haut dans les Alpes, de respectables et gigantesques exemplaires, âgés de 600 à 1,000 ans, qui ont 12 à 16 pieds de circonférence au-dessus des racines. Quelques troncs creux et à moitié déchirés présentent encore au milieu de leurs branches aux trois quarts détruites quelques rameaux verts et vigoureux qui portent des fleurs et mûrissent leurs fruits. Il n'est pas rare cependant de trouver sur le même arbre des chatons frais et des chatons gelés. Les cônes, d'ordinaire réunis par bouquets de cinq, ne sont pas plus gros qu'un gland le premier automne, mais le second ils ont 3 pouces de long et 2 de large. Ils sont ovales, aplatis au sommet, souvent un peu contournés, d'un brun violet, légèrement teinté de bleuâtre. Il y a dans l'Engadine une variété d'arole dont les cônes sont plus petits et restent verdâtres jusqu'à leur maturité. Les cônes forment avec le rameau qui les porte un angle à peu près droit, et les écailles portent un large écu qui a à son sommet un ombilic courbé en arrière en forme de crochet. A la base des écailles se trouvent les graines, placées par paires ; leur enveloppe est dure, et leur amande douceâtre avec un léger goût d'huile. Les aroles ne donnent d'abondantes récoltes que tous les trois ou quatre ans, parce qu'on maltraite souvent les arbres dans l'opération de l'abattage et qu'on fait tomber indistinctement tous les cônes qu'ils soient mûrs ou non. L'arole est riche en résine ; son bois, d'une texture fine, tantôt rougeâtre et cassant, tantôt très-blanc, est propre à recevoir un beau poli, et est souvent employé pour les boiseries à cause de son odeur balsamique, qui ne le préserve pourtant pas de l'attaque des insectes. Il ne dure pas non plus longtemps à l'humidité. Le mauvais aménagement des forêts dans les montagnes nous explique l'état de dépérissement de la plupart des bois d'aroles, car ils ne peuvent résister à la persistance des intempéries, à la dent des chèvres, et à l'inintelligence de l'homme. Et cependant l'arole est par excellence l'arbre des hautes montagnes. Si le mélèze préfère les terrains secs, l'arole aime les terres fraîches et humides. Il ne craint point le voisinage des glaciers, supporte les froids les plus rigoureux et les plus prolongés et se plaît au milieu des rochers d'où l'eau suinte. Il cicatrise promptement ses plaies et résiste par l'enchevêtrement de ses profondes racines à la violence des ouragans des hautes montagnes. Il préfère cependant l'exposition au soleil, y pousse avec plus de vigueur, et y porte déjà des fruits à l'âge de 45 ou 50 ans, c'est à dire à une hauteur de 12 pieds et avec un tronc de $2^{1}/_{2}$ pouces de diamètre. Nous pouvons faire à ce sujet une observation qui s'applique également à d'autres arbres de montagne, c'est que la même espèce qui dans les positions élevées recherche ou même exige l'ombre, a décidément besoin d'une grande lumière dans les régions basses.

Cet arbre, noble et précieux entre tous, vrai cèdre de nos montagnes, est complétement inconnu dans la plus grande partie de la Suisse, car son aire, dans le sens horizontal, est peu étendue. Il se trouve ou solitaire, ou en groupes peu considérables, sur les Diablerets et au col d'Enzeindaz, dans les forêts cantonales de Morcles, dans la vallée des Ormonts, au col de Pillon et à la Croix d'Arpille dans le canton de Vaud ; dans le Gentelthal et l'Engstlenthal, sur le passage du Grimsel, à la Scheidegg de Lauterbrunn, à la Windegg près du glacier de Trift, enfin au Tschuggenhorn, dont l'antique forêt d'aroles s'en va d'une mort lente sans que les habitants prennent la peine de la renouveler, parce qu'ils prétendent que les grands bois maintiennent plus longtemps la neige sur le sol, rendent l'alpe froide et les prairies marécageuses, et que d'ailleurs le besoin de combustible n'est pas grand à ces hauteurs. On trouve encore l'arole dans les montagnes de Louèche, sur le Wiggis au-dessus de l'Obersee, sur le Mürtschenstock, et au lac de Murg où il monte jusqu'à 6,000 pieds. Dans le canton de Glaris, c'est l'arbre le plus rare et celui qu'on rencontre à la plus grande élévation ; mais c'est dans la partie méridionale des montagnes rhétiques (près de Staz et entre Sils et Silvaplana) qu'il est le plus beau et le plus abondant, bien que là même il ne forme jamais des forêts entières. Ce n'est pas seulement dans la plus grande partie de la Suisse qu'il apparaît par échantillons isolés ; il en est de même dans toute la chaîne européenne des Alpes depuis le Dauphiné jusqu'aux Carpathes (et là jusqu'à 4,800 pieds). La croissance de l'arole est d'une lenteur extraordinaire : jusqu'à l'âge de six ans, et dans les terrains maigres et sans soleil, ses pousses sont presque nulles. Un tronc de 6$\frac{1}{2}$ pieds de hauteur, avec une écorce encore parfaitement lisse, comptait déjà près de 70 ans ; un autre, d'un diamètre de 1 pied 7 pouces, avait plus de 350 ans. Les points les plus élevés où nous trouvions des aroles sont le Frela au-dessus de Livino à 7,389 pieds, le côté nord du col de Münster à 7,527, la Bernina à 7,569 et le Stelvio à 7,883. Ces derniers arbres de la région boisée, souvenirs d'anciennes forêts depuis longtemps disparues, ont un aspect triste et désolé. Battus par les orages, ils s'élèvent solitaires ou par petits groupes sur un sol qu'aucun arbuste ne couvre de sa végétation. Nous avons lieu de croire que, même au-dessus de ces limites extrêmes, les terrains tourbeux renferment les débris de forêts considérables d'aroles. Le manque d'ailes membraneuses ne favorise guère la dispersion des graines. Les essais qu'on a faits pour acclimater cet arbre dans la plaine, n'ont pas eu grand succès jusqu'ici. Tandis que les cèdres du Liban croissent facilement et comparativement assez vite dans les cantons de Vaud et de Genève où nous en rencontrons de 2 pieds de diamètre et de 60 de hauteur [1], notre cèdre

[1] Puisqu'il est ici question de cèdres du Liban, nos lecteurs ne liront pas sans intérêt quelques détails sur les deux magnifiques arbres de cette espèce qui se voient dans la campagne de Beaulieu près de Genève. Le propriétaire de ces arbres, M. A. Beurlin, m'écrit que d'après une tradition dont il ignore l'origine et qu'il ne peut garantir, ils seraient contemporains du cèdre du jardin des plantes de Paris, et auraient été donnés en 1735, tout petits ou en graine, par un des de Jussieu à l'un des anciens possesseurs de Beaulieu. En ce cas, leur état actuel accuserait un accroissement décennal en diamètre de 11 à 12 millimètres. Voici du reste les mesures que M. le professeur Thury a bien voulu prendre à ma demande, le 12 octobre 1857.

I. Le plus grand et le mieux venu de ces cèdres présentait les dimensions suivantes :

Hauteur, mesurée trigonométriquement : mètres 27,56 (85 pieds, 10 pouces).

Circonférence du tronc à 1 mètre au-dessus du sol : mètres 4,24 (13 pieds, 0 pouces, 7 lignes).

Soit diamètre : mètre 1,36 (4 pieds, 1 pouce, 10 lignes).

Circonférence mesurée immédiatement au-dessous de la première branche : mètres 3,85 (11 pieds, 10 pouces, 2 lignes).

Espace recouvert sur le sol par la projection des branches :

Mesures de deux diamètres en croix passant par l'axe du tronc, mètres 22,60 et mètres 22,06. Moyenne : mètres 22,33 (68 pieds, 8 pouces, 10 lignes).

Surface du cercle moyen recouvert par la projection de l'embranchement : 391 mètres carrés (3705 pieds carrés). A raison de trois personnes par mètre carré, chiffre qui est celui d'une foule pressée, la projection de l'embranchement pourrait recevoir 1173 personnes.

II. Le second cèdre est à 7 mètres de distance de la maison d'habitation du propriétaire, et les branches s'étendent en partie au-dessus de la toiture.

des Alpes végète mal dans les bois de la plaine; cependant quelques pieds transplantés dans le jardin botanique de Zurich y ont prospéré sans aucun soin particulier.

Le Genévrier (*Juniperus communis*) se trouve presque jusqu'à la limite des bois. Le Genévrier des Alpes (*Juniperus nana*) monte dans les Grisons jusqu'à 7,000 pieds, au milieu des arbres nains, et partout abondamment; c'est un abrisseau cosmopolite qui croît en Sibérie et au Labrador comme sur les sierras espagnoles jusqu'à la hauteur de 9,000 pieds.

Au-dessus de la limite des sapins, la végétation arborescente n'apparait plus que sous des *formes naines et rabougries* caractéristiques. Elles se montrent assez fréquemment jusqu'à la région des neiges, et sont incomparablement plus abondantes sur le versant septentrional que sur le versant italien des Alpes. Nous citerons entr'autres, comme plus importants, un arbre à feuillage le Bouleau vert, et un arbre à aiguilles, le Pin nain. Le Bouleau vert ou *Aulne des Alpes* (*Alnus viridis*) qui s'élève de 4 à 10 pieds, recouvre, dans les montagnes schisteuses, des pentes entières jus-

Hauteur mètres 24,60 (75 pieds, 8 pouces, 8 lignes).
Circonférence à 1 mètre du sol : mètres 3,52 (10 pieds, 10 pouces, 1 ligne).
Soit diamètre : mètre 1,12 (3 pieds, 5 pouces, 4 lignes).
Surface recouverte sur le sol par la projection des branches : 200 mètres carrés (1895 pieds carrés).

Ces arbres sont plantés dans une belle pelouse à 14 mètres l'un de l'autre, et, dans l'état actuel de leur développement, leurs branches s'entrecroisent. Les deux flèches commencent à s'incliner fortement sur une assez grande longueur; en même temps les branches supérieures ascendantes grossissent, et ainsi se prépare la seconde période de la vie de l'arbre, dans laquelle son port change. Alors il s'étend de plus en plus en largeur, et subit à son sommet une espèce de couronnement. On sait que l'if présente aussi le phénomène d'un port sénile différent de celui qui appartient à son âge adulte.

Il est bien à regretter que le froid des hivers rigoureux tue si aisément le cèdre dans ses jeunes années, car nous n'avons dans nos Alpes aucun conifère qui puisse rivaliser avec celui-là quant à ces trois conditions réunies : rapidité de croissance, proportions gigantesques et magnificence des formes.

(*Traducteur*).

qu'à une hauteur absolue de plus de 7,000 pieds et descend souvent assez bas en suivant le bord des torrents et les couloirs d'avalanches. Dans les hautes vallées déboisées, comme l'Urserthal, il fournit aux habitants une précieuse ressource pour remplacer les arbres qui leur manquent, et sur les pâturages alpins on en fait au bord des précipices des haies vertes bien meilleures et bien plus durables que les palissades ordinaires.

Le *Pin nain* (*Pinus montana pumilio*, dans les Grisons *Arlen* et *Zuondra*) des montagnes calcaires ou granitiques est, dans les endroits où le mélèze et l'arole ne croissent pas, le dernier arbre qui fournisse aux bergers leur bois de chauffage. Il apparaît déjà quelquefois à 3,500 pieds, mais résiste jusqu'à 7,100. C'est une erreur de croire que le pin nain ne soit autre chose que le pin sylvestre rabougri : car, même transplanté dans la plaine, il conserve sa forme propre et se distingue du pin ordinaire par des caractères essentiels. L'aspect des pins nains a quelque chose de frappant et d'éminemment pittoresque. La tige, d'un rouge brun, rampe sur la terre sur une longueur de 10 à 30 pieds, pour se relever à son extrémité et former une pyramide de 6 à 15 : en sorte que la longueur totale de cet arbrisseau peut atteindre de 40 à 45 pieds. Les branches, qui commencent à peu de distance de la base du tronc, se relèvent de tous les côtés, et portent de belles touffes de longues aiguilles d'un vert foncé, et de petits cônes d'un rouge brun. Partout où le granit et le calcaire sont seulement recouverts d'une mince couche de terreau, partout où une petite fissure peut offrir la moindre nourriture à ses racines, cet arbre rampant déploie son aimable et hospitalière verdure. Il couvre souvent ainsi de sa bienfaisante végétation les talus les plus escarpés. Il croît quelquefois sur les parois de rocher les plus hautes et les plus ardues et étale ses couronnes comme une magnifique décoration sur la pierre grise des plus sombres abîmes. On en distingue deux variétés dont le port général est parfaitement semblable, mais dont l'une (*P. mont. humilis*) a des cônes ovoïdes, non symétriques, avec des écus convexes, un peu courbés en arrière, en forme de crochet, tandis que l'autre (*P. mont. pumilio*) a des cônes à peu près sphériques, avec des écus convexes, mais de taille et de forme identiques dans tout le pourtour du cône. Les pins nains et le bouleau vert ne fournissent pas seulement du bois de chauffage : ils sont encore d'une grande importance dans les hautes montagnes en empêchant de mille manières la formation des avalanches, en reliant et consolidant les terres, en nourrissant une foule d'animaux, et en favorisant dans leur voisinage une riche végétation de plantes alpines.

Les petits arbustes s'abritent volontiers sous la protection des arbrisseaux dont nous venons de parler; cependant ils garnissent à eux seuls les rochers et les rocailles jusqu'au-dessus des limites de notre région. Les plus nombreux sont différentes espèces de saules, puis l'aulne blanchâtre, la sabine et l'alisier nain, plus rarement le sureau à grappes, les chèvrefeuilles à fruits bleus et à fruits noirs, le groseillier et le rosier des Alpes. Dans le canton de Glaris, le genévrier nain forme à 7,100 pieds la limite supérieure de la végétation frutescente.

Nous avons déjà remarqué que la limite des bois est dans notre région comme le signal d'une végétation toute différente. Tant que nous sommes dans la zone des forêts, l'apparition de la flore alpine est à peine sensible, car jusque-là les plantes de la plaine dominent de beaucoup sur celles des Alpes. Au-dessus de la limite des bois, le rapport change d'une manière frappante. Les phanérogames de la plaine diminuent notablement et ne forment plus guère qu'un quart des végétaux, pour n'en plus former qu'un septième dans la partie inférieure de la région des neiges, et disparaître tout à fait dans la moitié supérieure de cette même région, où la flore de la plaine n'est plus représentée que par des cryptogames, quelques algues et quelques champignons. Nous rencontrons également au-dessus de la région des bois un changement remarquable dans la proportion des phanérogames et des cryptogames. Tandis que depuis la plaine jusqu'à la limite supérieure des forêts, les phanérogames et les cryptogames se font à peu près équilibre, nous voyons s'arrêter avec les bois une foule de cryptogames, en particulier les fougères, les champignons et d'autres qui croissent à l'ombre, et naturellement aussi tous les lichens et toutes les mousses dont l'existence dépend de celle des arbres; en sorte que dans la région alpine supérieure on trouve beaucoup plus de phanérogames que de cryptogames. Dans la partie inférieure de la région des neiges, l'équilibre se rétablit; dans la supérieure, au contraire, les cryptogames reprennent le dessus, les lichens et les mousses en particulier reparaissent en quantité considérable d'individus et s'emparent exclusivement de quelques petits districts.

Les phanérogames au-dessus de la région boisée sont presque exclusivement des plantes vivaces, et il doit en être ainsi, puisque si souvent la rigueur de la température empêche la formation des graines, et que, pendant un temps plus ou moins long, des genres entiers de plantes annuelles disparaissent complétement. Les plantes vivaces, se multipliant souvent par rejets, ont le temps d'attendre des étés favorables pour mûrir leurs graines et les répandre alors dans des localités plus éloignées. Mais comme cette saison favorable reste quelquefois bien des années avant de se présenter dans les montagnes élevées et exposées à l'ombre, et que la reproduction du végétal est alors restreinte au marcottage naturel, il en résulte qu'une espèce se montre souvent en masses compactes et gazonnantes, et garnit presqu'à elle seule de grandes étendues. On comprend d'après ce fait quelle influence un été chaud ou froid peut exercer sur le caractère, essentiellement variable selon les années, de la végétation alpine d'un district.

Le rapetissement des formes arborescentes, l'apparition des espèces naines et rabougries à la limite des forêts, font aisément prévoir que la végétation tout entière va prendre des proportions réduites. Plus on s'élève, plus les plantes se raccourcissent, plus leur structure se resserre, plus l'organisme se concentre, plus les tiges souterraines se développent, plus les fibres radicales se multiplient et s'alongent. Les arbrisseaux deviennent des sous-arbustes; les nombreuses espèces de saules ne sont plus que de petits buissons et ne tardent pas à disparaître; les plantes herbacées se ratatinent; les graminées qui ont encore deux ou trois pieds dans la vallée n'en ont plus qu'un et finissent par ne s'élever que de quelques pouces. Toutes semblent fuir la fraîcheur de l'air pour se retirer sous la protection du terrain comparativement plus chaud, et étalent leurs feuilles horizontalement, à ras terre, au lieu de les exposer à l'air et à la lumière. On dirait que la masse des neiges de l'hiver refoule la plante vers le sol et la force à vivre d'une vie souterraine. Les feuilles elles-mêmes sont plus petites, mais plus fermes et plus dures que dans les localités plus basses; elles semblent souvent vouloir se garantir de la froidure de l'air en se couvrant d'un moelleux duvet, ou en se raccornissant et se transformant en écailles. Les fleurs, par contre, nourries de l'excellent terreau de la montagne, épanouissent rapidement et joyeusement leurs grandes corolles ornées de couleurs incomparablement plus profondes et plus vives que dans la plaine, grâce en particulier à l'humidité presque constante de l'air et du sol, ainsi qu'à l'intensité et à la durée de la lumière solaire (les jours pour le printemps de la flore alpine, c'est-à-dire à la fin de mai et au commencement de juin, sont de 4 à 5 heures plus longs que ceux du printemps de la plaine, en mars).

Le coloris des plantes alpines est d'une fraîcheur et d'une vigueur admirables. A côté du jaune et du blanc des fleurs de la plaine, nous trouvons ici l'indigo le plus brillant, le rouge le plus éclatant et le plus velouté, et un brun orangé profond qui passe jusqu'au noir; le jaune et le blanc prennent les tons les plus purs et les plus éblouissants. Cette puissance de coloration, qui dans la montagne donne souvent aux fleurs incolores de la plaine des teintes incomparablement plus nettes et plus pures, nous la retrouvons dans la végétation polaire où, sous l'influence d'une lumière d'été prolongée et d'un soleil de minuit, les couleurs non-seulement deviennent plus chaudes, mais se transforment quelquefois complétement, au point que le blanc et le violet se changent en un pourpre ardent. Et comme les plantes alpines sont souvent réunies en groupes serrés, ce luxe extraordinaire de couleurs réunies par masses prête aux tapis de gazon d'un vert foncé sur lesquels elles se détachent ce charme enchanteur qui a rendu célèbres les hauts pâturages, et fait à sa manière le pendant de la végétation luxuriante des tropiques. La réputation de la flore alpine n'est pas moindre sous le rapport de l'odeur balsamique d'un grand nombre de fleurs et de plantes; car elle possède, comparée à celle de la plaine, une proportion plus forte de plantes aromatiques, depuis l'auricule jusqu'à la mousse des rochers (*Bissus Jolithus*), à odeur de violette. Les autres traits caractéristiques de cette flore sont l'absence de plantes narcotiques et le petit nombre de celles fortement vénéneuses, l'apparition d'une quantité relativement considérable d'hybrides[1], l'amertume dominante du goût et les propriétés astringentes d'un grand nombre d'entr'elles, enfin, cette structure ramassée dont nous avons parlé et dans laquelle la nature semble négliger le développement de la tige aérienne et des feuilles, pour hâter, au contraire, la formation de la fleur et des graines et assurer ainsi la propagation de l'espèce.

[1] Autrefois on ne connaissait presque pas d'hybrides dans la flore alpine ; aujourd'hui on les suit avec une assez grande certitude jusque dans la région la plus voisine des neiges et celle même des neiges. Nous mentionnerons ici l'*Orchis suaveolens* (de *Nigrit. angust.* et de *O. odoratissima*), l'*Orchis nigro-conopsea* (de *Nigr.* et de *O. conopsea*); de 6,000 à 6,400 pieds l'*Achillea Thomasiana*, le *Draba tomentosa-aizoides*, la *Gentiana hybrida*, le *Geum inclinatum*, toutes dans les Alpes vaudoises, et l'*Androsace pubescens-helvetica* dans les mêmes Alpes jusqu'à 7,000 pieds ; dans celles du Valais les hybr. *Gentiana Charpentieri*, *Saxif. patens*, *Potentilla ambigua* jusqu'à 6,800 pieds ; *Pedicularis atrorubens* et *P. incarnata-tuberosa* sur le Saint-Bernard et la Bernina jusqu'à 7,000 pieds, *Ranunculus glacialis-aconitifolius* jusqu'à 7,300 pieds sur le Saint-Bernard, *Primula Muretiana* sur l'Albula et la Bernina jusqu'à 7,000 pieds, *Saxifr. Mureti* (de *S. planifolia* et de *S. stenopetala*), découverte par Rambert au col de Kisten à 7,700 pieds, *Primula integrif.-villosa* et *Draba carinthiaca-aizoides* trouvées par Brügger dans les Grisons à la même hauteur, et enfin, la plus élevée d'entre toutes les hybrides signalées jusqu'à ce jour, l'*Androsace Heerii* du col Segnez, à 8,000 pieds.

Les familles de phanérogames qui présentent le plus d'espèces dans la région alpine sont en particulier les synanthérées, plus nombreuses relativement ici que dans la plaine, les graminées, les cypéracées et les joncacées, les renonculacées, les scrofulariées, les rosacées, les labiées, les papilionacées, les orchidées, les ombellifères, les crucifères, les saxifragées, les gentianées, les renouées, les campanulacées, les rubiacées, les alsinées et les silénées.

Le magnifique rosage, connu sous le nom de Rhododendron ou *Rose des Alpes*, a été chanté depuis longtemps comme la reine des fleurs alpines, et à d'autant plus juste titre qu'il est exclusivement propre à notre chaîne des Alpes, tandis qu'une foule d'autres plantes de la région, même le gnaphale, appartiennent également aux contrées boréales ou bien à d'autres parties des Alpes :

> Charmante fleur qui, sur nos monts éclose,
> Unit le vert du myrte au carmin de la rose.

Rien, en effet, ne peut être comparé au coup d'œil enchanteur qu'offrent ces immenses étendues de rochers ou de gazon, garnies de buissons à feuilles d'un vert foncé semblables à celles du buis, entre lesquelles ressortent des grappes de fleurs élégantes, d'un rouge carmin éclatant, et de petits cônes bruns, formés par la réunion de leurs boutons. Avec quel bonheur le voyageur haletant et fatigué ne salue-t-il pas le premier bouquet de rhododendrons ! avec quel entrain ne gravit-il pas, malgré sa fatigue, le rocher du haut duquel la gracieuse fleur lui envoie le premier sourire de la nature des Alpes ! Il semble qu'elle se plaise à lui abréger par ses charmes le pénible sentier qu'il suit au travers d'un labyrinthe de rocailles, et à lui parler de vie et de joyeux bien-être au milieu d'un monde désolé de ruines affreuses. Partout également ravissante, la rose des Alpes décore de mille manières les paysages variés de son sol natal : tantôt elle brille solitaire comme une flamme rosée au-dessus de la chute bruyante d'un ruisseau glacé ; tantôt elle couvre des districts entiers d'un tapis de pourpre qui se reflète dans le miroir d'un lac alpin, ou mêle amicalement ses clochettes à la flore bigarrée des Alpes. Elle offre le précieux secours de son branchage au malheureux qui glisse vers le précipice, et la ressource de son bois à celui qui est surpris par la froidure d'un mauvais jour d'été; pendant les rigueurs de l'hiver, plus d'une famille de douces perdrix a trouvé dans ses boutons et ses bourgeons le supplément de nourriture nécessaire pour apaiser sa faim. L'amateur des excursions de montagne se sert de cet aimable arbuste pour mesurer d'une manière assez précise le développement graduel de la végétation alpine. A 4,000 pieds, il en trouve les capsules déjà brunes et les graines à demi-mûres; à 5,000, la floraison est dans tout son éclat; à 6,000, une première fleur s'est détachée du cône le plus exposé au soleil; et à 6,500, les boutons commencent seulement à brunir, incertains encore si l'été sera assez chaud pour leur permettre de s'épanouir. L'abondance et l'éclat des rhododendrons varient, du reste, considérablement suivant les montagnes; nulle part nous n'avons vu leurs buissons plus vigoureux, leurs grappes plus fournies, leurs fleurs plus amples et plus vivement colorées que dans les montagnes cristallines des Grisons. On sait que nos Alpes possèdent deux espèces de rosages, le *Rosage velu* (*Rhododendron hirsutum*) un peu plus petit, plus pâle, à feuilles finement velues, et celui des Alpes ou *ferrugineux* (*R. ferrugineum*) à feuilles d'un vert foncé, d'un brun de rouille en dessous, avec des fleurs d'un rouge pourpre. Le rosage velu se montre de 3,500 à 7,000 pieds, parfois déjà à 1,500 pieds, et même au-dessous, dans quelques forêts rocheuses de montagne. C'est ainsi qu'il pare les rochers de la gorge de la Tamina près de Pfäfers, ceux des lacs de Thun et de Lowerz; il fleurit même près de Murg sur le lac de Wallenstadt, à 1,400 pieds, au milieu des châtaigniers; et à Vira, sur les bords du lac Majeur (680 pieds), il brave encore les ardeurs du soleil d'Italie. Le rosage ferrugineux préfère une zone un peu plus haute et s'élève jusqu'à 7,600 pieds, et même au Mont-Rose jusqu'à 8,800. Le premier croît exclusivement dans les montagnes calcaires, le second au contraire sur les terrains qui ne contiennent pas de chaux. Aussi a-t-on le droit d'être surpris de ne rencontrer dans le Jura que le rhododendron ferrugineux, et cette anomalie ne peut absolument s'expliquer qu'en admettant que l'espèce y a été déposée en même temps que la masse de blocs erratiques apportés par l'énorme glacier du Rhône qui descendait, à l'époque glaciaire, des Alpes sud-ouest du Valais, c'est-à-dire des montagnes de formation primitive. Une belle variété de cette dernière espèce, d'un blanc pur, croît sur les hauteurs du Hundwyl (Appenzell), sur le Vorderglärnisch, au-dessus de Jenatz, sur le Splügen, dans le Maderanerthal et sur quelques points des Alpes vaudoises et valaisannes (le val d'Erin, aux Teichons etc.). Une autre variété (*Rh. intermedium*) est une hybride des deux espèces, ou du moins représente la transition de l'une à l'autre, puisqu'elle croît, assure-t-on, dans les localités occupées autrefois par le rhododendron velu qui, faute de chaux dans le sol, passe insensiblement à la forme parallèle du rosage des Alpes.

Cette reine charmante de la flore des Alpes est entourée, en juin surtout et au commencement de juillet, d'un brillant cortège de fleurs; mais aucune, malgré la richesse et la variété de sa parure, ne saurait aspirer à la remplacer dans la faveur de l'homme. Parmi elles nous remarquons particulièrement les différentes espèces de gentianes, qui, manquant également aux pays du Nord, ornent sous les formes et les couleurs les plus diverses les gazons des pâturages, et dont plusieurs sont exclusivement alpines. La grande gentiane pourprée, la gentiane ponctuée et la gentiane jaune élèvent fièrement leurs brillants verticilles de fleurs au-dessus des plantes plus basses du voisinage, tandis que la gentiane sans tige, la gentiane de Bavière et celle de printemps émaillent les tapis naissants de leurs innombrables cloches d'un bleu pourpré. A mesure que la neige retire des hautes prairies son manteau sali par les fontes, la jolie soldanelle des Alpes (*Soldanella alpina* et *Clusii*), au pied même des glaces éternelles, élève sa corolle lilas finement dentelée du sol encore humide, et quelquefois même, dans son impatience, elle perce de son pédoncule la couche amincie de la neige. A côté d'elle paraissent humides de rosée les brillantes grassettes blanches, bleues ou jaunes, et les corolles des crocus aux couleurs variées. Les auricules, d'un beau jaune, à odeur suave, dont on trouve au Monteluna des variétés blanches et rougeâtres, ornent avec les plus petites espèces de saxifrages des surfaces entières de rochers; les silènes roses, blanches ou d'un rouge foncé, et les mœhringies d'une blancheur éclatante forment sur les pelouses des îlots de la plus brillante couleur. Les anémones, riches en magnifiques espèces, dont quelques-unes alpines, ont des fleurs beaucoup plus grandes et d'un coloris autrement plus vif que celles de la région montagneuse, les globulaires bleues et blanches, les vigoureuses renoncules, les blanches alsinées, les véroniques bleues et rougeâtres, les achillées aromatiques, les séneçons, les potentilles, le thym odorant, l'admirable joubarbe à pétales d'un rouge sanguin, l'aster bleu des Alpes, la jolie dryade, les pédiculaires parasites au feuillage délicatement découpé, les aulx à forte odeur qui garnissent souvent de vastes étendues d'éboulis, les humbles violettes, les cinéraires d'un rouge orangé, les orchis, entr'autres celui à odeur de vanille (*Nigritella angustifolia*) avec sa variété rose assez commune, le beau daphné également odorant, les armoises odoriférantes, les campanules, les mélancoliques épervières, l'ancolie bleue des Alpes, les tussilages blancs et rouges, les papilionacées aux couleurs multiples, l'hélianthème d'Œland, les myosotis d'un bleu céleste aux formes ramassées et les brillants lis à petite hampe, les primevères, si variées et si jolies, les raiponces et les linaires bleues, le petit pavot des Pyrénées d'un jaune-orange et le blanc des Alpes, les charmantes aréties, les bizarres gnaphales, les azalées formant d'épaisses platebandes de feuilles d'un vert foncé, semées de petites étoiles rouges (jusqu'à 8,500 pieds), le lin délicat d'un bleu de ciel, la linaigrette aux feuilles chatoyantes, toutes appartiennent à la nombreuse tribu des plantes alpines. Chacune a son rôle, sa localité, sa saison. Les unes décorent les rochers arides, les autres le lit des ruisseaux de glacier, celles-ci le bord des eaux courantes et des lacs, celles-là les éboulis, les bois, les broussailles; d'autres égaient les vallons dans le voisinage des glaciers et des neiges, profitent des eaux grasses des chalets, émaillent les pâturages, ou se fixent sur la mince couche de terre qui recouvre les murailles rocheuses. Chacune trouve son domaine et sa place pour y déployer les charmes de son aimable nature [1].

Les Alpes ne sont pas seulement ornées de groupes de fleurs brillantes ou balsamiques : elles possèdent une multitude de plantes fourragères des plus précieuses, dont les propriétés fortifiantes, nutritives, lactifiques, donnent au foin des montagnes bien exposées une valeur incomparablement plus grande que celle du foin des vallées. Parmi les herbes les plus renommées pour leurs qualités fourragères, nous citerons le méum mutelline (*Meum mutellina*, dans l'Engadine *matun*), si estimé partout, le plantain des Alpes (*Plantago alpina*), le méum athamante (*Meum athmanticum*), l'alchemille des Alpes, les différentes espèces de trèfles et d'astragales, le nard raide (dans les Grisons *soppa*), le paturin des Alpes et la carline à courte tige, les achillées et, en particulier, l'achillée musquée (*Achillea moschata*, dans les Grisons *iva*), nourriture favorite de la marmotte, exclusive aux montagnes cristallines et remplacée dans les terrains calcaires par l'*Achillea atrata*, etc., qui, consommées encore tendres par les bestiaux, leur donnent un lait riche et abondant. Quand on laisse l'herbe croître sur les montagnes ou dans les prairies fumées pour la sécher, on ne la fauche pas avant la fin d'août (par exemple, au Saint-Gott-

---

[1] Les plantes qui sont censées alpines ne sont cependant pas toutes de véritables espèces, car il y en a un certain nombre qui cultivées dans des localités basses se transforment en espèces voisines, de la montagne et des collines. C'est ainsi que le Genévrier nain se change en Genévrier ordinaire, l'*Aster alpinus* en *A. amellus*, le *Plantago alpina* en *P. montana*, la *Sagina saxatilis* en *S. procumbens*, l'*Artemisia nana* en *A. campestris*, le *Senecio incanus* en *S. carniolicus*, la *Potentilla frigida* en *P. grandiflora*, la *P. micrantha* en *Potentilla fragariastrum*, etc.

hard), et nous avons même vu dans l'Engadine faire la récolte des foins au mois de septembre.

A côté de ces plantes fourragères, nous trouvons quelques plantes vénéneuses alpines : les aconits, et, en particulier, l'*Aconitum napellus*, assez souvent tacheté de blanc, plus rarement blanc de neige, quelques anémones et quelques renoncules, le vératre blanc, toutes très-répandues, et usurpant, avec les rumex des Alpes, la place des plantes utiles dans une grande partie des terrains les plus succulents et les plus gras.

Moins remarquables par la beauté de leurs fleurs que par la verdure foncée de leur feuillage, un grand nombre de sous-arbrisseaux, comme l'airelle ponctuée et le myrtille (celui-ci jusqu'à 7,500 pieds), les élégantes bruyères, le raisin d'ours ou arbousier bousserolle, la camarine noire, la ronce des rochers et d'autres moins caractéristiques, couvrent des pentes entières de leurs épais buissons, et forment avec les mousses ces grands matelas élastiques qui invitent le voyageur à faire une courte étape; et quiconque s'est jamais étendu sur ces divans de verdure pour contempler de là les coupoles de montagnes resplendissantes de lumière, les profondeurs de la vallée, l'azur du lac alpin, ou pour attendre dans un profond silence l'approche du chamois, comprend l'attrait irrésistible d'une pareille tentation. Enfin, d'innombrables touffes éparses du polygala faux-buis décorent de grandes surfaces de leur perpétuelle verdure, et l'arbuste préféré du chamois, le framboisier, mûrit encore en grande quantité ses savoureuses baies dans toute la moitié inférieure de la région.

On comprend sans peine que ce n'est que par ses caractères généraux que la végétation alpine se ressemble à elle-même dans les divers districts de nos chaînes de montagnes : car elle se modifie aussi bien sous le rapport de la limite en altitude de chaque plante, que sous celui du mode de groupement et de la prédominance de quelques espèces particulières. Si les montagnes rhétiques frappent par leur manque presque absolu d'arbres à feuillage et leur pauvreté comparative en arbrisseaux, nous y trouvons, par contre, diverses espèces de saules en grande quantité; et la prépondérance des forêts de mélèzes et d'aroles donne à la végétation entière du pays une physionomie qui lui est propre. Plusieurs plantes étrangères viennent aussi y mêler leurs fleurs à celles des plantes ordinaires des Alpes : ainsi l'Engadine est l'extrême limite orientale de plusieurs espèces de l'Ouest et du Sud-Ouest, et en même temps la limite occidentale de quelques plantes des Alpes du Tyrol et d'autres montagnes plus à l'est, tandis que le Valais, et en particulier la riche flore du massif du Mont-Rose, possèdent un certain nombre de plantes du midi des Alpes. Ce sont en outre les montagnes de l'Engadine qui offrent le plus d'espèces communes à la flore arctique [1].

Ce n'est que dans quelques hautes vallées privilégiées de la Rhétie que la culture des plantes dans la région alpine peut être productive et de quelque importance, mais, dans les Alpes occidentales et septentrionales, elle est nulle ou ne se trouve que sporadiquement dans quelques localités fort restreintes [2]. Ainsi dans le canton de Glaris, les pommes de terre réussissent assez bien sur les pentes au midi jusqu'à 4,500 pieds; sur les champs les plus élevés du Weissberg, montagne très-exposée au soleil, les tubercules ne mûrissent à 5,100 pieds que dans les étés chauds; il en est de même sur l'alpe de la Handeck, dans l'Oberland bernois, à 4,420 pieds. L'orge, le lin, le chanvre, les choux, les fèves, les pois, les porreaux et le persil se cultivent dans le canton de Glaris jusqu'à 4,500 pieds; les quelques cerisiers qu'on rencontre encore à 4,000 pieds ne mûrissent que rarement leurs fruits, leur région finissant proprement à 3,500. Dans le Jura, on ne trouve plus au fond aucune culture dans la région alpine, tandis que sur la Gemmi, à 6,428 pieds, on cultive des raves, des épinards, de

---

[1] Par ex., *Linnea borealis, Oxytropis lapponica, Juncus arcticus, Tofieldia borealis, Salix glauca,* etc.

[2] A Zermatt (4,190 pieds), au fond du Matterthal, il n'y a plus d'arbres fruitiers, mais on cultive dans le jardin de la cure beaucoup de légumes et des pois, et dans les champs du blé, tandis que les pommes de terre y gèlent souvent.

la salade et des ognons, et dans le jardin de l'hospice du Grimsel, à 5,880 pieds, de la salade, de la ciboulette et d'excellentes raves. Il est vrai que ces cultures ne réussissent pas chaque année.

Dans les hautes vallées des Grisons, où la chaleur est plus forte à cause de l'élévation générale du sol, et où nous trouvons des forêts de mélèzes et d'aroles en pleine végétation à plus de 7,000 pieds, par exemple, dans les vallées de Poch, de Taffry, d'Eisvena, de Ferrata, les céréales se cultivent comparativement à une grande hauteur, à une hauteur notablement plus considérable que dans les Alpes sauvages et nues du Tessin. Nous devons ajouter toutefois que la culture paraît y suivre un mouvement rétrograde, car on n'en trouve plus aujourd'hui aucune trace dans plusieurs endroits où, au siècle dernier, on cultivait différentes espèces de plantes alimentaires. Ainsi on cultivait autrefois des céréales près de Sils (5,630 pieds) dans l'Engadine, tandis qu'aujourd'hui on n'y trouve plus que du lin et des raves. Cependant le point le plus élevé pour la culture des céréales dans les Grisons est toujours à Campfer (5,600 pieds), et même à Scarl (6,040 pieds). Il est vrai que d'entre toutes, l'orge seul, qui a le moins besoin de chaleur[1] et supporte le mieux le froid, atteint à cette hauteur extraordinaire, à laquelle dans les montagnes de l'Allemagne il ne

---

[1] Il résulte des recherches de Boussingault que chaque espèce de plante a besoin pour son développement complet d'une certaine somme de chaleur calculée par jour et par degrés; ainsi le froment d'hiver exige 149 jours à 10°,7 R. par conséquent 1,595 degrés R. de chaleur; le seigle d'hiver 137 jours à 10°,6, soit 1,452 degrés; le froment de printemps 120 jours, à 15°,1 soit 1,812 degrés; le seigle de printemps 130 jours, à 13°,8, soit 1,797 degrés; l'avoine 110 jours, à 13°,7, soit 1,507 degrés; l'orge de printemps, seulement 100 jours, à 13°,8, soit 1,380 degrés. Cette loi se vérifierait-elle dans notre région, c'est ce dont il est permis de douter. Ici, il est vrai, la complète maturité du grain est notablement retardée comparativement à ce qui se passe dans la plaine; mais ce retard n'est pas en rapport, à ce qu'il parait, avec l'abaissement de la moyenne de température mensuelle, et il est assez probable que quelques autres conditions atmosphériques viennent ici remplacer les degrés de chaleur qui manquent à la somme normale de degrés nécessaire à la maturation du blé dans la plaine.

croît plus que des herbes alpines et rarement quelques arbres. Dans la Haute-Engadine l'orge se moissonne en moyenne le 12 septembre; sa fleur s'est épanouie le 3 juillet, et c'est ordinairement le mois précédent qu'a eu lieu la dernière chute de neige de quelque importance. L'avoine ne dépasse pas dans les Grisons 5,300 pieds; le seigle de printemps va à Zuz et à Selva jusqu'à 5,000 pieds, près de Fettan à 5,100, à Cierfs à 5,120; les pommes de terre au-dessus de Davos, dans le Sertig, à 5,700, mais en moyenne seulement à 5,400. De 5,000 à 5,600 pieds, on cultive encore avec succès dans les jardins de l'Engadine supérieure de la laitue, du céleri, des épinards, du persil, des scorsonères, du raifort, des raves, des choux-raves, des radis et du lin; la laitue et les raves vont même jusqu'à 6,500 pieds. Mais les choux n'y pomment plus.

Si surprenants que soient ces maxima, nous trouvons que les limites horizontales de la culture des blés atteint dans le Nord à des lignes isothermes encore plus froides. Tandis que la température annuelle moyenne à la limite moyenne des céréales en Suisse est de + 5,25° C., en Laponie elle n'est, d'après Humboldt, que de — 1° C.; pour les conifères, elle est en Suisse de + 1,1° C., en Laponie, de — 3° C.; et, dans le climat plus constant des tropiques, la limite de végétation se trouve sur des lignes isothermes plus chaudes que dans le Nord. La végétation dépend, en effet, non-seulement de la température moyenne de l'année, mais encore de la répartition de la chaleur suivant les mois, les jours et les saisons; et les grands changements de température qui se succèdent dans certaines périodes avec une rapidité étonnante semblent jusqu'à un certain point favorables à la culture des céréales. Mais partout se maintient cette loi : que plus la station d'une plante est élevée, plus est grand l'intervalle qui sépare sa floraison de la maturité de son fruit. Si les cerisiers entre 2,000 et 3,000 pieds emploient pour la maturation de leurs graines un espace de 69 jours environ, et l'orge de 47, cet espace s'allonge entre 4,000 et 5,000 pieds pour les cerisiers — là où il en existe encore — jusqu'à 83 jours, pour l'orge jusqu'à 48, et dans les Grisons, à 5,400 pieds, jusqu'à 51 jours.

Les chiffres que nous avons donnés marquent, sans aucun doute, les hauteurs les plus considérables qu'atteigne en Europe la culture des plantes. En Allemagne, ces hauteurs sont bien moindres. Dans la Forêt-Noire comme dans les Vosges, la culture des céréales ne monte pas au delà de 2,500 à 3,000 pieds; dans le Harz elle cesse à 1,800 pieds (Klausthal), à la même limite que la végétation des arbres fruitiers, des tilleuls, des chênes et des érables; les sapins ne s'y élèvent pas au-dessus de 3,000 pieds. La région des arbres nains dans les Carpathes ne s'élève pas au-dessus de 5,600 pieds. Dans les Alpes scandinaves, qui forment des massifs considérables avec des sommets comparativement peu élevés (le plus haut, le Scageltöltied, atteint à peine 8,000 pieds), l'influence du climat des côtes et le voisinage du pôle abaissent la limite des neiges à 3 ou 4,000 pieds plus bas que dans les Alpes. La région des chênes et des hêtres y manque; et de même que chez nous ce sont les conifères, et en particulier le sapin commun plus robuste que le sapin blanc, qui marquent la limite de la végétation des arbres, là c'est le bouleau, et en particulier, le *Betula nana*, qui atteint le 71°. Là également les céréales réussissent une température annuelle moyenne de 0° et vont aussi loin que les conifères, tandis que dans les hautes montagnes de l'Amérique du Sud, elles s'arrêtent à une température annuelle moyenne de + 10°: de telle sorte que la culture paraît plutôt dépendre dans le premier de ces pays de la température moyenne de l'été, et dans le second de la température moyenne de l'année. Au point de vue de l'altitude absolue, la culture des céréales cesse dans le sud de la Norwège (60° de latitude) à 2,000 pieds, et en Laponie (67° de latitude) déjà à 800 pieds.

Il est naturel de penser que les limites de végétation se présentent sous un aspect beaucoup plus favorable dans les hautes Alpes du Nouveau-Monde et de l'Asie. Sur le versant oriental des Cordillères du Pérou la région des bois finit en moyenne à 8,500 pieds au-dessus de la mer; là ni le maïs ni les céréales ne peuvent plus être cultivés. Sur le versant occidental de ces mêmes montagnes, le blé croît encore abondamment à 10,800 pieds, les pommes de terre à 11,000 pieds, ainsi que le quinoa; tandis que les forêts y manquent depuis longtemps, remplacées par les cactées et les agaves. Sous le 12° de latitude Sud, les pêchers et les amandiers, qui souffrent déjà chez nous à 2,000 pieds, croissent encore à 10,000 dans les vallées étroites et abritées; les raisins, les figues et les citrons y mûrissent aussi en plein air moyennant quelques soins. Sous l'Equateur, où la limite des neiges monte à 16,000 pieds, les arbres à feuillage croissent en moyenne jusqu'à 9,500, le blé mûrit à 9,600 pieds, les conifères s'élèvent jusqu'à 11,400, le rhododendron des Alpes à 13,300, et les dernières plantes alpines atteignent à 15,200; de 14,000 à 14,400 pieds fleurissent encore des plantes aromatiques, à courtes tiges, mais à grandes fleurs, comme des calcéolaires, des saxifrages, des culcities, des sidées, des mimulées, des lupins, et d'autres semblables. Sur l'Himalaya, si riche en cèdres, et où la limite des neiges est au-dessus du plateau tibétain à 15,600 pieds, les dernières habitations n'atteignent sur le versant sud[1] que 8,914 pieds; la limite des forêts est à 11,000 pieds, celle des arbres nains à 12,200. Dans l'intérieur de l'Himalaya, la plus haute culture est à 10,700 pieds, et la limite des bois à 12,200 pieds. Mais c'est dans le plateau intérieur de cette chaîne gigantesque que les chiffres de hauteur sont les plus favorables : les plus hauts villages y sont à 12,200

---

[1] Dans la vallée de Bunipa au Népaul, où d'énormes cèdres déodora croissent à 11,000 pieds, les dernières découvertes ont constaté l'existence à 5,000 pieds du palmier de Martius, quoique d'ailleurs l'Himalaya soit bien connu pour être pauvre en arbres de cette famille. Dans le nouveau continent, au contraire, sur les Andes du tropique, il y a au milieu des chênes et des noyers, à une hauteur de 6,000 à 9,000 pieds de vrais *palmiers alpins* parmi lesquels le palmier à cire se fait remarquer par sa beauté. A ces hauteurs le thermomètre de Réaumur descend souvent pendant la nuit à + 5° et la température annuelle moyenne atteint à peine + 11°. Il paraît même qu'on a découvert encore *trois espèces de palmiers* qui vivent au-dessus de 13,000 pieds.

pieds; on y rencontre des champs cultivés à 12,700, et les formes naines (en particulier le Tomabusch) montent jusqu'à 16,000; quelques rhododendrons alpins y atteignent à une hauteur vraiment prodigieuse, et près des neiges éternelles, les gentianes, les parnassies, les swerties, les pœoniées et les tulipes étalent encore leurs larges et brillantes corolles.

CHAPITRE III.

LES ANIMAUX INFÉRIEURS DES ALPES.

Changements dans les formes animales suivant les hauteurs. — Les vers, les mollusques et les crustacés des Alpes. — Les arachnides. — Insectes. — Bourdons de terre et des mousses. — Papillons. — Coléoptères. — Importance du monde des insectes et rapports entre les espèces carnassières et les espèces herbivores. — La grenouille des Alpes. — Les serpents. — Le lézard de montagne.

Si la végétation se simplifie et s'appauvrit à mesure qu'on s'élève dans la montagne, la vie animale qui est intimement liée avec l'existence des plantes, y subit les mêmes effets, mais dans une proportion bien plus forte encore. Les possibilités de l'existence se restreignent à chaque mille pieds d'élévation, jusqu'à ce qu'elles disparaissent entièrement à la hauteur des neiges éternelles. Nulle part la puissance magique de la chaleur pour l'entretien de la vie ne se fait sentir d'une manière aussi saisissante que dans ces hautes régions, où à chaque degré de moins dans la température le monde des organismes s'efface pour ainsi dire pas à pas et où la lutte pour l'existence devient chaque fois plus rude. Mais nous pouvons en même temps reconnaître quels soins la Nature a prodigués à ses créatures pour les mettre en état de soutenir cette lutte. De même qu'elle réduit les formes des plantes pour les rapprocher des chaudes émanations du sol et qu'elle protège un grand nombre d'entr'elles contre les atteintes mortelles du froid et des vents glacés en leur donnant un port ramassé, en les recouvrant d'un moelleux duvet et en les pressant les unes contre les autres en touffes compactes, elle protège les animaux inférieurs en les abritant sous une couche de neige épaisse et constante, en leur donnant des couleurs foncées, en prolongeant leurs périodes métamorphiques et raccourcissant tout à la fois la durée de l'œuf, ou, en d'autres termes, en leur donnant la faculté de mettre au monde des petits vivants (faculté que possèdent tous nos reptiles des Alpes); tandis qu'elle donne à ceux des classes supérieures une organisation plus robuste, un duvet plus épais de plumes ou de poils, l'instinct et la possibilité de changer rapidement de séjour, ou une vitalité telle que pour soutenir leur existence ils se contentent de la plus chétive nourriture, ou même s'en passent entièrement pendant des mois, plongés qu'ils sont dans un sommeil léthargique plus ou moins complet, ou bien enfin la propriété de changer la couleur de leur robe, afin de l'accommoder à la couleur du sol et leur permettre ainsi de mieux utiliser les innombrables abris qu'il leur offre.

C'est essentiellement à cette sage économie que nous devons l'abondance relative de formes animales que nous rencontrons encore dans cette zone, mais qui diminue à vue d'œil à mesure que la hauteur augmente. La limite moyenne de la végétation arborescente est ici de la plus haute importance. De même que les plantes prennent au-dessus de cette limite un caractère décidément alpin, la faune, à son tour, revêt à partir de cette ligne une tout autre physionomie. La vie végétale et la vie animale y cessent à la fois dans une mesure considérable, et le nombre des localités où le développement organique est possible y devient extraordinairement restreint.

La diminution atteint surtout les mollusques et les vers. Dans ces deux embranchements, la quantité des espèces, comme celle des individus, est extrêmement amoindrie, et les formes proprement alpines sont en fort petit nombre; les espèces qui s'élèvent jusqu'à la limite des forêts et au-dessus sont, pour la plupart, des espèces de la plaine. Le lombric commun, qui est répandu sur toute la terre, se rencontre aussi dans les hautes Alpes jusqu'à la ligne des neiges, dans les Alpes septentrionales à plus de 8,000 pieds, et il y trouve partout en été une nourriture abondante dans les terres grasses, mélangées de substances organiques; en hiver il dort en terre dans des trous profonds. La Sangsue médicinale (*Hirudo medicinalis*) et la Sangsue de cheval (*Hæmopis sanguisuga*), quoique rares, vivent cependant dans les eaux croupissantes jusqu'à 4,500 pieds; il en est de même du Dragonneau (*Gordius aquaticus*). Mais les Vers intestinaux s'élèvent avec les oiseaux et les quadrupèdes, en particulier avec les marmottes et les chamois, jusqu'aux plus hautes régions. Un petit nombre d'escargots rampent le long des rochers et contre les troncs d'arbres, dans l'herbe humide et dans les bourbiers; c'est à peine si nous trouvons ici un tiers des escargots de la région montagneuse, dans laquelle s'arrêtent aussi tous les escargots de jardins, mais nous y rencontrons une variété alpine du gros escargot de vigne. La *Vitrina diaphana var. glacialis*, le plus commun des escargots des hautes Alpes du nord, se trouve, chose singulière, en automne et au commencement de l'hiver dans la plaine, mais elle y disparaît au printemps. Dans le canton de Glaris, elle va jusqu'à 7,500 pieds; la *Vitrina pellucida* jusqu'à 6,000; l'*Achatina lubrica* jusqu'à 6,500; le *Limneus ovatus* et le *Pisidium fontinale*, particulièrement abondant dans les ruisseaux et les lacs, jusqu'à 6,800; dans les Alpes centrales, le petit *Helix arbustorum alpicola* se trouve jusqu'à 6,800 et 7,000 pieds, et le *Helix sylvatica alpicola* et le *Bulimus montanus* jusque bien au-dessus de la limite des forêts.

    La grande division des articulés présente une diminution un peu moins sensible. Dans les Alpes septentrionales, les deux tiers environ sont des espèces qui vivent aussi dans la plaine. Les formes alpines du troisième tiers n'offrent pas de nouveaux genres, mais seulement de nouvelles espèces. C'est principalement dans les arachnides, les coléoptères et les lépidoptères, que nous retrouvons le moins les types de la plaine; tandis qu'au contraire les abeilles, les guêpes, les hémiptères et les orthoptères présentent un grand nombre de formes identiques dans la plaine et sur les Alpes. Les espèces carnassières se montrent aussi en plus forte proportion ; la moitié des araignées qui appartiennent exclusivement à la région montagneuse et à la région alpine sont des araignées carnassières. Parmi les coléoptères de notre zone, il y en a la moitié à peu près d'espèces qui lui sont propres, et la majeure partie sont encore des insectes carnassiers. *Le nombre des individus* ne diminue pas dans la même proportion que celui des espèces. Sous ce rapport la diminution que nous avons signalée comme fort sensible dans les mollusques, atteint surtout ici les hémiptères et les orthoptères, à un moindre degré les hyménoptères et les coléoptères, à un moindre degré encore les diptères et les lépidoptères. Les crustacés sont singulièrement peu représentés dans les Alpes. La diminution des araignées est à peine sensible jusque dans les régions les plus élevées, et, comme elles y comptent un nombre moindre d'espèces, il faut supposer que, dans quelques-unes de ces espèces du moins, le nombre des individus est plus considérable.

Quoique la distribution géographique des animaux inférieurs dans la Suisse ait été jusqu'ici assez peu étudiée, nous savons cependant que les articulés des Alpes centrales sont assez différents de ceux des Alpes septentrionales. Une foule d'espèces qui appartiennent plutôt à la faune du Midi se rencontrent dans les premières et seraient vainement cherchées dans les dernières ; c'est le cas pour un grand nombre de coléoptères, plusieurs lépidoptères, et quelques sauterelles ; par contre, quelques espèces du Nord manquent complétement aux Alpes du centre. Sans vouloir entrer dans les détails sur ce vaste monde des petits articulés dans la région alpine, quelques traits caractéristiques pourront nous en donner une idée suffisante.

La plupart des crustacés sont des animaux aquatiques. Quelque petit qu'en soit le nombre en Suisse, nous y rencontrons cependant, à partir des vallées jusqu'à la région des neiges, quelques espèces de mille-pieds ; dans la mousse et les pierres, des cloportes ; des puces d'eau, d'une ligne à peine de longueur, nageant par saccades ; et des cyclopes. L'écrevisse de rivière ne dépasse pas d'ordinaire la région montagneuse, mais par contre la crevette de rivière, d'un gris verdâtre, pullule dans les ruisseaux des Alpes. Les nombreuses espèces d'araignées, qui semblent avoir pour mission de prévenir la trop grande multiplication du peuple des mouches, se retrouvent jusqu'aux extrêmes limites de hauteur où la vie animale est possible. Les araignées-loups ou lycoses, à jambes grosses et fortes, qui vivent dans des trous en terre, courent comme des loups après les insectes, portant souvent derrière elles leur sac d'œufs couvert d'une toile; les araignées sauteuses, qui guettent leur proie sur les rochers et les murs exposés au soleil et se jettent sur elle à la manière des chats; les araignées à sac, qui se cachent sous les pierres et sous les feuilles, et les recouvrent souvent d'un tissu blanc, fin et serré; les araignées-crabes, qui vivent paisiblement dans les fleurs et les plantes et ne tendent que quelques fils; les araignées à cornet, dont quelques espèces tapissent en automne les buissons et les haies de leurs toiles sur lesquelles la rosée fait étinceler des milliers de perles, et auxquelles appartient notre araignée domestique; les araignées orbitèles et les porte-croix; l'argyronète aquatique, qui vit dans les ruisseaux, les étangs et les mares, l'abdomen renfermé dans une bulle d'air; les faucheurs aux longues jambes, qui se cachent d'ordinaire pendant le jour et vont à la chasse pendant la nuit; même quelques petits faux-scorpions et quelques mites; — toutes ces familles sont représentées dans la région alpine par quelques espèces et un grand nombre d'individus. Cependant les espèces qui dominent ici sont celles qui ne filent pas, qui vivent dans des trous et sous les pierres; et dans le nombre il y a une forte proportion d'espèces proprement alpines. Leur instinct meurtrier les met partout à la poursuite des mouches, et au printemps et en été elles en font un carnage effroyable, qui ne se trahit par aucun cri. En hiver même, dans les jours tempérés, on les trouve aux aguets dans les endroits réchauffés par le soleil, et il n'est pas rare que le froid des Alpes les surprenne et les étende raides sur la neige à côté de leurs victimes.

La classe des insectes présente dans la région alpine, comme dans la plaine et la région montagneuse, des espèces en très-grand nombre et des individus par myriades; c'est toujours celle qui est le plus abondamment représentée. Seulement quelques-uns de ses ordres semblent organisés presque exclusivement pour les localités plus chaudes. Ainsi, parmi les hémiptères, dont les larves, par suite de leurs métamorphoses incomplètes, ne sont qu'imparfaitement protégées, il n'y a que peu d'espèces qui puissent supporter la rigueur du climat des hautes montagnes. Les pucerons et les psylles disparaissent à la limite des forêts. Un très-petit nombre de punaises aquatiques et terrestres[1], et quelques cicadelles qu'on rencontre sautant vivement le long des pentes sèches (parmi elles nous citerons comme particulièrement caractéristique des cicadelles alpines le petit *Jassus abdominalis* commun jusqu'à 7,000 pieds), se maintiennent jusqu'à la limite supérieure de la région. Elle ne possède également qu'un petit nombre d'espèces de névroptères, habitant pour la plupart les ruisseaux et les lacs des Alpes, quelques libellulides, quelques poux de bois; et dans l'ordre des orthoptères, quelques sauterelles, dont les principaux représentants dans la zone alpine sont le *Podisma pedestre* qu'on trouve jusqu'à 7,000 pieds, et le *Chortippus sibiricus* exclusivement alpin comme le précédent; de plus, jusqu'à 7,000 pieds, le *Tettix Linnei*, la seule sauterelle qui passe l'hiver en chrysalide, tandis que la *Locusta viridissima* s'arrête à la limite des bois; et quelques perce-oreilles, parmi lesquels le *Forficula biguttata*, au-dessus de 5,000 pieds, n'est que la forme alpine du *F. auricularia* de la plaine. Les délicats éphémères n'atteignent pas la région alpine. Au contraire, d'innombrables mouches ou diptères bourdonnent jusqu'au-dessus de la limite des forêts autour des mares,

[1] Parmi les punaises terrestres, la *Salda littoralis* se trouve entre 6,000 et 7,000 pieds dans les endroits humides des Alpes du nord, plus abondamment que dans les localités plus basses. Le prof. Heer a trouvé la punaise des lits sur le sommet le plus élevé de l'alpe de Seetz dans le nid d'un bourdon de mousse, à une grande distance de toute habitation humaine, ce qui paraît à ce savant une objection à l'opinion qui assigne à ce parasite une origine étrangère (les Indes).

des écuries, des fleurs, des buissons, des champignons, des fruits, des rochers et des ruisseaux. Tantôt isolément, tantôt par essaims de milliers d'individus, elles occupent de vastes districts, réparties en quelques grandes familles et un grand nombre d'espèces qui sont ici partout indigènes. En considérant une ombellifère en fleurs, toute couverte d'insectes, on se demande quelquefois lesquels sont les plus nombreux, ou ceux qui y cherchent le miel ou ceux qui dévorent ceux qui l'y cherchent. Les insectes de la partie inférieure de la région alpine sont en général les mêmes que ceux de la région montagneuse. Quelques espèces ont disparu, mais le vide s'est comblé par la masse croissante des autres. Au-dessus de la limite de la végétation arborescente, au contraire, où la vie animale se trouve tout à coup extraordinairement réduite, nous ne trouvons plus guères, du moins dans les Alpes du nord, qu'un dixième des espèces de diptères indigènes dans la plaine et les montagnes basses, mais quelques-unes encore en quantité énorme d'individus, et les mouches domestiques jusque dans les chalets les plus élevés. Les tipules et un grand nombre d'espèces de cousins et de mouches aquatiques voltigent au-dessus des ruisseaux des Alpes jusqu'à près de 8,000 pieds; à cette hauteur les cousins à plumet, en dépit du froid et de la neige, déposent leurs larves dans la mousse humide : ce sont certainement les diptères qui s'élèvent le plus, du moins dans les Alpes du nord. Les taons et les oestres suivent les troupeaux dans la région alpine supérieure, et les belles mouches stercoraires y couvrent les bouses de vaches de leurs essaims innombrables.

Les *Hyménoptères*, les plus intéressants de tous les insectes pour leur merveilleux instinct, sont si intimement liés dans leur existence aux arbres, aux bois travaillés et aux buissons, qu'ils disparaissent entièrement à la limite des forêts. La plupart de ceux qui parviennent à ces hauteurs sont des espèces de la plaine. Les espèces *alpines* qui y apparaissent sont en très-petit nombre, et même les petits ichneumons aptères qu'on y rencontre sont des espèces de la plaine. D'un autre côté, presque tous les hyménoptères des zones inférieures se trouvent dans la région alpine jusqu'à la limite des bois, du moins certainement jusqu'à celle des arbres à feuillage. Le docteur Heer a observé dans les montagnes de Glaris entre 5,500 et 7,000 pieds, surtout autour des chalets et des écuries qui sont le rendez-vous de ces insectes, 40 espèces d'hyménoptères, savoir 7 tenthrèdes, 18 ichneumons, 7 guêpes fouisseuses et 8 apiaires; en sorte qu'à l'exception des sirex, toutes les divisions principales de l'ordre y ont leurs représentants. Parmi les apiaires, les plus communes à cette hauteur sont les bourdons des rochers (jusqu'à 7,500 pieds), les bourdons des mousses, les bourdons des pierres et les bourdons terrestres (jusqu'à 7,000) qui y construisent encore régulièrement leurs cellules et y sont proprement indigènes. Jetons un coup d'œil rapide sur la remarquable économie de ces petits animaux.

Les bourdons de terre ressemblent beaucoup aux abeilles; seulement ils sont en partie plus gros, couverts de poils villeux, et noirs avec des bandes jaunes sur la poitrine et l'abdomen. Ils se creusent dans les pentes sèches une galerie étroite et contournée, qui conduit dans une grande chambre, tapissée de cire, pouvant renfermer environ 200 de ces petites bêtes. Les grosses femelles (des œufs desquelles naissent des mâles, des femelles et des neutres, soit femelles incomplètes) sortent en automne de leur état de larves, s'accouplent immédiatement avec les mâles provenus des œufs des petites femelles, et se retirent ensuite dans une cavité de leur habitation où elles passent leur hiver engourdies, tandis que tous les autres membres de la communauté périssent par le froid. Au printemps, dès que la neige se retire de l'alpe, elles se réveillent, construisent des cellules, récoltent du miel et pondent leurs œufs : le tout en quelques jours, avec une étonnante rapidité. Le premier couvain ne donne presque que de petits bourdons travailleurs, qui aident la femelle à la construction de nouvelles cellules pour la seconde ponte, et ouvrent les larves au cinquième jour par un coup de mâchoire. Les rayons sont irréguliers, d'un jaune blanchâtre, et placés sans ordre sur leur fond.

Ils renferment souvent des larves, souvent aussi du pollen ou fausse-cire, et de la nourriture pour les nymphes; le miel placé dans des réservoirs spéciaux, petits, cylindriques, à parois épaisses, situés dans les rayons supérieurs, est extrêmement vénéneux lorsqu'il a été recueilli sur des aconits, des renoncules et des vérâtres. Les chevriers, les enfants en quête de baies et les faucheurs ont déjà trop souvent payé de leur vie la jouissance passagère de ce cordial trompeur.

Les bourdons des mousses, un peu plus petits, d'un jaune sale avec des bandes grises, s'établissent sur les prairies et les pâturages. Ils se creusent également dans la terre des cavités, auxquelles conduit une étroite galerie d'un pied de longueur, et qu'ils recouvrent d'un tas de mousse, de brins de plantes ou de chaume, de forme ovale. Il est fort intéressant d'observer les travaux de ces petits animaux mélancoliques, mais industrieux. Ils se placent à la file, les uns à la suite des autres, depuis leur nid jusqu'à l'endroit où sont les matériaux qu'ils emploient. Le bourdon qui se trouve le premier coupe la mousse avec ses mâchoires et la détache avec ses pattes de devant; celles-ci la passent par-dessous le corps à la seconde paire de pattes, pour être transmise à la troisième qui la pousse à son tour vers le bourdon voisin. Les brins de mousse voyagent ainsi de pattes en pattes jusqu'au nid, où d'autres bourdons les reçoivent, les divisent, les empilent en forme de dôme. Les bourdons des mousses sont si pacifiques qu'on peut, sans crainte d'être piqué, enlever la couverture de mousse de leur nid. En dessous on trouve des rayons à peine de la grandeur de la main, sur lesquels se promènent les insectes. Dès qu'ils ont remarqué la destruction de leur voûte que disperse quelquefois un gros vent, une perdrix en grattant la terre, quelque lièvre des Alpes dans sa fuite, quelque pierre dans sa chute, ils se mettent aussitôt, sans rancune, à réparer les dégâts. Si on les trouble dans leur travail et qu'on leur ôte une partie des matériaux qu'ils ont transportés, ils s'arrangent du mieux qu'ils peuvent avec le reste. Si on leur enlève tous leurs rayons, ils en construisent immédiatement de nouveaux. Souvent les bourdons sont tourmentés par des parasites, ou bien ils portent dans leurs intestins des infusoires microscopiques, en quantité, qui les font maigrir; les fourmis leur volent leurs provisions; les asiles frelons dévorent leurs larves; les souris des champs, les belettes et les putois mangent les rayons et les bourdons eux-mêmes. Ce sont donc des animaux singulièrement persécutés; mais les survivants n'en recommencent pas moins leurs travaux sans se décourager.

Quelques espèces de fourmis transportent jusque dans la région alpine supérieure leur admirable organisation sociale, leurs grandes guerres, leurs ingénieux travaux, et y construisent encore leurs habitations et leurs galeries. La myrmice d'un brun noir y creuse dans les troncs des vieux saules ses mines et sa maison à plusieurs étages; la myrmice rouge et celle de montagne y disposent sous les pierres les nombreuses chambres de leur logis; la fourmi brune y élève ses palais de terre glaise; on a même trouvé à 8,000 pieds la grande fourmi Hercule (*Formica herculanea*), qui vit solitaire. Les cynips diminuent très-rapidement à la limite des arbres à feuillage; quelques-uns cependant piquent encore les buissons de saules, et une espèce encore inconnue les feuilles du rhododendron des Alpes, et trahissent leur présence par les curieuses excroissances qu'elles produisent. Le *Tenthredo spinarum* doit être considéré comme le représentant des tenthrèdes dans nos hauteurs. Le plus répandu d'entre tous, on le trouve dans les Grisons jusqu'à 8,000 pieds, et il paraît même que c'est dans la zone alpine qu'il est le plus abondant. On voit aussi à cette altitude plusieurs espèces d'ichneumons guetter leur proie, poursuivre leur guerre meurtrière contre d'autres insectes et contre les araignées, entraîner dans leurs trous leurs victimes expirantes, et les y enfermer avec de la terre après avoir déposé un œuf dans leur corps.

Les légers papillons aux couleurs bigarrées, ces insectes les plus beaux de tous, dont la vie est si délicate, les transformations si variées, dont les chrysalides et les chenilles semblent tellement privées de toute protection, ne restent pas non plus en arrière dans nos Alpes; on les y voit voltiger autour des fleurs, des rochers réchauffés par le soleil, des flaques vaseuses, et y jouir de leur courte existence avec autant d'insouciance et de gaieté que dans la plaine. Une rafale subite de neige pourra bien en détruire des milliers, une bourrasque d'orage déchirer leurs brillantes ailes; cependant, malgré ces accidents auxquels ils sont moins exposés dans la plaine, nous avons vu, même au milieu de novembre, dans des jours attiédis par le fœhn, quelques papillons voltiger sur nos Alpes du nord à 5 ou 6,000 pieds au-dessus de la mer; et déjà le 5 mai, sur le sommet du Kronberg (6,000 pieds), nous avons pris deux paons-moyens (*Bombyx spini*) fraîchement sortis de leur chrysalide, qui se réchauffaient au soleil sur une parcelle de gazon découverte, au milieu des pâturages encore ensevelis sous la neige. Les satyres aux couleurs foncées, qui se balancent si souvent en grand nombre au-dessus des pacages fleuris des Alpes, signalent immédiatement au voyageur l'apparition et la prédominance de formes différentes de celles de la plaine. Les familles, comme celle des papillons de nuit, dans lesquelles les chenilles ont une vie relativement plus longue et ont besoin d'un temps plus considérable pour leurs métamorphoses, et celles dont l'existence est, en outre, liée à la végétation arborescente, comme la plus grande partie des teignes, des rouleuses, des phalènes, des arpenteuses et des bombyx, ne sont plus appropriées aux régions alpines supérieures et à leurs nuits froides : la plupart s'arrêtent où s'arrêtent les bois; tandis que les papillons de jour, dont l'évolution vitale dure moins longtemps et dont les chenilles se nourrissent de plantes herbacées, atteignent jusqu'aux hautes Alpes. Il en résulte que les rapports entre les diverses familles de lépidoptères sont complétement renversés. Dans les régions inférieures, les papillons de jour forment un peu plus du septième, et les papillons nocturnes près des six septièmes de l'ensemble des lépidoptères; au-dessus de la limite des arbres, au contraire, les papillons diurnes comptent bien au delà de la moitié des espèces existantes. Leurs chenilles sont pour la plupart velues et probablement vivent plus dans l'intérieur de la terre qu'à sa surface.

Parmi les lépidoptères des Alpes nous trouvons une très-forte proportion d'espèces qui sont propres aux hautes montagnes; celles de la plaine n'en forment peut-être qu'un tiers, mais les groupes, pour être fort réduits, n'en comptent pas moins un nombre considérable d'individus. Entre les papillons crépusculaires et nocturnes, ce sont les zygénides qui, favorisées par la rapidité de leurs métamorphoses, sont le plus abondamment représentées. Elles volent aussi le jour, comme les chéiroptères; la plupart proviennent de chenilles velues. Les argynnes voltigent en grande quantité dans les endroits secs et caillouteux; quelques espèces, telles que le tristan brun, la mégère, et le damier, paraissent venir de la plaine; un grand nombre d'autres appartiennent proprement à notre région. Des rouleuses, des teignes, des pyrales ornées de magnifiques couleurs à reflets métalliques, vivent encore en très-grand nombre dans les buissons des Alpes. Plus haut, ce sont les satyres qui dominent, mélangés avec les argus, les vanesses et les piérides de la plaine. Les montagnes, du reste assez mal explorées jusqu'ici sous ce rapport, ne possèdent pas de papillons d'une beauté extraordinaire, mais un grand nombre cependant de fort jolis : la verge d'or d'un rouge jaune brillant; l'*Hipparchia* d'un brun foncé à yeux blancs, et l'*Hipparchia* brune, ponctuée de noir, hôte constant des Alpes, qui rôde chez nous comme sur les Pyrénées jusqu'à la limite des neiges, avec un grand nombre de congénères; une *Pontia* blanche tachetée de noir; la *Zygæna exulans* bleue et rouge, qu'on rencontre jusqu'en Laponie et dont la chenille, noire avec des raies de points rouges, a été trouvée au Stockhorn (6,570 pieds); la *Phalæna Sempronii*, découverte pour la première fois sur le Simplon, mais qui n'appartient certainement pas exclusivement à cette montagne; la pyrale *Herminia modestalis* trouvée près de Saint-Moritz, le *Botys sororialis*; et beaucoup d'autres encore dont les couleurs prédominantes sont obscures.

Ce n'est que récemment que l'attention des naturalistes s'est fixée sur les changements que les différences d'altitude apportent régulièrement dans le *coloris* et les *formes* de quelques genres entiers et de quelques sous-genres de papillons. Les modifications de coloris et de grandeur relative qui sont le résultat de la latitude, de la température et de la saison, sont produites à un bien plus haut degré par le plus ou moins d'élévation et par la constitution géologique du sol. La végétation du granit, du calcaire, du schiste ou de la molasse, sur laquelle l'animal reçoit les influences déterminantes pour son développement, agit d'une manière aussi variée que peut le faire le séjour habituel de l'animal dans des localités tourbeuses et humides, ou dans des prairies découvertes, ou sur des bandes de rochers réchauffées par le soleil. Longtemps encore nous n'aurons que des observations incomplètes sur les différences de forme et de couleur produites dans le monde des Alpes par l'influence de l'altitude; cette influence elle-même doit varier infiniment suivant les localités; mais en général on a constaté sur les hauteurs un rapetissement des espèces de la plaine, et, chez les argynnes, un alongement des ailes antérieures, tandis que le *Polyommatus Dorilis* se présente souvent sous une variété plus grande, teintée de gris cendré en dessous. Au point de vue des couleurs on n'a pas encore, comme pour les coléoptères, et en partie aussi pour les crustacés (plusieurs espèces de *Lithobius*), reconnu une tendance bien caractérisée dans les variations alpines. Chez les uns, les teintes rougeâtres et jaunâtres s'altèrent et s'obscurcissent, et le dessous des ailes passe du gris au brun; chez les tortues, le rouge-feu devient plus vif; chez les femelles des pontias la surface supérieure des ailes s'assombrit, tandis que chez celles de l'arg. Palès elle prend de beaux reflets; l'arg. Niobé présente une variété (*Eris*) sans taches d'argent; enfin chez d'autres (les hespéries), les taches blanches de la surface supérieure deviennent plus petites, les couleurs de la surface inférieure s'effacent et se ternissent. Des observations plus étendues et plus complètes pourraient bien prouver en définitive que la hauteur exerce sur le coloris de la plupart des lépidoptères une influence inverse de celle qu'elle produit sur les fleurs alpines. Celles-ci ont des couleurs plus vives, plus tranchées, plus pures, plus intenses, tandis que les papillons prennent en général des nuances plus indécises, moins tranchées, plus obscures.

Nous avons déjà vu que dans la région montagneuse l'ordre des *Coléoptères* est le plus nombreux de tous, bien qu'un grand nombre échappent facilement au regard, soit parce qu'ils vivent dans la terre ou rampent à sa surface, soit parce qu'ils sont d'une extrême petitesse. Quoique moins abondants dans la région alpine, ils y conservent hautement la prépondérance. De tous les habitants des Alpes ce sont les plus abondants : dans les districts mêmes les plus sauvages et les plus désolés, où on ne rencontrerait pas un petit oiseau, un papillon, à peine une mouche, on pourra, en cherchant dans la mousse, sous les feuilles radicales, rudes et fermement contournées des plantes, entre les cailloux et sous les pierres, réunir en quelques minutes un certain nombre de coléoptères.

A quoi bon cette prodigieuse dissémination d'espèces? D'entre les myriades d'invertébrés qui habitent les hautes montagnes, c'est à peine s'il en est un qui soit pour nous de quelque utilité immédiate. Parmi les lépidoptères du monde entier, le ver à soie seul nous rend directement des services ; parmi les coléoptères, la cantharide et peut-être le méloé, puis indirectement tous les carnassiers; tandis que les dommages que causent les insectes sont quelquefois si considérables qu'ils vont jusqu'à ruiner pendant longtemps des contrées entières et menacer même l'existence de l'homme. Des 6 à 800 espèces de coléoptères dont les innombrables essaims pullulent dans les Alpes, nous ne pouvons pas en citer une seule qui soit vraiment utile. D'un autre côté, comme la nature ne produit rien sans une haute sagesse et sans un but déterminé, et que nous la voyons pourvoir avec une évidente sollicitude à la conservation des espèces, nous devons en conclure que si nous ne pouvons pas prononcer, à l'occasion de ces petits animaux, le mot quelque peu équivoque d'*utilité*, leur importance indirecte doit être d'autant plus grande. La nature dans ses créations ne tend pas précisément à l'utile, dans le sens ordinaire de ce mot : c'est plutôt à fournir par la manifestation de ses forces infinies une large base au développement de l'esprit. Et ce que nous avons acquis de connaissances suffit à nous convaincre qu'elle atteint ce but de la manière la plus admirable, bien que nous ne puissions encore saisir dans les détails la nécessité de certains chaînons de son système. L'importance du monde des animaux inférieurs ne peut être comprise que par ses rapports étroits avec l'idée de la création dans son ensemble; et celle des insectes en particulier, à l'existence desquels se lient si intimement plusieurs classes d'animaux, doit être cherchée dans le lien que cet ordre établit avec d'autres, tout en les circonscrivant et en y maintenant un juste équilibre. Et cette importance des insectes doit être grande dans le système général de l'économie naturelle, à en juger du moins par la multitude des espèces créées (en Allemagne seulement on compte jusqu'ici 4,000 espèces de coléoptères), et par la masse infinie des individus, auxquels la puissance créatrice a donné des lois constantes et des formes organiques remarquablement développées.

En considérant maintenant les espèces indigènes dans la région des Alpes, les données suivantes pourront déjà nous faire pressentir le but particulier de la nature. Les insectes les plus redoutables pour le tapis de gazon qui recouvre le sol, s'arrêtent déjà à la moitié inférieure de la région montagneuse. Les coléoptères qui rongent le bois disparaissent en tous cas avec la région des forêts; les coléoptères porte-bec, qui se nourrissent de feuilles et de fruits, y diminuent considérablement; ainsi que les scarabées aquatiques, du reste peu nombreux, des lacs souvent marécageux des Alpes, et les coléoptères qui vivent dans les charognes et les moisissures. Les bousiers, au contraire, sont comparativement abondants; mais les plus communs d'entre tous sont les coléoptères carnassiers, et en particulier les coureurs, qui en sont les représentants les plus élevés. Ceux qui se nourrissent d'herbes diminuent aussi d'une manière frappante. Parmi ceux qui vivent de corps en décomposition, nous voyons successivement disparaître ceux qui rongent les champignons, les écorces, les farines et le lard; nous avons pourtant retrouvé les coléoptères des écorces entre 6 ou 7,000 pieds dans les forêts des Alpes rhétiques, en particulier sur les mélèzes, les aroles et les pins nains, en différentes espèces et en individus innombrables; les bousiers seuls persistent, ainsi que la plupart des carnassiers. Comme pour les papillons, les rapports ici se renversent. Dans la plaine, les carnassiers forment à peine un tiers de la faune des coléoptères, ceux qui vivent de plantes en forment, au contraire, près de la moitié. Dans les hautes montagnes, les carnassiers forment les deux tiers des coléoptères de la région alpine supérieure (dans la région des neiges plus des trois quarts); ceux qui se nourrissent de végétaux n'en forment plus qu'un sixième. Il est évident que cette prédominance des coléoptères carnassiers est singulièrement favorable à la végétation, depuis la feuille exiguë des gazons jusqu'au feuillage et aux fleurs des buissons et des arbrisseaux, végétation qui est elle-même la condition nécessaire à l'existence de formes organiques plus élevées. Ces proportions d'ailleurs se modifient précisément en rapport de la force de la végétation; et cela tellement en faveur de celle-ci, que tandis que dans la plaine le nombre des coléoptères surpasse notablement en espèces celui des plantes phanérogames, dans la région alpine supérieure les dernières sont au moins deux fois plus nombreuses que les premiers.

Les différences d'altitude produisent encore sur les insectes des modifications d'une nature particulière. Une des choses qui frappent le plus celui qui visite nos Alpes, c'est l'obscurcissement des couleurs dans les coléoptères alpins, comme en général dans un grand nombre d'insectes. Plus nous nous élevons, plus nous voyons les scarabées qui vivent dans les trous, comme ceux qui habitent sur les plantes, dans les fumiers ou dans l'eau, devenir unicolores. Ceux qui sont le plus répandus dans les Alpes sont en général noirs ou d'un brun foncé; et ceux qui dans les zones inférieures sont ornés de couleurs à reflets métalliques, deviennent dans les hauteurs d'un noir uniforme. Une foule de coléoptères verts et cuivrés sont sur les hautes Alpes d'un noir pur, un petit nombre seulement d'un bleu d'acier et d'un bleu foncé; ceux qui sont bruns, olivâtres, et d'un vert doré, passent également au noir pur ou au noir bleuâtre; même la *Chrysomela alpina* jaune, devient noire sur les Alpes. D'où peut provenir ce changement frappant qui se reproduit dans les coléoptères des régions glaciales et en particulier de la Laponie, tandis que les fleurs prennent au contraire un coloris d'autant plus pur que l'altitude à laquelle elles s'épanouissent est plus considérable? Les boutons et les fleurs ne vivent que dans l'air et à la lumière. L'air plus léger des Alpes favorise l'action des rayons solaires, et par cela même la coloration des fleurs. Les insectes des Alpes vivent au contraire la plus grande partie de l'année (à 5,000 pieds pendant 7 $\frac{1}{2}$ mois, à 7,000 pendant 8—9 mois) sous une épaisse couche de neige, dans une obscurité profonde, et se métamorphosent en partie dans ces ténébreuses retraites. Ils sont ainsi pendant la plus grande partie de leur vie soustraits aux vives influences de la lumière et portent la sombre livrée de leur séjour habituel.

Une autre particularité des coléoptères alpins, c'est que les espèces qui comptent le plus grand nombre d'individus sont complétement *aptères*, c'est-à-dire dépourvues d'ailes; les genres mêmes qui ne possèdent encore dans la région montagneuse que des espèces ailées, n'en fournissent plus ici que de non-ailées; organisation protectrice, sans doute, puisque ceux de ces petits animaux qui peuvent voler se perdent continuellement dans des champs de neige et de glace où ils périssent, comme nous l'avons si souvent observé pour des papillons égarés; tandis qu'il est bien rare de rencontrer errant sur les neiges un scarabée non-ailé.

Dans notre région c'est sous les pierres et dans des trous en terre que vivent la plupart des coléoptères, même les chrysomèles et les rhyncophores, qui plus bas habitent dans les broussailles et les buissons. Pour les animaux, comme pour les plantes, la vie semble craindre la froidure de l'air libre et rechercher la chaleur de la terre. De plus les coléoptères, même les espèces qui dans la plaine vivent solitaires, ont ici comme les plantes une tendance marquée à se réunir en familles, en sociétés.

Les coléoptères présentent aussi, comme les insectes en général, des particularités qui tiennent à certains districts et à certaines localités de la zone. Ce sont tantôt des familles entières, tantôt des groupes particuliers qui prédominent et donnent à la faune sa physionomie spéciale; partout se rencontrent quelques espèces rares. Les Alpes rhétiques possèdent moins de chrysomèles que les Alpes du nord; mais par contre elles ont plus de rhyncophores. Un fait remarquable, c'est que les Alpes rhétiques ont aussi plus d'espèces communes avec la Laponie que les dernières. Il est vrai de dire qu'il n'y a qu'une bien faible portion de l'ensemble des Alpes qui ait été étudiée, sous ce rapport, avec la finesse d'observation et le talent de combinaison dont a fait preuve l'excellent docteur Heer dans ses études de quelques parties de la chaîne orientale. Dans beaucoup de cantons ce qu'on sait sur la distribution géographique des insectes n'est rien ou à peu près; cependant nous ne doutons pas que les lois générales de répartition qui ont été signalées ne se retrouvent partout les mêmes et que leur constance ne soit un jour démontrée.

Nous sommes beaucoup plus heureux en ce qui concerne les animaux vertébrés et tout particulièrement la petite classe des *Reptiles* dont il n'est probablement aujourd'hui aucune espèce qui soit tout à fait inconnue, quoique peut-être on n'ait pas encore suffisamment constaté leurs rapports réciproques et leur répartition verticale.

Tandis que la grenouille verte ne dépasse pas la région montagneuse, la *Grenouille brune* (*Rana temporaria*), dont la distribution horizontale s'étend de la Sicile en Laponie, se rencontre également dans toute la région alpine, et même à la fin d'octobre, après que les hauteurs avaient été déjà deux fois entièrement couvertes de neige, nous l'avons trouvée en pleine activité entre 5 et 6,000 pieds. Pendant la période aquatique de son existence, elle peuple en grande quantité la plupart des eaux des Alpes centrales (par ex. l'Oberalpsee 6,220 pieds, le petit lac du Saint-Gotthard 6,300 pieds, le Todtensee au Grimsel 6,615 pieds) jusqu'à près de 8,000 pieds. Ce petit animal a la vie d'une dureté vraiment étonnante. Si dans la plaine il passe le plus souvent l'hiver enfoncé dans la vase, privé d'air et de nourriture, dans les Alpes, où les réservoirs d'eaux sont souvent sur un fond rocheux et gèlent entièrement, c'est de préférence dans des tas de débris ou dans des trous en terre qu'il se cache pendant cette saison. Dans la montagne, c'est sous une couche épaisse de glace qu'il s'accouple, que vivent ses œufs et ses larves. Il n'est pas probable que ses métamorphoses, qui d'ailleurs exigent une période aquatique de 3 mois, s'accomplissent en un seul été dans les eaux glacées de ces lacs élevés. Ses larves hibernent vraisemblablement sous la glace, et quelquefois dans la glace même pendant neuf mois, où elles se maintiennent vivantes grâce à une abondante excrétion muqueuse qui les entoure et retient le calorique autour d'elles. La grenouille verte n'a pas de variété alpine; celle qu'on avait prétendu créer au moyen de quelques caractères particuliers, comme la taille plus forte en moyenne et la couleur souvent d'un jaune-orange vif du ventre chez la femelle, se retrouvant aussi bien dans la plaine.

On trouve aussi le crapaud commun (on croyait également en avoir reconnu une variété alpine) dans les trous et la mousse humide au-dessus de la limite des bois jusqu'à 6,200 pieds. La faculté qu'il a de pouvoir jeûner pendant des mois, sans danger pour sa vie, fait qu'on le rencontre même dans les districts les plus pauvres en insectes.

C'est dans les mêmes localités, mais toujours sur des places humides, et assez souvent en petites sociétés, que se montre, de préférence sous des troncs d'arbres en décomposition, la *Salamandre noire*, dont les petits accomplissent leur période branchiale dans le sein de leur mère et naissent tout vivants. C'est un véritable animal des montagnes, depuis 2,000 à 7,000 pieds et plus, qui manque cependant à l'Engadine. Les montagnards s'en servent comme de pronostic du temps : ils disent que la pluie tombera certainement avant la fin du jour quand, par un temps sec, ils ont vu les salamandres noires se montrer le matin de bonne heure en grande quantité. C'est presque dans toutes les parties des Alpes, et dans les Grisons jusqu'à près de 7,000 pieds, que se rencontre le joli *Triton alpestre* (*Triton alpestris*, Schneider ; *T. Wurfbainii*, Laur.), mais qui ne leur appartient point exclusivement, puisqu'on le trouve aussi dans la région inférieure et même assez communément dans la plaine. Il varie tellement de couleur et de taille suivant la localité, l'âge, le sexe et la saison, il présente tant de différences sous ces deux rapports à la même époque de l'année, dans le même sexe et dans les mêmes lieux suivant les individus, qu'il est difficile d'en donner une description générale qui satisfasse et qu'il a été impossible, d'un autre côté, d'en faire plusieurs espèces ou variétés convenablement caractérisées. Ce petit animal mesure environ 3 pouces de longueur et a ordinairement la peau lisse. Dans sa robe aquatique ou de printemps le mâle est en dessus d'un bleu ardoisé, tacheté quelquefois de blanc sale sur la queue, en dessous d'un jaune rougeâtre, tacheté de noir sous la queue, marqué sur les flancs depuis la gueule jusqu'à l'anus d'une bande jaune d'or, tachetée de noir, au-dessous de laquelle existe entre les membres une autre bande d'un bleu clair sans taches. Il porte sur le dos depuis l'arrière de la tête jusqu'à l'extrémité de la queue une petite crête jaune, tachetée de noir. Les pattes sont en dessus grises et jaunâtres avec des points noirs. La femelle est au contraire à la même époque grise en dessus, ou jaunâtre, ou vert clair, toujours marbrée de brun foncé, et en dessous d'un jaune tantôt clair, tantôt rougeâtre, avec ou sans taches, marquée sur les flancs d'une ligne d'un gris clair, ponctuée de noir ; elle n'a jamais de crête sur le dos. Dans les Alpes, la coloration du mâle est dans la règle plus foncée, souvent d'un brun profond en dessus, avec ou sans marbrures noires, le dessin des flancs quelquefois complétement effacé, la crête nulle ou très-réduite. Les couleurs de la femelle y sont encore plus variables que dans la plaine et la peau dans les deux sexes est un peu grenue. Dans sa robe d'automne ou de terre le mâle, à la montagne comme dans la plaine, a la crête et la queue plus courtes, le coloris des parties supérieures plus uniforme, allant du gris brun au noirâtre, le dessous d'un jaune rougeâtre; la femelle est alors marbrée de brun sur un fond gris, avec le dessous du corps jaune.

C'est sous cette apparence que ce joli petit animal passe l'hiver, caché sous des pierres ou quelque tronc d'arbre, pour reparaître de bonne heure au printemps, dans les Alpes en mai ou juin suivant la hauteur, se traîner vers les flaques d'eau persistantes et y déposer ses œufs par paquets sur quelques plantes aquatiques. Ces œufs ne tardent pas à éclore; les petits, marbrés de vert et de brun, jaunâtres en dessous, ont achevé toutes leurs métamorphoses en octobre environ et quittent les eaux pour gagner leurs quartiers d'hiver au sec. Les vieux passent aussi l'été dans les eaux stagnantes et se nourrissent d'insectes aquatiques, de petits vers, quelquefois aussi de petits escargots. La cyclade commune (*Cyclas cornea*) qui vit dans les fossés et les mares s'attache quelquefois si fortement aux pattes du triton qu'il finit par les lui faire perdre. Quand on le prend, le triton alpestre fait souvent entendre un son sourd et répand une odeur particulière. — La zone alpine ne renferme pas d'autres espèces de tritons.

Les serpents se montrent également en beaucoup moins grand nombre. Parmi les couleuvres il n'y en a pas une qui habite d'une manière constante la région, bien qu'on puisse rencontrer çà et là dans la partie inférieure une couleuvre à collier ou une couleuvre lisse (par ex. dans les montagnes d'Appenzell, sur le chemin du Grimsel etc.). Des deux seuls serpents venimeux de la Suisse, la vipère rouge se trouve, comme nous l'avons dit précédemment, sur le Jura et dans les montagnes du sud, d'ordinaire dans la région montagneuse, tandis que la *Vipère commune* (*Pelius Berus*) se trouve, au contraire, presque partout dans la région alpine en plus ou moins grande abondance. — Le cosmopolite orvet se maintient encore dans quelques districts de la région, et pourtant il a déjà, dans d'autres localités, disparu plus bas. Il n'est rien moins que rare dans la Haute-Engadine; on l'a même trouvé au Saint-Bernard, bien au-dessus de la limite des bois. On sait qu'il est indigène en Sibérie comme en Afrique.

Le peuple gracieux et agile des lézards n'est pas très-abondamment représenté dans la région. Les formes de la plaine n'atteignent pas même à la limite moyenne des bois; mais à leur place en apparaît une autre vraiment alpine, le *Lézard vivipare* (*Lacerta vivipara*, Jacquin; *L. montana*, Mikan.; *Zootoca pyrrhogastra, montana* et *nigra*, Tschudi). Il se trouve depuis 3,000 pieds jusqu'à la limite des neiges, et même assez fréquemment à 7 ou 8,000 pieds; on l'a même pris au-dessus de Spada longa dans l'Umbraïl à l'altitude de 9,100 pieds. C'est certainement le reptile qui habite le plus haut en Europe; en tous cas il fait preuve d'une résistance de vie étonnante. Il se rencontre exceptionnellement au-dessous de 3,000 pieds, par exemple dans les collines des environs de Saint-Gall et dans le pays d'Appenzell entre 2,400 et 2,600 pieds. Il est probable qu'il se trouve dans toutes les parties montagneuses de la Suisse; d'un autre côté on le rencontre tantôt comme lézard de plaine dans les dunes de sable de Boulogne et les marais tourbeux de Nantes, tantôt de nouveau comme lézard de montagne dans les Pyrénées et l'Oural.

Ce lézard varie tellement de couleur suivant l'âge, le sexe et les localités qu'on a été tenté d'en faire plusieurs espèces distinctes, mais on peut conclure des observations comparatives très-complètes de Fatio que ces prétendues espèces ne doivent être envisagées que comme des variétés. Le lézard vivipare est un peu plus petit que celui des murailles; il a $5^{1}/_{2}$ pouces de long, une tête décidément plus petite, les membres courts, la queue proportionnellement épaisse, diminuant très-peu de grosseur à son extrémité, notablement plus longue dans le mâle; les rangées d'écailles de son ventre sont au nombre de 8. Le dessus du corps est en général chez le mâle d'un gris verdâtre, chez la femelle d'un gris brun, chez l'un et l'autre marqué sur le dos d'une ligne médiane d'un brun foncé ou noire, avec des points et des taches de même couleur sur les deux côtés, limités eux-mêmes par des lignes et des points d'un jaune blanchâtre ; la gorge est ordinairement bleuâtre, souvent aussi avec des reflets roses ; le ventre et la face inférieure de la queue sont chez le mâle d'un jaune-safran avec des points noirs, et chez la femelle tantôt d'un jaune clair, le plus souvent sans points, tantôt roses, plus rarement bleuâtres ou verdâtres, fréquemment avec de beaux reflets métalliques. Comme la vipère commune, ce lézard présente aussi une *variété toute noire* qui a été trouvée sur la Wengernalp, au Rosenlaui, au Saint-Gotthard et dans les montagnes de Coire ; il paraît que ce mélanisme n'affecte dans l'un et l'autre cas que des individus femelles.

Ces charmants petits animaux se tiennent par familles dans les tas de pierres et sous les troncs d'arbres renversés, à l'abri desquels ils se creusent des galeries. Dans les jours chauds ils s'exposent volontiers aux rayons du soleil ou font une chasse active aux petites sauterelles, aux petits scarabées et aux mouches. Ils s'accouplent en mai, et au commencement d'août la mère pond de 3 à 8 petits œufs d'où sortent au même moment de petits lézards longs de 1 ¼ pouce, d'un brun foncé en dessus, d'un gris noirâtre en dessous, avec la queue noire. C'est cette circonstance qui lui a fait donner le nom de vivipare. En captivité ces animaux s'apprivoisent aisément et vont à la chasse des mouches. Quoique plus petit que ses congénères, le lézard vivipare se défend pourtant avec courage et saisit vigoureusement de ses mâchoires la couleuvre qui l'entoure de ses replis. Il présente dans ses mœurs une particularité assez rare : souvent quand il se voit poursuivi, il se précipite tout-à-coup dans la première flaque d'eau qu'il rencontre, s'enfonce dans la vase, et y reste quelquefois très-longtemps sans mouvement, jusqu'à ce qu'il se croie en sûreté pour en sortir.

Avant de quitter la classe des reptiles nous ferons remarquer que le petit nombre de ceux que possède la région alpine, la vipère, l'orvet, le lézard vivipare, mettent tous au monde des petits vivants; tandis que les autres lézards et toutes les couleuvres, dont les œufs ont besoin d'une certaine période de développement en dehors du corps de la mère, ne dépassent pas les régions plus chaudes, qui présentent les circonstances favorables à ce développement. Parmi les batraciens, la salamandre en tout cas, et peut-être le triton alpestre à de grandes hauteurs, sont vivipares, tandis que les œufs et les petits du crapaud et de la grenouille brune sont capables de résister aux froids extrêmes des localités qu'ils habitent, et même, pour la dernière espèce, ensevelis dans une couche épaisse de glace.

LE TICHODROME ÉCHELETTE ET L'ACCENTEUR
DES ALPES.

CHAPITRE IV.

LES ANIMAUX SUPÉRIEURS DES ALPES.

Distribution des oiseaux dans la zone. — Les cols des Alpes et les oiseaux de passage. — Coup d'œil général sur les oiseaux des Alpes. — Le merle à plastron. — La bergeronnette jaune. — L'accenteur des Alpes. — Les pipits. — Le venturon. — L'hirondelle de rocher. — Le martinet à ventre blanc. — Le tichodrome échelette. — Les oiseaux de proie. — Coup d'œil sur les mammifères. — Pauvreté de la région. — La musaraigne alpine du Saint-Gotthard. — Les chamois. — Les grands carnassiers.

Le peuple mobile des oiseaux est, comme on peut le penser, celui qui est le plus nombreux dans la région alpine. Moins lié qu'aucun autre par les limites naturelles des zones, résistant souvent avec une étonnante énergie aux rigueurs du climat, il se retrouve dans toutes les parties de la chaîne des Alpes, avec un nombre d'espèces et d'individus qui peut paraître considérable quand on le compare à celui des autres vertébrés, et qui pourtant suffit à peine à animer quelque peu les immenses étendues de notre région.

La grande masse des oiseaux doit s'arrêter où s'arrêtent les forêts; la limite des bois à feuillage est même pour un grand nombre l'extrême limite de leur séjour. Ceux qui vivent de grains, de baies ou d'autres substances végétales disparaissent les premiers, tandis que les insectivores et les rapaces atteignent la région des neiges. La région alpine inférieure ne possède plus, à beaucoup près, la moitié des oiseaux qui vivent dans la région montagneuse adjacente; la région alpine supérieure, au-dessus de la limite des bois, n'en possède plus un quart. Ce sont les oiseaux de passage qui diminuent de la manière la plus frappante. Tandis que dans les plaines de la Suisse ceux-ci sont avec les oiseaux stationnaires dans le rapport numérique de 1 à $1/3$, dans la région montagneuse ils sont à peine dans celui de 1 à 2, dans la région alpine inférieure de 1 à 3, dans la région alpine supérieure de 1 à 5.

Et cependant il est des époques où les Alpes possèdent plus d'oiseaux que toute autre partie du pays et abritent une quantité infinie des espèces les plus délicates de la plaine ; nous voulons parler du temps des *passages* de printemps et d'automne. Malheureusement, si important que soit ce phénomène pour l'intelligence de l'économie encore obscure sous beaucoup de rapports du monde des oiseaux, il n'a pas été jusqu'ici observé avec une attention suffisante.

Les passages n'ont lieu que dans quelques endroits de la chaîne, et, autant du moins que nous pouvons le savoir, par les cols les moins élevés des Alpes rhétiques, entr'autres le Splügen, le Lukmanier et la Bernina, mais surtout par le Saint-Gotthard, probablement parce que c'est sur ce point que se dirigent de grandes vallées au nord et au sud, et que ce sont là les routes que les oiseaux préfèrent, de même que dans la plaine ce sont les grands cours d'eau qu'ils suivent le plus volontiers. Les passages se font aussi, mais à un beaucoup moindre degré, par le Simplon et le Grand Saint-Bernard. On prétend même qu'un certain nombre d'oiseaux traversent le Saint-Théodule ; mais le fait nous paraît douteux : car à droite et à gauche de ce passage, qui est d'une hauteur extraordinaire, il en existe de bien moins élevés ; en tout cas, il ne peut guère servir qu'aux oiseaux des vallées voisines. Les Alpes bernoises et valaisannes sont en général trop hautes et trop larges, elles n'ont pas d'échancrures assez profondes pour que les oiseaux venus des contrées éloignées y voyagent aisément et que le plus grand nombre les choisissent pour leurs traversées. Les cols que nous avons nommés plus haut servent au contraire de portes de sortie à une très-grande partie des oiseaux voyageurs de l'Allemagne occidentale, probablement aussi du nord de l'Allemagne et de la Scandinavie ; en sorte qu'ils sont sous ce rapport de vraies routes européennes. Quant aux migrations des oiseaux de la Suisse occidentale, elles ont lieu en majeure partie, non par les Alpes, mais par la vallée française du Rhône. Ceux qui, à leur retour de la Sardaigne, de la Sicile et de l'Afrique, veulent rentrer dans la Suisse occidentale, suivent d'abord le cours du Pô; puis ils se séparent, les uns pour traverser directement les Alpes du midi au nord, les autres pour regagner à l'ouest, par-dessus ces montagnes, la vallée du Rhône, et la remonter jusqu'au lac de Genève. Enfermé par des montagnes de trois côtés, au sud, à l'est et à l'ouest, mais ouvert au sud-ouest, le bassin de ce lac réunit ainsi des quantités considérables d'oiseaux du Sud et du Nord.

Comme chaque printemps et chaque automne c'est par millions que les oiseaux effectuent leur passage, on pourrait croire qu'à ces époques tout bruit, tout gazouille, tout s'agite sur les grandes routes qu'ils suivent, et que les vallées environnantes sont littéralement couvertes de ces voyageurs emplumés. Cependant il n'en est rien. Quelques touristes français, en traîneaux de poste, font pendant une heure plus de bruit sur ces hauteurs que l'immense multitude des oiseaux voyageurs de la Suisse et de l'Allemagne réunis, du passage desquels les habitants des montagnes et des vallées semblent à peine se douter, à moins que le mauvais temps ne force les oiseaux à y faire une halte de quelques jours. Cela paraîtrait incroyable si nous ne connaissions les principales dispositions de cette grande migration.

La plus grande partie des oiseaux de passage voyagent de nuit. Ce ne sont pas seulement les rapaces nocturnes et les engoulevents : tous ceux d'un vol peu rapide et peu soutenu, comme les cailles, les bécasses, les becs-fins, les rales, les grives, les canards, voyagent de nuit pour leur sûreté, les uns par petits groupes, les autres tout à fait isolément; en sorte que le passage d'une même famille se répartit sur plusieurs semaines. Une autre partie des émigrants traversent les Alpes soit en petites troupes, soit en bandes immenses, à une telle hauteur au-dessus des montagnes qu'on peut à peine les apercevoir à l'œil nu. A peine une ou deux espèces séjournent-elles quelques heures dans les vallées les plus élevées ; toutes cherchent à effectuer leur passage dans le cours de la matinée ou de l'après-midi, et se hâtent de fuir le froid de ces régions. Si on tient compte de la rapidité du vol qui peut transporter l'oiseau en quelques minutes des vallées de la Suisse sur le versant italien, on comprendra que le passage soit à peine remarqué ; et si on considère combien ce vol rapide est en même temps soutenu, on comprendra pourquoi on observe si peu de points d'arrêt et de stations dans les profondes vallées qui mettent en communication les deux côtés de la chaîne. Il faut enfin rappeler une circonstance importante, c'est que l'époque des passages se prolonge considérablement : au printemps, de février en mai, en automne, depuis le milieu de juillet jusque vers la fin de novembre. Le fait qu'à l'époque des migrations on ne voit pas plus d'oiseaux de proie qu'à l'ordinaire sur la route suivie par les oiseaux voyageurs démontrerait à lui seul qu'il n'y a jamais encombrement sur les passages eux-mêmes. Il est vrai que la rapidité du vol des oiseaux, déterminée par la structure de leurs ailes et de leur queue, varie considérablement ; toutefois, à l'exception peut-être des cailles, des rales et de quelques oiseaux analogues, il n'y en a probablement aucun qui ne puisse en un jour ou en une nuit, quand il n'est pas arrêté par quelque accident, franchir aisément l'espace qui sépare le lac de Constance des plaines de la Lombardie ; tandis que ceux à ailes longues et étroites, les pigeons, les hirondelles, les martinets, les alouettes, les faucons pèlerins et autres excellents voiliers, qui tous voyagent pendant le jour, peuvent en un seul, depuis les frontières septentrionales de la Suisse, atteindre en droite ligne et d'une seule traite la campagne de Rome ; en sorte que le passage au-dessus des Alpes, observé en un point particulier, doit s'opérer avec la rapidité de l'éclair, même alors qu'il se fait *contre* le vent, ce que tous les oiseaux de passage préfèrent. Dans le vol, le vent arrière en soulevant les plumes, en gênant les mouvements de la queue et en frappant le dessous de l'aile étalée, fatigue vîte l'oiseau et dérange sans cesse son plumage ; tandis que le vent debout, reçu par la face antérieure convexe de l'aile et maintenant les plumes en bon ordre, serrées contre le corps, favorise au contraire les mouvements et la progression.

On a lieu de s'étonner qu'avec une pareille puissance de vol, les oiseaux s'inquiètent de la hauteur des passages et qu'ils choisissent, pour traverser les Alpes, leurs échancrures les plus basses. On devrait croire que ces voyageurs emplumés qui aujourd'hui passent la nuit en Souabe et demain la passeront en Lombardie, pourraient tout aussi bien franchir la chaîne des montagnes au-dessus de la Bernina, du Mont-Rose ou du Finsteraarhorn. Mais au-dessus de 8 ou 10,000 pieds il y a un trop grand changement dans la constitution de l'atmosphère pour que tous les oiseaux, malgré la haute chaleur de leur sang, puissent s'en trouver bien ; ils y respirent plus difficilement et s'y fatiguent beaucoup plus vîte qu'à 3 ou 4,000 pieds plus bas. Différents oiseaux mis en liberté à de grandes hauteurs par des aéronautes qui les avaient emportés avec eux dans leurs ascensions ont refusé de prendre le vol dans cette atmosphère raréfiée et pauvre en oxygène. Si pourtant on les y forçait, ils se précipitaient comme des balles de plomb dans les couches inférieures de l'air. A une pression atmosphérique de 12,04 pouces seulement, à laquelle les aéronautes souffraient de violentes congestions, les oiseaux périssaient, ou, incapables de voler, restaient étendus sur le dos. Un grand nombre ne pourraient résister ni à la rigueur des froids secs qui règnent au printemps et en automne sur ces gigantesques sommets et que le soleil peut à peine tempérer, ni à l'âpreté des vents, ni aux phénomènes qui accompagnent les chutes fréquentes de neige et de glaciers. Sous ce rapport, les oiseaux n'ont pas tous la même force de résistance. On a trouvé des colibris encore vivants dans les tourbillons de neige de la Terre-de-Feu et aux limites des névés des Cordillères, tandis qu'il n'est pas rare de rencontrer dans les Pyrénées des hirondelles mortes de froid. Il est probable aussi que les oiseaux qui viennent de la région montagneuse ou de la région alpine sont moins difficiles dans le choix de leur route à travers les Alpes, tandis que les fauvettes, ainsi que les oiseaux à vol lent et lourd, qui restent pourtant tout au plus un quart d'heure sur le haut du passage, choisissent certainement les cols les plus bas.

On sait que parmi les oiseaux qui vivent par paires, les mâles, plus agités et plus robustes, nous arrivent communément du Midi quelques jours plus tôt que les femelles et partent en automne après elles; dans quelques espèces, les femelles seules émigrent, les mâles restent dans le Nord. Le terme du voyage est très-différent suivant les espèces. Les unes prennent déjà leurs quartiers d'hiver dans les plaines de la Lombardie ou dans l'île de Sardaigne, d'autres en Sicile et en Espagne, dans le nord de l'Afrique (beaucoup plus dans la vallée du Nil que dans la Barbarie), d'autres encore vont jusqu'au Sénégal, peut-être aussi fort avant dans le haut plateau inconnu du continent africain. Mais les observations recueillies à ce sujet sont incertaines et incomplètes et nous ne savons pas encore d'une manière précise où passent l'hiver les hirondelles, les coucous, les loriots et la plupart des oiseaux chanteurs. Si on pouvait étudier le passage des oiseaux sur les montagnes avec quelque exactitude, il est probable qu'on découvrirait bien des associations qui nous échappent. Les hirondelles de cheminée passent par le Saint-Gotthard, tandis que les hirondelles de rivage et celles de rocher suivent avec les martinets une autre direction. Un grand nombre des oiseaux du Nord s'arrêtent en Suisse pendant quelques jours avant de continuer leur voyage à travers les Alpes, et on les y rencontre encore quand les mêmes espèces indigènes sont déjà parties depuis quelque temps. Mais les espèces des contrées glaciales prennent la plupart leurs quartiers d'hiver en deçà des Alpes; c'est le cas pour une quantité de canards, de mouettes, de plongeons, de grèbes, de pinsons d'Ardennes, de sizerins, de linottes, de tarins, de freux et de corneilles mantelées, de jaseurs de Bohême, et, dans les années rigoureuses, pour quelques espèces d'oiseaux de proie, les buses, les éperviers, les hiboux.

Les premiers oiseaux qui au printemps, souvent déjà au milieu de février, traversent de nouveau les Alpes sont les cigognes, les étourneaux, les pipits des buissons, les pinsons, les choucas, les rouges-gorges et les rouges-queues, les bruants, les traquets motteux et les alouettes des champs. En mars, arrivent les faucons pèlerins, les buses, les bécasses, les pigeons sauvages, les hochequeues, les milans, les hiboux, avec un grand nombre d'oiseaux aquatiques, de marais et de rivage. En avril, ce sont les hirondelles de cheminée et de fenêtre, les coucous, les grives et la plupart des autres chanteurs. A la fin d'avril ou au commencement de mai, ce sont les rossignols, les gobe-mouches, les martinets, les pies-grièches, les rolliers, les cailles, les engoulevents, les loriots, les traquets, etc.

C'est déjà en août que les martinets, les coucous, les loriots, les gobe-mouches, les becs-fins de marais, les gorges-bleues, les hippolaïs repassent les Alpes, souvent aussi les cigognes, comme par exemple ces 90 ou 100 individus qui, le 8 août 1853, s'abattirent sur les toits du village de Zunzgen dans le canton de Bâle-Campagne, y passèrent la nuit, et, après avoir fait le lendemain un copieux déjeuner dans les champs d'alentour, remontèrent dans les airs et partirent dans la direction du sud. On n'a jamais observé le passage d'une cigogne par le Saint-Gotthard. Comme elles sont cependant très-communes dans le canton d'Argovie et le Rheinthal saint-gallois, il est probable qu'elles s'en vont par les passages de Genève et des montagnes rhétiques. On voit aussi presque chaque année à Genève, et principalement en automne, des vols de cigognes noires (ordinairement de jeunes individus), qui comme les grues ne sont chez nous que de passage. Suivent en septembre tous les oiseaux qui ont achevé leur mue et dont les petits ont acquis les forces nécessaires pour le voyage, en particulier les hirondelles, les bécasseaux, les poules d'eau, un grand nombre de becs-fins et d'autres; de telle sorte que vers la fin d'octobre tous les chanteurs insectivores, les bergeronnettes, les motteux, les pies-grièches (à l'exception de la grise qui passe l'hiver chez nous), les cailles, les grives, les hirondelles, les étourneaux, les alouettes, les plongeons, la plupart des rapaces, ont effectué leur passage. Jusqu'à la fin de novembre on voit encore passer quelques oiseaux du Nord et des oiseaux aquatiques. Quelques poules et quelques bécassines restent en Suisse pendant l'hiver.

Quant à l'époque de migration d'une même espèce, elle varie tout au plus d'une vingtaine de jours, mais en tous les cas le plus fort des passages tombe régulièrement sur l'équinoxe. Une chose également curieuse, c'est qu'il est quelques oiseaux, les grues, par exemple, et les oies sauvages (ces dernières passent souvent déjà en septembre, mais quelquefois aussi jusqu'en novembre, dans le nord de la Suisse), qui ne traversent les Alpes que dans quelques années, souvent aussi une fois seulement par année, et dans ce cas, en automne plutôt qu'au printemps. Si au printemps le fœhn souffle d'une manière continue sur les hautes montagnes, il retarde souvent l'arrivée des oiseaux du Midi ou même les force à prendre une tout autre direction. Le même vent occasionne quelquefois en automne des entassements considérables d'oiseaux de passage : c'est ainsi qu'à la grande satisfaction des chasseurs, il y eut en octobre 1860 un rassemblement remarquable de cailles à Genève, et, en octobre 1862, de bécasses dans toute la région de la partie sud-ouest du Jura.

L'époque de l'arrivée comme celle du départ des oiseaux de passage ne varie que de peu de jours, qu'il s'agisse des districts de montagne ou de ceux de plaine. Ainsi d'après une moyenne de 4 ou 5 années le premier chant du coucou se fait entendre à Zurich (1,270 pieds) le 30 avril, et à Bevers (5,270 pieds) le 1er mai; l'arrivée des hirondelles de cheminée tombe à Zurich sur le 19 avril, à Bevers sur le 27 du même mois; le départ de ces dernières a lieu à Zurich le 12 septembre, à Bevers le 13, tandis qu'elles ne quittent d'ordinaire Coire que du 22 au 30.

Le nombre des oiseaux qui habitent *exclusivement*, été et hiver, la région alpine doit être fort petit, car, pendant cette dernière saison, elle ne peut leur offrir aucun insecte et bien peu de substances végétales ou animales. Aussi remarque-t-on chez les oiseaux des Alpes, à l'entrée de la saison la plus rigoureuse, un déplacement de haut en bas qui correspond au déplacement des oiseaux de passage dans la direction horizontale. La plupart des oiseaux alpins sont donc erratiques; les aigles et les vautours eux-mêmes descendent en hiver jusque près des villages de la vallée. Sous ce rapport, les circonstances sont bien autrement favorables en été, en particulier dans la partie boisée de la région, comme cela ressort de ce que nous avons déjà dit dans notre description botanique et entomologique de cette zone. C'est pourquoi nous y trouvons stationnaires dans les hautes forêts et dans les districts correspondants de pâturages ou de rochers un nombre assez considérable d'oiseaux de la région montagneuse et de celle des collines.

Dans ces hautes vallées privilégiées du massif rhétique où l'ensemble de la végétation s'élève à une hauteur extraordinaire, les limites supérieures de l'ornis se déplacent aussi d'une manière frappante. C'est ainsi qu'à Sils et à Silvaplana (5,800 pieds et plus) dans la Haute-Engadine, nous trouvons des coucous, même des huppes, des hirondelles de fenêtre, des moineaux, aujourd'hui cependant moins nombreux qu'autrefois, et des rouges-gorges; c'est ainsi encore que nous voyons nicher dans les mêmes localités le bec-fin Natterer (*Phyllopneuste Nattereri*) et les deux rouges-queues, tandis que le pouillot (*Ph. trochilus*) et le bec-fin siffleur (*Ph. sibilatrix*), la fauvette des jardins et celle à tête noire s'y trouvent souvent, mais, à ce que nous croyons, sans y nicher. Le rossignol lui-même à son passage reste quelque temps dans le haut de la vallée. Parmi les oiseaux qui y sont stationnaires, nous comptons le bouvreuil, le bec-croisé, le pinson (qui y niche encore à 6,500 pieds), la linotte, le grimpereau, le torcol, le ramier, les poules d'eau, les grèbes, les mouettes, tandis qu'ailleurs ces espèces ne montent jamais aussi haut. A ces hauteurs tout alpines, nous voyons encore çà et là une alouette des champs ou un rale de genêt;

les cailles montent jusqu'à 5,800 pieds environ, au-dessus de Campfer, et nichent encore à Pontresina (5,500 pieds), mais les pies y ont beaucoup diminué. Le pinson des Ardennes et le freux s'y montrent quelquefois en hiver.

Le beau pic tridactyle, le pic cendré et le pic noir frappent les troncs à coups redoublés dans les forêts d'aroles, de sapins et de mélèzes, et accompagnent ces travaux de leurs cris perçants. Le premier va jusque dans les plus hautes forêts, le pic épeiche et le pic mar vont presque aussi haut; les autres pics restent plutôt dans la région plus basse des sapins. Le pic vert est encore très-nombreux dans certains districts, et à Seevis, dans le Prätigau, il pousse l'effronterie jusqu'à pratiquer de grands trous dans les contrevents fermés des maisons. Le geai n'est plus commun dans la région; mais le *Casse-noix*, au contraire, dans les districts qu'il habite, va jusqu'à la limite des bois, par exemple, dans le canton d'Appenzell et dans l'Oberland bernois, mais tout particulièrement dans les Grisons, où il se montre en grandes troupes et où on entend ses cris désagréables jusque dans le voisinage des glaciers; il va dans les bois d'aroles à la quête des amandes qu'il emporte par 30 ou 40 à la fois dans ses abajoues. Il n'est pas prouvé qu'il les dégorge pour en faire une provision d'hiver. Il est remarquable qu'on n'ait jamais rencontré son nid dans les Grisons, mais on l'a trouvé au Schäfler dans le canton d'Appenzell. Il niche sans doute au premier printemps, alors que la neige rend encore les hautes forêts alpines inabordables. En captivité il se nourrit de noix, de viande crue, de pain etc., s'habitue aisément à voler librement autour de la maison, et fait grand plaisir par sa familiarité, la vivacité et l'originalité de ses manières. Quand on lui donne une noix, il la prend avec la patte, et la frappe avec le bec à coups redoublés, tenant la tête relevée de la façon la plus grotesque. Si la noix lui échappe, il la reprend avec une agilité extraordinaire et la casse, ou bien, s'il est rassasié, il va la cacher dans quelque trou de souris, où il l'enfonce péniblement et à force de coups de bec quand l'ouverture est trop petite. Son chant mêlé de sons criards n'est pas précisément agréable. Nous trouvons encore en été çà et là, dans la région alpine, le tarin, qui y niche en certains endroits, exceptionnellement (plus souvent dans l'Engadine) la sitelle, plus fréquemment le grimpereau, que nous avons rencontré à la fin d'octobre dans une forêt de montagne à près de 5,000 pieds, puis le chardonneret, le pinson commun et les troupes babillardes des becs-croisés, plus abondamment les deux mésanges charbonnières et la mésange huppée. La mésange nonnette ne se trouve pas volontiers dans les bois au-delà de 3,500—3,800 pieds, mais à partir de cette altitude jusqu'à 7,000 pieds environ elle est remplacée par une espèce voisine et cependant présentant des caractères distinctifs constants. Elle a été pour la première fois reconnue comme espèce par un observateur de mérite, Conrad de Baldenstein, dans les Grisons, et décrite en 1827 sous le nom de Nonnette de montagne (*P. cinereus montanus*). Il n'y a donc que justice de la part de l'ornithologie suisse à donner à cet oiseau le nom de *Mésange de Baldenstein* (*P. Baldensteinii*), puisqu'il est également constaté que la *P. borealis* du Nord, décrite par de Selys seize ans plus tard, et la *P. alpestris* décrite plus tard encore par Bailly dans son ornithologie de la Savoie, sont identiquement les mêmes que la nôtre.

La mésange de Baldenstein est en somme un peu plus grosse et plus fortement bâtie que la nonnette et s'en distingue par sa calotte d'un noir brunâtre, se prolongeant jusque sur le dos, le noir de la gorge plus étendu, les taches blanches des joues plus grandes, la teinte gris cendré du dos passant au brunâtre bleuâtre, les rémiges et les rectrices plus noirâtres, les pieds également noirâtres. Les plumes du dos, surtout dans le plumage d'hiver, sont notablement plus longues que dans la nonnette, soyeuses, d'un gris cendré avec un faible glacis rougeâtre. Pour le port et les mœurs elle ressemble beaucoup à la nonnette ; elle se creuse dans les troncs pourris des sapins et des mélèzes, comme la nonnette dans les vieux saules, une cavité pour y disposer son nid, se contente même quelquefois pour cela d'un trou de souris, et niche suivant l'altitude en juin ou en juillet. Son cri d'appel, *tsi-dê* ou *tsi-dé-dé*, ou simplement *dé-dé*, ressemble assez à celui de la nonnette, mais le *dé* est beaucoup plus bas et plus prolongé, en sorte que les deux espèces peuvent se distinguer même à distance. La mésange de Baldenstein se rencontre souvent en compagnie d'autres espèces, mais la température la plus rigoureuse n'est que rarement pour elle un motif de descendre dans les forêts moins élevées. Elle semble presque complètement insensible au froid et nulle part les graines de sapins ne lui manquent. C'est une des mésanges les plus communes dans l'Engadine, mais on la trouve partout dans les forêts alpines des Alpes bernoises et vraisemblablement aussi dans celles du Valais, ainsi qu'au Salève, près de Genève, où on en rencontre une variété un peu plus petite, avec quelques légères modifications dans les teintes, le *P. alpestris* de la Savoie.

Les bruants, à l'exception du bruant jaune, paraissent rarement dans la montagne hors de l'époque du passage; il est donc assez étrange de voir l'ortolan (*Emberiza hortulana*) habiter l'Engadine en été et même y nicher, comme autrefois il nichait fréquemment dans les vallées grisonnes en général. Le rossignol de muraille, et surtout le rouge-queue, se trouvent partout dans les Alpes et appartiennent au petit nombre des animaux de montagne qui suivent avec confiance les traces de l'homme. On voit souvent le dernier posé sur un bloc au milieu de la neige et attendant sans crainte le voyageur. Quand en automne les troupeaux sont déjà depuis longtemps descendus dans la vallée, il voltige encore gaiement avec l'accenteur autour des chalets abandonnés. On a aussi trouvé le rossignol de muraille sur le glacier supérieur de l'Aar. Le troglodyte sautille avec autant de prestesse et de gaieté sous les arbres rabougris des Alpes, jusqu'à 7,000 pieds au-dessus de la mer, que dans les broussailles des forêts et les haies de la vallée. C'est un des rares oiseaux sédentaires de la plaine qui montent en été jusque sur les hautes Alpes; il y niche même assez fréquemment; les roitelets, ses compagnons de table ordinaires, ne le suivent pas aussi loin.

Le traquet motteux se promène avec agitation sur les rochers; le traquet pâtre sur les pâturages et autour des buissons. Le traquet tarier se voit encore ici dans plusieurs districts. On épargne ce joli petit oiseau avec d'autant plus de sollicitude que la tradition populaire prétend que sur l'alpe où on le tue les vaches donnent du lait rouge. Les pies nichent aussi dans la partie inférieure de la région, mais rarement; il en est de même des corneilles. Le corbeau noir se trouve par couples isolés dans toute l'étendue de la zone. Les chouettes diminuent rapidement à mesure qu'on s'élève. Il est probable qu'aucune ne monte beaucoup au delà de la limite des bois; le grand-duc, la hulotte, et la jolie petite chouette Tengmalm atteignent à cette limite, mais seulement dans les hautes vallées rocheuses, sombres et solitaires, et dans le voisinage des vieux arbres. On voit encore à la même hauteur chasser l'autour et l'utile buse. La cresserelle poursuit les jeunes bartavelles, les souris et les sauterelles jusque sur les hauts alpages; c'est le petit oiseau de proie le plus commun dans la partie septentrionale de la chaîne. Dans le Domleschg il niche dans les châteaux en ruines, tandis que dans la Haute-Engadine c'est, chose bizarre, dans les arbres creux qu'il fait son nid. Nous l'avons vu sur le sommet de l'alpe d'Astas, à 6,650 pieds, battre des ailes au-dessus des trous de souris. Le faucon pèlerin est plus rare; mais à son passage il s'arrête assez longtemps dans les Alpes rhétiques.

Tous ces oiseaux, à l'exception de la mésange de Baldenstein, sont communs à notre région et aux régions inférieures; ils ne forment pas par conséquent un des traits caractéristiques de la faune alpine. Il en est de même du grand-tétras et de la gélinotte, qui se trouvent tout au plus dans le premier tiers de la région et jamais dans l'Engadine. Par contre, le tétras birkhan est un véritable oiseau des Alpes qui habite encore la plupart des districts alpins de la Suisse (très-rarement le Jura), tantôt plus abondant que le coq de bruyère, tantôt moins. La résidence d'été de cet oiseau est ordinairement d'anciennes forêts à la limite de la croissance des arbres, où les derniers pieds d'aroles, de mélèzes et de sapins se mêlent aux bouleaux nains et aux pins rabougris, et où de vastes espaces de rhododendrons lui assurent de nombreuses retraites. En hiver, il se retire assez fréquemment dans les forêts inférieures, exceptionnellement dans le voisinage des villages de la vallée. Dans la montagne, ces tétras se laissent souvent ensevelir profondément sous la neige, ou s'y creusent des trous pour se mettre à l'abri du froid. Ils les prolongent en forme de galeries au-dessous de la couverture glacée qui les recouvre. Quand le chasseur vient à mettre le pied sans y prendre garde sur cette surface minée, il y enfonce, et les oiseaux épouvantés le couvrent de neige en prenant leur vol. Avant qu'il ait eu le temps de s'essuyer les yeux et d'armer son fusil, le gibier a déjà disparu. Dans les jours les plus chauds de l'été, le birkhan s'élève au-delà des bois, jusqu'aux alpes les plus hautes, mais il se laisse rarement voir quand il fait le soleil; par les temps couverts et pluvieux il se montre, au contraire, fréquemment, et, comme pour tous les autres gallinacés de montagne, c'est alors qu'on l'approche le plus facilement. Nous donnerons plus loin une esquisse biographique du birkhan, ainsi que des principaux animaux de la région alpine.

La perdrix bartavelle est un magnifique oiseau qui se tient à la même hauteur et se trouve en été jusqu'à la limite des neiges. Elle vit dans les districts rocheux et les éboulements, les pentes pierreuses, les endroits garnis de buissons alpestres, les lapiaz des hautes montagnes, d'ordinaire sur les versants exposés au soleil. Elle est assez commune dans les Alpes du Valais, des cantons de Berne, de Glaris et des Grisons; elle l'est moins dans le centre de la Suisse et dans l'Alpstein d'Appenzell; on ne la trouve jamais dans le Jura. Les perdrix des neiges appartiennent aussi à la région alpine, mais elles dépassent souvent sa limite supérieure.

La joyeuse famille des grives, qui contribue tant à donner de la vie à nos forêts, disparaît, à quelques espèces près, à mesure qu'on s'élève. Le merle noir et le merle de roche se montrent de loin en loin, mais rarement, dans la région alpine. A l'exception de quelques litornes[1] sauvages, qui nichent sur les montagnes de Glaris et d'Appenzell, et même, d'après les observations les plus récentes, dans les montagnes boisées du versant nord de Saint-Gall, à peine à 2,700 pieds, le genre n'est au fond représenté que par le beau *Merle à plastron* (*Turdus torquatus*), qui ne se rencontre jamais au-dessous de 3,000 pieds, mais fréquemment dans la région montagneuse et surtout dans la région alpine jusqu'à la limite de la végétation arborescente. Il est d'un joli noir brun avec le bord des plumes blanchâtre, et se distingue par une grande tache blanchâtre en forme de hausse-col sur le haut de la poitrine. La femelle est un peu plus claire, son collier est un peu plus étroit et lavé de teintes brunâtres. C'est une des plus grandes grives : il mesure sept pouces, non compris la queue, et onze avec la queue. D'ordinaire le merle à plastron passe l'été dans les hautes forêts sombres et sauvages, où on le voit souvent sautiller dans les broussailles, ou bien se percher au sommet des plus grands sapins pour faire entendre incessamment sa voix vive et forte. Il est fuyard et cependant peu rusé; il vit de baies et d'insectes et, en particulier, de carabes et de larves de mouches qu'il va chercher dans les bouses; il niche deux fois par an sur des branches basses et de préférence dans les pins nains. Son chant n'a pas, sans doute, la richesse et le moelleux de celui du rossignol; mais commençant avant l'aube, répété en chœur par cent voix brillantes qui partent à la fois des hautes forêts du district, il interrompt la sérieuse tranquillité des grands paysages alpestres et y apporte une vie d'une inexprimable gaîté. Dans la seconde moitié de septembre,

---

[1] J.-G. Altmann nous apprend qu'on a trouvé en Suisse une variété blanche de litorne ou plutôt de draine. Dans sa *Description des glaciers de la Suisse*, il s'exprime ainsi : J'ai eu moi-même entre les mains une variété blanche de la litorne que les Suisses nomment en général grive de gui, d'après les latins *Turdus viscosus*. D'une espèce ordinairement entièrement brune, l'individu dont je parle avait les taches de la poitrine d'un blanc de lait au lieu de les avoir noires. Il l'envoya à Paris à Réaumur.

avant son départ, il visite les buissons de myrtils de la région boisée. Il ne paraît pas qu'il aille prendre ses quartiers d'hiver bien loin dans le Sud; du moins on le trouve tout l'hiver dans les bois des montagnes du Val Maggia et d'Onsernone, dans le canton du Tessin. Souvent il arrive déjà chez nous à la fin de mars, mais s'il tombe de nouveau de la neige dans la montagne, il se réfugie dans les vallées basses en attendant que les hauteurs soient libres. Il est connu sous divers noms dans toutes les montagnes. Ses mœurs sont à peu près celles du merle commun : il vole comme ce dernier, et bat des ailes et de la queue de la même manière quand il remarque quelque chose d'étrange; sur le sol, il trotte par grands sauts entre les buissons.

Ce n'est que dans quelques localités que le merle d'eau remonte les ruisseaux jusque dans la région alpine : nous l'avons vu, par exemple, sur la Flaatz, dans le voisinage de l'hospice de la Bernina (6,340 pieds); mais la *Bergeronnette jaune* peut être comptée parmi les oiseaux appartenant aux Alpes, car en été on l'y rencontre constamment.

A côté des divers oiseaux que nous venons de mentionner, il en est quelques autres appartenant aux groupes des fringilles et des pipits, qui contribuent particulièrement à donner à la faune ornithologique de la région son caractère alpin. Dans ce nombre est l'*Accenteur Pégot* ou Accenteur des Alpes (*Accentor alpinus*), qui vit dans toutes les hautes montagnes de la Suisse, tantôt par paires, tantôt par petites familles éparses, et que la cresserelle poursuit avec ardeur. C'est un bel animal de sept à huit pouces de longueur, assez bigarré de couleur, qui a le dessus du corps d'un gris cendré tacheté de brun, la gorge d'un blanc éclatant, tachetée de noir, le ventre ondé de blanc et de gris rougeâtre, le croupion d'un gris rouge, et les pieds d'un jaune rougeâtre à écailles bien marquées. Il habite de préférence les prairies pierreuses ou les éboulis sauvages entre la limite des bois et celle des neiges, en moyenne entre 4,000 et 6,500 pieds, par exemple sur la Furka de l'Emmenthal, le Wildkirchli, la Meglisalp, la Wagenlücke, le Mürtschenstock, sur toutes les Alpes des Grisons, sur la plupart de celles de Berne, de Vaud et du Valais, près de l'hospice du Saint-Bernard et sur le Saint-Gotthard, comme aussi dans les montagnes du midi de l'Europe jusqu'aux Pyrénées. Le pégot saute lestement entre les blocs et les buissons, s'arrête à chaque instant pour faire la révérence et secouer la queue, ou reste longtemps immobile à la pointe d'un rocher. On a souvent observé ce bel oiseau en compagnie des rouges-queues ou dans le voisinage des motteux. De ses yeux brillants, il guette les cousins, les scarabées et les petits escargots, qui lui servent de nourriture; cependant il y joint des graines de graminées, des baies et de toutes petites racines. En hiver, il quitte les hautes régions et descend dans les vallées et sur les montagnes inférieures, quelquefois même jusque dans les plaines les plus rapprochées, où il se tient près des granges pour y picoter des graines, ou sur les tas de marc de fruits pour en manger les pépins. Mais dès que les hauteurs sont à peu près débarrassées de neige, il se hâte de regagner ses chères alpes, dont il anime les solitudes rocailleuses par son chant à courtes strophes, analogue à celui de l'alouette, clair, flûté et mélodieux. Nous l'avons même trouvé à plusieurs reprises en janvier et par un froid de 10° R. sur des alpes de 3 à 4,000 pieds. Il construit dans les pentes garnies de rhododendrons, à une place bien abritée, un joli nid, d'une structure soignée, un peu plus qu'hémisphérique, et y couve deux fois par année trois à cinq œufs allongés d'un vert bleu. On le rencontre pendant l'automne parcourant la montagne en familles, d'un vol rapide et ondoyant. Le pégot ne perche pas volontiers, et, quoique peu vif et assez confiant, sait très-bien se cacher entre les pierres. On peut sans soins extraordinaires et avec la pâtée du rossignol le conserver plusieurs années en cage, où il charme par son chant agréable; mais en hiver il ne supporte pas l'air renfermé d'une chambre trop chauffée.

Les pipits, plus riches en espèces, semblables aux alouettes par la forme, le plumage, et la structure des doigts, mais pour le reste se rapprochant des bergeronnettes, habitent en partie la région alpine moyenne et supérieure. Le *Pipit des buissons* (*Anthus arboreus*), souvent confondu à tort avec l'alouette lulu, a 5 ou 6 pouces de longueur, le dessus du corps d'un gris brun noirâtre avec le bord des plumes mélangé de verdâtre, la poitrine d'un brun roux tacheté de noir, les pieds couleur de chair, et l'ongle postérieur fortement recourbé. Il habite la plaine aussi bien que la région montagneuse, et celle des Alpes jusqu'à la limite des neiges; dans les Grisons, à ce qu'il paraît, seulement jusqu'à la limite supérieure des bois. Il court ordinairement sur les pâturages et se pose souvent, en hochant la queue, sur les buissons et sur les branches supérieures des arbres. Lorsqu'il veut dire ses trois strophes trillées, il s'élève quelquefois en l'air à une certaine hauteur, et se laisse ensuite redescendre les ailes déployées et chantant à plein gosier. Sa voix souple et étendue le place avec l'accenteur pégot et le venturon au nombre des meilleurs chanteurs des hautes Alpes.

Le *Pipit Farlouse* (*A. pratensis*), d'un verdâtre-olive, assez semblable au précédent, mais un peu plus foncé et marqué de plus grandes taches brunes, avec les pattes d'un brunâtre clair, le bec faible, couleur de chair teintée de jaunâtre en dessous, et les brides grises, est en somme plus rare. Il aime les prairies humides et les terrains marécageux des montagnes, et y paraît au printemps avec les premiers oiseaux de passage; il évite les bois épais, les rochers nus et les pentes sèches et pierreuses. Il court vivement et avec agitation au milieu des herbages, d'où il s'élève avec effort dans les airs en chantant, et redescend se percher sur un petit buisson. Il hoche la queue comme les bergeronnettes et se montre fort adroit à la chasse des scarabées, des araignées et des mouches. Avant le départ d'automne, les farlouses se rassemblent souvent en grandes compagnies sur les pacages à moutons, quand il y en a dans le voisinage, et débarrassent ces animaux de leurs tiques, d'où leur est venu le nom d'alouettes de moutons.

Le *Pipit Spioncelle* (*A. aquaticus* ou *alpinus*), est en robe d'hiver d'un gris olivâtre avec la poitrine blanche piquetée de gris brun, un trait d'un jaune rouge au-dessus des yeux, le bec noir, les pattes noires, les rémiges et les rectrices bordées de blanchâtre; dans sa robe d'été, au contraire, il est d'un gris cendré brunâtre en dessus, lavé de rougeâtre au cou et à la poitrine, avec le ventre blanchâtre, mais sans taches sur ces parties. La spioncelle habite les Alpes d'une manière plus constante que l'espèce précédente, en plus grand nombre et avec une prédilection plus marquée. C'est aussi là qu'elle niche. Dans les Grisons, où par les bourrasques de neige elle va chercher un asile dans les vallées, c'est un des oiseaux alpins les plus communs; on l'y nomme l'oiseau des neiges. Son chant qu'elle fait entendre en voltigeant dans les airs, ou perchée sur une pierre, sur un buisson ou sur un mélèze, est assez insignifiant et peu varié, mais il est presque continuel. Les spioncelles cherchent déjà dans le courant d'avril les places libres de neige sur les Alpes, et s'y établissent pour toute la saison. En mai les mâles commencent à chanter, tandis que les femelles préparent leur nid dans quelque buisson rabougri, ou à découvert dans quelque enfoncement du sol; mais les retours de froid du printemps les font quelquefois beaucoup souffrir. Il arrive souvent que des chutes tardives de neige viennent couvrir le nid et les œufs, ensevelir la mère, la chasser ou la faire périr, la forcer du moins à se construire un nouveau nid. Les petits eux-mêmes avant qu'ils puissent voler sont quelquefois tués par la neige ou le froid, et on a remarqué avec quelle finesse le renard sait les flairer et les détruire, sans s'inquiéter des cris de la mère qui volette autour de lui. La spioncelle se tient fréquemment dans le voisinage des ruisseaux, sautant de pierre en pierre comme les hochequeues, et poursuivant les insectes aquatiques et les larves. En été, quand il y a de violents orages sur les hauteurs, ces oiseaux se rassemblent par troupes dans les lieux abrités; en automne, ils recherchent les marais, les lacs et les rivières de la plaine, souvent aussi les flaques de purin des villages; quelques-uns y passent l'hiver, la plupart émigrent par bandes éparses en Italie, où un grand nombre deviennent victimes de la manie de chasse des Italiens; les autres se tiennent dans les endroits humides, près des cours d'eau et des fossés d'écoulement des prairies et des vignes, et passent la nuit dans le feuillage desséché des buissons de chênes. Quand le froid augmente, ils se retirent plus bas dans les contrées à rizières et les prés arrosés. Vers le printemps, ils se rassemblent en troupes au sommet de grands peupliers et reprennent le chemin des Alpes, les mâles les premiers. Ainsi que les autres pipits que nous avons nommés, celui-ci ne niche jamais sur les arbres, mais toujours sur la terre, tantôt sous une saillie de pierre, tantôt dans une touffe de bruyère, ou même simplement dans l'enfoncement d'un pas de vache. Dans les pays plats comme l'Allemagne, la spioncelle est un des oiseaux les plus rares; en Suède et en Angleterre elle vit de préférence sur les hautes falaises. — Nous n'avons jamais remarqué ni dans la région alpine, ni même dans celle des montagnes, la Rousseline (*A. campestris*) d'un gris jaunâtre, à pieds jaunes.

Le *Venturon* (*Fringilla citrinella*) est assez commun dans toutes les parties des Alpes suisses. C'est un charmant oiseau extraordinairement vif, un peu plus petit que le canari, en dessus d'un vert-olive jaunâtre, saupoudré de gris brun sur les ailes, avec les côtés du cou d'un gris cendré et la gorge jaune. Il n'est presque pas de voyageur qui ne l'ait remarqué passant d'un vol rapide et tremblant le long des buissons et au-dessus des prairies, souvent à quelques pieds au-dessus du sol, et criant *tsic-tsic*, ou bien perché au sommet d'un jeune sapin, et de là s'élevant comme le pipit des buissons pour dire sa chanson et revenir se poser sur la même branche. Il niche toujours dans la montagne et de préférence très-haut sur les Alpes à la limite des bois de sapins, même au-dessus au Splügen; cependant on le trouve quelquefois dans des chaînes de rochers plus basses et dans le Jura. Il cache avec beaucoup de soin son joli nid, fort artistement construit, au plus épais des branches, particulièrement sur les sapins blancs et les sapins ordinaires rabougris, ou sur les pins nains. La femelle y dépose 4 ou 5 petits œufs d'un vert sale, ponctués de brun; le mâle met les soins les plus empressés à apporter à la couveuse sa nourriture. Ils font à eux deux fort bon ménage, et même hors du temps des couvées on les voit d'ordinaire voler encore de compagnie avec leurs petits, souvent aussi avec les autres venturons du voisinage. Le venturon ne se nourrit que de graines, de jeunes bourgeons et de chatons de fleurs; il aime tout particulièrement les graines à moitié mûres de la dent-de-lion, peu après que la fleur s'est fanée et refermée. Il se pose sur la fleur dont la hampe se penche jusqu'à terre sous son poids; il l'ouvre et en retire les graines; aussi le voit-on souvent le bec tout couvert du suc gluant de la plante. La femelle construit déjà son nid en avril, et y pond ses œufs au commencement de mai, ordinairement avec un intervalle d'un jour entre chaque œuf. S'il y a des retours de neige et de froid à la fin de mai ou au commencement de juin, les petits périssent en grand nombre. Le chant du mâle a quelque rapport avec celui du canari, il est seulement beaucoup plus faible et moins soutenu; mais il a un charme particulier, et des tons flûtés, métalliques et vigoureux, associés à l'aimable gazouillement de la linotte. Quant aux tons par lesquels les venturons s'appellent, se donnent la becquée, ou sonnent l'alarme, ils présentent, comme chez tous les petits oiseaux, un grand nombre de modifications caractéristiques. Le venturon, si agité qu'il soit, n'est nullement craintif, et vit en cage de huit à dix ans quand on le nourrit de graines de chanvre et de navet. En automne et au printemps, il descend par vols au pied des montagnes, souvent même au loin jusque dans les environs des villes de la plaine; quelques-uns y demeurent en hiver, mais le plus grand nombre émigrent et leur passage dans le Tessin s'effectue au milieu d'octobre et en mars. Il est étrange que ce petit oiseau des Alpes se rencontre en été dans le midi de l'Italie et en Provence et qu'il y niche, tandis que chez nous il est impossible de le considérer comme un oiseau de la plaine.

Son congénère, la niverolle, habite aussi notre zone, cependant nous devons le compter au nombre des oiseaux de la région des neiges.

Nous possédons encore dans la région alpine plusieurs petits animaux intéressants de la famille des chélidons. Parmi ceux que nous avons nommés ailleurs, le martinet et l'hirondelle de fenêtre nichent assez fréquemment dans la région, mais à sa partie supérieure deux formes proprement alpines viennent s'y joindre, savoir l'hirondelle de rocher et le martinet à ventre blanc.

L'*Hirondelle de rocher* (*Hirundo rupestris*) n'est pas reconnue depuis bien longtemps pour appartenir aux Alpes; on la confondait autrefois soit avec l'hirondelle de fenêtre, soit avec celle de rivage, avec lesquelles elle a assez d'analogie. De même grosseur que ces oiseaux, notre hirondelle a le bec noir, le dessus du corps gris de souris et le dessous blanc, les flancs lavés de jaunâtre, la queue large, peu échancrée. Elle se distingue surtout de l'hirondelle de rivage par des taches ovales blanches au bord intérieur des pennes de la queue. Dans les contrées basses, ces oiseaux se montrent en plus grandes troupes et souvent en compagnie des hirondelles que nous venons de nommer et des martinets, toujours cependant dans des districts à rochers escarpés, comme les montagnes de Pfäfers, l'entrée du Prätigau, les pyramides rocheuses de la vallée de Domleschg, la Calanda, l'Achsenberg, le Hohen-Rhinacht, l'Oberhasli et le Salève, où ils passent l'été avec les martinets à ventre blanc. Ils ne paraissent pourtant pas craindre le voisinage des habitations; on les voit même fréquemment dans les rues de Brieg (Valais). Cependant c'est dans la région alpine qu'ils atteignent leur maximum : ainsi, à la Gemmi, au Grimsel, au glacier supérieur de l'Aar, au Hochweg au-dessous du Sureneneck où ils nichent régulièrement, et en général dans les montagnes du Tessin. Souvent ils font déjà leur apparition à la fin de février, nichent dans les crevasses des grands rochers, donnent la becquée au vol à leurs petits quand ceux-ci ont quitté le nid, et volent très-rapidement en faisant, comme la plupart des hirondelles, les changements de direction les plus brusques. Ces oiseaux, ainsi que quelques autres, vont rarement plus au nord que la Suisse; ils habitent chez nous les rochers des Alpes, mais ils sont surtout répandus dans le sud de l'Europe, dans l'Afrique jusqu'en Nubie, et dans l'Asie occidentale, où ils vivent soit dans la plaine, soit dans les montagnes, en particulier sur le Liban. Le martinet dont nous allons parler, habite à peu près les mêmes contrées et ne paraît qu'exceptionnellement en Allemagne.

Le *Martinet à ventre blanc* (*Cypselus alpinus*) est presque deux fois plus grand que l'hirondelle de fenêtre et l'hirondelle de rocher, et d'un tiers plus long que le martinet commun; il est d'un brun gris obscur, avec le ventre blanc, la gorge blanche ornée d'un collier d'un brun foncé, trois taches foncées rondes sur les flancs, des ailes très-longues et très-étroites et la queue peu fourchue. C'est un oiseau extraordinairement turbulent et agité, qui par le beau temps est toujours lancé dans les airs, souvent à une hauteur prodigieuse, et y exécute ses changements de front avec la rapidité de l'éclair. Il semble quelquefois nager sur une mer immense. Ce n'est pas un oiseau exclusivement alpin, car il niche sur les hautes tours de la plupart des villes de la Suisse occidentale et du midi. Il y arrive communément à la fin de mars et commence à nicher à la fin de mai. Il part à la fin de septembre, probablement pour se rendre au Sénégal, comme les cailles et les hirondelles. L'arrivée et le départ de ces oiseaux (ce dernier a lieu de nuit) sont annoncés par un bruit incroyable et une extrême agitation. Du reste, dans les beaux jours, ils sont toujours en mouvement et se poursuivent à travers les rues jusqu'à la nuit close. Mais ils sont aussi abondants le long des hautes parois de rocher des Alpes occidentales, dans l'Oberhasli, à la Gemmi, au Pletschberg, dans les rochers de l'Entlibuch. On les a plus rarement observés dans la Suisse orientale; seulement ils sont communs dans quelques montagnes d'Appenzell, le Hohen Kasten, l'Alpsiegel, le Furgelfirst, ainsi qu'à la Calanda et, dans la haute Rhétie, à l'entrée de la Via mala. A l'approche de la mauvaise saison dans les montagnes, ils descendent quelquefois jusqu'à

Coire. La seconde semaine de mai, ils font leur nid dans des fentes de rocher et sur les tours dans des trous de murailles; ils le construisent avec des brins de paille, des chiffons, des plumes, des morceaux de papier et des feuilles, qu'ils attrapent ordinairement en l'air — car ce n'est qu'en cas de nécessité qu'ils se posent à terre — qu'ils collent ensemble et recouvrent d'un enduit brillant au moyen de leur salive. Ils y déposent à la fin du mois 4 petits œufs blancs de forme allongée. Leur cri a quelque analogie avec celui de la cresserelle, et consiste en un *guiriguiriguiri*, diversement modulé. Il en niche tous les ans 40 ou 50 paires dans le vieux clocher de la cathédrale de Berne et le gardien de la tour est chargé spécialement de protéger ces oiseaux. Il résulte des observations qui ont été faites par ces gardiens que les petits éclosent au bout de trois semaines, mais qu'il doivent rester encore 6 ou 7 semaines dans le nid, c'est-à-dire jusqu'au commencement d'août, avant d'être en état de prendre le vol. Les jeunes comme les vieux sont très-agités la nuit, leurs querelles et leurs criailleries n'ont pas de fin. Pour la première fois, à notre connaissance, le Docteur Girtanner de Saint-Gall a heureusement résolu le difficile problème d'élever en cage des petits d'hirondelles de cheminée et de martinets à ventre blanc.

Le *Tichodrome échelette* (*Tichodroma phœnicoptera*) est un des plus beaux oiseaux des Alpes. Il est long de six pouces, d'un gris cendré avec le sommet de la tête d'un gris foncé, la gorge et la poitrine d'un noir profond, les pennes de la queue et des ailes d'un noir brun, la seconde rémige et les suivantes jusqu'à la 5ᵉ ou la 6ᵉ marquées de deux taches blanches, rondes, les dernières de taches jaunes; en sorte qu'à voir ce petit animal bigarré, avec les couvertures de ses ailes d'un rouge cramoisi vif et son long bec, mince, légèrement arqué, on le prendrait pour un colibri alpin. Les pieds sont d'un noir de poix avec de très-longs doigts; celui de derrière armé d'un ongle très-fort et recourbé. Il mue en août et septembre et porte alors jusqu'en mars son plumage d'hiver qui est caractérisé par la couleur d'un gris brunâtre du sommet de la tête, et le blanc de neige de la gorge et de la poitrine. Les petits ont jusqu'à la mue de septembre le sommet de la tête brunâtre et la gorge d'un gris cendré. Ce bel oiseau grimpe continuellement, les ailes à demi déployées, le long des parois de rocher les plus hautes et les plus escarpées; moitié sautant, moitié voltigeant, il les parcourt lestement plusieurs fois de suite, de bas en haut, jamais de haut en bas, car pour descendre il se précipite d'un vol rapide et tout d'un trait à l'endroit qu'il veut atteindre. Son nid est extraordinairement difficile à trouver, il est petit et caché dans des fentes de rochers inaccessibles. La femelle y dépose 4—6 œufs ovales, brillants, d'un blanc de lait avec des taches d'un brun rougeâtre. L'échelette s'établit toujours en été dans les massifs de rochers les plus sauvages ou sur les hautes Alpes; par exemple, sur les rochers de l'Ebenalp, au Wildkirchli, sur les crêtes qui couronnent la Siegelalp, au Gollern en Valais, sur la Gemmi, dans les gorges de la Tamina et du Prätigau etc. Saraz l'a trouvée dans les montagnes de l'Engadine jusqu'à 9,000 pieds, et de Saussure au milieu des glaciers du col du Géant, à 10,578 pieds au-dessus de la mer, poursuivant quelques larves et quelques rares scarabées. Cet oiseau ne perche jamais sur les arbres, mais il parcourt avec d'autant plus de vivacité et de prestesse les districts rocheux qu'il habite, sans cependant s'appuyer comme les pics sur les pennes de sa queue, qui n'ont pas des tiges assez résistantes pour cet usage. En automne et en hiver, il descend dans les vallées basses et jusque dans la plaine, toujours explorant les rochers, les tours, les murailles et les dérochements. C'est ainsi qu'on l'a observé contre les murs du couvent de Saint-Gall, des cathédrales de Zurich et de Lausanne, contre les tours de Chillon et les murs du château de Marschlins[1]. Chose extraordi-

---

[1] En 1840, au mois de septembre, nous en avons trouvé des familles entières parcourant en tous sens les rochers d'une gorge étroite et sauvage à peu de distance de Sion. Nous n'avons pas oublié l'impression que nous causa la multitude de ces jolies flammes rosées voltigeant, comme des feux follets en plein jour, le long des sombres parois de l'*Ermitage*. (*Traducteur*).

naire, il y a certaines localités des Alpes qu'il ne quitte pas même en hiver. Contre les immenses rochers de l'Aescher (Säntis) sur lesquels la neige ne peut prendre pied et qui, à cause de leur exposition favorable au sud-ouest, sont ordinairement dégarnis de neige à leur base et offrent même souvent en décembre des plantes en végétation, nous avons vu au milieu de janvier des tichodromes et des accenteurs des Alpes à une hauteur de 4,800 pieds et en pleine activité. Un jour de décembre, comme nous étions à l'affût des chamois sur les rochers de la Siegelalp, un tichodrome vint presque se poser sans défiance sur le canon de notre carabine. Ainsi que le martinet à ventre blanc, cet oiseau paraît manquer complétement à quelques parties des Alpes ; il est également inconnu dans le nord de l'Allemagne. Il est, au contraire, assez commun dans les montagnes du midi de l'Europe. Le Docteur Girtanner de Saint-Gall à réussi à en conserver un, qui avait été pris le 8 février 1864, en lui donnant d'abord exclusivement des vers de farine et en l'habituant peu à peu aux œufs de fourmis. Il put ainsi le maintenir en parfaite santé jusqu'au 13 octobre suivant, jour où le pauvre animal succomba à un froid de — 4° seulement auquel il avait été exposé. Il eut donc le temps de faire quelques observations intéressantes sur cet oiseau en captivité, et en particulier de constater qu'il ne buvait jamais ou très-rarement, qu'il prenait les plus grandes précautions pour ne pas mouiller son plumage, qu'il sortait tard le matin de la cachette où il passait la nuit (une crevasse de rochers artificiels disposés dans une vaste cage) et s'y rendait le soir de bonne heure. Pour gagner sa retraite il attendait toujours de n'être pas observé, et quand on cherchait à l'en faire sortir, jamais il n'en partait directement : il commençait par suivre la crevasse jusqu'à son sommet, continuait ensuite à grimper le long du toit de la volière et ne prenait le vol qu'après être arrivé à une certaine distance de sa cachette, de manière à n'en pas révéler l'emplacement. Il chantait même en cage avec beaucoup d'entrain.

Au-dessus de la limite des bois, et jusqu'à une très-grande hauteur dans la région des neiges, nous trouvons les immenses troupes croassantes des choquards et plus rarement des coracias, faisant leurs évolutions autour d'une coupole de rochers inaccessibles ou se querellant sur quelque terrasse gazonnée. Mais comme ces oiseaux appartiennent autant à la région des neiges qu'à la nôtre, nous en reparlerons plus tard. Cependant dans les Grisons le coracias habite de préférence les districts des villages alpins.

C'est à l'une et l'autre de ces régions également qu'appartiennent les deux grands rapaces des hautes montagnes, le gypaète et l'aigle royal. Toutes deux sont soumises à leur empire; ils les habitent toutes deux. La nôtre a cependant un titre de plus à les revendiquer pour siens, car c'est ici sans aucun doute qu'ils nichent le plus fréquemment, et en tout cas c'est la région alpine qui offre en plus grande abondance les animaux dont ils font leur pâture. Le gypaète barbu ou læmmergeier, ou vautour des Alpes, est le plus grand des oiseaux de proie d'Europe. Celui qui habite nos Alpes paraît être une variété particulière : car il est toujours notablement plus grand que les gypaètes de la Sardaigne, de l'Afrique et des Pyrénées, et il est en proportion bien plus vigoureusement bâti. Il est aujourd'hui extirpé, ou à peu près, d'un grand nombre de districts alpestres qu'il habitait autrefois, par exemple, les montagnes d'Appenzell, de Glaris, de Schwytz, de Lucerne et d'Unterwalden, où il se passe souvent des dizaines d'années sans qu'on en voie un seul individu. Il est un peu plus fréquent dans les Alpes bernoises; dernièrement encore il nichait au Faulhorn; mais c'est dans les cantons du Valais, du Tessin et des Grisons qu'il est le plus abondant et qu'il niche régulièrement. Il tient le milieu d'une manière assez frappante entre l'aigle et le vautour proprement dit[1]. Il a la couleur, le plumage, la grandeur, la voracité du premier, mais il n'a pas son air fier et sa pose hardie. Il se rapproche du vautour par la structure de son bec, de ses pieds et de ses ongles comparativement faibles, par la sécré-

[1] Le nom de gypaète, formé de deux mots grecs, signifie *vautour-aigle*.
(*Traducteur.*)

tion d'une pituite fétide, par l'habitude qu'il a de ne pas emporter sa proie dans son aire, mais de la dépecer sur place, comme de s'en emparer, non par une audacieuse attaque, mais en la précipitant dans l'abîme, enfin, par une certaine curiosité effrontée, surtout dans les montagnes où il a rarement l'occasion de voir des créatures humaines. La diminution frappante du nombre de ces oiseaux, qui étaient autrefois répandus dans toute la chaîne des Alpes européennes et jusque dans les basses montagnes de la Forêt-Noire, ne peut pas être expliquée par les poursuites auxquelles ils sont en butte, car les cas où on peut les approcher à portée de fusil ne sont rien moins que fréquents.

Il arrive bien plus souvent de voir l'aigle royal planer paisiblement au-dessus des plus hautes cimes de la plupart de nos Alpes. En d'autres pays, cet aigle n'est pas rare dans d'épaisses forêts et sur le bord des grands fleuves; chez nous, il a la même distribution en sens vertical que le gypaète. Il niche, au commencement de l'été, au cœur même des Alpes, dans les labyrinthes de rochers solitaires et inaccessibles des montagnes moyennes que domine quelque vaste et gigantesque sommet. Depuis le milieu de l'été jusqu'en automne, il explore toutes les localités de la région des neiges qui lui promettent une abondante pâture; son district de chasse est immense. L'hiver force souvent l'aigle à faire des excursions dans la région montagneuse et dans les vallées basses environnantes; le lœmmergeier descend même jusqu'aux rives rocheuses du lac de Wallenstadt, mais toujours pour peu de temps. Dans ses razzias, le superbe aigle royal surpasse le gypaète, sinon en voracité et en soif de carnage, du moins en impétuosité et en audace, et, lorsqu'il est captif, en humeur indomptable et en ardeur guerroyante.

Ce sont là les seuls vrais oiseaux de proie de notre région. Comme nous l'avons déjà fait observer, c'est accidentellement qu'on y rencontre quelques autres rapaces venus des régions inférieures; le grand aigle de mer lui-même a été pris dans le Rheinwald au milieu de décembre. Les vallées qui conduisent aux grands cols des Alpes abritent naturellement au temps du passage et pendant quelques jours une foule d'autres oiseaux que nous avons mentionnés comme se rencontrant dans l'Engadine et la vallée d'Urseren. Mais ce ne sont là que des étrangers qui ne contribuent en aucune façon à déterminer le caractère de la faune alpine.

Telle est donc à peu près la physionomie du monde des oiseaux dans les Alpes. Nous trouvons ses types les plus remarquables parmi les grands oiseaux de proie, différentes espèces de corneilles et de gallinacés et quelques familles d'oiseaux plus petits; tandis que les rapaces nocturnes et la plupart des diurnes, les échassiers et les palmipèdes, avec une foule de moindres espèces, y sont très-peu représentés. De là cette profonde désolation de l'alpe au-dessus de la limite des forêts, ce morne silence, cette absence de vie qui oppressent, et que ne peut qu'augmenter encore l'apparition de ces masses énormes stériles et nues qui la dominent.

Cette impression générale ne peut guère être modifiée favorablement par le monde des *Mammifères*, déjà si pauvre par lui-même en espèces; car la plupart des animaux sauvages qui habitent les Alpes vivent retirés au fond des forêts, dans les rochers, dans la terre, sous les buissons. C'est ce qui fait accueillir avec tant de reconnaissance et de joie le complément de vie que viennent y apporter les nombreux troupeaux d'animaux domestiques qui en peuplent les pâturages.

Un assez grand nombre des animaux que nous avons nommés à l'occasion de la région montagneuse se retrouvent dans la région alpine, soit jusqu'à la limite des bois, soit au-dessus. Nous avons déjà mentionné les chauves-souris qui, en été du moins, se trouvent aussi dans la région alpine : ce sont surtout la *Chauve-souris ordinaire* et la *Barbastelle*. Mais celle qui paraît s'élever le plus haut dans la montagne et même jusqu'à 7,000 pieds dans les Alpes pennines est le *Maurus* (*Vesperugo maurus*) d'un peu plus de 3 pouces de long, de près de 7 1/2 pouces d'envergure, d'un brun foncé en dessus, clair en dessous, qui tout de suite après le coucher du soleil voltige très-haut et d'un vol rapide au-dessus des pâturages alpins et autour des chalets. Cependant Fatio a encore trouvé l'*Oreillard* dans la Haute-Engadine. Quant à la taupe, nous l'avons vue nous-même courir encore assez lestement en décembre sur les gazons débarrassés de neige de la région alpine inférieure. Nous y avons plus rarement rencontré le hérisson et le blaireau qui, il y a une trentaine d'années, étaient assez abondants dans les montagnes qui dominent la vallée d'Urseren. La marte se trouve partout jusqu'à la limite des sapins; la fouine et le putois, ainsi que la belette, montent encore plus haut, bien que plus communs dans les régions moins élevées. L'hermine, par contre, rôde assez souvent jusqu'au bord des glaciers à 8,000 pieds, et tombe hardiment sur les jeunes lièvres des Alpes. Elle se trouve encore plus fréquemment dans les chalets supérieurs, où l'attire sa passion pour les souris et le lait. Elle se fraie à travers les murailles et sous le plancher des chalets un passage jusqu'à la laiterie, et quand on ne la dérange pas, elle vient chaque jour avec une effronterie sans pareille boire la crème sur les vastes baquets de bois dans lesquels on conserve le lait. Les bergers ne voient pas ces visites de bon œil, car ils accusent avec raison ce petit animal de salir leurs ustensiles. Quand en effet il a fait un trou dans l'épaisseur de la crème en la lapant, il se met consciencieusement en devoir de le boucher avec de la terre, de petites pierres et des brins de paille. Aussi poursuivent-ils impitoyablement ce dévastateur de lait, et préfèrent-ils de beaucoup à sa société celle des souris elles-mêmes, qu'ils apprivoisent souvent à tel point qu'à un coup de sifflet elles sortent de leurs trous comme des bêtes à moitié domestiques. Les renards sont les carnassiers les plus communs et les plus nuisibles de la région des Alpes, qu'ils parcourent dans toute son étendue; cependant ils diminuent considérablement à partir de la limite des forêts. Quelques écureuils bruns et gris atteignent aussi jusque-là; on en rencontre à 6,000 pieds près du glacier de Morteratsch et en général jusqu'à la limite supérieure des aroles.

La souris se trouve dans toutes les constructions de la région alpine et le mulot au moins jusqu'à la limite des bois. Le *Campagnol* (*Arvicola arvalis*) se montre dans la zone inférieure, mais surtout dans celle qui nous occupe, sous une forme assez différente. Cette variété alpine est un peu plus foncée que l'espèce commune, d'un gris brunâtre, avec la queue de deux couleurs bien distinctes, brune en dessus, grise en dessous, et un pelage plus long qui fait paraître l'animal un peu plus gros; du reste, quant au système dentaire, à la structure du crâne, des pieds et des oreilles, il ne diffère en rien du campagnol de la plaine. Cette race alpine a été pour la première fois signalée par Nager comme se rencontrant fréquemment dans les prés de la vallée d'Urseren, et décrite par Schinz sous le nom de *Hypudæus rufescente-fuscus*. Elle n'est cependant pas rare dans quelques autres parties de la chaîne des Alpes. Le *Campagnol Glaréole* (*Arv. glareolus*) présente aussi dans les hautes montagnes une variété constante foncée, qui a le dos d'un brun roux, les côtés d'un gris brun sale et le dessous du corps d'un gris blanchâtre. Elle a été trouvée pour la première fois par Nager au Hölzli, dans un chalet de l'Unteralp, au-dessus de la limite des bois, et décrite par Schinz sous le nom de *Hypudæus Nageri*. Blasius a rattaché ces deux variétés chacune à sa véritable espèce, et montré les transitions qui les y ramènent. Il est probable que le campagnol un peu plus grand, trouvé dans les Alpes par Fatio et décrit dans la «Revue et Magasin de Zoologie, Juillet 1862,» sous le nom de *Myodes bicolor* est identique avec l'*A. glareolus*. Le même naturaliste a aussi trouvé l'*Arvicola Baillonii* (de Selys) à peu près à la hauteur de la Furca et prétend conserver cette espèce dans la liste des espèces indigènes.

Parmi les musaraignes de la zone inférieure il n'y a que la musaraigne ordinaire et la musaraigne d'eau qui pénétrent dans la région alpine jusqu'au delà de la limite des bois. Mais nous y rencontrons en outre une espèce nouvelle et intéressante, la *Musaraigne des Alpes* (*Sorex alpinus*, Schinz). C'est une des plus grandes espèces du genre puisqu'elle mesure 2 pouces 8 lignes de long et la queue 2 pouces 7 lignes. Elle a le museau pointu et très-allongé, le corps délié et effilé, de petites oreilles cachées dans les poils, le dessus du corps d'un gris d'ardoise foncé, partout uniforme, le dessous un peu plus clair, et le pelage mou, se dégarnissant aisément. Nager l'a découverte au Rossboden sur le passage du Saint-Gotthard; plus tard Blasius l'a retrouvée près de Zermatt, au Grimsel, et avec d'autres dans les hautes montagnes du Tyrol, le plus communément dans les localités humides de la région supérieure des sapins et des arbres nains, jusqu'à 7,000 pieds. C'est encore une énigme à résoudre que la vie de ce petit animal insectivore dans une région où l'hiver dure huit mois. Nous avons déjà fait observer qu'on rencontre dans la vallée d'Urseren une variété blanche de la musette et qu'on y trouve également le muscardin et la loutre.

Le lièvre commun, qui dans les Grisons se trouve souvent jusqu'à la limite des forêts sur les versants bien exposés au soleil, est en général rare dans la région alpine; il y est remplacé par le lièvre variable que son pelage blanc en hiver et couleur de terre en été soustrait à bien des périls. Il habite ordinairement notre région dans toute son étendue; en été il monte jusqu'à la ligne des neiges et même au delà, à 8,000 pieds environ, mais il ne craint pas de descendre des chaînes latérales jusque dans la région des collines, et on le trouve, par exemple, dans la vallée principale du canton de Glaris, à une limite à laquelle on ne le voit que rarement ailleurs. Il est partout assez abondant; mais, comme il sait admirablement bien se dérober aux regards, il n'est guère observé que lorsqu'on le cherche positivement.

La marmotte est un des animaux les plus intéressants des Alpes, dont elle habite exclusivement la région moyenne et la supérieure, de 4,000 à 8,000 pieds au-dessus de la mer. Quand le bétail occupe les alpes moyennes, elle se retire dans celles qui sont au-dessus. Autrefois les marmottes étaient abondantes dans toutes nos hautes montagnes; mais la coutume toujours plus commune de les déterrer pendant leur sommeil d'hiver, de les retirer de leur terrier d'une manière barbare avec une espèce de tire-bourre, ou de les prendre avec des trappes, en a considérablement diminué le nombre. Dans les Alpes d'Appenzell, où autrefois elles n'étaient point rares, par exemple, sur la Meglisalp, elles sont aujourd'hui complétement extirpées; dans celles de Glaris, de Lucerne et de Berne, en particulier au Grindelwald, elles ont beaucoup diminué; ce n'est guère que dans les montagnes du Tessin, du Valais et des Grisons qu'elles sont encore en très-grande quantité, et que le voyageur, arrivé à une certaine hauteur, peut entendre retentir de tous côtés le sifflement aigu de ces animaux épouvantés se précipitant dans leurs souterrains.

C'est à la même hauteur que se rencontrent les troupes fugitives des chamois. Les chamois aiment à pâturer le long des bandes de verdure qui écharpent les rochers, entre les plateaux découverts d'un côté et les précipices de l'autre. Ils se montrent rarement sur les grands alpages, et toujours, en ce cas, dans des places abritées, semées de blocs, de rocailles et souvent de buissons, d'où ils peuvent dominer la contrée et sentir leur fuite assurée de plusieurs côtés, d'ordinaire dans le voisinage de labyrinthes de rochers presque inaccessibles. De la vallée, on les voit souvent en compagnies de 6 à 25 individus se promener sur les pentes gazonnées et traverser les champs de neige. Sur les hauteurs elles-mêmes, il est très-difficile de les observer de près. Ce n'est pas qu'ils prennent la fuite dès qu'ils aperçoivent le chasseur; ils ne le font que lorsqu'ils se croient observés par lui. Ils suivent alors tous ses mouvements avec la plus grande attention; des gestes étranges, extravagants peuvent même tellement enchaîner leur curiosité qu'un autre chasseur, s'il a su ne pas se montrer, a le temps de les approcher par derrière ou de flanc, et de les tirer. Cependant la chose est difficile quand il y a plusieurs bêtes ensemble, parce qu'alors elles regardent de tous les côtés, la tête haute et le nez au vent. Quand on rencontre des chamois isolés, ce sont d'ordinaire de vieux mâles. Le plus souvent on les voit en petites familles et même, en hiver, en grandes troupes. Les chamois dits de forêts se tiennent dans la région montagneuse ; ceux des rochers ou des névés, qui sont un peu plus petits et un peu plus effilés, sans former pour cela une espèce particulière, habitent la région alpine. Ceux-ci vivent en été à la limite des neiges, et vont paître quelques gazons épars jusqu'à plus de 9,000 pieds au-dessus de la mer. Ils sont quelquefois forcés par les chasseurs de s'élever encore à des hauteurs plus considérables. C'est une erreur de croire, comme on l'a souvent répété, que ces animaux des crêtes habitent volontiers les neiges et les glaces, et même en hiver les sommets les plus élevés des Alpes. Chaque animal vit de préférence là où il trouve une nourriture plus assurée et plus abondante ; aussi les chamois, qui ne préfèrent en aucune saison le séjour des glaciers et n'y ont rien à faire, descendent-ils souvent d'eux-mêmes pendant l'hiver jusque dans les profondeurs des vallées. L'opinion que ces chamois des névés mangent en hiver de la terre et des pierres décomposées est tout aussi absurde. Ce qui a probablement donné lieu à cette étrange croyance, c'est l'habitude qu'ils ont d'arracher en broutant la mousse rase qui recouvre la terre et de lécher les efflorescences salpêtrées qui se forment contre les rochers, ce qui peut bien quelquefois introduire quelques fragments de schiste dans leur estomac.

Bien que les chamois aient notablement diminué depuis une centaine d'années, toutes les Alpes suisses, depuis le Säntis jusqu'à la Bernina et au Mont-Blanc, en nourrissent encore de nombreux troupeaux. La chasse en est en général difficile, dangereuse, peu lucrative ; elle exige beaucoup de temps, de patience, d'adresse, de connaissance des localités et des habitudes du gibier : en sorte qu'il n'y a jamais qu'un petit nombre de personnes qui puissent vraiment se qualifier du titre de chasseurs de chamois ; et la perspective de trouver dans l'essor qu'a pris l'industrie indigène un moyen plus sûr et plus lucratif de gagner leur pain en détourne chaque année quelques-uns de cette pénible profession. Il est de grands districts de chasse où on ne tue pas aujourd'hui plus de

3 ou 4 chamois par année, et la multiplication annuelle de ces animaux comble largement cette lacune. Les cantons où cette intéressante chasse est encore pratiquée avec le plus d'ardeur et de succès sont ceux des Grisons et du Valais, ainsi que l'Oberland bernois. Que quelques chasseurs de ce dernier pays emportent avec eux à la chasse un gobelet particulier destiné à recueillir le sang de l'animal qu'ils viennent de tuer, et qu'ils en boivent en effet — ainsi qu'un voyageur moderne de renom dans la littérature européenne a eu la bonhomie de le raconter — c'est là une de ces plaisantes mystifications, un de ces nombreux *canards* que nos malins compères de chasseurs servent volontiers aux touristes trop curieux qui les fatiguent de leurs questions. Si jamais un chasseur, surtout autrefois, a goûté du sang chaud d'un chamois, dans l'idée que cette boisson le préserverait du vertige, cela n'arrive ni assez souvent, ni assez régulièrement, pour qu'il soit besoin d'un gobelet consacré à cet usage.

Les bouquetins habitaient autrefois la même région que les chamois; aujourd'hui ces intéressants animaux, à moitié extirpés du pays, ont dû, là où ils existent encore, se réfugier dans la région des neiges. Du reste les chamois, les marmottes et les bouquetins habitaient déjà nos montagnes à l'époque du diluvium. On a trouvé dans la caverne du Wildkirchli les os du chamois mêlés à ceux de l'ours des cavernes. Mais alors ce n'étaient pas seulement les montagnes qu'habitaient ces animaux. On peut conclure en effet des ossements fossiles qu'on a rencontrés plus d'une fois dans les dépôts de gravier et les anciennes moraines de la plaine qu'ils vivaient dans les parties basses de la Suisse, à la même époque que le renne et l'élan, le cerf gigantesque, le bœuf primitif et le bison, le rhinocéros à pelage laineux et le mammouth.

C'est enfin dans notre région que se trouvent les tanières et les cavernes des grands carnivores de la Suisse. Des poursuites continuelles et les progrès de la civilisation ont rejeté ces animaux dans les hautes forêts et les gorges des Alpes, sans pouvoir les y détruire entièrement. Les lynx et les loups, dans la région montagneuse supérieure et la région alpine inférieure, épient les chèvres, les moutons, les chamois et les lièvres; de leurs retraites des Alpes, les ours viennent la nuit rôder au loin dans les montagnes et faire entendre leurs grognements autour des parcs et des étables. Les loups, fort rares dans la Suisse orientale, sont un peu plus fréquents dans le sud et l'ouest du pays; les ours se montrent dans l'ouest, l'est et le sud. Le Valais et le Tessin recèlent peut-être constamment des loups, des lynx et des ours; le Jura a encore des loups et dans le sud des ours; les Grisons et Uri ont toujours des ours, mais rarement des loups; dans les autres cantons primitifs et dans ceux de Lucerne, de Glaris, de Saint-Gall et d'Appenzell, les trois espèces ont été récemment exterminées, et ce n'est que de loin en loin que quelque individu s'y égare des montagnes voisines. Au fond ces animaux, en particulier le lynx et le loup, ne sont pas destinés par la nature à vivre dans les Alpes, et ils leur préféreraient certainement des plaines solitaires, boisées et giboyeuses, tout au moins les collines ou les basses montagnes. Mais comme chez nous le sol est partout occupé ou exploité, à l'exception de quelques grands districts sauvages de montagnes avec leurs forêts escarpées et leurs solitudes rocailleuses, il ne reste plus à ces animaux, dont la voracité exige un vaste terrain de chasse, qu'à se retirer dans ces sombres forêts et ces gorges désolées des Alpes, où longtemps encore ils pourront être à l'abri des poursuites, et, avec la prudence qui les caractérise, trouver de quoi pourvoir à leur subsistance. Chaque année, toutefois, on prélève sur eux un tribut de quelques belles et bonnes fourrures qui se vendent sur nos marchés[1]. La maison de ville à Davos avec sa formidable rangée de mâchoires de loups, et la maison commune d'Hérémence dans le Valais (3,854 pieds), contre laquelle s'étalent des têtes de loups, d'ours et de lynx, racontent assez clairement combien ces grands voleurs étaient communs dans le bon vieux temps.

[1] Voici le tableau officiel des loups et des ours tués dans le Tessin de 1852--1859:

Si pauvre en animaux que soit la région alpine, si désolée qu'elle puisse paraître au voyageur, c'est elle cependant qui possède les quadrupèdes et les oiseaux les plus intéressants de tout le pays, puisqu'elle est la patrie des ours, des gypaètes, des loups, des chamois, des aigles, des marmottes, des lynx, des vipères, etc., sur le caractère, le séjour et les habitudes desquels nous donnerons quelques détails dans les esquisses qui vont suivre. En tous les cas, notre région alpine est encore plus riche que la région correspondante de la Scandinavie, qui, à côté du renne sauvage, de l'ours, du lynx, du glouton, du loup et du renard, ne possède que le ptarmigan, la gélinotte et le bruant des neiges.

	Loups		Ours		Primes payées
	Mâles	Femelles	Mâles	Femelles	
1852	3	2	1	1	Fr. 270
1853	5	2	1	1	„ 330
1854	10	9	1	—	„ 780
1855	1	1	—	—	„ 80
1856	4	6	1	—	„ 450
1857	3	1	—	—	„ 140
1858	3	2	—	—	„ 190
1859	1	—	—	1	„ 80
	30	23	4	3	Fr. 2320

On a donc tué en tout dans le Tessin dans cet espace de 8 années 7 ours et 53 loups.

ESQUISSES ET BIOGRAPHIES D'ANIMAUX.

I. LES SERPENTS VENIMEUX DES ALPES.

L'appareil venimeux. — Les dompteurs de serpents dans le Valais. — La vipère commune. — Ses mœurs et sa morsure. — Remèdes à employer. — Les preneurs de vipères. — Un empoisonnement remarquable.

La nature répand partout en abondance ses riches bénédictions : il n'est pas un coin de terre qu'elle ne peuple d'êtres vivants d'une admirable variété ; et ce qu'elle crée, elle le conserve avec sagesse et avec amour, en sorte que le monde s'offre à nos regards comme une maison dont Dieu lui-même est l'adorable ordonnateur. Mais comment, dans cette harmonie parfaite des êtres, nous expliquer l'existence d'organismes non-seulement inutiles en apparence, mais décidément nuisibles, comme les plantes vénéneuses et les animaux venimeux ? Les premières rendent encore des services dans le champ de la science ; mais il est difficile de saisir le rapport de ces derniers avec l'ensemble de l'économie cosmique, une fois qu'on n'accepte pas les prétentions des charlatans de foire à en faire des bienfaiteurs de l'humanité. La seule chose qu'on doive admettre, c'est que leur existence est en soi un fait nécessaire, et que leurs armes mortelles sont la condition de cette existence. Et en réalité, la faculté qu'ils ont reçue de donner la mort n'est pour eux qu'un moyen de vie. Ce qu'est au loup sa vigoureuse mâchoire, au lynx sa prudence et son agilité, l'appareil venimeux l'est à la vipère. Tous les serpents venimeux — et leur nombre en espèces et en individus est fort restreint quand on le compare à la masse des serpents — sont plus lourds, plus pesamment construits; ils ont la tête plus large, plate, garnie d'écailles, la queue beaucoup plus courte; ils sont d'un naturel plus paresseux, plus languissant que les espèces non venimeuses, moins faits pour poursuivre rapidement leur proie que pour la guetter au passage.

L'appareil venimeux se compose d'un tissu cellulaire en forme de glande, entouré d'une enveloppe forte et tendineuse, placé des deux côtés de la partie postérieure de la tête. La substance que cet appareil sécrète est en très-petite quantité, et se présente sous la forme d'un liquide transparent, d'un jaune verdâtre, inodore et presque insipide, un peu visqueux, dont l'action mortelle dépend beaucoup de l'âge et de l'espèce de l'animal, de la saison, de l'état de la personne mordue et de l'endroit où la blessure est faite. Le venin desséché perd sa force et devient d'un jaunâtre transparent. Immédiatement sous la glande, et de chaque côté des joues, est placée une dent (rarement deux) en forme de crochet, recourbée en arrière, allongée, fine et pointue comme une aiguille, percée dans toute sa longueur d'un canal étroit, avec deux ouvertures l'une du côté de la glande, l'autre à l'extrémité de la dent, par lesquelles entre et sort le venin. Ces deux dents, derrière lesquelles il y en a une paire de petites encore en rudiment, destinées à remplacer les premières dans le renouvellement dentaire qui a lieu en hiver, peuvent se mouvoir en avant et de côté et reposent sur une apophyse mobile elle-même de l'os maxillaire, de telle sorte qu'elles peuvent à volonté soit se coucher dans un pli ou écartement de la gencive, soit au contraire se relever par un mouvement brusque de la tête et se dresser pour le combat. Quand le serpent veut s'en servir, il ouvre rapidement la gueule aussi large que possible. Ce mouvement et l'action même de mordre opèrent une légère pression sur la glande distendue : le venin s'introduit en même temps dans la dent et, par l'orifice extérieur de son canal, dans la plaie, d'où il va se mêler au sang de la personne ou de l'animal blessé. Les glandes venimeuses de la vipère sont si petites et la blessure, qui pénètre à peine d'une ligne dans les chairs, si insignifiante, que le danger d'une pareille morsure ne peut provenir que de la lésion des vaisseaux sanguins. Parmi les quadrupèdes, le cochon, le putois et le hérisson font exception à la règle commune. Celui-ci se laisse mordre par la vipère aux flancs ou au museau ; il la saisit, lui broie la tête, les dents et les glandes venimeuses, et avale le tout sans en éprouver le moindre malaise, malgré les blessures qu'il reçoit sans doute dans le combat ; tandis que deux ou trois vipères suffisent pour tuer un cheval ou un bœuf. Les buses, les geais, peut-être les corbeaux, détruisent un grand nombre de vipères ; ils leur brisent la tête à grands coups de bec et les avalent ensuite. L'aigle criard, qui occupe ailleurs une place distinguée parmi les destructeurs de serpents, ne visite qu'accidentellement chez nous la région habitée par la vipère. La plupart des animaux supérieurs ont un effroi instinctif de ce reptile.

Ces animaux dangereux sont heureusement peu abondants en général dans notre pays, quoiqu'ils jouent toujours un rôle important auprès du peuple qui leur prête les propriétés les plus extraordinaires. On prétend que dans la partie supérieure de la vallée de Saint-Nicolas, les vipères étaient une fois en si grand nombre que les habitants durent y faire venir un sorcier dompteur de serpents. Celui-ci commença par faire sortir de terre d'un coup de sifflet un serpent blanc (!) autour duquel se rassemblèrent bientôt toutes les vipères. Il parcourut la contrée suivi du serpent blanc et d'un nombre toujours croissant de vipères ; puis arrivé à l'extrémité du territoire de Zermatt, il les attira dans une fosse où il les brûla vivantes toutes à la fois. Du reste le sorcier eut soin de donner aux habitants de Zermatt le conseil de ne pas détruire toutes leurs vipères, disant qu'elles tiraient du sol une substance nuisible et purifiaient ainsi l'atmosphère! On entend assez fréquemment raconter des histoires merveilleuses de ce genre. En attendant il est bien peu de nos lecteurs qui aient rencontré sur place un serpent venimeux, et il est rare d'entendre parler de morsures dangereuses ou mortelles. Nous n'avons du reste en Suisse que deux espèces de serpents venimeux, savoir : la *Vipère rouge*, d'un jaune rougeâtre, tachetée de noir, d'environ trois pieds de long, qui habite le Jura, l'ouest et le sud de la Suisse ; et la *Vipère commune* qui se distingue au premier coup d'œil de la précédente par les trois plaques apparentes du milieu de sa tête, et seule appartient proprement aux montagnes ; elle habite même si exclusivement la région montagneuse et celle des Alpes qu'elle ne se rencontre jamais en plaine, tout au plus sur les parties avancées de la chaine de l'Albis. En Allemagne, au contraire, on la trouve fréquemment même en plaine, mais c'est dans les Alpes de Souabe qu'elle est le plus commune.

La *Vipère*[1] *commune* (*Pelias berus*) se trouve presque sur toutes les Alpes de la chaîne centrale, mais plutôt sporadique que généralement répandue ; elle manque dans des districts considérables, tandis qu'elle est jusqu'à un certain point abondante dans d'autres. On est presque sûr de la rencontrer jusqu'à plus de 6,000 pieds dans les Alpes des Grisons, de Glaris, du Tessin, sur le Grimsel et le Saint-Gotthard. Souvent elle ne commence à paraître qu'au-dessus de la limite des arbres à feuillage et monte, dans les Alpes de Glaris, par exemple, jusqu'à 7,600 pieds (Heustock dans le Mühlebach). Elle est, dit-on, commune dans certaines localités rocheuses et bien exposées de l'alpe de Fliss dans le haut Toggenbourg ; elle l'est encore davantage au Bergli, dans les hautes montagnes de Glaris, et surtout dans celles de la Haute-Engadine, par exemple dans le Berninaheuthal, sur l'alpe de Nuor près du glacier de Morteratsch, dans le Roseggthal et ailleurs, à Bevers, par exemple, où on en a trouvé un tas en démolissant un vieux

[1] Vipère, proprement *vivipara*, c'est-à-dire donnant naissance à des petits vivants.

mur. Elle aime de préférence les pentes rocailleuses, se tient volontiers au soleil sur des pierres ou des troncs d'arbres, et évite les terrains humides; par les temps froids et pluvieux, elle ne sort pas de sa retraite. Au printemps elle reparaît tout de suite après la fonte des neiges; elle se montre en plus grand nombre quand l'air est lourd et orageux.

La couleur de la vipère commune, comme celle des autres serpents, varie considérablement suivant l'âge, le sexe, la saison et la localité; mais la large bande foncée, formée de taches quadrilatérales en zigzag, qui va d'une manière assez continue depuis la tête jusqu'à l'extrémité de la queue le long de la colonne vertébrale, est un caractère constant qui empêche de la confondre avec la couleuvre lisse, assez semblable du reste, mais portant sur les côtés deux bandes de taches non continues. Dans le mâle, le fond de la couleur est ordinairement plus clair, plus pur, tantôt bleuâtre, tantôt brunâtre, jaunâtre ou blanchâtre; dans la femelle, la couleur est plus terne, comme glacée d'un gris sale; dans les deux sexes, c'est après la mue que les teintes sont le moins vives. Le cou est très-distinct; la gorge est blanche; le ventre tantôt avec des marbrures foncées, tantôt d'un bleu noirâtre avec des taches blanches et brunes. Sur le milieu de la tête sont deux lignes ou taches foncées en forme de V, qui à première vue paraissent former une croix. Le crâne est lisse, triangulaire, couvert de fines écailles, avec trois petites plaques au milieu. La vue est loin d'être perçante; mais les yeux, sans paupières, bruns, à iris d'un jaune d'or ardent, plus rarement rougeâtre ou rose, sont flamboyants. Gessner, le père de notre histoire naturelle, prétend que ce reptile a un air scélérat. Le corps, cylindrique et musculeux, a sa partie la plus forte dans le milieu chez le mâle, derrière la nuque chez la femelle; la queue, plus longue chez le mâle que chez la femelle, se termine en une pointe dure, de couleur claire.

Les souris sont la nourriture de prédilection de ces serpents; il est probable qu'ils mangent aussi de jeunes oiseaux et au besoin des lézards, des grenouilles ou autres animaux semblables.

La grande dilatabilité de leur œsophage les met quelquefois en tentation d'avaler des taupes tout entières, mais il leur arrive parfois dans cette opération de se briser les ligaments de la mâchoire ou de se faire éclater le corps. Les dents venimeuses ne leur servent pas à mâcher, mais seulement à retenir leur proie. Elles craignent et évitent l'eau comme le font tous nos serpents, à l'exception de la couleuvre à collier.

La vipère n'est proprement redoutable ni par sa taille qui est à peine de deux pieds trois pouces, ni par le diamètre de son corps qui est à peine d'un pouce, ni par son naturel farouche. Elle n'attaque la première ni l'homme, ni les animaux; elle les fuit plutôt, et ce n'est que lorsqu'elle est excitée ou qu'on lui marche dessus qu'elle se roule en spirale, siffle, se détend comme un ressort pour se jeter sur son ennemi et le mordre, mais elle ne le poursuit jamais. Les femelles pleines, qu'on rencontre le plus souvent en été et qu'on reconnaît au premier coup d'œil à la largeur frappante de leur corps, sont la plupart du temps presque incapables de se mouvoir et restent effrayées sur place sans pouvoir prendre la fuite. Même lorsqu'elle a faim la vipère, plutôt que de se mettre en quête, attend que quelque petit animal s'aventure dans son voisinage; alors elle se jette sur lui en sifflant, le mord et lui laisse continuer sa route, l'œil fixé toutefois sur lui, car elle connaît l'effet redoutable de sa morsure. Les souris sont tuées presque instantanément par le venin de la vipère, les oiseaux au bout de quelques minutes, les moutons et les chèvres au bout de quelques heures; les gros animaux enflent et restent quelque temps malades, mais il est rare qu'ils meurent. Les amphibies à sang froid paraissent être insensibles à cette morsure. Quand les vipères se battent entr'elles, chacune évite avec soin les morsures de son adversaire.

En captivité, cette vipère refuse toute nourriture et vit néanmoins de 12 à 16 mois. Elle tue les souris qu'on lui donne, mais elle ne les mange pas; elle rejette même quelquefois, après avoir été prise, les derniers aliments qu'elle a avalés, et se laisse ensuite mourir de faim. Il n'est pas question d'apprivoiser cet animal entêté. Même en liberté, il prend peu de nourriture et ce n'est que quelques jours après qu'il a mangé une souris et lorsque la digestion est achevée qu'il songe à un nouveau repas. On le prend aisément en lui mettant la botte sur la tête, en le prenant par la queue et en le faisant glisser ainsi dans une boîte. Malgré ses sifflements furieux, il lui est impossible de se retourner vers la main qui le tient. Un preneur exercé de serpents sait les saisir par terre avec la main sans autre appareil. Avec des bottes on ne risque absolument rien, car la vipère ne se dresse jamais plus haut et elle ne peut mordre à travers le cuir.

Il n'est pas extrêmement rare de voir des enfants, des bûcherons, des faucheurs, des chasseurs, des voyageurs, des bergers, être mordus dangereusement. Si la saison n'est pas chaude, circonstance qui paraît concentrer le venin, ou si la personne blessée n'est pas échauffée, auquel cas le poison se mêle plus promptement au sang, ou que la vipère ne soit pas très-vigoureuse, la blessure n'a pas de suites mortelles; mais il faut que le malade ne perde pas la tête, qu'il suce fortement la plaie, la coupe dans le vif, la brûle avec de l'amadou, ou fasse une forte ligature au membre, en dessous. On peut mettre ensuite sur la blessure quelque corrosif, comme de l'acide nitrique étendu d'eau, de la potasse ou, à défaut, de l'eau-de-vie. Il n'y a aucun danger à sucer la plaie si on a la bouche saine et qu'on ne fasse pas trop d'efforts, car le poison de la vipère est sans action sur l'estomac; il n'agit qu'immédiatement sur le sang. Si on ne peut ni sucer, ni retrancher la plaie, on la lie au moins en dessous aussi fortement que possible, et on y applique un charbon ardent ou quelque rongeant. Au bout de quelques minutes, le poison donne déjà des vertiges, décompose le sang, y occasionne une fermentation putride; le blessé éprouve une extrême fatigue; puis surviennent les vomissements, les crampes, un étranglement spasmodique de la gorge, les évanouissements; la blessure enfle; mais ce n'est que dans les circonstances les plus défavorables et par l'effet d'une entière négligence que ces accidents sont suivis ou de la mort, et dans ce cas c'est au bout de quelques heures, ou, ce qui est plus ordinaire, de souffrances qui se prolongent pendant plusieurs années. Dans l'été de 1860, à Vicosoprano (Bergell), un ouvrier fut mordu par une vipère et mourut trois jours après.

La vie de la vipère est elle-même aussi dure que celle des autres animaux l'est peu sous l'action de son venin. Elle peut vivre 18 ou 24 heures sous le récipient de la pompe pneumatique; la tête mord encore et empoisonne un quart d'heure après avoir été détachée du tronc, comme l'a malheureusement éprouvé une enfant d'un an et demi, du val de Tuors, qui en août 1824 fut mordue au petit doigt par la tête coupée d'une vipère et qui en mourut au bout de 18 heures. Cependant une infusion de tabac tue ce reptile au bout de quelques minutes, l'acide prussique instantanément, probablement aussi le chloroforme et l'éther.

En hiver ces animaux se réunissent dans des murailles, des tas de pierres, entre des feuilles et de la mousse, dans des creux d'arbres, ou pénètrent à plusieurs pieds de profondeur dans des trous de souris; c'est là qu'ils s'endorment mais assez légèrement. A partir du printemps ils vivent par couples. Ils changent cinq fois de peau pendant l'été, et environ quatre mois après l'accouplement, en juillet ou en août, ils mettent bas comme tous les serpents venimeux, des petits vivants, au nombre de 6 à 15, de 6 à 7 pouces de longueur et déjà armés du redoutable appareil. Les petits, d'un gris rougeâtre avec des dessins bruns, sortent de l'œuf encore dans le sein de la mère, ou au moment de l'accouchement; mais il leur faut sept ans pour acquérir toute leur taille. Dans les premiers temps ils vivent de vers, de lézards, etc.

La vipère commune et la vipère rouge étaient employées autrefois en médecine, et les apothicaires les conservaient vivantes dans des tonneaux remplis de son. Leur graisse passait pour salutaire. Leur chair fournit un excellent bouillon, très-nourrissant. Elle peut, aussi bien que celle des animaux qui ont été mordus, se manger sans aucun inconvénient. Les deux espèces de vipères entraient comme ingrédients, avec beaucoup d'autres serpents, dans la fameuse thériaque de Venise.

La chasse aux vipères était autrefois si lucrative qu'on s'y livrait partout. Elle se faisait de différentes manières. D'après le naïf récit de Gessner, on mettait du vin dans les haies et les tas de pierres. Attirés par l'odeur, ces animaux friands venaient boire, prenaient une petite pointe de vin, et se laissaient saisir avec la main dans un état de demi-ivresse. En France, les preneurs de serpents se munissaient d'un bassin et d'un trépied, et, arrivés à l'endroit de la chasse, ils allumaient du feu et rôtissaient dans leur bassin une vipère vivante. Ses sifflements effroyables faisaient sortir de leurs trous toutes les vipères du voisinage; alors le chasseur muni d'un gant de cuir s'en emparait et les mettait dans un sac. Un témoin digne de foi raconte avoir vu pratiquer, près de Poitiers, cette chasse dont nous ne pouvons très-bien nous rendre compte, et il ajoute n'avoir jamais pu assister sans effroi à ce spectacle qui lui rappelait la cuve des sorcières de Macbeth. Les preneurs de serpents italiens fixaient en terre des espèces de cerceaux; les reptiles, attirés au moyen du sifflet, ne tardaient pas à monter le long de ces cercles, sur lesquels on les prenait avec des pinces pour les jeter dans des sacs. Il y a quelques dizaines d'années qu'on voyait encore à Milan des marchands de vipères vivantes. Ils les tenaient en caisse, au nombre de soixante ou plus, et les vendaient au détail, mortes ou vives, suivant le désir de l'acheteur. Un apothicaire du Jura avait un parc entier de vipères rouges, et les envoyait vivantes dans des caisses par toute la Suisse pour le prix de 1 fr. 35 cent. la pièce.

C'est à peine si de nos jours quelque naturaliste ou quelque amateur prennent une couple de vipères, et cependant leur nombre ne paraît pas augmenter. D'après les renseignements de Matthison et d'Ebel, elles auraient été si communes sur la montagne de Saint-Salvador, près de Lugano, qu'on y a dû abandonner complétement quelques maisons de campagne. Le docteur Schinz a visité souvent cette montagne sans y trouver une seule vipère;

il donna même à un preneur de serpents tessinois bien connu la commission de lui en envoyer quelques-unes : peu après il reçut, en effet, une caisse qu'il ouvrit avec curiosité, mais il fut bien trompé en n'y trouvant que seize innocentes couleuvres à taches carrées, au lieu des serpents venimeux qu'on lui avait annoncés. En tout cas on exagère bien souvent l'abondance et le danger des vipères. Malgré tous les renseignements que nous avons pris, nous n'avons pu constater un seul cas de mort causé dans les derniers temps par la morsure d'une vipère; et, même dans les pays où on trouve ces animaux par centaines, comme les montagnes d'Ofen et la Haute-Engadine, c'est à peine si on parle de personnes ou d'animaux qui aient été mordus.

Une histoire très-remarquable d'empoisonnement par le venin de la vipère nous est racontée par un excellent observateur, le docteur Lenz, qui en avait été le témoin. Un mauvais garnement, nommé Hörselmann, se faisait fort de connaître un moyen de s'exposer sans danger à la morsure des vipères. Il vint vers Lenz, qui conservait quelques vipères en vie pour ses expériences, et il le pria de les lui montrer. Il se vantait de les connaître parfaitement, et pour prouver combien il les craignait peu il voulut en prendre une et la tenir dans sa main. Un moment il parut céder aux observations du docteur ; mais avant que celui-ci pût l'en empêcher, il plongea tout à coup la main dans la caisse et saisit par le milieu du corps une vipère qui était tranquillement étendue dans un coin. Il l'éleva à la hauteur de son visage en lui disant quelques paroles magiques incompréhensibles. La vipère le regardait d'un air furieux et dardait sa langue contre lui ; malgré cela, il lui enfonça brusquement la tête dans sa bouche, en faisant semblant de la mâcher. Mais bientôt il retira vivement l'animal et le rejeta dans la caisse ; trois fois il cracha du sang ; son visage s'empourpra, ses yeux prirent un air hagard et furieux : «Avec toute ma science, s'écria-t-il, je ne sais rien ; mon livre m'a trompé.» Lenz, ne sachant si la chose était sérieuse ou non, demanda à Hörselmann de lui montrer sa langue. Celui-ci s'y refusa, se plaignit de douleurs, désigna la place de la morsure, tout à fait en arrière de la langue, et voulut retourner chez lui où il prétendait avoir des moyens de se soulager. Il ne voulut point prendre d'huile, et marcha d'un pas encore assez ferme pour aller prendre son chapeau; mais bientôt il chancela, tomba, se releva pour tomber de nouveau. Il parlait encore distinctement, mais à voix basse; son visage devenait toujours plus rouge, ses yeux s'obscurcissaient. Il souffrait de douleurs de tête et demanda un coussin. On le porta sur un fauteuil pour qu'il y fût bien appuyé; il y resta tranquillement assis, mais se plaignit d'abord de la faim, disant qu'il n'avait rien mangé de solide de toute la journée, puis de la soif; on lui apporta de l'eau, il ne put en boire. Bientôt il laissa tomber sa tête, le râle le prit et il mourut. Toute cette scène n'avait duré que cinquante minutes, et dix minutes après, son cadavre était froid. Des traces de décomposition parurent déjà le matin suivant, et on fit l'autopsie du corps. Le front, les yeux, les narines, la main gauche et la cuisse gauche étaient bleus; la langue était enflée et presque noire au milieu, à l'endroit de la blessure; les vaisseaux encéphaliques étaient injectés d'un sang foncé et les poumons extraordinairement bleus. Le passage de la vie à la mort ressembla dans ce cas, comme dans tous les cas pareils, à un paisible sommeil : point de gêne dans la respiration, point d'angoisses; seulement une perte rapide de forces et une absence complète de mouvements volontaires.

On trouve souvent une variété noire de la vipère commune (la soi-disant *Vipera prester*); elle ne se rencontre jamais en Suisse que dans les Alpes : par exemple, au Wiedersteinerloch (2,600 pieds) dans les montagnes de Glaris, sur les Alpes de Mühlebach et d'Uebelis, sur celles de l'Oberland vaudois, dans le Valais au pied du Beverserberg, et probablement sporadiquement sur toute la chaîne centrale. Autant qu'on a pu s'en assurer, cette variété a les mêmes propriétés venimeuses et les mêmes habitudes que la vipère commune. Elle se montre souvent à la Rauhenalp et nous l'avons trouvée nous-même dans la Forêt-Noire. Tous les

BARTAVELLES.

exemplaires qu'on en a recueillis jusqu'ici sont des femelles. L'échidnologue H. E. Linck a été assez heureux récemment pour en posséder une qui portait, et qui mit bas en captivité onze petits qui ne différaient en rien des jeunes vipères ordinaires. Il a constaté que la vipère noire n'est qu'une variété femelle de la vipère commune, avec laquelle elle s'accouple, et qui produit des vipères ordinaires.

II. LA BARTAVELLE.

Histoire naturelle, chasse et propagation.

Les *Perdrix* ne sont représentées en Suisse que par la *Perdrix grise*, la *Perdrix grecque* ou *Bartavelle*, la *Perdrix rouge* et la *Caille*; la bartavelle seule appartient aux hautes montagnes[1]. La Perdrix grise (*Perdix cinerea*) arrive à peine à la lisière inférieure de la région montagneuse. La Perdrix rouge (*Perdix rubra*), très-semblable à la bartavelle, seulement ornée à la gorge d'un collier noir plus grand, ne monte pas très-haut dans le Tessin et dans le Jura, et remplace la bartavelle dans le midi de l'Europe. On prétend aussi avoir trouvé dans le Jura des hybrides de la perdrix rouge et de la perdrix grise. La Caille (*Perdix coturnix*) préfère en général les plaines ouvertes, mais va souvent dans les gras herbages des hautes vallées d'Uri (Urserntal), des Grisons,

---

[1] La Perdrix des steppes asiatiques *(Syrrhaptes paradoxus)*, qui par suite d'une émigration extraordinaire est venue ces dernières années le long des côtes et des îles de la Baltique et de la mer du Nord jusque dans les Pays-Bas, en Ecosse et en France, s'est aussi égarée dans la Suisse, puisque depuis le mois d'août jusqu'en décembre on en a tué quelques individus isolés dans les environs de Genève et dans les cantons de Berne et de Zug.

d'Unterwald, de Berne et du Valais. La Bartavelle (*Perdix saxatilis*) est, au contraire, dans notre pays un oiseau tout à fait alpin, qui ne se rencontre jamais ni dans les bois, ni dans la plaine. Elle n'habite pas le Jura; mais on la trouve sur les Alpes vaudoises.

Comme toutes nos perdrix de montagnes, la bartavelle (*Pernise* dans les Grisons) est d'une beauté remarquable. Elle est passablement plus grosse que la perdrix rouge; son bec rouge, ses paupières et ses pieds de la même couleur sont un de ses plus beaux ornements. Elle a le dos d'un gris bleu, les épaules lavées d'un rouge pourpre pâle, la gorge blanche avec des bandes noires, et sur la poitrine des bandes transversales d'un jaune roux, encadrées de noir, et des taches marron. Des seize pennes de la queue, les quatre du milieu sont d'un gris cendré, les autres d'un rouge roux foncé avec des reflets de satin. Il en existe une variété toute blanche, fort rare.

Moins sauvage que la plupart des gallinacés des Alpes, la bartavelle habite, au printemps par paires, en automne par compagnies plus ou moins nombreuses, les revers de nos hautes Alpes exposés au soleil, sur des pentes gazonnées couvertes de décombres, depuis la limite supérieure des bois jusqu'à celle des neiges, et souvent aussi haut que le ptarmigan. Elle est la compagne des marmottes. C'est dans les Grisons qu'elle est le plus commune; elle y fait l'objet ordinaire de la chasse. Cependant elle n'est rare nulle part dans le reste des Alpes.

Son séjour favori est sur les pentes chaudes entre les arbres nains et les buissons de rhododendrons, sous les grandes parois de rochers, dans les ravines pierreuses et les couloirs d'avalanches, où elle se promène tantôt courbée et le dos arrondi, tantôt droite avec les plumes de l'oreille redressées en forme de barrette. Elle vole rarement et se cache avec beaucoup de prestesse et de soin au milieu des herbes ou entre les pierres jusqu'à ce que le danger soit passé. Jamais, sans y être forcée, elle ne se perche bien haut sur les arbres; mais, en cas de nécessité, elle se dérobe dans les branches basses les plus fourrées des grands sapins isolés. Le matin et le soir, surtout au printemps, et aussi dans le milieu du jour par les temps de brouillard de l'arrière-automne, elle fait entendre son cri d'appel continu. Le mâle vit avec une seule femelle; il est si jaloux de ses voisins qu'il les combat à outrance et, dans sa fureur, laisse approcher le chasseur sans l'apercevoir. Ces perdrix sont d'ailleurs d'un naturel doux; elles s'apprivoisent très-aisément et montrent la plus grande confiance à la personne qui les soigne. Nous ignorons s'il est vrai que le mâle produise avec la poule domestique des métis féconds.

En été, les bartavelles se nourrissent particulièrement de boutons de rhododendrons et d'autres plantes alpines, d'araignées, de larves, de fourmis et autres insectes. En hiver, elles descendent dans les éboulements du bas des montagnes, souvent jusque dans le voisinage des villages et même dans la plaine, par exemple, sur les roches solitaires des bords du lac de Wallenstadt, où elles se rendent des Churfirsten; elles vivent alors de toutes sortes de graines, de baies de genévriers, d'aiguilles de sapins, et paissent activement sur les places de gazon dégarnies de neige. On les trouve souvent à cette époque à l'abri des chalets et des étables des Alpes; elles se hasardent même jusque près des cabanes habitées. On les a vues descendre jusque dans les environs de Coire. En captivité, elles mangent des grains de toute espèce, des légumes, des pommes de terre, même de la viande cuite. Les petits, qu'on peut faire éclore sous une poule, s'élèvent avec des œufs durs hâchés, du lait et du millet concassé; mais ils prennent facilement le vol, si on ne leur rogne pas les ailes à temps. Une bartavelle qui avait été élevée en cage et mise en liberté a passé tout un hiver sous l'avant-toit d'une maison de Grüsch dans le Prätigau. Elle disparut au printemps, mais pour revenir avec une compagne l'hiver suivant frapper à la fenêtre et demander de la nourriture. Ces deux oiseaux restèrent pendant toute la mauvaise saison près de cette maison hospitalière.

La femelle pond en juillet sous un bloc, dans une fente de rochers, parmi les rhododendrons et les bruyères, ou sous quelque racine d'arbre, de 12 à 18 œufs d'un jaune de cuir, piquetés de points foncés. Elle soigne et garde ses petits avec beaucoup de tendresse.

Ceux-ci ont, comme les adultes, une adresse extraordinaire à se cacher, et, avant qu'on les ait seulement bien vus, ils ont déjà disparu. Si on en surprend une compagnie (de 10 à 25 individus) ils se précipitent comme l'éclair dans toutes les directions, presque sans faire un mouvement d'ailes, poussant leur cri d'angoisse, *pitchyy-pitchyy*, jusqu'à 40 ou 80 pas, et il n'y a plus moyen d'en retrouver un seul ni dans les pierres, ni dans les buissons. Mais si le chasseur a quelque patience et qu'il sache, avec un appeau, imiter le cri que la mère fait entendre le matin et le soir dans les beaux jours, et toute la journée dans les temps couverts, *chatzibitz-chatzibitz*, la famille ne tarde pas à reparaître, et ainsi, en répétant la même manœuvre, il peut tirer successivement la plus grande partie de la bande. Dans les Grisons, cette chasse se fait souvent avec le chien d'arrêt; on y prend aussi les perdrix, comme dans le Valais, avec des lacets ou des trappes. Ces oiseaux ont une telle vigueur musculaire qu'on peut à peine les tenir avec les deux mains; ils se ramassent et s'élancent au dehors avec une force et une persistance extraordinaires. Trois bartavelles étant parvenues à s'échapper de leur cage au moment où on les transportait dans le port de Friedrichshafen, elles volèrent par dessus bord et se posèrent sur l'eau. Elles se mirent alors à nager tout tranquillement, et ne cherchèrent point à prendre le vol quand on vint les chercher avec un bateau. La même observation a été faite par Holböll sur des ptarmigans du Groënland qu'il a vus par les plus grands froids venir se baigner et nager dans les eaux de montagnes, ou dans la mer, au golfe dit du Sud-Est, et par Wodricki sur des perdrix grises.

Malheureusement ce charmant oiseau devient souvent la proie des rapaces des Alpes, des renards, des belettes et des martes. Les chasseurs aussi, qui se contentent de lagopèdes et de bartavelles quand ils ne rencontrent ni marmottes, ni renards, les déciment et contribuent beaucoup ainsi à la désolation croissante de nos magnifiques montagnes. La chair de la bartavelle est d'une finesse et d'une saveur extraordinaires ; les vrais connaisseurs lui trouvent un certain goût balsamique légèrement amer et une odeur aromatique qui en font à leurs yeux un morceau de premier choix, bien préférable à la chair de la perdrix grise ou à celle plus dure du ptarmigan.

De même que ce dernier se trouve souvent au nord des Alpes et en quantité extraordinaire dans les contrées boréales, mais jamais dans le Midi, notre bartavelle, sa voisine dans nos hautes régions alpines, est un gibier très-commun en Grèce, en Turquie, et en Asie-Mineure, parfois avec la perdrix rouge, la perdrix rupicole et le francolin ; elle se trouve même en telle abondance dans la basse Italie et dans toute la Grèce qu'elle y est une des denrées alimentaires les plus importantes et les plus nécessaires, et qu'en automne elle y forme un aliment habituel dans toutes les classes de la société. On l'apporte au marché par milliers, ainsi que ses œufs, dont le goût est d'une délicatesse parfaite. Comme les mâles sont extrêmement querelleurs, les habitants de l'Archipel grec les dressent pour le combat ; les femelles s'apprivoisent en grand nombre comme oiseaux de basse-cour, on les mène chaque jour en grands troupeaux pâturer sur les prairies. On assure qu'il y en a également une grande quantité dans les montagnes de Smyrne, d'où elles descendent par bandes dans la plaine dès que la première verdure commence à y pousser.

III. LE TÉTRAS BIRKHAN.

<small>Cantu nascentem lucemque diemque salutans.</small>

Son histoire naturelle. — Le tétras intermédiaire ou rackelhan et son origine. Croisements analogues.

Dans les cantons forestiers, les marchands de gibier et les chasseurs apportent souvent au marché un bel oiseau qu'ils nomment *faisan*. Il a les sourcils tuberculeux, gonflés au printemps jusqu'à l'épaisseur d'un doigt, d'un rouge vif, le plumage noir bleuâtre à reflets métalliques, le pli de l'aile blanc, deux raies brunes sur les rémiges, une magnifique queue bifurquée, avec les deux pennes extérieures contournées en avant, et des pieds d'un noir gris, fortement emplumés. Ce n'est pas le faisan sauvage, car il n'y en a absolument point en Suisse, mais le petit tétras ou tétras à queue fourchue, ou *Tétras Birkhan* (*tetrao tetrix*), de la taille d'une poule moyenne de basse-cour et du poids de 2 à 3 $\frac{1}{2}$ livres. La femelle est bariolée de roux et de noir profond; elle a une bande blanche sur l'aile, la queue rayée de noir et peu bifurquée; beaucoup plus petite que le coq, elle pèse rarement plus de 1 $\frac{1}{2}$ livre.

Tandis que le coq de bruyère ne s'élève pas volontiers au-dessus de la région moyenne des forêts, le birkhan préfère les forêts supérieures et se trouve jusqu'à la limite de la végétation arborescente, cherchant de préférence les clairières garnies de touffes épaisses de bruyères, de myrtilles et de framboisiers, et les districts de pins nains, qui leur offrent de sûres retraites. Ce n'est pas un oiseau proprement sédentaire, mais ce n'est pas non plus un oiseau erratique. Deux fois par année il devient inquiet, quitte sa résidence et s'envole dans les environs; seulement il ne revient pas souvent dans le même district, parce qu'il s'égare aisément. Le birkhan est en général un oiseau stupide; le sens des localités est

peu développé en lui, et c'est bien moins sa prudence et son intelligence que sa sauvagerie et sa timidité innée qui le mettent à l'abri du danger. On a remarqué que les birkhans passent assez régulièrement à la fin de l'automne des montagnes du Simmenthal dans celles du Valais, où on les prend et les tue en grand nombre.

Dans nos forêts de montagne ils sont tantôt plus rares, tantôt plus communs que les coqs de bruyère, quoique ceux-ci soient passablement abondants à certaines époques; ils sont aussi plus légers et plus vifs dans leurs mouvements, bien qu'ils aient le même vol pesant et bruyant. Ils courent assez lestement dans les broussailles, d'ordinaire en petites familles; les vieux coqs, au contraire, vivent solitaires. Le district de toute la Suisse sans aucun doute le plus riche en petits tétras, est le canton des Grisons et tout particulièrement le val Minger, vallée latérale du val de Scarl, dans la Basse-Engadine, sombre contrée couverte d'épaisses forêts et de rochers sauvages. On entend de tous côtés, au printemps, les concerts amoureux des coqs dans les bouquets de pins nains, de pins des Alpes et d'aroles de cette gorge solitaire, qui, souvent pendant plusieurs années de suite, n'est visitée que par quelques bûcherons ou quelques chasseurs de chamois.

A l'époque de l'accouplement, quand les boutons des bouleaux commencent à gonfler, les coqs, qui du reste mènent une vie pacifique et tranquille, prennent l'humeur belliqueuse et se livrent entre eux, la queue relevée en éventail, les ailes pendantes et la tête baissée, tout à fait à la façon de nos coqs domestiques, des combats à outrance qui se terminent quelquefois par la mort d'un des combattants.

La période des amours dure assez longtemps dans la montagne; souvent, quand le printemps est avancé, elle commence déjà aux premiers jours d'avril et se prolonge jusqu'à la fin de mai. Ainsi en 1860, nous n'avons pas entendu un seul de ces chants d'amour avant le commencement de mai, et ils étaient dans toute leur force pendant la seconde moitié du mois, époque où nous avons en de fréquentes occasions de l'étudier aux altitudes les plus diverses ; en 1866, au contraire, dans le même district, la saison étant d'une douceur exceptionnelle, le premier chant eut lieu à la fin du mois de février. Ce chant commence de bonne heure dans la journée. Aux premières lueurs de l'aube, une heure environ avant le lever du soleil, c'est le rossignol de muraille qui se fait entendre le premier dans les Alpes jusqu'à 5,000 pieds, et qui, tout seul pendant quelque temps, dit sa courte chanson ; peu après, de toute part dans les rochers et les vallées de la montagne, retentissent les cent voix des merles à plastron, réveillant le peuple des oiseaux dans les plus sombres forêts et jusqu'aux derniers pins rabougris des hauteurs. Immédiatement ensuite, c'est-à-dire une bonne demi-heure avant le lever du soleil, résonne au loin le premier appel d'un birkhan, auquel répondent bientôt tous ses confrères à la ronde, qui d'une alpe, qui d'un rocher, qui d'un fourré d'arbustes, qui d'un petit bois au fond d'un vallon solitaire. A plus d'une demi-lieue de distance, ces tons tour à tour sourds et criards se distinguent nettement au milieu du concert général. Au commencement de la saison, les chants d'appel du birkhan durent peu et cessent dès que le soleil s'est levé ; ils se prolongent davantage dans les endroits obscurs. Quelques semaines plus tard, on peut les entendre toute la matinée, surtout quand le temps est couvert. Cependant on ne peut rien fixer à cet égard : il y a des districts et des années où le temps des amours est très-court et irrégulier, d'autres, au contraire, où il est prolongé et continu. Le chant des coqs dans la montagne est plus court et moins fort le soir, avant le coucher du soleil, que le matin. De même quand l'automne est chaud, on les entend à cette époque, et même au mois d'octobre, appeler encore à 9 heures du matin d'une manière irrégulière et seulement pendant quelques minutes : ce sont probablement les jeunes coqs. Le chant complet se compose proprement de deux parties, la première formée de sons sourds, gutturaux, assez semblables au cri de la tourterelle et répétés trois ou quatre fois, la seconde de sons aigus et stridents une ou deux fois répétés, auxquels s'ajoute quelquefois un autre cri, difficile à décrire. Cependant il y a ici une grande diversité, tant chez les vieux que chez les jeunes coqs. Souvent ce ne sont que les tons sourds qui se font entendre, d'autres fois ce ne sont que les tons aigus. Nous avons vu de vieux coqs qui se bornaient à ces derniers lorsqu'ils avaient quelque inquiétude et qui, après avoir pris la fuite, les répétaient encore ou se taisaient complétement; tandis que des jeunes qui avaient été dérangés reprenaient immédiatement leur chant complet, et cela trois à quatre fois de suite, même après un coup de fusil tiré sans résultat.

Pendant leur chant, les birkhans ont une singulière tournure. Tantôt perchés au sommet d'un grand sapin, sur une branche sèche ou sur quelque vieux tronc, tantôt posés sur une crête de rocher, ou au milieu d'un pâturage alpestre, ou même sur le toit d'un chalet, ils laissent tomber leurs ailes, étalent en large éventail leur belle queue fourchue, de manière à faire étinceler les plumes argentées de leur croupion, abaissent et relèvent alternativement leur tête aux caroncules écarlates et distendus, et enfin tournent sur place ou décrivent en sautant des cercles sur la terre. Ce manège est l'expression de sentimens violens et passionnés; souvent une poule sous le couvert d'un buisson y répond par un tendre gloussement, souvent aussi il n'y a point de femelles dans le voisinage et le coq ivre d'amour en est pour ses frais. Mais, contrairement à ce qui a lieu chez le coq de bruyère, le birkhan pendant toute la durée de son étrange comédie voit et entend parfaitement tout ce qui se passe autour de lui.

La femelle choisit un endroit très-caché pour y pondre, dans un trou qu'elle a préparé elle même avec ses ongles entre d'épaisses bruyères, des rhododendrons touffus ou sous quelque sapin branchu jusqu'au sol, 6 à 12 œufs de la grosseur des œufs de poule, d'un jaune d'ognon, pointillés de brun, qu'elle couve seule pendant trois semaines. Son époux légitime fait la garde autour d'elle pour la défendre contre les attaques des coqs restés sans compagne. Quand elle doit quitter ses œufs pour aller chercher sa nourriture, elle les recouvre soigneusement avec de la mousse et des feuilles, et se charge seule des soins de la famille si le mâle vient à être tué dans le temps de l'incubation. Les petits pépient comme des poussins, et quelques heures après être sortis de la coquille ils sont conduits par leur mère au pâturage, où elle leur déterre avec ses pattes de petits vers et des larves de fourmis. Au bout de quelques semaines, ils volent avec elle sur les arbres. Plus tard, la famille entière se tient volontiers disséminée sur le même arbre; dans l'arrière-automne et en hiver, les familles forment société entr'elles, car on voit alors des compagnies de 20 à 30 individus posés sur le sommet d'un rocher; mais le printemps suivant, la société se dissout : les jeunes mâles vont fonder une nouvelle colonie, les vieux vivent solitaires, ou trois ou quatre ensemble.

En hiver, les birkhans se nourrissent de boutons d'arbres, en particulier de ceux du bouleau, de chatons de fleurs, d'aiguilles de sapins et d'aroles, mais surtout de baies de genévriers; ils se creusent aussi de longues galeries sous la neige pour atteindre aux boutons des myrtilles, des bousserolles et des rhododendrons. Au printemps, ils mangent de toutes sortes de jeunes herbes, même les boutons à fleurs de l'épurge vénéneuse; en été, une masse de scarabées, d'araignées, de sauterelles, de fourmis, d'escargots, de feuilles de rhododendrons, de baies et de fruits de toute espèce; en automne, ce sont volontiers les graines des légumineuses et des conifères, le thym, les baies du groseiller des Alpes, du myrtille, du sureau nain, les feuilles du troène et du sorbier. Ils avalent en outre, comme tous les gallinacés, beaucoup de petits grains de quartz et de sable pour aider à leur digestion, et se roulent souvent dans le sable et la poussière comme les cailles et les coqs de bruyère.

La chair du birkhan est beaucoup plus tendre et plus savoureuse que celle de l'auerhan. La chasse de ce gibier exige beaucoup de prudence et de persévérance. Comme elle se fait à une époque où les troupeaux ne sont pas encore sur les hauteurs, le chasseur doit se résigner à aller passer la nuit dans quelque chalet inhabité, ou à partir de la vallée dès le milieu de la nuit, de manière à être rendu longtemps avant le lever du soleil sur le lieu de la chasse. Il doit du reste connaître parfaitement les localités pour ne pas perdre un temps précieux en allées et venues inutiles ; car si le chant du birkhan s'entend de loin, il trompe aisément sur la distance et la hauteur. Quand le coq est perché au sommet d'un arbre isolé ou au milieu d'un fourré d'arbres nains, il ne faut pas songer à l'aborder directement et dans ce cas le chasseur n'a d'autre ressource que de se cacher et d'appeler, c'est-à-dire d'imiter aussi exactement que possible le chant d'appel du birkhan. Nul ne peut être bon chasseur de coqs s'il ne possède ce talent qui est souvent la condition sine quâ non du succès. Dès que le birkhan entend le chant de son rival supposé, il prend le vol et s'approche dans un sentiment de jalouse curiosité, et tout prêt à engager le combat ; mais les vieux sont de rusés gaillards qui ne se prennent guères à de pareils stratagèmes. Les frères Schwitter du canton de Glaris tuent chaque saison, grâce à leur habileté à appeler, une quarantaine de coqs dans les montagnes de Näfels. Si sauvages que soient en général ces animaux, et quelque rapide que soit leur départ à l'approche du danger, nous avons déjà vu plusieurs fois nous-même de jeunes coqs se percher devant le chien et tenir si bien que le chasseur avait le temps d'approcher à découvert et de tirer ; d'autres examinaient le chasseur avec curiosité ; une fois même nous en avons vu un essuyer le feu sans partir. Il faut une bonne charge pour abattre un gros coq, et encore le perd-on souvent, car avec l'aile cassée il court dans le plus épais des broussailles ou s'introduit dans quelque trou. Il y a certains districts où l'on attrappe les coqs et les poules au moyen de lacets en crin de cheval. Pris jeunes, ces oiseaux se laissent facilement apprivoiser, mais ils ne vivent jamais plus de deux ans en captivité. En Scandinavie on a aussi réussi à apprivoiser des coqs de bruyère ; cependant ils ne deviennent jamais si familiers ni si confiants que les birkhans, et courent souvent après les gens pour leur donner de méchants coups de bec.

Nos birkhans indigènes font auprès des paysans et des chasseurs l'office de baromètres : quand au printemps le temps doit se gâter, ils prolongent leur chant jusque fort avant dans l'après-midi et l'interrompent de loin en loin par un glapissement semblable à celui de la marte, tantôt posés par terre, tantôt perchés sur un tronc d'arbre ou au sommet d'un mélèze.

Deux fois dans le Prätigau, deux fois dans le canton d'Uri, une fois dans l'Oberland saint-gallois et une fois en Valais, on a tué une espèce de tétras qui a autant de rapports avec le birkhan qu'avec le coq de bruyère, et qu'on a supposé avec raison être le produit du *croisement du mâle du birkhan* avec la *femelle de l'auerhan*. On l'a nommé le *Tétras intermédiaire* ou *Rackelhan* (*Tetrao medius*). Le mâle est plus gros que le birkhan et plus petit que la poule de bruyère ; il a l'air d'un birkhan à grosse tête avec la queue tronquée. Dans le nord de l'Europe ces métis sont plus communs, mais leur apparition est toujours un fait sporadique et qui ne se représente que dans les localités que fréquentent à la fois le grand et le petit tétras. Les chasseurs ont vu fréquemment le mâle tomber à l'improviste à l'endroit où les femelles du birkhan se rassemblent, exécuter sa danse avec fureur et disperser brusquement les poules sans s'accoupler avec elles, parce qu'il est stérile comme tous les métis.

Les deux exemplaires qui proviennent de la montagne d'Arnit dans le canton d'Uri ont été envoyés par le Dr Lusser l'un au musée de Zurich, l'autre à celui de Turin (1821); l'exemplaire du Valais est dans la collection du Dr Depierre, celui de Saint-Gall dans le Musée pittoresque des Alpes à Neuchâtel. Tous sont des mâles. Le bec est plus fort que dans le birkhan, les jambes plus fortement emplumées, les doigts larges et plus longuement frangés que dans les femelles du coq de bruyère et du birkhan; le cou, la tête, la poitrine et le ventre sont d'un noir brillant, le dernier avec de larges bandes blanches; les couvertures des ailes sont noires, ponctuées de roux et de blanc; le bas du dos et le croupion sont noirs avec des reflets violets, et saupoudrés de blanchâtre; la queue est noire, faiblement bifurquée, les deux pennes du milieu bordées de blanc; les pennes des ailes sont d'un brun noir avec des liserés blancs, un miroir blanc sur chaque aile; les cuisses et les pieds sont noirs, les premières un peu tachetées de blanc.

On ne sait pas encore grand'chose sur les mœurs de cet oiseau remarquable. Il paraît que dans le Nord on trouve aussi des femelles de rackelhan; elles ressemblent extrêmement à celles du birkhan, mais sont beaucoup plus grosses. Il est possible qu'il en existe chez nous, seulement on ne les a jamais observées. Leur cri est un *farfarfarr* guttural. On a récemment tenté d'accoupler le birkhan avec la femelle du faisan, mais ces essais n'ont donné aucun résultat.

Le fait de ces croisements entre animaux vivant en liberté a été longtemps mis en doute, et la possibilité en a été dernièrement encore contestée par des naturalistes distingués. Mais si on considère d'un côté l'analogie frappante des femelles du grand et du petit tétras, les conditions tout à fait intermédiaires du rackelhan entre la femelle du coq de bruyère et le mâle du birkhan, et sa stérilité probable — et d'un autre côté l'existence constatée d'autres croisements également libres, on doit admettre comme possible et même comme certain le croisement dont il s'agit ici. Dans le nord de l'Europe on rencontre aussi un oiseau qui est évidemment le produit du croisement du birkhan avec la femelle du tétras des saules. C'est le *Birkhan des neiges* (*Tetrao lagopides*)[1], animal remarquable et très-commun. On a réussi récemment à prouver l'accouplement du bouquetin et du chamois avec la chè-

---

[1] On trouvera des détails intéressants sur ces divers croisements, dans le 6me vol. des *Oiseaux d'Allemagne* de Naumann, et dans l'*Ornis suédoise* de Nilson. Les faits que citent ces auteurs sont en complète opposition avec l'opinion de Temminck, qui ne croit pas à ces croisements naturels, ou du moins à l'existence des espèces qui en résultent, en tant qu'espèces intermédiaires.

(*Traducteur.*)

vre, du loup avec la chienne, du lièvre commun avec le lièvre variable, et l'existence, dans quelques cas, des produits de ces croisements. Il existe également des métis de quelques espèces rapprochées d'oiseaux aquatiques, de canards par exemple ; on a même été témoin de l'accouplement volontaire entre genres différents, entr'autres, en février 1853, du *Platypus clangula* avec le *Mergus albellus*, et l'*Anas clangula mergoïdes* (?) est très-vraisemblablement un hybride résultat de cet accouplement ; — sans parler des tentatives contre nature et stériles d'accouplement entre diverses espèces d'oiseaux de basse-cour, et des croisements forcés mais féconds entre quelques animaux en captivité, comme le lion et le tigre royal.

La grande différence de plumage qui existe entre les mâles et les femelles des tétras a tout autant dérouté nos anciens zoologistes dans la détermination des espèces, qu'elle déroute encore aujourd'hui nos montagnards. Gessner nomme la femelle du grand tétras *Grygallus major*, et ne peut assez s'étendre sur son élégance et sa beauté ; il nomme le birkhan mâle *Urogallus minor* et la femelle *Grygallus minor*, et croit que les femelles du coq de bruyère et du birkhan « sont semblables aux mâles, seulement moins noires et plus grises. »

L'AIGLE ROYAL.

IV. L'AIGLE ROYAL.

>Les premiers feux du jour dorent les hautes cimes,
>Où l'aigle sur son roc, déjà las du repos,
>S'étend et se secoue au-dessus des abîmes,
>Toujours prêt à voler à des exploits nouveaux.
>
>Fier de son nom royal, baigné dans la lumière,
>Il regarde à ses pieds les bois silencieux
>Où règne encor la nuit, et l'humide poussière
>Qui traîne aux flancs des monts ses plis capricieux.
>
>Pourquoi descendrait-il dans ce séjour de l'ombre?
>Lui qui peut du soleil affronter la clarté!
>Aux captifs, la prison d'ici bas froide et sombre;
>A lui, l'air pur des cieux; à lui, la liberté!
>
>Quand un jeune chamois apparaît à sa vue,
>Sans crainte aventuré sur un rocher glissant,
>Et, prompt comme l'éclair qui jaillit de la nue,
>L'oiseau le lance au gouffre et l'y suit triomphant!

Description et caractéristique. — Nourriture et distribution géographique. — Enlèvement d'enfants. — Chasse. — Les chasseurs d'aigles d'Eblingen et leurs appâts. — L'aigle impérial ne se trouve pas en Suisse.

L'*Aigle royal* (*Aquila fulvus*), nommé aussi quand il est vieux, aigle doré,[1] est peut-être le plus connu, le plus généralement répandu et en même temps le plus rapace des aigles de la montagne. Quand nos montagnards parlent d'aigles, ils veulent communément désigner ce grand et bel oiseau, qui est le meilleur représentant du genre. Essayons d'en donner en quelques mots une description exacte.

C'est un oiseau digne de son nom, d'une taille et d'un port imposants, de 3 à 3½ pieds de longueur et de 8 d'envergure. La queue arrondie mesure 14 pouces; les ailes repliées n'en atteignent pas l'extrémité. Le mâle ordinairement un peu plus petit et de

---

[1] L'aigle doré se distingue de l'aigle royal par son plumage plus foncé, la tache blanche qu'il porte sur l'épaule et sa queue foncée dans toute la longueur, sans bord blanc à la base. On en a souvent fait une espèce à part.

couleur plus claire que la femelle, paraît de loin complétement noir, mais il est proprement d'un brun foncé, avec les plumes du tarse et les couvertures de la queue d'un brun clair, le derrière du cou, à plumes effilées, d'un brun roux, la queue blanche à l'origine, puis d'un gris cendré tacheté de noir, et terminée par une large bande noire. Plus l'oiseau vieillit, plus son plumage devient brun; les jeunes sont d'un noir de charbon avec les plumes des pieds d'un blanc sale. Le bec est d'un bleu corné, bordé d'une cire jaune; il a deux pouces de longueur et est recourbé dès sa base; l'iris est couleur d'or; dans les vieux individus, couleur de feu. Le tarse est abondamment garni jusqu'aux doigts de plumes courtes, fermes, d'un brun clair; les doigts sont d'un jaune clair, les pelotes sont grosses et fermes, les ongles noirs, grands et très-pointus; celui de derrière a presque trois pouces de longueur. Le poids de l'individu adulte dépasse rarement douze livres.

Ce bel et puissant oiseau appartient exclusivement en Suisse à la région des Alpes et se trouve sporadiquement dans toutes nos grandes chaînes de montagnes. Seulement en hiver, quand les marmottes dorment dans la terre, et que les chamois, les lièvres, les moutons et les chèvres se retirent dans les basses forêts et dans les vallées, il abandonne son aire des Alpes pour venir rôder dans les districts inférieurs; encore n'est-ce que pour peu de temps. Il n'est pas de haute vallée de montagne où l'on ne parle d'aigles pris ou tués, et de petits enlevés du nid.

L'aigle royal est plus hardi, plus alerte et plus vif que le vautour des Alpes; il s'en distingue aussi en ce qu'il marche en sautant. On le voit, suspendu pendant des heures dans l'azur du ciel à une hauteur incommensurable, y tracer en planant et sans un battement d'ailes des cercles immenses. Courageux, fort, intelligent, d'une vue perçante, d'un odorat presque aussi parfait que celui du condor, il est en même temps extraordinairement fuyard et circonspect. Il chasse ordinairement seul, rarement en compagnie de sa femelle. Son cri éclatant, *pfuluf* ou *hiê-hiê*, retentit au loin dans les airs et remplit d'épouvante toute la gent emplumée. Quand il s'approche de sa proie, il pousse souvent un *kik-kak-kak*, descend peu à peu, le regard fixé sur sa victime, et tout à coup fond sur elle obliquement avec la rapidité de l'éclair. Aucun de nos petits animaux n'est à l'abri de ses serres; les jeunes chevreuils, les lièvres, les oies sauvages, les agneaux, les chèvres qu'il enlève audacieusement à l'entrée des écuries, les renards, les blaireaux, les chats, les chiens, les perdrix et les tétras, les outardes, les cigognes, les oiseaux de basse-cour, même les rats, les taupes et les souris, tous lui servent de pâture, mais particulièrement les lièvres, qu'il porte à ses petits sans fatigue à plusieurs lieues de distance. Les quadrupèdes ne sauraient lui échapper par la course la plus précipitée. Les oiseaux le pourraient mieux par un vol rapide; mais il chasse avec autant de persévérance que de ruse, et lasse par ses poursuites prolongées l'agile perdrix et la vive bécasse. Souvent il enlève le pigeon des serres du faucon-pèlerin et la gélinotte de celles de l'autour. Il revient toujours à l'endroit où il a fait une bonne prise. En hiver il s'abat aussi sur les corps morts. Il peut, en captivité, jeûner sans épuisement pendant quatre ou cinq semaines.

En Allemagne, l'aigle royal niche au centre des grandes forêts de chênes et sur le bord des fleuves; en Suisse, c'est contre des parois de rochers inaccessibles et de préférence dans l'intérieur des grands massifs de montagne plutôt que sur leurs contreforts avancés. Son aire est plate, grossièrement construite avec des branches, des brindilles, de la bruyère et des poils. En plaine, il l'établit sur les plus hautes branches d'un chêne; dans les montagnes, c'est dans une crevasse de rochers en retrait. La femelle y pond 3 ou 4 œufs très-gros, blancs, tachetés de brun. Les petits éclosent dans le milieu de mai; les parents leur apportent toutes sortes d'animaux, des ptarmigans, des lièvres, des marmottes, qu'ils dépècent devant eux sur le bord du nid, comme pour leur donner une leçon. On prétend qu'ils transportent de jeunes hérons à 3 ou 4 milles de distance. Quand on ne les dérange pas, ils gardent la même aire pendant plusieurs années. Pour se procurer les matériaux nécessaires à la construction de son nid, l'aigle fond comme un trait, les ailes fermées, sur quelque branche morte qu'il empoigne en passant dans ses serres et détache ainsi de l'arbre avec fracas par la violence même de sa chute.

On a souvent mis en doute que l'aigle enlevât de jeunes enfants. Si rarement que cela puisse arriver, personne ne contestera à cet oiseau le courage et la force nécessaires à une pareille entreprise; d'ailleurs nous pouvons citer un fait, au moins, parfaitement authentique qui s'est passé dans le canton des Grisons. Là, dans un village de montagne, un aigle royal fondit sur un enfant de deux ans et l'enleva. Attiré par les cris, le père poursuivit le ravisseur sur les rochers et réussit à grand'peine à lui faire lâcher son pesant fardeau. L'enfant cruellement maltraité et dont les yeux avaient été crevés, mourut peu de jours après. Le père guetta longtemps le meurtrier qui rôdait toujours dans la contrée, et il finit par le prendre vivant au traquenard. Mais dans sa fureur il se jeta sur lui avec tant d'imprévoyance que l'oiseau, avec le bec, et la patte qui lui restait libre, lui fit encore de profondes blessures. Quelques voisins accourus sur le lieu du combat tuèrent à coups de bâtons l'aigle prisonnier, qu'on voit aujourd'hui empaillé à Winterthur.

Souvent ces oiseaux voraces s'associent pour tomber de concert sur un mouton ou sur une chèvre, et il est rare alors que la pauvre bête puisse échapper; cependant, même quand ils sont seuls, ils se mesurent quelquefois avec de gros animaux. Le Dr Zollikofer de Saint-Gall, explorateur bien connu des montagnes, vit un jour un aigle énorme fondre sur un bouc au Furglenfirst dans le massif du Säntis, et l'enlever dans les airs. Mais soit qu'il fût effrayé par les cris de quelques faucheurs qui se trouvaient près de là, soit que le fardeau fût trop pesant pour lui, l'oiseau laissa bientôt retomber sa proie. Le témoin dressa un procès-verbal circonstancié de l'événement et fit peser le bouc arraché à la mort. Il pesait soixante livres! Jamais chose pareille, à beaucoup près, n'avait été mentionnée jusqu'ici. L'aigle est en général maître souverain dans son district. Il ne craint aucun oiseau, aucun animal, à l'exception des parasites qu'il porte dans son plumage. Nos chasseurs le tirent à l'affût avec une balle ou du gros plomb, d'ordinaire sans leurre; en Allemagne, on l'attend dans la hutte au renard près de laquelle on l'attire par quelque amorce, ou bien on le prend dans des trappes ou des filets avec quelque bête vivante pour appât.

Le chasseur réussit assez souvent à prendre les jeunes au nid; on cite des exemples nombreux de captures de ce genre faites dans les cantons d'Appenzell, de Glaris, de Schwytz, des Grisons et dans l'Oberland bernois. Ainsi nous connaissons un hardi chasseur qui, en 1851, pour prendre un aiglon dans son aire, se fit descendre au moyen d'une corde le long des rochers qui dominent le lac du Säntis. Comme le rocher était en saillie, le chasseur dut se rapprocher du nid au moyen d'un bâton à crochet, et, ainsi suspendu dans les airs au-dessus de la vallée, lier l'aiglon déjà en état de voler, et se faire remonter avec son butin le long de la paroi. Dans ce même nid, on n'a pas enlevé moins de huit fois, de 1847 à 1865, les aiglons qui l'occupaient. Nous connaissons dans les Grisons plusieurs aires où on a pris des aiglons, mais nous ne connaissons aucun exemple d'aigles ayant défendu leurs petits : les vieux étaient ordinairement en chasse à ce moment là et à leur retour la prise était faite. Il n'est pas rare qu'en pareil cas ils abandonnent la vallée pour plusieurs années.

Les aigles pris jeunes s'apprivoisent aisément; ils deviennent très-dociles et peuvent se dresser à la chasse. En captivité, ils vivent assez souvent une trentaine d'années; on prétend même en avoir conservé un à Vienne pendant 104 ans! Ils se baignent volontiers; les chiens leur sont antipathiques.

Le village d'*Eblingen* dans l'Oberland bernois, sur les bords du lac de Brientz, était célèbre par la chasse aux aigles qui s'y pratiquait. A une heure environ au-dessus du village, dans une partie de la montagne fort sauvage, il y avait un lieu de rendez-vous, une station de prédilection des aigles, vers laquelle ces oiseaux revenaient en toute saison, du Valais aussi bien que des vallées de glace de la Jungfrau. Ils aimaient à se poser là, du côté du midi, sur quelques crêtes inaccessibles de rochers, du haut desquelles ils dominaient la grande vallée des lacs. Il en est une surtout où ils se montraient le plus souvent, mais on ne pouvait pas les y tuer parce que les renards mangeaient régulièrement les appâts qu'on y plaçait. Les chasseurs d'Eblingen sont depuis longtemps connus dans toute la contrée pour d'excellents tireurs; mais en chasseurs consommés ils savaient prendre leur temps et avaient soin que la table de leurs aigles fût en toute saison bien garnie. Même en été, ils suspendaient le bétail mort à des hêtres isolés et bien en vue. A cette époque où l'aigle trouve une meilleure nourriture, il est rare qu'il se jette sur des cadavres; mais du moins il venait souvent visiter la contrée et tenait bonne note des appâts pour y revenir aux jours de famine.

Puis l'hiver venu, les chasseurs d'aigles d'Eblingen plaçaient de préférence leurs amorces par terre. Comme l'aigle ne peut facilement prendre son vol d'une surface plate, ils faisaient choix d'un terrain aussi uni que possible, et y assujettissaient fortement l'appât sur le gazon au moyen de grandes chevilles de bois. Ils employaient souvent pour leurre un chat rôti, qui est un mets de prédilection pour ces rapaces et dont l'odeur les attire de loin. De leurs demeures au bord du lac, ils surveillaient leurs appâts; et dès qu'ils apercevaient un aigle s'y gorgeant, ils partaient aussitôt, grimpaient pendant une heure à travers les buissons et les rochers, et malgré la distance arrivaient presque toujours à temps, car, quand ils sont à la curée, ces oiseaux peuvent y rester des heures et, une fois bien repus, ils oublient ordinairement leur vigilance naturelle. Les aigles étant devenus plus rares aujourd'hui, cette chasse est un peu tombée en désuétude. Il n'est pas moins vrai que dans ces dernières années le nombre des agneaux qui ont été enlevés sur cette montagne se monte à plusieurs centaines et qu'on y a de nouveau tué, en janvier 1866, deux aigles énormes.

Les chasseurs de cette contrée passent presque toute la journée à la chasse. Ils affirment que l'aigle vole plus haut que le vautour des Alpes, et qu'on l'a vu souvent planer au-dessus du sommet du Wetterhorn (11,412 pieds) et de l'Eiger (12,240 pieds).

Les aigles ne sont pas communs au Säntis; mais là, comme partout, ils sont moins rares que le gypaète; en particulier au Hundsstein, au Furglenfirst, sur les écharpes de rocherz du Rosslen, et surtout dans le revers du massif du côté du Toggenburg où, presque chaque année, on en prend ou tue quelques exemplaires (deux en 1860) sur les montagnes de Stein. Quelques paires d'aigles nichent toutes les années dans les Churfirsten; on en trouve également dans toutes les vallées alpines du Tessin, et Riva raconte qu'au mois de mars on en prend chaque année jusqu'à 6 ou 8 individus au moyen de pièges amorcés avec de la viande gâtée; il y en a même dans quelques parties du Jura. Il en a niché plusieurs années une paire au-dessus de Wietlisbach, dans le fond d'une cavité de dix pieds de profondeur. La partie du rocher en avant du nid servait d'étal à ces oiseaux et était garnie d'os et de restes de viande, mais le nid lui-même restait toujours propre. Chez nous, du reste, ce n'est qu'en hiver qu'on peut rencontrer l'aigle royal dans la plaine, et toutes les fois qu'on parle d'aigles qui y ont été tués, on peut être sûr qu'il s'agit d'oiseaux qui, vivant dans les Alpes depuis le printemps jusqu'à l'arrière-automne, s'étaient aventurés en rase campagne pendant l'hiver. C'est ainsi qu'en février 1853, Abbuel, juge de district du village de Därstetten dans le canton de Berne, tua un aigle de 4 pieds de longueur et 8 d'envergure, dont l'ongle postérieur avait 5 pouces (?) et la plus longue penne de l'aile 2 pieds. L'animal avait reçu deux charges de plomb et une balle avant de tomber. Un autre exemplaire a été tué en décembre 1853 dans les bois de Stammheim, dans le canton de Zurich. Il est arrivé en novembre 1865, dans l'Oberland grison, une singulière aventure. Comme la diligence passait près de Tavanasa, endroit tout entouré de rochers, les voyageurs aperçurent dans les airs deux aigles qui se livraient un combat furieux. Les plumes arrachées volaient de toutes parts. Enfin les deux ennemis se prirent si bien corps à corps avec leurs serres qu'ils furent précipités ensemble sur le sol. Le conducteur, Ph. Sutter, les tua tous deux avec le bâton d'un voyageur et les envoya à Coire.

Moins grand que le vautour des Alpes, l'aigle royal a cependant un port plus fier et plus digne, il porte dans son maintien le cachet de la liberté et de l'indépendance. Sa force est extraordinaire. Un aigle qui s'était pris à un traquenard dans l'Oberhasli s'envola avec la trappe, qui pesait environ 8 livres; on le trouva le lendemain, épuisé de fatigue, de l'autre côté de la montagne, dans la vallée d'Urbach, où on le tua. L'aigle paraît surpasser le gypaète en finesse des sens, en adresse et en ruse. Celui-ci d'ailleurs n'a jamais été pris comme l'aigle pour symbole du caractère royal.

Les chasseurs de l'Oberland bernois assurent également avoir tué l'Aigle impérial (*Aquila imperialis*), semblable à l'aigle royal, mais un peu plus petit, d'un noir brun plus foncé, avec les plumes de la nuque moins acuminées, mêlées de blanc et de roux jaunâtre, quelques scapulaires blanches, et les ailes un peu plus longues que dans l'espèce précédente. Il est possible que le fait soit exact; cependant on n'a pas encore constaté d'une manière positive l'existence en Suisse de cet oiseau du Midi, qui pourtant niche dans le Tyrol, et qu'on tue presque chaque année dans le centre de l'Allemagne et dans les montagnes de la Bavière et de la Silésie.

LE GYPAÈTE BARBU

V. LE GYPAÈTE.

Description. — Puissance inouïe des facultés digestives. — Mœurs et résidence dans les différentes saisons. — Chasse. — Une ruse de renard. — La Geieramni. — Enlèvement d'enfants. — Le Gyrenmannli. — Dangers que présente la prise des petits. — Gypaètes captifs et apprivoisés. — Les différentes espèces de l'ancien monde.

Plus le voyageur se rapproche des grands sommets couronnés de diamants, plus il se voit abandonné de l'aimable végétation des Alpes moyennes et, dans la même proportion, de la vie animale qui l'accompagne et s'y rattache. Les scarabées, les mouches, les papillons, les libellules, les araignées, atteignent seuls la cime des hautes montagnes; un œil observateur se plaît à suivre leurs mouvements, leurs ébats, leurs chasses, les étroites limites de leur active existence dans ce monde désert de rochers. L'accenteur pégot et le pinson des neiges prennent leur essor du milieu des éboulements de cailloux, entre les blocs nus et les flaques de neige salie; le tichodrome des Alpes, ses ailes bigarrées à moitié ouvertes, grimpe le long des terrasses déchirées; la bergeronnette jaune et le rouge-queue laissent approcher le voyageur avec confiance, la première balançant sa queue sur une saillie de rocher, le second surveillant avec curiosité de son œil brillant l'apparition de l'étranger. De quadrupèdes, il n'y en a plus guères de vestiges; peut-être au loin quelque petite troupe de chamois broutant en paix les gazons. Le sentier solitaire monte toujours plus haut. Une perdrix des neiges part encore bruyamment des derniers buissons pour aller se poser sur quelque créneau solitaire de la montagne; autour des plus hautes pointes tourbillonne encore avec un effroyable vacarme une nuée de corneilles des Alpes; mais bientôt le pèlerin se croit seul, avec ses fatigues, au milieu de cet entassement de rochers gris et de champs glacés, où la mort a établi son silencieux et tout puissant empire. Au-dessous de vous, un désert de pierres, la gorge béante d'un labyrinthe cyclopéen; au loin, perdue dans une vapeur bleuâtre, la terre de la civilisation humaine; tout autour, des dérochements, des dentelures, des arêtes, des coupoles, des écharpes de rochers, le trône dénudé de la tempête. — Mais écoutez! bien haut retentit au-dessus de votre tête, avec l'expression de l'orgueil et de la menace, un *pfyii — pfyii — pfyii* — éclatant, soutenu, prolongé. Vous regardez dans le bleu foncé du ciel; vous y découvrez enfin un point qui se balance, qui nage dans les airs presque sans mouvement, qui s'abaisse, qui grandit : en un clin d'œil voilà le læmmergeier au-dessus de votre tête; vous le voyez, ses puissantes ailes largement déployées, voler avec bruit, avec inquiétude; il vous entoure de ses cercles, il vous observe, il vous épie, il approche; puis tout à coup, se relevant avec impatience, il part en droite ligne pour franchir des sommets étincelants qui le dérobent bientôt à votre vue, jusqu'à ce qu'un quart d'heure après vous entendiez de nouveau son cri de famine retentir au-dessus des cimes d'une autre chaîne.

Le *Gypaète barbu* (*Gypaetos barbatus*), aussi nommé *Læmmergeier* et vautour des Alpes, est le condor des montagnes européennes. Il est inférieur en taille au vrai condor dans la même proportion que les Alpes de l'Europe le cèdent en hauteur aux Cordillères de l'Amérique du Sud[1]. Ce n'en est pas moins un oiseau

---

[1] Les condors des Cordillères varient extrêmement de taille, car il y en a des exemplaires adultes qui ne mesurent pas plus de huit pieds d'envergure, tandis que d'autres en mesurent jusqu'à quatorze. Notre gypaète se tient toujours dans une zone atmosphérique comprise entre 4,000 et 10,000 pieds, tout au plus 14,000 pieds au-dessus de la mer. Le condor s'élève jusqu'à 22,000 pieds; il est ainsi de tous les êtres vivants celui qui, volontairement, s'éloigne le plus de la surface de la terre, et, comme en même temps il redescend souvent tout-à-coup jusqu'au bord de la mer, il faut en conclure que ses fonctions respiratoires se font avec la même facilité sous la pression atmosphérique de 28 pouces et sous celle de 12, résultat auquel contribue essentiellement la grande quantité d'air renfermée dans l'intérieur de sa charpente osseuse.

gigantesque et le plus remarquable d'entre tous ceux des Alpes par ses mœurs et son organisation. Notre gypaète suisse est d'ailleurs plus grand et plus fort qu'aucune des autres espèces de vautours qui habitent l'ancien monde.

Autrefois ces oiseaux, les plus grands des rapaces d'Europe, habitaient toutes les parties de nos hautes Alpes; mais leur faible multiplication et les poursuites continuelles dont ils sont l'objet, en ont considérablement diminué le nombre : en sorte qu'ils ne nichent plus d'une manière régulière que dans les cantons du Tessin, des Grisons, du Valais, d'Uri et de Berne, et qu'ils ne se montrent plus que rarement et d'une manière tout à fait accidentelle dans les cantons de Schwytz et d'Unterwald, dans l'Entlibuch, dans les Alpes glaronaises, sur les Churfirsten et sur le Säntis, où une pyramide de rochers nus porte pourtant encore le nom de *pointe aux vautours* (*Gyrenspitz*). Le dernier qui ait été tué dans le canton d'Unterwald l'a été par Michel Sigrist, le 24 septembre 1851, sur la montagne d'Alzell, et le dernier du Saint-Gotthard, un vieux individu, l'a été en décembre 1858. A la mer de glace du Grindelwald, on a vu pendant plusieurs dizaines d'années, régulièrement à certaines époques, un vieux gypaète qui se tenait posé sur un immense bloc de rocher. Il n'y avait pas moyen de l'atteindre avec la carabine, et les rochers d'alentour étaient absolument inabordables. Les bergers du voisinage, qui le connaissaient fort bien, l'appelaient *la vieille femme*, à cause de son maintien ramassé.

L'histoire naturelle de cet oiseau extraordinaire était encore bien imparfaitement connue au commencement de ce siècle; le grand Buffon l'a cru identique avec le condor. C'est Steinmüller qui, le premier, nous a donné du vautour des Alpes une monographie soignée et digne de confiance, comme toutes celles de ce naturaliste distingué de notre patrie qui a rendu d'éminents services à la zoologie. Depuis lors, les observations qu'il avait faites ont été vérifiées par d'autres naturalistes. Cependant il reste bien des choses à éclaircir dans l'histoire et les habitudes du gypaète;

bien des données à son sujet ne doivent être acceptées qu'avec défiance.

C'est à tort, au fond, que nous nommons cet oiseau un vautour : comme nous l'avons déjà remarqué, il lui manque, outre la nudité du cou, plusieurs autres caractères propres aux vautours. Le nom de gypaète, c'est-à-dire *vautour-aigle*, lui convient bien mieux. Les femelles de cette espèce, comme celles de la plupart des grands rapaces, sont toujours plus grandes que les mâles. La femelle adulte a 4 à 4 $\frac{1}{2}$ pieds de longueur et 8 ou 10, rarement plus, d'envergure; la queue seule mesure 1 $\frac{1}{2}$ à 2 pieds de longueur et 3 de largeur quand elle est étalée. Le poids varie de 12 à 16 livres, exceptionnellement jusqu'à 20.

L'oiseau adulte a le bec de 4 $\frac{1}{2}$ à 5 $\frac{1}{2}$ pouces de longueur, couleur de corne, un peu déprimé dans le milieu, avec un fort crochet à l'extrémité; chez les oiseaux en captivité, ce crochet s'allonge quelquefois tellement qu'il gêne l'animal pour manger. La tête, plate en dessus, légèrement voûtée en arrière, porte de courtes plumes d'un jaune blanchâtre et des brides noires au-dessus des yeux, qui se rejoignent derrière la tête. A la mandibule inférieure, au-dessus de la gorge, est une barbe de soies rudes, grossières, noires, dirigée en avant et de 2 pouces de longueur, environ. Les narines et la cire sont garnies de soies semblables. La capacité considérable du gosier est en rapport avec la puissance du bec. Les yeux, d'une beauté remarquable, grands, à arcades saillantes et voûtées, à iris jaune clair, brillent de l'éclat du feu; ils sont entourés d'un bourrelet circulaire d'un rouge-orange, destiné peut-être à les protéger contre l'action trop vive des rayons solaires obliques réfléchis par les surfaces éblouissantes des neiges au-dessus desquelles l'oiseau s'élève. Les plumes du haut du dos sont d'un brun noir lustré, avec les bords plus clairs et les tuyaux blanchâtres; le bas du dos et le croupion sont d'un gris brun; les pennes des ailes et de la queue sont de la même couleur en dessus, plus claires en dessous et très-fortes. Les plumes du cou sont pointues, d'un roux jaunâtre; celles de la poitrine et du ventre d'un jaune orangé, parfois plus claires et, vues de loin, presque blanches (ce qui a fait dire à C. Gessner qu'il y a dans les montagnes de Glaris une variété blanche de gypaète), avec quelques bandes transversales de taches d'un brun foncé, en forme de croissant. Les cuisses portent des culottes longues, d'un blanc jaune; les pieds sont assez courts, et légèrement emplumés jusqu'aux doigts. Ceux-ci sont gris de plomb, les ongles sont noirs, relativement faibles, peu crochus, à bords tranchants, mais assez émoussés à la pointe. Les ailes sont, grâce à la longueur des pennes, très-longues et pointues et atteignent presque à l'extrémité de la queue, laquelle est formée de 12 pennes étagées par degrés, ce qui lui donne une forme arrondie.

Dans leur première année les jeunes gypaètes ont la tête noire, le dessus du corps brun noir et brun foncé, tacheté de blanc entre les épaules; les flancs, les culottes et le dessous du corps sont d'un brun gris, ce dernier avec des taches irrégulières, blanchâtres; l'œil est brun. Après la seconde mue apparaissent çà et là à la partie inférieure du corps des plumes d'un jaune de rouille, qui à la troisième mue envahissent de telle sorte le dessous de l'animal que les anciennes plumes d'un brun gris ne forment plus qu'une espèce de collier sur le fond jaune de la poitrine. Il est probable que c'est seulement à sa cinquième ou à sa sixième année que le gypaète perd la dernière trace de ce signe de jeunesse. La collection d'animaux alpins du Musée de Neuchâtel contient une fort belle série des différentes livrées suivant les âges.

La structure intérieure de cet oiseau géant est d'une nature toute particulière. Les muscles de la poitrine sont extraordinairement gros et forts; les longs os, creux pour la plupart comme chez les autres oiseaux, se remplissent d'air par la respiration, et cet air réchauffé devient d'une légèreté spécifique supérieure à celle de l'atmosphère ambiante, ce qui permet à l'animal de se mouvoir sans effort à une énorme élévation. Mais ce qu'il y a de plus intéressant dans l'organisation de cet animal, c'est la puissance de ses organes digestifs. L'œsophage, muni de nombreux replis intérieurs, peut se dilater énormément; le gésier, qui lorsqu'il est plein pend désagréablement le long du cou, et l'estomac, en forme d'outre, sont extraordinairement larges, et séparés l'un de l'autre par de simples bourrelets; le dernier est garni de nombreuses petites glandes qui sécrètent en abondance ce suc gastrique âcre et infect qui décompose en peu de temps les plus gros os. Ce que peut contenir l'estomac d'un gypaète est à peine croyable et dépasse souvent tout ce qu'on pourrait imaginer d'après ce qu'on connaît de la voracité et de la puissance digestive des oiseaux européens du même genre. Ainsi on a trouvé dans un estomac de gypaète cinq fragments de côtes de bœuf larges de 2 pouces et longs de 8 à 9, une pelote de poils[1], et tout le bas d'une jambe de chèvre jusqu'au genou. Les os étaient déjà percés à jour par le suc gastrique, et ceux qui étaient entrés dans les gros intestins étaient complétement macérés et réduits en pâte calcaire. Un autre estomac de vautour renfermait une côte de renard longue de 15 pouces, une queue entière de renard, la cuisse et le tarse d'un lièvre, plusieurs omoplates et une pelote de poils. Mais le plus grand repas qu'ait jamais constaté l'ouverture de l'estomac d'un de ces oiseaux est celui dont nous parle le docteur Schinz: l'estomac renfermait *le grand os iliaque d'une vache, un tibia de chamois long de 6 1/2 pouces, une côte de chamois à moitié digérée, beaucoup de petits os, des poils, et les ongles d'un birkhan*. Ces aliments avaient donc tous été pris et avalés à peu de distance les uns des autres. Le suc gastrique décompose les os par couches et retient la gélatine qui en est la partie nutritive, tandis que les parties calcaires mortes sortent désagrégées avec les excréments. Cette organisation extraordinaire est le résultat d'une sage prévoyance de la nature qui a voulu limiter par là les dégâts du gypaète. Car si l'énorme appétit de cet oiseau n'avait

---

[1] On a souvent affirmé que le lämmergeier ne rendait pas de pelotes; cependant le paquet de poils dont il est ici question semble bien avoir été destiné à être rejeté, et on a déjà constaté à plusieurs reprises, sur des oiseaux de cette espèce récemment pris, qu'ils rejetaient des plumes et des poils de chamois.

pu être satisfait que par des masses de chair, l'animal aurait dû souvent mourir de faim, ou ses chasses non interrompues auraient peu à peu dépeuplé les Alpes de leur gibier. Le suc gastrique du gypaète a une telle puissance de décomposition qu'il dissout jusqu'aux épais sabots des veaux et des vaches, et que son action corrosive se prolonge même après la mort de l'oiseau. Dans un gypaète tué sur sa proie et qu'on laissa trois jours sans l'ouvrir, on trouva plus tard tout ce qu'il avait mangé, une cuisse de lièvre, peau, poils, os, dans un état régulier de fermentation digestive. Les anciens Romains connaissaient très-bien cette faculté de notre gypaète et dans leur pharmacopée fantastique ils recommandaient aux personnes qui souffraient de mauvaises digestions de manger de l'estomac desséché de gypaète, ou du moins d'en tenir un à la main pendant leur digestion. Cependant il ne fallait pas user trop souvent de ce remède qui pouvait faire maigrir! Mais l'intestin du læmmergeier devait avoir la vertu merveilleuse de faire digérer tout ce qu'on avait mangé et de guérir toute espèce de colique.

L'insatiable voracité de cette hyène des airs répond à l'énergie de son appareil digestif. Il arrive assez souvent, c'est le cas du moins pour les individus en captivité, que le gosier et le gésier se remplissent complétement, de sorte que, l'animal continuant à vouloir avaler des os, ceux-ci lui sortent du bec et restent ainsi à moitié engagés dans l'œsophage, jusqu'à ce qu'il se fasse de la place dans l'intérieur. On a souvent répété avec Oppien que, lorsque les os sont trop gros pour être avalés, le gypaète les brise en les laissant tomber de très-haut sur les rochers. Brehm affirme que le fait est exact, du moins quant au gypaète d'Espagne.

Jusqu'ici les mœurs du læmmergeier en liberté ont été peu étudiées. Il faut pour cela beaucoup de patience, de soin et de hardiesse : aussi les observations que nous avons sur ce sujet sont-elles fort incomplètes. D'ordinaire le vautour des Alpes prend son vol quelques heures après le lever du soleil, et se dirige tout droit vers les lieux où il a fait sa dernière chasse, soit pour s'y repaître des restes de son précédent repas, soit pour y chercher quelque nouvelle victime. Il plane tranquillement dans les nues, explorant toute la contrée de son magnifique regard, et, de son odorat d'une finesse inconcevable, éventant sa proie à plusieurs lieues de distance. Sous ses ailes étendues repose un monde tout entier. Les animaux des Alpes paissent tranquillement dans les pâturages sans se douter que la mort est portée sur cet imperceptible nuage qui se balance au-dessus d'eux à une hauteur immense. Ils se défient davantage des dangers qui partent d'une autre direction et leur viennent de la terre; ce sont les émanations d'en bas qui leur sont suspectes. Tout à coup le vautour tombe sur eux obliquement, par derrière, les ailes rabattues. Il n'y a plus de fuite, plus de salut possibles : ils sont perdus sans retour, avant même d'avoir eu la pensée de fuir, et tout palpitans, sont emportés par le ravisseur dans les airs. Cependant le vautour ne peut enlever que des animaux de petite taille, tels que renards, marmottes, agneaux, jeunes chiens, chats, chevreaux, blaireaux, belettes, lièvres, perdrix; ses ongles et ses doigts ne répondent pas à la puissance de son bec et de ses ailes. Il dévore souvent sa proie sur place, d'autres fois il la transporte sur certains rochers qui lui servent d'abattoir. Quand il voit un animal plus grand, un pesant mouton, un vieux chamois ou une chèvre, broutant dans le voisinage d'un précipice, il décrit des cercles étroits au-dessus de leur tête, cherche à les effrayer, les poursuit jusqu'à ce qu'ils soient au bord de l'abîme; alors il fond sur eux avec impétuosité et, à grands coups d'ailes, réussit à les jeter dans le précipice, au fond duquel il ne tarde pas à s'abattre lui-même sur sa victime en lambeaux. Il commence par lui arracher les yeux, il lui ouvre ensuite le ventre et en retire les entrailles qu'il dévore, puis il avale les os. Les chats vivants, il les avale tout entiers, après leur avoir brisé le crâne. On l'a vu souvent essayer ses manœuvres hardies contre des chasseurs placés dans une position critique, sur une saillie de rocher ou le long d'une étroite corniche, et ceux qui ont été les objets de ces attaques assurent que le bruit, la rapidité, la puissance de ses ailes immenses font une impression étourdissante, presque insurmontable. On a même vu un vautour chercher à précipiter un bœuf au bas d'une paroi de rocher et poursuivre opiniâtrement son audacieuse tentative; mais le quadrupède, avec un flegme imperturbable, se campa sur ses solides membres, la tête baissée, en face de son adversaire, attendant tranquillement que celui-ci eût reconnu la folie de son entreprise.

Quand le læmmergeier a achevé son excursion matinale, il se retire au milieu des rochers de sa résidence, et d'ordinaire passe le reste de la journée perché, d'un air paresseux et stupide, sur son aire ou sur un roc voisin. Il y a, quant au port, entre l'aigle et le gypaète les mêmes rapports qu'entre la buse et le milan. L'aigle avec son plumage arrondi et sa large queue, a l'air un peu pesant au vol, mais posé, il a le maintien fier et hardi; le gypaète au repos est lourd et ramassé sur lui-même, tandis qu'au vol, avec ses énormes ailes et sa queue en coin, c'est un oiseau élancé et majestueux. S'il n'a point de petits à nourrir, ou qu'il ne soit pas dérangé dans sa retraite, on ne le voit plus guères voler dans la journée. Sans être précisément un oiseau erratique, il change cependant de séjour suivant les saisons. Au printemps il habite la région alpine moyenne et supérieure, et niche dans les coupoles crevassées ou contre les parois inaccessibles des plus hauts rochers, dans quelque enfoncement recouvert en dessus par une saillie. On voit souvent son aire de fort loin; tous les habitants de la contrée la connaissent, mais elle est inabordable, et même hors d'atteinte de la carabine. Sa construction, qu'aucun naturaliste du reste n'a examinée de près, est simple mais gigantesque. La couche inférieure est composée d'une masse de brins de foin, de fougères et de tiges, posés sur un grand nombre de branches et de buches croisées les unes sur les autres: c'est là-dessus que repose le nid lui-même composé de brindilles tressées en forme de couronne et garni intérieurement de duvet et de mousse, et en si grande quantité que, sans compter la première assise, il y en a de quoi remplir un grand drap à foin. La femelle dépose dans ce nid, de très-bonne heure au printemps, 3 ou au plus 4 œufs très-gros, blancs, tachés de brun, dont deux seulement, dans la règle, viennent à bien. Dans le corps d'une femelle tuée au milieu de février, on a trouvé un œuf déjà complétement développé et prêt à être pondu. Des deux petits qui éclosent, il n'y en a souvent qu'un qui soit nourri par les parents. Ces petits sont couverts d'un duvet blanchâtre; leur gésier et leur ventre, d'une dimension énorme, leur donnent un aspect repoussant et difforme; le plumage extraordinairement épais et chaud des parents, qui leur apportent tour à tour des écureuils, des lièvres, des agneaux et surtout des marmottes et de jeunes chamois, les met à l'abri de l'âpreté du climat.

En été, les gypaètes volent ordinairement sur les plus hauts névés et hantent continuellement les rampes les plus élevées où paissent les troupeaux de chamois, de moutons et de chèvres. Dans ce temps où leurs petits sont près de pouvoir voler avec eux, ils s'astreignent moins à rester dans le voisinage de l'aire. En hiver, le grand dépeuplement des hautes Alpes les force à chasser dans la région montagneuse, mais ils ne s'aventurent jamais, comme l'aigle, dans la plaine. Les chamois, ainsi que la plupart des animaux alpins qui n'ont pas de sommeil hibernal, se sont retirés à l'abri des forêts où le gypaète ne peut chasser. Quelque renard attardé qui au point du jour retourne en hâte à son terrier, quelque lièvre égaré, quelques lagopèdes ou quelques corneilles, peut-être une marte, voilà à peu près tout ce qu'il peut attraper. Aussi la faim l'oblige-t-elle à descendre au loin dans les vallées, où il trouve aisément un lièvre, un chien, un chat, ou quelque oiseau à enlever. Quand il se pose, ce qui n'a guère lieu que dans les hautes Alpes, il se choisit, comme le condor, un bloc particulier pour station. La petitesse de ses pattes et la longueur de ses ailes doivent lui rendre l'essor difficile sur une surface plate. C'est tout au plus s'il se perche sur les arbres pour y prendre les matériaux nécéssaires à la construction de son aire.

Les montagnards affirment que la couleur rouge a pour le vautour des Alpes un attrait tout particulier, et ils le leurrent volontiers avec du sang de bœuf répandu sur la neige. Mais c'est moins la couleur qui l'attire que l'espérance de trouver quelque pâture; il s'abat également sur la chair de renard rôtie. En Piémont on lui met pour appât un chat rôti, ou bien on place une charogne au fond d'une fosse un peu étroite; comme l'animal une fois repu peut difficilement prendre son vol, on l'abat à coups de bâton; c'est ainsi que les Indiens tuent les condors par douzaines dans les Andes[1]. Il est rare de pouvoir suffisamment approcher le gypaète pour le tirer avec un simple fusil de chasse, mais on le prend souvent avec des traquenards pesants, bien assujettis en terre. C'est ainsi que le 23 et le 15 décembre 1864 on a pris sur le Monte Coroni, dans le val Maggia, deux læmmergeier qu'on a emportés vivants à Lugano. La capture d'un gypaète assure toujours une bonne récompense. Dans les Grisons il était d'usage que le chasseur fît la quête en promenant l'animal dans tout le voisinage. Les bergers lui donnaient ordinairement un peu de laine en reconnaissance du service rendu à leurs troupeaux.

Ce hardi voleur ne réussit pas toujours à emporter heureusement ses victimes. Nous connaissons un cas singulièrement remarquable, où dans son propre élément, un vautour succomba dans la lutte avec un quadrupède. Près du Drachenloch, non loin d'Alpnach, dans le canton d'Unterwald, un gypaète s'était emparé d'un renard vivant et l'emportait dans les airs. Celui-ci réussit, en allongeant le cou, à saisir son ravisseur à la gorge. Le gypaète étranglé tomba mort sur la terre, et maître Reinecke prit en boitant, mais le cœur joyeux, le chemin de son logis : il est probable qu'il n'oublia de sa vie sa périlleuse expédition aérienne. Le chercheur de cristaux, Gédéon Trösch, de Bristen dans le canton d'Uri, eut l'occasion d'observer un fait semblable dans le glacier, riche en chamois, de l'Oberalpstock. Un renard, qui traversait le glacier, fut enlevé par un aigle énorme. Bientôt après, le ravisseur

---

[1] Mon frère, J. J. de Tschudi, a assisté à une chasse de ce genre où on tua 28 condors (Pérou II, p. 76).

commença à battre des ailes d'une manière étrange et disparut derrière une crête de rochers. Trösch y monta et, à son grand étonnement, vit le renard passer à côté de lui comme un trait. Sur le revers de la crête, il trouva l'aigle mourant d'une profonde morsure à la poitrine. De petites belettes ont souvent tué de la même manière dans les airs les éperviers et les buses qui les enlevaient.

On a, sans aucun fondement, mis en doute que les gypaètes enlevassent des enfants. Les exemples de faits de ce genre parfaitement authentiques ne sont malheureusement pas rares; mais nous reconnaissons volontiers que quelques uns des récits traditionnels qu'on a coutume de raconter se rapportent à l'aigle royal, que les montagnards appellent aussi vautour de montagne. Dans le canton d'Uri vivait encore en 1854 une femme qui dans son enfance avait été enlevée par un lœmmergeier. A Hundwyl, dans le canton d'Appenzell, un vautour enleva un enfant sous les yeux de ses parents et de leurs voisins. Sur la Silberalp, dans le canton de Schwytz, un vautour fondit sur un petit gardien de troupeaux qui était assis sur un rocher, et il eut le temps de le jeter dans le précipice avant que les bergers qui accouraient pussent l'en empêcher. Dans l'Oberland bernois, une enfant de trois ans, nommée Anna Zurbuchen, avait été emmenée à la montagne par ses parents occupés de la récolte des foins, et posée par terre dans le voisinage d'une étable. L'enfant s'endormit bientôt le visage couvert d'un chapeau de paille que le père avait jeté sur elle avant de retourner à l'ouvrage. Peu après, ce dernier étant revenu avec une charge de foin, ne trouva plus l'enfant et la chercha longtemps en vain. Dans le même moment un paysan nommé Henri Michel, d'Unterseen, remontait, par un sentier sauvage, le long du ruisseau de la montagne. Tout à coup il entend crier un enfant. En suivant la direction que lui indiquent les cris, il ne tarde pas à voir un lœmmergeier partir d'une élévation voisine et planer quelque temps au-dessus du précipice. Le paysan hâte le pas et trouve au bord même de l'abîme l'enfant qui, à l'exception du bras et de la main gauches par lesquels elle avait été saisie, n'avait aucun mal, mais avait perdu dans son trajet aérien ses bas, ses souliers et son petit bonnet. Elle était à environ 1,400 pas de l'étable près de laquelle son père l'avait laissée. Depuis ce temps Anna porta le nom de *Geier-Anni* (Anna au vautour). L'histoire a été consignée dans le régistre paroissial de Habkeren. Il y a quelques années que cette personne, devenue célèbre, vivait encore dans un âge avancé. A Murren, au-dessus de la vallée de Lauterbrunnen, les habitants montrent une pointe de rocher inaccessible située précisément en face du village. C'est là qu'un vautour avait transporté, par-dessus la profonde vallée de la Lütschine, un enfant qu'il avait enlevé à Murren, et qu'il l'avait mis en pièces et dévoré. Pendant longtemps on put voir sur cette arête la petite robe rouge de la malheureuse créature. Charpentier de Bex raconte à son tour l'histoire suivante : Le 8 juin 1838, deux petites filles, Joséphine Delex et Marie Lombard, jouaient ensemble au pied du rocher de Majoni d'Alesk en Valais, sur une place de gazon distante de 20 toises du rocher. Tout à coup Marie accourut en pleurant à la maison voisine, et raconta que sa petite camarade, enfant très-faible, âgée de 2 ans, avait disparu subitement dans les buissons. Plus de 30 personnes se mirent à explorer les rochers et les précipices voisins du torrent d'Alesk, et ce ne fut qu'après bien des recherches qu'elles finirent par trouver au bord du rocher un soulier et, de l'autre côté du précipice, un petit bas. Le 15 août suivant, un berger, François Favolat, découvrit le corps de l'enfant au-dessus du rocher de Lato, à une demi-heure de l'endroit où elle avait disparu. Le cadavre était desséché ; une partie des vêtements étaient déchirés, les autres étaient perdus. Comme il était impossible que l'enfant eût traversé seule le précipice, elle devait avoir été enlevée, par un gypaète, ou par des aigles dont une paire nichait dans le voisinage.

Du reste, il n'est presque aucun district de nos Alpes où on ne raconte quelque malheur de ce genre, ancien ou récent; seulement ces récits prennent, par la suite des temps, un caractère un peu mythique. On ne concevrait pas, d'ailleurs, pourquoi le vautour des Alpes ne commettrait pas de pareils méfaits. S'il est assez hardi pour tourner obstinément autour du chasseur avec des pensées de meurtre, s'il est assez fort pour emporter une jeune chèvre à plusieurs lieues de distance, ce ne pourrait être qu'un sentiment de pitié, qu'on n'a jamais songé à lui attribuer, qui l'empêcherait d'enlever des enfants. Il est positif qu'un chasseur glaronnais surprit un jour un gypaète qui s'envolait avec une chèvre, et que la frayeur seule fit lâcher prise au voleur. Quand le vautour des Alpes est pris dans un traquenard, il se montre tantôt singulièrement calme et lâchement résigné à son sort, tantôt furieux et frappant tout à l'entour de lui des ailes, des ongles et du bec. On nous a raconté qu'une fois un de ces oiseaux avait enfoncé ses serres si profondément dans la chair d'un chasseur, qu'après la mort de l'animal il avait fallu lui couper les ongles l'un après l'autre pour pouvoir les extraire.

Quoique le vautour des Alpes soit ordinairement timide et lâche en captivité, nous avons des raisons de le tenir non-seulement pour vorace et insatiable, mais encore pour hardi. Ainsi on rapporte qu'un vautour de la montagne de Schuders, dans le canton des Grisons, fondit sur un vieux bouc au moment où le berger conduisait son troupeau à l'abreuvoir. Il se disposait à l'enlever, lorsque le berger, s'emparant d'un bâton, en frappa le ravisseur pour lui faire lâcher prise. L'oiseau se retournant brusquement donna au jeune homme de si violents coups d'aile que celui-ci jugea prudent de chercher son salut dans la fuite : sur quoi le vautour vainqueur enleva tranquillement le bouc dans les airs. Le paysan a porté depuis lors le nom de *Gyrenmannli* (le petit homme au vautour). Le gypaète paraît avoir la vie extraordinairement dure, comme le prouve une autre aventure de ce Gédéon Trösch dont nous avons déjà parlé. Ayant pris dans une trappe un vieil oiseau qui lui avait dévoré plusieurs moutons, il lui avait donné trois vigoureux coups de bâton, et, après l'avoir lié, l'emportait sur son dos du côté de la vallée. Le vautour, s'étant remis pendant le trajet, empoigna par derrière le montagnard qui dut se jeter par terre sur le dos et lutter longtemps avec l'animal. A Amstäg, celui-ci reprit encore assez de vigueur pour donner des coups terribles avec ses ailes. On eut toutes les peines du monde à l'assommer.

Le gypaète ne s'attaque que rarement à de grandes personnes, et seulement quand il en voit dans une position critique, ou qu'il a sa vie ou ses petits à défendre. Quelquefois, comme cela est arrivé au Grindelwald, ces oiseaux se mettent à deux pour attaquer les gens qu'ils voient suspendus pour ainsi dire aux rochers sans moyens de défense; un seul, au contraire, ne craint pas de s'attaquer à deux chasseurs qui se reposent ou sont endormis. Quoique dans la plupart des cas un gypaète adulte soit assez puissant pour se rendre maître de l'homme, il ne se sent pas assez fort pour en venir directement aux mains avec son adversaire; il cherche plutôt à l'étourdir, à le précipiter dans l'abîme à grands coups d'ailes, ou à s'en emparer indirectement de quelque autre manière.

D'après différentes observations, il paraît que le gypaète est relativement assez commun au Rhätikon, depuis les Alpes de Saint-Antoine jusqu'à Scesaplana, dont les rochers calcaires renferment beaucoup de districts absolument inaccessibles. De là il visite en hiver les plus hauts villages de montagne des environs. Les chasseurs, qui ne peuvent presque jamais l'approcher en été, profitent de cette circonstance pour construire de petites cabanes avec des branches et affriander le vautour avec de la chair gâtée. L'oiseau affamé la flaire bientôt et vient décrire ses immenses cercles au-dessus de l'appât. Mais il se défie de la cabane, et ce n'est que le plus profond silence qui peut l'engager à descendre en resserrant toujours plus ses cercles, à s'abattre sur le leurre et à s'en repaître, non sans porter à chaque instant ses regards tout autour de lui. Même dans ce cas, il faut le concours de bien des circonstances favorables pour assurer le succès. Aux Diablerets, au-dessus de Grion, dans le canton de Vaud, on a tué, en septembre 1842, un magnifique gypaète adulte. Un oiseau pareil a été tué dans l'automne de 1852 à Schanfigg, dans les Grisons. Un vieux mâle et une vieille femelle ont été pris vivants au commencement de l'année 1855, celui-là dans l'Engadine, celle-ci dans l'Oberland grison. Le magnifique sujet qui se voit au Musée de Coire a été tué en 1860 près de Schuls. Il y a toujours quelques paires de vautours dans les parois de rochers de la vallée de Camogask et au-dessus de Sils. Au printemps, peu après la sortie des troupeaux de moutons, ils remontent la vallée de l'Inn, et visitent alors régulièrement pendant quelques jours la contrée de Pontresina.

Autrefois, dans le voisinage d'Ammon, dans les Churfirsten, on tirait souvent le læmmergeier sur l'appât. Lors même qu'on connaîtrait le nid de l'oiseau, cette chasse au leurre est encore la plus sûre. Un chasseur du Domleschg, à qui les cris continuels de deux petits gypaètes avaient fait découvrir leur nid qu'une saillie de rochers rendait tout à fait inabordable, se mit en embuscade dans l'espoir de tuer le père et la mère. Il eut la patience d'attendre plusieurs jours, la carabine au bras. Mais souvent les oiseaux restaient douze heures sans paraître, quoique les petits criassent misérablement et allongeassent leurs têtes hors du nid. Quand la mère arrivait avec sa proie entre les serres, elle se jetait à l'improviste et avec la rapidité de l'éclair tout droit dans l'aire, et s'en retournait de même. Le père venait souvent dans le voisinage, mais, éventant l'odeur du chasseur invisible, il tournoyait longtemps en criant et disparaissait bientôt avec la nourriture destinée à ses petits. Enfin, le cinquième jour, la femelle, dans sa précipitation, laissa tomber sa proie par-dessus le bord du nid; elle voulut la rattraper en l'air, mais elle manqua son coup, et au moment où elle allait se poser sur une avance de rocher située au-dessous de l'aire, elle fut atteinte par la balle du chasseur. Le morceau qu'elle apportait à ses petits était la moitié antérieure d'un agneau qui venait de naître, à laquelle était encore attachée toute la peau de la partie de derrière. Le chasseur ne sachant que faire de l'oiseau qu'il avait tué, lui arracha les plus grandes plumes et les donna aux enfants du village. Ceux-ci, munis de ces pièces de conviction, collectèrent des œufs auprès des propriétaires de poules et en donnèrent la moitié au chasseur.

Les hardis enfants de la montagne réussissent quelquefois à prendre au nid les petits gypaètes ; — entreprise pénible, dangereuse, car ces oiseaux nichent contre des rochers abruptes et sauvages, et défendent leurs petits avec autant de fureur que de persévérance. Un résinier, ayant découvert une aire de vautour dans les rochers du canton de Glaris, y grimpa avec une peine infinie, et y ayant trouvé deux petits prêts à vo'er, qui dans le moment même avalaient un écureuil avec sa peau et ses poils, il leur lia les pattes, les jeta derrière son dos et se mit à redescendre péniblement la paroi de rochers. Cependant les piaulements des petits avaient attiré le père et la mère. Le montagnard eut toutes les peines du monde à se défendre contre eux en brandissant continuellement sa hache ; pendant quatre heures il fut poursuivi avec fureur par ces oiseaux qui ne le quittèrent qu'au bas de la vallée, et ce ne fut qu'alors qu'il put enfin gagner le village de Schwanden et mettre sa capture en sûreté. Le fameux chasseur de chamois, Joseph Scherrer, d'Ammon au-dessus du lac de Wallenstadt, grimpa une fois à pieds nus et le fusil sur l'épaule jusqu'à une aire de gypaète dans laquelle il espérait trouver des petits. Avant qu'il y fût parvenu, le mâle qui s'était montré avait reçu une balle dans le corps. Scherrer rechargea son arme et continua son ascension. Mais quand il fut arrivé près du nid, la femelle fondit sur lui avec une fureur effrayante, lui planta ses serres dans les hanches, cherchant à le jeter en bas du rocher et lui donnant de vigoureux coups de bec. La position de cet homme était terrible. Il devait s'accrocher de toutes ses forces au rocher, et se défendre en même temps contre le vautour, sans pouvoir prendre son fusil. Sa présence d'esprit le sauva d'une mort certaine. D'une de ses mains, il dirigea le canon de son fusil contre la poitrine de l'adversaire qui se cramponnait à lui, et, avec son orteil nu, il arma le chien et pressa la détente. Le vautour tomba raide mort au pied du rocher. Pour les deux vieux oiseaux et les deux petits, le chasseur reçut du sous-bailli de Schännis une prime de — cinq florins et demi. Mais il conserva toute sa vie de profondes cicatrices au bras.

Quand les gypaètes habitent dans le voisinage d'autres grands oiseaux de proie, il paraît qu'ils sont souvent l'objet des attaques de ces derniers. Ainsi on rapporte que dans le voisinage de Semlin deux gypaètes barbus furent attaqués par six balbuzards et deux vautours griffons; ils se défendirent si bravement et se servirent si bien de leurs serres contre les balbuzards que toute la troupe des assaillants finit par être précipitée à terre, où elle fut dispersée par un berger à coups de bâton. Le læmmergeier qui avait le plus souffert dans le combat alla se réfugier dans une forêt, où le lendemain matin on le prit sur un jeune berger de 12 ans qu'il venait d'assaillir. Dans nos Alpes ce redoutable oiseau n'a d'autres ennemis que l'homme, la faim, et la vermine qui vit sous son plumage.

Les petits pris dans le nid s'élèvent facilement si on les nourrit avec de la chair, et deviennent très-familiers. Ce n'est qu'à la troisième ou à la quatrième mue qu'ils prennent leur livrée claire. C'est au professeur Scheitlin et à Th. Conrad de Baldenstein que nous sommes redevables d'excellentes observations sur le gypaète en captivité. Le premier avait reçu deux de ces oiseaux adultes, pris au traquenard dans les Grisons. L'un fut enfermé dans une chambre et attaché à une perche par le moyen d'une petite corde; mais à chaque fois il coupa son lien en deux ou trois coups de bec. Il essaya en vain d'en faire autant d'une chaîne; cependant il s'escrimait si opiniâtrement à cette besogne qu'on le détacha. Au commencement, il manifestait sa défiance vis-à-vis de tous ceux qui l'approchaient en redressant avec menace les plumes de sa tête; plus tard, il ne le fit que contre les étrangers; cependant il lui arriva rarement de blesser quelqu'un. Il regardait attentivement tout objet nouveau, et si son gardien venait à mettre quelque vêtement inaccoutumé, il ne le reconnaissait qu'après avoir entendu sa voix. Il se laissait caresser par celui-ci, étendre et lever les ailes sans résistance. Il ne faisait aucune attention aux marmottes qui étaient renfermées dans sa chambre et couraient autour de lui ; mais à la vue des chiens, il hérissait son plumage et leur faisait les gros yeux, sans pourtant se jeter sur eux. Ceux-ci n'en avaient pas peur ; les chats, au contraire, sautaient de tous côtés comme des furieux. Les pigeons, les corneilles, les pies, qu'on lui mettait entre les pattes, y restaient immobiles sans songer à fuir. Il les passait lentement sous ses serres, les étendait sur son bâton, et leur arrachait la tête avec un calme parfait et sans donner le moindre signe de férocité. Avec le même sang-froid il leur ouvrait ensuite le ventre de bas en haut, leur brisait les pieds et les ailes, et leur déplumait le corps. Il avalait de préférence les os et se nourrissait de toute espèce de viande crue ; mais il ne put s'habituer à aucune autre nourriture. Il mangeait volontiers de la chair de chamois, du foie et des cervelles, jamais de petits oiseaux ni de poissons ; il préférait les animaux morts aux animaux vivants. Il prenait rarement plus d'une livre de viande ou d'os à la fois, mais il avalait des fragments de gros os avec leurs pointes aiguës sans aucune difficulté. Il restait ainsi pendant toute la journée, et d'un bout à l'autre de l'année, perché sur son bâton d'un air paresseux et stupide, souvent le corps ramassé, la bouche ouverte, la langue pendante et le cou retiré sur lui-même, tout à fait à la manière des vrais vautours. Si on le mettait à terre, il regardait longtemps sa perche avant de se décider à prendre son élan pour y remonter ; et quand enfin il y réussissait, ce n'était qu'à grand'peine. Lorsqu'on lui mettait une pipe dans le bec, il l'y laissait pendant des heures sans s'en embarrasser. Aucun bruit ne l'affectait, de quelque nature qu'il fût. Ses yeux seuls trahissaient beaucoup de vie ; aucun animal n'en a de plus beaux, il en est peu qui en aient de pareils. Cependant ils dénotent plus de férocité que d'intelligence. L'oiseau buvait avec plaisir de l'eau et du lait. Tourmenté par les poux, il se laissait volontiers frotter avec de l'huile et paraissait sensible au service qu'on lui rendait ainsi. Il témoignait par sa tranquillité et sa patience, la reconnaissance qu'il éprouvait de tout ce qui pouvait le rafraîchir. L'autre gypaète, étant devenu malade, poussait souvent de profonds soupirs, tout-à-fait comme un homme, et recevait volontiers les soins qu'on lui donnait. Quand ses ailes commencèrent à se paralyser, il s'affaissa sur son bâton de manière à être presque posé sur le ventre; plus tard il se jeta à terre, se coucha sur le côté, poussant toujours des soupirs, mais jamais un gémissement, et mourut enfin avec une parfaite résignation : on eût dit la belle et paisible mort d'une créature humaine. Th. Conrad a gardé pendant sept mois, environ, un jeune sujet pris au nid et qui était devenu familier au point de jouer volontiers avec son maître. Il buvait tous les jours, souvent en assez grande quantité à la fois, et plus quand il avait mangé des os que lorsqu'on lui avait donné de la viande. Comme le gypaète d'Espagne, il brisait les gros os en les emportant en l'air et en les laissant tomber sur le sol, habitude qui n'a encore jamais été observée chez notre gypaète suisse en liberté. Il préférait la viande fraîche à la viande gâtée, mais n'en consommait guère plus d'une demi-livre par jour, et avalait les côtes et les os les plus durs. La chair qu'il préférait était celle de mouton et de chat; cependant il mangeait aussi les souris, jamais de la viande gelée. Il emportait les petits morceaux dans son bec, les gros, dans ses serres. Il rendait régulièrement des pelotes et se baignait souvent et avec plaisir.

D'autres gypaètes captifs se sont montrés plus vifs, plus voraces, plus forts, plus vigoureux. On comprend que la captivité puisse changer le naturel jusqu'à le rendre méconnaissable, et il serait absurde de vouloir conclure du caractère d'un animal prisonnier et malade à celui du lœmmergeier en liberté, dont la hardiesse et la puissance sont connues de tous les habitants des Alpes. Pendant plusieurs années on a conservé vivant, à Coire, un gypaète qui avait été aveuglé par quelques grains de grenaille. Placé dans une cour sans y être attaché, il ne s'éloignait néanmoins qu'avec une extrême répugnance de sa perche, sur laquelle il aimait à agiter ses puissantes ailes. S'il laissait tomber sa pâture à terre, il y descendait avec beaucoup de précautions, mesurait soigneusement avec les ailes la distance de son bâton pour ne pas trop s'en éloigner, et n'essaya jamais de prendre la fuite. Une paire de gypaètes adultes qu'on tenait en cage à Berne s'est construit un nid au printemps de 1857 et la femelle y a pondu un œuf, mais sans le couver.

Les frères Brehm ont donné dernièrement quelques renseignements précis sur les autres espèces de gypaètes qui habitent l'ancien monde, savoir :

Le *petit Gypaète* (*G. barbatus subalpinus*, Brehm) de 3---3^1/$_2$ pieds seulement de longueur, tarse nu jusqu'à 6 lignes de l'articulation, coloration plus vive en somme que dans l'espèce suisse. Mœurs identiques. Il habite les montagnes de la Sardaigne, de la Sicile et de la Grèce, et dans la chaine des Alpes touche à la limite de répartition de notre gypaète.

Le *Gypaète occidental* (*G. b. occidentalis*, Schlag.) de 3 pieds 4 pouces à 3 pieds 8 pouces de longueur, un peu plus petit seulement que le nôtre, très-semblable à ce dernier ; tarses complétement emplumés ; les brides au-dessus des yeux, plus larges, noires, se terminant sur le dessus de la tête par de grandes taches noires allongées ; le dessous du corps d'un jaune de rouille plus vif, mais passant dans un âge avancé au blanc pur. Il habite les montagnes de l'Espagne et du Portugal jusqu'à 8,000 pieds au-dessus de la mer, et diffère de notre gypaète par les mœurs et le caractère, étant plutôt d'un naturel inoffensif, n'attaquant aucun oiseau, et n'étant en aucune façon dangereux pour les troupeaux.

Le *Gypaète à pieds nus* (*G. nudipes*, Brehm), de 3 pieds 1 pouce (le mâle) de longueur, d'une vive coloration, tout le menton et la mandibule inférieure jusqu'à la pointe garnis de barbes, plumage peu abondant et les pieds nus jusqu'au tiers (14 lignes). Il habite les montagnes de l'Afrique entière, depuis le cap de Bonne-Espérance jusqu'en Abyssinie, où il n'est pas rare à la hauteur de 12,000 pieds.

Les espèces de l'*Altaï* et de la *Sibérie* n'ont pas encore été bien étudiées.

VI. LE LIÈVRE DES ALPES.

Mœurs et changements de couleur. — Distribution géographique et nourriture. — Chasse. — Croisements.

A la hauteur où cessent les lièvres bruns ou gris de la montagne, apparaît une espèce voisine qui vient les remplacer dans les régions plus élevées ; c'est le *Lièvre des Alpes* ou *variable* (*Lepus variabilis*), qui recherche dans nos Alpes les districts habitables les plus froids, et se retrouve de même dans les parties les plus septentrionales de l'Europe et de l'Asie.

Le lièvre des Alpes, souvent nommé lièvre blanc, se distingue nettement du lièvre commun par sa structure et son tempérament. Il est plus éveillé, plus vif, plus intelligent, moins timide, plus souple dans ses mouvements, moins stupide dans sa poltronnerie. Il a la tête plus courte, plus ronde, le museau plus épais, le crâne plus voûté, les joues relativement plus larges, les oreilles relativement plus courtes et ne dépassant que de fort peu le museau quand on les y applique[1]. Les jambes de derrière sont plus longues, les pelotes plus fourrées, les doigts plus profondément divisés, plus extensibles, armés d'ongles plus longs et plus forte-

[1] L'assertion de Blasius qui dit (*Faune des mammifères de l'Allemagne* I, 421) que l'oreille appliquée au museau n'en atteint pas l'extrémité, ne peut-être acceptée pour le lièvre variable de nos Alpes, à en juger du moins par un grand nombre d'observations faites avec soin.

ment courbés. Les yeux ne sont pas rouges comme dans les albinos, mais bruns comme dans le lièvre ordinaire. Le corps dans son ensemble est plus petit, plus délicat, plus étroit, le poil seulement est plus épais; en moyenne le poids ne dépasse guère 4 à 5 1/2 livres; les individus qui pèsent davantage sont rares. Les chasseurs des Grisons distinguent deux espèces de lièvres blancs, il nomment les uns lièvres de bois ou de montagne et les autres lièvres de rocher; les premiers seraient plus gros et ne franchiraient jamais, même en été, la limite des bois; les derniers seraient plus petits, mais avec la tête plus large. Les lièvres de rocher, vivant la plupart du temps au-dessus de la région des arbustes, ont volontiers la malice de se cacher, quand ils sont poursuivis, dans des trous en terre ou dans des fentes de rochers; ce que les autres lièvres ne font que lorsqu'il sont blessés et suivis de trop près, car il ne leur manque pas de cachettes dans les broussailles et les taillis qu'ils fréquentent.

En décembre, quand les Alpes sont toutes ensevelies sous un manteau de neige, le lièvre variable est aussi blanc qu'elles, il a seulement l'extrémité des oreilles noire. Le soleil du printemps amène depuis le mois de mars un changement intéressant dans la couleur de cet animal. Il commence par devenir gris sur le dos, et, peu à peu, quelques poils de cette couleur se mêlent au blanc des côtés. En avril, le pelage est étrangement saupoudré ou irrégulièrement tacheté. De jour en jour le gris brun prend davantage le dessus, et en mai le changement est complet. Le duvet est alors d'un gris blanchâtre, le poil lui-même est gris à la base, noir dans le milieu de la longueur, d'un jaune brun à l'extrémité. Les flancs et la poitrine sont un peu plus clairs. A le prendre isolément le poil du lièvre commun est plus ferme que celui du blanc. En automne, à la première neige, le lièvre des Alpes commence déjà à reprendre quelques poils blancs; cependant, de même que dans les Alpes la marche victorieuse de l'hiver est plus rapide que celle du printemps, le changement de pelage de l'arrière-saison s'opère aussi plus rapidement et ne s'étend guère que du commencement d'octobre au milieu de novembre. Tout le pelage est alors d'un blanc d'argent; seulement la base des grands poils de la moustache et le bord supérieur de l'oreille en dedans et en dehors restent noirs; la peau de la conque, peu garnie de poils, est noirâtre sur les deux faces; le dessous de la partie inférieure du tarse est d'un gris brun sale, et les ongles d'un gris noir. Le lièvre des Alpes devient blanc quand son voisin, le chamois, devient noir. Nous pouvons faire encore à ce sujet quelques observations qui ne sont pas sans intérêt. D'abord, le changement de couleur n'a pas lieu à une époque fixe; il suit en général l'état de la saison, en sorte qu'il se fait plus tôt dans les hivers comme dans les printemps précoces, et marche toujours de concert avec le changement analogue qu'on observe dans le lagopède et l'hermine. De plus, il coïncide en automne avec la mue ordinaire de cette saison; les poils bruns de l'été tombent et ceux qui les remplacent sont blancs et plus fourrés; le changement de couleur du printemps paraît au contraire s'opérer sur les poils eux-mêmes : les longs poils de la tête, du cou et du dos deviennent noirâtres depuis la racine jusqu'à l'extrémité, tandis que le duvet de dessous devient gris. Cependant il n'est pas bien sûr qu'il n'y ait pas aussi dans cette saison une mue partielle[1]. En pelage d'été, le lièvre des Alpes se distingue à première vue du lièvre commun en ce qu'il a une teinte d'un gris olivâtre et plus de noir, tandis que dans ce dernier la teinte est d'un brun rougeâtre, moins mélangée de noir; le dessous du corps est d'un blanc sale dans le premier, il est blanc pur dans le second.

On trouve aussi çà et là dans les lièvres communs une variété blanche, mais on ne doit pas la confondre avec le lièvre des Alpes; elle a les yeux rouges comme tous les albinos, et sa blancheur est permanente.

[1] Conrad de Baldenstein maintient qu'il n'y a pas de changement de poils en automne : il croit que les poils bruns deviennent blancs et qu'il s'en ajoute seulement de nouveaux de cette dernière couleur; tandis qu'au contraire, au printemps, le long duvet blanc fait place au gris qui est encore court.

Le changement de couleur que nous avons décrit est considéré, dans tous les animaux qui le subissent, comme un pronostic du temps ; le judicieux Lamon, prieur du Saint-Bernard, partageait lui-même cette croyance, puisqu'il écrivait le 16 août 1822 : « Nous aurons un hiver très-rigoureux, car le lièvre des Alpes met déjà son poil d'hiver. » Mais nous croyons que le changement est la conséquence du temps qu'il fait, bien plutôt qu'il n'est le présage du temps qu'il doit faire ; et le pauvre animal, auquel on prête si gratuitement le don de prophétie, se trouve fort mal des retours de neige et de froid au printemps quand son pelage d'hiver s'est déjà éclairci. On assure aussi que notre lièvre apporte ses dents avec lui dans ce monde et qu'il en change plus tard ; qu'avec l'âge, ses incisives deviennent jaunes et ses molaires noires. Plus il vieillit, plus ses moustaches deviennent longues et fortes.

Le lièvre variable est répandu dans les régions arctiques, dans toute la chaîne des Alpes, en Écosse et en Irlande. Il est sujet, suivant les climats, à de notables modifications. Ainsi dans les hivers tempérés de l'Irlande et dans le midi de la Suède, ces animaux ne deviennent pas blancs, tandis qu'ils le deviennent en Écosse, en Finlande, dans le nord de la Suède et de la Norwège, dans la Russie septentrionale et la Sibérie. Dans les contrées arctiques de l'Europe, de l'Asie et de l'Amérique (*Lepus glacialis* du Groënland), il ne revêt jamais la livrée foncée d'été et reste toujours entièrement blanc, sauf à l'extrémité des oreilles qui est noire.

On est sûr de trouver le lièvre blanc sur les montagnes de tous les cantons alpestres, mais il est ordinairement moins abondant que le lièvre brun dans les régions inférieures. Il est plus commun dans les contrées où les forêts remontent un peu haut que dans celles où elles s'arrêtent à une moindre élévation. Ainsi il est très-rare sur le Säntis. Il ne peut que très-difficilement vivre dans les pentes pierreuses découvertes, dépourvues d'arbustes. Les corneilles des Alpes et les corbeaux y mangent les petits, les aigles et les renards y détruisent les vieux. En sorte que si étendue que soit sa distribution horizontale, celle en altitude est fort limitée. En été, et en général pendant la plus grande partie de l'année, il se tient de préférence entre la limite supérieure des sapins et la ligne des neiges, à peu près à la même hauteur que le ptarmigan et la marmotte, entre 5,500 et 8,000 pieds au-dessus de la mer. Cependant il rôde souvent beaucoup plus haut; Lehmann l'a rencontré à la base de la dernière sommité du Wetterhorn, à 11,000 pieds. D'un autre côté, les rigueurs de l'hiver le chassent plus bas dans les forêts des Alpes qui lui offrent un abri et quelques places découvertes pour le viandis; on peut ainsi le rencontrer à 2,000 pieds seulement (on en a même tué dernièrement deux exemplaires dans les environs de Saint-Gall) et dans la même montagne chasser sur le versant sud le lièvre ordinaire et sur le versant nord le lièvre variable. Ce dernier ne va pourtant pas volontiers au-dessous de 3,000 pieds, et remonte aussitôt que possible vers ses chères hauteurs.

En été, voici à peu près la vie que mène notre lièvre. Il a son gîte entre les pierres, dans un creux de rocher ou sous les pins nains et les pins des Alpes. Le bouquin s'y tient ordinairement la tête redressée et les oreilles droites; la hase, au contraire, la tête étendue sur ses jambes de devant et les oreilles couchées en arrière. Le matin de bonne heure, ou plus souvent encore pendant la nuit, ils quittent tous deux leur gîte pour aller brouter le gazon des pentes au midi. Pendant leur repas ils ont toujours les oreilles en mouvement et le nez au vent, pour ne pas se laisser surprendre par quelqu'un de leurs nombreux ennemis, le renard ou la marte, qui cependant errent rarement à une si grande hauteur, le gypaète, l'aigle, le faucon, le corbeau, peut-être même la belette, car ce petit animal s'attaque volontiers aux levrauts. Les plantes qu'ils préfèrent sont les différentes espèces de trèfles, les matricaires, les achillées, les violettes, les saules nains, l'écorce du daphné; mais ils ne touchent, même en hiver dans les jours de famine, ni aux aconits, ni au vératre blanc, dont il paraît qu'ils redoutent les propriétés vénéneuses. Une fois rassasié le lièvre s'étend tout de son long sur le gazon réchauffé ou sur une pierre au soleil; il est alors difficile de le voir, parce que sa couleur est à peu près celle du terrain. Il est rare qu'il boive. Le soir il fait un nouveau repas et une joyeuse promenade, avec force gambades, sur les rochers ou les prairies, et se levant souvent tout droit sur ses jambes de derrière. Puis il revient au gîte. La nuit, il est exposé aux poursuites du renard, du putois et de la marte; le grand-duc, qui l'enlèverait sans peine, ne se voit jamais dans ces hauteurs. Mais nos grands rapaces en détruisent plus d'un. Il n'y a pas longtemps qu'un aigle royal, posté sur le sommet d'un sapin dans les montagnes d'Appenzell, fondit sur un lièvre blanc en pleine course et l'enleva sous les yeux du chasseur.

En hiver, la vie du lièvre des Alpes est passablement misérable. Quand une neige prématurée vient à tomber avant qu'il ait pris sa fourrure d'hiver, il reste quelquefois plusieurs jours sans sortir de son gîte, souffrant de la faim et du froid sous son buisson ou entre les pierres. Quelquefois aussi quand il est surpris en plein champ par une chute abondante de neige, il se laisse ensevelir, comme les birkhans et les lagopèdes, jusqu'à deux pieds de profondeur, et ne sort de son sépulcre que lorsque le froid a assez durci la croûte de la neige pour qu'elle puisse le porter. En attendant, il se contente de découvrir la terre avec les ongles et de ronger les feuilles et les racines des plantes vivaces des Alpes. L'hiver une fois bien établi, les lièvres blancs vont chercher dans les forêts les moins épaisses de l'herbe et des écorces. Souvent aussi ils se rendent aux greniers à foin les plus élevés, et si à force de sauter ou de gratter, ils parviennent à se faufiler jusqu'à la provision de foin, ils s'y établissent définitivement, quelquefois en compagnie, en mangent leur bonne part, et couvrent le reste de leurs excréments. Mais comme c'est à cette époque que d'ordinaire on descend les foins dans la vallée, les lièvres, dérangés dans leur retraite, suivent alors les traces des traîneaux pour se nourrir des brins qui en sont tombés, ou bien ils visitent de nuit les stations où les chevaux ont fait leur repas de la journée et ils en mangent les débris laissés sur la neige. Pendant le temps de la descente des foins, ils se cachent volontiers dans les étables ou dans les chalets ouverts et, à cette occasion, poussent la prudence à un point remarquable. Un lièvre s'établit sur le devant du grenier, un autre dans la partie de derrière. Si quelqu'un arrive, ils partent tous les deux. On a même observé que le premier qui aperçoit le danger, au lieu de gagner tout de suite le large, commence par faire le tour de l'étable pour donner l'éveil à son camarade et lui faire prendre la fuite avec lui. Dès que le vent a balayé la neige sur les crêtes gazonnées, le lièvre retourne dans les hautes Alpes.

Aussi ardente que la hase commune, la femelle du lièvre des Alpes met bas, à chaque portée, de 2 à 5 petits, qui ne sont pas plus gros que des souris et portent une tache blanche au front. Dès le second jour après leur naissance, ils suivent leur mère en gambadant et ne tardent pas à manger de jeunes herbes. La première portée tombe ordinairement en avril ou en mai, la seconde en juillet ou en août. On s'est souvent demandé s'il n'y avait point une autre portée avant ou après ces époques; car les chasseurs prétendent que tous les mois depuis mai jusqu'en octobre on trouve des levrauts d'un quart. En tout cas, l'accouplement se règle sur la température plutôt que sur le mois. Ainsi ce n'est pas sans étonnement que dans un sujet tué le 12 décembre 1858 sur les montagnes de Werdenberg nous avons trouvé trois fœtus presqu'à leur entier développement. L'hiver avait pourtant déjà fait une première et très-sévère apparition à la fin d'octobre, mais il y avait eu quelques belles et chaudes journées de soleil au milieu de novembre. La hase porte 30 ou 31 jours et n'allaite guères ses petits que 20 jours. On aurait bien de la peine à ôter de la tête de la plupart des chasseurs montagnards l'étrange croyance qu'il existe parmi les lièvres des individus hermaphrodites qui se fécondent eux-mêmes. Du reste, il est presque impossible d'observer les détails de la vie de famille de ces animaux, parce que leur ouïe est d'une finesse remarquable et que les petits savent extraordinairement bien se cacher dans les fentes de rochers et dans les trous entre les pierres.

La chasse au lièvre blanc a ses peines et ses jouissances. Comme elle ne peut guères avoir lieu que lorsque la région alpine est sous la neige, elle est assez fatigante. Cependant elle est peut-être moins chanceuse qu'une autre parce que les traces fraîches du lièvre font aisément découvrir son gîte, où d'ailleurs il tient pied plus longtemps et revient plus vite que le lièvre commun. Quand on a trouvé les passages du viandis, que l'animal a souvent le soin de bouleverser sur la neige pendant la nuit, on n'a qu'à suivre la trace solitaire qui s'en sépare, et on arrive à un endroit où il y a beaucoup de sauts croisés en tous sens : c'est là que l'animal a pris ses ébats après avoir achevé son repas, car jamais il ne se rend en droite ligne du viandis au gîte. Pendant un espace assez long, on ne trouve de nouveau qu'une piste isolée. Celle-ci se détourne enfin, et se termine après quelques passes en sens contraire (d'ordinaire en moins grand nombre que pour le lièvre brun), par des traces en rond ou en lacet dans le voisinage d'une pierre, d'un buisson ou d'un petit tertre. C'est là qu'est le gîte où le lièvre repose tantôt étendu tout de son long sur la neige, tantôt bien caché dans un fourré de sapins, dormant souvent les yeux ouverts, avec un petit mouvement des mâchoires qui imprime aux oreilles des oscillations légères et continues. Si le temps est mauvais et qu'un vent glacé souffle sur les hauteurs, ce qui arrive fréquemment, le lièvre s'abrite derrière une pierre ou dans une cavité qu'il s'est creusée dans la neige. Le chasseur peut alors aisément le tirer. On a même vu l'animal rester au gîte après avoir été manqué; mais ordinairement en ce cas il part comme un ouragan en faisant des sauts énormes, sans s'éloigner cependant beaucoup et revenant volontiers passer à portée. La détonation des armes à feu ne l'effraie guères, car il est habitué au bruit dans la montagne. Elle n'effraie pas non plus les lièvres gîtés dans les environs, et il n'est pas rare que le soir le chasseur rapporte chez lui trois ou quatre pièces toutes tirées à l'accroupie.

Mais on ne trouve jamais, même à l'époque du rut, deux lièvres dans le même gîte. Les traces du lièvre des Alpes ont quelque chose de particulier; ce sont de grands sauts, avec une empreinte de pied relativement très-large, à laquelle le chasseur reconnaît tout de suite avec quelle espèce de lièvre il a affaire. Le pied du lièvre blanc, comme celui du chamois, est admirablement organisé pour le séjour dans la région des neiges. La plante des pieds étant en elle-même plus large et le pied plus fort que dans le lièvre commun, les doigts qu'il écarte dans la course lui servent de souliers à neige, et il enfonce très-peu. Sur la glace, ses ongles recourbés lui rendent d'excellents services. Quand on le chasse avec un chien d'arrêt, il se tient beaucoup plus ferme au gîte que son cousin de la plaine; une fois lancé, il n'est pas rare qu'il se faufile dans les étroits souterrains de la marmotte, mais jamais dans le terrier du renard, à moins qu'il ne soit mortellement blessé, auquel cas il se glisse dans la première fente, dans le premier trou venu. Nous connaissons deux cas où le lièvre vivement poursuivi a grimpé le long d'un tronc de sapin incliné pour s'y cacher dans les branches, et a été tiré à la lettre sur un arbre.

C'est une chose singulière que le lièvre des Alpes s'apprivoise plus facilement que le lièvre commun et qu'il devienne en captivité plus tranquille et plus confiant; mais il n'y vit pas longtemps et ne s'y engraisse jamais, même avec la nourriture la plus abondante : il sent trop la privation de l'air des Alpes. Il y change de couleur en hiver, comme en liberté. Sa fourrure n'est pas très-estimée; par contre sa chair est très-savoureuse. Le 16 juillet 1865 je trouvai au pied du sommet de l'Alvier, à environ 7,000 pieds, un petit levraut qui pouvait avoir quatre semaines et qui se tenait blotti de son mieux dans un trou en terre. Comme par un mouvement rapide je m'emparais de lui, il me mordit vigoureusement le doigt et se mit à pousser des cris de possédé; mais il se calma bientôt quand je lui ouvris mes vêtements et lui offris dans ma poitrine une retraite où il put se glisser. Le poil de ce charmant petit animal était d'une épaisseur et d'une douceur extraordinaires et formait sur le dessus du corps trois couches différentes, savoir : le duvet gris à pointes rougeâtres, uniformément dépassé par des poils moins serrés, noirs, à pointe jaunâtre, d'entre lesquels sortaient clair-semées des soies deux fois aussi longues, noires, à extrémité d'un jaune blanc. Le pourtour des yeux et le museau étaient d'un gris jaunâtre, le bout des oreilles noir, leur bord extérieur blanc ainsi qu'une tache au front et le menton; la poitrine était grise, le ventre et la face intérieure des pattes d'un gris blanchâtre. Les oreilles appliquées au museau en atteignaient l'extrémité. Pendant quatre semaines, la petite bête qui s'était bien vite apprivoisée vécut de lait, de pain et d'herbes; elle était fort gaie, et faisait continuellement sa toilette, assise sur ses jambes de derrière. Elle mourut après deux jours d'indisposition.

Le croisement du lièvre commun avec le lièvre des Alpes et l'existence des produits de ce croisement ont été souvent mis en doute. Cependant chaque année des observations positives en constatent la réalité. C'est ainsi que dans le Sernfthal, où les lièvres blancs descendent beaucoup plus bas que nulle part ailleurs, on a tué en janvier un lièvre qui avait le pelage brun roux depuis la tête jusqu'aux pattes de devant, et blanc sur tout le reste du corps. A Ammon, au-dessus du lac de Wallenstadt, on a tué quatre levrauts issus de la même mère, dont deux d'un blanc pur sur la moitié antérieure du corps, les deux autres sur la moitié postérieure, avec tout le reste d'un gris brun. Dans l'Emmenthal bernois, un chasseur tua en hiver un lièvre qui avait un collier blanc autour du cou, les jambes de devant et une étoile au front de la même couleur. Nous avons reçu également des montagnes d'Appenzell des lièvres blancs avec des taches brunes, et presque chaque hiver dans les Grisons on peut en avoir de bigarrés, souvent avec des dessins à contours bien tranchés. Ce ne sont pas toujours des métis mais quelquefois simplement des animaux à pelage anormal. Sur la Bommenalp où se rencontrent les deux espèces, on a tué en janvier 1866 un métis qui portait en gros le pelage d'hiver du lièvre commun. Les oreilles étaient un peu plus courtes que celles du lièvre des Alpes, mais plus longues que celles du brun; le pourtour des yeux ordinairement d'un jaune clair était blanc et cette couleur se prolongeait des deux côtés du museau, y décrivant deux cercles. A la mâchoire inférieure, à l'occiput et sur la nuque, les poils étaient fortement marqués de blanc à leur extrémité, ainsi que dans une partie du milieu du dos; à la partie postérieure des reins jusqu'à la queue le blanc était encore plus fortement accusé. Les pointes blanches des poils rougeâtres de la gorge et de la poitrine donnaient à ces parties une teinte d'un gris sale. Le blanc de la face interne des cuisses se prolongeait jusqu'aux doigts en deux raies de cette couleur; la face supérieure des jambes de derrière était aussi tachée de blanc. Du reste les couleurs n'avaient rien de bien nettement limité; elles se fondaient plutôt les unes dans les autres.

VII. LES CHAMOIS.

1° Description de l'animal.

Nature, mœurs et particularités du chamois. — Séjour. — Rochers salins. — Force de saut. — Propagation. — Domestication et croisement. — L'égagropile. — L'extirpation des chamois fort peu probable. — Les réserves de montagne. — Un chamois blanc.

Le *Chamois* (*Capella rupicapra*) est de tous les animaux qui habitent les hautes montagnes celui qui leur prête le plus de charmes et de vie. Les troupes fugitives de ces beaux antilopes parcourent les districts les plus solitaires des Alpes, animent les arêtes les plus élevées et traversent d'une course impétueuse et bruyante des champs de glace de plusieurs lieues de longueur.

CHAMOIS.

Confiants, pacifiques, inoffensifs, nés pour vivre en société, ils auraient pu s'associer à nos troupeaux des Alpes, être apprivoisés et élevés comme eux, si l'hostilité permanente de l'homme ne leur avait inspiré une frayeur presque insurmontable. On a souvent demandé si une éducation soignée et convenable n'aurait pas pu faire du chamois un animal domestique utile, en ce sens, bien entendu, qu'il aurait passé l'hiver sous le toit de l'homme pour aller en été se mêler aux troupeaux de chèvres des montagnes. La chose aurait certainement aussi bien réussi qu'avec les bouquetins, dont on a autrefois conservé et multiplié de petits troupeaux dans les vallées pendant plusieurs générations ; le chamois se contente même dans la montagne d'une nourriture moins abondante et de qualité inférieure, en sorte qu'avec des soins on aurait pu augmenter notablement son produit en lait et en viande.

Comme on le sait, le chamois ressemble beaucoup à la chèvre, en particulier à la chèvre des Alpes, mais il s'en distingue déjà de loin par la structure plus ramassée de son corps, par ses jambes plus longues et plus fortes, par son cou plus allongé, et enfin par ses petites cornes de 4 à 9 pouces de long, annelées à la base, cannelées dans le sens de la longueur, rondes, d'un noir de poix, courbées en arrière en forme de crochet, d'une ténacité extraordinaire, derrière lesquelles sont plantées des oreilles pointues, dirigées en avant quand l'animal est aux écoutes. Le corps dans son ensemble est éminemment élastique. Le cou est tellement extensible que l'animal tout en restant sur ses quatre pattes peut atteindre à une hauteur de six pieds, position dans laquelle le poids du corps repose presque entièrement sur les jambes de derrière. La barbe lui manque complétement ainsi qu'au bouquetin ; ou du moins celui-ci n'en a quelque vestige qu'en pelage d'hiver, vestige qui en tout cas ne justifie nullement les mauvais dessins qu'on fait de cet animal, auquel on ne manque jamais de prêter l'ornement traditionnel d'une magnifique barbe de bouc. C'est au printemps que le poil du chamois est le plus clair; il est alors d'un jaune brun ; en été, il est d'un brun rougeâtre de chevreuil ; en automne, il est d'un gris brun et s'obscurcit peu à peu, pour passer en décembre au gris brun noirâtre et quelquefois même au noir de jais. La bride noire qui traverse les joues de l'œil au museau, les parties d'un jaune blanchâtre du dessus du nez, de la mâchoire inférieure, du front et du ventre, ainsi que la raie noire de l'échine, sont les seules parties du pelage qui restent à peu près les mêmes en toute saison. Le poil ne change pas chaque fois avec la couleur, et il est probable que c'est le changement de nourriture qui, joint aux influences atmosphériques et à l'action de la lumière, détermine surtout ces diversités de coloration. En hiver, le pelage est extraordinairement épais; les poils de dessus, grossiers et cassants, atteignent dans les vieux boucs jusqu'à deux pouces de longueur, surtout à la tête, au ventre et aux pieds. Le long de l'échine, ils forment souvent chez les vieux animaux une véritable crinière de 6 à 7 pouces de longueur. Les pieds du chamois sont beaucoup plus gros que ceux de la chèvre; les sabots sont entourés d'un bord relevé, et ceux des pieds de devant surtout peuvent s'écarter considérablement, circonstance singulièrement favorable pour la marche sur la glace ou sur d'étroites lisières de rochers; la trace qu'ils laissent est analogue à celle de la chèvre, elle est seulement un peu plus allongée, plus pointue et plus accusée, surtout sur le bord extérieur. Les yeux sont grands, fortement convexes, noirs, d'une vivacité et d'une beauté remarquables. Les cornes sont très-dures, et l'extrémité qui en est fine et aiguë en fait une arme redoutable avec laquelle l'animal se défend contre l'aigle et le gypaète, ou éventre en moins de rien les chiens qui le serrent de trop près; il ne s'en sert jamais contre les chasseurs. Dans le bouc qui est en général un peu plus gros et dont la tête est plus forte, les cornes sont plus éloignées et aussi un peu plus grandes que dans la femelle. Un caractère propre au chamois est l'existence d'une fosse glanduleuse, assez grande, en forme de conque, placée en arrière de chaque corne, qui chez le mâle au temps du rut se gonfle et se relève comme une éponge, d'une manière analogue aux bourrelets qui entourent les yeux du coq de bruyère en amours, et répand une odeur pénétrante. On rencontre assez rarement des cornes monstrueuses; cependant Mr le forestier Mäni de Coire en possède une collection. Ces monstruosités affectent ordinairement une seule corne et proviennent presque exclusivement de fractures. Quand une partie de la corne est tombée par suite d'un choc ou d'un coup de feu, ce qui en reste continue à croître, mais la corne ne devient jamais aussi longue et prend une direction anormale, tantôt en arrière, tantôt en avant, ou de côté. Un bourrelet marque la place de la fracture. Il y a aussi dans cette collection une paire de cornes qui se recourbent en avant depuis la base; toutes deux ont été brisées au milieu de la courbure et ont recru en se dirigeant en bas du côté du nez, et en perdant leur parallélisme.

Contrairement à ce qui existe dans la chèvre et dans le bouquetin, qui se rapproche encore plus de la chèvre que le chamois, la femelle a *quatre* trayons à la mamelle.

Les chamois sont répandus sur toute la chaîne européenne des Alpes, depuis les Alpes maritimes jusqu'à celles de la Dalmatie, ainsi que sur toutes ses ramifications du côté du midi de la France, des Abruzzes et de la Grèce (Veluzi); on les trouve également dans les Carpathes, en particulier dans le groupe de Tatra. La question de l'identité de notre chamois avec l'yzard des Pyrénées et le chamois des montagnes de l'Espagne n'est pas encore résolue à l'heure qu'il est, pas plus que celle de leurs rapports avec les chamois du Caucase, de la Tauride et de la Sibérie. Le nord de l'Europe n'a pas de chamois.

En été, les chamois habitent les districts les plus impraticables et les plus élevés des hautes Alpes jusqu'à la région des neiges. Dans cette saison, ils ne descendent dans les vallées que lorsqu'ils sont effrayés ou égarés. Cependant il y a une vingtaine d'années, alors que les *Freiberge* ou montagnes réservées du canton de Glaris étaient encore respectées, on les voyait le matin, après le lever du soleil, descendre en petites troupes dans les bois et aller s'abreuver aux eaux de la Sernf. Dans les districts exposés, ils campent au contraire volontiers dans le voisinage des glaciers. A la pointe du jour, souvent aussi la nuit par le clair de lune, ils commencent à descendre, en paissant, le long des pentes de la montagne ou vont chercher les endroits gazonnés situés plus bas, mais protégés par une enceinte de rochers. Ils restent ordinairement depuis 9 heures jusqu'à 11 au bord de précipices, souvent parsemés de buissons; pendant le milieu du jour, ils remontent lentement vers les hauteurs en broutant; puis ils se reposent jusqu'à 4 heures, tout en ruminant, sur les versants à l'ombre des gorges sauvages, et, si cela leur est possible, tout auprès de la neige, qu'ils aiment extraordinairement; quelquefois même ils séjournent pendant des heures sur d'éblouissans névés; le soir enfin, ils retournent volontiers à leur viandis du matin. Ils passent la nuit en petites troupes, de préférence sous des rochers en saillie ou entre des blocs épars. C'est à l'époque du rut, à la fin de l'automne ou au commencement de l'hiver, qu'ils paraissent le plus éveillés. Nous avons souvent observé pendant des heures les jeux extravagants et les combats simulés qu'exécutent alors les chamois, en couples isolés ou en grandes bandes. Ils se poursuivent comme des furieux sur les arêtes de rochers les plus étroites, cherchent à se renverser à coups de cornes, feignent une attaque par un côté pour se précipiter comme l'éclair par un autre à découvert, et se querellent avec une espièglerie et une vivacité étonnantes. Mais viennent-ils à apercevoir quelqu'un, fût-ce même à une très-grande distance, la scène change aussitôt. Tous, depuis le plus vieux bouc jusqu'au plus petit chevreau, se tiennent aux écoutes, prêts à prendre la fuite. L'observateur a beau ne pas quitter la place, la bonne humeur ne leur revient plus. Ils se retirent lentement du côté des hauteurs, s'arrêtant sur chaque bloc, sur chaque bord de précipice, pour faire le guet, et sans perdre un instant de vue l'objet qui les inquiète. Ordinairement ils finissent par gagner tout à fait les sommets. Ils se postent sur la crête de rochers la plus élevée, tous placés les uns à côté des autres, portant constamment leurs regards dans la profondeur, et d'un air réfléchi promenant dans les airs leurs têtes grisonnantes qui brillent au soleil. Si c'est en été, ils ne redescendent plus de toute la journée ; mais en automne, quand les montagnes sont plus solitaires, on les voit souvent revenir une heure après au grand galop occuper leur première station.

Nous avons remarqué qu'ils préfèrent, au milieu de l'été, les revers de l'ouest et du nord ; dans les autres saisons, ceux de l'est et du sud. A mesure qu'en automne la neige vient argenter les cimes découvertes des Alpes et se fixer successivement de plus en plus bas sur les pâturages, les chamois descendent aussi peu à peu vers les forêts supérieures, où plus tard ils établissent définitivement leurs quartiers d'hiver. Ils choisissent de préférence celles qui sont tournées au midi, dans le voisinage de pentes nues et rapides, exposées à être souvent balayées par le vent. Les gogants, dont les grands bras pendent presque jusqu'à terre et préservent de la neige les longues herbes sèches qui ont crû sous leur abri, sont leur retraite favorite.

On a cru remarquer que l'instinct développé de ces animaux leur faisait choisir les forêts les moins exposées aux avalanches. Quoi qu'il en soit, cela ne leur réussit pas toujours, et il en est plus d'un qui se perdent sous les neiges. Mais, dès que le printemps a diminué l'épaisseur de la couche qui recouvre les montagnes supérieures, les chamois se hâtent de remonter sur leurs hauteurs favorites, où ils vivent tantôt sur la neige, tantôt sur le gazon.

Les chamois sont, sous beaucoup de rapports, les rennes de la montagne ; et cela, non-seulement à cause de leur étonnante rapidité, mais à cause de leur sobriété, de leur utilité et de leur robuste tempérament. Les endroits où la chèvre, pourtant si agile, est loin de pouvoir atteindre, les morceaux de gazon épars sur les flancs les plus escarpés de pics inaccessibles, les bandes gazonnées à peine larges d'un pied qui écharpent les rochers de parois en parois, voilà où les chamois, qui semblent destinés par la nature à utiliser les portions perdues de ses richesses végétales, vont brouter à leur aise les plantes rares mais substantielles et nutritives de l'alpe et s'engraissent au point de peser en automne 60, 80, jusqu'à 100 livres. Un chasseur glaronnais a même tué sur le Tschingel un chamois du poids de 125 livres. C'était un vieux bouc, bien connu des montagnards sous le nom de *Rufelibock*, qu'on avait vu depuis nombre d'années descendre fort avant dans la vallée, et qui avait longtemps déjoué toutes les ruses des chasseurs. Il avait enfin trouvé dans *Bläsi* un plus fin que lui. D'après les fragments de squelettes anciens qu'on a pu recueillir, il paraîtrait que les chamois d'autrefois étaient de beaucoup plus grande taille que ceux de notre époque. Les chevreaux de l'été ne pèsent guère à l'arrière-automne que de 15 à 20 livres.

Comme tous les animaux des Alpes, les chamois maigrissent considérablement en hiver, après le temps du rut. Ce n'est pas précisément par défaut de nourriture, car celle-ci se trouve en suffisante quantité dans toute saison, à l'exception du petit nombre de jours pendant lesquels la neige tombe en abondance; c'est plutôt à cause du peu de valeur de cette nourriture. Le foin court qui a séché sur plante, dur et ferme comme de la paille, fait un trop grand contraste avec les herbes succulentes, les pousses tendres de l'aulne, du saule, du rhododendron, du framboisier, dont ils se nourrissent en été. Ils doivent même en cas de nécessité se contenter de branches de sapin, d'écorces, et de la mousse qu'ils découvrent en grattant la neige avec les pieds, comme le font les rennes. Souvent ils se hasardent à descendre jusque dans la vallée, aux endroits où quelque source maintient le sol libre de neige. Ils mangent également les longs lichens, couleur vert de mer, qui pendent aux branches des vieux sapins; mais il est arrivé quelquefois qu'en cherchant à les atteindre, l'animal s'embarrasse dans les branches avec ses cornes, y reste accroché et périt de faim. Nous nous souvenons d'avoir rencontré nous-même un squelette de chamois suspendu ainsi à un sapin. Ces lichens, que le chamois fait servir à sa nourriture, le chasseur les utilise également; ils lui servent de bourre pour son fusil.

Les chamois, ainsi que tous les ruminants, aiment le sel à un haut degré, et pour ce motif visitent fréquemment les rochers calcaires à efflorescences salines. Ils viennent régulièrement, de plusieurs lieues de distance, à ces *salins*, surtout quand le sel y est abondant et qu'ils trouvent dans le voisinage quelque source à laquelle ils puissent ensuite aller boire, ce qui paraît leur être nécessaire. Les chasseurs ménagent souvent avec soin les salins, et même y répandent du sel; mais ils évitent en général d'y tirer les chamois, parce qu'il arrive quelquefois que le gibier quitte alors le pays pour plusieurs années.

Comme la plupart des ruminants du même genre, les chamois vivent en société, par troupes de cinq, dix ou même vingt individus. Autrefois il n'était pas très-rare d'en voir des troupeaux d'une soixantaine. Ce sont des animaux alertes, gracieux, éminemment prudents et circonspects. Chacun de leurs mouvements décèle une force musculaire prodigieuse, une souplesse, une aisance et une grâce extraordinaires. Mais c'est surtout le cas quand ils sont aux écoutes ou en pleine action. Autrement, ils se tiennent souvent les jambes fléchies et d'une manière peu gracieuse, principalement en captivité, et traînent péniblement leurs jambes après eux. Les chamois sont alors *tièdes*, comme disent les chasseurs. En plaine, ils ont aussi une démarche nonchalante et traînarde. Mais sont-ils inquiets, en un clin d'œil ils semblent changer de nature : il y a quelque chose du génie dans leur hardi maintien. Leurs muscles prennent la raideur et le ressort de l'acier. Ils fuient comme le vent en bonds magnifiques par-dessus les crevasses des rochers et des glaces. Il faut les avoir vus soi-même pour pouvoir se faire une idée de leur prodigieuse rapidité, de leur étonnante élasticité, de l'inconcevable sûreté de leurs mouvements et de leurs bonds. Ils sautent d'un rocher à l'autre par-dessus des fentes larges et profondes, et se tiennent en équilibre sur des inégalités presque imperceptibles; ils s'élancent de là avec les pieds de derrière et retombent, sans jamais manquer leur but, sur une saillie grosse comme le poing dont ils ont, d'un œil sûr, mesuré la distance. Le bouquetin est plus bas sur jambes, plus lourd, plus allongé ; il ne fait pas des bonds de moitié aussi grands que le chamois. Celui-ci a aussi la vie infiniment plus dure. Avec les intestins qui lui sortent du ventre, avec le foie percé de part en part, ou sur trois jambes seulement, le chamois fuit encore pendant des heures à travers les glaces et les rochers, comme s'il n'avait aucun mal ; tandis que pour une blessure bien moindre, le bouquetin tombe et meurt. Un chasseur glaronnais, sur le Mürtschenstock, blessa gravement un chamois au pied ; il revit l'animal mutilé pendant trois années de suite, et ce ne fut que la quatrième qu'il put l'abattre. Un chasseur de Lavina atteignit un chamois à l'articulation du genou et lui emporta tout le bas de la jambe : l'animal échappa néanmoins et ne fut tué que quatre ans après. On a tué en 1857 dans l'Engadine un bouc qui était âgé de 40 ans, suivant l'évaluation probablement exagérée des chasseurs. Il avait perdu une corne, avait eu une fracture à une jambe et portait la cicatrice d'une balle qui lui avait traversé le corps de part en part. La même année, quelques chasseurs tirèrent sur un mâle et une femelle qui tombèrent à la fois au pied d'une paroi de rocher. Comme le bouc donnait encore quelques signes de vie, on lui asséna pour l'achever quelques bons coups sur la tête ; mais cela ne fit que le remettre tout-à-fait : car le voilà qui, retenu par une jambe, saute leste et dispos sur les trois autres, et entraîne avec lui comme un ouragan le vigoureux chasseur, qui, après avoir tenu bon quelques instants, est bientôt lancé lui-même de côté par une violente secousse et voit disparaître sa proie. Quand un de ces animaux est grièvement blessé, il se sépare du troupeau et se retire dans quelque endroit solitaire entre des pierres, pour lécher sans relâche sa blessure ; il guérit bientôt, sinon il va mourir dans quelque crevasse inaccessible, sans profit pour le chasseur.

Les chamois sont préservés de bien des dangers par la finesse de leur odorat, la perfection de leur vue et de leur ouïe, et par un sens des localités éminemment développé. Quand ils sont en troupe, l'animal qui conduit la bande, presque toujours une vieille et forte femelle, se charge particulièrement du rôle de sentinelle (*Vorthier, Vorgeiss*), sans que les autres individus âgés se relâchent pourtant jamais de leur vigilance. Pendant que les plus jeunes broutent, gambadent, se battent à coups de cornes, comme les chèvres et les cerfs, la sentinelle paît volontiers à quelque distance, seule, explorant sans cesse la contrée du regard, le cou tendu et le nez au vent, du haut de quelque éminence ou de quelque saillie. Pressent-elle quelque danger, elle pousse un coup de sifflet aigu et tout aussitôt les autres se rapprochent d'elle au galop, jamais au trot. On a contesté le fait, mais nous avons maintes fois fait l'expérience que lorsqu'on vient à surprendre brusquement une troupe de chamois, presque toujours on entend le signal d'alarme donné par la sentinelle. C'est un ton clair, perçant, un peu prolongé, produit vraisemblablement par le passage de l'air entre les dents de devant, et qui, à notre connaissance, poussé par le chamois de garde une seule fois, n'est point répété par les autres membres de la bande, comme cela a lieu pour les marmottes. C'est donc avec raison que Schiller met dans la bouche de son chasseur de chamois les paroles suivantes :

> Les nôtres,
> Qui sur les hauts glaciers poursuivent les chamois,
> Savent qu'au pâturage ils placent chaque fois
> Une garde qui veille au sommet de la roche,
> Dresse l'oreille et siffle au chasseur qui s'approche.

Les mâles des troupeaux de vigognes et de lamas dans les Cordillères du Pérou ont aussi l'habitude de siffler à l'approche du danger. Les femelles étendent aussitôt la tête du côté d'où vient l'alarme et fuient alors, lentement d'abord, puis toujours plus rapidement, de leur galop lourd et balancé; tandis que le mâle qui a fait la garde reste de quelques pas en arrière pour couvrir la retraite et observer attentivement ce qui se passe. Mais, au rebours de ce qui a lieu chez les ruminants du Pérou qui mettent toujours un mâle en sentinelle, il paraît que c'est presque toujours une femelle, une *chèvre*, que les chamois choisissent pour cet office. Les femelles sont évidemment plus soigneuses et plus attentives; elles font mieux leur devoir que les boucs; aussi tue-t-on beaucoup plus de ceux-ci que des premières, et les individus qu'on prend et qu'on élève en captivité sont également presque toujours des mâles. Cela peut tenir aussi à ce que les mâles vivent ordinairement solitaires et sont par conséquent plus faciles à surprendre. Que les vieilles femelles soient plus vigilantes que les jeunes mâles, il n'y a rien là de surprenant.

Le sens le plus développé sans contredit dans les chamois est l'odorat. Ils flairent le chasseur sous le vent à une distance inconcevable, aussi bien du bas que des côtés, parce que l'air réchauffé de la plaine leur en apporte les émanations. Alors ils mettent en œuvre toute la subtilité de leurs sens pour découvrir l'endroit d'où vient le danger; les oreilles et les yeux rivalisent d'activité avec les narines. Celui qui évente le chasseur, sans le voir, frappe violemment la terre avec des pieds de devant; les autres s'agitent comme fous d'inquiétude, car ils ne savent ni à quelle distance ils sont de l'ennemi, ni dans quelle direction précise ils doivent fuir pour l'éviter. Dans leur angoisse ils courent en tous sens ou se rapprochent les uns des autres, levant la tête pour le découvrir. Dès qu'ils l'ont aperçu, ils s'arrêtent et l'observent un moment avec curiosité; s'il ne bouge pas, ils restent eux-mêmes immobiles; mais s'il avance, ils prennent la fuite dans une direction constante, du côté d'une retraite connue et peu éloignée. Il est bien rare que dans cette fuite précipitée un animal effrayé s'égare, en sautant, sur des parois de rochers où il ne puisse plus ni avancer, ni, par l'impossibilité de se retourner, revenir en arrière. En pareil cas, après un instant d'hésitation, il mesure rapidement la distance de la saillie la plus proche, se ramasse sur le rocher, le ventre touchant presque terre, et tentant l'impossible — saute dans l'abîme et s'y tue. Jamais un chamois ne *se rend*, c'est-à-dire ne reste acculé sur quelque avance inaccessible de rocher, sans chercher à se tirer d'affaire. Les chèvres domestiques, au contraire, attendent alors en bêlant que le berger vienne les chercher, au péril de sa vie. Le chamois se jettera plutôt dans le précipice. Mais il se trouve bien rarement dans cette cruelle nécessité, car il est bien autrement riche en expédients que la chèvre. Lorsqu'en suivant une étroite corniche il arrive au bord d'un précipice, il s'arrête un instant; puis, surmontant la peur que lui inspire le chasseur qui est à ses trousses, il se retourne et revient en arrière avec la rapidité de l'éclair. Si le chasseur n'est pas sûr de lui ou qu'il soit mal posté, il a alors le temps de se jeter à terre ou de serrer de près le rocher, et l'animal passe par-dessus lui en faisant des bonds prodigieux. Quand le chamois est acculé au bord d'une paroi de rochers presque perpendiculaire et qu'il n'y aperçoit aucune inégalité, aucune saillie, si petite fût-elle, sur laquelle il puisse sauter, dût-il même ne pas s'y arrêter et seulement pour diviser la hauteur du précipice, il se jette néanmoins en bas, la tête et le cou ramassés, le poids du corps rejeté en entier sur les pieds de derrière pour qu'en frottant le rocher ils diminuent autant que possible la rapidité de la chute. Sa présence d'esprit est telle que, même au milieu de sa descente précipitée, lorsqu'il aperçoit une avance qui peut le sauver, il rame encore et se démène du corps et des pieds pour l'atteindre, et décrit une ligne courbe en tombant. Il y a certainement là des tours de force et d'adresse qui tiennent du prodige et dont les savants de cabinet ne sauraient se faire une juste idée. Mais autant le chamois se montre dans la montagne sûr de son terrain, aussi peu sait-il se tirer d'affaire quand il l'a quittée. Ainsi pendant l'été de 1858, un chamois mâle, probablement pourchassé, parut tout à coup, à la grande surprise des témoins, dans les prairies des environs d'Arbon, continua sa course, sautant par dessus les haies, quoiqu'il ne fût pas directement poursuivi, et se jeta dans le lac où il nagea longtemps de tout côté, jusqu'à ce que quelques personnes vinssent enfin, au moment où il allait périr, le recueillir dans un bateau. Quelques années auparavant, un jeune chamois avait été pris vivant dans un marais du Rheinthal où il était resté embourbé.

Il est difficile de dire quelque chose de précis et de certain sur la puissance des bonds de ces magnifiques animaux. Il est cependant avéré qu'ils peuvent traverser sans difficulté des crevasses de 16 à 18 pieds de largeur[1], qu'ils se hasardent à sauter de haut en bas à une profondeur de plus de 24 pieds, et qu'ils franchissent d'un seul bond des murs de plus de 14 pieds d'élévation et retombent de l'autre côté sur leurs quatre jambes. Ils marchent avec plus de lenteur et de circonspection sur la glace vive, et sur la neige fraîche dans laquelle ils enfoncent : aussi est-ce là qu'on les chasse le plus aisément. Mais c'est sur les névés, ou sur la neige perfide récemment tombée qui recouvre les crevasses des glaciers, qu'ils marchent avec le plus de prudence. Dans ces circonstances, on les a vus souvent retourner en arrière là où le chasseur pouvait encore avancer avec quelques précautions. Même au repos, il est extrêmement rare qu'ils s'étendent complétement par terre ; ils se tiennent toujours prêts à prendre instantanément la fuite. Ils choisissent volontiers pour se coucher des places garnies de quelques buissons derrière lesquels ils se cachent ; mais ce qu'ils préfèrent, c'est une terrasse où leurs derrières soient couverts, dont les côtés soient libres et d'où la vue s'étende sans obstacle sur toute la contrée. Ils mettent la même prudence à franchir certains passages dangereux dans les rochers. Tout se fait alors lentement et avec d'extrêmes précautions, les uns dirigeant toute leur attention sur les endroits difficiles, les autres se préoccupant des dangers qui peuvent venir d'ailleurs. Nous avons vu une troupe de chamois faire une ascension périlleuse le long d'une cheminée très-raide, couverte de pierres roulantes, et avons admiré la patience et l'intelligence dont ces animaux faisaient preuve en cette occasion. La première bête de la bande s'engageait dans le couloir et le montait avec précaution ; les

---

[1] On a mesuré au Mont-Rose une crevasse qu'un chamois avait sautée ; elle avait 21 pieds de largeur.

autres attendaient qu'elle eût atteint le sommet et qu'il ne se détachât plus de cailloux de la pente ; ce n'était qu'alors qu'une seconde, puis une troisième procédait à l'opération, et ainsi de suite, chacune à son tour. Les premiers arrivés, au lieu de se répandre aussitôt aux alentours pour brouter le gazon, se rangeaient successivement les uns à côté des autres sur l'arête de rocher et faisaient bonne garde jusqu'à ce que le dernier les eût heureusement rejoints. Les sentiers battus, les chemins tracés par le passage des traîneaux, ils les traversent sans défiance, mais ils ne les suivent jamais que quelques instans ; par contre, s'ils trouvent à l'improviste, ou dans quelque endroit où ils ne pouvaient s'y attendre, une trace d'homme sur la neige, la peur les arrête et les groupe, et bientôt ils rebroussent chemin, ou continuent leur route mais en évitant la trace par un grand saut, et redoublant d'ailleurs de vigilance pendant longtemps. Ils se meuvent dans l'eau avec assez d'aisance et peuvent nager d'une manière assez soutenue quand ils n'ont pas été trop fatigués auparavant. Au commencement du mois de décembre 1863, deux jeunes gars de la Schwände surprirent une paire de chamois sur le bord du petit lac de la Seealp. Les animaux n'hésitèrent pas à se jeter à l'eau et se dirigèrent à la nage vers le bord opposé. Les jeunes gens se mirent à courir pour les y devancer. La femelle parvint à atteindre la rive avant eux et trouva son salut dans la fuite. Mais le bouc, ayant été arrêté à quelques toises du bord par une couche de glace qui se brisait sous ses pieds de devant chaque fois qu'il essayait d'y monter, fut rejeté à l'eau à force de cris et à coups de pierres et retourna en arrière à son point de départ ; là, reçu de la même façon, il dut recommencer une troisième navigation, mais il s'arrêta épuisé dans la traversée, laissa tomber sa tête et rendit l'ame. On parvint à faire aborder le cadavre en lui lançant des pierres — c'était une bête de 62 livres.

Les vieux mâles font rarement partie d'un troupeau. Ils vivent en ermites et atteignent quelquefois l'âge de trente ans ; ils ont alors la tête presque complétement grise. Les jeunes se séparent seulement en novembre, au temps du rut. Dans les violents combats que les boucs se livrent à cette époque qui se prolonge jusqu'au milieu de janvier, il leur arrive souvent de graves accidents : l'un est précipité dans les rochers, l'autre est blessé mortellement par son adversaire qui lui fait avec les cornes une effroyable balafre, un troisième est pourchassé à plusieurs lieues de distance. La femelle suit volontiers le mâle vainqueur et vit avec lui jusqu'aux grands froids ; ils vont tous deux alors rejoindre la troupe. La chèvre porte vingt semaines et, entre les derniers jours d'avril et les derniers de mai, met bas ordinairement un petit, rarement deux, dans quelque endroit bien caché, sous une saillie de rocher et à l'abri de l'humidité. Elle allaite son petit plus de six mois ; on voit même souvent des petits d'un et de deux ans teter encore leur mère. Le père n'en prend aucun soin. Les petits bêlent comme les chèvres pendant les premières années ; ils n'ont les cornes complètement développées et ne sont aptes à la reproduction qu'à la troisième. La mère les lèche et les nettoie soigneusement à leur naissance ; quelques heures après, ils la suivent partout au travers des rochers, et il y en a douze à peine qu'ils sont nés que déjà ils défient à la course le plus leste chasseur. Mais si la mère est tuée, le petit revient ordinairement vers le corps mort et s'y laisse prendre ou tirer. Dans un péril pressant, les jeunes chamois font entendre un bêlement sourd et ouvrent à moitié la gueule, comme le font aussi parfois les vieux quand ils sont aux abois.

Les chamois pris jeunes s'apprivoisent aisément. On leur donne d'abord du lait de chèvre, puis de l'herbe fine et des légumes, des choux, des carottes et du pain. Leurs manières se rapprochent beaucoup de celles des chèvres ; ils jouent volontiers avec les chevreaux, vivent en bonne intelligence avec les chiens et prennent leur nourriture de la main même des étrangers. Les cornes ne commencent à sortir qu'au troisième mois et croissent la première année, tout droit, de $1\frac{1}{2}$ à 2 pouces ; elles ne se courbent en crochet que la seconde. La couleur du poil est beaucoup plus claire que dans les adultes, surtout en été, avant l'apparition des longs poils noirâtres d'hiver. Ils aiment à trouver dans l'enceinte où on les renferme quelques blocs ou saillies de pierre sur lesquels ils puissent se poster. En hiver, ils n'ont pas besoin d'abri chauffé; un simple hangar ouvert et un peu de litière leur suffisent. Les chamois qu'on tient dans les écuries se mettent volontiers en plein hiver sous une fenêtre ouverte, pour y recevoir les tourbillons de neige que le vent leur envoie. Pris adultes, ils restent toujours extraordinairement craintifs et fuyards. Ceux qu'on élève ne deviennent ni si vieux ni si vigoureux que les chamois en liberté. Souvent leur naturel sauvage reparaît, et ils blessent quelquefois grièvement avec leurs cornes les étrangers qu'ils peuvent atteindre. Les tentatives qu'on a faites pour accoupler les chamois en captivité sont restées pour la plupart sans résultat; c'est du moins ce qui a été constaté, soit au Jardin-des-Plantes à Paris, soit par la Société d'histoire naturelle de Chambéry, et par d'autres établissements semblables. Le problème a été par contre résolu d'une manière affirmative dans deux cas parfaitement authentiques. M. Læuffer, fabricant à Annecy, fit l'acquisition en 1850 d'une femelle de chamois à laquelle, en 1852, il adjoignit un mâle. En 1853 elle mit bas un petit qui périt peu de temps après sa naissance; en mai 1855 elle en mit au monde un second qui est encore vivant [1].

[1] Je puis donner ici quelques détails plus précis sur la petite famille de chamois élevée à Annecy, par les soins de M. Læuffer fils.
La femelle a été envoyée de Thônes en 1850, elle avait alors six ou huit mois. Elle a vécu seule pendant deux ans. En 1852, M. Læuffer acheta un mâle venant aussi des montagnes de Thônes, où il avait été pris au piége; il était âgé de deux ans. En 1853, au mois d'avril, la femelle mit bas un petit qui mourut au bout de quinze jours. L'année suivante, en mai, elle en fit un second qui ne vécut que jusqu'au mois de novembre de la même année, et mourut de ce qu'on appelle vulgairement le *vertige*. En 1856, au mois de mai, vint un nouveau petit qui est aujourd'hui plein de vie et de santé. En 1857, au mois d'août, la femelle mit bas un quatrième chamois; c'était une femelle, le précédent était un mâle. Dès lors plusieurs petits sont encore venus au monde. Tous ces animaux vivent en liberté

On a souvent réussi, au contraire, à accoupler la chèvre domestiqée avec le chamois mâle. Les petits n'avaient de leur mère que la couleur; ils tenaient du père des membres remarquablement plus forts, un front haut, un naturel timide et farouche, un besoin perpétuel de sauter et de grimper; le soir, surtout, ils ne pouvaient se lasser de bondir, comme le font les chamois apprivoisés. Il paraît que des croisements volontaires ont également lieu de temps à autre entre les deux espèces. Ainsi, par exemple, dans l'automne de 1865, un chamois mâle qui vivait solitaire, à ce qu'il paraît, au Piz Forbesch rendit visite à plusieurs reprises à un troupeau de chèvres de Roffna (Oberhalbstein). En mars et avril de l'année suivante, deux de ces chèvres mirent bas, l'une un chevreau mâle, l'autre une chevrette, qui furent tout de suite reconnus pour des métis, soit à leur structure générale, soit en particulier à la conformation de leur tête. Tous deux vinrent au monde presque nus, ce qui s'explique par le fait que la chèvre porte moins longtemps que la femelle du chamois. Le mâle se faisait remarquer par une singulière intelligence, il se rendait chaque matin à la porte de la chambre de son maître, sautait volontiers sur son canapé et ouvrait même fort adroitement un tiroir de table où il savait qu'il trouverait du pain à dérober. Si chétifs que ces deux animaux se fussent montrés à leur naissance, ils devinrent plus tard très-vigoureux.

Outre l'homme, les chamois ont pour ennemis les grands animaux carnassiers. On a vu un ours poursuivre un chamois jusque dans un village de l'Engadine, où la pauvre bête trouva un refuge dans un hangar à bois. En hiver, le lynx les guette continuelle-

et en bonne harmonie dans un petit pré clos de murs et très-ombragé. Leur nourriture se compose en été de l'herbe du pré, de feuilles vertes et d'un peu de son délayé dans de l'eau légèrement salée. En hiver, on leur donne du foin de montagne (ils ne mangent pas celui de la plaine) avec un peu de son préparé comme il est dit ci-dessus. Leur logement, qui est au milieu du pré, consiste en deux petites cellules, construites en planches doublées d'écorces d'arbre et de mousse.

(Traducteur.)

ment dans les forêts solitaires où ils se sont retirés. En été, c'est le læmmergeier qui fond sur eux, et quelquefois l'aigle royal. Le premier enlève facilement les jeunes et quand les vieux s'aventurent au bord d'un précipice afin d'y brouter un peu de gazon, il cherche à les jeter à coups d'ailes dans le gouffre, pour aller ensuite s'abattre sur leurs cadavres. D'autres fois, enfin, c'est une avalanche qui surprend et ensevelit toute une troupe de ces animaux, ou bien ce sont des pierres détachées des hauteurs au printemps qui, dans leur chute, en estropient ou en assomment quelques uns. Il n'y a pas longtemps qu'une corniche de neige s'écroula des rochers qui couronnent la Siegelalp et ensevelit en partie un chamois. Un paysan qui se trouvait là par hasard s'empara de l'animal vivant. Il est peu probable que jamais ils périssent de faim en hiver. Cependant un chasseur de l'Oberland bernois raconte qu'un jour, au printemps, il trouva cinq chamois qui, pris par les neiges, étaient morts de faim sous un grand sapin. La neige était extrêmement battue sous l'arbre, mais, en dehors de la surface recouverte par les branches, elle s'était trouvée trop haute et trop épaisse pour leurs forces. L'écorce et les feuilles de l'arbre avaient été rongées tout à l'entour, mais cette nourriture n'avait pas duré aussi longtemps que les murs de leur prison. A supposer ce récit exact, ce serait le seul cas, à notre connaissance, où des chamois se seraient trouvés pris dans les neiges et y auraient péri de faim. Il est très-vrai que ces animaux établissent volontiers leurs quartiers d'hiver sous de grands sapins, et que, de là, ils font des excursions régulières vers les lieux où ils peuvent trouver quelque nourriture ; mais ils cherchent toujours à se maintenir les passages libres. Quand quelques journées de mauvais temps viennent entourer leur retraite de 3 ou 4 pieds de neige, ils se fraient péniblement et lentement un chemin jusqu'à une douzaine de pas au dehors, et là ils trouvent partout dans les buissons et sous les arbres voisins un peu d'herbe sèche et de mousse. Puis le lendemain, ou tout au plus le surlendemain, le froid vient d'ordinaire durcir la surface de la neige et permettre à ces animaux des excursions plus lointaines. Dans quelques montagnes les chamois trouvent une provision de nourriture abondante et de premier choix dans les meules de forme ovale que les montagnards ont l'habitude de construire avec le foin récolté pendant l'été; c'est l'usage, en particulier, dans les Alpes grisonnes de Vals, de Lugnetz et de Savien. Très-souvent des familles entières s'établissent dans le voisinage de ces excellents magasins et y font de telles brèches qu'elles peuvent, en même temps, s'y mettre à l'abri des violents orages d'hiver. Et quand les propriétaires viennent, avant la fonte des neiges, chercher leurs provisions entamées, les chamois, alertes et bien nourris, prennent la fuite, en sifflant, du côté des crêtes voisines. Comme les chamois lèchent partout les glaçons et enfoncent souvent leurs naseaux dans la neige, ils n'ont pas non plus à souffrir de la soif. Ils sont rarement atteints de maladies; il paraît cependant qu'ils souffrent quelquefois d'une espèce de gale et que leur foie est habité par des douves. Dans les années et sur les montagnes où les troupeaux sont atteints de la surlangue, les chamois le sont parfois également.

On trouve souvent dans l'estomac de ces animaux, et en particulier dans celui des vieux mâles, comme dans l'estomac de plusieurs espèces voisines, ce qu'on a nommé l'*égagropile*, ou bézoard d'Allemagne. Ce sont des pelotes fibreuses, de couleur foncée, du volume d'une noisette jusqu'à celui d'un œuf de poule, recouvertes d'une sécrétion coriacée, brillante et d'une odeur agréable. Elles proviennent probablement de racines non digérées, qui mêlées aux parties résineuses des boutons et des tiges consommés par les chamois forment une masse solide. On a écrit des livres entiers sur les propriétés curatives de ces fameuses égagropiles : elles guérissaient, disait-on, tous les maux possibles et allaient jusqu'à préserver les soldats de la balle ; aussi, les payait-on un louis d'or. Scheuchzer remarque déjà ironiquement : « qu'il est facile de beaucoup parler et de beaucoup écrire à ce sujet, à l'exemple de Velschius, qui a dressé un long catalogue de toutes les affections maladives du corps humain dans lesquelles le bézoard peut être avantageusement employé; mais que, lorsqu'on veut en venir à l'usage et à la pratique, c'est alors que les difficultés se présentent. »

Comme dans les excursions qu'on fait en été sur les Alpes, on ne voit que peu ou point de chamois, on croit communément ces animaux bien plus rares dans les diverses parties de la chaîne qu'ils ne le sont réellement. On peut visiter à plusieurs reprises des districts qui en renferment une vingtaine, sans en apercevoir nulle part aucun. Un chasseur fit sortir, un jour, trois chamois d'une bande étroite de rochers sur laquelle nous l'avions envoyé, et cependant nous l'avions explorée pendant plusieurs heures à la lunette sans avoir rien pu y découvrir, ni nous, ni nos compagnons. Nous avons également lancé, à notre grand étonnement, sept chamois dans une petite forêt élevée où nous n'en avions jamais vu, et dans laquelle les habitants de la montagne nous avaient dit soupçonner seulement l'existence de quelques *bêtes* (*Thiere*, c'est l'expression consacrée dans les Alpes de la Suisse pour désigner les chamois). Ils restent couchés la plus grande partie du jour derrière des pierres et des buissons, où la couleur brun roux de leur pelage les dérobe encore à la vue. Quand ils aperçoivent quelqu'un, ils suivent attentivement du regard l'étranger, mais sans bouger de place, et ils ne se lèvent que lorsqu'ils peuvent croire qu'ils ont été découverts. Du reste, ils savent si bien se cacher, surtout dans les montagnes boisées, qu'il peut y en avoir toute une compagnie dans un district sans que les nombreux chasseurs qui le parcourent se doutent de leur présence. Un œil exercé reconnaît cependant leurs excréments, et, sur la terre humide et noire des forêts, distingue aisément leurs traces, qui sont plus pointues et plus fortement empreintes que celles des chèvres.

La crainte souvent exprimée de voir dans quelques dizaines d'années la race des chamois entièrement extirpée, comme celle des bouquetins, est dénuée de tout fondement. Nous pourrions, au contraire, affirmer que les Alpes abriteront des troupeaux de chamois aussi longtemps qu'elles subsisteront elles-mêmes. Indépendamment des difficultés de la chasse et du peu de profit qu'on en retire d'après la manière dont elle est pratiquée, indépendamment de la diminution évidemment croissante du nombre des chasseurs de chamois proprement dits, la nature même de la région qu'ils habitent préservera toujours ces animaux d'une destruction complète. A ces motifs de se rassurer, nous pouvons encore en ajouter d'autres, comme les lois protectrices sur la chasse, la forte proportion des femelles, la diminution sensible du nombre des oiseaux et des quadrupèdes destructeurs des chamois, et, enfin, la prudence, la circonspection, la rapidité extraordinaires de ces animaux, qui, sous ces divers rapports, l'emportent de beaucoup sur le bouquetin. Nous sommes convaincu que le seul canton des Grisons nourrit bien au delà de deux mille chamois dans les immenses massifs de ses hautes montagnes[1]. Dans celui du Säntis, qu'on estime très-pauvre en chamois, nous avons, dernièrement encore, compté derrière le Œhrli plus de vingt individus en une seule

[1] Les faits suivants pourront donner une idée de la richesse en chamois des montagnes rhétiques. En 1852, vers la fin de septembre, le chasseur Pietro Zuan de Stampa tua en une matinée quatre chamois dans le Bergell. A Pontresina, le 22 octobre 1852, un autre chasseur en tua quatre dans une heure. Il y a une quarantaine d'années qu'on calculait que les huit chasseurs du Schamserthal en tuaient en moyenne 70 à 80 par année. En 1856 Zinsli, chasseur de Scharans, qui passait l'été en qualité de berger de Lavirun sur l'alpe de Camogask, s'associa à un chasseur peu exercé, et du 25 août au 31 octobre ils ne tuèrent pas moins de 31 bêtes, dont 3 sur le Leserjoch et 28 dans les montagnes de Camogask et de Bevers. Une fois, Zinsli abattit deux chamois d'une seule balle; une autre fois, les deux chasseurs en tuèrent trois l'un après l'autre à la même place. Pendant cette même saison, ils tirèrent par dessus le marché 61 marmottes. Le touriste qui parcourt en automne les montagnes de Lugnetz, de Savien, de Vals, de Schams, de Medels, du Rheinwald, du Prätigau ou de l'Engadine, en voit assez souvent des troupeaux de 5 à 20 têtes. Il y en a presque autant dans le haut Tessin, en particulier dans le Val Bedretto, où, dans l'automne de 1852, l'excellent chasseur Natal Jory tua en un jour 5 chamois, et où, pendant la saison de la chasse, il en tue annuellement de 30 à 35. On peut évaluer à plus de 500 le nombre des chamois qui se tuent chaque année dans le seul canton des Grisons : c'est du moins le nombre des peaux qu'on apporte en décembre à Coire pour le marché de la Saint-André, et il est bien à présumer que toutes n'y arrivent pas.

compagnie, tandis qu'un nombre double, peut être triple, de ces animaux parcouraient d'autres parties de l'Alpstein; et, un peu plus tard, en un seul jour de chasse, nous en avons rencontré une quarantaine en troupes plus ou moins considérables. Les Churfirsten, le canton de Glaris, les cantons primitifs, le Valais, le Tessin, le canton de Berne, les districts alpestres du canton de Vaud, en nourrissent une quantité considérable. En sorte que nous croirions plutôt à l'extermination totale des lièvres, des renards et des martes, qui vivent dans notre proche voisinage, qu'à celle des chamois. Et quand nous savons qu'il est des chasseurs qui, dans leur vie, en ont tué 300, 500, 900, ou comme Colani, le grand chasseur de chamois de l'Engadine, 2,800, ces chiffres doivent nous donner une idée, non pas seulement de la destruction qu'on en fait, mais encore de la masse de ceux qui survivent. Quand aujourd'hui on tuerait annuellement, en Suisse, de 7 à 800 chamois, le nombre total de ces animaux n'en serait pas diminué de manière à nous effrayer beaucoup. Nous convenons qu'autrefois les chamois étaient plus abondants et moins sauvages qu'actuellement; mais c'est précisément pour cette raison qu'on en tuait tant à cette époque, et dès lors ils se sont rejetés dans des régions plus inaccessibles.

Le canton de Glaris possède, depuis plusieurs siècles, des réserves où les chamois sont libres et à l'abri des poursuites des chasseurs. Les ordonnances qui constituaient les Alpes et les vallées situées entre la Linth et la Sernf jusqu'à Frugmatt en *montagnes réservées* (*Freiberge*) pour les chamois et pour tout le gibier des Alpes remontent peut-être au quinzième siècle. Personne n'y pouvait chasser ni même porter une arme; seulement, huit chasseurs assermentés, choisis par l'autorité, devaient, chaque année, entre la Saint-Jacques et la Saint-Martin, y tuer un chamois pour le landamman, un pour le préfet, deux pour tout citoyen du canton qui se mariait à cette époque, et deux pour le bourgmestre en charge de Zurich, en considération des peines qu'il prenait au sujet de la taxe du pain. De loin en loin on étendait la réserve à d'autres montagnes du canton pour y favoriser la reproduction du gibier. Mais ces sages ordonnances ayant été souvent éludées dans les derniers temps, la chasse fut interdite pendant trois ans dans tout le canton. Les chamois se multiplièrent alors rapidement et devinrent si familiers qu'on les voyait souvent se promener sur l'alpe dans le voisinage des troupeaux et même venir nifler l'herbe tombée sous la faux des faucheurs. La chasse s'étant rouverte dans l'automne de 1863, tout s'enfuit de nouveau au fond des montagnes, mais pendant les premières semaines on fit un déplorable massacre de ces animaux. Depuis quelques années le canton de Saint-Gall possède aussi une réserve dans les Churfirsten, depuis le Speer jusqu'au Gonzen.

Dans la première édition de cet ouvrage, nous disions qu'à notre connaissance on n'avait point encore rencontré de chamois blancs dans les Alpes de la Suisse. Le fait n'est plus exact. Vers la fin de l'année 1853, cette variété albinos extraordinairement rare a été tuée au-dessus de Sculms, petit village entre Bonaduz et Versam sur le Heinzenberg (Grisons). C'était une femelle âgée d'environ six mois qui avait le corps d'un blanc de lait, y compris les onglons, et la prunelle rouge. Ses cornes pointues et droites n'avaient guères plus d'un pouce de longueur. La toison de cet animal était particulièrement épaisse, surtout au cou qui était remarquablement élégant et musculeux. Il est aujourd'hui dans le Musée des Alpes de Neuchâtel.

Nous ajouterons qu'on nous écrit du Valais qu'il existe au Mont-Rose et dans les chaînes méridionales des Alpes une variété de chamois très-caractérisée et constante. Mais nous ne pouvons rien dire de précis sur ce sujet.

2° La chasse au chamois en général.

Conditions intérieures et extérieures du bon chasseur. — Fusils. — Chasse à la battue. — Ardeur du chasseur. — Dangers et résultat définitif de la chasse. — Un chasseur de 71 ans en activité de service. — Influence de la chasse sur le caractère du chasseur.

La chasse au chamois qui était au temps de Maximilien un plaisir impérial dans le Tyrol, et qui l'est redevenue aujourd'hui sous l'empereur régnant François-Joseph, n'est pas chez nous un divertissement fashionable; elle est trop pénible et trop difficile pour pouvoir être comptée parmi les passions de grand seigneur.

En Suisse, les vrais chasseurs de chamois appartiennent à la classe peu aisée; ce sont des gens rudes, éminemment sobres, faits à tous les temps, parfaitement initiés aux moindres détails des massifs de leurs montagnes, des mœurs de leurs animaux, de la manière de les chasser. Le chasseur doit avoir une vue perçante, une tête à l'épreuve du vertige, un corps vigoureux, endurci à toutes les intempéries de la région des glaces, un courage plein de *hardiesse*, un *sang-froid* imperturbable, une intelligence prompte, jointe à une grande circonspection, en outre de bons poumons, et une force musculaire à pouvoir soutenir longtemps la fatigue. Il ne doit pas seulement avoir le coup d'œil sûr; son pied doit l'être également. Il faut qu'il soit aussi leste et même plus leste que la chèvre la plus agile. Il se trouve quelquefois en effet dans des positions exceptionnelles où chacun de ses membres doit supporter un effort extraordinaire, où il doit s'appuyer tour à tour sur les coudes, sur les dents, sur le dos, sur le menton, sur les épaules, où chacun de ses muscles doit lui servir tour à tour de levier ou de point d'appui pour se soutenir, se pencher, se tourner, se soulever ou s'étendre.

L'équipement du chasseur consiste ordinairement en un vêtement chaud, gris, de laine non teinte; un bonnet ou feutre; un bâton des Alpes de moyenne grandeur, fortement ferré (les chasseurs grisons arment leurs bâtons par le haut d'un fer à deux pointes, l'une droite, l'autre recourbée en arrière comme la gaffe d'un batelier); une gibecière, enfin, où se mettent de la poudre, du plomb et une lunette d'approche, du fromage, du beurre et du pain, et une petite fiole d'eau de cerises. Pour que ces gens souvent si misérablement vêtus puissent se préparer « quelque chose de chaud, » ils prennent avec eux un pochon en fer et un peu de farine rôtie et salée. Le soir et le matin ils allument du feu, et avec leur farine et un peu d'eau se cuisent une soupe fortifiante.

Mais les pièces importantes de l'équipement sont la *chaussure* et l'*arme*.

Le choix des souliers est une affaire de la plus haute importance : car c'est de là que dépend en majeure partie l'assurance dans les positions critiques, et souvent une bonne chaussure sauve le chasseur là où des souliers ordinaires le perdraient infailliblement. On sait que le pied du chamois et du bouquetin est garni d'un rebord extrêmement tranchant, et si dur qu'on entend souvent retentir au loin le bruit des pas de ces animaux sur les rochers. Avec la pointe et le bord saillant de leur sabot, ils savent embrasser les moindres aspérités du sol, et, sur les glaciers que d'ailleurs ils évitent autant que possible, entamer légèrement la glace vive et se tenir fermes en y marchant. C'est à peu près sur ce modèle que sont confectionnés les *souliers de montagne* du chasseur. Ils sont de cuir de bœuf écharné: les semelles épaisses en sont garnies tout autour sur leurs bords d'une ou plusieurs rangées de clous serrés, à tête pointue et relevée, et quelquefois ferrées en outre sur le devant et au talon en fer à cheval. Cette disposition donne à tout le pied une base solide, une sûreté extraordinaire. Si le chasseur vient à marcher sur une pierre pointue, il peut avec son soulier s'y appuyer de tout le poids de son corps, tandis qu'une semelle ordinaire en se courbant lui ferait perdre l'équilibre. S'il doit passer sur un rocher glissant, sur une pierre plate un peu inclinée, ou sur une moulure de rochers étroite, plus étroite même que le pied, une semelle légère ou ne tiendrait pas du tout, ou en se pliant déborderait sa base et donnerait beaucoup d'incertitude à la marche; tandis que le soulier à clous, rigide, avec sa haute garniture, repose avec une égale fermeté sur toutes ses parties, et de ses rudes dents saisit comme un crampon les surfaces polies et inclinées. Même dans les cas où le chasseur ne peut s'appuyer que sur un des côtés ou sur la pointe du pied, la solidité de la base ferrée sur laquelle il repose lui permet encore d'avancer et de tenir tout son corps en équilibre. Avec de pareils souliers, les crampons ferrés sont naturellement inutiles; tout au plus les emploie-t-on pour de longues marches sur la glace vive. Ils sont au contraire nécessaires avec de mauvais souliers, mais ils sont bien loin de remplacer les véritables souliers de montagne. Dans le canton de Schwytz les chasseurs préfèrent souvent escalader les rochers à pieds nus. Cette méthode a aussi ses avantages; surtout quand le pied par une longue habitude s'est formé à embrasser fermement le terrain, et que chaque orteil séparément sait saisir, comme le feraient des doigts, la base sur laquelle il repose. Mais comme le pied nu n'est pas aussi ferme que lorsqu'il est garni des pesants souliers à clous, ces chasseurs ont soin de temps en temps de le *poisser*, c'est-à-dire de le frotter avec de la résine, dont ils ont toujours un morceau dans leur poche. Mais que le chasseur suisse, pour mieux se tenir, se fasse des entailles sanglantes au pied, c'est là un conte de vieille femme. Le pied nu résiné a sur le pied chaussé l'avantage de pouvoir, comme le pied du chamois, s'élargir et se resserrer sur une surface inclinée et glissante; mais d'un autre côté il est loin d'être aussi sûr, il est bien plus exposé à être blessé par les aspérités des rochers, et une élancée douloureuse peut, à un moment donné, précipiter le chasseur dans l'abîme. Les longues excursions sur les glaciers seraient en outre impraticables à pieds nus. En certaines saisons de l'année, on se sert en outre avec avantage dans quelques districts de montagnes des souliers à neige. Ce sont des cerceaux en bois, étroits, ovales, garnis de fortes attaches au moyen desquelles on les assujettit solidement au soulier. Avec cet appareil très-simple, le chasseur marche sûrement et rapidement sur une neige sans consistance, et avance plus facilement que le chamois qui s'y enfonce à chaque pas. Mais si la neige est dure, ces souliers ne peuvent plus servir et font d'ailleurs trop de bruit.

Ce sont là, en apparence, des bagatelles, dont personne jusqu'ici, à l'exception de Kohl, n'a guère parlé; mais ces bagatelles ont une importance et un intérêt tels que nous n'avons pas cru devoir les passer sous silence.

Quant à l'arme, les chasseurs se servent communément aujourd'hui de ce qu'ils appellent *la carabine à chamois* (*Thierbüchse*), à canon rayé, à bois léger, à crosse mince, ou plus rarement du fusil à deux coups, non rayé, qu'on charge de deux ou trois petites balles dans chaque canon. Le chasseur connaît la portée de son arme, et sait, à un grain près, quelle est la charge de poudre nécessaire pour une distance donnée. On se sert encore fréquemment dans le Valais d'un fusil qui était autrefois d'un usage universel, fusil à un seul canon, rayé, avec deux batteries placées du même côté, l'une derrière l'autre. La première balle est mise immédiatement sur la première charge de poudre, et sert ainsi de base à la seconde charge, qui correspond à la lumière ou à la cheminée de la batterie antérieure. Les deux coups sont donc placés l'un devant l'autre dans le même canon, et chacun correspond à sa propre batterie, à piston ou à pierre. On lâche d'abord naturellement le coup de devant; si l'on manque on lâche l'autre; ou bien, si le chasseur juge nécessaire de tirer les deux balles à la fois, c'est la charge du fond qu'il fait partir, et alors elle chasse la première devant elle sans en allumer la poudre. Ce fusil, originairement consacré à la chasse du chamois, a l'avantage d'être beaucoup plus léger qu'un fusil double rayé, et de mettre cependant deux coups à la disposition du tireur.

Les nouveaux fusils doubles, non rayés, ne sont pas volontiers employés pour la chasse aux chamois, parce que la portée n'en est ni assez longue ni assez sûre. Les balles coniques ont été, après quelques années d'usage, mises aussi de côté par un grand nombre de chasseurs. Elles avaient l'avantage de porter très-loin et très-juste, mais ce n'est qu'à la tête ou au cœur que la blessure était promptement mortelle. La balle est trop petite, et lors même qu'elle traverse l'animal de part en part, il court encore à plusieurs heures de distance, et est ainsi perdu pour le chasseur; surtout en automne, où la graisse, entraînée dans la blessure, empêche l'hémorragie et l'affaiblissement qui en résulte. Aussi les chasseurs préfèrent-ils toujours, autant que possible, un fort calibre et des balles du poids d'une once environ. Ils chargent avec le plus grand soin, car un coup qui rate peut leur faire perdre le fruit de plusieurs journées de fatigue; c'est pour le même motif qu'ils utilisent rarement une vieille charge. Les chasseurs de chamois des Grisons préfèrent en général une carabine (*Stutzer*) longue, un peu pesante, à deux canons, rayée, mais d'un calibre moyen, et munie sur la culasse d'une longue mire de laiton en forme de tube. Les compagnies de chamois pourraient bien un jour être plus sérieusement encore menacées par l'adoption du fusil à répétition quand on en aura fait une arme de précision.

Une troisième pièce importante de l'équipement est une bonne *lunette d'approche* (*Spiegel*). Le vrai chasseur seul en reconnaît tout le prix, et il consacre souvent les épargnes de plusieurs années à l'acquisition de cet instrument qui lui est surtout utile dans la montagne. Chaque quart d'heure, il l'applique à son œil pour explorer partout les parois de rochers, les corniches buissonneuses, les ravins pierreux. Il est éminemment observateur; il scrute sans cesse du regard toute l'étendue de la montagne, et ne monte guère sur les dernières hauteurs avant d'avoir aperçu quelque part son gibier. C'est le cas surtout dans les Grisons; car ailleurs l'usage de la lunette d'approche est moins général et moins continuel.

C'est le soir, ou le matin de bonne heure, à la clarté des étoiles, que le chasseur se met en route pour gagner, avant le lever du soleil, son district de chasse. Il connaît exactement les passages, les traverses, les pâturages favoris, les salins, les retraites et les relevés du gibier, et il dirige sa chasse en conséquence. La chose importante, et importante par-dessus toutes les autres, est de tenir les bêtes au-dessus du vent, car, à la moindre brise qui va de lui au chamois, celui-ci, avec une finesse d'odorat étonnante, l'évente à une distance énorme, et dès lors est perdu pour le chasseur[1]. La chasse la plus simple et la plus commode est celle dans laquelle le chasseur, déguisé en berger, vient le soir observer les chamois, pour se glisser sans bruit à portée à la première lueur du jour. Mais elle n'est praticable qu'en automne, avant que de fréquentes poursuites aient rendu les bêtes trop sauvages. Un bon chasseur sait fort bien qu'il ne saurait être assez prudent, en particulier pour les bêtes des bois, qu'il ne peut que rarement ou jamais pousser dans les impasses. Les chamois des forêts qui se trouvent beaucoup plus souvent dans le voisinage de l'homme, se montrent plus attentifs et plus circonspects, mais moins fuyards que les chamois des rochers; ils connaissent parfaitement leur monde, et savent de fort loin distinguer le chasseur du berger ou du bûcheron. Le chasseur se garde donc bien de s'en laisser voir, lors même qu'il est encore dans la plaine, et il envoie plutôt son fusil à l'avance au lieu où il pense entrer en chasse. A une heure de distance, il évite déjà volontiers de parler haut et de faire aucun bruit. Quand il veut surprendre les bêtes de rochers, il parcourt le soir pendant quelques heures, en habit de pâtre, la montagne dans laquelle les bergers[2] lui ont désigné la retraite où les cha-

---

[1] C'est bien là la règle. Cependant nous connaissons plusieurs cas exceptionnels où les chamois, quoique sous le vent du chasseur, ne l'ont en aucune façon éventé; nous citerons même celui d'un chamois qui, sous le vent d'un chasseur, le suivit pendant quelques milliers de pas et à peine à la distance de cinquante, et qui ne prit la fuite que lorsque le chasseur, étonné d'entendre du bruit derrière lui, se retourna et le mit en joue.

[2] Il est bon de savoir qu'en thèse générale, les bergers ne fournissent des données *justes* sur la position des chamois qu'ils ont remarqués, qu'à ceux des chas

mois passent probablement la nuit. Lorsqu'il en découvre une troupe, il l'observe de loin, posté derrière un rocher. Les animaux paissent tranquillement, et, quand ils se croient en parfaite sûreté, jouent entr'eux et se battent à coups de cornes. Après le coucher du soleil, ils se retirent dans un entonnoir ou quelque petit vallon rocailleux, où ils se répartissent entre les différents blocs. La femelle de garde se place seule en sentinelle sur quelque saillie. Alors le chasseur se retire doucement, faisant quelquefois de grands détours pour ne pas se trouver au-dessus du vent et, arrivé au chalet, il s'y repose jusque après minuit. Il retourne alors avec précaution, mais cette fois sa carabine sur l'épaule, vers la station des chamois, et s'arrête quelque part dans le voisinage jusqu'aux premières lueurs du jour. S'il a l'avantage du vent, il peut à ce moment s'approcher à quarante pas, quelquefois même jusqu'à vingt. Là, il attend, blotti derrière une pierre ou un buisson, qu'il fasse plus clair. Le chamois en sentinelle se lève le premier lentement, et s'étire; les autres en font successivement autant. C'est alors que le chasseur choisit sa victime, ordinairement un gros bouc, que son œil exercé reconnaît aisément à ses cornes un peu plus fortes et un peu plus écartées par le haut. Si l'animal tombe, toute la troupe reste un instant immobile, regardant avec une extrême inquiétude le petit nuage de fumée qui s'élève, puis part comme le vent dans la direction opposée. Cette manière de chasser, là où elle est praticable, est la plus sûre et la plus prompte.

La chasse *à la battue* (*Treibjagd*) présente aussi d'assez bonnes chances quand on est bien renseigné. Un traqueur fait partir les

seurs qu'ils connaissent ou qui sont leurs amis, et qu'ils se font d'ordinaire un malin plaisir de mettre les étrangers et les novices sur de fausses pistes, et de leur faire faire en vain des promenades de plusieurs heures dans la montagne. Il est beaucoup de bergers qui ont leurs chamois favoris qu'ils ne trahissent jamais. „Garçon," disait un jour devant nous un berger à son fils, „je ne voudrais pas pour un doublon que tu m'allasses dénoncer ma bête." C'était un mâle qui, chaque soir pendant plusieurs années, venait coucher dans l'alpe, et qui journellement se laissait sans crainte approcher par le berger jusqu'à une dizaine de pas.

chamois du pâturage où ils sont descendus de grand matin, et en remontant les chasse lentement devant lui (quelquefois en imitant l'aboiement du chien), pendant qu'un ou deux tireurs se tiennent à l'affût à l'endroit par lequel les bêtes doivent gagner leur retraite. Les chasseurs connaissent les passages avec une exactitude étonnante. Souvent avant de partir ils conviennent de l'heure à laquelle ils doivent se rencontrer sur une crête de rochers désignée d'avance; ils montent chacun de leur côté, laissant entr'eux une distance de 2 ou 3 lieues, et se trouvent au rendez-vous, dans quelque gorge solitaire, à l'heure voulue, précédés des chamois qu'ils poussent devant eux. La chasse au courant était autrefois commune dans les contreforts bas et boisés de la seigneurie de Sax, du Gasterland et de l'Entlibuch. C'était aussi une battue. Le chasseur, à l'affût sur la hauteur, entendait de loin le piétinement violent et colère de la bête excitée par les chiens et la tirait avec un fusil non rayé, chargé de plusieurs petites balles. Mais les chamois ont depuis assez longtemps quitté ces basses montagnes pour se retirer sur les hautes Alpes.

On court bien plus de dangers quand on chasse seul. On ne se contente pas alors d'attendre le gibier à l'affût ou au salin, il faut tâcher de l'atteindre au viandis par les sentiers les plus difficiles, ou bien le chasser et le poursuivre dans le vrai sens du mot. Il est des montagnes escarpées où, dans une poursuite de ce genre, le chasseur est continuellement sur la limite étroite qui sépare la vie de la mort. Jeter un seul regard dans le précipice, du haut de la corniche étroite sur laquelle il est engagé; suivre des yeux une pierre qui y tombe et vous entraîne avec elle comme par une force magique; s'accrocher à un buisson qui se détache, tout peut être pour lui le signal de la mort; et ce n'est que par une présence d'esprit à toute épreuve qu'il peut y échapper. Les faucheurs et les chasseurs de chamois s'accordent à raconter quelle perfide attraction un objet quelconque, tombant dans l'abîme, exerce sur celui qui se trouve sur une étroite moulure de rocher. Il ne peut presque pas s'empêcher de suivre du regard la pierre qui vole au fond du précipice, surtout quand elle se détache ou qu'elle passe à ses pieds, et le malheureux qui se laisse aller à cette tentation est perdu sans ressource. Que de gens ont péri victimes de cette attraction sympathique! Il faut, en pareil cas, tourner immédiatement le visage du côté du rocher, et rester un moment immobile avant de poursuivre sa route.

Quand après des peines inouïes le chasseur a réussi à pousser les bêtes dans une *impasse* de montagnes (*Treibstock*, dans l'Engadine *clarigliadas*) d'où elles ne peuvent plus sortir, il doit s'attendre à une bonne chasse, lors même que les prisonniers, ce qui arrive quelquefois, reviendraient en arrière sous la conduite de quelque bouc hardi, pour lui passer sur le corps ou à côté de lui. Ces défilés sans issue se trouvent en grand nombre dans les Alpes de Glaris, des Grisons et du Valais.

Mais quand les chamois sont vivement poursuivis, ils entraînent souvent le chasseur à faire des imprudences, et l'engagent dans des rochers où, à son tour, il ne peut plus ni avancer ni reculer. C'est ainsi que Kohl raconte qu'un chasseur de l'Oberland bernois avait, dans l'ardeur de la poursuite, sauté sur une corniche d'ardoise pourrie qui, à peine de la largeur d'un pied, longeait le rocher au-dessus d'un précipice d'une centaine de toises de profondeur. Comme la pierre délitée commençait à se briser sous ses pieds, et qu'il voyait le moment où elle ne pourrait plus le porter, il dut s'étendre avec précaution sur le ventre et se traîner lentement sur cette longue moulure. Il frappait devant lui, avec une petite hache, l'ardoise délitée, la jetait prudemment en bas et avançait ainsi, pied à pied, toujours menacé de voir la banquette s'écrouler sous lui et l'entraîner dans le précipice. Après une heure et demie de travail, il aperçut une ombre qui passait et repassait contre le rocher, il tourna péniblement la tête et vit, tournoyant au-dessus de lui, un aigle énorme qui avait bonne envie de le pousser dans l'abîme. Cet homme, qui ne tenait plus à la vie que par un fil, se mit à tromper son angoisse par des plans de chasse; il réussit, avec mille peines et une extrême circonspection, à se retourner et à s'étendre sur le dos, et, un quart d'heure après, à tenir devant lui sa carabine prête à faire feu. Alors, s'appuyant sur le derrière de la tête et repliant une de ses jambes, il se poussait avec le pied de manière à avancer chaque fois de quelques pouces, l'autre moitié de son corps restant suspendue en partie au-dessus de l'abîme. L'aigle, tenu en respect, finit par s'éloigner; et l'imprudent chasseur, après un travail désespéré de trois heures, les habits, les bras et les mains déchirés, put enfin atteindre en rampant l'extrémité de la corniche et toucher la terre ferme.

La poursuite des chamois sur des glaciers à surface polie comme un miroir présente aussi des dangers; mais elle est rarement nécessaire, parce que ces animaux montrent autant de répugnance pour les glaces vives qu'ils ont de prédilection pour les champs de neige, et qu'ils se laissent souvent tuer plutôt que de s'y engager. Outre ces difficultés, la nature du district où il chasse en offre au chasseur une infinité d'autres : en sorte que l'assertion souvent exprimée, qu'il meurt plus de chasseurs de chamois d'une manière violente dans la montagne, que d'une mort naturelle dans leur lit, est malheureusement trop vraie. Tantôt c'est un froid perçant qui surprend le chasseur fatigué et engourdit ses membres épuisés; et, s'il cède à la tentation presque insurmontable qu'il éprouve de s'asseoir, il s'endort aussitôt — pour ne plus se réveiller. Tantôt c'est un caillou détaché de la hauteur par l'orage, par le dégel, par un chamois dans sa fuite, qui l'entraîne dans le précipice ou le blesse. Tantôt c'est le bruit sourd de l'avalanche qui se fait entendre au-dessus de lui, et avant qu'il ait eu le temps de se retourner et de gagner un rocher contre lequel il puisse appliquer son corps, la fée de la montagne l'a enveloppé, en grondant, dans les plis de son manteau de neige et l'a enseveli, peut-être à une lieue plus bas, dans une fondrière de la vallée. Nous ne raconterons pas toutes les lugubres catastrophes de ce genre, qui se sont passées dans notre voisinage. Mais, entre tous les autres, l'ennemi le plus dangereux peut-être pour le chasseur, c'est le brouillard qui le surprend souvent à plusieurs heures de chemin des dernières habitations, au milieu des horreurs d'un labyrinthe de rochers déchirés. Il est quelquefois si épais, que le malheureux ne voit pas à six pieds devant lui; et ce n'est que le plus grand sang-froid, une connaissance parfaite du terrain et une force musculaire à toute épreuve, qui peuvent l'empêcher de tomber dans une crevasse de glacier, de se précipiter du haut d'une galerie, ou de glisser au bas d'une pente de rochers humides; surtout lorsqu'au brouillard succède la tempête, avec des rafales d'une neige serrée qui lui ôte jusqu'à l'espoir de retrouver les traces d'un sentier sûr.

En dehors même de ces accidents particuliers auxquels il n'est guères possible au chasseur d'échapper dans une carrière de toute une vie, la diminution assez générale du gibier rend encore la chasse au chamois suffisamment pénible. Que de fois le chasseur n'erre-t-il pas pendant plusieurs jours dans les rochers de quelque district, sans seulement rencontrer la trace certaine d'un chamois, ou sans avoir la possibilité de l'approcher; et cela, malgré des marches forcées et continuelles, et avec une chère singulièrement maigre. Si, à la fin, il est assez heureux ou assez habile pour tenir à portée la bête qui broute; s'il n'est trahi ni par le vent, ni par le bruit d'une pierre que son pied fait rouler, etc.; s'il peut parvenir à appuyer heureusement sur le rocher le long canon de sa carabine chargée; — il faut qu'il vise bien et qu'il tire juste, s'il veut que le chamois ne soit pas à tout jamais perdu pour lui, ou par la fuite s'il n'est que légèrement blessé, ou par un saut dans le précipice s'il est mortellement touché. Il vise autant que possible à la tête, au cou ou à la poitrine. Le coup part, la bête atteinte fait une ou deux culbutes et reste sur la place; les autres chamois, après une minute d'immobilité inquiète, pendant laquelle ils cherchent d'où vient le danger, partent comme l'éclair par-dessus les rochers. L'heureux tireur, à qui le cœur bat bien fort, s'approche de la bête abattue; — mais, au moment où il croit la saisir, elle se relève brusquement et, malgré sa profonde blessure, prend la fuite avec une telle rapidité qu'il ne reste au chasseur qu'à la suivre des yeux. Cependant, s'il a quelque expérience, il ne se rendra pas si facilement et suivra, quelquefois pendant des jours entiers, la trace sanglante de l'animal. Il sait que le chamois blessé va se cacher dans une caverne, dans un trou, derrière un buisson où il commence à se lécher sans relâche, et qu'un second coup l'abattra plus sûrement. Si la victime tombe au fond d'un précipice, elle devient ordinairement la proie du læmmergeier, des corbeaux et des corneilles; et quand même le chasseur pourrait parvenir jusqu'à elle par un long détour, cela ne lui profiterait guères, car il trouverait la peau déchirée et la chair perdue. Lorsque les intestins se crèvent, les excréments, verts et à odeur forte, qu'ils renferment, se répandent dans toutes les parties du corps et rendent la viande immangeable.

Nous pouvons cependant citer quelques exemples de chasse plus heureuse. Le chasseur est parvenu après une marche pénible de plusieurs heures à travers les rochers, à tourner une troupe de chamois et à se placer sous le vent. Lorsqu'il l'avait pour la première fois aperçue, elle broutait tranquillement sur les bandes gazonnées d'une cime rocheuse. A présent elle n'est plus là; mais grâce à sa lunette il découvre la sentinelle qui rumine, couchée beaucoup plus loin dans les rochers sur un plateau en saillie; il suppose que la troupe est derrière, se reposant à l'ombre dans une anfractuosité de rocher et le voilà qui recommence à grimper par monts et par vaux pour surprendre l'ennemi par derrière. Encore une heure de fatigue et de sueurs, et en effet, sept chamois en tout, bien comptés avec deux petits sont là disséminés dans un vallon rocailleux. Ils lèvent à tout instant la tête, la tournant dans toutes les directions. Le chasseur se couche avec précaution à plat ventre, il pousse sa carabine en avant, peu à peu et à plusieurs reprises, se traînant lui-même lentement et sans bruit jusque derrière le bloc qui doit le couvrir. Il ajuste le plus bel animal; le coup part; le bouc fait un grand saut en l'air et tombe mort. Les autres chamois se sont tous dressés sur leurs jambes avec la promptitude de l'éclair; mais ne voyant pas l'ennemi, ils ne savent d'où est parti le coup fatal dont l'écho résonne encore contre les parois de rocher d'alentour. De quel côté fuir? Tandis que les bêtes dans une angoisse inexprimable se serrent les unes contre les autres ou sautent à droite et à gauche sans dessein arrêté, une seconde balle atteint l'une d'elles qui s'était approchée du chasseur resté en joue sans mouvement. Celui-ci est même quelquefois assez heureux pour tirer encore un ou deux coups s'il a su demeurer bien couvert, ou si par hazard quelque autre compagnie vient à passer à portée, effrayée par la détonation et sans avoir reconnu la direction d'où partait le danger; mais jamais, et à aucune condition, le chasseur ne doit, tant que les chamois sont encore dans le voisinage, se laisser voir après avoir tiré; car la vue du meurtrier se montrant immédiatement après la chûte de sa victime ferait disparaître infailliblement et pour longtemps toutes les bêtes de la montagne.

Quand le chasseur se trouve heureusement en possession de son gibier, il commence par l'ouvrir et le vider, toutefois en laissant dans le corps les parties nobles des viscères et entr'autres le foie qui est d'un goût particulièrement fin. Lors même que l'animal a été tué au repos, et indépendamment de toute excitation résultat naturel d'une poursuite, le sang du chamois est si chaud que dans cette opération de la curée le chasseur retire involontairement la main. Une fois la bête vidée, il lui lie les quatre pieds et y accroche les cornes; puis il la charge sur sa tête, de façon que les pieds viennent s'appuyer par devant sur son front. C'est ainsi que souvent avec deux chamois à la fois, c'est-à-dire quelque chose comme un quintal et demi, il descend, par les sentiers les plus dangereux, jusqu'à sa demeure éloignée de plusieurs lieues; et encore s'il a chassé sur un district étranger, a-t-il en route à se mettre en garde contre la jalousie des chasseurs du pays. En pareil cas, surtout entre Grisons et Tyroliens, ou entre Valaisans et Savoyards, on finit quelquefois par se tirer des coups de fusil. De Saussure en cite un curieux exemple.

« Un homme de Sixt poursuivait un chamois qu'il venait de blesser mortellement. Deux chasseurs valaisans tirèrent sur ce chamois et achevèrent de le tuer. Suivant les lois de la chasse, cet animal n'en appartenait pas moins au Savoyard qui l'avait blessé le premier; et comme il en était plus près, il courut, le prit et le chargea sur ses épaules. Les Valaisans, postés au-dessous de lui et qui ne pouvaient pas aller droit au chamois à cause d'un escarpement qui les en séparait, lui crièrent de poser ce chamois, et firent en même temps siffler une balle à ses oreilles; il continuait cependant de l'emporter, lorsqu'une seconde balle vint encore passer tout près de lui; en sorte que ne pouvant pas s'enfuir bien vite par un mauvais chemin avec cette charge, ni leur riposter parce qu'il n'avait plus de poudre ni de balles, il abandonna le chamois. Mais comme il avait le cœur plein de rage et altéré de vengeance, il fut se cacher dans un endroit où il pouvait observer les Valaisans. Il jugea bien que la journée étant très-avancée, ils ne pouvaient pas retourner chez eux et qu'ils coucheraient dans quelque chalet du voisinage, que les troupeaux venaient d'abandonner. Cela arriva comme il l'avait prévu; il remarqua bien le chalet dans lequel ils s'étaient retirés, s'en alla de nuit au village, qui était à deux lieues de là, y prit des balles et de la poudre, chargea son fusil à deux coups, remonta au chalet, s'en approcha, vit par les joints les Valaisans qui avaient allumé du feu auprès duquel ils se chauffaient, passa sa carabine au travers du joint; et il allait lâcher successivement ses deux coups, et les tuer l'un et l'autre, lorsque tout à coup il réfléchit que ces hommes n'ayant pas pu se confesser depuis qu'ils avaient tiré sur lui, ils mourraient dans un état de péché mortel, et seraient par conséquent damnés : cette réflexion le toucha si fort qu'il renonça à son projet, entra brusquement dans le chalet, leur dit ce qu'il avait fait, et le danger qu'ils avaient couru : ils en furent si frappés, qu'ils le remercièrent de les avoir épargnés, avouèrent leurs torts, et partagèrent le chamois avec lui. »

Entre chasseurs suisses de cantons voisins, les disputes de territoire se terminent d'ordinaire plus paisiblement. La partie trouvée en faute est, si possible, obligée de remettre son fusil aux autorités du district. Mais plus souvent encore les chasseurs explorent en paix l'un et l'autre côté de la frontière sans se troubler mutuellement.

Le profit actuel des chasseurs de chamois n'est plus en rapport avec les dangers, les fatigues et le temps perdu de leur profession. *Y faut naou tzahiaoux por in nuri ion*, dit le proverbe fribourgeois, c'est-à-dire : Il faut neuf chasseurs pour en nourrir un. Le prix d'un chamois ne varie guère qu'entre 15 et 30 francs ; la viande se vend de 50 à 75 centimes la livre ; la peau, qui donne un cuir satiné excellent, se paie de 6 à 12 francs, les cornes 2 francs ; — et malgré cela les chasseurs sont tellement passionnés pour leur métier que, pour n'en citer qu'un exemple, l'un d'eux à qui on avait coupé la jambe, à Zurich, envoya par reconnaissance, deux ans après, à son chirurgien la moitié d'un chamois qu'il avait tué de sa main : « Cependant, » faisait-il observer, « avec une jambe de bois, la chasse ne va plus comme autrefois ; j'espère pourtant en tuer encore quelques-uns. » Cet homme, à l'époque de son amputation, avait soixante et onze ans.

Nous pourrions à cet exemple en ajouter bien d'autres qui montrent combien la chasse au chamois, avec ses attraits et ses dangers, devient souvent une passion ardente que rien ne peut détruire. Nous nous contenterons de rappeler ce guide qui disait un jour à de Saussure : « J'ai fait dernièrement un excellent mariage. Mon grand-père et mon père sont morts à la chasse du chamois et je suis bien sûr d'y passer comme eux. Mais quand vous voudriez assurer mon bonheur à la condition que je renonçasse à la chasse, je ne l'accepterais pas. » Deux ans après, le fort et hardi chasseur tombait dans un précipice.

On a souvent fait l'observation que la chasse au chamois exerce une influence particulière sur le caractère du chasseur. Il est certain que cette profession ou plutôt cette lutte incessante contre le danger, la faim, la soif et le froid, cette attente obstinée, cet espionnage continuel, cette lente et prudente préparation au moment décisif, cette nécessité de saisir hardiment les quelques secondes favorables, cet examen attentif et judicieux des traces, ce calcul des conditions du terrain, des influences atmosphériques, etc., cette exploration intime de la nature et des mœurs du gibier, cette habitude de ramper, de se cacher, de tromper — il est certain que tout cela, après dix ou vingt ans de pratique, modifie profondément le caractère. Aussi trouvons-nous d'ordinaire les chasseurs de chamois peu ouverts, expressifs dans le langage, résolus dans l'action, et, à côté de cela, tempérants, sobres, économes, patients, propres à tout ce qui exige une force de volonté inébranlable. Ce sont des natures plutôt passives en apparence, concentrées, qui se suffisent en quelque façon à elles-mêmes; assez souvent aussi des gens secs et taciturnes, qui parlent peu, mais dont chaque parole porte coup, — tout au rebours des Nemrods de la plaine qui savent mêler le faux au vrai avec tant de libéralité et d'effronterie.

3° *Chasseurs de chamois.*

Victimes humaines. — Charles-Joseph Infanger. — Henri Heitz et David Zwicky. — Un chasseur sous le glacier. — Thomas Hefti. — Colani. — Rüdi. — Les Sutter. — Spinas et Cathomen.

Nous entrons ici dans un domaine singulièrement fécond, plus fécond peut-être qu'aucun autre en ce genre. Au milieu de ces solitudes inhospitalières, remplies de périls, où le chasseur lutte souvent pied à pied avec la ruine qui le menace, et où, continuellement épié par la mort, il ne rêve lui-même que meurtre, il se présente tant de situations étranges et tant d'heures de suprême angoisse qu'il n'est pas de vieux chasseur qui n'ait sa part d'aventures à raconter. Il est vrai que bon nombre de ceux qui les ont cues ne sont plus là pour les redire. Un ancien abbé d'Engstenberg s'estimait heureux quand il ne périssait pas dans la vallée plus de cinq personnes par année à la chasse du chamois. Aujourd'hui encore on compte annuellement une ou deux morts violentes, au moins, parmi les gens du métier. La catastrophe dont, en 1839, quelques jours avant Noël, toute une compagnie de chasseurs fut victime dans les gorges d'Introblen, non loin du Schwarzhorn valaisan, produisit dans la contrée une consternation profonde. Sept chasseurs, trois de Varen et quatre des bains de Louèche, furent surpris par la chute d'un champ de neige et jetés dans le précipice. Le plus âgé d'entr'eux, un chasseur distingué, se trouvant à quelques pas du bord de l'avalanche, fut entraîné seulement à une petite distance et sans perdre connaissance. A force de remuer la tête, il parvint à se donner un peu d'air et finit par se dégager entièrement. Mais on ne retrouva qu'au printemps suivant, à la fonte des neiges, les corps de ses six camarades. Le survivant dit adieu pour toujours à la chasse. Le mois d'octobre 1852 fut également fatal à trois chasseurs suisses; entr'autres à Hans Lauener, guide bien connu, qui tomba du haut d'une paroi de rochers de plus de 2,000 pieds d'élévation sur la Jungfrau.

Quant à nous, nous nous bornerons à quelques anecdotes caractéristiques, mais parfaitement authentiques. Nous les raconterons simplement et avec concision, persuadé que le lecteur sérieux préférera toujours la simple vérité à tous les ornements dont l'imagination prétendrait l'embellir.

A l'ouest du golfe de Fluëlen, dans le canton d'Uri, enfermée entre le Bristenstock, l'Urirothstock et le Seelisbergerhorn, est une étroite vallée dont les vigoureux habitants opposèrent, en 1798, une héroïque résistance à l'entrée dans le pays d'une colonne française. De loin en loin, et jusque dans les derniers temps, des ours descendus du Titlis et des Alpes bernoises ou valaisannes venaient s'établir dans l'Isenthal et y mettre à rude contribution les troupeaux de moutons, de chèvres et de vaches. Près d'une scierie, sur l'Isenbach, habitait alors dans une maison de bois, ornée de fenêtres peintes de diverses couleurs et d'une galerie artistement découpée, un robuste chasseur de chamois, nommé *Infanger*, mort depuis, en 1852, à un âge avancé. Un ours s'étant montré dans la vallée au mois de juin 1823, et y ayant tué beaucoup de bestiaux, le chasseur alla l'attendre en embuscade, à cinq minutes seulement du village, près d'une petite cascade, et l'ajusta si bien que du premier coup l'animal tomba mort, les reins cassés. Il pesait trois quintaux. Infanger, en souvenir de ce haut fait, suspendit avec une chaîne en fer contre la face de sa maison les deux pattes de devant du monstre. Un de ses fils, *Charles-Joseph*, avait hérité de la passion de son père pour la chasse. A l'âge de 15 ans, il pria celui-ci de lui permettre de l'accompagner pour la première fois dans une de ses tournées. Ce fut par une belle matinée d'automne que tous deux gravirent le pic escarpé qui domine le village et gagnèrent les hauteurs. Ils ne tardèrent pas à voir une douzaine de chamois qui paissaient dans un enfoncement gazonné, situé fort au-dessous d'eux. Comme l'enfant n'avait point d'arme, le père lui donna la sienne et lui dit : « Va tirer une de ces bêtes ; si tu réussis, monte sur cette crête que tu vois là-bas, et agite ton bonnet en l'air, je descendrai vers toi et t'aiderai à emporter le chamois ; en attendant, je vais m'asseoir de ce côté sur le gazon. » Il attendit longtemps en vain, et il craignait déjà que l'enfant ne lui eût perdu ces belles bêtes, quand un coup retentit dans le lointain. Il attendit encore, mais ne voyant point son fils paraître sur la crête, il en concluait que le chamois était manqué, lorsqu'un second coup se fit entendre. Tout effrayé, il monta à l'endroit d'où l'on pouvait apercevoir le pâturage des chamois, et bientôt après il vit accourir son fils dans toute l'exaltation d'un premier succès. L'enfant était parvenu, en effet, à se tenir au-dessous du vent des chamois et, caché par un tas de pierres, à s'approcher en rampant jusqu'à bonne portée. Le bouton de son arme placé sur la plus belle bête, il avait lâché la détente. L'animal atteint avait fait un grand bond, et après avoir tourné une ou deux fois en rond était tombé mort. Les autres chamois avaient disparu; et déjà l'enfant se levait pour chanter victoire à son père quand il vit un petit, qui dans le premier moment d'effroi avait fait quelques sauts pour fuir, s'arrêter le cou tendu, et, après avoir promené ses regards autour de lui sans apercevoir le rusé petit compère qui s'était de nouveau jeté par terre, retourner vers sa mère et se mettre à en lécher la blessure. Vite le jeune Infanger recharge son arme, le coup part de derrière le monceau de pierres, les échos de la montagne retentissent, et le petit chamois est étendu sans vie à côté du cadavre de sa mère. Ce fut le coup d'essai de Charles-Joseph. Dès lors il est devenu, comme son père, un chasseur de chamois distingué : jusqu'à ce jour il en a tué plus de deux cents. Il est le vrai type du chasseur des Alpes. Menuisier habile, actif, économe, généralement considéré, entouré d'une nombreuse famille, il vit dans une honorable aisance, ne pensant en temps ordinaire qu'à son travail, à sa femme et à ses enfants. Mais pendant la saison de la chasse, qui dure du 1er septembre au 25 novembre, c'est un tout autre homme. Toutes ses pensées sont à la montagne. La veille du 1er septembre, il se lève tout doucement au milieu de la nuit, met en bandoulière sa gibecière de cuir de chamois garnie de quelques maigres provisions, passe un brust-tuch de laine grossière, se coiffe d'un bonnet de peau de chamois et, à la clarté des étoiles, part avec sa carabine pour ses Alpes bien-aimées. Souvent il reste huit jours et plus hors de chez lui. Quand le soir il revient au logis, son chamois sur la tête, il se met au lit une petite heure pour se reposer de ses fatigues; mais le soleil le retrouve déjà au matin sur les plus hautes cimes.

Les chasseurs de chamois les plus fameux des montagnes glaronaises étaient Manuel Walcher qui avait tué 458 bêtes, Rodolphe Bläsi de Schwanden qui en avait tué 675, *Henri Heitz*, de Glaris, et *David Zwicky*, de Mollis. Les deux derniers avaient tué chacun plus de 1,300 chamois.

Zwicky était un des chasseurs de réserves choisis par l'autorité, vrai chasseur de la tête aux pieds, mais incapable de se faire à quoi que ce fût d'autre. Durant sa carrière de chasseur, il avait fait une effroyable dégât parmi le gibier des Alpes : perdrix des neiges, marmottes, renards, lièvres blancs, blaireaux, birkhans, bartavelles, il en avait tué par milliers. Il possédait une maison ; mais les plus mauvais temps pouvaient seuls le retenir sous son toit ; la plus grande partie de sa vie, il la passait dans la solitude des hautes montagnes : elles étaient devenues son second domicile. Dans une vaste étendue des Alpes, il connaissait chaque sentier, chaque paroi de rocher, chaque arbre, chaque buisson. Tous les passages de chamois lui étaient aussi familiers que les rues de son village. En avait-il aperçu un au bout de sa petite longue-vue, on pouvait dire l'animal perdu — assertion hardie pour qui connaît les immenses labyrinthes de rochers et les retraites inaccessibles sans nombre des chamois poursuivis dans ces montagnes calcaires escarpées ; et cependant elle est vraie à la lettre. Ordinairement, un chamois qui a pris la fuite devant le chasseur ne se retrouve plus ; mais c'était précisément alors que Zwicky était sûr du succès. Avec sa connaissance parfaite des lieux, il savait exactement où le chamois s'était dirigé, où il s'était arrêté, où il s'était couché, où il pâturait, et souvent pendant quinze jours de suite il le poursuivait avec une hardiesse et une patience inconcevables, grimpant pour l'atteindre le long de rochers que jamais le pied de l'homme n'avait touchés, l'arrêtant au salin, le poussant adroitement dans une impasse, et ne se permettant ni trêve ni repos que l'animal n'eût reçu sa balle dans le corps. C'est ainsi qu'un jour, au Mürtschenstock, il jeta cinq chamois dans une impasse de rochers à pic effrayants et leur coupa la retraite ; il les tua tous l'un après l'autre de cinq coups de carabine. On sait tout ce qu'un pareil travail exige de prudence et de sang-froid. La même balle lui servait souvent à tuer un second animal. Le brouillard, les tourmentes de neige, les ténèbres de la nuit, le surprenaient au milieu des rochers les plus impraticables : sa circonspection, son intrépidité, sa connaissance des localités, le ramenaient toujours sain et sauf dans la vallée.

Zwicky était né pauvre : il n'avait reçu que 150 florins en héritage; mais ses succès dans la chasse l'avaient mis dans l'aisance. A sa mort, il possédait un capital de 7,000 florins et une collection de douze fusils de chasse. Pour amasser cette fortune, il avait dû vivre avec une extrême économie et se refuser même dans sa vieillesse toute espèce de commodités. Il ne se permettait le vin qu'en de rares occasions. Sa nourriture habituelle consistait en pain, en fromage maigre et en eau. Plus il s'enrichissait, plus il économisait. Il avait une santé de fer; ses os semblaient avoir la trempe de l'acier. Il passait pour le meilleur tireur, le plus hardi chasseur des Alpes, et, en même temps, on le tenait pour honnête et pieux, car, toutes les fois qu'il le pouvait, il se rendait le dimanche à l'église de son village. Dans la saison où il ne lui était pas possible ou permis de chasser le chamois, il s'occupait à couper du bois et à tailler des bardeaux; mais, même alors, il passait volontiers la nuit à guetter le blaireau ou le renard. Il envoyait ordinairement les perdrix au marché de Zurich et faisait vendre la viande de chamois dans les villages de la vallée; les peaux, il les faisait teindre en noir et en jaune, et les vendait à bon prix aux marchands qui faisaient le commerce des bois avec la Hollande.

Un samedi soir, contre sa coutume, il ne revint pas à la maison. Dans la crainte qu'il ne lui fût arrivé quelque malheur, on envoya du monde à sa recherche. Ce fut en vain. Pendant 36 semaines il fut impossible de le retrouver; personne ne sut si cet homme vigoureux, de 57 ans seulement, était mort ou vivant. Ce fut au bout de ce temps que, par hasard, on rencontra son cadavre sur une petite colline de l'Auernalp, au Wiggis; à côté de lui étaient son fusil double, sa carnassière, sa montre et un peu d'argent. Son pied était enveloppé d'un mouchoir de poche; l'os n'était pas brisé, mais le pied avait probablement été luxé. Il avait la tête appuyée sur sa main dans la position d'un homme endormi; mais les oiseaux de proie, les corbeaux et les renards avaient réduit une partie de son corps à l'état de squelette. Il est vraisemblable que ce malheureux s'était estropié en faisant une chute, qu'à l'approche d'une tourmente il s'était traîné jusqu'à l'endroit où on l'avait retrouvé, et qu'après avoir inutilement tiré des coups de détresse, il avait, en vue de son village natal dans les profondeurs de la vallée, fini par succomber aux douleurs sans nom du froid et de la faim.

C'est ainsi que périssent un grand nombre de chasseurs; il en est bien peu qui parviennent à la vieillesse sans être blessés ou estropiés.

C'est de la même manière que périt un hardi mineur de Glaris, Gaspard Blumer, l'un des chasseurs les plus ardents et les plus téméraires de la vallée, qui, suspendu à une corde, marchait tranquillement au-dessus des plus épouvantables abîmes le long d'une corniche raboteuse à peine de la largeur de la main. Il monta un jour sur le Vorderglärnisch pour pousser des chamois vers deux de ses camarades qui avaient fait l'ascension du côté du Klönthal, mais ils attendirent en vain chamois et traqueur. Au bout d'un certain temps, sa famille ne le voyant pas revenir fit explorer les affreux escarpements de la montagne, sans qu'on pût découvrir la moindre trace du chasseur. Ce ne fut que l'été suivant qu'on retrouva son cadavre horriblement fracassé, au pied d'une immense paroi de rochers du haut de laquelle le malheureux s'était précipité.

Un chasseur bernois tomba un jour, en traversant les champs de glace éternelle du Grindelwald, dans une crevasse recouverte de neige. Le glacier avait une épaisseur de plusieurs toises. Il descendit néanmoins jusqu'au fond sans autre accident et heureusement le trouva à sec. Que faire cependant dans cette prison profonde, à plusieurs lieues de tout secours humain? Lors même qu'il aurait eu, comme un Anglais en pareille circonstance, un couteau de poche à sa disposition pour se tailler des degrés dans la glace, la hauteur était trop considérable pour qu'il pût espérer de réussir. Etonné de ce qu'il n'y avait point d'eau dans la crevasse, il se mit à examiner attentivement son cachot souterrain et trouva que le glacier avait été fondu à sa base par la chaleur naturelle du sol, et qu'il s'était ainsi formé un canal d'écoulement pour les eaux. Se jetant résolument dans ce couloir obscur, il le suivit avec mille peines, en rampant, et après un temps considérable, parvint par un bonheur inespéré, à atteindre le bord du glacier. La voûte humide venait déboucher au-dessus d'une paroi de rocher du haut de laquelle le ruisseau se précipitait en cascade. Le chasseur se tira encore de ce mauvais pas par sa force et son agilité et arriva sain et sauf au bas du rocher.

Thomas *Hefti* de Bettschwanden ne fut pas si heureux. C'était un des chasseurs les plus téméraires de la contrée. Ni les petits accidents nombreux qui lui étaient arrivés, ni les avertissements les plus pressants de son entourage n'étaient capables de modérer son ardeur. A l'âge de 36 ans, il avait déjà tué plus de 300 chamois. « S'il m'arrive malheur, disait-il, ce ne sera pas dans un endroit dangereux, car où il y a du danger je prends mes précautions. Du reste, je suis dans la main de Dieu. » Il partit un matin pour les Alpes et en revint le même soir avec un chamois. Il soupa avec sa famille, pria avec elle suivant l'usage et alla se coucher. Mais bien avant le point du jour il était de nouveau en course, et le soir il revenait au logis avec un second chamois. Le lendemain il traversa avec deux chasseurs le névé de la Sandalp, et comme il marchait courageusement en avant sur le glacier récemment couvert de neige, il disparut tout à coup sous leurs yeux dans une crevasse pontée. Ils ne purent comprendre les paroles confuses qui parvinrent à leurs oreilles. Le jour suivant on fit d'inutiles essais de sauvetage avec des crocs de bateliers liés bout à bout; un homme se fit descendre par une corde dans la crevasse, mais il n'y put tenir à cause du froid. Ce ne fut que le surlendemain que quelques jeunes gens vigoureux se réunirent de leur propre mouvement, pour aller chercher le corps, du moins, du malheureux Hefti. On attacha l'une à l'autre deux longues échelles, et, retenu par des cordes, un homme descendit dans l'horrible gouffre. L'eau commençait à 15 pieds; sa profondeur était au moins égale. A force de chercher dans le fond avec une longue perche, il réussit à accrocher le corps et à l'amener à la surface de l'eau; puis il le prit dans ses bras vigoureux, et, au grand étonnement de ses compagnons, remonta heureusement cette masse lourde, inerte, remplie d'eau, jusqu'au haut de l'échelle; mais il déclara que le froid de cette sombre crevasse était tel qu'il n'aurait pu y rester une minute de plus[1].

Le plus fameux chasseur du premier tiers de ce siècle fut *Jean-Marc Colani* qui habitait tantôt dans une des maisons de la Bernina, tantôt à Pontresina. Il avait pris exclusivement pour sa chasse le district des montagnes de la Bernina à plusieurs lieues à la ronde, et y tenait en réserve dans le voisinage de sa maison environ 200 chamois à moitié apprivoisés, sur lesquels il tuait chaque année une soixantaine des plus vieux mâles, comptant sur un nombre à peu près égal de petits. Il ne souffrait pas de chasseurs étrangers dans le district : quand ils s'adressaient à lui, il les jouait si bien qu'ils perdaient toute envie de chasser le chamois. C'était surtout aux Tyroliens qu'il en voulait, et il contait plus d'une histoire sur la manière dont il les avait dégoûtés de venir sur territoire grison. Les étrangers comme les gens du pays y ajoutaient une entière foi. On prétend qu'il avait chez lui une chambre ornée des armes et de l'équipement des chasseurs étrangers, la plupart tyroliens, qu'il avait tués; et on mettait sur sa conscience, vendue au diable, la vie d'une trentaine d'hommes[2].

---

[1] On entend souvent parler de l'intensité du froid qui règne dans les crevasses des glaciers. Ce fait ne tient pas à une température extraordinairement basse — dans le cas dont il est ici question, l'eau glacée était encore à l'état liquide, — mais à l'excessive sécheresse de l'air retenu captif dans le glacier. Cependant Agassiz trouva l'eau elle-même d'une fraîcheur insupportable dans le fond d'une crevasse de 180 pieds.

[2] Ce chiffre est, on le comprend, fort exagéré. A. Cadonau, un vieux chasseur de chamois de Bergün qui avait souvent chassé avec Colani, prétend que ce dernier n'a jamais tué qu'un chasseur tyrolien, au Piz Ott. Il raconte cependant qu'un jour, dans le Val Salvretta, il avait rencontré Colani tout-à-fait à l'improviste, et comme il lui criait halte celui-ci l'avait aussitôt couché en joue et n'avait

Ces traits suffisaient naturellement pour lui laisser le champ libre. Les habitants de la plaine excluaient souvent de leurs tirs Jean Marchiet, comme ils l'appelaient communément, dans l'intime persuasion où ils étaient qu'il tirait avec des balles ensorcelées. Colani était emporté, prompt à la colère, violent jusqu'à la fureur. Il résidait dans son district comme un prince redouté. Un médecin l'ayant fait appeler devant le tribunal comme coupable de pratique illégale de la médecine, Colani l'attendit au passage, d'un coup de poing lui fit sauter ses lunettes en éclats sur le visage, et le laissa étendu sans connaissance. Nous avons entendu raconter sur sa hardiesse des anecdotes peu édifiantes. Un jour, sous prétexte d'essayer une arme, il ordonna à son garçon de chasse de tenir à la main un os de cheval pour but, à une grande distance : l'os fut brisé en deux. Une autre fois, de derrière une embuscade, il abattit la pipe qu'un bûcheron tenait à la bouche. Il était tellement sûr de son coup que, dans un pari, il toucha un écu plusieurs fois de suite à la distance de cent pas. Le docteur Lenz, naturaliste bien connu, fit une chasse en 1837 avec Colani, et nous a transmis une relation intéressante, quoique peut-être un peu trop romanesque, de la dernière course de ce prince des chasseurs. Ce récit est tout à fait caractéristique, soit de la nature des montagnes, soit de la vie de chasseur dans ces districts grisons, les plus sauvages de la Suisse.

Le Dr Lenz accompagné d'un de ses amis, A. de Planta, se rendit auprès de Colani et le pria de leur permettre de l'accompagner dans une de ses chasses aux chamois, lui offrant deux écus pour chaque jour de chasse, autant pour chaque chamois tué sous leurs yeux, et quatre pour chacun de ceux qu'ils tueraient eux-mêmes, sans compter l'animal qu'ils lui abandonnaient. La proposition fut acceptée. Colani avait alors 66 ans. C'était un homme trapu, à larges épaules, à poitrine forte et relevée; son visage était

redressé son arme et répondu par son expression favorite : „*caro ti!*" qu'après avoir reconnu l'ami avec qui il avait affaire. Cadonau a abattu d'une seule balle, sur l'alpe de Blais des Lai, trois chamois qui se tenaient les uns à côté des autres.

allongé, brun; il avait les cheveux noirs, le nez arqué, les yeux bruns, intelligents, hardis, respirant la colère. Il vivait de pain, de lait et de fromage de chèvre. Il ne buvait jamais de vin, ni avant, ni pendant la chasse. La chair de chamois et celle de marmotte étaient ses mets de prédilection. D'origine romane, il parlait également l'italien, l'allemand et le français; il excellait dans la fabrication des cadrans solaires, des bandages chirurgicaux, et des carabines remarquables dont il se servait. Il en agissait sans gêne aucune avec ses voisins : ses deux chamois apprivoisés devaient avoir droit de pâture dans leurs jardins, et une femme, qui ne l'entendait pas ainsi, les ayant empoisonnés — elle mourut elle-même peu de temps après, comme Colani le racontait en riant. Sa fille tirait aussi d'une manière distinguée et avait souvent autrefois accompagné son père à la chasse.

C'était en vain qu'on avait averti le Dr Lenz et Planta de n'avoir rien à faire avec Colani. La passion des amis pour la chasse était trop forte, et ils se promettaient trop de jouissances de la connaissance du fameux chasseur. On partit donc le lendemain matin. Colani emportait dans sa gibecière quelques morceaux de viande fumée de chamois et de marmotte, et un peu de sel. A peu de distance, ils trouvèrent déjà cinq chamois dans une gorge profonde fermée par le glacier du Roseg, et nos amis se préparaient à leur couper la retraite quand Colani leur dit : « Ce serait sans doute fort joli; mais c'est là mon salin, et je n'y laisse point tuer de chamois. » Il voulut alors savoir « comment ces messieurs tiraient, » et il plaça à 150 pas de distance une pierre de la grosseur du poing que tous deux eurent le bonheur d'attraper. Partout dans le voisinage les marmottes couraient et sifflaient au milieu des pierres. Nos chasseurs n'y voulant pas perdre leur temps montèrent sur le glacier et de là virent, à plusieurs reprises, des compagnies plus ou moins nombreuses de chamois qui paissaient tranquillement sur les pâturages libres et au bord des rochers, sans s'inquiéter du grondement continuel du glacier travaillé par le soleil et dans lequel s'ouvraient à chaque instant de nouvelle crevasses. Après une heure de marche, ils découvrirent treize chamois sur un beau gazon parsemé de rochers; mais là encore il ne leur fut pas permis de tirer. Colani préférait promener les deux amis et gagner de cette façon la somme fort rondelette convenue pour chaque jour de chasse, plutôt que de leur faire tuer des chamois; en sorte qu'ils eurent le plaisir de voir trotter près d'eux une quarantaine de magnifiques animaux en une seule file, les plus âgés en tête, les plus jeunes en queue, sans oser les coucher en joue. Ils revinrent donc les mains vides au chalet. A côté de leurs provisions, ils trouvèrent un petit tonnelet de vin dont ils essayèrent en vain d'ôter le bouchon; soit avec une pierre, soit de toute la force de leurs mains. « Je le déboucherai bien, » s'écria Colani, et, saisissant de ses dents de 66 ans le tampon de bois dur qui fermait la bonde, il tourna le tonnelet dans ses mains et l'ouvrit en un clin d'œil.

Le jour suivant, le montagnard ayant conduit ses compagnons sur le Brüneberg, envoya l'un d'eux se poster à l'affût, et, se faisant un malin plaisir de voir comment l'autre se tirerait de quelques sauts périlleux, il le mena sur une arête étroite et escarpée, d'où l'on découvrait au loin plusieurs troupes de chamois. Comme ils s'étaient couchés tous deux sur le ventre, la tête en avant, au bord d'une paroi de rocher d'un millier de pieds, pour observer le gibier qui était en bas, Lenz entendit tout à coup un bruit violent, suivi d'un cri retentissant poussé par Colani. Lenz effrayé se rejette en arrière et voit un énorme læmmergeier qui passe avec la rapidité de l'éclair au-dessus de sa tête. Colani, qui savait que le vautour des Alpes cherche à jeter dans le précipice, à grand coups d'ailes, les chamois, le bétail, les hommes, qu'il surprend dans une position critique, avait compris le danger de son compagnon et, par son cri, l'avait sauvé d'une mort certaine. Avant que le chasseur pût tirer, l'oiseau avait disparu. Lenz remercia son guide de la délivrance qu'il lui devait, ajoutant toutefois qu'il était venu, non pour servir de pâture aux petits du læmmergeier, mais pour tirer des chamois. Sur quoi

Colani lui promit de le conduire le lendemain sur la Bernina, où ils en trouveraient un grand nombre.

Cependant, ayant appris le lendemain matin qu'on avait vu dans les Alpes de Kamogask deux ours qui avaient dévoré trois moutons, ils résolurent de poursuivre ces animaux au lieu d'aller à la Bernina. Le premier jour fut employé à des recherches inutiles au milieu de montagnes sauvages. La gorge où les ours s'étaient retirés était absolument inaccessible. On chercha à approcher quelques chamois; mais le sifflement des marmottes rendit ces tentatives inutiles. Les perdrix des neiges couraient partout dans les buissons, à peu de distance des chasseurs. On passa la nuit dans le magnifique chalet d'Orlandi.

Le 20 Juin, à 4 heures du matin, ils montèrent sur une montagne. Un gros chien à longs poils se jeta au devant d'eux. Il gardait un troupeau de moutons bergamasques qui étaient couchés sur un pâturage couvert encore d'une légère couche de neige. Ils ouvrirent la petite cabane de pierre où le berger dormait, et le réveillèrent. Celui-ci leur souhaita la bienvenue, écarta les cendres du foyer, alluma un feu de bois de pins nains, y plongea ses pieds nus pour les réchauffer avant de chausser ses sabots, puis offrit à ses hôtes des fromages et du lait de brebis. C'est là que de Planta quitta ses compagnons. Ceux-ci continuèrent à monter par un vent violent et des giboulées de neige, mais enfin le soleil se montrant au-dessus des rochers leur fit espérer une belle journée. Lenz, qui commençait à s'impatienter, dit à Colani que si on ne tirait rien dans la journée il abandonnerait la partie. Colani lui répliqua qu'il avait eu l'intention de le mener à la Bernina, mais qu'au lieu de cela on avait chassé les ours; qu'ici il y avait peu de chamois et qu'il était difficile de les approcher; que cependant, s'il avait le courage de le suivre, il tâcherait de lui en faire tuer quelques-uns. Demi-heure après, ayant examiné la place où il supposait qu'il y avait des chamois, il en découvrit cinq. « En voici, » s'écria-t-il, « ils se couchent à 9 heures, nous avons encore une demi-heure à rester ici, — mais le chemin pour arriver à eux est périlleux. Je ne l'ai fait qu'une fois dans ma vie. »

Rejetant alors son fusil derrière le dos, il prit les devants et atteignit une énorme muraille perpendiculaire, le long de laquelle courait une étroite corniche où il s'engagea. Le chemin était effrayant. A chaque pas, la terre se détachait par fragments. A leurs pieds, à une profondeur incommensurable, les plus grands aroles leur paraissaient de la grandeur du doigt; devant eux, la corniche devenait toujours plus étroite, et finissait par disparaître tout à fait. Elle était, en outre, coupée en plusieurs endroits par des fissures au travers desquelles ils voyaient l'espace au-dessous d'eux. Lenz suivait Colani, le visage à moitié caché. Arrivé au bout de la muraille, celui-ci cria : Attention ! puis, saisissant avec les deux mains une pointe que présentait le rocher, à l'endroit où s'arrêtait la corniche, et s'appuyant vigoureusement avec les pieds contre la surface de la paroi, il en doubla l'extrémité, suspendu entièrement sur l'abîme, et en atteignit ainsi le revers, laissant à son compagnon la tâche d'en faire autant. Fort du courage du désespoir, celui-ci s'en tira avec un succès qui étonna presque Colani et lui fit dire naïvement : « Je n'aurais pas cru que nous nous retrouvassions tous deux ici derrière; mais à présent, aux chamois, nous les avons bien tournés ! » Une demi-heure après, ils étaient au haut de la montagne sur laquelle ils avaient vu les chamois. Ils en remarquèrent enfin un gros et un petit qui étaient à leurs pieds, couchés entre des rhododendrons au bord d'un profond précipice. Lenz tira par-dessus l'épaule de Colani. Si fort que le cœur lui battit, il vit pourtant le plus gros des animaux faire un bond de la hauteur d'un homme, trébucher sur lui-même, et se jeter en arrière dans le précipice. Colani qui tira sur l'autre, le fusil appuyé sur une pierre mal assurée, le manqua. Lenz aurait voulu qu'on descendît dans la fondrière pour chercher le chamois qui y était tombé. Colani s'y opposa et, avec un regard qui trahissait la mauvaise conscience du crime, il ajouta : « Ce qui est couché dans cette fosse y est enseveli pour jamais. » Quelques années auparavant, un Grison y avait disparu sans qu'on pût retrouver seulement le moindre reste de son corps. Lenz crut sentir monter jusqu'à lui une odeur de sang humain.

De l'autre côté de la montagne, ils pénétrèrent dans une effroyable vallée de décombres, dominée de toutes parts par des pointes qui atteignaient jusqu'au ciel. Comme ils grimpaient par-dessus les blocs, le montagnard, toujours aux aguets, ayant remarqué quelque objet suspect, se jeta brusquement derrière un rocher et fit signe à Lenz d'agir de même. « Qu'y a-t-il donc? » demanda celui-ci étonné. Colani ne répondit pas : il était occupé à regarder avec sa longue-vue. Tout à coup il serra les poings convulsivement. « Damnation, damnation! » s'écria-t-il. Enfin Lenz découvrit, très-haut dans les rochers, une forme humaine qui paraissait encore toute petite. Colani, transporté de fureur, criait toujours : « Damnation! » « Je ne connais pas le drôle, » dit-il enfin, « mais, Dieu merci, il ne nous a pas encore aperçus. Il regarde là-bas avec sa lunette. » La rage de ses regards et ses grincements de dents pouvaient tout faire craindre.

« Avant que ce chasseur là-haut soit parti, » murmura-t-il, « il faut le prévenir. »

« Impossible! Colani, » reprit Lenz, d'un air sérieux, « je suis venu tirer des chamois, et non des hommes. » En ce moment, le chasseur étranger disparut. Colani fit un bond : « Suivez-moi; le chasseur peut en un quart d'heure être sur cette croupe, il faut que nous l'y devancions; en dix minutes là-haut! » Ils coururent à perdre haleine et gravirent en dix minutes une pente qu'en toute autre circonstance ils n'auraient pu franchir en une demi-heure. Restait à escalader un rocher rapide, élevé, recouvert par places d'un gazon glissant; on s'en tira en travaillant des doigts et des ongles. Arrivés au sommet, ils se jetèrent à terre derrière un bloc, comme anéantis par les efforts surhumains qu'ils venaient de faire. L'étranger s'approchait rapidement. Cela les ranima tous deux.

Colani arma sa carabine et ajusta le chasseur;... alors Lenz lui baissa lentement, mais avec énergie, le canon de son arme, en lui disant d'un ton d'autorité :

« Halte! je ne laisserai pas commettre un meurtre sous mes yeux. »

Colani lui lança un regard terrible; mais lui tendant presque aussitôt la main : « Nous ne voulons pas nous quereller, » lui dit-il. Pendant ce temps le chasseur avait disparu entre les rochers.

Colani se glissa après lui avec un rire diabolique, en signifiant à Lenz de ne pas bouger. L'étranger s'était assis un peu plus bas au bord d'un rocher et regardait avec sa longue-vue. « Je ne connais décidément pas ce gaillard, » grommelait Colani, « mais je veux descendre lui faire une visite. Restez-là prêt à faire feu. »

« Hé bien, allez, » répliqua Lenz, « je ne veux rien avoir à démêler dans vos querelles; mais si quelqu'un fait mine de me toucher, je lui tire dessus. »

Colani, ses deux batteries armées, se glissa vers le chasseur avec la légèreté d'un chat. A trois pas de l'innocent étranger, il sortit brusquement de derrière le rocher en levant le poing. Puis il le laissa retomber sans rien dire. Tous deux s'examinèrent un instant. Colani, posant ensuite sa carabine contre le rocher, alla s'asseoir à côté de l'étranger. Tout en prenant avec lui une prise de tabac, il lui demanda son fusil et l'examina attentivement. Lenz s'attendait à le voir demander encore la gibecière, et jeter ensuite le malheureux traîtreusement en bas du précipice — mais ils restèrent bons amis.

Le chasseur étranger était un vigoureux vieillard de 65 ans, de Bevers. Il était lié avec Colani; mais comme il connaissait les méchants traits de cet homme, il ne se hasardait jamais dans les montagnes de son district. Il s'était hâté cependant d'y venir chasser dès qu'il avait appris que Colani allait à la Bernina, ayant soin toutefois de prendre un déguisement afin que personne ne pût le trahir.

Peu après, la partie de chasse fut rompue, parce que Lenz crut s'apercevoir que Colani n'aurait eu aucun regret à le voir tomber dans quelque précipice (?), et qu'en tout cas il cherchait à lui ôter pour toujours l'envie des montagnes et des chamois.

Le lendemain, Lenz quitta l'Engadine avec de Planta, mais il se ressentit pendant un mois, dans tous les membres, des efforts extraordinaires qu'il avait faits. Colani lui-même en tomba malade et mourut cinq jours après[1]. Ce chasseur intrépide et distingué avait, depuis sa vingtième année, âge auquel il avait usurpé la souveraineté des montagnes, tué deux mille sept cents chamois, sans compter ceux qu'il avait tirés auparavant — chiffre qui n'a jamais été atteint, bien s'en faut, par aucun autre chasseur.

Après la mort de Colani, ses troupeaux de chamois du Roseg, du Mont Pers, de l'Albris, de la Bernina, etc., furent vivement pourchassés. Mais ces vastes et magnifiques districts sont si favorables à ces animaux que, dans les dernières années encore, on pouvait en compter jusqu'à cent vingt en un seul jour. Les bons chasseurs, les chasseurs persévérants sont rares partout, dans la Haute-Engadine comme ailleurs. Le meilleur et le plus heureux, le digne successeur de Colani, est un *Jean Rüdi*, de Pontresina, que nous avons le plaisir de connaître. C'est un vrai chasseur, dans toute la force du terme, et en même temps un bel homme, de plus de six pieds, qui a des yeux magnifiques et une force musculaire extraordinaire.

Dans le temps où la chasse est fermée, Rüdi exerce sa profession de roulier; mais ses pensées n'en sont pas moins toutes à ses chamois ; il va sans cesse visiter leurs pâturages, compter les bêtes réunies en compagnies et les mâles qui vivent solitaires; il connaît, à plusieurs lieues à la ronde, l'état des montagnes en boucs, en chèvres, en petits, à un individu près. Dans les endroits

---

[1] Lenz a été mal informé sur cet événement. Colani mourut à la suite d'un pari qu'il avait fait de faucher une certaine étendue de prairie dans le même temps que mettraient les deux meilleurs faucheurs tyroliens à en couper une semblable. Les efforts surhumains qu'il fit à cette occasion l'emportèrent.

favorables, il a continué les salins établis par Colani, ou bien il en a établi d'autres lui-même, et il les pourvoit régulièrement de sel. Lent et réfléchi dans toutes ses manières, tempérant et robuste, son œil d'aigle, son courage intrépide, sa connaissance des animaux et des lieux, lui rendent la chasse comparativement facile. Il a toujours la lunette d'approche en main, et apporte la plus grande attention à consulter le moindre mouvement de l'air. Quelquefois, quand il est parvenu à approcher quelques chamois, le vent vient tout à coup à changer; Rüdi peut alors rester patiemment pendant des heures dans le voisinage des animaux à attendre que le vent change de nouveau, ou à examiner de quel côté les chamois se dirigent. C'est surtout aux mâles qu'il s'attaque, et, au rebours de tant de gâte-métier, il ne tire jamais sur les petits. Il revint un jour de mauvaise humeur de la Bernina, parce qu'il y avait tué par hasard, l'une après l'autre, un certain nombre de femelles; et, déclarant qu'il en avait assez du métier de « boucher de chèvres » et qu'il lui fallait maintenant des mâles, il se dirigea vers les montagnes de Bevers. Dans l'espace de 24 heures il tua trois mâles. En septembre 1855, il rapporta six chamois dans les dix premiers jours de la chasse, et le onzième il en tua trois en notre présence, sur le Piz Alva, dans l'espace de vingt minutes. Une fois, voyant une mère nourrice venir de son côté, suivie de ses petits, il la mit en fuite en lui criant des injures. Il prend un tel soin de ses troupeaux qu'après la clôture de la chasse il se rend secrètement dans les Alpes du val Livigno, par conséquent sur le territoire autrichien, où le gibier se rassemble en grande quantité à la suite du désarmement de la contrée, et trouve le moyen de pousser, le long des croupes des montagnes, un certain nombre de chamois, surtout de mâles, dans ses districts de chasse. Jamais il ne détruit une de ses compagnies en entier. Son butin est en moyenne de 30 à 40 têtes par an.

On comprend que l'ami Rüdi ait eu plus d'une aventure dans sa périlleuse carrière. Un jour, comme il était en course avec

J. Saraz, un de ses camarades, excellent chasseur comme lui, et amateur éclairé d'histoire naturelle, il fut surpris par une avalanche qui le jeta contre un tronc d'arbre et l'y retint appliqué. Revenu à lui-même, Rüdi parvint à se dégager; puis se souvenant de son compagnon, il se munit d'une forte branche élastique de mélèze, et finit, à force de recherches, par le retrouver et le retirer de dessous la neige par les pieds. Cependant il avait reçu de si graves contusions qu'après avoir sauvé son ami il s'affaissa sur lui-même et tomba. Il serait resté sur la place si Saraz n'avait pas réuni tout ce qui lui restait de forces pour aller chercher du secours. Une autre fois, en allant dénicher des aigles sur les rochers de la vallée du Roseg, Rüdi avait failli être aveuglé par les excréments calcaires de ces oiseaux. Quant à certaines rencontres aventureuses à la frontière, qui témoignent du courage et de la présence d'esprit de cet intrépide montagnard, nous préférons les passer sous silence.

Qu'on nous permette d'ajouter quelques mots sur d'autres chasseurs de chamois grisons. Les trois frères *Matthieu, Samuel* et *Albert Sutter* de Skulms, qui habitent Bergün, ont tué en tout pendant l'exercice de leur métier de chasseur 1,700 chamois. En outre, Matthieu a tué un ours, un læmmergeier qui fondait sur un lièvre, et souvent 8—10 bartavelles ou ptarmigans en un seul jour. Il n'a rencontré dans sa vie que 3 lynx, mais n'en a point tué. La plus grande troupe de chamois qu'il ait jamais vue comptait 58 têtes; c'était dans le val de Bevers. Le plus pesant de ses chamois avait pesé, une fois vidé, $100^{1}/_{2}$ livres, y compris $8^{1}/_{2}$ livres de suif. Son frère Samuel vit en 1843, dans la même vallée de Bevers, une compagnie de 64 chamois; de concert avec son frère, il tua un jour au Schneehorn cinq bêtes dans l'espace d'un quart d'heure. Christian Sutter, de Bergün également, a tué, en 1831, dans une seule journée sur une cime escarpée du Rheinwald, 6 chamois qu'il apporta le soir à Suvers, au grand étonnement des habitants du lieu; plus tard, dans le même automne, il abattit 17 chamois en 4 jours et au milieu de périls de tous genres. En tout, jusqu'à la fin de 1858, il en comptait 562. En 1832, une avalanche l'avait emporté par dessus les rochers de la vallée de Suretta, et il n'avait échappé à la mort qu'à force de persévérance et de courage.

La même aventure est arrivée à *Jacob Spinas*, excellent chasseur de Tinzen (Oberhalbstein) qui a commencé le métier à sa douzième année et qui, dans une carrière de 22 ans, compte déjà ses 600 chamois. Il tue en outre chaque année environ 60 marmottes, 40—50 lièvres, près de 100 perdrix, prend aux *vagliars* 1 ou 2 douzaines de renards, et a plus d'une fois déjà, en un seul jour, pêché 15—20 livres de truites. Ces données, qui m'ont été confirmées de plusieurs côtés, prouvent que Spinas est peut-être le meilleur chasseur des Grisons. Il a tué en outre un ours, un lynx et quatre grands aigles. La plus grande compagnie de chamois qu'il ait vue se trouvait sur la montagne d'Arpilias dans l'Engadine et comptait de 65 à 68 têtes. Spinas ne reconnaît dans les Grisons qu'un seul chasseur qui lui soit supérieur, c'est *Benedety Cathomen* de Brigels, dans l'Oberland, qui a tué jusqu'ici plus de 1,000 chamois. Il y a aussi d'excellents chasseurs dans le Bergell, entr'autres : *Giacomo Scartazzini* à Promontogno, qui a déjà tué 5 chamois en un jour et 17 en une semaine, *Giovanni Gianotti* à Montaccio, *Pietro Soldini* à Stampa. Le dernier compte jusqu'ici 1,200—1,300 chamois, dont 49 en un seul automne. Un jour une avalanche l'emporta des pentes du Piz Duan au fond du Val Camp, sans lui faire du reste aucun mal sérieux. Une autre fois il échappa avec le même bonheur à un danger d'un autre genre. Il avait tiré un gros chamois mâle qui était venu s'abattre sur une bande de gazon au bord d'un immense précipice. Au moment où Soldini veut le prendre pas les cornes, le bouc se relève à moitié et le pousse du côté de l'abîme. Un combat à mort, terrible et silencieux, s'engage alors entr'eux. En vain le chasseur cherche à jeter l'animal dans le précipice ; le chamois lui perce la main d'une de ses cornes, et tous deux, se tenant ainsi l'un l'autre, luttent corps à corps pendant quelques minutes, jusqu'à ce qu'enfin le chasseur réussit avec la main qui lui est restée libre à tirer son couteau de chasse et à se rendre maître du bouc. Du reste presque tous les districts de montagne de la Suisse abondants en chamois comptent de bons chasseurs; par exemple : dans le val Calanca, *Battista Margnia;* dans la vallée de Münster, *Nicolas Lechthaler* et *Jean Ruolf,* dans le Valais, *Ignace Troyer* d'Oberems, à Eischol, etc., qui chaque année dans le court intervalle du 25 août au 11 novembre abattent chacun de 20 à 25 et même jusqu'à 40 chamois. Ces chiffres sont bien peu de chose, il faut l'avouer, en comparaison de ceux que fournissent les chasses seigneuriales dans les hautes montagnes de l'Allemagne; mais la chasse individuelle telle que nous la pratiquons exige autrement plus d'intelligence, de courage et de persévérance que ces grandes battues générales et suppose une bien plus grande somme des qualités qui font le chasseur accompli. A vrai dire, nos braves montagnards trouveraient un médiocre plaisir à tirer, si on le leur permettait, sur une compagnie de chamois qu'on a depuis longtemps tenus soigneusement en réserve, et sur lesquels on lâche un beau jour toute une bande de paysans qui les entourent et les traquent.

VIII. LE LYNX.

Répartition géographique des chats en altitude. — Mœurs du lynx. — Chasse. — Jeunes lynx apprivoisés.

Les différentes espèces de chats, remarquables entre tous les animaux par les harmonieuses proportions des diverses parties de leur corps, par leur force, leur adresse et leur soif de sang, sont, dans les pays chauds, les carnivores les plus redoutables et les plus abondants. On croit ordinairement ne devoir les chercher que dans des steppes brûlantes ou dans de profondes forêts, et

dans les contrées cultivées que traversent de grands fleuves; cependant il en est un grand nombre qui ne craignent point les montagnes désertes et sont peu sensibles au froid. Le tigre royal se trouve jusque dans le nord de l'Asie et, dans ce siècle encore, on en a tué de grands exemplaires sur les bords de l'Obi et près d'Irkuzk, sur la Léna, en Sibérie. Il va dans les montagnes du Tibet et du Népaul, jusqu'à 9,000 pieds au-dessus de la mer, et dans l'Himalaya jusque dans la région des glaciers. Parmi les chats américains, le couguar et le *Felis yaguarundi* atteignent la limite des neiges et sont assez souvent tués jusqu'à 12,000 pieds; le *Felis pardalis* du Pérou se rencontre jusqu'à 9,000 pieds dans les districts sauvages des Cordillères.

Nous ne devons donc pas nous étonner si la seule grande espèce de chat indigène en Suisse, le Lynx ou Loup-cervier (*Felis lynx*), habite les montagnes, quoique sans doute, ainsi que les autres carnassiers dangereux, elle n'eût pas craint le séjour des bois de la plaine si elle n'y avait pas été partout vivement poursuivie. Il n'y a pas plus d'une trentaine d'années que le lynx était si peu rare chez nous que, seulement dans les Grisons, on en tuait 7 à 8 par année. Aujourd'hui, c'est à peine si on en tue un annuellement dans la Suisse entière. C'est le sud-est du pays qui renferme encore le plus de ces animaux, communs partout autrefois; viennent ensuite les hautes forêts des montagnes du Valais, du Tessin et du canton de Berne, plus rarement les montagnes d'Uri, très-rarement celles de Glaris. Tandis que le chat sauvage se rencontre encore au Jura, dans les districts de Nyon et de Cossonex, et jamais dans les Alpes vaudoises, le lynx au contraire manque au Jura et se trouve dans les Alpes de Chateau-d'Œx et de Bex, si rarement toutefois qu'en 40 années on n'en a tué que cinq. Les endroits où on le rencontre le plus souvent, quoique ce ne soit plus d'une manière bien régulière, sont l'Engadine, le Prätigau, la vallée et l'Oberland de Schams, le Bergell, l'Oberhalbstein; et dans le Valais, la vallée de la Viège, où on en a tué en janvier 1862 un bel exemplaire, celles de Gombs et de Bagne, la sombre forêt vierge du Dubenwald dans la vallée de Tourtemagne, ainsi que le Val d'Anniviers où en mars 1866 on en a tué un qui, l'été précédent, avait jeté dans un précipice près de 200 moutons. Cet animal est un peu moins rare dans les montagnes du Val d'Aoste, où dans l'été de 1860 on en a tué deux vieux individus et pris vivant un jeune.

Le lynx est incomparablement plus commun dans le nord et dans le nord-est de l'Europe. En Suède, par exemple, on en a tué en 1835 trois cent seize individus dans les chasses du gouvernement. Dans le nord de l'Amérique, le poste principal de la Société de pelleterie du Missouri expédie chaque année de deux à quatre mille peaux de lynx; à la fin du siècle dernier, la compagnie anglaise du Nord-Ouest en envoyait six mille par an. La peau est d'un beau gris rougeâtre, avec des points ou des raies foncés, irréguliers, et le bout de la queue noir. Le pelage varie du reste suivant l'âge et le sexe de l'animal.

Les lynx de la Suisse doivent être un peu plus petits et ont une fourrure moins estimée que les lynx de la Suède, de la Russie, de la Pologne et de la Hongrie. Ils mesurent cependant $3\,^1/_2$ pieds depuis la tête jusqu'à la queue; celle-ci, très-fourrée, a 8 pouces de longueur; la hauteur de l'animal est de $2\,^1/_2$ pieds. Son poids varie entre 30 et 60 livres. Les oreilles sont triangulaires, pointues, ornées à l'extrémité d'un pinceau de poils raides; la tête, comme celle des chats en général, est grosse, ronde; il a les yeux grands et flamboyants, la langue rude à papilles épineuses, la moustache peu fournie, les lèvres blanches avec le pourtour de la gueule noir; la partie supérieure du corps est d'un gris rougeâtre, avec de nombreuses petites taches plus foncées, souvent fondues; l'inférieure est blanche; le pelage d'hiver est plus long et plus gris; celui d'été, plus rougeâtre. La femelle est un peu plus petite que le mâle, ses couleurs sont plus ternes, sa tête plus étroite. L'animal est beau dans son ensemble, mais, comme tous les autres chats, il est peu rassurant à voir. Dans les Grisons, on mange sa chair et on la trouve excellente, ce qui est bien rarement le cas pour les carnassiers.

Quand on a remarqué dans les Alpes les traces du lynx, on met tout en œuvre pour s'emparer de l'insatiable et redoutable voleur; mais celui-ci se cache avec un grand soin. Tant qu'il trouve assez de nourriture dans ses hautes forêts et ses creux de montagne, il n'en sort guères. Il y vit avec sa femelle dans les gorges les plus solitaires et les plus sombres, et n'y trahit que rarement sa présence par ses hurlements affreux et perçants. Aussi longtemps que cela lui est possible, il y reste caché, à l'affût, étendu commodément le long d'une branche d'arbre, basse, suffisamment entourée de feuillage pour le couvrir à moitié, pas assez pour l'embarrasser dans ses bonds. Il peut rester des jours entiers à la même place, les yeux et les oreilles dans une extrême tension, et quand il a l'air de dormir, les paupières à demi fermées, c'est alors que sa vigilance perfide est le plus soutenue. Un espionnage patient, une démarche de chat extraordinairement souple et légère, voilà ses moyens d'attaque. Il est moins rusé que le renard, mais plus patient; moins effronté que le loup, mais plus persévérant et plus agile; moins fort que l'ours, mais plus circonspect et doué d'une vue plus perçante. Sa plus grande force est dans ses pattes, ses mâchoires et sa nuque. Quand il a de la nourriture en abondance, il sait prendre ses aises et choisir ses victimes. Tout ce qu'il atteint de son bond vaste et assuré, il le tue; s'il manque sa proie, il lui laisse avec indifférence prendre la fuite, et retourne sur sa branche sans témoigner la moindre émotion. Il n'est pas vorace, mais il a pour le sang chaud une passion qui le rend quelquefois imprudent. S'il n'a rien pu attraper pendant le jour et qu'il ait faim, il rôde la nuit dans le voisinage de sa retraite et quelquefois très-loin dans trois ou quatre alpes différentes. La faim lui donne du courage, aiguise son astuce et ses sens. Rencontre-t-il un troupeau de moutons ou de chèvres, il rampe sur le ventre comme un serpent, saisit un moment favorable pour s'élancer de terre sur le dos de l'animal qui tressaille sous l'étreinte, et le tue instantanément en lui ouvrant la grosse artère ou en lui brisant la nuque d'un coup de mâchoire. Il lèche d'abord le sang de sa victime, il lui ouvre ensuite le ventre et en mange les intestins, puis, après avoir dévoré une portion de la tête, le cou et les épaules, il laisse le reste. Il n'est pas prouvé qu'il enterre les débris de son repas; du moins cela n'arrive pas dans nos Alpes. Il ne mange pas volontiers de viande morte. La manière particulière dont il déchire sa proie ne peut laisser aucun doute aux bergers sur l'auteur du crime. Quelquefois il dévore 3 ou 4 chèvres ou moutons l'un après l'autre; quand la faim le presse, il se jette sur les génisses et même sur les vaches. Un lynx tué en février 1813, sur l'Axenberg, dans le canton Schwytz, avait en peu de semaines détruit une quarantaine de moutons ou de chèvres. Pendant l'été de 1814, trois ou quatre lynx dévorèrent dans les montagnes du Simmenthal plus de 160 moutons et chèvres.

Quand le lynx trouve suffisamment d'animaux sauvages, il s'en contente, et paraît avoir une certaine crainte de se trahir en chassant les animaux domestiques. Il attaque de préférence les chamois; mais comme ceux-ci le surpassent de beaucoup en finesse d'odorat, ils lui échappent souvent, même lorsqu'il les attend en embuscade près de leurs passages et de leurs salins. Il prend plus souvent des renards, des marmottes, des lièvres blancs, des gélinottes, des lagopèdes, des birkhans et des coqs de bruyère, au besoin des écureuils et des souris. En hiver, il est forcé de descendre dans les montagnes basses et même dans la plaine où il est bien rare, du moins chez nous, qu'il attrape quelque chevreuil; mais il cherche quelquefois à pénétrer dans les étables de chèvres ou de moutons en s'y creusant une entrée sous terre. Un bouc, voyant son ennemi montrer la tête à l'issue du passage souterrain qu'il venait de se frayer, lui asséna de si vigoureux coups de cornes que le ravisseur resta mort dans son tunnel.

Les loups-cerviers se multiplient peu. Il paraît qu'ils s'accouplent au mois de janvier ou de février, mais sans ces cris horribles qui sont ordinaires aux chats à cette époque. La femelle, au bout de dix semaines, met bas dans un creux caché avec le plus grand soin, sous une racine d'arbre ou sous un rocher, deux ou tout au plus trois petits, qui naissent les yeux fermés, et auxquels elle apporte des souris, des taupes, de petits oiseaux, etc.

Cet animal est trop rare pour qu'on puisse dire qu'il y a de vraies chasses au lynx. Quand on rencontre quelques traces de sa fureur sanguinaire, il est déjà à une grande distance; et lorsqu'il se sent sérieusement poursuivi, il émigre dans une autre contrée. Mais si le chasseur le découvre par hasard, il lui est facile de le tirer, car le lynx surpris ne prend pas la fuite : il reste tranquillement sur sa branche, les yeux fixés sur son adversaire, comme le chat sauvage. Le chasseur même qui n'a pas d'armes peut le tromper en plaçant quelque pièce de ses vêtements au bout d'un bâton ou d'une branche; il a le temps, pendant que le lynx tient les yeux fixés sur cet objet, d'aller chercher son fusil et de revenir tirer sur l'animal. Mais c'est ici surtout qu'il s'agit de viser juste. Si le lynx n'est que blessé, il saute en écumant à la poitrine du chasseur, lui plonge dans les chairs ses ongles acérés, lui fait de profondes morsures et, dans sa fureur, ne le lâche plus. Quelquefois il saute sur le chien, et le chasseur alors a le temps de recharger son fusil. Sûr de ses armes et d'une extrême précision dans ses sauts, il ne redoute nullement les chiens; il prend tout son temps pour battre en retraite devant eux, gagne tranquillement son arbre, ou plutôt se retire dans quelque gorge inaccessible; au besoin il se défend avec avantage contre deux ou trois. Les primes pour la chasse au loup-cervier sont assez élevées : à Fribourg c'est 185 francs, à Glaris 30, dans le Tessin 25.

Sa piste est tout à fait semblable à celle du chat; elle est seulement plus de deux fois aussi grande.

Les jeunes lynx s'apprivoisent si aisément qu'on peut les laisser courir en liberté sans crainte de les perdre. Leur habitude de flairer tous les objets étrangers qu'ils rencontrent les rend quelquefois importuns. Il doit être difficile de s'en procurer, car les lynx sont beaucoup plus rares dans les ménageries que les ours, les loups, les léopards, etc. Tant que la mère a un souffle de vie, elle défend ses petits avec une fureur sans bornes. Dans la maison, les chats n'aiment pas plus la société des petits lynx que les chiens n'aiment celle des loups. Les lynx apprivoisés meurent ordinairement d'excès d'embonpoint; les lynx sauvages ne vivent guère plus de quinze ans.

IX. LES RENARDS DANS LA MONTAGNE.

Description de l'animal. — Chasses et piéges. — Variétés. — Nombre immense d'individus. — Renard et chien. — Renards enragés. — Renards apprivoisés.

Le *Renard* (*Canis vulpes*), cousin du loup et du chien, est un animal qu'on connaît partout, et qui, de tous les carnassiers, est le plus abondant dans nos montagnes. Plus élégant par la robe et la démarche que les animaux que nous venons de nommer, plus fin, plus circonspect, plus calculateur, plus souple, plus élastique, doué d'une excellente mémoire et d'un sens exquis des localités, inventeur, patient, déterminé, également habile à sauter, à se faufiler, à ramper, à nager, fécond en expédients dans toute position et dans toute circonstance, il paraît réunir tous les requisita du parfait braconnier; et si on y ajoute son génie humoristique et sa nonchalance de personnage blasé, on recevra de l'ensemble de ce caractère l'agréable impression d'un virtuose accompli dans son genre. Son astuce, le choix de ses aliments et sa manière de chasser, le rapprochent plus du chat que du chien, entre lesquels il semble établir le passage. Il possède au moins presque tous les vices de l'un et de l'autre, et en général un étonnant universalisme de talents, qui, joint à une organisation corporelle des plus remarquables, nous le fait distinguer et reconnaître comme le type le plus parfait entre tous les animaux sauvages. Aussi les anciens en avaient-ils déjà fait le principal héros de la fable.

Dans les montagnes et les vallées, dans les bois et les champs, en dépit de tous les pièges et de tous les chasseurs, les renards sont extraordinairement nombreux, et en fait impossibles à exterminer. Toutes leurs habitudes, et avant tout leur inconcevable finesse, les mettent entièrement à l'abri d'une destruction totale. Ils apportent une extrême circonspection dans la construction de leurs terriers. Ils ne se chargent eux-mêmes de cette besogne que lorsqu'il leur est impossible de faire autrement : ils aiment trop leurs aises pour se plaire à un travail aussi monotone et fatigant. C'est souvent le blaireau, ermite laborieux et hypocondriaque, qui doit, du moins temporairement, partager avec lui son habitation ou plutôt la galerie qui y conduit. Comme les écureuils, les renards se contentent rarement d'une seule demeure : ils en ont ordinairement deux ou trois dans la montagne, et l'une d'elles passablement élevée. C'est dans celle-ci qu'ils se retirent pour quelque temps, soit quand il y a péril pour eux à chasser dans le bas, soit quand ils s'aperçoivent que leurs terriers inférieurs ne sont plus sûrs. Lorsque le renard se sent poursuivi, la première chose qu'il fait, quand il le peut, c'est de gagner son terrier ou celui d'un camarade ; mais, pour tromper les chiens et le chasseur, il n'y va jamais par le plus court chemin ; il se dérobe, au contraire, de son mieux et fait de longs détours avant d'y arriver. Au besoin, quand il voit les chiens trop près sur ses talons, il s'enfile dans quelque souterrain de sûreté qu'il s'est ménagé d'avance.

Nous n'avons guères trouvé chez nos renards de montagnes de ces habitations artistement construites, avec des *maires*, des *avenues* et un *accul*, comme on en rencontre dans la plaine, mais seulement des cavités creusées à une assez grande profondeur, avec deux ou trois *gueules*, rarement moins, reliées les unes aux autres. C'est là que, dans la règle, l'animal habite toute l'année.

C'est là que, neuf semaines après l'accouplement, au commencement de mai, la femelle met bas de cinq à neuf petits, de la taille d'un rat, à gueule forte, à poils noirâtres, à yeux fermés, qu'elle entoure de tous ses soins et de toute sa vigilance. Au bout de quelques semaines, elle conduit hors du terrier ses jolis petits nourrissons, dont la robe est devenue jaune ; elle joue avec eux, leur apporte de petits oiseaux, des lézards, des grenouilles, des scarabées, des souris, des sauterelles, des vers de terre, qu'elle leur apprend à attraper et à dépecer. D'ordinaire, le père ne s'inquiète en aucune façon de ses petits. Quand ils sont de la taille de chats à moitié grosseur, il viennent par le beau temps, matin et soir, à l'entrée de la galerie, et y attendent le retour de leurs parents. Il n'est pas facile d'observer les ébats de la petite famille. La mère est extrêmement vigilante, et, au moindre bruit suspect, elle rentre dans le terrier, emportant ses petits dans la gueule, ou les appelant à elle par un léger aboiement d'inquiétude. Déjà en juillet, les petits les plus avancés, ceux qui donnent les plus belles espérances, s'aventurent seuls à la chasse et cherchent, aux premières ou aux dernières lueurs du crépuscule, à attraper un levraut ou un écureuil, à surprendre une gélinotte ou une bartavelle en traîne, tout au moins quelque caille, quelque troglodyte ou quelque souris, pendant que les plus jeunes s'occupent à déchiqueter un ver ou un grillon. Ils ont déjà à cet âge les allures des vieux. Leur long museau pointu est toujours contre terre à flairer quelque trace ; leurs petites oreilles déliées sont toujours en l'air ; leurs petits yeux d'un vert grisâtre, obliques, étincelants, sont toujours occupés à explorer les environs ; leur queue, douce et fourrée, suit avec légèreté la marche légère de ces légers animaux. Tantôt le jeune chasseur, les pieds de devant posés sur une pierre, promène le nez au vent et hume l'air tout autour de lui ; tantôt il se tapit dans un buisson pour y attendre le retour au nid d'un oiseau ; tantôt, assis la nuit dans quelque chalet abandonné, il guette d'un air de sainte-nitouche les souris à la recherche des grains perdus au milieu des débris de foin. En automne, les jeunes quittent définitivement le terrier de leurs parents et vont vivre isolés dans leur propre trou jusqu'en février ou mars, époque à laquelle ils s'établissent temporairement par paires. La femelle donne volontiers la préférence au mâle le plus fort ; tout au moins, elle accepte celui qui a su éloigner ses rivaux à coups de dents. Quand elle n'est plus en chaleur, le mâle cesse probablement de la suivre. C'est à la fin de l'hiver, et souvent plus tôt encore, dans les nuits sereines et froides de janvier, qu'on entend retentir au loin leurs glapissements aigus. Le paysan dit alors : le renard aboie, le temps va changer. Mais il paraît que ce n'est que le cri d'appel de l'animal. Si les aboiements commencent de bonne heure, en décembre et en janvier, c'est pour le chasseur le signe de l'approche de grands froids. On n'entend d'ailleurs du renard qu'une espèce de grognement prolongé, et, quand il vient à tomber à l'improviste dans un piége, un cri de méchante fureur.

Maître renard vit d'ordinaire bien plus confortablement dans la plaine qu'à la montagne. Là, pour satisfaire sa gourmandise, la vigne lui offre ses grappes dorées, dont il fait avec ses camarades une grande consommation ; là, de savoureux abricots, des poires juteuses et fondantes ; là, des poulaillers mal gardés, des ruches pleines de miel, des lièvres, des perdrix grises, des cailles, des alouettes, qu'il surprend au milieu de leurs innocents ébats. Dans les Alpes, sa table est mal servie ; les oiseaux y sont plus rares et plus sauvages ; en revanche, il attrape quelquefois une belle truite dans le cristal d'un ruisseau ombragé, surtout en novembre à l'époque du frai, ou bien quelques écrevisses dont il est très-friand, et qu'il attire au moyen de sa queue. Souvent, en concurrence avec les pêcheurs et les oiseleurs, il arrive le premier au filet : car ses idées en fait de propriété sont très-relâchées et d'un communisme non équivoque. Au besoin, il sait se contenter de scarabées, par préférence de hannetons, de courtilières, de guêpes, d'abeilles et de mouches. Plus d'une fois nous n'avons trouvé dans l'estomac de ces pauvres drôles que du foin et un peu de mousse, avec quelque misérable reste de souris, — peu de viande pour beaucoup de légumes!

Mais c'est en hiver, quand le froid est rigoureux et que les Alpes sont couvertes d'une couche de neige si épaisse qu'ils doivent s'y creuser des galeries de 2 ou 3 mètres de longueur pour arriver à leur terrier, que, malgré l'universalisme de leur appétit, les renards des Alpes sont souvent condamnés à faire fort maigre chère. Ils descendent alors de leurs hauts parages et, sur les brisées de leurs frères de la montagne, rôdent de nuit jusque dans les vallées. Le matin, on trouve leurs traces fraîches près des écuries et dans les villages d'où les chassent les aboiements des chiens. Nous avons remarqué plus d'une fois qu'ils se montrent en très-grande quantité dans les vallées alpestres dont les flancs présentent un grand nombre de trous. Un berger des Rhodes intérieures attirait les renards au gros de l'hiver avec des chats rôtis, des charognes, etc. L'appât était assujetti dans une caisse renversée, de telle façon que les renards affamés ne pouvaient en atteindre que quelques fragments. Il n'en venait d'abord chaque nuit qu'un ou deux, plus tard huit, et jusqu'à onze. Dans leur voracité, ils travaillaient la caisse avec fureur en tous sens, cherchant à la soulever, à l'ébranler, à la retourner. Enfin un renard eut l'idée qu'on pourrait parvenir à l'appât par-dessous. Les voilà tous aussitôt à gratter la terre et à creuser; et ils seraient sans doute parvenus à leurs fins, si la caisse n'avait pas été posée sur une grande pierre. Chaque semaine, le berger en tirait quelques-uns; les autres se montraient plus prudents, mais ils n'en finissaient pas moins par revenir. Le chasseur s'était arrangé d'une manière assez plaisante et fort commode. Il plaçait son fusil tout chargé et armé, le canon pointé sur la caisse, et attachait à la détente une ficelle dont le bout pénétrait dans sa chambre à coucher. La nuit, quand il apercevait par sa fenêtre les renards occupés autour de l'amorce, il n'avait plus qu'à tirer de son lit la ficelle! Souvent il se passait là des scènes horribles. Un renard avait été blessé grièvement et se traînait péniblement hors de la prairie. Les autres le suivirent et, tout à coup, comme à un signal donné, tombèrent sur lui et le dévorèrent. Chacun regagna la montagne avec son morceau à la gueule, et ceux qui n'avaient pu avoir leur part cherchèrent longtemps sur la neige les débris d'os et les lambeaux de peau de leur malheureux confrère. Dans la suite, cette scène se renouvela chaque fois qu'un renard était blessé, ne fût-ce que légèrement; il suffisait qu'il perdît quelques gouttes de sang, pour que ses compagnons se jetassent sur lui comme des furieux, — vrai trait de loup.

Le chasseur, ayant remplacé ses amorces par un renard mort, tous les autres s'enfuirent pour longtemps; d'où il conclut que ces animaux ne mangeaient que des cadavres encore chauds. Mais on peut révoquer en doute cette conclusion; plus d'une fois on n'a absolument rien trouvé dans l'estomac d'un de ces animaux qu'un débris de queue ou de peau de renard. Les chèvres qui périssent dans les montagnes sont aussi souvent mangées par les renards que par les corbeaux et les aigles. Les premiers dévorent même, quand ils le peuvent, les cadavres humains ensevelis sous les avalanches. Aucun être vivant ou mort n'est à l'abri de leur voracité, pour peu qu'ils puissent y atteindre ou qu'ils soient assez forts pour s'en emparer. Aussi les paysans ont-ils soin de mettre des fagots d'épines par-dessus les charognes qu'ils enterrent, pour les préserver de leur atteinte. Le hérisson même n'est pas en sûreté sous son armure de piquants. Le renard le houspille, le couvre de son urine infecte, le tourmente si bien que le pauvre animal finit par se dérouler et offrir prise à son ennemi. Il est rare que le renard puisse attraper les petits chamois, car leur vigilance est grande et, à sa vue, ils s'enfuient en toute hâte du côté des rochers, sur les traces de leur mère. Mais il est d'autant plus ardent à chasser les marmottes. Il peut rester pendant des heures aux aguets derrière une pierre, en face de l'orifice de leurs galeries. Quand l'animal y paraît, le renard, quoique tout frétillant de la soif sanguinaire qu'il brûle d'assouvir et agitant convulsivement la queue, sait toutefois se contenir et se retirer sagement à quelque distance pour couper la retraite à sa proie et s'en emparer sans grande peine.

On a faussement attribué au renard les ruses les plus extraordinaires, on a voulu faire de lui la personnification de l'astuce; malgré ces exagérations, des faits nombreux nous prouvent qu'il est un des plus fins matois entre tous les animaux. Pris dans un traquenard et grièvement blessé, il ne trahit sa douleur par aucun cri et se ronge silencieusement la cuisse pour pouvoir s'enfuir. Quand il ne peut y réussir, il fait le mort avec une incroyable persévérance, et plus d'un se sont ainsi échappés heureusement du carnier du chasseur. Il a une telle présence d'esprit, qu'au moment où, surpris dans une écurie, il ne se tire qu'avec peine des mains de ceux qui le poursuivent, il trouve encore moyen, en traversant la basse-cour, de saigner une oie *en passant* et de l'emporter dans sa gueule! C'est dans une poursuite vive et prolongée qu'il fait preuve de la ruse la plus raffinée et de la persévérance la plus prodigieuse. Il peut courir tout d'une traite pendant 15 ou 18 heures, sans perdre un instant son sang-froid, profitant de la manière la plus habile de tous les avantages du terrain, eût-il à ses trousses une vingtaine de chiens et de chasseurs. Il marche avec la sûreté du chat sur les corniches les plus étroites, se jette à bas d'énormes parois de rocher sans se faire aucun mal, et ne se laisse jamais acculer en face du chasseur de manière à se trouver sans ressource. Les renards d'Europe ont sous ce rapport bien plus de persévérance et de génie inventif que ceux de l'Amérique; aussi les Américains du Nord ont-ils transporté les nôtres chez eux, et les ont-ils laissés s'y multiplier en liberté, pour se procurer le noble plaisir d'un *fox-chase* anglais.

Si chasser le renard est peine perdue pour un chasseur inexpérimenté ou étranger au pays, il n'en est pas de même pour celui qui est bien au fait des localités et des particularités de cette chasse. Il connaît exactement tous les terriers de la montagne à plusieurs lieues à la ronde. La neige lui apprend quels sont ceux qui sont habités. Alors il s'y rend de bonne heure, avant le point du jour, et se poste dans le voisinage, attendant tranquillement le retour du renard de son excursion nocturne, ou bien il le fait ramener par les chiens et le tue à l'affût. Mais si l'animal est déjà rentré dans son trou avant que le chasseur y arrive, ce qui est le cas ordinaire par le mauvais temps, celui-ci en mure toutes les gueules à l'exception d'une seule, devant laquelle il place un piége, soit une caisse à deux battants, soit un traquenard, un cou de cygne, ou une trappe à fourchette. Après bien des hésitations, souvent après des semaines de jeûne, l'animal désespéré et mourant de faim se décide à sortir, et tombe dans le piége. Si c'est dans la caisse à battants, qui ne fait que le prendre mais ne le tue pas, ce n'est pas une petite affaire de l'en sortir. Le chasseur doit le saisir vivement par la queue et lui frapper la tête à deux reprises sur une pierre, de façon à ce que l'animal furieux n'ait pas le temps de se retourner et de lui empoigner la main. Deux renards avaient été pris à la fois dans une de ces trappes; le dernier entré rongea le derrière du premier qui se trouvait hors d'état de se retourner et de se défendre, et en une nuit lui dévora près du tiers du corps. Voilà ce qui s'appelle un service d'ami en cas de détresse! Lorsque le renard est poursuivi par le basset dans son terrier, il n'en sort qu'après un violent combat. Tandis que le blaireau dans son trou ne se défend longtemps qu'avec les pattes, distribuant de vigoureux coups mais ne mordant qu'à la dernière extrémité, le renard gronde, mord et se démène dès la première attaque, et quand il ne lui reste plus d'autre ressource, passe sur le corps de son ennemi, et se précipite au dehors si brusquement que c'est à peine si le chasseur surpris a le temps de le tirer.

Le renard porte entre le milieu et la base de la queue, à une place marquée par une tache de poils noirs, une glande qui renferme un liquide gras, à odeur forte, nommé par les chasseurs *violette*. Il est difficile de dire à quoi elle sert; car, en somme, le compère ne sent guère la violette. Sa chair même est tellement imprégnée d'une odeur repoussante, que fraîche elle est immangeable; cependant elle est moins mauvaise quand elle a été longtemps lavée et venée. Les anciens Romains engraissaient des renards avec des raisins, pour en faire les rôtis les plus délicats. La graisse de renard est fort appréciée des paysans comme vulnéraire et se paie cinq francs la livre. Un chasseur de nos amis retira de deux renards de montagne plus de 6 ½ livres de graisse, tandis que quatre autres, tués dans le même temps, en fournirent à peine une demie. En hiver, la peau est bien fourrée, assez fine, un peu lustrée, et vaut de 5 à 9 francs.

On sait que les renards ont la vie très-dure ; lorsqu'ils sont pris au traquenard, ils se coupent souvent le pied, et s'enfuient après cette opération, comme s'ils n'avaient fait que se tirer une botte ; on sait également qu'ils possèdent un tel empire sur eux-mêmes, qu'ils se laissent stoïquement mourir de faim devant un morceau de viande qui leur est suspect. Il faut qu'ils reçoivent une forte charge de plomb n° 2 pour rester sur place, tandis qu'un bon coup sur le nez les tue instantanément. Un chasseur bien connu qui fouillait un renard lui découvrit le train de derrière. Il lui tire une jambe, avec un couteau lui traverse les tendons au-dessus du jarret, et fait passer l'autre jambe par cette ouverture, comme on a l'habitude de le faire pour les lièvres morts. C'est dans cet état qu'il le sort du terrier et le jette violemment par terre en disant : «Là! — à présent tu ne courras plus bien loin.» Mais le renard qui l'entendait autrement se relève et part au galop sur trois jambes, la quatrième en bandoulière; en moins de rien, il était hors de vue derrière la colline.

Dans les différentes contrées de la Suisse, on a donné des noms particuliers aux renards, suivant leur manteau. On a ainsi les renards *charbonniers*, les renards *jaunes*, les renards *nobles*, les renards *dorés*, les renards *musqués*, les renards *croisés*, qui ne sont autre chose que des variétés purement accidentelles. Mais en général les renards de montagne et ceux des Alpes sont en pelage d'hiver beaucoup plus clairs que ceux de la plaine, parceque la tête et la moitié postérieure du corps portent alors des poils à extrémité si largement marquée de blanc que l'animal entier paraît d'un gris clair quand il est en pleine course. En Allemagne, on nomme ceux qui sont d'un rouge foncé avec la gorge noire et le bout de la queue blanc, renards rouges ou charbonniers, et on en a fait dernièrement une espèce particulière (*Canis melanogaster*); et ceux qui sont d'un jaune blanchâtre, avec une bande de poils noirs le long du dos et sur les épaules, renards croisés. On a tué à Mühlehorn, sur le lac de Wallenstadt, plus tard dans les Grisons, et en décembre 1858 près de Schangnau dans le canton de Berne, une variété très-rare, complétement blanche, appelée renard *argenté*. Dans le canton de Berne seul, d'après les moyennes officielles, on paie plus d'*un millier* de primes par année pour la destruction de ces animaux, et on estime à plus *du double* le nombre de ceux pour lesquels la prime n'est pas réclamée. Nous n'avons aucune raison pour taxer ces curieuses données d'exagération, puisque, dans de petites vallées, quelques amateurs qui ne chassent le renard que de loin en loin, pour se distraire, en tuent de 15 à 20 dans le cours de l'automne et de l'hiver. Bénédict Cathomen de Brigels a tué, en 1863, 42 renards, 21 lièvres, 11 chamois et 1 læmmergeier.

Nous retrouvons entre le chien et le renard la même antipathie prononcée qu'on a si souvent observée entre le loup et le chien. Celui-ci chasse le renard avec passion, souvent tout seul et pour son propre compte. Un fort courant se rend toujours maître d'un renard seul, mais s'il a à faire à deux à la fois, il est horriblement maltraité et souvent tué et dévoré. Quand il attrape un renard blessé, il lui saute à la nuque, lui brise le crâne et le laisse sur la place, tandis qu'imparfaitement dressé, il entame tout de suite le lièvre, ordinairement au ventre ou à la tête. Cependant nous avons entendu assurer de divers côtés par des montagnards que le renard et le chien s'accouplent en liberté aussi bien qu'en captivité. Il n'est pas rare que la nuit les renards soient attirés par une chienne jusque dans le voisinage des chalets, tandis que beaucoup de bons chiens se refusent au contraire à chasser la femelle du renard au temps du rut. Les métis du renard et de la chienne tiennent tout à fait du chien; ils sont bien loin d'avoir la férocité indomptable des métis du loup et passent pour féconds.

Un fait qui prouve qu'il y a de fréquentes rencontres dans les montagnes entre les chiens et les renards, c'est que dans le temps où la rage règne parmi les chiens, il est assez ordinaire de rencontrer aussi des renards enragés, dont peut-être même la contagion est provenue. Cette maladie change complètement la nature du renard. Ordinairement il porte la queue horizontale et ne l'abaisse que lorsqu'il marche au pas, jamais cependant jusqu'à la laisser traîner par terre. Le renard enragé ne la relève plus de terre. Malade, amaigri, misérable, il rôde sans but à travers les bois et les champs, s'approchant sans peur et sans dessein des basses-cours, ne prenant la fuite quand on l'en chasse que lentement et à contre-cœur, mordant les chiens, les chats, les enfants, etc. Il n'a plus la vie aussi dure que lorsqu'il est en pleine santé. Jamais les renards ne paraissent si nombreux qu'au temps de la rage, car un instinct mystérieux les chasse alors de la montagne et des forêts, et les fait descendre dans les vallées et les plaines. C'est ce qu'on a vu par exemple dans le Haut-Toggenbourg au printemps de l'année 1864.

Cette redoutable maladie n'est que trop fréquente dans plusieurs cantons. Elle est commune dans certains temps à toutes les espèces du genre chien, y compris le loup, sans qu'on en ait pu déterminer la cause d'une manière certaine. Les uns l'attribuent à la faim, d'autres au froid, d'autres à un besoin de nature excessif et non satisfait. Les effets de la morsure des différentes espèces de chiens enragés sont très-divers. Sur cinquante personnes mordues en 1805 et 1806 dans le canton de Zurich, une seule, une femme atteinte à la lèvre, mourut de la rage; les autres furent sauvées par la scarification des blessures, des applications de cantharides, des frictions d'onguent mercuriel et l'usage interne de la belladone. De 1813 à 1823, on a traité dans l'hôpital de Zurich 34 personnes mordues par des chiens enragés et 30 par des chats, il n'en est mort aucune. La morsure des renards enragés transmet plus rarement la maladie que celle des chiens. De treize personnes mordues en Italie par un loup enragé, neuf moururent de cette affreuse maladie. Il ne s'est manifesté aucune trace de rage chez des chevaux qui avaient été mordus par des chiens enragés.

Le renard s'apprivoise plus aisément que le loup, mais on ne retire ni profit ni plaisir de cette éducation. Il ne devient jamais un animal domestique comme le chien, et reste, malgré tout, un mauvais garnement et un rusé filou. Quand il est pris tout jeune, il s'habitue facilement à son maître, joue volontiers avec lui en bonne amitié, lui branle la queue comme les chiens et glapit de joie. Il va et vient librement dans la cour et dans la maison, et ses manières sont charmantes. Cependant la fin de cette chanson est que le plus souvent il part un beau soir pour ne plus revenir, excepté plus tard, pendant la nuit, pour voler son ancien maître. Tel est le résultat ordinaire de toutes les peines qu'on a prises. Nous avons cependant entendu parler d'un petit renard qui avait pris une jeune fille en si grande affection qu'il la laissait faire de lui tout ce qu'elle voulait et que, même après avoir déserté la maison depuis plusieurs jours, il accourait au-devant d'elle dans les champs de si loin qu'il pouvait entendre sa voix. Les renards pris adultes sont absolument indomptables.

En automne quand la chasse s'ouvre et que la peau du renard commence à devenir bonne, ces animaux sont assez faciles à tirer. Il n'est pas rare de les voir de jour aller sur les passages ou courir dans des solitudes rocailleuses sans montrer une bien grande presse. Ils rôdent d'un air insouciant, flairant à peine le gibier. Il nous est même arrivé dans l'arrière-automne de 1866 de voir un vieux et gros renard tenir tranquillement pied dans un marais devant un chien d'arrêt et laisser le chasseur approcher jusqu'à la distance de vingt pas. L'épine du dos fracassée, l'animal gagna un fossé voisin et s'introduisit dans un canal souterrain, étroit mais assez long. Nous tirâmes un coup de fusil à l'entrée de ce canal pour engager le renard à sortir par l'autre extrémité où nous allâmes l'attendre. Mais le rusé compère, devinant notre intention et prenant son parti avec autant de promptitude que de sagacité, se retourna dans le souterrain malgré le peu d'espace dont il pouvait disposer et, au travers de la fumée qui remplissait encore l'orifice, sous le nez même du chien, s'élança hardiment hors du trou, espérant trouver son salut dans la fuite. Quelques semaines plus tard, les renards sont devenus beaucoup plus circonspects et marchent avec précaution, la face à moitié tournée en arrière. Quand ils sont poursuivis par les chiens, ils n'abandonnent pas volontiers les fourrés de bois et de broussailles de leur district, et ne s'aventurent en rase campagne qu'à la dernière extrémité. On a remarqué que les renards, même ceux qui restent sur le coup, se remettent très-promptement des blessures les plus graves.

X. LES LOUPS DES ALPES SUISSES.

Histoire naturelle. — Caractéristique. — Le loup chassant et le loup chassé. — Aventures. — Loup et chien. — Métis.

Le *Loup* (*Canis lupus*), est devenu depuis le commencement du siècle une véritable rareté en Suisse; c'est au point qu'on sait à peine si on doit le ranger parmi les espèces stationnaires de la montagne, parmi celles qui se propagent naturellement chez nous. Nous n'avons pas de forêts assez vastes, assez impénétrables, assez continues pour ces animaux à qui il faut des districts de chasse fort étendus. Et cependant le Bergell, le Puschlav, le Münsterthal avec ses hautes forêts de montagne, ses gorges absolument

inaccessibles et ses déserts de décombres, les vallées alpines de la partie nord du Tessin et les hautes montagnes du Valais peuvent être encore considérés comme servant de résidence habituelle à quelques familles de loups. Ils y vivent en été tantôt dans la région des montagnes, tantôt dans celle des Alpes, dans la retraite la plus profonde. Ils n'en sortent qu'avec la plus grande réserve, car, ne sachant pas commettre leurs vols avec la même adresse et le même secret que les renards, ils doivent se tenir plus éloignés que ces derniers des contrées habitées.

La louve met bas au mois d'avril ou de mai, dans un trou de blaireau ou de renard qu'elle a agrandi, de 4 à 9 petits, aveugles, couverts d'un duvet d'un blanc rougeâtre. Ces jolies petites créatures restent en tas les unes sur les autres dans le coin le plus reculé du terrier, tandis que la mère va en quête de provisions, non sans souci de voir ses louveteaux devenir la proie de leurs cousins, les renards du voisinage. Sans bruit, toujours aux écoutes, le regard oblique et perçant, d'un air tout à la fois lourd et sauvage, le vieux meurtrier, que caractérisent sa structure décharnée et osseuse, son ventre efflanqué, sa démarche traînarde et mal assurée, explore sous le vent les fourrés des hautes forêts, laissant derrière lui des traces tout à fait semblables à celles d'un gros chien, seulement avec des pas plus allongés, plus écartés et ordinairement en ligne droite. Désagréable et repoussant dans ses manières, vorace, méchant, astucieux, défiant, haineux par naturel, d'une odeur infecte insupportable, il est l'effroi de tous les animaux dont il approche. La queue pendante, continuellement aux aguets pour pourvoir à sa misérable existence, tantôt il surprend un petit de gélinotte ou de bartavelle, tantôt il attrape un rat, une belette ou une souris, se contentant, faute de mieux, d'un lézard, d'un crapaud, d'une grenouille, quelquefois même d'un orvet ou d'une couleuvre. Quant aux animaux de plus grande taille, le loup, au rebours des carnassiers de la race féline, les poursuit à la course jusqu'à ce qu'ils soient épuisés de fatigue.

En tout temps, la faim du loup est presque insatiable, le froid de l'hiver l'augmente encore ; cependant la chasse est plus productive pour lui en cette saison, et les pistes qu'il suit, plus sûres. Il surprend alors le lièvre des Alpes et même le rusé renard. Mais toujours affamé et vorace, il rôde de montagne en montagne et de forêt en forêt, quêtant de tous côtés de ses yeux étincelants, de ses oreilles pointues, bordées de noir, constamment dressées, tournant en tous sens sa tête de renard, traînant son arrière-train comme s'il était déhanché, et, dans le silence des nuits glacées d'hiver, faisant retentir de ses affreux hurlements les hauts pâturages ensevelis sous la neige. A cette époque, il n'étend pas seulement ses chasses à quelques lieues de distance, il parcourt des chaînes entières de montagnes, et passe de l'Engadine par les Alpes bernoises ou valaisannes jusque dans les plaines ouvertes du canton de Vaud, ou du Wasgau le long du Rhin et dans toute l'étendue de la chaîne du Jura, jetant partout l'épouvante chez les hommes et les animaux. Les cantons de Bâle, de Soleure, d'Argovie, de Fribourg, de Zurich, de Schaffhouse ont été souvent visités dans les hivers rigoureux par des loups qui se jetaient sur les hommes, dévoraient les chiens à l'attache, et déterraient les charognes des voiries. Le dernier tué à Olten l'a été en 1808. Dans les contrées populeuses et riches en bétail du canton de Vaud, les loups reparaissent au contraire de temps en temps ; le dernier y a été tué en novembre 1849. En 1557, deux jeunes gens tuèrent un loup près d'Appenzell, sous le Klosterspitz, et lui prirent cinq petits ; le dernier loup tué dans ce canton l'a été dans la forêt de Steinegg, au 17e siècle. Des montagnes du Tessin et des Grisons, les loups viennent aussi fréquemment rôder dans les petits cantons. Le gouvernement de Glaris, entre 1780 et 1790, mit une prime de 15 louis d'or sur la tête d'un loup qui faisait de grands dégâts dans les troupeaux de chèvres et de moutons. Le voleur fut, bientôt après, tué dans les rochers de Näfels. Il pesait 71 livres. Au dire de Kappeler dans son *Historia montis*, les loups n'étaient point rares sur le Pilate, il y a un siècle, non plus que les ours et les chats sauvages, et il en était de même, sans doute, dans toute la chaîne des hautes Alpes. Un loup vint encore en juillet 1865 jeter l'effroi dans les Alpes lucernoises où il égorgea en une semaine près de cent moutons dans les environs de Rapf, d'Engi, de Ahorn et de Wirmisegg. Les chasseurs de l'Emmenthal organisèrent une battue, à la suite de laquelle la bête fut enfin traquée au Riedbad et tuée. On l'amena à Trub sur un char entouré de guirlandes et au bruit des tambours. Des traces de loup ayant été vues en 1853 dans les montagnes d'Uri, on organisa aussi une chasse à la battue et l'animal fut tué à l'Axenberg par un jeune gars, avec une simple charge de petit plomb. Quelques familles de loups paraissent avoir établi leurs quartiers dans les vallées tessinoises de Verzasca, de Lavizarra et de Maggia; on y voit assez souvent leurs pistes, et de là ils descendent quelquefois jusqu'à Bellinzone. En 1854 on n'a pas tué moins de cinq loups dans les montagnes du Tessin dans l'espace de trois mois, et de 1852 à 1859 pas moins de 53. En novembre 1855, une bande de loups vint tout à coup se jeter, dans le Misox, sur un troupeau de chèvres dont elle fit un affreux carnage. En août 1856, un loup se jeta sur une génisse qui paissait à 200 pas à peine du village de Grono dans le Misox et en dévora la moitié. En novembre 1857, un chasseur tomba à l'improviste sur une compagnie de chamois qui paraissaient dans l'émoi d'une vive poursuite. C'était encore dans les montagnes du Misox. Quelle ne fut pas la surprise de cet homme quand il vit sept loups leur trotter sur les talons, mais aucun ne passa à portée. On en vit aussi plusieurs dans le Schamserthal. En juillet 1858, ils inquiétèrent beaucoup les troupeaux des alpes uronaises. Il n'est pas rare de trouver de jeunes loups dans le Porentruy; ce sont des individus nés dans la contrée ou venus des Ardennes. C'est ainsi encore qu'en mai 1867 on en a pris trois vivants, que le 29 décembre 1860 on en a tué un adulte dans la réserve d'Ocourt. Pendant les froids rigoureux du mois de février 1864, on en a vu toute une troupe au Moléson. Une vieille louve appartenant à cette bande fut tuée le 22 dans les montagnes de

Piatchison et rapporta 50 francs de prime au chasseur. L'apparition de loups isolés n'a pas été un fait très-rare au commencement du siècle dans l'Oberland bernois. Le 17 janvier 1867, on a vu de nuit un loup errer dans le village de Rünenburg (Bâle-Campagne), et quelques semaines plus tard il y en eut un qui attaqua un domestique à Mümliswyl (Soleure) avec tant d'audace que le maître dut accourir au secours de son valet, avec un gourdin.

Avant le commencement de notre siècle, la découverte d'une piste de loup était le signal d'une levée générale dans les communes, et la chronique raconte : « qu'aussitôt qu'un loup était signalé, on sonnait l'alarme ; qu'alors toute la commune se mettait en chasse jusqu'à ce que l'animal fût tué ou expulsé. » Dans ces chasses générales, le dernier cas était le plus fréquent, parce que les loups, surtout quand ils ont fait de grands dégâts, abandonnent promptement la contrée comme s'ils pressentaient les poursuites qui doivent en résulter. On se servait de grands filets à loups, que le voyageur peut encore voir aujourd'hui dans les villages du Leberberg et à la maison de ville de Davos, où, jusque dans les derniers temps, plus de *trente* têtes et mâchoires de loups montraient les dents sous l'avant-toit du bâtiment et racontaient éloquemment les terribles ravages que ces bêtes avaient faits à tant de reprises dans les montagnes voisines. Il existe encore aujourd'hui dans le Jura vaudois, en particulier à Vallorbe, des sociétés particulières auxquelles appartient exclusivement la chasse du loup, et qui ont leur organisation, leurs séances, leurs autorités et leur tribunal. Le commandant de la troupe divise ses hommes en deux sections : l'une composée de chasseurs armés de fusils, qui se posent en embuscade ; l'autre formée de traqueurs qui, armés de simples bâtons, vont à la recherche du loup et le poussent avec un grand vacarme du côté des premiers. Dès que l'animal est tué, six trompettes sonnent la fanfare. On se rend ensuite à l'auberge du village, où l'on se régale aux frais de la peau du loup. Pendant la fête, ceux qui ont contrevenu aux ordres du chef sont condamnés à boire des rasades d'eau claire et à être attachés avec des liens de paille. Comme on ne peut devenir membre de l'association que lorsqu'on a pris part à trois chasses couronnées de succès, les pères ont l'habitude d'y assister avec leurs petits enfants sur les bras.

On employait aussi dans les temps anciens les fosses à loup. Gessner raconte qu'un chasseur, nommé Gobler, prit tout à la fois dans une de ces fosses, un loup, un renard et une vieille femme, dont chacun, de peur d'être mangé par ses compagnons d'infortune, était resté coi dans un coin pendant toute la nuit.

On sait que la nourriture de prédilection des loups, ce sont les moutons et, par conséquent, que leurs ennemis les plus redoutables et les plus acharnés sont les chiens de berger. Quoique le loup n'appartienne pas proprement aux animaux qui creusent la terre, il s'introduit quelquefois de cette manière dans les écuries de moutons. Sa gueule toute grande ouverte laisse voir deux effrayantes rangées de dents blanches et pointues, et un immense gosier rouge; c'est ainsi qu'il se jette sur le plus gros mouton du troupeau, et que, une patte posée sur le corps de sa victime, il la dépèce avec fureur. La force prodigieuse des muscles et des os de sa tête et de sa nuque lui permet d'emporter à la course un mouton et même un gros chevreuil, sans que l'animal touche à terre. On cite à peine dans le siècle actuel, en Suisse, le cas d'un loup ayant attaqué l'homme; il le fuit plutôt et se montre très-lâche quand la faim ne le rend pas furieux, ou que des blessures graves ne le forcent pas à se défendre. Un monsieur A Narca, de Misox, un soir d'hiver, fut assailli tout à coup par un loup affamé, au moment où il ouvrait sa porte. Cet homme, d'un sang-froid et d'une vigueur extraordinaires, l'étendit mort d'un coup de poing. Il le prit alors par la queue et le jeta dans la chambre aux pieds de sa femme qui venait justement de s'emporter contre lui. Quand on chasse le loup et qu'on le poursuit, ce n'est qu'à la dernière extrémité qu'il se met en défense. Il prend d'ordinaire la fuite, le nez appliqué en terre, les yeux étincelants de colère, les poils du cou et des épaules hérissés. Si les chiens l'acculent, il leur distribue quelques coups de dent, et repart dès qu'il a repris haleine. Nous ne connaissons guère d'exemple où, après avoir été blessé, le loup se soit jeté sur le chasseur, comme l'ours le fait ordinairement; il paraît plutôt que c'est l'excès seul de la faim qui lui donne le courage de s'attaquer à l'homme, et qu'il est beaucoup plus lâche que le lynx et même que le chat sauvage. On a même tué, presque sans résistance, des loups qu'on était parvenu à enfermer dans des écuries ou des basses-cours. Mais dans le Nord, où ces animaux sont plus nombreux, et dans les terres polaires, la patrie de l'ours blanc, où ils supportent avec une force de vie étonnante les froids les plus intenses et le dénuement le plus complet, ils ont plus de race et de feu.

Nous pouvons citer un remarquable incident de chasse de l'année 1773. Un chasseur de Biasca trouva dans une forêt voisine son piége à renard détendu, l'amorce enlevée et la neige ensanglantée tout à l'alentour. Il en conclut que quelque grand carnassier était venu visiter son traquenard, et il en suivit les traces encore fraîches, de concert avec deux hommes vigoureux. Celles-ci se perdaient à l'entrée d'une fente étroite de la montagne de Biasca, dans laquelle ils présumèrent qu'un loup était venu se retirer. Le peu de largeur de l'ouverture leur fit soupçonner que l'animal y était dans une position fort incommode, en sorte qu'après quelque hésitation l'un des chasseurs, muni de deux cordes, se décida à s'introduire en rampant dans la caverne. Il y trouva en effet le loup dans l'impossibilité de se retourner, et lui ayant pris les jambes de derrière, il les lui attacha fermement ensemble au-dessus du jarret, puis se retira en hâte, à reculons, avec toutes les précautions nécessaires en si périlleuse entreprise. Les deux autres chasseurs ayant fait passer les cordes par-dessus la branche inférieure d'un grand sapin qui se trouvait près de là, tirèrent le loup de toutes leur forces hors de sa tanière et le hissèrent, se débattant et hurlant, sur le sapin. La bête furieuse parvint à tourner la tête en arrière, et elle avait déjà coupé avec ses dents une des cordes qui la tenaient suspendue, lorsque quelques balles bien ajustées mirent fin à la lutte.

Quand les pâtres de la vallée de Saint-Nicolas (Valais) ont découvert les traces d'un loup ou d'un ours, ils organisent des patrouilles dans lesquelles ils observent un certain ordre. Ils plantent, dans la contrée menacée, un pieu au milieu du pâturage, et la personne chargée de la ronde du jour doit y faire une marque particulière pour constater son passage, faute de quoi elle est responsable de tous les dégâts qui se commettent dans la journée.

On sait que ce chacal du Nord suit volontiers les armées et visite la nuit les champs de bataille déserts pour s'y rassasier des cadavres abandonnés. Une fois qu'il a goûté de la chair humaine, il la préfère à toute autre et déterre même les cadavres. Lorsque, en 1799, les armées russe, autrichienne et française pénétrèrent dans nos plus hautes vallées de montagne et sur les cols les plus impraticables pour s'y livrer des combats meurtriers sans pareils, et que des centaines de cadavres restés sans sépulture tombèrent en poussière dans les gorges et les forêts, les loups accoururent disputer cette pâture aux corbeaux et aux aigles dans des contrées où on ne les avait jamais vus auparavant. On en tua un assez grand nombre en Suisse dans le cours de cette fatale année, en particulier dans les Grisons et les petits cantons.

Le loup, lorsqu'il est assis au bord d'un bois ou qu'il trotte à travers une forêt, ressemble tellement au mâtin par sa structure et la couleur de son poil que ces deux animaux peuvent être aisément confondus, et qu'ils semblent avoir une même origine. Et cependant on a fait depuis longtemps l'observation qu'ils ont l'un pour l'autre une aversion décidée. Le loup, malgré sa force, évite volontiers la rencontre du chien, naturellement bien plus faible. Celui-ci, à son tour, tremble et se hérisse le poil dès qu'il évente le loup. Il n'y a que les chiens fidèles et vigoureux qui gardent les moutons bergamasques sur les Alpes de l'Engadine, qui osent se mesurer seuls à seuls avec les loups et livrer à ceux qui rôdent autour des troupeaux des combats furieux de vie ou de mort. Si le loup reste maître du champ de bataille, il dévore volontiers l'animal couvert de blessures, tandis que le chien victorieux a encore horreur de l'adversaire qu'il vient de tuer. Ce sont les propres frères du loup qui viennent se repaître du cadavre auquel le chien a refusé de toucher; souvent même ils se jettent sur le loup lorsqu'il n'est que blessé, l'achèvent et le dévorent. Il est impossible de donner une idée plus frappante de ce qu'il y a de vorace, de perfide, d'abominable dans le naturel de cet animal.

Le loup occupe une des places les plus basses dans la série des individualités animales; même parmi les carnassiers, il est un des plus haïssables. Il égale les plus cruels d'entre eux en méchanceté, en perfidie et en appétit sanguinaire, puisqu'il se repaît avec voracité des plus immondes charognes, et, à côté de cela, il n'a ni la générosité du lion, ni la rude bravoure de l'ours blanc, ni l'originalité de l'ours brun, ni la fidélité du chien. Plus lourd que le renard, mais bien plus méchant et d'une méfiance extrême, il est hardi sans finesse; il n'a dans tout son être aucun genre de beauté : c'est en somme une des natures d'animaux les plus repoussantes. Il n'a, avec le chien, qu'une ressemblance extérieure. On ne peut pas dire qu'il soit le *chien sauvage*, le chien dans son *état primitif*; c'est plutôt un chien profondément perverti, la hideuse caricature du chien; il n'a pris aucun des bons côtés de la race et en a réuni tous les mauvais. Le seul trait de ce caractère qui le rende intéressant, c'est sa laideur même : car la nature a bien rarement créé des êtres aussi mal partagés. Il est le seul d'entre les carnassiers qui soit sociable; mais cette sociabilité n'est qu'apparente et tient seulement à la passion de l'animal pour la rapine et le meurtre. Les loups ne se réunissent en troupes que pour attaquer un ennemi redoutable par sa force; l'un d'eux le poursuit, les autres cherchent à lui couper la retraite. Une fois leur but atteint, ils se séparent de nouveau. Comme ils digèrent très-vite leur nourriture, même les gros os brisés qu'ils avalent, ils sont toujours affamés, gloutons, presque insatiables, et, avec cela, d'une maigreur de squelettes. Comme les chiens, ils mangent un peu d'herbe après leurs repas. La seule qualité de la louve est sa tendresse pour ses petits. Elle les soigne avec persévérance, et les défend avec courage; même après de longues marches, elle ne manque jamais de revenir vers eux. On avait tué dans le Jura une louve qui allaitait; quelques jours après on trouva dans la forêt de Risour, à quatre lieues de là, ses trois petits morts de faim.

On ne réussit qu'en apparence à apprivoiser et à élever cette nature toute d'une pièce et indomptable. A la première occasion, le loup le mieux dressé retourne à l'état sauvage : c'est toujours le vieux meurtrier d'autrefois. Les soins les plus attentifs ne sauraient faire jaillir dans cet esprit vil la moindre étincelle d'attachement et de fidélité. Il est singulier qu'avec une antipathie réciproque si caractérisée, le loup et le chien s'accouplent cependant et produisent des métis. Si Buffon a vainement tenu enfermés ensemble, pendant trois ans, une jeune louve et un jeune mâtin, sans qu'ils aient pu s'habituer l'un à l'autre, tellement qu'à la fin le mâtin tua la louve qui, la première, lui cherchait sans cesse querelle, dans l'Ile des paons (Berlin), au contraire, un chien d'arrêt, blanc, s'accoupla avec une louve et celle-ci mit bas trois petits qui tenaient le milieu entre les deux espèces. Il doit y avoir de semblables croisements entre ces animaux dans l'état de liberté. On a souvent tiré parti de la vigueur de ces produits croisés. Leur voix n'est plus un aboiement, mais un hurlement désagréable. Les Esquimaux accouplent leurs chiens avec des loups en captivité pour en maintenir la race plus grande et plus vigoureuse, et c'est sans doute à cette circonstance que nous devons attribuer la ressemblance frappante de leurs chiens avec les loups, dont ils ont aussi le hurlement sourd et lamentable. Nos montagnes ne présentent que bien rarement des variétés particulières de loup; cependant il paraît qu'au temps de Gessner les loups complétement noirs étaient assez fréquents dans le Rheinthal et dans les Grisons. Aujourd'hui encore cette variété n'est pas rare dans les Pyrénées. La variété blanche a été trouvée dans les Ardennes.

XI. LES OURS.

Une histoire d'ours dans les Grisons. — Répartition des ours dans la Suisse. — Ruolf et Lechthaler dans le Münsterthal. — Espèces et mœurs. — Les ours de Berne. — J. C. Riedl. — Aventures de chasse et combats.

Des bergers qui avaient l'habitude d'enfermer la nuit leur petit troupeau de chèvres dans une hutte un peu écartée, sur l'une des alpes les plus sauvages du Rhätikon, remarquèrent un matin, dans le voisinage de la cabane, des excréments d'une grosseur inaccoutumée, et trouvèrent les gras herbages qui l'entouraient broutés et foulés; la porte même était endommagée et portait des traces de griffes. Les chèvres sortirent d'un air effrayé, — cependant aucune ne manquait. Les bergers n'avaient pas pu reconnaître aux traces à quelle espèce appartenait le visiteur nocturne, mais ils supposaient que c'était un loup ou un lynx, et ils firent en vain des recherches dans tous les alentours, ainsi que dans une petite forêt de sapins et de pins nains située à quelque distance au-dessous de l'écurie. Ils résolurent toutefois de faire la garde, et comme ils n'avaient point d'arme à feu, l'un d'eux descendit au plus prochain village et en rapporta un vieux mousquet qu'on chargea avec les plus grandes précautions.

Pendant la journée, ils remarquèrent chez les chèvres une disposition inaccoutumée à rester toujours ensemble, et une répugnance visible à s'éloigner du troupeau de vaches qui paissait un peu plus bas. Ils eurent beaucoup de peine à les faire rentrer le

soir dans leur écurie. Deux des bergers devaient se tenir cachés derrière un rocher à portée, et, en cas de besoin, aller réveiller leurs camarades au chalet. La nuit se passa cependant sans incident; la suivante de même. La troisième nuit, les deux vedettes qui étaient à leur poste, n'apercevant rien qui fût de nature à les inquiéter, s'endormirent. Mais bientôt, réveillés par du bruit du côté de la cabane, ils virent un ours qui grattait à la porte, la poussait et faisait, en reniflant, le tour de l'écurie, pour découvrir comment il pourrait s'y frayer un passage. Les chèvres devaient être réveillées et inquiètes, car on entendait s'agiter leurs clochettes. Les bergers, qui n'avaient aucune habitude de la chasse, étaient inquiets eux-mêmes; l'un d'eux se glissa vers le chalet pour réveiller ses camarades, tandis que l'autre, désespéré, cherchait à mettre son mousquet en état de service. Pendant ce temps, l'ours reparut près de la porte et, en la poussant vigoureusement, finit par en faire sauter la serrure. Les chèvres épouvantées se précipitèrent en bêlant hors de l'écurie, et grimpèrent sur les rochers voisins. Bientôt l'ours ressortit lui-même, portant une chèvre qu'il avait tuée et se mit à en dévorer la tetine devant la porte. Ce fut alors que les autres bergers accoururent armés de gourdins, de selles à traire et autres engins de landsturm, — toutefois avec une extrême circonspection. L'un d'eux, qui dans sa jeunesse avait souvent été à la chasse des chamois, prit le mousquet des mains de la sentinelle empruntée, marcha droit à l'ours qui à son approche se dressa en grognant sur ses pattes de derrière, et, lui lâchant son coup du côté droit, lui fracassa les côtes. Les autres bergers s'approchèrent alors de l'animal furieux qui lançait des coups de pattes tout autour de lui, et l'achevèrent. C'était un ours de la variété dite brune, du poids de 240 livres.

Les ours se trouvent encore aujourd'hui régulièrement dans toutes les hautes montagnes rhétiques du sud, en particulier dans un grand nombre des vallées latérales de la Haute-Engadine, des montagnes d'Ofen et de Münster, du Bergell, du Puschlav et de Calanca, ainsi que dans la vallée tessinoise de Blegno et quelques districts du Valais. Il ne se passe presque pas d'année qu'on n'en voie ou qu'on n'en tue quelque individu dans les alpages des vaches, mais c'est particulièrement dans les jours chauds de l'arrière-automne ou du printemps qu'on les aperçoit, parce qu'alors la chaleur du fœhn les fait sortir de leurs tanières et que, ne pouvant trouver de nourriture dans le voisinage, ils sont obligés de faire d'assez longues excursions. En 1849, au commencement de septembre, on a tué, près de Zernetz, une ourse du poids de 260 livres, et le 13 octobre, près d'Andeer, un ours de 140. Un jeune fut pris vivant près de Süs, en avril 1851. Pendant l'hiver de 1788, six ours, dont plusieurs d'environ quatre quintaux, furent tués dans la Valteline, et sept en Août 1811, dans le canton du Tessin. Des Grisons, quelques individus isolés suivent quelquefois toute la chaîne méridionale des Alpes suisses, et, poussés par la faim ou la gourmandise, s'abattent en pays ouvert. C'est ainsi qu'aujourd'hui encore ils arrivent dans le canton de Vaud, dans le Valais, où on voit suspendus à plus d'un chalet des trophées de pattes d'ours, et dans les environs de Genève où l'on en tue, proportion gardée, un nombre considérable. Le chasseur *Infanger*, d'Isenthal, dans le canton d'Uri, s'était acquis une grande réputation de courage par ses chasses à l'ours. En 1823, il en avait tué un du poids de trois quintaux. En 1840, un chasseur rencontra deux ours à la fois, un vieux et un jeune, sur le glacier du Brunnig dans le Maderanerthal (Uri). Le hardi tireur profita d'un moment favorable et lâcha son coup sur les deux animaux à la fois. Le petit resta sur la place; le vieux, blessé grièvement à l'échine, s'enfuit du glacier et alla se réfugier dans une fente de rocher où le chasseur ne put le suivre. Celui-ci le trouva mort le lendemain dans une crevasse. C'est un fait remarquable que les ours sont très-rares dans les Alpes vaudoises, tandis qu'ils se propagent dans le Jura vaudois et le Jura neuchâtelois. Le gouvernement de Neuchâtel dut ordonner, le 20 septembre 1855, une battue générale contre les ours des forêts au-dessus de Boudry, et promettre une prime de 200 francs. Dans l'année 1843, des chasseurs de S¹-Cergues poursuivirent une ourse jusque dans sa tanière, et lui enlevèrent un petit ourson encore aveugle, mais qui périt de froid dans leur carnier. Le fameux chasseur d'ours, *Grosillex*, de Gex, vendit à Genève, en novembre 1851, le *neuvième* des ours tués de sa propre main, et le même mois, dans les environs de la même ville, un autre chasseur en tua deux, un vieux et un jeune. Peu de temps après, un troisième chasseur de cette contrée tira un jeune ours, se jeta sur lui et fut assez heureux pour pouvoir, avec l'aide de deux camarades, le prendre vivant. Par contre, dans le Jura bâlois le dernier ours a été tué en 1803, près de Reigoldswil.

L'année 1852 fut encore plus productive. Cinq ours se montrèrent à la fois dans l'Engadine. L'un d'eux fut tué au mois de septembre à Cama par Philippe Bondigoni. Au mois d'octobre, le même chasseur abattit d'un coup, dans le val Grono, une ourse du poids de 200 livres. A la fin du même mois le forestier Giesch, étant parti de Lostallo pour le val d'Arbora, armé d'un fusil à deux coups pour tirer des chamois, trouva sur l'alpe de Cisterna des traces d'ours encore fraîches, et bientôt après découvrit sur une pente l'animal lui-même qui grimpait sur un sorbier pour en prendre les fruits. Le courageux chasseur, embusqué derrière un sycomore, tira l'animal à une centaine de pas. Celui-ci sauta à bas de l'arbre en grognant et, ayant aperçu le chasseur, se dirigea furieux contre lui. Giesch le laissa arriver jusqu'à cinquante pas et lui lâcha son second coup. La bête tomba à la renverse poussant des hurlements horribles, et roula avec un bruit effroyable à travers les broussailles jusqu'au bas du ravin. C'était le troisième ours qui dans l'espace de quelques semaines faisait son entrée à Grono. Dans l'automne de 1849, un chasseur de Lavina qui cherchait des chamois tua de ses deux coups une ourse énorme. Comme elle était étendue au milieu d'une mare de sang, ses deux oursons accoururent auprès d'elle et se mirent à flairer le cadavre de leur mère; mais ils ne tardèrent pas à succomber à leur tour sous les coups du chasseur, qui de cette manière gagna en un quart d'heure, uniquement en primes, plusieurs centaines de florins. Quelques ours parurent aussi en 1853 dans les montagnes rhétiques; deux en particulier furent tués dans le Misox inférieur. Au mois d'août, seize moutons furent dévorés par un ours à quelques jours d'intervalle sur la Karlemattenalp dans le Davos, et quinze en septembre 1853 par un autre sur la Stutzalp (Engadine). Dans le nombre, plusieurs avaient été enlevés du milieu d'un troupeau de vaches qui poussaient des beuglements. Les ours reparurent dans l'automne de 1855 en quantité notable dans le Prätigau, le Münsterthal et la Basse-Engadine. En 1856, les chasseurs Filli et Foutsch tuèrent le 5 juin un jeune ours et le 9 la mère de cet ourson; en septembre, les chasseurs Christian Meisser et Andreas Biäsch tuèrent sur les crêtes de la vallée de Davos une vieille femelle de 242 livres et deux oursons de 82 et 67, peu après que ces animaux eussent causé de grands dégâts dans un troupeau de moutons. Dans le Tessin, au val Robesacco, on tua en 1854 trois ours qui avaient attaqué des troupeaux et même des hommes. En 1857, on en tua huit dans l'Engadine, tant vieux que jeunes, dont l'un était occupé à se régaler de myrtilles. En juillet 1858, les ours firent beaucoup de mal sur l'alpe de Buffalora et dévorèrent ou jetèrent dans les précipices 22 moutons appartenant à un même troupeau. Dans le même mois, J. P. Zinsli tira un ours dans le Rütteltli, à un quart d'heure du Splügen; l'animal blessé se dirigea tout droit sur son adversaire, qui l'étendit mort de son second coup. Dans l'été de 1860, aux environs de Zernetz, où un ancien fermier du château avait tué de sa main onze ours, un de ces animaux avait emporté 17 moutons dans l'espace de quinze jours; on en a vu un autre près de Sins brouter les récoltes au bord de la grande route. Le 18 août de la même année, un berger bergamasque qui traversait à cheval le col de Buffalora rencontra à l'improviste deux oursons. La mère accourt et se précipite furieuse sur le cheval qui se défend vigoureusement à coups de pieds, tandis que le berger saute à bas de sa monture. A une nouvelle attaque, elle fait tomber sur elle le manteau de fourrure qui était resté sur le cheval, et dans sa fureur elle se met à le déchirer en mille pièces. Mais le cheval et le cavalier en avaient profité pour s'enfuir. Dans les Grisons, on a tué huit ours en 1861 et de nouveau plusieurs dans les deux années qui suivirent. Dans l'été de 1864, quelques voyageurs qui passaient en diligence eurent le plaisir, aux environs de Steinsberg, de voir sur la rive opposée de l'Inn deux gros oursons qui tetaient leur mère; un ours plus gros s'aventura même jusqu'aux eaux minérales de Schulz. En général cette année là, les ours se montrèrent fréquemment dans le sud des Grisons. Dans une battue qu'on fit sur les Alpes de Lostallo, la bête traquée parvint à s'échapper, mais elle fut précipitée par dessus des rochers d'où on la rapporta toute fracassée. Au mois d'octobre, Antonio Jaccaci, jeune homme habile chasseur qui avait déjà tué trois ours, en abattit un vieux au Val Crua (Roveredo), au moment où l'animal était occupé à manger des baies sur un petit sorbier, et bientôt après, dans le voisinage, un petit ours de deux ans. On en poursuivit plusieurs autres sur le val Grono et dans le val Cama. Dans les Alpes au-dessus de Prolin et de Biod, dans la vallée valaisanne de l'Hérémence, un ours blessé par un chasseur se jeta sur son agresseur, et, après une horrible lutte corps à corps, le tua. L'animal fut tué lui-même un peu plus tard par les amis de la victime. On peut le voir aujourd'hui au Musée de Sion. Dans les vallées d'Erin et d'Anniviers, ces animaux carnassiers quittent quelquefois leurs sauvages retraites de montagnes et descendent dans les riantes vallées de vignobles. On y tua, dit-on, en 1830, des ours de 500 livres, et en 1836, une ourse avec ses trois oursons. En 1834, un ours descendit jusque dans un vignoble des environs de Sierre, où un jeune homme s'amusait à chasser aux petits oiseaux. Celui-ci eut le courage de lâcher à bout portant dans le visage du monstre sa charge de petit plomb, et le bonheur de le tuer du coup. L'histoire est authentique.

Mais le district de la Suisse où, d'après nos données, les ours sont toujours le plus abondants, est après le Tessin, la Basse-

Engadine, avec les forêts montagneuses des vallées adjacentes de Münster et d'Ofen. Lorsque nous visitâmes en septembre 1855 ce vaste district, nous trouvâmes presque chaque jour des traces de ces animaux, et il ne se passa pas de semaine où, par les beaux jours, l'on ne vît l'ours, seul ou en compagnie, dans l'une ou l'autre des vallées latérales. C'est ainsi que dans la gorge de l'Alpwald, dans le Scarlthal, peu avant notre arrivée, un « vieux diable noir, » comme le racontait le berger, était descendu du côté des mines et avait passé en plein midi entre lui et une femme qui venait de Schulz. Il en est de même de toutes les vallées peu fréquentées de la contrée, comme le Val Minger et le Val Ferrata, dans lesquels ces animaux prennent leurs quartiers d'hiver, le Val Taffry, le Val de Poch, ainsi que le Val Nuna, le Val Sampuoir et le Fuldera — d'ordinaire par conséquent les gorges les plus sombres et les plus solitaires, couvertes de forêts d'arbres à aiguilles et enfermées entre de hautes montagnes escarpées, et sur leurs deux versants jusqu'à une élévation de plus de 7,000 pieds. Mais, dans la règle, l'ours ne se montre chez nous que depuis le mois d'avril jusqu'aux environs du mois de novembre, époque à laquelle les masses de neige rendent les forêts inaccessibles et où les ours se rendent en conséquence dans leurs tanières pour y commencer leur repos hibernal. Quant à extirper complétement les ours de ces contrées désertes, il ne peut en être question pour le moment. L'étendue des districts qu'ils parcourent, l'escarpement des gorges où ils se retirent, l'incertitude de leurs traces sur le sol dégarni de neige, l'indifférence des habitants et la rareté des chasseurs, n'assurent que trop l'existence de l'espèce. Il n'y a pas de chasseurs qui se consacrent particulièrement et d'une manière suivie à la chasse de l'ours. Les primes d'ailleurs ne sont guères de nature à beaucoup encourager. Les habitants de Zernetz ne les accordent qu'aux citoyens du canton, et ceux de Schulz, qu'aux bourgeois de la commune; cependant celle-ci, dans l'été de 1855, a encore perdu plus de 50 moutons par le fait des ours. Un ancien chasseur de Scarl, qui avait eu maille à partir avec plus d'un ours, calculait devant nous que dans les districts que nous avons nommés il devait exister au moins une trentaine d'ours, entre autres un vieux mâle d'une taille énorme, avec la tête et le dos lavés de gris.

Nous devons dire quelques mots de deux vaillants chasseurs de la vallée de Münster. Jean Ruolf, connu sous le surnom de *Sunaderin* (petit violon), a déjà tué plusieurs aigles, beaucoup de chamois (30 en moyenne par année, et une fois 5 en un jour) et abattu également plusieurs ours. Il y a quelques années qu'en suivant une piste qui l'avait mené de Scarl dans le val Tavru, il découvrit enfin une vieille ourse au bord d'un petit ruisseau, au-dessus de la limite des bois. Parvenu à grand peine, à force de grimper et de ramper, à une position couverte derrière un bloc de rocher, il mit en joue son fusil à deux coups, et en lâcha un au moment où l'ourse lui présentait sa poitrine. L'animal atteint s'enfuit en mugissant à travers les rocs et les broussailles. Le courageux chasseur recharge son arme et poursuit sa victime; mais il la cherche en vain : elle a disparu. A son grand étonnement, il rencontre à sa place trois jeunes ours; il en abat un de chacun de ses deux coups; le troisième se réfugie sur un arbre d'où Ruolf le fait aisément tomber en lui envoyant une nouvelle balle. Il avait en quelques minutes gagné 250 francs, tant en primes qu'en valeur de gibier.

Nicolas Lechthaler, chasseur également distingué, rapporte chaque année chez lui de 40 à 50 chamois et a tué déjà plusieurs gypaètes. Dans l'été de 1857, il fut mis à la tête d'une battue qu'avaient prétendu organiser à Zernetz deux étrangers amateurs de chasse (un prince Suworoff et un Américain) à la recherche d'une famille d'ours. La troisième battue réussit enfin. Lechthaler abattit la mère; mais le Russe acheta ses compagnons de chasse et se fit passer pour le vainqueur. En mai 1858, comme Lechthaler chassait la perdrix dans la Paluetta, au-dessus du Val Cava, il tomba à l'improviste sur une ourse. Que faire? Il n'avait que du petit plomb dans son fusil, et il savait bien qu'avec cela il ne pouvait faire grand mal au vieux grognard, tandis qu'en tirant il s'exposait lui même au plus grand danger. Sa passion ne lui permet pourtant pas de renoncer à une si belle prise, et, dans sa téméraire audace, il tire sur un des oursons, qui fait aussitôt la culbute. La mère se met alors à mugir, et, se dressant sur ses pattes, s'approche du chasseur jusqu'à la distance de quelques pas; puis, changeant tout à coup de direction, elle revient vers son petit à demi mort, le flaire, le retourne sur le sol, le prend enfin dans sa gueule et l'emporte, suivie des deux autres. Lechthaler regarda un moment cette scène, à moitié pétrifié d'effroi; puis il regagna son logis, où comme sa femme en révéla le secret, il versa des larmes amères d'émotion et de colère sur la proie qui lui avait échappé. C'est en novembre 1865 que, au Valatscha, sous le Piz d'Astas, il tira son dernier ours; l'animal blessé arriva au grand trot sur lui jusqu'à une dizaine de pas; une seconde balle lui traversa le cœur.

Les naturalistes ne reconnaissent qu'une espèce d'Ours brun (*Ursus arctos*), celle qui dans tout le Nord de l'ancien monde habite les grandes forêts, et dans le Sud les hautes montagnes boisées. Chez nous on en distingue trois espèces différentes: le grand *ours noir*, le grand *ours gris* et le petit *ours brun*. Il en existe, en outre, une variété rare d'un gris argenté ou blanche, dont un bel exemplaire, avec les oreilles d'un blanc de lait, a été tué à Scanfs. Un magnifique ours de 7 pieds 2 pouces de longueur, tué dans les environs de Nyon, orne le Musée de Lausanne.

Nos ours sont, au fond, des animaux peu méchants. Ils dorment en hiver beaucoup plus qu'en été, et se tiennent alors dans leurs tanières, qui sont souvent de simples crevasses dans les rochers, souvent de grands nids grossièrement construits avec des branches et de la mousse et fermés en dehors. Dans les grands froids, ils dorment quelquefois plusieurs jours de suite d'un sommeil non interrompu, mais sans s'engourdir. Quoique leur appétit soit moindre pendant les mois d'hiver, la faim doit nécessairement les réveiller bientôt. Ils sortent alors de leurs tanières, comme ils le font du reste au moindre bruit qui les inquiète, et vont manger de bon appétit des herbages gras et frais, de jeunes blés d'hiver, des racines, des baies de sorbier, des fruits de de sous-arbrisseaux, et tout particulièrement des fraises et du miel. Ils font souvent en automne des excursions de plusieurs lieues pour chercher des poires et des raisins, mais ils sont toujours de retour dans leur district avant le point du jour. C'est ainsi que, depuis le Münsterthal et l'Engadine, ils descendent jusque dans les vignobles de la Valteline et dans le Puschlav inférieur. C'est la nourriture végétale qui leur convient le mieux. On a nourri des ours bruns et des ours blancs uniquement avec de l'avoine. Souvent aussi l'ours bouleverse les grandes fourmilières des bois et en mange les fourmis. L'acidité de ces insectes lui plaît, mais elle excite aussi en lui l'envie de la chair fraîche. Quand il n'est pas provoqué, ou qu'il n'est pas tourmenté par la faim, l'ours ne s'attaque pas à l'homme. En juin 1855, un gros ours se jeta un soir sur le chien d'un paysan des environs de Boudry (Neuchâtel), mais ayant vu venir à lui le maître du chien avec un bâton, il lâcha sa proie et s'en retourna tranquillement dans la forêt. L'ours fait quelquefois des excursions à 8 ou 10 lieues de distance et plus, mais il revient volontiers dans son canton. Lorsqu'il veut courir rapidement, ce qui ne lui est pas facile à la descente, il se met sur ses quatre pieds ; pour porter quelque chose à sa tanière, il marche droit. Quand il s'arrête, il s'assied sur son derrière comme le chien.

L'ours n'est dangereux que lorsqu'il est surpris dans son sommeil, blessé grièvement, pressé par la faim, ou qu'il sent ses petits en danger. Alors il se dresse et marche tout droit à l'ennemi, l'entoure de ses pattes de devant et cherche à l'étouffer, n'usant de ses dents qu'avec réserve. Il arrive quelquefois, comme cela a eu lieu à Wangen, dans le canton de Soleure, que l'ours attaqué arrache la pique ou le fusil de la main du chasseur, embrasse son ennemi, et roule avec lui le long de la montagne ; mais dans cette lutte maître ours a ordinairement le dessous. Quand les ours chassent le bétail, ils s'embusquent volontiers dans le voisinage de l'abreuvoir. Il est très-rare qu'ils attaquent une vache, en tout cas ils ne le font jamais par devant. L'ours lui saute sur le dos et lui dévore la nuque jusqu'à ce qu'elle tombe sous lui baignée dans son sang. Il ne poursuit pas les chèvres, il cherche à les précipiter des rochers ou à les surprendre la nuit dans les écuries. Quand elles l'éventent à temps, elles se sauvent sur le toit des chalets et éveillent souvent les bergers par le bruit qu'elles font. Ce n'est guères que par le brouillard que l'ours s'attaque à des vaches au pâturage, parce qu'alors, sans être vu du troupeau, il se jette sur une bête écartée, la terrasse et lui dévore les reins et la tetine; le reste, il l'enterre ou l'emporte. Mais quand les vaches du troupeau l'aperçoivent, elles se rassemblent autour de lui en soufflant et en beuglant, et observent tous ses mouvements sans bouger. Il ne lui reste plus alors qu'à se retirer. Il lui arrive rarement aussi d'attaquer les chevaux, et dans ce cas il ne s'en tire pas toujours sain et sauf. C'est aux moutons qu'il donne la chasse de préférence. Il y a une quarantaine d'années que les ours enlevèrent successivement plus de trente moutons à l'aubergiste du Grimsel.

Comme les ours grimpent fort lestement, ils ont l'habitude, avant de se mettre en chasse, de monter sur un grand arbre, afin d'explorer le district du nez et du regard; ils ont l'ouïe et l'odorat très-subtils. Si les ours n'étaient pas si gloutons et s'ils ne faisaient quelquefois de si grands ravages dans les troupeaux de moutons, nous en serions presque à regretter qu'on leur donne la chasse avec tant d'ardeur. Il n'y a pas de carnassier d'humeur aussi drôlatique, aussi paisible, aussi aimable que notre brave maître Martin. Il a un naturel ouvert, droit, sans méchanceté, sans fourberie. Il n'a ni grande finesse, ni grande imagination. Sa force corporelle est prodigieuse, et c'est là-dessus qu'il se fie. On sait qu'il peut enlever une vache par le toit d'une étable, et emporter un cheval à travers un ruisseau profond. Ce que le renard cherche à obtenir par la ruse, l'aigle par la rapidité de son vol, l'ours l'atteint à force ouverte, en allant droit au but. Il ne sait ni se tenir longtemps en embuscade, ni tromper le chasseur et le surprendre par derrière ; il ne s'en remet pas avant tout à sa formidable mâchoire, et s'il cherche d'abord à envelopper son adversaire dans ses bras puissants, il ne le mord qu'en cas de nécessité et ne témoigne, en le déchirant, aucune fureur sanguinaire. La douceur de son naturel lui fait trouver un égal plaisir à manger de la chair et des substances végétales, telles que châtaignes, lait, raisins, maïs, myrtilles et miel. Jamais il ne touche au cadavre de l'homme, jamais il ne mange son semblable, jamais il ne rôde la nuit dans les villages. Il reste dans la forêt, dans la montagne, dans l'alpe, comme dans son domaine propre. Le loup fait quelquefois, surtout en automne et en hiver, des voyages de 80 à 100 lieues; l'ours s'éloigne rarement à plus de 20 de sa tanière.

Cependant on se fait souvent des idées exagérées de la lenteur aussi bien que de la bonhomie de cet animal. Malgré son grand flegme, il peut, sur un terrain uni, rattraper sans peine un homme à la course, et il est fort habile à grimper sur les arbres. Mais en février ses plantes de pied sont très-tendres et il marche avec difficulté. Les vieux ours sont plus pesants et grimpent avec plus de lenteur et de circonspection. Quand l'ours est en danger, tout son naturel change, et il devient alors violent jusqu'à la fureur. Un chasseur prudent ne se hasardera jamais à tirer un jeune ours si sa mère est dans le voisinage; il s'exposerait ainsi, dans la plupart des cas, au plus grand danger. L'ours blessé est également redoutable : ordinairement il se retourne et, dressé sur ses pattes de derrière, marche droit à son adversaire, si bien armé qu'il puisse être. Il lui offre tout de suite le combat corps à corps, et, s'il ne reçoit pas d'emblée un coup de poignard dans le cœur, il l'embrasse de ses deux bras vigoureux et lutte bravement avec lui jusqu'à ce que l'un ou l'autre des combattants succombe. L'ours des Carpathes est quelquefois animé d'une fureur de vengeance inconcevable. On en cite des exemples remarquables. C'est ainsi qu'on a vu des ours blessés poursuivre le chasseur jour et nuit sans relâche, de forêt en forêt, de rocher en rocher, traversant les ruisseaux, restant des heures entières en embuscade, explorant toutes les gorges, toutes les cavernes, parcourant des cantons entiers, et n'abandonnant qu'avec la vie leur poursuite acharnée. Nos annales de chasse en Suisse ne renferment pas d'histoire de ce genre; il n'en est pas moins vrai cependant que nos ours, une fois qu'ils sont serrés de près et blessés, sont des adversaires avec lesquels on doit compter. Le 3 septembre 1816, les habitants de Vicosoprano ayant voulu après une chute abondante de neige, ramener leurs bœufs qui étaient en étivage sur l'alpe d'Albigna, le berger leur apporta la nouvelle que la nuit d'avant un ours leur avait tué une de leurs bêtes. On réunit aussitôt tous les hommes de l'endroit et on commence une bruyante battue au son du tambour. L'ours sort d'une gorge, et reçoit une charge de deux balles qui lui fait rebrousser chemin en grognant. Deux chasseurs et un berger se mettent à sa poursuite; du fond d'un fourré, le monstre se précipite sur le dernier, le saisit et lui fait à la tête une blessure mortelle. L'un des chasseurs, dès qu'il peut le faire sans danger pour le berger, met une balle dans la tête de l'animal, un peu au-dessous des yeux; celui-ci se retourne avec rage contre lui, le saisit par les cuisses avec ses pattes et se dresse tout droit la gueule béante; mais le chasseur réussit à enfoncer son coude profondément dans la gueule du monstre. Au même moment, le second chasseur lui fracasse l'épaule d'une balle; l'ours se jette aussitôt sur lui, mais il est reçu avec des coups de crosse si vigoureux qu'il finit par se réfugier au fond de la gorge, où il succombe enfin sous les balles des autres chasseurs.

Il existe encore bien des contradictions dans nos données sur la propagation de cet animal, le plus grand de nos carnassiers. On a fait sur les ours entretenus dans les fossés de la ville de Berne depuis plus de 400 ans par une dotation spéciale, les observations qui suivent : C'est à cinq ans que ces animaux sont aptes à la reproduction. L'accouplement a lieu en mai et juin. L'ourse met bas en janvier, la première fois un petit, les suivantes tantôt un, tantôt deux, plus rarement trois. En 1857, l'une des ourses mit bas le 13 janvier, l'autre le 22; en 1859, il y eut une mise bas le 10. Les mères sont à cette époque si irritables qu'elles se précipitent avec fureur vers la porte de leur stalle quand quelque visiteur étranger s'y présente. Une des ourses mit bas, en février 1575, deux petits blancs comme la neige. Ces jolies petites bêtes, assez gauches, naissent les yeux fermés; elles sont alors de la grosseur d'un rat, d'un fauve pâle, blanches autour du cou, et n'ont encore absolument rien du type de l'ours si ce n'est une voix déjà singulièrement basse. Ils ouvrent les yeux au bout de quatre semaines; ils ont à cet âge une laine d'un pouce de longueur, et sont deux fois plus gros qu'à leur naissance. Leur petits yeux sont enfoncés; leur museau est tout à fait pointu. Pendant la période de gestation, et quelques semaines encore après la mise bas, l'ourse ne quitte que rarement son nid. Elle mange fort peu et se contente souvent de lécher le miel des tartines qu'on lui donne, mais elle garde, réchauffe et allaite ses petits avec le plus grand soin. Le mâle les mangerait vraisemblablement si on ne l'en séparait pas. S'il s'approche des petits, la mère se dresse sur ses pattes de derrière, défend courageusement ses nourrissons, et par ses hurlements et de vigoureux soufflets cherche à détourner son époux de son projet criminel. Il est probable que pendant ce temps-là l'ours en liberté vit seul, et qu'il ne rejoint sa famille que plus tard. A quatre mois, les oursons sont déjà de la grosseur d'un barbet, parfaitement amusants par leurs manières, adroits à grimper, toujours jouant ou se chamaillant les uns les autres, mais d'une grande timidité. Leur couleur jaunâtre passe peu à peu au brun et au noir. Ils restent avec leur mère jusqu'à ce qu'elle ait une nouvelle portée; c'est alors qu'on les sépare. En février, quand le cerf met son bois, la plante des pieds de l'ours change de peau, ce qui pendant quelques jours lui rend la marche presque impossible. Il n'y a aucune raison de supposer que la même série de faits ne se reproduise pas aux mêmes époques chez les ours en liberté.

On ne sait rien de positif sur la durée de la vie de ces animaux. A Berne, on a conservé un ours pendant quarante-sept ans, et une femelle y mit bas encore à l'âge de trente et un ans.

On sait que les pattes de l'ours sont un excellent morceau; les habitants des montagnes ont soin de faire tremper quelque temps dans de l'eau fraîche le reste de la chair de l'animal; cette opération lui ôte sa saveur douceâtre et lui donne quelque analogie avec de la viande de bœuf tendre. La peau vaut de 30 à 50 francs. On affecte encore dans certains cantons une prime assez forte à la capture des ours, mais il se passera bien du temps avant que ces bêtes disparaissent entièrement des Alpes escarpées et solitaires des Grisons, et que le voyageur n'ait plus l'occasion de voir briller sur les montagnes de l'Engadine ces feux que les bergers y allument et y entretiennent si souvent pendant la nuit pour annoncer dans tout le pays la découverte des pistes d'un loup ou d'un ours.

Les ours ne sont pas non plus très-rares dans les montagnes du Tyrol, cette contrée sœur de notre Suisse. Chaque année on en tue une douzaine et plus; en 1835, on en tua même vingt-quatre. On en abat annuellement 200 dans toute l'étendue de la monarchie autrichienne; en Suède, rien que dans les chasses de l'Etat, on en a tué 144 en 1835, et 98 en 1839; tandis qu'en Sibérie on en expédie chaque année 5,000 peaux pour la Chine.

Il y avait autrefois dans les Grisons des chasseurs assez intrépides pour se mesurer corps à corps avec l'ours. Ils le laissaient venir à eux, le prenaient à bras-le-corps en appuyant fortement la tête sous la gorge de l'animal, et attendaient dans cette position qu'un camarade les délivrât par un coup de carabine bien ajusté, ou que l'occasion se présentât d'enfoncer leur poignard dans les flancs de la bête. Cependant plus d'une fois ce jeu dangereux s'est mal terminé pour le chasseur. D'un autre côté, nous avons entendu dire que des personnes sont mortes à la seule vue des ours. Ainsi, en 1837, dans la vallée de Medels (Grisons), un homme se trouva tout à coup en face de six ours; il mourut des suites de la peur que lui fit cette rencontre, et des efforts que lui avait coûtés sa fuite précipitée. Un de ces animaux fut tué peu de temps après; les autres disparurent.

Un combat effroyable, tel qu'on en voit peu, eut lieu en décembre 1838 dans ces énormes montagnes déchirées qui entourent comme un mur cyclopéen le petit village de Dissentis. Un chasseur, nommé Jean Clément Riedi, habitant de ce lieu, avait suivi pendant toute la journée les traces d'un ours, et était arrivé le soir vers une dangereuse paroi de rochers où ces traces se perdaient. Il en conclut que l'ours devait s'être retiré quelque part dans cette gorge. Le rocher formait d'ailleurs une forte saillie derrière laquelle l'animal était probablement retranché et se préparait à une lutte à outrance. Riedi chercha d'abord à l'engager à sortir en faisant du bruit, mais, n'y ayant pas réussi, il s'approcha, son fusil en avant et armé. Lorsqu'il eut atteint l'étroit passage qui longeait le rocher, il comprit que l'animal ou lui devait nécessairement rester sur la place, car pour l'un comme pour l'autre toute fuite était impossible. Arrivé au contour du rocher, il découvrit dans la paroi un trou qui paraissait être la tanière de l'ours. Il s'avança avec précaution, et vit briller dans l'obscurité de cette étroite ouverture les yeux étincelants du monstre; le corps était caché dans le fond de la caverne, mais avec une patte en avant, au point que le chasseur aurait pu la toucher avec la main. Riedi voulut tirer, mais deux fois sa carabine rata; les yeux brillants de l'ours restaient immobiles, fixés sur son téméraire ennemi. Enfin le coup partit, et un effroyable hurlement sorti de la caverne vint se joindre à la détonation pour ébranler les échos d'alentour. Le chasseur se retira aussi loin que possible pour échapper à l'attaque qu'il prévoyait, et recharger sa carabine. Les hurlements ayant cessé pendant ce temps, Riedi se hasarda à retourner à la tanière. Tout y était dans une obscurité complète, la patte et les yeux avaient disparu. Il prêta l'oreille: on n'entendait plus qu'un léger frémissement, comme un bruit d'ongles qui auraient gratté la terre; mais saisi d'une terreur panique, il sortit en hâte de la gorge et retourna chez lui.

Le frémissement avait-il été la dernière convulsion de l'animal? Cela était probable. Aussi le lendemain matin, Riedi se rendit à la tanière de l'ours, accompagné de trois camarades, dont deux, dans la conviction que l'animal était mort, n'avaient pas seulement pris leurs armes. On aborda la tanière par le haut. Augustin Biscuolm, de Dissentis, le fusil en bandoulière derrière le dos, descendit le long d'un sapin qui s'élevait tout à côté du rocher dans le voisinage du trou fatal. Mais à peine avait-il mis le pied à terre que l'ours en deux bonds énormes sautait sur lui comme un furieux, le prenait dans ses bras et le terrassait. Biscuolm appelle à grands cris ses compagnons, et tout en luttant avec la bête commence à rouler avec elle le long d'un talus. Réunissant toutes ses forces, il parvient cependant à mettre l'ours sous lui, à se dégager et à saisir son arme. L'ours s'était déjà relevé. Le chasseur n'ayant pas le temps d'armer sa carabine en présente la crosse à l'animal, qui se précipite dessus la gueule grande ouverte. C'est alors que J. C. Riedi, qui était descendu à son tour par le sapin, accourt et lâche son coup dans les flancs de l'ours. Celui-ci recule de quelques pas pour fondre de nouveau sur les deux chasseurs, mais à ce moment Biscuolm réussit à lui lâcher un troisième coup qui cette fois est mortel. On reconnut que le premier coup tiré dans la grotte avait fracassé la mâchoire de l'animal. Cette blessure et la perte de sang qui en avait été la suite avaient rendu la lutte moins terrible. Cependant le talus sur lequel les deux lutteurs avaient roulé se terminait par un immense précipice au bord duquel ils s'étaient arrêtés comme par miracle.

Aujourd'hui le chasseur ne craint pas d'aller seul à la chasse de l'ours, et il n'y met pas tant d'artifice, car à moins qu'on ne surprenne la bête dans une de ses excursions ou à la pâture, elle laisse venir le chasseur à elle jusqu'à une vingtaine de pas sans songer à fuir. Autrefois c'étaient les habitants de villages entiers qui faisaient la battue avec des tambours et des cors et poussaient l'animal dans une gorge où l'attendait le tireur. Ainsi on nous a raconté une chasse de l'année 1706 où les hommes d'Uri avaient invité 300 Glaronais à se joindre à eux. L'ours fut abattu; les Glaronais obtinrent pour trophée deux pattes de l'animal; les Uronais, sur le territoire desquels il avait été tué, emportèrent le reste. Au mois d'août 1815, sur l'alpe du Wärgisthal, dans le Grindelwald, au pied de l'Eiger, 15 moutons furent dévorés, et presque tous en entier, à l'exception de la tête et de la peau. Comme les traqueurs étaient trop peu nombreux, l'ours s'enfuit jusque sur les hauteurs de la petite Scheidegg. Huit jours plus tard, sur l'Obernberg, à côté du glacier supérieur, on trouva encore vingt moutons tués, et plus haut dix autres dont la poitrine seule était dévorée. On perdit les traces de l'ours au-dessus du glacier, du côté du Schreckhorn.

Nos chroniques, dans tous les cantons de montagnes, renferment des histoires de luttes terribles entre des chasseurs et des ours. Dans le canton de Glaris, où le dernier ours a été tué en 1816, deux hommes en rencontrèrent un sur la Ruoggisalp. La bête s'empara de la hallebarde de l'un des deux amis; mais l'autre, nommé Wala, se jetant sur elle, lui enfonça son bras dans la gueule et, lui saisissant la langue, la lui tira de côté hors de la bouche. L'homme et l'ours roulèrent le long d'une pente, au bas de laquelle le premier chasseur parvint à transpercer l'animal sur le corps de son compagnon.

Jacob Imbach, de l'Entlibuch, trouva sur le Schimberig deux ours dans leur tanière. Le plus vieux va droit au chasseur et le renverse par terre. Imbach, vêtu d'une épaisse jaquette de laine, lui enfonce le bras gauche dans la gueule, tandis qu'avec le droit, armé d'un grand couteau, il lui fait de larges blessures dans le ventre. Il réussit ainsi à se dégager et à se relever; mais la bête furieuse l'embrasse de nouveau, et tous deux roulent en bas de la montagne, jusqu'à ce que le chasseur parvienne enfin à enfoncer son couteau dans le cœur de l'animal. Ce fut après une lutte plus terrible encore que Gaspard Lehner, de Kriens, vint à bout de tuer un ours de 420 livres. Il fallut huit hommes pour emporter le monstre.

Les jeunes ours ne sont pas difficiles à apprivoiser. Ils s'habituent promptement à leur maître et peuvent être maintenus en bon état, sans nourriture animale, avec 2 livres de pain par jour; il en faut 3—4 aux adultes. A Berne on leur donne en outre un peu de beurre et de miel. En hiver, ils mangent moins encore. On ne doit jamais se fier entièrement à ceux qui ne sont plus jeunes: un triste accident qui a eu lieu dans la ville fédérale, il y a quelques années, en fournit la preuve. Un attaché à l'ambassade de Suède étant imprudemment descendu de nuit dans la fosse aux ours, un des plus gros de ces animaux se dirigea aussitôt sur lui, le poursuivit quelque temps, le saisit et le tua, avant qu'on pût porter secours au malheureux; l'animal n'avait pourtant pas touché au cadavre. Dans l'été de 1864, un ourson tomba du haut du sapin planté dans la fosse; ses deux frères plus âgés se jetèrent sur lui et le tuèrent à l'instant à coups de dents.

Les abondantes trouvailles de dents d'ours faites dans les restes d'habitations lacustres de la Suisse prouvent que ces animaux étaient très-nombreux dans notre pays à une époque reculée. On a aussi trouvé pendant l'été de 1860 dans une caverne du Bärentroos, sur l'alpe de Stoss dans le Muottathal, six squelettes complets d'ours, appartenant les uns à de jeunes exemplaires, les autres à de vieux individus de la plus grande taille. Ces ossements étaient ensevelis dans une couche d'argile de deux pieds d'épaisseur, recouverte en outre d'un demi-pouce de tuffe calcaire. Les dents d'ours qui se rencontrent fréquemment dans le tuffe calcaire de la caverne du Wildkirchli, dans le canton d'Appenzell, sont d'une telle dureté qu'on suppose qu'elles ont appartenu plutôt à l'espèce, aujourd'hui éteinte, de l'ours des cavernes. Le dernier ours brun du pays d'Appenzell a été tué en 1673, à Urnäschen.

TROISIÈME RÉGION

LA RÉGION DES NEIGES

(De 7,000 à 14,000 pieds au-dessus de la mer.)

CHAPITRE PREMIER.

ÉTENDUE ET CONFIGURATION DU SOL DE LA RÉGION DES NEIGES.

Grandeur et solitude du paysage. — Traditions et histoire de la région. — Limites horizontale et verticale. — Les plus hautes cimes des Alpes suisses. — Le groupe du Mont-Rose le plus puissant massif de montagnes en Europe. — L'ouvrage de fortification le plus élevé de l'Europe. — Le groupe du Finsteraarhorn. — Le groupe de la Bernina. — Les sommets des Andes et de l'Himalaya. — Ascension des plus hautes cimes. — Le Mont-Cervin. — Les habitations humaines les plus élevées de l'Europe. — Caractères de la région. — Qu'allons-nous donc chercher dans ce monde désolé ?

Au-dessus des dernières pentes gazonnées, au-dessus des dernières assises grisâtres de rochers, est une contrée inconnue, pleine de charmes, brillante d'un éclat féerique, intermédiaire entre le ciel et la terre, tranquille et sévère comme la mort, élevée et majestueuse comme la splendeur du Très-Haut; contrée où l'homme ne peut plus trouver un lieu pour se fixer, ni la chaude nature qui lui convient, une place pour s'épanouir; contrée de hautes merveilles où ce maître orgueilleux du monde, écrasé par le sentiment de son impuissance, ne s'aventure que pour quelques heures seulement et avec la hâte du pèlerin. L'habitant de la plaine contemple avec une certaine indifférence traditionnelle ces croupes étincelantes et ces blancs tapis de névé des hautes chaînes. Il les admire peut-être, lorsque pendant la nuit, la lune les éclairant de sa lumière magique, ils se détachent sur le bleu foncé du firmament; ou bien, lorsqu'à travers les vapeurs embrasées de l'aurore leurs sommets plongés d'abord dans un bain de sang, puis inondés d'une lumière d'or, resplendissent comme des autels consacrés à la gloire du Tout-Puissant. Mais, dès qu'a disparu l'attrait de ces vives colorations, remplacées par un blanc mat et bleuâtre, l'intérêt qu'ils inspiraient disparaît à son tour. On se fait une idée vague de la solitude infinie et du froid de la **Région des Neiges,** et on se contente de cette impression, sans seulement pressentir ce qui se passe sur ces hauteurs : la tourmente des éléments qui s'y déchaînent, le mystère de la vie des plantes et des animaux qui y luttent contre la faim et la mort, les lois admirables qui y règnent, les fantastiques apparences et les merveilleux phénomènes qui s'y produisent. — Et ce monde inconnu qui repose entre les riches campagnes de notre Suisse allemande et celles de la Lombardie, qui pourrait dire l'avoir entièrement exploré et décrit? Qui prétendrait le connaître dans toutes ses parties comme il est digne d'être connu? De loin en loin, quelque amateur d'excursions alpestres emploie un jour ou deux à gravir des champs de glace et de neige pour atteindre la cime de quelque pic renommé, ou bien quelque savant observateur traverse d'un pas lent et réfléchi ces déserts auxquels il consacre peut-être quelques mois de sa vie; mais habituellement nul autre visiteur que le chercheur de minéraux, le faucheur des Alpes, le chasseur de bouquetins et de chamois! Il n'est personne qui connaisse en entier le monde des neiges et des glaces des hautes montagnes de la Suisse; il y a bien peu de gens qui en connaissent seulement une portion de quelque étendue; et des districts immenses n'ont jamais été foulés par le pied de l'homme. Depuis une trentaine d'années les savants ont fait de beaux travaux pour arriver à une connaissance plus complète des Alpes, et cependant — nous le savons trop bien — nous ne sommes encore qu'au seuil de cette étude.

Ces régions en apparence sans vie et sans histoire, qui semblent s'élever en dehors et au-dessus du temps et n'avoir de relations qu'avec le ciel étoilé et les nuées qui passent, ont eu pourtant aussi leurs transformations et leurs époques.

Quand nous voyons les derniers rayons du soleil couchant s'éteindre insensiblement sur les croupes de neige les plus élevées des montagnes, nous ne soupçonnons guère, en vérité, quelle longue suite de révolutions les ont bouleversées depuis le jour où la puissance sans limites des éléments en fermentation les a soulevées du milieu du chaos, depuis celui où une riche végétation de palmiers couronnait les sommets brûlants de ces îles vierges, jusqu'à l'époque actuelle où un froid de mort a mis un temps d'arrêt à ces transformations.

Le soulèvement des Alpes appartient à la fin de l'époque tertiaire, par conséquent à un temps antéhistorique, et a duré des milliers d'années. Nous en retrouvons les traces gravées en immenses caractères hiéroglyphiques dans les différentes formations des montagnes primitives, secondaires et tertiaires. Même après cette époque de création ont eu lieu de nouvelles et importantes transformations. Les eaux des réservoirs les plus élevés se sont ouvert un passage à travers les parois qui les retenaient captives et se sont écoulées dans les régions inférieures; d'autres bassins, au contraire, se sont formés par suite d'éboulements de montagnes qui ont intercepté le cours des ruisseaux. Des révolutions violentes produites par le mouvement des forces souterraines ont fendu et déchiré d'énormes chaînes autrefois continues, tandis que d'autres terrains, pour retrouver leur équilibre, se sont lentement ou relevés ou affaissés. Aujourd'hui encore on peut dans certains nœuds de montagnes observés dans une position favorable reconnaître, à ne s'y pas méprendre, la marche de ces longues périodes de transformation. De nos jours, bien que la structure de nos Alpes éprouve quelquefois des bouleversements effrayants, on peut dire que ces révolutions ont cessé. Mais, partout où nous rencontrons d'effroyables déserts de glace ou d'horribles entassements de décombres, les lointains échos d'une tradition mourante nous parlent des temps où à la même place existaient des pentes fleuries et de fertiles contrées [1]. La tradition populaire connaît encore ces histoires et les raconte en ingénieuses images mélangées de naïfs anachronismes. C'est ainsi que le Juif errant, qu'elle appelle le démon de l'histoire du monde, elle le fait voyager dans la vallée de la Viége. Il monte sur le Matterhorn et trouve à son sommet une ville élégamment bâtie au milieu de vignobles et d'arbres majestueux. Mais il prophétise qu'à son prochain retour la ville ne sera plus qu'un monceau de ruines sur lesquelles croîtront de stériles broussailles :

— „Quand revenant ici pour la troisième fois
Mon œil vous cherchera, vous campagnes fleuries,
Pampres chargés de fruits, doux ombrage des bois,
Hélas! tant de beautés seront évanouies!

Le névé maintenant blanchit ces fiers sommets;
Sur leurs flancs déchirés, il monte vers la nue;
Et les flots du glacier aux bleuâtres reflets
De leur vaste linceuil recouvrent l'étendue.

Dans la sombre forêt qui ferme le vallon
Le loup rôde affamé pour chercher sa victime,

---

[1] C'est pour cela que nous voyons si souvent le nom de *Blümlisalp* (alpe fleurie) et d'autres analogues, associés à ceux des glaciers et des déserts de rochers. C'est d'ordinaire quelque crime, et en particulier l'impiété filiale, l'impudicité ou l'excès de l'orgueil qui ont été la cause de la désolation. En plusieurs endroits, aussi bien dans l'Oberland glaronais que dans l'Oberland bernois, la coupable se nomme *Kathri*. On lui donne communément un petit chien noir, *Rin* ou *Parrein*, qu'on entend à certaines époques aboyer sous le glacier, pendant que les vaches agitent leurs clochettes et que la maudite chante ses mélancoliques complaintes.

L'aigle quitte son aire, et dans l'azur profond
S'élève en tournoyant, insoucieux de l'abîme.

Les frimas éternels ont chassé le printemps
Qui, dans les jours passés tout brillants d'espérance,
Versait, en bénissant, sur les prés, sur les champs,
Les dons qui remplissaient sa corne d'abondance.

Les zéphyrs, en fuyant pour ne plus revenir,
Ont changé ces cités en solitude immense ;
L'avalanche à leurs pieds en grondant va mourir,
Et de ces déserts, seule, interrompt le silence!"

Notre région est celle qui est le moins étendue dans le sens horizontal, mais qui occupe le plus d'espace dans le sens vertical, puisque c'est à elle qu'appartient tout ce qui dans les Alpes dépasse la hauteur de 7,000 pieds au-dessus de la mer. La masse principale de cette région se trouve dans le sud de la Suisse, soit dans la chaîne centrale des Alpes, soit dans les deux chaînes gigantesques qui, partant du Mont-Blanc et du lac de Genève, embrassent la vallée du Rhône. Le nœud de la chaîne du nord est formé dans l'Oberland bernois par le groupe grandiose du Finsteraarhorn qui en possède aussi les sommets les plus élevés, et celui de la chaîne du sud par le groupe du Mont-Rose[1]. Des deux chaînes qui accompagnent la vallée de la Reuss, celle de l'ouest perd déjà dans le voisinage du lac des Quatre-Cantons la force de s'élever jusqu'à notre région, tandis que celle de l'est embrasse sous des formes imposantes les deux côtés de la vallée de la Linth,

---

[1] Il est à peine nécessaire de faire remarquer que nous n'entendons point parler ici du système *géologique* de nos Alpes, mais seulement de leur *relief*. Nous y distinguons, il est vrai, un certain nombre de groupes avec différentes masses centrales, mais nous envisageons chaque groupe comme formé, du moins en apparence, d'un réseau déterminé de chaînes principales et latérales, de bras, de ramifications et de nœuds. Quant au système géologique, les savants modernes distinguent dans nos Alpes six centres ou massifs principaux, savoir le massif du Mont-Blanc, celui des Aiguilles rouges, celui du Simplon, celui du Saint-Gotthard, celui du Finsteraarhorn et celui de la Selvretta.

enserre le lac de Wallenstadt et présente encore dans le Säntis un dernier point culminant de 7,700 pieds de hauteur absolue. Un peu moins puissante, mais renfermant toutefois quelques pyramides fort élevées, une autre chaîne primitive part du Saint-Gotthard dont les sommets les plus hauts sont la Prosa (9,241) et le Fieudo (9,490 pieds), et se dirige au midi des deux côtés du Tessin. A l'est du Saint-Gotthard s'étendent les Alpes rhétiques dont toutes les pentes versent leurs eaux dans le Rhin ou dans l'Inn. Comme chacune des cimes importantes de ce réseau projette une foule de ramifications, il en résulte un nombre inouï de chaînes et de sommets dont une grande partie appartiennent à la région des neiges. Mais nulle part, aussi bien qu'ici, on ne comprend l'impossibilité de ramener les Alpes centrales à un système de chaînes proprement dites. Les groupes nous y apparaissent, non comme les parties intimement liées d'un seul et même édifice ayant ses divisions et ses compartiments, mais chacun, plus ou moins, comme une individualité ou comme une famille à part, dont le noyau est le plus souvent de formation cristalline, tandis que les ramifications en appartiennent aux formations stratifiées, et, par là, se distinguent très-nettement du noyau principal.

Le Säntis est ainsi dans le nord le dernier représentant affaibli de notre région, comme le Pilate, avec ses 6,800 pieds, l'est dans le cœur de la Suisse. La chaîne de l'Oberland bernois a aussi plusieurs points avancés qui pénètrent dans cette région, par exemple le Rothhorn au-dessus de Brienz (7,260 pieds), le Niesen (7,280), la Dent de Brenlaire (7,350). Cependant ces cimes en sont les jalons extrêmes, plutôt qu'elles ne lui appartiennent réellement; car, par leur position isolée et leur hauteur relativement moins considérable, elles présentent peu de surface à la région des neiges; elles ne la font guères que pressentir. C'est dans l'intérieur des grands massifs et dans l'axe de la chaîne centrale que notre région trouve son plus grand développement. Cette chaîne centrale possède un très-grand nombre de sommets entre

7000 et 8,500 pieds, avec d'immenses étendues de terrains élevés, débris d'un ancien plateau, dont, en été, les uns sont libres, les autres sont recouverts d'énormes glaciers. Le nombre des cimes entre 8,500 et 10,000 pieds, est encore très-considérable. Elles vont dans le nord jusqu'au Rhätikon (la Scesaplana, 9,136, et la Sulzfluh), dans la vallée de la Linth jusqu'au Glärnisch (8,895), dans la chaîne ouest de la vallée de la Reuss jusqu'au Uri-Rothstock (9,027), et, dans la chaîne bernoise, ne se trouvent que dans le voisinage immédiat des grands massifs. Entre 10 et 12,000 pieds, les sommets sont déjà moins nombreux; cependant ils le sont probablement plus qu'on ne le croit communément. C'est à cette partie de la zone qu'appartiennent, dans l'Oberland bernois, un certain nombre de pics dans le voisinage du massif du Finsteraarhorn : le grand Rinderhorn (10,670) éclatante pyramide de névé qui a été gravie pour la première fois par G. Studer, en 1854; l'Altels (11,187), dans le côté sud de la vallée de Gaster, entouré de toutes parts d'abîmes effrayants; la Frau ou Blümlisalp (11,271); le Breithorn (11,649) à l'extrémité du Matterthal, son voisin le Grosshorn (11,583), le Mittaghorn (11,966), le Doldenhorn (11,228), le Berglistock (11,000), le Studerhorn (11,181), l'Oberaarhorn (11,230), le Wetterhorn avec ses trois sommets : la Haslijungfrau (11,452), le Mittelhorn et le Rosenhorn, tous les trois gravis depuis 1844 et même le plus élevé, sans échelle, ni corde, ni hache; le Silberhorn (11,800), sur les flancs de la Jungfrau, dont E. de Fellenberg a fait le premier l'ascension le 4 août 1863 sous la conduite du guide Pierre Michel de Grindelwald et au milieu des plus grandes difficultés, le Galenstock (11,073), d'où descend le glacier du Rhône, le Sustenhorn (10,830) gravi pour la première fois par G. Studer, le Titlis (10,760), etc. Dans la chaîne parallèle, plus au sud, qui sépare la vallée du Rhône du Piémont, nous trouvons une quarantaine de cimes entre 10 et 12,000 pieds, dont quelques-unes n'ont pas encore de noms. Nous rappellerons seulement le Vélan (11,588), un des sommets du Grand Saint-Bernard escaladé pour la première fois, en 1779, par le prieur Murith et d'où l'on jouit d'une vue remarquable par sa magnificence et son étendue ; le Mont-Blanc de Cheillon (11,916), le Mont-Colon (11,218), le Theodulhorn (10,667), le Monte-Leone (10,974), le Trifthorn ou Dent de Zinal (11,240), la Dent d'Hérins (11,271), les Diablons (11,104), etc., et dans l'ouest, comme postes avancés, la Dent du Midi (10,107), et les Diablerets (10,008). Dans la chaîne qui borne à l'est la vallée de la Reuss, nous remarquons entre les sources de la Reuss, du Rhin et de la Linth, un énorme entassement de montagnes dont les suivantes appartiennent à notre zone : l'Oberalpstock (10,249), dont la première ascension a été opérée, en 1846, par M. Trösch, le Spitzliberg (10,522), le Gletscherhorn (10,181), le Krispalt (10,240), le Tüssistock (10,459), le magnifique Claridengrath (10,159), gravi pour la première fois en 1846, le Scheerhorn (10,147), le Tödistock avec ses deux cimes (11,115), et le Bifertenstock 10,545, dont le sommet a été atteint en 1863 par le docteur Roth et G. Sand. Dans les Alpes rhétiques, à leur tour, nous trouvons de nombreuses familles de cimes entre 10 et 12,000 pieds. Plusieurs de ces sommets n'ont pas encore reçu de noms. Nous citerons, dans le groupe de l'Adula le Rheinwaldhorn (10,454), le Zaporthorn (10,439), le Tambohorn (10,086) entre le Splügen et le Bernardin, et, dans le groupe de la Selvretta, le Piz Linard (10,516), le Piz Buin (10,241) dont Weilenmann a le premier fait l'ascension en 1865, le Piz Selvretta (10,000) etc.

Au-dessus de ces grands seigneurs des Alpes centrales, s'élèvent encore quelques sommets souverains qui dépassent 12,000 pieds. Ils sont répartis le long de la chaîne, dans son milieu, et, entourés de groupes de montagnes un peu moins hautes, forment comme les bases colossales de l'édifice entier.

Le plus élevé de ces groupes est celui du *Mont-Rose* composé de gneiss et de granit veiné, avec neuf cimes dont la plus basse mesure 13,000 pieds, et la plus haute 14,284[1]; c'est la seconde montagne de l'Europe pour la hauteur, elle n'a que quelques centaines de pieds de moins que la cime du Mont-Blanc[2]. Le Mont-Rose s'abaisse, du côté de Macugnaga, presque en une seule pente et par d'effroyables murailles de glace, jusqu'à 9,000 pieds au-dessous de son sommet; il renferme des mines d'argent, de cuivre et de fer, et à une hauteur de 10,112 pieds, un gîte de minerai d'or. Dans le bras qu'il projette au nord se trouvent encore un sommet de 11,772 pieds, la Cima de Jazzi, réputé pour la magnificence de la vue et la facilité de l'ascension, le Strahlhorn (12,966), le Rympfischhorn (12,905), l'Ulrichshorn (12,323) gravi pour la première fois par M. Ulrich, le Weisshorn (13,900) et le Dom (14,020) tous deux gravis, etc. Dans son prolongement occidental le massif présente encore plusieurs sommets d'une hauteur prodigieuse, parmi lesquels le Matterhorn ou Mont-Cervin, d'une couleur brunâtre isabelle, atteint 13,798 pieds, et s'élance au-dessus du glacier inférieur de Zmutt presque en un seul jet de plus de sept mille pieds. C'est entre le Mont-Rose et le Cervin, au sommet du passage du Matterjoch, que se dressent comme un souvenir du temps des fées, à 10,216 pieds au-dessus de la mer, les retranchements de Saint-Théodule. Ces fortifications, un peu primitives sans doute, construites il y a 300 ans par les habitans du val Tournanche contre les Valaisans, sont les ouvrages retranchés les plus élevés de l'Europe; elles sont presque toute l'année enveloppées par les nuages qui montent en tour-

[1] Zumstein estime la hauteur de la plus haute cime à 14,428 pieds; de Saussure à 14,388; V. Welden triang. à 14,429; Meyer à 14,220; Oriani triang. à 14,269; Carlini triang. à 14,188; Schuckburgh à 14,163; Beccaria triang. à 14,034; Corabœuf triang. à 14,275, et Ulrich à 14,017.

[2] D'après de Candolle 14,809 pieds; d'après Eschmann 14,776. — La moyenne résultant de plus de 100 mensurations, tant barométriques que géodésiques, donne à la cime du Mont-Blanc une hauteur de 4,810 m., soit 14,806 pieds. — L'auteur paraît avoir oublié que le Caucase possède en Europe quelques cimes plus élevées que le Mont-Blanc, entre autres l'Elbrus de 17,425 pieds, et le Dych-Tau de 16,857. *(Traducteur.)*

billonnant des profondeurs du versant sud du col. Le voyageur qui après une marche de plusieurs heures sur le glacier débouche sur la hauteur, voit encore dans ces murailles de 10 pieds d'élévation les meurtrières qui défendaient le passage du côté du Valais. On peut également considérer comme une ramification du Mont-Rose la chaîne qui, au-delà du Breithorn (12,012) et par le nœud du Matterhorn, court à partir de la magnifique Dent d'Erin (12,900) dans la direction du nord, jusqu'à la dent de Ferpècle (12,500), et dans laquelle se trouvent la Dent-Blanche, pyramide de 13,421 pieds, et le cône arrondi du Weisshorn, de 13,895 pieds, entre les vallées de Saint-Nicolas et de Tourtemagne. Dans la chaîne qui unit le Mont-Rose au Mont-Blanc et qui n'est interrompue que par un petit nombre d'échancrures peu profondes, le Combin (13,290) gravi pour la première fois en 1861, domine majestueusement les plus hautes cimes du grand Saint-Bernard; sa second pointe, de cent pieds plus basse, a été gravie pour la première fois, en 1861, par les frères Felley et d'autres Valaisans, et l'a été depuis lors à diverses reprises. En tout, nous comptons dans cette seule famille plus de 24 cimes qui dépassent 12,000 pieds. Outre celles de plus de 13,000 pieds que nous venons de nommer, nous citerons encore la pointe de Zinal ou Zinalrothhorn (13,065), les Weissen-Brüder (13,068), le Silberbast (13,074), le Hasenriedhorn (13,340); et au-dessus de 14,000 pieds : le Silbersattel (14,004), dans le voisinage même du Mont-Rose, et, dans les Michabelhörner, le Dom déjà mentionné. En comparant ce groupe avec celui du Mont-Blanc, nous y trouvons une différence frappante. Dans ce dernier, à l'exception de la plus haute cime elle-même, il n'y en a aucune qui dépasse 14,000 pieds; il y en a une qui dépasse 13,000 pieds, l'Aiguille du Géant (13,019); puis quatre seulement de plus de 12,000 pieds. Le Mont-Rose, en revanche, compte quatre cimes qui lui appartiennent et deux cimes voisines de plus de 14,000 pieds; dix au-dessus de 13,000 pieds, etc.; en sorte que, malgré l'élévation plus grande du sommet du Mont-Blanc, le massif du Mont-

Rose est infiniment plus grandiose[1], et doit être regardé comme le groupe de montagnes le plus colossal de l'Europe.

La seconde famille de sommets dépassant 12,000 pieds repose, baignée par d'immenses mers de glace, sur la large base qui sépare le lac de Brienz du cours supérieur du Rhône ; c'est le *groupe du Finsteraarhorn* avec ses nombreuses pointes gigantesques dont toutes celles qui dépassent 12,000 pieds sont formées d'un gneiss schisteux, le granit ne se trouvant ici que sur les crêtes inférieures. Au point de vue géologique ce groupe s'étend de la Gemmi au Tödi. Le Finsteraarhorn lui-même qui, pour la première fois, a été gravi par deux Oberlandais bernois, le 10 août 1829, d'après les directions du naturaliste Hugi, et à plusieurs reprises depuis cette date, a 13,160 pieds. La plus haute sommité des Schreckhörner a 12,568 pieds, l'Eiger tranchant comme la lame d'une épée, en a 12,240, le Mönch 12,666, la Jungfrau 12,827, l'Aletschhorn, gravi pour la première fois en 1859, 12,951, les Viescher-

---

[1] Je me permettrai d'émettre ici une opinion un peu différente de celle de l'auteur. L'impression produite sur notre imagination par le spectacle de montagnes ne dépend pas uniquement de leur hauteur absolue ; l'unité du tableau en est aussi un élément important. La vue dont on jouit du Riffel sur le groupe presque entier du Mont-Rose est une des plus admirables, sans doute, que puissent nous offrir les Alpes ; mais, précisément par la raison que toutes les cimes y sont à peu près d'égale hauteur, elles se nuisent les unes aux autres ; l'impression est moins vive, moins puissante, l'attention est trop également partagée ; et ce n'est que par une espèce de calcul que l'on arrive à se rendre compte de l'élévation de ces gigantesques sommets qui forment à l'horizon une muraille d'une hauteur uniforme. L'incomparable pyramide du Matterhorn fait seule exception par sa forme hardie et sa position plus isolée. Montez, au contraire, sur le Brévent ou mieux encore sur le Buet, un objet vous frappe et vous saisit par-dessus tous les autres : c'est le Mont-Blanc avec ses trois cimes, qui semble gagner en majesté et en grandeur tout ce que perdent les aiguilles qui l'entourent, et qui s'abaissent devant lui. Vous comprenez tout naturellement, vous sentez ce qu'est une montagne de 14,000 pieds. Vous ne voyez que le colosse qui domine toute la scène, et qui seul ose porter sa tête jusqu'au ciel. C'est une affaire d'impression ; mais, à tout prendre, je crois que je préfère ce tableau à la vue un peu trop panoramique du Mont-Rose. (*Traducteur.*)

hörner 12,268, le Lauteraarhorn, gravi le 8 août 1842 par Escher de la Linth, Girard et Desor, 12,395, le Gletscherhorn 12,258, etc., magnifique groupe qui a été exploré dans tous les sens, mais qui recèle encore au milieu de ses glaciers immenses bien des escarpements qui n'ont jamais été visités.

La troisième famille de grands sommets est située entre les sources de l'Inn et de l'Adda : c'est le *groupe de la Bernina* remarquable par le développement cristallinique de ses roches et par la beauté de ses glaciers. Sa base est relativement plus étroite que celle des deux autres groupes, et ses cimes les plus élevées, qui étaient à peine connues jusqu'à ces dernières années, ont toutes été gravies. La plus haute, le Piz Bernina, a été heureusement gravie et mesurée, le 13 septembre 1850, par J. Coaz, inspecteur cantonal des forêts. Elle s'élève d'après lui à 13,508 pieds suisses au-dessus de la mer; d'après Denzler, à 4,052 mètres soit 12,427 pieds de France. Elle est entourée de sommités d'une hauteur presque égale et d'une merveilleuse blancheur, comme le Piz Morteratsch, le Piz Rosegg, le Piz Tschierva, la Cresta Aginza, le Piz Zupo (12,311), gravi pour la première fois le 9 juillet 1863, par Enderlin et Serardi, le Piz Palü, le Piz Cambrena, paisible famille de colosses d'une magnificence éthérée.

Si considérables que soient ces hauteurs, elles paraissent toutefois insignifiantes quand on les compare à celles des montagnes de l'Amérique et de l'Asie. Dans la chaîne méridienne des Cordillères, la plus étendue de toutes celles du globe, qui suit comme une échine le continent américain sur une longueur de 2,000 milles, le Chimborazo, dans l'Equateur, avec ses 21,100 pieds, avait été considéré jusqu'ici comme le sommet le plus élevé. Mais tout récemment on a mesuré dans les Cordillères du sud du Pérou quatre sommités encore plus élevées, entr'autres le volcan d'Aconcagua, la plus haute, qui a 21,767 pieds français. Les montagnes de l'Himalaya, qui s'étendent au contraire dans la direction de l'est à l'ouest, comptent au moins 40 sommets, parmi ceux qui ont été mesurés, d'une élévation encore plus considérable; entre autres le Dhaulagiri, le 5ᵉ en rang, avec 25,170 pieds; le Kintschind-Junga avec 26,419 et l'Everest ou Gaurisankar dans le Népaul avec 27,212 pieds français (29,002 pieds anglais), la plus haute des montagnes du globe. On peut déduire des données que nous possédons sur les montagnes de l'Europe, de l'Amérique et de l'Asie des comparaisons hypsométriques intéressantes. Ainsi à côté de la hauteur absolue des cimes les plus considérables, la hauteur moyenne des chaînes, c'est-à-dire l'estimation moyenne des hauteurs des passages, est un de leurs traits caractéristiques. Or si on compare les trois continents sous ce double rapport, on trouve que dans chacun d'eux la hauteur des sommets est à peu près le double de la hauteur moyenne des chaînes (Alpes centrales : hauteur moyenne de la chaîne 7,200 pieds, Mont-Blanc 14,800 pieds; Cordillères : hauteur de la chaîne 11,000 pieds, Aconcagua 21,700; Himalaya : hauteur de la chaîne 14,200, Everest 27,200); et que les trois hauteurs moyennes des chaînes sont à peu près entre elles comme les nombres 10, 15 et 20, de telle sorte que celle des Cordillères est environ de moitié plus considérable que celle des Alpes, et celle de l'Himalaya de moitié plus élevée que celle des Cordillères et le double de celle des Alpes[1].

[1] Le point le plus profond des mers qui ait été mesuré se trouve entre Rio et le Cap, à 43,467 pieds au-dessous du niveau de l'Atlantique. Mais on admet qu'en général la plus grande profondeur est de 52 à 54,000 pieds, et parconséquent du double de la hauteur de la montagne la plus élevée. Nous n'avons qu'une connaissance bien incomplète des montagnes sidérales. On peut mesurer avec une certaine approximation celles de la lune au moyen des ombres qu'elles projettent au premier et au dernier quartier sur les profondes vallées cratériformes qui les entourent; c'est par des calculs de ce genre que Beer et Mädler évaluent la hauteur de six sommets à plus de 5,800 mètres et celle du plus élevé „le Dörfel" à 7,603 mètres. La lune aurait donc des montagnes beaucoup plus élevées que la terre, proportionellement à son volume, puisque sur notre satellite la plus haute montagne est au diamètre dans le rapport de 1 : 454 tandis que sur notre globe le rapport est de 1 : 1,481. L'astronome Jul. Schmidt, à Athènes, évalue à 28,692 pieds de Rhin la hauteur de la montagne la plus élevée de la lune. La montagne la plus haute de Vénus, qui se dessine sur le fond du ciel avec une remarquable netteté pendant la rotation de cette planète, doit avoir environ 120,000 pieds.

La partie culminante des hautes montagnes de notre Europe varie considérablement de forme et ne présente d'ordinaire qu'une très-petite surface. On n'y parvient le plus souvent que par une pente très-raide et difficile à gravir. La Jungfrau se termine par une arête étroite, à l'extrémité supérieure de laquelle est une petite surface triangulaire de 2 pieds de longueur et de $1\,^1/_2$ pied de largeur, dont la base est tournée du côté de la vallée. La pente qui y conduit a la forme d'un cône tronqué verticalement sur ses deux côtés; l'arête en est très-tranchante, elle n'a que 6—10 pouces de largeur, une inclinaison de 60—70 degrés et une longueur d'environ 20 pieds. Le sommet de la Bernina a exactement la même forme. On y arrive par une arête tranchante de névé; il paraît cependant que la plate-forme supérieure est plus large et plus spacieuse, puisque Coaz a pu y élever une pyramide de pierres de quatre pieds de hauteur. Le Finsteraarhorn s'élève au-dessus d'une vaste étendue de glaciers par quatre arêtes rapides, et se termine en une pyramide pointue qui, du côté de l'est, tombe d'aplomb sur le glacier du Finsteraarhorn par une paroi de rocher nue, perpendiculaire, de 5,400 pieds de hauteur. Le faîte est composé de masses en désordre de hornblende, de syénite, de couches délitées de gneiss et de mica-schiste, couvertes de différentes espèces de lichens. La sommité du Tödi présente une surface beaucoup plus étendue, en forme de coupole légèrement arrondie. Elle a été atteinte pour la première fois, le 10 août 1837, par trois chasseurs de chamois glaronais, et le 19 août de la même année, par Dürler, accompagné des trois mêmes chasseurs. De 1819 à 1822, le Dr Hegetschweiler avait inutilement tenté cette ascension.

La sommité du Mont-Rose est pendant longtemps restée vierge. De Saussure en tenta inutilement l'ascension. De 1819 à 1823, Zumstein parvint plusieurs fois à une des cimes de la montagne, le Gornerhorn ou Zumsteinspitze, à 14,064 pieds de hauteur, et il y fit des observations barométriques et thermométriques; mais il déclara que la plus élevée, d'environ 220 pieds plus haute, était tout à fait inaccessible. Vincent et Welden n'arrivèrent pas non plus à la *Höchste Spitze*, (depuis Pointe Dufour), mais seulement à la pyramide de Vincent et à la Ludwigshöhe. M. Ulrich et G. Studer parvinrent, en 1848 et 1849, jusqu'à la croupe qui sépare la Cime du nord (*Nordende*) de la Pointe Dufour, à 346 pieds plus bas que cette dernière. Leurs guides, Maduz et Matthias zum Taugwald, atteignirent en 1848 un des sommets les plus élevés. Le 22 août 1851, MM. Hermann et Adolphe Schlagintweit, de Berlin, atteignirent la même sommité, et nous devons à leur obligeance le récit de cette remarquable ascension. Ils trouvèrent que la cime était formée par une arête extrêmement étroite, d'un schiste micacé riche en quartz, cette arête se relevant en deux pointes de hauteur à peu près égale, séparées l'une de l'autre par une ou deux échancrures découpées dans la crête. Ils atteignirent heureusement la plus orientale de ces pointes, en gravissant des rochers escarpés et revêtus de glace; mais, à cause des dentelures de l'arête et de son escarpement extraordinaire, ils ne purent parvenir à celle de l'ouest, qu'ils mesurèrent directement et qu'ils trouvèrent de 22 pieds plus élevée. La vraie cime du Mont-Rose restait donc encore à gravir. Elle le fut, enfin, pour la première fois, le 2 septembre 1854, par un Anglais, Mr Kenedy; pour la seconde fois le 31 juillet de l'année suivante, par MM. Smith, Anglais aussi, avec des amis et des guides au nombre de cinq, puis pour la 3e fois le 14 août de la même année, par MM. J.-J. Weilenmann, de Saint-Gall, et Bucher, de Ratisbonne, sous la conduite de Jean et de Pierre zum Taugwald, avec quelques autres touristes et leurs guides, en tout dix personnes. Cette dernière société se dirigea, à travers le glacier de Gorner, vers le plateau de gneiss (*auf der Platten*) et, se tenant à droite du grand névé qui descend entre le Nordende et la Höchste Spitze, elle arriva directement au commencement de l'arête qui, du côté de l'ouest, conduit à cette dernière. En bas, à leur droite, ils avaient continuellement sous les yeux le champ de névé qui couvre l'espace circonscrit par la Pointe Dufour, le Lyskamm et la Parrotspitze. Ils trouvèrent l'arête couverte, tantôt d'une neige fraîche et profonde, tantôt de pierres détachées, et, après l'avoir gravie péniblement pendant trois heures, il atteignirent enfin la base de la Höchste Spitze qui ne s'élevait plus que de 20 à 25 pieds au-dessus de leur tête, mais dont l'ascension présentait des difficultés désespérantes. Là, immédiatement au-dessous de la pointe, l'arête n'avait plus qu'un pied de largeur, et la neige qui la recouvrait y formait un bord tranchant. Jean zum Taugwald qui, quinze jours auparavant, avait conduit les Smith au sommet, aplatit avec ses pieds l'arête neigeuse et se pencha du côté de la paroi méridionale du rocher pour voir s'il était possible de l'escalader par là. Mais la neige qui s'était fixée sur les étroites saillies du rocher rendait l'entreprise impraticable. Elle ne paraissait guère moins périlleuse sur la face nord. Là, il fallait atteindre une espèce de couloir presque vertical qui conduit directement à la sommité. Mais, à l'extrémité supérieure du couloir, se trouvait une table de rocher en saillie qui rendait le dernier pas singulièrement scabreux et d'autant plus effrayant qu'à son extrémité inférieure la cheminée aboutissait au vide. Il fallut mille peines et mille précautions pour arriver au couloir, en longeant la paroi polie et glacée du rocher. Pierre zum Taugwald aida alors Jean à grimper jusqu'au haut de la cheminée, et celui-ci, avec une force et une hardiesse étonnantes, travaillant des pieds et des mains, réussit enfin à se hisser par-dessus la pierre en saillie. Pierre aida M. Weilenmann à passer à son tour de l'arête au couloir, et Jean, au moyen d'une corde enroulée par un de ses bouts autour du poignet, tira le Saint-Gallois qui, moitié grimpant, moitié suspendu en l'air, arriva également au sommet. Les autres personnes de la société y parvinrent toutes heureusement de la même manière.

Ces voyageurs n'avaient donc pas suivi la même route que MM. Schlagintweit; ils n'étaient pas arrivés par la cime secondaire de l'est, mais directement à la plus haute pointe. Ils y trouvèrent tout près du bord de la paroi abrupte du nord, à côté d'autres pierres détachées, une toute petite pyramide de pierres s'élevant à peine au-dessus de la neige et, cachée dans cette pyramide, une enveloppe de lettre portant le nom des Anglais Smith qui avaient suivi à peu près la même route. Ces dix personnes, très-serrées les unes contre les autres et à peu près rangées dans la direction de l'arête, avaient cependant suffisamment de place pour pouvoir jouir pendant une demi-heure, par un temps assez calme et réchauffé par le soleil, de la magnifique vue qui se présentait à leurs yeux, vue d'une admirable pureté pour les montagnes voisines, mais un peu confuse dans le lointain. Ils n'avaient malheureusement avec eux aucun instrument de physique. La température, du côté méridional de la crête, était douce et agréable, mais d'une âpreté presque insupportable du côté de l'est, et les mains appliquées au rocher s'y prenaient instantanément. Depuis cette époque, l'ascension du Mont-Rose est devenue l'une des excursions favorites des touristes des Alpes, et quand l'été est favorable il ne se passe pas de semaine où elle ne soit renouvelée. Il y a des guides à Zermatt qui l'ont déjà faite 60 fois, et même de 80 à 100 fois.

Le Mont-Rose se compose, au point de vue orographique, de neuf cimes reliées entre elles par une longue et très-haute crête qui court du nord au sud. Voici les hauteurs de ces cimes au-dessus de la mer :

Pointe Dufour (le Gornerhorn des Valaisans)	14,284 pieds
Nordende	14,153
Zumsteinspitze	14,064
Signalkuppe	14,044
Parrotspitze	13,668
Ludwigshöhe	13,350
Schwarzhorn	13,220
Balmenhorn	13,070
Vincentpyramide	13,003

Le Finsteraarhorn, après plusieurs tentatives infructueuses, a été gravi pour la première fois, en 1849, par J. Leuthold et

J. Währen, et souvent depuis lors; la Jungfrau l'a été pour la première fois par les frères J.-R. et H. Meyer, d'Arau, en 1811, par les mêmes en 1812, par J. Baumann en 1828, et, le 27 août 1841, par le professeur Agassiz, de Neuchâtel, le professeur Forbes, d'Edinbourg, E. Desor, de Hombourg, et Duchâtelier, de France, sous la conduite de Jacob Leuthold, celui qui le premier avait atteint la cime du Finsteraarhorn. La sommité du pic nu et sombre du Stockhorn (12,568 pieds) a été atteinte, pour la première fois malgré des difficultés de tout genre, par Leslie Stephen, accompagné des guides Chr. et P. Michel et C. Kaufmann, dans l'année 1861, et pour la seconde par E. de Fellenberg, le Prof. Aebi et le Past. Gerwer, en 1864. Les cimes également escarpées du Lauteraarhorn l'ont été en 1842 par A. Escher de la Linth. On peut dire, en général que toutes les cimes de premier ordre qui passaient autrefois pour absolument inaccessibles ont été gravies dans le cours des 20 ou 30 dernières années.

Le Mont-Cervin seul (13,798 pieds), avec ses parois nues, escarpées et menaçantes, semblait vouloir défier l'audace des clubistes. Mais le 13 juillet 1865, un Anglais, fameux grimpeur de montagnes, Ed. Whymper, accompagné de ses compatriotes Douglas, Hudson et Hadow, sous la conduite de Michel Croz, le meilleur des guides de Chamonix, et de Pierre Taugwald et son fils, entreprit l'ascension du redoutable colosse. Le premier jour, à midi, on avait déjà atteint l'endroit où l'on devait passer la nuit, à environ 10,500 pieds; on dressa la tente, et on acquit au moyen de quelques reconnaissances préliminaires la certitude qu'on pourrait arriver au sommet sans rencontrer d'obstacles insurmontables et sans s'exposer à de trop grands dangers. Le lendemain 14, la société partit avant 4 h. du matin et marcha, sauf une courte halte, jusqu'à 10 h. environ, puis se reposa au pied de cette haute paroi qui, vue de Zermatt, semble se dresser perpendiculairement et même surplomber, tandis qu'en réalité elle n'est que d'une pente extrêmement rapide. Il fallut alors passer de la face nord-est, qu'on avait suivie jusqu'ici, à celle du nord-ouest, et pour cela gravir une paroi de rocher modérément inclinée (35°), mais couverte de neige et de glace dure. Ce passage une fois heureusement franchi, on atteignit enfin le sommet vierge sans autre difficulté; il était environ 2 h. Une heure après, on se remettait en marche pour le retour. Lorsqu'on fut arrivé au passage dont nous avons parlé, qui ne présentait pas de dangers extraordinaires mais où le rocher manquait seulement de saillies suffisantes pour arrêter le pied, on dut prendre les plus grandes précautions: chacun, avant de faire un pas en avant, s'assurait que la personne qui le précédait avait trouvé un point d'appui solide. Le vigoureux Croz, en tête de la corde, venait de placer contre une aspérité du rocher les pieds de Hadow qui le suivait et il se disposait à faire lui-même son pas en avant, lorsque Hadow glisse et tombe sur lui, et en même temps la secousse inattendue de la corde fait perdre pied au-dessus d'eux à Hudson et à Douglas. Un cri effrayant retentit. Les quatre malheureux sont suspendus dans les airs. Whymper et les deux Taugwald se tiennent cramponnés de toutes leurs forces; mais au même moment la corde se rompt... et ils voient leurs compagnons sans voix, les bras étendus, descendre sur le dos avec la rapidité de l'éclair le long de la paroi de rocher et bondir de précipice en précipice jusque sur le glacier du Matterhorn, à 4,000 pieds plus bas. Tremblants, en danger de mort, les trois survivants passèrent une nuit affreuse dans un endroit à environ 13,000 pieds qu'ils purent atteindre et d'où ils revinrent à Zermatt dans la matinée du lendemain. Sur le glacier, qu'on ne put explorer qu'en s'exposant à des dangers de tout genre, on retrouva trois cadavres horriblement mutilés; le quatrième, celui du jeune lord Douglas, était resté accroché à une dentelure de rocher inaccessible.

La région des neiges a ainsi dans nos Alpes une étendue verticale de 7,000 pieds; transportée immédiatement au niveau de la mer, elle y formerait à elle seule des montagnes considérables. Essayons d'esquisser le caractère général de cette portion remarquable de la terre.

La région des neiges est la région de l'hiver éternel, à l'exception de quelques rares journées qui rappellent de loin le printemps; c'est un monde silencieux, rempli de merveilles et d'horreurs, où l'on rencontre les phénomènes naturels les plus gigantesques et des labyrinthes sans fin — à peine une place où l'homme puisse habiter, où un organisme supérieur puisse vivre d'une manière continue. Les chalets alpestres ne dépassent guères 6,500 pieds, quelques-uns s'élèvent dans les Alpes bernoises jusqu'à 7,200, quelques étables de moutons sur le Mont-Rose à 8,100; la cabane du sommet du Säntis est à 7,700; l'hôtel des Neuchâtelois sur le glacier de l'Aar à 8,257. C'est à tort qu'on parle souvent de l'auberge du Faulhorn (8,261 pieds) comme de l'habitation humaine la plus élevée d'Europe; le relai de poste du passage du Stilvio (*Stilfserjoch, Giogo del Stelvio*) est à 8,610 pieds au-dessus de la mer. Mais ces deux habitations sont bien dépassées en altitude par la petite maison construite sur le point culminant du passage de Saint-Théodule (10,242 pieds), et qui a été habitée pendant l'hiver de 1855 à 1856 par trois hommes chargés de faire des observations météorologiques. Au passage le plus élevé[1] appartient naturellement la maison de refuge la plus élevée. C'est près de là qu'est la hutte (10,080 pieds) aujourd'hui abandonnée qui, au commencement du siècle, était chaque année occupée pendant deux mois par des mineurs.

Le terrain de la région des neiges nous présente, sur une base singulièrement tourmentée, une suite de crêtes qui se relèvent par places d'une manière plus ou moins abrupte, pour former de hauts sommets, et dont les escarpements renferment çà et là des vallées monotones et sauvages remplies de décombres et de ruines. Il ne peut y être question de hautes plaines; on n'y trouve

---

[1] Il y a bien d'autres cols plus élevés dans la chaîne du Mont-Rose; par exemple, ceux de l'ancien et du nouveau Weissthor, du Schallenjoch, de l'Allalin, de l'Alphubel, du Silber, de l'Adler, etc., mais ils sont en général trop dangereux, trop pénibles et trop peu fréquentés pour qu'on puisse leur appliquer le nom de passages. Ils ne sont guères visités que par quelques marcheurs infatigables.

que des réservoirs de glace, d'étroits couloirs de neige en pente, et des ravins de névé. Toute la région des neiges proprement dite, mais spécialement la partie qui dépasse 8,500 pieds, forme dans la chaîne centrale des Alpes, et jusque dans ses contre-forts avancés, une longue nappe de neiges et de glaces, qui, sauf des interruptions fréquentes mais toujours peu considérables, s'étend du sud-ouest au nord-est depuis le Mont-Blanc jusqu'à l'Ortelès, et prolonge ses bras au nord jusqu'au Glärnisch et à la Seesaplana. Dans les trois groupes à hautes cimes du Mont-Rose, du Finsteraarhorn et de la Bernina, la région prend une grande largeur; et tandis qu'ailleurs elle court le long de chaînes étroites qui renferment entre leurs ramifications des surfaces déchirées d'une étendue plus considérable, elle semble, au contraire, faire halte sur les grands massifs et s'y étaler comme à plaisir. C'est ainsi une région fortement inclinée, avec des pics innombrables qui s'élancent quelquefois nus et avec une admirable hardiesse de 2 à 5,000 pieds au-dessus des champs de neige, et d'immenses nœuds ou massifs reliés entre eux par des bras plus ou moins larges, et se ramifiant quelquefois en forme d'éventail. Pour peu qu'on soit familiarisé avec cette région à laquelle ne s'élèvent jamais les chaudes nuées du printemps, on la caractérisera par ces mots : des parois et des pentes de rocher innombrables, d'une teinte noire, brune ou grise, avec quelques revêtements d'une végétation plus ou moins chétive; de hautes vallées désertes, pleines de débris; des mers de glace et des glaciers tourmentés; d'immenses cirques de névés, à lignes parallèles largement tracées suivant les contours de leurs bords; des coupoles de neige étincelantes; des blocs nus et des dérochements; un monde enfin comme frappé de l'immobilité et du froid de la mort.

Qu'est-ce donc que l'homme va chercher dans ce monde-là? N'est-ce pas un attrait mystérieux, inexplicable qui le pousse, en dépit des dangers mortels qui l'y menacent de toutes parts, à hasarder sa chaude et fragile existence sur des déserts de glace de plusieurs lieues de longueur, à l'y défendre péniblement contre les rigueurs du froid et la fureur des ouragans dans de misérables huttes qu'il se construit lui-même, pour de là gagner, suspendu entre la vie et la mort, la respiration haletante et les membres tremblants, l'étroit espace d'une cime majestueuse couronnée de neige? Est-ce simplement pour avoir la gloire de dire : J'ai été là? Est-ce pour une si mince récompense, qu'au prix d'efforts surhumains, il tient à poser un pied sur le trône des tempêtes? Nous avons peine à le croire. Non, ce qui l'y pousse, c'est le bonheur qu'il éprouve à explorer jusque dans ses moindres recoins cette chère demeure où la patrie repose, entourée de toutes les magnificences de la nature; c'est le sentiment de la force qui est en lui et qui lui fait vaincre par l'esprit les froides horreurs de la matière; c'est le charme qu'il trouve à mesurer sa propre puissance, la puissance sans bornes d'une volonté intelligente, à la brutale résistance de la poussière; c'est un noble désir de sonder, dans les intérêts de la science, la structure, la vie, le mystérieux enchaînement de toutes les choses créées; c'est peut-être une sainte aspiration du *maître* de la terre, un impérieux besoin de contempler du haut des dernières cimes le monde à ses pieds, et de mettre ainsi le sceau par une entreprise sans égale et librement accomplie à cette affinité avec l'infini dont il a conscience et qui attire son âme vers les cieux.

CHAPITRE II.

LIMITE DES NEIGES ET DÉROCHEMENTS DE MONTAGNES.

La région inférieure des neiges. — La limite des neiges dans les différentes parties des Alpes. — La décomposition du corps des Alpes et leur sort final. — Les blocs erratiques.

Nous avons placé la limite inférieure de notre région à 7,000 pieds au-dessus de la mer. Pour être plus précis, nous devons distinguer une *région des neiges inférieure*, qui va de 7,000 à 8,500 ou 9,000 pieds, et une *région des neiges supérieure*, au-dessus de cette dernière limite. Cette région supérieure, si elle n'est pas couverte dans toutes ses parties de neige, de névés et de glaciers, n'en est pas moins la zone où régulièrement la neige ne fond jamais. La région inférieure offre des apparences fort diverses selon qu'on considère telle ou telle portion de la chaîne des Alpes; en effet, tandis que dans les montagnes du nord la neige s'y maintient presque sans interruption pendant toute l'année, elle n'y demeure dans celles du sud que depuis l'altitude de 8,200 pieds environ, et encore dans les années rigoureuses seulement, là où la température moyenne de l'année est de — 3° R. et celle de l'été de + 2° R. On comprend, d'ailleurs, que quelques champs de neige ou quelques glaciers peuvent descendre beaucoup plus bas dans la zone sans en changer notablement le caractère. La limite des neiges éternelles varie en partie suivant les localités, en partie suivant les circonstances atmosphériques générales. Sous le premier rapport, elle n'est pas déterminée uniquement par l'altitude absolue du lieu et l'exposition au nord ou au sud. Nous avons remarqué précédemment que les vallées et les plateaux élevés servent de réservoirs de chaleur qui élèvent la ligne de la végétation et reculent en même temps la limite des neiges. Lorsque le versant sud de la chaîne domine des vallées profondément découpées, la neige y descend beaucoup plus bas que sur le versant nord, quand celui-ci repose sur un plateau élevé. C'est ce qui se produit par exemple dans l'Himalaya, où l'on sait que la limite des neiges descend au sud à 1,200 pieds plus bas que sur les versants du nord, sans cesse réchauffés par les courants d'air qui s'élèvent des hautes plaines du Tibet. Nous voyons partout en Suisse le même phénomène se produire sur une moindre échelle. La neige se maintient aussi beaucoup plus bas et plus longtemps sur les glaciers et sur les fonds marécageux que sur les pentes sèches de calcaire, ou celles de schiste d'une couleur foncée. Le voisinage des grandes étendues de névé des hautes Alpes, d'où descendent continuellement des courants d'air froids, tend à abaisser la ligne des neiges éternelles, tandis qu'elle se relève notablement, sur les sommets isolés et sur les arêtes qui n'ont pas de largeur.

A ces influences locales viennent s'ajouter les circonstances atmosphériques de l'année ou d'une période d'années. Quand à des hivers où la neige est tombée en abondance succèdent des étés humides et froids, la limite des neiges s'abaisse notablement, tandis qu'elle s'élève beaucoup après une série d'étés chauds et de saisons pendant lesquelles le fœhn a soufflé avec quelque persistance. En 1865, par exemple, au mois de septembre, la neige avait disparu d'une si grande quantité de cimes et d'arêtes ordinairement entièrement blanches, qu'il est permis de penser que cette année-là sera probablement celle de tout le siècle où la ligne des neiges aura atteint son maximum d'élévation.

En général, à 7,000 pieds de hauteur absolue, nous rencontrons partout sporadiquement des fondrières dans lesquelles la neige, à l'ombre ou seulement à une demi-ombre, ne fond jamais; à 8,000 pieds, nous trouvons déjà dans plusieurs parties des Alpes centrales de grands champs de glace ou de neige continus; à

9,000 pieds, et sur le côté sud des Alpes à 9,500, toute la région en est remplie, sauf quelques arêtes escarpées et quelques rochers qui jouissent encore d'un petit nombre de semaines d'un été assez misérable; au-dessus de 10,000 pieds, tout est recouvert de neige et de glace, à l'exception des parois de rochers à pic et de quelques rares places à l'exposition du sud, où le sol, avec le concours de circonstances favorables telles que des vents et un été chauds, se montre à nu pendant quelques jours ou tout au plus quelques semaines.

Dans les Alpes du nord, les sommets de 8,000 pieds, quand ils sont isolés comme le Säntis, sont ordinairement dégarnis de neige toutes les années pendant deux ou trois mois, mais ceux qui sont reliés à des chaînes plus élevées, bien que libres en moyenne pendant deux mois, conservent leur neige tout l'été dans les mauvaises années, et même, par les étés les plus chauds, en gardent quelques tas isolés dans de grands enfoncements depuis 3,000 pieds, en particulier dans les fondrières auxquelles aboutissent les couloirs des avalanches régulières. Le Mürtschenstock (7,270 pieds), que ses escarpements rendent d'un accès très-difficile, conserve de la neige toute l'année entre ses rochers supérieurs; et dans toutes les hautes montagnes de Glaris, d'Uri et de Berne, on trouverait difficilement un sommet de 8,000 pieds où la neige ne se maintienne pas par places toute l'année. Il en est de même dans les Alpes du sud pour des passages d'une élévation moindre encore, comme la Gemmi, le Grimsel, le grand Saint-Bernard et d'autres; ainsi que pour la partie des Alpes rhétiques qui avoisine le Saint-Gotthard, où, d'après les observations de plusieurs années faites à l'hospice, il neige une fois au moins dans le courant du mois le plus chaud de l'été. Plus à l'est, au contraire, la ligne des neiges paraît remonter un peu. Ainsi le Valserberg (7,000 pieds), le Löchliberg (7,920 pieds), la Calanda (8,650 pieds), et même les cimes du Piz Linard (10,580 pieds) et du Piz Languard se découvrent complétement en été. Si l'on entend par ligne des neiges la limite au-dessus de laquelle on ne trouve plus que des champs de neige continus et persistants, *même pendant les étés les plus chauds*, cette ligne se trouvera dans les Alpes du nord à 8,000 ou 8,200 pieds, dans les Alpes bernoises à 8,300, dans les Alpes grisonnes de 8,600 à 9,300, au Mont-Rose à 8,800, et sur le versant sud de ce dernier massif à 9,500[1]. Mais ces différences ne sont pas d'une grande importance pour la détermination de notre région des neiges, puisque pour nous cette région comprend toute cette portion de nos Alpes où nous trouvons des masses de neige, soit tout à fait permanentes, soit permanentes en grande partie. Dans les Alpes de Styrie et de Salzbourg cette même ligne des neiges est à 8,000 pieds, dans le sud du Tyrol à 8,200, dans les montagnes de la partie supérieure du lac de Côme et dans la Valteline à 8,500, en Savoie à 8,800, dans le Caucase à 9,970, dans les Apennins à 9,000, dans les Pyrénées à 8,680, dans l'Altaï à 6,650 seulement; elle remonte sous l'équateur dans les Cordillères à 14,860, dans le nord de l'Himalaya jusqu'à 15,740, dans le sud de cette chaîne à 11,780; elle descend au contraire, du côté du pôle, dans les montagnes scandinaves à 5,200, en Islande sur l'Hécla (4,340 pieds) à 2,914, au cap Nord à 2,200. Ainsi à cette latitude notre région montagneuse serait déjà couverte de neige dans toute sa hauteur. Dans les terres polaires, la limite des neiges coïncide avec le niveau de le mer.

Si la couche de neige qui recouvre la partie inférieure de notre région était aussi permanente, uniforme et régulière que celle de la partie supérieure, elle contribuerait beaucoup, sans aucun doute, à la conservation du relief des Alpes; tandis que l'alter-

---

[1] D'après Schlagintweit, elle oscillerait dans la partie nord des Alpes, entre 2,600 et 2,700 mètres; dans les Alpes centrales, entre 2,730 et 2,800, et, dans la chaîne du Mont-Blanc, entre 2,860 et 3,100 mètres. Dans les Andes de Quito elle est à 15,700 pieds anglais, dans celles de Bolivie à 18,700; dans l'Himalaya elle est sur le versant sud à 16,200, sur le versant nord à 18,600; au versant sud du Korakorum à 19,400, à son versant nord à 18,600; au Kunkun pour le versant sud à 15,800, pour le versant nord (Turkestan) à 15,100.

native de son apparition et de sa disparition est un des moyens dont la nature se sert pour détruire cette structure des Alpes destinée en apparence à braver les outrages du temps. C'est en effet à la région des neiges que commence pour tous les terrains de montagne, à quelque date qu'ils appartiennent, une série de phénomènes de destruction et de dissolution qui se poursuit à travers la région alpine tout entière et ne cesse, dans la région montagneuse, que là où une épaisse couche de végétation la protége contre l'influence délétère des éléments. Mais c'est naturellement dans le voisinage de la ligne des neiges que cette influence est la plus active. Le sol n'y est plus préservé d'une manière constante ni par le gazon, ni par la neige; et, en même temps, nulle part ailleurs la température n'oscille autant autour du point de congélation, nulle part les champs de neige ne répandent autant d'humidité dans l'atmosphère et dans le terrain. On ne se fait d'ordinaire aucune idée de ce travail de destruction qui s'opère continuellement dans la structure des Alpes. Nous voyons bien les torrents se frayer leur passage dans des lits pleins de décombres; nous voyons bien les débâcles d'eau former dans les vallées des entassements énormes de débris, les avalanches entraîner avec elles de la terre et des pierres; nous entendons bien parler chaque année de petites coulées de terrain et de chutes de rochers détachés des hauteurs, de loin en loin de quelque grande catastrophe produite par l'éboulement d'une montagne; nous voyons bien pendant toute la durée du printemps et de l'été quelques pierres se précipiter par-dessus des parois abruptes de rocher et souvent avec tant de bruit et de rapidité qu'on croirait entendre un feu de file; nous recueillons sans cesse de nouvelles plaintes sur la dévastation croissante des alpages supérieurs; nous sommes frappés d'étonnement à la vue de ces immenses lapiaz où les influences atmosphériques dessinent en grands caractères sur la roche *éternelle* les signes de la destruction; — mais nous sommes habitués à considérer tous ces phénomènes comme des faits purement accidentels et isolés, qui n'ont aucune influence sur la configuration des Alpes dans leur ensemble. Et, en réalité, bien des générations se passent sans qu'on aperçoive de changements sensibles dans la condition générale des montagnes. Toutefois, au bout de quelques milliers d'années, le temps aura fait son œuvre : quelques-unes de nos montagnes auront été tellement érodées et déchirées, les ossements même de granit qui en forment la charpente auront été si secrètement et si lentement décomposés qu'elles seront alors méconnaissables; et bien que la main sur laquelle reposent les destinées de la terre ne se serve plus des forces plutoniques pour détruire la vaste ceinture des Alpes et pour en bouleverser les masses, elles *doivent* cependant succomber dans un avenir infiniment éloigné à cette lente dissolution dont nous sommes les témoins, et se changer en un monde de montagnes aplanies sur lesquelles la végétation pourra partout se développer. Car ce qui s'appelle ici destruction devient souvent ailleurs une source de vie; et comme nous voyons aujourd'hui la décomposition de la pierre produire un terreau abondant en sels nutritifs pour les plantes, de même, dans les temps antérieurs à l'histoire, ce sont les grands cataclysmes qui, en entraînant des débris de roches sans consistance, ont ouvert ces belles vallées de nos jours si peuplées et si florissantes[1].

Le soleil, l'air et les orages, les torrents et les avalanches, les éclairs et les tonnerres, la chaleur et le froid, les végétaux, qui à partir des lichens les plus déliés pénètrent partout dans la roche, les forces électrique et galvanique, ont chacun leur part d'action dans cette révolution permanente; mais c'est l'eau qui en est l'agent principal. Sans elle, l'ossature de granit et les flancs calcaires, durs comme l'acier, de nos hautes crêtes auraient peu à redouter l'effet des autres agents de destruction. En au-

---

[1] Nous ne ferons que mentionner en passant quelques-unes des grandes vallées d'érosion : le Prätigau (Grisons), la vallée de Tourtemagne (Valais), le Simmenthal, ouvertes dans le flisch; le Bedrettothal (Tessin), la vallée entre Frutigen et Adelboden (Berne), formées dans un mélange d'assises dolomitiques et gypseuses, etc.

tômne, les nuages, les brouillards, les pluies et la neige saturent d'humidité tous les pores de la pierre; l'eau pénètre dans les veines et les interstices les plus menus, s'insinue par les fissures et les intervalles des couches dans l'intérieur de la masse rocheuse, ou bien, lorsque le sous-sol est impénétrable, reste accumulée dans les canaux superficiels. En hiver, une grande partie de l'eau qui regorge dans toutes ces petites cavités se change en glace, distend toutes les parties de la pierre et, avec une puissance irrésistible, la fait éclater comme le ferait un coin ou un levier. La chaleur du printemps fait fondre ces myriades de petits coins de glace — mais la roche reste profondément minée, transpercée, fendillée. Bientôt le même phénomène se reproduit; les pluies remplissent de nouveau les fissures et à chaque fois pénètrent plus avant; le gel agit avec d'autant plus de force dans les canaux élargis, et les fragments désagrégés se précipitent enfin dans les vallées, entraînant dans leur chute tout ce qu'ils supportaient. On a remarqué que cette œuvre de destruction est plus facile et plus rapide dans les terrains primitifs que dans les montagnes calcaires; et dans celles-ci, plus que dans les formations tertiaires souvent protégées par une couche de végétation; — elle est en tout cas beaucoup plus active là où de grandes masses reposent sur une base tendre de schiste argileux, de grès, de marne, ou autres terrains poreux analogues, dont l'amollissement et la décomposition en faisant perdre leur point d'appui aux roches superposées, en détermine la chute. L'eau, sous la forme de glacier, travaille aussi avec une grande énergie à la destruction des montagnes. Les glaciers, par leur mouvement de croissance et de retrait, par la progression tranquille, continue, de leurs masses d'un poids de millions et de millions de quintaux, frottent, rongent, labourent les roches qui sont sous leur fond et sur leurs bords, transportent d'immenses blocs sur leur dos et jettent leurs moraines dans la vallée. Enfin, en servant de moyen de transport aux agents chimiques, l'eau contribue d'une manière moins sensible, mais bien plus générale encore, à détruire, à transformer et à décomposer la pierre, résultat auquel concourent également les acides libres dans l'océan de l'air, l'acide carbonique et l'oxygène.

Quiconque a pu, dans un voyage de quelque durée dans les montagnes, porter son attention sur cette immense quantité de matériaux que des mains invisibles transportent sans cesse de la région des neiges dans la vallée, ou qu'y entraînent les torrents, les avalanches, les glissements de terrain, les glaciers et les orages; quiconque a vu ces crêtes, ces sommités, ces arêtes, ces créneaux, rongés, fendus, minés, arrondis, souvent dépouillés de leur ancien revêtement de pierres plus friables, et mis à nu par la dent meurtrière des siècles, comprendra facilement que cette œuvre de décomposition et de dérochement doit nécessairement un jour écraser l'orgueil des plus fières pyramides. Et ce n'est encore là qu'une petite scène du grand spectacle que nous présente la nature continuellement en travail pour la transformation de l'écorce terrestre.

Il existe encore aujourd'hui des témoignages visibles de ces procédés de destruction si divers dont elle s'est servie dans les temps anciens. Nous voulons parler des *blocs erratiques* — noix colossales que la mère nature semble avoir jetées à ses enfants pour y essayer leurs dents. On trouve en effet fort avant dans l'intérieur des plaines de la Suisse, sur les gradins des collines et même sur les croupes du Jura, à une hauteur de 4,500 pieds (Bürenkopf), des fragments de rochers répartis sur une ligne horizontale, d'un volume plus ou moins considérable et souvent de plus de cent mille pieds cubes, qui sont tout à fait différents des formations sous-jacentes ou voisines; masses minérales étrangères qui ont leurs gîtes de départ dans les profondeurs des hautes Alpes, leur véritable patrie, à plusieurs journées de distance de leur place actuelle. Quelques uns de ces blocs portent comme un certificat d'origine dans les mousses et les lichens alpins qui recouvrent leur surface; celui d'Erlenbach, connu sous le nom de Pflugstein, a même une fougère (*Asplenium septentrionale*); d'autres ont des phanérogames (graminées, *Silene rupestris* etc.) qui ne se rencontrent nulle part dans les environs et qu'on retrouve, par contre, dans les montagnes d'où ces blocs sont venus. On trouve aussi des blocs erratiques dans l'Amérique centrale, en Angleterre, en Hollande, en Allemagne, en Chine, au Cap de Bonne-Espérance. Tantôt de granit, tantôt de gneiss, de hornblende, de porphyre, de schiste micacé, etc., ils couvrent souvent de grandes surfaces, inégalement entassés par masses énormes. Ils varient assez de contours. Dans les plus considérables, qui sont soit tout à fait libres, soit empâtés dans de l'argile, soit engagés dans des graviers non stratifiés, les arêtes et les angles sont souvent vifs et tranchants, comme s'ils venaient d'être brisés; d'autres, au contraire, reposant dans des graviers stratifiés, ont des bords arrondis qui indiquent qu'ils ont été frottés et roulés longtemps et avec violence.

Pour expliquer ces singuliers voyages des blocs, qui, partis du sein des hautes Alpes, sont arrivés jusque dans la plaine et sur les contrepentes des montagnes, les naturalistes ont eu recours à différentes hypothèses. Les uns attribuent ces transports à la force projectrice des volcans; d'autres à d'immenses courants d'eau et de glaces venus soit des Alpes, soit de la mer; d'autres enfin à des *glaciers antéhistoriques*, appartenant à une période glaciaire, période nouvelle, étrange, qui dans l'histoire fragmentaire de notre globe trouverait sa place entre l'époque de la destruction des dernières formes animales anciennes et celle de la création des espèces actuelles. C'est à J. de Charpentier que nous devons cette ingénieuse théorie à laquelle Agassiz, Desor, Escher, Heer et d'autres sont venus plus tard donner l'appui de leur nom et de leur science. Ces savants ont étudié avec une rare sagacité tous les phénomènes relatifs à la période glaciaire et constaté en particulier que les glaciers se sont jadis étendus jusque dans les environs de Berne, de Bremgarten, de Sursee, de Zurich, de Rapperswyl, etc. où ils ont laissé dans les entassements de débris et de blocs qu'on y voit encore de nos jours, des preuves évidentes de leur action. Les surfaces striées et les formes arrondies des rochers en saillie sur les flancs des vallées, la répartition radiée, continue, des blocs erratiques et des moraines, le long d'une ligne qui remonte naturellement tant pour la direction que pour la hauteur aux terrains auxquels ces blocs appartiennent, sont autant de faits qui prouvent à leurs yeux que de gigantesques glaciers ont autrefois rempli les bassins de l'Aar, du Rhin, de l'Arve, du Rhône, de la Reuss et de la Linth, à plusieurs milliers de pieds de hauteur, portant les blocs erratiques sur leurs dos et les déposant avec une grande régularité jusque dans les parties ouvertes du pays. Mais pour pouvoir admettre, pour la Suisse du moins, cette période glaciaire, il faut admettre en même temps qu'il y eut une époque où les déserts africains du Sahara, dans lesquels on rencontre un certain nombre de coquillages dont les espèces vivent encore aujourd'hui dans la Méditerranée, formaient une mer intérieure basse, en communication avec la première par la côte tunisienne; hypothèse qui du reste n'est point invraisemblable et à l'appui de laquelle on peut invoquer des faits tirés d'un ordre d'idées différent. Le vent du sud-ouest qui nous arrive de ces régions était alors humide et froid, et à son passage au-dessus des Alpes ses vapeurs se précipitaient en immenses amas de neige, origine première de ces vastes glaciers du Rhin, de la Linth, de la Reuss, etc. Mais lorsqu'à la dernière époque géologique le sol du Sahara se fut relevé, ou que la communication de sa mer intérieure avec la Méditerranée se fut comblée, les eaux du Sahara durent s'évaporer sous l'influence du soleil africain et ne laisser d'autres traces que les quelques *schotts* ou restes de lacs salés qui s'y rencontrent actuellement. Le fond de cette mer mise à sec est devenu dès lors le berceau de vents chauds qui ont dû détruire les grands glaciers, de même que le fœhn est encore aujourd'hui, dans une grande partie des Alpes, la condition sine quâ non de la fonte des neiges et du réveil de la nature.

Suivant d'autres géologues, les différences que présentent les blocs, au point de vue de la forme de leurs arêtes et de la nature des gisements dans lesquels on les trouve, tendraient à faire admettre des moyens de transport différents, savoir : les courants d'eau pour les blocs arrondis et entourés de galets stratifiés, et les glaciers pour les blocs à bords tranchants, répandus à des hauteurs inégales, et reposant sur des entassements en forme de moraines[1].

Quant au peuple, il explique tout autrement le phénomène des blocs erratiques; son système rappelle ces réflexions de Méphistophélès :

> ...... J'étais là quand du fond des abîmes
> La lave en jets de feu vomissait ses torrents;
> J'étais là quand Moloch de ses marteaux pesants
> Façonnait les rochers, équarrissait les cimes,
> Faisant jaillir au loin ces fragments embrasés
> Qui gisent aujourd'hui sur le sol dispersés.
> D'où sont-ils donc venus? se dit en vain le sage;
> Ils sont là, laissons les! voilà tout son savoir.
> Pauvre orgueil de l'esprit, que tu fais honte à voir!
> Le peuple en son bon sens, sens fidèle en tout âge,
> Dès longtemps répondit : C'est l'œuvre de Satan.
> Et vous voyez partout mon pèlerin boitant,
> Courbé sur le bâton de la foi qui le guide,
> Aller du *Pont du Diable* au *Roc* de même nom.

[1] La question des blocs erratiques et de leur mode de transport se lie à d'autres questions d'un si grand intérêt pour la connaissance de l'ancienne configuration de nos Alpes et la géologie en général, que nos lecteurs nous pardonneront sans doute d'entrer sur ce sujet dans quelques détails qui, bien qu'empiétant un peu sur les chapitres qui suivent, serviront à éclaircir et à compléter notre texte.

Les glaciers sont des masses de glace douées d'un mouvement de translation continu et régulier, proportionné à leur volume et à l'inclinaison de leur lit. Ce volume est quelquefois énorme : Desor a calculé celui du glacier de l'Aar à près de deux milliards et demi de mètres cubes, et Éd. Collomb évalue approximativement à vingt-deux ou vingt-quatre milliards celui du glacier d'Aletsch, le plus grand de tous les glaciers connus. On conçoit avec quelle puissance de pareilles masses fouillent, emportent et bouleversent les terrains qu'ils envahissent.

Mais indépendamment de cette action générale, les glaciers en ont une particulière sur les roches qui se trouvent sur leur passage, et sous ce rapport nous distinguerons les rochers en place qui les encaissent, et les blocs mobiles qu'ils entraînent avec eux.

Les glaciers exercent une action continue et très-marquée sur les flancs et sur le fond des vallées dans lesquelles ils se meuvent. Ils les nivellent, comme le remarque Agassiz, et en arrondissent les angles et les grandes inégalités. C'est cette apparence que de Saussure exprimait en désignant ces roches ainsi frottées et usées par le nom de *roches moutonnées*. Suivant leur nature, elles prennent quelquefois un *poli* aussi parfait que si elles avaient passé par la main du marbrier. En même temps les particules les plus dures de la couche de boue qui est produite par ce frottement, entr'autres les petits cristaux de quartz, agissent comme un émeri sur le rocher et gravent sur les surfaces polies une multitude de *stries rectilignes* plus ou moins fines et sensiblement parallèles entr'elles. La direction de ces stries est toujours celle du glacier, c'est-à-dire, inclinée dans le sens de la vallée, excepté dans les endroits où resserré entre deux promontoires le glacier se relève pour franchir l'obstacle et burine alors sur la roche des stries ascendantes. On observe de plus que sur ces promontoires qui rétrécissent le chenal du glacier, les roches ne sont moutonnées et striées qu'en amont, tandis qu'elles conservent en aval leurs angles aigus et leurs arêtes vives.

Quant aux fragments de rochers que les agents atmosphériques, les avalanches ou le mouvement même du glacier détachent constamment des parois de la vallée, ils roulent à la surface du glacier et forment sur ses bords des amas en forme de remparts qu'on désigne sous le nom de *moraines* et qui marchent avec le glacier en le bordant dans tout son pourtour. Si ces fragments restent à la superficie, ils conservent en descendant avec le glacier leurs arêtes vives; si au contraire ils tombent entre le glacier et les roches encaissantes, ils subissent un frottement qui les arrondit, les brise, les triture et sillonne ceux qui résistent d'une quantité de stries fines qui s'entrecroisent dans tous les sens. Sous cette forme ce sont les *cailloux rayés*, qu'on trouve principalement dans ce qu'on a nommé les moraines profondes.

Les roches polies et striées d'un côté et les galets rayés de l'autre, tels sont les signes caractéristiques de l'action des glaciers, signes d'une nature si déterminée et si particulière qu'il est impossible, une fois qu'on les a reconnus, de les confondre avec aucune apparence érosive due à quelque autre agent naturel que ce soit. M. Martins a même fort ingénieusement nommé les galets rayés, les *fossiles* des alluvions glaciaires. Tels sont les phénomènes constants qui accompagnent l'existence des glaciers actuels.

Or il résulte de toutes les observations faites dans les derniers temps par les savants qui se sont occupés de la géologie de nos Alpes, que partout à peu près, à plusieurs centaines de mètres au-dessus du niveau actuel des glaciers, et à une élévation plus ou moins grande dans les vallées qui n'en renferment point, on trouve des traces évidentes de phénomènes parfaitement identiques : c'est-à-dire qu'on y trouve des roches à surfaces polies, couvertes de stries à peu près parallèles à l'horizon, mais se relevant dans les étranglements de la vallée ; des collines arrondies en amont et escarpées en aval ; dans le thalweg lui-même, à côté des érosions sinueuses et des canaux ramifiés à parois unies formées par les cours d'eau, des roches moutonnées à raies rectilignes ; partout des blocs à arêtes tranchantes, mesurant quelquefois jusqu'à 10 ou 20 mètres en tous sens, déposés sur les roches polies ou entassés confusément sur les flancs de la vallée par masses considérables ; puis de place en place dans le chenal, ou à son extrémité inférieure, ou plus loin à une grande distance dans la plaine, des entassements quelquefois énormes de blocs arrondis ou à angles vifs et de cailloux rayés, formant des remparts cintrés dont la convexité est dirigée du côté de la plaine.

Voilà donc des faits singulièrement analogues, en deux séries pour ainsi dire parallèles et superposées. Et si l'observation directe nous montre dans la série inférieure un glacier en mouvement avec tous les phénomènes qui accompagnent sa marche, serait-il possible de ne pas voir dans la supérieure les mêmes causes, c'est-à-dire des glaciers aussi, seulement d'une masse beaucoup plus puissante, s'étendant par conséquent à des distances beaucoup plus considérables, et transportant au loin les blocs de leurs moraines ? C'est ainsi que M. Ch. Martins est parvenu à reconstruire sur des *faits*, le grand glacier du Mont-Blanc, à en reconnaître les traces tout le long de la vallée de l'Arve, à lui assigner ses glaciers latéraux, à expliquer la présence de ses blocs de protogine sur une portion de ses moraines, leur absence sur celui de ses bords qui avait reçu un affluent venu de montagnes calcaires, à le suivre enfin jusqu'à son extrémité inférieure sur les versants des Voirons et des deux Salèves. C'est ainsi que d'autres ont retrouvé les mêmes faits se reproduisant dans les vallées de la Reuss, de la Limmat, de l'Aar et surtout dans la vallée du Rhône dont le formidable glacier alimenté par les immenses cirques de la Jungfrau, du Mont-Rose, du Velan, etc. débouchait dans la plaine pour se diviser en deux branches dont l'une s'étendait jusqu'à Zofingen, et dont l'autre, après avoir comblé le bassin du Léman, déposé ses blocs erratiques sur les pentes du Jura à plus de 3,000 pieds de hauteur absolue, et reçu le glacier de l'Arve, venait mourir sur le mont Sion et y rencontrer la moraine terminale du glacier de l'Isère. Les travaux récents de M. Scipion Gras concluent même à une extension de ce glacier jusque dans la plaine dauphinoise toute parsemée de blocs erratiques de granit, et dans les environs de Lyon où des cailloux rayés en grand nombre témoignent du séjour des glaciers à une époque reculée.

Tels sont les principaux faits qui, observés dans un grand nombre de points différents, ont conduit les géologues à admettre aujourd'hui comme certaine l'existence d'une époque, peut-être même de deux époques glaciaires, formant une partie importante de la période comparativement récente des terrains qu'on a nommés quaternaires. Que penser maintenant des causes qui ont ainsi transformé, pendant un temps, la presque totalité de la Suisse en une immense mer de glace? La science les ignore encore; mais les faits sont là, ils sont incontestables. „L'imagination," dit M. Martins, en terminant le travail auquel nous faisions allusion tout à l'heure, „frémit pour ainsi dire à l'idée du froid épouvantable que suppose ce développement prodigieux des glaciers alpins; cependant il suffit pour amener la mer de glace jusqu'aux bords du lac de Genève, d'abaisser la température moyenne de cette ville de 4 degrés, d'amener son climat à celui d'Upsal et de Stockholm; et si les géologues n'hésitent pas à élever de 10 à 20 degrés les températures moyennes des zones froides ou tempérées pour expliquer la présence dans le sein de la terre de fougères tropicales ou d'animaux des pays chauds, ils auraient mauvaise grâce à s'effaroucher de cette altération de la température moyenne annuelle parce que le changement proposé se fait dans un autre sens, et que le thermomètre descend au lieu de monter. Diminuer de 4 degrés la température moyenne d'une contrée pour expliquer une des plus grandes révolutions du globe, c'est à coup sûr une des hypothèses les moins hardies que la géologie se soit permises."

Quant au retrait successif de ces vastes glaciers, il doit être attribué probablement, comme on l'a vu, au dessèchement de la mer intérieure du Sahara africain.

Les blocs erratiques disparaissent rapidement aujourd'hui, à cause du parti qu'en tirent quelques industries et de la facilité de leur exploitation. Cependant, grâce à l'initiative de M^r le professeur A. Favre et au concours de quelques amis de la géologie, la conservation dans notre contrée de quelques-uns d'entre les plus beaux et les plus importants de ces blocs témoins d'un autre âge est assurée à la science. *(Traducteur.)*

CHAPITRE III.

NÉVÉS ET GLACIERS.

L'été aux prises avec l'hiver éternel. — Structure de la neige des hauteurs. — Le névé. — Etendue de la zone des glaciers, ses limites supérieure et inférieure. — Ses rapports avec le monde organique. — Formation et développement des glaciers. — Leur température, leur couleur et leur constitution chimique. — Leur mouvement. — Les moraines. — Propriétés du son. — Neige rouge (*Protococcus nivalis*), Podurelles (*Desoria glacialis*). — Une *Desoria* nouvelle.

Tandis que la fonte des neiges commence déjà au mois de mars dans la région des collines et atteint en avril, avec quelques interruptions, celle des montagnes, c'est avec des temps d'arrêt bien plus nombreux encore qu'elle gagne en mai la région alpine inférieure, et en juin la région alpine supérieure, où elle est suivie avec une rapidité inconcevable du développement de la végétation préparé longtemps à l'avance sous le chaud manteau de l'hiver. En juillet, les rayons brûlants du soleil découvrent à leur tour quelques-unes des surfaces accidentées de la région alpine supérieure, que recouvre une neige plus épaisse et plus dure. La fonte devrait, ce semble, en poursuivant sa marche, attaquer en août la région inférieure des neiges, mais ici déjà d'autres influences atmosphériques lui font subir un mouvement de recul. Les parties plates de la région sont couvertes de masses de neige profondes, et la chaleur, d'ailleurs amoindrie par le voisinage des grands névés, est souvent interrompue par des chutes de neige nouvelle : c'est tout un mois de lutte entre l'été et l'hiver, lutte pendant laquelle l'été envahit les terrains les plus favorables, tandis que l'hiver se maintient avec obstination dans tous les autres. Ce combat laboure toute la couche de neige jusque sur les plus hauts sommets; et il est si énergique dans les étés très-chauds, que la plupart des cimes deviennent tout à fait libres, ou que la neige de leurs coupoles se transforme en une glace mate et bulleuse. Mais en septembre, la balance penche décidément en faveur de l'hiver, et, de semaine en semaine, le génie de la vie se retire plus rapidement du côté des vallées, pour les quitter plus tard à leur tour et laisser le linceul de l'hiver s'y dérouler victorieusement du haut des montagnes. Cependant sur toutes les cimes escarpées, le soleil parvient à découvrir encore quelques surfaces rocheuses; au Finsteraarhorn, à l'Eiger, à la Jungfrau et aux Wetterhörner, même à la Bernina et au Mont-Rose, nous trouvons quelques parois nues où la neige ne tient que fort peu de temps en hiver, et seulement quand le vent vient à l'y chasser chargée d'humidité. Ces portions de rochers, mais surtout les oasis d'été dont nous avons parlé, sont d'une très-grande importance pour la vie animale et végétale dans la région des neiges.

La neige qui tombe sur ces hauteurs est communément, quant à la forme, assez différente de la neige ordinaire à gros flocons qui tombe en hiver dans la plaine. Le froid, la pureté et la sécheresse de l'air, la rendent elle-même plus sèche, plus légère, plus fine. Le plus souvent elle arrive à terre sous la forme de petites aiguilles de glace, d'étoiles dures à 3 ou 6 pointes, de cristaux, de grésil, de poussière, très-rarement en flocons proprement dits. Il ne pleut presque jamais à 9,000 pieds, parce que les nuages de pluie se tiennent ordinairement à une moindre élévation, et que la température moyenne de l'été y est déjà assez basse; il est probable qu'il ne pleut jamais à 11,000 pieds. Il se formerait donc sur les hautes Alpes une couverture de neige d'une épaisseur toujours croissante, si le soleil n'en fondait pas une partie, même dans la région des neiges, si les avalanches ne déchargeaient pas dans les fonds le trop plein des hauteurs, si des vents violents ne balayaient pas la neige fine des crêtes pour la disperser dans les vallées ou l'entasser dans de grands cirques où elle se transforme en névé. Il se produit en outre toute l'année une certaine évaporation dans la neige, même par les temps les plus secs et les plus froids. Les rayons du soleil agissant aussi avec beaucoup plus d'énergie, et étant plus chauds que l'air sur ces hauteurs, ils fondent encore la neige à une température atmosphérique de 2 à 3 degrés au-dessous de 0; ce qui recouvre les hautes neiges d'un enduit de glace fine et raboteuse qu'on retrouve jusqu'au sommet du Mont-Blanc, ou bien en sépare les couches, lorsqu'il en tombe de nouvelles, par de minces feuillets de glace. L'énergie des rayons solaires peut encore, dans les endroits très-bien exposés, agir plus profondément et former la glace compacte et vitreuse des sommets. Mais on a constaté par des expériences nombreuses qu'il ne tombe au-dessus de 10,000 pieds qu'une faible quantité de neige, et que c'est entre 7 et 8000 pieds que la moyenne est la plus forte dans les Alpes[1]; l'épaisseur de la couche diminue soit au-dessus, soit au-dessous de cette limite.

Les vapeurs qui se produisent dans les hautes sphères ne paraissent pas pouvoir facilement se précipiter en pluie dans cette atmosphère légère et sèche; elles doivent, pour se décharger, descendre dans un air plus pesant, au profit des alpes habitées. Mais la neige dure et poudreuse qui tombe sur les hauteurs perd sa forme primitive cristalline par les alternatives de gel et de dégel qui se font sentir à sa surface, ainsi que par l'influence des agents atmosphériques; et, suivant la hauteur et l'exposition, elle est soumise à une série de modifications qui finissent par lui donner une structure intermédiaire entre la structure de la neige et celle de la glace. Pendant la chaleur du jour, elle devient non pas précisément humide, mais seulement plus lâche et comme

---

[1] La quantité de neige qui tombe sur les hautes régions dans le courant de l'année, a été mesurée en 1845 et 1846 aux environs du Grimsel. Il en résulterait que, terme moyen, il tombe à 8,000 pieds 18 mètres de hauteur de neige fraîche.
(*Traducteur.*)

sablonneuse, elle ne se laisse pas réduire en balle; mais la gelée des nuits en relie de nouveau les granules. Cette transformation, dans les zones supérieures, se continue sans interruption pendant toute la saison chaude, et c'est ainsi que la neige passe à l'état de *névé*[1], masse compacte et adhérente dans laquelle les granules sont comme soudés les uns aux autres par une espèce de ciment de glace. Une température plus élevée fait fondre ce ciment sans attaquer les granules eux-mêmes qui sont d'une consistance plus dure, et ils reprennent l'apparence d'un sable sans adhérence. La nuit ils se congèlent de nouveau en une masse homogène, souvent dure comme l'acier, en particulier dans les fondrières et au bas des couloirs.

C'est donc cette neige grenue des hauteurs, avant sa transformation en névé ou dans le premier degré de cette transformation, qui recouvre les hautes Alpes, depuis leur sommet jusqu'à 9 ou 8000 pieds d'élévation absolue, de ce manteau d'une blancheur éblouissante qu'on ne retrouve plus dans les régions inférieures où diverses causes contribuent à affaiblir l'éclat des rayons solaires; mais naturellement ce manteau se recouvre lui-même à fréquentes reprises d'une nouvelle couche de neige fraîche. La zone des névés descend jusqu'à la zone des glaciers proprement dits, c'est-à-dire jusqu'à la région où la température est assez élevée pour fondre entièrement la neige qui tombe sur la glace des névés. Le névé est toujours blanc, poreux, spongieux, mélangé de beaucoup d'air, ce qui lui donne une pesanteur spécifique moindre que celle de la glace[2], sans texture apparente et,

---

[1] Dans quelques montagnes de la Suisse on donne le nom de névé (*Firn*) aux glaciers eux-mêmes; mais dans le langage de la science on appelle névé cette neige dure, grenue et liée qui est intermédiaire entre la neige et le glacier. Les habitants des montagnes nomment ordinairement *glacier* la glace des eaux de la plaine.

[2] Suivant les expériences de M. Dollfus, un mètre cube de neige fraîche pèse environ 85 kil., un mètre cube de névé, dans la région supérieure, 628 kil., et le même volume de glace bleue des régions inférieures d'un glacier 909 kil.

(*Traducteur*.)

du moins dans son état d'adhérence, sans granulation distincte. Plus bas, les grains du névé sont bien plus visibles, ils deviennent plus gros, bleuâtres, et ordinairement entre 8,000 pieds et 7,600 pieds, se transforment complétement en glace.

Le voyageur qui parcourt les névés inférieurs pendant les jours chauds de l'été, en voit la surface sillonnée de ruisselets ordinairement parallèles, produits de la fonte, soit des neiges nouvellement tombées, soit du ciment de glace qui lie les grains du névé. Mais le névé lui-même est à peine entamé dans sa couche annuelle, et ce n'est que lorsque la chaleur est très-forte qu'il commence à perdre sa consistance. La nuit, l'eau se gèle et les ruisselets se taisent. Le soleil du matin les rappelle tous successivement à la vie; la glace formée pendant la nuit fond aisément, mais la masse du névé demeure ferme : seulement l'eau a pénétré dans la profondeur du névé, et va le transformer à sa base en glacier[1]. Voici à peu près comment les choses se passent : La couche superficielle du névé est formée de la neige fraîche et de celle tombée pendant l'hiver; cette couche, dans le courant de l'été, prend une consistance grenue, se durcit et se transforme en névé. Immédiatement au-dessous, se trouve la couche de névé de l'année précédente, compacte, granuleuse, présentant, dans son état d'adhérence, l'apparence et la transparence de la glace, mais, comme nous l'avons déjà fait observer, se désagrégeant en granules séparés lorsque le ciment en est fondu. Plus profondément, nous trouvons le névé bulleux, plus compacte encore, plus développé. Et, tout à fait au fond, sur le terrain et sous la pression de la masse, la glace aux reflets bleuâtres des glaciers. C'est ainsi du moins que les couches se superposent à 10,000 pieds et au-dessus. Mais plus haut, entre 12 et 14,000 pieds, la couverture de

---

[1] Il est probable que la pression joue aussi un rôle considérable dans la transformation successive de la neige en névé et du névé en glacier. On comprend que, sous le poids de sa masse, la neige s'affaisse, se tasse, prend une consistance plus ferme et plus dure, toute prête, pour ainsi dire, à se changer en glace, sous l'influence de l'humidité. *(Traducteur.)*

neige est la même de la surface à la base, parce que la sécheresse de l'air et la température moins élevée et plus uniforme n'y permettent pas à la neige de se fondre ni de se transformer; c'est le névé non encore développé, c'est ce qu'on a nommé la *neige des hauteurs* (*Hochschnee*). A 9,000 pieds, au contraire, la transformation est effectuée depuis longtemps, mais les couches de névés ne sont plus considérables, et on trouve déjà le glacier à quelques pieds de profondeur. A 7,600 pieds enfin, le névé a complétement disparu, et le glacier se montre à nu. Cependant, comme nous l'avons remarqué, on rencontre même dans les positions les plus élevées, des endroits abrités entre les rochers où une puissante insolation fait fondre la neige pendant le jour, et où le froid de la nuit transforme l'eau qui en résulte en glace (*Hocheis*). Mais ce n'est là qu'un fait isolé dans le phénomène général de la formation des névés; cette eau gelée n'est que de la glace ordinaire, tout à fait distincte de la glace de glacier.

On a fait depuis une trentaine d'années environ des recherches multipliées sur les *glaciers*, mais le résultat n'a peut-être pas toujours répondu à ce qu'on pouvait attendre de travaux entrepris avec tant de dévouement et sur une si vaste échelle. En tous les cas, c'est à ces essais généreux que nous sommes redevables de ce que nous savons aujourd'hui de plus complet et de plus intéressant sur la région des neiges, et en particulier sur les phénomènes glaciaires. Tandis qu'autrefois on considérait les glaciers comme des champs de glace immobiles, ou qui, du moins, n'avaient d'autre mouvement que celui qui résultait de leur augmentation de volume dans les années humides et froides, et de leur retrait pendant les chaleurs de l'été, mais qui par leur nature n'étaient autre chose que de l'eau de neige transformée en glace, les observations dont nous avons parlé ont conduit à la découverte des faits les plus surprenants sur la constitution éminemment *sui generis* des glaciers, sur leur mouvement de translation et sur tous les phénomènes qui en dépendent. On a bâti de vastes et hardis systèmes; on a fait des expériences minutieuses, suivies, souvent périlleuses; tous les hommes instruits se sont intéressés depuis quelques années aux nouvelles théories glaciaires; et cependant on peut dire que, sur le terrain de la science, on n'a fait encore que des conquêtes partielles.

Les glaciers sont de la plus haute importance pour la physionomie de la région des neiges, car ils recouvrent une grande partie de sa moitié inférieure, et contribuent à en déterminer le caractère. Ebel comptait déjà dans les Alpes de la Suisse environ 400 glaciers dont fort peu seulement avaient moins d'une lieue d'étendue, dont un grand nombre avaient jusqu'à six et sept lieues de longueur, une demi-lieue ou une lieue de largeur, et de 100 à 600 pieds et même, d'après les mesures plus récentes, de 1,200 à 1,500 pieds de profondeur. Il calculait que la superficie de nos mers de glace pouvait être de cinquante milles carrés d'Allemagne, c'est-à-dire à peu près celle des cantons de Zurich et de Thurgovie réunis. Aujourd'hui on compte dans nos Alpes 608 glaciers; et de loin en loin on en rencontre quelques-uns de sporadiques, moins spacieux, indépendants, qui ne se relient pas à de grands champs de névé, et sont dans leur période de formation, comme : la Neige bleue sur le Säntis, le Dreckgletscherli près du Schwarzhorn (Oberland bernois) qui date de la génération actuelle, et les grandes fondrières d'avalanches de la Binna, au-dessus d'Ausserbinn (Valais), dont l'une s'est maintenue depuis douze ans et présente déjà des couches de glace à sa base. Le glacier du Rothelch au Simplon date de 1732; un autre sous le Galenhorn, dans la vallée de Saas, de 1811; le glacier lui-même du Rosenlaui ne peut avoir une origine bien ancienne.

Les principaux glaciers de la Suisse se groupent naturellement autour des trois massifs de hautes montagnes que nous avons précédemment décrits. Ce n'est pas tant un effet de la hauteur absolue des sommets, que de leur réunion en grand nombre dans le même district, et des vastes déchirures que présentent ces imposants massifs. Une pyramide libre et élancée n'offre guères de place aux glaciers; il leur faut, pour leur formation, de hauts plateaux situés au-dessus de la ligne des neiges et où puissent s'empiler des couches épaisses de neige.

Le Mont-Blanc à l'ouest et l'Ortelès à l'est en renferment de vastes étendues; mais l'un et l'autre restent bien loin en arrière de nos Alpes suisses proprement dites, tant pour la grandeur que pour la variété des formes et la beauté de leurs glaciers. C'est le Mont-Rose qui possède les glaciers les plus considérables; le groupe du Finsteraarhorn en possède le plus grand nombre. Le Mont-Rose voit cinq et même huit glaciers se réunir à ses pieds sur son versant nord; son ossature gigantesque avec ses gorges et ses hautes vallées, est le théâtre des phénomènes glaciaires les plus merveilleux. De ce point, des glaciers immenses s'étendent au nord vers la vallée du Rhône, d'un côté par les Mischabelhörner jusqu'au Balfrin, de l'autre par le Matterhorn et la Dent-Blanche jusqu'à Tourtemagne; à l'ouest, les glaciers continuent presque sans interruption sur la croupe et les versants de la chaîne jusqu'au Mont-Blanc; au nord-est, ils vont jusqu'au Saint-Gotthard, où le glacier de Grises étroit et aplati, mais allongé, s'appuie aux Alpes tessinoises. Les glaciers du massif du Finsteraarhorn occupent, sauf un fort petit nombre d'interruptions, une étendue de vingt lieues de longueur. Dans ce groupe, le glacier inférieur de l'Aar est le plus grand dans les Alpes bernoises, celui d'Aletsch est le plus long parmi ceux de la Suisse entière, il a près de huit lieues; celui du Rosenlauï est le plus pur et le plus beau; celui du Grindelwald est le plus bas. Vu de la cime de la Jungfrau, cet ensemble immense de mers de glace et de névés dont G. Studer évalue la superficie à environ 60 lieues carrées, apparaît comme une seule surface continue, un seul centre glacé, rayonnant en tous sens, franchissant toutes les crêtes, toutes les arêtes, et dont les bords restent suspendus au-dessus des vallées de Lauterbrunn et de Grindelwald, du Rosenlauï, de l'Urbach et de l'Oberhasli, du Rhône, de la Lonza et de la Kander. Les Alpes d'Uri et du sud de Glaris sont proportionnellement moins riches en glaciers; mais celles des Grisons le sont davantage. Le groupe de l'Adula qui entoure les sources du Rhin postérieur, dans un pourtour de cinq lieues seulement, envoie dans les vallées voisines plus de trente glaciers dont sept se dirigent au nord, six au nord-est et cinq à l'est. Les trois groupes de glaciers qui descendent des nombreuses cimes du massif de la Bernina, sont encore plus considérables; on évalue sa mer de glace à seize lieues de circuit. Sur son glacier de Rosegg, on trouve, ce qui n'est pas très-rare, au milieu d'un monde désert de glaces, une oasis de rochers recouverts d'un beau gazon émaillé de fleurs, que visitent les bergers et les troupeaux. A l'est, le massif de la Selvretta envoie de trois côtés des glaciers considérables. Il en est de même au nord pour le Tödi.

Ce n'est là qu'un coup d'œil rapide sur l'ensemble des glaciers de la Suisse. Il est difficile d'en déterminer la limite supérieure, parce que la ligne moyenne entre les glaciers proprement dits et les névés glacés est elle-même difficile à établir et qu'elle n'est pas la même partout. En fixant en moyenne à 8,000 pieds au-dessus de la mer la limite inférieure des névés, c'est au-dessous naturellement que commencera la zone des glaciers découverts. Dans les montagnes des Grisons, en particulier sur les versants du sud, la limite supérieure des glaciers nus est à 9 ou 10,000 pieds. De là les glaciers descendent à une profondeur qui varie considérablement. Ce ne sont pas les plus élevés et les plus larges qui descendent le plus bas; ce sont surtout ceux qui sont le plus encaissés dans les flancs des vallées, le mieux protégés par la disposition des montagnes qui les entourent, et qui en même temps se rattachent aux massifs glacés les plus considérables. Il en résulte une très-grande diversité dans les limites inférieures des glaciers. Le grand glacier inférieur de l'Aar descend jusqu'à 5,728 pieds, le long glacier d'Aletsch jusqu'à 4,000 pieds, le glacier inférieur du Grindelwald jusqu'à 3,135 et par conséquent jusqu'au milieu de la région montagneuse et 5,200 pieds au-dessous de la limite des neiges dans ce canton; tandis que dans les Alpes glaronaises le Sandfirn descend à 6,000 pieds environ, le glacier des Clariden à 7,000, celui de Biferten, qui est à proprement parler le glacier du Tödi, jusqu'à 4,970 pieds; en sorte que, à prendre l'ensemble, la région des glaciers, y compris les glaciers de névé, a pour limites en altitude les lignes isothermes de — 8° et + 5° C[1].

Ainsi le monde des glaciers a l'apparence d'une immense mer figée qui, tantôt demeure entassée entre les cimes et les arêtes les plus hautes, tantôt se répand en larges flots par-dessus toutes les croupes, se presse avec peine dans des gorges étroites, réunit ses divers affluents et étend quelques-uns de ses bras jusque dans les vallées inférieures, où ils restent fantastiquement suspendus, muets, immobiles, retenus comme par enchantement au milieu de la fraîche verdure des prairies. Cette capricieuse distribution des glaciers modifie naturellement à un haut degré le développement de la vie organique. Les glaciers sont bien plus contraires à la vie que la neige. Celle-ci protège et conserve de mille manières les germes de la végétation et le souffle de la vie animale; le glacier les anéantit. Il ne réchauffe pas le sol; il emporte par lambeaux le vert tapis des gazons; c'est à peine s'il peut transporter des graines dans la vallée, car d'ordinaire elles périssent dans leur long voyage avant d'avoir atteint la base de quelque moraine stérile. Tous les êtres organisés, à un petit nombre près, fuient le glacier comme le séjour de la mort. Le chamois, le bouquetin ne s'y hasardent que sous l'impulsion de mortelles terreurs, l'oiseau n'y peut trouver de pâture, les insectes mêmes, à l'exception de la curieuse podurelle des glaciers, évitent les débris sans fleurs et le froid éternel des mers de glace. Mais cette influence négative des glaciers sur l'ensemble des êtres vivants dans la région montagneuse et dans celle des Alpes est restreinte, on doit le dire, aux limites mêmes du terrain qu'ils occupent, et déjà sur leurs bords les animaux et les plantes se développent avec une joyeuse sécurité; on croit même, et ce

[1] Les Andes, en Amérique, n'ont pas de glaciers; dans l'Himalaya, les plus bas ne descendent pas au-dessous de 9,000 pieds.

n'est pas sans fondement, que le voisinage des glaciers dans les vallées exerce par la fraîcheur et l'humidité qu'ils répandent dans l'air une action favorable sur la végétation. Cependant la présence de si grandes masses de glace doit abaisser sensiblement la température du sol, là du moins où elle est au-dessus de zéro, et non-seulement dans le voisinage immédiat du glacier, mais tout à l'entour, à une certaine distance. Ainsi dans la vallée de Grindelwald, la température du sol étant en moyenne de $5°,84$ R. à quatre pieds de profondeur, cette température n'est plus que de $1°,36$ près du bord du glacier, et à un quart de lieue plus loin elle n'est pas tout à fait de $4°$. Cette influence n'est pourtant pas bien sensible sur la végétation : à la lisière de ces fleuves immobiles de glace nous voyons le gazon, les plantes, les sapins et les hêtres déployer la plus riche verdure.

Mais les glaciers sont d'une manière indirecte, depuis le printemps jusqu'à l'arrière-automne, les bienfaiteurs de la vie organique dans sa plus vaste acception, car ce sont eux qui entretiennent sans exception tous les grands cours d'eau de la Suisse et arrosent ainsi nos plaines au moyen de leurs précieuses provisions d'eaux fertilisantes. De l'extrémité inférieure de chaque glacier s'échappe un ruisseau d'une température de $1°$ R. à peine, variant de couleur suivant la nature des boues qu'il entraîne, tantôt blanc de lait, tantôt verdâtre, noirâtre ou gris, produit de la fonte des glaces, et peut-être aussi des sources qui se rencontrent sous le glacier et sur ses bords, ou des pluies qui ont pénétré dans sa masse. Le ruisseau creuse souvent le glacier et forme une voûte de glace qui a quelquefois jusqu'à 100 pieds de hauteur et de 40 à 80 de largeur, d'où il sort, comme le Rhin postérieur, bruyant et impétueux, ou comme au glacier de Mutten sur le Hausstock, sous forme de cascade dont les flots étincelants se précipitent le long des flancs de la montagne. Dans les grands glaciers, les eaux qui proviennent de la fonte conservent partout où elles courent sur la glace pure une température de $0°$; mais quand leurs sillons sont sablonneux leur température peut s'élever jusqu'à + 0°,7 (elles atteignent, après un cours de quelque durée sur les cailloux, une chaleur de 5 à 8° R). Il n'est pas rare de voir ces eaux former par leur réunion des ruisseaux considérables, purs, périodiques et qui, vraie merveille dans ce monde de merveilles, sortent quelquefois, comme sur le glacier du Rhône, d'une voûte de glace au milieu du glacier pour aller, après un cours bruyant de quelques toises en plein air, s'engouffrer quelque part dans un entonnoir qui les conduit de nouveau à la base du glacier. Nous trouvons en outre un grand nombre de *puits* ou d'entonnoirs à reflets d'un bleu d'azur qui ne vont pas jusqu'au fond du glacier, et tantôt sont vides et complétement à sec, tantôt renferment tout un système de petites lagunes d'une eau d'un gris bleuâtre. D'autres cavités, au contraire, restes d'anciennes crevasses, pénètrent à une grande profondeur jusqu'au lit du glacier et permettent d'en juger la puissance; c'est ainsi que sur le glacier inférieur de l'Aar on trouve des puits qui ont jusqu'à 780 pieds de profondeur. C'est pendant l'été et l'automne que la fonte est la plus active[1]; elle est interrompue pour quelque temps pendant les hivers très-secs. En janvier 1854, les glaciers de la Sardasca et de la Selvretta, pour la première fois de mémoire d'homme, ont laissé complétement à sec le lit de la Landquart. Les eaux qui sortent des glaciers renferment dans leur vase une quantité considérable de matières minérales fertilisantes, et dans le Valais, en particulier, on emploie volontiers ces boues à l'amendement des prés, des vignes et des jardins. Les prairies de Birgisch, de Mund, d'Egger, d'Aussenberg etc., qui sont arrosées avec des eaux de ce genre présentent la végétation la plus luxuriante, et cependant elles ne reçoivent jamais d'engrais animaux.

Nous pouvons dire en général que les deux conditions essen-

---

[1] En août 1844, par le beau temps, le débit de l'Aar à sa sortie du glacier était de deux millions de mètres cubes d'eau par vingt-quatre heures. Il tomba successivement à un million et demi et à 680,000 mètres cubes pour arriver à 328,000. Ces expériences de M. Dollfus, répétées l'année suivante, ont donné, à peu de chose près, les mêmes résultats. (*Traducteur.*)

tielles de la formation d'un glacier sont : en premier lieu, l'existence d'un grand névé, c'est-à-dire l'existence de quelque enceinte ou cirque dans lequel puissent s'accumuler des masses considérables de neige, tombées directement ou apportées des cimes et des crêtes voisines par les vents et les avalanches; et, en second lieu, une altitude moyenne telle qu'au printemps et en été les alternatives journalières du gel et du dégel des neiges et des glaces y puissent avoir lieu dans de grandes proportions. De la même manière que la neige des hauteurs se transforme, par l'infiltration des eaux de fonte et leur congélation successives, en un névé dur et granuleux, celui-ci, à son tour, se transforme en glacier en descendant dans les régions inférieures où la fonte et toutes les influences atmosphériques agissent d'une manière plus intense. Le corps du glacier s'entretient en très-grande partie, si ce n'est exclusivement, des névés auxquels il aboutit par son extrémité supérieure; la neige qui le recouvre en hiver ne pourrait que dans les années tout à fait mauvaises, et seulement en très-petite quantité, s'incorporer dans sa masse. Ce qu'il perd par l'*ablation* à son extrémité inférieure et en général pendant la saison chaude, il le retrouve à peu près par la transformation qui s'opère à son point de départ du névé en glacier. Les glaciers servent donc pour ainsi dire de déversoirs permanents aux névés des hautes vallées et préviennent par là, comme les avalanches, l'accumulation immodérée des neiges.

La structure de la glace de glacier diffère sous plusieurs rapports de celle de la glace ordinaire. Tandis que la glace ordinaire forme une masse homogène, la glace de glacier est comme le névé disposée par couches annuelles, avec des bandes verticales bleues et blanches. Elle est en outre plus tenace, granuleuse, formée d'une agglomération de fragments anguleux, plus ou moins distincts, et traversés d'une multitude de fissures capillaires, en général très-visibles, souvent aussi remplie de petites vésicules d'air en forme de cellules rondes ou aplaties. Ces fissures capillaires paraissent former un réseau qui pénètre dans toute l'épaisseur du glacier et y apporte une quantité d'eau considérable. Si on expose un morceau de glacier à une température élevée, le réseau délié des fissures capillaires devient plus distinct, les granules se séparent et le tout finit par se réduire en un monceau de fragments de glace. Dans la région supérieure du glacier, les granules sont beaucoup plus petits qu'à son extrémité inférieure où ils atteignent jusqu'à un pouce de diamètre; ce qui prouve que la masse du glacier éprouve une transformation intérieure continue pendant tout le cours de sa marche descendante. D'après l'opinion de Hugi le glacier est avec l'atmosphère dans les rapports les plus intimes, absorbant sans cesse une partie de l'humidité de cette dernière et laissant à son tour échapper par l'évaporation quelques-unes de ses parties constituantes. Ainsi un morceau de glacier d'un pied cube, poli sur ses surfaces, se modifie à chaque instant quant à la forme et au poids sans se fondre en aucune façon. A une température de $+ 10$ à $+ 15°$ R. un cube pareil augmente en poids de 6 à $6^{1}/_{2}$ onces pendant la nuit, mais pendant le jour il en reperd une quantité égale; de telle sorte que le jour, malgré une augmentation de volume, il paraît perdre, exhaler une partie de ses éléments atmosphériques qu'il réabsorbe au contraire, qu'il aspire de nouveau durant la nuit[1]. Les surfaces lisses deviennent rudes et rugueuses. Après 16 jours d'observations le morceau avait considérablement grossi et avait cependant perdu plusieurs livres de son poids primitif. Un autre cube de glace revêtu d'un enduit et soustrait ainsi à l'influence de l'air n'avait changé ni de dimensions, ni de poids. Hugi en conclut que le glacier est constamment modifié par l'action de l'air, qu'il en résulte un changement nécessaire et un développement successif dans sa texture, et c'est de cette façon qu'il explique le mouvement de la masse. Naturellement au gros de l'hiver, par une température

---

[1] Les observations de Hugi ne doivent être acceptées, en général, qu'avec une certaine défiance. Il manquait souvent d'exactitude et de précision dans ses expériences. Agassiz et Vogt ont voulu répéter en particulier celles dont il est ici question, et ils ont obtenu des résultats assez différents. *(Traducteur.)*

basse et plus égale, cette absorption et cette expiration régulières du glacier, et la transformation qui en est la conséquence, ont lieu d'une manière beaucoup plus lente que pendant le reste de l'année à dater du printemps. La masse proprement dite du glacier n'est rien moins qu'une substance homogène dans ses parties; c'est, comme nous l'avons déjà dit, un tissu granuleux, stratifié, parsemé de vésicules d'air, traversé de bandes bleues et blanches et d'un réseau de fissures capillaires extraordinairement délié et ramifié à l'infini, par lequel, du moins pendant les jours chauds de l'été, pénètre et circule dans le glacier une quantité d'eau considérable qui en augmente le volume en se congelant. Cette circonstance compenserait la perte considérable qu'éprouve le glacier à sa surface supérieure par la fonte et l'évaporation, perte qui, à une température moyenne de $+3$ à $+4°$, peut se monter à 40 ou 45 millimètres par jour ou même à 60 ou 70 millimètres, ce qui porterait l'ablation à 16 pieds et dans des circonstances favorables à 30 pieds pour les quatre mois d'été.

Il est difficile de déterminer d'une manière précise et d'expliquer la couleur propre aux glaciers. Quiconque a voyagé dans les Alpes a remarqué déjà dans les petites cavités qu'on rencontre dans les champs de neige, ainsi que dans les crevasses des névés, une teinte ou lueur bleuâtre qui se manifeste particulièrement à certaines époques. Mais les crevasses de glacier d'une grande étendue ont des teintes d'une beauté inexprimable, qui varient entre le bleu clair le plus tendre, le bleu foncé le plus profond et l'azur, et qui exercent sur le regard étonné une fascination involontaire. D'autres portions de glacier affectent les tons délicats du vert de mer, d'autres les nuances du gris blanchâtre ou du gris foncé. Mais détachez un morceau de la masse, il reste sans couleur dans votre main. En général on a remarqué que lorsque la température varie fréquemment et d'une manière très-sensible, les couleurs particulières aux glaciers sont plus prononcées et changent très-rapidement. Quelques naturalistes, comme Hugi, ont cru que ce phénomène tenait à une modification ou à un développement des vésicules de la glace, tandis que d'autres, comme Agassiz et Desor, prétendent que toute l'eau de nos montagnes, aussi bien à l'état liquide qu'à l'état solide, névé, neige, glace, glacier, a une couleur bleuâtre constante, dont l'intensité varie, il est vrai, mais augmente en raison de la solidité de l'élément. Cependant, dans chaque glacier, on peut distinguer avec assez de précision la glace d'un blanc mat, sèche, bulleuse, de la glace bleue plus compacte, moins bulleuse, pénétrée d'eau par tous ses pores.

Une autre propriété chimique de la glace de glacier, par opposition à la glace d'eau de la plaine, est son goût âcre, alcalin, astringent. L'eau de glacier pure et toute fraîche est mauvaise à boire, fade, elle augmente la soif et cause facilement le dévoiement; aussi les bergers qui passent l'été dans les verts pâturages situés au milieu des mers de glace du Zäsenberg et du Bänisegg, portent-ils au haut de grands rochers des morceaux de glace qu'ils laissent fondre au soleil. L'eau qu'ils recueillent au bas est excellente à boire. Les chasseurs de chamois répandent aussi sur les rochers de la glace de glacier et se désaltèrent de l'eau qui en découle. Si peu potable en effet que soit l'eau de glacier au moment où elle se produit, il suffit qu'elle ait coulé un instant sur la pierre pour se charger d'acide carbonique et prendre une saveur excellente. Hugi a également fait l'expérience qu'en la fouettant vivement dans un vase elle absorbe tout de suite une quantité suffisante d'acide carbonique. L'affinité de l'eau de glacier avec l'acide carbonique est aussi prouvée par le fait que des instruments de fer peuvent rester plusieurs années sur les glaciers sans s'oxider en aucune façon. Le glacier leur enlève l'oxigène. Un spéculateur du siècle passé, le docteur Salchli, voulut tirer parti de cette propriété chimique des glaciers, et prépara un *esprit de glacier* qui, sous les auspices du grand Haller, eut pendant quelque temps beaucoup de vogue.

Les détails dans lesquels nous venons d'entrer sur la structure des glaciers nous feront mieux comprendre plusieurs des phénomènes remarquables qui s'y rapportent. On sait que les glaciers sont dans un mouvement progressif constant dans le sens de leur longueur; que, suivant la vitesse de ce mouvement et l'inclinaison de leur lit, ils sont traversés de crevasses plus ou moins considérables, souvent énormes; qu'ils charrient sur leur dos d'immenses débris; qu'ils rejettent les corps étrangers qui ont pénétré dans leur intérieur; que leur décomposition enfin et leur fusion produisent en quelques endroits des figures de toute espèce, merveilleuses et fantastiques, des dômes, des aiguilles, des colonnes, des obélisques, des « roses de glaciers, » etc.

La marche descendante des glaciers, procédé principal par lequel les hauteurs se déchargent des masses de neige qui les encombrent, est un fait positif et depuis longtemps connu. Le glacier de Grindelwald avance chaque année dans la vallée d'environ 25 pieds. La cabane de Hugi, sur le glacier inférieur de l'Aar qui n'a que cinq pour cent de pente, est, de 1827 à 1830, descendue de 2,184 pieds, et jusqu'en 1836 de 4,384; un jalon planté sur un gros bloc de granit a avancé dans les trois premières années de 2,944 pieds. En 1851, de mars en août seulement, cette cabane a avancé de 1000 pieds. On a calculé que le mouvement du glacier des Bossons est à sa partie supérieure de 600 pieds par année, dans sa partie inférieure de 547. L'échelle que de Saussure avait, en 1788, dans son ascension au Mont-Blanc, laissée au pied de l'Aiguille Noire, est arrivée brisée en 1832 près de l'endroit appelé les Moulins sur la Mer de Glace, et avait ainsi dans le cours de 44 ans fait avec le glacier un voyage de 14,500 pieds. Des débris considérables tombés de l'Erzberghorn sur le bord du glacier de Gorner sont descendus en trois années de plus de 4,000 pieds, tandis qu'un jalon planté sur le milieu n'a marché dans le même temps que de 3,620 pieds; ce qui prouve que le glacier se meut dans toutes ses parties, mais qu'il n'avance pas d'un mouvement uniforme : dans le milieu où la masse est plus considérable, il est plus lent que sur les côtés, où la chaleur du sol agit avec d'autant plus d'intensité que les masses y sont moindres[1]. D'autres observations ont également démontré l'inégalité de ce mouvement, mais dans un sens inverse, c'est-à-dire que le centre devançait les bords. Ce mouvement général, en partie rigide, en partie plastique, a vraisemblablement deux causes : la première est le poids énorme des masses glacées, poids vraiment incalculable pour des profondeurs de plusieurs centaines de pieds, et qui doit se faire sentir même sur une surface peu inclinée, lorsque le glacier, miné en dessous par la chaleur naturelle du sol,[2] repose sur un lit de débris et de cailloux roulés; la seconde est le développement intérieur et constant du tissu glaciaire, l'extension et le retrait du réseau des vésicules aériennes et des fissures capillaires gorgées d'eau, et la transformation que subissent les granules du glacier. Les glaciers avancent plus rapidement dans la saison chaude, et en général toutes les fois qu'ils renferment une plus grande quantité d'eau[3]. On a calculé que sur le

---

[1] Nous ne pouvons pas contrôler ces données sur le mouvement du glacier de Gorner. Mais ce qui est certain, c'est que toutes les mesures exactes, prises par Agassiz, Desor, Forbes et autres, concourent à prouver que le mouvement des glaciers est plus rapide au centre que sur les bords. Nous en dirons plus loin la cause. (*Traducteur.*)

[2] Hugi, dans ses excursions périlleuses *sous* les glaciers, a trouvé qu'en été leur surface inférieure est toujours extraordinairement polie et dans un état de suintement, et que l'air y est très-humide et à une température de $+4$ à $+6$ degrés R. Quelques glaciers étaient minés dans toute leur étendue et formaient voûte, appuyés seulement sur des fragments de rocher. Les bases de la voûte doivent donc nécessairement participer au mouvement du glacier. D'autres glaciers, au contraire, sont assis fermement sur leur base et y sont soudés par la congélation. Mais on ne doit pas oublier que chaque glacier est, pour ainsi dire, un individu à part dont les caractères particuliers sont déterminés par l'altitude, le thalweg, la température, etc., et un simple coup d'œil jeté sur leur surface peut constater des différences considérables dans le développement de chacun d'eux. Les glaciers qui sont sur la ligne isotherme de 0 degrés ou plus, doivent naturellement se fondre par la chaleur du sol.

[3] La théorie de Hugi sur le mouvement des glaciers est bien obscure et repose sur des expériences qui, comme nous l'avons remarqué, ne se sont pas confirmées. Quant à celle qui attribue le mouvement progressif des glaciers à la pénétration de l'eau dans leurs fissures capillaires et à l'augmentation de volume produite

glacier du Grindelwald une masse de glace traverse dans l'espace de 20 ans toute la longueur du glacier, depuis son névé jusqu'à

dans la masse par la congélation de cette eau, elle est appuyée sans doute sur l'autorité de grands noms, Scheuchzer, Charpentier, Agassiz, etc., et cependant elle est aujourd'hui plus ou moins abandonnée, parce qu'elle est évidemment en désaccord avec quelques faits importants dans l'ensemble des phénomènes glaciaires. Voici les deux principaux de ces faits :

1° L'eau renfermée dans un glacier est rarement dans les conditions nécessaires pour y geler. Le froid passager des nuits ne peut jamais produire qu'une congélation imparfaite et très-superficielle. Quiconque a voyagé sur les glaciers par une matinée froide a pu voir l'eau de ce qu'on appelle les *puits* prise à la surface, mais au-dessous de cette pellicule de glace on retrouve l'eau, et même l'intervalle qui existe d'ordinaire entre sa surface liquide et la couche glacée du puits prouve que pendant la nuit l'infiltration de l'eau à l'état liquide dans le corps du glacier n'a pas été interrompue. Les expériences d'Agassiz lui-même ont prouvé que les variations de la température atmosphérique ne se font sentir dans le glacier qu'à sa partie superficielle, et qu'à partir de 7 ou 8 pieds au-dessous de la surface, le glacier a une température à peu près constante de 2 ou 3 dixièmes de degré au-dessous de 0. Quinze observations faites à différentes profondeurs ont donné — 0°,22 C. pour moyenne de cette température.

2° Si la théorie à laquelle je fais allusion était fondée, il en résulterait que le mouvement du glacier devrait être plus prononcé lorsque des froids subits viennent à succéder à un temps humide, et qu'il devrait, au contraire, cesser tout à fait en hiver, saison pendant laquelle il n'y a plus d'alternatives de fonte et de congélation. Or les faits contredisent ces déductions : c'est-à-dire que la marche des glaciers n'est que retardée en hiver, mais non interrompue, et qu'elle est également retardée et non activée par l'arrivée du froid après une époque de brouillards et d'humidité.

Au fond, la véritable cause du mouvement de translation des glaciers n'est autre que celle énoncée par de Saussure, savoir, la pesanteur : c'est sous l'impulsion de cette force que le glacier descend le long de son lit. Seulement cette explication était insuffisante à l'époque de de Saussure, parce qu'il ignorait ce que nous savons de l'état fragmentaire de la glace des glaciers et du réseau capillaire qui en traverse la masse. Cette connaissance de la structure intime du glacier, que nous devons aux remarquables observations d'Agassiz surtout et de ses savants amis, observations qui ont rendu célèbre l'*hôtel des Neuchâtelois*, est le complément nécessaire de la théorie du mouvement des glaciers en ce sens qu'elle ajoute à l'idée du poids celle de la plasticité de la matière. La glace de glacier est une matière composée de fragments ou de grains anguleux, pénétrée d'un

son extrémité inférieure où elle est complétement absorbée par la fonte et l'évaporation. Il y a donc aussi peu de glaciers éter-

grand nombre de bulles d'air, et de fissures capillaires innombrables ; c'est un enchevêtrement de cristaux, une espèce de matière feutrée, et c'est à cette structure remarquable qu'elle doit une certaine consistance pâteuse, semi-fluide, analogue à celle de la lave ou d'un mortier épais.

Cette théorie, habilement développée par M. le professeur Forbes, d'Edimbourg, rend parfaitement compte des faits. Le glacier coule comme un torrent avec une vitesse proportionnelle aux pentes et aux masses. Cette vitesse est à son maximum sur l'axe longitudinal du glacier vers le lieu où l'épaisseur et la pente sont les plus fortes. Elle est à son minimum à l'extrémité inférieure où la masse se réduit à peu de chose, sur les bords où les glaciers s'amincissent beaucoup et où la résistance due au frottement est très-énergique, enfin, malgré la rapidité des pentes dans la région supérieure, parce que là aussi la masse est relativement peu puissante. L'idée de plasticité appliquée à un corps comme la glace peut paraître étrange au premier abord ; cependant il ne faut pas s'exagérer le degré de fluidité nécessaire pour rendre compte des faits. L'origine et l'extrémité de plusieurs des grands glaciers de la Suisse n'ont pas moins de 4 à 5,000 pieds de différence de niveau. Si c'était de l'eau liquide qui coulait sur une pareille pente, elle ferait, selon le calcul de M. Forbes, un chemin de 44 millions de pieds en 24 heures ; à l'état de glace, elle n'avance dans cet espace de temps que de 2 pieds environ : différence si énorme que la fluidité du glacier, comparée à celle de l'eau, ne paraît plus si impossible à admettre. D'ailleurs l'apparence générale et la marche des glaciers avaient *a priori* conduit Monseigneur Rendu à une idée toute semblable, qu'il exprime très-bien dans sa *Théorie des glaciers de la Savoie* : „Il y a une foule de faits qui sembleraient faire croire que la substance des glaciers jouit d'une espèce de ductilité qui lui permet de se modeler sur la localité qu'elle occupe, de s'amincir, de se rétrécir et de s'éten're comme le ferait une pâte molle."

Cependant M* le professeur Tyndall a démontré plus récemment que cette théorie, si spécieuse qu'elle soit, repose au fond sur une erreur de fait : c'est-à-dire que la glace, loin de fléchir sous une certaine pression, résiste ou se brise. Mais ayant observé que deux fragments de glace se ressoudent par leurs surfaces en contact, même dans de l'eau à une température supérieure à 0°, il est parti de là pour émettre une nouvelle théorie, connue sous le nom de théorie du *regel*, qui explique aussi bien que la précédente les faits généraux de la marche des glaciers, et qui a, de plus, le mérite incontestable d'être basée sur une vérité d'expérience. Suivant le savant physicien, les surfaces intérieures de la glace des glaciers seraient incessamment brisées sous l'action de la pression de la masse ; mais les fragments ainsi formés se regèleraient, se ressouderaient aussitôt par leurs nou-

nels que de neiges éternelles. L'action de la fonte à l'extrémité inférieure dépend naturellement de la hauteur absolue et varie considérablement suivant les glaciers. Au glacier de l'Aar elle est de 80 pieds, à celui du Montanvert de 200, à celui des Bossons de 450 pieds par année.

Il est probable que la rapidité du mouvement des glaciers dépend en partie de la déclivité et de l'inégalité de leur lit. Quand le glacier après avoir traversé une large vallée est resserré dans un défilé, ses immenses vagues s'entassent sur les deux côtés et se jettent contre les rochers. Il atteint quelquefois au-dessus de ces étranglements une profondeur effrayante. S'il rencontre sur son passage une barrière transversale, il s'accumule par-devant, grandit, et bientôt montre sa crête par-dessus la muraille de rocher qui lui barre la route. Alors il se brise, se fond et s'évapore. Mais si le glacier est très-considérable, les fragments qu'il rejette par-dessus la barrière s'entassent à ses pieds, se gèlent de nouveau en une seule masse, et, quand les circonstances sont favorables, reforment, comme les avalanches sur les terrasses inférieures, un glacier nouveau régénéré, qui reproduit la structure de l'ancien et jusqu'à ses bandes ogivales, et continue sa route comme s'il avait repris la vie. Dans les hautes montagnes, on voit souvent de semblables cascades se reproduire jusqu'à trois ou quatre fois de suite.

C'est par la marche irrégulière du glacier et l'inégalité de tension qui en résulte, que s'explique la formation des *crevasses*, fentes en forme de coin ordinairement transversales, qui ont souvent

velles surfaces de contact; et ce double phénomène de disjonctions et de soudures successives se reproduirait continuellement, de manière à permettre à la masse de suivre l'impulsion de la pesanteur, malgré son état de rigidité apparente. Ce serait une plasticité d'un nouveau genre. Et en effet Mr Tyndall est parvenu à donner à de petits blocs de glace les formes les plus diverses, simplement en les enfermant dans des moules résistants et en les y soumettant à de fortes pressions.

On trouvera dans le petit ouvrage de Mr Huber, major du Génie fédéral : *Les Glaciers; Paris, 1867*, un résumé très-bien fait de ces théories relatives au mouvement des glaciers, et en général de tous les phénomènes glaciaires.   (*Traducteur.*)

une grande profondeur, mais atteignent rarement jusqu'au sol. Leur existence est en outre intimement liée avec les inégalités considérables du terrain sur lequel repose le glacier. Elles se produisent presque toujours pendant les journées les plus chaudes de l'été ou pendant les nuits fraîches qui les suivent, avec un bruit sourd, accompagné d'un ébranlement saccadé du corps du glacier. C'est aussi par les crevasses qu'on entend quelquefois la nuit ces craquements profonds produits vraisemblablement par la progression du glacier sur un sol inégal. Tandis que les parties du glacier qui sont retenues par les obstacles de son lit restent en arrière de celles dont la marche est favorisée par des circonstances différentes, il se produit une inégalité de tension dans la masse et elle se crève. Peut-être aussi les crevasses sont-elles occasionnées dans certains cas par ces voûtes de la surface inférieure, qui, dans leur mouvement de translation, perdent le point d'appui d'un bloc ou d'un rocher, et s'affaissent sous le poids qu'elles portent. Dans la région des névés le glacier, en se détachant, détermine de la même manière des crevasses ou fentes de névé. La progression du glacier agrandit les crevasses; ses mouvements irréguliers en modifient la position, et quelquefois même la renversent entièrement. Si le glacier retrouve plus bas un lit plus égal, toutes ses parties se soudent de nouveau avec une rapidité remarquable. L'hiver remplit ordinairement de neige les crevasses, surtout les moins profondes; au printemps, la chaleur fait fondre cette neige et le froid l'incorpore au glacier. On voit alors se former sur toute la surface un autre système de crevasses, de telle façon que les guides, même les plus expérimentés, sont obligés chaque année de sonder à nouveau, à plusieurs reprises, le relief changeant des passages.

Les grandes crevasses, lorsqu'elles reposent sur une base imperméable, sont souvent remplies d'une eau de fonte de plusieurs pieds de profondeur, et permettent de voir le jeu varié des couleurs dans l'intérieur du glacier. On a souvent parlé du froid insupportable qui règne dans de pareilles crevasses. Cependant la température n'y descend jamais en été à plus d'un demi-degré au-dessous de zéro; et en hiver elle y est décidément plus élevée qu'à la surface du glacier, bien qu'en fait lorsqu'on y descend on ressente un froid des plus piquants, et que lorsqu'on en sort on éprouve la même sensation que si l'on entrait dans une chambre chauffée. Il est vraisemblable que cela tient à la sécheresse de l'air renfermé dans les crevasses. Quand plusieurs glaciers viennent à se réunir et à se confondre en un seul, leur texture s'identifie; mais alors les crevasses que chacun d'eux apporte, contournées et déplacées suivant les accidents de la pente, forment un vrai labyrinthe de déchirures et de dislocations.

Quand un glacier descend une pente rapide, il se déchire et se crevasse d'une façon extraordinaire, et on voit à certains endroits s'entasser, comme des ruines gigantesques, des pyramides, des falaises et des colonnes de 30 à 40 pieds de hauteur, sur le sommet desquelles un bloc de rocher reste souvent suspendu. Ces blocs ne tardent pas à être de nouveau précipités dans les crevasses, recouverts de glace et de neige, mais pour reparaître bientôt à la surface. « Le glacier se nettoie toujours, » a-t-on l'habitude de dire; mais ce qu'il y a de certain, c'est qu'on voit des blocs de granit d'un volume de 20,000 pieds cubes, tombés dans des crevasses, en être rejetés au bout de quelque temps, comme par une force lente et mystérieuse. Nous croyons qu'on doit chercher exclusivement la cause de ce phénomène frappant dans la fonte de la surface, fonte qui, comme nous l'avons remarqué, est beaucoup plus considérable qu'on ne le croit d'ordinaire, et qui, atteignant successivement toutes les couches du glacier d'un bout à l'autre, doit peu à peu mettre à nu tous les corps qui peuvent se rencontrer dans son intérieur. Il ne faut pas non plus prendre trop à la lettre cette propriété absolue des glaciers, devenue proverbiale. Bien souvent en effet on a constaté, sans grande difficulté, l'existence de pierres et de débris végétaux enfoncés à plusieurs toises dans les glaciers, sans compter qu'entre chacune des couches annuelles dont ils sont composés se trouve presque régulièrement un dépôt extrêmement mince de sable fin. Il est évident que ce dépôt n'est autre chose que la poussière transportée par les vents en été sur le névé de l'hiver précédent, et qui est recouverte l'année suivante par une nouvelle couche de neige. Chaque année ou plutôt chaque couche correspondante entraîne ainsi dans le corps du glacier son quantum de matières étrangères. Tous ces objets, les feuilles, les insectes vivants ou morts, les cadavres de chamois, s'enfoncent assez profondément dans la glace et y dessinent très-nettement leurs contours. S'ils sont promptement ensevelis sous la neige, ils se conservent pendant toute une année parfaitement frais, même les gros animaux ; mais s'ils restent exposés aux influences atmosphériques, les parties charnues s'en décomposent. Un cheval étant tombé dans une crevasse du glacier de Gries, ses os reparurent l'année suivante, blanchis et entièrement dépouillés.

Quant à ce qui tombe sur les bords du glacier, à sa surface, les pierres roulées, les débris de rochers, les arbres et les blocs qui se détachent du haut des flancs de la vallée, tout cela forme une espèce de digue d'éboulements, un entassement toujours humide de cailloux et de décombres qui a reçu le nom de *moraine*, et que le glacier transporte tranquillement avec lui du côté de la vallée. Les roches encaissantes reçoivent quelquefois un beau poli par le frottement de ces moraines ; on a vu des fossiles partagés en deux par cette action. Quand deux glaciers se rencontrent, des quatre moraines qui les bordent, la moraine de droite de l'un et celle de gauche de l'autre se réunissent pour former une seule grande *moraine médiane*, mais dont on distingue d'ordinaire assez nettement les deux parties composantes, tandis que les deux autres continuent à former les deux *moraines latérales* opposées du nouveau glacier. A la rencontre de deux grands glaciers, par exemple ceux du Lauteraar et du Finsteraar, la moraine médiane ou centrale peut atteindre une hauteur de 100 pieds sur une largeur de plusieurs centaines. Le glacier vient-il à en rencontrer un troisième sur sa route, le même fait se reproduit et il se forme une nouvelle moraine médiane, et ainsi de suite; en sorte qu'on peut calculer, d'après le nombre des moraines médianes d'un glacier à son extrémité, celui des glaciers affluents qui ont contribué à le former. C'est ainsi qu'on reconnaît sur le grand glacier de Zermatt la trace des huits courants de glace qui descendent des parois du Mont-Rose.

Les débris qui tombent isolément sur le glacier y produisent des phénomènes très-divers. Les grands blocs, par exemple, protégent la surface qu'ils recouvrent contre l'action du soleil, de la pluie, du vent, etc. La base sur laquelle ils reposent paraît donc s'élever parce que la glace tout à l'entour se fond sous l'influence de ces agents, et les blocs eux-mêmes finissent par se trouver postés merveilleusement au sommet d'un entablement ou d'une colonne de glace. C'est ce qu'on a nommé les *tables de glacier*. Les cailloux de petite dimension se réchauffent au contraire beaucoup plus vite sous l'action du soleil que la surface du glacier; ils la fondent et y produisent des cavités plus ou moins profondes dans lesquelles ils s'enfoncent[1].

D'autres débris ou même des moraines entières disparaissent dans des trous et des crevasses qui les conduisent jusqu'à la base du glacier, où ils sont broyés et quelquefois transformés en une couche de gravier et de boue interposée entre la glace et la roche (*moraine profonde*). A l'endroit enfin où le glacier s'arrête, il se décharge des décombres de ses moraines; ils glissent le long de ses parois, et forment sur le sol nu la *moraine frontale* ou *terminale*. Quand le glacier reste longtemps au même point, sa moraine terminale forme un entassement énorme de pierres et de blocs, qui peut renfermer, comme celui du glacier de Schwarzberg, dans la vallée de Saas, plus de 244,000 pieds cubes de débris. La moraine a l'air, dans ce cas, d'un lieu d'ébats où des géants se se-

---

[1] Ce phénomène dépend en partie de la nature et surtout de la couleur des débris. Ainsi des entassements d'un sable gris ou blanchâtre produisent le même effet que les blocs-tables, et de là ces singuliers cônes de sable qu'on voit souvent s'élever à la surface des glaciers. (*Traducteur.*)

raient jeté des palets et des blocs de plusieurs milliers de quintaux; tandis que le naturaliste n'y voit qu'un répertoire précieux et singulièrement commode de toutes les espèces de roches que le glacier a rencontrées et emportées avec lui dans son cours.

Si le glacier prend de l'extension, il brise et disperse sa moraine frontale, jetant de côté les blocs les plus gros; si, au contraire, il se retire, une partie de ce chaos de débris laissés en place se recouvre peu à peu d'un tapis de gazon. Les glaciers s'accroissent naturellement dans les années où la neige tombe abondamment en hiver et où l'été est froid et pluvieux; ils dévastent alors les alpages et les prairies, et renversent souvent les chalets et les étables. Dans les hivers où il tombe peu de neige et dans les séries d'années chaudes, les glaciers s'évaporent au contraire et se fondent rapidement à leur extrémité inférieure, en sorte que le corps même du glacier semble se retirer, l'espace laissé pour le jeu de ces accroissements et de ces retraits successifs pouvant se monter à plus de 4000 pieds. La moraine terminale d'un glacier marque toujours la limite de son plus grand développement et se trouve souvent à plus d'une demi-lieue au-dessous de son extrémité actuelle. Après le milieu du 16e siècle, une série d'hivers rigoureux fit avancer tous les glaciers; le glacier inférieur de Grindelwald, qui aujourd'hui avance considérablement, détruisit alors la chapelle de Sainte-Pétronille, dont la cloche refondue plus tard est aujourd'hui suspendue dans le clocher de Grindelwald. Dans notre siècle, les glaciers, qui déjà avaient fait de grands progrès pendant le cours des dix premières années, prirent un énorme développement dans celles de funeste mémoire de 1816 à 1819; en 1822, ils se retirèrent considérablement, laissant de nouveau à découvert beaucoup d'anciens pâturages; de 1826 à 1830, il y eut de nouveau un lent accroissement; jusqu'en 1833, un temps d'arrêt; en 1836 et 1837, un nouveau progrès; de 1839 à 1842, un retrait; de 1849 à 1851, encore un progrès, dû moins à un léger abaissement de la température moyenne en général[1] qu'à d'abondantes chutes de neige pendant l'hiver. D'autres glaciers, au contraire, ont éprouvé dans le dernier intervalle un mouvement de recul. Il arrive même quelquefois que des deux bras entre lesquels se divise un glacier, l'un avance et l'autre recule. L'immense et magnifique glacier du Gorner au Mont-Rose doit, si l'on en croit les habitants de la vallée, s'être allongé d'une demi-lieue en ligne droite depuis une vingtaine d'années, ce qui ferait plus d'une lieue en tenant compte des inégalités de niveau du terrain; il a couvert de grandes étendues de champs et tracé de profonds sillons dans les prairies et les terres labourables tout autour de ses bords. Les montagnards croyaient autrefois que les glaciers en général avançaient et reculaient alternativement pendant une période de sept années.

Le son a dans les glaciers, comme en général sur les montagnes, des propriétés particulières. De même qu'une personne engloutie dans une avalanche entend chaque parole prononcée par ceux qui sont à sa recherche, sans pouvoir elle-même se faire entendre, quelques cris qu'elle pousse, nous voyons souvent que les personnes tombées dans de profondes crevasses entendent par-

[1] Il est difficile de se rendre compte, au milieu de la multitude des glaciers de la Suisse, s'il y a, en définitive, un mouvement séculaire de progression ou de recul dans la masse glaciaire. Il paraît cependant bien constaté que les glaciers ont définitivement envahi, depuis trois ou quatre cents ans, un assez grand nombre de cols élevés qui étaient libres autrefois, en particulier dans la chaîne qui s'étend du Mont-Rose au Mont-Blanc. La paroisse de Chamounix a été jadis une annexe ecclésiastique de Courmayeur, dans le val d'Aoste, où l'on prétend que les habitants se rendaient à la messe par le col du Géant. Presque tous les grands glaciers des Alpes centrales, ceux de Gorner, de Zmutt, d'Aletsch, du Rhône, de l'Aar, du Grindelwald, sont en voie de progression. D'après les observations que M. E. Collomb a entendu faire à M. Babinet sur le voyage du prince Napoléon, les glaciers du Groënland, ceux de la côte du Labrador, ceux du Spitzberg, seraient, comme ceux des Alpes, en voie de progression formidable. Voilà un vaste champ ouvert aux spéculations. Serions-nous au début d'une période de refroidissement, conduisant dans quelques centaines de siècles à une nouvelle époque glaciaire, aux alluvions de laquelle nous fournirons cette fois les plus intéressants fossiles ? *(Traducteur.)*

faitement ce qui se dit à la surface du glacier, sans pouvoir y faire parvenir un seul mot distinct. Des faits analogues se reproduisent sur le sommet des hautes montagnes isolées. Les voyageurs racontent, par exemple, que sur le Hohgant et le Scheibengütsch dans l'Entlibuch, ils entendaient distinctement le bruit des avalanches de glacier de la Jungfrau, à une distance de six lieues, bruit qu'il est impossible de distinguer dans la vallée de Lauterbrunn, au pied de cette montagne. Sur le grand Mythen, on a entendu très-nettement les commandements des officiers sur la place d'armes de Schwytz; et du sommet du Vorderglärnisch, on a pu entendre le bruit des vases de cuivre qu'on pousse sur les barreaux de fer de la fontaine de l'Aigle, à Glaris, tandis que celui d'un coup de carabine tiré au sommet de la montagne ne peut absolument pas parvenir à une demi-lieue au-dessous, et ne résonne sur la hauteur même que comme le claquement d'un fouet.

Il est impossible de déterminer l'âge de nos glaciers actuels. En tous les cas, ils ont pris un accroissement considérable dans le 17e et le 18e siècle. Et d'un autre côté un grand nombre d'anciennes moraines prouvent qu'à une époque antéhistorique, ils étaient incomparablement plus étendus qu'ils ne le sont aujourd'hui. Il paraîtrait même, d'après des recherches faites avec une rare sagacité sur les traces laissées par les glaciers anciens, que leur surface s'élevait à 1200 et même 2000 pieds au-dessus du niveau des glaciers actuels, et qu'ils étendaient leur horizon depuis le Tödi jusqu'à Rapperswyl et Zurich, depuis le Grimsel jusqu'à Berne, depuis le Mont-Blanc jusqu'à Genève. Comme nous l'avons déjà fait observer, la masse du glacier frotte et use son lit tout entier, aussi bien sur les côtés que sur le thalweg. Semblable à une lime gigantesque et avec une force de millions de quintaux, il émousse insensiblement les arêtes vives des protubérances de rocher qu'il rencontre sur son passage, il en fait disparaître les saillies ou les transforme en mamelons arrondis. Les pierres, les graviers, les grains de quartz, enchâssés dans la glace rayent et polissent les surfaces rocheuses, et tranchent quelquefois leurs fossiles en deux. Ces rochers ainsi rayés ou mamelonnés trahissent aux yeux de l'observateur la présence d'anciens glaciers dans des localités fort éloignées des glaciers actuels et à des niveaux bien supérieurs, et sont encore aujourd'hui parfaitement reconnaissables, aussi bien à l'air libre que sous la couche de terre et de gazon qui peut les recouvrir. On peut même, sans voir les stries parallèles et les sillons tracés sur les roches, reconnaître au simple aspect de certaines vallées de montagne l'ancien lit de leurs glaciers à la forme arrondie et façonnée des rochers de leur partie inférieure, tandis qu'à un niveau plus élevé, les angles saillants et les arêtes tranchantes témoignent partout de l'action ordinaire des agents destructeurs naturels. Ce contraste est particulièrement frappant sur les roches cristallines de la vallée de l'Aar jusqu'au Grimsel[1].

Dans ce monde des glaciers qui nous présente tant de phénomènes d'un puissant intérêt, il en est encore quelques-uns que nous devons signaler. Les glaciers exercent en général une influence fâcheuse considérable sur la vie organique dans leur voisinage, et cependant nous voyons se produire, sinon dans leur sein, tout au moins sur les névés et jusqu'à la limite qui les en sépare, un phénomène qui semble comme un dernier souffle de la vie au milieu de ce monde ennemi. Nous voulons parler de la *neige rouge*.

La neige rouge qui se retrouve par places dans toutes les par-

---

[1] Aux détails que nous avons donnés sur ce sujet dans une note précédente (page 641), nous pouvons ajouter que les mêmes faits qui se sont passés sur le versant nord des Alpes se sont reproduits, quoique sur une moindre échelle, sur le versant opposé. Au glacier gigantesque du Rhône en correspondait un au sud qui, alimenté par les névés du Mont-Blanc, suivait le val d'Aoste, recevait sur son passage des affluents venant du Saint-Bernard, du Cervin et du Mont-Rose, et débouchait dans la vallée du Pô où il a laissé une immense moraine frontale semi-circulaire qui entoure la ville d'Ivrée comme d'une vaste circonvallation. On trouvera des détails comparatifs pleins d'intérêt sur les terrains superficiels du bassin du Pô et du bassin helvétique dans l'*Essai* de MM. Martins et Gastaldi.

(*Traducteur.*)

ties des Alpes suisses, ne doit pas être confondue avec d'autres phénomènes qui présentent une apparence semblable. Ainsi il arrive quelquefois qu'on voit tomber par un fort vent du sud accompagné de neige, ou immédiatement après, une poussière abondante d'un brun-cannelle qui se dépose sur la neige fraîche; phénomène qui n'a été observé jusqu'ici que dans les hautes montagnes du sud-est. C'est ainsi que le 17 février 1850, le vent ayant cessé le matin après une nuit où la neige était tombée en grande quantité, toutes les hauteurs du district du Saint-Gotthard jusqu'aux montagnes du Rheinwald se montrèrent couvertes d'une poussière d'un brun rougeâtre. Des observations microscopiques et chimiques ont prouvé que cette poussière se composait essentiellement d'éléments inorganiques, matières ferrugineuses, carburées, siliceuses, calcaires et argileuses, mélangés d'un peu de pollen de fleurs, entr'autres de noisetier; mais il fut impossible de vérifier si cette masse de poussière, du poids de plusieurs milliers de quintaux, était le produit du Vésuve qui précisément à cette époque était en activité et où les noisetiers étaient en fleurs, ou si c'était la poussière des courants étésiens. Le même phénomène s'est reproduit, sur l'échelle la plus étendue, en janvier 1867, dans les montagnes des Grisons. Mais alors les recherches ont démontré de la manière la plus incontestable que les matières précipitées en quantité si prodigieuse n'étaient autre chose que les poussières sèches et sablonneuses du Sahara, apportées par le vent violent qui soufflait du sud et qu'il avait disséminées sur nos montagnes.

La neige rouge proprement dite est un phénomène bien différent. Il était déjà connu d'une manière générale par Aristote; mais il a été étudié pour la première fois par de Saussure sur les Alpes de la Savoie et du Valais, plus tard par Charpentier et les prieurs du Saint-Bernard, et après eux, par beaucoup d'autres, avec le plus grand soin. Ce n'est pas seulement sur les montagnes que nous venons de nommer qu'on a rencontré de la neige rouge; on en a trouvé également sur les montagnes de Bex et d'Enzeindaz, sur le Grimsel, au glacier du Rhône, au Sidelhorn, au Stockhorn, au Wildstrubel, à la Jungfrau, au glacier de la Steinalp, à l'Engstlenalp, à la Fibia, au Glärnisch, au Kärpfstock, à la Silvretta, sur l'alpe de Zaporta, etc., ordinairement à une hauteur de 7,000 à 9,000 pieds, exceptionnellement à 5,000 à peine, comme au Stockhorn et sur le Monte-Tamaro au-dessus de l'alpe de Ragno.

Le phénomène, quand on le rencontre, frappe vivement et agréablement les regards. C'est, sur une superficie qui souvent n'a pas moins de plusieurs centaines de pieds carrés, une jolie teinte d'un rose tendre, répandue sur de la neige ancienne ou un névé, rarement sur de la glace de névé, jamais sur de la neige fraîche. Quelques places sont colorées d'un rouge-carmin vif, mais près de la périphérie le rouge s'affaiblit et passe à une nuance faible de jaunâtre; d'ordinaire sous la pression des pieds, la couleur devient immédiatement d'un rouge-sang. Le phénomène n'a encore jamais été observé avant le milieu de juin, et il est probable qu'il se reproduit toutes les années, à peu près aux mêmes endroits. Quoique de Saussure eût déjà soupçonné le caractère végétal de la neige rouge, on est resté longtemps avant de s'en rendre un compte exact. Il était réservé aux microscopes très-perfectionnés de nos jours de fournir la preuve que la neige rouge est essentiellement due à des cellules végétales simples, d'une ténuité extraordinaire, mesurant de $1/190$ à $1/200$ de ligne de diamètre, avec un contenu de couleur rouge, et qui végètent en quantité innombrable dans les interstices de la neige granuleuse. On a reconnu que ces petits sphéroïdes sont de simples algues, par conséquent des plantes du degré le plus inférieur, et on a nommé l'espèce *Algue des neiges* (*Protococcus nivalis* Ag.). Elle est très-voisine de celle qu'on rencontre souvent dans les eaux de pluie stagnantes, et qui les colore tantôt en rouge-sang, tantôt en vert, l'algue des pluies (*Prot. pluvialis* Kg.). Parmi ces cellules complétement développées, on en a bientôt découvert d'autres semblables qui sont animées d'un vif mouvement vibratile et qu'en conséquence on a prises pour des animaux infusoires. Mais des observations plus complètes ont démontré que ces petits corps rouges en mouvement ne sont autre chose que les germes ou spores de l'algue des neiges, et qu'après une certaine période de mouvement, elles passent à l'état de cellules développées et privées de mouvement; ce qui est aussi le cas chez plusieurs autres espèces d'algues d'eau douce. Quoiqu'il en soit, il reste encore bien des questions à résoudre relativement à ce phénomène, et en particulier celle de savoir comment il est possible que ces algues apparaissent tout à coup en quantité immense dans certaines localités très-éloignées les unes des autres, sans qu'on ait jamais trouvé de substratum solide sur lequel elles puissent chaque année se reproduire ou se développer. En effet ces petites plantes ne se trouvent jamais que dans la couche superficielle d'une neige passagère, ordinairement à 1 ou 2 pouces, rarement à 4 ou 6 de profondeur. Par contre, il est prouvé qu'elles se multiplient continuellement par une division des cellules qui se renouvelle à des intervalles rapprochés, et cela d'une manière si rapide que dans des circonstances favorables, c'est-à-dire par un beau temps prolongé, les plus petites taches de neige rouge s'étendent sur des surfaces considérables.

A cette végétation en miniature de la région des neiges viennent se joindre des animaux également microscopiques : la vie dans les deux règnes réduite à sa plus simple expression. On a toujours trouvé des infusoires mêlés à l'algue des neiges. Quelques espèces, une *Anastasia* entr'autres et une *Monas*, semblent lui être régulièrement associées; tandis qu'un rotatoire, la *Philodina roseola*, paraît n'être dans la neige rouge qu'un hôte accidentel, bien qu'il s'y rencontre assez fréquemment.

L'algue rouge des neiges n'est pas particulière à nos Alpes; elle se trouve aussi dans les Pyrénées et dans les montagnes de la Scandinavie. Elle est encore bien plus abondante dans les régions polaires, en particulier sur les côtes nord-est de la baie de Baffin, où les fameux Rochers-Carmin en sont colorés d'un rouge si vif qu'on les aperçoit à plus de quinze lieues en mer. Martins a trouvé au Spitzberg de grandes étendues de neige colorées en vert intense par une espèce d'algue très-voisine de l'algue des neiges.

Un autre être organique observé sur les glaciers, mais avec bien plus d'exactitude, est la Podurelle des glaciers (*Desoria glacialis*). Desor l'a trouvée pour la première fois au Mont-Rose et fréquemment depuis lors sur les glaciers de l'Aar et du Grindelwald. Elle appartient à la remarquable famille des podurelles ou poux sauteurs, caractérisée comme suit : Ce sont de petits insectes hexapodes et aptères. Leur corps, tantôt linéaire et cylindrique, tantôt ovoïde ou globuleux, porte en dessous de sa partie antérieure six pattes cylindracées, composées chacune de cinq articles, dont le dernier, onguiculé, à deux pointes inégales, n'est visible qu'au microscope. Vers l'extrémité postérieure, sous le pénultième ou l'antépénultième segment ventral, un appendice mou, flexible, articulé et fourchu, appliqué dans l'inaction sous le ventre, mais susceptible de se débander brusquement et de servir au saut. La tête, séparée du corps par un étranglement très-distinct, porte des antennes le plus souvent filiformes, composées de quatre ou six articles, et des yeux conglomérés, à cornée simple, variant pour le nombre et la disposition dans presque tous les genres. Enfin les organes cibaires se composent, sauf dans un seul genre, de deux mandibules, deux mâchoires et deux lèvres; point de palpes. Les caractères du genre *Desoria* sont les suivants: Corps long, cylindrique, conique à l'extrémité, hérissé de longs poils en forme de soies et divisé en huit segments. Antennes de quatre articles, plus longues que la tête. Pattes cylindracées, assez longues et grêles. Queue longue, droite. Filets terminaux longs, sétacés et ridés transversalement. Sept yeux, par groupe latéral, situés à la base des antennes, près des bords latéraux de la tête. Notre *Desoria glacialis* est entièrement d'un noir profond, très-velue. Poils courts et blancs. Cou très-distinct, un peu renflé. Thorax cylindrique. Abdomen légèrement fusiforme. Filets de la queue plus arqués que dans les autres espèces. Le premier et le troisième article des antennes plus courts que les deux autres. L'animal entier n'a que deux millimètres de longueur. C'est encore une énigme que de savoir comment et de quoi il vit, d'autant plus que, comme toutes les podurelles, il est très-vorace et doué d'un appareil masticatoire très-vigoureux. Quelle nourriture peut-il trouver sur le glacier où il vit par milliers sous les pierres et saute lestement? Tout au plus les chétifs détritus organiques que l'eau de fonte entraîne par hasard avec elle. Il vit de préférence au bord des crevasses et des baignoires, et pénètre fréquemment dans les fissures capillaires du glacier lui-même à plusieurs pouces de profondeur. Il est quelquefois si abondant à la surface qu'il en recouvre certaines places au point de les rendre noires. Ici donc, dans la glace vive, à une température qui semble exclure toute possibilité de vie, encore des plantes et des animaux, encore des procédés de végétation et de propagation — ici encore une petite place que la puissance créatrice a arrachée à la matière morte et chaotique pour en faire un théâtre de vie! Il est vrai que les podurelles ont pour la plupart la vie dure. Nicolet, l'observateur le plus perspicace de cette classe d'animaux microscopiques, a trouvé qu'une *podura* n'éprouve aucun malaise à une température de $+ 24°$ C. et qu'elle ne périt qu'à une chaleur de $+ 38°$. Ces mêmes petits animaux gèlent à $-11°$ dans la glace et, après être restés dix jours dans un état de complète raideur, se remettent peu à peu si bien, lorsque la température remonte, qu'ils recommencent de plus belle à sauter.

Nous avons déjà dit que la *Desoria glacialis* a été découverte pour la première fois, récemment, sur quelques-uns des glaciers de la chaîne méridionale des Alpes. Aussi avons-nous été singulièrement étonné de rencontrer en grande quantité dans une vallée basse et dans plusieurs districts de la partie inférieure des Alpes d'Appenzell ce même petit animal, ou du moins un animal singulièrement voisin. En effet, le 6 mars 1854, dans une excursion dans le Schwändithal, à 2600 pieds au-dessus du niveau de la mer, nous découvrîmes, surtout près des rives d'un torrent couvertes de neige, un nombre inouï de ces insectes. Partout où nous passions, ces podurelles se rassemblaient en quelques minutes par centaines dans les traces profondes de deux pouces que nos pieds laissaient dans la neige; mais, dès que nous voulions les prendre, elles partaient presque toutes. Nous pensions bien avoir affaire à la *Desoria glacialis*; cependant il était naturel que quelques doutes s'élevassent à cet égard dans notre esprit. En effet ce petit animal n'avait jamais été observé à une hauteur moindre de 5 ou 6000 pieds, jamais ailleurs que sur les glaciers ou dans leur plus proche voisinage, jamais sur de la neige ordinaire d'hiver, jamais dans les montagnes de la chaîne du nord. Comment donc cet insecte pouvait-il se trouver en pareille masse dans une vallée basse et sur de la neige ordinaire? Nous dûmes alors penser que cette podurelle pouvait bien être la *Degeeria nivalis*, qui du moins vit aussi en grande partie dans la neige et dont on a trouvé une variété de montagne dans les mousses des forêts du Jura; les autres espèces de ce genre ne vivent ni dans la glace, ni dans la neige. Ayant pris avec précaution plusieurs centaines d'exemplaires de ces petites bêtes, nous en mîmes quelques douzaines sous le foyer d'un microscope assez médiocre. Le résultat de ces observations, ainsi que de trois dessins faits avec autant d'exactitude que possible, fut que nous avions là indubitablement une *Desoria*. Les proportions exactement déterminées des segments du thorax et de l'abdomen, les grandeurs relatives des articles des antennes entr'eux et avec la tête, la longueur de l'organe du saut et la forme arquée de ses deux filets, la brièveté enfin de l'appendice qui sert de base à la queue, permettaient, malgré les défectuosités de l'instrument, de reconnaître dans l'animal que nous avions découvert une *Desoria*, et de le distinguer de la *Degeeria nivalis*, qui d'ailleurs ne vit pas en société. De plus, nous croyons, d'après une légère différence dans l'extrémité des filets de la queue, lesquels se terminent par un ongle séparé d'une manière très-distincte du reste du filet, et d'après la couleur du corps qui est transparent, légèrement verdâtre et tacheté de noir, que notre *Desoria* de la région montagneuse inférieure forme une espèce particulière et probablement nouvelle. Cette opinion ferait comprendre qu'on eût trouvé l'insecte dans un endroit où l'on se serait si peu attendu à le rencontrer. On pourrait peut-être penser que cette *Desoria*, analogue à celle des montagnes bernoises, habite les neiges persistantes et en partie glacées du Säntis, et que ses œufs en grande quantité ont été transportés dans la vallée par les eaux du Schwändibach qui en descend. Mais, outre que cette opinion soulèverait bien des difficultés provenant de la nature même des lieux, il serait impossible de la concilier avec le fait que ces petits animaux ont été trouvés en quantité presque aussi considérable sur des collines fort éloignées. Du reste nos observations sont loin d'avoir épuisé le sujet et laissent encore la question indécise.

CHAPITRE IV.

LES VÉGÉTAUX DE LA RÉGION DES NEIGES.

Caractère du paysage. — Phénomènes météorologiques particuliers. — État de la température. — La vie des plantes et des animaux suivant les saisons. — Les oasis. — Le monde des végétaux. — Éclat et nombre surprenant des plantes phanérogames. — La flore de la période glaciaire.

Si nous voulons maintenant résumer en quelques traits ce que nous avons dit jusqu'ici de l'aspect de notre région, nous la représenterons sous l'image d'un ample manteau de neiges, de névés et de glaciers, singulièrement découpé et déchiré dans ses bords, mais qui dans sa partie moyenne laisse encore voir un nombre considérable de parois de rochers nues, d'amas de débris, et d'oasis privilégiées, recouverts en partie de végétation, dont l'étendue diminue à mesure qu'on s'élève, et se borne dans la partie supérieure à quelques terrasses isolées, à murailles abruptes. Quant à ce qui repose sous cette couverture de névés, de neiges et de glaciers, que ce soient des vallons profondément ravinés, d'immenses plateaux rocheux ou des entassements de ruines, cela importe peu pour l'aspect général de la contrée. La monotonie de cette région élevée n'en est que fort peu modifiée. Le changement des saisons n'influe guère davantage sur son aspect : à ces hauteurs extrêmes, au-dessus de 12,000 pieds, il n'y en a pour ainsi dire plus. Jamais la pluie n'humecte ces cimes argentées, jamais le soleil ne leur communique sa chaleur.

On a l'habitude de croire que les sommets les plus élevés des Alpes ont des jours plus longs et des nuits plus courtes que la vallée. Mais cette idée est fausse : c'est précisément le contraire qui a lieu. Ici, — nous parlons des hauteurs au-dessus de 10,000 pieds — nous n'observons de crépuscule ni le matin, ni le soir, rien de cette lueur vague et incertaine qui l'accompagne. Il fait plein jour, et le jour lui-même est en effet un peu plus long que dans la plaine, tant que le soleil est au ciel[1]; mais dès que son grand disque d'un rouge ardent s'est abaissé sous l'horizon, le monde disparaît presque tout d'un coup aux regards, et dans l'espace de quelques minutes, la nuit est profonde, si toutefois le clair de lune ne vient pas en diminuer l'obscurité. Le jour aussi arrive subitement. Il n'est pas précédé de cette magnifique coloration des sommets qui fait du lever du soleil sur les montagnes inférieures un si majestueux spectacle; le globe embrasé du soleil sort comme un spectre des vagues contours des chaînes lointaines de l'est, sans qu'on puisse dire au premier moment qu'il projette beaucoup de lumière sur cet immense tableau. On sent, plutôt qu'on ne la voit, une lutte de quelques instants entre la lumière et les ténèbres, une espèce d'oscillation, d'inexprimable ondoiement, et tout à coup c'est la pleine clarté du jour; — mais on dirait que ce sont les vallées voisines et les plaines éloignées qui sont éclairées les premières, et que c'est d'elles que le jour gagne les hauteurs. De Saussure a observé qu'il règne sur le Mont-Blanc, même par le jour le plus serein, une certaine obscurité mystérieuse, et que la clarté du soleil y paraît mate et sans force, semblable à celle de la lune. D'autres observateurs ont également remarqué que sur les plus hautes montagnes, en plein midi, la lumière a une apparence blafarde pénible et pour ainsi dire cadavéreuse. Il en résulte que la vue est extrêmement limitée. On remarque que déjà à 11,000 pieds au-dessus de la mer l'horizon s'obscurcit et se resserre; qu'il se perd dans des teintes d'outremer, vertes et grisâtres, et que souvent toute la contrée se couvre de légères vapeurs qui plus bas sont invisibles. La réflexion

[1] Cet allongement du jour est à 5,000 pieds de 10 min., 13 sec., à 10,000 de 14 min. et 27 sec.

de la lumière solaire paraît plus faible; les formes et les couleurs ont des contours moins nets. Par un beau clair de lune, au contraire, tous les contours se dessinent presque aussi nettement qu'en plein jour, et, dans de pareilles nuits, on voit non-seulement aussi loin, mais souvent plus distinctement. Un phénomène atmosphérique, particulier aussi aux hautes cimes, est celui des *tourmentes*, tourbillons accompagnés d'un bruit terrible et d'éclats de lumière, et restreints à de petites localités, tantôt une vallée de névé, tantôt un glacier, etc. Les tourmentes ne sont suivies d'aucune averse et se dissipent au bout de quelques heures; l'air tout à l'entour reste parfaitement tranquille. Ces ouragans locaux, d'une violence souvent effrayante, n'ont pas été jusqu'ici suffisamment étudiés. Souvent enfin les hautes cimes sont éclairées plusieurs jours de suite par un beau soleil, tandis qu'à partir de la région alpine tout le pays est enveloppé de brouillards, de pluie ou de neige.

On s'imagine ordinairement que les sommités ont pendant l'hiver un froid pareil aux frimas non interrompus de la Sibérie; mais, autant que les mesures et les observations de la science peuvent nous renseigner à ce sujet, il règne assez souvent dans les plaines de la Suisse et de l'Allemagne du sud, pour ne pas parler de celle du nord, un froid encore plus vif et plus âpre que dans les hautes montagnes, et les minima y sont à peine moins bas, parce que dans celles-ci l'humidité atmosphérique en se condensant en nuages ou en se résolvant, comme aussi, dans les jours sereins, le réchauffement des terrains découverts par une insolation prolongée, deviennent des causes momentanées de chaleur. Par contre les nuits d'hiver parfaitement pures et un ciel clair favorisent à un haut degré le rayonnement. La température la plus basse qui ait été observée a été pour Berne de — 30° C., pour Inspruck de —31°,2, pour le Saint-Gotthard de — 30°,0, pour le Saint-Bernard de — 32°,2. Mais la plus haute température observée sur ces deux dernières montagnes n'a pas dépassé de beaucoup + 19° C., tandis qu'à Berne elle s'est élevée à + 36°, 2, et à Inspruck à + 37°, 5.

La région inférieure des neiges ressent du moins en quelque degré l'influence des saisons : en hiver, au printemps, et en automne, ce sont des quantités énormes de neige ; au printemps, en été et en automne, quelquefois de la pluie, souvent le fœhn, par places une chaleur sensible, partout des fontes considérables et dans les endroits abrités un développement de végétation régulier quoique de peu de durée. En général les mois de janvier et de février sont assez semblables, quant au froid, dans le haut et dans le bas des montagnes. La limite elle-même des neiges éternelles ne coïncide pas avec la ligne isotherme annuelle de 0° ; elle oscille autour de celle de — 4° C. L'hospice du Saint-Bernard (7,668 pieds) a, d'après les observations de 14 années, une température moyenne annuelle de — 1°,0 C. ; dans les trois mois d'hiver, janvier, février, mars, la moyenne est de — 7°,8 ; dans ceux d'avril, de mai et de juin, de — 1°,8 ; dans ceux de juillet, d'août et de septembre, de + 5°,9 ; dans ceux d'octobre, de novembre et de décembre, de — 0°,3. Le mois de janvier qui est le plus froid, a une moyenne de — 8°,8 ; les mois de juillet et d'août qui sont les plus chauds, ont une moyenne de + 6°,6. Sur le Faulhorn (8,263 pieds), la température moyenne de l'année est de — 2°,33 C. ; en juin la moyenne mensuelle est de + 2°,5 ; en juillet, de + 4° ; en août, de + 3°,5 ; en septembre, de + 1°,5. A la profondeur de 1,30 mètre la température moyenne du sol est de + 2°,6 C. Naturellement, même à une hauteur de 10,000 pieds, la température s'élève contre les rochers bien exposés au soleil jusqu'à + 20° et même + 30° R.

En général, sur les hauteurs entre 10,200 pieds et 13,200, les lignes isothermes de température moyenne annuelle vont de — 8° C. à — 14° ; et, d'après une série d'observations assez étendues, la température moyenne de l'été, c'est-à-dire des mois de juillet et d'août, est à 8,250 pieds de + 5° C., à 9,150 pieds de + 2°,5, à 10,050 pieds de 0°, à 10,950 pieds de — 2°,5, à 11,850 pieds de — 5°, et à 12,750 pieds de — 7°,5. De 10,000 à 10,500 pieds la plus haute température à l'ombre atteint exceptionnellement + 10° ou 11° C., mais au-dessus de 12,000 pieds elle est à peine de + 6°, et encore contre un rocher fortement réchauffé par le soleil. Cependant au Grand-Combin, à 13,000 pieds, G. Studer le 9 août trouva une température de + 6° R. pendant une chute non interrompue de fines étoiles de neige. A la seconde ascension de la Jungfrau, le 3 septembre à deux heures après-midi, le thermomètre marquait + 6° R.; à la quatrième, le 28 août, il marquait — 3° R. Au sommet du Sustenhorn (10,618 pieds), le thermomètre marquait le 7 août, à onze heures, 0°, et dans un endroit très-abrité sur la neige, tout à fait au pied de la cime + 11° R. Sur un des Mischabelhörner à 12,323 pieds, le thermomètre indiquait, le 10 août 1848 à midi, + 10° C., à l'air libre + 3° C.; à 14,004 pieds, environ 280 pieds au-dessous de la plus haute cime du Mont-Rose à 11 1/2 heures du matin le 12 août 1848, il marquait 0° et à l'air libre — 2° C.; une année plus tard, le même jour, à onze heures + 9° C., à l'air libre + 1°,5 C.; au sommet du Stockhorn au-dessus du glacier de Zmutt le 15 août 1849, à 11 1/4 heures du matin, à 11,203 pieds, + 6° C. et à l'air libre + 2° C. De Saussure a trouvé sur le sommet du Mont-Blanc à l'ombre — 2°,3 R., au soleil — 1°,3 R.; les frères Schlagintweit au sommet du Mont-Rose, le 22 août 1851, par un temps très-pur et tempéré, ont trouvé après-midi le thermomètre à l'ombre à — 5°,1 C., à 1 heure à — 4°,8 C. Sur le Chimborazo, le 23 juin 1802, Humboldt vit geler le mercure de son thermomètre à la hauteur de 18,216 pieds, ce qui a lieu ordinairement à — 32° R.[1] Pendant l'hiver de 1865 à 1866, trois hommes sont restés dans une cabane, la plus haute habitation d'Europe, au col de Saint-Théodule, pour y faire des observations météorologiques. L'hiver était d'une douceur anormale. En janvier la température la plus froide a été en général de — 12° à —16°; le minimum de — 21°. Au milieu du

[1] Voici d'après les recherches les plus récentes et les plus étendues de M. Schlagintweit, les hauteurs correspondantes aux lignes isothermes :

jour il n'a pas été rare de voir le thermomètre s'élever au soleil à + 12°.

A partir du commencement d'août, une grande partie de la région se trouve découverte, en particulier les coupoles isolées jusqu'à 8,500 pieds, et de grandes étendues de terrain bien abritées et à l'exposition du sud, où l'été a déjà développé un commencement de végétation. Les animaux, comme les plantes, se hâtent d'accomplir leur cercle d'existence et luttent avec une énergie remarquable contre les retours de la mauvaise saison. Des rafales de neige et de grêle, des brouillards pénétrants, des froids intenses, viennent les surprendre au milieu de leur développement. Le monde organique menacé abrite dans le sein maternel du sol ses vivaces racines ou sa lente respiration, et, à l'abri de cette douce chaleur, attend paisiblement que le soleil vienne le ranimer et le pénétrer de sa force vivifiante. Une organisation singulièrement robuste rend les végétaux des Alpes, même en boutons ou en fleurs, insensibles à des changements de température que ne pourraient supporter les plantes de la plaine.

ISOTHERMES.	ALPES CALC. DU NORD.	ALPES CENTRALES.	GROUPE DU MONT-BLANC.
0 C.	6,100 pieds.	6,400 pieds.	7,200 pieds.
— 1	6,560	6,870	7,730
— 2	7,040	7,320	8,250
— 3	7,540	7,770	8,750
— 4	8,040	8,230	9,250
— 5	8,550	8,700	9,750
— 6	9,060	9,200	10,240
— 7		9,700	10,730
— 10		11,210	12,200
— 14		13,280	14,200
— 15			14,700

La température des sommets les plus élevés des Alpes, comparée avec les moyennes annuelles des hautes latitudes, correspond à une latitude nord d'environ 70 degrés.

N'est-ce pas un charmant tableau que celui de ce tapis verdoyant formé de plantes basses, mais couvertes de fleurs du plus brillant éclat, qui se déroule le long des pentes éclairées du soleil? Au-dessus, des rochers nus dont les sommets, parsemés de taches légères de neige, semblent défier les cieux; au-dessous, des gorges profondes et des déserts de ruines; d'un côté, des champs sans fin de névés qui montent jusqu'aux plus hautes cimes, de l'autre, d'immenses mers de glace aux reflets bleuâtres, d'une épaisseur de plusieurs centaines de pieds, qui transportent leurs débris et leurs blocs jusqu'au bas de la vallée. La neige couvre cette oasis, le rocher lui lance ses débris détachés par le dégel, le névé lui envoie ses avalanches et ses torrents; le glacier qui ouvre, en grondant, ses puissantes crevasses, les éclairs et la foudre du ciel, les puissances de l'air et celles de la terre qui semblent se donner la main pour la détruire, tout conspire contre sa paix; — mais, inébranlable dans sa fidélité, pleine d'espoir et de confiance, la plante alpine élève paisiblement sa tige dans l'air embaumé, à la rencontre de la lumière et du soleil, comme un cœur brisé cherche au fort de sa détresse le regard de son Dieu. Cette vie dure à peine un ou deux mois : août lui sert de printemps et d'été, septembre est déjà son automne et le commencement de son hiver. Les bonnes années la prolongent peut-être d'un tiers, les mauvaises l'empêchent entièrement de s'épanouir. L'hiver entasse alors de telles quantités de neiges que la saison suivante peut à peine la faire disparaître quelques semaines; ou bien viennent quatre ou cinq années de suite de tristesse et de mort, pendant lesquelles la neige ne quitte plus la région, même à sa limite inférieure, et où, pendant l'été, le grésil alterne avec la pluie, et le froid de la nuit incorpore l'eau des nuages au manteau des névés. — Enfin l'anathème est levé : le soleil qui n'a pas perdu sa force débarrasse les pentes de leurs vieilles neiges; — mais le gazon n'existe plus, l'arbuste est sec, la larve a péri. Alors la nature vivante commence à reprendre successivement possession du terrain qui lui avait été arraché. La mousse veloutée (*Polytrichum septentrionale*), d'un vert profond, remonte peu à peu des tapis de végétation situés plus bas, et vient s'établir çà et là sur les débris de l'ancienne végétation, en suivant la retraite de la ligne des neiges. Elle meurt les années suivantes, mais ses détritus d'un brun noir assurent déjà à quelques phanérogames la possibilité de vivre. Vous rencontrez déjà de petites colonies de saxifrages (*Saxifr. umbrosa, cuneifolia*), de cresson des alpes (*Hutchinsia alpina*), de véroniques (*Ver. alpina*), de gnaphales (*Gn. carpathicum*), de dents de lion (*Leontodon alpestre*), de chrysanthêmes (*Chrys. alpinum*), de rumex et de graminées, et si vous examinez avec quelque attention la couche plus profonde où le tapis végétal est plus compact, vous verrez entre les feuilles radicales de ces plantes nouvelles quelques fragments de cette mousse veloutée qui en a été tout à la fois le berceau et la nourrice. C'est ainsi que depuis une dixaine d'années la végétation a remonté presque sans interruption en masses compactes, que beaucoup d'anciens pâturages, de vallons neigeux et de solitudes sont occupés de nouveau par la verdure après de longues années de désolation, et que les bergers y renvoient paître leurs troupeaux. Les animaux ne tardent pas à reparaître avec la végétation. Les insectes du printemps bourdonnent autour des corolles fraîchement écloses; les papillons se balancent joyeusement dans l'atmosphère lumineuse de l'îlot embaumé; les araignées et les pucerons, les scarabées et les mites, les infusoires, peut-être quelque souris en pèlerinage, quelque chamois aux pieds légers, viennent animer cette jeune végétation. Tout ce petit monde butine, pille, guerroie, s'agite, aime, meurt, et, sur une échelle réduite, parcourt l'une après l'autre les diverses phases de l'existence suivant les lois immuables assignées à toute vie.

Pour donner une idée exacte de la végétation dans la région des neiges, nous distinguerons entre la végétation groupée sur des espaces considérables et contigus, et celle qui est comme à moitié perdue sur des îlots isolés dans les plus hautes sommités. La première, suivant qu'elle est plus ou moins favorisée par les circonstances locales, monte plus ou moins haut et se trouve en général aujourd'hui en voie de progression, grâce au retrait de la ligne des neiges. Elle s'étend par languettes ou par bandes, et souvent interrompue, au milieu de roches stériles et de plaques de neige. Mais beaucoup plus haut encore, nous trouvons des places entièrement isolées où se sont installées quelques plantes, véritables pionniers de la société végétale établie au-dessous. Tantôt ce sont de petites colonies formées d'une seule espèce, suspendues à une fissure humide dans un rocher escarpé ou étalées sur quelque replat riche en humus et bien exposé, et y produisant une multitude de fleurs d'un admirable éclat; tantôt ce sont trois ou quatre espèces différentes qui ont fait entre elles une étroite alliance et luttent bravement ensemble contre les rigueurs du froid et les retours perpétuels de la neige. Ces pionniers paraissent aussi poursuivre aujourd'hui une marche ascendante. C'est ainsi que Heer, à sa première ascension au Piz Linard (10,516 pieds) en 1835, ne trouva pas d'autres phanérogames sur l'étroite arête qui forme le sommet de cette montagne que quelques touffes serrées d'une jolie androsace à fleurs roses (*Androsace glacialis*); tandis que ceux qui ont gravi cette cime en 1864 ont trouvé établies au sommet, à côté de la même androsace, la renoncule glaciale et la chrysanthème des Alpes, dont Heer, trente ans auparavant, avait trouvé les derniers échantillons deux ou trois cents pieds plus bas.

Ces îlots de la région des neiges, auxquels semblent se cramponner les dernières forces de la nature, sont de réjouissantes apparitions pour le pèlerin qui traverse ce monde glacé, et de précieuses mines où la science puise les données nécessaires pour déterminer les limites extrêmes des formes organiques. Ici, plus encore que dans la zone alpine, les organismes semblent vouloir se rapprocher de la chaleur maternelle du sol : ils ont en général un port plus ramassé et des dimensions plus exiguës. D'un côté, le terrain réchauffé par le soleil et qui fournit plus de chaleur végétative que l'air ambiant, et de l'autre, la plus grande intensité de la lumière, permettent à la vie de se développer plus rapidement. Les rapports réciproques entre la chaleur du sol et celle de l'air sont ici renversés. Le rayon solaire calorifique qui vient frapper le sol sur une haute montagne, traversant une couche d'atmosphère incomparablement plus mince et plus pure, réchauffe le sol et sa végétation d'une manière autrement plus active que dans la plaine. La surface de la terre s'y réchauffe plus rapidement et d'une quantité plus considérable que l'air ambiant; tandis que dans la plaine, au contraire, l'atmosphère plus dense reçoit plus de chaleur que le sol. La diminution de la pression atmosphérique, qui à 12,000 pieds n'est plus que de douze pouces, provoque une évaporation plus rapide de l'eau renfermée dans les feuilles, et active en même temps l'action de la lumière et de la chaleur solaire. Cette rapidité de la vie brusquement réveillée dans la plante, étonnerait bien davantage si l'atmosphère n'était pas refroidie par les courants d'air glacés qui descendent des glaciers et des champs de neige et contribuent pour une grande part à abaisser la limite de végétation dans les hautes Alpes. La période de végétation, qui s'étend des premiers jours où le sol est libre jusqu'au retour de l'hiver, se raccourcit naturellement à mesure qu'on s'élève. Tandis qu'à la limite inférieure de la région montagneuse elle est encore de 230 jours et à la limite inférieure de la région alpine de 200 environ, entre 6 et 7,000 pieds elle se réduit à 132 jours, entre 7 et 8,000 pieds à 92, et à 10,000 pieds elle se borne à peu près à la durée du mois d'août.

Nos Alpes ne sont pas assez élevées pour que nous y trouvions la limite extrême de toute végétation : l'air n'y est pas encore assez âpre, les hivers n'y sont pas assez longs ni assez rigoureux; surtout pour les différentes espèces de lichens qui, se cramponnant à la pierre, demeurent ici, comme dans le cercle arctique, les dernières sentinelles avancées de la flore. Le sommet de la Jungfrau, celui du Finsteraarhorn, les cimes mêmes du Mont-Rose (commencement de *Lecidea conglomerata*, *Lecidea geographica*, *var. atrovirens* avec des vestiges de parmélies et d'ombilicaires) et celle du Mont-Blanc (14,809 pieds; *Lecidea confluens*, *Parme-*

lia polytropa), ont leurs petites saillies rocheuses couvertes de lichens, formant des taches pointillées de blanc et de noir, ou d'un jaune verdâtre, en particulier la *Lecidea geographica*, que Humboldt et Bonpland dans leur ascension au Chimborazo, en juin 1802, ont trouvée comme dernière trace de végétation à 17,200 pieds au-dessus de la mer, sur les rochers de trachyte qui ressortaient de la neige. A la Jungfrau, ils revêtent encore la pierre découverte, par plaques d'un pouce d'étendue; on en a reconnu cinq espèces appartenant à trois genres différents, et dans le nombre une espèce nouvelle. A la cime du Finsteraarhorn, les lichens (*Lec. polytropa*) se trouvent sur les couches délitées du gneiss et du schiste micacé, mais jusqu'à la hauteur de 11,000 pieds ils évitent sans exception toutes les formations granitiques. C'est seulement à cette altitude qu'y apparaissent entre autres la *Gyrophora vellea*, l'*Urceolaria scruposa* et la *Lecanora elegans* d'un jaune de flamme.

Immédiatement au-dessous des lichens, nous trouvons les mousses et les épatiques, qui forment tantôt d'admirables revêtements dans les fissures des rochers, tantôt de vastes tapis sur les bords des ruisseaux de fonte. On les trouve en très-grand nombre, soit d'individus soit d'espèces, à 8,500 pieds; quelques-unes atteignent jusqu'à 9,000, et la plupart sont d'espèces exclusivement alpines. Les plantes phanérogames atteignent une élévation égale, quelquefois même supérieure, comme nous l'avons déjà fait observer, et parmi elles quelques-unes ont le port des mousses[1]. Dans les

---

[1] Un grand nombre de phanérogames des hautes montagnes se montrent indifféremment dans la zone montagneuse, dans la zone alpine et dans celle des neiges, et s'établissent partout où elles trouvent du soleil et la possibilité de vivre; tandis que d'autres, tout en étant exclusivement alpines, ont cependant leurs limites déterminées en altitude. A la première catégorie appartiennent, par exemple: *Chrysanthemum Halleri* de 2,000 pieds à 7,600; *Phleum Michelii* de 3,500 à 7,000; *Lilium bulbiferum*, 1,300—6,000; *Phyteuma Halleri*, 2,500—7,000; *Soldanella alpina*, dans les Alpes de Glaris, de 1,500—7,500; *Primula viscosa*, 4,300—8,000; *Primula auricula*, sur les bords du lac de Wallenstadt à 1,300, dans les Alpes jusqu'à 7,700; *Tozzia alpina*, 2,000—6,000; *Gentiana verna*,

Alpes de Glaris Heer a compté, rien que dans la partie inférieure de la région des neiges, deux cent vingt-huit espèces de phanérogames, et dans la partie supérieure de la même région, au-dessus de 8,500 pieds, vingt-quatre espèces de phanérogames avec une trentaine de cryptogames. Un fait fera comprendre avec quelle rapidité s'accroît le nombre des phanérogames à mesure qu'on descend des hauteurs. Dans les îles des névés des Alpes rhétiques, nous trouvons à partir du haut et en descendant jusqu'à 10,000 pieds, deux espèces de saxifrages, une drave, une graminée, le céraiste des glaciers à fleur blanche, la renoncule des glaciers, le chrysanthème des Alpes, les tapis d'un rouge ardent de la silène sans tige, et ceux d'un bleu profond d'une gentiane. A ces plantes viennent s'ajouter déjà de 10,000 à 9,000 pieds, cinquante autres espèces, appartenant à dix-neuf familles et présentant un nombre considérable d'individus. La grande majorité appartiennent aux familles des composées, des saxifragées, des crucifères, des primulacées, des rosacées, des cérastiées et des graminées. De 9000 à 8500 pieds nous rencontrons encore 45 espè-

---

700—10,000 ; *Erinus alpinus*, 1,300—6,000 ; *Linaria alpina*, 1,300—10,300 ; *Galium helveticum*, 2,600—6,700 ; *Arabis bellidifolia*, 2,200—7,700 ; *Arabis pumila*, 3,000—7,700 ; *Potentilla caulescens*, 1,300—7,000 ; *Hutschinsia alpina*, 1,400—8,800, dans les Alpes de Glaris ; *Oxytropis montana* et *campestris*, 1,300—7,400 ; *Saxifraga oppositifolia*, 1,280—11,200, etc. Les plantes de la partie supérieure de la région des neiges sont, pour la plupart, confinées entre des limites beaucoup plus étroites ; il en est de même de quelques-unes de celles de la partie inférieure de la même région et de la partie supérieure de la région alpine. Ainsi, par exemple, d'après Heer : *Draba lapponica*, dans le canton de Glaris, ne se trouve qu'entre 6,000 et 8,800 pieds ; *Viola calcarata*, 5,800—7,720 ; *Cerastium latifolium*, 7,400—9,000 ; *Saxifraga muscoides*, 6,000—7,800 ; *Sax. stenopetala*, 7,000—8,600 ; *Sax. planifolia*, 7,000—8,700, ainsi que la *Potentilla frigida* ; *Achillea nana*, 7,000—7,800 ; *Leontopodium umbellatum*, 6,000 à 7,000 ; *Crepis hyoseridifolia*, 7,000—7,730 seulement ; *Phyteuma globulariæfolium*, 7,000—8,000 ; *Gentiana glacialis*, 7,500—8,000 ; *Draba tomentosa*, 6,800—8,000 ; *Arenaria biflora*, 7,000—8,000, etc. La plupart des plantes de la région alpine inférieure, ainsi que de la région montagneuse, ont une aire verticale beaucoup plus étendue.

ces nouvelles. En sorte que dans les Grisons et dans une région que les habitants de la plaine croient volontiers ensevelie tout entière dans la neige et la glace, nous trouvons, seulement en phanérogames, cent cinq espèces réparties en 23 familles, et parmi elles, avec le *Salix herbacea* de la longueur d'un pied, la seule plante arborescente du Spitzberg, deux autres espèces de saules de quelques pouces de hauteur, représentant à elles trois toute la végétation arborescente ; la plupart de ces plantes avec des formes gracieuses ou de magnifiques couleurs, et couvrant souvent le gazon par grandes colonies. Ce qui frappe, en outre, dans les légers tapis de végétation de ces montagnes des Grisons, comme du reste de toutes celles de la Suisse, ce n'est pas seulement l'étonnante variété de composition de leur flore, mais aussi les rapports de cette flore avec celle des régions arctiques.

C'est ainsi que Martins et Payot ont encore trouvé sur le côté nord du Mont-Blanc, de 9,500 à 11,000 pieds, aux rochers de Bon retour, vingt-quatre phanérogames, dont 5 du Spitzberg et 1 de Laponie, et 26 mousses, 2 épatiques et 28 lichens. A. de Candolle a recueilli sur les rochers du Jardin dans la Mer de glace, à 8,484 pieds, 87 phanérogames, dont 6 du Spitzberg et 24 de Laponie, avec 18 mousses et 23 lichens ; Martins sur le Saint-Théodule, à 10,200 pieds, 23 phanérogames dont 3 du Spitzberg ; les frères Schlagintweit sur le Mont-Rose à 9,600 pieds, 47 phanérogames dont 10 du Spitzberg et 5 de Laponie. Au sommet du Faulhorn (8,260), sur un espace il est vrai de 4 à 5 arpents, Martins a compté 132 phanérogames, dont 11 du Spitzberg et 40 de Laponie. La flore arctique est pauvre quand on la compare à celle-là. D'après le botaniste suédois Malgrem qui l'a exploré, le Spitzberg, sur une superficie de $4\frac{1}{2}°$ de latitude et de 12 de longitude, ne possède que 93 phanérogames et 152 cryptogames, et l'immense continent du Grönland tout entier ne compte que 104 phanérogames.

Les frères Schlagintweit ont trouvé au Mont-Rose, à 11,770 pieds, la plante phanérogame qui s'élève le plus haut dans les

Alpes de la Suisse, la *Cherleria sedoides*, à laquelle il faut ajouter les suivantes trouvées sur le Nase dans le glacier du Lyskamm, à 11,176 pieds : *Chrysanthemum alpinum, Saxifraga bryoides, Silene acaulis, Poa laxa*; et au Weissthor, à 11,138 pieds : *Gentiana imbricata, Saxifraga muscoides* et *moschata, Senecio uniflorus, Poa alpina*. Zumstein a cueilli sur le Nasenkopf l'*Androsace pennina*, dans le voisinage le *Cerastium latifolium*, le *Chrysanthemum alpinum*, la *Saxifraga oppositifolia*, le *Ranunculus glacialis*, etc. Desor, dans son expédition au Lauteraarhorn, à plus de 11,000 pieds, a trouvé à l'ombre d'une pointe de rocher le *Ranunculus glacialis*; de Saussure sur le Petit Mont Cervin, à 10,800 pieds, l'*Aretia helvetica*, la *Silene acaulis*, le *Geum montanum* et le *Saxifraga bryoides*; le professeur Heer, à la cime du Piz Linard, comme nous l'avons déjà dit, l'*Androsace glacialis*, tantôt blanche, tantôt d'un rose clair, qui fleurit aussi sur le Schreckhorn, à 11,400 pieds, et sur le Hausstock, à 9,715 pieds. Les derniers phanérogames que nous ayons trouvés sur le Tödi, à 9800 p. environ, sont la *Linaria alpina* et la *Saxifraga oppositifolia*. Sur le Piz Languard (10,054), presque jusqu'à la sommité, se trouvent encore, outre la renoncule glaciale, *Senecio carniolicus, Androsace glacialis, Potentilla frigida, Arenaria biflora, Cerastium glaciale*; sur l'Oberaarhorn, entre 10,000 et 10,500 pieds, le céraiste ci-dessus, la renoncule glaciale, la *Sax. oppositifolia*, des touffes abondamment fleuries de *Linaria alpina, Draba nivalis, Andros. obtusifolia, Aretia pennina* et la charmante *Artemisia spicata* à fleurs jaunes. Au point culminant du passage de Saint-Théodule, à 10,416 pieds, croît l'*Aretia pennina*, près d'elle en assez grande abondance sur des bancs décomposés de schiste micacé et chloritique le *Ranunculus glacialis*, et à 10,322 pieds, l'*Eritrichium nanum*, ce rare ne-m'oubliez-pas nain qui forme des tapis ras, à feuilles d'un vert gris avec des poils raides, et à fleurs d'un bleu profond, la *Gentiana verna*, la *Linaria alpina*, le *Saxifraga oppositifolia*, le *Thlaspi cepaefolium* et le *Salix herbacea*. En général, les phanérogames sont relativement assez abondantes par places sur les montagnes du Mont-Rose jusqu'à 11,000 pieds, en particulier les saxifrages; comme aussi au Chimborazo c'est le *Saxifraga Boussingaulti* qui orne les rochers isolés jusqu'à la hauteur de 14,796 pieds, c'est-à-dire à 600 pieds au-dessus de la limite locale des neiges éternelles. Hooker a trouvé sur les cols du Tibet des gnaphales, des artémises, des érigérons et des saussurées, jusqu'à 18,500 pieds anglais, et des buissons de chèvrefeuilles et de rhododendrons, jusqu'à 17,000 pieds. D'après Strachey, au nord des passages du petit Tibet, la limite supérieure de la végétation des phanérogames est à 19,000 pieds anglais.

Dans nos Alpes, les cryptogames et les phanérogames de la région inférieure des neiges sont à peu près en nombre égal; dans la partie supérieure, les premières l'emportent un peu. Les phanérogames de la partie inférieure de notre région appartiennent principalement aux familles des synanthérées, des scrofulariées, des primulacées, des gentianées, des polygonées, des campanulacées, des alsinées, des crucifères, des saxifragées, des papillonacées, des rosacées, des graminées et des carex, tandis que les orchidées, les ombellifères et les salicinées y sont remarquablement moins nombreuses. Parmi les sous-arbrisseaux il n'y a guère, outre les trois saules dont nous avons parlé plus haut, que les myrtilles, les daphnés, les airelles, le rhododendron ferrugineux, les azalées et un sureau nain, qui s'élèvent jusqu'à notre région. Nous remarquerons en passant qu'ici, et en partie déjà dans la région alpine, la *Lecidea geographica*, qui dans le bas attache exclusivement à la pierre ses réseaux de dessins à points noirs, s'applique à la tige ligneuse des rhododendrons et prend place ainsi parmi les lichens des végétaux. Tandis que dans les Alpes du Tyrol et de Salzbourg la limite supérieure de la végétation frutescente est à 6,300 pieds, et dans les cantons de Berne et des Grisons fort peu au-dessus de 7,000 pieds, le dernier sureau se montre cependant encore sur la Bernina à 8,300 pieds, et sur le Mont-Rose les rhododendrons à 8,880 pieds, et un genévrier de cinq pouces de hauteur à 10,080. Parmi les champignons, il n'y a qu'un petit nombre d'urédinées qui s'élèvent au-dessus de 8,000 pieds; les algues sont représentées à cette hauteur par le *Protococcus nivalis* de la neige rouge. Il est aussi à remarquer que dans les montagnes purement calcaires la région des neiges est beaucoup plus pauvre en plantes que dans celles où le calcaire est mélangé d'une grande quantité de matières argileuses et siliceuses, ou dans les montagnes schisteuses, dont la roche se décompose plus aisément. Les scrofulaires, les auricules odorantes, la joubarbe de montagne aux fleurs d'un rouge vif, les asters des Alpes, les différentes variétés de l'aromatique *Primula viscosa*, font, avec la dryade blanche, le *Silene acaulis* aux fleurs d'un beau rose, les gentianes aux courtes feuilles, le saxifrage biflore, la brillante renoncule glaciale, l'androsace pennine, les charmantes aréties et les gracieux ne-m'oubliez-pas, l'ornement des rochers de la région, ornement aussi remarquable par l'éclat des couleurs que par l'inattendu du coup d'œil qu'elles présentent. Il semble que la nature ait formé la couronne virginale d'été de ces hauteurs de fleurs d'autant plus brillantes qu'elles sont plus passagères, de même qu'elle a donné aux lichens et aux mousses des contrées arctiques l'éclat de l'or et des tons pourprés qu'on ne rencontre nulle part ailleurs.

La vie végétative poursuit donc jusque sur les plus hautes cimes le moindre espace laissé à découvert, pour s'y installer; comme nous voyons sur le Lyskamm l'arétie des glaciers croître à une température moyenne de — 12 à — 15° C. Plus bas elle recouvre rapidement tous les éboulements libres de neige; au milieu même des glaciers elle garnit de ses mousses, de ses lichens, de ses champignons et de plus de trente espèces de phanérogames, les blocs froids et humides et le sable schisteux des moraines; et, dans les anfractuosités des sommets mis à nu et jusque dans les fissures d'anciennes surfaces rocheuses polies par les glaciers, elle développe une flore tourbeuse d'une richesse relative assez considérable. Mais dans la région où les dernières phanérogames ne peuvent plus prospérer, cette vie s'implante encore, sous la forme de lichens, à la pierre humide et stérile ; après dix ou onze mois de torpeur, elle se ranime chaque année dès que le soleil commence à fondre le dernier revêtement de neige et à humecter les racines de la petite plante sur les parois du rocher ; et cette végétation estivale de quelques semaines lui suffit pour s'étendre encore un peu en thallus concentriques.

Si nous jetons encore un regard en arrière sur l'ensemble de ce monde végétal des hautes montagnes, nous sommes frappés des rapports déjà signalés qu'il présente, d'un côté avec celui des contrées les plus septentrionales, de l'autre avec celui de toutes les autres grandes montagnes. La flore arctique compte en tout 158 espèces phanérogames, et la Laponie en particulier 115, qui appartiennent également à nos Alpes ; de la même manière exactement que l'Altaï en compte 54, et les hautes montagnes de l'Amérique du nord 70, qui leur sont communes avec la zone polaire. De plus, notre flore alpine ne se retrouve pas seulement sur le Jura, mais aussi sur les Pyrénées, les Sudètes, les Carpathes, le Caucase ; l'Altaï même, au centre de l'Asie, possède 80 de nos espèces alpines, les montagnes d'Aldan au nord-est de la Sibérie plus de 60, et l'Himalaya quelques-unes encore. Quel a été le lieu d'origine commun de cette flore ? Etait-ce la région polaire, ou bien l'Altaï et les contrées montagneuses de la Daurie et de la Mongolie ? C'est ce qu'il serait fort difficile de décider ; bien que ce soit dans ces dernières que se trouvent le plus grand nombre d'espèces communes. Mais nous pouvons, par contre, affirmer que cette flore arctico-alpine était celle de la période glaciaire, et qu'elle s'étendait uniformément à cette époque sur toutes les terres qui surgissaient au-dessus de ces vastes déserts de glace, jusqu'au pôle nord. A mesure que les glaciers disparurent et que la flore actuelle de la plaine nous arriva de l'est, l'ancien monde des plantes de la période glaciaire se réfugia dans les hautes montagnes et dans les régions arctiques, où il trouvait ses conditions antérieures d'existence. Il put même continuer à subsister en colonies isolées sur quelques montagnes avancées d'une moindre élévation, quelques rangées de collines détachées, ainsi que dans les marais tourbeux échappés à toute culture, derniers restes des lagunes glaciaires, où la camarine et l'airelle canneberge, la grassette des Alpes, la dryade à 8 pétales, la primevère farineuse, le rossolis et le pin de montagne, rappellent à la fois les Alpes et l'époque glaciaire.

CHAPITRE V.

ESQUISSE GÉNÉRALE DES ANIMAUX INFÉRIEURS DE LA RÉGION.

Possibilité de la vie animale dans la région des neiges et influences diverses de l'air des hauteurs sur l'organisme. — Les habitants constants de la zone des neiges. — Derniers représentants de la vie animale dans les hautes Alpes. — Trouvailles d'animaux dans les plus hautes régions. — Prolongation de l'existence chez les animaux inférieurs. — Animaux de proie et animaux herbivores. — Différences d'altitude dans la distribution des animaux suivant les différentes chaînes des Alpes.

Les animaux, en général, étant soumis à cause de leur organisation plus élevée et plus complexe à des conditions d'existence plus diverses que les végétaux, ne peuvent pas vivre à une altitude tout à fait aussi considérable que ces derniers. Un organisme supérieur a besoin de plus de protection pour son développement, d'une base plus large pour son existence, de matériaux plus abondants pour l'exercice de ses forces. Les places libres de neige dans les hautes Alpes sont trop chétives, trop restreintes, trop glacées, pour pouvoir lui servir de domicile; tout au plus peuvent-elles convenir aux formes animales des derniers degrés. L'homme, l'organisme le plus élevé, est d'entre tous celui qui à la longue souffrirait le plus d'un pareil séjour, bien que ses hautes facultés intellectuelles et morales lui fournissent d'abondantes ressources pour en diminuer la dangereuse influence.

Il ne peut pas même rester quelques heures ou quelques jours à ces grandes hauteurs sans en ressentir des malaises de plus d'un genre. Les mineurs du col de Saint-Théodule ne pouvaient, malgré toutes les précautions, demeurer plus de deux mois par année dans leur cabane, l'habitation la plus élevée de l'Europe, à 10,086 pieds. La plupart de ceux qui ont fait l'ascension de nos plus hautes cimes alpines ont éprouvé une sensation pénible, ou même toute une série d'accidents morbides, qui prouvent combien peu la vie animale tarde à souffrir de ces changements d'altitude. Quand Zumstein en 1819 fit ses cinq expéditions au Mont-Rose et qu'il atteignit la hauteur de 14,000 pieds il fut saisi, ainsi que ses compagnons, d'angoisses, de défaillance, d'un sommeil irrésistible, d'un manque absolu d'appétit; la peau du visage et les yeux s'enflammèrent; et les mineurs mêmes, habitués à l'effet de l'air par leur séjour au col de Saint-Théodule, eurent la tête enflée au point d'en devenir méconnaissables. Ulrich éprouva les mêmes accidents à son ascension du Mont-Rose. Lorsque le célèbre de Saussure atteignit pour la première fois le sommet du Mont-Blanc, les hommes mêmes les plus vigoureux se sentaient si épuisés de leur marche, de sept ou huit heures seulement, qu'ils étaient obligés de s'arrêter tous les vingt ou trente pas; le moindre effort, le simple port d'un instrument de physique, leur était pénible; leur soif, leur dégoût pour la nourriture, étaient insurmontables, et, même après un repos de quatre heures, ils avaient encore le pouls précipité, chez quelques-uns il était une fois plus rapide qu'à l'ordinaire. Dans les ascensions qui ont suivi, on a constaté du malaise, du sommeil, des hémorrhagies par les lèvres et par le nez, des douleurs à la face, une soif inextinguible, de la difficulté à respirer, des affections cérébrales, des coliques, de la prédisposition à l'évanouissement, etc. Chez les uns ces accidents ont commencé déjà à la hauteur de 10,000 pieds; chez les autres ils ne se sont point manifestés du tout. Les mêmes observations ont été faites par de Saussure au Mont-Cenis, par une société de 40 personnes qui ont escaladé en 1841 le Grand-Venedig, par Ramond à la Maladetta dans les Pyrénées, par de Sayve à l'Etna, par Perrot dans le Caucase, par Wilkes au Mauna Loa dans l'île de Hawaii (Mer du Sud) à 13,190 pieds, par Glennie et Gros au Popocatepetl à 15,200 pieds, par Fremont au pic le plus élevé des Montagnes rocheuses (13,570 pieds), par Humboldt et Bonpland au Chimborazo à 18,000 pieds, enfin par les frères Schlagintweit, à la plus grande élévation qui ait jamais été atteinte dans les montagnes, 22,260 pieds anglais, au Ibi-Gamni dans l'Himalaya (le 19 août 1856).

C'est dans l'Himalaya et les Cordillères que cette influence de la hauteur agit sur l'organisme de la manière la plus intense. Morcroft et ses compagnons de voyage au passage de Niti dans l'Himalaya en 1812 eurent beaucoup à souffrir d'oppression, de vertige, de saignement aux lèvres, d'angoisses et de symptômes apoplectiques. Il en fut de même pour Frazer en 1815, Webb en 1819, Jacquemont en 1824, Hoffmeister, Gérard et d'autres. Dans les Cordillères, à l'altitude de 12 à 16,000 pieds, presque tous les étrangers sont saisis, et quelquefois pour le moindre effort corporel, d'un mal connu sous le nom de *Puna*. Ce mal de montagne se manifeste par des vertiges, du bourdonnement dans les oreilles, des nausées, du mal de tête, des congestions; souvent le sang sort par gouttelettes des yeux, des lèvres et du nez, quelquefois l'hémorrhagie se déclare dans les intestins ou les poumons, et dans quelques cas est suivie de mort. Les montagnards indiens, grâce probablement à l'habitude qu'ils ont de mâcher de la feuille de coca, ne souffrent pas de ce mal, mais il faut souvent beaucoup de temps aux étrangers pour s'acclimater.

Les sensations éprouvées par les aéronautes dans leurs ascensions varient beaucoup. Ainsi tandis que Gay-Lussac en 1804 sentait à 7,016 mètres sa respiration gênée et son pouls précipité, que Robertson en 1826 ressentait les mêmes impressions à 21,000 pieds et de plus se plaignait d'un grand accablement d'esprit et d'un froid intolérable, Barral et Bixio, par contre, en 1850, à 22,000 pieds et même Green, en 1838, à 27,000, n'ont éprouvé aucune gêne dans la respiration. Glaisher, de son côté, quand son ballon atteignit une hauteur de 32,000 pieds au moins, la plus grande élévation à laquelle on soit encore parvenu au-dessus de la surface du globe, perdit connaissance et s'affaissa sur lui-même, et ne dut son salut qu'à la présence d'esprit de son compagnon qui, incapable lui-même, de lever le bras, parvint à ouvrir la soupape avec les dents[1].

De la diversité de ces faits résulte avant tout que dans le mal de montagne, ainsi que dans le mal de mer et d'autres du même genre, les dispositions individuelles jouent un grand rôle. Mais en laissant de côté certaines causes particulières dont l'action se comprend aisément, comme la fatigue corporelle, le changement de régime, les impressions morales, forte tension d'esprit, peur etc. nous trouvons un contingent de facteurs purement objectifs, qui suffit amplement à expliquer le trouble jeté dans les fonctions de la vie animale par l'ascension à des hauteurs pareilles à celles de nos grandes montagnes. Ce sont en première ligne les circonstances atmosphériques auxquelles elles sont soumises. Sous l'action d'une diminution considérable de pression, l'air y est moins

---

[1] M. Jules Rémy, dans le récit de son ascension au Chimborazo en 1856, en compagnie d'un Anglais, M. Brenchley, raconte ainsi ses impressions : „La montée continuait à être si rapide que bientôt, sous le poids de la fatigue, nous étions obligés de nous arrêter fréquemment pour reprendre haleine. Dès lors la soif se fit violemment sentir, et, pour la calmer, nous tenions presque constamment de la neige dans nos bouches. Mais nous n'éprouvâmes aucun symptôme de malaise ou d'affection morbide quelconque, dont parlent la plupart des voyageurs qui ont fait l'ascension de hautes montagnes. Dès que nous avions suspendu notre marche pendant quelques secondes, sans même nous asseoir, nous la reprenions avec une nouvelle ardeur, avec une sorte d'acharnement que nous inspirait la vue si rapprochée du sommet. Il nous parut évident, par cette nouvelle expérience qui venait en confirmer tant d'autres précédentes, qu'à ces hauteurs la colonne atmosphérique est encore suffisante pour ne pas gêner la respiration, et que c'est à une autre cause qu'il faut attribuer la courte haleine et les accidents organiques dont on se plaint généralement en gagnant des hauteurs notables." Bourrit, malgré sa robuste santé, ne pouvait pas seulement atteindre une élévation de dix mille pieds sans être péniblement affecté, et de Saussure parle, à plusieurs reprises, de vigoureux guides de Chamounix obligés, par un sentiment insurmontable de lassitude et d'inanition, de descendre au bout de quelques instants des sommets sur lesquels il faisait lui-même, sans fatigue, ses observations. (Traducteur.)

dense ; et par conséquent, pour absorber le même quantum d'oxygène, les poumons ont besoin d'une respiration plus précipitée que dans la plaine; une circulation du sang plus active en est aussi la conséquence. En outre, la grande sécheresse de l'air des hauteurs favorise l'évaporation cutanée des liquides renfermés dans le corps humain. Cette évaporation est si rapide que souvent les mêmes efforts qui dans la plaine mettraient un individu dans un vrai bain de sueur, ne lui font pas, sur ces hauteurs, venir une goutte de transpiration à la peau : elle s'évapore avant de pouvoir se former. De là ce phénomène que les grimpeurs de montagnes, aussi bien que les aéronautes, se trouvent plus à l'aise par le mauvais temps et plongés dans les brouillards ou les nuages, qu'ils souffrent même moins au milieu des bourrasques de pluie, que par un vent âpre ou lorsque le temps est clair. A la longue, cette diminution dans la quantité d'oxygène et d'humidité renfermée dans l'air peut agir d'une façon fâcheuse sur le mélange des substances liquides et la formation du sang; mais, en tout cas, l'activité de la transpiration cutanée, combinée avec l'intensité de la lumière solaire et sa réflexion sur les champs de neige, est la cause du dessèchement et de la chute de l'épiderme, ainsi que de l'irritation d'abord, puis de l'inflammation des yeux.

Ainsi à 11 ou 12,000 pieds, au moins sous nos latitudes, les conditions d'une existence normale font déjà défaut par suite des circonstances atmosphériques. Les cabanes des naturalistes de Saussure et Hugi étaient bien à 10,000 pieds, et Zumstein a passé la nuit, plus haut qu'aucun autre en Europe, à 13,128 pieds, sur le Mont-Rose, dans une crevasse de glacier de près de dix toises de profondeur, où il avait établi sa tente; mais ce ne sont là que de rares et courtes visites. La région supérieure des neiges ne peut servir à l'homme de domicile permanent. Nous ne devons donc chercher dans notre continent européen comme habitants constants de ces hauteurs que des organismes inférieurs, des animaux d'une nature plus vivace, de petites créatures de degrés inférieurs; tandis que nous rencontrons au contraire sur l'Himalaya, à 12,200 pieds, des villages dans lesquels on élève des chèvres à fine toison; dans les Andes entre les tropiques, à 13,000 pieds, des cités populeuses (les hommes et les chiens s'y trouvent fort bien, il est vrai, mais les chats n'y vivent pas), de 15 à 17,000 pieds, les derniers insectes, le condor enfin qui plane encore dans les airs à 20,000[1].

D'après les observations faites jusqu'ici, il paraît que les animaux parviennent à peu près à la même élévation que les végétaux phanérogames. Le fait est intéressant. On a compté dans la région des neiges 32 espèces d'animaux, savoir : 18 insectes, 13 arachnides, et un escargot, qui se rencontre aussi dans la plaine pendant l'arrière-automne et au commencement de l'hiver, mais y disparaît au printemps. L'escargot (*vitrina diaphana* var. *glacialis*) et les insectes ne s'élèvent pas au-dessus de 9,000 pieds; mais parmi les arachnides cinq se trouvent encore de 9,000 à 10,000, et l'une d'elles, un faucheur (*Opilio glacialis*), qui ne descend jamais au-dessous de 7,000 et qui par conséquent appartient exclusivement à la région alpine, a été trouvée sur la cime du Piz Linard à 11,387 pieds, dernier représentant de la vie animale dans les hautes Alpes. Cette araignée est d'un gris clair; elle a sur le dos une tache d'un gris jaunâtre en forme de lyre, les jambes plus claires et le ventre d'un blanc jaune. Le mâle est un peu plus petit que la femelle. On rencontre cette araignée dans la plus grande partie des hautes Alpes. Dans leur société, à 9 ou 10,000 pieds, vit en petites troupes sous les pierres, la Mite des neiges (*Ryncholophus nivalis* Hr), jolie petite bête d'un rouge-brique, avec des jambes d'un jaune pâle, longues, filiformes, trouvée sur le sommet du Piz Levarore dans l'Engadine (9,580 pieds) par Heer qui l'a décrite le premier et l'a retrouvée plus tard sur l'Umbrail (9,100 pieds). Viennent enfin les araignées

---

[1] Potosi est à 13,665 pieds anglais, Cerro de Pasco à 14,098, les mines de Santa-Barbara près de Huancavelica, à 14,508. Mais le point le plus élevé du globe qui soit habité toute l'année est le cloître boudiste de Hanle dans le Tibet, à 15,117 pieds anglais, soit 14,172 pieds de France.

proprement dites, parmi lesquelles la *Lycosa blanda*, petit animal de trois lignes de longueur, d'un noir brun, à jambes très-velues. Cette araignée, la plus commune des hautes Alpes, se montre immédiatement après la fonte de la neige et fait la chasse aux autres petits animaux encore plongés dans leur sommeil d'hiver. Les femelles traînent leurs œufs après elles dans de grands sacs d'un jaune pâle. Von Welden l'a trouvée au Mont-Rose à 9,300 pieds.

A ces animaux viennent s'ajouter, entre 9,000 et 8,500 pieds, quatre faucheurs, quatre araignées proprement dites, treize coléoptères, trois papillons avec leurs chenilles, un pou de bois, un ichneumon et un escargot.

A côté des ces habitants constants de la zone supérieure des Alpes, les explorateurs des hautes cimes ont trouvé occasionnellement quelques autres animaux intéressants. Ainsi Hugi a découvert sur le Finsteraarhorn, à 12,000 pieds, un campagnol des neiges vivant; on a trouvé sur une crête de rochers, au milieu du névé de l'Umbrail, à 9,129 pieds, le lézard de montagne; sur le Mont-Rose, à 13,900 pieds, Zumstein a rencontré un papillon à demi-mort, fort semblable au Grand-nacré, et même à 14,022 pieds, un papillon rouge qui volait au-dessus de la pointe de Zumstein, et sur la neige des diptères morts et vivants.

Tout au pied de la plus haute cime du Mont-Rose, Ulrich, en attendant que son guide revînt du Signal, reçut la visite d'une corneille (choquard?), à 14,004 pieds. Dürrler vit voltiger un papillon blanc sur le sommet du Tödi, à 11,110 pieds. Coaz a trouvé des traces de chamois près du sommet de la Bernina; Agassiz, du haut de la Jungfrau, vit un faucon (faucon pèlerin?) planer au-dessus de lui dans les airs; et Heer, l'infatigable explorateur, a rencontré un pinson des neiges desséché sur le glacier de Palu (11,000 pieds), à la Bernina. Dans sa première tentative pour escalader le Finsteraarhorn, le docteur Rodolphe Mayer a vu à 10,370 pieds une guêpe bourdonner autour d'un *Silene acaulis*; à 9 ou 10,000 pieds, dans une crevasse, une souris vivante; à 13,000, des coracias; à 11,000, des ptarmigans: de 9 à 12,000, des papillons nacrés, dont un à 9000 pieds, au haut du glacier d'Aletsch, surpris au moment où il sortait de sa chrysalide attachée à un rocher — par conséquent au lieu même de son développement! La première personne qui gravit le Scheerhorn (10,150 pieds) trouva sur le sommet une troupe de huit à dix papillons qui voltigeaient gaîment au soleil. Elle en distingua deux espèces, l'une plus grande et l'autre plus petite, et fut frappée de la rapidité du mouvement de leurs ailes. De Saussure vit également deux papillons passer sur la cime du Mont-Blanc. La gorge-bleue (*Sylvia suecica*) a été trouvée sur la Wildspitze à 11,000 pieds; à la même hauteur, le pinson des neiges et l'accenteur des Alpes. Thurwieser a même rencontré le délicat roitelet (*Sylvia regulus*) sur l'Adlersruhe (10,432 pieds). Nous avons vu nous-même au pied du sommet de la Fibia de grandes étendues de neige couvertes d'une immense quantité de diptères morts, et G. Studer a trouvé sur le névé du glacier supérieur du Trift un nombre considérable de papillons, d'abeilles et d'autres insectes, complétement engourdis par le froid. Dans l'ascension du Mont-Vélan, Ulrich a trouvé au sommet (11,588) une mouche de la plaine (*Syrphus balteatus*). Enfin dans celle du Tödi, nous avons vu le 16 Juillet 1866, à 10,500 environ, deux coracias en parfaite santé, et recueilli sur le vaste névé de cette montagne deux grandes libellules, dont une était encore vivante. Nous ne pouvons pas admettre que ces voyages aériens aient tous été involontaires et forcés; il en a sans doute été ainsi pour un grand nombre de ces animaux que le vent entraîne isolément ou par grandes quantités dans ces régions inhospitalières, mais une foule d'autres doivent s'y être égarés spontanément. Quant aux trouvailles semblables faites dans les climats chauds, elles s'expliquent autrement. Là ce sont de violents courants d'air qui, s'élevant verticalement de la surface brûlante de la terre, entraînent à une hauteur de 18,000 pieds non-seulement des insectes, mais encore, d'après les observations de Boussingault, de petites balles d'herbes sèches, régulièrement formées par le tourbillon même. On sait d'ailleurs que des essaims entiers de sauterelles, de libellules, de papillons (ces derniers observés par Darwin jusqu'à 10 milles de la côte de Patagonie, en bataillons innombrables de plusieurs myriades d'individus), même d'araignées terrestres, ont été emportés par les vents à 20 et même 370 milles marins de distance des terres et recueillis par des navigateurs.

On comprend mieux que ces animaux meurent à de pareilles hauteurs, qu'on ne comprend que les autres puissent vivre au milieu des névés dans les îles dont ils font leur séjour. Les lichens et les mousses qui se trouvent avec eux dans ces régions désolées n'ont besoin pour végéter que d'air et d'humidité; ils se raniment au bout de plusieurs années de mort dès que quelques gouttes d'eau viennent à les humecter. La végétation des phanérogames, naturellement toutes vivaces puisqu'il est bien rare que leurs semences puissent mûrir, a déjà de quoi surprendre quand on réfléchit combien elle suppose de vigueur de tempérament dans ces petites plantes si longtemps privées d'air et de lumière, et ne jouissant que de rares étés dans ces stations extrêmes. Mais il est bien plus étonnant encore de voir des animaux, qui ne peuvent pas confier leur souffle à la chaleur de la terre comme les plantes lui confient leurs racines, non-seulement y vivre, mais encore s'y propager et y accomplir toute une série de métamorphoses souvent fort compliquées. La seule manière d'expliquer ce fait étrange est d'admettre, dans la vie et le développement de ces petits êtres, des temps d'arrêt et de longues périodes de repos. Il n'est pas admissible que l'insecte parcoure dans l'espace de quelques semaines de chaleur toutes les phases de son existence, depuis l'état d'œuf jusqu'à celui d'insecte parfait; il est au contraire fort probable que le même animal qui, pour son entier développement, n'a besoin dans la vallée que de six ou huit mois, met ici plusieurs années à se développer; qu'à chacune des périodes actives de son existence succède un état d'engourdissement qui dure 10 ou 11 mois, après lesquels, l'année suivante, survient une nouvelle phase de développement de quelques semaines. La durée totale de la vie de l'animal se prolonge ainsi d'une manière étonnante, bien au delà des limites ordinaires.

Mais de quoi se nourrissent ces petits animaux? Des trente-deux espèces qui vivent dans la région, vingt-quatre sont des animaux carnassiers, qui, loin de se nourrir de substances végétales, semblent créés au contraire pour protéger la végétation, et, dans le nombre, cinq espèces d'araignées exclusivement *nocturnes*, à une hauteur où toutes les nuits sont glacées! Il est impossible de méconnaître ici les lois naturelles protectrices de la végétation; mais à côté de cela que de mystères!

D'après ce que nous avons fait observer précédemment, on n'aura pas lieu de s'étonner en trouvant dans la répartition des animaux et des plantes sur ces hauteurs des différences considérables déterminées par les conditions climatériques. Sur le versant sud de la chaîne centrale, les limites supérieures sont beaucoup plus élevées que sur le côté nord, la végétation y est beaucoup plus riche et plus variée. Dans les chaînes septentrionales, la vie disparaît plus tôt; à hauteur égale le nombre des plantes et des animaux y est bien moindre que dans les chaînes du midi. Nous avons trouvé dans ces dernières 105 espèces de phanérogames appartenant à la région des neiges; dans les montagnes du nord il n'y en a plus que 24. Dans les Grisons c'est à 10,780 pieds que se montre le dernier animal; dans le canton de Glaris on n'en a point encore trouvé au-dessus de 8,880 pieds, hauteur à laquelle, sur le Hinterglärnisch, se rencontre la dernière araignée de glacier. Les animaux comme les plantes sont bien les mêmes dans les ramifications du nord et dans celles du sud, ce sont seulement les limites extrêmes de leurs stations qui varient. Quelques différences que puissent offrir la flore et la faune des vallées, ou même d'une partie de la région montagneuse, suivant l'orientation des versants, — dans la région alpine et dans celle des neiges, c'est le même système, ce sont les mêmes espèces qui se représentent d'un bout à l'autre de la chaîne des Alpes. Nous rencontrons même sur le Caucase, dans les Alpes de l'Arménie et de la Sibérie et sur l'Himalaya une grande partie de nos plantes alpines; et dans les montagnes du Nouveau monde cette tendance à l'uniformité se manifeste encore par la similitude des genres. Les animaux et les plantes des régions boréales ont également la plus grande analogie avec ceux de nos hautes Alpes, et sous ce rapport les productions de l'Amérique, de l'Asie et de l'Europe sont dans le nord absolument identiques. Nous trouvons au Spitzberg plusieurs des insectes de notre région des neiges; il est probable qu'il en est ainsi pour les animaux appartenant à d'autres classes, et, comme nous l'avons fait observer, notre mésange alpine de Baldenstein n'est autre que le *Parus borealis* du Nord. Et de même que la vie animale se retrouve chez nous jusqu'aux hauteurs les plus considérables, elle pénètre avec une persistance inouïe jusque dans les déserts de glace du pôle : là où les formes visibles ont disparu depuis longtemps, se meuvent des centaines d'espèces de polygastres à tunique siliceuse, et, même à 12 degrés du pôle, les coscinodisques dans les glaces éternelles et le *Boreus hyemalis* dans les neiges arctiques accomplissent paisiblement toutes les phases de leur active existence.

CHAPITRE VI.

LES ANIMAUX DES NEIGES.

Les différentes classes des animaux inférieurs dans la région des neiges. — Sa pauvreté en vertébrés. — Le lézard vivipare et la vipère. — Les oiseaux. — L'aigle et le gypaète. — Les choquards et les coracias. — La perdrix des neiges. — Le pinson des neiges. — Rares apparitions de mammifères.

Nous avons déjà fait observer que la plus grande partie des articulés habitant la région supérieure des neiges sont, au-dessus de 8,000 pieds, de petites créatures ordinairement sans ailes, qui paraissent fixées pour toute leur vie aux lichens et aux mousses des fentes de rochers, ou aux quelques phanérogames aventurées sur les derniers vestiges d'humus et dont les tiges et les feuilles leur servent de patrie. Les insectes ailés sont souvent en grande quantité emportés par le vent jusque sur les névés, où ils s'enfoncent quelquefois jusqu'à deux pieds de profondeur. On a cru remarquer que ces animaux éprouvent une certaine jouissance à s'abattre sur le névé, les membres et les ailes étalés, et qu'ils y restent immobiles dans cette position, probablement à cause d'une impression agréable que produirait en eux l'absorption de l'oxygène du névé. Veut-on les en ôter et les transporter sur du bois ou sur une pierre pour les sauver, ils retournent immédiatement au névé pour s'y étendre, s'y étaler comme dans un état d'ivresse, et ils s'y enfoncent peu à peu d'un air de parfait contentement. Quelquefois, quand on les sort de la profondeur où ils se sont ensevelis, on les voit reprendre toute leur activité; d'ordinaire, ils y périssent, entrent en décomposition, et, dès ce moment, cessent de descendre dans la neige. Le cadavre d'un insecte placé sur le névé se gonfle et se transforme en une masse molle, et s'enfonce un peu; mais une fois qu'il est réduit en poussière, l'ouverture se referme sur lui.

Nous ne pouvons pas, naturellement, entrer dans des détails sur les articulés qui ont été trouvés jusqu'ici dans la région des neiges; nous nous bornerons à quelques faits caractéristiques. Comme nous l'avons déjà dit, les infusoires y sont richement représentés et se montrent dans la neige rouge sous des formes spéciales, dont une partie seulement ont été récemment étudiées. Parmi les mollusques, nous trouvons ici un escargot de la plaine que nous ne nous serions guère attendus à rencontrer à une pareille hauteur; les autres s'arrêtent déjà à la limite inférieure de la région, car tous, sans exception, ont besoin d'une végétation un peu abondante; cependant il est des localités où la *Vitrina diaphana* et le *Helix alpicola* atteignent jusqu'à 7,000 pieds. Parmi les vers, il n'y a probablement que le cosmopolite ver de terre qui arrive jusqu'à la partie supérieure de la région; il y est en compagnie de quelques mille-pieds, de la mite des neiges, de quelques espèces de faucheurs, d'araignées-loups, d'araignées cellulaires et d'araignées-crabes, qui trouvent le merveilleux secret de se sustenter encore à de pareilles hauteurs. Un faux-scorpion paraît dans les montagnes de Glaris jusqu'à 8,000 pieds, c'est l'*Obisium sylvaticum*, qu'on trouve du reste dans la plaine, mais qui, en plusieurs endroits de la Suisse, est plus abondant dans les hautes régions. Les hémiptères s'arrêtent à peu d'exceptions près dans la région alpine, où cependant une vingtaine d'espèces dépassent encore la limite des bois. On a découvert au-dessus de la ligne des neiges une couple de psylles et de cicadelles, sous des formes en partie spéciales à la région élevée. Le *Gryllus pedestris* se trouve encore à 8,000 pieds dans le Valais et les Grisons; dans le canton de Glaris, le pou des livres vit sous les pierres jusqu'à 8,800 pieds, tandis qu'à 8,000 nous y voyons déjà disparaître tous les diptères, qui plus bas forment un élément si important de la faune entomologique. Cependant quelques délicates espèces de cousins à plumes, sous des formes proprement alpines, parviennent jusque dans la région, et leurs larves s'y trouvent fréquemment dans la mousse humide.

La région des neiges possède d'une manière permanente une douzaine environ de papillons[1]; sa partie supérieure elle-même en possède encore trois, qui lui appartiennent à d'autant plus juste titre que leurs chenilles y vivent et y subissent toutes leurs métamorphoses. Ce sont des espèces de couleurs sombres : ainsi plusieurs hipparchies d'un brun foncé ou noirâtre; la noctuelle marginée, d'un brun roux, dont la chenille mange les primevères et les auricules; souvent aussi la noctuelle gamma, d'un brun cuivré, plus commune dans la plaine. Nous voyons aussi voltiger dans la région quelques papillons qui lui sont étrangers, et qui ont été ou emportés, comme nous l'avons dit, par les vents, ou forcés par les brouillards des vallées[2] à venir chercher le soleil sur les hauteurs, quelquefois jusque sur les cimes les plus hautes où ils périssent sans doute d'épuisement et de faim. Parmi les hyménoptères plusieurs ichneumons, dans les Alpes du sud, atteignent la région des neiges, ainsi que les bourdons des mousses, les bourdons de terre et les bourdons des pierres. Mais dans les Alpes du nord, ils disparaissent un peu avant; il n'y a que le bourdon des

---

[1] Agassiz a trouvé, au commencement de mars, dans les déserts de neige qui dominent les glaciers de l'Aar une Petite-tortue (*Vanessa urticæ*), qui y voltigeait aussi gaiment que si elle avait été sur une pelouse émaillée de fleurs. Le Hasli et même la vallée du Rhône étaient encore à cette époque profondément ensevelis sous la neige.

[2] C'est ainsi que le 16 novembre 1855, pendant que les vallées et tout le pays plat étaient enveloppés d'un épais brouillard glacé qui durait depuis plusieurs semaines, nous trouvâmes à la Wagenlücke (6,740 pieds), sur le Säntisstock, deux satyres qui voltigeaient gaiment au soleil. Le froid avait déjà depuis longtemps suspendu la végétation dans la plaine, tandis que, depuis 3,000 pieds jusqu'à la hauteur où nous étions, une quinzaine d'espèces de phanérogames étaient encore en pleine floraison. Le soleil brillait; l'air réchauffé par le fœhn était si transparent que vers midi nous pouvions encore voir à l'œil nu les étoiles scintiller dans le ciel.

rochers qui se trouve jusqu'à 7,500 pieds, et peut-être aussi quelques abeilles isolées, égarées, qui viennent butiner le pollen et le miel sur les fleurs aromatiques des bandes gazonnées. Un tenthrède (*Tenthredo spinacula*) va dans les Grisons, jusqu'à 8,000 pieds, cacher peut-être ses larves dans les galles du rhododendron, et la fourmi hercule a été trouvée sur le sommet du Guldenstock, à 7,870 pieds.

Les coléoptères sont représentés dans notre région en proportions beaucoup plus fortes; mais ce n'est que dans les Alpes du sud qu'ils en atteignent la partie supérieure jusqu'à 9,000 pieds, tandis que dans les Alpes du nord ils disparaissent probablement tous ensemble à 8,000 pieds environ, et sont presque exclusivement carnassiers. Au-dessus de 8,000 pieds, ce ne sont plus que des animaux privés d'ailes et qui vivent en familles dans des trous ou sous les pierres. Ils appartiennent aux familles des staphylins, des aphodies et surtout des scarabées coureurs, et quelques espèces sont tout à fait particulières à la région. La plus grande partie d'entre eux se trouvent cependant aussi dans la région alpine supérieure. Nous citerons entre autres : la jolie *Chrysomela salicina*, de près de deux lignes de longueur, de couleur foncée tantôt bleue tantôt verte, finement ponctuée, répandue dans toute la chaîne des Alpes de 6 à 8,000 pieds, et vivant d'ordinaire sur un saule nain (*Salix retusa*); la *Nebria Escheri*, de quatre lignes de longueur, noire, avec les pattes et les antennes d'un brun roux, qui se trouve dans les Alpes des Grisons et d'Uri jusqu'à 8,700 pieds, mais toujours fort rare; et la *Nebria Chevrieri*, brune, avec les pattes et les antennes couleur de rouille, d'environ quatre lignes de longueur, trouvée jusqu'à 8,700 pieds dans les hautes montagnes qui entourent les sources du Rhin postérieur. La larve de la *Nebria Germari* a le devant du corps d'un brun clair brillant, les plaques dorsales d'un brun noir, le derrière du corps d'un gris jaune; elle a à peu près cinq lignes de long; l'insecte parfait est d'un noir brun, avec les antennes et les pattes d'un brun rouge, il a quatre lignes de longueur environ; on le trouve jusqu'à 8,600 pieds.

Si peu riche que soit la faune des articulés au-dessus de la ligne des neiges quand on la compare à celle des régions inférieures, si peu apparente qu'elle soit en grande partie pour des regards inattentifs, il n'en est pas moins vrai que ces animaux forment l'élément caractéristique du monde animal de la région la plus élevée, et que leur organisation et leurs mœurs présenteraient des phénomènes du plus haut intérêt s'il était possible d'arriver à les connaître d'une manière suffisante. Malheureusement ils échappent en grande partie à nos observations par la brièveté de leur période annuelle de vie, par leurs habitudes cachées, et souvent aussi par la difficulté d'atteindre aux lieux qu'ils habitent.

Les animaux supérieurs disparaissent bien plus tôt encore devant le manque de nourriture et le froid des hivers sans fin des hautes régions. Les petits lacs des Alpes, souvent ensevelis pendant des années sous la neige et les glaces, ne contiennent, à de rares exceptions près que nous avons précédemment signalées, ni plantes, ni poissons, ni grenouilles; il en est de même des ruisseaux glacés qui descendent des névés et coulent d'ailleurs dans des ravines escarpées. On n'a point trouvé de crapauds au-dessus de la ligne des neiges, pas même la grenouille brune; peut-être la salamandre noire et le triton alpestre la dépassent-ils quelquefois dans les montagnes du sud, mais dans celles du nord, ils ne font tout au plus que l'atteindre, et, en tous les cas, il est impossible de les considérer comme des habitants de la région des neiges. D'entre tous les reptiles il n'y en a que deux qu'on puisse, à la rigueur, considérer comme tels, savoir : le lézard vivipare et la vipère commune avec sa variété noire; mais ces animaux, toujours assez rares dans cette région, appartiennent à plus juste titre à la région alpine, et c'est là que nous en avons donné la description.

Les oiseaux sont un peu plus abondamment représentés au-dessus de la limite des neiges; leur mobilité leur permet de fixer leur séjour en été partout où l'avare nature de ces parages leur offre quelque nourriture. La région des neiges ne possède aucun oiseau qui lui soit propre; tous ceux qui y vivent, vivent également dans la région alpine. Cependant quelques-uns de ces intéressants animaux y nichent et s'y propagent, en sorte qu'on peut avec raison leur assigner pour patrie cette région, dont ils ne sont chassés que par la longueur des hivers. On y peut compter environ une douzaine d'oiseaux qui sont tous, presque sans exception, des oiseaux stationnaires.

Nous mettrons en première ligne le gypaète et l'aigle royal, qui appartiennent en tout cas à notre région, puisqu'ils visitent souvent les cimes les plus élevées des Alpes, qu'on les voit voler encore à 14 ou 15,000 pieds de hauteur, et qu'ils se retirent volontiers en été dans les districts les plus sauvages de la partie inférieure de la zone, d'où leurs chasses s'étendent sur toutes les hautes montagnes. Nous avons déjà dit qu'une espèce de faucon avait été vue planant au-dessus de la Jungfrau; cependant il est possible que ce ne soit là qu'une apparition accidentelle, car les animaux qui volent à des distances considérables ne doivent guère s'assujettir à des limites bien déterminées.

Le choquard ou la corneille des Alpes (*Corvus pyrrhocorax*), à bec jaune et à pieds rouges, est un représentant bien plus vrai de la classe des oiseaux dans la région des neiges. Depuis le bas de la zone alpine jusqu'aux cimes les plus élevées, le voyageur peut être sûr de rencontrer quelque part une troupe de ces oiseaux vifs et criards, voltigeant avec un grand vacarme au-dessus d'une tête de rocher, et sifflant à la manière des merles. On les retrouve partout dans les Alpes, qu'ils ne quittent presque jamais. Ils nichent en société jusqu'à 9 et 10,000 pieds, dans les crevasses abritées de rochers nus et escarpés.

Le coracias (*C. graculus*) est un peu plus gros que le précédent, noir comme lui, mais avec de magnifiques reflets métalliques; son bec est d'un rouge-corail, et ses pieds d'un rouge clair. Il manque complétement dans les Alpes du nord, et est assez rare dans celles des Grisons et du Valais. Il habite les rochers escarpés des plus hautes montagnes, tantôt solitaire, tantôt par familles, tantôt en compagnie des choquards. Dans les Alpes rhétiques, où on l'appelle aussi *Tolan*, il s'est établi comme le choucas dans les clochers et les vieux châteaux.

C'est avec bien moins de bruit et de pétulance que la perdrix des neiges (*Tetrao lagopus*) prend ses ébats dans la région jusque fort au-dessus de la limite des neiges. Elle n'aime guère les glaciers, mais elle se promène volontiers dans le voisinage des places d'une étendue plus ou moins considérable que recouvre une mince et dernière couche de neige, pour y déterrer les scarabées, les araignées et les vers de terre qui commencent à se ranimer dans le sol soulevé par le dégel. Comme elle ne vole jamais ou du moins fort rarement à de grandes distances, elle ne pénètre dans la région des neiges qu'aussi loin qu'elle y rencontre des gazons et des décombres où elle peut trouver sa nourriture. C'est là qu'elle vit et qu'elle niche, cachant sa couvée à tous les regards avec une habileté admirable. Malheureusement ce paisible et gracieux animal que le voyageur a tant de plaisir à rencontrer dans les hautes régions a bien d'autres ennemis que l'homme! Sans compter que les longs et rudes hivers des montagnes lui rendent déjà la vie assez dure.

Le pinson des neiges (*Fringilla nivalis*) est un véritable habitant de notre région. Ce charmant oiseau descend rarement jusque dans la zone des bois et niche de préférence dans les fentes des rochers les plus élevés, ou sous les toits des chalets et des hospices. Nous le trouvons dans toutes les parties de la chaîne des Alpes, dont il contribue à animer la sévère et solitaire nature, quoique son chant soit assez insignifiant. Le tichodrome aux ailes pourprées est plus rare, cependant il s'élève quelquefois aussi haut que le choquard. L'accenteur pégot qui, dans les Carpathes aussi, ne niche jamais au-dessous de 4,000 pieds, le venturon, la bartavelle, le pipit spioncelle, la bergeronnette jaune et le corbeau apparaissent quelquefois dans la région des neiges, mais ils appartiennent bien davantage aux Alpes inférieures. Des séries d'années chaudes et un retrait notable des champs de neige les attirent de temps en temps vers les hauteurs; le corbeau y vient volontiers chercher les intestins des chamois que le chasseur a vidés, et on l'a vu plus d'une fois sur les coupoles les plus élevées.

Voilà donc bien peu d'oiseaux pour la région : quelques-uns l'habitent, d'autres n'y font que passer, et ceux mêmes qui l'habitent l'abandonnent en hiver. Les quadrupèdes y sont bien plus rares encore : car on peut dire qu'il n'y en a qu'un, le campagnol des neiges, peut-être aussi la musaraigne des Alpes, qui y passe toute sa vie, d'une manière bien problématique, il est vrai, mais certainement en toute saison. Les autres souris, en particulier la souris domestique qui suit l'homme jusque dans la région des neiges, redescendent en hiver dans la vallée. C'est ainsi que nous avons vu dans l'arrière-automne une souris domestique, qui avait probablement passé l'été dans un des chalets du haut du Säntis, traverser en toute hâte des champs de neige très-rapides et regagner péniblement la vallée à force de gambades et de sauts. Les marmottes montent à plus de 8,000 pieds, et construisent leurs habitations d'été dans des pentes gazonnées bien au-dessous desquelles s'étendent encore des vallons neigeux. Si nous parlons du bouquetin à l'occasion de la région des neiges, ce n'est pas que cet animal y appartînt dans l'origine. Il paraît au contraire destiné à une région plus basse que le chamois lui même; mais les poursuites auxquelles il a été en butte, et auxquelles il sait bien moins se soustraire que le chamois, l'ont chassé de son séjour naturel et l'ont refoulé dans les solitudes les plus inhospitalières et les plus inabordables des hautes montagnes, où l'espèce, en lutte continuelle avec les autans, la faim, l'homme et les difficultés du terrain, a toutes les peines à se maintenir. Plusieurs localités rappellent encore par leur nom le séjour des bouquetins dans les hautes montagnes. Ils étaient particulièrement abondants sur la sommité nommée Bockzingel (Pointe des bouquetins), dans le voisinage du Scheerhorn, et sur la Dent-Blanche en Valais que les habitants de Zmutt appellent le Steinbockhorn (même sens). Leurs parents les chamois appartiennent plus particulièrement à la région alpine. C'est là qu'est aujourd'hui leur patrie dans la grande majorité des hautes chaînes, c'est là qu'ils passent les trois quarts de l'année et qu'ils se propagent. Là où ils sont l'objet de poursuites trop vives et trop persistantes, ils se retirent aussi dans la région des neiges et y paissent sur les oasis de végétation éparses jusqu'à la hauteur de 9,000 et même de 10,500 pieds. A la première ascension du Plattenhorn (9,290 pieds) on a trouvé sur le rocher escarpé qui en forme la cime, beaucoup d'excréments de ces animaux. Mais dans ces cas on les voit changer de séjour avec une rapidité extraordinaire. Il arrive fréquemment, par exemple, qu'au commencement de l'automne la chaleur du soleil attire pendant le jour des troupeaux de chamois jusqu'à une hauteur de 8 à 9,000 pieds, et que le pressentiment d'un brouillard ou d'une chute de neige les chasse le même soir sur une alpe qui est à 5 ou 6,000 pieds au-dessous. On a souvent vu des chamois poursuivis s'élever jusqu'à 12 ou 13,000 pieds; mais ce ne sont là que des faits accidentels, bien moins propres à déterminer le séjour habituel de ces animaux qu'à donner une idée de leur force et de la vigueur de leur tempérament.

Les quadrupèdes carnassiers font aussi quelques excursions dans les districts des neiges. Ce ne sont pas tant les plus grands; c'est plutôt une belette ou une hermine à la chasse des souris, un renard des Alpes qui guette une jeune famille de ptarmigans ou cherche à attraper sur la brume une corneille des Alpes, et laisse assez souvent des traces de son passage jusqu'à 10,000 pieds. De même que les renards des Alpes, depuis les rochers et les gorges de la région alpine moyenne qu'ils habitent, poussent en hiver leurs excursions jusque dans les vallées, il n'est pas rare de les voir en juillet et août monter sur les plus hauts sommets et traverser avec une admirable légèreté les glaciers les plus ardus. Le lièvre blanc se rencontre beaucoup plus rarement dans la zone des neiges, et seulement dans sa partie inférieure, où il se rend tantôt pour brouter quelques instants, tantôt pour se soustraire à la poursuite de ses ennemis.

L'apparition des formes animales les plus élevées est dans notre région une chose si rare et qui passe si inaperçue qu'elle ne change en rien l'aspect général de la contrée. La matière inerte y règne sans partage, par masses immenses et sous des formes hardies, dont la sévère physionomie est à peine adoucie par l'apparition de quelques brillantes plantes alpines et l'existence sporadique de quelques insectes ou de quelques oiseaux. Dans l'Himalaya, au contraire, les grandes espèces de mammifères, et en nombre considérable d'individus, pénètrent encore dans la région des neiges. En particulier les Kiangs (*Asinus polyodon*) espèce d'âne hardie et farouche, les Yaks (*Poëphagus gruniens*) sorte de bœuf non moins farouche et à abondante toison, et les Tarpans ou chevaux sauvages, montent par troupes nombreuses, ainsi que les antilopes, les moutons sauvages, les chacals et les renards, jusqu'aux dernières limites de la végétation, même jusqu'à 18,000 pieds, c'est-à-dire à 1,000 ou 1,500 pieds au-dessus de la ligne des neiges dans ces montagnes.

ESQUISSES ET BIOGRAPHIES D'ANIMAUX.

I. LE PINSON DES NEIGES.

Son séjour et ses mœurs.

La Niverolle ou le Pinson des neiges (*Fringilla nivalis*) est avec les choquards, les coracias et les ptarmigans, un habitant des régions les plus élevées, et le seul petit oiseau qui passe la plus grande partie de l'année au milieu des neiges et des glaces. C'est un animal charmant, plein de vivacité, sans défiance, qu'on ne voit que rarement dans la partie moyenne des hautes montagnes, et qui au-dessous n'est guère plus connu que dans la plaine elle-même.

Ces pinsons, que notre Gessner, chose étrange, ne connaissait pas, puisque son pinson des neiges n'est autre que le pinson des Ardennes (*Fringilla montifringilla*), montent plus haut que l'aimable venturon, et, en tous les cas, ne se fixent jamais qu'au-dessus de la limite des bois. Leur séjour de prédilection et les lieux où ils nichent le plus volontiers ne sont pas les districts alpins tempérés et revêtus de gazon, mais les crêtes de rocher escarpées et arides. C'est là que, le plus souvent dans la fente de quelque rocher inaccessible, la femelle construit son gros nid, assez épais, composé de brins d'herbes sèches et garni intérieurement avec le plus grand soin, de laine, de crins, de plumes de

ptarmigans, etc., travail dans lequel elle est aidée par le mâle. A la fin d'avril ou au commencement de mai, suivant que le temps le permet, elle y dépose six petits œufs, blancs comme la neige, un peu plus gros que ceux du pinson commun. Les jeunes sont nourris d'abord avec des larves, des araignées et de petits vers, et sont soignés par leurs parents avec beaucoup de tendresse. Quand on leur prend leurs petits, le père et la mère font entendre des cris lamentables. Le plumage des vieux et des jeunes diffère peu. Les couleurs sont seulement un peu plus sales et moins marquées chez ceux-ci, et leur bec est d'un jaune de cire pâle; ce n'est qu'à la mue du printemps suivant, dans la saison des amours, qu'il devient noir. La tête est d'un gris cendré; le dos est comme saupoudré de gris brun; la gorge, en hiver, est d'un gris blanchâtre souvent tacheté de noir, en été elle est plus noire; le dessous du corps est d'un blanc grisâtre; les pennes des ailes sont, les unes blanches, les autres brunes, d'autres toutes noires; celles de la queue sont blanches avec le bord noir; les pieds sont noirs. Dès que les petits ont atteint toute leur grosseur (leur taille est alors un peu plus grande que celle du pinson commun), ils se nourrissent principalement de petites graines, et occasionnellement en été d'insectes et surtout de petits scarabées. Si des chutes de neige et des froids tardifs ont forcé les vieux à nicher dans la région alpine supérieure, la famille entière ne tarde pas à regagner les neiges. Au cœur de l'hiver, ces oiseaux quittent évidemment le haut des montagnes, et c'est alors qu'on les voit volontiers errer plus bas, gaiement et par petites bandes. Quelquefois, lors des rafales tardives du printemps, ils descendent isolément jusque dans les hautes vallées, et viennent rôder, pour un jour ou deux, autour des mayens des Grisons. D'autres fois, cependant, en hiver, c'est par troupes qu'ils descendent. On les a vus ainsi jusque dans les environs de Marschlins; et un chasseur rapporte qu'il a vu en automne, dans la plaine basse de Chiavenne, une volée de plus de mille pinsons des neiges, et qu'il en a même tué plusieurs centaines; ces oiseaux paraissaient affamés et se montraient si stupides que, lorsqu'il en avait tiré un au vol, les autres suivaient leur camarade dans sa chute et venaient se poser à terre à côté de lui, ce qui permettait au chasseur de tirer de nouveau. Mais d'ordinaire on ne les voit que par paires, ou en petites compagnies, autour de quelque tête de rocher. Le chant du mâle est un gazouillement insignifiant. Au vol ils se font remarquer par leur blancheur et on peut souvent les suivre très-haut dans les airs prenant gaîment leurs ébats, puis redescendant à terre, où ils se promènent moitié marchant, moitié sautant, à la manière particulière aux autres pinsons. Dans les montagnes d'Appenzell, ils nichent au Schläfer et se trouvent sur la Meglis-alp, derrière l'Oehrli, quelquefois aussi sur le Haut-Kasten; en hiver ils descendent jusqu'à Brülisau; on en a même tué deux près de Saint-Gall, en janvier 1867, qui venaient chercher de la nourriture devant les fenêtres. Dans l'Oberland saint-gallois nous les avons rencontrés par petits vols au milieu des solitudes rocailleuses des Grauen Hörner, à 8,000 pieds. Dans les Grisons, ils sont assez communs au Splügen et aux autres passages. Les préposés aux douanes autrichiennes les tuaient souvent pour les manger. Là, comme au Grimsel, au Simplon et au Saint-Bernard, ces oiseaux nichent aussi dans les bâtiments des hospices. Au Grand Saint-Bernard ils vont et viennent librement dans les corridors, et mangent les grains de riz qu'ils tirent des sacs. Ils suivent du reste volontiers les routes et les sentiers à mulets, pour se jeter en troupes sur les bouses des bêtes de somme et en retirer les grains d'avoine non digérés, ou pour manger le riz qui est tombé des sacs. A l'hospice du Saint-Gotthard, ils sont très-familiers et établissent leurs nids en grand nombre sur les têtes de poutre qui ressortent des murs. Nous avons pris une fois un nid et une nichée de niverolles dans un trou de muraille à la chapelle des morts, à côté de l'hospice. Un fait étrange, c'est que cet oiseau se rencontre aussi sur une montagne des environs de Genève, haute à peine de 3,500 pieds, le Salève, remarquable du reste par sa faune qui compte encore la perdrix rouge, l'hirondelle des rochers, le merle de roche, le merle bleu, le Jean-le-blanc, le faucon pèlerin et l'alimoche d'Egypte. Mais il paraît que ce n'est qu'en hiver que la nivérolle s'y montre, ainsi que le tichodrome et l'accenteur des Alpes.

Les pinsons des neiges se trouvent en outre dans le nord de l'Asie, dans les Carpathes, les Pyrénées et l'Amérique septentrionale, où on les prend souvent pour les vendre au marché; c'est un excellent gibier. Il est difficile de les habituer à la captivité; ils se montrent d'abord très-sauvages, et ce n'est qu'avec les plus grands soins qu'on parvient à les garder vivants.

II. LA PERDRIX DES NEIGES.

Histoire naturelle. — Particularités. — Chasse.

Le Lagopède ou Tétras ptarmigan (*Tetrao lagopus*), communément appelé la Perdrix des neiges, est d'entre les gallinacés celui qui habite le plus haut dans la montagne. Au milieu des rochers et des glaces, il offre au chasseur un excellent gibier, au voyageur un spectacle des plus gracieux et des plus aimables. Il est répandu d'une manière assez régulière sur les plus hautes croupes de nos chaînes, et se trouve partout abondamment jusqu'à une grande distance au-dessus de la limite des neiges éternelles; il est inconnu dans le Jura. C'est peut-être dans les Grisons qu'il est encore le plus commun; il y anime sous le nom de poule blanche toutes les montagnes au-dessus de la limite des bois. Les perdrix des neiges avaient autrefois dans le canton de Glaris des montagnes réservées où elles s'étaient tellement multipliées qu'un chasseur en un jour aurait pu aisément en tuer de dix à quinze. Dans le canton d'Appenzell on les trouve partout à une certaine hauteur, tantôt par paires, tantôt par compagnies. Nous en avons trouvé sur la Sella (9,170 pieds), au Saint-Gotthard, jusqu'au-dessus des derniers trous de marmottes et au bord de murailles de neige fondante, de dix pieds de hauteur. Elles y étaient en grand nombre, et si peu sauvages que nous en avons tué une d'un coup de pierre sans que les autres prissent le vol. Elles sont encore abondantes dans les montagnes du Tessin, sur le Pilate, dans les Alpes bernoises et valaisannes, et grâce à leur forte multiplication elles seront longtemps encore l'ornement des hautes montagnes, où elles vivent de préférence sur les versants nord, entre des blocs de rochers et des buissons de rhododendrons, ou près des pins nains, dans le voisinage des champs de neige. Les chasseurs ont souvent remarqué avec quel plaisir elles se roulent et se frottent dans la neige, probablement pour se nettoyer. Il faut cependant, en été aussi bien qu'en hiver, un œil exercé pour les découvrir : car leur plumage brun de terre ou blanc de neige les dérobe d'autant mieux aux regards qu'elles restent souvent dans une immobilité complète. Au printemps elles rôdent par paires entre les rochers et les pierres; en automne et en hiver, au contraire, elles se tiennent par compagnies. Quand à la fin de l'automne les coupoles des montagnes se couvrent de neige, ces perdrix se retirent dans les rocailles et les pâturages bien exposés, et même de préférence sur les routes des passages de montagne, et elles y passent l'hiver jusqu'au printemps, époque à laquelle elles regagnent leurs hauts sommets avec les lièvres et les chamois.

Le ptarmigan est de la grosseur d'un pigeon ordinaire ou d'une perdrix grise, de 13 à 17 pouces; mais beaucoup plus pesant que le premier, de 12 à 16 onces. Il a le bec court, épais, fortement recourbé, d'un noir brillant; les jambes très-emplumées; les ongles d'un bleu foncé, presque perdus dans le duvet, ce qui donne à leurs pieds quelque ressemblance avec ceux du lièvre. L'œil est d'un brun foncé. Au-dessus est un cercle verruqueux d'un rouge vif, qui dans le mâle est beaucoup plus grand et se gonfle au printemps en forme de crête.

Les remarquables changements de plumage des perdrix des neiges, suivant les saisons, leur servent à se dérober à la poursuite de leurs ennemis. Leur livrée d'hiver est très-simple : le plumage, ferme et serré, est tout entier depuis le bec jusqu'aux doigts d'un blanc éblouissant, à l'exception des pennes des ailes, fort grandes, qui ont une bande d'un noir brun ; les pennes de la queue sont au contraire du noir le plus pur, avec la marge blanche ; le mâle a une bride noire qui s'étend depuis le bec jusqu'aux yeux. La livrée d'été est plus bigarrée et varie un peu chaque mois ; la couleur générale est en dessus un jaune roux grisâtre, lavé de noir et de blanc, avec les ailes et les parties inférieures blanchâtres ; chez la femelle, le ventre est marqué de bandes et de taches jaunes et noires ; les pennes sont noires, la queue d'un noir brun avec des lignes d'un jaune gris, les plumes des pieds blanchâtres. Les brides noires manquent au mâle en été, mais par contre les femelles, d'ailleurs plus petites et plus jaunes, ont des brides d'un jaune brun.

Il est très-rare que le ptarmigan porte sa livrée d'été parfaitement pure ; elle est ordinairement mêlée de quelques plumes blanches d'hiver, mais qu'on aperçoit à peine. Des observateurs attentifs ont remarqué qu'en été il sait cacher et recouvrir soigneusement les parties blanches de son plumage qui pourraient le trahir, et qu'il ressemble tout à fait alors aux pierres brunes moussues entre lesquelles il se blottit. Il mue deux fois par année, et ses changements de plumage coïncident assez exactement avec les changements de poil du lièvre des Alpes. En automne il se dépouille peu à peu de sa livrée d'été, et de la racine de chacune des vieilles plumes qui tombent pousse une double tige de plume duveteuse destinée à protéger l'animal contre les froids de l'hiver. Quand on trouve, ce qui arrive quelquefois, des ptarmigans déjà blancs à la fin d'août, on en conclut que l'hiver sera très-précoce. Le montagnard croit ainsi avoir dans les perdrix, les hermines, les lièvres et les marmottes, de vrais prophètes du temps. Notre lagopède annonce aussi l'approche de la pluie et de la neige par un cri monotone *creugueugueugreu*, qu'on entend souvent pendant des journées entières et à une demi-heure de distance.

Malgré leur pesanteur ces oiseaux ont des mouvements singulièrement lestes; ils courent et volent vîte, mais leur vol n'est ordinairement ni élevé, ni soutenu, et ils se remisent et se rasent bientôt entre les pierres ou les rhododendrons, ou au milieu des éboulis de cailloux des places dénudées de neige. Quand le brouillard est épais, ils se tiennent soigneusement hors de la portée du chasseur et des oiseaux de proie et courent avec vivacité autour des pierres. Dans les grandes chaleurs, ils sont, comme tous les gallinacés, très-peu fuyards, et même sur les sommets détachés, ainsi que nous en avons été témoin plus d'une fois, ils se laissent approcher jusqu'à une dizaine de pas; ils sont au contraire très-sauvages et circonspects par des froids secs et rigoureux. Il n'y a aucune foi à ajouter au dire de quelques chasseurs qui prétendent que les ptarmigans se construisent des espèces de terriers où ils s'engourdissent. Souvent, il est vrai, ils grattent la neige, et leurs pieds sont tout à fait appropriés à ce genre d'exercice, mais c'est uniquement pour chercher leur nourriture. Des observateurs dignes de foi racontent aussi que ces oiseaux, lorsqu'ils sont surpris par de gros temps, peuvent se laisser couvrir par la neige pendant plusieurs jours de suite sans bouger de place, se contentant de secouer celle qui leur tombe dessus et de se ménager un passage libre pour l'air. L'entassement de leurs excréments fait aisément reconnaître l'endroit où ils sont restés ensevelis. Dans les Grisons, on trouve quelquefois sous les branches les plus basses des sapins des perdrix blanches gelées et recouvertes par la neige. Mais le plus souvent, dans les affreuses tourmentes de la région, elles vont chercher un abri sous quelque saillie de rocher.

L'accouplement de nos lagopèdes a lieu en mai. La femelle,

après s'être arrangé une petite cavité sous un rhododendron, une touffe de pins rabougris, ou seulement à l'abri d'une pierre, et l'avoir superficiellement garnie d'un peu de mousse, y pond en juin de 7 à 15 œufs, pointillés de brun foncé sur un fond d'un blanc jaunâtre, un peu plus gros que des œufs de pigeons. Elle les couve seule et avec beaucoup d'assiduité. Les poussins naissent couverts de duvet. Ces charmantes petites bêtes suivent longtemps leur mère en pépiant, *pip-pip*, et s'abritent sous ses chaudes ailes. S'il survient quelque danger la mère prend le vol, et les petits, avec la rapidité de l'éclair, s'éparpillent et se cachent entre les pierres. Quand la mère se croit de nouveau en sûreté, elle rappelle ses petits, qui se rassemblent en moins de rien sous ses ailes; ils sont si lestes qu'il est bien rare de pouvoir en attraper. Un jour, Steinmüller dérangea un nid de ptarmigans et prit un poussin qui se mit à crier d'une façon lamentable. La mère se jeta sur le ravisseur avec un farouche désespoir et se fit tuer. Welden surprit au Mont-Rose une mère avec ses neuf petits. Quoiqu'elle se sentît dans le plus grand danger, il n'y eut pas moyen de lui faire prendre le vol; elle courait toujours en avant, couvrant ses poussins de ses ailes étendues. Ceux-ci, l'un après l'autre, s'échappaient brusquement et allaient se blottir derrière quelque pierre, et ce ne fut que lorsqu'elle les sentit tous en sûreté qu'elle prit le vol pour songer à son propre salut. Malgré toutes ses recherches, Welden ne put réussir à trouver aucune de ces petites bêtes; mais s'étant caché lui-même, il vit, au bout d'un moment, la mère revenir avec empressement, et en quelques minutes tous les neuf petits, attirés par ses tendres gloussements, étaient de nouveau sous l'aile maternelle. On peut nourrir les poussins quelques jours avec des mouches, mais ils ne tardent pas à périr. On ne peut pas davantage élever ceux qu'on a fait éclore sous une poule. Par contre, les vieux s'apprivoisent aisément, comme le prouve l'histoire d'un Tyrolien qui voyagea longtemps avec un aigle royal apprivoisé, un chamois, une marmotte, une bartavelle et un ptarmigan. Celui-ci était très-alerte et familier, et paraissait s'accommoder fort bien de sa captivité. Si la première nichée ne vient pas à bien, ces oiseaux en font quelquefois une seconde; car il n'est pas rare de trouver encore en août des jeunes couverts de leur duvet.

Les adultes nourrissent leurs petits avec des insectes qu'ils déterrent d'ordinaire en grattant le sol. Plus tard, les jeunes mangent les baies qui se rencontrent encore sur les hauteurs, les myrtilles, les mûres sauvages et les fruits de l'airelle ponctuée, plus souvent encore les boutons à fleurs et à feuilles de ces arbustes, ainsi que ceux des rhododendrons, des bruyères, des saxifrages, des épervières et des graminées. Les nombreuses perdrix blanches qui passent l'été dans la région des neiges, et quelquefois fort avant dans cette région, se nourrissent de quelques insectes et de bourgeons. Le *Salix retusa*, la *Dryas octopetala*, l'*Azalea procumbens* et le *Saxifraga androsacea* forment le fond principal de leur nourriture. Sur l'Albula, elles viennent en été et en hiver dans les alentours de l'hospice au sommet du passage, et cherchent dans les bouses de cheval des grains d'avoine et des insectes. Par le brouillard elles paissent toute la journée à la manière des poules. En hiver elles cherchent les places où le vent a balayé la neige et y déterrent quelques herbes, ou bien se contentent d'aiguilles de sapins, car à cette saison on en trouve fréquemment dans leur estomac.

Malheureusement nos chasseurs tirent le ptarmigan en toute saison, mais il faut un bon coup et du gros plomb pour traverser le plumage résistant de l'animal. Qu'il en reçoive seulement un grain dans la tête, il se roule par terre comme un possédé, et meurt après avoir perdu toutes ses plumes en se débattant. Aussi un décret du conseil de Glaris de 1559 défendait-il « de tirer les perdrix de neige avec du petit plomb. » Dans les Grisons, on les prend souvent avec des lacets de crin. C'est de ce canton surtout qu'on en exporte en hiver une grande quantité, qui se vendent principalement à Zurich. Leur chair est un peu dure et d'un goût sauvage prononcé, souvent amer. C'est dommage qu'un si grand nombre de ces animaux deviennent la proie des renards, des martes, des gypaètes et des aigles.

Les chasseurs distinguent dans quelques contrées deux espèces de perdrix blanches, comme ils le font pour d'autres animaux des Alpes : ils affirment que celles qui habitent au-dessus de la limite des neiges et se tiennent constamment sur les sommets les plus sauvages sont plus petites et plus blanches que celles de la région alpine. Il est bien possible que les grands froids de la région des neiges empêchent le développement complet de la livrée d'été de ces animaux, sans que pour cela les perdrix de la région supérieure forment une espèce à part. Il est probable qu'il en est de ces oiseaux comme des chamois. L'époque la plus favorable pour la chasse du ptarmigan est le mois de septembre ou d'octobre : il est alors gras, vit par compagnies, et, comme il a les ailes déjà blanches et le corps encore foncé, on l'aperçoit plus aisément qu'en été ou en hiver. On cherche ordinairement à le tirer avant qu'il parte, et un œil exercé sait le découvrir au milieu des pierres aux mouvements de sa tête et au cercle rouge qui entoure ses paupières. Il court quelquefois longtemps devant le chasseur avec une rapidité extraordinaire. Cependant il ne le fait dans la règle que par les temps sombres et nuageux; car ordinairement il part brusquement en poussant un cri de mauvaise humeur retentissant : *gueur-gueur*. Une fois levée, la troupe s'éloigne d'un vol vif et bruyant, semblable à celui des pigeons, avec des ondulations prononcées; ce vol, d'une médiocre hauteur, se soutient rarement à plus d'un quart d'heure de distance. Souvent les oiseaux se remisent à un ou deux mille pas, mais il sont alors déjà sur leurs gardes et il est difficile de les rejoindre au milieu des éboulements, des rochers et des arêtes déchirées, sur lesquels ils se sont réfugiés.

Les ptarmigans se trouvent aussi dans les Alpes du Tyrol, de Salzbourg, de la Carinthie et du Piémont; beaucoup plus rarement dans la Forêt-Noire. C'est probablement la même espèce qui, avec le tétras des saules, habite par bandes innombrables

les parties les plus septentrionales de l'Europe et qui descend au sud jusqu'à Drontheim. Dans les hautes montagnes d'Ecosse, on les rencontre au-dessus du tétras d'Ecosse (*Lagopus scoticus*) qui est probablement une variété climatérique du tétras des saules, mais qui ne devient pas blanche en hiver et préfère les surfaces tourbeuses à courtes herbes. Le ptarmigan de nos Alpes a sa limite méridionale aux Pyrénées.

III. LES CORACIAS ET LES CHOQUARDS.

Les différentes espèces de corbeaux et leur distribution. — Le coracias, oiseau rare. — Histoire naturelle du choquard. — Individus apprivoisés.

Nos chaînes de montagnes ont un assez grand nombre d'espèces de corbeaux; seulement il est rare qu'on les connaisse exactement et qu'on les distingue les unes des autres. Qu'un oiseau noir parte d'un rocher, on se contente de dire : c'est un corbeau, ou, c'est une corneille des Alpes. Cela est naturel : l'habitant des montagnes ne se donne pas la peine d'aller à la chasse de ces oiseaux, qui ne peuvent pas se manger, ni de les examiner de près; et il faut un œil exercé pour reconnaître les différences délicates de couleur, de taille, de forme du bec, etc., qui servent à déterminer les espèces. Aussi donnerons-nous ici quelques détails sur les caractères propres à chacune d'elles.

Le naturaliste place les corbeaux au nombre des omnivores, parce qu'ils se nourrissent indistinctement de plantes et d'animaux. Ils ont tous un bec très-fort, droit, comprimé, garni à la base de poils en soies, des fosses nasales arrondies et une grande taille. Les geais et les pies appartiennent à ce genre et sont les plus belles espèces du pays, mais leur plumage bigarré fait qu'il est impossible de les confondre avec les autres.

Le Corbeau proprement dit ou Corbeau noir (*Corvus corax*) est le plus grand du genre. C'est un magnifique oiseau de 2 à 2 1/2 pieds de longueur, qui a la queue arrondie en forme de coin et le bec très-fort, voûté. Son plumage, d'un noir profond, a des reflets métalliques bleuâtres. Il n'est commun nulle part, et vit de préférence dans la partie moyenne des Alpes et dans le Jura; mais dans beaucoup de districts il niche régulièrement sur les rochers au-dessus de la limite des bois, et s'avance souvent très-loin dans la région des neiges. Ce n'est qu'à la fin de l'automne qu'il se réunit à ses camarades, en petites troupes, criant sans cesse *crac-crac*, décrivant des cercles dans les airs, sans mouvement d'ailes sensible, et cherchant à découvrir des charognes. En tout autre temps, il vit solitaire ou en compagnie de sa femelle. Celle-ci pond au printemps cinq œufs d'un vert sale tacheté de brun, qu'elle couve pendant 20 jours. Toute nourriture lui est bonne : y compris les poules, les levrauts, les souris, les vers, le fumier, — mais tout particulièrment les intestins des animaux qu'on a abattus ou qui se sont tués dans les précipices. Il suit volontiers le chasseur de chamois pour se précipiter sur l'animal tué et lui arracher d'abord les yeux.

La Corneille (*Corvus corone*) lui ressemble beaucoup quant à la couleur, à la forme de la queue et au genre de nourriture; elle est seulement plus petite, de 1 à 1 1/2 pied de longueur, et son bec est moins voûté. Cet oiseau extraordinairement abondant est connu partout, mais il ne paraît que rarement dans la région alpine, jamais dans celle des neiges; il niche dans les bois inférieurs; le mâle et la femelle couvent alternativement pendant dix-huit jours leurs œufs au nombre de six, d'un vert bleuâtre, ponctués de brun. Son genre de vie peut faire ranger la corneille indifféremment parmi les oiseaux utiles ou nuisibles, car si elle ne dédaigne ni les petits oiseaux, ni les jeunes lièvres, elle rend un vrai service en signalant de loin l'approche de l'épervier, le plus dangereux de nos rapaces, et en le poursuivant avec une persévérance sans égale. Une seule fois en Suisse, à notre connaissance, à Ebnat, dans le Toggenbourg, on en a tué une variété toute blanche. En 1853, la même variété a été trouvée dans le Tyrol au milieu d'une grande troupe de corneilles noires.

La Corneille mantelée (*Corvus cornix*) nous vient en hiver de l'Europe septentrionale, et en particulier du nord de l'Allemagne, et se mêle volontiers aux volées de la corneille commune, avec laquelle, du reste, elle s'accouple et produit des petits irrégulièrement marqués de gris et de noir; nous avons tué nous-même deux de ces métis. C'est en sa compagnie que la corneille mantelée se montre dans nos champs et autour de nos villages, s'accommodant pour sa nourriture de tout ce qui est mangeable, cherchant au bord des ruisseaux et des étangs de petits animaux aquatiques, et se rendant la nuit sur les arbres ou sur de grands murs. Elle n'est guère qu'un hôte de passage en Suisse, où elle ne niche jamais. Sa taille est celle de la corneille commune, mais son plumage est différent : il est d'un gris cendré obscur, sur lequel ressort agréablement le noir profond des ailes, de la queue, de la gorge et de la tête.

Le Freux (*Corvus frugilegus*), qui nous vient le plus souvent de l'Allemagne septentrionale, s'établit beaucoup plus communément en Suisse. Il est de la grosseur des deux précédentes espèces, mais il est tout noir, avec des reflets métalliques rougeâtres, et a le bec pointu et échancré. Dans la Suisse orientale il se montre en automne et en hiver, le plus souvent isolé, quelquefois aussi (1852) en quantité considérable, et est alors beaucoup plus commun que la corneille qui, à cette époque, paraît en partie avoir quitté le pays. Dans la Suisse occidentale les freux ne paraissent jamais qu'en grandes troupes. Dans le canton de Vaud on les prend au filet pour les manger. Comme ils usent complétement, en cherchant les racines ou les vers, les soies raides qui garnissent la base de leur bec, on les appelle quelquefois *becs nus*. Leur répartition en altitude atteint à peine la limite inférieure de la région montagneuse; cependant on les a vus à Samaden. Ils se nourrissent de préférence de vers blancs ou mans, de lombrics, de hannetons etc. et sont ainsi du nombre des oiseaux les plus utiles.

Le Choucas (*Corvus monedula*) est incomparablement plus abondant dans nos plaines et nos vallées élevées, sur les murailles et les rochers. Il n'a qu'un pied de longueur; son plumage est noir, passant au gris cendré sur le ventre; la tête est grise. Au printemps, en été et en automne, les choucas volent par troupes immenses, et font de grandes et gracieuses évolutions au-dessus des champs, en poussant des cris continuels : *iek-iek*. C'est proprement un oiseau de passage, car un grand nombre nous quittent en novembre. Cependant il en reste toujours quelques-uns chez nous, aussi bien qu'en Allemagne, même dans les hivers les plus rigoureux, et à St-Gall, à la hauteur de 2,081 pieds. Les choucas nichent en société dans les vieux murs et les creux des arbres; leurs œufs, au nombre de six, sont d'un vert bleuâtre tacheté de brun. Ils se nourrissent de toutes sortes de fruits, d'œufs d'oiseaux, de vers, de souris; ils vont dans les pâturages de montagnes prendre les insectes qui tourmentent les troupeaux, et tout en restant très-fuyards et très-circonspects, recherchent le voisinage de l'homme. Dans les champs, ils mangent avec avidité les aulx sauvages et en contractent une odeur infecte. Les enfants s'amusent souvent chez nous à élever de jeunes choucas.

L'espèce de corbeau la plus rare en Suisse est le Chouc ou Choucas noir (*Corvus spermologus*), de douze pouces et demi de longueur, très-bel oiseau d'un vert noir, avec de brillants reflets violets, et une tache foncée en forme de demi-lune sur chaque côté de la tête. Sa véritable patrie est l'Espagne et le midi de la France, où il est commun. On le trouve quelquefois chez nous dans le Jura; il est cependant douteux qu'il y niche.

Le Coracias (*Corvus graculus*) est un oiseau assez rare de quinze à dix-sept pouces de longueur, de couleur noire, à reflets pourprés à la tête et à la partie inférieure du corps, verdâtres aux ailes et à la queue. Son bec, rouge-vermillon, long de deux pouces, mince et un peu arqué, et ses pieds rouge-brique, en font un charmant oiseau. Ces jolies corneilles vivent habituellement sur les hautes Alpes couvertes de neige; mais il est certains districts où on ne les rencontre jamais. Elles ne se trouvent que sporadiquement dans la Suisse orientale; on les voyait autrefois, bien que rarement, sur le Säntis; dans les Alpes rhétiques, elles nichent quelquefois comme les choucas, dans les clochers des villages élevés, mais la destruction continuelle de leurs nichées commence à les rendre plus rares. Ainsi, elles ont disparu depuis assez longtemps du clocher de Parpan et tout récemment de ceux de Reams, Schweiningen, Alvaschein etc. Elles sont encore assez communes à Oberhalbstein. Là leur départ s'effectue en octobre, et leur retour seulement en avril. Dans les montagnes du Grand St-Bernard, elles passent régulièrement chaque année, en octobre, par troupes de 40 à 60 individus, dans le voisinage de l'hospice, d'où elles repartent après une courte station de deux ou trois jours; on les y nomme *corneilles impériales*. Le nid du coracias est assez gros, construit avec des brindilles de mélèze et de petites racines, garni en dedans de laine et de poils de vache. La femelle y dépose en mai 3—4 œufs d'un blanc sale, tachetés de brun clair, qu'elle couve 18 jours. Dans les rochers, le nid est placé le plus souvent dans des fentes ou sur des corniches dérobées à la vue et inaccessibles. Les petits ont le bec jaune pendant les premiers mois. Le coracias niche dans les rochers les plus escarpés des montagnes sauvages des Ormonts et du Faucigny. On le trouve également dans les Pyrénées, dans les hautes montagnes de l'Ecosse, dans le Caucase et en Sibérie. Chez nous il porte différents noms : corneille et choucas des Alpes, corneille et choucas des rochers, etc; dans le Tessin, *corracia alpina*. Gessner le connaissait sous le nom de corneille des bois.

Nous avons vu cette légère et charmante corneille voltiger en troupes au-dessus des têtes de rocher en saillie, entre 9 et 10,000 pieds. De là elle monte à des hauteurs indéterminées. De Saussure l'a trouvée au col du Géant (10,500 pieds); Zumstein en remarqua trois individus sur le Mont-Rose à plus de 13,000 pieds, et, sur la pointe qui porte son nom (14,022 pieds), il en vit toute une troupe voler autour de lui. Les individus pris vivants s'apprivoisent aisément, montrent un grand attachement pour leur maître, et se contentent de tous les débris de sa table. Ils sont cependant dangereux dans une volière parce qu'ils détruisent les nichées des autres oiseaux. Mais ils se prennent quelquefois d'amitié pour de gros animaux. Nous connaissons le fait d'un coracias apprivoisé, qui était habitué à sortir et à rentrer librement. Son maître dut à la fin s'en défaire, parce que chaque fois que cet oiseau trouvait la fenêtre fermée à son retour, il en brisait les vitres à grands coups de bec. On prétend que cet oiseau se trouve chaque année en Egypte dans les mois de septembre et d'octobre, après les inondations du Nil, et qu'il contribue pour sa part à débarrasser la contrée du fléau des insectes. On assure qu'il se rencontre aussi dans l'île de Candie.

De même que l'alouette appartient aux champs, la mouette aux lacs, le bruant et le rossignol des murailles à la ferme et au verger, le pigeon et le moineau à la grange, le troglodyte aux haies, la mésange et le roitelet aux jeunes plantations de mélèzes, la bergeronnette aux ruisseaux, le pinson aux bois de hêtres, l'écureuil aux pins garnis de cônes, le Choquard (*Pyrrhocorax alpinus*) appartient aux rochers de nos Alpes, pour lesquels il est né, auxquels il revient toujours, et qu'il anime sans cesse de ses cris et de ses ébats. Quand le voyageur ou le chasseur ne rencontrerait d'ailleurs dans les montagnes aucun autre habitant des Alpes à deux ou quatre pattes, il est toujours sûr, tant dans les pâturages au-dessus des bois que dans les éboulis sauvages des hautes Alpes, aussi bien sur les rochers nus qu'au milieu des neiges éternelles, de rencontrer quelque part une troupe de choquards. Tantôt ils sont posés sur une saillie rocheuse où ils se disputent à grands cris; tantôt ils volent en poussant leurs sifflement aigus, montent en spirale dans les airs, lentement et presque sans remuer les ailes; puis, après avoir décrit de vastes cercles au-dessus de quelque pointe de rocher, ils s'y abattent pour surveiller de là les mouvements de l'étranger qui les observe. Dürrler et moi, nous en avons trouvé deux sur la mer de névé qui entoure le sommet du Tödi (11,110 pieds); et le professeur Meyer dans son ascension au Finsteraarhorn en vit plusieurs à une hauteur de 13,000 pieds. Ils montent ainsi plus haut encore que les pinsons des neiges et les perdrix blanches, et remplacent par leurs mélancoliques et monotones croassements le chant trillé des accenteurs et des venturons, qui, à une couple de mille pieds plus bas, résonne si agréablement aux oreilles du voyageur. Et cependant ce n'est pas sans plaisir que celui-ci, au milieu des glaces et des neiges éternelles, voit ces oiseaux pleins de vivacité tourbillonner en criant au-dessus de sa tête, ou faire des trous avec le bec dans le névé pour en retirer les insectes qui y sont enfoncés.

Comme la plupart des animaux des Alpes, les choquards passent pour prophètes. Quand au printemps il y a des retours de mauvaise saison, ou qu'en automne les premières neiges menacent d'argenter le fond des hautes vallées, ces oiseaux descendent par grandes troupes, poussant tantôt des cris, tantôt des sifflements aigus; mais ils disparaissent dès que le temps est réellement devenu froid et mauvais. Même dans les hivers les plus rigoureux, ils n'abandonnent les districts alpins que pour aller chercher quelques restes de baies sur les buissons de la vallée, et on les voit encore en janvier voltiger gaîment au-dessus des rochers les plus élevés. Du reste, comme les autres espèces de corbeaux, les choquards se nourrissent de tout ce qui est mangeable; en été, ils visitent quelquefois par bandes les derniers cerisiers des montagnes, et, en hiver, les rives du Rhin, pour y manger les baies orangées de l'argoussier faux-nerprun, auxquelles pourtant les autres oiseaux ne touchent guère. Ils savent fort bien déterrer les escargots terrestres et aquatiques, et les avalent avec la coquille. Dans le gésier d'un choquard tué sur la Siegelalp au mois de janvier, nous avons trouvé treize coquilles d'escargots de terre, toutes pleines, la plupart du genre *Helix*. Mais en temps de disette, ils se contentent de boutons d'arbres et d'aiguilles de pins. Au printemps, ils font souvent du mal dans la montagne aux champs ensemencés de céréales ou de chanvre. Ils se jettent sur les débris d'animaux morts aussi avidement que les corbeaux, et même en certains cas poursuivent les animaux vivants, en vrais oiseaux de proie. En décembre 1853, dans une chasse que nous faisions sur l'Œhrligrube au Säntis, à 6,200 pieds, nous vîmes avec étonnement accourir au bruit d'un coup de fusil une grande troupe de choquards dont on n'aurait pas vu trace l'instant d'auparavant. Pendant longtemps ils tournèrent en sifflant au-dessus du lièvre blanc que nous avions tiré, et ils le poursuivirent tant qu'il fut en vue. Sur la même montagne un chasseur en voulant descendre dans une crevasse de rocher absolument inaccessible au fond de laquelle un chamois était tombé, y fut précipité lui-même. Plusieurs mois encore après que le cadavre eût été dévoré par les choquards, on voyait des troupes de ces oiseaux tournoyer en criant à l'entrée du gouffre où gisaient les ossements blanchis du malheureux. Sans se gêner le moins du monde, ils fondent en présence du chasseur sur le gibier que le chien fait lever. Mais ils ne partagent pas leur butin en fort bonne harmonie. Ils crient, ils se disputent, ils s'arrachent les morceaux et se distribuent continuellement des coups de bec. Cependant leur instinct de sociabilité est en général d'une nature plus noble : nous avons souvent remarqué que lorsqu'on tue un ou deux choquards, la troupe entière plane au-dessus des cadavres en poussant des sifflements aigus et lamentables, et que quelques-uns plongent au-dessus à plusieurs reprises comme pour exprimer leur douleur. La première chose qu'ils font avec les bêtes mortes et avec les petits oiseaux dont ils se sont emparés vivants, c'est de leur ouvrir le crâne pour en retirer les cervelles, dont ils sont très-friands. Leurs nids, souvent réunis en grand nombre, sont placés dans les crevasses et les cavernes des cimes inaccessibles de la zone moyenne des montagnes : aussi ont-ils été encore peu observés[1]. Le nid est plat, grand, composé de brins d'herbes, et renferme cinq œufs de la grosseur d'un œuf de corneille, tachetés de gris foncé sur un fond gris cendré clair. Les choquards habitent certaines grottes de rocher pendant des générations entières, et en couvrent le sol de leur fiente souvent à plus d'un pied de hauteur, par exemple au Säntisstock, dans le Schafloch au-dessus du lac de Thun, dans le Däviloch sur l'Jtramengrath au-dessus de Grindelwald — mines de guano que les pâtres auraient de la peine à exploiter.

Le choquard se distingue aisément de l'espèce précédente. Son bec n'est pas comme celui du coracias d'un rouge-corail, mais d'un jaune-citron ou de cire comme celui du mâle du merle, et moins arqué; les pattes sont chez le mâle d'un rouge-vermillon, avec les plantes des pieds foncées, chez les femelles et les jeunes elles sont d'un noirâtre livide. La variété blanche est aussi fort belle, mais elle est extrêmement rare. J.-G. Altmann en possédait un exemplaire de cette couleur.

[1] J'ai déjà parlé, dans une note, du grand lapiaz qui s'étend entre le Brezon et les monts Vergi dans le Faucigny. Dans cette immense masse rocheuse dénudée, sont percés, en certains endroits, des puits ou entonnoirs, d'une forme plus ou moins circulaire, dont la profondeur peut varier entre 40 et 80 pieds, et dont plusieurs ont jusqu'à cent pieds de tour. C'est dans ces puits qu'à diverses reprises j'ai déniché des choquards. Quelques-uns contenaient jusqu'à vingt nids, placés dans les anfractuosités et sur les saillies des parois, à 15 ou 20 pieds au-dessous de l'ouverture. Ces nids assez solidement construits avec des brins de bois et de paille, des herbes sèches, et garnis à l'intérieur de quelques crins et de quelques poils, renferment, au commencement de juin, quatre ou cinq œufs plutôt plus allongés que ceux des autres espèces de corneilles, et au lieu de teintes verdâtres présentant des teintes d'un gris plus ou moins foncé. Quelquefois ces œufs sont plutôt finement ponctués que tachetés. Rien ne peut donner une idée du vacarme que fait la colonie quand on descend dans son puits. Tous les oiseaux tournent, en sifflant et criant, à quelques pieds au-dessus de l'ouverture, quelques-uns même plongent avec bruit jusque dans l'intérieur, comme s'ils voulaient en chasser le visiteur importun.

(Traducteur.)

Si on peut parvenir à se procurer un jeune choquard pris au nid, on aura un grand plaisir à l'élever. Cet oiseau s'apprivoise très-aisément et quoiqu'en pleine liberté aime à se tenir à la place qu'il s'est choisie. On nous a raconté d'une de ces corneilles apprivoisées qu'elle venait chercher elle-même la viande, le pain, le fromage, les fruits (de préférence cerises, raisins et figues), qui lui servaient de nourriture; qu'elle les tenait ferme avec ses griffes pour les manger, et qu'elle couvrait soigneusement avec du papier ce qui restait de son repas, le défendant courageusement contre l'indiscrétion des gens et des chiens. Le feu avait un singulier attrait pour elle : à ce point qu'elle tirait de la lampe la mèche allumée et l'avalait sans que cela lui fît aucun mal; elle en faisait de même des petits tisons qu'elle volait au foyer. Elle éprouvait un plaisir extraordinaire à voir monter la fumée, et toutes les fois qu'elle apercevait un réchaud, elle allait chercher du papier, des chiffons, ou des copeaux, les y jetait et, placée devant l'ustensile, regardait attentivement la fumée qui en sortait. Quand elle voyait quelque animal inconnu, comme un serpent ou une écrevisse, elle battait des ailes et de la queue et croassait à la manière des corbeaux; vis-à-vis des personnes étrangères, elle criait à vous assourdir, tandis qu'elle babillait amicalement et avec confiance à la rencontre de celles qui lui étaient familières. Lorsqu'on la mettait dehors, elle sifflait et chantait comme un merle; elle avait même appris à siffler une marche toute entière. Pour saluer ses amis elle accourait à eux les ailes à moitié ouvertes, leur volait sur la main, la tête, les épaules et les considérait avec complaisance de tous les côtés. Chaque jour, le matin de bonne heure, elle se rendait dans la chambre à coucher de son maître, l'appelait, se posait sur son oreiller et y restait immobile jusqu'à ce qu'il remuât ou se réveillât. Alors elle témoignait de sa joie par son agitation et ses cris.

La mauvaise habitude des choquards de voler du feu et des charbons ardents est un fait attesté de divers côtés. On prétend même que plus d'une fois ils ont occasionné des incendies en pénétrant dans des chalets ouverts et en tirant du foyer sans surveillance des morceaux de bois allumés. Ils ont, comme toutes les espèces de corbeaux, l'étrange passion de dérober et de cacher tout ce qui brille, caprice particulier, à ce que nous croyons, à cette famille, et qui forme un des plus curieux éléments psychologiques de la nature de ces oiseaux, qui occupent du reste un rang distingué entre tous les autres par la vivacité de leur tempérament, la prudence de leurs manières, leur intelligence, et la facilité que présente leur éducation. On sait que les corbeaux tiennent une place importante dans la mythologie du Nord et dans les légendes du moyen-âge. Ce sont eux qui poursuivirent et firent découvrir les meurtriers de Saint-Meinrad sur l'Etzel. Au commencement du siècle, ils ont joué un rôle providentiel mieux constaté, dans l'histoire de deux enfants qui faillirent se noyer dans l'Emme. Le char que conduisaient ces enfants s'étant renversé au milieu de la rivière grossie par les pluies, ils purent s'accrocher à une des roues qui s'élevait au-dessus de l'eau. Leurs cris de désespoir se mêlaient au bruit des flots et de l'orage, lorsque quelques corbeaux partis du rivage se dirigèrent vers une ferme voisine, et se mirent à crier et à battre des ailes d'une manière si extraordinaire que les gens sortirent de la maison et purent voir la position critique de ces malheureux enfants au-dessus de la tête desquels les corbeaux étaient retournés voltiger.

G. Heidegger, le célèbre auteur de l'*Acerra philologica*, possédait au commencement du siècle dernier un corbeau d'une intelligence remarquable. « Maître Jerl, ainsi se nommait cet oiseau, aboyait comme un chien, chantait comme un coq, et faisait des tours de toute espèce sans qu'on se fût donné la moindre peine pour le dresser. Chaque fois que je l'appelais, *Jerl*, il faisait la révérence, baissait le corps, faisait trainer ses ailes par terre et, le cou gonflé, commençait à faire entendre toutes sortes de sons étranges. Quand il avait commis quelque larçin, déchiré quelque papier sur la table à écrire, et qu'on l'avait châtié pour ces méfaits, il s'éloignait ou allait se cacher sous le toit où il pouvait rester des jours sans manger. Mais le fripon prévoyait d'ordinaire l'orage et comprenait fort bien à la mine des gens qu'on allait chercher la verge. S'il ne s'y était pas pris à temps pour s'échapper, il tentait par ses cajoleries de donner bonne tournure à l'affaire; était-ce sans succès, il se couchait immédiatement sur le dos et parait de son mieux des pattes et du bec les coups qui lui étaient adressés. Après ces exécutions il avait l'habitude de se rendre dans sa cachette, mais il ne manquait jamais à son retour d'apporter quelque chose en signe de réconciliation, une pièce de monnaie ou quelque objet que ce fût qu'il avait détourné et mis en réserve dans son coin. Il attaquait tous les animaux, même les chiens, et tirait les poules en arrière par la queue de la manière la plus comique, toutes les fois qu'elles voulaient piquer à son assiette avant qu'il eût fini lui-même de se servir. Il s'était lié d'une amitié particulière avec le chien de la maison; il lui prenait les puces, aboyait avec lui contre les étrangers, poursuivait les mendiants et les tirait par leurs habits. Il se tenait d'un air rusé à côté de ces derniers et quand ils avaient la maladresse de ne pas recevoir le morceau de pain ou la pièce qu'on leur jetait, il s'en était bientôt emparé et s'envolait avec son bien. Il avait choisi pour passer la nuit une cachette au-dessus d'une poutre dans la maison. Un jour qu'on l'avait intentionnellement laissé dehors, il sut si bien frapper à la porte, comme si c'était une connaissance qui désirait entrer, qu'on finit par la lui ouvrir. Il tournait les clés dans toutes les serrures quand on les y laissait, levait le couvercle du panier à pain et ouvrait les tabatières. Tout ce qu'il trouvait, il le rangeait avec soin sur un banc, comme un boutiquier fait de sa marchandise. Il avait si bien pris l'habitude de la propreté qu'il ne faisait jamais ses ordures ailleurs qu'à la place qui lui avait été assignée. Il imitait comme un singe tout ce qu'il nous voyait faire, buvait du café chaud, mangeait des radis au sel, soufflait sur les livres; prenait sa prise de tabac et quand on éternuait devant lui, ne manquait pas de dire son *salus*. Un grand nombre de personnes honorables et instruites ont vu tout cela et peuvent en attester l'exactitude[1]. »

IV. LE CAMPAGNOL DES NEIGES.

(*Hypudæus alpinus* et *petrophilus*, Wag. *Hypudæus nivicola*, Schinz. *Arvicola nivalis*, Mart.)

Nous trouvons encore dans la région des neiges une espèce de souris. Ces petits animaux, qui forment le fond de la nourriture de tant d'oiseaux et de quadrupèdes, sont de vrais cosmopolites qui, sous diverses formes, vivent de l'équateur aux pôles, des rivages de la mer aux névés des montagnes.

Nous avons déjà signalé plusieurs souris dans la région alpine; dans la région des neiges, cette famille vivace est encore certainement représentée par une espèce au moins. Le campagnol des neiges vit dans ces contrées stériles et inhospitalières, et y mène une vie qui a été longtemps ignorée et qui, aujourd'hui encore, présente bien des problèmes à résoudre; dernière apparition de ce règne animal que nous rencontrons partout aux extrêmes limites de la possibilité de l'existence. Il a été découvert pour la première fois, en 1841, par Nager à Andermatt, près du Saint-Gotthard, et par Martins sur le Faulhorn. Sa taille est assez forte, il mesure près de 5 pouces jusqu'à la racine de la queue, qui, elle-même, en a $2\,{}^{1}\!/_{2}$. La couleur va du gris cendré foncé au gris

[1] M. Lunel a publié récemment un charmant mémoire sur un corbeau de la grande espèce qu'il possède depuis une vingtaine d'années. Il cite entre autres traits d'imitation et d'instinct le fait que cet oiseau, qui aime beaucoup à se baigner, vient se placer sous le réservoir d'eau fraîche de la cuisine et à force de coups de bec en ouvre le robinet. Ses ablutions faites, il arrête l'eau par le même procédé. (*Traducteur.*)

noirâtre, avec une teinte brunâtre sur le dos et les côtés; le cou, le dessous du corps et l'intérieur des cuisses sont d'un gris cendré foncé, les pieds d'un gris blanchâtre; les yeux sont petits; les oreilles de forme ovale mesurent un peu plus du tiers de la tête et sont couvertes en dessus de poils d'un gris rougeâtre; la queue épaisse, d'un gris blanchâtre, a la moitié de la longueur du corps et l'extrémité en est garnie de poils un peu plus longs. Le pelage est mou et fourré; les moustaches sont longues et fournies, blanches et noires.

Ce que nous connaissons des mœurs de cette souris se borne aux quelques indications suivantes. On la trouve quelquefois dans la partie supérieure de la région montagneuse, jamais cependant au-dessous de 4000 pieds; mais elle est beaucoup plus abondante dans la région alpine proprement dite et elle va jusque fort avant dans le monde des neiges éternelles, qu'elle ne quitte pas même dans les longs hivers de 9 à 10 mois de cette zone. Les gazons rares, mais quelquefois épais et vigoureux de la région, lui offrent en été une nourriture suffisante. Elle visite aussi volontiers, dans cette saison, les chalets où l'on garde les vaches et les moutons, et elle y mange tout ce qui se rencontre, à l'exception de la viande; elle habite tantôt dans des trous en terre, tantôt dans des éboulis et des murailles, comme aussi dans les galeries qu'elle creuse sous le gazon. C'est là qu'on trouve des brins de foin et de paille rongés, souvent aussi des racines d'épervière, de pimprenelle, de gentiane, de benoite, d'érythrée etc. En hiver, ces animaux doivent vivre en partie de leurs provisions, en partie de quelques herbes et racines fraîches auxquelles ils arrivent par de longues galeries pratiquées entre la neige et le gazon, souvent jusque dans le voisinage des chalets. Ce sont de petites bêtes qui ne sont ni fort agiles ni fort sauvages, et qui, tant en plein air que dans l'intérieur des chalets, sont faciles à observer et à prendre, même de jour, mais surtout le soir. Leur petit nid, rond, construit en foin, se trouve tantôt dans une galerie, tantôt dans un éboulis, tantôt dans le coin de quelque cabane. La femelle y met bas, à partir de mai, 2 ou 3 portées de 3 à 6 petits chacune.

On a rencontré ce campagnol sur les parties les plus diverses des Alpes, dans les deux régions supérieures. Au Saint-Gotthard, il est commun depuis le thalweg de la vallée supérieure de la Reuss jusqu'au lac d'Oberalp. On l'a vu sur le Heustock (7,600 pieds) dans les Alpes de Glaris, sur le Faulhorn à 8,220 pieds, plus haut encore sur le Mont-Blanc; il a été trouvé par nous-même à plusieurs reprises sur le Berninastock, à la pointe du Theodulhorn (10,667 pieds) par Blasius, au Moschelhorn, au sommet du Piz Languard, à la Bernina à 12,000 pieds, et fréquemment aussi sur les plus hautes Alpes du Tyrol. — Exemple d'une force de tempérament qui dépasse toute idée, puisque ces animaux, qui vivent à de pareilles hauteurs, sans avoir le privilège d'un sommeil hibernal, doivent passer au moins les trois quarts de l'année sous la neige. Mais c'est précisément cette couverture de neige qui semble leur conserver une température convenable, car suivant Martins, ils périssent à l'air libre à — 1°.

Il paraît que c'est de notre campagnol des neiges que Hugi voulait parler dans son voyage en janvier sur les glaciers du Grindelwald, quand il raconte ce qui suit : « Nous cherchions la cabane de la Stiereggalp, et la découvrîmes enfin par l'éminence qu'elle dessinait dans la neige; nous travaillâmes aussitôt à nous y frayer un chemin, mais il faisait nuit depuis longtemps lorsque nous arrivâmes au toit. Cependant notre ouvrage avança plus rapidement. Après avoir dégagé la porte, nous pénétrâmes dans l'intérieur avec un vif sentiment de joie et tuâmes, en entrant, sept souris des Alpes; une vingtaine d'autres prirent la fuite, peu disposées à nous disputer la possession de leur palais souterrain. Ces petits animaux, d'un gris jaunâtre, mesuraient cinq pouces non compris la queue, et neuf avec la queue. Ils étaient extraordinairement élancés; ils avaient les pieds de derrière très-longs relativement à ceux de devant, la queue et les oreilles complétement (?) nues, celles-ci d'une transparence remarquable. Cette souris m'était tout à fait inconnue, je ne l'avais jamais vue du moins dans aucune collection. Gruner remarque qu'il doit y avoir sur ces glaciers une souris particulière aux Alpes. Je l'avais précédemment observée au col de la Strahleck (10,379 pieds), plus tard, sur les rochers du Schreckhorn, et sur le Finsteraarhorn à 12,000 pieds. Les gardeurs de moutons du Zäsenberg assurent qu'elle se trouve souvent sur le Grünwengenhorn. Il paraît ainsi qu'elle descend en hiver dans les régions inférieures des mers de glace. » Il est à regretter que ce naturaliste n'ait pas eu l'occasion d'étudier de plus près ces petits animaux, auxquels il assigne une taille probablement trop forte. Cependant il paraît que sa souris, malgré ce qu'il dit de la nudité de la queue, est bien notre campagnol des neiges, qui se rencontre vraisemblablement dans toute la chaîne des Alpes et dans les Pyrénées, et dont une variété constante, d'un gris blanchâtre avec la queue blanchâtre (*Arvicola leucurus*, Gerbe), se trouve dans les parties inférieures de l'Oberland bernois, Interlaken, Meiringen, etc[1].

[1] Je n'ai pas voulu interrompre, par des notes trop multipliées, le texte de cette monographie du campagnol des neiges, mais mes lecteurs me sauront gré de la compléter et de la rectifier en certains points par les détails fort précis et très-intéressants que M. Charles Martins a publiés sur ce petit mammifère, dans deux notes insérées dans les Annales des Sciences naturelles, 1843 et 1847. Je ne puis mieux faire que d'en donner ici une analyse et quelques citations développées.

Le même été (1841) où le docteur Nager envoyait à MM. Wagner et Schinz quelques campagnols des neiges, pris sur le Saint-Gotthard, MM. Martins et Bravais découvraient et observaient le même animal au sommet du Faulhorn. L'année suivante, M. Bravais prit sur cette montagne un grand nombre de ces petits rongeurs, et en rapporta trois mâles, conservés dans l'alcool, qui furent soumis à un examen minutieux, et fournirent le sujet d'une description anatomique détaillée et complète. En 1844, M. Martins montra l'*Arvicola nivalis* vivant au professeur Hugi, qui reconnut l'animal qu'il avait précédemment observé.

D'après les observations de ces Messieurs, les campagnols des neiges sont très-nombreux depuis le pied du Schwabhorn jusqu'au sommet du Faulhorn, c'est-à-dire depuis la limite extrême du rhododendron sur cette montagne, jusqu'à la ligne des neiges perpétuelles. On les rencontre aussi fréquemment sur le Rothhorn de Brientz. Ils se sont établis dans les auberges bâties sur ces deux points, et s'y multiplient exactement comme les souris de nos maisons. Cependant ils existaient sur la montagne avant la construction de l'auberge.

Les terriers sont simples ou composés, et s'ouvrent par plusieurs trous circulaires devant lesquels on voit souvent de la terre rejetée de l'intérieur des galeries. Ils sont terminés en un cul-de-sac évasé dans lequel on trouve un peu de foin, ou des débris de racines et de feuilles, surtout du *Silene acaulis* haché très-menu. M. Martins n'y a jamais trouvé de provisions, même au commencement d'octobre, immédiatement avant les premières neiges de l'hiver.

M. Hugi avait déjà constaté que notre campagnol ne tombe pas en léthargie pendant l'hiver. Ce fait a été confirmé par l'aubergiste du Faulhorn, qui, y étant monté en 1845 pour visiter sa maison au milieu de l'hiver, y trouva plusieurs campagnols aussi vifs et aussi alertes que pendant l'été. „Je ne saurais donc," dit M. Martins, „partager l'opinion de M. O. Heer, qui suppose que, pendant l'hiver, ils descendent dans les régions subalpines. Ces voyages seraient en particulier bien difficiles pour les campagnols qui habitent des rochers isolés au milieu de vastes glaciers. Les bergers des hautes Alpes auraient remarqué ces migrations; et j'ai constaté sur le Faulhorn, en 1841 et 1844, que les premières neiges d'octobre trouvent encore tous ces animaux sur la montagne. Ils n'émigrent donc pas en hiver, et ne s'endorment pas pendant les froids épouvantables qui règnent sur les sommets qu'ils habitent. Leur pelage ne change point et ils n'amassent pas de provisions comme plusieurs de leurs congénères. Je suis donc porté à penser qu'ils continuent à vivre dans leurs terriers, et circulent entre la neige et le sol comme les lemmings. Ils y trouvent des plantes herbacées qui se conservent sous la neige; le docteur Nager a même observé qu'ils creusent souvent de longues galeries pour gagner les places où le fumier des vaches a fait croître une herbe plus tendre et plus touffue. Ainsi, tandis qu'un autre rongeur, la marmotte, qui habite la même région que le campagnol des neiges, tombe pendant l'hiver dans une profonde léthargie, celui-ci, soumis aux mêmes influences extérieures, conserve toute sa vivacité. Nous avons trouvé, M. Bravais et moi, qu'au Faulhorn, à 2,675 mètres au-dessus de la mer, et sur une pente exposée au midi, un thermomètre, enfoncé à la profondeur de $0^m,25$, s'était tenu en moyenne à $+5°,63$, du 25 septembre au 1er octobre 1844. Un autre thermomètre, placé à demeure dans un trou vertical de $1^m,30$ de profondeur, et à la même hauteur au-dessus de la mer, marquait, au 1er octobre, $+4°,0$. C'est dans cette zone de terre que les campagnols creusent leurs terriers. Or, le 2 du même mois, une neige abondante couvrit le Faulhorn pour ne plus disparaître, et acquérir pendant l'hiver une épaisseur de plusieurs mètres. Sous cette épaisse couverture, le sol, échauffé par les chaleurs de l'été, ne saurait geler; et on conçoit très-bien que les campagnols puissent y vivre en se nourrissant de plantes et de racines qu'ils trouvent entre la neige et le sol."

M. Martins fit une expérience curieuse. Il renferma un campagnol dans un vase qu'il tint exposé à la température de l'air pendant la nuit. Le thermomètre ne descendit qu'à — 1°, et cependant, à cinq heures du matin, l'animal était mort. La même expérience, faite en Laponie sur trois lemmings, avait eu le même résultat : ils étaient morts de froid dans l'espace d'une nuit, à une température de quelques degrés au-dessous de zéro.

Réunis dans une cage, les petits campagnols de M. Martins se blottissaient dans un coin, serrés les uns contre les autres, même lorsqu'il faisait assez chaud. Le plus souvent, ils se cachaient sous la mousse, et faisaient entendre un petit grognement accompagné de grincements de dents très-faibles. Leur humeur n'est point belliqueuse comme celle des lemmings qui se battent entr'eux jusqu'à ce que mort s'ensuive. Un seul campagnol attaqua son campagnon ; il se tenait sur son train de derrière, et mordit son adversaire au cou. Quelques brins introduits dans la cage firent cesser le combat, les deux guerriers s'étant mis à brouter de compagnie.

„Comme l'indiquent," continue M. Martins, „son système dentaire et son estomac qui présente des traces de divisions de celui des Ruminants, l'*Arvicola nivalis* est purement herbivore. M. Bravais ayant voulu nourrir les premiers qu'il avait pris avec du fromage, de la viande et du lard, ils se laissèrent mourir de faim. Ils sont, au contraire, très-friands de miel et d'avoine, et mangent toutes les plantes alpines, excepté les *carex*, les *luzula*, les *arbutus*, etc., dont les tiges et les feuilles sont trop coriaces. Cette circonstance nous explique pourquoi ce petit animal peut vivre aux Grands Mulets, rochers isolés au milieu des neiges du Mont-Blanc, où j'ai trouvé cependant, dans trois visites comprises entre le 28 juillet et le 2 septembre, dix-neuf plantes phanérogames. Celles que le campagnol des neiges mange avidement sont : *Silene acaulis, Poa alpina, Potentilla grandiflora, Geum montanum, Gaya simplex, Cerastium latifolium, Trifolium pratense, Lepidium alpinum, Anthyllis vulneraria, Chrysanthemum alpinum, Gentiana campestris, G. bavarica, Arabis alpina, Campanula linifolia, C. pusilla, Saxifraga aizoides, Sedum atratum*, et les feuilles du *Cirsium spinosissimum*. Ils ont des préférences pour certaines parties de la plante, les fleurs de *Geum* ou de *Potentilla*, par exemple. Rien de plus joli que de les voir couper d'un coup de dent le pédoncule de la fleur, la saisir des deux mains comme les écureuils, et la faire tourner rapidement en rongeant les pétales les uns après les autres. Quand ils tiennent un corps mince, tel qu'un pétiole ou un pédoncule, c'est souvent d'une seule main, en opposant leur moignon de pouce aux autres doigts. Se sont-ils emparés d'une grosse racine ou d'une tige un peu forte, ils la fixent avec les deux mains rapprochées du museau. En mangeant, ils sont toujours assis sur leur train de derrière, et le corps penché en avant.

„Parmi les plantes préférées par notre campagnol, que nous venons d'énumérer, les unes sont insipides, les autres aromatiques, quelques-unes amères. Mais ce n'est pas sans surprise que je les ai vus ronger avec la même avidité les racines des *Ranunculus alpestris* et *R. glacialis* qui sont d'une âcreté extrême, et l'un d'eux mangea les feuilles de sept tiges d'*Aconitum napellus* de deux à trois décimètres de haut, sans rien perdre de sa vivacité."

„Quand on résume," dit M. Martins en terminant, „toutes les circonstances que nous venons d'énumérer, on se demande pourquoi l'*Arvicola nivalis*, seul de son genre, s'est ainsi multiplié dans le voisinage des neiges éternelles, tandis que ses congénères habitent tous la plaine, et recherchent le voisinage des champs cultivés. Ce n'est point la crainte de la chaleur : deux d'entre eux ont parfaitement vécu dans la même atmosphère que les singes d'Amérique (au Jardin des Plantes), et son pelage n'est pas plus fourré que celui des autres campagnols. Serait-ce le besoin de la solitude ? mais lorsqu'on a bâti des auberges sur le Faulhorn et sur le Rothhorn, ils s'y sont introduits, et ils creusent leurs terriers à quelques pas des maisons. Ils n'ont pas été attirés par les nombreux fromages qu'on fabrique dans les chalets, car ils n'y touchent jamais. Je crois que le campagnol des neiges habite les sommets élevés des Alpes parce qu'il est plus *frileux* que ses congénères, et que le sol dans lequel il creuse ses terriers est plus chaud *pendant l'hiver* sur les montagnes que dans la plaine. Je n'aurais pas osé hasarder ce paradoxe, si je n'étais en mesure de prouver qu'il est également vrai pour les végétaux. Quant à l'*Arvicola nivalis*, je me contenterai des réflexions suivantes. En été, le sol s'échauffe relativement moins dans la plaine que sur une haute montagne. En effet, nous avons trouvé, M. Bravais et moi, que, sur le versant méridional du Faulhorn, à 2,675 mètres, un thermomètre, enfoncé à la profondeur de deux décimètres, se tenait en moyenne beaucoup plus haut qu'un thermomètre suspendu librement à l'air. Dans la plaine, au contraire, la moyenne de ce thermomètre hypogée sera inférieure à celle de l'air, comme le prouvent les nombreuses observations de M. Quetelet. Sur la montagne, cette chaleur du sol se conserve pendant tout l'hiver : car, dès le commencement d'octobre, avant que la température de l'air descende au-dessous de zéro, une épaisse couche de neige recouvre les sommets. Dans le courant de l'hiver, cette couche atteignant l'épaisseur de plusieurs mètres, la terre ne saurait perdre sa chaleur par rayonnement. Il n'en est pas de même dans la plaine : non-seulement le sol s'échauffe relativement beaucoup moins pendant l'été, mais souvent il reste exposé sans défense aux premiers froids de l'hiver, soit qu'il ne tombe pas de neige, soit que les premières couches disparaissent sous l'influence de quelques jours de chaleur. Il en résulte que, dans la plaine, le sol gèle souvent, et les plantes herbacées ne sont pas enterrées vivantes sous la neige, comme elles le sont sur les Alpes ; mais elles sont tuées et desséchées par le froid. Sur la montagne, un animal fouisseur a donc pour demeure en hiver un terrier plus chaud que dans la plaine, et pour nourriture des plantes encore vertes. Au printemps, même différence ; en plaine, presque toujours un soleil hâtif fait fondre les neiges dès le commencement de mars, et la terre reste exposée aux retours de froid des mois de mars et d'avril. Sur les hautes montagnes, la neige ne disparaît totalement qu'en juin, à une époque où ces retours de froid n'ont plus lieu. D'ailleurs, dans ces régions élevées, dès que le thermomètre s'approche de zéro, même en été, on est sûr de voir tomber la neige, qui s'étend sur le sol comme un manteau protecteur. Si vous ajoutez à ces circonstances que, sur les hautes Alpes, ces peuplades animales n'ont point d'ennemis, et trouvent de vastes tapis de verdure qui ne leur sont disputés ni par la charrue ni par les troupeaux, vous ne vous étonnerez plus qu'elles se soient multipliées dans la zone qui s'étend entre les forêts et les neiges éternelles, tandis que les espèces congénères sont rares et dispersées dans la plaine, où le froid, l'homme et les animaux carnassiers leur font une guerre acharnée."

On me pardonnera, je l'espère, d'avoir donné avec quelques développements l'histoire de ce petit animal. Il mérite bien un intérêt particulier, puisqu'il est de tous les mammifères sans contredit celui qui habite le plus haut dans les Alpes, et qui, par conséquent, occupe la station la plus élevée en Europe.

(Traducteur.)

V. LA MARMOTTE DES ALPES[1].

>Sur le gazon commodément couchée,
>Une marmotte adressait au soleil,
>Son grand ami, cet étrange conseil
>Que lui dictait sa sagesse éprouvée :
>„Pourquoi, Soleil, durant toute l'année,
>Tourner au ciel sans t'arrêter jamais,
>Et sans motif prodiguer tes bienfaits
>A la saison au repos destinée?
>Fais comme nous : quand viendra la froidure
>>Demeure en paix
>>Dans ton palais,
>Et sans souci laisse agir la nature!"

>„C'est fort bien dit" répond à la commère
>L'astre du jour „mais tandis que tu dors
>Dans ton réduit, moi je veille au dehors
>Pour protéger ton alpe et ta tanière
>Contre les vents, le froid et la tempête;
>Je fonds la neige, arrose ton jardin
>Et fais germer la dryade et le thym
>Dont, aux beaux jours, s'embellit ta retraite.
>Plus de printemps sans moi, plus de verdure,
>>Plus de réveil
>>A ton sommeil,
>La mort, enfin, partout dans la nature!"

Nourriture et mœurs. — Chasse. — Habitation d'hiver et sommeil hibernal. — Migrations. — Marmottes en captivité. — Espèces étrangères.

Les pentes rocailleuses des Alpes, trop élevées pour que les arbres et les arbrisseaux y croissent et pour que les troupeaux y

---

[1] L'excellent dessin de genre qui accompagne notre description est dû au crayon de W. Georgy qui, en 1856, a poursuivi pendant plusieurs mois et avec une rare énergie ses études de paysages et d'animaux dans les montagnes du massif de la Bernina, et qui a eu journellement l'occasion d'observer les marmottes dans toutes les positions possibles. Nous lui sommes également redevable de plusieurs observations que nous avons consignées dans notre texte. La scène du dessin, où l'on voit entre autres une petite marmotte qui tète sa mère, une autre qui siffle, un vieux mâle qui revient vers sa famille, le tout rendu avec une admirable vérité, est l'alpe d'Otha dans le district de Rosegg, en face du glacier de ce nom. Au fond, on voit la pyramide de névé de la Sella et le dôme éclatant du Kapütschin.

paissent, que quelques chèvres et quelques moutons à peine visitent pendant l'été, les petits îlots de végétation perdus au milieu de vastes glaciers, tels sont les lieux qui servent de patrie à la Marmotte (*Arctomis marmota*). Cet animal est commun surtout dans les montagnes des Grisons, de Glaris et d'Uri, cependant il n'est pas rare non plus dans le Tessin, le Valais et l'Oberland bernois; mais la chasse l'a complétement extirpé des montagnes d'Appenzell et du Toggenburg où il était autrefois abondant. Les Tessinois le nomment *Mure montana*, les Tyroliens *Urmenten*, les Savoyards *Marmotta*, les Français Marmotte, les habitants de l'Engadine *Montanella*, et les Allemands *Murmelthier*. Tout le monde connaît ces charmants mammifères qui, pendant l'été, jouent entre les cailloux de nos hauts pâturages, et que les petits Savoyards promènent dans les villages et dans les villes pour y amuser les enfants, jeunes et vieux, par des tours qui n'ont rien du reste de remarquable. Déjà aux environs de l'an mille de notre ère, les moines de l'abbaye de Saint-Gall connaissaient le mérite de ce gibier et se servaient d'une expression particulière pour prononcer les grâces sur ce mets: « Puisse la bénédiction le rendre gras! » On l'y désignait sous le nom de *Cassus alpinus* (chat des Alpes?), mais dans ce temps-là son nom commun, à Saint-Gall, était *Murmenti*.

La marmotte est peut-être l'animal le plus intéressant de nos montagnes, et on a tant accumulé d'observations sur sa nature et sur ses mœurs que nous croyons pouvoir en offrir à nos lecteurs une esquisse très-exacte.

Quoique appartenant à l'ordre des rongeurs, elle se distingue d'une manière frappante, par son genre de vie, des autres espèces indigènes de cette famille. Elle n'a ni l'agilité de la souris et de l'écureuil, ni la rapidité et la prudence extraordinaires du lièvre[1]. Prédestinée à une existence en partie souterraine, elle

---

[1] Le savant Jésuite Athanase Kircher considérait la marmotte comme un produit du blaireau et de l'écureuil et prenait de même le tatou pour un métis du hérisson et de la tortue. J.-G. Altmann, bien plus *savant* que lui, repousse avec

se contente de la chétive nourriture qu'elle peut trouver dans le petit domaine où elle a creusé sa galerie, et sait se défendre vigoureusement des dents et des pattes contre l'ennemi qui veut y pénétrer. Pendant la mauvaise saison, où elle aurait dû chercher péniblement ses moyens de subsistance, la prévoyante nature l'a préservée par un sommeil léthargique de la faim et des ennemis auxquels elle aurait certainement succombé dans ses pérégrinations.

La marmotte se nourrit presque exclusivement de substances végétales; en liberté, de préférence des herbes alpines les plus succulentes : la matricaire qui fournit aussi la meilleure nourriture aux vaches laitières, le plantain des Alpes, l'aster des Alpes, le trèfle des Alpes, la berce sphondyle, la patience des Alpes, etc., exceptionnellement aussi de petits oiseaux alpins et de leurs œufs; en captivité, de toutes sortes de légumes, de racines et de fruits, jamais de viande. On a remarqué que lorsque plusieurs marmottes sont enfermées ensemble, elles s'attaquent quelquefois et se mordent entre elles jusqu'à ce que mort s'ensuive, mais qu'elles ne se mangent pas réciproquement. Une marmotte très-farouche enfermée dans une cage avec un merle, quatre bartavelles et une poule d'eau, rongea la tête de deux de ces oiseaux; deux autres marmottes, jeunes pourtant et pacifiques, firent un

---

ironie et indignation de pareilles „chimères,", et gourmande vertement l'auteur de l'*Arca Noë* au sujet de ces croisements. Cependant il donne à son tour comme un fait bien constaté, que le léopard est le produit d'une lionne et d'un tigre ou d'une panthère; il dit de notre marmotte qu'elle est un petit blaireau qui appartient avec le vrai blaireau à la famille des cochons, et raconte que 14 jours avant son sommeil d'hiver elle cesse de manger, et boit beaucoup d'eau pour nettoyer ses intestins et les empêcher de tomber en pourriture pendant l'hiver. Nos anciens naturalistes avaient du reste d'étranges idées sur les croisements; Lysat, Wagner et Scheuchzer parlent d'accouplements de vaches et de cerfs, et le père Gessner affirme qu'il y eut sur le Splügen une jument qui, saillie par un taureau, mit au monde une espèce de bucentaure. — C'est le docteur am Stein des Grisons qui le premier nous a donné des notions précises et dignes de foi sur l'histoire des marmottes.

trou à la paroi d'un poulailler et dévorèrent la tête des poules comme des martes auraient pu le faire, mais sans toucher au sang de leurs victimes. Il faut les surveiller de très-près si on veut qu'elles ne prennent pas la clef des champs. Pour peu qu'elles y puissent mettre la dent, elles percent avec une incroyable rapidité les planches les plus épaisses; elles rongent le plomb des vitrages, et grimpent lestement le long des murailles et des boiseries.

Pour manger les morceaux un peu gros qu'on leur donne, elles se posent toujours sur leurs pattes de derrière; mais en liberté cela leur arrive rarement, car elles n'ont pas souvent quelque chose à tenir avec les pattes de devant. En captivité elles boivent volontiers de temps en temps une bonne tasse de lait, opération pendant laquelle elles font beaucoup de bruit et lèvent la tête, comme les poules, à chaque gorgée.

Leur vie d'été se passe encore assez comfortablement. Au point du jour, les plus vieilles mettent les premières le nez à la fenêtre, elles allongent prudemment la tête hors de leur trou, explorent la contrée des yeux et des oreilles pour s'assurer qu'il n'y a rien d'extraordinaire dans le voisinage, se hasardent enfin à sortir lentement, font quelques pas dans la montagne et, après s'être dressées une ou deux fois sur leur derrière, procèdent à leur déjeuner. Tout en se tenant continuellement aux aguets, elles mettent une grande précipitation à brouter les ras gazons de l'alpe, mais elles paraissent à cet égard donner la préférence aux fleurs, puisqu'on n'en voit plus aucune partout où les marmottes viennent de manger. Bientôt après, les jeunes, à leur tour, sortent de leur trou, mais sans tant de précautions, pour faire leur repas. Une fois rassasiées, elles vont régulièrement toutes ensemble, se reposer à une place déterminée, volontiers sur quelque pierre plate, commode et bien exposée au soleil. Ce lieu de repos traditionnel n'est jamais bien éloigné de l'entrée du terrier et se reconnaît aisément, comme le chemin qui y conduit, parce qu'il est à la lettre poli par le frottement des pieds des animaux. Le temps se passe ensuite à se reposer et à jouer. A chaque instant les marmottes s'asseyent sur leurs jambes de derrière, promènent leurs regards autour d'elles, font leur toilette, se grattent, se peignent, folâtrent ensemble pour chasser l'ennui. On en a même vu de jeunes qui s'exerçaient à faire quelques pas en avant dressées sur leurs jambes de derrière. Mais pendant ce temps il y a toujours quelques individus plus vieux qui font la garde et veillent sur le pays. Le premier qui aperçoit quelque objet suspect, fût-ce à une heure de distance, oiseau de proie, renard, homme, fait entendre un sifflement sonore, éclatant, par reprises, produit par le passage de l'air à travers les dents et qui retentit au loin dans la contrée. Le ton de ce sifflement[1], qu'on peut entendre journellement dans les hautes montagnes un nombre infini de fois, est plutôt profond qu'aigu, souvent prolongé plaintivement, et pourtant perçant et pénétrant. D'après des observations précises, le cri d'alarme n'est répété que par ceux des animaux qui voient eux-mêmes l'objet en question, et ce n'est que lorsque celui qui a donné le signal s'est bien rendu compte du danger et qu'il se met à courir vers le terrier que les autres détalent à leur tour et sans siffler. Mais la marmotte qui siffle ne prend la fuite que quand le danger est proche; aussi longtemps qu'il reste éloigné, elle se contente de répéter son sifflement, à intervalles réguliers. Les

[1] Un petit chevrier du canton du Tessin, qui passait pour ainsi dire tous ses étés en compagnie des marmottes, nous avait assuré qu'il n'y avait que les jeunes qui sifflassent et que les plus vieilles ne le faisaient jamais. Nous pûmes immédiatement vérifier son observation. Non loin du chalet de Prosa, nous vîmes une vieille marmotte d'une grosseur extraordinaire à la distance de 30 pas à peine. Ce bel animal nous regardait attentivement, se remettait à paître, se dressait sur ses pattes de derrière, sans se laisser beaucoup troubler par nos cris et nos coups de sifflet; nous approchâmes : elle se glissa, sans grande presse et sans faire entendre le moindre bruit, dans sa demeure souterraine, recouverte par des rochers qui la mettaient à l'abri de toute poursuite. Cependant il est probable que ces marmottes qui ne sifflent pas sont celles qui habitent dans le voisinage des lieux fréquentés, et qui sont habituées à la vue des hommes et des animaux; peut-être aussi sont-ce de vieux célibataires qui n'ont à prendre soin que d'eux-mêmes.

marmottes de toute la montagne sont sur le qui vive, et cherchent de quel côté est l'ennemi; à mesure qu'elles l'aperçoivent, le cri d'alarme part successivement de toutes les terrasses et de toutes les pentes. Si l'objet suspect se cache derrière un rocher ou reste immobile, les signaux cessent de se faire entendre; mais pour recommencer dès qu'il se montre de nouveau. Si enfin il s'approche ou qu'il fasse des mouvements extraordinaires et inquiétants, les bêtes les plus rapprochées entrent précipitamment dans le terrier; et celles qui ont pris la fuite sans avoir sifflé, c'est-à-dire sans avoir vu l'ennemi, sont les premières à reparaître. Mais que les marmottes placent des sentinelles comme le font les chamois, c'est ce qui n'est pas prouvé; le fait du moins est nié par les chasseurs. La petite taille de ces animaux et la couleur de leur pelage les garantissent déjà contre le danger d'être découverts; mais leur vue d'une étonnante portée leur rend plus de services encore à cet égard; leurs yeux limpides et brillants leur permettent de distinguer le chasseur à une distance telle que celui-ci, fût-il muni de la meilleure lunette, pourrait à peine apercevoir l'animal. Par le mauvais temps, les marmottes restent souvent plusieurs jours et même plusieurs nuits sans sortir de leur trou. En général, dès que le soleil est couché, on n'en voit plus aucune dans les endroits où elles jouent et broutent ordinairement; en automne, c'est déjà souvent l'après-midi que la place est déserte. C'est aussi dans cette dernière saison qu'il leur arrive presque toujours de demeurer tout le reste de la journée remisées dans leurs terriers une fois que quelque sifflement les y a fait rentrer.

L'aspect extérieur de la marmotte a quelque chose d'original. Son corps est court, large, ramassé; la tête est grosse et aplatie. La lèvre supérieure, garnie d'une forte moustache, est fendue et laisse paraître les incisives; celles-ci sont cunéiformes, longues de près d'un pouce, fortement courbées, d'un jaune d'or chez les vieux individus, blanchâtres chez les jeunes. Les yeux, d'un noir brillant et à prunelle ronde, sont un peu saillants. Les oreilles, petites et arrondies, sont couvertes de poils et appliquées contre la tête;

on les distingue encore cependant à une certaine distance. Les joues, garnies de longs poils, semblent gonflées; le cou est court et épais. Les pieds, passablement forts, sont solidement organisés. Le pelage, grossier et serré, est sur toute la largeur du dos de couleur jaune et d'un gris rougeâtre, sur le ventre d'un brun jaunâtre, à la gorge brun roux, et présente au sommet de la tête une plaque noirâtre passant au gris bleu. Le nez, qui est noir, et le museau sont encadrés de blanchâtre; les poils des joues sont jaunâtres; les pieds de devant, forts et propres à fouir, sont couverts jusqu'aux ongles de poils d'un jaune sale; les ongles sont longs, courbés et noirs; la plante des pieds s'étend jusqu'au talon; elle est fortement calleuse, garnie de quelques poils et de couleur noire. Les pieds de devant ont quatre doigts; ceux de derrière, plus longs mais plus faibles, en ont cinq. On n'a pas encore, à notre connaissance, trouvé en Suisse de marmotte blanche ou albinos, comme celle que l'ornithologue J. Finger de Vienne posséda pendant longtemps et qui venait probablement des Alpes autrichiennes. La queue, dont les poils sont disposés en deux bandes, est d'un brun rouge sur les deux tiers de sa longueur et se termine par un bouquet de poils complètement noirs. La longueur du tronc va de 1 $^1/_4$ à 1 $^1/_2$ pied; celle de la queue est d'environ six pouces. L'animal se dandine en marchant et porte en même temps la tête un peu basse; mais il la redresse lorsqu'il est assis. Quand il joue au soleil ou que la famille est réunie, il branle sa petite queue *a tempo moderato*, et les jeunes plus vivement que les vieux. Ces derniers ont quelquefois le pelage tout usé sur le dos, par suite du frottement occasionné par leur passage dans d'étroites galeries.

Pendant l'été, les marmottes vivent par paires ou par familles dans des endroits gazonnés, découverts, souvent isolés, entourés d'éboulements et de précipices, de préférence sur le côté de la montagne le mieux exposé, en tout cas dans des terrains très-secs. C'est là qu'elles se creusent dans la terre leur habitation d'été. Ce sont des galeries qui n'ont quelquefois que trois ou quatre pieds, souvent aussi une à deux toises de longueur, si étroites qu'assez fréquemment on n'y peut passer que le poing, et qui se terminent par une chambre intérieure plus ou moins vaste. L'issue extérieure de la galerie est quelquefois simplement placée dans le gazon et à découvert, mais souvent aussi elle est pratiquée avec beaucoup de soin sous les pierres ou entre deux rochers, de telle manière qu'il n'y a pas moyen de creuser le terrier et de le découvrir. Les galeries s'enfoncent dans la montagne tantôt en descendant, tantôt et plus souvent en remontant; elles sont quelquefois simples, d'autrefois partagées en plusieurs bras. Il paraît que les marmottes ne sortent qu'une faible partie de la terre de leurs terriers; tout le reste, elles le divisent et le tassent à l'intérieur.

L'accouplement des marmottes a lieu peu de temps après leur réveil du sommeil hibernal, en avril ou mai, probablement suivant la situation du terrier et l'arrivée plus ou moins hâtive du printemps. La durée de la gestation ne peut pas être très-longue, puisqu'on voit déjà des petits en juin; ceux-ci sont d'abord d'un bleu cendré, plus tard d'un brun jaunâtre. La portée est de quatre petits, de six tout au plus. Ces derniers se laissent rarement voir en dehors du trou avant d'avoir acquis une certaine taille, et continuent à vivre avec leurs parents jusqu'à l'été suivant. Quand la mère veut allaiter ses petits, elle s'assied, comme la chienne, sur ses pattes de derrière et, écartant fortement celles de devant, présente ses petites mamelles à ses nourrissons (voyez la gravure). En captivité, ils s'habituent aisément à vivre de lait, de pain, de choux, de carottes et autres aliments de ce genre; ils peuvent rester plusieurs jours sans manger.

Les marmottes n'ont très-souvent qu'une seule demeure pour l'été et pour l'hiver, et dans ce cas la chambre intérieure est plus vaste. Mais il est certain que, dans certaines montagnes du moins, elles ont un vrai domicile d'été. Il en est alors de ces animaux comme des renards de montagne, qui, en été, habitent la région alpine et creusent des terriers bien au-dessus de la limite des arbres, et qui en automne, se retirent, dans des endroits moins élevés et plus commodes. Le motif qui fait changer de quartier à ces animaux est probablement la tranquillité incomparablement plus grande dont ils jouissent dans ces oasis fleuries et bien exposées qu'on rencontre souvent dans les montagnes jusqu'à 8,000 pieds d'altitude et dans lesquelles ils se plaisent à rester jusqu'à ce que le mauvais temps les en chasse. Quant aux domiciles d'hiver, ils sont situés d'ordinaire entre 6 et 7,000 pieds, dans les alpages supérieurs que les bergers ont l'habitude de quitter au mois d'août, mais souvent aussi plus bas, au-dessous de la limite locale des bois. Ils ont des proportions suffisantes pour loger une famille entière de 5 à 15 individus. Avant que les marmottes s'y soient renfermées et qu'elles en aient bouché l'entrée, ce qui a lieu communément vers le milieu d'octobre, on les reconnaît aux débris de foin qui jonchent le sol tout à l'entour, restes de celui qu'elles ont transporté dans l'intérieur. Deux ou trois mauvais jours suffisent pour déterminer les marmottes à s'établir définitivement dans leurs galeries ; elles en bouchent alors l'orifice avec du foin, de la terre et des pierres, souvent jusqu'à une profondeur de plusieurs pieds. Les habitations d'été et les terriers non occupés restent toujours ouverts. Quand on retire les matériaux qui ferment l'habitation, et qui sont souvent gâchés ensemble d'une manière très-solide, mais viennent rarement jusqu'à fleur du trou, on trouve à un ou deux pieds de profondeur la galerie qui se divise en deux bras. L'un de ces bras, peu profond, renferme quelquefois des excréments, d'autres fois on n'y rencontre rien du tout, et il ne paraît être, d'après l'opinion de Schinz, que la carrière d'où les marmottes ont tiré leurs matériaux pour boucher la galerie principale. Cependant il n'est pas rare de trouver cette petite galerie latérale dans de simples habitations d'été qui ne sont jamais bouchées, et il est par conséquent probable qu'elles sont creusées par ces bêtes quand on les poursuit, ou que, destinées dans l'origine à devenir la galerie principale, elles ont été abandonnées ensuite parce qu'elles aboutissaient à un rocher ou à quelque autre obstacle. Dans l'arrière-automne, quand l'alpe est recouverte d'une légère couche de neige, l'œil du chasseur reconnaît aisément un terrier habité, par le fait que la neige se fond et laisse le gazon à découvert au-dessus de la partie de l'habitation qui n'est pas trop profondément ensevelie dans le sol.

La galerie principale de l'habitation d'hiver a rarement moins de 10 pieds de long à partir de l'orifice extérieur, mais plus souvent elle mesure jusqu'à 24 ou 30 pieds (?). Vers l'extrémité, elle se relève ordinairement un peu et débouche dans une cavité allongée ou arrondie de 3 à 6 pieds de diamètre, à 3 ou 4 pieds au-dessous du sol. Le fond de cette chambre est matelassé d'un foin sec, court, mou, qui a, en général, une apparence d'un brun rougeâtre, et que ces industrieux animaux remplacent en partie, chaque automne, par du foin nouveau. La prudente marmotte commence déjà en août, quand le temps est beau, à couper activement du gazon et des herbes, qu'elle laisse sécher pour les porter ensuite dans sa gueule à son habitation. Le récit fabuleux de Pline qui raconte que la marmotte, pour garnir son terrier, se couche sur le dos et tient avec les pattes le foin dont elle s'est chargée, tandis qu'une autre la tire par la queue avec les dents jusque dans le fond de sa galerie, et que c'est pour cette raison que les marmottes ont le dos râpé, s'est transmise jusqu'à nos jours. — Et cependant le poil qu'on trouve attaché à toutes les galeries de marmottes dit assez pourquoi le dos de l'animal est râpé.

La chambre d'une simple habitation d'été ne renferme jamais de foin, tandis que dans celles d'hiver il y en a souvent plus qu'un homme ne pourrait en charger d'une seule fois. On ne sait encore positivement si ces petits quadrupèdes ne touchent pas dans certaines circonstances à leur litière de foin pour en faire leur nourriture. Schinz et Römer supposent avec raison que cela peut leur arriver lorsque le soleil du printemps les réveille trop tôt et qu'ensuite un retour de mauvais temps ne leur permet plus de trouver de la nourriture au dehors. En tout cas, les marmottes apprivoisées mangent avec appétit quand on les tire de leur sommeil hibernal.

Lorsque le chasseur découvre, par une tranchée dans le sol, la chambre des marmottes, il y trouve toute la famille réunie et plongée dans un engourdissement semblable à la mort. Ce sont souvent 10 à 15 individus, et, par conséquent, toutes les marmottes d'un même petit district. La température de l'habitation est de 8 à 9° R. Les animaux y sont enroulés, la tête près de la queue, et la plante des pieds de derrière appliquée contre les côtés de la tête. Cet engourdissement, qu'on a nommé avec raison une *léthargie conservatrice*, est une admirable précaution prise par la nature pour préserver ces créatures de la mort qu'elles auraient sans doute trouvée dans les 6 ou 8 mois d'hiver de la haute région, si ce sommeil ne les en garantissait en les faisant vivre de la vie paisible de la plante. Pendant cette période, la marmotte ne mange plus rien. Comme la respiration cesse presque complétement, l'animal n'a plus besoin d'aliment; et, l'alimentation ne se faisant plus, les poumons ne reçoivent plus les matériaux nécessaires à la combustion et à la production du calorique, l'organisme se refroidit et tombe dans un état de repos.

Ce phénomène intéressant a été étudié au point de vue scientifique par Buffon, Mangili, Röder et Schinz, récemment par Regnault à Paris et Sacc à Neuchâtel. Le sommeil hibernal est une mort apparente complète, du moins une vie singulièrement latente, et les lois d'après lesquelles il s'accomplit dans certaines classes d'animaux, nous sont tout aussi cachées. Il est indubitable qu'il maintient et conserve; mais pourquoi protége-t-il une espèce, tandis qu'il laisse à une autre toute voisine le soin de se protéger elle-même, dans des conditions encore plus dures? Notre blaireau a son sommeil hibernal; le glouton, son congénère, doit s'en passer dans les hivers du Nord, bien plus rigoureux encore que les nôtres. Cuvier remarque en revanche qu'un loir du Sénégal, dès l'entrée du premier hiver qu'il passa en Europe, tomba dans le sommeil hibernal qu'il ne connaissait point dans sa patrie, et A. de Humboldt, que, dans les contrées tropicales, on trouve un phénomène parallèle à celui dont nous parlons, savoir un sommeil estival. Une température sèche prolongée occasionne dans ces pays, comme le froid chez nous, une diminution considérable dans l'irritabilité, et le crocodile sur la terre durcie des Lanos de Venezuela, les tortues terrestres et aquatiques, le boa géant et plusieurs petites espèces de serpents dans les contrées de l'Orénoque, passent des mois sans nourriture, immobiles, et dans un engourdissement complet.

Chez notre rongeur les fonctions digestives et sécrétoires cessent avec l'alimentation. La circulation du sang et la respiration continuent il est vrai, mais si faiblement qu'on les remarque à peine; l'animal est froid, les membres sont raides, presque absolument insensibles aux blessures. L'estomac est tout à fait vide et contracté, le canal intestinal est également vide, mais la vessie est au contraire pleine d'urine. Le thermomètre plongé dans le corps d'une marmotte tuée pendant son sommeil hibernal marqua seulement $7^{1}/_{2}$° R.; le sang était peu abondant et aqueux; le cœur battit encore pendant trois heures après la mort, au commencement 16 à 17 fois par minute, puis toujours moins souvent; la tête montrait encore des traces d'excitabilité une demi-heure après avoir été détachée du tronc; quelques fibres musculaires, sous l'action du galvanisme; trois heures après, — tellement a de ténacité cette vie qui paraît à moitié éteinte.

Si la température s'abaisse, comme par exemple lorsqu'on expose à l'air libre l'animal endormi, il périt de froid. La respiration graduellement ralentie finit par ne plus produire dans les poumons la chaleur nécessaire à la vie. Le professeur Mangili a calculé qu'une marmotte endormie ne respire pas plus de 71,000 fois dans l'espace de 6 mois, tandis que réveillée elle respire 72,000 fois en 2 jours. Par une organisation particulière à cet animal et aux autres animaux hibernants, le sang n'arrive à la tête que par une seule artère et par conséquent en bien moindre quantité, ce qui influe d'une manière importante sur les phénomènes de l'action vitale. Regnault a placé une marmotte endormie sous le récipient d'une pompe pneumatique. Elle y resta plus de 117 heures; à une température atmosphérique de + 8° C., elle avait 12 degrés de chaleur animale, et n'absorba qu'un trentième de l'oxygène aspiré par une marmotte dans l'état de veille, et la moitié à peu près s'en retrouva dans l'acide carbonique qu'elle exhalait. Plus tard, en 76 heures de sommeil, elle n'absorba sous le récipient que 12 grammes d'oxygène, tandis que lorsqu'elle fut réveillée elle en absorba 6 grammes dans $^3/_4$ d'heure; et en 5 heures la température de l'animal monta de 11° à 33°.

En captivité les marmottes doivent avoir une chambre chaude, été comme hiver; dans une chambre d'une température de 6 à 7° R. elles mettent tout sens dessus dessous pour se construire un nid, et s'y endorment, toutefois moins profondément que dans les Alpes et jamais sans quelque interruption. Exposées à la chaleur, le pouls s'accélère aussitôt; elles se réveillent, mais sans pouvoir d'abord se servir de leurs membres, et ce n'est qu'après une demi-heure, lorsque le sang réchauffé par les poumons est parvenu dans toutes les parties du corps, qu'elles reprennent leur vivacité habituelle.

Les chasseurs ont aussi de singulières idées sur le sommeil hibernal des marmottes. Il y en a qui croient qu'elles se réveillent à chaque nouvelle lune; d'autres assurent que chaque fois que la lune se renouvelle ou qu'elle est pleine ces animaux se tournent sur leur dos pour changer de côté, mais sans se réveiller. L'opinion généralement répandue que les marmottes, si grasses en automne quand elles s'endorment, se réveillent complétement maigres au printemps, paraît également erronée; du moins un chasseur grison en tua une en avril qui s'était frayé un chemin à travers la neige pour aller s'étendre au soleil, et qui se trouva au moins aussi grasse que ces bêtes le sont ordinairement en automne, quoique son estomac et ses intestins fussent encore complétement vides. Cela se comprend d'ailleurs très-bien. Comme l'assimilation matérielle n'a lieu pendant la léthargie que dans de très-faibles proportions, la graisse accumulée en automne n'est que fort peu absorbée; elle ne se dépense guère avec une respiration et une absorption d'oxygène aussi réduites. L'idée que la marmotte vit de sa graisse et la consomme en hiver est donc erronée. Elle ne vit alors de rien, pour ainsi dire, parce que toutes ses fonctions organiques sont presque éteintes, qu'elle ne dépense ni matières, ni forces, et qu'il n'y a pas lieu par conséquent de les renouveler par l'alimentation. Il est probable que c'est pendant les quelques semaines qui suivent le réveil que les marmottes maigrissent, soit parce que les gazons ne leur offrent encore qu'une chétive nourriture, soit parce que c'est l'époque de l'accouplement de ces animaux. Elles ouvrent déjà leurs galeries à la fin de mars, plus habituellement en avril; on trouve alors leurs traces partout sur la neige autour des terriers. Les matériaux qui fermaient leurs trous sont en partie retirés en dedans, en partie laissés dans le souterrain. Elles vont dans ce temps-là chercher les places dégarnies de neige, et sont quelquefois obligées d'aller loin, avant de trouver quelques vieilles herbes desséchées.

Malgré tout ce qu'on a écrit sur les marmottes, il y a encore bien des choses à éclaircir dans leurs mœurs. On n'est encore jamais parvenu entre autres à observer leurs migrations, qui ont lieu probablement pendant le jour ou du moins au crépuscule du matin, puisque ces animaux dorment toujours pendant la nuit. S'il est vrai que la même famille a son habitation d'été dans des Alpes souvent très-éloignées de celle où elle se retire pour l'hiver, il serait intéressant de la surprendre dans son voyage et de s'assurer des conditions qui lui font entreprendre ce déménagement. Ces petits quadrupèdes sont très-timides et, au moindre bruit suspect, se cachent dans les rochers, car leur course n'est pas seulement assez rapide pour qu'un homme ne puisse les rattraper aisément. Ils choisissent vraisemblablement le chemin le plus court, grimpant le long des couloirs inaccessibles des parois de rochers, et remontant le lit des torrents. On ignore s'ils se servent toujours des mêmes habitations d'hiver et d'été, et dans quels cas ils s'en construisent de nouvelles. On ne sait pas non plus si celles dont on a trouvé les terriers à 8000 pieds et plus, n'y habitent que pendant les 10 ou 12 semaines de l'été de ces régions, et si réellement elles restent plongées pendant 8 ou 10 mois chaque année dans leur sommeil léthargique. Il semble que *a priori* on devrait rejeter une semblable supposition; mais alors il faudrait expliquer comment les marmottes accomplissent leurs migrations périodiques à des hauteurs aussi considérables, car quelques-uns de leurs établissements, par ex. dans l'Allée Blanche en Savoie et dans le Valais, ne sont que de petites oasis entourées de toutes parts, et à plusieurs lieues à la ronde, de déserts de névés et de glaciers. Ce qu'il y a de certain, c'est que des familles qui résident toute l'année dans le même quartier font souvent des promenades lointaines à la recherche de pâturages fleuris. Il est également avéré que chaque famille maintient ses droits sur son district avec un exclusisme jaloux et n'y souffre aucun intrus. Si quelque marmotte entreprenante, ou égarée, vient à se présenter dans une colonie qui n'est pas la sienne, toutes celles qui en font partie se jettent ordinairement sur elle et avec les pattes de devant lui appliquent de si vigoureux horions sur la tête et le dos que la pauvre étrangère prend la fuite en poussant des cris lamentables.

Si, avant que ces animaux soient bien endormis, on les fouille dans leurs quartiers d'hiver, ils prolongent une galerie dans la montagne avec une incroyable rapidité et réussissent ainsi d'ordinaire à échapper au chasseur; mais, comme ils n'ont plus le temps de se creuser une nouvelle habitation à la place de celle qui est détruite, il arrive souvent alors que le froid les surprend et les tue. Ouvrir une tranchée sur leurs terriers d'été n'a guères chance de réussir; car ils creusent eux-mêmes plus rapidement que le chasseur ne peut le faire.

Dans la plupart des cantons il est défendu, et avec raison, de *creuser* ou *fouiller* les marmottes. Quand la nature a mis des soins si admirables à protéger la vie d'un innocent animal, c'est une impiété de l'arracher sans défense à son lieu de refuge pour lui donner la mort. En les fouillant on extirperait complétement en peu d'années ces petites bêtes parfaitement innocentes; tandis que la chasse ordinaire, vu leur prudence, ne présente pas pour elles le même danger. Malheureusement elles échappent difficilement aux piéges qu'on leur tend. C'est de cette manière que dans les Grisons les bergers des troupeaux bergamasques en prennent secrètement un grand nombre. Çà et là les habitants des montagnes sont assez raisonnables et assez intelligents pour ne tendre leurs piéges qu'aux adultes; ainsi sur la Gletscheralp, dans la vallée valaisanne de la Saas, où ces animaux sont en grand nombre, on a toujours soin d'épargner les jeunes.

Très-souvent les trous des marmottes sont placés de telle façon qu'elles peuvent voir depuis l'entrée toute la contrée environnante. Dans ce cas le chasseur établit à une distance de 20 à 30 pas un blindage en pierres, derrière lequel il se tient à l'affût. La vieille marmotte, quand elle aperçoit cette construction, se tient sur ses gardes pendant les premiers jours, et, contre son usage, profite d'une heure tranquille de la nuit pour aller chercher sa nourriture. Mais quand elle est habituée à la vue de cette muraille, elle reprend ses habitudes; elle se glisse hors de son trou, légère comme une ombre, regardant, écoutant, prenant le vent de tous les côtés, jusqu'à ce que la balle du chasseur vienne la frapper. Les jeunes sont toujours plus imprévoyantes et plus curieuses, et une bonne charge de plomb en tue souvent plusieurs à la fois.

La chasse à la marmotte n'est pas aussi facile qu'on pourrait se l'imaginer, et les chasseurs qui ne connaissent pas bien la contrée peuvent rôder bien des jours dans la montagne sans trouver l'occaison de tirer un seul coup, bien qu'ils entendent siffler partout et qu'ils rencontrent des terriers toutes les cinq minutes. Par contre, un chasseur de marmottes exercé, peut tuer dans certaines localités favorables 6 à 8 de ces animaux en une demi-journée. Le mieux est de se mettre en embuscade avant l'aube dans le voisinage du trou, pour y attendre la sortie des bêtes au lever du soleil. Le premier coup de fusil est le signal de la disparition instantanée de toutes les marmottes du voisinage, et depuis le mois de septembre elles ne se hasardent plus volontiers le même jour hors de leurs galeries si le chasseur s'est laissé voir. Quand celui-ci ne connaît pas exactement la place de leurs terriers, il ne réussira pas à les aborder. Elles le voient d'ordinaire bien avant qu'il les ait aperçues, et leurs coups de sifflets retentissants, répétés par toutes les marmottes d'alentour, font qu'il lui est à peu près impossible de surprendre ce vigilant gibier. Aussi est-il nécessaire en général que le chasseur se tienne caché. S'il sait s'y prendre comme le dessinateur de notre gravure, c'est-à-dire qu'il pousse un vigoureux sifflement de derrière les rochers, et sans se montrer, pour faire au loin rentrer toutes les marmottes dans leurs trous, puis qu'il en profite pour se glisser à proximité du meilleur terrier possible et attendre là quelque temps, il pourra voir les animaux sortir de nouveau à dix pas devant lui. Nous avons à peine besoin d'ajouter que l'usage continuel de la lunette est aussi indispensable pour cette chasse que pour celle au chamois. Du reste on associe souvent ces deux chasses l'une à l'autre, c'est-à-dire que quand la dernière manque on se livre à la première. Il arrive d'ailleurs fréquemment que la vigilance soutenue de la marmotte et ses sifflemens sonores font le désespoir du chasseur de chamois en donnant l'éveil au gibier. Quelquefois on parvient à couper la retraite aux marmottes en se glissant à l'entrée de leur trou; les pauvres bêtes poussent alors un cri aigu et perçant et vont dans leur angoisse se jeter dans la première fente de rocher venue, quelque trou qui a peut-être si peu de profondeur que tout le derrière de l'animal reste en dehors. Dans ce cas, il faut avec un bâton serrer le corps de la marmotte contre terre afin qu'elle ne puisse pas mordre, et on la retire vivante par les pieds de derrière. On a aussi employé quelquefois une méthode grossière et barbare pour prendre les marmottes : c'est de les chasser au moyen de chiens dressés spécialement dans ce but, et de les forcer à se réfugier dans des galeries courtes et droites au fond desquelles on tue avec un bâton les pauvres bêtes qui poussent des cris lamentables.

La chasse aux marmottes a aussi ses dangers. En novembre 1852, deux chasseurs du canton de Genève, Carlier et son fils, cherchaient des trous de marmottes près du glacier d'Argentière. Le père s'étant glissé dans une galerie habitée, après l'avoir péniblement élargie, le terrain miné s'éboula tout à coup sur lui. Le fils voulut pénétrer dans la galerie pour venir en aide à son père, et il était heureusement parvenu à le dégager à moitié des décombres lorsque un nouvel éboulement vint les couvrir tous deux. Ces malheureux, le fils étendu sur le dos du père, travaillèrent pendant deux heures à se dégager; mais le plus jeune, succombant à la fatigue et aux angoisses, ne tarda pas à rendre le dernier soupir. Le père resta trois longues et mortelles journées sans lumière et sans nourriture, sans secours et sans forces, sous le cadavre de son fils de dix-neuf ans; enfin des amis inquiets qui s'étaient mis à sa recherche le trouvèrent et parvinrent à le déterrer, mais quelques heures après sa délivrance il succombait à son tour par suite des effroyables souffrances physiques et morales qu'il avait éprouvées.

La marmotte est pour les habitants des montagnes un vrai remède universel. Sa chair grasse, mais savoureuse, se donne volontiers aux femmes en couche. La bête est ordinairement échaudée et râclée comme un cochon de lait, puis suspendue pendant quelques jours à la fumée, et bouillie. La chair fraîche a un goût sauvage et terreux si fort qu'il soulève le cœur quand on n'y est pas habitué. Les chasseurs de la Basse-Engadine se plaignaient à nous d'avoir beaucoup de peine à trouver des acheteurs pour leurs marmottes. La graisse, qui dans les Grisons se paie 48 creutzers la chopine (un mâle de grande taille tué en octobre en donne jusqu'à 3 chopines), guérit, à ce qu'on prétend, les coliques et la coqueluche, et dissipe l'engorgement des glandes; la peau toute fraîche (fourrure durable qui ne coûte pourtant que 24 creutzers) est employée avec avantage contre les rhumatismes. Les habitants des montagnes tirent de ces animaux des pronostics du temps : font-ils leurs provisions de foin, c'est l'annonce d'un beau fixe; font-ils entendre leurs glapissements, c'est un signe de pluie; ferment-ils avec soin l'entrée de leurs trous, c'est le présage d'un hiver rigoureux, etc.

L'homme n'est pas le seul ennemi que la marmotte ait à redouter. Elle est particulièrement poursuivie par les aigles et les gypaètes, dans le nid desquels on trouve toujours en été quelques restes de ces animaux, et par les renards des Alpes. Les vers qui se trouvent quelquefois en quantité prodigieuse dans leurs intestins doivent aussi les faire beaucoup souffrir.

Nos marmottes habitent exclusivement l'Europe et, actuellement du moins, uniquement dans la région alpine et dans la partie inférieure de la région des neiges soit des Alpes, soit des Carpathes et des Pyrénées. Dans les Carpathes et les Alpes du Tyrol, elles sont déjà devenues rares et ont été refoulées dans les districts les plus inaccessibles; elles ont même été complétement détruites depuis une génération dans les hautes montagnes de Salzbourg, grâce aux poursuites insensées dont elles ont été l'objet.

Les marmottes ont vécu sans doute à l'époque glaciaire dans des régions beaucoup plus basses, dans les montagnes avancées, ou même dans les bassins de rivière de la région des collines. C'est ce que prouvent les trois squelettes trouvés dans le diluvium de Niederwangen près de Berne, ainsi que les anciens terriers de marmottes et les restes d'ossemens de trois générations de ces animaux, découverts récemment au Rainerkogel, près de Gratz (1200 pieds). A côté de ces ossements, on a trouvé dans le terrier des centaines de balles d'argile plus ou moins arrondies, renfermant un noyau anguleux de schiste argileux. Il est évident que les marmottes avaient roulé dans l'argile humide les petits morceaux de schiste extraits de leur cavité en la creusant, qu'elles les avaient ainsi enduits de terre et d'argile, et n'avaient

pas pris la peine de sortir ensuite par la galerie ces matériaux inutiles.

On ne connait jusqu'ici pas d'autres espèces de marmottes que la nôtre, à l'exception du Bobac (*Arctomis Bobac*) de l'Europe orientale. Mais elle habite exclusivement les grandes plaines et tout au plus les régions collinaires de la Pologne, de la Galicie et de la Bukovine.

VI. LES BOUQUETINS DES ALPES CENTRALES.

Distribution géographique et extirpation. — Description de l'animal. — Chasse. Aventures d'un chasseur valaisan. — Croisements et hybrides.

De même que les quadrupèdes des régions les plus élevées où la vie animale puisse se maintenir, appartiennent, dans les hautes montagnes de l'Asie, aux genres de l'antilope, du bœuf, de l'âne et du cheval, et dans la chaîne des Andes de l'Amérique du Sud, à celui du lama, y compris ses congénères l'alpaca, le guanaco et la vigogne, de même, dans les hautes montagnes de l'Europe, ce sont des animaux des genres du mouton, du chamois et de la chèvre, que nous retrouvons dans les lieux où les conditions de la vie n'existent déjà plus pour la plupart des autres quadrupèdes. Ils sont encore ici les représentants les plus remarquables et les plus importants du règne animal. La zone qu'ils habitent touche à peine d'un côté à la région subalpine et s'étend de l'autre jusqu'aux champs de névé les plus sauvages. A côté d'eux existent encore quelques grands animaux; au-dessus d'eux, il n'y en a plus: car les aigles et les vautours qui planent quelquefois sur les sommets des Alpes ont leur nid et leur station habituelle dans des contrées bien plus basses.

Pour occuper ces dernières régions des Alpes, la nature devait choisir un genre d'animaux qui se contentassent de la basse végétation, seule possible dans les circonstances climatériques données, et qui de plus, par leur organisation, fussent capables soit de résister aux influences délétères et aux inconvénients d'un climat rigoureux, soit de changer de place aisément et avec rapidité sur les maigres pâturages de ces régions, capables par conséquent de surmonter sans peine les grandes difficultés que présente la configuration du terrain. D'entre tous les quadrupèdes, ceux des genres que nous avons nommés étaient les mieux faits pour remplir ce but. Aussi leurs espèces infiniment variées sont-elles répandues sur toute la surface de la terre, à l'exception seule peut-être de la Nouvelle-Hollande. La plupart habitent les montagnes, quelques-unes seulement occupent les forêts, les plaines, les steppes ou les déserts.

Malgré son nom, le Bouquetin d'Europe (*Capra ibex*) ne se trouve que sur un petit nombre de points en Europe, et même il y compte dans le bouquetin des Pyrénées un rival qui est bien différent de lui. Il paraît qu'il se trouve exclusivement sur les massifs de montagnes les plus considérables; c'est pourquoi nous le voyons habiter les chaînes inaccessibles qui séparent le Valais du Piémont, et les hautes montagnes de la Savoie où depuis l'année 1821, sur les instances de Zumstein, la chasse de cet animal a été défendue sous les peines les plus sévères. Autrefois les bouquetins, l'ornement des Alpes, étaient assez nombreux sur les hautes montagnes de l'Allemagne et de la Suisse, où ils étaient indigènes — et même, du moins dans les temps antéhistoriques, sur les gradins avancés, à en juger par l'énorme individu trouvé dans les palafites de Meilen, au bord du lac de Zurich. Les anciens Romains, dans certaines occasions, ne faisaient pas venir à Rome moins de 100 à 200 bouquetins vivants (Gordien) pour les jeux du cirque. Les causes qui ont amené leur diminution croissante sont leur peu de fécondité, leur intrépidité naturelle qui fait qu'ils ne prennent la fuite que quand l'ennemi est déjà près d'eux, la chasse rendue plus facile par cette circonstance même, la nature enfin des lieux qu'ils habitent. Exposés à tant de dangers dans cette vie passée au milieu des rochers et des glaces, un grand nombre de ces animaux ont péri, et l'étendue toujours plus restreinte des lieux où ils peuvent paître, les avalanches (dans le Zillerthal, autrefois si riche en gibier, les avalanches et les pierres n'ont pas fait périr moins de 53 bêtes dans la période de 1683 à 1694), les chûtes de cailloux, les éboulements qui ont recouvert un grand nombre de terrains engazonnés, se sont opposés à leur multiplication. Plusieurs naturalistes pensent que le bouquetin est proprement destiné par son organisation à la région alpine inférieure et qu'il ne peut vivre que misérablement sur les crêtes arides des hautes Alpes dans lesquelles il a été refoulé. Déjà du temps de C. Gessner, il était réduit à habiter les districts les plus sauvages des Alpes, et même ce savant en concluait que le froid était nécessaire à cet animal pour l'empêcher de devenir aveugle. Les bouquetins étaient probablement encore assez communs en Suisse dans le quinzième siècle. Le dernier tué dans le canton de Glaris l'a été sur le Glärnisch en 1550; on en voit les cornes à la maison de ville de Glaris. Dans les Grisons, d'où le bouquetin a été également extirpé, on l'apprivoisait souvent autrefois, et d'anciens documents nous apprennent que le bailli autrichien de la forteresse de Castels avait à livrer de temps en temps des bouquetins vivants pour les jardins zoologiques d'Inspruck. Ils habitaient particulièrement les montagnes de la Haute-Engadine, de Chiavenne, du Rheinwald, de Vals et du Bergell; mais, déjà dans le seizième siècle, ils avaient tellement diminué qu'en 1612 on dut en interdire la chasse sous peine d'une amende de 50 couronnes. Cette défense n'eut aucun résultat. Peu à peu ces animaux disparurent complètement, et on n'en retrouva plus de traces que dans les armoiries de la Ligue grisonne, du Val d'Anniviers en Valais, où le dernier fut tué en 1809, de la petite ville d'Unterseen, et dans celles de beaucoup de familles du pays, où ils figurent comme symbole de force et d'intrépidité, honneur dont le chamois n'a jamais été jugé digne. Nous possédons une paire de cornes de bouquetin, qui a été récemment rejetée du glacier de Rheinwald et qui y était probablement restée ensevelie pendant des siècles. Ils n'étaient point rares au Saint-Gotthard, il y a une centaine d'années. Lorsque l'avoyer de Steiger, au milieu du siècle dernier, passa dans les bailliages italiens, il en tua un de sa main sur le Saint-Gotthard.

C'est dans les Alpes valaisannes que ces nobles animaux se sont maintenus le plus longtemps, en particulier depuis le Mont-Rose jusqu'au Mont-Blanc, d'où ils s'étaient répandus jusque dans les montagnes du Faucigny. Dans le Salzbourg et le Tyrol ils ont disparu depuis plus de cent ans, quoique les archevêques de Salzbourg les eussent pris sous leur protection. Leurs précautions à cet égard allaient si loin qu'ils avaient fait construire jusque sur les plus hautes montagnes de petites cabanes destinées aux gardiens de ces animaux. Ils en faisaient ensuite prendre quelques-uns par des chasseurs, pour les envoyer vivants à des princes alliés, comme un cadeau rare et précieux, et pour en faire l'ornement des jardins zoologiques. On n'en a plus vu, de mémoire d'homme, dans les montagnes de Tatra, partie nord-ouest des Carpathes.

Aussi fut-on bien agréablement surpris, il y a quelques années, de voir ces fiers animaux reparaître tout à coup en assez grand nombre au Mont-Rose, où, pour la dernière fois vers 1775, on en avait vu une quarantaine d'individus à la fois, mais où, depuis plus de cinquante ans, on n'en avait plus aperçu la moindre trace. Aux Aiguilles-Rouges, et aux Dents des Bouquetins dans les environs de la Dent-Blanche, on avait cru avoir tué les derniers il y a une trentaine d'années, et quand, quelques années plus tard, on en avait encore trouvé sept engloutis par une avalanche sur le versant du côté d'Arolla, on les avait crus décidément extirpés. En effet pendant les douze années qui suivirent, il n'en avait plus été question. Aujourd'hui, grâce sans doute à l'interdiction sévère maintenue pendant seize ans dans le Piémont contre la chasse de ces animaux, ils ont reparu par petites familles de 10 à 18 individus sur le côté méridional du Mont-Rose et dans ses ramifications, mais à de rares intervalles, et à peine sur territoire suisse. Il serait singulièrement à désirer qu'on continuât à les mettre sous la protection de fortes amendes; mais déjà les marchands d'objets d'histoire naturelle offrent à bas prix, et au choix de l'acheteur, des peaux complètes, avec les cornes, de mâles, de femelles et de jeunes; et ainsi les naturalistes et les musées eux-mêmes deviendront malheureusement la cause de l'extermination définitive d'un animal qui était le plus bel ornement de nos Alpes.

Le bouquetin, dont le chroniqueur Stumpf, au 16ème siècle, a le premier donné une monographie en allemand, basée sur ses propres observations et regardée longtemps comme un modèle du genre, est un fier et superbe animal de $4^1/_2$ pieds de longueur, sur $2^3/_4$ de hauteur[1]; sa taille est ainsi notablement plus forte que celle du chamois. Les magnifiques cornes qui ornent sa tête lui donnent un air majestueux; celles du mâle ont de $1^1/_2$ à $2^1/_4$ pieds de longueur; elles ont quatre faces, à arêtes émoussées, et s'écartent par le haut; légèrement courbées en forme de faucille, sur un même plan, elles se terminent en une pointe plate, un peu creusée et obtuse. Sur le bord supérieur se dessinent de forts bourrelets, faisant saillie du côté interne; ils marquent l'accroissement annuel des cornes; ordinairement plus rapprochés vers la base, ils se correspondent exactement sur l'une et l'autre. Celles de la femelle sont beaucoup plus courtes, longues à peine de plus de 6 pouces et presque droites. La couleur du pelage est en été d'un fauve jaunâtre, avec quelques poils blancs et des par-

[1] Le plus grand bouquetin frais que nous ayons mesuré, était un animal âgé, qui avait depuis l'extrémité du museau jusqu'à la racine de la queue 4 pieds 9 pouces du Rhin, et dont les cornes, à 16 nœuds, avaient 21 pouces, mesurées en droite ligne, et 27, mesurées en suivant la courbure; cependant on doit conclure des dimensions, de moitié plus fortes, de cornes encore actuellement existantes dans les collections, qu'au seizième et au dix-septième siècles il y avait des bouquetins d'une taille beaucoup plus considérable que ceux qui existent aujourd'hui. Le couvent d'Engelberg possède une corne de bouquetin pétrifiée.

ties plus foncées; la ligne du dos, le front et le nez sont bruns; les joues jaunâtres, la gorge d'un gris brun, le derrière de la tête brun foncé et blanchâtre, le cou d'un gris clair, le derrière des cuisses couleur de rouille, la région anale et le ventre blancs avec quelques poils noirs, la queue d'un brun noir en dessus. Nous avons vu cependant un bouc très-vieux d'un pelage d'été uniforme beaucoup plus clair. Le bouquetin n'a pas proprement de barbe, quoique de mauvais dessins lui en prêtent toujours une; seulement en hiver il a au menton un petit bouquet de poils plus raides et plus longs, qui disparaissent en partie au printemps. Un mâle vidé pèse encore de 160 à 200 livres, les cornes de 15 à 18; la femelle, plus petite et plus faible, pèse rarement plus d'un quintal. L'animal a une structure musculeuse, ramassée, un maintien ferme et hardi. La tête, que l'animal porte au repos un peu baissée et à la course légèrement renversée en arrière, est plutôt petite, plus courte dans le bouc que dans la chèvre; celle-ci a le front moins voûté, moins élevé; les oreilles sont courtes, plantées très-en arrière; les yeux sont vifs et brillants et, comme chez les chamois, sans cavité lacrimale. Le crâne du bouc a quelque chose de plus noble, de plus arrondi que celui de la chèvre, qui est anguleux, étroit et aplati. Les lèvres sont blanches; le cou et la nuque sont extraordinairement forts et musculeux; les cuisses, un peu minces en proportion, sont munies de vigoureux tendons. Les sabots ont la dureté de l'acier; ils sont rudes en dessous et s'élargissent lorsque l'animal marche sur une surface polie. Le corps entier est plutôt cylindrique, moins légèrement bâti que celui du chamois bien autrement agile; la queue a de 4 $^{1}/_{2}$ à 5 pouces de longueur; elle est toujours redressée comme chez les chèvres domestiques et terminée par un bouquet de poils d'un brun-marron. Le pelage d'hiver est beaucoup plus épais, un peu plus long et plus foncé que celui d'été.

Nos anciens naturalistes se sont donné beaucoup de mal pour savoir à quoi peuvent servir ces cornes énormes qui ornent la tête du bouquetin, et ont imaginé à ce sujet les contes les plus étranges. Gessner, qui raconte que les chamois, lorsqu'ils sont chassés dans des endroits où ils ne peuvent plus ni fuir ni s'arrêter, se suspendent avec les cornes à un rocher d'où le chasseur vient ensuite les précipiter, croyait que le bouquetin se sert des siennes pour amortir ses chutes, comme aussi pour parer les pierres qui viennent à rouler sur lui, et qu'en outre, lorsqu'il sent sa fin approcher, il monte sur la crête la plus élevée de la montagne, appuie ses cornes contre une grosse pierre, et, après avoir tourné tout autour jusqu'à ce que la corne soit complétement usée, tombe et meurt![1] Mais en réalité il ne se sert de ses cornes

---

[1] Pendant que nous étions occupé à revoir ces pages, nous avons reçu trois magnifiques exemplaires de bouquetins tués au Mont-Rose, dans les mois de novembre et décembre 1853. Nous croyons d'autant plus devoir en donner une courte description que, même dans des ouvrages d'histoire naturelle récents, on trouve des données erronées ou inexactes sur la forme de ces animaux.

I. Bouc (probablement âgé de 10 à 12 ans, tué d'une balle à la poitrine). *Dimensions* : Cornes mesurées en droite ligne 18 pouces du Rhin, en suivant la courbure 2 pieds; le plus grand diamètre à la base $3^{1}/_{2}$ pouces, le plus petit $2^{1}/_{4}$ pouces, longueur de l'axe osseux 1 pied. Treize nœuds distincts, peu relevés à la base, le plus fort faisant saillie de $^{6}/_{8}$ pouce; huit anneaux distincts et quelques autres mal déterminés, mais se correspondant dans chaque corne comme les nœuds. Les bords inférieurs fortement arrondis; les bords supérieurs, à l'endroit où les bourrelets sont le plus relevés, ayant en dedans et entre les bourrelets une arête cornée ondulée, surplombant du côté de la pointe. Poids des deux cornes évidées, 4 livres. Longueur du corps depuis l'extrémité du museau jusqu'à la racine de la queue 4 pieds $5^{1}/_{4}$ pouces; queue jusqu'à l'extrémité des poils $8^{1}/_{2}$ pouces; hauteur jusqu'au garrot 2 pieds 9 pouces; oreilles $4^{1}/_{2}$ pouces; longueur de la tête depuis la base des oreilles $9^{1}/_{2}$ pouces; longueur de la tête depuis la base des cornes $8^{1}/_{4}$ pouces; distance des cornes à la base 1 pouce faible; écartement des pointes $15^{3}/_{4}$ pouces; distance des oreilles à la base $4^{1}/_{2}$ pouces; longueur des jambes de devant 20 pouces; longueur des jambes de derrière 22 pouces; hauteur de l'ergot 3 pouces.

Pelage (robe d'hiver). Cornes d'un gris d'argile, bourrelets plus foncés, les extrémités, surtout sur leurs faces extérieures, d'un noir foncé. Tronc en général d'un jaune brunâtre inégal, avec des parties plus claires et plus foncées, irrégulières. Chaque poil à part d'un gris rougeâtre dans la partie inférieure, avec la pointe d'un blanc jaune. Tour des yeux et du museau, ainsi que la suture nasale, plus foncés. Menton d'un brun-gris noirâtre; des deux côtés de la nuque, un esque pour se gratter et pour porter des coups ou les parer. Il se bat comme nos boucs en se dressant sur les pattes de derrière et en frappant de côté.

pace d'un jaunâtre clair, de là jusqu'à la croupe une bande nettement dessinée le long de l'épine dorsale d'un jaune clair, passant à l'extrémité, sur ses deux bords, au blanc sale. Poitrine et flancs d'un brun rougeâtre avec quelques poils blancs. Au tronçon de la queue des poils longs de 3½ pouces, noirs sur le derrière, d'un brun clair sur le devant. Ventre et anus d'un blanc jaunâtre. Jambes foncées à la partie antérieure et inférieure. Lèvres d'un gris argenté. Oreilles, extérieurement et sur les bords, blanchâtres ; intérieurement d'un gris foncé. Aux jambes de derrière, au-dessus de l'ergot, un large trait d'un blanc sale ; la face interne supérieure des jambes de devant noirâtre. Sabots et ergots d'un noir de poix.

En tout, pelage extraordinairement serré, surtout sur la moitié supérieure du corps, recouverte, sous les poils ordinaires, d'un duvet mou et serré. Au premier abord la fourrure paraît rude au toucher, mais en réalité elle est moelleuse, un peu grasse. Derrière les cornes et en descendant la nuque, la partie la plus claire des poils forme presque une crinière de poils longs de 3 à 3¾ pouces. Les poils de la moitié supérieure du corps sont beaucoup plus épais et plus courts que ceux tout à la fois plus rares et plus longs de la moitié inférieure. Notre exemplaire porte au menton des poils aussi épais et aussi longs (les plus longs dépassent 4 pouces) qu'on puisse en voir dans le bouquetin des Alpes centrales. Le museau et le front ont une convexité très-prononcée, ils sont séparés par une selle sphénoïdale aplatie. Les dents incisives sont d'un beau blanc, les deux intermédiaires à moitié usées ; les molaires, à émail plissé, sont noires sur les côtés, blanches à la couronne. Sabots à bords étroits, un peu voûtés et contournés en dehors, les soles à surface plate, pinces arrondies. *Dans tous les exemplaires, les sabots de devant sont notablement plus larges et plus longs* (environ d'un tiers) *que ceux de derrière*, parce qu'ils ont à supporter le poids des cornes et de la majeure partie du tronc.

II. CHÈVRE. *Dimensions*. Longueur du corps jusqu'à la racine de la queue 3 pieds 7 pouces ; hauteur du garrot 2 pieds ; les autres parties du corps en proportion. Cornes mesurées suivant la courbure 7⅝ pouces ; mesurées en droite ligne 6½ pouces ; écartement à la base 1½ pouce ; écartement des pointes 7 pouces. Longueur de la tête depuis l'extrémité du museau jusqu'à la base des oreilles 8 pouces. Cornes à deux faces ; les bords postérieurs arrondis, les antérieurs tranchants, rugueux ; point de nœuds proprement dits, 8 anneaux dissemblables, mais se correspondant dans les deux cornes ; pointes arrondies.

Pelage (robe d'hiver). Semblable en général à celui du bouc, mais plus uniforme et sans trace de raie sur le dos, d'un brun jaunâtre pâle ; chaque poil pris

Les bouquetins paraissent assez insensibles au froid. On a vu de vieux boucs rester pendant des heures sur des pointes de rochers, le nez en l'air, immobiles comme des statues, par des rafales d'un vent glacé, et lorsqu'on parvint plus tard à les tuer, on trouva que, probablement sans qu'ils s'en fussent aperçus, les oreilles leur avaient gelé. L'accouplement, souvent accompagné de terribles combats, a lieu en janvier. La chèvre met bas à la fin de juin un joli petit animal à poils laineux, de la taille d'un chat, qui se met immédiatement à courir après sa mère, et bêle comme un chevreau. Il n'a toute sa taille qu'à l'âge de cinq ans. Les vieux bouquetins sifflent comme les chamois à l'approche du danger, mais le son est plus aigu et moins prolongé; dans la détresse, ils font entendre un son particulier qui ressemble à un éternuement court et violent. Ils vivent ensemble par compagnies de 6 à 15 individus; cependant les vieux mâles se séparent plus tard et paissent isolément. Ils unissent leurs forces pour faire face au danger. *Fournier*, le fameux chasseur de bouquetins du Valais, vit un jour six femelles qui paissaient avec leurs six petits; un aigle étant venu tourner en cercle au-dessus de leurs têtes, elles se réunirent avec leurs petits sous un rocher en saillie, et là dirigeaient leurs cornes du côté de l'aigle en suivant l'om-

à part, gris à sa base avec l'extrémité d'un jaune rougeâtre; duvet gris, abondant, mou, graisseux, plus foncé que chez le bouc; crinière plus courte, plus laineuse, moins distincte; point de poils particuliers au menton. La peau extraordinairement mince, mais forte, presque transparente sur la poitrine et sur les flancs. Le crâne plus plat; museau aplati; front, au contraire, fortement convexe. Ergots comparativement forts.

III. Jeune (mâle, à en juger par la forme du crâne). Longueur $1\frac{1}{2}$ pied; hauteur $11\frac{1}{2}$ pouces; de l'extrémité du museau à la protubérance des cornes 4 pouces.

Pelage (robe d'automne). En général couleur de chevreuil, raie dorsale marquée, noire; queue noirâtre à poils crépus et à pointes blanches, longue de $2\frac{1}{2}$ pouces jusqu'à l'extrémité des poils; le dessus du corps d'un brun rougeâtre, ventre et anus d'un jaune blanc, les pieds marqués de brun noir sur le devant. Dents incisives et molaires complétement formées. Museau d'une convexité prononcée. Les sabots de devant beaucoup plus forts que ceux de derrière, tous les quatre fortement cintrés depuis le talon jusqu'à la pince, comme dans l'animal adulte.

bre qu'elles voyaient se mouvoir sur le terrain. Le chasseur observa longtemps cet intéressant combat, et finit par faire partir l'oiseau de proie en l'effarouchant.

La nuit les bouquetins descendent volontiers dans les forêts supérieures pour y paître, mais rarement à plus d'un quart d'heure au-dessous de quelque arête libre. Au lever du soleil ils remontent sur les hauteurs, et vont se poster enfin sur les places les plus hautes et les plus chaudes du côté du levant ou du midi, où ils passent la plus grande partie du jour occupés à ruminer ou dormant d'un léger sommeil. Ils redescendent le soir, en paissant, vers les forêts. C'est là une différence essentielle avec les chamois, qui paissent surtout dans les premières heures de la matinée et avant le coucher du soleil, et qui restent ordinairement couchés pendant la nuit. Les chasseurs ont observé que les vieux bouquetins sont d'une nature assez flegmatique, qu'ils restent des journées entières debout ou couchés à la même place, communément sur quelque avance de rocher où ils sont garantis par derrière et d'où ils peuvent explorer librement la contrée. Le plus souvent, les chèvres sont couchées avec leurs petits un peu au-dessous dans la montagne. Ils mangent de préférence les armoises, les carex et les matricaires, mais ils ne dédaignent point les jeunes pousses de saules, de bouleaux, de framboisiers et de rhododendrons, et aiment comme les chamois et les chèvres domestiques à lécher les rochers salins. En hiver, ils se retirent dans les hautes forêts, où ils sont réduits d'ordinaire à se nourrir de boutons, de mousses, et des lichens qui croissent sur les rochers et les sapins. Ils évitent toujours le voisinage des chamois; on a cependant remarqué qu'ils s'égarent quelquefois au milieu des troupeaux de chèvres. Au 16me siècle, dans le Valais, on conduisait souvent à la montagne, en compagnie des chèvres, des bouquetins élevés jeunes et apprivoisés, qui redescendaient sans difficulté avec elles dans la vallée.

On peut à peine se faire une idée de la force prodigieuse des muscles et des tendons de ces animaux. Sans élan ils escaladent en trois sauts un rocher de 12 à 15 pieds de hauteur, et entre chaque saut se tiennent un instant contre cette surface presque perpendiculaire. Ils peuvent rester en équilibre sur le bord étroit d'une porte ouverte. Un jeune bouquetin apprivoisé saute sur la tête d'un homme sans prendre d'élan et y demeure en équilibre. On en a vu un grimper au haut d'un mur qui n'offrait d'autres points d'appui que quelques places plus rudes, dégarnies de mortier; mais il avait soigneusement mesuré d'avance ses sauts et fléchi les cuisses à plusieurs reprises avant de prendre son élan. Pris jeunes et élevés avec du lait de chèvre, les bouquetins s'apprivoisent aisément et amusent par leur curiosité, leur air observateur et leur gaîté comique; les vieux au contraire sont souvent farouches et méchants. Un bouquetin qu'on a conservé longtemps vivant à Aigle a toujours montré la plus grande douceur; il présentait volontiers la tête aux visiteurs pour se faire gratter, et resta si attaché à la chèvre qui l'avait nourri, que, longtemps après avoir été sevré, il accourait encore au premier bêlement auprès de sa mère adoptive. Il avait choisi pour son poste habituel le dessous du toit de la plus haute tour du château. Les femelles apprivoisées restent toujours douces, timides, dociles. Un homme de Chamounix qui avait élevé deux petits bouquetins, voulut les conduire lui-même à Chantilly. Ils le suivaient comme auraient fait des chiens. Un jour, à Besançon, ils furent effrayés par un troupeau de vaches et s'enfuirent sur un rocher du voisinage, mais ils ne tardèrent pas, à l'appel de leur maître, à revenir auprès de lui. Nager d'Andermatt a nourri dernièrement pendant deux ans sur une petite alpe un jeune bouquetin du Mont-Rose, qui était extrêmement familier, paissait en pleine liberté, et pendant le jour se tenait de préférence sur le toit du chalet; il sautait également sur la tête de son maître et avait des manières parfaitement douces. Ce naturaliste a reçu dans les dernières années une quarantaine de bouquetins, tués au Mont-Rose et au Val Cogne, dont la plus grande partie ont été envoyés à des musées étrangers. Souvent aussi on lui en a envoyé de vivants; en août 1854 il en avait dans un alpage un petit troupeau composé de cinq femelles et trois mâles. On ne peut se les procurer qu'avec beaucoup de peine et à grands frais. Nager envoyait des chasseurs observer et suivre continuellement les femelles au temps du part; s'ils arrivaient au bon moment et que le lieu ne fût pas inaccessible, ils pouvaient s'emparer du petit en le poursuivant à la course, mais s'ils lui donnaient seulement le temps de se sécher, il n'y avait plus moyen de l'atteindre. Nager a conçu le généreux projet de réintroduire les bouquetins dans les montagnes du Saint-Gotthard; mais il est à craindre qu'une telle entreprise ne soit au-dessus des forces d'un simple particulier. Il paraît aussi que dans les contrées basses ces animaux sont sujets à des maladies que sans doute ils ne connaissent pas dans la montagne. Un jeune bouquetin mourut en 1853 des suites du piétin.

Comme nous avons déjà eu l'occasion de le dire, le bouquetin est bien loin d'avoir la vie aussi dure que le chamois. Il succombe à une blessure qui n'empêcherait pas ce dernier de courir encore pendant des heures. Au bruit du coup de feu, les bouquetins effrayés partent dans toutes les directions avec la rapidité de l'éclair, le blessé s'en va lentement, laissant tomber sa tête à droite et à gauche, pour s'affaisser bientôt et mourir. On ne sait naturellement rien de positif sur la durée de la vie de cet animal; il est probable cependant qu'elle est de vingt à trente ans.

La chasse au bouquetin est un plaisir des plus dangereux et accompagné de difficultés sans nombre. En Suisse, il n'y a guère de chasseurs de bouquetins qu'au Valais; à Sarvan, par exemple, où dans la dernière moitié du 18e siècle il n'y avait pour ainsi dire pas de paysan qui ne fût amateur de cette chasse. En automne, époque où ce gibier est le plus gras, ils montent sur les montagnes du midi et vont chasser soit dans le territoire de l'immense massif du Mont-Rose, soit dans les Alpes de la Savoie et du Piémont (Val Cogne, Savaranche, Mont-Iseran), mais évitant avec soin de se laisser voir par les chasseurs italiens. Comme cette chasse est défendue dans les deux pays, il faut y apporter beaucoup de circonspection et de ruse. La gibecière assez mal garnie, les chasseurs errent pendant huit ou quinze jours sur les hauteurs les plus inaccessibles, dormant souvent sur les rochers, quelquefois debout, et attachés avec des cordes pour ne pas tomber dans les précipices. Le bouquetin ne se chasse pas comme le gibier ordinaire. Si le chasseur n'est pas plus haut que l'animal quand celui-ci l'évente, il ne faut plus qu'il songe à l'approcher. Aussi le tireur doit-il être de bonne heure sur les plus hautes crêtes; car le bouquetin gagne les hauteurs à la pointe du jour. Passer la nuit à la limite des neiges, sans abri, souvent sans autre moyen de se préserver du froid que de transporter des pierres et de sauter, c'est bien ce qu'on peut appeler une goutte amère dans la coupe des plaisirs de la chasse. Ajoutez à cela la traversée des glaciers, l'escalade des rochers, et cent autres difficultés. Nous lisons dans un vieux livre qu'un chasseur de chamois et de bouquetins, en traversant un glacier sur la Limmeralp, tomba dans une profonde crevasse. Ses compagnons ne le voyant plus, et pensant que si le malheureux ne s'était pas cassé le cou il ne tarderait pas en tout cas à mourir de froid, recommandèrent son âme à Dieu et partirent. Tout en cheminant il leur vint des remords, et dans la pensée qu'ils devaient pourtant faire quelque chose pour sauver leur camarade, ils coururent à des chalets distants d'une heure et demie. Ils n'y trouvèrent qu'une couverture de lit qu'ils coupèrent en lanières, et, munis de cette espèce de corde, ils retournèrent en toute hâte à la crevasse. Pendant ce temps, Störi, c'était le nom du malheureux, était dans la position la plus horrible. Il avait rencontré dans sa chute un rétrécissement de la crevasse auquel il avait pu se retenir; et il était là, suspendu au-dessus de l'abîme, plongé dans l'eau glacée jusqu'à la poitrine, s'appuyant contre la glace avec les bras, à moitié raide de froid, et dans une mortelle angoisse. « Dans cette prison d'une profondeur insondable, » dit notre narrateur, « il avait à lutter tout à la fois contre l'eau, l'air et la glace; de ces trois éléments, le premier voulait l'engloutir, le second voulait l'étouffer, pesant sur lui de tout son poids, et le troisième trop glissant ne voulait pas le soutenir. » C'est alors que les lanières apparaissent tout à coup au-dessus de sa tête; avec les plus grandes précautions il se les attache autour du corps, et ses compagnons commencent à l'élever lentement hors de la crevasse. A quelques pieds du bord, la corde improvisée se casse, et au moment d'être sauvé le *candidatus mortis* est de nouveau précipité dans l'abîme. Ce qui restait de la corde n'était plus assez long, et Störi en tombant s'était cassé le bras. Ses compagnons ne désespèrent pourtant pas : ils coupent une seconde fois les lanières en deux, dans le sens de leur longueur, les nouent du mieux qu'ils peuvent, et les font redescendre dans la crevasse. Le chasseur, le bras brisé et ne comptant guère sur ce faible moyen de salut, les fixe autour de son corps. Ses amis recommencent l'opération, et malgré ses douleurs le pauvre estropié travaille si bien des pieds et de la main qu'il parvient enfin à atteindre la surface. Une fois sauvé, il tomba dans un profond évanouissement, et dut être transporté jusque chez lui. Toute sa vie il ne parla qu'en frissonnant des heures qu'il avait passées dans ce tombeau de glace.

Que c'est payer cher une pièce de gibier, et qu'elle a peu de valeur en elle-même cette proie qu'on n'a atteinte qu'au prix de tant et tant de sacrifices! Il n'y a qu'une passion ardente, effrénée, qui puisse entraîner les chasseurs dans une entreprise aussi incertaine. Et cependant ils assurent qu'il n'y a pas au monde un sentiment qui puisse se comparer à celui qu'on éprouve lorsqu'on tient devant soi, à portée, l'animal qui broute. Pendant des semaines, le chasseur toujours aux aguets, toujours cherchant la piste, a suivi pied à pied les passées du matin et du soir, sans peut-être avoir encore jamais vu le gibier lui-même. Dans les nuits glacées, l'espérance d'être près de sa proie a ranimé ses membres tremblants de froid. Enfin, il aperçoit de loin, couché sur une arête inaccessible, le magnifique animal qui porte fièrement ses puissantes cornes noueuses. Mais le vent est contraire;

le voilà donc qui pendant des heures se met de nouveau à traverser des glaciers, à franchir des crevasses et gravir des rochers. Il ne voit pas encore la bête, mais il pressent qu'elle est restée à son poste et qu'il l'a heureusement tournée. Enfin il arrive. Il lève avec précaution la tête au-dessus d'un bloc — le bouquetin est parti — il est à cent pas plus loin, sur une corniche d'un pouce de largeur, promenant ses naseaux dans les airs. Le chasseur sent battre son cœur, il palpite d'espoir et de crainte; il approche, il appuie sa carabine, — le coup retentit au loin dans la montagne, et le bouquetin est là, étendu dans son sang au milieu des cailloux, en proie aux dernières convulsions de la mort.

C'est dans les musées de Zurich, de Saint-Gall, de Neuchâtel et de Berne qu'on trouve les plus beaux exemplaires de bouquetins. Ceux qu'on voit dans ce dernier ont été tués par Alexis de Caillet, chasseur de Salvent dans la vallée du Trient : les deux jeunes au mois de septembre 1820 dans les environs du Mont-Cenis, le vieux en 1809 sur les frontières du Valais et du Piémont. Voici comment Caillet raconte une de ses chasses :

« Le 7 août, je me rendis par le Grand-Saint-Bernard dans la montagne de Cérésolles, sur les frontières du Piémont. Là, je parcourus, pendant un mois entier, tous les endroits où les bouquetins ont coutume de se tenir, sans pouvoir en trouver la moindre trace. Enfin, j'en découvris sur les montagnes qui séparent le Piémont de la Savoie. Ne pouvant me décider à escalader seul ces rochers sauvages et dangereux, je m'adjoignis trois autres chasseurs. Ce ne fut que le 29 septembre qu'après avoir franchi des rochers effroyables, au-dessus de précipices énormes, nous atteignîmes enfin le district des bouquetins, où nous ne tardâmes pas à en apercevoir cinq en compagnie. Au même moment nous fûmes surpris par une tempête glacée, qui couvrit en un instant la contrée d'un pied de neige.

« Comme il y avait alors autant de dangers à avancer qu'à reculer, nous restâmes longtemps indécis sur le parti que nous devions prendre. Mais enfin l'espérance, la passion, nous poussèrent en avant. Le seul moyen que nous eussions d'atteindre l'endroit où nous avions aperçu notre gibier, était de traverser une paroi de rochers qui descendait d'aplomb dans la sombre profondeur d'un gouffre effroyable, et le long de laquelle courait une corniche en saillie, fortement inclinée du côté du précipice, et si étroite qu'un pied pouvait à peine y trouver place. Lorsque le pied gauche s'y était établi, il fallait, pour avancer, que le pied droit en passant se suspendît sur l'abîme avec toute la moitié du corps correspondante ; mais, habitués comme nous l'étions à franchir des passages où d'autres auraient pris le vertige, nous nous en serions peu inquiétés si le danger de cet étroit sentier n'eût été augmenté par la neige fraîchement tombée, qui rendait plus glissant encore le schiste naturellement poli du rocher. Cependant, pour atteindre notre but, nous n'avions pas de choix à faire, et nous prîmes notre parti. Nous marchions lentement et en silence, les uns après les autres, et déjà nous étions assez avancés sur la corniche, lorsque tout à coup celui de nous qui était en tête fit un faux pas, perdit l'équilibre et, sans pouvoir se retenir, tomba dans le précipice. Un dernier cri sourd et horrible nous parvint du fond de l'abîme, mais nous ne pouvions plus voir le malheureux. Un frisson d'épouvante nous saisit, et peu s'en fallut que nous ne suivissions le même chemin. Cependant nous reprîmes courage et, marchant à reculons avec précaution sur le fatal sentier, nous parvînmes, non sans d'indicibles efforts, à regagner le lieu d'où nous étions partis. C'en était fait de notre chasse. Nous cherchâmes longtemps en vain notre infortuné compagnon.

« Une autre fois, pensai-je, il ne faudra pas m'y prendre si tard ; et, en conséquence, l'été suivant, ce fut le 26 juillet que je partis pour la chasse. Je gravis de nouveau les montagnes jusqu'aux frontières du Piémont. Après avoir vainement erré quelques jours dans des solitudes sauvages, je crus enfin remarquer quelques traces de bouquetins au pied d'un rocher presque inaccessible. Muni de quelques provisions, je résolus de tenter l'escalade et partis le matin de bonne heure. Je parvins avec des peines inouïes à m'élever passablement, mais ce ne fut qu'à la tombée de la nuit que j'atteignis la hauteur à laquelle je pouvais espérer surprendre mon gibier. Je cherchai donc à m'établir de mon mieux pour la nuit, sous un rocher qui ne me protégeait que médiocrement contre le vent glacé qui soufflait avec violence. Je soupai, suivant mon habitude, avec un morceau de pain sec et une gorgée d'eau-de-vie; je m'endormis bientôt, mais ce ne fut que pour un instant, et j'attendis le matin. Cependant mes dents claquaient de froid. Je ne pouvais penser à faire du feu, car j'aurais effrayé les bouquetins; d'ailleurs les derniers sapins étaient à trois ou quatre heures au-dessous de moi. Le mouvement seul pouvait me réchauffer. Je me mis donc à courir autant que l'espace me le permettait; je portai des pierres d'une place à une autre et, à force d'agir et de sauter, je me préservai du danger d'avoir les membres gelés.

« Lorsqu'enfin parut le jour tant désiré, je cessai mes exercices de gymnastique et attendis avec impatience mes bouquetins, dont les traces nombreuses me remplissaient le cœur d'une nouvelle espérance. Mais je n'en pus voir aucun. Je rôdai donc toute la journée dans le voisinage, retrouvant partout des pistes, nulle part les animaux. Il me fallut reprendre mes quartiers de nuit précédents, où je dormis presque jusqu'au point du jour. Je me levai bien vite et saisis mon fusil. Les bouquetins s'étaient moqués de moi : car, à mon grand dépit, je remarquai que, protégés par l'obscurité, ils avaient passé une partie de la nuit à paître à côté de moi. Mes provisions de bouche étaient complétement épuisées, et cependant je ne pouvais me résoudre à quitter la place. Je passai toute la journée à continuer mes recherches, et enfin, à la faible lueur du crépuscule, je vis les animaux à portée de ma carabine. Je tire, j'en touche un, mais sans le tuer, et l'animal blessé disparaît comme un trait en faisant des bonds énormes. L'obscurité m'empêcha de le poursuivre, et je dus me résigner à passer encore une nuit sur la montagne.

« Je commençai mes poursuites dès l'aube. Des traces sanglantes vinrent bientôt confirmer mes espérances, mais ce ne fut que vers midi que j'aperçus mon bouquetin couché près d'un bloc. L'animal fit quelques bonds et se recoucha. Je m'approchai en rampant. L'animal parut me remarquer, et il recommençait à bondir — lorsque ma balle l'étendit de nouveau par terre. J'étais enfin en possession d'une proie que j'avais poursuivie pendant vingt jours. Ce fut à travers mille dangers que, chargé de mon butin, je regagnai mon logis. Chasseur en pays étranger, je devais, pour atteindre le Valais, traverser les districts les plus sauvages, et passer la plus grande partie du jour caché dans d'épaisses forêts. »

Dès que l'animal est abattu, le chasseur le vide sur place. Il lui lie ensuite les quatre jambes ensemble, aux genoux, le passe sur son front et assujettit solidement, par derrière, la tête et les cornes pour que le balancement de cette lourde charge ne rende pas sa marche incertaine. Puis, il suspend son arme à son épaule droite et en travers sur sa poitrine; et c'est ainsi qu'avec un poids de 1 1/2 à 2 quintaux, et appuyé des deux mains sur son bâton des Alpes, le fier montagnard retourne chez lui, souvent par les sentiers les plus dangereux. La chair du bouquetin est tout à fait semblable à celle du mouton; elle est seulement plus dure, plus savoureuse et d'un goût un peu sauvage, naturellement le goût de bouc.

Quoique le fait ait été souvent contesté, il est hors de doute que les bouquetins, aussi bien en liberté qu'en captivité, s'accouplent avec les chèvres domestiques et produisent des métis féconds. Dans la vallée de Cogne, deux chèvres qui étaient restées pendant l'hiver sur la montagne revinrent pleines au printemps, et mirent bas deux métis de bouquetins qu'on vendit à Turin.

On a fait dans les fossés de la ville de Berne, de 1820 à 1830, un véritable élevage de métis de bouquetins et de chèvres. Les animaux produits de ce croisement se montrèrent d'abord assez familiers; ils étaient plus légers, plus forts et beaucoup plus vifs que les chevreaux domestiques, ressemblaient à ces derniers par les cornes, et se rapprochaient davantage tantôt du père, tantôt de la mère. L'un d'eux acquit bientôt un triste renom. Il attaquait les factionnaires, grimpait les murs, jetait l'effroi parmi les promeneurs, se réfugiait sur les toits voisins et en cassait les tuiles. On dut le transporter à l'Abendberg, où il renversa souvent des bergers et fit beaucoup de mal. Il jeta par terre quatre hommes qui étaient chargés de le mener à la Saxetenalp, et maltraita plusieurs bergers dans cette dernière localité. Il quittait fréquemment le troupeau de chèvres qui lui était confié, pour descendre dans la vallée, y enfoncer les portes des étables, saillir les chèvres et commettre toutes sortes de dégâts. Au Grimsel, où on l'envoya plus tard, il prit avec ses cornes et jeta en l'air par-dessus sa tête le gros dogue de l'hospice, qui s'approchait de lui pour le caresser. Il fallut enfin le tuer; et l'on peut admirer aujourd'hui au Musée de Berne sa longue barbe et sa tournure martiale. Tous les autres métis devinrent également farouches, ils s'échappaient en escaladant les murs du fossé et allaient jouer de mauvais tours aux passants. Ils ont laissé une postérité nombreuse et remarquable par sa vigueur. Dans le parc impérial de Hellbrunn (Salzbourg), on a obtenu récemment du croisement d'un jeune bouquetin avec des chèvres un grand nombre de produits dont quelques-uns portent complétement le type du père. Près de là, dans le district de Blimbach, de tout temps fameux par ses chasses et entretenu depuis 1843 par une société de seigneurs autrichiens qui y conservent un grand nombre de cerfs, de chevreuils, de chamois (en 1852, il y en avait près de 500), de marmottes, de blaireaux, de coqs de bruyère et de tétras à queue fourchue, on a introduit dernièrement neuf bouquetins, venus probablement du Piémont, et dix-huit chèvres domestiques d'un pelage autant que possible semblable à celui des bouquetins : ce qui promet une belle race de métis, plus intéressante toutefois pour la chasse que pour l'économie domestique. On a aussi obtenu dans le parc de Schönbrunn par le croisement du bouquetin et de la chèvre des produits féconds, mais qui, croisés entr'eux, sont retournés complétement dès la 4e génération au type de la chèvre domestique.

Le Musée de Bâle possède également un jeune métis mâle. Le père de cet animal, un petit bouquetin du Valais dont les parens avaient été tués, fut amené à Bâle dans l'hiver de 1844 à 1845 en compagnie d'une chèvre qui lui avait servi de nourrice pendant plus d'un an. La troisième année la chèvre fut couverte par le bouquetin. Le petit mourut de la dyssenterie à l'âge de huit mois.

Les Pyrénées, les montagnes neigeuses du midi de l'Espagne, l'Altaï, le Caucase, l'île de Crète, la Syrie et le nord de l'Afrique possèdent, comme les Alpes centrales, leurs bouquetins, qui diffèrent tous les uns des autres, essentiellement par la structure assez variable des cornes. Mais partout ces animaux sont déjà rares et leurs races sont sur le point de s'éteindre. Aussi manquons-nous d'observations suffisamment exactes et complètes.

SECONDE PARTIE

LE MONDE DOMESTIQUE

> Lé-z-armailli dei Colombetté
> Dé bon matin se son léva,
> Ah! ah! ah! ah!
> Liauba, liauba, poraria.
> . . . .
> Lé sonailliré
> Von lé prémiré,
> Lé toté nairé
> Von lé dérairé,
> Liauba, liauba, poraria.
> Le Ranz des Vaches.

CRIOU L'AUI MIS EN DÉROUTE PAR SOCRATE.

LE MONDE DOMESTIQUE

I. — LA RACE BOVINE DES ALPES.

Les troupeaux, figures nécessaires dans le paysage alpestre. — Les alpages. — Le berger et ses vaches. — Origine de l'espèce. — Bœufs étrangers et races suisses. — Importance de l'élève du bétail pour la Suisse. — La vie des troupeaux à la montagne. — Particularités du bétail des Alpes. — Les troupeaux pendant les orages de montagne. — Emanations d'animaux morts. — Le *voyage fantastique* et les vaches spectres. — Les taureaux reproducteurs et leurs dangereuses attaques. — De la beauté des vaches. — Le départ pour la montagne et le *jodel*. — Les marchands de bétail welsches. — Laitages. — Elève des veaux.

Dans les vastes et paisibles districts de nos hautes montagnes, l'existence des animaux domestiques au service de l'homme est un complément intéressant et presque indispensable de celle des animaux sauvages. Ces deux séries d'êtres animés se disputent la possession ou du moins la jouissance de ces hauteurs que la nature semblait avoir uniquement réservées dans l'origine à ses créatures de prédilection. Jusque sur les sommets les plus ardus, jusque sur les larges coupoles de neige dont les bras descendent au milieu des ras tapis de gazon des pâturages supérieurs, et même jusque sur les plus chétives oasis des glaciers, c'est entre elles une lutte tranquille et persévérante, c'est à qui possédera sans partage ces rares mais savoureuses plantes alpines qui garnissent les rochers. Les animaux herbivores sauvages, cédant à l'évidente supériorité des animaux domestiques, ne viennent qu'à la dérobée, ou pendant les heures de la nuit, brouter le gazon dans les endroits les plus solitaires; et même alors n'y viennent-ils sans crainte que lorsque les animaux de la vallée n'ont pas encore envahi les hauteurs ou qu'ils les ont abandonnées. Il est rare que les uns et les autres partagent en bonne amitié le bien commun; il est rare qu'un chamois vienne se mêler au peuple agile et destructeur des chèvres. Il semble que quelque chose des habitudes persécutrices et meurtrières de l'homme s'attache aux animaux compagnons de sa vie et répande sur les bêtes sauvages la crainte et l'épouvante que l'homme jette lui-même au milieu d'elles lorsqu'il les aborde avec son arme redoutable. C'est à peine si le pégot ou la spioncelle voltige avec quelque confiance parmi les troupeaux — les perdrix des montagnes se cachent avec le plus grand soin lorsqu'elles entendent les pas du bétail qui s'approche. Quant aux carnassiers des Alpes, ils ouvrent au contraire contre les animaux domestiques, partout où ils le peuvent, une campagne sanglante et souvent productive. L'ours et le loup poursuivent les génisses et les brebis sans protection, le lynx se tient en embuscade auprès de la source où le bétail vient apaiser sa soif, et avec un téméraire courage le lämmergeier cherche à jeter dans le précipice le taureau qui paît sur l'étroite arête d'un rocher. L'homme défend sa propriété contre ces despotes absolus par une guerre d'extermination perpétuelle et finit toujours, grâce aux ressources de son intelligence, par triompher de ces dangereux adversaires.

Les animaux domestiques sont pour nous, dans le paysage des Alpes si souvent écrasant par sa grandeur même, des figures d'autant plus nécessaires que les animaux sauvages y sont beaucoup trop rares et trop fugitifs pour pouvoir les remplacer. Les montagnes seraient privées d'une bonne partie de leurs charmes si l'homme n'y avait construit ses chalets en témoignage de l'empire qu'il exerce sur le monde, s'il n'y poussait devant lui ses troupeaux, s'il n'y faisait monter la fumée de l'âtre, s'il n'en faisait retentir les rochers de ses chants joyeux. Les troupes bêlantes des chèvres aux couleurs bigarrées, gravissant les pentes couvertes des buissons fleuris du rhododendron; le petit pâtre soufflant dans son chalumeau d'écorce de saule; les vaches faisant entendre jusqu'au bord des champs de neige le tintement de leurs clochettes; les poulains traversant les pâturages en bonds hardis et rapides, et la jument à la robe luisante les suivant de son regard affectueux et intelligent; le chien de berger qui fait la garde d'un air paisible, assis sur son derrière; le spitz bruyant qui ne perd pas de vue la porte toujours ouverte de la cabane; les grognements d'une famille de cochons étendus commodément au soleil, dans le fumier à l'entour de l'étable; le rouet du chat gris installé au coin du foyer et qui vient encore ici disputer à la souris, compagne inséparable de l'homme, ses prétendus droits à la jouissance des miettes qui tombent de la table chétive du pâtre : voilà, jusque sur les plus hauts sommets, tout autant d'éléments de vie, de mouvement, de progrès, de conciliation; voilà les signes de la civilisation victorieuse, qui, en luttant avec la nature, ne se propose d'autre but que de l'ennoblir. N'avez-vous jamais remarqué, voyageurs amis des Alpes, quelle teinte de profonde tristesse se répand en automne sur les hauts pâturages, quand hommes et troupeaux, chevaux et chiens, feu, pain, sel, tout en a disparu pour se retirer dans la vallée, quand vous passez à côté de ces chalets abandonnés, barricadés ou découverts, quand sur votre route tout devient de plus en plus solitaire, comme si le vieil Esprit de la montagne avait jeté sur la contrée toute entière le manteau de sa majestueuse austérité? A plusieurs lieues à la ronde, pas un souffle de vie qui rappelle un être familier, pas une voix connue; — le cri de l'oiseau de proie affamé, le sifflement d'une marmotte qui regagne en hâte son trou, se mêlent seuls au grondement des glaciers et au bruissement monotone des ruisseaux. Les pâturages ont perdu les grâces et les charmes de l'idylle: sur leur surface rasée se dessinent seulement quelques groupes de mauvaises herbes ou de plantes vénéneuses que n'a pas touchées la dent des troupeaux; les grenouilles et les tritons reprennent possession des abreuvoirs que la vase remplit de nouveau; quelques papillons attardés, aux ailes fanées et à moitié déchirées, voltigent péniblement à travers la prairie, et les crapauds sonneurs semblent vouloir contrefaire par leurs désespérants concerts les joyeux jodel des bergers.

Ces contrées rudes et inhospitalières, l'homme ne peut les mettre au service de la civilisation qu'au moyen de son cher bétail, de ses fidèles et utiles animaux domestiques. Les troupeaux exercent sur une portion importante du genre humain, sur son bonheur, sur ses mœurs, sur l'horizon borné de ses pensées, une influence bien plus profonde que les événements politiques, qui ébranlent les sociétés jusque dans leurs fondements, mais dont le pâtre des Alpes entend à peine les lointains retentissements. Ce que les champs sont pour le laboureur, les marchandises pour le commerçant, les troupeaux le sont d'une manière bien plus intime encore pour le berger. Celui-ci vit avec ses bêtes bien-aimées et pour elles; elles sont sa richesse, son bonheur, son orgueil, sa nourriture, ses amis — son tout. Quand il parle de son *avoir* il entend par là, tout à la fois, sa femme, ses enfants et son bétail.

Il n'est pas facile de déterminer quelle est l'étendue, dans le sens vertical, de la partie utilisée des Alpes, parce que les limites en varient suivant les différentes localités. En général on peut dire que jusqu'à 4,000 pieds tout le terrain disponible est régulièrement occupé par des prairies et des cultures de divers genres. A partir de là s'étendent les pâturages qui servent pendant l'été seulement, ces étendues engazonnées, souvent immenses, d'une superficie totale de $2^1/_6$ millions d'arpents, vrais pampas de la Suisse, qui montent aussi haut que le permet la structure de la montagne, mais qui s'arrêtent cependant d'ordinaire plus bas que ne semblerait devoir l'indiquer la limite possible de la végétation. Il serait difficile d'admettre pour limite supérieure moyenne des pâturages visités par le gros bétail dans les Alpes de la Suisse, une hauteur de plus de 6,500 pieds[1], parce qu'ordinairement, depuis cette altitude jusqu'à la région des neiges, nous rencontrons un grand nombre de rochers, de pentes rocailleuses, d'éboulements sauvages, ou de talus escarpés presque entièrement stériles. Les alpages à moutons atteignent en moyenne jusqu'à 7,000 pieds, souvent même jusqu'à 7,800. Quelques places de verdure, utilisées régulièrement dans les bonnes années pour y faire paître ces animaux, se présentent çà et là sous forme d'oasis jusqu'à 8,500 pieds, et même sur le Mont-Rose jusqu'à 9,000.

Il est bien difficile, dans l'état encore imparfait de nos connaissances à cet égard, de décider avec quelque certitude quelle a été la souche de notre race bovine domestique. Deux espèces de bœufs sauvages habitaient anciennement les épaisses forêts et les prairies marécageuses de notre pays, savoir l'aurochs et l'urus. L'*Aurochs*, nommé aussi Bison (*Bison europæus*), était un animal de grande taille, d'un brun fauve, dont le devant du corps était couvert de poils crépus, et qui portait au cou une crinière. Ses ossements se retrouvent assez souvent avec ceux de l'élan dans les dépôts de l'âge de la pierre de nos palafites. Il est impossible de déterminer l'époque (est-ce le moyen-âge?) à laquelle ce redoutable gibier des habitants des villages lacustres a entièrement disparu[2]. En Prusse, le dernier bison a été tué en 1755. Par con-

[1] Nous trouvons exceptionnellement quelques alpes plus élevées : ainsi, par exemple, la Märjelenalp sous les Viescherhörner du Valais, dont les chalets sont à 7,181 pieds et dont les portions supérieures s'avancent assez loin dans les glaciers de Viesch et d'Aletsch. Sur le versant sud du Mont-Rose, les troupeaux de vaches paissent jusqu'à 7,500 pieds.

[2] Le couvent de Rheinau conserve encore une corne d'aurochs montée en argent, qui appartenait autrefois au couvent de Saint-Gall et porte l'inscription suivante :

Norbertus donum hoc tibi, Galle, decorum;
Huyc ob mercedem Paradysum da fore sedem.

On lit autour du bord ces autres vers :

O bone Galle, nos lacrymarum hoc in Valle
Respice, protege Sathanæ a tetro grege!

On se servait de ces cornes dans les couvents non seulement pour festoyer, mais surtout pour conserver de saintes reliques, et on les exposait dans les églises.

tre, grâce à la protection de lois très-sévères sur la chasse, il s'est maintenu au nombre de 1,500 têtes dans les marais presque inabordables de l'immense forêt de Bialowics (120 lieues carrées) en Lithuanie. L'empereur de Russie y fit en octobre 1860 une chasse où l'on abattit 15 de ces animaux. Les vieux atteignent un poids de 12 à 16 quintaux. Notre race domestique donne toujours à la vue du bison les signes non équivoques de la plus profonde horreur. C'est une espèce très-rapprochée du bison, bien connu de l'Amérique du Nord, qui parcourt les prairies par troupes de 10,000 individus et plus; mais des différences ostéologiques importantes ne permettent pas de la considérer comme la souche de notre bœuf domestique.

La seconde espèce de bœuf autrefois indigène en Suisse était l'*Urus* ou *Bœuf primitif* des naturalistes (*Bos primigenius*) dont les restes se trouvent dans les dépôts lacustres de Moosseedorf, de Robenhausen, de Wauwil, de Concise, plus fréquemment encore que ceux de l'aurochs. Cet animal était encore plus gigantesque que le précédent et a traversé plusieurs des époques de la formation de notre terre en compagnie d'espèces très-différentes. D'après les renseignements de Rütimeyer, il se trouve d'abord, dans les charbons de Dürnten, avec l'éléphant primitif (*Elephas antiquus*); plus tard, dans les lits de gravier diluviaux de la vallée du Rhin, associé au mamouth, à l'éléphant et au rhinocéros; enfin, dans les tourbes de Robenhausen, avec l'élan et l'aurochs; — « l'aurochs, l'élan et le bœuf sauvage » des Nibelungen. Dans le nord de l'Europe, le bœuf primitif paraît s'être conservé avec l'aurochs, à l'état sauvage, jusque dans le 16ᵉ siècle. En Suisse il avait déjà disparu depuis longtemps, et aujourd'hui il n'existe plus nulle part[1]. Le *codex benedictionum*, écrit qui date environ de l'an 1,000, composé par Ekkehard IV, moine et *magister*

C'est ainsi qu'on en voit une à Vienne qui vient de Mûri, et une à Saint-Gall provenant de Rüthi.

[1] On croit en avoir retrouvé récemment quelques individus dans le Caucase.
(*Traducteur.*)

scholarum au couvent de Saint-Gall, cité à côté de l'ours, du castor, du daim, du chamois (*cambissa*), du bouquetin, du cheval sauvage (*equus feralis*) etc., les trois espèces de bœuf sauvage suivantes : le bœuf primitif (*urus*), l'aurochs (*vesons cornipotens*) et le bœuf des bois (*bos sylvanus*, dans Gessner *bos sylvestris* ou *ferus*). On ne sait pas à quelle espèce se rapportait ce dernier; peut-être étoit-ce le bœuf domestique retourné à l'état sauvage. Quant à la présence de l'aurochs en Suisse dans les temps historiques, elle est attestée par le nom d'un village des environs de Winterthur, Wisendangen, *Wisuntwangas*. c'est-à-dire pâturage des bisons (*Wisentweide*).

Le squelette de l'urus a de très-grands rapports avec celui de notre bœuf domestique, ensorte que rien à cet égard n'empêcherait d'admettre que le premier de ces animaux a été la souche du dernier. Cependant il y a une autre hypothèse qui paraît plus probable encore. Les habitants des villages lacustres connaissaient sans doute les deux espèces de bœufs sauvages et leur donnaient la chasse; mais ils possédaient aussi du bétail domestique, et en quantité assez considérable, à en juger par les restes d'ossements qu'on en a trouvés. Les recherches fort intéressantes, bien qu'incomplètes encore, de Rütimeyer montrent que ces ossements de bœufs domestiques appartenaient à plusieurs races différentes. La première race (*Bos primigenius*), la plus rapprochée de l'urus et qui ne s'en distingue pas anatomiquement, est une race pesante, à charpente grossière, qui n'a plus actuellement il est vrai de représentants en Suisse, mais à laquelle correspondrait entièrement la race de l'Oldenbourg, de la Frise et de la Hollande. La seconde race (*B. trochoceros*), qui n'appartient qu'à la fin de l'âge de la pierre et n'a été trouvée que dans les dépôts du lac de Neuchâtel, paraît également avoir disparu de la Suisse. La troisième race (*B. brachyceros*), faible, à jambes minces, à front plat et large, par contre à cornes petites, fortement courbées en avant et en dedans, avec la pointe dirigée en bas, serait le type primitif de toute notre race brune et se serait conservée dans sa plus grande pureté dans la petite race de l'Oberland grison. Cependant on ne comprend pas très-bien d'où cette troisième et très-ancienne race, la vache des tourbières, peut avoir tiré son origine. Enfin une quatrième race (*B. frontosus*) aurait été le type de notre bétail tacheté et serait elle-même un produit perfectionné du *Bos primigenius*.

Mais contentons-nous de ces indications et revenons à l'état actuel du bétail de la Suisse. Avant tout, nous sommes frappé d'un fait important : c'est que les deux races très-distinctes entre lesquelles se partage la race bovine de l'Europe se trouvent représentées chez nous depuis plusieurs siècles en nombre à peu près égal d'individus et distribuées dans des limites géographiques passablement tranchées. Si nous tirons une diagonale du lac de Constance à l'extrémité occidentale du Valais, la race suisse d'une seule couleur, dite **race brune,** se trouve dans toute la partie à l'est de cette ligne, tandis que **la race tachetée** occupe la partie à l'ouest, sauf quelques variations qui font le passage de l'une à l'autre race et qui se rencontrent exclusivement dans le voisinage de la limite qui les sépare.

Le caractère de la race brune est l'uniformité de la couleur, qui, suivant les contrées et les sous-races ou variétés, passe par tous les degrés du brun noir le plus foncé au gris de souris et au gris de blaireau le plus clair, présentant en général une teinte plus claire dans le dessous du corps et une raie également plus claire le long du dos. La pureté de cette race se reconnaît en particulier à la couleur gris foncé du mufle (avec un encadrement plus clair), de la gueule et de la langue. Le blanc pur manque dans la règle à cette race, et ne se rencontre qu'exceptionnellement sous forme d'étoile au front ou de tache à la poitrine. Les animaux de cette race se distinguent en général par une bonne et agréable conformation, par la finesse de leurs membres, leur tête courte et large, leur cou mince, leur dos large et droit, leur tétine ample et blanche.

La race brune compte un très-grand nombre de sous-races ; elle présente des formes plus légères dans les vallées de montagne où les alpages sont rudes, escarpés et très-élevés, plus pesantes au contraire dans la plaine et dans les alpes favorisées d'un climat plus doux. La plus belle et la plus pesante de ces sous-races est indigène dans le canton de Schwytz, d'où elle s'est répandue dans les cantons voisins et, grâce à la grande facilité de son éducation, dans différentes parties de l'Europe. Les bœufs gras de Schwytz atteignent quelquefois un poids de 20 à 25 quintaux ; on en a même abattu un, en 1777, de 30 quintaux. En tout cas, on doit considérer la sous-race de Schwytz comme le type le plus parfait de la race brune d'Europe, et surpassant toutes les autres sous le double rapport du produit en lait et de l'aptitude à l'engraissement. Les variétés de moyenne taille se trouvent dans le Toggenbourg, le pays d'Appenzell et les vallées des Grisons ; les plus légères sont celles du Tessin, d'Unterwald, de l'Oberhasli et du Haut-Valais, en particulier de la vallée d'Aniviers.

La race tachetée est blanche, avec des taches nettement limitées, rouges, jaunes ou noires, souvent aussi toute rouge ou toute noire, avec une tache blanche au front. Un signe constant de la race est la couleur de chair du mufle, de la gueule et de la langue ; ce n'est que dans les individus tout à fait foncés que ces parties sont de couleur un peu moins claire. Un peu plus pesante de structure que la race brune, elle s'en distingue par les côtes formant voûte et plus arrondies, le fanon plus fort et plus abondant en plis, la queue plantée plus haut, la tétine repoussée plus en arrière par suite de la forte musculature des cuisses.

La forme la plus pesante de cette race est la sous-race de Fribourg, fixée à Bulle et à Romont, et qui de là s'est répandue dans la Suisse occidentale. C'est le bétail le plus pesant de la Suisse, il est d'ordinaire tacheté de noir, rarement tout noir, ou tout rouge, ou tacheté de rouge. La tête est forte, les cornes sont pesantes, le chanfrein est légèrement bombé. La belle variété du Gessenay n'est que de fort peu inférieure en taille. Elle s'est répandue dans le Simmenthal et la plus grande partie du canton de Berne, ainsi que dans quelques contrées adjacentes, où elle s'est maintenue avec une plus ou moins grande pureté. Elle a des formes agréables, arrondies, le corps allongé, ordinairement tachetée de jaune rouge et de fauve. Les sous-races de Frutigen dans la vallée de la Kander, et des Ormonts dans les Alpes vaudoises, sont plus légères encore, mais en tout cas notablement plus fortes que les plus petites variétés de la race brune.

Nous ne pouvons pas, comme nous l'avons fait pour la race brune, affirmer que notre race tachetée soit à tous égards la meilleure des races tachetées de l'Europe, car elles ont des représentants extrêmement distingués au dehors, savoir : la sous-race anglaise au point de vue de l'engraissement et la sous-race hollandaise à celui de l'abondance du lait. Mais à juger du mérite d'une sous-race par l'ensemble de ses qualités, notre bétail fribourgeois et du Gessenay n'a rien à redouter de la comparaison avec tout autre bétail d'Europe. Nos paléontologues croient reconnaître l'ancien type du bétail tacheté dans la race *frontosus* des habitations lacustres, quoiqu'elle n'ait pas laissé de débris d'ossements dans les palafites de la Suisse, mais seulement dans les marais tourbeux de l'Europe septentrionale. Ils estiment par conséquent que le bétail tacheté nous est venu du Nord.

· Ainsi donc c'est dans nos vallées alpines que se trouvent les fameuses races suisses de bêtes à cornes ; c'est là que souvent on les élève avec le plus de soins et d'intelligence pour en maintenir la pureté. Dans le Jura et le plateau suisse, on ne tient plus guère à la pureté de la race ; on y trouve un mélange de bêtes croisées ou étrangères, de moindre mérite.

Pour donner une idée de l'importance du bétail pour la Suisse, nous rappellerons que d'après le dernier recensement ce pays possède 920,000 têtes de l'espèce bovine, qui représentent ensemble un capital national d'environ cent soixante millions de francs, que l'exportation des produits fabriqués du lait se monte annuellement à plus de huit millions et la valeur totale de ces mêmes produits à plus de deux cent millions. Dans les localités moins élevées, où l'on a adopté la stabulation permanente et supprimé le pâturage sur biens communaux, le bétail a considérablement augmenté. Dans les Alpes, au contraire, où il est bien rare de voir remplacer les vieilles routines par une économie plus rationnelle et où les prairies disparaissent ou se détériorent peu à peu, il a notablement diminué.

Nous ne pouvons malheureusement rien dire de bien réjouissant sur les soins qu'on prend des troupeaux dans les Alpes. La plupart du temps il n'y est pas question d'étables convenables, ni même quelquefois d'abris quelconques. Les vaches se promènent à leur choix dans les différentes parties de leur alpe et y broutent une herbe courte et savoureuse. Si au printemps ou en automne la neige vient tout à coup à couvrir le pâturage, elles se rassemblent en beuglant devant les chalets, où souvent elles ne trouvent pas seulement un abri et où, plus souvent encore, le berger n'a pas une poignée de foin à leur présenter. Par des pluies froides continues, les pauvres bêtes cherchent un refuge sous les rochers ou dans les bois, et perdent une partie notable de leur lait; le gel de la nuit couvre parfois leur robe d'un givre épais. Celles qui sont pleines sont quelquefois obligées de vêler à une grande distance du chalet et sans aucun secours humain, et les bergers sont tout étonnés de les voir arriver le soir la tetine pleine et accompagnées d'un joli petit veau; mais la chose ne se passe pas toujours aussi bien. Dans quelques cantons, ce n'est que tout récemment qu'on a commencé enfin à construire des écuries appropriées à leur destination. En tout cas nous pouvons assurer au bon lecteur que la vie « sur les libres sommets, de ces beaux animaux à large front et à robe luisante, » ne ressemble à rien moins qu'à une idylle, et que tout n'y est pas couleur de rose. Nous avons souvent remarqué que le même berger, qui dans la vallée soigne ses vaches avec une attention qu'on pourrait presque appeler de la tendresse, ne peut se résoudre à leur construire sur la montagne une étable qui les mette à l'abri du mauvais temps, ni à leur ramasser une provision de foin, ni à leur assurer une nourriture plus abondante en ôtant les mauvaises herbes et les pierres des pâturages[1].

Et malgré tant de négligence, le bétail aime extraordinairement ce beau temps, cette paisible saison du séjour des Alpes. Qu'au printemps on apporte seulement dans la vallée la grosse sonnaille dont la voix sonore se fait entendre au départ pour la montagne, c'est un émoi général. Les vaches se rassemblent en mugissant et montrent par leurs bonds joyeux qu'elles ont compris ce signal. Et lorsqu'en effet le départ est organisé, quand avec une courroie à couleurs bigarrées on a suspendu la plus grosse cloche au cou de la plus belle vache, et qu'on lui a orné la tête d'un grand bouquet assujetti entre ses cornes; quand on a mis sur le dos du cheval de bât la chaudière servant à la fabrication du fromage, et les provisions; qu'on a placé sur la tête des génisses les escabeaux des vachers; et que ceux-ci, vêtus de leurs plus beaux habits, font retentir la vallée de leurs chansons alpestres et de leurs joyeux jodel : il faut voir alors l'air de contentement

---

[1] Les bergers valaisans de l'alpe du Châtelet, près du glacier de Mœre, prodiguent à leurs grands troupeaux des soins tout particuliers. Ils entourent leurs chalets d'un grand mur formant une espèce de parc quadrangulaire, à l'intérieur duquel règnent, tout autour du mur, des galeries supportées par des piliers et qui offrent au bétail un abri dans le mauvais temps; — genre d'architecture alpestre qui ne se retrouve nulle part ailleurs. On a aussi l'habitude sur ces alpes de mettre les barattes en mouvement au moyen de roues hydrauliques. Les bergers de la Valteline ont rarement des étables; ils se contentent d'attacher tous les soirs leurs animaux en plein air à de grandes poutres placées horizontalement. Dans l'Engadine, au contraire, nous rencontrons souvent des chalets et des écuries magnifiques, comme par exemple sur l'alpe de la Bernina, sur celle d'Orlandi dans la vallée de Camogask, sur l'alpe *nuora* au pied du glacier de Morteratsch, où ces grands et commodes chalets, ces vastes écuries et ces cours fermées pour traire les vaches, forment au milieu de la fraîche verdure des bouquets de mélèzes les fabriques les plus pittoresques. C'est aussi dans les villages de cette haute vallée, en particulier à Pontrésina, qu'on trouve ces écuries à bestiaux parfaitement propres, blanchies, aussi soignées que des chambres, garnies de bancs et de tables reluisant de propreté, où les habitants de la maison se réunissent volontiers en hiver pour se tenir au chaud et recevoir leurs voisins.

et de fierté avec lequel ces braves animaux se rangent à la file les uns des autres et se dirigent en beuglant du côté de la montagne. On a vu des vaches qui avaient été retenues dans la vallée, s'échapper de leur écurie et aller rejoindre toutes seules leurs compagnes sur un alpage éloigné. Par les beaux jours, en effet, même pour une vache, tout est plaisir là-haut sur l'alpe fleurie. L'alchemille, la matricaire et le plantain des Alpes lui offrent une nourriture excellente et savoureuse; le soleil ne l'y fatigue pas comme dans la vallée; les taons importuns n'y troublent pas son sommeil au milieu de la journée, et si elle y souffre encore de la présence de quelques insectes, le hoche-queue qui se promène tranquillement au milieu des troupeaux est toujours là, prêt à lui rendre les mêmes services que le *Crotophaga ani* rend au bétail de l'Amérique méridionale, le *Textor erythrorhynchus* aux troupeaux de buffles, et le *Buphaga africana* aux troupes de gazelles et de rhinocéros du sud de l'Afrique; au lieu des émanations fétides d'une écurie renfermée, c'est l'air pur et vif de la montagne qu'elle aspire à pleins naseaux; le mouvement continuel, le régime de la nature, la liberté de choisir sa nourriture et de manger quand cela lui plaît, la société des compagnes encornées de son choix, tout contribue à l'entretenir en belle humeur et en bonne santé. Cela est si vrai que la stabulation permanente, avantageuse sous tant de rapports, produit chez le bétail une foule de maladies inconnues sur les Alpes, et qu'en particulier la reproduction se fait ici d'une manière beaucoup plus régulière.

Ce n'est pas à tort qu'on attribue au bétail des hautes montagnes plus d'entrain et d'intelligence qu'à celui de la vallée. Une vie conforme à la nature développe en lui les instincts naturels. L'animal qui doit presque pour toutes choses se suffire à lui-même est plus attentif et a meilleure mémoire que celui qui reçoit continuellement des soins étrangers. La vache des Alpes connaît tous les buissons, toutes les mares, toutes les bonnes places du pâturage; elle sait exactement quand on doit la traire; elle reconnaît de loin la voix du berger et s'approche de lui avec confiance; elle sait les heures auxquelles on lui donne le sel, auxquelles elle doit se rendre au chalet ou à l'abreuvoir. Elle distingue les signes précurseurs de la tempête; elle évite les plantes qui ne lui conviennent pas; elle prend soin de son petit, et fait la garde autour de lui; elle se tient à l'écart des endroits dangereux. Cependant, malgré sa prudence, elle ne réussit pas toujours sur ce dernier point : la faim la pousse souvent sur des pentes encore intactes, fertiles mais dangereuses, et tandis qu'elle se promène sur ces gazons tentateurs, le terrain cède sous elle, et elle commence à glisser. Quand elle sent qu'elle ne peut plus rien pour se tirer d'affaire, elle s'étend sur le ventre, ferme les yeux, et, s'abandonnant avec résignation à son sort, se laisse couler lentement jusqu'à ce qu'elle tombe dans le précipice ou qu'elle soit arrêtée par quelque racine d'arbre, auquel cas elle attend sans bouger l'assistance du berger. On comprend que la vache des montagnes puisse encore moins pressentir et éviter ces éboulemens de rochers et ces chûtes de pierres qui chaque année font périr un grand nombre de belles bêtes. C'est ainsi que le 7 juillet 1854, trois vaches furent tuées et vingt-deux grièvement blessés sur l'alpe de Gübelegg appartenant à la commune de Brienz.

Les troupeaux de nos Alpes ont souvent à un haut degré cette espèce d'orgueil qui fait respecter avec une sévérité inexorable le droit du plus fort, et maintient une hiérarchie à laquelle chacun est tenu de se conformer. La maîtresse-vache (*Heerkuh*), qui porte la grosse cloche (*Trichle*), n'est pas seulement la plus belle du troupeau, elle en est aussi la plus forte. A chaque déplacement elle ne manque jamais de prendre la tête de la colonne et aucune autre n'oserait passer devant elle. Viennent ensuite les sonnaillères (*Häupter*), qui sont comme les personnes de distinction du troupeau. Si le berger vient à acheter une nouvelle vache pour l'adjoindre à la troupe, elle a nécessairement à essuyer avec chacun des membres de la communauté un combat à coups de cornes dont les conséquences détermineront le rang qu'elle occupera.

Quand les forces sont égales il en résulte quelquefois des combats singuliers acharnés, dans lesquels les deux adversaires restent des heures à la même place sans vouloir céder un pouce de terrain. La porte-sonnaille dans le sentiment de sa supériorité conduit les troupeaux au pâturage et les ramène au chalet; et on a souvent remarqué que lorsqu'elle perd son rang et qu'on la dépouille de sa cloche, elle tombe dans une tristesse dont rien ne peut la distraire, et finit par vraiment malade [1].

Le bétail des montagnes fait aussi preuve d'un instinct développé et d'un grand courage lorsqu'il est attaqué par les bêtes féroces, et en particulier par les ours malheureusement trop fréquents encore dans les Alpes du sud. Quand un ours se glisse sans bruit sur ses larges pattes dans le voisinage d'un troupeau, les vaches, si le temps est beau et tranquille, éventent de loin le meurtrier et se rapprochent en toute hâte des chalets en poussant de profonds mugissements, ou bien, lorsqu'elles sont attachées, agitent leurs chaînes si longtemps et avec tant de violence qu'elles finissent par attirer l'attention des bergers. L'animal cherche toujours à les surprendre par derrière, car une génisse, à peine de quelques mois, connaît déjà la puissance de ses cornes et sait au besoin s'en servir. Mais si l'ours a réussi à terrasser une vache dans un troupeau dispersé, toutes les autres se réunissent bientôt autour de leur ennemi, le regardent la tête baissée, les naseaux en feu, en poussant par intervalles des beuglements si terribles qu'on dirait qu'elles vont se jeter avec fureur sur leur ennemi. Au dire de personnes tout à fait dignes de foi, l'ours en pareille circonstance ne perd pas de temps à son repas, et il ne doit jamais alors lui être arrivé de tenter une seconde attaque. Mais

---

[1] Ayant remarqué dernièrement qu'au moment du départ d'un troupeau de l'alpe supérieure de Bilters il se livrait un violent combat à coups de cornes, et en ayant demandé la cause aux bergers, nous apprîmes que c'était la vache qui avait porté la grosse sonnaille à la montée, qui en entendant cette cloche résonner au cou de l'une de ses compagnes, était accourue de très-loin et avait engagé avec elle un combat à outrance, en revendication de son ancien privilège.

par des pluies continuelles ou par un brouillard épais, le bétail ne flaire plus du tout les bêtes féroces; et on a des exemples d'ours embusqués dans le voisinage d'un chalet tout près d'un troupeau, et même de vaches surprises et dévorées ou emportées, sans que les autres s'en soient aperçues ou aient donné le moindre signe d'inquiétude.

Quelque confiance que le bétail ait dans ses bergers, et si docile que soit chaque vache à la voix qui l'appelle par son nom, il y a cependant, presque chaque été, des temps d'une complète anarchie où il n'y a plus ni discipline dans le troupeau ni autorité dans les bergers. Nous voulons parler de ces nuits d'orage qui sont pour les habitants des Alpes de vraies heures d'épouvante et de détresse. Le troupeau est encore couché à quelque distance du chalet où les bergers, fatigués de leurs travaux et de la chaleur du jour, dorment paisiblement de leur premier sommeil. Quelques lueurs passagères brillent à l'horizon et par moments transforment en une lave ardente les champs de neige du voisinage. De sombres et lourds nuages s'amoncellent autour des cimes, et du côté de l'ouest commence une succession rapide d'éclairs qui semblent faire palpiter l'atmosphère. La plaine repose au loin dans un silence de mort. Les vaches se réveillent et s'agitent. Des rafales d'un vent chaud se précipitent du haut des rochers, et font entendre des sifflements prolongés dans les buissons de rhododendrons et les pins nains de la montagne. Les eaux des glaciers se raniment; le tonnerre gronde dans le lointain; l'orage se déchaîne; les éclairs, toujours plus brillants, embrasent les sommets des Alpes. Les vaches se lèvent et se rapprochent les unes des autres; la porte-sonnaille donne en beuglant le signal du départ, et bientôt elles se trouvent toutes réunies en troupe serrée autour de l'étable. Une chaleur étouffante règne encore sur le plateau; quelques grosses gouttes de pluie chassées avec violence par le vent tombent obliquement sur le toit du chalet, au-dessous duquel les bergers poursuivent leur bruyant sommeil. Tout à coup, du nuage le plus proche, un éclair s'élance vers les rochers comme un serpent de feu qui éblouit le regard et fouette le visage — il est suivi d'un effroyable craquement; l'air est enflammé, les coups de tonnerre se succèdent sans interruption, le ciel s'ébranle, les chalets chancellent, les névés tremblent sur leur base; des passées d'une grêle abondante hâchent à grand bruit le pâturage. Les bêtes atteintes poussent d'affreux mugissements, et, les yeux fermés, la queue relevée, prennent la course en tremblant dans la direction de l'orage. Les pâtres, réveillés enfin, accourent moitié nus et la tête coiffée de leurs seillots à traire et se précipitent après le troupeau, appelant, criant, jurant, ou invoquant la sainte vierge. Mais les pauvres animaux hors d'eux-mêmes ne voient et n'entendent plus rien; les paupières serrées, la tête en avant, la queue en l'air, ils courent droit devant eux en faisant entendre des sons lamentables qui ressemblent plus à des gémissements qu'à des beuglements. Les vachers aveuglés par ces clartés éblouissantes qui rendent l'obscurité plus profonde encore, ne savent où donner de la tête; la grêle retentit sur leur coiffure improvisée et meurtrit violemment leurs jambes et leurs bras nus : c'est une heure de détresse et de désespoir, c'est une horrible confusion, un affreux vacarme de tous les éléments déchaînés. Enfin, le gros du troupeau est rassemblé; les vents ont chassé les nuées perfides par-dessus les crêtes de la montagne, et à la grêle succède une abondante pluie; les vaches, réunies autour du chalet, sont enfoncées jusqu'aux genoux dans l'eau, la boue, les grêlons, et les rochers retentissent encore à de longs intervalles des roulements du tonnerre qui s'éloigne; — mais une ou deux des plus belles vaches manquent à l'appel : elles sont étendues, palpitantes et les membres fracassés, au fond du précipice. Chaque année des ouragans pareils se renouvellent sur les hauts pâturages. Nous rappellerons seulement celui qui éclata le 1er août 1854 sur l'alpe de Naus dans le Werdenberg : dix têtes de gros bétail et le petit garçon qui aidait les bergers à garder le troupeau furent précipités et mis en pièces sur les rochers.

Si l'ouragan n'arrive pas d'une manière aussi inopinée, les bergers se hâtent de rassembler soigneusement toutes leurs vaches. Quand elles sont *placées*, comme ils disent, elles présentent un singulier coup d'œil. Elles se tiennent serrées les unes contre les autres, immobiles, les yeux fixes, la tête pendante, et tremblant de tous leurs membres. Les vachers vont partout de l'une à l'autre, parlant à chacune avec bonté, la flattant de la voix et de la main; et alors, quelque ardente que soit la lueur des éclairs, quelque effrayants que soient les craquements du tonnerre, avec quelque violence que puisse tomber la grêle, aucune ne songe à fuir. On dirait que ces pauvres animaux se croient à l'abri de tout accident tant qu'ils entendent la voix du berger.

Il est une autre espèce d'anarchie qui règne quelquefois parmi les troupeaux, et qui est moins connue et plus difficile à expliquer. Lorsqu'une vache a péri sur l'alpe ou y a été abattue, et qu'on a l'imprudence de répandre sur le terrain les aliments à moitié digérés contenus dans son estomac et dans ses intestins, cette place devient le théâtre d'un combat général. On est sûr d'y voir, au bout de fort peu de temps, arriver quelque vache, d'un pâturage peut-être très-éloigné, avec tous les signes d'une extrême agitation : elle beugle, gratte la terre et la laboure de ses cornes avec fureur. A ce signal le troupeau entier accourt; et alors commence au milieu de sourds mugissements un combat à coups de cornes, de la violence et de l'acharnement duquel on peut difficilement se faire une idée, et dont le résultat, malgré tous les efforts des bergers, est trop souvent de graves blessures ou la mort de quelque vache. Eût-on même pris la précaution de répandre au loin le contenu des intestins de la bête ou de l'enfouir à plusieurs pieds sous terre et de nettoyer la place, une vache n'y passera jamais sans manifester une grande inquiétude. Ce sont là des désordres qui se répètent dans chaque cas d'une manière infaillible, et qu'on cherche par conséquent à prévenir autant qu'on le peut.

Par contre, quelque générale et quelque enracinée que soit en Suisse dans toutes les anciennes familles de bergers la croyance à ce qu'ils nomment le *transport* à travers les Alpes (*Alpenrücken*), cette croyance est évidemment superstitieuse. Les bergers n'en parlent pas volontiers devant les étrangers ; cependant quand le soir, tirant quelques bouffées de leurs courtes pipes, ils sont assis autour du foyer, et que quelques gorgées d'eau de cerises les ont rendus plus communicatifs, il leur arrive quelquefois de raconter en paroles brèves et mystérieuses qu'à certaines époques, après la traite du soir, les vaches se montrent inquiètes, qu'elles sont enlevées par un grand nombre de bras vigoureux mais invisibles, et transportées dans les airs par-dessus la montagne, poussant de sourds mugissements et tournant la tête en arrière avec angoisse. Personne ne pourrait plus trouver alors une seule vache dans l'alpe entière ; il serait même peu prudent de vouloir longtemps les y chercher. Mais le lendemain matin de bonne heure elles se retrouvent toutes au pâturage, gaies et bien portantes. Il n'y a pas longtemps que dans toutes les alpes occupées par des bergers catholiques, l'un des habitants du chalet prononçait le soir une ancienne prière ou quelques paroles d'exorcisme pour préserver les troupeaux de ce transport aérien, ou de tout autre danger. Il est évident que cette superstition se relie au mythe du chasseur sauvage, le *Thürst*, ou des chevaliers du Roththal dans l'Entlibuch et l'Emmenthal, des Frisons de l'Est dans l'Oberland bernois. Suivant les circonstances particulières à chaque localité, ce mythe se transforme quelquefois de manière à devenir tout à fait méconnaissable. C'est ainsi que dans quelques alpes on est censé entendre à certaines époques des spectres de vaches se promener en troupe au milieu de beuglements et de jodel effrayants. Les bergers évitent soigneusement de se trouver sur le passage de ces processions démoniaques. Presque partout aussi on parle de vaches ensorcelées, en rapport avec le prince des enfers ; ce sont ordinairement des vaches rouges qui sont condamnées à ce rôle. Le *Taureau d'Uri* était au contraire d'un blanc de lait ; il était regardé comme le bienfaiteur du pays et combattait victorieusement d'horribles fantômes sur la montagne des Surenen.

A chaque grand troupeau (*Sennte, Sennthum*) est attaché dans nos Alpes un taureau destiné à la reproduction, un vrai *pater patriæ* (*Muni*, par ironie *Pfarr*, ou *Schellstier*). Le mouni maintient son privilége de sultan de la manière la plus rigoureuse et la plus exclusive. Le berger lui-même en certaine circonstance ne pourrait sans imprudence sortir une vache de l'alpage sous les yeux du taureau. Dans les pâturages très-fréquentés des basses montagnes, on ne garde ordinairement que des taureaux doux et familiers; mais dans les hautes Alpes on en rencontre souvent qui sont farouches et fort dangereux. On voit alors cet animal au corps vigoureux et ramassé, à la tête large, au front couvert de poils frisés, se tenir sur le chemin et jeter sur tout ce qui lui paraît suspect, des regards fiers et menaçants. Si un étranger vient à visiter son alpe, surtout accompagné d'un chien, le taureau l'aperçoit de loin et vient lentement à sa rencontre, en poussant de sourds mugissements. L'animal l'observe d'un air de méfiance et de mauvais vouloir, et pour peu qu'il soit excité par quelque chose d'étrange dans la personne de son adversaire présumé, comme un mouchoir rouge ou un bâton, il lui court tout droit dessus, la tête basse, la queue en l'air, ne s'arrêtant par intervalles que pour mugir, et labourer la terre avec ses cornes. Il est hautement temps pour l'étranger de se réfugier derrière des arbres, dans quelque chalet, ou à l'abri d'un mur; car l'animal furieux le poursuit avec une obstination sans pareille, et tient quelquefois pendant des heures les yeux fixés sur l'endroit où il le suppose retiré. Ce serait folie en pareil cas de vouloir se défendre. Ni menaces ni coups ne peuvent rien contre l'animal : il se ferait plutôt hâcher en morceaux que de céder. Même parmi les bergers il y en a bien peu qui se hasardent à résister à de semblables attaques. Une fois cependant nous avons vu un montagnard, avec un inconcevable sang-froid, saisir de la main droite la corne d'un taureau qui se jetait sur lui, de la gauche lui tirer la langue hors de la gueule et la tourner rapidement, et avec une force herculéenne terrasser l'animal en lui renversant la tête en arrière. Le taureau dompté n'osa plus s'attaquer à personne. Simi Gruber, aubergiste au passage d'Ofen dans l'Engadine, ne s'est pas si bien tiré d'un combat qu'il a eu à soutenir dernièrement contre un taureau. Cet homme d'une taille athlétique, et d'une force éprouvée en mainte chasse à l'ours et au chamois, tenait l'été dans ses pâturages de montagne un troupeau de taureaux, parmi lesquels il y en avait un qui était connu pour sa méchanceté et qu'il évitait soigneusement. Un jour qu'il voulait conduire une vache à ces animaux, il se vit tout à coup assailli de côté par l'un d'eux qui avait jusqu'alors passé pour inoffensif, et fut jeté par terre. Alors, saisissant rapidement d'une main l'oreille de l'animal, de l'autre son museau, par un effort vigoureux il parvient à le renverser. A peine est-il lui-même sur ses pieds que le taureau se relève également, fond de nouveau sur lui avec fureur et l'étend par terre une seconde fois. Gruber employant la même manœuvre réussit encore à terrasser son adversaire, et avec des efforts prodigieux le maintient à terre jusqu'à ce qu'il trouve un moment favorable pour gagner son auberge à la course. Le taureau se relève et se présente bientôt en mugissant à la porte, d'où il ne veut plus s'éloigner. Mais comme dans ce moment même une famille étrangère désirait sortir de l'auberge, Gruber pour lui faire place s'empara d'un fort chevron dont il voulut asséner un coup sur les cornes de l'animal. Celui-ci, l'esquivant par un mouvement de côté, fondit une troisième fois sur son maître, le renversa sans connaissance sur le terrain, puis le prenant sur ses cornes le jeta derrière lui comme une balle. Il s'éloigna de quelques pas pour s'arrêter bientôt, revenir à son adversaire vaincu, et le flairer à plusieurs reprises ; ce ne fut que lorsqu'il le crut sans vie qu'il retourna au pâturage. On croyait en effet Gruber tué ; cependant quand on l'eut porté chez lui, il reprit connaissance ; il avait une jambe cassée et plusieurs contusions graves[1]. Les vaches des montagnes ne s'attaquent que bien rarement aux hommes; mais elles ne peuvent souffrir les chiens étrangers, et elles se réunissent souvent pour leur livrer un combat à outrance : en ce cas, l'ennemi met d'ordinaire la queue entre les jambes et gagne le large.

On sait combien le berger suisse est difficile sous le rapport de la beauté de ses bêtes. Il n'est pas question ici de principes généralement reconnus; le goût se dirige d'après le type de la race dominante de la contrée. Tandis que le Bernois veut que ses vaches soient rouges ou tachetées, le Schwytzois les veut d'un brun-marron foncé; le berger de la Gruyère exige dans sa vache de prédilection une tête un peu forte, comme celle du bœuf, celui de l'Entlibuch veut qu'elle l'ait au contraire légère et délicate, « un visage maternel » suivant son expression. Voici suivant l'Appenzellois quels sont les caractères principaux de la beauté de la vache : manteau brun foncé; museau large, blanc; tête légère, courte; poils du front frisés, de consistance moyenne; cornes petites, légèrement courbées en avant; corps cylindrique; fanon commençant au menton et retombant jusque sur les genoux; veines lactées sous le ventre très-saillantes; queue mince et déliée; tetine quadrangulaire, non charnue; jambes toutes droites; poil serré, mais fin et luisant; pour couronner le tout, une raie régulière d'un gris clair, courant le long du dos. Une vache qui réunit toutes ces conditions se paie un ou deux louis d'or de plus qu'une autre qui serait tout aussi bonne, mais serait d'un manteau clair ou n'aurait pas de jolies cornes. C'est une chose vraiment curieuse que de voir avec quel amour un vrai berger parle de la beauté de ses vaches, avec quelle passion il fait ses offres

---

[1] Simi Gruber, l'honnête aubergiste du passage d'Ofen, dont les formes herculéennes, la longue barbe blanche descendant jusqu'à la poitrine et la bienveillante physionomie sont sans doute demeurées dans le souvenir d'un bon nombre de voyageurs, a, tout dernièrement encore, bien que boiteux et un peu cassé par l'âge, tué à un quart d'heure à peine de son auberge un gros ours, dont nous avons trouvé les jambons excellents.

pour une bête qui lui plaît, avec quelle difficulté on le décide à s'en défaire quand il la possède. Il en est plus d'un que des fantaisies de ce genre ont complétement ruinés. On met en général au contraire très-peu d'importance à ce qui au fond en a le plus, savoir la forme et l'étendue de l'écusson (*Flamme*), la pureté de la race et les qualités laitières des ascendants de l'animal. Quant à la maîtresse-vache, on tient à ce qu'elle soit bonne *pâtureuse*, c'est-à-dire qu'au pâturage elle se tienne toujours la première et qu'elle sache conduire le troupeau dans les meilleures places.

Le temps le plus solennel pour le bétail des Alpes est sans contredit le jour du départ pour la montagne. Ce jour, qui fait également époque dans la vie du berger, tombe ordinairement sur le mois de mai. C'est dans cette saison qu'un grand nombre de vallées célèbrent ou célébraient avec une grande solennité la fête de leur patron : ainsi les habitants du Grindelwald fêtaient sainte Pétronille, les Valaisans leur saint évêque Théodule, qui une fois força le diable à lui apporter de Rome par-dessus les Alpes une cloche bénite, et en l'honneur de qui ils ont donné son nom au passage de Saint-Théodule fréquenté malgré ses dangers par les vaches. Chaque troupeau qui se rend à la montagne a sa sonnerie. Comme nous l'avons déjà dit, on met au cou des plus belles vaches d'énormes cloches ou sonnailles qui ont souvent plus d'un pied de diamètre et coûtant jusqu'à 80 ou 100 francs. Ce sont les pièces d'apparat du berger; il annonce le départ de village en village avec trois ou quatre de ces cloches, qu'il choisit de manière à ce que les sons s'harmonisent. Dans les intervalles se font entendre les clochettes d'un moindre calibre. Un petit aide-berger ouvre la marche; il est vêtu d'une chemise bien blanche et de culottes jaunes. Après lui viennent les vaches et le taureau formant une longue procession de bêtes de diverses couleurs, à la suite desquelles gambadent souvent quelques veaux et quelques chèvres. L'armailli ferme la marche, avec le cheval de bât chargé des ustensiles nécessaires à la fabrication du fromage, de la literie, etc., le tout recouvert d'une toile cirée à dessins bariolés. C'est pour ce jour tout particulièrement qu'est réservé le *ranz des vaches*; chaque district en a un qui lui est propre. C'est un chant éminemment original, de l'ancien texte duquel on n'a conservé que quelques strophes et dont la mélodie se compose de trilles prolongés, de jodel, de sons tour à tour détachés et soutenus. Le *jodel* simple (*Rugguser*) est autre chose : il n'a point de paroles; il consiste en une succession bizarre de sons mélodiques restant quelque temps dans le grave pour sauter rapidement à l'aigu. C'est avec le jodel que le berger appelle ses vaches, qu'il salue ses camarades, et surtout qu'il établit avec eux la conversation à distance dans la montagne.

Le retour de la montagne est pour le troupeau comme pour le berger un jour qui n'a rien de gai. Il s'exécute dans le même ordre que le départ. C'est d'ordinaire le signal de la dissolution du lien de famille qui unissait les membres du troupeau. Une partie des bêtes retournent chez leurs différents propriétaires pour y passer l'hiver à l'écurie, — dans la Haute-Engadine, les écuries sont creusées en terre sous les maisons pour mieux garantir le bétail contre les rigueurs d'un long hiver de sept mois; — les autres, surtout celles de la Suisse orientale, sont conduites en Italie. Tantôt c'est un marchand du pays qui achète les plus belles pièces pour les revendre sur les marchés italiens, tantôt ce sont les marchands welsches, tessinois et lombards qui visitent eux-mêmes les vallées pour y choisir les animaux qui leur conviennent et les acheter à bon marché. Ils donnent la préférence aux vaches laitières jeunes, d'un manteau brun foncé avec une raie blanche sur le dos, et la tetine blanche, parce que les vaches rouges, dont la peau est plus fine, perdent aussi plus facilement leur poil, sont plus délicates transportées dans le Midi, et plus sujettes à maigrir; d'ailleurs les foncées sont moins exposées à la piqûre des cousins. Les bœufs pour l'engrais sont au contraire choisis de préférence dans les couleurs claires, parce qu'on croit qu'ils prennent mieux la graisse. Dans le canton d'Appenzell l'acheteur étranger appointe pour un certain jour dans le chef-lieu de l'endroit tous les paysans dont il a acheté les vaches, on examine soigneusement les pieds de chacune d'elles, on les ferre pour le voyage (un fer pour chaque onglon, huit en tout), on les paie, et on arrose le marché par de copieuses libations. La caravane se met alors en route pour le Midi, traversant lentement les Alpes et s'arrêtant par courtes étapes aux stations traditionnelles. Il est bien rare que de septembre en novembre on puisse traverser le Saint-Gotthard, le Lukmanier ou le Bernardin (Splügen) sans rencontrer quelqu'une de ces longues caravanes de bétail.

Nous ferons incidemment quelques remarques sur l'industrie du lait dans les Alpes. Le goût du lait de montagne dépend beaucoup de la nature des alpages. Dans ceux où se trouvent beaucoup d'aulx, plante que le bétail mange avec avidité, le lait et le beurre prennent un fort goût d'ail. Sur la montagne de Feuerstein, non loin du Chasseral, il y a des places entières garnies d'orchidées qui donnent au lait une couleur de safran et une odeur d'ognon, et empêchent absolument sa transformation en beurre et en fromage. Dans l'Oberland bernois, le *Satyrium nigrum* donne au lait une couleur bleuâtre, au beurre et au fromage une odeur de vanille très-prononcée. C'est le matin et le soir, ordinairement de 7 à 8 heures, dans quelques cantons le matin seulement entre 10 et 11 heures, qu'on appelle les vaches pour les traire, soit devant le chalet, soit dans l'intérieur de l'étable. La quantité du lait varie beaucoup suivant la bonté de la race et l'époque du vêlage. Il y a des vaches qui, pendant un certain temps, donnent journellement jusqu'à 50 livres de lait; les bonnes races produisent en moyenne, y compris le temps où elles sont à goutte, 4,69 mesures suisses par jour, soit $18\:1/4$ livres. La mesure de lait donne 0,11 mesure de crème; on compte ordinairement 9 mesures de bon lait pour 1 de crème, et la mesure de crème fait $14\:1/5$ onces de beurre. Pour faire 1 livre de fromage maigre il faut 4,2 mesures de lait écrêmé. Dans les montagnes du sud et de l'ouest, le lait se transforme ordinairement en fromages gras; dans celles de Saint-Gall et d'Appenzell on écrème le plus souvent le lait pour en faire d'abord du fromage maigre, puis du séret. Dans le canton de Glaris, quand le séret a acquis un certain point de fermentation, on le descend dans la vallée, et, au moyen de moulins spécialement destinés à cet usage, on le mélange avec les fleurs et les feuilles du mélilot, pour l'expédier en tous pays sous le nom de *Schabzieger* ou fromage vert, particulièrement en Russie, en Hollande et dans l'Amérique du Nord.

Les vaches parviennent à un âge de 25 à 40 ans; mais dans les contrées où elles sont soumises à la stabulation permanente, elles éprouvent, bien avant cet âge, dans les fonctions de la reproduction, des accidents qui diminuent tellement la production du lait que la bête ne paie plus ses frais et doit être livrée au boucher. Des cas de part anormal ne sont pas rares : pendant l'automne de 1854 trois vaches d'une même écurie, dans le canton de Schwytz, mirent bas, entr'elles trois, sept veaux, dont six vinrent à bien. Nulle part dans nos montagnes il n'est question d'une médecine vétérinaire rationnelle. Si la bête manque de quelque chose ou que seulement le berger se l'imagine, il lui administre selon ses vues ou plutôt selon la tradition « la poudre à quatre ingrédients » ou « celle à cinq ingrédients. » Dans les contrées qui n'ont pas de race particulière et bien caractérisée, la plupart des veaux sont envoyés à l'étal après avoir été nourris de lait frais de vache pendant 6 à 12 semaines. Dans les cantons où on élève, on donne aux veaux pendant 6 ou 8 semaines le lait de leur mère, puis du lait écrémé, et au bout de 10 ou 14 semaines du foin, de l'herbe et de l'eau. Il est rare en Suisse qu'on laisse le veau teter sa mère; dans la règle c'est le berger qui le fait boire dans le seau en lui présentant quatre doigts de la main. Dans les cantons de Berne, de Zurich et de Soleure on emploie souvent une méthode qui a été vivement recommandée dans le temps par le pasteur Meyer de Kupferzell. Elle consiste à ne donner du lait frais au veaux que pendant quelques jours et à le remplacer peu à peu par du thé de foin, décoction de toutes sortes de graines fourragères, qui donne, dit-on, d'excellents résultats.

Autrefois, au Saint-Gotthard, on employait les bœufs en hiver à tirer les traîneaux chargés de marchandises ou à ouvrir les chemins quand ils étaient encombrés par les neiges; on les attelait alors à des triangles ou traîneaux en coin, ou bien on les faisait passer et repasser sur la route jusqu'à ce qu'elle fût suffisamment battue. De nos jours, ce sont plutôt les chevaux ou les mulets qu'on emploie à ces usages. Les habitants du village de Nendaz en bas (Valais) se servent au contraire des vaches et des taureaux comme on le fait ailleurs des chevaux, ils les ferrent, les sellent, et les montent; tandis que leurs voisins d'Yserabloz habitent au milieu de rochers si escarpés que, suivant le dicton, on y doit ferrer les poules. Dans les Grisons, on fait, plus que nulle part ailleurs en Suisse, usage des vaches et des bœufs pour l'attelage; tous les produits d'été des alpages et les bois nécessaires à la consommation sont descendus dans les vallées presque exclusivement au moyen des bêtes à cornes et souvent de chariots d'une forme étrange. La viande de vache fumée ou séchée à l'air forme, dans la plupart des vallées de ce canton, une partie importante de l'alimentation des habitants. Dans la vallée de l'Engadine, cette viande *momifiée* se garde de trois à quatre ans, et conserve, la première année du moins, un goût excellent.

II. LES CHÈVRES DES HAUTES MONTAGNES.

Origine et espèces voisines. — Particularités de la chèvre des Alpes. — Les troupeaux. — Chèvres engagées dans des endroits dangereux. — Vie d'été des petits gardeurs de chèvres. — Un petit chevrier de réputation universelle. — Nourriture des chèvres et produit en lait. — Chèvres de Cachemire en Suisse. — Croisements.

Nous avons déjà dit quelques mots des proches rapports de parenté qui existent entre le bouquetin et la chèvre domestique. Celle-ci se distingue cependant du premier par la structure plus délicate de son corps, par la forme aplatie et à deux arêtes seulement de ses cornes, et par la longueur de sa barbe. La souche probable de notre chèvre est la Chèvre Bézoar (*Capra ægagrus*) du Caucase et des hautes montagnes du Taurus, peut-être aussi répandue jusque dans l'Inde, mais découverte seulement dans les derniers temps. Pour la structure du corps, elle tient le milieu entre le bouquetin et la chèvre domestique; mais par ses mœurs et la forme aplatie de ses cornes, elle ressemble davantage à la chèvre. Elle est d'un gris brun avec une raie noire sur le dos; elle a les joues noires, une barbe brune et une petite queue noire.

Les chèvres se trouvent en Suisse depuis l'âge de la pierre sous une forme qui n'a jamais varié. Ce sont tantôt des bêtes d'écurie, nourries toute l'année dans la vallée; tantôt des bêtes à moitié de montagne, allant en troupes chaque matin pendant l'été sur les pâturages maigres et dans les gorges sauvages des montagnes, et revenant le soir dans les villages; tantôt de vrais animaux de montagne domestiques passant tout l'été sur les Alpes. Il arrive quelquefois qu'un chamois se mêle aux troupeaux de chèvres et les accompagne le soir jusque près des villages où on les conduit. Ce cas s'est présenté souvent dans les Grisons et dans le canton de Glaris. Il existe des différences remarquables

CHÈVRES DANS LES HAUTES ALPES.

entre les chèvres d'étable proprement dites et celles de montagne. Les premières portent les traces d'une éducation plus soignée : elles sont plus grandes et plus allongées, elles ont les jambes plus courtes, elles donnent plus de lait. Leur tetine pend quelquefois presque jusqu'à terre. Elles sont en outre d'une humeur indolente, souvent querelleuses et méchantes, souvent aussi caressantes et dociles, tantôt courageuses, tantôt timides, mais par-dessus tout contrariantes et capricieuses. Quand elles sont de bonne race et convenablement soignées, elles peuvent donner journellement au printemps et en été de 2 à 2$^1/_2$ mesures de lait. Mais si on veut accoutumer à l'écurie une chèvre de montagne qui a l'habitude de passer sa vie en plein air, elle perd bientôt la moitié de son lait et, même avec les soins les mieux entendus, prend l'aspect le plus misérable. La chèvre de montagne est plus petite et plus grêle; elle a l'air plus vif; elle est ordinairement d'un gris rougeâtre, d'un brun noir, d'un jaune rouge, ou tachetée, rarement blanche ou noire comme les chèvres de la vallée. L'Appenzellois veut dans sa chèvre, pour qu'elle soit d'une beauté parfaite, une tête sèche et la jambe droite comme un I. Les cornes de la chèvre de montagne sont communément plus petites et plus droites. En somme elle ressemble au chamois dans tout son extérieur. Dans l'Oberland bernois on voit souvent de grands troupeaux de chèvres toutes d'une même couleur, d'un brun rougeâtre, avec une raie foncée sur le dos; au glacier du Rhône nous en avons rencontré un très-considérable, composé de bêtes magnifiques, brunes sur la partie antérieure du corps, blanches comme du lait sur la partie postérieure. Le pasteur Conrad d'Andeer raconte qu'on trouve quelquefois dans le Schamserthal des chèvres à cornes de chamois qui pourraient bien être, selon lui, des produits croisés. Les chèvres à quatre cornes sont rares.

Les boucs de montagne ont quelquefois des cornes d'une grandeur si extraordinaire que de loin on prendrait ces animaux pour des bouquetins : à Capella dans la Basse-Engadine nous avons vu, dans l'automne de 1855, un bouc châtré dont les magnifiques cornes mesuraient, en suivant la courbure, près de $2^{1}/_{2}$ pieds. Ils se distinguent par leur naturel hardi et malicieux. Il y a une certaine gravité pédantesque dans la manière dont ils portent leurs cornes, mais leur œil est fripon. Ils ne déploient toute leur légèreté que lorsqu'ils grimpent pour brouter ou qu'ils jouent et se battent à coups de cornes. Le mouton et le bouquetin perdent bientôt la folle gaieté de leur jeunesse; la chèvre la conserve plus longtemps. Sans mettre précisément du sérieux dans son humeur querelleuse, elle offre très-volontiers le combat. Un Anglais s'était assis sur un tronc d'arbre à quelque distance de l'hospice du Grimsel; tout en lisant, il s'était assoupi et, en dormant, faisait *les cloches*. Un bouc qui rôdait dans le voisinage s'approche de lui avec curiosité, et, prenant ses hochements de tête pour une provocation, se met en posture, mesure la distance, fond avec intrépidité sur le malheureux enfant de la libre Albion, et d'un vigoureux coup de tête l'étend par terre tout de son long, les deux jambes en l'air. L'animal victorieux, comme inquiet d'avoir trouvé si peu de résistance dans un crâne britannique, pose un de ses pieds de devant sur le tronc d'arbre et regarde avec intérêt, de l'autre côté, sa victime qui se débat, crie et tempête.

La curiosité est en effet, avec l'humeur capricieuse, un des caractères principaux de la chèvre. Elle est bien autrement curieuse que la vache, et en cela encore le chamois lui ressemble. Comme nous l'avons fait remarquer, il arrive quelquefois qu'une chèvre des Alpes va se joindre à un troupeau de chamois et reste plusieurs mois dans leur société. Mais ce doit être pour elle une rude besogne de suivre ses compagnons passés maîtres à la course et au saut, et ordinairement elle revient d'elle-même en automne, sans être aperçue, se présenter à la porte de son écurie. Dans le canton d'Appenzell on a vu des chèvres passer l'hiver dans certains endroits abrités des Alpes, tantôt seules, tantôt en compagnie des chamois, et revenir au printemps dans la vallée, suivies de leurs jeunes chevreaux.

Notre chèvre est parmi les animaux domestiques un des plus

réveillés et des plus alertes; son regard, sa tête fine, son corps léger et dégagé, le développement de son cerveau, sont autant d'indices d'une nature vive et intelligente. Elle est bien plus sensible que le mouton aux caresses de l'homme; elle ne suit pas comme lui tous les mouvements du troupeau, mais marche à sa guise et du côté qui lui plaît; elle aime les montagnes et la liberté, elle ne s'effraie pas facilement, elle est assez opiniâtre dans sa colère, elle a beaucoup de mémoire et un grand sens des localités, ensorte que si elle vivait dans une liberté complète elle pourrait peut-être, au bout de quelques générations, ne le céder que fort peu au chamois lui-même en vivacité, en hardiesse et en instinct. Cela est vrai surtout des chèvres cornues, et c'est pour cette raison même qu'on préfère dans la vallée les chèvres sans cornes comme bêtes d'écurie, tandis que les autres sont incomparablement plus communes dans les montagnes. Pour avoir de ces chèvres sans cornes on emploie dans quelques endroits un procédé dangereux et singulièrement barbare. Dès qu'on voit poindre les cornes au chevreau on les lui extirpe du crâne avec la racine. Mais la plus grande partie des paysans condamnent cette cruelle opération.

Le touriste rencontre fréquemment dans les montagnes des troupeaux de chèvres qui font l'effet le plus pittoresque au milieu des contrées solitaires qu'il parcourt. Quelquefois ces animaux sont complétement abandonnés à eux-mêmes, d'autres fois ils sont sous la garde d'un petit garçon aux pieds nus et à la peau basanée. Ils sont en général peu sauvages, le plus souvent même tout à fait familiers et dispos. Dans un grand nombre de montagnes en Suisse ils suivent les étrangers pendant des heures pour obtenir une pincée de sel ou un morceau de pain, à défaut, une prise de tabac, qu'ils mangent avec tout autant de plaisir. On adjoint volontiers une demi-douzaine de chèvres aux troupeaux de bœufs ou de chevaux, et dans ce cas leur lait est à peu près la seule nourriture du gardien de ces troupeaux; souvent aussi il s'en trouve quelques-unes à la suite des troupeaux de vaches (*Kuhgeissen*). Mais ordinairement, elles forment à elles seules des troupeaux plus ou moins considérables qu'on chasse sur les Alpes. Dans le canton d'Appenzell on les divise par groupes d'une douzaine; les paysans pauvres s'associent entre eux pour en faire un, et prendre à gage en commun un petit chevrier qu'ils nourrissent très-chétivement et paient plus chétivement encore. Steinmüller raconte qu'on trouve souvent des chèvres à quatre trayons, dont les deux postérieurs plus gros et plus abondants en lait; observation qui serait intéressante si on pouvait la poursuivre avec quelque exactitude. Les faux-trayons se rencontrent infiniment plus rarement chez la chèvre que chez la vache. Nous connaissons aussi un exemple d'une chèvre, très-bonne laitière du reste, qui n'avait qu'un trayon.

Les chèvres parcourent hardiment les bandes de rochers les plus escarpées pour y brouter les touffes éparses de gazon ou y dépouiller les arbrisseaux de leur verdure tendre et appétissante. Il n'est pas rare que dans ses pérégrinations la chèvre s'engage dans de mauvais pas où elle n'ose plus ni avancer ni reculer; souvent alors elle reste deux ou trois jours sans nourriture, suspendue entre la vie et la mort, attendant que le berger la découvre et la tire de là. Il déploie quelquefois pour la sauver, une témérité incroyable, et va l'attacher avec une corde pour la remonter ensuite le long du rocher. C'est une chose remarquable que l'adresse avec laquelle l'homme s'aventure dans des endroits périlleux où la chèvre elle-même aux pieds légers a perdu toute assurance. Les petits chevriers qui passent tout l'été au milieu des rochers, sont des virtuoses de première force dans l'art de grimper, et ils s'embarrassent si peu du danger, qu'ils s'offrent à gravir les têtes de rocher ou les parois les plus droites par n'importe quel couloir, quelle arête on leur désigne, et où l'on ne comprend pas qu'on puisse seulement poser le pied ou la main, tant elles sont escarpées. Il est rare que les chèvres se tuent en tombant; cela n'arrive guères que lorsqu'elles se jettent au bas des précipices en se battant à coups de cornes, ou qu'elles y sont entraînées par des pierres qui roulent du haut de la montagne, des avalanches, ou par l'attaque imprévue de quelque læmmergeier.

Les pâturages isolés que leur distance ou leur escarpement ne permettent pas d'utiliser pour les vaches sont ordinairement destinés aux moutons dans les hautes Alpes rhétiques, aux chèvres dans les cantons de Berne, du Valais et du Tessin. Cependant il est rare que celles-ci s'élèvent dans nos Alpes au-dessus de 7,000 pieds. Lorsque le voyageur a parcouru pendant toute une demi-journée des labyrinthes sans fin de décombres et de glaces sans rencontrer la moindre trace d'hommes ou d'animaux domestiques, il découvre tout à coup, et à sa grande surprise, une misérable cabane de pierres et de mousse, un petit garçon à moitié sauvage, dont le soleil, le vent et la saleté ont à l'envi bruni la peau, et un petit troupeau de chèvres agiles qui, éparses sur des blocs isolés, sur les bandes de gazon des rochers ou sur quelque arête éloignée, se dessinent de la manière la plus pittoresque dans le paysage, et considèrent le visiteur étranger avec un regard où se peignent la curiosité, l'espièglerie et la gaîté. Ce sont ordinairement des animaux qui ne donnent pas de lait, de toutes jeunes chèvres, des boucs ou jeunes ou châtrés, qu'on entretient avec le moins de frais possible et à qui on fait passer de 3 à 5 mois d'été dans les montagnes les plus sauvages et les plus désolées, sans leur donner d'autres soins que de faire répandre de temps en temps par leur petit gardien un peu de sel sur un rocher pour les tenir réunis.

Ces petits chevriers mènent bien la vie la plus misérable qu'il soit possible d'imaginer, dans le proche voisinage de contrées civilisées. Au printemps ils partent pour la montagne, avec un nombre déterminé de chèvres, sans bas et sans souliers, sans habit et sans gilet, avec quelques pitoyables lambeaux de vêtements, un long bâton, une petite poche à sel, souvent un chapeau à larges rebords, et un peu de fromage maigre et de pain. Ils n'ont pas d'autre nourriture pendant tout l'été ; jamais quoi que ce soit de chaud. Un camarade leur apporte tous les quinze jours, quelquefois tous les mois seulement, du pain et du fromage frais, et dans l'intervalle ces aliments deviennent à peu près immangeables. Le pauvre diable en a pour toute une semaine à ronger le même quartier de pain moisi et un morceau de fromage noirâtre, dur comme la pierre, dans lequel on a peine à reconnaître une nourriture humaine. Pendant le jour il lutte contre l'ennui par une absence complète de pensées, ou ce qui est infiniment plus rare par quelque occupation utile : nous avons rencontré une fois des petits bergers valaisans qui tricotaient. Quand il fait mauvais temps, il reste des semaines entières blotti dans son trou humide, sans feu, sans voix, tremblant de froid et de faim, ne sortant que de loin en loin pour donner un coup d'œil à ses bêtes qui, quoiqu'exposées sans abri à l'inclémence de la saison, sont comparativement bien moins à plaindre que le pauvre berger. En automne toute la petite société descend dans les alpages à vaches mieux abrités, et lorsque la neige et le froid les envahissent à leur tour, l'enfant pousse ses chèvres devant lui du côté de la vallée, où il va toucher un salaire d'une modicité vraiment fabuleuse. A peine voudra-t-on nous croire si nous ajoutons que malgré tout, ces enfants aiment tellement leur vie d'été qu'on leur persuade difficilement de la changer contre une autre plus humaine, qu'ils sont vigoureux et bien portants, et conservent pendant la plus grande partie de leur temps de service l'humeur la plus joyeuse. Quand il y a plusieurs troupeaux dans le voisinage les uns des autres, les journées sont moins longues pour les chevriers; ils inventent pour se distraire toutes sortes de passe-temps; mais le plus habituellement ce sont d'effrayants défis à qui grimpera sur la paroi de rochers la plus dangereuse, à qui se laissera couler en bas de la crête la plus escarpée.

On sait que le grand *Thomas Plater* du Valais a longtemps gardé les chèvres dans son enfance. Dans l'autobiographie qu'il a composée pour son fils, il raconte, de la manière la plus fidèle et la plus naïve, quelques scènes remarquables de cette période de sa vie. « A l'âge de six ans, » dit-il entre autres (c'était par conséquent en 1505), «on m'envoya chez un cousin, dont je devais garder les cabris à l'écurie pendant une année. Je me rappelle qu'il y avait quelquefois tant de neige que je pouvais à peine en sortir, que j'y laissais mes souliers et revenais à la maison à pieds nus et tout tremblant. Ce paysan avait aussi près de 80 chèvres; c'est le troupeau qui me fut confié dans ma septième et ma huitième année. J'étais encore si petit que lorsque j'ouvrais l'écurie, si je ne pouvais sauter assez vite de côté, les chèvres en sortant me renversaient par terre, et me passaient sur la tête, sur les bras et sur le dos. Quand je les menais de l'autre côté de la Viége, les premières qui avaient traversé l'eau se jetaient dans les champs de blé, et à peine les en avais-je chassées que d'autres y couraient à leur place; alors je me mettais à pleurer et à crier, car je savais bien que le soir on me battrait. » Un jour, en jouant, il tomba du haut d'une plate-forme de rocher dans un précipice. Ses camarades le crurent perdu. Il s'en tira pourtant sain et sauf. Six semaines plus tard une chèvre se tua en faisant le même saut. « Une autre fois mes chèvres étaient montées sur un petit rocher qui n'avait guère qu'un bon pas de largeur; au-dessous il y avait une profondeur horrible : plus de mille toises rien que de rochers. L'une après l'autre mes chèvres s'engagèrent du rocher sur cette paroi inclinée, où elles pouvaient tout juste se tenir en posant les pieds sur les touffes de gazon qui y croissaient. Je voulus les suivre, mais à peine avais-je atteint une première touffe de gazon que je ne pus plus avancer, encore moins reculer, car je craignais de manquer le rocher en sautant et de tomber dans le précipice: je restai donc là quelque temps à la garde de Dieu, accroché par les deux mains à une motte de gazon et par le gros orteil à un petit buisson. J'avais bien peur dans cette position, car je voyais les grands vautours voler dans les airs au-dessous de moi et je craignais qu'ils ne vinssent m'enlever comme il leur arrive quelquefois dans les Alpes d'enlever les enfants et les petits moutons. Pendant que j'étais là, luttant encore avec le vent qui me soulevait ma veste par derrière, mon camarade Thomann m'aperçoit de loin et me crie : Tiens-toi bien, Thömeli, ne bouge pas! Il monte sur le petit rocher, me prend par le bras, me met sur son dos, et nous allons ainsi à la poursuite des chèvres.

— J'ai eu bien des aventures pareilles dans le temps que je vivais sur la montagne avec les chèvres, mais je les ai oubliées. Tout ce que je sais, c'est que j'avais rarement les doigts entiers; toujours des blessures, toujours des chutes dans les précipices, point de souliers une grande partie de l'été, point de sabots, une soif terrible. Pour nourriture, le matin avant jour, une bouillie de farine de seigle; du fromage et du pain de seigle que j'emportais dans une petite hotte sur mon dos; le soir du petit lait — mais de tout cela en suffisance. En été on peut coucher dans le foin, en hiver sur une paillasse pleine de vermine. Voilà comment sont traités d'ordinaire les pauvres petits gars qui gardent les chèvres des paysans dans les solitudes des montagnes[1]! »

[1] Quelques-uns de mes lecteurs ignorent peut-être ce que devint le petit chevrier; voici en peu de mots son histoire. Un beau matin, il quitta son oncle et partit en compagnie d'un cousin pour voir le monde et fréquenter les écoles. Nu-pieds, n'ayant guère d'autre vêtement que sa chemise, il parcourut successivement la Suisse, la Franconie, la Pologne, la Prusse, la Bavière, etc., sans autre ressource pour vivre que de mendier son pain ou de commettre ces petits larcins de fruits et de volatiles, autorisés alors jusqu'à un certain point dans les mœurs des étudiants. Ce n'est pas que les études de Thomas avançassent beaucoup, car, à 18 ans, il apprenait encore à écrire. Mais, à Zurich, il suivit assidûment les écoles et, sous la direction de Myconius, apprit avec succès le grec, le latin et l'hébreu. Plus tard, à Bâle, il se lia avec Erasme, Oporin, et d'autres savants qui surent l'apprécier à sa juste valeur. En même temps, pour gagner sa vie, il essayait de tous les métiers : tour à tour savonnier, porteur de bois, cordier, marchand de vins et de pommes, maître d'école, imprimeur, il finit par occuper pendant 37 ans la chaire de professeur de grec à Bâle — sans compter que deux fois il prit les armes dans les guerres religieuses du temps. Marié d'abord à une servante, il épousa en secondes noces la fille d'un conseiller bâlois, et en troisièmes celle de Megander. Après mille tribulations, la fortune lui sourit enfin et il acheta une maison et des terres. Les lumières se répandant en Suisse, beaucoup d'hommes obscurs jusque-là devinrent célèbres, et Plater mourut, à l'âge de 83 ans, entouré de la considération universelle. Il était né à Gränchen, petit village près de Viége, dans le Haut-Valais.

Du reste, pour se rendre compte de cette carrière singulièrement aventureuse,

Les troupeaux qui ne sont pas en rapport, ordinairement composés de boucs châtrés ou entiers, on se contente de les envoyer dans les pâturages les plus écartés où on les abandonne à eux-mêmes. On vient les rechercher en automne, mais plus d'une tête précieuse manque alors à l'appel. Quelquefois aussi on leur envoie chaque jour, ou seulement chaque semaine, par un petit garçon ou un domestique, un peu de sel que ces animaux attendent avec impatience à la même heure sur quelque plate-forme traditionnelle, où ils le lèchent avidement, non sans beaucoup de querelles et de combats.

Nous avons fait bien souvent l'observation qu'il n'y a peut-être pas d'animal domestique qui se montre aussi inquiet pendant la nuit, aussi agité, aussi remuant que la chèvre, qui par ce côté encore tient de la nature du bouquetin. Si on a le malheur de devoir passer la nuit dans le chalet d'un chevrier, on peut compter sur un sommeil continuellement interrompu; surtout quand le toit du chalet, comme c'est le cas habituel, se trouve d'un côté au niveau du terrain. Une partie des chèvres s'établissent sur les bardeaux du toit, les autres cherchent à en déloger les premières à coups de cornes, ensorte qu'on a au-dessus de sa tête un vacarme perpétuel de piétinements et de bruit de clochettes. Si pour surcroit d'agréments, on a au-dessous de son lit, dans l'étage inférieur, une compagnie de cochons, leurs grognements de mauvaise humeur viendront probablement remplir les pauses que pourrait encore laisser le bruyant concert de l'étage supérieur.

Dans toutes les parties de la Suisse nous rencontrons aussi des districts particuliers consacrés aux troupeaux de chèvres en rap-

---

même pour le siècle où il vécut, il faut lire les naïfs Mémoires que Plater nous a laissés. Ajoutons aux détails relatifs à son enfance, qui ont été tirés de cette biographie, un fait remarquable qui peut nous donner une idée de la longévité de nos anciens montagnards. Le grand-père de Plater s'était remarié à l'âge de 100 ans avec une fille de 30, et en avait eu encore un fils; il mourut à l'âge de 126 ans, laissant dans la paroisse dix hommes plus âgés que lui.

(Traducteur.)

port. Le soin de ces troupeaux est ainsi une des branches de l'industrie propre à nos Alpes. On fait des fromages avec le lait, et le petit-lait forme la nourriture principale du berger (*Geissenne*). Celui-ci, dans les loisirs que lui laissent les occupations de son état, récolte du foin et va faucher ces bandes escarpées de gazon dont le produit resterait autrement sans emploi. Pendant le mois d'août et une partie de celui de septembre, il travaille à serrer dans son chalet une provision d'un foin éminemment savoureux qui lui sert communément de lit, qu'il emporte plus tard par paquets, quand il en a le temps, dans quelque chalet moins élevé et d'un abord plus facile, où il vient en hiver le prendre avec un traîneau pour le descendre dans la plaine. Ce travail dangereux du faucheur sur les escarpements de la montagne, est rendu souvent plus périlleux encore par les pierres que les chèvres et les chamois en broutant détachent sans cesse des hauteurs, et qui peuvent causer des d'accidents mortels. Un chevrier nous racontait qu'il était quelquefois, pendant des heures de suite, exposé de la part de ses propres bêtes à être assommé ou jeté dans le précipice par les cailloux qui bondissaient continuellement devant et derrière lui. Ce même berger nous confirma aussi un fait, dont nous avions déjà souvent entendu parler à d'autres, savoir que les troupeaux de chèvres paissent en descendant quand le temps menace, et au contraire en montant quand il doit faire beau.

Autrefois, les chèvres des montagnes étaient souvent la proie des ours, des loups et des lynx, ou des aigles et des vautours des Alpes. Nicolas Servorhard, dans sa *Delineation*, nous raconte à ce sujet une plaisante aventure. Un paysan traversait, tenant sa chèvre par une corde, la Lenzerheide (Grisons), fameuse jadis par ses dragons et ses bêtes féroces, aujourd'hui par ses tourmentes de neige seulement. Arrivé un peu au-dessus du petit village de Lenz, il attacha sa bête à la porte ouverte de la chapelle et s'éloigna quelques instants. Un loup, qui probablement avait suivi leurs traces depuis quelque temps, sortit alors d'un bouquet de pins nains et s'élança sur la chèvre. Celle-ci se jette épouvantée dans la chapelle; le loup la suit. La pauvre bête aux abois fait, par-dessus son ennemi, un saut du côté de la porte et a le bonheur de la refermer sur le loup qui, fait prisonnier de cette étrange façon, est impitoyablement massacré par le paysan de retour et les gens accourus du voisinage à son aide. De nos jours, les bêtes carnassières ont singulièrement diminué. Les chèvres défendent quelquefois courageusement leurs petits à coups de cornes contre les aigles, les oiseaux de proie de moindre taille ou les voraces corbeaux; mais, à force de ruses, les renards parviennent toujours à en attraper un ou deux. Les orages violents des hautes cimes occasionnent quelquefois de bien plus grandes pertes encore dans ces troupeaux : ainsi le 8 Juin 1859 un seul coup de foudre fit périr 70 chèvres sur les montagnes du Sernfthal. Un autre ennemi prétendu des chèvres, l'engoulevent, n'est plus guère aujourd'hui, même par les paysans, considéré comme dangereux. Mais il n'en était pas de même, il y a trois cents ans. Turnerus, dans son livre sur les oiseaux, rapporte que, dans les montagnes de la Suisse, un vieux chevrier lui avait raconté avoir vu autrefois beaucoup d'engoulevents, et que ces oiseaux lui avaient même causé bien du dommage en buvant un jour le lait de six chèvres, et en les rendant aveugles. « Mais, ajoutait-il, aujourd'hui ils se sont tous envolés vers les Allemands de la plaine, où non-seulement ils têtent et aveuglent les chèvres, mais encore les tuent, aussi bien que les moutons. »

Chacun sait que les troupeaux de chèvres sont les ennemis les plus redoutables des jeunes forêts de montagnes, et que la dent de cet animal est un vrai fléau destructeur. Mais une meilleure administration forestière et de sages restrictions apportées aux dépaissances des chèvres, mettront peu à peu un terme aux dommages qu'elles causent. En réalité, la chèvre préfère la nourriture maigre et un peu acide que lui fournissent les boutons et les branches vertes, au gazon de prairie le plus dru. Un fait curieux, c'est qu'elle mange les feuilles vénéneuses de l'if, de l'euphorbe et de la ciguë avec avidité et sans aucun inconvénient. Il n'est pas rare non plus de lui voir manger de l'ellébore, mais elle le rejette aussitôt. On prétend au contraire que la feuille du fusain (*evonymus*) et les glands lui sont nuisibles. C'est en août, époque à laquelle les animaux occupent les parties les plus élevées des montagnes, que le lait de chèvre est réputé le plus fortifiant. La plus grande partie de ce lait est convertie en fromages de cinq à dix livres, d'un goût vraiment exquis. Mais, en revanche, on voit rarement du beurre de chèvre. Pour en faire, on commence par bouillir le lait, opération nécessaire pour la séparation de la crème. Le beurre est tout blanc; il a un goût de chèvre particulier, et déjà au bout de deux jours devient amer et immangeable. Les habitants des montagnes le conservent plusieurs années comme spécifique précieux contre les blessures, les contusions et toutes sortes de maux. On boit aussi le petit-lait de chèvre avec avantage, sous diverses formes, dans un grand nombre de maladies intérieures. L'affluence considérable des malades qui se rencontrent dans les diverses localités de la Suisse où on fait cette cure, en démontre l'efficacité. Il est certain que le lait de chèvre est beaucoup plus fortifiant, plus gras et plus nourrissant que le lait de vache, mais il est naturellement d'autant meilleur que la nourriture de l'animal est plus savoureuse. Partout dans les montagnes on mange volontiers la chair du chevreau; mais celle de la chèvre adulte est au contraire dure, d'un goût peu agréable, et sert tout au plus, dans l'Oberland bernois, à satisfaire, sous l'étiquette de *viande de chamois*, la passion des étrangers pour ce genre de gibier. Dans la Suisse orientale, on la mange volontiers séchée. On engraisse quelquefois de jeunes boucs châtrés; leur chair se charge de graisse sans prendre aucun mauvais goût.

Kasthofer a fait de louables tentatives pour acclimater dans l'Oberland bernois les chèvres de Cachemire et d'Angora. Il les a même croisées avec le chamois et en a obtenu des métis (?). Le climat paraît tout à fait leur convenir. La laine devient fine et longue; seulement le produit en lait est nul, parce que ces

MOUTONS BERGAMASQUES.

animaux n'en ont que la quantité nécessaire pour la nourriture de leurs petits. Les exemples de croisements féconds entre le chamois et la chèvre domestique sont très-positifs. Nous avons dit également qu'on avait obtenu aussi par l'accouplement du bouquetin avec la chèvre des métis d'une forte taille, mais d'un caractère si méchant que, de leurs formidables cornes, ils attaquaient les hommes et les animaux. Le projet qu'avait conçu le gouvernement bernois d'améliorer notre race de chèvres par des croisemens avec le bouquetin a donc complétement échoué.

Nous mentionnerons encore la plaisante mystification de quelques Valaisans, qui, il y a déjà longtemps, emmenèrent à Paris et y vendirent, à un prix élevé, quelques animaux vivants qu'ils faisaient passer pour des bouquetins. Ils venaient des montagnes du Saint-Bernard. Les naturalistes les prirent tantôt pour des bouquetins, tantôt pour des chèvres Bézoar; ce n'était, en réalité, que des chèvres ordinaires qui, ayant vécu dans un état demi-sauvage, étaient d'une taille et d'une beauté remarquables et avaient, en particulier, des cornes de dimensions colossales.

III. LES MOUTONS DE MONTAGNE.

Origine de l'espèce et races. — Alpage d'été. — Les troupeaux bergamasques. — Départ pour l'alpe. — Le *Pastore* et la Société. — Manière de vivre des *Tessini*. — Produits des troupeaux. — Fromages et sérets de brebis. — Rapport des alpes à moutons. — Les cochons complément des troupeaux. — Manière de les nourrir dans l'Oberland grison.

Sur les montagnes rocheuses de la Sardaigne, de la Corse et de la Crête se trouvent de grands troupeaux de Moufflons (*Ovis musimon* Bonap.), animaux sauvages, de couleur fauve, à museau blanc, à bords des yeux clairs, à ventre blanc, fortement bâtis, peu inférieurs en agilité au bouquetin, et objets de prédilection de la grande chasse dans les pays que nous venons de nommer.

C'est de cette espèce de mouton sauvage que doit être descendu notre Mouton domestique, qui paraît ainsi avoir été destiné originairement à la vie libre des montagnes.

En somme, l'éducation des moutons n'est pas très-importante en Suisse[1]. Il faut l'attribuer au grand morcellement de la propriété, à l'abandon des alpes, à l'incroyable négligence avec laquelle sont tenus les troupeaux. Nos moutons ordinaires fournissent, il est vrai, une viande excellente, mais leur laine est grossière et en petite quantité (3 à 4 livres par an); ils sont, en outre, d'assez petite taille, quoique bien proportionnés. Les principales variétés qui se rencontrent chez nous sont les suivantes:

1° Le mouton de Souabe ordinaire, de taille moyenne, communément blanc, à laine de qualité inférieure.

2° Le mouton flamand ou hollandais, à laine plus longue et plus fine.

3° Le mouton bergamasque, vraie race de montagne, dont nous parlerons en détail.

4° Le mouton d'Espagne ou mérinos, petit, à courte queue, à laine frisée, remarquablement fine. Il supporte bien le climat de nos meilleures alpes, multiplie beaucoup et est sujet à peu de maladies. La laine longue, fine et précieuse, qu'on nomme proprement mérinos, est cachée sous la toison supérieure, laquelle est sale et de peu d'apparence. On trouve rarement en Suisse des troupeaux de cette race; elle se rencontre plus volontiers dans la Suisse romande, mais nulle part aussi fréquemment que cela serait à désirer. Dans les cantons de Schwytz et des Grisons, on s'est lassé à tort des essais d'acclimatation qu'on avait faits sur cette race, parce que les paysans n'entendent pas le traitement

[1] D'après le recensement officiel d'avril 1866, la Suisse possédait à cette date 105,668 chevaux, mulets et ânes, 304,062 cochons, 445,514 moutons, 376,020 chèvres. Nous avons déjà donné les chiffres relatifs à la race bovine. L'ensemble du bétail représente, au taux le plus bas, une valeur de 206 millions de francs.

des laines fines, et que la chair de ces animaux est loin de valoir celle des variétés du pays.

Le canton des Grisons possède, sans parler des troupeaux bergamasques, environ 80,000 moutons d'une race qui lui est propre. Ils descendent vraisemblablement du mouton souabe; ils sont petits, à toison grossière, mais singulièrement productifs, puisque chaque mère donne annuellement en deux portées de trois à six petits. Leur chair est tendre, leur aptitude à l'engraissement remarquable, leur santé à l'épreuve du climat le plus rigoureux. Ce n'est que dans quelques endroits du Prätigau, surtout à Seewis et à Parpan, qu'on rencontre quelquefois une variété plus grande, à laine fine, résultat d'un croisement avec le mérinos. Dans la partie sud du canton on croise souvent le mouton indigène avec celui de Bergame, mais il ne paraît pas qu'on retire grand avantage de ce croisement. Dans le canton de Glaris, l'éducation des moutons avait autrefois beaucoup plus d'importance qu'elle n'en a aujourd'hui. Les 10,000 têtes qu'on y compte ne suffisent pas à la consommation intérieure. Le mouton de ce canton est passablement plus gros que le petit mouton des Grisons, il pèse en moyenne 20 livres de plus. Il a une toison épaisse, grossière, peu frisée. Tantôt il a des cornes, tantôt il n'en a point. C'est plus pour sa chair que pour sa laine qu'on l'élève. Dans le Tessin qui possède environ 24,000 moutons, ce sont ou des bergamasques, ou des moutons d'une petite race indigène de peu de valeur, et fort négligés. Dans l'Oberland bernois, au contraire, on soigne beaucoup le mouton de Frutigen, grand mouton sans cornes, à toison blanche, avec laquelle se fait le drap de Frutigen, si estimé des habitants des vallées.

Les pâturages d'été qu'on assigne aux moutons sont ordinairement ceux qui, jusqu'à 9,000 pieds ou au-dessus, ne peuvent être utilisés pour les troupeaux de vaches à cause de la difficulté de leur accès; ce sont souvent de simples îlots perdus à plusieurs lieues dans le centre de déserts d'éboulements et de glaciers, et où on ne peut faire arriver ces animaux qu'avec les plus grandes peines, tantôt en les portant, tantôt en les *hissant* avec des cordes par-dessus les rochers, comme par exemple au Trifft sur le glacier de Viesch. Ils restent là sous la garde d'un petit berger qui doit particulièrement veiller à ce qu'ils séjournent le moins possible sur les névés ce qui pourrait les aveugler, et les faire redescendre des hauteurs à l'approche des tourmentes de neige, car souvent quand les moutons sont surpris par ces rafales, ils se couchent à terre et se laissent plutôt périr de froid et de faim que de quitter la place. Chaque soir le berger répand sur le sol un peu de sel que les animaux lèchent avec avidité pendant la nuit. On rencontre aussi quelquefois dans les solitudes les plus reculées des Alpes de petits troupeaux de moutons à demi-sauvages, sans maître, dont les petits deviennent souvent la proie des corbeaux, des aigles ou des gypaètes. C'est du reste sur les moutons que les animaux carnassiers des montagnes exercent le plus de ravages. Du moment qu'au printemps les troupeaux montent à la montagne, on voit le læmmergeier visiter très-régulièrement pendant une ou deux semaines plusieurs vallées des Grisons où l'on n'en aperçoit en aucun autre temps de l'année; c'est à cette époque, par exemple, que les vautours de Camogask se montrent dans les vallées de la Bernina. Mais les ours sont bien plus redoutables encore pour les troupeaux des Grisons; souvent en une seule nuit ils dévorent plus de 30 moutons. C'est surtout en 1854 que les ours firent de bonnes affaires; un chasseur de la vallée de Münster en tua bien en été quatre à la fois, une mère et trois petits, mais il en reparut d'autres dans plusieurs directions. Au mois d'août on en surprit quatre qui jouaient ensemble dans une prairie. Il paraît qu'il y en a au moins 8 ou 10 qui sont établis dans les forêts de Süsz. Ils déciment cruellement aussi les troupeaux du Puschlav et du Prätigau, sans compter les moutons que la peur de l'ennemi jette quelquefois par douzaines dans les précipices.

Dans le canton d'Appenzell et ailleurs, quelques moutons forment souvent le complément d'un troupeau de vaches. Dans la

Suisse française et dans la Suisse allemande on n'utilise que leur laine et leur viande, jamais leur lait. Plus l'été est sec, plus les moutons peuvent monter pour paître, plus ils prospèrent. Au rebours des vaches, ils se dirigent du côté des sommets quand le temps doit se gâter, et cela avec un entêtement incroyable. C'est ainsi qu'il n'est pas rare de les voir en automne gagner les hauts alpages déjà couverts de neige, où ils périraient infailliblement si on ne les forçait pas à en redescendre. Quelquefois, cependant, on a vu des brebis qui s'étaient égarées en automne se tirer très-bien d'affaire par elles-mêmes pendant l'hiver et se retrouver au printemps suivant avec un ou deux petits. C'est une des particularités du mouton de préférer au pâturage des bonnes alpes la nourriture que lui fournissent quelques plantes alpines éparses dans les éboulis les plus stériles. Ces bêtes ont la passion de se rendre le soir sur quelque crête haute et exposée à tous les vents, où ils passent la nuit, et où leur fumier d'une grande force amène une végétation dont la richesse étonne à côté de la stérilité des alentours.

On paie ordinairement un demi-florin par mouton pour la saison d'alpage. Le berger reçoit, outre sa nourriture, de 30 creutzers à 1 florin de gage par semaine. Il arrive souvent de grands malheurs à ces troupeaux par suite de l'instinct bien connu des moutons d'imiter et de suivre aveuglément le bélier qui les conduit, même lorsqu'il saute dans un précipice. Tantôt ce sont des chiens étrangers qui les poussent à cet acte de désespoir; tantôt c'est un orage de grêle, comme cela est arrivé un jour sur le Grand-Messmer où deux cents moutons périrent à la fois; tantôt c'est un malheureux coup de foudre qui tue toute une troupe de ces animaux serrés les uns contre les autres. Il n'y a pas d'année qu'on ne signale quelque catastrophe de ce genre. Dans la nuit du 4 au 5 août 1853, quatre-vingt-dix moutons périrent par l'orage sur l'Arnistschafberg, dans le canton de Fribourg; en juin 1859, la foudre en frappa 35 au Schlattalpli sur le Glärnisch. Les pertes causées aux propriétaires par les voleurs sont en revanche très-peu considérables. Partout en Suisse le peuple stigmatise énergiquement les voleurs de moutons : ils y sont en abomination presque à l'égal des voleurs et des tueurs de rennes chez les Lapons. Les habitants de Zermatt racontent encore aujourd'hui qu'un voleur de cette espèce, qui avait été changé en mouton sur les pâturages du Matterhorn, y poussa longtemps des bêlements sourds et continuels, jusqu'à ce qu'enfin l'exorcisme d'un prêtre lui rendit le repos[1].

Ce qu'il y a de certain, c'est que l'éducation des moutons sur nos hautes montagnes pourrait être beaucoup plus profitable qu'elle ne l'est, et serait susceptible d'une plus grande extension et de nombreuses améliorations. L'excellent engrais qu'ils fournissent ferait un grand effet sur les prairies maigres, sans compter que le pâturage en liberté donne aux troupeaux un robuste tempérament qui ne peut guère se retrouver chez les moutons de la vallée, surtout avec la stabulation permanente qui convient moins à cet animal qu'à aucun autre. D'un autre côté, le parcours des moutons est extrêmement à redouter dans les localités où le gazon est faible, court, sporadique, ce qui est ordinairement le cas à de grandes hauteurs, parce qu'ils broutent les plantes à ras terre et le plus souvent au moment de la floraison, ensorte que le gazon ne peut plus ni s'engraisser de ses propres détritus, ni se renouveler par ses semences. Dans les temps d'orage et de neige, les moutons font aussi beaucoup de mal aux forêts où ils se réfugient, et, de concert avec les chèvres, anéantissent tout le jeune plant dans des districts entiers de montagne.

Parmi les animaux domestiques des hautes montagnes, il n'en

[1] Le Valais est la terre classique en Suisse des revenants et des légendes fabuleuses ; la tradition populaire y parle, en particulier, d'un grand nombre d'*animaux enchantés*, comme l'*âne dansant* de Zermatt, la *vipère volante* de Vouvry, le *taureau géant* de la Zauchetalp, le *veau d'or* de l'empereur Maximin à la Soye, le *cheval à trois jambes* et la *truie louche*, à œil vert, de la maison-de-ville à Sion, le *bouc* de Monthey, le *serpent* de Sierre qui garde les trésors, etc. A Saint-Maurice, une truite blanche morte vient flotter à la surface de l'étang du couvent chaque fois que meurt un des chanoines du chapitre.

est point qui présentent un spectacle plus caractéristique et plus intéressant que ces nombreux troupeaux de *moutons bergamasques* qui, chaque année, quittent les vallées de Brescia et les plaines méridionales, arrosées par le Tessin, pour gagner les Alpes de l'Engadine où ils passent l'été. Ce sont des animaux d'une taille beaucoup plus forte que la race commune. Ils sont hauts sur jambes; de 3 pieds et plus de hauteur au garrot, de 4 pieds de longueur depuis les oreilles jusqu'à la naissance de la queue, et ordinairement blancs. Ils portent la tête élevée, et ont le chanfrein fortement convexe, les oreilles larges et pendantes, et une espèce de fanon qui descend du menton à la poitrine. A l'approche des tourmentes de neige ils font entendre des bêlements d'une voix de basse-taille; c'est aussi de cette manière que les mères (*Auen*) appellent leurs agneaux. Ils ont l'humeur très-mélancolique; jamais on ne voit leurs petits faire de folles gambades, comme cela arrive si souvent aux agneaux d'autres races.

Chaque année, à l'époque où la végétation commence à se développer sur les alpages les plus élevés de l'Engadine, on rencontre ces caravanes nomades sur les routes qui, des plaines milanaises du Tessin, remontent le long de l'Adda et du lac de Côme. Ces immenses troupes de moutons à haute stature s'avancent lentement, broutant partout le long des chemins. De grands chiens, maigres, à longs poils, maintiennent une discipline exemplaire au milieu de cette multitude. Un berger tient la tête de la colonne, un ou deux ferment la marche. Ces hommes appartiennent au val Seriana et au val Brembana, vallées bergamasques dont les habitants se livrent à l'éducation des vers à soie et à l'agriculture, mais, dans quelques parties latérales et moins fertiles, à l'élève des moutons. Les troupeaux voyageurs sont depuis bien des années la propriété d'un certain nombre de bergers, chefs de familles ordinairement apparentées, exerçant la même profession depuis plusieurs générations et formant entre eux une espèce de contrat de société. A leur tête est un chef (*il pastore*). Celui-ci va d'avance au printemps faire un tour dans les montagnes des

Grisons, pour amodier les alpes qu'il estime les plus convenables, conclure les marchés et faire les préparatifs nécessaires pour l'arrivée des troupeaux. Les bergers ont la peau basanée, le visage ombragé de cheveux et d'une barbe du plus beau noir; ils ont souvent la taille remarquablement belle, noble, bien proportionnée, des yeux magnifiques, des dents blanches comme la neige; ils portent une veste et des culottes de laine grossière, et sur la tête un chapeau à larges bords. Dans les temps froids et pluvieux ils se jettent un manteau blanc sur les épaules. Quelque misérable que puisse être du reste leur apparence, ils ont toujours du linge parfaitement blanc et propre. A la fin du convoi se trouvent un ou plusieurs beaux ânes de grande taille, aussi forts que des chevaux de bât ordinaires, qui portent les paquets. La garde des troupeaux est confiée à tour de rôle à chacun des associés. Pendant que les uns vont avec les moutons, les autres passent un certain temps dans leurs vallées auprès de leurs familles et travaillent aux champs. Le pastore seul est exempté du soin des troupeaux, parce qu'il vaque au trafic des moutons, à la vente des fromages, etc.; cependant il prend quelquefois une part volontaire aux travaux de ses compagnons. Si le printemps est déjà chaud, les troupeaux ne voyagent que la nuit; dans les jours froids d'automne, le retour ne se fait au contraire que pendant la journée. Quelque soigneux que soient les bergers, ils abandonnent cependant la plus grande partie de la tâche à leurs chiens, animaux admirablement dressés et dont un seul suffit ordinairement pour garder un grand troupeau et y maintenir le bon ordre. Il y a des routes traditionnelles par lesquelles on passe régulièrement, et les étapes se font aux mêmes endroits où elles ont peut-être toujours eu lieu. En outre, on paie de commune en commune un petit droit de passage pour tout ce que les moutons mangent en passant, et souvent aussi des droits qui ne laissent pas que d'être assez considérables. Les bergers qui occupent le Bergell font porter par un âne une image de Saint, qu'ils ajustent ensuite au-dessus de la porte du grand chalet de l'alpe Maroz fuori. Alors on va chercher un capucin à Stalla pour bénir la montagne.

Une fois qu'on est arrivé sur l'alpe, pour l'amodiation et le parcours de laquelle plusieurs propriétaires s'associent souvent entre eux en prenant chacun, des frais communs, une part proportionnelle au nombre de ses moutons, on partage les bêtes en quatre troupeaux distincts : d'abord les mères-brebis avec leurs agneaux, puis les moutons châtrés, à l'engrais, destinés à la boucherie, puis les béliers non châtrés et les jeunes brebis, et enfin les brebis laitières qui n'ont point de petits, avec quelques béliers entiers. Chaque division reçoit sur la même alpe sa portion de pâturage à part, et doit toujours rester indépendante. On assigne à chacune son chien et son berger, lequel, lorsque le chalet principal est trop éloigné, a sa petite habitation particulière. Le chalet principal a trois compartiments, la cuisine, la chambre à coucher et la laiterie qui sert aussi de chambre de provisions. On y joint souvent un porche en forme de bergerie pour les troupeaux. C'est alors que commencent les occupations assez uniformes du métier. Les chiens ne quittent plus leur troupeau et le gardent soigneusement à vue. Un étranger vient-il à se montrer dans l'alpe, le chien du district accourt, quelquefois de très-loin, à sa rencontre et, sans mot dire, lui fait la conduite jusqu'à ce qu'il en soit sorti ; mais si l'inconnu fait mine de s'approcher des moutons, le chien se jette sur lui et ne le lâche plus qu'à l'arrivée du berger. Quoique ces bergers soient en général dans une certaine aisance, ils se nourrissent fort misérablement. Ils prennent chaque matin et chaque soir leur *polenta* de farine de maïs ou de millet délayée avec de l'eau, et quelque peu de séret ou de fromage. Leur seule boisson est l'eau et le petit-lait ; jamais ils ne mangent ni soupe, ni pain, ni beurre. Ce sont des hommes d'une apparence sombre, extraordinairement fins, avares de paroles. Leur caractère a quelque chose de rude et de sauvage. Jamais on ne les entend chanter comme le font volontiers les autres bergers. Pendant la saison de l'alpage, ils passent tout le jour et la moitié de la nuit en compagnie de leurs moutons. Avec cela ils sont d'une ponctualité, d'une attention, d'une santé et d'une sobriété étonnantes. Quelques planches et un peu de vieux foin, voilà leur lit; ils étendent par-dessus une couverture et leur manteau. Leur veste leur sert de coussin. Il n'est pas rare de voir parmi eux des vieillards de quatre-vingts ans. Le parcours a lieu suivant un certain plan arrêté d'avance, qui ne permet pas aux moutons de s'écarter à leur gré. Chaque division occupe un espace proportionné au nombre des animaux qu'elle renferme. Tranquilles et serrés les uns contre les autres, les moutons suivent le berger avec la plus grande docilité au travers des rochers et des glaciers. Un sifflement court et aigu donne le signal du départ, un sifflement plus bas ou un bêlement imité les encourage et les soutient dans la marche. Pour la halte, le guide s'arrête, fait lentement le tour du troupeau et rallie les disséminés au moyen de quelques coups secs du gosier. Ces bons animaux restent ainsi paisiblement rassemblés jusqu'à un nouveau signal de départ. De cette façon, le berger peut, sans peine, les diriger sur les endroits les plus retirés et leur faire brouter les plus petites places de gazon. Cependant, comme la race, à cause de sa taille et de son poids, a le pied très-lourd, et que les bêtes ont l'habitude de se presser les unes contre les autres, il arrive souvent que ces troupeaux déchirent le mince tapis de végétation qui recouvre le sol, occasionnent des dégazonnements et détruisent ainsi annuellement un certain nombre de pâturages. Ils consomment en outre deux fois plus que les moutons du pays.

Quand les moutons bergamasques éventent le loup, le lynx ou l'ours, ce qui est souvent le cas dans les montagnes de l'Engadine, tout le troupeau reste en colonne serrée, au rebours des moutons du pays, qui, n'étant pas habitués à cette discipline, se dispersent de tous les côtés. Le chien vient en avant et cherche à avertir le berger par ses aboiements. Si brave qu'il soit, il est rare qu'il attaque une bête féroce quand il est seul, car il sent son infériorité; mais, quand ils sont plusieurs ensemble, ils se jettent courageusement sur le loup. On ne les nourrit qu'avec du son et de l'eau ou du petit-lait, ce qui, joint au perpétuel exercice qu'ils prennent, les maintient dans un état de grande maigreur.

On attribue le manque de gaieté du tempérament des moutons bergamasques aux grandes fatigues et aux privations auxquelles ils sont exposés. Quand il tombe de la neige, il faut qu'ils restent en plein air et quelquefois plusieurs jours de suite sans nourriture ; ils se tiennent alors serrés les uns contre les autres au pied de quelque rocher, poussant de sourds bêlements.

Quant aux produits que les bergers bergamasques retirent de leurs troupeaux, voici en quoi ils consistent. D'abord ils vendent presque pendant tout le cours de l'été les moutons châtrés gras ; car à peine sont-ils arrivés à la montagne, que les bouchers du voisinage viennent leur acheter leurs bêtes en état. Puis le troupeau s'augmente par les agneaux. Les brebis, au rebours de celles du pays, ne font qu'un agneau par portée, mais il est très-gros. Le produit en laine n'est pas moins considérable. La tonte, qui a lieu deux fois par année, fournit de 5 à 7 livres de laine par bête ; la laine, proportionnellement plus abondante que dans le mouton indigène, est aussi plus grossière[1]. On la travaille en particulier à Clusone dans le val Seriana ; on en fabrique des draps grossiers d'uniformes pour l'armée, et des couvertures de lit. La viande du mouton est dure, mais très-grasse. Quand une bête vient à périr sur la montagne, on la désosse, on la sale, on l'étend au moyen de petites baguettes, et on la fait sécher sur des perches ou sur le toit du chalet. Souvent on voit de 20 à 30 pièces

[1] On a récemment fait à l'étranger quelques essais d'éducation de moutons bergamasques, qui ont remarquablement réussi ; le produit en viande et en laine de ces animaux s'est extraordinairement accru par suite des soins bien entendus qui leur ont été donnés. Un propriétaire de la Prusse occidentale constate, dans un rapport, qu'il retire de la tonte de ses bergamasques de 8 à 14 livres de laine lavée par tête et par an, qu'il vend à 40 thaler (150 francs) le quintal. Les bêtes elles-mêmes pèsent de 250 à 300 livres ; des agneaux de $4^{1}/_{2}$ mois pèsent déjà un quintal. Elles ont également gagné sous le rapport du caractère, et les petits gambadent très-joliment dans la bergerie, comme en rase campagne.

suspendues de cette façon contre les murs. Cette décoration habituelle n'offre pas un spectacle bien agréable; mais au moins elle ne sent pas mauvais, car l'air des hautes Alpes ne favorise ni la décomposition, ni la formation des vers. Cette viande ainsi séchée en plein air trouve un grand débit en Italie où on la paie fort bien; aussi les bergers achètent-ils souvent, pour les préparer de la même manière, les chèvres ou les moutons du voisinage auxquels il est arrivé quelque accident.

Les Tessinois (c'est ainsi que l'on nomme ordinairement ces bergers, parce qu'ils passent l'hiver sur les bords du Tessin) retirent du lait de leurs brebis un produit d'une nature toute spéciale. La traite passe pour une opération fort pénible. On pousse les brebis dans une enceinte munie d'une porte de sortie auprès de laquelle sont assis deux bergers, dont chacun saisit un animal au moment où il veut sortir et le trait avec deux doigts. Le lait se passe à travers un linge. Mais comme une bonne brebis ne donne par jour que 5 à 6 cuillers à bouche de lait, tout au plus une douzaine d'onces, dans la meilleure saison, et que 300 brebis ne donnent qu'un *Gebse*, c'est-à-dire le quart de la quantité nécessaire pour faire un fromage, le berger y supplée pour les trois autres quarts par le lait des chèvres ou des vaches qu'il loue pour cet usage; ensorte qu'en réalité ces fameux petits fromages de brebis de deux livres ne renferment qu'une faible proportion de lait de brebis. Cependant il se pourrait bien que le mélange même de laits différents contribuât à leur donner l'excellent goût qui les caractérise. Quand le fromage est fait, on sépare la *puina* ou le séret doux, qu'on verse dans de petits sacs de toile pour le laisser égoutter. Ces petits sérets sont extraordinairement gras et doux, et sont regardés dans les Grisons comme une délicatesse de premier ordre; malheureusement ils fermentent très-promptement et n'ont plus le même mérite quand ils sont salés. Après qu'on a fait le séret doux, on extrait du reste, avec l'addition d'un peu de lait frais et de petit-lait aigre, ce qu'on nomme le second séret ou séret aigre, qui forme, avec le petit-lait restant, la nourriture principale des bergers et des chiens. Avec 4 gebse de lait on fait 6 ou 8 fromages de 2 à 2½ livres, et 12 ou 16 petits sérets de ½ à ⅔ livre. Toute cette industrie alpine est unique dans son genre en Europe, et encore, à ce que nous ont assuré les bergers tessinois eux-mêmes, elle décline assez rapidement parce que le lait de brebis devient toujours moins abondant.

Depuis quelques années, les bergers ne se servent que rarement pour leur campagne d'été de ces magnifiques ânes dont nous avons parlé; à la place, ils amènent de Lombardie une ou deux douzaines d'ânes épuisés, qui ont besoin de se refaire par une bonne nourriture fraîche. Quand ils sont appelés dans la vallée, ils enfourchent ordinairement un de ces ânes; et ces hommes vigoureux, à peau basanée, trottant sur leurs agiles baudets, le chef couvert du chapeau pointu à larges bords et le manteau blanc sur les épaules, font dans le paysage des montagnes un effet singulièrement pittoresque.

Sur ces entrefaites, au milieu de ces occupations et de ces fatigues, le mois de septembre arrive; le pastore paie avec une ponctualité parfaite le loyer de l'alpe, et les troupeaux fortifiés reprennent d'une allure plus vive le chemin de la plaine. On charge sur le dos des baudets les couvertures de lit et les ustensiles, et, par-dessus, le vase destiné à cuire la poulainte, avec le bâton pour la remuer. Au jour fixé, tous les troupeaux bergamasques qui ont passé l'été sur les alpes des Grisons, se réunissent à Borgofesio, où on les tond. Dans chaque troupeau, chaque mouton est marqué à l'oreille pour qu'il n'y ait aucune confusion. On s'achemine ensuite du côté des plaines tempérées du Piémont ou vers les environs de Brescia, de Crema et le bas Tessin, où les bergers ont amodié à l'avance de grandes prairies. Là les animaux sont distribués de nouveau comme sur la montagne; la nuit on les parque et on les laisse sous la garde des chiens. Il est bien rare qu'ils passent l'hiver dans une bergerie. Le Gouvernement afferme pour une somme considérable l'extraction du salpêtre contenu dans le fumier laissé par les moutons, et autorise en revanche le parcours de ces animaux sur certains champs et dans certaines places déterminées. Quelques propriétaires en font de même; les bergers les honorent alors du nom de *patroni* et leur font des cadeaux de sérets.

Les moutons bergamasques, étant habitués à toutes les intempéries, sont sujets à moins de maladies que les moutons indigènes, qui vivent dans des bergeries humides et mal tenues. La maladie la plus commune est la *rogna*, contre laquelle les Tessinois, qui presque tous mâchent du tabac, emploient avec succès leur salive. Quand les moutons se blessent ou se cassent quelque membre, ils se lèchent pendant un certain temps et leur bonne constitution les rétablit assez promptement.

C'est ainsi que chaque année 30 ou 40,000 moutons bergamasques, à peu près, viennent passer l'été sur les Alpes des Grisons, principalement dans les montagnes du Misox, du Bergell, du Puschlav, de l'Engadine, du Rheinwald, de Stalla et d'Avers[1]. Les bergers paient 16 à 17,000 florins de fermage, qui, avec les frais de route et de péage, s'élèvent à 24 ou 25,000 florins. Sur le Splügen, les Tessinois entretiennent environ 1,000 moutons et 100 ou 150 chevaux qu'ils prennent à cense. L'argent qui leur est payé pour ces chevaux équivaut à peu près aux 400 florins qu'ils doivent donner pour le loyer de la montagne, de telle façon que l'alpage des moutons ne leur coûte presque rien. En 1851 les Alpes des Grisons ont nourri pendant l'été 28,521 têtes de bétail étranger, et sur ce nombre 24,191 moutons. Il serait dans l'intérêt bien entendu du pays de diminuer chaque année la proportion de ces derniers, qui endommagent beaucoup les pâturages et occasionnent des dégâts considérables dans les forêts, soit

---

[1] Cet usage subsiste depuis plusieurs siècles. Un décret de l'année 1570 porte „que les moutons bergamasques aient à payer les droits conformément au tarif." Guler rapporte qu'en 1507 le roi de France, en sa qualité de duc de Milan, donna à ses *Vicedomini* dans la Valteline le droit de „prélever une tête sur 100 des moutons étrangers qu'on conduisait de la Lombardie dans les Alpes." Les bergers, à cette époque et déjà antérieurement, portaient le nom de *Lamparter*.

à leur passage, soit pendant le séjour qu'ils sont forcés d'y faire dans les mauvais temps. Certainement les habitants du pays trouveraient bien mieux leur compte en utilisant eux-mêmes avec intelligence leurs pâturages, qu'en en laissant le profit à des étrangers. Il ne paraît pas cependant qu'ils se laissent tenter par cette industrie; bien loin de là, puisque, aux Tessinois qui l'ont toujours exercée, nous voyons s'ajouter aujourd'hui les Tyroliens, dont nous avons déjà plusieurs fois rencontré, dans la Basse-Engadine et dans les montagnes d'Ofen, les troupeaux bigarrés de petits moutons à laine rude. Il est vrai d'ajouter que, pour réussir, les Grisons devraient se mettre à la sobriété classique des bergers bergamasques. Or c'est ce que nous n'avons guère trouvé, par exemple, chez les bergers qui occupent le versant sud du passage du Panix. Ces bonnes gens ont toujours de la viande fraîche de mouton dans la marmite ou en fumaison, et les propriétaires des troupeaux se plaignent, non sans fondement, des *accidents* continuels qui arrivent à leurs moutons dans ces rudes montagnes. Comme nous l'avons remarqué, les Grisons, reconnaissant les précieuses qualités des moutons bergamasques, ont essayé de les croiser avec leurs moutons du pays; mais les produits de ce croisement, hauts sur jambe, à viande et à laine grossières, n'ont pas eu grande faveur.

Quant aux cochons, ces animaux éminemment prosaïques qui se trouvent aussi quelquefois sur la montagne, nous n'en dirons pas grand'chose, car même sur l'alpe on les tient presque toujours, ou du moins la plus grande partie du temps, enfermés dans l'écurie. Le seul titre qu'ils aient à notre intérêt et à une certaine renommée, c'est que dans la plupart des chalets ils ont leur quartier principal immédiatement au-dessous de l'endroit (*Trill*) où dorment les voyageurs et les bergers, et qu'ils y font entendre pendant toute la nuit et sur tous les tons leur barbare et infernal concert.

A chaque troupeau de vaches on adjoint un certain nombre de porcs, un vieux et un jeune, pour quatre vaches, à peu près, qu'on nourrit avec le reste du petit-lait. Cette nourriture ne les engraisse pas précisément, mais elle les fait grandir et les maintient en bonne santé; et le profit que les bergers retirent de cette éducation est assez souvent le seul que leur apporte la saison. Si c'est dans une alpe où on fasse le fromage maigre, le lait de beurre revient aux cochons à qui cette boisson convient admirablement, et qui s'engraissent au moyen des petits fragments de beurre qu'ils y trouvent encore.

On distingue diverses races de cochons suivant les localités. La race de Schwytz est d'un rouge jaune, à jambes courtes, à longues oreilles pendantes, à fortes soies sur le dos; celle de Lucerne est blanche avec des taches noires, le corps allongé, les oreilles courtes et droites; celle de Thurgovie est aussi blanche et tachetée, mais haute sur jambes, et les oreilles plantées en avant. Dans le Tessin nous trouvons la petite race de Blegno; dans l'Oberland grison, dans le canton d'Uri et dans le Haut-Valais, une race également petite, noire ou d'un brun rouge foncé, avec les jambes courtes et fines, les oreilles droites et le dos arrondi. En été, on conduit les cochons à la montagne, où l'herbe fait leur seule nourriture; en hiver on les nourrit et on les engraisse simplement avec du foin ou du regain (*Grummet*), sans qu'il soit nécessaire d'y ajouter aucune des substances qui servent ailleurs à l'engraissement, telles que le petit-lait, le son, les pommes de terre, etc. Ils sont, il est vrai, légers et petits, mais ils s'engraissent très-vite et fournissent des jambons d'une finesse remarquable. Les cochons noirs appelés cochons de la Valteline, qu'on trouve dans les Grisons, sont de la race de Lodi et se distinguent d'une manière si avantageuse par leur poids (4 ou 5 quintaux), qu'ils remplacent peu à peu la race de l'Oberland. La pesante race anglo-chinoise se trouve sporadiquement dans les Grisons et dans la plupart des autres cantons, mais elle ne réussit pas dans les montagnes. Pour engraisser leurs cochons, les Grisons se servent avec un grand avantage de la rhubarbe des Alpes (*Rumex alpinus*), cuite à l'eau et conservée au sel. Cette plante croît presque partout sur les places grasses qui entourent les chalets et, comme le bétail ne la mange pas crue, elle reste d'ordinaire sans utilité. Les cochons ne se trouvent qu'accidentellement dans la région des neiges, lorsqu'ils traversent les passages par troupeaux; ils y supportent le froid et la faim mieux qu'on ne pourrait s'y attendre. Sur un assez fort troupeau de jeunes porcs qui furent surpris par la neige sur le col du Panix et qui durent rester deux fois vingt-quatre heures sans nourriture à l'abri d'un rocher, il n'y en eut que deux qui périrent.

Les dernières recherches faites dans les restes de la période lacustre ont mis au jour des fragments d'os appartenant au cochon domestique, dont le sanglier est probablement la souche. Mais, en outre, on y a trouvé en grande quantité des débris appartenant à une espèce particulière, le Cochon des tourbières (*Sus scrofa palustris*, Rütim.), dont le système dentaire est très-différent, qui n'a proprement pas de défenses, dont le museau est plus court et plus pointu, le groin moins développé et la mâchoire inférieure beaucoup plus basse. Rütimeyer estime que le cochon n'a jamais été à l'état domestique chez les populations de cette époque, bien qu'il ne fût ni méchant ni sauvage comme le sanglier, mais qu'il était seulement un gibier de chasse. Quoiqu'il habitât par grandes troupes les districts voisins des villages lacustres, il en a disparu cependant, comme bête sauvage, avant les temps historiques. Les rapports du squelette de cet animal avec celui du petit cochon de l'Oberland grison, feraient supposer que ce dernier provient de cette ancienne espèce fossile, tandis que nos autres races tireraient leur origine du sanglier.

IV. LES CHEVAUX.

Élève des chevaux. — Races. — Les chevaux de bât. — Les chevaux des passages de montagne. — Mulets et ânes.

Les chevaux comptent aussi parmi les animaux domestiques qui animent les hautes montagnes de la Suisse : ils aident l'habitant des Alpes dans ses travaux, et pendant l'été leurs troupes paissent en liberté dans les prairies les mieux exposées. Y a-t-il jamais eu chez nous des chevaux sauvages proprement dits ? Ekkehard IV, dans l'énumération déjà mentionnée des bénédictions prononcées sur les divers aliments, en cite une qui s'appliquait à la viande du *cheval sauvage*, mais il est difficile de tirer de ce fait aucune conclusion. Il est vrai que Varron parle de l'existence de chevaux sauvages en Espagne, que Strabon en dit autant « du Nord », et qu'il est constant qu'il en a existé jusqu'au 16e siècle en Danemarck, en Prusse et en Poméranie ; mais rien ne prouve que ces animaux aient jamais vécu dans nos Alpes.

La Suisse a une race de chevaux qui lui est plus ou moins propre, mais qui n'a pas de caractères bien tranchés. Elle se distingue, en particulier, de la race souabe et de celle du nord de l'Allemagne par des os plus gros, un devant plus ouvert, une croupe plus large, une plus grande vigueur et une aptitude remarquable à soutenir la fatigue du trait. Les allures pesantes de ces chevaux les rendent peu propres à la selle, mais par contre ce sont d'excellents chevaux de trait et de voiture, surtout ceux de la belle race de Fribourg et de l'Emmenthal. Cependant dans l'Emmenthal et dans le canton de Schwytz on est parvenu à former aussi, au moyen du croisement avec des étalons espagnols ou allemands, des chevaux de selle distingués. Les forts chevaux de Fribourg qu'on emmène en France et qui sont employés dans

les environs de Lyon au hâlage des bateaux, y sont préférés aux chevaux bourguignons. Dans le canton de Soleure où le gouvernement s'est occupé avec succès de l'élève des chevaux, dans celui de Berne qui envoie souvent à Milan et en France de magnifiques attelages de chevaux de l'Emmenthal, dans celui de Schwytz qui possédait à Einsiedeln des chevaux si réputés qu'on les recherchait au seizième siècle pour les écuries princières et ducales de l'Allemagne et de l'Italie, et qui fournit encore aujourd'hui dans les environs d'Yberg et de Schwytz de beaux animaux à cou de cygne, enfin dans ceux d'Unterwald et de Glaris, on élève plus de chevaux que ne le réclament les besoins du pays. En général, cependant, cette branche d'industrie a considérablement diminué, parce que l'élevage des bêtes à cornes est plus lucratif et plus sûr. Autrefois, Glaris fournissait annuellement au marché de Lavis de 200 à 300 chevaux ; aujourd'hui le nombre de ceux qu'il y envoie est presque nul. Les districts de Gaster, de Sargans et de Werdenberg dans le canton de Saint-Gall, les Rhodes intérieures et les montagnes d'Urnäsch dans le canton d'Appenzell, et dans celui des Grisons, le Prätigau, le Rheinwald, les environs de Maienfeld, de Zizers et d'Igis, la contrée entre Reichenau et Tavetsch, sont encore des localités où l'on élève des chevaux, mais partout en petit nombre, parce que le mauvais état des pâturages communaux n'est guère de nature à encourager et à relever cette industrie. Naturellement la race dépend toujours essentiellement des étalons employés pour la monte. La petite race percheronne du Jura est si bien conformée qu'avec des soins et du discernement dans le choix des reproducteurs on pourra en tirer des animaux d'un grand mérite et applicables à toute espèce de service.

Dans les Alpes on abandonne aux chevaux les pâturages humides, acides, qui ne conviennent pas au bétail. On les laisse errer sans protection spéciale dans leur district, qu'on choisit de préférence sur les pentes les moins rapides. Dès qu'ils sont sur l'alpe, on leur ôte les fers de derrière. Dans le canton d'Appenzell, où les chevaux sont fort peu utilisés pendant l'été et où il y a de grands pâturages communaux, la plus grande partie de ces animaux passent toute la saison sur les montagnes. Quand la nourriture vient à leur manquer, on les voit quelquefois prendre la course pendant la nuit et retourner à leur écurie à plusieurs lieues de distance, en franchissant hardiment les haies et les fossés. Ils vivent nuit et jour en liberté dans les pâturages, ce qui les entretient en parfaite santé et leur donne un entrain, une gaieté, une vivacité remarquables. D'ordinaire, cette vie indépendante qu'ils mènent dans les pâturages de montagne leur plaît singulièrement, et, plus d'une fois, nous en avons vu s'échapper de la vallée pour gagner, à quelques lieues de là, l'alpe où ils avaient passé l'été précédent. C'est à tel point qu'on est obligé de vendre hors du pays les animaux qui ont si fidèle mémoire; parce que, même après plusieurs années de séjour dans la vallée, ils profitent de la première occasion pour retourner à la montagne où il faut sans cesse les aller chercher. A la fin de la saison, on donne chaque jour un peu de sel aux chevaux, ce qui rend leur poil plus fin, leur robe plus lisse et plus lustrée; jamais on ne les étrille, ni ne les brosse. L'alpage ne convient pas aux chevaux de très-forte taille; ce n'est guère que comme poulains qu'ils sont soumis à ce régime. En Suisse, dans les cantons de montagnes, les chevaux sont employés en hiver au pénible travail de la traîne des bois. On ne se sert pas pour cela de traîneaux proprement dits; on assujettit simplement les pièces de bois à un brancard, au moyen duquel les chevaux les sortent courageusement des forêts les plus ardues et les plus escarpées, descendant quelquefois en plein galop les chemins les plus rapides, et déployant dans ce métier une force musculaire et une adresse merveilleuses. Jamais ils ne mangent d'avoine dans la montagne; le foin mince, aromatique et particulièrement fortifiant qu'on y recueille, mais qu'on ne doit leur donner qu'avec beaucoup de ménagement, remplace complétement pour eux l'usage des grains et suffit à les maintenir en état, dispos et vigoureux.

On emploie souvent encore aujourd'hui les chevaux comme bêtes de somme. Avant que des routes commodes eussent été établies dans les cantons de montagne, les chevaux de bât étaient presque le seul moyen de transport usité. On les charge de quatre tonnelets de beurre ou de fromages, qu'on recouvre d'une toile cirée, peinte de couleurs bigarrées. D'un pas lent et sûr, ces animaux suivent avec leur pesant fardeau des sentiers qui n'ont quelquefois que la largeur de la main, et comme d'ordinaire ils ont été élevés à la montagne, ils savent, retenus par la queue par leurs conducteurs, descendre les pentes les plus raides avec une sûreté qu'on ne rencontrerait jamais dans les chevaux de la plaine. Une fois dans la vallée, le berger qui les conduit prend souvent sa place entre les tonnelets, et traverse les villages au galop, en faisant retentir les airs de ses jodel.

Nous devons encore faire mention des ces remarquables chevaux de montagne, à forte charpente, qui transportent les voyageurs et les marchandises à travers les passages des Alpes. On sait qu'en hiver les grandes routes sont couvertes de plusieurs mètres de neige, et que le transit se fait par le chemin le plus direct et le meilleur, par lacets serrés, le long des pentes de la montagne. Jusqu'à ces derniers temps, toute personne qui voyageait en poste était, enveloppée d'un bon manteau, établie sur un petit traîneau, et confiée à un conducteur chargé de maintenir sur les inégalités de la route l'équilibre de ce vacillant équipage. Le cheval, avec une force extraordinaire, maintient le traîneau sur le chemin glissant et escarpé, et appuie tantôt à droite, tantôt à gauche, suivant le besoin. Si le traîneau vient à chavirer, l'intelligent animal s'arrête court, se cramponnant de ses quatre pieds à la neige, et attend sans bouger qu'homme et bagages soient remis en place. Les passages des hautes Alpes présenteraient en hiver les plus grands dangers sans ces robustes animaux, aussi admirables par leur prudence et leur instinct que par leur patience et leur infatigable vigueur. Nous en avons vu un qui, sentant derrière lui le traîneau glisser sur la surface oblique du chemin et le déborder déjà de moitié au-dessus du précipice, se coucha de lui-même dans la neige du côté opposé, et y attendit tranquillement que le conducteur du convoi s'aperçût du danger et vînt sauver le cheval et l'équipage. Il est rare cependant que quelque accident ne vienne signaler ces transports d'hiver sur les montagnes. On peut citer, par exemple, une bien triste catastrophe arrivée dans le Puschlav. Un riche particulier transportait avec ses douze chevaux, par le passage de la Bernina, du vin de la Valteline. Les animaux étaient mal harnachés; le premier portait au cou une clochette, le suivant un grelot, tous étaient muselés et chargés chacun de deux tonnelets de vin aplatis, un de chaque côté. Après quelques jours d'un froid intense, une effroyable bourrasque vient couvrir de neige la route, les chevaux et le conducteur. Celui-ci tombe bientôt épuisé de fatigue; on le trouva plus tard étendu raide mort dans la neige. Les chevaux, désormais sans guide, quittent la bonne route et vont chercher un refuge dans un mayen situé à quelque distance, sur le flanc d'une montagne où ils avaient passé l'été. Ils y arrivent sans encombre, se fraient passage jusqu'au chalet et en enfoncent la porte. La moitié pénètrent dans l'intérieur, mais, en entrant, ces pauvres animaux s'étaient en partie débarrassés de leurs tonnelets; les autres, trouvant le passage intercepté et obligés de rester dehors, ne tardent pas à périr de froid dans la neige. Ceux qui étaient parvenus à entrer résistèrent, à ce qu'il paraît, un peu plus longtemps, mais leur mort fut encore plus affreuse: après avoir rongé le cuir de leurs bâts et avoir dévoré la paille qui en garnissait l'intérieur, ils succombèrent à la faim. Parmi les conducteurs de bêtes de somme qui, avant la construction de la grande route du Juliers, traversaient fréquemment en hiver le col de l'Albula et les autres grands cols des Alpes, il n'en est aucun qui ne raconte, encore aujourd'hui, diverses aventures dans lesquelles il a dû son salut, au milieu de la nuit, du brouillard et des ouragans de neige, à l'instinct et à la singulière intelligence de ses chevaux.

Ce n'est guère que dans les cantons du Tessin et du Valais, où l'on s'occupe peu de l'éducation des chevaux, qu'on élève des mulets. On emploie avec avantage ces animaux, qui sont surtout abondants dans le Valais, au transport des marchandises dans les

CHIEN DU ST. BERNARD.

montagnes, où ils rendent de grands services par la sûreté de leur pied et leur tempérament infatigable. Le transit à travers le haut passage du glacier de Gries (7,340 pieds), dans le Val Formazza, est fait presque exclusivement par les mulets. Quant aux ânes, c'est surtout dans la Suisse française et dans la Suisse italienne qu'ils sont communs, en particulier de l'autre côté du Mont-Cenere, dans le Tessin. A l'exception de ceux dont nous avons parlé précédemment et qu'emploient les bergers bergamasques, il est rare d'en rencontrer dans les montagnes. En Valais, le mérite de ce pauvre animal est si peu reconnu que la tradition populaire va, par dérision, jusqu'à le mettre au nombre des revenants de la contrée.

V. LES CHIENS DANS LA MONTAGNE.

Les chiens des chalets. — Croisements et rage. — Les chiens de chasse et le gibier des Alpes. — Les chiens de berger. — Béloch, le chien bergamasque. — Les chiens du Saint-Bernard. — Climat et circonstances atmosphériques des environs de l'hospice. — Victimes du froid. — Le service de sûreté. — Activité et équipement des chiens. — Le fidèle Barry.

Le dernier tableau de genre, dans le monde animal des montagnes, nous est fourni par le chien, cet inséparable compagnon de l'homme, qui ne l'abandonne ni sous le soleil brûlant de la ligne, ni au milieu des glaces éternelles des contrées polaires, qui souvent partage patiemment avec lui les pénibles travaux de sa vie, et se montre partout également robuste, intelligent et fidèle.

Nous n'avons pas à nous occuper ici des différentes races de chiens qui se trouvent en Suisse et qui y sont assez complètement représentées, depuis le bolonais et le chien nu de l'Egypte jusqu'à l'élégant lévrier et au chien de Terre-Neuve. Nous ne parlerons que des chiens de montagne proprement dits, auxquels se rattachent des circonstances d'un grand intérêt et tout à fait caractéristiques de nos Alpes.

Chaque chalet, pour ainsi dire, a son chien. Quand le voyageur approche du chalet, il est salué d'abord par la voix bruyante du chien, puis par le grognement hospitalier de la famille de cochons qui se chauffe au soleil, couchée dans la boue. Ces chiens à poils ras, de taille moyenne, de couleur variée, qui forment dans quelques endroits une race de spitz très-pure et soigneusement maintenue, sont employés par les bergers tantôt à la garde du troupeau, tantôt à celle du chalet. Remarquables par leur fidélité et leur vigilance, ils accompagnent toujours leurs maîtres quand ceux-ci se rendent dans la vallée ou dans les villes pour y vendre leurs laitages. On prétend que ces chiens s'accouplent en liberté avec les renards des montagnes et que les produits de ce croisement se reconnaissent à la couleur noire de leur gueule, à leurs dents aiguës et à la forme pointue de leur tête. Ce qui est plus certain, c'est que les chiens qui vivent à la montagne prennent souvent la rage, des renards atteints de cette terrible maladie.

Il est rare qu'on se serve de *chiens de chasse* dans les montagnes, car les lièvres et les gallinacés des Alpes se chassent simplement au fusil. Cependant il n'est pas exact de dire que les chiens ne rendent aucun service dans la chasse au chamois. Il est impossible, il est vrai, de songer à mener les chiens dans les hautes régions de glaciers et de rochers, mais dans les Alpes plus basses et moins sauvages où les troupes de chamois fréquentent les forêts, nous avons employé nous-même les chiens avec le plus grand succès. Naturellement tout dépend à cet égard des localités. Quelques chasseurs vont se mettre à l'affût aux endroits où les animaux ont coutume de passer quand ils sont poursuivis, mais ils ne doivent pas oublier, en faisant leur choix, qu'à l'approche des mauvais temps de la saison rigoureuse, les chamois se dirigent plutôt vers le bas, tandis que, en toute autre circonstance, ils ne manquent jamais de gagner les hauteurs. Quand les postes sont occupés, le traqueur commence à battre le bois du côté opposé, avec les chiens en laisse. Il ne les lâche que sur la piste toute fraîche ou même à vue. Quand les chamois les sentent à leur poursuite, ils les laissent approcher à une petite distance, se retournant avec une certaine curiosité pour les regarder, et frappant violemment la terre des pieds de devant, comme les lapins lorsqu'ils éventent le chien ; puis ils prennent lentement la fuite et mènent ordinairement les chiens par des traverses où ceux-ci ne peuvent bientôt plus les suivre. Il n'est pas rare cependant que les chiens, entraînés par la chaleur de la poursuite, s'engagent dans des positions dangereuses. C'est ainsi que dernièrement, dans les Alpes de Glaris, deux excellents chiens ont péri pour avoir sauté sur une étroite corniche de rocher d'où il ne leur a pas été possible de sortir. Pendant sept jours on entendit retentir dans la montagne les hurlements interrompus et plaintifs de ces pauvres bêtes affamées : le huitième, une seule hurlait encore, mais le soir les gémissements avaient cessé. Il n'y avait eu aucun moyen ni de les sauver, ni de les tuer. Un chien ne pourra jamais atteindre un chamois à la course, mais il peut faciliter considérablement une battue et être particulièrement utile pour la poursuite d'un animal blessé. Toutefois, vu le nombre réduit des chamois et leur excessive timidité, on ne saurait conseiller en général l'emploi des chiens dans cette chasse. Dans l'Engadine, tout chien appartenant à un chasseur étranger, qu'on trouve en quête du chamois, est tué sur l'heure, sans merci.

Il en est tout autrement de la chasse au renard. Ici les chiens sont d'une grande ressource, en particulier pour pousser la bête au terrier où le chasseur l'attend à l'affût. En quelques endroits on se sert aussi du basset pour chasser le blaireau et le renard. Pour le lièvre des Alpes le chien est superflu : un chasseur expérimenté préfère suivre lui-même la voie ; il en est de même pour les différentes espèces de gallinacés alpins, car elles se tiennent de préférence au milieu d'éboulis et de cailloux où le chien d'arrêt a de la peine à quêter.

On trouve souvent chez nous d'excellents chiens de chasse. Ils ont l'os frontal fortement voûté, les yeux placés obliquement, les oreilles longues, le corps allongé, les jambes très-fortes et le fouet recourbé; leur poil est court, tantôt foncé, tantôt clair, avec des taches brunes. On obtient quelquefois aussi des croisés de premier mérite. En général ces chiens ne sont pas très-bien dressés, mais ils soutiennent la chasse avec une persévérance admirable : on en voit qui suivent le lièvre à travers toutes les gorges, tous les labyrinthes de rochers, et ne s'arrêtent qu'après une poursuite de dix ou douze heures, lorsqu'il est forcé. Les braques habitués à chasser en plaine ne valent ordinairement rien pour la montagne. Nous ne savons rien de précis sur les chiens qu'on dressait spécialement autrefois à la chasse du castor (*Bibarhunt*).

Nous avons été témoin, au mois de novembre 1855, d'un exemple bien extraordinaire de persévérance de la part d'un excellent chien de chasse. Cet animal, bâtard inqualifiable, qui dans sa vie avait déjà forcé bon nombre de renards, se mit, un samedi de bonne heure, dans le Gartenwald sur l'Ebenalpstock, à chasser un renard au terrier. Nous continuâmes notre chasse avec les autres chiens sans plus nous inquiéter ni du renard, ni de la disparition de *Phylax*. Plusieurs jours se passèrent sans que le chien reparût. Le mercredi on se mit à sa recherche et on le découvrit dans le terrier du renard où il était retenu par deux rochers pointus qui faisaient saillie en dedans et qui, après lui avoir permis d'entrer dans la galerie, l'empêchaient absolument d'en sortir. Chien et renard étaient donc au fond du terrier, face à face et se montrant encore vigoureusement les dents. On ouvrit aussitôt la tranchée, mais ce ne fut que le jeudi à midi qu'on put mettre le chien à l'air. Il sort aussitôt du trou comme un trait, court à une mare voisine boire quelques gouttes d'eau, et revient en toute hâte au terrier vers son ami Reinecke. Le renard fut amené avec précaution au moyen d'un bâton fendu de coudrier avec lequel on lui avait tordu la peau du cou, et ce ne fut que lorsqu'il le vit mort à ses pieds que le chien, après cinq jours et demi de jeûne et sans aucun doute aussi de lutte et de veille, et le museau grièvement blessé, consentit à prendre quelque nourriture.

Quatre semaines plus tard, ce brave animal était l'instrument de la délivrance d'un malheureux qui s'était égaré et qu'on trouva déjà à demi-mort de froid.

Les vrais *chiens de berger* ne se rencontrent guère qu'auprès des troupeaux bergamasques ou dans le Valais. Nous avons déjà donné à l'occasion des moutons, les détails les plus intéressants sur la vigilance, la sollicitude et l'intelligence extraordinaires de ces courageux gardiens, qui ne craignent pas de se mesurer avec les ours et les loups; mais on nous permettra pourtant de raconter à ce sujet une aventure dont le héros est un chien bergamasque, et qui encore aujourd'hui n'est jamais racontée par le propriétaire de cet animal sans émotion et sans un profond sentiment de reconnaissance.

Un médecin, nommé J. Andeer, fut appelé, il y a déjà plusieurs années, à se rendre de Guarda (Engadine) à Zernetz au milieu de la nuit, auprès d'une femme au mal d'enfant. Il faisait un beau clair de lune, mais c'était une nuit d'hiver extrêmement froide. Le docteur se mit donc en route, à cheval sur un traîneau ouvert que lui avait amené l'exprès expédié par sa cliente, et accompagné de *Béloch* vigoureux chien bergamasque qui lui avait déjà donné mainte preuve de son intelligence, de sa fidélité et de son courage. On avança rapidement sur la neige durcie du chemin; mais quand on eut atteint la gorge de Cotza, le chien qui avait marché jusque là à côté du cheval s'arrêta tout à coup, et s'élança du côté d'une haute haie qui bordait le chemin et derrière laquelle courait un animal que nos voyageurs prirent d'abord pour un renard. La montée se fit lentement jusqu'à la hauteur de Quartins. Là le chien qui avait toujours suivi la haie, se rapprocha de nouveau de son maître et se dressa tout à coup, les poils hérissés, grinçant des dents et grognant, contre un gros loup dont les yeux brillaient à travers la haie. Le cheval s'arrêta de lui-même. Le chien et le loup se mesuraient l'un l'autre d'un regard plein de rage. Le docteur et son compagnon comprirent le danger dont ils pouvaient devenir les victimes d'un instant à l'autre; mais comme ils n'avaient point d'armes, ils résolurent de chercher leur salut dans la fuite. Ils fouettèrent donc le cheval qui emporta rapidement le léger équipage. Le loup et le chien suivirent aussitôt, l'un au-delà, l'autre en-deçà de la haie et des petits murs qui se succédaient sur le bord de la route. Plus d'une fois la bête féroce affamée voulut franchir la barrière, mais partout elle trouvait Béloch devant la brèche et prêt à le recevoir avec sa formidable rangée de dents. La poursuite se prolongea ainsi pendant une demi-heure jusqu'à l'église de Lavin, où le loup perdit enfin patience et s'en retourna, poussant des hurlemens de rage, du côté de la montagne. Les voyageurs soulagés réveillèrent l'aubergiste, leur ami, pour se faire donner quelque nourriture et des armes. Ce ne fut pas sans attendrissement qu'ils virent alors Béloch, qui les avait un instant suivis dans la maison, emporter le morceau de pain qu'on lui donna, et aller le manger devant le cheval qu'il ne voulait pas perdre de vue plus longtemps, prêt à le défendre courageusement contre tout retour offensif de l'ennemi.

Il nous reste maintenant à donner quelques détails sur une race particulière de chiens de montagne qui s'est fait un nom dans l'Europe entière. Nous voulons parler des chiens du Grand-Saint-Bernard.

Les *chiens du Saint-Bernard*[1] sont, suivant quelques-uns, une race intermédiaire entre le dogue anglais et l'épagneul; mais il est plus probable qu'ils proviennent d'un dogue danois qu'un comte Mazzini de Naples avait ramené d'un voyage dans le Nord, et qui fut croisé avec les chiens de berger du Valais. Les chiens du Saint-Bernard sont des animaux de grande taille, à longs poils[2],

---

[1] On tient aussi au Saint-Gotthard, au Simplon, au Grimsel et à la Furka, des chiens remarquables qui éventent l'homme avec une délicatesse d'odorat extraordinaire. Ce sont le plus souvent des chiens de Terre-Neuve ou des bâtards de cette race. Les habitants des hospices assurent partout que ces animaux, surtout en hiver, s'aperçoivent de l'approche d'un voyageur à une lieue de distance et l'annoncent infailliblement par leurs allées et venues inquiètes.

[2] Ce n'est pas la première fois que je vois assigner des *poils longs* aux chiens du Saint-Bernard; c'est ainsi qu'on les représente dans la plupart des gravures. Cependant, depuis plus de trente ans que j'ai fait la connaissance de ces animaux soit à l'hospice même, soit dans les différents endroits où les religieux en ont

d'une vigueur extraordinaire; ils ont le museau court et large, les oreilles longues, les sens remarquablement développés; leur fidélité est à toute épreuve. Cette race s'est maintenue dans toute sa pureté pendant plusieurs générations; mais aujourd'hui, exposée continuellement à périr par les avalanches dans l'accomplissement de ses périlleuses fonctions, elle est près de disparaître entièrement. La patrie de ces nobles animaux est l'hospice du Saint-Bernard, à 7,680 pieds au-dessus du niveau de la mer, ce sévère passage de montagne dans le voisinage immédiat de la ligne des neiges éternelles, où règne un hiver de huit à neuf

---

donné, par exemple à Saint-Rémy, à Martigny et dans la plaine, je les ai toujours vus à *poils ras* et d'une couleur plutôt uniforme, fauve claire, plus rarement tachetés de blanc ou de gris. D'un autre côté, le fameux Barry avait les poils longs, comme on peut encore s'en assurer aujourd'hui. Il faut en conclure ou que la race a changé depuis l'époque de ce brave serviteur, ou que n'ayant pas été conservée dans toute sa pureté, il s'est quelquefois rencontré dans les portées des petits portant accidentellement de longs poils. Mes souvenirs et mes observations sont d'ailleurs parfaitement conformes aux renseignements que je reçus dans une lettre, du 29 janvier de l'année 1858, du prieur de l'hospice, M. Darbellay. „J'ai entendu raconter, m'écrivait-il, qu'anciennement, il y aurait 60 ou 70 ans, la race des chiens de l'hospice s'étant perdue, on avait fait venir des chiens des Pyrénées qui étaient à poils ras. De mon souvenir, j'ai toujours vu la généralité de nos chiens à poils ras, manteau fauve clair, blanc et rouge, ou gris foncé, c'est-à-dire avec de fréquentes variations. J'en ai aussi vu quelques-uns à poils longs et queue panachée. Cet automne dernier, ajoutait-il, une mère à poils ras, qui avait été, en temps convenable, isolée du mâle à poils longs, que nous avons en ce moment (peut-être le Terre-Neuve dont parle M. Deléglise dans la lettre citée plus loin), a mis bas dix petits, dont deux à poils laineux." Ce dernier fait doit nous faire espérer que les craintes manifestées, il y a quelques années, par M. Deléglise, de l'extinction probable de la race, ne se réaliseront point, et que ces beaux et vigoureux animaux que nous connaissons, continueront à aider les pieux chanoines du couvent dans la noble tâche qu'ils se sont imposée. Il est convenable toutefois d'ajouter que, si grands que soient les services que rendent les chiens du Saint-Bernard, leur naturel n'est rien moins que doux et pacifique, et qu'ils paient quelquefois d'un coup de dent la présomption de l'étranger qui prétend plaisanter avec eux ou les traiter familièrement comme il le ferait d'un barbet. J'ai même eu plusieurs fois occasion de remarquer que ceux qu'on élève dans la plaine finissent au bout d'une ou deux années par devenir vraiment féroces et dangereux. *(Traducteur.)*

mois, où le thermomètre descend souvent à —27° R., où dans les mois les plus chauds de l'été l'eau gèle chaque soir et chaque matin, où dans toute l'année on compte à peine dix jours d'un ciel serein, sans orage, sans bourrasque de neige ou sans brouillards, où, pour tout dire en un mot, la moyenne de la température annuelle est plus basse qu'au Cap Nord[1]. Ce n'est qu'en été qu'il y tombe de gros flocons de neige; en hiver, au contraire, ce sont ordinairement de petits cristaux de glace, secs, friables, et si fins que le vent les fait pénétrer partout à travers les clôtures des portes et des fenêtres. De cette neige en poussière déliée, l'orage forme souvent, surtout dans le voisinage de l'hospice, des amas de 20 à 30 pieds de hauteur qui recouvrent tous les sentiers, toutes les fondrières, et, dans les localités favorables, au moindre ébranlement se précipitent le long des pentes en énormes avalanches.

Ce passage de montagne était connu dès les temps anciens. D'après toutes les données, ce fut par là que passèrent sinon Annibal et ses Carthaginois, du moins différents peuples conquérants de l'antiquité; Auguste en fit une grande route; l'empereur Constantin y plaça des pierres milliaires; les Romains sous Cæcina, les Lombards, les Francs et les Allemands le traversèrent à maintes reprises, et on y trouve encore les restes d'un temple consacré à Jupiter Pennin, ce qui avait fait nommer cette montagne par les Romains, *Mons Jovis*. Ce passage n'est praticable sans dangers qu'en été et par un temps parfaitement serein; mais dans les jours d'orage, au contraire, et en hiver où les nombreuses fondrières qu'il présente sont couvertes de neige, il est pour les voyageurs aussi périlleux que fatigant. Presque chaque année la montagne fait un certain nombre de victimes, dont on

[1] Il n'est pas sans intérêt de rappeler ici que le Saint-Bernard, l'un des cols les plus élevés de nos Alpes, est un des points en Europe dont la climatologie est le mieux connue, grâce aux soins des prieurs de l'hospice qui, depuis un grand nombre d'années et sous la direction des professeurs d'astronomie à l'Observatoire de Genève, font toutes les observations météorologiques nécessaires et les consignent dans des tableaux mensuels publiés par la *Bibliothèque Universelle*.

(*Traducteur.*)

conserve et expose les corps dans un bâtiment qui sert de morgue. Tantôt le pèlerin tombe dans une fente, tantôt il est enseveli dans une avalanche, tantôt il s'égare par le brouillard loin du sentier et succombe à la fatigue et à la faim, tantôt il est saisi d'un sommeil dont il ne se réveille plus. Quand on voyage par de grands froids sur ces hauteurs, on éprouve ordinairement un besoin presque insurmontable de sommeil. Le froid, l'épuisement, l'uniformité de la contrée, ôtent au cerveau toute activité. Le sang commence par se figer dans les petits vaisseaux extérieurs, la circulation se ralentit ensuite dans tout le corps et finit par s'arrêter tout à fait, d'abord dans les membres, puis dans le cerveau. Le malheureux meurt plongé dans un sommeil doux et paisible. Ce besoin de dormir, qu'une volonté énergique peut seule surmonter, est si puissant qu'il s'empare du voyageur dans toutes les positions. C'est ainsi qu'en 1829 les moines de l'hospice trouvèrent au milieu du chemin un homme debout, un bâton à la main et un pied levé. Il était raide mort. A quelques pas de là, son oncle dormait du même fatal sommeil.

Le passage du Grand-Saint-Bernard ne serait praticable que pendant quelques mois de l'année sans l'activité et le dévoûment vraiment chrétiens des dignes moines de l'hospice. Ils se sont, depuis le huitième siècle, pieusement consacrés au soin et à la délivrance des voyageurs; l'hospitalité, qu'ils exercent sans rétribution, leur coûte annuellement 50,000 francs; le nombre des passagers varie de 16 à 20 mille personnes par an. Les moines habitent dans de solides bâtiments construits en pierres, où le feu du foyer brûle sans cesse, et qui peuvent, au besoin, héberger environ 200 voyageurs. Les provisions du cloître doivent être en proportion. Mais ce que l'hospice présente de plus caractéristique, c'est le service de sûreté qu'on y fait toute l'année et dans lequel ses chiens fameux jouent un rôle important. Chaque jour deux valets de l'hospice, appelés *maronniers*, explorent les endroits dangereux du passage, l'un partant des chalets inférieurs et se dirigeant vers le sommet, l'autre marchant en sens inverse. Par le mauvais temps ou dans la saison des avalanches, le nombre de ces hommes est triplé et quelques-uns des religieux se joignent à eux; tous portent des pelles, des perches, des civières, des sondes et des cordiaux, et sont accompagnés par les chiens. On suit jusqu'au bout toute trace suspecte, les signaux retentissent continuellement, on observe attentivement les allures des chiens. Ceux-ci sont dressés avec le plus grand soin à la piste de l'homme, et quelquefois ils explorent spontanément pendant des jours entiers tous les sentiers, toutes les gorges de la montagne. Rencontrent-ils un malheureux engourdi par le froid, ils vont par le plus court et de toute la vitesse de leurs jambes à l'hospice, où ils donnent l'alarme par leurs violents aboiements, et ramènent vers la victime les moines toujours prêts à partir avec eux. Viennent-ils à passer sur une avalanche, ils mettent en œuvre toute la finesse de leur odorat pour s'assurer si quelqu'un y est enseveli, et dans ce cas ils travaillent aussitôt à creuser la neige avec leurs pattes, opération que leur facilitent singulièrement la puissance de leurs ongles et la vigoureuse structure de leur corps. S'ils ne peuvent atteindre la victime, ils courent chercher de l'aide à l'hospice. Souvent ils portent, suspendu au cou, un petit panier avec des cordiaux ou une gourde remplie de vin; quelquefois, une couverture de laine sur le dos. Le nombre des personnes qui ont dû la vie à ces intelligents animaux est considérable; on en tient un registre exact dans les annales de l'hospice.

Le plus fameux des chiens de cette race portait le nom de *Barry*. Ce fidèle et infatigable animal, qui a sauvé dans sa vie plus de quarante personnes, avait une ardeur inconcevable. Quand il pressentait l'approche d'un orage ou d'un brouillard, même encore éloignés, rien ne pouvait plus le retenir au convent. Il partait à l'instant pour parcourir en aboyant tous les endroits dangereux du passage et y revenant à plusieurs reprises. Le trait le plus touchant qu'on ait raconté de sa carrière de 12 années de service à l'hospice, est le suivant : Ayant trouvé un jour sous une voûte de glace un enfant égaré, à moitié engourdi et déjà pris du funeste sommeil, il se mit à le lécher et à le réchauffer avec sa langue jusqu'à ce qu'il l'eût éveillé; puis il fit si bien par ses caresses que l'enfant, comprenant son intention, se plaça sur le dos de l'animal et se tint cramponné à son cou. Barry revint triomphant au couvent avec son précieux fardeau. Sa dépouille se voit aujourd'hui dans le musée de Berne.

Nous empruntons les quelques détails qui suivent à une communication, du 14 janvier 1856, due à l'obligeance de M. J. Deléglise, alors prieur du couvent.

« La race de chiens que l'hospice possède depuis fort longtemps n'est pas complétement éteinte; mais, depuis quelques années, nous sommes menacés de la perdre, car il ne nous en reste plus qu'un mâle et une femelle qui, à chaque portée, met au monde des petits morts et ne nous laisse aucune espérance de conserver l'espèce. Nous pensons remplacer cette excellente race en croisant le chien qui nous reste avec une chienne fort belle et fort intelligente, appartenant à la race des chiens de berger du Valais. Je suis convaincu qu'un croisement analogue avec une chienne danoise produirait également une variété excellente et parfaitement appropriée à nos besoins. Les deux chiens de Terre-Neuve que nous avons reçus l'hiver dernier de Stuttgard, sont venus d'une très-belle taille, surtout le mâle qui a déjà commencé avec succès son service dans la montagne; mais il est trop jeune et manque encore de la force nécessaire pour le faire régulièrement, surtout par le mauvais temps et quand il tombe beaucoup de neige. »

« Il est difficile de préciser le nombre des personnes qui, chaque année, doivent leur délivrance à nos chiens, parce que chaque jour en hiver nous allons à la recherche des voyageurs, et qu'il n'est pas possible de déterminer les cas où ceux-ci auraient succombé sans l'assistance de nos chiens et ceux au contraire où ils se seraient tirés d'affaire tout seuls. Cependant j'estime qu'en moyenne ces animaux sauvent la vie à deux ou trois personnes par hiver. Moi-même, un jour, j'aurais infailliblement péri dans une affreuse tourmente, si nos chiens ne m'avaient senti à un quart d'heure de distance et n'étaient venus à mon aide. »

C'est par ces traits pleins d'intérêt et presque édifiants que nous aimons à clore ces esquisses de la nature vivante des Alpes. Ils rendent témoignage de la puissante influence que l'homme, par son contact, exerce sur les animaux pour en ennoblir et en relever les instincts.

Sans aucun doute, des essais persévérants pourront enrichir le cercle des animaux domestiques de nos Alpes de quelques espèces utiles provenant des zones étrangères. Le renne des contrées arctiques, sur lequel on a déjà fait en 1866 un modeste essai d'acclimatation dans l'Engadine, trouverait en été dans notre région des neiges, et en hiver dans notre région montagneuse supérieure, la nourriture et le climat de sa patrie; il en serait de même de quelques espèces de la famille des auchénies des Cordillères de l'Amérique méridionale, en particulier de la vigogne et de l'alpaca.

Contentons-nous cependant des richesses du présent. Un coup d'œil rétrospectif sur la multitude infinie de nos formes organiques, sur la perfection de nos espèces des classes supérieures, sur la sage ordonnance de la vie animale dans son ensemble et dans ses rapports avec la structure de nos Alpes, ne peut laisser dans notre âme qu'un vif sentiment de la grandeur et de la majesté du Dieu que nous servons.

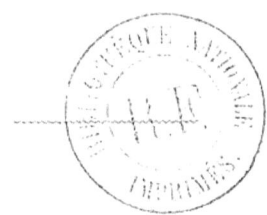

IMPRIMERIE DE B. A. IHM A BIENNE

TABLEAU DU RÈGNE ANIMAL.

Pour ceux de nos lecteurs qui désireraient se rendre compte de la distribution systématique par classes et par ordres des animaux mentionnés dans cet ouvrage, nous avons dressé un petit tableau qui remplira ce but d'une manière suffisante. Il n'est pas entièrement conforme aux principes des classifications les plus récentes; il n'est pas complet non plus, car il eût été inutile d'entrer dans les détails sur certains sous-embranchements qui sont à peine mentionnés dans le *Monde des Alpes*; nous avons même complétement omis pour les animaux supérieurs les ordres qui n'ont pas de représentants en Suisse. Toutefois, c'est une classification qui a le mérite d'être simple et de convenir à un ouvrage populaire; c'est aussi celle qui a été suivie par l'auteur.

(Traducteur.)

CLASSES	ORDRES		EXEMPLES
	Chéiroptères		*Chauve-souris.*
	Carnassiers	insectivores	*Hérisson, musaraigne*
		vermiformes	*Putois, hermine.*
		carnivores	*Loutre, chat.*
Mammifères	Rongeurs		*Marmotte, rat.*
	Pachydermes		*Sanglier.*
	Ruminants		*Chamois, bœuf.*
	Rapaces	diurnes	*Aigle, faucon.*
		nocturnes	*Chouette, hibou.*
	Passereaux	omnivores	*Corbeau, geai.*
		insectivores	*Grive, fauvette.*
		granivores	*Pinson, alouette.*
		chélidons	*Hirondelle.*
Oiseaux	Grimpeurs		*Pic, coucou.*
	Pigeons		*Ramier.*
	Gallinacés		*Tétras, perdrix.*
	Coureurs		*Outarde.*
	Echassiers		*Heron, bécasse.*
	Nageurs		*Canard, mouette.*
Reptiles	Sauriens		*Lézard, salamandre.*
	Ophidiens		*Couleuvre, vipère.*
	Batraciens		*Grenouille, crapaud.*
Poissons			*Perche, lotte.*

VERTÉBRÉS

INVERTÉBRÉS
- Articulés
  - Insectes
    - Coléoptères . . . . *Charançon, hanneton*
    - Orthoptères . . . . *Sauterelle, criquet.*
    - Névroptères . . . . *Libellule, frigane.*
    - Hyménoptères . . . . *Abeille, fourmi.*
    - Lépidoptères . . . . *Papillon, sphinx.*
    - Hémiptères . . . . *Punaise, cigale.*
    - Rhipiptères . . . . *Stylops.*
    - Diptères . . . . *Mouche, cousin.*
    - Suceurs . . . . *Puce.*
    - Parasites . . . . *Pou.*
    - Thysanoures . . . . *Podurelle.*
    - Myriapodes . . . . *Millepieds.*
  - Arachnides . . . . *Araignée, scorpion.*
  - Crustacés . . . . *Écrevisse, cloporte.*
- Vers
  - Annelés . . . . *Lombric, sangsue.*
- Mollusques . . . . *Limace, moule.*
- Rayonnés ou Zoophytes . . . . . *Polype, infusoire.*

H. GEORG, Éditeur a Bale
MÊME MAISON A GENÈVE

NOUVELLES PUBLICATIONS

LES ALPES
DESCRIPTIONS ET RÉCITS
Par H.-A. BERLEPSCH

Avec 16 illustrations d'après les dessins de E. Rittmeyer.

Un magnifique volume grand in-8. Prix broché : 10 fr. — En demi-reliure, tranches dorées : 14 fr.

CONTENU DU VOLUME : Les Alpes. Caractères généraux. — Le granit. — Les blocs erratiques. — Les lapias, roches crevassées. — Nagelflue. — Le Rossberg et la destruction de Goldau. — Forêts protectrices. — Sapin des hauteurs. — Pins rabougris. — Rose des Alpes. — Vallées méridionales des Alpes. — Châtaigniers. — Excursion au milieu des brouillards. — Mirage produit par les brouillards. — Détonations aériennes. — L'orage sur la montagne. — La cascade. — Tourmente de neige. — Neige rouge. — Coulées de boue. — L'avalanche. — Les glaciers. — Coloration des monts au crépuscule. — Les hautes cimes. — Routes, passages, cols. — Les hospices. — Économie alpestre. — Cornet à bouquin. — Gardeurs de chèvres ou de moutons. — Les faucheurs. — Fêtes pastorales. — Bûcherons et flotteurs. — Récits de chasse. — La vie au village.

Opinions de la presse :

Ce livre ne peut manquer de rencontrer en Suisse et à l'étranger un accueil sympathique. La belle impression et les illustrations dont il est orné *le placent à côté de l'ouvrage bien connu de Tschudi* sur les Alpes ; seulement ici le but principal est de décrire la nature et la vie des montagnards. L'auteur, qui depuis de longues années a voué ses recherches à la topographie et à l'ethnographie des Alpes, parle en connaissance de cause et raconte ce qu'il a vu lui-même. De là le ton de vérité dans les tableaux qu'il expose au lecteur. Il anime ses scènes, leur donne la couleur pittoresque qui plaît dans une lecture, et généralement nous retrouvons la chaleur qui naît de l'enthousiasme de l'auteur pour son sujet. Il ne montre pas moins de tact à éviter les longueurs, qualité que nous nous plaisons à lui reconnaître. *(Nouvelle Gazette de Zurich.)*

Il est peu d'ouvrages, traitant du domaine des Alpes, qui aient mérité si légitimement les éloges des juges compétents, comme celui de Berlepsch. L'auteur raconte ce qu'il a vu, et on sent qu'il est passionné pour son sujet ; aussi ses récits portent-ils à la fois un précieux cachet de fidélité et de vie. L'adolescent, l'adulte et le vieillard le liront avec plaisir, même avec émotion..... En un mot, ce livre instruit et amuse ; et 16 gravures de mains de maître ajoutent à ce double mérite un charme de plus. *(Echo des Alpes.)*

Nous ne saurions recommander un plus charmant cadeau d'étrennes que cette intéressante étude présentée sous des dehors aussi séduisants.
(Journal de Genève.)

H. GEORG, Éditeur, Bâle et Genève

LES ALPES SUISSES
Par Eugène RAMBERT

Première série (deuxième édition) : 1 volume in-8° : 3 fr. 50.

Contenu : Les plaisirs des grimpeurs. — Linththal et les Clarides, trois jours d'excursion. — Les cerises du vallon de Gueuroz. — Les plantes alpines. — A propos de l'accident du Cervin. — Sur l'origine des plantes alpines.

Deuxième série (deuxième édition) : 1 volume in-8° : 3 fr. 50.

Contenu : Les Alpes et la liberté. — Deux jours de chasse sur les Alpes vaudoises. — Le chevrier de Praz-de-Fort. — La Dent du Midi. — Une chanson en patois. — Situation géographique de la Dent du Midi.

Troisième série : 1 volume in-8° : 3 fr. 50.

Contenu : Une course manquée. — Une bibliothèque à la montagne. — Le voyage du glacier. — Notre forteresse. — Interlaken. — Appendice.

ANNUAIRE DU CLUB ALPIN SUISSE 1868

Un fort volume in-12 de 700 pages avec planches chromoxyl. et cartes : 12 francs.

L'édition originale en allemand est du même prix.

L'annuaire est un livre substantiel, varié, d'une lecture attrayante par la multiplicité même et l'intérêt des sujets qui y sont traités. La lecture peut en être chaudement recommandée, non-seulement à nos compatriotes, mais encore à tous les étrangers désireux de connaître et de visiter en détail avec des directions précises et judicieuses, les montagnes de notre pays.   *(Journal de Genève.)*

LA SUISSE PITTORESQUE
SOUVENIRS D'UN PAYSAGISTE

45 belles gravures in-folio accompagnées d'autant de feuilles de texte descriptif également illustrées d'environ 200 vignettes gravées par C. HUBER d'après les dessins de

J. ULRICH
Peintre et Professeur à l'École polytechnique fédérale.

Un magnifique volume oblong in-folio, richement relié, tranches dorées. Édit. complète : 60 fr. — Édit. sans le texte : 45 fr.

* Cet album est reconnu comme la plus belle collection de vues de la Suisse.

H. GEORG, Éditeur, Bale et Genève

LES ORIGINES
DE LA
CONFÉDÉRATION SUISSE
HISTOIRE ET LÉGENDE
PAR
Albert RILLIET

Deuxième édition. Un volume in-8°. Prix : 6 fr.

I. Histoire.

1re Époque : Le territoire et la population.
2e Époque : La constitution intérieure des Waldstætten, jusqu'au commencement du XIIIme siècle.
3e Époque : L'émancipation politique des Waldstætten.
   I. Les préludes de l'affranchissement jusqu'en 1291.
   II. Progrès et consommation de l'affranchissement des Waldstætten jusqu'en 1315.

II. La Légende.

1. Les témoignages contemporains. — 2. Les rudiments de la légende. — 3. Les légendes ethnographiques. — 4. Les légendes anecdotiques — Leur formation. — 5. Les légendes anecdotiques — Leur développement. — 6. La tradition fixée. — 7. La tradition contestée. — Notes. — Documents.

„Le livre dont je viens d'inscrire le titre au bas de cette colonne *est du petit nombre de ceux où tout est à louer*. Sujet qui éveille à la fois l'intérêt et la curiosité, étude approfondie des documents, sûreté de la critique, maturité du jugement, clarté de l'exposition : *l'œuvre ne laisse rien à désirer*. On ne peut imaginer une méthode plus satisfaisante appliquée à la solution d'un problème historique plus attachant." (*Ed. Scherer*, dans „le Temps" du 18 février 1868.)

„Depuis, la lumière s'est faite, largement faite sur tous les points, malgré les résistances obstinées de quelques aveugles patriotes, et tout homme impartial sera d'accord, après avoir lu l'ouvrage de M. Rilliet, pour déclarer que la question est désormais à l'abri de toute controverse. Il n'est plus possible de soutenir une discussion sérieuse contre le verdict de la critique moderne, et l'on doit supposer que le livre de M. Rilliet clôra d'une manière aussi méritoire que définitive la longue liste des travaux consacrés à ce sujet."
(M. *R. Reuss*, dans la Revue critique du 11 juillet 1868.)

LE GRÜTLI ET GUILLAUME TELL
ou défense de la tradition vulgaire
SUR LES
ORIGINES DE LA CONFÉDÉRATION SUISSE
Par H.-L. BORDIER

In-8, 92 pages. 1 franc 50 cent.

Lettre à M. Alb. Rilliet au sujet de son ouvrage *les Origines de la Confédération Suisse.*

H. GEORG, Éditeur, Bâle et Genève

FAUNE
DES
VERTÉBRÉS DE LA SUISSE
PAR

Victor FATIO, Dr Phil.

1^r volume : MAMMIFÈRES.

Prix pour les 4 volumes in-8, avec planches, fr. 50.

Une ère nouvelle a été ouverte de nos jours pour la Zoologie, et le détail ayant acquis par là une importance qu'on ne lui accordait pas autrefois, cette science réclame des observations toujours plus exactes et nombreuses.

C'est en réponse à ces exigences si légitimes que bien des auteurs ont doté leur pays de faunes locales d'une utilité incontestable, quoique trop souvent partielles.

La Suisse, l'une des contrées certainement les plus intéressantes par le fait de la grande variété de ses conditions d'existence, ne peut pas rester en arrière, et notre patrie, si avantageusement connue à tant d'égards, ne doit pas faire défaut sur ce point.

Quelques ouvrages, pour la plupart assez arriérés, ont paru déjà, mais beaucoup d'entre eux ne traitent que d'une petite subdivision seulement des êtres dont nous avons à nous occuper ici, et ne se rapportent même qu'à de très-faibles parties de notre territoire déjà si limité ; d'autres ne sont que de purs catalogues souvent fort incomplets ; d'autres enfin, quoique d'un grand mérite, ne sont vraiment pas zoologiques et ne peuvent suffire aux besoins de la science.

Nous croyons donc pouvoir affirmer qu'il n'existe aucune publication qui puisse mettre chacun en mesure de faire promptement et complètement connaissance avec tous les vertébrés qu'il peut rencontrer dans nos vallées, comme sur nos alpes et dans nos lacs.

C'est dans le but de combler cette lacune que nous présentons aujourd'hui au public une œuvre consciencieuse, fruit de plusieurs années de recherches assidues.

L'ouvrage entier sera divisé en 4 parties représentées chacune par un volume, et sera orné de 20 à 25 planches d'après nature, pour la plupart coloriées.

1re Partie. Les *Mammifères* dont les plus petits sont généralement si mal connus.

2me Partie. Les *Reptiles*, les *Batraciens* et les *Poissons* dont la grande variabilité a toujours rendu l'étude fort difficile et compliquée.

3me et 4me Parties. Les *Oiseaux* sédentaires et de passage en Suisse.

Le plan de ce travail nous permet d'espérer que ce ne sont pas seulement les spécialistes qui y trouveront une utilité réelle ; mais que toutes les personnes qui s'intéressent, de près ou de loin, aux animaux qui habitent notre sol helvétique y pourront trouver aussi quelque profit.

Imprimerie de B. A. IHM a Bienne

www.ingramcontent.com/pod-product-compliance
Lightning Source LLC
Chambersburg PA
CBHW070800020526
44116CB00030B/931